まえがき

本書は、歴史家から「明治青年の第二世代」の代表者の一人と評価され、日本の近代化に貢献した井上円了の生涯と思想に関する研究をまとめたものである。井上円了は安政五（一八五八）年に生まれ、大正八（一九一九）年に亡くなった。明治から大正の時代に多岐にわたって活躍したが、井上円了の基本的規定としては、広い意味での哲学者であると考えている。

戦後の日本では学問が自由に行われるようになったが、井上円了に関す研究はこれまで本格的に行われてこなかった。資料の面でも、思想の研究の面でも、大正八（一九一九）年の没後直後の状況とほとんど変らなかった。このような状況に対して、井上円了が創立した東洋大学は、客観的学術的な立場から本格的な井上円了研究に取り組んだ。東洋大学における井上円了研究は昭和五三（一九七八）年から始められ、現在も継続されている。三〇年以上にわたる井上円了研究によって、ようやく研究の基礎が形成され、哲学、仏教、心理学、妖怪学などの学問の分野、東洋大学という学校教育、全国巡講という社会教育、哲学堂公園という事業の分野などについて、最近、井上円了の再評価が行われるようになってきている。さらに現代の井上円了研究は国際的な観点から取り組まれるまでに発展してきた。

筆者は東洋大学における井上円了研究に当初から参加してきた。本書は筆者の研究を基本としながら、現代までの各研究者の方々から学んだことを合わせてまとめたものである。

井上円了　目次

第二章　東京大学時代……77

終章　結論と課題……687

資料

装幀＝蟹江征治

序章

問題の所在

第一節　生涯に関する先行研究

一　生涯に関する原型的資料

これまで、井上円了（以下、円了という）の生涯に関する実証的な研究や全体像の詳細な研究はなされてこなかった。

円了は、明治二〇（一八八七）年前後から社会的に活躍し、東洋大学（前身は哲学館）の創立者、哲学・心理学の普及者、仏教近代化の先駆者、妖怪学の提唱者、修身教会運動としての全国巡講を行った社会教育者、哲学堂の創設者など、多岐にわたる業績を残し、「明治青年の第二世代」[1]の一人として歴史家から評価されている。

しかし、円了は自伝を執筆しなかった。その理由は、「人は伝あるをもって伝となし、われは伝なきをもって伝となす。」（人以有伝為伝、我以無伝為伝）[2]という主義にある。また、伝記も詳細なものは書かれていない。その理由は、残された業績が多岐にわたっており、円了の生涯（全体像）を統一的に捉えにくくしているためであろう。

円了の生涯が初めてまとめられたのは、大正八（一九一九）年六月六日の急死から、およそ二か月後に出版された『東洋哲学』第二六巻第七号（大正八（一九一九）年八月二八日）においてである。同誌は一六四人の追悼文、その他に、口絵、本文、弔詞が掲載されている（同誌はその後、東洋大学校友会によって『井上円了先生』の題名で、大正八（一九一九）年九月四日に再刊されている）。

その本文の中に、「井上先生行状一班」「甫水井上円了先生譜略」「井上博士著作目録」という、円了の生涯と業績がまとめられている。急死から二か月後にまとめられたもので、相当短期間に行われたと考えられる。そのため、「行状一班」「譜略」という題名が付けられ、「著作目録」では「脱落や不明な所が発見されたら後日訂正する事として、今蒐集の結果を羅列することにした」と断わりが付記されている。なお「行状一班」では「明治七年六月十七歳、長岡洋学校に入り」とあるが、正しくは「明治七年五月五日、新潟学校第一分校（長岡洋学校の後身で、改称）に入学」である。また「譜略」では「明治十年……秋本願寺留学生として東京に上る命あり」とあるが、正しくは「明治一一年三月二十二日得而東京留学之命」である。

このような誤りが多少あったとしても、生前の円了を知る関係者が執筆したためか、短期間でよくまとめられている。そして、この三つの文章が円了の生涯の原型的資料として、その後長く典拠としての役割を果たしてきた。

二　先行研究

この追悼集の資料があったためか、円了の生涯に関する研究は、戦前においては特筆すべきものは見られない。

戦後、円了の生涯についてまとめたのは平野威馬雄である。平野の『伝円了』[3]は、一四の章にわけて、「一　井上円了の名のこと」から「一四　星の世界へ」まで、エピソード的に生涯をまとめている。「井上円了譜略」では、「明治十年六月、長岡洋学校の助教を辞し、新潟英語学校に学ぶ。」とあるが、正しくは「明治一〇年六月、長岡学校の助教を辞し、九月、東本願寺の教師教校英学部に学ぶ」である。各種の資料を参考にしたのであろうが、それらの正否を判断しない（できなかった）ので、このような誤りが生じたのであろう。しかし、問題は「なにをするにも、気持ちがわるいほど、きちょうめんでやたらに数字と統計を持ち出したがる癖の円了先生」という認識である。平野氏は『熊楠伝』に続いて、この『伝円了』を取り上げた。そのために、奇人としての面を強調しようとしている。「円了追慕—あとがきにかえて」という最後の文章ではつぎのように述べている。[4]

〝伝円了〟と銘打った以上、常識的にも、一応、かれの『伝記』的な内容を前掲してからでないと、とっつきにくいので、はじめは、一冊にまとめて、『伝記』と『業績』（特に、妖怪研究）を同時に……と、考えていたのだが、どうしてどうして、大へんな仕事になってしまい、一冊の本では絶対におさめ切れなくなり、上と下という事にし、ここでは、もっぱら『妖怪』以前の業績をたどることにした。

しかし、円了の妖怪学の基盤となっているものが、この本の中にあるのだということだけでも、次にあらわれる『妖怪』のレーゾンデートルが、はっきりしてくるわけである。

ほんとに、幾度もくりかえしていうようだが、南紀の博学南方熊楠の業績の面白さが、この円了の伝記によって一層箔づけられたような気がする。

平野は円了の妖怪学を取り上げることを念頭に、円了の伝記をまとめている。そのために、内容的には『日本周遊奇談』の文章をあげて、円了の代表的業績とするなど、真正面から事実に取り組むよりも、熊楠的な奇譚を高く評価しているのは、先の「あとがきにかえて」で分かる。そのために、本格的な伝記とは言い難いものである。

その他に円了の生涯を取り上げた著作として、近代日本科学史の板倉聖宣の『かわりだねの科学者』[5]がある。この小論の狙いは円了の妖怪学にあったが、それに先駆けて、円了の生涯を簡潔にまとめている。ただし、先に述べたように、追悼集を資料としているので、間違いがある。

三　東洋大学における井上円了研究

円了が創立した哲学館、現在の東洋大学にも戦後の円了研究はあった。「学祖研究室」という研究組織があった[6]。昭和三一(一九五六)年に設置されたものである。その成果は、柳井正夫編『学祖井上円了研究と東洋大学学術研究の一班』にまとめられている。その後、昭和三四(一九五九)年には学祖研究室は大学付属の東洋学研究所に移行した。助手をしていた天野才八は「学祖研究室の時代というのは客観研究という段階ではなく、学祖への関心の種を蒔こうとしたものであったと思います。七十周年記念事業のために設立されたものですから、……学祖に関する研究というにはほど遠かったように思います」と述べている。

このように、円了の多岐にわたる業績に関する先行研究は、各分野の部分としてのものはあっても、全体像を含むまとまった研究というのはなかった。昭和五三(一九七八)年に、東洋大学は井上円了記念学術振興基金を設立し、その果実に基づいて有志による本格的な井上円了研究が始まった。この組織は「井上円了研究会」という名称で三つの部会が設立された。各部会とテーマは、インド哲学科中心の第一部会は「井上円了の学理思想」、哲学などの関係者による第二部会は「井上円了と西洋思想」、哲学と社会学の第三部会は「井上円了の思想と行動」であった（この他に、「井上円了の書」研究グループも設立された）。

この三つの部会による研究は一〇年間にわたり行われた。第一部会と第二部会の成果は、『井上円了の学理思想』『井上円了と西洋思想』というそれぞれ一冊ずつにまとめられた。筆者も所属した第三部会は、機関誌『井上円了研究』を刊行し、基礎研究、個別研究、総合研究に取り組んだ。特に『井上円了関係文献年表』という基礎的な文献目録は、前掲の板倉聖宣が「この目録により、東洋大学でも本格的な井上円了研究ができるようになった」と高く評価されている。

また、これらの井上円了研究会の出版物は、東洋大学の学内だけでなく、全国の大学・短大の図書館へ寄贈されて、その後の井上円了研究の拡大に貢献したといわれている。

昭和六二(一九八七)年に、東洋大学は創立一〇〇周年を迎えた。その時に、井上円了研究会の成果に基づき、新書版の『井上円了の教育理念』[7]と、現代表記の『井上円了選集』（第一巻―第三巻）が刊行された。このような研究成果が評価されて、平成二(一九九〇)年には、法人立の「井上円了記念学術センター」という井上円了に関する専門的な研究機関が設立されたのである。

東洋大学百年史の編纂も、同センターで行われ、全八巻で刊行を終えた。同センターから機関誌『井上円了センター年報』が発行され、また『井上円了選集』の刊行も継続された。『井上円了選集』は全二五巻で終了した。このように昭和五三（一九七八）年から東洋大学で始まった井上円了研究は、三〇年以上にわたって行われたが、現在では大学付置の「井上円了研究センター」が新設され、また「国際井上円了学会」も設立され、東洋大学における井上円了研究は継続されている。[8]

【註】

1 『色川大吉著作集』第一巻（新編明治精神史）筑摩書房、平成七（一九九五）年参照。

2 井上円了「付録 第一編 信仰告白に関して来歴の一端を述ぶ」、『活仏教』大正元（一九一二）年、『井上円了選集』第四巻、四九五頁。本書における井上円了の著作の引用は、原則として、現代表記した『井上円了選集』第一巻—第二五巻、東洋大学、昭和六二（一九八七）～平成一六（二〇〇四）年からとする。同選集の編集は筆者が担当したが、その刊行年は、第一巻—第三巻が昭和六二（一九八七）年、第四巻—第七巻が平成二（一九九〇）年、第八巻—第一〇巻が平成三（一九九一）年、第一一巻が平成四（一九九二）年、第一二巻—第一三巻が平成九（一九九七）年、第一四巻—第一五巻が平成一〇（一九九八）年、第一六巻—第一八巻が平成一一（一九九九）年、第一九巻—第二〇巻が平成一二（二〇〇〇）年、第二一巻が平成一三（二〇〇一）年、第二二巻—第二三巻が平成一五（二〇〇三）年、第二四巻—第二五巻が平成一六（二〇〇四）年となっている。なお、現在、同選集は東洋大学付属図書館の「東洋大学学術情報リポジトリ」で公開されている。同選集に未収録のものは原本から引用する。なお、以下、同選集からの引用にあたっては、『選集』と略称する。

3 平野威馬雄『伝円了』草風社、昭和四九（一九七四）年。

4 平野威馬雄、前掲書、三八一—三八二頁。

5 板倉聖宣『かわりだねの科学者』仮説社、昭和六二（一九八七）年参照。

6 詳しくは、天野才八「学祖研究室について」（『井上円了研究』第七号、平成九（一九九七）年）を参照。学祖研究室時代の研究成果は、『学祖井上円了博士と東洋大学学術研究の一班』（中外日報社東京総局、昭和三四（一九五九）年）という小冊子がある。

7 高木宏夫監修・三浦節夫著『井上円了の教育理念—新しい建学の精神を求めて』東洋大学、昭和六二（一九八七）年。

8 東洋大学における井上円了研究については、拙稿「井上円了に関する研究史」（『国際哲学研究』第一号、九五—一〇〇頁）を参照されたい。

最近の出版物の中で、円了の生涯を取り上げたものとして、つぎのようなものがある。

拙著「井上円了小伝」（『甫水井上円了漢詩集』三文舎、平成二〇（二〇〇八）年、三三七—三五六頁）。拙著『井上円了と柳田国男の妖怪学』教育評論社、平成二五（二〇一三）年。拙著『新潟県人物小伝 井上円了』新潟日報事業社、平成二六（二〇一四）年。これらはいずれも略伝である。また、菊池章太『妖怪学の祖 井上圓了』角川選書、平成二五（二〇一三）年は、生涯を部分的に取り上げたものである。

第二節　思想に関する先行研究

円了の思想に関する研究は、戦前に仏教、哲学関係がわずかにあるが、戦後における先行研究として主な分野と研究者をあげると、つぎのようになる。

近代日本哲学史――舩山信一[1]、三枝博音[2]、峰島旭雄[3]
近代日本仏教史――吉田久一[4]、柏原祐泉[5]、池田英俊[6]、常盤大定[7]、森竜吉[8]
近代日本思想史――家永三郎[9]、山﨑正一[10]

各研究者が、それぞれの専門分野から円了を研究対象として部分的に扱っていた。この中で、とりわけ社会的な影響が強かったといわれているのが家永三郎である。家永によれば、井上哲次郎は教育勅語から国家主義への教化を行ったことで有名であるが、その井上哲次郎が「官」の立場で行ったことを、「民」の立場で行ったのが円了であると位置づけている。

吉田久一は、家永の説を継承し、国家主義との関係で円了を位置づけた。吉田は『日本近代仏教史研究』中で、仏教の近代化という観点から円了を取り上げず、国家主義、国粋主義という枠組みにおける数人の中の一人として取り上げている。

円了の思想に関する先行研究であるが、その全体像を対象としたものはないのが現状である。例えば、小倉竹治の著書に『井上円了の思想』[11]と題するものがある。同書の内容は、「第一章　井上円了―人とその教育思想」、「第二章　通信教育の祖―井上円了論」、「第三章　明治の哲学館事件」、「第四章　再び哲学館事件について」、「第五章　西山哲治と帝国小学校」となっている。

著者は「私が日本教育史、特に明治に関心をもちはじめてから、二十年の歳月が流れた[12]」と述べているが、第一章を読んでみると、「十年（一八七七年）六月（円了二十四歳）長岡洋学校から新潟英語学校に移った」という記述は、正しくは、円了が入学した時の長岡の洋学校名は「新潟学校第一分校」であるから、著者は誤認している。また「円了は文科大学哲学科在学中の一学生であった頃」という記述は、正しくは「東京大学文学部哲学科」であって、文科大学はその後の帝国大学時代からのものである。このような基本的な事実の誤認、さらに第二章の「通信教育の祖―井上円了論」では、円了が東京大学研究生の頃に通信講学会で心理学を担当していた事実を出発点とすべきところ、このことに全く触れていないという致命的な欠陥がある[13]。

さらに、第三章と第四章で詳述されている哲学館事件については、田村晃祐から、「この事件の本質は私見をもってすれば、天皇神格化を推進する国家神道説に立つ国家樹立をもくろむ文部省と、合理的・近代的教員養成を意図する哲学館との思想的対立が背景にあったと思われます。小倉竹治氏は「哲学館事件の根底に流れる原因は東西倫理観の衝突である」……という見解を述べていますが、修身教科書の儒教主義の問題もあり、根はもっと深いものと考えられるのではないでしょうか[14]」と疑問が呈されている。

　小倉の研究は、大正八（一九一九）年の旧資料に依拠していて、それを批判的に検証しておらず、事実の誤認を継承し、新たな発見は一つに限られている[15]。「彼〔円了〕の生涯に亙る営みを実証的に明らかにしたい」という著者の目的は達成されていない（〔 〕は引用者、以下同じ）。例えば第一章の「むすび」で「小論は井上円了について、いくつかの観点から資料を中心に私見を述べてきたが、円了について明らかにすべきことはなお多いと思う[16]」と述べているように、題名の『井上円了の思想』も、思想を究明しているよりも、私見の範囲内を出ていないものであると言わざるを得ない。

　このように見ると、円了の思想の全体像を対象とした研究は、現在のところでは皆無といえよう。しかし、円了の思想のそれぞれの分野からの評価はある。例えば、近代仏教史の吉田久一は、『現代仏教思想入門』において、「現代仏教思想の系譜」として、島地黙雷、井上円了、清沢満之、姉崎正治を取り上げている。そして、「仏教の革新」の見出しで、円了の思想について、つぎのように述べている[17]。

　明治中期は政治的には近代国家の確立期であり、経済的には原始蓄積が終了し、やがて産業革命を迎えようとする時期である。そして思想的には明治一〇年代の欧化主義に対し、「国粋主義《ナショナリズム》」が提唱される時期である。伊藤博文が日本では宗教は高い地位を持たず、天皇制信仰を以ってこれに替えようと主張したことは有名である。

　仏教思想は国粋主義の勃興を背景に、西洋哲学によって仏教の新解釈を行ない、それによってキリスト教と対抗し、仏教「革新」を行なおうとした。その代表的人物が井上円了《いのうええんりょう》である。

　井上円了は哲学の普及者、哲学館の創立者として著名である。とくに仏教の哲学的基礎づけを行ない、それは廃仏毀釈後の明治仏教「蘇生」の原動力の一つとなった。円了には近代仏教信仰樹立という課題は見えないが、啓蒙家として、明治仏教の消極性を積極性に転換させる力となった。

　円了の思想に対する吉田の評価は、「啓蒙家」「明治仏教を積極的に転換させた」人といいながら、「近代仏教信仰樹立という課題は見えない」と断定的に述べている。吉田の研究は家永三郎の説を継承している。この円了に関する家永・吉田説は戦後において円了の歴史的位置づけに大きな影響を与えた。特に吉田は近代仏教史の開拓的業績を残しただけに、円了に関する定説となっている。家永・吉田説への問題提起が本論の目的の一つでもある。

　ところが、最近の研究では円了の評価は異なっている。仏教学者の田村晃祐は『近代日本の仏教者たち―廃仏毀釈から仏教はどう立ち直ったのか』という著書の中で、つぎのように円了を位置づけている。[18]

> 江戸時代の仏教学は、各宗派の学問が中心で、宗祖の著作について多くの註釈が行われました。明治時代になると、キリスト教に対抗する意味からも、仏教全体の本質を探る研究が行なわれるようになりました。あるいは、より拡大して、西洋哲学の本質を仏教と同じ視点で見ていくことさえも行われました。そのような研究の代表的な例として、この第二章では井上円了《えんりょう》・村上専精《せんしょう》・鈴木大拙《だいせつ》の三人の経歴と思想をとりあげたいと思います。

　田村の第二章のタイトルは「仏教の本質を求めて」であり、その最初の人物として井上円了が位置づけられているのである。

このような評価は、仏教思想史の末木文美士の研究にも見られる。末木は『明治思想家論―近代日本思想・再考Ⅰ』という著書の中で、序章で「近代思想を見直す―明治の思想と仏教」を提起し、円了については「純正哲学と仏教」という枠組みで、「過渡期の思想家」としてつぎのように位置づけている。[19]

> 明治思想史における井上円了（一八五八―一九一九）の位置づけは必ずしも確定していない。例えば、山崎正一『近代日本思想通史』（青木書店、一九五七）では仏教護法運動の一環としてかなり大きく取り上げているが、最近の標準的な通史である松本三之介『明治思想史』（新曜社、一九九六）では井上は取り上げられていない。
>
> 山崎正一は、仏教の護法運動を三期に分ける。第一期は明治元年から五年頃、神仏分離・廃仏毀釈運動に対抗するもの、第二期は明治六年から一〇年の教部省廃止まで、第三期は明治一一年から二三年頃までとする。その第三期を代表するものとして井上が挙げられる。
>
> 　もっとも井上が活動をはじめるのは明治一八年（一八八五年）であり、それまでの明治一〇年代にはそれほど大きな仏教の思想活動は見られない。明治一〇年代は政治的には自由民権運動、宗教的にはキリスト教がもっとも活発に活動した時期であり、仏教はそれらに押されて停滞していた。井上が

強い危機意識をもって反キリスト教的な主張を展開するのは、このような状況ゆえである。それは明治二〇年代に勃興する国粋主義的な動向の先蹤をなすものであった。

井上はまた、明治における西洋哲学の受容と、それに基づく体系的な哲学思想の樹立という点でも、比較的早い時期の注目される思想家のひとりである。舩山信一は、明治の哲学史を五期に分ける（『明治哲学史研究』、『舩山信一著作集』六、こぶし書房、一九九九）。すなわち、第一期は明治元年から一五年までの実証主義の移植の時期、第二期は明治一五年から二二年までの観念論と唯物論との分化の時期、第三期は明治二二年から三八年までの日本型観念論の確立の時期、第四期は明治二八年から四四年までの（一部分第三期と重なる）哲学啓蒙家の時期、第五期は明治四四年以後の日本型観念論の大成の時期である。井上の活動は、第二期から始まり第四期に及ぶが、特に第二期を代表するひとりとして注目されている。

末木は円了の思想を検討した上で、国家主義、キリスト教の批判、仏教のイデオロギー化という戦前の仏教界の流れを形作った人物と捉えながら、その反面でつぎのように述べている。[20]

だが、そのように図式化して否定してしまうには、井上の持っている可能性はあまりにも幅広く多様である。その妖怪研究にしても、本来の啓蒙的意図を逸脱するまで深入りして、今日改めて注目を浴びるだけの内実を具えている。

田村や末木が指摘しているように、円了の思想の再検討は近代日本、現代日本を考察する上で、大きな意味を持っている。ところで、円了がその生涯において思想活動を始めたのは何歳ごろであるのか、という問題はまだ定説がない。青少年期の思想遍歴を叙述した明治二〇（一八八七）年の『仏教活論序論』の「思想遍歴」の自伝的文章はよく知られている。その要点をまとめて示すと、つぎのようになる。[21]

一、余が仏教を純全の真理と発見したのは、最近のことで、明治の初年からそれを追求して十年以上が経過している。

二、余は始めから仏教を真理であると信じたものではなく、非真理として誹謗排斥する見方は普通の人と変らなかった。

三、寺に生まれ、そこで育ったが、明治維新以前は心ひそかに仏教は真理ではないことを知り、坊さんの姿をして人々と対することを恥辱と思い、早くその門を去って、世間に出たいと渇望していた。

四、明治維新が宗教に対して一大変動を与え、廃仏毀釈の論が広まるにつれて、世間で学問を求めるようになった。

五、五年間、儒学を学んだが、それが純全の真理だと思えなかった。
六、その後、洋学に転向し、西洋のヤソ教をうかがい、英漢対訳で聖書を日夜熟読したが、ヤソ教も真理だとは思えなかった。
七、そこで、洋学をさらに学び、真理の性質を明らかにして、心ひそかに他日一種の新宗教を立てることを誓った。
八、その後、西洋の哲学を学び研究して、真理の有無を発見しようともっぱら取り組んだ。
九、ある日、余が十年以上にわたり追求してきた真理は、西洋で講じられてきた哲学中にあることを知った。その喜びは表現しがたいものであった。長い間の迷雲はこの時、始めて開き、脳中豁然として洗うがごとき思いであった。
一〇、この時から、旧来の諸教を再び顧みたが、儒教やヤソ教はやはり真理ではないことを確認したが、仏教についてはその説大いに哲理に合すると確信した。
一一、こうして、新宗教を起こすという宿志を捨て、仏教を改良して開明世界の宗教にすることを決定した。それは明治一八(一八八五)年のことであり、余が仏教改良の紀念としたことであった。

円了のこの「思想遍歴」の文章を現実の思想活動としてそのまま受け止めることができるのであろうか。田村晃祐は『近代日本の仏教者たち』の中で、この文章を取り上げ、「円了自身は寺の長男に生まれ、幼少の折は檀家《だんか》をまわってお布施《ふせ》をもらう生活をしていました。が、このような生活を嫌い、長岡藩が戊辰《ぼしん》戦争を戦った明治維新の激動を、身近に見聞し、また廃仏毀釈が佐渡や富山、そして長岡周辺にも起こったことから、これからは単に仏教にのみ満足していくべきでないと考え[22]」ていたといい、その後の円了の動向を自伝的文章にしたがって要約している。

これに対して、清水乞は「修学期における井上円了の座標(報告)」という論文で、青少年期の円了についていくつかにわけて捉え直している。以下、その要点を抜粋しておこう。[23]

「円了十歳前の仏典学習については不詳であるが、恐らく宗門の常用教典や親鸞の和讃・蓮如の御文の読誦であったのではなかろうか」

十歳以後「円了が受けた教育は形式的にも内容的にも転換期にあったのであるが、教師である石黒も木村も幕末儒学の伝統的教育を受けた人であり、その形式と内容を踏襲して教授したと想う」

明治四(一八七一)年の円了の得度が自らの意思ではなく、父円悟がひそかに請願したものであるという記述[24]は「回顧談であるから止むを得ないとしても、『襲常詩稿』の「釈円了」の自署と矛盾している。この詩稿を装綴した時、円了は仏弟子である自己を明確に自覚して「釈円了」と書き込んだことであろう」

円了の思想遍歴の自伝的文章は「明治十八年の意識の投影であって、明治五年の円了は「僧衣を脱」せず、極めて素直に仏儒を兼学している」

「以上、郷里における円了の学修は、漢学の伝統的形式、洋学の時代性、僧侶たる宿命性、すべて受動的（即自的）要素を形成したものといえる。特に、信仰に関しては生涯変らぬ安心立命の安養の世界（真宗の教え）に生きていた」

長岡学校の助教に採用されていた「明治九年十九歳の円了は自立した青年であったが、円了は、大きく変化する時代の渦に巻き込まれた木の葉のように漂っていた」

円了が明治十年に京都の東本願寺教師教校へ行った時「円了の行動は「本山の命」に忠実な「釈円了」の自覚に基づいている」

東京大学の「学生時代の円了は将来を約束された学士候補者・「大学生」として情熱に燃え、旅行では同僚と「談話」し、研究会で先輩に混じって「演説」し、新しい社会の空気を存分に吸って、見聞を広め、次第に使命に目覚めて行った。円了が哲学を選んだ目的は、東本願寺の護法場以来の課題であり、特に新しいものではなかった。円了の創見は目的達成の方法として普遍性のある哲学を選び、哲学専修の学校を設立するという点に在る。円了は既成の教義宗教・教団を超えた視点に立っていた。しかし、現実は厳しく、東本願寺の了解を得るための苦労は我々の想像を絶したものであったであろう」

清水は円了の有名な自伝的文章に書かれた思想遍歴をそのままに受け止めていない。では、円了の思想活動が本格化したのはいつからであろうか。

筆者は本書の第二章第三節の「東京大学時代の論文」から考えて、予備門・文学部入学の前後と捉えている。最初の論文「主客問答」は文学部の一年生（明治一四（一八八一）年）であり、そこでは宗教、仏教、キリスト教、哲学が論じられているからである。

その後、西洋の哲学を学び、真理の標準は哲学にありと認識した円了が、振り返って諸教を再検討したところ、独り仏教のみが西洋の哲学に合致すると発見したのは、本書の第二章第四節の「哲学館創立の決意」で引用した東本願寺への上申書にも見られるところである。時期は明治一七（一八八四）年秋で、文学部の四年生である。そして、仏教が哲学であるという認識を強くしたのは、自伝的文章にあったように、明治一八（一八八五）年のことであろう。このことを明確にしたのは、佐藤厚の「井上円了『八宗綱要ノート』の思想史的意義─仏教・哲学一致論の前提、および吉谷覚寿の思想」である。佐藤の研究は円了の明治一八（一八八五）年後半に作成された吉谷覚寿の講義のノートを対象としている。佐藤はこのノート第一の諸法原理と、第九の四門入理を取り上げて、円了の仏教・哲学一致論をつぎのように検討している[25]。

（一）諸法原理

「諸法原理」は、世界成立の原理について、一、倶舎宗、二、法相宗、三、華厳宗および天台宗という三つの考え方の違いを記す。すなわち一、倶舎宗（倶舎論）は、世界が要素の離合集散によるという考え方である。二、法相宗（唯識論）は、阿頼耶識の種子から世界が成立すると説く考え方である。三、華厳宗および天台宗では、真如縁起と立てて、真如の活動により世界が成立すると説く考え方である。円了は、明治一九年（一八八六）一一月刊行の『真理金針』「続編」では、この三つの考え方を西洋哲学の唯物論、唯心論、唯理論と対応させ、仏教・哲学一致論を構築する。よってこの項目は仏教・哲学一致論の前提となるものである。

（二）四門入理

円了の仏教・哲学一致論の仏教宗派は、最初は四つ（倶舎宗、法相宗、華厳宗、天台宗）であったが、明治二〇年（一八八七）一月刊行の『真理金針』「続々編」になると成実宗と三論宗とが加わり、六宗に拡大する。そして、それらを

②経宗（経典に基づく宗派）、論宗（論書に基づく宗派）の区別、③大乗小乗の別、④⑤空有の別、そして⑥西洋哲学との対応を述べる。これを表にすると次のようになる。

①仏教宗派	②経宗論宗	③大小乗	④空有	⑤空有	⑥西洋哲学
倶舎宗	論宗	小乗	有	有	唯物論
成実宗				空	唯物論から唯心論への階梯
法相宗		大乗	空	有	唯心論
三論宗				空	唯心論から中道へ入る階梯
華厳宗	経宗		中道	非有非空亦有亦空	唯理論
天台宗					

佐藤は、円了が自伝的文章に書いたように、仏教・哲学一致論を発見したのには、吉谷覚寿の思想の影響があったと述べている。ともあれ、円了が明治一八（一八八五）年になって、自己の思想の核心を得たのは間違いのない事実である。これがその後の思想の出発点となったのである。

これから、本書では円了の思想をさまざまな角度から検討す

るが、円了の思想についての研究論文は、一九八〇年代から続々と発表され、現在までに一〇〇本以上に達している。筆者はこれらの先行研究を手がかりに、円了の思想の全体像の解明に取り組んでいきたいと考えている。

なお、円了はその生涯において、いくつかの事業に取り組み、多くの著作を著している。それらはすべて円了の思想に基づくものである。円了の思想を検討する場合の留意すべきことについて、「井上円了の教育理念」を提起した飯島宗享はつぎのように語っている。[26]

円了の場合は殊に、書かれた文字だけでなしに、為された教育に関する事業あるいは講演旅行その他の様々な事跡、こういうものに現れている教育理解を、教育とはなにかと言葉でおっしゃってるものに共に考え合せて、そこに一貫した円了の教育理念をみなけりゃならんだろうと考えます。

飯島は、円了の思想の検討には、行動と合わせて理解する視点が重要だと指摘している。筆者もこの視点を踏まえて、これからの円了の思想の解明を進めて行きたいと考えている。

【註】

1 『船山信一著作集』第六巻（明治哲学史研究）こぶし書房、平成一一（一九九九）年を参照。

2 三枝博音「明治時代の日本哲学（其の二）」（『明治哲学思想集（明治文学全集　八〇）』筑摩書房、昭和四九（一九七四）年、三八三―三九二頁）を参照。

3 峰島旭雄「現象即実在の宗教観：井上円了」（『明治思想家の宗教観』大蔵出版、昭和五〇（一九七五）年、一五〇―一七八頁）を参照。

4 吉田久一『日本近代仏教史研究』吉川弘文館、昭和三四（一九五九）年を参照。

5 柏原祐泉『日本近世近代仏教史の研究』平楽寺書房、昭和四四（一九六九）年を参照。

6 池田英俊『明治の新仏教運動』吉川弘文館、昭和五一（一九七六）年を参照。

7 常盤大定「日本仏教一貫論（解題）」（『明治文化全集　一九　宗教編』日本評論社、昭和五一（一九七六）年、三八―四一頁）を参照。

8 森竜吉「真理金針」「仏教活論」（解題）（『真宗史料集成』第一三巻、同朋社、昭和五二（一九七七）年、五一―五四頁）を参照

9 『近代日本思想史講座』第一巻、筑摩書房、昭和三四（一九五九）年、八三―八四頁。家永三郎は、同書の中で、教育勅語に関する問題から、井上哲次郎は官の立場で普及を進め、円了も民の立場で同じく普及を行ったと述べているが、哲次郎と円了の教育勅語に関する意義理解は当初は同じであったかも知れないが、明治三〇年代の第二次教育と宗教の論争から異なっている。家永は円了の晩年の著書まで理解していなかったのではないだろうか。円了の『奮闘哲学』を読むと、円了は軍人、学者、官僚

という権力の構成者を、民衆を中心とする社会の現状を理解していないと批判しているからである。また、権力からの叙勲も、哲次郎は早くから高位の勲章を受けているが、円了は大正時代に叙勲を二度にわたり固辞し、生涯において無位無官の思想的立場を通した。こういう点から考えると、哲次郎の官の立場で行ったことを、円了が民の立場で進めたと同列に評価した、家永説は誤りといえよう。

10　山崎正一『近代日本思想通史』青木書店、昭和三二（一九五七）年参照。

11　小倉竹治『井上円了の思想』校倉書房、昭和六一（一九八六）年。

12　同右、一頁。

13　通信教育については、『東洋大学百年史　通史編Ⅰ』の「第三節　館外員制度と哲学館講義録の発行」（九七―一一四頁）参照。『東洋大学百年史』は、通史編Ⅰ、通史編Ⅱ、資料編Ⅰ・上、資料編Ⅰ・下、資料編Ⅱ・上、資料編Ⅱ・下、部局史編、年表・索引編の全八巻で、東洋大学より出版された。『東洋大学百年史』の刊行年は、『通史編Ⅰ』が平成五（一九九三）年、『通史編Ⅱ』が平成六（一九九四）年、『資料編Ⅰ・上』が昭和六三（一九八八）年、『資料編Ⅰ・下』が平成元（一九八九）年、『資料編Ⅱ・上』と『資料編Ⅱ・下』が平成六（一九九四）年、『部局史編』が平成五（一九九三）年、『年表・索引編』が平成七（一九九五）年となっている。なお、現在、『東洋大学百年史』全八編は東洋大学付属図書館の「東洋大学学術情報リポジトリ」で公開されている。以下、『東洋大学百年史』は『百年史』と略す。

14　田村晃祐『近代日本の仏教者たち―廃仏毀釈から仏教はどう立ち直ったのか』日本放送出版協会、平成一七（二〇〇五）年、八二―八三頁。

15　小倉竹治、前掲書、三九頁の尾形裕康『近代日本における千字文型教科書の研究』の「円了作・明治千字文」である。

16　小倉竹治、前掲書、四五頁。

17　吉田久一『現代仏教思想入門』筑摩書房、平成八（一九九六）年、一〇頁。

18　田村晃祐、前掲書、七二頁。

19　末木文美士『明治思想家論―近代日本思想・再考Ⅰ』トランスビュー、平成一六（二〇〇四）年、四三―四四頁。

20　同右、六〇頁。

21　井上円了『仏教活論序論』明治二〇（一八八七）年（『選集』第三巻、三三五―三三七頁）。

22　田村晃祐、前掲書、八八頁。

23　清水乞「修学期における井上円了の座標（報告）」（『井上円了センター年報』第一五号、平成一六（二〇〇四）年、六一―一一一頁）。

24　井上円了『活仏教』大正一（一九一二）年（『選集』第四巻、四九五―四九六頁）。

25　佐藤厚「井上円了『八宗綱要ノート』の思想史的意義―仏教・哲学一致論の前提、および吉谷覚寿の思想」（『井上円了センター年報』第二二号、平成二五（二〇一三）年、一二九―一三〇頁）。

26　飯島宗享「基調報告　井上円了の教育理念」（『井上円了研究』第四号、昭和六一（一九八六）年、六九頁）。上』と『資料編Ⅱ・下』が平成六（一九九四）年、『部局史編』が平成五（一九九三）年、『年表・索引編』が平成七（一九九五）年となっている。なお、現在、『東洋大学百年史』全八編は東洋大学付属図書館の「東洋大学学術情報リポジトリ」で公開されている。以下、『東洋大学百年史』は『百年史』と略す。

第一章

長岡時代

第一節　生家・慈光寺とその家族

一　慈光寺と栄行寺

円了は、親鸞を開祖とする真宗の寺院に生まれたことの意味を、少し強い口調でつぎのように記している。[1]

いかに公平に諸宗教諸宗派を審判してみても、信仰の一段に至りては、真宗の外にいまだ余が意に適するものを発見せず。これ一〇歳以前家庭において受けたる教育の仏縁が、内より自発せしによるならんか。ああ快哉南無阿弥陀仏。

円了は安政五（一八五八）年に、越後国長岡藩西組浦村（現在の新潟県長岡市浦）の真宗大谷派（東本願寺）の末寺である慈光寺に生まれた。父の円悟は次男であったが、のちに慈光寺の第一四世住職を世襲した。母のイクは、栄行寺の第一三世住職である大溪覚瑞の長女であった。父母ともに寺族であるという典型的な真宗寺院に、長男として円了は生まれた。

慈光寺と栄行寺という二つの寺院は、真宗の教勢が強い新潟県下にあるが、慈光寺は三島郡浦村、栄行寺は中魚沼郡水口沢村と離れており、またその歴史も異なっている。円了の生涯に大きな影響をもたらした二つの寺院について、はじめに慈光寺、つぎに栄行寺の順に、その沿革を見ることにしたい。

円了の生家である慈光寺の地名は、三島郡浦村、同郡来迎寺村浦、同郡越路町浦と変遷し、最近になって長岡市浦となったが、慈光寺の歴史について、『三島郡誌』はつぎのように記している。[2]

浄土真宗大谷派東本願寺末寺で開基行円創立、中奥慶伝、天台宗であつたが後其の宗に帰向し、万治元年五月慈立院を慈光寺と改めた。開基干支不詳。為に中奥慶伝を以て歴代の初となしてゐる。本尊阿弥陀仏立像作人不詳。

この開基の年代について、最近出版された『越路町史』は、上杉謙信の時代に真言宗の寺院が豪族や武将の庇護を受けていたが、上杉の移封とそれに続いた越後一揆でこれらの寺院は大打撃を被り、その後へ進出してきたのが浄土真宗であり、同地方の寺院勢力に大きな変化をもたらしたといい、これらの真宗寺院の多くは、北信濃に由緒があると指摘する。そして、慈光寺もそのうちの一つであるとして、つぎのように記述している。[3]

（［　］は引用者、以下同じ）

浦の慈光寺は万治元年（一六五八）の創立とするが、その前、元和二年（一六一六）には浦村に招請されていたという……山号の大岩山と姓の井上は、ともに信濃高井郡の地名〔井上郷〕によるものと思われるので、この寺も北信濃系統であろう。

この記述は、幕末にまとめられた大平与文次の『三島郡浦村温古録』を資料としている。大平与文次の同書では、慈光寺についてつぎのように記している。[4]

当寺先祖ハ源家ノ武士〔ママ〕井上ノ後胤ニシテ大岩山ト号ス、天正四丙子年ノ開基ニシテ古志郡麻生田村ニ建立ス、同郡長岡町（東）浄土真宗妙宗寺ノ末寺ナリ、元和二丙辰年七月本村信徒ノ招請ニ依リ信濃川西岸ニ瀕シ字岡下畑ニテ敷地公竿入五畝五歩ヲ賜リ移住ス「目下清蔵邸地ナリ」、数年ヲ経ズシテ川欠、且ツ本村ト遠隔ノ地ナルヲ以テ村北際当時ノ場所ニテ敷地公竿入壱反壱畝弐拾五歩ヲ賜リ移住ス、除地高境内共ニテ五石六升九合歴然タル免除地ナリ、

（上欄外）字ヤギシト原ニ慈光寺免ト称スル畑二ケ所アリ、寛政十二申年検地入マデ免除地也

このように、慈光寺の開基の年代やその後の変遷が記されている。新潟県では明治一六（一八八三）年に「神社寺院仏堂明細帳」が作成されている（現在、新潟県立文書館に所蔵）。この資料では、慈光寺の由緒、施設、門徒などがつぎのように記されている。[5]

新潟県管下越後国三嶋郡浦村字浦屋
本山京都府山城国愛宕郡下京区常葉町本願寺
　真宗大谷派　慈光寺
一　本尊　阿弥陀仏　立像
一　由緒
（貼紙）「万治元年五月廿五日創立、開基慶伝タリ、従前除地高五石六升所有之処、明治七年返上」
一　堂宇間数
本堂　間口七間半 奥行八間　庫裏　間口九間 奥行四間半
鐘堂　間口八尺 奥行弐間　門　間口九尺 奥行七尺
一　境内坪数并地種
六千四百三十七番地　民有地第一種
七百六十八坪　官有地御下渡ニ相成候
外ニ六千四百三十四番地
宅地三百拾弐坪　従前民有地第一種

六千四百三十六番地
宅地百廿九坪　従前民有地第一種
一　境内地　壱宇
太子堂
本尊　聖徳太子　木像
由緒　天保七年八月創立
堂　間口七尺 奥行八尺
一　住職　三嶋郡浦村 訓導　井上円悟
一　檀徒人員百二十八人
一　管轄庁迄　弐十里拾五町
以上
右之通相違無之候也、
檀中物代　浦村
明治十六年七月廿九日　西脇所次郎㊞
同　道半村　高橋三郎㊞
同　宮川外新田　高橋九郎㊞
住職　訓導　井上円悟㊞
新潟県令永山盛輝殿

この書類には慈光寺の塔頭であった「慈教寺（住職は井上円悟）」が続いて記されているが、同寺の信徒人数は一五〇人であり、古志郡西野村へ移転している。さらに、同書類には井上円悟名で明治一七（一八八四）年六月廿二日に出された「御尋ニ付上申」があり、慈光寺の創立を寛永二（一六二五）年三月から万治元（一六五八）年五月とすること、慈教寺が慈光寺の塔頭から真宗大谷派の末寺となった時期の確認を求めている。

円了の生家である慈光寺は、明治維新の後に、小学校が設立される前に、一時、地域の学校になったことがある。このことは慈光寺の沿革として特記すべきであろう。『越路町史』にはつぎのように書かれている[6]。

学制発布に先立つ明治四年、浦・宮川外新田・飯島・中沢などの有志が協力して浦村の慈光寺内に、地域の子弟を学ばせる塾を開設した。教師は、戊辰戦争後同村に寄寓していた旧長岡藩の儒学者木村鈍叟で、慈光寺に生まれ、のちに東洋大学を創設する井上円了も教師役を担っていたという。

このように、円了が生まれた慈光寺は、すでに二〇〇年以上の歴史を持ち、明治になって地域の教育を担っていた。

つぎに母のイクの出身寺院である栄行寺について見ることにしたい。栄行寺の沿革は、『川西町史』の中で、つぎのように記されている。[7]

天和二年（一六八二）の「栄行寺由緒書上」には、浄土真宗の栄行寺について、その本寺は高田の本誓寺で、開基は法教、天正九年（一五八一）田畑を切り開いて寺基を確立し、その後、慶長年中（一五九六〜一六一五）の検地によって除地が認められた、寛永七年（一六三〇）には除地の「御墨付」を頂戴し、寛文三年（一六六三）に火災にあって「御墨付」を焼失したが、除地の石高は「六石二斗四升三合」であることが訴えのべられている。

栄行寺は寺基を確立した九年後（天正一八（一五九〇）年）に、安土桃山時代の本願寺第一一世の顕如（天文一二（一五四三）―文禄元（一五九二）年）より「親鸞聖人十字御名号」の御真筆を下附されている。[8] 右の引用文は天保二（一六六二）年の訴訟に関する文書によってまとめられたものであるが、最近刊行された『十日町市史』[9]では十日町（中世の妻有）において越後に流罪となった親鸞に帰依した者が出現し、その頃から同地に真宗が扶植されたと述べて、栄行寺の開基はつぎのように記されている。[10]

水口沢（川西町）にも、永正十年（一五一三）僧法教、俗名渡辺源十（重）郎綱直（天文十三年―一五五四寂）によって栄行寺が創設された。そのあと二世法順（―一五五〇）に引き継がれて寺基が固まり、天正九年（一五八一）には現在地を切り開いて堂宇が建立された。

この記述は『中魚沼郡誌』[11]の資料をもとに書かれたものと考えられる。この資料には開基以来の歴代の住職名が記されているが、そこに沿革がつぎのように書かれている。

栄行寺　檀徒三百四十九戸

大字水口沢に在り、境内三百四十坪、光雲山と号す、山城国京都、真宗大谷派、東本願寺末にして、本尊は阿弥陀如来、永正十年僧法教の開山なり、寛永二年、祝融の災に罹り、正徳二年七月再建す、天和三年、検地の際、水口沢にて二石五斗二升六合、山野田にて三石七斗一升七合の地を附与せらる、明治九年改築す

栄行寺では、江戸時代に「京都の本山の学寮で仏教や真宗の教えを学び、帰国後にこの地方の教学振興を担った勧学者を輩出している」といわれる。[12]

明治時代の栄行寺については、明治一六（一八八三）年の「神社寺院仏堂明細帳」（現在、新潟県立文書館に所蔵）に、由緒、

施設、門徒などがつぎのように記されている。

寺院明細帳

「〔貼紙〕永禄年中創立開山法教ナリ寛永二年焼失正徳二年七月再建明治九年□月破壊有更ニ再建天和三年旧幕府ヨリ除地高六石二斗四升三合附與ノ処明治七年三月通リ」

真宗大谷派　栄行寺

一　本尊　阿弥陀仏

一　由緒

永禄年中創立不詳開山ハ僧法教除地水口沢村ニ於テ貳石五斗貳升六合山野田村ニ於テ三石七斗壱升七合天和三壬〔癸〕亥年信州松代ノ城主検地ノ節依先規　御除地被仰付候処明治七年三月返上従前境内官有地ノ処明治九年九月無代價後下渡ノ許可ヲ受

寛永二年焼失正徳二年七月再建更ニ破壊ニ付明治九年付明治九年十一月再建

一　堂宇間数

本堂　間口八間三尺 奥行九間三尺　　庫裏　間口五間三尺 奥行三間三尺

経蔵　間口二間三尺 奥行二間三尺　　鐘楼門　間口三間 奥行二間三尺

一　境内坪数并地種

六十二番　三百四十坪　官有地第四種

内貳拾六坪　洋運寺エ貸地

一　境外所有地

五十八番　畑反別壱畝拾歩

水口沢村字千手新田

地價貳円七拾銭

〔この外に、五六カ所の宅地、田、畑、原野、山が記されているが、省略する〕

一　住職　中魚沼群水口沢村 権少講義　大溪覚祥

一　檀徒人員三百九拾三人

一　管轄庁迄距離　二十七里二十六町拾五間

右之通相違無之候也

檀中惣代

東善寺村　喜多　正三郎

眞田村　小海長七　㊞

仙田村　田中政治

貝野村　吉沢　彦市郎　㊞

住職　権少講義　大溪覚祥

新潟県令永山盛輝殿

この書類には栄行寺の塔頭であった「浄雲寺（住職は藤本祐恭）」が続いて記されている（その後、同寺は末寺となって移転した）。

以上、慈光寺と栄行寺の沿革などを資料によって記してきた。二つの寺ともに、創立の年代に異説はあるが、栄行寺は一五〇〇年代、[13] 慈光寺は一六〇〇年代に創立されたことは間違いないところである。また、明治一六（一八八三）年の寺院明細帳によれば、栄行寺の檀徒（真宗では門徒という）は三九三人、慈光寺の檀徒は一二〇人と、規模にも相違がある。慈光寺の規模は一般の寺院と同様であるが、栄行寺はそれ以上である（後者の場合、本願寺の顕如から名号の下附があり、地方の拠点でもあったからであろう）。

このように、二つの寺には相違点もあるが、しかし、真宗の振興を担った教学関係者がいた点では共通している。慈光寺については、すでに紹介した「塾」の存在の他に、次項で述べる住職の活動がある。

以上のことから検討すると、将来の住職の後継者として誕生した円了はその成長過程において、慈光寺と栄行寺の歴史や教化活動から大きな影響を受けているものと考えられる。

二　円了の祖父母・父母・兄弟

慈光寺の円了を含む家族のそれぞれについて記す前に、戦前の大正六（一九一七）年に「浦尋常高等小学校」の用紙に書かれた慈光寺の由緒を見ておきたい。この中に、円了の祖父や父のことが紹介されているからである。

慈光寺由緒

浄土真宗大谷派末寺

同寺ノ由緒ハ記録有セザルヲ以テ詳ナラサレドモ伝フル所ニ依レバ往時新津ノ華城寺（兄弟）ト共ニ下総ノ磯辺村ヨリ越後ニ来リ浦瀬ニ至リテ一ツノ庵ヲ建テラレシガ後間モナク今日ノ五百島附近ニ移サレタリト当時ハ一ツノ庵寺ナリキ四世古山師ハ長岡市寺町ノ妙正寺ノ伴僧タリ尓後浦ニ至リテ現今ノ地ニ一宇ノ寺ヲ建立ス之レヲ慈光寺開山トナス古山師ハ享保二年即チ今ヨリ二百年前ニ示寂セラレタリト言ヘバ二百年以上ノ歴史ヲ有スルコト明ナリ五世—〇—〇—〇—十世マデハ記スベキナシ第十一世祐慶師ハ木兎坊ト号シ俳諧ノ宗匠ニシテ書ヲ能クセラル十二世円実師ハ号ヲ讃勵ト称シ博学ニシテ僧侶ヲ三條ニ集メテ教鞭ヲトラレ且ツ熱心ニ各地ニ布教セラレタリ十三世円解師ノ代嘉永元年今ヨリ六十九年前ニ至リテ従来ノ寺ヲ改築シタルガ現今ノ御堂ナリ其ノ後十四

世円悟師──┬円了氏（文学博士）──現住職〔成章〕ニ至リタル
　　　　　└老僧（円成氏）
モノナリ

このように、慈光寺の江戸時代の後期の住職は、第一一世が祐慶、第一二世が円実、第一三世が円解、第一四世が円悟である。円了の祖父は円実であり、父は円悟である。円悟は円実の次男であるから、円解は長男で円悟の兄であったことが分かる。円了から見た家族について、その関係を図示すると、図1のようになる。つぎに家族のそれぞれについて、戸籍などをもとに記しておきたい。

祖父の円実は慈光寺の第一二世で、生没年は不詳であるが、先の文書で記されているように、東本願寺教団の越後における中心の一つである三条の学校で教鞭をとり、さらに各地で布教を展開していたと伝えられている。円実の妻で、円了の祖母であるワカは、新潟県古志郡上条村の鷲尾徳勇亡の二女で、文化一四（一八一七）年一一月一日に生まれ、明治四〇（一九〇七）年四月一三日に亡くなった。

父の円悟は、天保元（一八三〇）年九月九日に生まれ、明治二七（一八九四）年一〇月三〇日に亡くなった。円悟は慈光寺の第一四世住職となり、円実の実績を引き継いだ。明治の学制発布以前に、慈光寺において地域の小学校の前身にあたる私塾を

図1　井上円了とその家族

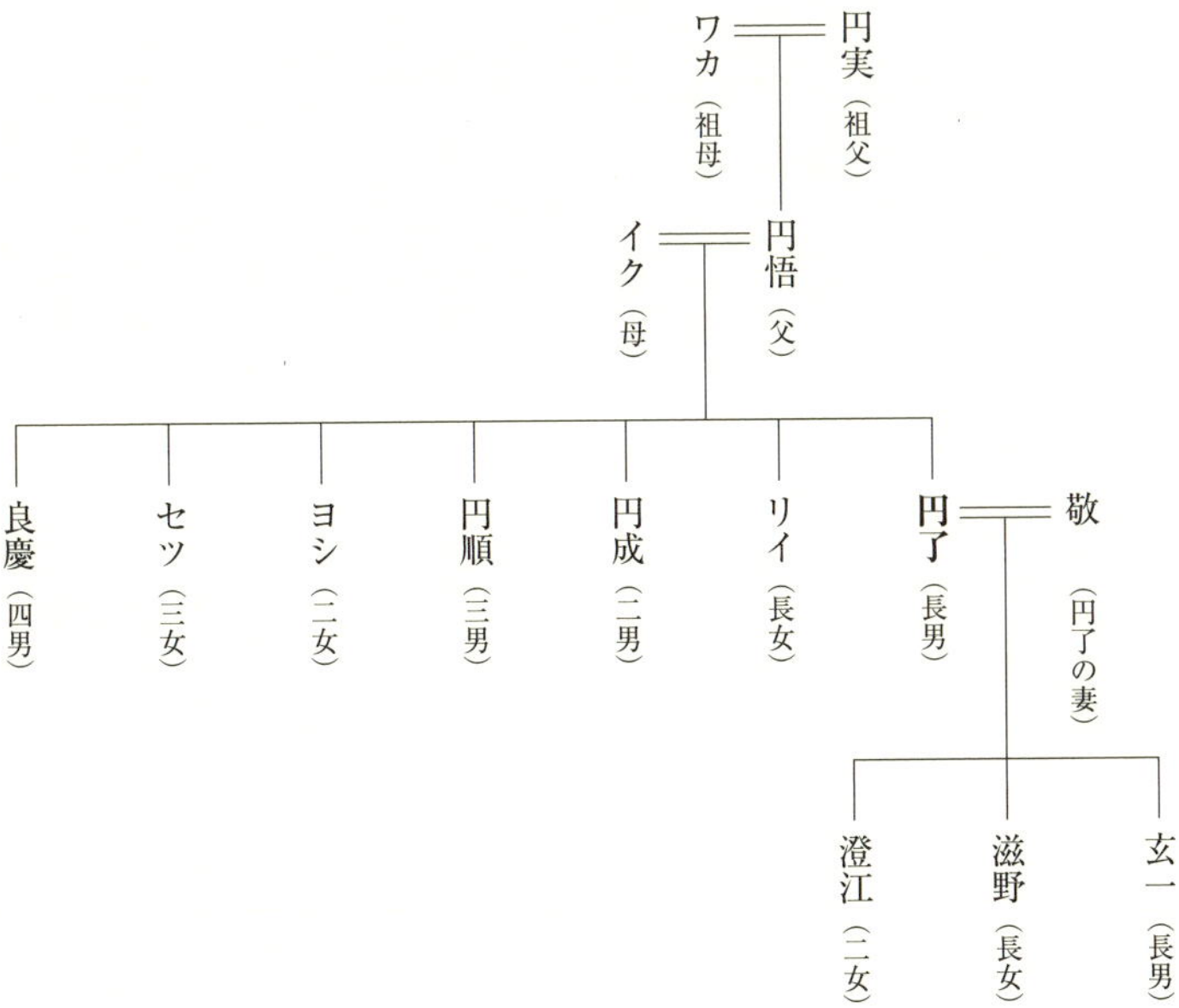

開設したことは前述のとおりであるが、真宗大谷派の教団でも明治政府と時を合わせたように、僧侶の教育機関の創設を急いだ。教団では大・中・小の教校を中央から地方へと展開する構想であった。後に円了が京都の教師教校英学部へ招聘されたのは、これらの学校の教員を養成するその指導者を育成するためであった。円了が本山の給費生となって東京大学に留学していた頃、父の円悟も三条教区（真宗大谷派の行政区名で、新潟県下は二教区）で小教校の創設を担当していた。明治一四（一八八一）年一月に、本山の東本願寺へ円悟が送った報告には、そのことがつぎのように記されている。[14]

越後国米北小教校の事は……同国三島《〔ママ〕》の郡浦村の井上円悟氏より委き報知がありましたゆへ重て詳細を記しますまづ該国を二つと分けて米山の南を米南とし米山の北を米北とし各つの小教校を設く……

この円悟の報告では、米北の小教校をどこに定めるかで紛糾したが、結局、三条に決定したという。円悟はただちに、この米北小教校の建築掛に任命され[15]、明治にふさわしい教団の教育制度の新設に取り組んでいる。このことから、長男の円了が京都の本山から選抜されて教師教校へと進んだことの意味と重みを、父の円悟が一番理解していたと考えられる。

長男の円了は、もともと慈光寺の住職を世襲する「候補衆徒」であったが、明治維新という時代の転換を見据えた真宗大谷派では、教団の寺格などの身分にとらわれない教育政策をとり、英才教育による次代の後継者の育成方針のもとで、円了は当時の最先端の学問を東京大学で修学し、教団の願いを担って、衰頽していた日本仏教の再建・近代化を実現した。円了は日本を代表する若き知識人になったのであるが、長男による世襲制が社会制度になっていた当時では、中央でどのように活躍しようと、それで生家である慈光寺の継職問題は解決しなかった。三条で教団の学校の創設を担った円悟が、住職の委譲をめぐって、長男である円了と慈光寺の門徒との間で苦悩していたことは、明治二二（一八八九）年八月二八日付けの円了から父円悟に宛てた書簡[16]からうかがわれる。次期住職の問題は、円悟の没後に、二男の円成が第一五世となることによって解決する。

母のイクは、天保四（一八三三）年一月一日に生まれ、明治四二（一九〇九）年八月二七日に亡くなった。イクが中魚沼郡水口沢村（のちの千手村、川西町、現在は十日町市）の栄行寺の大溪覚瑞の長女であったことはすでに述べたが、母のイクに関することは文書に残っていない。子孫が伝えるところではつぎのような逸話がある。円了は一〇歳で明治維新を迎えたが、その年から塾に通ったのが石黒忠悳の塾である。降雪の朝で塾は開けないと思っていた石黒夫妻は、その悪天候の中を通ってきたのが円了であったと語っている。[17]また、円了が雪の中を鼻緒の切れた下駄をもって、石黒の塾へ通学してきたともいう。母のイクは、鼻緒が切れて自宅へ戻ってきた円了に、どこで切れたのかを問い、切れたのが途中ならば、がまんして歩けば、石黒の塾の授業に間に合うことを諭したという逸話がある。このように、円了の時間を無駄にしないように合理的思考を初めに説いたのが母のイクであったといわれている。イクはまた、哲学館を開設した円了の事業を見守り、「慈光寺がつぶれても、円了の事業を支える」といって、円了の志のよき理解者であったとも伝えられている。

その母に育てられた円了は、明治四二（一九〇九）年に、母の危篤を島根県への巡講先で知り、深夜に郷里へと急いだが、母の臨終には間に合わず、イクは円了が到着する二時間前に逝去していた。その後、円了は巡講の予定を断り、母を偲んで哲学堂にこもって喪に服したことを、円了自身が書いている。[18]円了は個人的なことを書き残さなかったことで知られるだけに、そこには母イクへの強い思いが表われていると考えられる。

長男の円了は、安政五（一八五八）年二月四日に生まれ、大正八（一九一九）年六月六日に急死している。円了の事績の詳細は別に述べたことがあるので、[19]寺や教団に関することなどを記すことにしたい。

初めに円了の名前について述べると、誕生から三回改名されている。円了はこのことをつぎのように記している[20]（なお、円了の誕生日は旧暦（日本暦）の二月四日であるが、新暦（西洋暦）では三月一八日[21]の彼岸にあたる）。

　余はもと春期彼岸に生まれたり。よって、幼名を岸丸といい、後に襲常《ともつね》と改む。襲常の語は『老子』（五二章）に出ず。余が昔日、石黒（忠悳）先生の門下にありしときは襲常と称せり。後に国を去るころは、さらに改めて円了という。父の名を取りしによる。号の甫水と称するは、その生まれたる地名、浦村の「浦」の字を取りたるなり。

円了は明治四（一八七一）年四月二日に得度し、[22]晩年、この得度をめぐる事情を自分で明らかにしている。[23]円了は東本願寺の給費生として東京大学に学んだが、哲学館を創設するなど教団から離れて著述や事業を行った。そのことから、いわゆる還俗したように見る人がいるが、真宗大谷派の僧籍はそのままになっている。円悟の逝去から九か月を経た明治二八（一八九五）年七月二五日に、円了は廃嫡届けを出した（分家は明治四〇（一九〇七）年七月二三日である）。

明治二九（一八九六）年一〇月に、かつて同じく東京留学生として学んだ清沢満之たちが雑誌『教界時言』を創刊して、いわゆる白川党宗門改革運動という教団改革を展開した時、円了もこの運動へ積極的に参加した。[24]

戦後の昭和三二(一九五七)年一〇月一八日に、真宗大谷派は円了に対して「僧正」と「講師」を追贈し、[25]改めてその歴史的業績を再評価している。

長女のリイは、万延元(一八六〇)年六月一一日に生まれ、昭和一二(一九三七)年三月二七日に亡くなった。リイは、浦村の西脇皆三郎と結婚している。西脇皆三郎は、明治三五(一九〇二)年に、浦村などが合併して誕生した来迎寺村の初代の村長に就任している。

二男の円成は、文久二(一八六二)年一二月一〇日に生まれ、大正五(一九一五)年二月一日に亡くなった。円成は東京に創設された真宗大谷派の学校に学んでいる。そのことは教団の機関誌に、二度にわたりつぎのように記されている。

○〔明治一九年〕去六月東京大谷教校普通高等科進級撿査ヲ行フ卒業人名ハ左之通
第四級卒業　井上円成
○又同校生徒平素着実勉励ノ者左之通リ賞与セリ
文明史壱部　井上円成[26]

○又東京大谷教校ニ於テハ客月〔明治一九年一二月〕十六日進級撿査ヲ施行セリ及第者ハ普通高等科第三級井上円成[27]

明治二〇(一八八七)年は、兄の円了が哲学館(東洋大学の前身)を創立した年であるが、円成も東京にあって、このように修学すると同時に、兄の円了が学校の創立に先立って、同年一月に創設した哲学書院の経営者となった。[28]この出版社は、哲学諸科の書籍の他に、兄の円了が創立した哲学会や国家学会の事務所が置かれ、『哲学会雑誌』『国家学会雑誌』という機関誌も発行した。円成が兄の事業を引き受けたことにより、円了の教育と文化への幅広い活動が可能になったと考えられる。

兄の円了の項で述べたが、慈光寺の継職の問題は円悟が逝去した後に、円了は廃嫡届けを出し、二男の円成が明治二八(一八九五)年七月二九日に家督を相続し、また慈光寺の第一五世住職となって解決した。

円成の真宗大谷派における事績として記さねばならないことは、明治二九(一八九六)年一〇月に、清沢満之たちによって始まった「白川党宗門改革運動」への積極的な参加である。すでに記したが、兄の円了は教団外から檄を飛ばし、哲学館の卒業生に呼びかけるなどしてこの運動を支えたが、教団内にあった弟の円成は越後地方の代表者となって、各地で演説を行い、革新全国同盟会の主たる委員として上洛して活躍した。[29]この運動によって、大谷派では新「議制会」という議会が公選によって初めて設置されたが、円成はその議員である賛衆に当選し、[30]開催された初めての臨時議会で、法主の御親示書への奉答案の作成について、議会運営の基本を体制主導から議員主導へ転換するために、つぎのような質問[31]を行うなど、活発な議会活動を行っている。

議長は委員付託の草案につき討議せんことを告げ、土屋録事奉答文草案を朗読す、井上円成氏起て委員の起草案を詰り、新に起草せしに非ずして原案修正に止るが如しと皮肉を云しに、議長は委員をして新に起草せしめるものなりと告ぐるや、井上氏は更に此の如きことにては委員其の職を尽さゞるに似たりとの論評を試む

しかし、円成の議会活動は長く続かなかった。「越後の公選賛衆にて同盟会員たる井上円成氏は病の故を以て議制局賛衆を辞任したり[32]」と報じられているように、病気により辞任せざるを得なかったのである。兄の円了は、明治二九（一八九六）年一二月一三日に類焼から哲学館を失い、その再建のために教団の改革運動に参加できなくなったが、兄に代わって全国的に活動し、議員として新しい教団作りを目指した円成も病気で辞任した。結果的に、兄弟は待望した真宗大谷派の改革を十分に推進することができなかった。

三男の円順は、慶応元（一八六五）年六月二九日に生まれ、明治四〇（一九〇七）年八月二五日に亡くなった[33]。円順は、「三条真宗中学校に学び、つぎに県立農学校に入学した。常に級中の首席を占めたように成績優等であった」。その後、真宗大谷派の光賢寺に入寺し、藤井円順となった。「兄が創立した哲学館にも学び、その傍ら哲学館の書記長〔庶務会計担当〕をつとめていた[34]」。円順が明治三二（一八九九）年七月一日に記した光賢寺の由来は、つぎのとおりである。

古昔当寺ハ蒲原郡加茂在大崎村〔現三条市〕ニ設立アリシコトハ明了ナリト雖モ其祖先ノ姓名年代詳カナラズ唯一貫代御本尊御裏ニ元和六〔一六二〇〕年六月三日蒲原郡大崎村光賢寺願主専竜ト准如上人〔本願寺第一二世、天正五・一五七七—寛永七・一六三〇〕ノ御筆蹟ニテ明記アルノミ而シテ当寺過去帖ニハ其後三島郡加納村〔延宝年時分ハ刈羽郡ノ名称ナク三島郡ニ属ス祖師聖人ノ御裏ニ三島郡加納村願主順照トアルハ其一例ナリ〕ニ移転シ一度中絶ニ及ビ更ニ高田中戸山ヨリ専入坊入リ来リ寺号再興ストアリ

円順は光賢寺の第一二世住職となり、法務を行うとともに、「竹細工と藁細工の技術にも優れていて、この地方の人たちの先生であり、人望があった」。法名は累徳院釈円順であり、兄の円了が贈ったものである。

二女のヨシは、明治元（一八六八）年一月一一日に生まれた。明治二二（一八八九）年一〇月七日に、新潟県三島郡道半村の水島丈吉の二男である惟孟と結婚した。地主である水島家の惟孟とヨシの間に誕生した義郎は東京農学校に学んだ。この時、伯父の円了の家に下宿した。甥の義郎は、円了の哲学館を「陰ながらの筆奉公」といって支援した勝海舟の赤坂の氷川邸へ出向き、海舟の揮毫した書を受け取っていた。ある日、海舟は円了のもとへ書を運ぶ義郎に対し、有名な「江戸城無血開城」を詠んだ漢詩を書いて、義郎に与えている[35]。卒業後、義郎は郡役所に農業技師として勤め、当時珍しかったチューリップの球根を入手し、その栽培に取り組み、新潟県下に普及させて新たな産業を振興するなどの業績を挙げた。

三女のセツは、明治三（一八七〇）年一二月一九日に生まれた。明治三二（一八九九）年三月二七日に、新潟県刈羽郡千谷沢村の湯本寛治と結婚した。湯本家は大地主の一つであった。

四男の良慶は、明治七（一八七四）年一月一五日に生まれた。良慶は、東京美術学校（現東京芸術大学）に学び、明治三二（一八九九）年四月に、兄の円了が創立した京北中学校の教師（図画担当）に就任したが、詳しい経歴はまだ分からない。

以上、生家の慈光寺における円了の家族について見たが、円了が後に学術に関心を持ち、それを普及させようとした思想的な基礎は、生家の慈光寺や母の出身である栄行寺に見られる。それと共に、父の円悟や母のイクが時代の思潮を理解して、子供へ新教育を与えていた。円悟とイクの間には四男三女の七人の子供が成長した。すでに述べたが、円了の兄弟はそれぞれ教育を受けた後に、円成、円順、良慶の三人は共に兄円了の事業の発展に協力しているのである。

三　円了の妻と子供

円了は明治一九（一八八六）年一一月一日（入籍は明治二〇（一八八七）年七月二五日）に、吉田敬と結婚した[36]。そして、その家庭で三人の子供を育てた。

妻となった敬は吉田淳一郎・芳夫妻の二女である。敬は文久二（一八六二）年三月一四日に生まれ、昭和二六（一九五一）年一月四日に亡くなった。敬は、江戸時代に初の蘭方の内科医で、加賀藩主前田家のお抱えの医師（御典医）であった吉田長淑の家系に生まれた。西洋医学（蘭方医学）が日本に伝来してから二〇〇年余り経過しても、医術としての外科は知られても、内科の存在は分からなかった。寛政五（一七九三）年に宇田川玄随の『西説内科撰要』が出て、初めて西洋の内科を知ったのであるが、その創成期に漢方医の「ごうごうたる非難攻撃の中に敢然として和蘭内科をもって初めて世に立ったのが吉田長淑である[37]」。

長淑は安永八(一七七九)年に、江戸駒込追分の幕府の先手同心馬場兵右衛門の三男として生まれ、「早くから母方の叔父吉田長粛(桂川甫周門下の蘭方外科医)の嗣となったようである」[38]。漢方を学んだ長淑は、その後蘭方に転換し、その研究から「和蘭内科」を提唱して開業した。蘭方医関係者の推薦で加賀藩の医師となったが、多忙を極める活動の中、「文政七(一八二四)年六月金沢に病む〔第一二代藩主〕斉広の急使により即日江戸を出立したが、途中越後高田にて急病に罹り、強いて金沢に至ったものの遂に八月十日を以て死去したのである。享年四十六才であった」[39]。長淑の墓は、曹洞宗の棟岳寺(石川県金沢市石引二丁目)にある。また、石碑は〔駒谷吉田先生碑〕が臨済宗妙心寺派の養源寺(東京都文京区千駄木五丁目、同寺は東洋大学の白山校舎に近く、吉田家の墓もある)にある。結婚した長淑には子供がなく、吉田家は養子を迎えた。

敬は長淑の養孫にあたる。東京府本郷区丸山新町に住んだ父の淳一郎と母の芳は、敬に対して教育を与え、敬は明治一三(一八八〇)年七月に東京女子師範学校(現在のお茶の水女子大学の前身)の小学師範学科を卒業した[40]。敬は卒業後に、最初は築地居留地にあったキリスト教主義のA6番学校(現在の女子学院)に就職したと伝えられている[41]。その後、明治一九(一八八六)年には開設間もない東洋英和女学校の教師となった。担当した科目は普通学と数学である[42]。

明治一九(一八八六)年に、敬は円了と結婚した。仲人は目賀田種太郎・逸夫妻で、逸は海舟の娘(三女)であり、種太郎は元旗本であり、アメリカ留学後に文部省・大蔵省の官僚となり、貴族院議員や枢密顧問官となった。この夫妻の縁で、円了は海舟の知遇を受けることになる。

円了は東京大学、敬は東京女子師範学校という、当時の最高の教育機関に学んだ夫妻である。著述や哲学館・哲学堂の運営という多忙な円了を支えたのは、吉田長淑の養孫にあたる妻の敬である。円了はおよそ三〇年間にわたり、国内では巡回講演を、国外へは三度の世界旅行を行い、家庭に不在の日々が多かった。その留守をあずかったのは敬である。家事や育児はもちろん、哲学館の経理なども協力するほどの能力があり、長男の玄一の妻であった信は、「母も本ばかり読んでいて、物欲はありませんでしたし、上流階級のつきあいが嫌いで、人にへつらうことが嫌いでした」[43]と語るように、質実で知的な女性であったと考えられる。

長男の玄一は、明治二〇(一八八七)年九月二八日に生まれ、昭和四七(一九七二)年一二月一九日に亡くなった。円了は初子の誕生とその成長に関心を持ち、「〇小児ノ成長」[44]をテーマに人間になる過程や資質の形成について、玄一を対象として観察し、それを記録している。玄一の学歴は、「小学校は学習院に入ったが、途中、東京高師附属小学校に移り同中学校を経て第一高等学校文科（英法）に進学、東京帝国大学法学部を大正二年に卒業する」[45]。玄一は在学中に亜熱帯地区の農業に関心を持っていたが、父の円了は三井の幹部と相談して、三井銀行に就職させた。銀行員になった玄一は、のちの大正一〇（一九二一）年にアメリカのニューヨーク支店に移り、四年間の海外勤務を経験した。

昭和九（一九三四）年に財団法人三井報恩会が設立されると、参事兼文化事業部長に就任し、戦後も同会の役員を継続した。

父の円了は遺言を公開して、井上家が東洋大学の運営にかかわることを禁じたので、玄一はこれを厳格に守った。玄一は大正八（一九一九）年に中国の大連で急死した父の遺志・精神を継承して、哲学堂を財団法人とし、その理事として同公園の維持・発展に尽くした。焼失の可能性が高まった太平洋戦争中に、父の遺言にしたがって哲学堂を東京都へ寄贈した。この玄一の選択によって、父の円了が創設した哲学堂は現在も市民に愛されるユニークな公園として存続している[46]。

長女の滋野は、明治二三（一八九〇）年四月二〇日に生まれ、昭和二九（一九五四）年に亡くなった。滋野は母と同じ女子高等師範学校の附属高等女学校の甲組に学び、明治四〇（一九〇七）年に卒業した。明治四二（一九〇九）年五月一五日に、山口県の金子常三郎の長男である恭輔と結婚した。

金子恭輔の履歴については九州大学の大学史おいて、つぎのように述べられている[47]。

教授金子恭輔は明治三九年東京帝国大学採鉱冶金学科を卒業後、藤田組小坂鉱山に就職し大正二年秋田鉱山専門学校に招へいされ教授となった。その後大正四年本学教授になった……この間明治四三年一一月より三カ年ドイツのアーヘン工科大学のルア（Ruer）教授の研究室に留学した。金子教授はルア教授にその才能を買われ、……世界的に貴重な研究〔で成果をあげ〕この功績により同教授は大正一二年二月一二日アーヘン工科大学でDr.Ingenieurの学位を授けられた……大正六年五月一四日工学博士の学位を授与され……〔九州帝国大学には〕昭和三年九月まで在任、請われて兼二浦製鉄所に移り、のち当時の日鉄八幡製鉄所技研監事になったがその時期に昭和九年より一二年まで非常勤講師となり治金学大意を講じた。

また、大学在職中の大正九（一九二〇）年四月七日に、昭和天皇が皇太子として行啓した時、「日本刀鍛錬ノ順序」というテーマで標本・古文書を提出し、皇太子はそれを台覧した[48]。

二女の澄江は、明治三二（一八九九）年八月七日に生まれ、昭和五〇（一九七五）年に亡くなっている。澄江も母と同じ女子高等師範学校の附属高等女学校の乙組に学び、大正六（一九一七）

年に卒業した。澄江はその後、土田豊と結婚した。土田の作成した経歴書に、つぎのことが記されている。[49]

　土田豊は明治三一（一八九八）年一月二八日に東京に生まれ、昭和五一（一九七六）年六月に没した。学歴は東京帝国大学法学部の卒業で、在学中に高等試験外交科に合格していた。卒業後は外務省に入省し、大正一一（一九二二）年四月に広東領事館領事官補を初めとし、中国とフランスの公・大使館の書記官となった。昭和九（一九三四）年九月に外務事務官（通商局第一課）に就任するなどしたが、昭和一四（一九三九）年から終戦までは、中国大使館の要職にあり、敗戦の前年（一九四四）には中国特命全権公使（上海事務所長）となり、戦後の昭和二五（一九五〇）年に外務省から依願免本官となった。昭和三一（一九五六）年一月にエジプト大使となり、この時、シリア、エチオピア、サウジアラビア、スーダン、リビアの公使を兼任した。昭和三三（一九五八）年二月にサウジアラビア大使となり、三年間の任務を終えて依願免本官となった。これ以後、中東地域の外交経験から、昭和三六（一九六一）年五月二日にアラビア石油株式会社顧問となり、また日本エジプト友好協会の顧問となった。昭和三七（一九六二）年五月から外務省所管の財団法人中東調査会の理事長に就任し、日本の中東に関する研究・調査を強く推進した。中東調査会の理事長は一四年間に及んだ。

以上、円了と敬の三人の子供について述べたが、円了は子供の命名について、つぎのように記している。[50]

　己の子女には格別良名を命じたるにはあらず。余は一男二女あり。男を玄一と呼ぶ。これ長子なるをもって、『太玄経』の「玄有㆓一道㆒」（玄は一道にあり）の語より取れり。女を滋野および澄江と名づく。その一は春期芳草に繁茂せるときに生まれたるにより、その二は澄江名月の時節に長じたるによるのみ。

長男の玄一は父の円了と家族について、自らの小学校時代の在りし日をつぎのように記している。[51]

　古い昔の話になるが、わたくしの小学校時代、父は母と共にわたくしと妹を連れてよく散歩した。当時本郷区駒込蓬莱町の哲学館構内に住まっていたが、近所では根津権現から団子坂へ出て菊人形を見て菊そばを食べた。

玄一はこれに続いて、散歩した上野、浅草のこと、家族で食事した店を紹介している。

哲学館や哲学堂という二つの事業を創立した期間、円了は全国巡回講演や世界旅行などで家を離れる時間が多かった。[52]そして、円了は大正八(一九一九)年に中国の大連で講演中にたおれ、そのまま死去した。急死である。その後の家族のことを、お手伝いさんはつぎのように語っている。[53]

円了先生が亡くなった後、奥様は一週間に一回、書をならってました。お嬢さん(澄江)は少し精神的に不安定になったようです。奥様は、『ちょうどあなたが相手になってくれるからいい』とおっしゃってました。お嬢さんから、先生の話はしょっちゅう聞いていました。

円了はすでに述べたように、生前から遺言を公開し、また毎年遺言を書き換えていた。それぞれの家族や創立した学校などへの円了の思いは、死後に開封された遺言に記されていたと考えられる。[54]

【註】

1 井上円了「付録　第一編　信仰告白に関して来歴の一端を述ぶ」(『活仏教』『選集』第四巻、四九六頁)。

2 『三島郡誌』三島郡教育会、昭和一二(一九三七)年、九四六頁。

3 『越路町史　通史編　上巻』越路町、平成一三(二〇〇一)年、五五五頁。

4 『越路町史　資料編1　原始・古代・中世』越路町、平成一〇(一九九八)年、四九五—四九六頁。

5 この資料は、前掲の『越路町史　資料編1　原始・古代・中世』の五九五—五九六頁に翻刻されている。引用は同書によった。なお、慈光寺の由緒については、中山忠亮『西脇所右エ門物語』昭和五九(一九八四)年刊、私家版を参照されたい。

6 『越路町史　通史編　下巻』越路町、平成一三(二〇〇一)年、八三頁。

7 『川西町史　通史編　上巻』川西町、昭和六二(一九八七)年、九八七頁。

8 『川西町史　資料編　上巻』川西町、昭和六一(一九八六)年、二九一—二九二頁。

9 同右、七七三—七七四頁

10 『十日町市史　通史編1　自然・原始・古代・中世』十日町市役所、平成九(一九九七)年、三四九頁。

11 中魚沼郡教育会編『中魚沼郡誌(復刻版)上巻』妻有の文化遺産を守る会・中央出版、昭和四八(一九七三)年、五〇八頁。

12 栄行寺の大溪不二男住職からの聞き取りによる。

13 栄行寺の大溪智子・前坊守は、同寺の沿革をつぎのように記している。

浄土真宗大谷派　光雲山栄行寺は渡邊の末孫渡邊源重郎綱直の開基。高田・上杉謙信公の幕下の折永禄年中仏門に入る。高田・本誓寺に附属後、一時犬伏、北鐙坂、浅川原に居住する。天正九年現在地に定住。

14 『開導新聞』第三七号、明治一四(一八八一)年一月九日、六頁。

15 『開導新聞』第五一号、明治一四(一八八一)年二月二〇日、一頁。また、同年五月一七日には「米北小教校建築ニ付説諭方」にも任命された(同新聞、第九〇号、明治一四(一八八一)年六月一五日、二頁)。
16 「父井上円悟宛書簡」、『百年史　資料編Ⅰ・上』、五〇―五二頁。
17 石黒忠悳『懐旧九十年』岩波書店、昭和一一(一九三六)年、六一―六四頁。
18 井上円了『南船北馬集　第四編』明治四三(一九一〇)年(『選集』第一三巻、一〇五頁)。
19 拙稿「井上円了と著述―井上円了略年譜・井上円了著述目録・『井上円了選集』目次」(『井上円了センター年報』第一三号、平成一六(二〇〇四)年、七一―一〇六頁)を参照。
20 井上円了『円了茶話』明治三五(一九〇二)年(『選集』第二四巻、一八八頁)。
21 加唐興三郎編『日本陰陽歴日対照表　下巻』ニットー、平成五(一九九三)年、一五一六頁。
22 円了の真宗大谷派における事績は、故高木宏夫東洋大学社会学部教授と筆者が真宗大谷派企画室と共に調査したものに基づいている。かつて森章司が「井上円了と真宗大谷派教団」(『東洋学研究』第二二号、昭和六三(一九八八)年、二五頁)の註(2)で、拙編「井上円了略年譜」(『井上円了研究』第二号、昭和五九(一九八四)年)の得度の年月日について批判したことがあるが、得度の事実についてはこのような調査に基づいていることを明らかにしておく。
23 井上円了「付録　第一編　信仰告白に関して来歴の一端を述ぶ」(『活仏教』、前掲書、四九五頁)。
24 拙稿「井上円了と清沢満之―二人のエリートの関係とその資料」(『井上円了センター年報』第一二号、平成一五(二〇〇三)年、三七―七〇頁)を参照。
25 「僧正」は教師の称号である。真宗大谷派の教師の等級と称号は上から、「一級　大僧正、二級　権大僧正、三級　僧正、四級　権僧正、五級　大僧都、六級　権大僧都、七級　僧都、八級　権僧都、九級　律師、十級　権律師、十一級　法師位、十二級　満位、十三級　入位」である。また、「講師」は学階の称号である。真宗大谷派の学階の等級と称号は上から、「一　講師、二　嗣講、三　擬講、四　学師」である。
26 『本山報告』第一三号、明治一九(一八八六)年七月一五日、一〇頁。
27 『本山報告』第一九号、明治二〇(一八八七)年一月一五日、六頁。
28 「哲学書院の設立」(『百年史　通史編Ⅰ』、六六―六七頁)。
29 「◎捧呈前日の集会」(『教界時言』第四号、明治三〇(一八九七)年一月二八日、四七―五三頁)、また、「〇各地方の動静」(『教界時言』第五号、明治三〇(一八九七)年三月二八日、四二―四三頁)を参照。
30 「〇任免」(『本山事務報告』第四六号、明治三〇(一八九七)年七月三〇日、四―六頁)。また、「議制局互撰賛衆開票状況」(『教界時言』第九号、明治三〇(一八九七)年七月二九日、一四―一七頁)。
31 「議制会見聞録」(『教界時言』第九号、明治三〇(一八九七)年七月二九日、三二―三三頁)。この議会の見聞録は同誌の次号(二四―三六頁)にもあり、合わせてみると、当時の議会の様子が分かる。
32 「〇同盟会員の賛衆辞任」(『教界時言』第一二号、明治三〇(一八九七)年一〇月二九日、三七頁)。
33 円順については、真宗大谷派の光賢寺(現柏崎市大字加納)の第一四世藤井信栄の報告による。代々の住職の継職については、釈専竜からと、釈専入坊からの二説がある。ここでは後者に従った。

34　拙稿「哲学館の書記長をしていた祖父」（『井上円了研究』第三号、昭和六〇（一九八五）年、三七―三九頁）を参照。

35　海舟と円了の関係については、拙稿「勝海舟と井上円―勝海舟と福沢諭吉、新島襄との関係と対比させて」（『井上円了センター年報』第七号、平成一〇（一九九八）年、九九―三四頁）を参照。水島家と義郎については、子孫の水島敏からの聞き取りによる。

36　『百年史　年表・索引編』、一三頁。

37　津田進三「日本最初の蘭方内科医　吉田長淑」（日本医師会編『医界風土記　中部篇』思文閣、平成六（一九九四）年、六頁）。なお、吉田長淑については、小林弘子『吉田長淑―わが国初の洋方内科医』橋本雅文堂、平成二四（二〇一二）年が詳しい。

38　同右、七頁。

39　同右、八頁。

40　『女子高等師範学校一覧　自明治廿五年　至明治二六年』女子高等師範学校、七八頁。

41　女子学院資料室の調査によれば、明治一三（一八八〇）年の東京女子師範学校の卒業年次から、敬が教師となったのはA6番学校の後身の学校で、原女学校（明治九（一八七六）～一一（一八七八）年）、新栄女学校（明治九（一八七六）～二三（一八九〇）年）、桜井女学校（明治九（一八七六）～二三（一八九〇）年）のいずれかではないかといわれる。現在の女子学院は明治二三（一八九〇）年に三校を統合して誕生したものである。

42　『東洋英和女学校五十年史』東洋英和女学校、昭和九（一九三四）年、三五〇頁。

43　井上信子「父　井上円了」（『井上円了研究』第三号、昭和六〇（一九八五）年、七六頁）。井上信子は長男の玄一の妻である。

44　井上円了『実地見聞集　第二編』（『井上円了センター年報』第二号、平成五（一九九三）年、九二―九四頁）。

45　井上公資「父・井上玄一」（『サティア』第二〇号、東洋大学井上円了記念学術センター、平成七（一九九五）年一〇月、三六頁）。

46　拙稿「井上円了と哲学堂公園一〇〇年」（『井上円了センター年報』第一一号、平成一四（二〇〇二）年、五三―一三四頁）を参照。

47　『九州大学五十年史　学術史　上巻』九州大学創立五十周年記念会、昭和四二（一九六七）年、五三三―五三四頁。

48　折田悦郎「行幸啓と『お手植え』の銀杏」（『九大広報』第一五号、平成一二（二〇〇〇）年一一月、一八頁）。

49　土田豊「経歴書」はＡＯＣホールディングス株式会社総務部所蔵。また、中東調査会のホームページの「中東調査会の歩み」を参照した。なお、土田豊夫妻がエジプト大使に赴任した時に、義兄の玄一も同行した。その玄一の記録が東洋大学井上円了研究センターに寄贈されている。

50　井上円了『円了茶話』明治三五（一九〇二）年（『選集』第二四巻、一八八頁）。

51　井上玄一「父円了の娯楽・道楽」（『サティア』第二〇号、平成七（一九九五）年、三五頁）。

52　井上信子「父　井上円了」（前掲書、七三―七八頁）を参照。

53　大和田いせ「円了先生没後の井上家」（『サティア』第一号、平成二（一九九〇）年一一月二〇日、三三頁）。

54　井上円了「遺言状」（『百年史　資料編Ⅰ・上』、六九―七二頁）。

第二節　青少年期の思想

一　生誕の地

すでに述べたが、円了は安政五年二月四日（西暦一八五八年三月一八日）に、長岡藩西組浦村（越後国三島郡浦村）、現在の新潟県長岡市浦に生まれた。生家の慈光寺は東本願寺（真宗大谷派）の末寺で、父・円悟、母・イクの長男として誕生した。慈光寺の由緒は「万治元年五月廿五日創立、開基慶伝タリ」[1]と記されている。万治元年は西暦一六五八年であるから、慈光寺は円了が生まれた時にすでに二〇〇年の歴史があった。母のイクも、真宗大谷派の寺院の出身である。イクの寺は同県中魚沼郡千手村の栄行寺といい、栄行寺は「永禄年中創立開山法教タリ」[2]と記してあり、その創立は慈光寺より一〇〇年以上前となっている。

慈光寺の所属する東本願寺を本山とする真宗大谷派は、「一万カ寺、一〇〇万門徒」と称する日本の仏教界を代表する大教団である。西本願寺を本山とする浄土真宗本願寺派と共に、本願寺教団として合わせてみれば、日本最大の教団であり、真宗の教線は全国各地に張り巡らされ、多数の民衆を門徒として組織・教化している。円了はこのような大教団の末寺の長男に生まれたのであるが、井上鋭夫は戦後の著作で、真宗寺院とその長男の意味をつぎのように明らかにしている。[3]

農村を遠望すれば三つの屋根が天空高くそびえている。役場と学校と寺院がこれである。それは後生《ごしょう》を保証し先祖の冥福を祈る寺院の社会的地位をそのまま表現している。「村長さま」「先生さま」「御寺さま」が旧日本の農村の指導層を構成していたのである。村落社会では、寺院が久しく集会所であり、身上相談所その他の社会施設でもあり、御先祖様の霊の鎮まるところであり、老人の安息所でもあった。村人たちは真宗寺院（もとは道場）を運営する「惣中」＝「講中」の構成員であり、世俗的身分に制約されてはいたが、彼等は阿弥陀如来や御開山の前では互いに御同朋御同行《おんどうぼうおんどうぎょう》であった。

寺院の住職は、僧侶の女犯《にょぼん》がきびしく罰せられた時代でも、真宗だけは肉食妻帯が当然とせられ、数百年にわたる明らかな家系を誇り、庄屋とならぶ村の名門として今に血統を伝えた。寺院の嫡子は「御新発意《ごしんぼち》」として、とくに人々から嘱目された。村の老婆が御新発意の成長ぶりを目を細めて語り合うのは、彼が将来本尊や開山や御先祖様を、そしてまた彼等の後生を、同行と弥陀とに代わって守ってくれるからにほかならない。

後述するように、浦村という農村的性質の強い村の真宗寺院の位置づけは井上鋭夫が指摘したとおりである。その真宗寺院の長男に円了が生まれたことは、自動的に後継者を意味する「候補衆徒」(教団の正式な身分ではこう称する)となり、次期の住職として育てられることを意味する。寺院内はもちろん、門徒(檀家のことを真宗ではこう呼ぶ)たちの中でも、幼い円了を「御稚児様」と呼んで特別に対応する慣習があるのはすでに明らかにされたとおりで、生まれてすぐ社会的な地位を持っていた。そして、「父は真宗門下大谷派の寺院に住職たりしをもって、余の春秋一〇歳までは宗門の教育を受けたり」[4]と、円了が記しているように、幼年時代は真宗の寺院において次期住職、つまり村の指導者・有識者にふさわしい教育を受けたのである。真宗大谷派の関係者によれば、その教育とはつぎのようなものである。

一般的に朝夕の「勤行」が重視され、そこでは正信偈、念仏、和讃六首が勤められる。また、年中の法要儀式では無量寿経、観無量寿経、阿弥陀経の「三部経」が読誦される。この時、後継者は住職にしたがい同じく読誦することによって経典を覚え、法話を聴くことによって教えを知り、儀式を見ることによって作法を身に付けていくのである。そして、寺院の生活の中で、住職と門徒の村人との社会的な対応の仕方を学ぶのである。

晩年になって円了は、宗教的な信仰については終始一貫して真宗を奉じ、諸宗諸派を公平にみても、「信仰の一段に至りては、真宗の外にいまだ余が意に適するものを発見せず。これ一〇歳以前家庭において受けたる教育の仏縁が、内より自発せしによるならんか」[5]といい、幼児から少年時代までの寺における真宗の教育が生涯における信仰のもとになったことを明らかにしている。

このように円了が真宗の信仰を持ちえたことの背景の一つに、父の慈光寺、母の栄行寺の規模(門徒数)も関係しているだろう。新潟県は真宗大谷派にとって、寺院数が多く、全国の三〇教区(行政区)のうち、高田、三条の二教区があり、慈光寺が属しているのは後者の三条教区である。三条教区は、全国で第五位の寺院数を有する大教区である。そして長岡を中心とする地域は真宗大谷派の「宗教都市」の一つであり、寺院が集中しているところでもある。寺院は規模によって、俗に大坊、中坊、小坊と呼ばれる。寺院の集中している地域では、大坊と小坊には主従のような支配関係が成立している。先の「神社寺院仏堂明細帳」によれば、慈光寺の門徒戸数は一二〇戸あり、母方の栄行寺も三九三戸となっていて、どちらも中坊、あるいは中坊以上の規模であり、他に依拠しないで独立自営の寺院運営が可能な規模であった[6]。このような社会的経済的な基盤が円了の人間性や思想の形成にとって、少なからぬ意味を持っていたと考えられる。

　さて、真宗寺院は財産によって維持されるよりも、門徒の生活からの拠出によって成立している。慈光寺のある浦村はどのようなところであったのか、信濃川の中流域に面したこの村で少年時代を過ごした円了は、一六歳の時（明治七（一八七四）年）に、浦村のことをつぎのように漢詩で詠んでいる。[7]

詠浦村　　　　　　浦村を詠ず
村在信濃江水辺　　村は信濃江水の辺《ほと》りに在り
南隣岩野北宮川　　岩野に南隣し北は宮川
人民土地両多大　　人民と土地と両《ふた》つながら多大
商店農家共富全　　商店と農家と共に富全
其　二
村在長岡西　　村は長岡の西に在り
前臨信濃水　　前は信濃の水に臨む
南界岩野下　　南は岩野の下に界《さかい》し
北接道半裡　　北は接す道半の裡
人家三百烟　　人家　三百の烟《けむり》
土地一方里　　土地　一方里
全部皆平坦　　全部　皆　平坦
更不見山峙　　更に山の峙《そばだ》つを見ず
四時園林緑　　四時《しいじ》　園林　緑なり
風景実堪視　　風景は実に視るに堪う（以下、省略）

　ここで詠まれているように、浦村は信濃川の中流の西側にあり、藩の城下町の長岡の対岸に位置している。商店と農家、合わせて三百戸という大きな村であった。漢詩の「其二」の省略した部分を読むと、農村である一方で、河川交通の拠点となる港（東浜）があって、交易によって遠近に通じていた。また、信濃川での漁業も盛んであるということが分かる。このように、浦村は農業、商業、漁業で栄え、風景にも恵まれていたところが円了の生誕の地である。

二　修学（その一　漢学）

　安政五（一八五八）年は明治維新の一〇年前にあたる。円了は真宗寺院の後継者としての教育を受けていたが、一〇歳の年、すなわち慶応四年＝明治元年から漢学を学ぶ。円了のその後も含めた修学過程が分かっているのは、二つの自筆の履歴書があるからである。一つは現在の新潟県立長岡高等学校記念資料室に所蔵され、もう一つは「屈蠖詩集」という自作の漢詩集に記されている。[8]この二つの履歴書について、ここでは、前者を履歴書（一）、後者を履歴書（二）と呼ぶが、二つの履歴書は記述の詳細が異なっていて、二つを合わせるとより正確な内容となる。また、この青少年期において、円了がどのような思想を持っていたのか、そのことをうかがい知る資料として、「襲常詩稿」「詩冊」などの漢詩集がある。この漢詩集には時代の変化に関する円了の反応が示されている。

履歴書（二）の冒頭に、円了は「明治元年三月ヨリ同二年四月迄同県下片貝村医士石黒忠徳（悳）ニ従テ支那学ノ素読ヲ正シ洋算ノ階梯ヲ授カル」と記している。同県とは新潟県、忠徳は忠悳が正しい。円了が初めて教育を受けた石黒忠悳は、弘化二（一八四五）年に父・平野良忠の任地である岩代国（福島県）梁川に生まれた。忠悳の父は次男で、幕府の代官手代になるために平野家に入ったのであるが、忠悳の誕生から八年後に江戸に戻って勤務していた。しかし、その父は忠悳の数え一一歳で死去し、さらに母も一四歳で亡くなった。それから、忠悳は片貝村の伯父のもとで石黒姓に復して相続人となったが、一九歳の時に、蘭学者の佐久間象山に教えを受け、二〇歳で武士を捨てて医師になる決意をして、江戸へ出ている。苦学して医学と洋学（蘭学）を習得し、さらに江戸医学所に入学し卒業後は同所の句読師となっていたが、維新の変を避けるために、米沢を経て、故郷へ帰って私塾を開いたのが、慶応四（一八六八）年のことであった。

石黒の塾は、二組に分かれていて、円了は第二の組であった。この第二の組では「医・僧または農家の子弟などを上級として、経書・歴史・算数を教え、これにはひとしお力を入れて尊皇心を注入」[9]したと、石黒は書いている。このような教育を円了はどのように受け止めたのであろうか。円了はつぎのように回想している。[10]

先生洋風を好み、机をもって椅子にあて、生徒をしてこれに踞せしめ、机二、三脚を重ねてテーブルに代用し、生徒をしてその上に書籍を置かしむ。ときどき試験あり。成績優等のものには、その賞与として西洋紙一枚を授かる。余も両三度、西洋紙の恩典をになえるを記憶す。そのうれしさ、今日の学生が銀時計、金時計の賞与を受くるよりもはなはだし。

石黒は二三歳の若き西洋医であり、一〇歳の少年の円了に与えた影響の大きさは、この回想が物語っているとおりである。石黒を「良師」と慕う円了は、一時間ほどの徒歩通学を苦にしなかったという。こうした円了の学習の熱心さを、石黒はつぎのような思い出として語っている。[11]

或る朝大雪で、通学して来る者もなかったのですが、戸外にとんとん履物《はきもの》の雪を落す音がしました。妻は、あれは、きっと襲常〔円了〕です、と言って戸を開けると、果して井上襲常でした。また、襲常が鼻緒《はなお》の切れた下駄《げた》を手に提《さ》げて来たことがありましたので、妻が、なぜ鼻緒を立て直して穿《は》いて来なかったか、と問いますと、そんなことをしていると、時間が遅くなって、先生の講義を聞きはずすといけないから急いで跣足《はだし》でやってきました、といいました。実に井上は子供の時から学問に熱心で、心がけが他と異っておりました。

円了の回想と石黒の思い出の二つを読むと、それは一つの事柄の表裏を表しているように見ることができる。青年教師の石黒と少年の生徒である円了と間には、教育を媒介とした「感応」があったことが分かる。円了は石黒の教育によって、深い目覚め（自覚）を行っている。石黒の思い出にある、大雪の朝のこと、裸足で通学してきたことの二つのエピソードは、円了の謹厳実直な性格を物語るものと見ることができるが、その見方以外に、ものごとに深く惹かれた時に憑かれたように思索し行動する円了の姿を表しているといった方がいいだろう。

石黒は尊王攘夷の思想の持ち主であった。それが、佐久間象山と出会い、佐久間から「世界の状勢はかような訳であって、西洋の学問の進歩は恐るべきものである。足下ぐらいの若者は充分我が国の学問をした上、更に西洋の学問をなし、そしてそれぞれ一科の専門を究《きわ》めることをせねばならぬ」[12]といわれ、攘夷の方法を論破されて転換し、そして、石黒は武士を捨て西洋医になったのである。生徒の円了たちに対して、青年教師の石黒は「ひとしお力を入れて尊皇心を注入した」という。後に、円了は洋学を学ぶが、蘭学を修めた石黒の影響が強かったと考えられる。

円了が石黒の塾に通っていた間の九月、長岡藩と新政府との戦争があり、長岡という城下町が焦土となって、長岡藩は敗北する。この戦争は明治維新の一つであり、石黒にはその意味は理解できていた。円了は藩の敗戦という形で維新を体験するが、尊皇思想を持つ西洋医の石黒が、この戦争を教育の素材として、日本の状況、時代の変化、日本と世界の関係を話し、西洋の学問の必要性を何らかの形で伝えたことは十分に考えられる。このように、円了の思想の出発点の一つは一〇歳の時、石黒という教師と長岡藩の敗戦によって形成されたのである（これに佐渡の廃仏毀釈を加える）。石黒は明治二(一八六九)年の春、維新の戦争が収束するのを見て、再び上京する。この時、明治に改元され、天皇を迎えた江戸は東京と改められていた。石黒は新政府へ出仕する。

石黒の塾がこのようにして閉鎖された後、ほどなくして円了は戊辰戦争後に浦村に寄寓するようになった藩の儒者である木村鈍叟から漢学の教授を受ける。木村は天保二(一八三一)年に長岡藩が有能な子弟を江戸に留学させた際に、選ばれた三人のうちの一人であり、江戸の朝川善庵の塾に学んだ。その後、藩校の崇徳館の「都講」となって儒学を講義し、能書家としても知られていたが、戊辰の戦争以後、浦村の慈光寺と道を隔てた所に住むようになっていた。

履歴書（二）には、「同（明治）二年八月ヨリ五年十二月迄同〔新潟〕県下長岡旧藩木村鈍翁ニ就テ支那学ノ意義ヲ問フ」と、円了は記している。木村から本格的な漢学の教育を受けたのは三年余りである。その教育がどのようにして行われたのか、円了は一つの漢詩でそれを示している。[13]

慈黌雑吟

浦里開黌集小児　　浦里黌《こう》を開けば小児集う
読書終日勉孜孜　　書を読むこと終日　勉むること孜孜《しし》たり
午前共誦支那語　　午前共に支那語を誦し
午後相伝英米詞　　午後には相伝う　英米の詞
新施罰刑懲惰慢　　新たに罰刑を施し惰慢なるを懲し
常窮道理教愚痴　　常に道理を窮めて愚痴なるに教う
早成内外国家学　　早《つと》に内外国家の学を成し
要立文明開化基　　文明開化の基を立てんことを要《もと》む

黌とは「慈黌」「慈光黌」と呼ばれた、円了の生家の慈光寺に設けられた学校である。この塾では午前は長岡藩で儒者をつとめた木村から漢学を学習し、午後は英米の詞を勉強したという。円了はこの明治五（一八七二）年（一五歳）の漢詩で、文明開化には内外国家の学を修めることが必要であると考えていたことが分かる。この漢詩には連作があり、そこでこの学校の概要がうかがえる。「校長格の木村鈍叟も入れて教師は少なくとも三人。生徒数は二十五六名。目指すべき教育目標も、明治という新しい時代にふさわしいものであった」[14]といわれている。

慈光寺にこのような学校が設けられた背景には、円了の父と母の理解があったものと考えられる。父の円悟は慈光寺の第一四世であるが、慈光寺の第一二世の円実は、「讃勵ト称シ博学ニシテ僧侶ヲ三条ニ集メテ教鞭ヲトラレ且ツ熱心ニ各地ヲ布教セラレタリ」[15]といわれ、このような教化者の系譜は円了の父にも継承されていて、円悟も教団の教育事業にかかわっている。母のイクの出身寺である栄行寺も、江戸時代には「京都の本山の学寮で仏教や真宗の教えを学び、帰国後にこの地方の教学振興を担った勧学者を輩出した」[16]という歴史がある。円了の父や母にはこのような教育を重視する考えがあり、また、慈光寺の総代の高橋家は進歩的な大地主であったので、明治という新時代の直後に「慈光黌」のような教育事業が行われたと考えられる。

円了の漢学は石黒忠悳と木村鈍叟による教育が基礎となって

いる。その内容を、円了は履歴書（一）に記している（書名と著者名は原文のままである。以下同じ）。石黒の塾では、およそ一年間で『孝経』、『学記』、『大学』、『中庸』、『論語』、『孟子』、『周易』、『毛詩』、『尚書』、『礼記』、『文選』の一一の書物を学んだ。木村からは三年余りの間に、『論語』、『孟子』、『春秋左子《氏》伝』、『古文孝経』、『大学』、『中庸』、『詩経』の講義を受け、その他に、読書では『三体詩』、『唐詩選』、『古文真宝』前書・後書の六冊、会議では『蒙求』、『論語』、『孟子』、『国史略』、司馬遷『史記』の五冊、質問では『日本外史』、『正文章軌範』、『続文章軌範』、『孔子家語』、『日本政記』、『世説』、『荀子』、『春秋左子《氏》伝』の八冊、独誦で『春秋』、太宰純『和語要領』、『古事記』、南郭『文筌』、『東京土産』、『万国新話』、エリテツ『地球説略』、ワシン『博物新編』、福沢諭吉『西洋事情』初編・外編・二編、箕作麟祥『勧善訓蒙』の一二冊、この中には重複もあるが、合わせて三八冊に及んでいる。土田隆夫「井上円了の長岡時代」（『井上円了センター年報』第一八号所収）には、木村の漢学教育がつぎのように明らかにされている。

　読書とは素読のことである。開講とは講義のことである。会議とは会読・輪講・輪読のことである。輪講は「長岡藩国漢学校」での教授法で、「各人教育」（個別教育）を目指して取り入れられた授業方法である。質問とは藩黌で質問生と呼ぶ上級の門生の課程に相当する段階での、より深い学習を意味する。独誦はいわば総合的な仕上げの学習である。このように、円了は藩黌レベルの最高の漢学教育を受けていたのである。

　さて、基本が漢学にあったので、漢籍が記されているのは当然であるが、独誦の中で目立っているものは福沢諭吉の『西洋事情』で、初編、外編、二編とすべてを読書している。この中で、「文明開化とは何か」ということを初めて知ったであろう。それを中心に、『東京土産』『万国新話』『地球説略』『博物新編』などをも読み、円了は先の漢詩に詠んでいるように、「内外国家の学を成して、文明開化の基を立てること」という、新時代の目標を感じたのであろう。この明治元（一八六八）年から四年余りの漢学の修学を終えて、つぎに「慈光黌」で初歩的学習であった洋学へと転換する。その転換の過程には少なからぬ曲折があった。

三　修学（その二　英語の初歩）

明治新政府が全国の学校制度の創設に着手したのは、明治五（一八七二）年八月の「学制」の公布からである。円了が慈光黌での漢学の修学を終えたのは明治四（一八七一）年一二月であり、円了が学校制度に則った新教育を受けるには時間的なズレがあった。そのため、明治六（一八七三）年、一五歳になった円了は、しばらく内田正雄『輿地誌略』、淮水大顛子『角毛偶語』、福沢諭吉訳述『世界国尽』、箕作『万国新史』、福沢『学問勧』を読書し、寺院の法務を手伝って過ごしたのであろう。石黒忠悳や木村鈍叟から四年余りにわたって教授された漢学の教育は当時の知識人の基礎教養であり、円了は父からの宗門の教育と合わせて、基本的な教育を終えたことになるが、それが先の漢詩に詠んだ、明治という新時代の「文明開化」へ対応するものではなかったので、その後の進路はすぐには定まらなかった。履歴書（一）には、「五月二十九日ヨリ八月上旬マテ高山楽群社へ入学栗原氏ヨリ受業」と、円了は記している。慈光黌の終業から五か月が経ってから、円了は始めて英語の塾へ通学したのである。そのことをつぎのような漢詩に詠んでいる。[17]

夏日到高山洋学校作　　夏日 高山洋学校に到るの作

一笠一蓑一布衣　　一笠《りゅう》一蓑《さ》一布衣

負書朝暮共往帰　　書を負いて朝暮共に往帰す

人言終日成何事　　人は言う　終日何事をか成すと

我立講堂唱恵微　　我は講堂に立ちて恵微を唱う

この詩でいう高山洋学校とは、履歴書（一）にいう高山楽群社であり、この高山とは信濃川を挟んだ浦村の対岸にある高山（現長岡市高山町）であろうと推測されて、現地調査で栗原による塾があったのか確認したが、未詳に終っている。ただ、漢詩では「朝暮共に往帰す」とあるので、自宅から通学できた範囲内である。村人は一五歳になった円了が書物を背負って毎日出かけ、何を行っているのか、分からない。そこで、円了に問うている。円了は講堂（教室）で「恵微」を唱えているのであると答えている。この恵微とは、ABのことであり、すなわち英語を習っていることを指しているのである。

円了が本格的な英語教育を受けた始めは、明治六（一八七三）年のこととなる。履歴書（一）の同年の「洋書」には、『小語綴（スペルリング）』、ヨニヲン氏『読本（リードル）』、コロネル氏『小地理書』、サアゼント氏『第一読本』『第二読本』という書名が記されている。まず、ABCのアルファベットを習い、続いて『読本（リードル）』を六月から七月まで、『小地理書』は七月下旬から、さらに『第一読本』『第二読本』を習っていたのである。

このように円了は漢学から英語へと転換したのであるが、この学校は五月下旬から八月上旬までと三か月で終っている。なぜ円了の英語学習が初歩の途中で終ったのか、円了が九月から何をしていたのか、それを知る資料はない。進路はまだ定まっていなかったようである。翌明治七（一八七四）年の元旦の漢詩はこのような円了の心を詠んだものである。[18]

一月元旦作
隣鶏声裡斗回寅
明治七年甲戌春
未覚因循姑息夢
已迎文化日新晨

一月元旦の作
隣鶏声裡　斗《と》は寅《いん》を回り
明治七年甲戌《こうじゅつ》の春
未だ因循姑息《いんじゅんこそく》の夢より覚めざるに
已《すで》に迎う　文化日々新たなる晨《あした》

　この漢詩は『詩冊』と題された新しい詩集の巻頭の一詩であり、「屈蠖　井上円了　作焉」と名前が書き付けられている。「屈蠖」とは、尺蠖（尺取虫）が身を屈するさまをいった言葉で、『易』繋辞伝から出たものといわれる。[19]身を屈するのは、屈することにより、次にはさらに大きく伸びることを示唆している。この明治七（一八七四）年元旦の漢詩には、その思いが、「未だ因循姑息の夢より覚めざるに」「已に迎う　文化日々新たなるの晨」という言葉に表現されている。円了自身は未だに「旧弊」にとらわれたままで変化がないが、時代はすでに文明開化で日々新たなる文化が進展しているのである。この漢詩の「其二」の中では、「草偃文明開化風　草は偃す　文明開化の風に」と詠っていて、これほどまでに時代の文明開化が大潮流となっているのに、自己の境遇との懸隔があり、円了自身はそのことを嘆かずにはいられなかったのである。

　しかし、こうした立場を自覚した円了は、文明開化とは何かを求めて、「独見」つまり自己学習を猛烈に行うのであった。

履歴書（一）によれば、二月から四月までの三か月の間に二三冊の本を読んでいる。二月は、『新律綱領』、『改定律例』、会沢『新論』、福沢諭吉『童蒙教草』、満川成種纂述『台湾紀聞』、中村敬太郎訳『自由之理』、寧静『西洋夜話』、片山淳之助『西洋衣食住』、於莵子訳『啓蒙知恵環』、寺内章明訳『五洲紀事』、青木輔清『万国奇談』、『史略』と一二冊に及んでいる。さらに、三月は田中大介纂輯『道理図解』、瓜生政和『西洋新書』初編・二編・三編、『世界風俗往来』、『万国往来』、岡田輔年『東洋史略』、福沢諭吉『窮理図解』と八冊を「独見」している。そして、四月の岡田輔年『東洋史略』、瓜生政和『西洋新書』四編や時期未詳の『西洋史記』、後藤達三『窮理問答』までを含めると、読書の激しさが分かる。また、これらの書名を見ると、円了の関心が自由・西洋・万国・世界へ向かっていたことも分かる。そして、四月中旬にはつぎのような漢詩を詠んでいる。[20]

題学問勧之文
坐臥書斎春日永
巻舒学問勧之文
説明人間同等事
貴賎賢愚在惰勤

学問の勧めの文に題す
書斎に坐臥すれば春日永し
巻は舒《の》ぶ　学問の勧めの文
説き明かす　人間同等の事
貴賎賢愚は惰と勤とに在りと

円了は福沢諭吉の『学問勧』を前年にすでに読み終えていた。

それを再び取り出して読み直し、この漢詩を記している。「人間は同等の存在であり、貴賤賢愚の差は学問に励むか怠けるかにある」と、福沢の諸説を捉えている。円了自身の心の中に、すでにこのような思想があって、感応した形で作詩したのであろう。また、進路の定まらない心境をも、その裏に託していたのであろう。つぎの漢詩も、そのような思いを詠っている。[21]

謾　吟

已生天下昇平世　已《すで》に天下昇平の世に生まれ
又遇文明開化時　又た文明開化の時に遇う
男子早成中外学　男子早《つと》に中外の学を成し
可謀富国強兵基　富国強兵の基《もとい》を謀《はか》るべし

この漢詩では、平和な時代に生を受け、また文明開化の時に遇い、早く中外の学問を広く学び、富国強兵の礎となるべきであると、円了自身が時代のキーワードである、文明開化、富国強兵を強く意識し、内ばかりではなく「外」の学問を学ぶことを希望していたことが分かる。つぎの「初夏村居」と題する漢詩（五言律詩）の中で、浦村での自らの読書に明け暮れる生活を明らかにした後で、つぎのように詠んでいる。[22]

雖身在窮巷　身は窮巷に在りと雖《いえど》も
以徳潤精神　徳を以って精神を潤さん
天下文明世　天下文明の世
男児憤発辰　男児憤発するの辰《とき》
早成開化学　早《つと》に開化の学を成し
要導玩愚民　玩愚の民を導かんことを要《もと》めん

机には書籍が積みあがり、訪問客もほとんどない生活の中で、円了は艱難辛苦にも耐えて、むさくるしい世間（町）にあっても仁徳の精神を磨き、文明開化の世の中で、男児として一刻も早く新しい学問を学んで、民衆を自立の道へと教化しようと願っているのである。

四　修学（その三　洋学校）

すでに円了は、前年には高山楽群社で英語の初歩という洋学教育を受けていた。しかし、それは途切れ、翌年の二月から四月までは自宅にこもって独りで読書しながら時代を学ぼうとし、洋学への強い関心がこの春に詠んでいる漢詩には感じられるし、またその漢詩の裏側には洋学教育を受けられないことへの焦りが表れていた。こうした熱意が、ほどなく長岡の洋学校への進学となって実現する。同校の「学校日誌」には「四月三十日　兵太郎〔野秋兵太郎〕一、第十六区小六区浦村慈光寺住職井上円悟長男井上円了同道入来、円了入門入塾之義申込有之」[23]とあって、父円悟に伴われて円了が洋学校への入学を申し込んだのである。高山楽群社を終えてから一年近い時間が経過していた。この時、長岡の洋学校は、創立期の「長岡洋学校」から「新潟学校第一分校」へと校名を変更している（現在の新潟県立長岡高等学校）。父と共に申し込んでからほどない五月五日に、円了は新潟学校第一分校へ入学し、寄宿舎で生活するようになった。その当日のことを、円了はつぎのように詠んでいる。[24]

始到長岡洋学校作　　始めて長岡洋学校に到るの作
独到長岡市　　独り到る　長岡の市《まち》
始遊洋学黌　　始めて遊ぶ　洋学黌《こう》
講堂終日坐　　講堂に終日坐し
頻誦恵微声　　頻《しき》りに誦す　恵微声

始めて長岡の洋学校に一人で来た時の円了の気持ちが、この漢詩にはよく表現されている。すでに父親と共に、この学校へ入学する手続きは済んでいたが、浦村の慈光寺を離れ一人で長岡の町に到り、希望していた洋学校へ実際に足を踏み入れて講堂に座り、一人で恵微声、つまりABCの英語を頻りに発音して、自らの喜びを身体で現していたのである。

これまでの円了の経歴を述べるにあたり、長岡の洋学校について触れてこなかったが、実は円了が漢学を終業した時点が、長岡洋学校の創立の時期であった。維新の戦争で敗れた長岡藩は、新たな時代へ対応する政策の第一に人材養成を掲げていた。藩校の崇徳館（文化五（一八〇八）年創立）は、明治元（一八六八）年に自然廃校となったが、翌二（一八六九）年に国漢学校が創立された。しかし、四（一八七一）年の廃藩置県を受けて国漢学校は廃校となった。そして、翌五（一八七二）年に三島億二郎を学校掛とし慶応義塾の学頭をしていた旧藩士の藤野善蔵を教師として、新たな時代の人材を養成するために長岡洋学校が同年一一月二日に設立されたのである。当初の入学生は一四名であったという。ところが、柏崎県が廃止されてから、新潟県が県下の洋学校の統一を強制してきたために、教師の藤野は一年で辞任し、明治六（一八七三）年一一月に新潟学校第一分校と改称されたのである。円了が入学したのはこの新潟学校第一分校となってからである。

明治六（一八七三）年はまだ長岡洋学校時代であるが、信濃川を挟んだ対岸の町である長岡に一大教育事業として洋学校が設立されたことは、河川交通でつながっていた浦村にも伝わっていたはずであろう。しかし、円了は同年に高山楽群社で英語の初歩を学習するという経過をとっていた。「男子早成中外学 可謀富国強兵基（男子早に中外の学を成し 富国強兵の基を謀るべし）」と漢詩で詠っていた円了の心中には、外の学＝洋学への熱望があったことはすでに述べたとおりである。その進学先としてもっとも望んでいたのは長岡洋学校であろう。

円了の進路が紆余曲折した事情について、長岡洋学校から現在の長岡高等学校までの百年の歴史を編纂した土田隆夫はつぎのように推測している。長岡洋学校は藩校以来の学統を保持していて、原則的には長岡藩士＝士族の子弟について入学を許していた。洋学校の入学者は特に厳しく旧藩士の子弟に限定していた。しかし、長岡洋学校の経営が円滑に行かなくなった時から、その原則的立場を緩和し、近郷の豪農や寺院の子弟も入学させるようになった。このことは初期の入学者には必ず「入学保証状」の提出が必要であったが、円了の場合はその保証状がないからである。なお、円了はすでに高山楽群社で英語を学んでいた実績も入塾の条件の一つに挙げられよう。

年齢的には、藩校以来、一四、五歳から入学できた。円了でいえば、明治五（一八七二）年の慈光黌で木村鈍叟から漢学を終えた時点が数え一五歳であったから、長岡洋学校の創立時には学齢に達していたし、随時入学制度でもあった。しかし、明治維新後も続いていた身分的制限によって円了が洋学校に即入学できなかったのが実情であろう。土田が指摘したように、創立期の洋学校の経営は変転とした。入学者数をみれば、明治五（一八七二）年・六（一八七三）年の二年間は六八名、七（一八七四）年は一三名、八（一八七五）年は四九名、九（一八七六）年は二八名、一〇（一八七七）年は四一名、一一（一八七八）年は三一名となっている。[25] 円了が入学した明治七（一八七四）年は一三名ともっとも少ない人数で、土田がいう学校側が校名を新潟学校第一分校と変更せざるを得なかったし、また経営上から入学条件を緩和せざるを得ないような状況にあったことを示している。

洋学校では英語による洋学と数学の教育を行っていた。入学してから三か月後の七月に、一六歳になった円了はその学校生活を「校中偶成 其二」と題して、つぎのように詠っている。[26]

七時食朝飯
八時受日業
九時万国史
十時洋算法
常雖在書案
終年耽惰遊
早晩学芸成
威名立全州

七時　朝飯を食し
八時　日業を受く
九時　万国史
十時　洋算の法
常に書案に在りと雖も
終年惰遊に耽《ふけ》らん
早晩学芸を成し
威名を全州に立てん

寄宿舎に住んでいた円了は、朝食・休憩を終えた八時から授業を受けた。九時から洋学、十時から洋算（数学）を学んでいた。「常に書案に在りと雖も 終年惰遊に耽らん」、常に机に向かっていても怠惰な心に終っていたという。それというのも、同題の漢詩の一で、つぎのように詠んでいたからである。[27]

自到長岡三月余　長岡に到りてより三月余
三月有余学洋書　三月有余　洋書を学ぶ
愚身堪耻才情拙　愚身才情の拙なるを耻《は》づるに堪えん
雖重時日寸功虚　時日を重ぬと雖《いえど》も寸功虚《むな》し

この詩では洋学校での三か月間の洋書の学習・理解が思ったように進まず、授業の内容がわからず、時日を重ねても進歩がなく、自分の資質に問題があるのではないかと述べている。同題の其三の漢詩ではつぎのように詠んでいる。[28]

坐講五洲史　坐して五洲の史を講じ
臥暗地理書　臥して地理の書を暗ず
貧哉吾輩学　貧なる哉《かな》　吾輩の学
須是惜三余　須《すべから》く是れ三余を惜しむべし

座って五洲（世界）の歴史を学び、うつぶせになって地理を暗唱しているが、自分の学問はなんとも貧弱で、学問に当てるべき三つの余暇をすべて注いで勉強しなければならないと、円了は洋学校での初期の学習状況を記している。希望して進んだ学校に、即時には適応できなかったことを示している。だが、円了は努力して学習をつづけていた。その自分をつぎのように詠っている。[29]

冬夜偶成
一天月苦夜光明　一天の月　苦《はな》はだ夜光明し
満地霜濃秋気清　満地の霜濃《こま》やかにして秋気清し
灯火試開英仏史　灯火試みに開く　英仏の史
読尽不覚到深更　読み尽くせば覚えず深更に到る

冬に至ろうとする秋も深い夜に、円了は灯火のもとで、英仏の史書を読んでいる。読み終われば、すでにすっかり夜も更けているという状況であったという。また、この詩の「其二」には「開書又感性愚痴（書を開けば又た性の愚痴なるを感ず）」とし、洋書の原書をなんとか理解しようと繰り返し努めている姿がみえる。

履歴書（一）によれば、円了がこの年に授業で学んだ洋書はつぎのとおりである。パーレー『万国史』、ミッチェル『大地理書』、クイケンブス『小米国史』、同『大米国史』、同『究理書』、ピネヲ『文典』、マルカム『英国史』、グードリッチ『仏国史』、同『羅馬史』の九冊である。円了は高山楽群社で英語の初歩を学んだが、長岡の洋学校では後述のように、すぐに原書で世界の歴史や地理などを読んでいくのであるから、理解が進まなかったのも当然であろうが、しかし、円了は自分の中に反省点を求め続けて、日々取り組んでいたことが漢詩集から読み取れる。そして、長岡での生活には満足していたようで、つぎのような漢詩を詠んでいる。[30]

長岡

越後長岡開化地　　越後長岡は開化の地
文明日盛月繁華　　文明は日々に盛んにして月々に繁華なり
蔵王港口汽船□(不明)　　蔵王港口汽船□(不明)
渡町市街人力嘩　　渡町市街人嘩《かまびす》し

この詩をみれば、明治七(一八七四)年の長岡の文明開化が日進月歩で進んでおり、港には川蒸気船が、町には人力車が往来してと、長岡が繁栄を続けていることを円了は実感している。川蒸気船は、明治初期から信濃川をさかんに往来するようになり、新潟港から長岡港まで、従来の和船では三日間かかったのが、蒸気船では上り一一時間、下り八時間と、革命的に変わったのである。ガランガランと音を立てて往来する様子は住民の注目の的となり、船内は連日満員だったといわれる。円了の文明開化の実感が分かる。

すでに記したように、少年時代から求め続けた文明開化が、長岡の町の変貌であり、そして自らは原書で洋学を学ぶことで実現しているのである。そのため、明治八(一八七五)年の元旦の漢詩には、一年前の旧習にとらわれて苦悩した自己の姿は詠われていない。[31]

一月元旦

三百六旬尽又新　　三百六旬尽きて又た新たなり
忙中暗遇雪中春　　忙中暗に遇う　雪中の春
今朝万戸賀年客　　今朝万戸　年を賀するの客
欲奪寒威酌酒頻　　寒威を奪わんと欲して酒を酌むこと頻《しき》りなり

一年が過ぎて、新たな年の初めの日に、忙しさの中で春を迎えたが、元旦の今朝は年賀の客で賑わい、皆寒さを防ぐために酒を盛んに酌み交わしている。このように、明治八(一八七五)年の元旦の風景を詠むばかりで、円了の心の中にわだかまるものはなかったようである。この元旦と題する詩の「其三」ではつぎのように現状を詠んでいる。[32]

其三

和風散雲霧　　和風　雲霧を散じ
天日輝乾坤　　天日　乾坤に輝く

全国春明治　　全国　明治春《みなぎ》り
万民蒙聖恩　　万民　聖恩を蒙《こうむ》る

この漢詩では、新春の風が初日に晴れをもたらしたことに対比して、全国に明治の新しい文明がみなぎっていきわたっていることと、それは万民がみな天子の皇恩を蒙っていることを意味するのだと詠んでいる。明治という新しい時代の文明開化＝天皇による恩恵という理解が円了にはある。この聖恩に報いるには何をなすべきか、こういう意識は明治の時代の人間としての円了が生涯持ち続けたものでもあるが、すでに一七歳前後の漢詩にはこの国家的問題意識が詠みこまれているのである。つぎの漢詩は、入学から一年が経つ五月のものであろう。[33]

述　懐　　　　　　懐いを述ぶ
去歳到長市　　去歳長市に到り
一季在校中　　一季校中に在り
常論古今史　　常に古今の史を論ずるも
未見寸分功　　未だ寸分の功を見ず
身得逢開化　　身は開化に逢うを得たるも
心難脱旧風　　心は旧風を脱し難し
如吾繫匏輩　　吾は匏《ひさご》に繫がれし輩の如く
空作白頭翁　　空しく白頭の翁と作《な》らん

長岡に来て一年になり、洋学校で学び、いつも古今の歴史を論じているが、未だに少しも身についていない。文明開化の世の中に出会うことができたのに、気持ちは旧風を脱しきれていない。私は食べられることもなくぶら下がっているひさごのように、無用のものである。このまま空しく年老いていくのだろうか。円了の一年後の心境はこのようなものであった。円了の精神の中には、文明開化と旧習という対比があり、その対比が「文明開化とは何か」を問い続ける原動力になっている。明治の初年にあって、円了にこのような精神が芽生えたことは、明治という時代を創造する世代として成長していたことを表している。

履歴書（一）によって洋学校での学習を見ると、つぎのような原書を講読していることが分かる。ウーレン『ヒシカルジォグラヒー』、ウエルソン『万国史』、チヤンブル『経済書』、ウエランド『大経済書』、マルカム『日耳曼史』、ウェルス『究理書』の六冊である。また、数学は入学以来、「平算」「分数」「比例」「少数」「諸算」「代数学」までと広く習っている。履歴書（一）を読むと、入学からおよそ一年が過ぎた頃から、授業へ対応できるようになり、その余暇に独見が可能になったことを表していて、その書名が記されている。中村敬太郎『立志編』、『元明史略』、『老子経』、安井息軒『弁妄和解』、小幡篤次郎訳『英氏経済書』、『国法汎論』と、これらは読書した月が分かっているので、その順に紹介したが、月不明では『東京新繁昌記』、『近世史略』、『近世紀聞』、マルチン『性理略論解』、洋書の独見ではスウェル『羅馬史』と一二冊に及んでいる。それだけ学力が向上したのであろう。

五　修学（その四　洋学校の授業生）

履歴書（二）によれば、新潟学校第一分校で教育を受けたのは、「七年五月ヨリ九年七月迄」の二年二か月間である。履歴書（一）の受業、独見の書名の記載は明治八（一八七五）年末で終っていて、それから九（一八七六）年七月までの様子は分からない。[34]洋学校で始めて学んだ英学の授業について、後年の長岡中学の和同会でつぎのように語っている。[35]

私が此校に這入たのは、洋学をする為め、乃ち英語を学ばうと云ふのであった。然し其頃は、今日の如く完全ではない、辞書と云ふても碌なものはなく、長岡には求めたくても勿論ない、東京なり、横浜なりへ、これ〻〻の本があるかと問ひ合わせ、其れでもまだ〻〻決定する事は出来ない、何部あるか、と云ふ様の所まで知つて、漸く其れで、教科書に用いると云ふ有様で、実に書物を得るにしても容易のことではないのです。

私の這入た時、「パーレー」の万国史をやつて居つた組があつたので、先づ其の組に這入れと云ふ訳であつた。

其頃、一般に、始めに文典、「スペルリング」、最後に「リードル」と云ふ風であつたが、私はそうでなく、直ぐ「パーレー」の万国史からやり出した。尤も其後一年程、東京から或る西洋人が、漫遊に来たのを先生に頼んで、二三ケ月「リードル」を学んだ、「パーレー」の万国史がすむと「ミユートト」の大地理書「ウヰルソン」の万国史、「ギゾウ」の文明史、など盛に読んで、之が読めれば英語は先づ卒業と云ふ有様であつた。

明治九（一八七六）年七月に終業した円了は、「九年八月ヨリ十一月迄長岡洋学校エ数学授業ニ雇ハレ九年十二月ヨリ十年六月迄長岡中学エ支那学授業ニ雇ハレ在勤仕候」と、履歴書（二）に記しているが、この授業生となった頃の校名を、円了は誤って記している。長岡の洋学校の歴史は、明治五（一八七二）年一一月に長岡洋学校として創立され、一年後の明治六（一八七三）年一一月から新潟学校第一分校と改名され、それが明治九（一八七六）年七月に、県の方針により新潟学校の本校・分校ともに廃止になった。これによって同七月から独立の私立学校となり「仮学校」の名称で授業は継続された。それから四か月後の同年一一月に「長岡学校」と改名されたのである。長岡中学校となったのは明治二五（一八九二）年一〇月からである。

したがって、円了はこの仮学校の数学の授業生として初めて採用され、その後の長岡学校では漢学の授業生として雇用が継続されたのである。授業生として採用されたということは、円了が学力の面で秀でていたからであろう。長岡洋学校以来、同校は洋学と数学を教科としていたが、長岡学校になった時、この二科に漢学を加えたのである。授業生とはどのようなものであったのだろうか。長岡学校の規則によると、校長、教員、事務掛、この他に「教場助手　臨時之を置く　教員の指導を受け教授一切の雑役を掌る」とあり、教員の臨時の助手である（なお、円了が提出した「在校当時の母校」という調査表では、「明治九年ヨリ教授ノ手伝ヲナシ且ツ舎監ヲナセリ」といい、寄宿舎の舎監を兼務していたようである）。履歴書（二）によれば、授業生として働く傍ら、「長岡校エ転シテハ英書ヲ中野悌四郎越後ニ問ヒ漢学ヲ田中春回師ニ謀ル」として、洋学と漢学の学習を継続している。

このように授業生として洋学校に残った円了は、仮学校時代に有志の組織として「和同会」を創立している。「学校日誌」の明治九（一八七六）年一〇月二〇日に、「井上円了により今般和同会設立明廿一日土曜日ヨリ毎土曜日ニ相催シ度旨ニテ規則書持出談有之ニ付許可致し候事」とあり、二一日に発会したこの有志の組織には一七名が参加したという。創立者は円了ら八名であるが、会の命名者は円了で、「論語ニヨリ和シテ且ツ同スル」という意味で、「和同会」と名付けたと、「在校当時の母校」という資料に記している。

和同会の目的は「相互の懇親を厚うし、演説の稽古を、為さん」とするもので、この趣旨に賛成したものが参加する任意の会がもともとであった。その活動において円了は中心的な役割を担い、会務を担当して毎土曜日の午後の和同会を開催した。この会は長岡学校時代も存続したが、当時は公開で演説などを行う時代ではなかったので、演説者は井上円了の外、数名にとどまり、また参加者も大抵同じ者で、時には人数が少なくて開会が困難な時があったと、「和同会沿革」には記されている（和同会は円了が学校を離れてから一時衰退したが、その後再建されて、生徒自身の自治を重んじる生徒会として現在も新潟県立長岡高等学校に存続している）。

和同会を組織したように、円了には個人としての知性や精神を重んじる面と共に、それを積極的に社会化しようとする性格や思想があり、中心となって組織を作る指導者としての活動力をすでに兼ね備えていたことを示している。仮学校から長岡学校へ校名が変更され、明治九(一八七六)年一二月一日に改めて開校式が時の県令などを迎賓として挙行された。円了も授業生として参列している。この開校式については、漢詩を作ると[36]共に、「長岡学校開業一条」[37]という記録を、円了は残している。この長岡学校開業一条には、当日の模様の他に、校長から来賓、教員、生徒の祝辞が記されているが、円了も祝辞の中で、「教育により和漢洋の文学を学ぶことは知識を開き、富国のもととなり、国家の盛衰もその隆替に関する」と述べて、教育の重要性を明らかにしている。そして、すべての祝辞を書き終えた後で、円了は行を改めて、「今ヤ我日本ハ復往時ノ日本ニアラザルナリ」と、明治九(一八七六)年末の気持ちを特記している。ここに、円了の明治の初期における時代認識を見ることができる。

このような時代認識と自己との関係については、長岡学校の開業後に作られた「漫成三首」という漢詩にも、つぎのように表れている。[38]初めに其一を紹介しよう。

漫成三首

勤智怠愚何異倫　　勤智怠愚 何ぞ倫を異にせん
万民同等得権均　　万民同等にして権を得ること均し
休言古昔多英傑　　言うを休《や》めよ　古昔《むかし》英傑多しと
彼亦是人我亦人　　彼も亦た是れ人　我も亦た人なり

この漢詩では、勤め励む人間と愚かで怠けている人間も、ともに同じ人間であり、万民は同等にして、等しく権利を有している。過去を持ち出して、昔は英雄が多かったなどということは意味がない。彼等偉人も人間、また私も同じ人間だからである。円了が人間同等論を漢詩に詠んだ初めは、二年前の明治七(一八七四)年の「題学問勧之文」であるが、それから洋学校で広く世界の知識を学び、平等論をより深く理解し、自己の思想として再確立していることが、この詩から読み取れる。そして、続いてつぎのように詠んでいる。

其二

秀菊却生幽谷裡　　秀菊は却《かえ》って幽谷の裡《うち》に生じ
芳蘭還発僻山中　　芳蘭は還《かえ》って僻山の中に発《ひら》く
択賢豈只搢紳士　　賢を択《えら》ぶに豈《あ》に只だ搢紳《しんしん》の士のみならんや
草莽由来起大雄　　草莽《そうもう》は由来大雄より起く

この其二では、美しい菊も、芳しい蘭も、ともに深い谷間や僻遠の山間に咲くものであるということを例示し、賢人がどこから生じるのか、それを問うている。士大夫のような朝廷の高官から選ぼうとするのは誤りであり、かえって大人物は民の草莽から生まれてきたのではないか。円了はこのように、民間にこそ大人物が育つと指摘する。ここには、欧米諸国の歴史から得た視点が自己の思想として語られているのであろう。民間が蔑視できない意義ある存在であることを、人間平等論の具体例として強調しているのである。さらに其三ではつぎのように詠んでいる。

其　三

誰怪普天民　　誰か普天の民を怪しまん
是皆一族人　　是れ皆一族の人なるを
王公寧異種　　王公寧《いずく》んぞ種を異にせん
将相本同倫　　将相《しょうしょう》は本倫を同じくす
勤作搢紳士　　勤めば搢紳《しんしん》の士と作《な》り
怠為奴隷身　　怠らば奴隷の身に為らん
勉焉年少者　　勉めよや　年少の者
万苦又千年　　万苦又た千年

円了はこの「漫成三首」の最後の詩で、再び人間平等論を高く詠っている。天下の民はすべて皆同種同等の人間であり、王といえども異なる特別な血筋がある訳ではないし、また将軍も宰相も本来は同種の人間であるのだ。努力すれば高位高官にもなれ、怠ければ奴隷の身になるかもしれない。だから、年少の者は勉励せよ、労苦を凌げば未来が開けることになる。

この『詩冊』という漢詩集の訳注者である長谷川潤治氏は、この「漫成三首」と先の「題学問勧之文」の二つの漢詩を比較して、つぎのように述べている。[39]

> 前掲詩「題学問勧之文」とこの詩〔「漫成三首」〕は基本的に同じ主題を有している。しかし、前掲詩は福沢諭吉の説く言葉そのままに詠われているのだが、この詩の言葉は円了自身の詩語としてしっかり詩中に収まっている。それだけ思想が内実化されてきたということである。

円了の思想が長谷川のいうように、明治七(一八七四)年から九(一八七六)年までの思索によって培われてより内実化されたことが、和同会という場を設けて、その思想を表出する演説の稽古を行うことにつながったのであろう。この歳の最後に詠んだつぎの漢詩も、当時の円了の思想と行動の到達点を表している。[40]

雑　詠

試見文明世　　試みに文明の世を見るに
日新又日新　　日々新たにして又た日々新たなり
水行依汽船　　水行は汽船に依り

陸運用車輪　陸運は車輪を用う
四海皆兄弟　四海は皆兄弟
天涯是比隣　天涯は是れ比隣
昔時他界者　昔時《むかし》は他界者《よそ》なるも
今日一村人　今日は一村の人

この「雑詠」と題する詩には、明治の文明と思想がともに進歩する世の中が詠われている。新潟から長岡までの川蒸気船が就航したのは明治七(一八七四)年のことで、川には汽船、陸には車輪が走り、世界中に人々が親しく兄弟のように行き来し、天涯の地へ行くのも隣へ行くような感覚になり、昔は無縁な他所の人が、今では同郷のように親しく交わって、まるで一つの村人のようである。この漢詩で使われている「四海皆兄弟」「天涯比隣」という古典の言葉に、円了は明治の文明開化を背景に新しい意味を付与している。それは世界が国際化している との受け止めであった。特に洋学によって観念的ではあれ、万国・世界を理解したこと、明治の文明開化が現実として進捗していることなどが影響している。青年円了がこのような時代の変化を身に受け止めながら、一八歳になるまでに思想として着実に獲得した新たしい見方が、この漢詩には表現されているのである。

六　真宗寺院の後継者としての矛盾

ここまで、円了の誕生から少年、青年時代の修学と思想の発展について見てきたが、慈光寺という真宗寺院の長男に生まれ、次の住職になるという「宿業」を担っていたことに変わりはない。住職になるにはまず得度をしなければならない。円了が東本願寺から得度を許されたのは、明治四(一八七一)年四月二日である。[41] 一三歳での得度というのは教団の開祖親鸞の九歳に行うという慣例からすると、遅すぎるものであった。その間の事情について、円了は晩年につぎのように述べている。[42]

余が長岡にある間、父は余をして将来住職を継がしめんと欲し、余に謀るに得度式を本山に請願せんことをもってせり。余の意これを好まざるをみて、ひそかに願書を呈出して許を得、のちに余にその由を告げ、いわゆる事後承諾をもとめられたり。故に余の僧籍に入りたるは自ら意識せざりしところなり。

このような経過があって、円了の得度は教団の慣例から遅れたのであるが、円了が「余の僧籍に入りたるは自ら意識」しないことであったということは、自身の関心や思想が教団や寺院の慣例に従わないところにあったことを示している。そのことについて、明治二〇(一八八七)年、二九歳の時の著書『仏教活論序論』で、つぎのように明らかにしている。[43]

余はもと仏家に生まれ、仏門に長ぜしをもって、維新以前は全く仏教の教育を受けたりといえども、余が心ひそかに仏教の真理にあらざるを知り、顱を円にし珠を手にして世人と相対するは一身の恥辱と思い、日夜早くその門を去りて世間に出でしことを渇望してやまざりしが、たまたま大政維新に際し一大変動を宗教の上に与え、廃仏毀釈の論ようやく実際に行わるるを見るに及んで、たちまち僧衣を脱して学を世間に求む。

この文章はすでに記したように、二〇歳代末にまとめて書かれたものである。慈光寺に生まれ生活していた当時を象徴的に表しているが、円了が仏教や真宗の教えに対して疑問を持ったということよりも、葬式・法事のいわゆる葬式仏教的な儀式中心の寺院生活を懐疑的に見ていたことを示しているのであろう。明治維新が「一大変動を宗教に与え、廃仏毀釈の論」が実際に惹起されたと記している。筆者はこれまで、長岡藩の敗戦と石黒忠悳の塾での出会いという二つのことを、円了の明治維新の体験として取り上げてきたが、実は円了にはもう一つの経験があったのである。それが明治新政府による国教を仏教から神道にするという宗教政策の転換であった。

それは明治に改元される前の慶応四(一八六八)年四月に一挙に発令された。この時のいわゆる神仏分離令が、円了のいう廃仏毀釈に進んだのである。その実際の廃仏毀釈という仏教弾圧の動きが最初に起こったのが佐渡であった。[44] 一〇月二一日に、判事が諸宗本寺住職に対して、五三九寺を八〇寺へと一か月以内に廃絶または統合すべしと命令したのである。佐渡には真宗大谷派の寺院だけで四八か寺あり、統廃合が現実のものとなったわけである。このような強制的命令と寺院の混乱する情報は、佐渡が属する三条の教区内にも伝わり、同じ教区にある慈光寺も知り、一〇歳の円了も事態の急変を感じたことであろう。この佐渡の廃仏毀釈は各宗派の反対と、命令した判事の解任によって、明治三(一八七〇)年には自然解消になった。

しかし、この事件は慈光寺という仏教寺院に生活する円了の心の中に、何らかの影響を与えたことは確かであろう。すでに紹介した『仏教活論序論』に「廃仏毀釈の論ようやく実際に行わるるを見るに及んで、たちまち僧衣を脱して学を世間に求む。」と、円了が書かざるを得ない仏教の衰退は、明治維新以後に強まって行ったからである。

円了が父から宗門の教育を受けたにも拘わらず、定められた得度に逡巡した事情は、一方で文明開化が進展し、他方で廃仏毀釈が進行するという背反するものによって起こったのである。

父からの事後承諾で得度した円了は、漢学の修学を終えてから、時代の思潮である洋学を求めて、旧習を離れて新たな思想を吸収することに集中し、洋学校の授業生という職を得るまでになったが、この過程において、一方では人間平等という文明開化の思想を身に付けたが、他方では真宗寺院の後継者であるという逃れ切れない宿業を自覚せざるをえないという自己矛盾を自らの中に見出していたことになる。長岡時代の円了はその矛盾を解決できないまま苦悩として心の中に抱え込んでいたのである。

【註】

1 第一章第一節を参照。明治一六(一八八三)年の神社寺院仏堂明細帳は、現在、新潟県立文書館に所蔵されている。

2 同右。

3 井上鋭夫『本願寺』講談社学術文庫、平成二〇(二〇〇八)年、一七頁。

4 井上円了「付録 第一編 信仰告白に関して来歴の一端を述ぶ」(『活仏教』、大正元(一九一二)年、『選集』第四巻、四九五頁)。

5 同右、四九六頁。

6 新潟県へ提出した「神社寺院仏堂明細帳」に記載された戸数はそれなりの正確さがあったと考えられる(ただし、拙稿「井上円了に関する郷土における調査報告」(『井上円了研究』第一号、昭和五六(一九八一)年、一三〇頁)の中で、慈光寺の総代であった高橋友二郎は「檀中は百三十～四十あるんです」と述べている)。

真宗大谷派の教団は、「一万カ寺、一〇〇万門徒」と称されているが、寺院ごとに門徒数は異なるけれども、その正確な統計的な門徒戸数を知ることは難しい。今川覚神「大谷派の末寺、教師、及ひ門徒」(『教界時言』第一四号、明治三〇(一八九七)年一二月、六三頁)によれば、明治三〇(一八九七)年の総門徒数は四九七万人余りで、これを明治二八(一八九五)年の総人口の四一五五万人に対して、その割合を求めると、人口の一二%に相当する。

真宗大谷派が全寺院を対象とする「教勢調査」を行ったのは、日本の「国勢調査」の翌年、大正一〇(一九二一)年である。拙稿「既成仏教教団の構造――真宗大谷派の教勢調査に基づいて」(『宗教研究』第三五〇号、平成一八(二〇〇六)年)によれば、この大正一〇(一九二一)年の結果は、寺院の総数が八三八〇か寺、檀信徒の総数が一三六万戸余りになっている。門徒戸数の一か寺平均は一六二戸である(三〇頁)。同論文では、寺院の規模を平成一二(二〇〇〇)年の教勢調査によって説明しているが、俗に大坊、中坊、小坊を大まかに分ける場合、平均から前後数十戸が中坊であろう。慈光寺はこの中坊に該当し、その寺院運営を独立的に行うことが可能であったと考えられる。なお、門徒戸数が五〇戸以下の寺院は三割り近くあり、これらが小坊といわれ、逆に大坊とは栄行寺のような門徒戸数三〇〇戸以上を指すのである。

7 井上円了「詩冊」(新田幸治他編訳『甫水井上円了漢詩集』三文舎、平成二〇(二〇〇八)年、六二一―六二三頁)。この漢詩集は「襲常詩稿」「詩冊」「屈蠖詩集」の三つをまとめたものである。以下では、『漢詩集』と略称する。

8　二つの履歴は『百年史　資料編Ⅰ・上』、三―六頁、六―八頁に翻刻されている。前者の「履歴書」は明治八(一八七五)年作、後者の「履歴」は明治一八(一八八五)年六月作として区別されている。前者の作成は長岡学校に「代用教員たる授業生」(長谷川潤治「『甫水井上円了漢詩集』解題」(『漢詩集』、二一三頁))に採用される際のものであろうと考えられる。後者は、氏名の後に「明治十年十月　十八年六月」とある。前の「明治十年十月」は東本願寺の教師教校の在学中を示し、後の「十八年六月」は東京大学文学部哲学科の卒業時を示している。この後者の「履歴」は、「履歴書 自明治元年 至四年末」と書いて、続いて漢書、英書が記されているが、これらはほとんど長岡学校時代までのものので、「自明治元年　至四年末」以外のものもあるが、その書名は前者の履歴書とほとんど重なるだけで、「明治十年十月　十八年六月」の事項はまったく記されていないなど、後者の履歴書は未完のものと見られる。ただし、この後者の履歴は、長岡時代の事項の年月日が正確に記されているという特徴がある。

9　石黒忠悳『懐旧九十年』岩波書店、昭和五八(一九八三)年、九一頁。

10　井上円了『円了茶話』明治三五(一九〇二)年(『選集』第二四巻、一五二頁)。

11　石黒忠悳、前掲書、九二頁。

12　同右、一〇六頁。

13　井上円了「襲常詩稿」、『漢詩集』、五〇頁。「慈黌」「慈光黌」は、明治五(一八七二)年の「学制」に先立つ学校で、浦村だけではなく、周辺の村をも対象としたものであったが、「学制」発布後、この地域＝第一六大区小六区の一五か村は慈光寺で行われていた教育の運営経験を生かして、土地を慈光寺の総代である高橋九郎が提供し、明治七(一八七四)年に外新田校として、第三中学区の第二五番小学校として開設が許可された(『越路町史通史編　下巻』、越路町、平成一三(二〇〇一)年、八三頁)。

14　『漢詩集』、五〇頁の長谷川潤治の註による。

15　拙稿「井上円了とその家族――生家の慈光寺と栄行寺を含めて」(『井上円了センター年報』第一五号、平成一八(二〇〇六)年、一二一頁)。

16　同右、一一八頁。

17　井上円了「襲常詩稿」(漢詩集』、四八頁)。

18　井上円了「詩冊」(『漢詩集』、五五頁)。

19　中村聡「四、『屈蠖詩集』について」(『漢詩集』、二四〇頁)。中村は、円了が「屈蠖」という言葉を『易』繋辞伝から取ったものではないかとし、孔子のつぎのような言葉を紹介している。「屈蠖の屈するは、以て信《の》びんとすることを求むるなり。龍蛇の蟄するは、以て身を存せんとするなり。義を精しうして神に入るは、以て用を致すなり。用を利し身を安んずるは、以て徳を崇むるなり。」

20　井上円了「詩冊」(『漢詩集』、五七頁)。

21　井上円了「詩冊」(『漢詩集』、六〇頁)。

22　井上円了「詩冊」(『漢詩集』、六二頁)。

23　現在、長岡高等学校に所蔵されている『学校日誌』については、土田隆夫の教授による。

24　井上円了「詩冊」(『漢詩集』、六五頁)。土田隆夫「井上円了の長岡時代」(『井上円了センター年報』第一八号、平成二一(二〇〇九)年)によれば、一七歳で入学した円了の年令は高い方であった。士族に限られた洋学校生の中にあって、平民の円了には「入学保證状」がなかった。そのため「洋学生徒」としてではなく「在校当時の母校」というアンケートに「国漢文ノ課程ナリ」と書いてあることから、別扱いをうけていたと推測されている。円了が学んだクラスはどうかというと、第一—第四と等外に分かれていた。円了ははじめからパーレーの万国史のクラスに入っている。円了の学力がすでに高かったのであろう。なお、土田隆夫の論文には、長岡の洋学校時代の円了に関する資料が詳しく紹介されているので、参照されたい。

25 『長岡高等学校同窓会名簿』新潟県立長岡高等学校創立百周年記念事業実行委員会、昭和四六(一九七一)年、二九—三六頁。

26 井上円了「詩冊」(『漢詩集』、六六頁)。

27 同右。

28 井上円了「詩冊」(『漢詩集』、六七頁)。

29 同右。

30 井上円了「詩冊」(『漢詩集』、七〇頁)。

31 井上円了「詩冊」(『漢詩集』、七二頁)。

32 同右。

33 井上円了「詩冊」(『漢詩集』、七六頁)。

34 履歴書(二)の中で、和書はすべて記載されていない。洋書では、履歴書(一)に記されていないものがある。スチュデント『英国史』、テーロル『古代史』、チャンブル『近世史』、ウエルス『化学書』、ギゾー『文明史』、ウェランド『インテレクチャルヒロソヒー』、スピンセル『教育論』、マルカム『羅馬史』、スチュウデント『仏国史』、ウェランド『大脩身論』などである。

35 「博士井上円了氏の講演」(『和同会雑誌』第三八号、新潟県立長岡中学校和同会、明治三九(一九〇六)年一一月、付録四頁)。同じ趣旨のことは、井上円了『円了茶話』明治三五(一九〇二)年(『選集』第二四巻、一五三頁)にあり、「その教授法は変則中の変則にして、文法も聴かず、リーダーも読まず、最初に学びたるものはパーレーの『万国史』にして、そのつぎはクワッケンブスの『米国史』、そのつぎはウィルソンの『万国史』、そのつぎはギゾーの『文明史』なり。これを二年未満にして卒業し、ただちに授業生となりて、教鞭を執るに至れり。ゆえに、余が英語の素養は漢学より一層浅し。かつその英書を読むや、変則流の訓訳にして、読み方のごときはNightをニグフトと読み、Oftenをオフテンと読みたるほどなれば、他は推して知るべし」という。

36 井上円了「詩冊」(『漢詩集』、九五頁)。

37 井上円了「長岡学校開業一条」(『井上円了研究』第七号、平成九(一九九七)年、一六一—一六九頁)。

38 井上円了「詩冊」(『漢詩集』、九八—九九頁)。

39 長谷川潤治「『詩冊』について」(『漢詩集』、二三五頁)。円了の漢詩については、長谷川潤治「『襲常詩稿』初探—井上円了齢在十五歳」(『井上円了研究』第七号、平成九(一九九七)年、一〇九—一三七頁)を参照されたい。

40 井上円了「詩冊」(『漢詩集』、一〇〇頁)。

41 円了の得度については年月日が著書などに残されていない。そのため、改めて東洋大学井上円了記念学術センターから、得度について真宗大谷派宗務所へ公式に調査を依頼した。その結果、同所の寺籍簿に基づいて正式な得度日の回答を得ることができた。

42 井上円了「付録 第一編 信仰告白に関して来歴の一端を述ぶ」(前掲書、『選集』第四巻、四九五—四九六頁)。

43 井上円了『仏教活論序論』明治二〇(一八八七)年(『選集』第三巻、三三六頁)。

44　田村晃祐『近代日本の仏教者たち』日本放送出版協会、平成一七(二〇〇五)年、四三—四八頁を参照。廃仏毀釈運動は、佐渡から始まり、富山藩でも厳しい廃寺政策が行われ、そして三河の菊間藩で宗教一揆に発展した。この菊間藩の宗教一揆については、吉田久一『日本近代仏教史研究』吉川弘文館、昭和三四(一九五九)年を参照されたい。

第二章

東京大学時代

第一節　東本願寺の教師教校英学科

一　本山からの召集の命

明治維新後、新時代は文明開化への道であると自覚した円了は、紆余曲折を経ながら、長岡の洋学校の授業生にまでなったことで、時代の進路と自己の役割の関係に一つの見通しを感じていたと考えられる。ただし、得度した円了が慈光寺の次期住職の候補という立場に変化があったわけではない。事実、長岡の学校時代の日誌には住職の円悟よりの証書が学校に提出され、許可を得てたびたび「仏事ニ付下宿」し、また明治九（一八七六）年四月一一日には「祖師忌ニ付来ル十九日迄」と、真宗教団の最大の法要である報恩講のため、一週間以上にわたり学校から離れている。しかし、生活の拠点は長岡の洋学校に置かれていた。

そういう生活のところに、慈光寺の本山である京都の東本願寺から、僧侶「釈円了」に対して、「至急上洛せよとの命」があった。それは明治一〇（一八七七）年六月の突然の事態で、新設する教師教校の英学科への召集であった。真宗教団の感覚からして、慈光寺の父と母はもちろん門徒に至るまで、本山の学校への進学を非常に名誉な出来事と感激したことであろうが、一九歳の青年である円了は父の得度の勧めに対して、素直に従わなかったという経過があったので、この上山の命令をどのように受け止めたのであろうか。

ともあれ、なぜ真宗大谷派（東本願寺）が教団として地方の寺院の子弟を上洛させようとしたのか、それを理解するには、明治維新以後の教団の大きな変化を知らなければならないであろう。

二　新政府の宗教政策と真宗教団

すでに述べたが、明治新政府は政権樹立の直後に、宗教政策を大転換した。江戸時代の宗教政策の中での仏教は、宗門改め制度を基礎に国教的な地位を与えられていた。これに対して、幕末になると排仏思想が提唱されたが、それは流布される程度にとどまり、仏教の社会的地位を剥奪するものではなかった。しかし、この思想を徹底的に展開しようとしたのが、明治維新直後の過程であった。

「王政復古神武創業」に基づき「諸事一新」「祭政一致」を掲げる新政府は、慶応四（明治元（一八六八）年）四月に、神祇官を再興し、続いて神仏判然令を公布した。これによりいわゆる廃仏毀釈の運動が起こることになった。政府は神道国教化の政策をさらに進め、明治三(一八七〇)年に大教宣布の詔書を出し、大教＝祭政一致の道の宣揚に取り組んだ。そこでは新たに教部省が設置され、また神道が支配的な地位を占めた大教院を頂点とする組織に、仏教教団と僧侶を組み込んで三条教則(敬神愛国・天理人道・尊皇遵朝)に基づくもののみに活動を制限した。このような新政府の政策により、民衆の仏教に対する権威や信頼は大きく失墜していった。[1] さらに、政府は仏教諸教団の経済的基盤であった寺領を明治四(一八七一)年に上地させ、また戸籍法の制定により寺請制度も廃止した。これによって、仏教教団は江戸時代の特権的地位を失った。

その中にあって、真宗教団はほとんど寺領を持たず、人的資源に経済基盤を置いていたので、以後は名実ともに仏教界を代表する存在となるが、この当時は教団組織が神仏合同の大教院体制に組み込まれたことにより大きな問題を抱えていた。それは政府が任命した宣教使の後を受けて、直接国民教化を担当したのは教導職であったが、この教導職でなければ寺院の住職にはなれず、また真宗の寺院活動の根幹をなす説教を自由に行うこともできないという点であった。したがって、真宗教団の大教院からの分離運動が必然的に起こることになった。

明治五(一八七二)年一二月、西洋諸国の宗教事情を視察していた西本願寺の島地黙雷が、海外から「三条教則批判」の建白書を政府に提出した。これは政府の宗教政策を批判し、政教の分離を求めたものであった。これを契機に東西本願寺を中心とする真宗教団単独の大教院分離運動が展開されることになった。この運動は容易に進まなかったが、次第に世論も形成され、同八(一八七五)年一月に真宗の大教院からの分離が認められ、同年五月には大教院そのものが廃止されるに至った。

三　東本願寺の新教育体制

東本願寺を本山とする真宗大谷派は、このような大教院からの分離と大教院のそのものの廃止の運動が達成されてから、およそ半年後に、今後の教団体制の確立のために、人材の育成を重視した教学機構の改革に着手した。

明治八(一八七五)年七月五日、法主厳如による親諭の形で、改革の方針が示された。それによると、五月二日に神仏各宗合併の大教院も差し止められ、今後の布教は各自で可能となり、この三年の分離運動の間、人の嫌疑に耐え忍び、その結果教化の自由を得られたが、今後は「如何シテ神道各宗ト並駆シテ後レス外国教門ト対峙シテ動カサルノ地位ニ到ルヘキヤ」[2] と考え、布教の実効をあげるために着手すべき施策として三件を提示している。

その中の第三番目で、「一大中小等ノ学場ヲ設置シ学業勉励セシムヘキ事」と述べ、大中小の教団の学校を新設することを明らかにした。同項の「附言」に内容が示されているが、それは教団組織の各段階に対応させて学校を設けることで、本山に「大教校」、各地方の中心にある寺務出張所の所在地に「中教校」、その管内の末端の各寺院の中心地に「小教校」を設立し、さらに「別ニ教師教校一カ所育英教校一カ所ヲ本山ニ設ケ其年月ヲ期シテ卒業ヲ責メ以テ論教弘教ノ師範ニ充ントス」るものであった。そして、明治八(一八七五)年一二月一日、教員養成のために教師教校と育英教校が京都の本山に開設され、「翌九年の二月には最初の小教校が大阪府下に開設され、その後続々と小教校は各地に開設されていった[3]」のである。

円了が後に進学したのはこの教師教校の一部であるが、明治一〇(一八七七)年一月九日の改正教師教校規則によって、この学校の内容を明らかにすると、つぎのような学校であった。教師教校の目的は「中小教校ノ教師トナルヘキ者ヲ陶冶育成シ兼テ専門科ニ入テ教師タラント欲スル者ヲ教授スル」ことにあり、学科は専門・普通の二科があり、その定員は二五名であった。生徒の年齢は、普通が一六歳、専門が二〇歳を下限とし、上限は三五歳までと幅があった。そして、生徒を試験生・進級生に二分し、学資金として進級生には一か月に五円、試験生には一か月に三円五〇銭を支給する。途中での退学は許可されず、「卒業ノ上ハ普通科生徒ハ中小教校ニ派出セシメ奉職三年ヲ法トシ専門予科生徒ハ大教校ノ学校ニ就ク」ことになっていた。学年は九月二日より始まり七月三一日に終了するものであった。

政府は明治五(一八七二)年から全国に大学・中学・小学等の学校教育の体制作りに取り組み始めたが、同じく全国的な教線を持つ真宗大谷派教団はそれから三年後に大・中・小の教校の設立を始めて、新たな人材育成を進めた。教師教校と育英教校はその教育体制の中核を担うものであった。明治一〇(一八七七)年四月、日本で初めての大学である東京大学が創設された。同年九月に開校する教師教校の英仏学科はこれに対応するように増設されたものであろう。

四　上洛する円了

『配紙』は当時の真宗大谷派の機関紙であるが、教師教校に英仏学科を増設するという正式な記事は見当たらない。仏学科(フランス語学科)の生徒募集の通知は明治一〇(一八七七)年七月[4]にあるが、英学科のそれはない。しかし、翌八月三日には「教師教校内兼英仏学課業表別紙之通相定候条此段相達候事[5]」として、英学科と仏学科の課業表が公表されている。

京都の本山・東本願寺から円了が「至急上洛せよとの命」を受けたことはすでに述べたが、そのころの円了の記録として残されている『屈蠖詩集』と『漫遊記』には、つぎのように記されている。まず『漫遊記』には「明治十年丁丑ノ夏故アリテ西京ニ上ル余時ニ長岡中学ノ教班ニ列ス六月三十日校ヲ辞シテ家ニ帰ル」[6]とある。つぎの『漢詩集』には友人・恩師への離別の詩が作られているが、京都行きを明示したのは英書を習っていた中野先生へのつぎの詩である。[7]

留一律謝中野先生　一律を留め中野先生に謝す
幾回承慈訓　幾回となく慈訓を承く
一旦失良師　一旦にして良師を失う
今夕辞黌発　今夕　黌《まなびや》を辞して発《た》ち
明朝向洛之　明朝　洛に向かいて之《ゆ》く
恐無相謁日　恐らくは相謁する日無からん
或有寄来詞　或いは寄来する詞有らん
厚徳何以報　厚徳何を以てか報いん
後年卒業時　後年　卒業の時

この漢詩では長岡学校を辞職して、「明朝向洛之（明朝洛に向かいて之く）」と、京都へ行くことは明らかであるが、何のために上洛するのか、その目的は記されていない。同じく『漫遊記』も「故アリテ西京ニ上ル」とのみ記している。長岡の洋学校で英書を学んだ円了は教師教校の英学科に進学するのであるが、真宗大谷派の機関誌にも公募の事実がなく、また召集された円了自身もそれを具体的に記せない、そういう何らかの理由があったのであろうか。

明治一〇（一八七七）年六月三〇日、円了は長岡学校を辞職して慈光寺に帰った。それから一週間後の七月八日に、郷里の浦村を出発し、京都には一三日間かけて、同月二〇日に到着した。[8]その日の印象をつぎのように記している。[9]

腕車ヲ倩テ京師ニ入ル旅館ヲ六条街ノ客舎ニ定ム館ハ停車場ニ近フシテ車カ運輸耳ニ喧ク人行雑踏目ヲ乱ル実ニ都会ノ都会ト云ヘシ昏暮市街ヲ逍遥スルニ街衢縦横砥ノ如ク矢ノ如シ其風俗ヲ察スルニ言接巧美動作閑雅実ニ皇都ノ遺風アリ数百年定鼎ノ地タルヲ知ルニ足ル

この感想には長岡という地方都市と異なる、中央の都会を初体験した驚きが表現されている。円了は授業開始までの間、京都の文化を知るために、仏閣や神社に参詣している。[10]活動的な性格によって、新たな生活へ順応している。

円了は京都への出発にあたり、一つの決意をしている。それがつぎの漢詩である。[11]

臨発途作　発途に臨みて作る
大志丈夫胆気雄　大志の丈夫　胆気雄にして

窮愈守節老愈隆
憤然苟発家郷後
不約再帰約立功

窮して愈《いよ》いよ節を守り老いて愈いよ
隆し
憤然として苟《いや》しくも家郷を発ちて後
再び帰するを約さずして功を立つる
を約さん

この詩では、大いなる志を持ったますらおとして、生活の困窮や老いの中でも雄大な心胆を持ち続け、ひとたび奮い立って郷里を出発した後、功を立てるまで再び帰ることを約束しないことが誓われている。

五　教師教校での生活

京都の教師教校英学科の学生は、円了の他に「金松空賢と樋口兼義と太田祐慶の三人であつて、その人達に姫路の旧藩士で洋行帰りの高須鶩と云ふ人が英語を教授してゐた」[12]という。

このような四人の生徒と一人の教師で行われた授業の内容はつぎの「教師教校英学科課業表」で知ることができる。

この課業表を見ると、英語の書籍の著者は異なるが、その書名には長岡の洋学校で学んだものも見受けられる。円了が第一級から第六級までのどれに属し、何を学んだのか、そういう記録はない。つぎの「教校秋暁」という長い漢詩は、教育を受け

教師教校英学科課業表

等級	宗乗	英吉利科
第一級	文類聚鈔 愚禿鈔	万《ウイルソン》国史全 文《ギゾリ》明史全 窮《ガノー》理書全 幾《ダビス》何第五迄
第二級	選択集	古《アンテルソン》代史全 小《ガノー》窮理書半巻 経《ボルレー》済書全 高《ダビス》科算術全
第三級	定善義 散善義	英《英版ソース》語史略全 米《ウイルソン》国史全 小《ウヘランド》修身論全 代《ダビス》数初歩全
第四級	玄義分 序分義	文《ブラウン》典畢 万《パーレー》国史全 数《ダビス》学巻末迄
第五級	浄土論	第《ウイルソン》二読本全 地《ミツチヘル》理書畢 文《ブラウン》典半巻 数《ダビス》学比例
第六級	易行品	ス《エブストル》ペルリング 第《ウイルソン》一読本 地《ミツチヘル》理書 数《ダビス》学

毎級半期三稔半ニシテ普通課ヲ卒業セシメ而後羅甸希伯来散斯克ノ語ヲ学ヒ宗教ノ専門ニ入ラシム

	第六級	第五級	第四級	第三級	第二級	第一級
自午前七時至九時	スペリング第一読本 素読	浄土論 聴講	万国史 講読	定善義 散善義 聴講	古代史 講読	文類聚鈔 愚禿鈔 講読
自九時至十一時	易行品 聴講	第二読本 地理書 素読	玄義分 序分義 聴講	英国史略 講読	選択集 講読	文明史 講読
自十一時至十二時	数学 伝習	数学 伝習	文典 会読	小修身論 講読	経済書 講読	万国史 講読
自十二時至午後二時	食事運動	同	同	同	同	同
自二時至四時	易行品 会読	文典 素読	文典 会読	米国史 講読	窮理書 講究	窮理書 講究
自四時至五時	地理書 素読	浄土論 会読	数学 伝習	代数初歩	高科算術	幾何
自五時至八時	食事運動	同	同	同	同	同
自八時至十時	復習	復習	復習	復習	窮理書 独見	文類聚鈔 愚禿鈔 独見

（『配紙（一）』「宗報」等機関誌復刻版1　四〇五頁）

ている最中に作られたものである。[13]

教校秋暁

平旦心腸爽　　平旦に心腸爽やかに
起来倚小欄　　起き来たりて小欄に倚《よ》る
月斜花影淡　　月斜にして花影淡く
天冷雁行単　　天冷やかにして雁行単《ひと》り
秋霧叡山秀　　秋霧　叡山に秀で
暁風鴨水寒　　暁風　鴨水寒し
久為胡越客　　久しく胡越の客と為り
遥憶父兄安　　遥かに憶う　父兄の安きを
騏驥老将至　　騏驥《きき》の老い将《まさ》に至らんとするも
鵠鴻志未完　　鵠鴻《こくこう》の志　未だ完うせず
学窓幾蛍雪　　学窓は蛍雪を幾《こいねが》い

身命一瓢箪
空感光陰速
転憂世路難
浮雲渾易散
浥露忽還乾
名利本何物
詩文是我歓
縦能潜陋巷
不願聳高冠
先聖今雖没
遺編猶未残
把書凭玉案
撃柝報朝餐

身命は瓢箪《ひょうたん》と一なり
空しく感ず　光陰の速きを
転《うた》た憂う　世路の難きを
浮雲は渾《すべ》て散じ易く
浥露《ゆうろ》は忽《たちま》ち還た乾く
名利は本何れの物ぞ
詩文は是れ我の歓びなり
縦《たと》え能く陋巷《ろうこう》に潜むも
高冠に聳えるを願わず
先聖は今没すと雖も
遺編は猶《な》お未だ残らざるがごとし
書を把りて玉案に凭《もた》るれば
柝《たく》を撃ち朝餐を報ず

この漢詩では、教校での朝食の前に、秋の霧が立ちこめ、比叡山が聳え、鴨川が明け方の風に吹かれて寒い中、田舎から来た旅人の円了は都に滞在し、遥かに遠い故郷の家族の平安を思っている。それと共に、自分の雄大な志はまだはたされていないことを知る。雪明りや蛍の光で学問に打ち込むことを願いながら、ぼんやりと日々の過ぎゆく速さなどを思っている。名利を求めず、詩文こそが自分の喜びであり、高位高官になることを願いはしない。以上のようなことが詠われている。ここには、長岡時代のような文明開化を熱望する姿勢が見られない。本山という権威ある環境がそうさせているのだろうか。つぎの漢詩にも、そのような消極的な姿が詠まれている。[14]

書懐

村北営茅屋
読書又灌園
常懐憂国志
未建済民論
四海風涛穏
一天春日喧
廟堂有余策
賤士復何言

村北に茅屋《ぼうおく》を営み
書を読み又た園を灌《たがや》す
常に憂国の志を懐くも
未だ済民の論を建てず
四海　風涛穏やかにして
一天　春日喧《あきら》かなり
廟堂に余の策有り
賤士復た何をか言わん

この「書懐」と題する漢詩には、憂国の志を持ち続けるが、まだ民衆を治める済民の論をたてていない。廟堂とは教団のことであろうか、それに関する自分なりの策はあるが、身分の低い自分が何をいうことができるだろうか、と嘆いている。また、教校内での生活を詠んだものとして、つぎの漢詩が挙げられる。[15]

次岳崎氏韻述書興　岳崎氏の韻に次して書興を述ぶ
閑居門巷静　閑居の門巷静かにして

幽事却多情　　幽事却って多情
簷暗窓無影　　簷《ひさし》は暗く窓に影無く
湯鳴炉有声　　湯鳴り炉に有声り
舌峰試論戦　　舌峰に論戦を試み
筆陣結詞盟　　筆陣に詞盟を結ぶ
閉戸避塵境　　戸を閉じて塵境を避け
不知白日明　　白日の明なるを知らず

夜になって、湯の沸いている囲炉裏の周囲にだけ声があがり、舌鋒鋭く論戦を試み、筆をはしらせ詞を紡ぎあうことを続ける。戸は閉まっており世俗の事を避けて、このようなことを行っていると、熱中して日の明けるのも分からないものである。円了は在校中に有志の者一一人と「一一社」を結成し、各週の毎日曜に論文や詩をまとめた「五六枚七八枚の原稿を持ち寄つて社員同志互ひに見せあひ」「感想やら研究やらを互ひに発表しあう」という活動を行っていたという。[16]先の漢詩はその情景を詠んだものであろうか。「一一社」のような活動は、長岡の洋学校の「和同会」を想起させ、自らの意見・思想を語る資質が京都の教師教校でも発揮されていたと考えられる。

六　円了の教団意識

東本願寺という本山内の教育機関にあった円了は、すでに一九歳に達していたので、真宗教団の大きさや役割に関してどのように見ていたのであろうか。長岡の末寺にあった時と異なったものがあっただろうと予想される。その一つとして、この年が法主厳如の還暦にあたり、その祝いの歌が募集された。円了は五編の漢詩を作り、[17]その二つを提出している。法主は真宗大谷派教団の最高位にあり、開祖の親鸞の「血脈」を継承する人物である。円了は漢詩の中で、法主を「斯公願得无量寿　与我真宗共盛栄（斯公願わくば无量寿《むりょうじゅ》を得て　我が真宗と共に盛栄せんことを）」「六十遐齢猶耐賀　願兼仏日共無窮（六十遐齢にして猶《な》お賀に耐え　願わくは仏日を兼ね共に無窮なるを）」「好是国家太平日　朝廷愛顧独斯君（好ろしきは是れ国家太平の日　朝廷独《た》だ斯の君を愛顧す）」と詠んでいる。ここには教団の信仰の対象である法主の長寿を願い、また国家の太平のために朝廷と共に歩むことを期待するという、円了の見方が示されている。このような、法主への祝賀の漢詩を詠んだ後で、「遇得」と題して、つぎのような漢詩も詠んでいる。[18]

貴賤尊卑豈異倫　　貴賤尊卑　豈に倫を異にせんや
万民同等得権均　　万民同等にして権を得ること均し

勿言今昔多英傑　　今昔　英傑多しと言う勿《なか》れ
彼亦為人吾亦人　　彼も亦《ま》た人為り　吾も亦た人なり

この漢詩は長岡時代に詠まれたものと同じである。万民は人間として同等であり等しく権利が与えられ、貴賤尊卑の違いはない。今も昔も英傑が多いといっても、彼らも人間、私も同じ人間に違いはないのだから。京都の本山は教団の頂点にあり、また、それ故に、全国規模の教団であることや、そこに寺の寺格や僧侶の堂班という身分の違いなど、封建的な複雑な構造を否応なく意識されられるところでもある。円了は明治維新以後の自由な囚われのない精神を教師教校でも再び自覚させられて、このような漢詩を作ったのであろうか。

真宗大谷派の教団は全国に一万か寺を擁する大教団であるが、明治維新に始まる新たな宗教政策によって、変化を余儀なくされ、それを契機として新たな僧侶の教育制度の創出へと進んだ。円了はこのような「創業の明治」の担い手として、末寺子弟で英学を習得したものとして、全国から選抜された四人のうちの一人であった。長岡時代もそうであったが、激しい時代の変動の新たな潮流に乗って、本山の育英生となったのである。

この選抜された教師教校の英学科は、すでに紹介した課業表によれば、等級は第一級から第六級まであり、「毎級半期三稔半ニシテ普通科ヲ卒業セシメ」、以後、サンスクリット語などの特殊な仏教関係の語学を学び、宗教の専門に入らせるという計画であった。当時の大谷派の公式な機関紙『配紙』の明治一一（一八七八）年三月の教育課報告に、育英教校ならびに教師教校の「今期進級検査卒業人名」の結果が公表されている。[19] この結果を見ると、教師教校の英学科の卒業生の中に、円了の氏名はない。例えば、他の「英学科第二級卒業」「英学科第五級卒業」の三人の氏名は公表されている。当時の円了が第何級を学んだのか、この記録では知ることができない。円了が長岡を出発し、京都の教師教校へ在校したことは自筆の資料などで確認できるが、先の進級検査を含めたその他の記事を機関紙『配紙』で見る限り、円了が在籍した公式の記録は見当たらないのである。『配紙』の記事の年月日は同月の様々な法令や辞令を整理して掲載しているが、先の「今期進級検査卒業人名」の公表日が記されていないので、前後の記事から推定する以外にないが、それが三月二三日とすれば、この前日に円了に対して東京留学の下命があったことになる。

七　教団の東京留学生となる

円了の没後に刊行された追悼集『井上円了先生』の林竹次郎「井上先生行状一班」は、この東京留学のことについて、つぎのように記している。「明治十年京都に出で、教師教校に入る。

偶其の教官高須鶩氏、先生の奇材たるを知り、本願寺留学生として、東京に上ぼし、その親友松本荘一郎氏方に寄宿せしむ」[20]。このように、円了はその優秀な学力や資質を高く評価した教官の推薦によって、東本願寺の東京留学生へ選抜されたのであるが、その辞令も機関紙『配紙』では見当たらない[21]。

円了の京都における教師教校英学科の在学期間は半年余りに過ぎない。しかし、本山の学校を経験したことは、末寺での生活と異なり、たとえ明確でなくても、教団・教学という見識や意識を持ったことになり、その後の思想と活動に大きな影響を持つことになったと考えられる。長岡の末寺の長男であった円了は、洋学修得者として特別に選抜されて本山の学校に進学した。「然れどもその学ぶ所は已に学修せる所のみ。居ること半歳余、本山より東京留学を命ぜられ[22]」というのが実情であろうが、円了は普通の末寺の長男から、一挙に真宗大谷派教団を代表する東京留学生となったのである。この普通ではない特別体験は、まさに明治という文明開化の時代を表したものであろう。旅立つ者が残す「留別」という題で、つぎのような漢詩[23]を作って、円了は京都から東京へ旅立っている。

留　別

学途進退屢迷津　　学途の進退　屢《しば》しば迷津し
蛍案雪窓年幾新　　蛍案雪窓　年幾たびか新たなる
嵐峡桜花猶未発　　嵐峡の桜花　猶《な》お未だ発《ひら》かず
去看関左墨江春　　去《ゆ》きて看る　関左墨江の春

其　二

暁煙春雨暗風塵　　暁煙　春雨　風塵暗く
駅路青青柳色新　　駅路青青として柳色新たなり
半歳濯纓鴨川水　　半歳纓《えい》を鴨川の水に濯《すす》ぎ
弾冠又向墨江浜　　弾冠して又た墨江の浜に向かう

学びの進退は、途を迷うように、学問を行う年月は幾たびか新たになった。今度は京の嵐峡の桜もまだ咲かない内に、東京の墨田川のほとりへ花を見に行くように変った。これが其一の大意であろう。其二では、半年の間、京の鴨川のほとりで「濯纓＝冠のひもを洗う」こと、すなわち俗世間を離れた特別な世界にいたが、今度は「弾冠＝出仕する」こと、すなわち学問を求めて東京に向かうのである。西京と東京を並べ、また信仰の世界から学問の世界への転進を詠んでいる。

この「留別」の詩題の下に「三月二十二日得而東京留学之命、四月一日与同盟諸兄開離筵於某楼、同二日発西京八日到東京。（三月二十二日東京留学の命を得て、四月一日同盟の諸兄と某楼で離筵を開き、同二日西京を発して、八日東京に到る）[24]」と記している。東京留学は、前年に新設された東京大学への進学を試みるもので、円了はその第一号として派遣された。それにしても、留学の指名があってから、一〇日余りで出発したのであるから、慌しい展開である。横浜から東京へと向かう初めて体験する汽車の中でのことを、円了はつぎのように記している。「此日天気清朗鉄車中ニアリテ玻璃窓底ヨリ外観スルニ桃林菜圃黄白ヲ闘ハシ遠近ノ江山暖霞ノ中ニ浮ヒ其靄色春光形状スヘカラス」[25]。ここに表現されているように、長岡時代から熱い関心を持った文明開化、その中心地である東京を目の前にして、当日の円了の胸中には「形状スヘカラ」ざる希望があったように考えられる。

【註】

1　明治維新以後の宗教政策については、梅田義彦『日本宗教制度史』百華苑、昭和三七（一九〇四）年、および高木宏夫「宗教法―法体制準備期」、『高木宏夫著作集』二、フクイン、平成一八（二〇〇六）年所収を参照。

2　『配紙（一）』（『宗報』等機関誌復刻版一、真宗大谷派出版部、平成元（一九八九）年、一二五頁）。真宗大谷派の新教育体制は、石川舜台によって作られたので、井上尚実「「宗門白書」をめぐって――石川舜台の課題」（『教化研究』（真宗大谷派）第一五一号、平成二四（二〇一二）年六月）を参照されたい。

3　森章司「井上円了と真宗大谷派教団」（『東洋学研究』第二二号、昭和六三（一九八八）年、二六頁）。明治一一（一八七八）年六月の小教校数には京都始まったものが諸府県に拡大して二一校に達している（『配紙（一）』、前掲書、五四一頁）。

4　「〇教師教校兼仏学生徒トスルタメ小教校予科四級卒業以上ノ生徒年齢十五年ミマン者廿五名ヲ限リ募集候条志願ノ者ハ来ル八月五日ヨリ同月廿五日迄当課〔教育課〕へ申出ツヘシ」（『配紙（一）』、前掲書、三九四頁）。なお、この仏学科は、翌一一（一八七八）年二月に廃止となり、生徒は教師教校の専門、普通、英学に移籍している（『配紙（一）』、前掲書、四七四頁）。
円了の教師教校への進学については、清水乞「修学期における井上円了の座標（報告）」（『井上円了センター年報』第一五号、平成一八（二〇〇六）年、九四―九五頁）を参照。

5　『配紙（一）』、前掲書、四〇四頁。

6　拙編「井上甫水『漫遊記』第一編・第二編」（『井上円了センター年報』第一号、平成四（一九九二）年、九三頁）。拙稿「井上甫水『漫遊記』について」（『井上円了センター年報』第一号、平成四（一九九二）年）を参照。

7　井上円了「屈蠖詩集」（『漢詩集』、一〇四頁）。浦村から京都までの旅程は、「屈蠖詩集」（『漢詩集』、一〇九―一一三頁）と、拙編「井上甫水『漫遊記』第一編・第二編」（前掲書、九三―九六頁）から知ることができる。

8　拙編「井上甫水『漫遊記』第一編・第二編」、前掲書、九六頁。

9　同右、九六頁。

10　同右、九六―九七頁参照。

11　井上円了「屈蠖詩集」（『漢詩集』、一〇八頁）。

12　佐治実然「井上生」（『井上円了先生』、東洋大学校友会、大正八（一九一九）年、七〇頁）。なお、英学科の生徒については、明治一一（一八七八）年三月の試験での卒業の記録では、金松、太田のものがあり、その他に開演了悟があるが、樋口と円了の記録はない（『配紙（一）』、前掲書、四九七頁）。
13 井上円了「屈蠖詩集」（『漢詩集』、一一六頁）。
14 同右、一一九頁。
15 同右、一一九—一二〇頁。
16 佐治実然「井上生」（前掲書、七二頁）。
17 井上円了「屈蠖詩集」（『漢詩集』、一二〇—一二三頁）。
18 同右、一二三頁。
19 『配紙（一）』、前掲書、四九六—四九八頁。
20 林竹次郎「井上先生行状一班」（『井上円了先生』、前掲書、一頁）。
21 『配紙（一）』、前掲書、四九八頁の、三月の「同十日申付」の辞令に、「東京留学生徒宗余乗会頭　英学生徒　江村秀山」とある。江村は円了と共に東京へ留学生徒の教学指導として派遣されたのであろう。『漢詩集』の一三四頁の「酒茶楽」と題する漢詩に、江村の名前が読み込まれている。なお、江村は後に大谷派の機関紙として『開導新聞』の編集責任者となり、『開導新聞』は円了の初期論文を発表する場となっている。
22 林竹次郎「井上先生行状一班」、前掲書、六頁。
23 井上円了「屈蠖詩集」（『漢詩集』、一三一—一三三頁）。
24 同右、一三二頁。なお、この京都から東京までの旅程については、拙編「井上甫水『漫遊記』第一編・第二編」、前掲書、九七頁の「東京紀行」と、井上円了「屈蠖詩集」（『漢詩集』、一三三—一三四頁）を参照。
　留学生となった円了が初めて上京した際、一人旅ではなく、数人の東本願寺の関係者と一緒で、註21の江村秀山、渡辺録事（井上円了「屈蠖詩集」、『漢詩集』、一三五頁）のことが分かっている。
25 拙編「井上甫水『漫遊記』第一編・第二編」、前掲書、九七頁。

【補註】

　円了が本山の教師教校英学科に召集された経過については疑問がある。林竹次郎の「行状一班」では、「明治七年六月十七歳、長岡洋学校に入り、明治十年迄、英学を修め、又その授業を助く……明治十年京都に出て、教師教校に入る」と記している（学校名や助教の科目に間違いがある）。これは大正八（一九一九）年の記述であるが、それから一八年後の昭和一二（一九三七）年に刊行されて『東洋大学創立五十年史』（東洋大学、昭和一二（一九三七）年）では異なる記述がなされている。同書の「井上円了先生略年譜」では、「明治一〇年（二〇歳）六月　職ヲ辞シ、新潟英語学校ニ学ブ」「七月頃　県令籠手田安定氏ノ推薦ニ依リ京都教師教校英学生ニ加ヘラル」「九月　本願寺留学生トシテ上京ノ命アリ」と記されている。

　なぜこのような相異が生じたのか。それは同じ教師教校に学んだ佐治実念のつぎの話が、円了没後の追悼集『井上円了先生』に出ているからである（佐治実然「井上生」、前掲書、七〇—七一頁）。

　当時井上氏は越後の新潟の英語学校で勉強中であつたが秀才の誉れが高かつた故、本願寺の誰かが巡回中、その頃の県令に籠手田安定と云ふ名高い人があつて、その県令が「あなたの末寺に井上と云ふ小僧さんがあるが、仲々見所のある人と思うて今此処の英語学校に入れてゐる、あゝいふ将来有望な人は本山の方で教育せられるやうにしたら如何ですか」と話したので、本願寺の方でも遂に京都に呼び出して英学生の中に入れることになつた。

この発言はどの程度の信憑性があるのか、筆者は分からない。

少なくとも、『東洋大学創立五十年史』の「新潟英語学校」は事実ではないし、「本願寺留学生」の命令の時期も間違っている。こう考えると、五十年史の編纂者が資料に基づいて書いたのか否かについて、筆者は疑問を持っている。

すでに述べたが、円了の父・円悟は三条教区の仕事をしているし、東本願寺の組織と機能からすれば、英学生の円了を見つけ出すことは、自然にできることであろう。当時の新潟県令は永山盛輝であった。なぜ「県令の籠手田安定の推薦」が必要であったのか、筆者には分からない。すでに見たように、円了の文章には「故アリテ」と書いているのみである（なお、註4の清水乞の論文も参照されたい）。

第二節　東京大学時代の軌跡

一　予備門時代

円了の東京大学時代は、後に「哲学館の三恩人」の一人として敬愛した洋学者の加藤弘之との出会いから始まる。徳川幕府時代の加藤は幕府の蕃書調所の教官となり、ドイツ学に取り組み、日本初の立憲思想を紹介する著作を書いた。明治維新後は天皇の侍講、元老院議官を経て、明治一〇（一八七七）年に創立された東京大学初代綜理（三学部）となり、後に枢密顧問・帝国学士院長などを歴任した。明六社員として近代思想の啓蒙につとめた著名な指導者の一人である。

すでに述べたように、明治一一（一八七八）年四月に、円了は東本願寺の東京留学生に選ばれて慌ただしく上京した。この上京の直後に、円了は加藤弘之との知遇を得る。そのことが円了の人生と思想において大きな意味を持つことになる。円了は加藤が還暦を迎えたその記念に「加藤老博士に就きて」と題して、その出会いに至る経過を記している[1]。

余が老博士の知遇を辱うせし由来を一言して置かうと思ふ。余が明治十年夏期本願寺英学部にありし時東京小石川戸崎町念速寺の副住職近藤秀諦氏と同窓にて眠食せしことあり。斯くして其翌年春東京へ上る時に、近藤氏は小石川の自宅へ宿泊せよとて紹介状を余に与へたり。念速寺は加藤老博士の子供の逝去せし時に、此に葬儀を行はせられたりとて平素親しく御交際を辱うして居る由に聞及べり。余は東京へ着するや、其翌日念速寺を訪ひ、此に一泊し、秀諦氏の父上と共に、加藤老博士を訪問することを定め、数日後近藤老僧余を案内して番町上二番町四十四番地に至り、初めて老博士に面謁するを得たり。是より後時々拝趨して知遇を辱うせり。

当時の念速寺の住職は、加藤と仏事を縁として交際していたというが、その理由にはこの住職が東京における真宗大谷派の仏教学者でもあったからである。念速寺の住職は円了を本山が選んだ優秀な留学生として紹介し、その育成を加藤に依頼し、それに対して加藤は東京大学法理文学部綜理であったので、円了に予備門への入学を勧めたと考えられる。

東京大学予備門は旧東京英語学校を改組したものであるが、円了が上京した明治一一（一八七八）年四月に教則の選定が終わったばかりであった。円了は同年に入学したが、予備門は四年間の修業年限であり、明治一四（一八八一）年七月の卒業から、第三学級〔第二学年。予備門では第一学年を第四級と、第四学年を第一級と呼んでいた〕に入学したと推測されている。[2]当時の文部大輔・田中不二麿に対して加藤弘之綜理が報告した「東京大学法理文学部第七年報　自明治十一年九月至同十二年八月」という資料には、その時の入学試験の経過が記されている。[3]

明治十一年九月七日ヨリ十二日迄第二級ニ新募ノ生徒三十四人第四級ニ新募ノ生徒百七十人ノ試業ヲ施ス此内第二年級ニ在テハ十一人合格シ第四年級ニ在テハ八十七人合格ス但シ第二年級ノ試業ニ落第スル者ノ内二十人ハ更ニ第三年級ニ入ランコトヲ申請セリ仍テ総計百十八人ノ仮入学ヲ許ス

これによれば、円了が第二年級の募集に応じて、第三年級への入学を許可されたと考えられる。合格率を見ると、第四級の倍率は二倍、第二級はそれより高い三倍の難関であった。試験は一三歳以上を対象に、科目は三科目で、「和漢学（国史擥要・作文）、英語学（読方・綴文・釈解）、算術（分数・小数）」[4]である。円了は後年の明治四一（一九〇八）年五月、大分県の旧制竹田中学校で講演して、予備門の入学試験の結果をつぎのように語っている。[5]

私共が書生の時代はとても今頃のやうに気楽には出来ぬ、教へる人も所謂変則流で発音も何も有つたものではない、「ナイト」（夜）など「ニグフト」と読んだ私が大学の予備門に入る時など英語で困った、幸に数学の方が九十点位あつたから入るを得た

先の東京大学の年報と円了のこの証言を合わせると、円了は第二年級を受験して、長岡の洋学校の変則的英語教育によって英語の「読方」で失敗し、「試業ニ落第スル者ノ内二十人」の一人であったが、他の科目の高い成績によって第三年級（第二学年）に入学できたと考えられる。円了は当時の予備門について語っている。[6]すでに引用した文章とやや重複するところがあ

るが、そのまま紹介しよう。

私は明治十一年に東京帝国大学（当時の東京大学）に入学した。其時は本科と予科〔予備門〕と分れて予科は今の高等学校で、先づ順序として予科に入り、予科から本科に入る規定であつたので、私も予科に入ることになりました。其時私が深く感じたことがあります。何故かと言うと、教師と頼む者は全部西洋人で用語は皆英語で、学校の掲示及達し等の文章は悉皆英語であつて、恰も西洋の学校と同様の感じがしました。是れを見て東京大学は日本の大学に非ずして西洋の学校である様に思われました

ここには予備門に入学した時の円了の衝撃が語られている。西洋をモデルにした日本の近代化は明治一〇年代には、東京大学の創設に象徴されるように、「お雇い外国人」から学問・技芸の知識を吸収することが積極的に取り組まれようとした段階であった。それだけに、未成熟な部分があったし、その混乱や試行錯誤の段階であり、このような中において国の近代化を主体的に考えたのが円了の世代でもあった。真宗大谷派という日本を代表する仏教の伝統教団に生まれ、その教団を代表して東京大学へ留学し、予備門に入学した円了はまもなく二〇歳になろうという年齢であったから、伝統と文明開化との関係を、先の講演のように衝撃的に「深く感じた」ことであろう。

東京大学の予備門での教育はどのような教育がなされていたのであろうか。円了が入学する数か月前に「予備門課程」が定められたばかりである。『東洋大学百年史』[7]では、その後の課程の具体化と変化を「東京大学予備門一覧（明治一二、一三年）」によってまとめている。四学年の共通学科は、英語学（英吉利語）、数学、画学、和漢学で、学年にしたがって学科の内容をつぎのように増加させている。

第一学年―英語学（読方・綴方・文法・釈解）、数学（算術）、地理学（政図地理）、画学（自在画法）、和漢学（十八史略）

第二学年―英語学（読方・作文・文法・釈解）、数学（算術・代数・幾何）、地理学（自然地理）、史学（万国史略）、画学（自在画法）、和漢学（日本外史）

第三学年―英語学（修辞・作文・釈解・習講）、数学（代数・幾何）、史学（万国史）、生物学（生理・植物）、画学（自在画法・用機画法）、和漢学（日本政記）

第四学年―英語学（英文学・作文・釈解・習講）、数学（代数・幾何・三角法）、物理学（重学・乾電

論・水理重学・熱論・光論・磁力論・湿電論）、
化学（無機）、生物学（動物）、理財学（経済
学）（大意）、画学（用機画法）、和漢学（通鑑
擥要）

予備門では英語、数学、国語、画学を基礎学力として徹底的に教育し、その上に人文科学、自然科学の基礎教養を修学させた。円了の初期の著作はこのような基礎教養に裏付けられている。「東京大学法理文学部第七年報　自明治十一年九月至同十二年八月」に従って、当時の予備門生の学習状況を見ておきたい。[8]

明治一二（一八七九）年の「東京大学予備門生徒明細表」によれば、七月現在の生徒の総員は、下から第四級（六クラス）が九九人、第三級（五クラス）が一二四人、第二級（三クラス）が八九人、第一級（三クラス）が七六人となっていて、級が上がるしたがって生徒数が少なくなっている。円了が同年九月の新募に応じることができたのは、級別の欠員補充をしていたからである。すでに記したように、試験は第二級と第四級であって、新たに入学させた生徒数は、下から第四級が八七人、第三級が二〇人、第二級が一一人、第一級が四人である。予備門の年報で試業による生徒の試験結果を知ることができる。九月から七月までを三つの学期に分け、各学期の末に試験が行われ、その成績によって登第と落第と再試（評点数僅かに不足）に分けている。そして、学年試業を行い、学期毎の成績を加えて最終判定が下されるのであるが、総生徒三七一人のうち卒業・昇級者は七九％、落第者（原級・再試）は二一％となっている。したがって退学者が出る。明治一二（一八七九）年八月までの年度内の退学者数は、第四級が二九人、第三級が四一人、第二級が一〇人、第四級が七人であった。円了が入学した第三年級の退学者数は多く、試験成績を見て仮入学が許された事情がここにある。ともあれ、予備門で高成績を上げ続けなければ第一級には昇級できず、大学の学部へも進学できなかった。

北条時敬は、円了の予備門時代からの同級生であり、大学では理学部数学科に進学し卒業後に教員となり、金沢の第四高等学校長、東北帝国大学学長、学習院長を歴任するなど、教育者として有名である（数学者の北条は金沢時代に西田幾多郎を同家に下宿させた。青年時代の西田は、北条から数学の道を進められたが、円了の『哲学一夕話』を愛読し、そのことが西田をして哲学を専攻させた動機の一つとなった）。予備門から始まる円了の東京大学時代について、北条は語っている。[9]

概括して言へば、学生時代の井上君は頭脳明晰で且つ大の勉強家でした、勿〔ママ〕論私は予備門時代にも井上君とは組が別であつたが、君の級では何時も君は首席を占め嶄然頭角を見は

して居た。加之君が出色の人物であつたことを云ふ事は、学科の成績以外に君が学生であり乍ら、頗る活動家であつたからで、其後本科に進んでからは、井上君は文学科に私は理科に行った為に科は異つて居たが、君が創意的の見識と読書から得た知識と其弁とは、自ら学生間の一異彩であつた。

第二級では、円了が二ノ組、北条が三ノ組であった。円了は首席を争う成績で予備門を卒業している。同期の卒業生数は四八名であったから、創立間もない東京大学において、予備門を経て大学へ進むことは難関であったと考えられる。

二　文学部哲学科時代

明治一四(一八八一)年九月、円了は東京大学文学部哲学科に入学した。哲学科は独立して第一学科となったばかりで(第二学科は政治学及理財学科、第三学科は和漢文学科)、哲学科への入学者は円了一人であった。円了はすでに二三歳になっていた。予備門の第四学年に、「印度史の抄訳」「親切の話」を真宗大谷派(東本願寺)の機関誌『開導新聞』[10]へ発表していたから、自らの思想を著作として世に問う準備ができつつあったと考えられる。思想の表明が本格化するのは、入学したこの年の一〇月からである(現在でも、円了の学歴について、多く見受けられることは、大学名と学部名の間違いである。戦前は、東京大学、帝国大学、東京帝国大学と変わり、戦後に東京大学となった。円了は創立期の東京大学文学部の学生であった)。

円了の初期思想の形成の場は東京大学であり、その思想は論文にまとめて雑誌に掲載された。ここで、学年別の講義とその参考図書と、発表された論文を比較してまとめておきたい。大学の講義については、円了の試業と東京大学法理文三学一覧および東京大学年報の資料に基づいて執筆されたものが『東洋大学百年史』[11]に掲載されている。また、論文については『井上円了関係文献年表』[12]がある。表1の比較表はこの二つから作成した。

円了の大学時代の講義ノートは、現在、東洋大学の井上円了研究センターに保存されている。[13]その数は三〇冊であるが、表紙などに記されている文字から判別すると、第一学年は三冊、第二学年は四冊、第三学年は四冊、第四学年は四冊であるが、不詳が一五冊ある(前記の学年別の講義内容と異なるものもある)。

文学部時代の円了の成績は、卒業後の学位授与式で総代となったことから、極めて優秀であったと考えられる。そのことが文部省への公文書である『東京大学第四年報』に記されている。申報者は木村正辞で、木村は幕末・明治の和漢文学者で、特に「万葉集」の研究者として著名であった。円了は第三学年に講義を受けたが、木村はその成績について記している。[14]

表1　井上円了の文学部時代の講義と論文

講　義	論　文
第一学年（明治一四年度　一四年九月―一五年八月）	
和文学―講師は田中稲城。『制度通』を用いて日本の古今の制度と中国の制度の一班、それに『語彙別記』『語ノ栞』を用いて国語の要言と辞の活用。 漢文学―講師は信夫粲。『史記』と月二回の作詩。 史学―講師は井上哲次郎。英国史、仏国史、ギゾー『欧州開化史』。 英文学―講師はW・A・ホートン。 英吉利語（英語）―講師は外山正一。エマーソン『カルチャア・アンド・ビヘイビア』、デクインシー『チャールズ・ラム』、マコレー『英国憲法史』。 論理学―講師はE・F・フェノロサ。エヴェレット『論理学』。 論理学―講師は千頭清臣。ゼボン『論理学』など。 法学通論―講師は穂積陳重。 独逸語（ドイツ語）―講師はR・レーマン。	「主客問答」（一四年一〇月―一一月、『開導新聞』に連載） 「耶蘇教防禦論」（一五年一月、『開導新聞』に連載） 「尭舜ハ孔教ノ偶像ナル所以ヲ論ス」（一五年六月、『東洋学芸雑誌』） 「僧侶教育法」（一五年八月、『開導新聞』に連載） 「宗乱因由」（一五年八月、『仏教演説集誌』）
第二学年（明治一五年度　一五年九月―一六年八月）	
東洋哲学―講師は井上哲次郎。東洋哲学史。 西洋哲学―講師はフェノロサ。スペンサー『世態学』、モーガン『古代社会』を参考に社会学を講義し、シュベグラー『哲学史』（英語抄本）を教科書として近世哲学史やカント哲学を講義。 西洋哲学―講師は外山正一。ペイン『心理学』、カーペンター『精神生理学』、スペンサー『哲学原理総論』などを用いて心理学を講義。 史学―講師は外山正一。歴史の研究のために、社会学の原理をはじめ、社会の進化する順序を講義。 英文学―講師は外山正一。シェイクスピア『ハムレット』、エマーソン『シヴィリゼイション・アート、エロークェンス・アンド・ブックス』、マコーレー『フレデリック・ザ・グレイト』などを用いた。 和文学―講師は木村正辞。 和文学―講師は飯田武郷。『大鏡』、『増鏡』、『伊勢物語』、『土佐日記』。 漢文学―講師は信夫粲。唐家八家分。 英文学―講師はW・D・コックス。シェイクスピア『キング・リア』。 独逸語―講師はO・ゼン。	「宗教篇」（一五年一〇月―一二月、『開導新聞』に連載） 「牧都宇氏ニ答フ」（一五年一〇月、『東洋学芸雑誌』） 「日本人ノ創造力ニ乏キ所以并ニ之ヲ救フノ術ヲ論ス」（一六年五月、『新潟新聞』） 「黄石公ハ鬼物ニアラズ又隠君子ニアラザルヲ論ズ」（一六年五月、『東洋学芸雑誌』） 「読日本外史」（一六年一〇月、『東洋学芸雑誌』）

	講　義	論　文
第三学年（明治一六年度　一六年九月―一七年八月）	哲学―講師は島田重礼。支那哲学。 印度哲学―講師は原坦山。『輔教編』、『大乗起信論』。 印度哲学―講師は吉谷覚寿。『八宗綱要』。 西洋哲学―講師はフェノロサ。ウォーレスの英訳本を使用して、カント哲学からヘーゲル哲学への展開、ヘーゲルの論理学を講義。 生理学―講師は永松東海。 和文学―講師は木村正辞。万葉集字音仮字用格を講義。 和文学―講師は大沢清臣。『徒然草』。 漢文学―講師は三島毅。『左伝』、『荀子』、『揚子』、『法言』などの輪読。 独逸語―講師はA・グロス。	「排孟論」（一七年一月・二月、『東洋学芸雑誌』に連載） 「哲学要領」（一七年四月・六月、『令知会雑誌』に連載） 「加藤先生ノ一大疑問ニ答ヘントス」（一七年六月、『東洋学芸雑誌』） 「読荀子」（一七年八月、『学芸志林』）
第四学年（明治一七年度　一七年九月―一八年八月）	講　義（この年度は試業証書がないので推測） 東洋哲学―印度哲学。講師は原坦山。『大乗起信論』、『維摩経』。講師は吉谷覚寿。『天台四教儀』。 東洋哲学―支那哲学。講師は島田重礼。『荘子』。 西洋哲学―心理学。講師は外山正一。ダーウィン、スペンサー、ミルなどの著作を教科書にした。 西洋哲学―道義学・審美学。講師はフェノロサ。H・シジビック『道義学』やカントの著作を教科書とし、基礎を純正哲学に置いて、ヘーゲル哲学からスペンサー哲学に基づいて、道義哲学・政治哲学・審美哲学・宗教哲学を講義。 漢文学―講師は中村正直。易論。 作文 英語 独逸語 卒業論文	論　文 「哲学要領」（一七年九月―一八年五月、『令知会雑誌』に連載して、その後も継続。一八年六月から『教学論集』にも転載） 「余か疑団何れの日にか解けん―耶蘇教を排するは理論にあるか」（一七年一〇月―一八年八月、『明教新誌』に連載。後に『真理金針　初編』として単行本となる） 「孟子論法ヲ知ラス」（一七年一一月・一二月と一八年四月、『東洋学芸雑誌』） 「真宗僧侶教育法ヲ論ス」（一八年四月、『令知会雑誌』） 「易ヲ論ス」（一八年七月・八月、『学芸志林』）

万葉集字音仮字用格ヲ授ケナリ是亦毎週一時間ツ、ナリ此学年中小官ヲシテ殊ニ満足セシメタルハ法学四年生ニテハ奥田義人哲学三年生ニテハ井上円了ノ両人タリ古典科ニテハ関

根正直戸沢盛定常ニ高点ヲ占メタリ

この木村の申報の他、教員側からの円了の評価はこれまで分からなかった。ところが、数年前に慶応大学名誉教授の小泉仰が、円了の第四学年の漢文学の教授であった中村正直の『敬宇日乗』（敬宇は号）という日記を分析して、中村が円了の将来性を高く評価していたことが明らかになった。[15]

中村正直は江戸末期に徳川幕府の朱子学者になったが、同時に洋学の必要性を主張した学者で、幕府の英国留学生派遣に際して一二名の取締役になって、慶応二（一八六六）年から二年余りイギリスのロンドンに滞在した。明治維新の時に帰国し、福沢諭吉の『学問のすすめ』と共にベストセラーとなったサムエル・スマイルズの『西国立志編』を翻訳し、さらにミルの『自由之理』を翻訳して出版した。これによって、近代日本の初期に西洋の精神・思想を紹介し新しい時代の潮流を作り上げる指導者となったが、中村は明治六（一八七三）年に森有礼、福沢諭吉、西村茂樹、西周、加藤弘之などの洋学者と「明六社」という学術会議を作り、近代に始まった日本の学問・思想の基礎を形成した一人である。東京大学では創立時の明治一〇（一八七七）年から教員となり、明治一四（一八八一）年に教授に昇格し、漢学を担当した。明治一九（一八八六）年二月に元老院議官となって大学を辞め、後に文学博士、貴族院議員となったが、明治二四（一八九一）年二月に逝去した。

円了の長岡時代の読書記録には、福沢諭吉の『学問のすすめ』と共に中村正直訳の『西国立志編』がある。両書は当時の青年に思想的に大きな影響を与えたものである。大学四年生になって、円了はその中村から講義を受けたが、後年にそのことを回顧している。[16]

> 私が帝国大学（円了の在学中は東京大学）に居りました時は、哲学部は私一人で、其に十人以上の講師でしたから、講義といふよりも寧ろ唯の話で課業を済ました事がいくらも有りました、中村敬宇先生は易を受持つて居られましたが、先生は其の名の如く正直で今聖人です、其れ故講義をする学問上の教師としては不適当でした、それで此の先生の教場では、例の通り二人指向ひですから、猶更授業にはなりませぬ、先生は「私は酒が好きで何時も葡萄酒を飲むが、西洋の商標の貼つてあるのは信用することが出来るが、日本の商標の貼つてあるのはドーモ不正直でよくない」などの雑話は折々出てくる、之が畢竟易の講義なのです、こんな風でしたから先生と私との間は普通の師弟の関係以上に親密でした

中村が講義以外に円了を相手に西洋の珍しいことや面白いことを語ったことは、欧米の先進諸国の生活・学問の体験者が数

えるぐらいであった当時では貴重なものであり、円了の知的好奇心を刺激したことと考えられる。中村の『敬宇日乗』という日記を分析した小泉仰は、「ともかく『敬宇日乗』の中で東京大学の学生のうち、大学で教えた日付のところに名前が几帳面に記録した学生は、井上圓了しかいない」と指摘している。先の円了の回顧に「師弟の関係以上の親密さ」があったということと合致する。また、小泉は日記に、中村が「申報」（東京大学から文部省への年報）として書いた文章を読み込んで、円了より一年先輩で和漢文学科の学生・棚橋一郎の卒業論文を中村が評価した後に、「易経論語を教えた学生たちについて、いずれも皆勤勉であって鋭い質問をするので、自分も教えるために準備を十分にしておかないと、そうした質問には対応していけない」と中村が告白していることを明らかにし、「圓了の鋭い質問に屡々立ち往生した敬宇を想像することができる」と小泉はいう。棚橋は円了の哲学館などの教育事業のよき協力者で、私立郁文館の創立者でもある。小泉は結論として「健康状態のすぐれなかった敬宇にとって、特別飛び抜けた秀才の井上圓了と棚橋一郎とが一緒のクラスではなかったとしても敬宇の講義に出席していたことは、緊張を強いられたこととはいえ、また楽しみであっただろうと推察される」と述べている。

　このような円了への評価は、学業だけに限らず、著作にもあった。円了の著作活動は文学部時代から始まると述べたが、その第一学年に円了が発表した「堯舜ハ孔教ノ偶像ナル所以ヲ論ス」は四〇〇字に換算して九枚余りの小論である。この小論で円了は、中国における徳治の象徴といわれる堯舜の時代が、後代において孔子や孟子によって理想像として思想的に作り上げられたことを証明しようとした。この小論に対して、高い評価を与えたのが助教授に就任して円了を教育し始めた井上哲次郎である。哲次郎（号は巽軒）は円了の小論の末尾にその評価を記している。[17]

> 井上巽軒曰、余ガ東洋哲学史儒学起原ノ処ニ、堯舜ハ孔孟ガ嘵々スル程ノ大聖人ニアラサルコトヲ論シタルガ、今此篇ヲ読ムニ、亦其意アリ、而シテ其「堯舜ハ孔教ノ偶像ナリ」ト云フガ如キハ、実ニ翻案ノ妙アリ、読者匆々ニ看過スル勿レ

円了はこの小論において批判的な論述を展開しているが、哲次郎はその着想のよさを評価したのである。この論文は『東洋学芸雑誌』という総合学術雑誌に掲載されたものである。それまでの円了の著作は、東本願寺教団の機関誌に掲載されただけであったから、この小論が学術雑誌に掲載されたことは円了の思想をより一般的な次元へと発展させるきっかけをつくったものと考えられる。

円了の初期思想は東京大学の予備門から学部の時代へ入ってより明確になる。学部時代の円了の学生生活はすでに述べたように、教員からその能力の高さを評価されているが、具体的にはどうだったのだろうか。阪谷芳郎は円了と同じ文学部の一年先輩である。阪谷は卒業後に大蔵省に入り、同省の主計局長・総務長官・大蔵大臣を歴任するなど、近代日本国家の経済財政政策を担当し、その後に東京市長や貴族院議員となった。阪谷は学部時代の円了について、語っている。[18]

円了博士と私とは今の帝国大学がまだ一ツ橋附近にあつた時代からの知人で勿論前にも話した通り博士は哲学科私は政治経済学科であつたが同じ寄宿舎に起臥して居た所より博士と私とは親密であつた。概して言ふと博士は学生時代から非凡の才能をもつた人で凡ての点に於て衆人に卓越した所があつた。又一面には非常な着眼力の鋭敏な人で其時代に日本で始めての催ふしであつた学生の運動会、演説会などには種々の技巧を凝らして衆人をアツと謂はしたこともあり又演説も仲々の雄弁で学生の嘱望するところであつた。其外学生の団体でやる事業にはいつも参謀として諸般の事務を執り敏活の才を振つて居られた。斯様に博士の学生時代は一面には才気溌溂な所があつたが又他面には大の読書家であつた。騒々しい寄宿舎に居ても独り沈黙を守りて読書に耽つたり、図書館などにてはいつも博士の姿を見うけた。普通の人は沈黙家、読書家であると一種の性癖があつて変人とか奇人の風評を受けるものであるが博士にはそんな態度がなかつた。至つて温和な社交家で学生の談話会にはいつも話の中心となつた人である。大学在学中には博士の外にも沢山の知人が居たが私の脳裡に一番印象の深かつたのは博士であつた。

阪谷は学部時代の円了をこのように多面的に語っている。円了が「着眼力の鋭敏さ」を持っていたことと、さらに「大の読書家」であったことは、先の教員の高い評価を裏付けるものであろうし、「沈黙を守りて読書に耽ったり」という点は、円了の特別な精神集中力を物語っている。

筆者はすでに文学部の講義と論文について表1にまとめたが、円了の在学中の論文の流れには一つのエポックがある。主たる論文として、第一学年に「主客問答」があり、第二学年の「宗教篇」は五講五二段の構成で、一〇回の連載で終わり、本文は七回で「第一講緒論　第三段我が教法の敵手」までであり、残り三回は目次の一覧である。この論文が未完に終わった事情は分からない。しかし、この時期から円了が取り組んだものは西洋哲学の研究であり、そのことを物語る資料がある。

円了が東本願寺の給費留学生の第一号であることはすでに述べたが、同教団はそれ以前に海外へ留学生を派遣していた。南条文雄と笠原研寿の二人である。南条と笠原は留学前に、教団内に大中小の三教校を設置し、そのために教師教校と育英教校を新設するという新制度の企画立案した人物である。その後、明治九(一八七六)年に二人は極秘のうちに出国し、イギリスのオックスフォード大学の宗教学者であるマックス・ミュラーの指導により、梵語（サンスクリット語）による仏教経典の研究に従事していた。ところが、笠原は留学中に病気を患い、明治一五(一八八二)年一一月二〇日に帰国した[19]。その笠原から南条へ送られた帰国直後の書簡があり、後年に南条はその書簡について記している[20]。笠原が帰国した当時、東本願寺の東京留学生は円了に続いて増加していた。

君が新橋へ着れた時、大谷派から東京大学へ留学して居られた人々が打ち揃つて迎ひに出られたといふ……其の通知の終わりに、かう書いてありました。

因みに当時英学書生は左の如し、育英校の生残りの類なり。越後慈光寺井上圓了・尾張徳永満之・大阪徳龍寺澤邊昌丸・越前柳祐久、これ丈は大学にあり。井上を上とする。奇なる人なり。今川覚神（拾翠弟）同人舎に在り、今月卒業するなり。柳祐信、慶応義塾。これ等の人々に頻りに所謂哲学を学ばせてあり。ミルとかスペンサーとか云つて、ピヨコ〳〵して居るのは、畢竟どうする図りか知らん。

理屈好きの笠原君がかういふ手紙を書いたのは興味のあることです。私はこれを呼んで偉い人達が出来るものと思つてゐました。

南条によれば、「君（笠原）はやはり哲学が好きで非常に談論に達者であつた」という。その哲学好きの笠原が帰国して驚いたのが、円了の西洋哲学への強い傾倒であった。笠原が書簡をオックスフォード大学にいる南条へ向けて出した時期は、円了の第二学年の第一学期であり、この学年から円了は西洋哲学を本格的に学び始めた。フェノロサからは、スペンサー『世態学』、モーガン『古代社会』を参考にした社会学や、シュベグラー『哲学史』（英語抄本）を教科書とした近世哲学史やカント哲学を受講した。もう一人の講師の外山正一からは、ペイン『心理学』、カーペンター『精神生理学』、スペンサー『哲学原理総論』による心理学を受講している。そして、つぎの第三学年になって、フェノロサから、カント哲学からヘーゲル哲学を、またウォーレスの英訳本を使用したヘーゲルの論理学を受講している。当時の講師陣を検討すれば、円了の哲学への傾倒に、フェノロサが大きな役割を果たしていると考えられる[21]。

当時の哲学は論理学、心理学、倫理学、純正哲学を含む広い意味のものであるが、哲学研究に没頭した円了の足跡は、「明治十六年秋　稿録　文三年生　井上円了[22]」というノートに残されている。この西洋紙の部厚いノートは表題のように、明治一六(一八八三)年秋、文学部第三年生より書き始められたものと考えられる。この「稿録」については、すでに喜多川豊宇によって「井上円了英文稿録」として翻刻がなされ[23]、それをもとにして茅野良男が「井上円了の哲学史研究について[24]」と題してノートの内容を分析し、さらに清水乞の「井上円了における近代西洋哲学研究の原点——「明治十六年秋　稿録[25]」」という論文で初期の著作との関係が究明されている。さきに「稿録」を分析した茅野は、ほとんどが英語文献の抜き書きである円了のノートを通して、「一〇〇年以上前の日本人の英語の読解力のすごさを知った」といい、その分析した内容を記している。

研究ノートとして、哲学一般・心理学・論理学・倫理学・教育・その他の項目で二二〇種以上の書名、各種の哲学史から八〇名以上の哲学者が挙げられ、実際の抜粋は哲学史・哲学・道徳哲学・心理学の著作がほとんどである。書名で哲学史を追うと、F・ボウエンの近代哲学史、フリントの哲学史、ヘンリーの哲学史概要、ランゲの唯物論史、リューイスの列伝体哲学史と哲学史、シュヴェーグラーの哲学史、スティーヴンの英国思想史、ユーバヴェークの哲学史であり、図書番号らしい符号入りですべて英訳か英米書である。またA・ベインの『精神と道徳の科学』と考えられる部分は注意すべき箇所である。しかしとりわけ目立つのは、A・シュヴェーグラーの哲学史の活用である

茅野の指摘するように、円了は洋書(英語版)を読み込んで、純正哲学や心理学などをつぎつぎに理解し、そして、自らの知識としている。円了が洞察力・思考力において優れた能力を持っていたことを証明しているといえよう。

つぎの清水は、この「稿録」と第三学年の中期にあたる明治一七(一八八四)年一月〜二月に発表された「排孟論」を比較した結果、この「稿録」が「大学時代における円了の西洋哲学学説に関する知識の源泉であると同時に、広く哲学・思想の歴史観を確立する原点であったと確信」したと述べている。そして、清水は「稿録」における英文文献の主要な抜き書きを主題別につぎのように分類している。

A　巻頭部分の主題

一、Spencer の First Principle of Philosophy, Part 1 The Unknowable, Chapters I,IV,V,VI,VII等。

二、James Legge : Chinese Classic の孟子(Mencius)に関する記述。

三、近代西洋哲学思想家の著作から「良心」(conscience)を中心とする道徳の規準に関する記述。

四、Murphy の Habit and Intelligence を中心とする「習慣智力論」。
五、Schwegler 哲学史英語訳の古代の部分。
六、Voltaire の哲学辞典からの運命（destiny）の項。
七、哲学・心理学・物理学等の概念に関する諸説。
八、哲学と理学との比較に関する記述。
九、宗教と理学。

Ｂ　末尾部分の主題

一、宗教に関する諸説。
二、記号・著書・書名のリスト。
三、中国哲学史。
四、An Epitome of the History of Philosophy.
五、中国哲学史。
六、潜在意識論・Table-turning.
七、『日本外史』の評論（未完）。

清水によれば、この「稿録」の抜き書きは、その後の著作『哲学要領』「排孟論」『倫理通論』『心理摘要』『妖怪玄談』などに生かされているという。円了の読書については、同級生の北條時敬、一年先輩の阪谷芳郎の談話をすでに紹介したが、「騒々しい寄宿舎に居ても独り沈黙を守りて読書に耽ったり、図書館などにてはいつも博士の姿を見うけた」と阪谷が述べていたように、大学三年生から四年生の円了は西洋哲学による真理の探求、仏教復興のための倫理道徳の研究、心理学による人間性の探求などに取り組んでいたと、清水は指摘する。

その後、「稿録」の研究に取り組んだドイツ人の井上円了研究者のライナ・シュルツァは、表2のように、当時の東京大学図書館の「書架表記の意味と稿録の洋書数」をまとめて、つぎ

表２　書架表記の意味と稿録の洋書数

書架表記	分　　類	稿録の全ての記号数	抜粋された本の記号数
A	建築		
B	天文学、数学		
C	伝記		
D（Mis.)	生物学、人間学	11	3
E	化学		1
F	教育	5	
G	辞典、百科事典	2	2
H	工学		
I	美学		
J	地理学	1	2
K	地形学		
L	歴史	14	1
M	工業、農業		
N	書誌		
O	言語		
P	文学	5	1
Q	医学		
R	気象学、地学		
S	軍学、航海学		
T	鉱物学		
U	鉱山業、冶金学		
V	哲学	167	44
Va	神学		
W	物理学		2
X	科学一般	3	
Y	雑誌（長）		
Z	雑誌（短）		

のように指摘している。[26]「稿録に見つけられる書架表記は、哲学を表示する「V」が圧倒的に多いということは、円了の専門からみて驚くようなものではないが、「D／Mis.」の行に入る著作が比較的に多いという事実は、興味深いと思う（「D／Mis.」は生物学、人間学をいう）。一九世紀の後半から西洋の学界で激しく議論されていた科学と宗教の対立は、進化論の発見で盛んになった生物学の宗教批判で始まった議論であった」からであるという。

つぎの表3は、シュルツァ論文で明らかとなった「稿録」に抜粋された洋書の原典のリストである。「稿録」の頁数と原典の頁数がまとめられている。

このような円了の哲学への強い関心は、明治一七（一八八四）年一月二六日の日本における「哲学会」の創立の原動力となった。哲学会は加藤弘之、西周、西村茂樹、外山正一などの専門家、井上哲次郎、三宅雄二郎、有賀長雄、棚橋一郎などに相談して円了がまとめた組織である。井上哲次郎が「是年、井上圓了主唱して東京大学に哲学会の創立あり」と自身の略年譜に記しているとおりである。[27]

円了は「稿録」から数年後に、ベストセラーとなった『仏教活論序論』を刊行した。同書では、自己の教育学習の過程と真理の探求の思想遍歴を重ねて表現している。仏教、儒教、キリスト教の「諸教諸説は一も真理として信ずべきものなし」として、「余がもっぱら力を用いたるは哲学の研究にして……余が十数年来刻苦して渇望したる真理は、儒仏両教中に存せず、ヤソ教中に存せず、ひとり泰西講ずるところの哲学中にありて存するを知る」[28]と述べているのは、大学時代の経験を記しているのである。

このようにして、円了の初期思想は大学時代に西洋哲学を中心とした西洋の諸学を受容することで発展的に形成されたものである。その成果の最初のものが西洋思想と中国思想を比較検討した「排孟論」であり、第三学年の明治一七（一八八四）年一月～二月に『東洋学芸雑誌』に発表している（比較論の分析は前掲の清水乞の論文を参照されたい）。

三　卒業の前後

これまで東京大学時代の円了の軌跡を、初期思想の基本的条件として見てきたが、最後に円了の卒業前後のことを記しておきたい。この章の冒頭で述べたように、円了は東本願寺の給費生として東京大学へ留学してきた。東本願寺は新教育体制をつくるための指導者として派遣したので、卒業後は教団へ戻ることが前提条件であった。ところが、円了は後続の留学生たちと共に学校の設立を計画したという。この間の事情を、円了はつぎのように記している。[29]

表３　「稿録」に抜粋された頁数と洋書の原典の頁数

番号	著者、書名、巻、版、出版地、出版局、出版年	抜粋頁数	頁数（原典）	頁（喜多川）
1.	ABERCROMBIE, John: *The Philosophy of the Moral Feelings*, 14. ed., London 1869.	6	3	269
2.	ALDEN, Joseph: *A Text-Book of Ethics for Union Schools and Bible Classes*, New York: A. S. Barnes & Co. 1869.	6	2	270
3.	ALEXANDER, Archibald: *Outlines of Moral Science*, New York: Charles Scribner 1877.	6	1	270-269
4.	BAIN, Alexander: *Mental and Morals Science*, 2. vols., London: Longmans, Green, and Co. 1875. Vol. I.: *Moral Science: A Compendium of Ethics*.	6	51	268-257
5.	BAIN, Alexander: *Mind and Body. The Theories of their Relation*, New York: D. Appleton & Company 1875.	9	2	221
6.	BAIN, Alexander: *The Senses and the Intellect*, 3. ed., London: Longman, Green, and Co 1868.	6	1	270
7.	BAUTAIN, Louis Eugène Marie: *An Epitome of the History of Philosophy. Being the Work adopted by the University of France for Instruction in the Colleges and High Schools*, 2. vols., trans. Caleb S. HENRY, New York: Harper and Brothers 1871.	21	10	200-198
8.	BOWEN, Francis: *Modern Philosophy, from Descartes to Schopenhauer and Hartmann*, 3. ed., New York: Charles Scribner.	9	1	218
9.	BRAY, Charles: *A Manual of Anthropology. Or Science of Man. Based on Modern Research*, London: Longmans, Green, Reader, and Dyer 1871.	9	3	224-223
10.	BUCKLE, Henry Thomas: *History of Civilization in England*, 2 vols., New York: D. Appleton and Company 1870.	10	2	214
11.	CAIRD, Edward: *Critical Account of the Philosophy of Kant, with a Historical Introduction*, Glasgow: James Maclehose 1877.	9	1	218
12.	CARPENTER, William Benjamin: *Principles of Mental Physiology, with their Application to the Training and Discipline of the Mind, and the Study of its Morbid Conditions*, 2. ed., New York: D. Appleton and Co. 1875.	23	15	191-188
13.	CHAMBERS, W. & R. (pub.): *Chamber's Encyclopaedia: A Dictionary of Universal Knowledge for the People*, 10 vols., London 1874.	8	1	226
14.	CHAMBERS, W. & R. (pub.): *Text-Book of Scripture Geography. With a Map*, London 1874.	20	2	200
15.	DRAPER, John William: *History of the Conflict Between Religion and Science*, (The International Scientific Series Vol. XII), 7. ed., New York: D. Appleton and Company 1875.	9, 10	3	221, 215-214
16.	ELLIS, Robert F. L. S.: *The Chemistry of Creation: Being a Sketch of the Chemical Phenomena of the Earth, the Air, the Ocean*, London: Society for Promoting Christian Knowledge 1870.	20	1	200
17.	EVERETT, Charles Carroll: *Science of Thought; A System of Logic*, Boston: Hall and Withing 1875.	9	1	218
18.	EWING, James Alfred: "The Scientific View: The Relations of the Christian Religion to Natural Science, especially to the Theory of Evolution", in: Charles Samuel Eby: *Christianity and Humanity. A Course of Lectures Delivered in Meiji Kuaido, Tokio, Japan. Including one Lecture each by J. A. Ewing and J. M. Dixon*, Yokohama: R. Meiklejohn & Co. 1883: 47-94.	13	12	211-209
19.	FERRIER, James Frederick: *Philosophical Works*, 3 vols., 3. ed., Edinburgh: William Blackwood and Sons 1875. Vol. I.: *Institutes of Metaphysics. The Theory of Knowing and Being*.	9	1	218

20.	FISKE, John: *Outlines of Cosmic Philosophy, based on the Doctrine of Evolution, with Criticisms of the Positive Philosophy*, 2. vols., London: Macmillan and Co. 1874.	9	1	218-117
21.	FLINT, Robert: *The Philosophy of History in Europe. Vol. 1: The Philosophy of History in France and Germany*, Edinburgh: William Blackwood and Sons 1874.	9	2	219
22.	GALTON, Francis: *Hereditary Genius: Inquiry into its Laws and Consequences*, rev. ed., New York: D. Appleton and Company 1877.	9	1	220-219
23.	*Gazetteer of the World, ed. by a Member of the Royal Geographical Society*, 7 vols., London 1872.	20	1	200
24.	HAECKEL, Ernst: *The History of Creation: Or the Development of the Earth and its Inhabitants by the Action of Natural Causes. A Popular Exposition of the Doctrine of Evolution in general, and of that of Darwin, Goethe, and Lamarck in particular*, 2 vols., trans. Ray LANKESTER, New York: D. Appleton and Co. 1876.	8, 10, 11	1, 1, 1	226, 214,
25.	HAMILTON, William: *Lectures on Metaphysics and Logic*, 4 vols., 3. rev. ed., ed. Henry L. MANSEL and John VEITCH, London: William Blackwood and Sons 1874.	9	2, 2	225, 223
26.	HICKOK, Laurens P.: *The Logic of Reason. Universal and Eternal*, Boston: Lee and Shepard 1875.	9	1	222
27.	JEVONS, William Stanley: *Principles of Science: A Treatise on Logic and Scientific Method*, 2 vols., London: Macmillan and Co. 1874.	9	1	222, 218
28.	KANT, Immanuel: *The Metaphysic of Ethics*, Trans. J. W. SEMPLE, 3. Ed., Edinburgh: T. & T. Clark 1871.	9	2	223
29.	KIRKMAN, Thomas Penyngton: *Philosophy without Assumptions*, London: Longmans, Green, and Co.1876.	9	1	218
30.	LECKY, William Edward Hartpole: *History of the Rise and Influence of the Spirit of Rationalism in Europe*, 2 vols., 7. ed., London: Longmans, Green, and Co 1875.	9	1	224
31.	LEGGE, James: Chinese Classics: *With a Translation, Critical and Exegetical Notes, Prolegomena and Copious Indexes*, 8 vol., London: Trübner & Co. 1861-1872. Vol. II (1861): *Works of Mencius*.	6	5	271-270
32.	LEWES, George Henry: *The History of Philosophy. From Thales to Comte*, 2. vols., 4. rev. ed., London: Longmans, Green, and Co. 1871. Vol. I: *Ancient Philosophy*. Vol. II: *Modern Philosophy*.	9	1	220
33.	LEWES, George Henry: *The Physical Basis of Mind. With Illustrations. Being the Second Series of Problems of Life and Mind*, Boston: James R. Osgood and Company 1877.	9	2	225
34.	LUBBOCK, John: *The Origin of Civilisation and the Primitive Condition of Man: Mental and Social Condition of Savages*, 2. rev. ed., London: Longmans, Green, and Co 1870.	9, 10	5	216-215
35.	MANSEL, Henry Longueville: *Metaphysics; or the Philosophy of Consciousness Phenomenal and Real*, New York: D. Appleton and Company 1871.	9	1	217
36.	MARSHALL, David Henry: *Introduction to the Science of Dynamics*, Kinston (Ont.): R. Uglow & Co. 1898.	3	1	273
37.	MAUDSLEY, Henry: *The Pathology of Mind. Being the third Edition of the second Part of the "Physiology and Pathology of Mind," recast, enlarged, and rewritten*, New York: D. Appleton and Company 1876.	9	2	222
38.	MILL, John Stuart: *Three Essays on Religion, Nature, The Utility of Religion and Theism*, 2. ed., London: Longman, Green, Reader, and Dyer 1874.	13	5	212-211
39.	MURPHY, Joseph John: *Habit and Intelligence: A Series of Essays on the Laws of Life and Mind*, 2. rev. ed., London: Macmillan and Co 1879.	6, 9	7	257-255, 218

40.	Ribot, Théodule: *English Psychology*, trans. from French, New York: D. Appleton and Company 1874.	9	1	222-221
41.	Ribot, Théodule: *Heredity: A Psychological Study of Its Phenomena, Laws, Causes, and Consequences*, New York: D. Appleton and Company 1875.	9	2	220
42.	Romanes, George John: *Animal Intelligence*, New York: D. Appleton and Company 1883.	9	1	222
43.	Schwegler, Albert: *Handbook of the History of Philosophy*, trans. James Hutchison Stirling, 6. ed., Edinburgh: Oliver and Boyd, Tweeddale Court 1877.	7, 5	4, 122	273-271, 255-227
44.	Sidgwick, Alfred: *Fallacies. A View of Logic form the Practical Side*, New York: D. Appleton and Company 1884.	9	2	219
45.	Spencer, Herbert: *First Principles*, (possible: 3.-5. ed., 1875-1899).	2	8	275-274
46.	Spencer, Herbert: *Principles of Biology*, 2 vols., New York: D. Appleton and Company 1874.	11	2	213
47.	Spencer, Herbert: *Social Statics: or, The Conditions Essential to Happiness specified, and the First of them Developed*, New York 1878.	11	2	214
48.	Spencer, Herbert: *The Data of Ethics*, New York: D. Appleton and Company 1879.	6	1	255
49.	Stewart, Balfour: *The Conservation of Energy. With an Appendix, Treating of the Vital and Mental Application of the Doctrine*. New York: D. Appleton and Company 1881.	9	1	222
50.	Stirling, James Hutchison: *The Secret of Hegel: Being the Hegelian System in Origin, Principle, Form, and Matter*, 2 vols., London: Longman, Roberts, and Green 1865.	9	1	222
51.	Tyndall, John: *The Belfast Address. (From Fragments of Science)*, Tokyo: Department of Literature 1878.	13	2	209
52.	Ueberweg, Friedrich: *History of Philosophy. From Thales to the Present Time*, 2 vols., 4. ed., trans. G. S. Morris, New York: Charles Scribner & Company. Vol. I: *History of Ancient and Medieval Philosophy* (1872). Vol. II: *History of Modern Philosophy* (1873).	9	3	226-225
53.	Ueberweg, Friedrich: *System der Logik und Geschichte der logischen Lehren*, Bonn: Adolph Marcus 1857. Engl.: *System of Logic and History of Logical Doctrines*, trans. Thomas M. Lindsay, London: Longmans, Green, and Co 1874.	9	2	221-220
54.	Voltaire: *A Philosophical Dictionary: From the French of M. de Voltaire*, 2 vols. in 1, Boston: J. P. Mendum 1878.	6, 8	2, 5	257, 227-226
55.	Ward, Lester Frank: *Dynamic Sociology, or Applied Social Science, as based upon Statical Sociology and the Less Complex Sciences*, 2. vols., New York: D. Appleton and Company 1883.	9	2	217
56.	Webster, Noah: *American Dictionary of the English Language*, rev. by C. A. Goodrich, and N. Porter, (possible: Philadelphia: J. B. Lippincott and Co. 1867-1870, Springfield: G. & C. Merriam 1867-1885).	4	2	273
57.	Whewell, William: *History of the Inductive Sciences, from the Earliest to the Present Time*, 2 vols., 3. ed., New York: D. Appleton and Company 1875.	9	1	217
58.	Winslow, Hubbard: *Elements of Moral Philosophy: Analytical, Synthetical, and Practical*, 6. ed., New York: D. Appleton and Company 1866.	6	2	269-268
59.	Wright, Chauncey: *Philosophical Discussions. With a Biographical Sketch of the Author by C. E. Norton*, New York: Henry Holt 1877.	9	4	217-216

明治一八年大学文学部を卒業せしに当たり、本山より京都に上り教校に奉職すべしと命じられたれども、余は意見を具申して固辞したりき。その内容は他にあらず、ただ仏教の頽勢を挽回するには僧門を出で、俗人となり、世間に立ちて活動せざるべからざる理由と東京にとどまり独力にて学校を開設せん志望とを開陳し、自説に固執して山命に応ぜざりしのみ。再三再四、問答往復の結果、ようやく本山の承諾を得るに至りたり

この「余は意見を具申して固辞したりき」ということについては、第四節で詳細に解明したいと考えているので、ここでは卒業後の進路について本山と対立する関係にあったことに止めておきたい。

すでに見たように、西洋の哲学や諸学を受容した円了と、東本願寺の当局との間には時代認識の差異があったことは初期論文からうかがうことができる。円了は自説を主張していたから、卒業後の進路は簡単に決まらなかった。また、円了が長岡時代に初めて教育を受けた石黒忠悳は、陸軍軍医となり、東京大学の医学部にも関係していたので、卒業する円了に対して、石黒は学者の道を進むように斡旋したと記している。[30]

明治十八年頃には〔円了は〕大学を卒業した筈で、当時私は、彼が有用の人材である事を信じて時の文相森有礼氏へ話して、一つ文部省の方へ抜擢採用してはとすゝめると、文相も其れではと云ふ事に迄なつたが、さて愈本人の意向を聞いて見ると、井上君は断然これを辞退して言ふには
「御思召は誠に有難いですが、素より私は本願寺の宗費生として大学に居た事であるから官途に就くに忍びないのみならず、且つは日頃の誓願として、将来は宗教的教育的事業に従事して、大いに世道人心の為に尽瘁して見度い心懸だから……」

そんな事で其方の話は中止となつた。

円了は明治一八（一八八五）年七月一〇日に文学部哲学科を卒業した。すでに二七歳になっていた。それから三か月後、一〇月三一日午後一時から東京大学で学位授与式が行われた。当日は文部卿などの関係者、来賓として英国公使、陸海軍中将など二〇〇名以上が参列した。文部卿大木喬任、東京大学綜理加藤弘之の祝辞についで、文・理・法・医の四学部の卒業生四八名の総代として、円了が謝辞を述べている。[31] 円了が初めて加藤と会ったのが明治一一（一八七八）年四月であったから、それから七年半が経過している。加藤は祝辞の中で、「今日ノ新学士諸子ニ告ク諸子カ多年ノ勉学ニ由テ遂ニ今日ノ光栄ヲ得ルニ至リ

タルヲ祝シ併セテ将来猶今日ノ志ヲ失ハスシテ益々大成ヲ期センコトヲ祈ル」と、新学士への期待を表明した。これに対して、円了は総代として、「朝ニアルモ能ク其力ヲ竭シ野ニアルモ能ク其身ヲ致シ進退顕晦一ニ唯世道文運ヲ興起シテ大ニ国家ニ為ス所アランコトヲ務ムルノミ此ノ如クニシテ生等始メテ学士ノ栄位ニ対スルノ義務ヲ全ウシ併セテ今日ノ盛意ニ報スヘシト信ス」、と祝辞に応えた。

　これによって円了は文学士となった。南条文雄はその研究業績からオックスフォード大学からマスター・オブ・アーツの学位を授与されて帰国していたが、円了の保証人となって、この授与式に参列していた。南条は教団の首脳に対して「偖て井上が学士になつた、各宗中始めての学士である、東本願寺でも、早く何とか優遇の道を講じなければ可《い》かぬ、それでないと逃げて仕舞ふ」と献言したという。[32]東本願寺の教団としては、円了の卒業に対して、機関誌『本山報告』に一〇月一九日付けで、「其許儀東京大学文学部入学已来孜々勉励終ニ卒業候ニ付特別ヲ以新門跡御染筆五十代三ツ折六字名号一幅並ニ六要鈔会本一部被成賞与候事」という文を掲載して、特別賞与の意を公表している。[33]

　すでに述べたように、円了の卒業後の進路は定まっていなかったが、七月二五日付で、円了は東京大学の官費研究生（法学一名、理学四名、医学二名、文学二名、合計九名）に選ばれた。[34]それに対応するように、東本願寺は九月八日に「慈光寺衆徒」の円了を「本局用掛（稟授取扱）」「印度哲学取調掛」に任命した。[35]明治一九（一八八六）年三月一日に東京大学は帝国大学令によって改組された。四月一日、この帝国大学に日本で初めて大学院が設置された。その規定の第一に「大学院ニ入ル学生ハ其特ニ攷究セント欲スル学科ヲ定メテ帝国大学総長ニ願出ツヘシ、学力優等品行端正ノ者ニ限リ之ヲ許可ス」[36]と、入学の手続きが定められている。これによって帝国大学の第一期の大学院生が決められたが、円了は法学一名、文学二名、理学四名の七名のうちの一人として大学院へ入学している。[37]

　東京大学の創立は明治一〇（一八七七）年四月であり、円了はその翌年九月に予備門の第二学年に入学した。予備門は中学校にあたるものであったから、二〇歳で入学した円了は若い学生ではなかったが、予備門、学部、大学院へと進んだ円了は、草創期の東京大学の第一期生である。円了の初期思想の形成は、東京大学入学から始まり、在学中の哲学などの研究、それに基づく思索や著作によって、大きく発展する。それ故に、卒業後の進路については、円了の志望と東本願寺の処遇が合致しない面があり、円了は帝国大学大学院へと進学する。円了の東京大学時代は、思想家、著作家として大成してゆく基礎であり、またその後の在野における思想活動や教育事業の基盤もこの時代に形作られたと考えられる。

【註】

1　井上円了「加藤老博士に就きて」（『東洋哲学』第二二巻八号、大正四（一九一五）年、一―二頁）。

2　『百年史　通史編Ⅰ』、三九頁。

3　『史料叢書　東京大学史　東京大学年報　第一巻』東京大学出版会、平成五（一九九三）年、一三〇頁。

　なお、円了没後の追悼集である『井上円了先生』（東洋大学校友会、大正八（一九一九）年、一頁）の「井上円了先生行状一班」では、円了の予備門時代の始まりのことを、「明治十年京都に出て、教師教校に入る。偶其の教官高須鶯氏、先生の奇材たるを知り、本願寺留学生として、東京に上ぼし、その親友松本荘一郎氏方に寄宿せしむ」とある。前掲の『東京大学年報　第一巻』の明治一〇年度の「東京大学法理文学部教授受持学科表」（一〇六頁）には、教授・松本荘一郎の氏名があり、第一年級で「画学」、第二年級以上は理学部「機器図」を担当している。

5　茅野良男「井上圓了の竹田中学校講話について」（『井上円了センター年報』第七号、平成一〇（一九九八）年、九四―九五頁）。同中学校における講話は茅野の調査によって発見されたものであるが、茅野の論文の中に、円了の講話を記録した竹田中学校校友会の『修道会雑誌』第四号が掲載されている。なお、長岡の洋学校で講演したものがあり、円了はつぎのように述べている（『和同会雑誌』第三八号、明治三九（一九〇六）年一一月号、付録五頁）。

　其に又実に奇怪極まるのは、読方を知らぬで、訳をやつて居る、「イット事の其れは」で、「ナイト」（夜）を読むに、いらぬ字まで読んで、「ニグフト」とやる、「デーアンドニグフト」と云ふ有様であつたが、兎に角意味は取れる、然し読は少しも分らぬだから人の云ふ事も分らぬです。

　其れから東京に出て、予備門を受ける事になつた、是が私が此の地を去つた時なのです。

　其の予備門では、教師は日本人が二人位交つて居て、他は皆な西洋人、試験も皆な西洋風でやつたもので、教場で話すも西洋語で、掲示も西洋文字、日本人迄英語で話をするのであつた。此の学校の出来たのは、全国に英語学校があつた、新潟には新潟の英語学校、東京には東京の英語学校があつたが、之を止めて、予備門として立てたのである。其れ故、西洋人ばかりで、何でも西洋風にやる、日本から、はる〴〵西洋に行くのは、中々の事である、又強いてさうしなくも、日本に洋学校を建てゝ、全く西洋風にやれば、其れで洋行したと同じであると云ふのであつた。

　処が長岡に居て「デーアンドニグフト」と読んだ連中なれば、さー困つた。其所で人に聞くと、正則をやり給へと云ふ事で、直に始めたが古いくせが中々直らぬ、一生懸命で苦んで、さー愈々試験を受ける事となつた。

　教師は西洋人で、西洋語をべら〳〵〳〵しやべる、少しも分らぬ、しかし問題はとにかく「イット事のその事は」〳〵の調子で綴つた、然し答案は英語で書くのであるが、文章は書いた事がないので、是又大に困つたが、幸にも登第が出来た。其時の点の取り方は、全科目を平均して、六十点に達すると上られるのであつた。其結果はと云ふと、丁度彼の地に知つた人があつたので、其人から写してもらつて見たら、私ながらあきれた。如何かと云ふと、文典が十九、作文が二十五、それで如何して登第が出来たかと云ふと、数学が幸に満点であったから、登第が出来たのだ。

6　井上円了「東西両洋の文明につきて」(『朝鮮教育研究会雑誌』第三五号、大正七(一九一八)年八月、一九―二〇頁)。

7　『百年史　通史編Ⅰ』、四〇頁。

8　前掲『東京大学年報　第一巻』、一三〇―一三一、一三八頁。

9　北条時敬「学生時代の井上君」(『井上円了先生』、前掲頁、三二四頁)。

10　当時の大谷派の機関誌として『配紙』がある。東京から発行されたこの『開導新聞』は正式な機関誌ではないとみえるが、『配紙』のように教団の行政的な報告を掲載し、また行政の中心者が投稿しているので、機関誌と同じ性格を持っていたと考えられる。『開導新聞』の発行目的や形態については、拙稿「井上円了の初期思想――『真理金針』以前」(『近代仏教』第一三号、平成一九(二〇〇七)年、九頁)を参照。

11　『百年史　通史編Ⅰ』、四三―四五頁。

12　山内四郎・三浦節夫共編『井上円了関連文献年表』東洋大学井上円了研究会第三部会、昭和六二(一九八七)年。

13　現存する円了の大学時代の講義ノートは、学年別につぎのようなものがある。

第一学年

語彙別記　制度通　聴講記　第一号　田中学士口演　文学士井上円了採筆

制度通　文学一年級　井上円了

仏書講録　原坦山　吉谷　両講師　文一年生　井上円了

第二学年

東洋哲学史　巻一〔一頁。東洋哲学史　井上哲次郎口述　井上円了〕

東洋哲学史　巻二　支那哲学〔一頁。東洋哲学講義　第三篇　井上円了聞記　第拾講〕

飯田先生講演　文学二年　井上円了筆録

竹取物語　明治十五年　井上円了

第三学年

第一学期分　八宗綱要　第一篇

古代哲学　明治十七年六月　井上円了

〔一頁。一行目に「筋」。〕〔三頁。神経論　明治十七年四月　第三学期　第一講〕

法律聴講　東京大学文学生　甫水井上円了　手記

第四学年

哲学講義　明治十七年七月　稿録　哲四年生　井上円了

雑稿　甲号　孟子編　吊文　明治十七年九月　哲四年生　井上円了

雑稿　乙号　諸編　明治十七十八年　哲四年生　井上円了

生理学聴講記　大澤先生　明治十八年一月　哲学四年　井上円了

学年不詳

〔一頁。印度哲学〕

漢書抄録　文学部　井上円了〔表紙裏。大言抄〕〔途中から。東洋哲学　支那哲学　井上円了〕

仏書抄録　文学部　井上円了〔三頁。第一講　第三学期　五教〕〔一頁。華厳宗ノ綱領〕〔一頁。法相ノ大綱〕

最近世哲学史　附実験哲学派

英国哲学書　一
古代哲学
〔一頁。論理学〕
〔一頁。Gefühlen〔感覚〕〕〔洋紙〕
〔一頁。Philosophy is meditation〕〔洋紙〕
幻象的心理学　情論
〔一頁。Paulsum, System der Ethik - Einleitung, p10〕〔洋紙〕

14 前掲『東京大学年報　第二巻』、四〇八頁。

15 小泉仰「『敬宇日乗』における中村敬宇と井上圓了」（『井上円了センター年報』第七号、平成一〇（一九九八）年、五五―七二頁）。

16 井上円了「理想の圓了」（『東洋哲学』第一三編四号、明治三九（一九〇六）年五月、二九一―二九二頁）。

17 井上円了「堯舜ハ孔教ノ偶像ナル所以ヲ論ス」（『東洋学芸雑誌』第六号、明治一五（一八八二）年六月、一〇頁）。

18 阪谷芳郎談話、『井上円了先生』、前掲書、七八―七九頁。

19 南条文雄と笠原研寿の事績は、教学研究所編『近代大谷派年表』（第二版）東本願寺、平成一六（二〇〇四）年による。

20 南条文雄談話、『清沢全集　第三巻』、無我山房、大正四（一九一五）年、四三三―四三四頁。南条文雄『懐旧録』（『南条文雄著作選集』第八巻、うしお書房、平成一五（二〇〇三）年所収）を参照。

21 山口静一「フェノロサと井上円了」（『井上円了センター年報』第一号、平成四（一九九二）年、三―三五頁）を参照。

22 東洋大学附属図書館所蔵。

23 喜多川豊宇「井上円了英文稿録」（『井上円了と西洋思想』東洋大学井上円了学術振興基金、昭和六三（一九八八）年、一八七―二八八頁）。

24 茅野良男「井上円了の哲学史研究について」（『サティア』東洋大学井上円了記念学術センター、第一七号、平成七（一九九五）年一月、三四―三六頁）。

25 清水乞「井上円了における近代西洋哲学研究の原点――「明治一六年秋　稿録」（『井上円了センター年報』第一六号、平成一九（二〇〇七）年、三―一二一頁）。

26 ライナ・シュルツァ「井上円了『稿録』の研究」（『井上円了センター年報』第一九号、平成二二（二〇一〇）年、一四頁）。柴田隆行・ライナ・シュルツァ「井上円了『稿録』の日本語訳」（同書）参照。

27 井上哲次郎「巽軒年譜」（『井上哲次郎集　第八巻』、クレス出版、平成一五（二〇〇三）年、七四頁）。なお、哲学会の創立と活動については、『百年史　通史編Ⅰ』、四八―五〇頁を参照されたい。

28 井上円了「仏教活論序論」明治二〇（一八八七）年（『選集』第三巻、三三七頁）。

29 井上円了「付録　第一編　信仰告白に関して来歴の一端を述ぶ」（『活仏教』、大正元（一九一二）年、『選集』第四巻、四九六頁）。

30 石黒忠悳「感想」（『井上円了先生』、前掲書、八六頁）。

31 卒業生数は、『百年史　通史編Ⅰ』では四七名（五二頁）とし、『東京大学百年史　通史一』（六〇八頁）では四八名（法学が一〇名、理学が一六名、医学が一六名、文学が六名）と相違している。学位授与式は『官報』第七〇三号、明治一八（一八八五）年一一月二日、で報じられている。なお、東本願寺では「文学士ノ位ヲ受ケ左ノ証状ヲ授ケラル」として、円了の証状の全文を掲載している（『本山報告』第五号、明治一八（一八八五）年一一月二五日、六頁）。

32 安藤正純「甫水先生の三禁三足」（『井上円了先生』、前掲書、三三三頁）。

33 『本山報告』第五号、明治一八（一八八五）年一一月二五日、四頁。

34 『官報』第六二三号、明治一八（一八八五）年七月二九日。

35 『本山報告』第四号、明治一八（一八八五）年一〇月五日、四頁。「本局用掛」とは、東本願寺寺務所の職制改正によってできた職名であり、本局とは教務部・学務部・庶務部・地方部・財務部を所轄する部門である。円了は学務部の一員であったと考えられる。また「稟授取扱」とは、東本願寺寺務所の職員に関して、寺務総長（執事）・参務・各部長は「親選」で法主が選ぶ職、つぎのレベルが「親授」で法主から辞令を受ける職、そのつぎが「稟授」で寺務総長から辞令を受ける職をいう。以上の用語の解説は、大谷大学の木場明志教授から教示されたものである。記して謝意を表したい。

36 『東京大学百年史　通史一』、東京大学、昭和五九（一九八四）年、九五〇頁。

37 『官報』第八二六号、明治一九（一八八六）年四月七日。東本願寺でも、「印度哲学取調掛井上円了ハ帝国大学ヨリ四月一日大学院生申付ラレタリ」と、『本山報告』、第一一号、明治一九（一八八六）年五月一五日、八頁で公表している。

【補註】

中野目徹「『哲学』と『日本主義』の模索―明治二十年前後の書生社会と井上円了」（『井上円了センター年報』第一六号、平成一九（二〇〇七）年、二三―四五頁）は、「東京大学の予備門の教員あるいは先輩・後輩」（二七頁）にあたる人物の日記から、円了関係を抽出して、明治二〇（一八八七）年前後の円了の実像を客観的実証的に描いたものである。このような研究はこれまでなかったので、ここに特筆しておきたい。中野目は同論文の結論として、「井上円了は明治二十年前後の書生社会にあって、とりわけその頂点部分をなす東京大学文学部（帝国大学文科大学）の関係者を糾合する幾多の団体や組織のオーガナイザーとして最も活動的な「周旋」家であった」と述べている。

第三節　東京大学時代の論文

一　大学時代の論文

円了といえば、『真理金針』（初編、続編、続々編）や『仏教活論』（序論、本論第一編、本論第二編）などを代表作とし、これらをもって円了の思想が研究されてきた。しかし、すでに述べたように、『真理金針』以前のもので、これまで取り上げられたことがない初期論文がある。これらの論文を見ると、円了の思想の原型が示されていて、それが『真理金針』などの後の著述へと発展・展開したものと考えられる。

円了の『真理金針』は後日、単行本にまとめられた著作であり、その初出は宗教新聞『明教新誌』第一七四九号の「余か疑団何の日にか解けん」に始まる連載論文である。執筆が開始された時期は明治一七(一八八四)年一〇月一六日、円了が二六歳の秋、大学四年生の時からである。したがって、ここではそれ以前の著述を初期論文とし、そこにどのような思想が記されているのか、それを見ることにしたい。つぎにその初期論文を再び発表順に紹介しておこう。

明治一三(一八八〇)年(二二歳　東京大学予備門四年生)

10・20　印度史の抄訳(雑説)　『開導新聞』第二二号

明治一四(一八八一)年(二三歳　東京大学文学部哲学科一年生)

4・15　親切の話　『開導新聞』第五一号

10・11　主客問答　『開導新聞』第一四八号

10・15　主客問答　『開導新聞』第一五〇号

10・25　主客問答　『開導新聞』第一五四号

11・5　主客問答　『開導新聞』第一五八号

11・7　主客問答　『開導新聞』第一五九号

11・13　主客問答　『開導新聞』第一六二号

11・15　主客問答　『開導新聞』第一六三号

11・19　主客問答　『開導新聞』第一六五号

11・25　主客問答　『開導新聞』第一六七号

明治一五(一八八二)年(二三歳　東京大学文学部哲学科二年生)

1・11　耶蘇教防禦論(投書)　『開導新聞』第一八八号

1・13　耶蘇教防禦論　『開導新聞』第一八九号

1・15　耶蘇教防禦論　『開導新聞』第一九〇号

1・19　耶蘇教防禦論　『開導新聞』第一九二号

6・25　堯舜ハ孔教ノ偶像ナル所以ヲ論ス　『東洋学芸雑誌』第九号

8・3　僧侶教育法(演説)　『開導新聞』第二八五号

8・5　僧侶教育法　『開導新聞』第二八六号

8・9　僧侶教育法　『開導新聞』第二八八号

8・21　宗乱因由　『仏教演説集誌』第一五号

10・5　宗教篇(第1回)(論説)　『開導新聞』第三一五号

10・9　宗教篇(第2回)　『開導新聞』第三一七号

10・11　宗教篇(第3回)　『開導新聞』第三一八号

10・21　宗教篇(第4回)　『開導新聞』第三二〇号

10・25　牧都宇氏ニ答フ　『東洋学芸雑誌』第一三号

12・15　宗教篇(第5回)　『開導新聞』第三四七号

12・17　宗教篇(第6回)　『開導新聞』第三四八号

12・19　宗教篇(第7回)　『開導新聞』第三四九号

12・21　宗教篇(第8回)　『開導新聞』第三五〇号

12・23　宗教論(第9回)　『開導新聞』第三五一号

12・25　宗教篇（第10回）『開導新聞』第三五二号

明治一六（一八八三）年（二四歳　東京大学文学部哲学科三年生）

5・15　日本人ノ創造力ニ乏キ所以并ニ之ヲ救フノ術ヲ論ス　『新潟新聞』

5・25　黄石公ハ鬼物ニアラズ又隠君子ニアラザルヲ論ズ　『東洋学芸雑誌』第二〇号

10・25　読日本外史　『東洋学芸雑誌』第二五号

明治一七（一八八四）年（二五歳　東京大学文学部哲学科四年生）

1・25　排孟論　『東洋学芸雑誌』第二八号

2・25　排孟論　『東洋学芸雑誌』第二九号

4・29　哲学要領　『令知会雑誌』第一号

6・25　加藤先生ノ一大疑問ニ答ヘントス　『東洋学芸雑誌』第三三号

6・30　哲学要領　『令知会雑誌』第二号

8・　読荀子　『学芸志林』第一五巻第八五号

9・30　哲学要領　『令知会雑誌』第六号

10・16　余か疑団何の日にか解けん　『明教新誌』第一七四九号

以上の書誌をまとめると、円了は『真理金針』以前、すなわち二二歳から二五歳の秋まで（東京大学の予備門四年生から文学部哲学科の三年生まで）の四年間に、新聞・雑誌に抄訳・論文などを合計で一五編を執筆している（「哲学要領」はその後数年間にわたり連載したものであるから除いた）。これらの論文の主題は儒教と宗教の二つに大別される。

一、儒教に関する論文

「黄石公ハ鬼物ニアラズ又隠君子ニアラザルヲ論ズ」
「排孟論」
「堯舜ハ孔教ノ偶像ナル所以ヲ論ス」
「読荀子」

二、宗教に関する論文

「主客問答」
「耶蘇教防禦論」
「僧侶教育法」
「宗乱因由」
「宗教篇」

ここでは『真理金針』以前、すなわち一般にいうところの排耶論以前の円了の思想を取り上げるので、宗教に関する論文を中心にすることとし、儒教に関するものは特に触れないこととする。[2]

円了の初期の宗教に関する論文を掲載したのは、前記の書誌で明らかなように、主に『開導新聞』である。論文の内容を述べる前に、この新聞について紹介しておきたい。この新聞には前身があり、「明治十一年の八月に大谷派本願寺の機関誌『法の燈火』が発行せられた。それが第百三十号に至って『開導新聞』と改題して世上に現れた。これが明治十三年の七月で、編集兼印刷人は江村秀山で、東京銀座二丁目九番地に開導の本社が置かれた[3]」という。『開導新聞』は真宗大谷派（東本願寺）教団の行政・人事の情報を伝える機関誌であると共に、和漢洋の諸学者の寄稿文を積極的に掲載し、教団外の一般にも市販していた。発行回数は、当初の明治一三（一八八〇）年が毎月六回、一四（一八八一）年が毎月一〇回、一五（一八八二）年には隔日であった（終刊は明治一六（一八八三）年五月）。この『開導新聞』には一つの綱領があった。「我等は社会の先頭に立ちて、人智の蒙昧を開かねばならぬ、仏教者は昔日の旧習を棄て丶、文明開化に順応せねばならぬ、耶蘇教は攻撃せねばならぬ、西洋の学問は知らねばならぬ。此等の思想は、一言すれば文明開化の四字に帰する」ものであったという。

円了は明治一三（一八八〇）年に「井上甫水」の名で、この『開導新聞』の第二二号に最初の原稿を発表し、続けて翌一四（一八八一）年には「主客問答」を九回にわたり連載し、明治一五（一八八二）年にも「耶蘇教防禦論」「僧侶教育法」「宗教篇」の四論文を発表している。前述のように、文明開化を編集方針とした江村秀山などは[4]、東本願寺の東京大学留学生の第一号であった円了の学術的能力を見出し、まだ大学生であったが、これを積極的に登庸したといえよう。衰退していた明治の仏教界を再生した著述家・井上円了は、このようにして誕生したのである。

二　円了の初期論文の要点

これから円了の「主客問答」「耶蘇教防禦論」「僧侶教育法」「宗乱因由」「宗教篇」という初期の宗教論を取り上げ[5]、発表順にその要点を取り出してみたい。

（1）「主客問答」（約一三〇〇〇字、明治一四（一八八一）年、二三歳、東京大学文学部哲学科一年生）

この「主客問答」は二三歳の円了が、東京大学哲学科の一年生になった直後に執筆したものである。客人は学術知識があり、かつ仏教やヤソ教の教えを知っている人物である。主人は「生来宗教に志あり、その教義を研究するや一日にあらず」ということから、宗教の専門家である。箱根の温泉場での討論を記録したものというが、円了が主人と客人の問答形式で論述したものと考えられる。

題名だけでは何が主題か分からないが、問答のはじめに、円了がまえがきを書き、最近の世の中で「心得違いのもの」があるとして、つぎの四点を指摘する。第一に、学術関係者は「宗教はただ愚民を導くの機械」であると考え、その初心者（翻訳書を一巻読んだ程度のもの）でさえ、宗教に関心を持つのは不見識、不名誉と思っていること。第二に、経済力のある中等以上の者は、「宗教は下等貧民社会のこと」と思っていること。第三に、「士名」のある者、胆力者、腕力者は「宗教は老弱輩の玩具」で、宗教を信じることは士名を汚すと思っていること。第四に、少し宗教に関心を持つ者でも、「仏教を信じるは卑屈あるいは旧弊」と思って、ヤソ教を「上等の教法」と思っていること。これらはみな「惑える」もはなはだしきものであると、円了は当時の日本人と宗教の関わり方を批判している。

つぎに問答の要点を述べよう。客人はまず、我が国の宗教として、「古来儒仏神の三道あり、近来またヤソ教の入来」があって、四つの宗教があるが、神教（神道）や儒教は完全の教とはいえず、仏教とヤソ教の二つの法について、「理論上その可否を正さん」という。しかし、仏教もヤソ教も「宗教内」で主張する限りは、自らの宗教の正当性を述べるばかりで、その主張をそのまま信じることはできない。また、世の中で宗教を排除しようとする人は、教の非なるものを語らず、「陋習悪弊」を挙げるだけで、このことも好ましいと思えない。それゆえに、宗教を真理の観点から明らかにしてほしい。仏教とヤソ教の両教が立つと立たざるとは「ただその教祖と教書を信ずると信ぜざるとによる」という。教祖も教書も知らない人には正しく導くこともできないが、西洋の理化学などは「これに反し実験を先とし理論をのちにす。ゆえに、われその人を信ぜずといえども、その説を疑うあたわず」、「宗教のごときはただ私見憶測をもってこれを不易の真理に定むるものに過ぎず」、実験なきものを空論といい、決して真理と名付けることができないものであり、「昔日の真理は今日の真理にあらず」といえる。「今日人文開明の世に当たりては、空論をもって人を救うべきか、実理によって諭すべきか、空論をもってすれば人信ぜず、……宗教の日を追って衰うるゆえんなり」。もし、真理を講ずるならば、早く空論を脱して、「泰西（西洋）の哲理学にもとづき真理を証明」する以外にほかなし。宗教が世の中において一日も欠くべからざるものであり、「人の賢愚貧富を分かたず必要なる真法なる」であるならば、その理由を聞きたい。ただし、宗教外から人世に益あることを証明してほしい。

これに対して主人は、宗教中より論ずることができないのは容易なことではないが、自分が貴ぶところは、人（神仏）を主とせず、「法を主とする教法にあり」。貴説のように、実験なきものは空論なり、したがって、宗教は真理を究めるものであるというが、空論とはなにか、いまだ実験なきをもって、その真偽を究めざるものは、一概にこれを空論というべきではないとし、神仏の有無、心魂の死生はいまだ実験の証明がないと指摘する。そして、理化学の実験をもって真理と言うが、実験なお誤りあり、人知まだ完全でなく、「昨日の真理も今日の空論となるものあり」。したがって、宗教が真理を有すると有せざるとは、「みだりに論ずることを欲せざる」ことであるという。

また、野蛮の法ことごとく開化に必要なしというが、古代より今日まで一定して変化せざるものがある。それは、人が死を免れることができない以上、「宗教廃すべからず」ということである。その理由は、「人のこの世にあるや、最もその幸福をたすけ快楽を与えるもの」とはなにか。衣食富貴の楽は「外身の幸福」であり、「生計窮せりといえども、みなその心に楽しむところあり」、これを「内心の快楽」という。「内心快楽に安んずれば、病難もこれを感ずる薄く、寿命もこれを保する長く、労苦もこれに堪うるやすし」。宗教なるものは内心を安んずるものであり、宗教は廃止せざるものであると、主人は主張する。

このようにして、主人は客人の問題に答えるが、客人はつぎに西洋に哲学あり、実験を究めて真理を講ずるものといわれ、内心の幸福を導くもので、西洋には宗教以外に哲学ありという。主人は西洋の哲学者であるスペンサー氏をもってしても、心魂の向かうところを知らず、ダーウィン氏も造物者の有無を判明できず、両氏のごときといえども、真理を究められずと答える。

その後、主客の問答は、「自ら教理を究明する」ことの是非、「臨終に動揺するは幼児期の天堂地獄の妄談による」ことの是非を経て、客人は、主人の説のごときは、「ただ人の迷いを解き、心を定めるというに過ぎない」と疑問視するが、主人は人が強壮の時には宗教のことを考えないが、災難あるいは老病のときにあるときは、宗教の思想を求めざるをえないのであると答えている。

そして客人は、それ以外に「宗教の人世に必要なる」説とはなにかと問う。主人は「宗教はその善を勧めその悪を懲らすものにして、天理人道を教うる法なり」とし、世が進み時が移るとも必要なものであるという。さらに重ねて、宗教の人世に欠くべからざることとして、わが国は維新以後、年月なお浅くしてその進歩は耳目を驚かすほどであるが、反面、世論往々にして浮薄に走り、わずかに「一巻の洋冊」を調べただけで、民権は起こすべし、日本語は廃すべしと、しきりに主張するものがいて、「洋を見て洋に癖し、癖して国を忘るるに至るは今日一般の弊風」である。これによって、わが国民固有の勤王愛国の志が徐々に衰退している。西洋諸国をみれば、民心を結合して動かすものは宗教であり、欧州の大乱はみな宗教より起こるが、しかしその乱を治めるのもまた宗教である。今日のわが国の忠愛の気風が衰退するにあたり、「人心を結合するに宗教を興すの急務なるゆえん」は、西洋諸国の例をみてもわかることである、と主人は答える。

「しからば」と客人はいい、「ヤソ教か釈教か」、あるいは両教中の何宗を選ぶべきか、各教を公正にみて「宗教外より」の説明を主人に求めている。主人は一旦、両教について、ヤソ教は何をもって仏教にまさるか、「仏教は貧愚を導くもの、ヤソ教は上等社会の宗教である」という見方は理由のないことであると主張する。さらに論を転じて、ヤソ教の教化者はたいてい外人にして日本人にあらず、また金力をもって貧を救い窮を助ける宗教であるが、欧米諸国の歴史をみると、他国を植民地にし、版図を拡大している。その新地を開拓するにあたり、ヤソ教がその国の宗教となり、つぎに言語、風俗を移入して、愚民を抑制して政権の下に維持するのに、宗教を用いている。それゆえ、宗教（ヤソ教）は欧米諸国の政策の一つであると指摘する。

これに対して客人は、それならば、ヤソ教を伝えるのに、外人を廃して日本人を用いることはどうかと反論する。主人は、その法は外国伝来のもの、その書は外国刊行のものか訳したものであり、「これをわが愚昧の下民あるいは浮薄社会に伝うるときは、ますます忠愛の気風を減じ洋癖の弊を増すに過ぎず」と反対し、自国の教法を奉じて外教を入れないのは、またわが「愛国の心なり」と主張する。ただし、ヤソ教を捨てて「釈教」を用いることを欲するならば、まず仏教の弊習を一洗しなければならない。寺院僧徒の風俗品行にいたっては、ヤソ教に「三舎」を譲らざるを得ない有様で、宗風の正しきと品行の美なるは、ひとりヤソ教の誇るところであるという。そして、最後に主人〔円了〕は釈教中、何法を選ぶべきかといえば、「最海内に遍布し人心を得たるもの」は、浄土真宗なりと答えている。

（2）「耶蘇教防禦論」（約四四〇〇字、明治一五（一八八二）年、二三歳、東京大学文学部哲学科二年生）

この「耶蘇教防禦論」は、前述の「主客問答」の一か月後に執筆されたものである。題名をみると、排耶論そのものと思われるが、冒頭からそれが間違いであることがわかる。その一文で、円了は「甚だしいかな、わが仏教者の惑える、ヤソ教を悪む寇讎の如く、これをみる土芥の如し」といい、かえって「大敵ある」を知らず、われわれが害をヤソ教から受けること少なく、恩を彼に帰することははなはだ多いという。そして、つぎのように事実を挙げる。

明治維新の際、その指導者層である上等社会は、西洋諸国において宗教が社会に益ある役割を果たしていることを知らず、維新の始め、「諸県往々寺院を廃せしこと」があった。幸い、欧米諸国には一つとして宗教を奉ぜざる国なく、しかも貴賤賢愚を問わず人々が信仰していることを、我が国の人民と政府が知り、諸県の寺院の廃止すべきでないことを悟ったのである。

また、わが国では人民が宗教を信ずること浅くして、僧侶を悪人視することがはなはだしいために、維新を好機として従来の宗教を禁じ僧侶を廃止したが、しかるにヤソ教徒は万里の波濤を侵して、その教をわが国に伝えんとし、それによって政府は政策を変更し、わが国の従来の宗教も再び布教に従事できるようになり、「これまたヤソ教の余恩」と言わざるを得ない、と円了はいう。

ここで円了が主張したかったことは、宗教に関する「無教者」の存在であり、それをつぎのようにいう。

わが「怨敵」とするものは無教者であり、排教者である。宗教がこのうえもなく大切であることを知り、これを奉信する人々は、「教の何たるを問わず皆わが同朋なり兄弟」である。したがって、一、二のヤソ教者を防がんとして、千万の無教者を生むことは決して護法の名分を全うするとはいえない。多くの無教者は、われわれ宗教者を排抑し、もってこれを絶滅せんことを願っているからである。

そうであるならば、「仏家」はヤソ教に対していかなる義務を尽くして、その恩に謝すべきなのか、それは「粉骨砕身してわが教を天下に宣揚」することが、仏家がその恩に感謝し、またこれを防禦する策なのである。ヤソ教がわが国に害あることは、昨年、余が「主客問答」で論じて、ヤソ教を防禦することはただに僧侶の責にあらずして、「全国国民の任なること」を明らかにした通りである。ヤソ教は欧州社会に適する教であるが、東洋の人民に宜しき法ではない。「釈教」は日本従来の教法にして、わが国に入ってからすでに久しく、人心に感染することも一日にあらず、そしてわが人情風俗に適することは、ヤソ教のように「昨今万里の異域より来るものと同日の比」ではない。また、ヤソ教の新教の人心にふれれば、「君主を弑殺し政府を転覆」する英国の一六〇〇年代の擾乱〔清教徒革命〕がわが国に現出するに至るかもしれない。あのような擾乱が起れば、「国力俄に衰頽し財政大いに困窮し遂に強国の食」となるかもしれない、と円了はいい、ヤソ教への対応策をつぎのように述べる。

さきにも述べたが、ヤソ教を防禦することはただ仏徒の責任にあらずして国民一般の義務である。その防禦の策は、妄りに彼の法を誹謗するときはかえってわれの誹謗を招くことになる。また、わが長を自負するときは彼も彼の長を公然といいふらすことになる。また、道理をもって説くことは宗教と哲学を混同することになる。ヤソ教は中世の理学・哲学が盛んなるときにこれと争ったことがあるが、結局、ヤソ教はその組織を変じてその範囲を小にして理論を離れて「実徳」を本とした単純な宗教となった。これが今日、ヤソ教が開明諸国に行われる所以である。わが宗教は古代の組織を有し、経論究めて多く、教義頗る繁にわたるものであるから、文明社会に伝えることはむずかしく、したがって、将来に盛んにするにはヤソ教にならって「単純真正なる宗教」としなければならない。仏教中にひとり浄土真宗が今日盛んなるは「その教を設くる簡にして易きが故なり」。わが教がヤソ教と盛衰を争うには、まずわが教義を改良しなければ、いかなる方法をもって彼を防禦せんと欲するもできないことであるという。

そして、円了は結論をつぎのように示している。

わが教家の中には他〔ヤソ教〕を誹謗して、これを擯斥せんとする傾向がある。いま、ヤソ教はわが教義を侮慢せず、わが宗風を誹謗するにあらず、「ただ徳行の実を示しても って人心を感動せしめん」としている。これに対して、わが教家は言論を尽くして非難しているが、はたしてどれほどの効果があろうか。やはり、これに答えるには言論をもってせずして、ただ徳行をもってすることこそ「教家の教家たる所業」というべきであろう。ヤソ教を防禦する方法はただわが教を宣揚することにある。わが教を宣揚することを本志とすれば、第一の敵たる無教者と、ヤソ教の両教ともに防禦することになり。わが教を宣揚するには「第一に教義を変革し宗風を改良するにあり」。

（3）「僧侶教育法」（約四二〇〇字、明治一五（一八八二）年、二三歳、東京大学文学部哲学科二年生）

この「僧侶教育法」は前述の「耶蘇教防禦論」から七か月後に発表されたものである。円了は、教育は体力、志力、知力の三つを養成するものであると考えている。とくに「教家僧徒」の場合にはこの三力の一つも欠くことはできないが、その主としてつとめるべきは「志力の養成にあり」とし、円了はつぎのようにいう。

教法のごときは全く心神にかかわるものであり、これを興起するはただに「人心を感動」せしめるにある。人を感動せしめるものは「志力」であるが、志力とは「鋭意熱心生死を教法とともにするの気力をいう」。別に、教法を弘めるのは道徳にありという意見もあるが、道徳は外形の品行にして、酒を慎み色を遠ざくる等をいうのみで、教法を興起する熱心さがなければ意味がなく、道徳は末にして、志力を養うは本である。

ゲルマン流の課業試験等を厳密にして、もっぱら人をして愛学心を起こすことをもって教官の務めとするという。しかし、この方法では、体力は衰え、志気が卑屈に沈み、知力また十分に成長するであろうか。また、生徒の道徳を勧めても、ただ外形の品行を戒めるのみで、内心の道徳を修めず、内心の道徳を修するには志力を養成する以外にない。

現今、世人はただ利用に汲々として教法を忘れ、学者は理学に孜々として神仏を顧みず、たまたま意を宗教に傾くるものあるも転じてヤソ教に入り、もってわが法を撲滅せんとしている。仏教をこの際に振興して将来に維持せんとするは、「実に難中の難事」と言わざるを得ない。無気力無精神の徒、僧侶の過半を占める以上は、到底教法の隆盛を期待できない。わが教校〔真宗大谷派の学校〕の教育も、本とすべき精神すなわち志力を養うようにしなければならないとして、つぎのような方法を取るべきである、と円了はいう。

第一　体操運動を盛んにすること
第二　奢侈虚飾の風を禁ずること
第三　課業書を選ぶこと
第四　教師を選ぶこと
第五　討論演説を設くること

円了はこの五項目について、その理由を述べているが、ここではもっとも特色のある第五のみについて取り上げることとする。

討論演説を設けることは、大いに生徒の志力を発揮し精神を活発にし、あわせて知力を進達するからである。志力を養成するのは、教法を実際に振起せんがためであり、討論演説を設けて弘法の策を講じるのは、志力を養う一助ともなる。師弟上下の際、親密共和を本とし、「こと弘法の方法にわたらば互いに相諮問しともに相討議して、毫も隠すところなくはばかるところなく」行わなければならない。したがって、志力を養成して教法を振興せんと欲するとき、上下の親密共和を本とし、みだりに「規律をもって互いに圧制排抑する」ことは、志力を養成するにあらず、また教法を興隆する策にあらざることは、言うまでもない。

（4）「宗乱因由」（約三六〇〇字、明治一五（一八八二）年、二三歳、東京大学文学部哲学科二年生）

この「宗乱因由」は、前述の「僧侶教育法」と同じ月に発表されたものであるが、これまでの論文は『開導新聞』に掲載されたが、この論文は別の雑誌（『仏教演説集誌』）に掲載されたものである。主題は「教法戦争」つまり宗教戦争の原因を論じている。円了は平松某氏の論を補うとして、これを執筆しているが、ここでは、この論文の中から円了のキリスト教の理解に関する部分のみを取り上げることとする。円了はつぎのように述べている。

古今万国の教祖と称する者の中で、いまだかつてヤソのごとき残忍の刑に遇って非命の死を遂げたものはない。ただヤソひとりではなく、その一二人の門弟のうち一人も身命を全うした者はいない。顧みて東洋に至れば、釈迦といい、孔子といい、みな天寿を全うしている。わが国にあっても、一、二人の刑に処せられた者はあっても、ヤソのごとく「その惨を極めその苦を窮めし者あらず」という。ヤソは不幸にして十字架上に就くに至るが、そのことが人心に感じられること、浅からず。故に、その教徒は、教祖我にこの法を伝えるに死をもってする、我またこの恩に死をもって報じなければならないと思うのである。わが国の例では、日蓮大士がもっとも艱苦を窮めている。ヤソ教徒の教法のために身命を顧みざるは、教祖の行為に感ぜしものと知るべしという。

(5)「宗教篇」（約一七〇〇〇字、明治一五（一八八二）年、二三歳、東京大学文学部哲学科二年生）

この「宗教篇」は、『開導新聞』に一〇回連載（明治一五（一八八二）年一〇月、一二月）の未完の論文であるが、『真理金針』以前の最後の本格的な論文である。円了はまえがきで、「宗教篇」の執筆の動機をつぎのように記している。

余は、この夏に帰省（新潟県）して有志数名と会して地方の実情を聞いたところ、昨秋（明治一四年一〇月）の国会開設の詔があってから、地方の人気はにわかに変化し、少しく志のある者はもっぱら政治を談じ法律を講じ、わずかに学識ある者は理学を研究するのみにて、「一人として心を教法に帰するものなく」、はなはだしくは教法をもって国家に大害あるものとし、一日も早くこれを破滅せんとつとめるものあり。わが県は僧侶いたって多いといえども、いまだに哲学なるものも、また教法の諸学にいかなる関係を有するものかも知らない。そのため、余が講演を開くことを約束し、題するに宗教篇とし、一〇講五二段一〇〇節余に分けて、連日にわたり宗教の真理を説明した。ところが、余が帰京して間もなく、本山（東本願寺）では「末寺総会議を強願する」ものがあったと聞き、[6] 余はまた感歎に堪えず。よって、かつて講演したところの宗教篇を稿成して、教法の本体、諸学の関係、僧侶の目的、布教の方法などについて意見を明らかにすることとした。

円了のこの論文は前述のとおり未完のものであり、一〇回の連載のうち論述は七回にとどまり、「第一講　緒論　第三段　わが教法の敵手」までである。残りの三回は全編の目次のみが記されている。この目次によって、円了がこの「宗教篇」で論述しようとした内容をうかがうことができるので、はじめに「講ならびに段（節は省略）」までの目次を紹介しておきたい。

第一講　緒言（講義の旨趣并分科の理由を述ぶ）
第一段　布教の目的并方法、第二段　理論と実行の関係、第三段　我教法の敵手、第四段　将来の教学、第五段

他教諸学との関係、第六段　説教と講談の別、第七段
　分科の理由
第二講　政治法律論　第一回（政治法律の大体を論す）
第一段　政治と法律の別、第二段　政治法律の目的、第
三段　人生の目的、第四段　政治法律の功用、第五段
政治家の評論
第三講　政治法律論　第二回（政治法律の真理にあらざる
　所以を論す）
第一段　哲学の義解、第二段　真理の主体、第三段　多
数の説正論にあらざる所以
第四講　理学論　第一回（理学の起源并其大綱を論す）
第一段　理学は実験を以て真理を究むる所以、第二段
実験学の起源并其由来、第三段　理学の実験確実証明な
る所以、第四段　宗教の衰ふる所以、第五段　宗教の真
理、第六段　宗教は人の目的を定むる二原則に違はざる
所以
第五講　理学論　第二回（理学の実験真理を究むるに足ら
　ざる所以を諭す）
第一段　理学は世を経て変遷する所以、第二段　人の感
覚不完全にして真理を究むるに足らざる所以、第三段
数理を測り及ばざるものある所以、第四段　宇宙間理学
を究め実験の測るべからざる力ある所以、第五段　理学
実験の結果二条
第六講　宗教論　第一回（宗教の性質並目的を論す）
序言、第一段　宗教の起由并其目的、第二段　宗教の他
の諸学に異なる所以、第三段　宗教の性質并主体、第四
段　法律は正法にあらざる所以、第五段　人の目的と定
むるもの未た全く真理にならざる所以
第七講　宗教論　第二回（宗教は理学より駁撃すべからざ
　る所以を論す）
第一段　宗教は空論妄説にあらざる所以、第二段　理学
中論ずる所の因果は宗教の因果に異なる所以、第三段
理学中論ずる所の時と空は宗教の時と空に異なる所以、
第四段　宗教は数理の外にある所以、第五段　宗教は人
力の外にある所以
第八講　宗教論　第三回（人魂死生来世苦楽の理を証す）
第一段　創造説、第二段　因果説、第三段　人魂不死説、
第四段　三界流転説、第五段　転迷開悟説
第九講　宗教論　第四回（宗教の世に益ある所以を論ず）
第一段　心を戒むるの益、第二段　迷を去るの益、第三
段　民心を一結するの益、第四段　人心を安定するの益、
第五段　幸福を全ふするの益、第六段　心神に尽くすの
義務、第七段　宗教は世の開明に妨害なき所以
第一〇講　結論　（前論の大意を結び宗教将来の目的方法

を定む）

第一段　前論の大意、第二段　世人の評論、第三段　宗教の組織、第四段　将来の目途

この目次から分かるように、『開導新聞』に掲載された七回の論述は、「緒論」の半分までという一部分にしかすぎないが、それでも円了の宗教論の特質が表われていると考えられる。

つぎに、円了が「宗教篇」で述べていることを要約しておこう。第一段の「布教の目的ならびに方法」では、第一節で「目的と方法」が取り上げられ、「世間ではその関係を間違えていることがある」と指摘し、つぎに第二節の「僧侶の目的」では、「僧家の目的、一般の世俗と同一なる理なし。僧侶の目的は、自ら教法を信ずるにとどまらず、教法を世間に弘めるにあり。また教法を今日に弘めるは、将来の発展のためである」と述べている。そして、第三節の「布教の方法」で、円了は仏教界における認識の誤りをつぎのように指摘している。

目的は一つであるが、方法は種々ある。教法を世間に弘めるにも、弁説あり、恩義あり、実行を施すものあり、理論を究めるものもある。説教も、読経も、宗学を研究するも、他教を防禦するのも、いずれも方法の一つである。余輩のように哲学の真理を論じ、政治理論を駁し、宗教篇を講ずるのも、また方法の一つである。世間の僧侶中にはこの目的と方法の別を知らない者がいる。余が一人の僧に遇い、教家の目的はなにをなすにあるのかと問うと、「教家の目的はヤソ教を防禦するにあり」という。これは大いなる誤りである。現在のわが国を見るに、ヤソ教を奉ずるものははなはだ少なく、全く教法を信じないものが多い。無教の徒が国に満つるときは、わが法が興隆する道理はなく、僧侶も目的を達することができないと考えるべきである。したがって、教家の目的は決してヤソ教を防御するこの一点だけでないことは明らかである。しかるに、世間のものは、一人の僧が力を外教の防御に尽くすのを見れば、すなわち、彼は護法に熱心家なりという。また洋学を修め政治法律を究め理学をみがくと聞けば、その人は目的を知らざる僧であり、法を破る徒であるという。これはただ、その外を知って内を察せず、形をみて実を考えざるのみであり、愚もまたはなはだしいことである。

円了は前節の布教の問題に関連して、第二段において目的を達する二つの方法として「理論と実際」の関係を取り上げる。第一節では、「理論と実際の二者は相関する。実行と理論が相離れざることは当然で、宗教上のみ理論を用いないという道理はない」といい、そして第二節の「理論は常に実行にさきだつ所以」で、理論を軽視する仏教界を批判して、つぎのように述べている。

余、理論は実行にさきだってこれを啓導し、その方向を定めるものであり、理論は常に実行に先立つものであることを断固

として主張する。また理論家と実行者は互いに相分かれるものと考える。しかるに世間の実行者あるいはこの理を誤り、常に理論のみを唱えるものを「空論者」であるといい、その論を名付けて「書生論」と称し、その是非当不当を問わず、まっさきにこれを廃止する。余の理論は、空想妄考から出たものではなく、遠くは海外の諸教の実況を聞知し、近くはわが国の布教の真情を実視し、多年の間に焦思苦心の余り、結実してこの一編となり、よって実験が集まって理論となったものである。

そして円了は、明治維新の新しい日本社会における布教のあり方を、第三節「理論実行ともに布教に必要なる所以」の中で、つぎのように主張している。

僧侶が教えを人に伝えるのは理論に属するといえども、ただ普通の法を談じ尋常の経を誦して愚俗を化導するのは理論中の実行にして、教法の真理を究め諸学の関係を論じその是非利害を比較するのは理論中の理論である。両者の前後軽重を論ずれば、理論は先にしてかつ重く、実行は後にしてかつ軽いといわざるをえない。今その理を現在に明らかにするに、世間にヤソ教を奉ずる徒あり、あるいは一つも教法を信じない輩あり、あるいは教法のごときは全く有害無効のものと思い一日も早くこれを撲滅せんとつとめるものあり。少しく学識を有し衣食に汲々しない人々はこの三者のどれかに属するものであり、愚かつ貧なるものひとりわが法を固信するに過ぎないのである。

このような世間の無教者に対して、どのような方法を用いなければならないのであろうか。余がいわゆる理論中の理論を研究するよりほかなしと考える。なんとなれば、世間の無教者はおおむね多少学識あるものなれば、これに対して尋常普通の教理を談じ、愚夫愚婦を導くような法を用いるも、到底その信仰を得ることができない。このときには、理論中の理を講論しなければならない。純粋の宗教学を興さなければならず、高尚の哲学を究めなければならず、政治法律を学ばなければならず、理学をみがかなければならない。ゆえに余は、理論を研究するは方今の急務なりと主張する。

しかるに僧侶社会を顧みるに、大方は固く旧習を守り頑眠にふけり、依然として数百年前の風情を改めず、かえって、僧侶は一宗の学を講ずるにとどまり、あえて他学に関することを要せずといい、あるいは僧侶は実行を修めることをもって足るとし、どうして煩わしく時勢を知り人情を察することが必要なのかともいう。たまたま理論を専攻するものがあれば、彼は空論者であるといい、彼は世間に益なきものであるという。あるいはまた、他学を兼修するものを見れば、すなわち彼は「仏敵」なり、「仏者の罪人」なりという。今日の活動社会は日に進み月に移り、一時もとどまることなく、実験ますますその妙を尽くし、理論ますますその真を究めることは昔日の比ではない。世間は活社会であり、活眼をもって教法を弘めることでなければ、その隆盛を期待することはできない。

目的と手段の合理的な見方から始まった円了の「宗教篇」は、第三段の「わが教法の敵手」の第一節で「ヤソ教はわが第一の敵にあらざらん所以」という、それまでの仏教界の問題認識の誤りを正し、キリスト教にかえて、宗教を信じない「無教者」を第一に位置づけ、宗教の世界の関係をつぎのように分類している。

人民の中には、教法を信ずるものと信じないものの二種あることを知らなければならない。すでに二種の別があって、並行対立するときは、その間に自ずと互いに相適視するというおもむきがある。教法家は無教者をもってわが敵とし、彼はまたわれをもってその敵となす。無教者中にはまた二種の別あって、一は教法を信ぜざるにとどまり、一は教法を排してこれを絶滅せんとつとめるにありといえども、合してこれをいえば、みなわが敵である。ヤソ教または神教のごときは教法中の一部分にして、無教者に対するときはみなわが兄弟なり同朋である。わが教法の敵手を論じて、その大小前後の別を示すと、左のようになる。

第一敵　無教者あるいは排教者――政治法律学者、理学者、その他すべて教法を奉信しない徒をいう。

第二敵　他教――ヤソ教、儒教、神教のように、教法の本源を異にし、教体宗義が同じでないものをいう。

第三敵　他宗――禅宗、真宗、日蓮宗のように、教法の本源を同じくするといえども、中間その流派を分かち伝来を異にするものをいう。

第四敵　他派――真宗の東西両派、仏光寺派のように、一宗の開祖を同じくするといえども、伝来久しき脈派を異にするものをいう。

第五敵　他寺――一派中にて寺院を異にするものをいう。

第六敵　他僧――一寺中にてその職を分かつものをいう。

円了は第一の敵を「無教者」としたが、第二節では、「第一敵を防御する方法」として、文明開化の時代における仏教者の「学識」の重要性をつぎのように力説している。

第一敵中、最も恐るべきものであり、かつこれを防御するに最も困難なものとは何か。理学者や政治・法律学者である。一は理論をみがき、一は実験を究め、もってわが宗教の空理妄論を看破しようとする。顧みてわが国の現在の事情を考えるに、ヤソ教は大いに蔓延の兆しありといえども、その実これに固着し深信するものははなはだ少ない。

しかしながら、余がいわゆる第一敵に属するものは日に増し月に加わり、いたるところとしてこれなき状況である。現在、小学校に在学するものは、口に『世界国尽』の一巻をも誦し、目に『窮理図解』の一枚を見る以上〔この二冊は福沢諭吉著の教科書〕、教法をもって空論とし妄説とし、僧侶のごときは愚俗を誑惑する徒なりと信じ、これとともに談じることを恥じるほどのなりゆきである。わが教法は、果たして愚夫愚婦の玩具にして貴顕富豪の門に用なきものか、野蛮草昧の法にして文明開化の教ではないのであろうか。

現今の世間で、理学・法律が日を追って盛んになっているといえども、これを導くに術あり。それは学識である。その学識とは何かといえば、ただわが法の教理宗体を究めるのみならず、内外東西の学を講じて、よく時勢を観察するだけの識見を開かなければならない。ゆえに余は、第一敵を防御する方法は、ただ学識を研磨するにありと主張する。

以上が一部分のみの掲載となった「宗教篇」の要約であるが、「主客問答」から始まった円了の初期論文は、この「宗教篇」で拡大と深化を遂げていることが分かる。前掲の「宗教篇」の目次とこのような本文の一部から、そのことは読み取れるであろう。

三　円了の初期思想

近代仏教史家の吉田久一は『日本近代仏教史研究』の中で、円了の『真理金針』をキリスト教排撃論の先駆と位置づけた。初期の円了に対するこのような研究者の見方は一般化していて、円了を明治中期の排耶論の代表者と見る研究者は多い。[7] しかしながら、ここで取り上げた円了の初期論文に言及した者はいない。筆者は文献調査の中で、この初期論文の存在を知った。そして、円了のこの諸論文に、後の『仏教活論序論』で表明される思想論の原型があることを確認できた。

これまで見てきた円了の宗教関係の初期論文には、「主客問答」の後半にあった、ヤソ教の教化者は「たいていみな外人にして日本人にあらず」「その命を奉じその給を仰ぐは、日本国にあらずして自身の国なり」として、キリスト教の布教がやがては日本の植民地化を招くなどと、円了が述べていることは、後の日本主義に発展する思想であろう。当時の日本の状況は、欧米列強による東アジア諸国の植民地化の現状に巻き込まれず、いかにして日本の独立を守るかにあった。そのため、キリスト教の布教が植民地化に果たした役割を等閑視することは、円了にはできなかった。しかし、円了はキリスト教を批判するばかりではなかった。後述のようにキリスト教者の教化姿勢を、初期論文から高く評価しているのであった。

このように、初期論文で第一に主題としているものは、キリスト教のことではない。近代仏教史家の池田英俊は、「円了は初めて日本の社会や国家・国民の全体を対象にした仏教者であった」と語ったが、初期論文にはそのことが、後の著述に比較すれば鮮明に主張されていると考えられる。このような捉え方は初期論文の当初からあり、処女論文である「主客問答」のまえがきの日本人の宗教への無関心の批判、また「耶蘇教防禦論」の「一、二のヤソ教者を防がんとして、千万の無教者を生むことは決して護法の名分を全うするとは言えない」、さらに「宗教篇」の「現在のわが国を見るに、ヤソ教を奉ずるものははなはだ少なく、全く教法を信じないものが多い。無教の徒が国に満つるときは、わが法が興隆する道理はなく、僧侶また目的を達することができないと考えるべきである」と、常に円了の問題意識にこのような捉え方が存在している。

そこには、明治政府の宗教政策、神仏分離令による廃仏毀釈、大教宣布をきっかけとした大教院体制による仏教界の支配、それにともなう仏教の衰頽に対する円了の憤りがある。「耶蘇教防禦論」のキリスト教の恩恵に関する文章の裏には、政府への批判があったと考えられる。だが、この文章に秘められた激しい憤りは、政府にだけ向けられたものではなく、自らの出身であり所属している仏教界にも同じく向けられている。

そこには円了の深い危機意識が感じられる。維新から十余年を経ても、「僧侶社会の大方は固く旧習を守り頑眠にふけり、依然として数百年前の風情を改めない」ままであったからである。他方で、維新から公然と始まった西洋の文明と文化の積極的な移入は「日に月に」進み、それによって伝統的なもの、特に仏教は「旧弊」と位置づけられるという、日本の構造的社会的な理解が円了にはあった。特に、最後の「宗教篇」にまとめられた「わが教法の敵手」で明らかなように、第一敵は無教者あるいは排教者であり、そこに具体的に「政治法律学者、理学者」が名指しされる。これらは「一は理論をみがき、一は実験を究め、もってわが宗教の空理妄論を看破しよう」とするものであったからである。その学術関係者が、「主客問答」のまえがきに記すように、宗教に触れることは不見識、不名誉なことという社会的な風潮をもっとも形成・拡大していると、円了は見ている。宗教、特に仏教、真宗は真理か、それならば、諸学術の真理とどのように一致するのかという問題を、円了は考えている。とりわけ、「小学校に在学するものは、口に『世界国尽』の一巻をも誦し、目に『窮理図解』の一枚を見る以上、教法をもって空論とし妄説とし、僧侶のごときは愚俗を誑惑する徒なりと信じる」ことが拡大・再生産されれば、仏教の滅亡は現実のものとなるという危機を、円了は感じていた。ところが、旧習を固守する僧侶社会では、「教家の目的はヤソ教を防禦するにあり」という認識が支配的であったから、根本的な目的を見ようとせず、無気力無精神のままであった。理論的にその認識の誤りを指摘すれば、「書生論」として無視されるか、「仏敵視」されるばかりであったと、円了はいう。

こう見てくると、円了は「宗教と社会」、「諸学と宗教」、「伝統と近代」、「真理とは何か」、「理論と実際」という近代社会の本質的な問題を、限定的ながら初めて考察した初期の一人であり、それ故に現代では明治の啓蒙家といわれるのである。すでに述べたように、仏教思想史家の末木文美士は、啓蒙家としての円了の再評価を提唱しているが[8]、ここで紹介した初期論文の内容は、そのような再評価の出発点としての意味を持つものであろう。

その他、初期論文で注目されることは、まず円了のキリスト理解であり、キリスト者の教化姿勢への高い評価であろう。それには「教法は人心を感動せしめる」ものであり、宗教者の「徳行」が人心を感動せしめるという円了自身の宗教理解である。万里の波濤をこえて布教に従事するキリスト者から学んでいたのであろう。そのような認識が、真宗大谷派という仏門に生まれた円了をして、仏教や真宗を対象化相対化し、新たに主体性をもって自己の再認識へと導いたものの一つであろう[9]。

円了自身の時代認識、危機意識が「僧侶教育法」へ向けられていることは、初期論文に見られるとおりである。「志力」の養成こそが急務であり、それには教育において「討論・演説を設ける」ことが重要で、しかも、仏教界に見られる教学の権威主義による上下・師弟の関係による「圧制抑圧」のない「自由討究」が必要であることを主張している。この主張と、「耶蘇教防禦論」の「第一に教義を変革し宗風を改良する」必要性が、やがては「哲学館」（現在の東洋大学）の創立への原動力になったと考えられる。

円了の初期論文は、明治一四（一八八一）年から明治一五（一八八二）年までに集中している。翌明治一六（一八八三）年は三編の小論を書いたにとどまっている。それには『開導新聞』の廃刊が関係している可能性があろう。この一年間の研究の成果がつぎの『真理金針』『哲学要領』を生み出すことになる。

最後に、円了が初期論文をどのような立場で執筆していたのかを考えたい。周知のように、この時期の円了は東本願寺の給費生として東京大学へ留学していた。発表した新聞も宗派の機関誌である。「わが教法」という言葉は真宗を指すのか、あるいは仏教なのか。初期論文の用語としては、仏教の他に、「釈教」という用語が目立ち、量からいえば、後者がやや多い。真宗寺院に生まれた円了は終生にわたって真宗の信仰者であったが、教団からの束縛を脱した随意信仰（開放主義）の立場を堅持した[10]。その端緒はこの初期論文の時代に萌芽があり、通仏教の立場に重きを置いて執筆していたと考えられる。

以上のように、円了の生涯にわたる思想と行動を理解する上で、初期論文は重要な鍵であるということができよう[11]。

【註】

1　この論文は、『越路町史　資料編3　近代・現代』、平成一三（二〇〇一）年、二九七―二九八頁に所収されていたもので、『井上円了関係文献年表』には収録されていない。

2　中国哲学の研究者である新田幸治は、円了の初期の儒教に関する論文について、時代状況と思想の生成・発展に問題関心があったと指摘している。なお、佐藤将之「井上円了思想における中国哲学の位置」（『井上円了センター年報』第二一号、平成二四（二〇一二）年、一七六—一四九頁）を参照。

3　安藤州一「開導新聞の発行」（『現代仏教』第一〇五号、昭和八（一九三三）年七月号、五一一—五一七頁）。

4　安藤州一の前掲論文によれば、編集者の江村秀山は、佐渡の大谷派の門徒に生まれたが、得度して京都の高倉学寮で宗学を学び、さらに大阪の慶応義塾で西洋の学術を研究した人といい、「明治十三四年頃、東京に於て、寺田福寿氏や江村秀山氏の諸氏が、社会に向かって仏教を紹介したのは、仏教の社会化の初めである」という。江村の慶応義塾での事績は、筆者が義塾の入塾帳を調べた限り、江村の名前はなかったし、入寺した大阪教区の善福寺に問い合わせたが、詳しいことは分からなかった。寺田福寿は、円了が創立した哲学館（現東洋大学）の三恩人のひとりであるが、その経歴については拙稿「福沢諭吉・井上円了・寺田福寿・小栗栖香頂」（『福沢諭吉年鑑』第二三号、平成八（一九九六）年）を参照されたい。

5　初期の四つの論文を掲載した『開導新聞』の閲覧について、筆者らの文献調査は、原本を所蔵していた真宗大谷派教学研究所の協力を得て行ったが、現在では同新聞は東本願寺出版部より復刻され、広く閲覧できるようになっている。なお、『開導新聞』の論文のうち、『選集』第二五巻に「主客問答」（六七二～六九〇頁）、「僧侶教育法」（六九七～七〇三頁）、「宗教篇」（七〇四～七二六頁）の三編は収録されている。

なお、引用にあたっては、先の『選集』にあるものは選集の現代表記のままを用い、その他の論文においても変体仮名、カタカナはひらがなにし、漢字は通行体に統一して現代表記にした。

6　末寺総会議についての動向は、『近代大谷派年表』（第二版、東本願寺、平成一六（二〇〇四）年）の明治一五（一八八二）年（五四—五五頁）参照。

7　吉田久一『日本近代仏教史研究』吉川弘文館、昭和三四（一九五九）年。また、最近の論文では、芹沢博通「明治中期の排耶論—井上円了を中心として」（『論集日本仏教史8　明治時代』昭和六二（一九八七）年）、笠原芳光「井上円了の排耶論」（同志社大学人文科学研究所編『排耶論の研究』教文館、平成元（一九八九）年）、渡部清「明治期における進化論と諸宗教との関係—井上円了のキリスト教批判を中心に」（上智大学『生命科学研究所』第一五巻、平成九（一九九七）年）などがある。

8　末木文美士『明治思想家論—近代日本の思想・再考Ⅰ』トランスビュー、平成一六（二〇〇四）年、六〇頁。なお、円了が明治一六（一八八三）年五月一六日の『新潟新聞』に発表した「日本人ノ創造力ニ乏キ所以并ニ之ヲ救フノ術ヲ論ス」は、円了の初期思想の原点を語ったものとして注目される。

9　井上円了『仏教活論序論』明治二〇（一八八七）年（『選集』第三巻、三三五—三三七頁）を参照。

10　井上円了「余が信仰の告白と来歴の一端」（『東洋哲学』第一九巻第一一号、大正元（一九一二）年一一月）を参照。

11　円了は「耶蘇教防禦論」の中で、イギリスの清教徒革命にふれている。「君主を弑殺し」という円了の文言は、後に哲学館事件で問題となったことであり、皮肉な事件に巻きこまれたものであると考えられる。

第四節　哲学館創立の決意

一　東京大学時代のノート

明治二〇（一八八七）年の哲学館の創立は現在の東洋大学の起源にあたるが、創立者の円了が、何時、どのような目的で、学校の設立を決意したのか、という原点については確かなことが分かっていなかった。

筆者は東洋大学百年史の編纂に関係したが、その時点でも円了の哲学館の創立の原点にあたる決定的な資料はなかった。しかし、筆者が注目していた資料はあった。それは、第二節で言及した円了の「東本願寺への上申書」であった。そのため、上申先の東本願寺（真宗大谷派）にこれまでに何度か調査を依頼して来たが、「現在のところ資料の存在はわからない」という回答にとどまっていた。

ところが、最近、筆者が円了の東京大学時代のノートを調べていたところ、偶然にも、その上申書の下書きに相当するものを発見した。その下書きは、「修学ノ科目并ニ将来ノ目的ニ付奉上申候　愚侶輩」と題する文章である。ここではこの東京大学時代の新資料を紹介して、東洋大学史や井上円了研究などに、新たな問題を提起する。この新資料がどのような意味を持つのか、それを確認するために、はじめに、これまでの哲学館の創立についての見方を述べ、つぎに新資料を紹介することにしたい。東洋大学史はこれまでに五十年史、八十年史、百年史の三種類がある。これらの年史の中で、哲学館の創立がどのように捉えられてきたのか、それを見ておこう。

二　『東洋大学創立五十年史』

初めの『東洋大学創立五十年史』は、昭和一二（一九三七）年に出版された。初めて編纂されたこの五十年史の目次を見ると、

第一章　創立精神
第二章　沿革史
第一節　私立哲学館時代
　　私立哲学館の創立
　　創立者
　　麟祥院仮校舎時代

と続いている。このように、第一に重視されたのは創立の精神である。

その「第一章　創立精神」では、この五〇年間にわたり「我が東洋大学の根柢を築くものは、創立者井上円了先生の護国愛

理の大信念である」[1]と位置づけている。そして、「抑々護国愛理とは何ぞや、是れ一の幽玄なる真理にして、所謂日本国民の悉く之を把握し、普く之を実践せざるべからざる大道である」と述べて、円了が初めて護国愛理を記述した著書である『仏教活論序論』の冒頭を引用している。最後に、「井上先生の一片皓々たる護国愛理の精神は、即ち凝つて哲学館の創立の精神となったのである」[2]と規定している。

このように、五十年史は編纂された時代がいわゆる一五年戦争の最中で戦争遂行の時代思想が支配的であり、また当時の学長（大倉邦彦）が超国家思想を重視していた、という二つが編纂に色濃く反映しているように考えられる。そのことはまた、「第二章　沿革史」の「第一節　私立哲学館時代」の「私立哲学館の創立」にも見られる。「其の哲学館を創立せる所以のものは、決して単純なる思想観念から出発したのではない」[3]として、円了の明治二六（一八九三）年の『教育宗教関係論』から「其方針とする所は、教育の方は日本主義を取り宗教の方は仏教主義を取ることとなせり」[4]（カタカナを仮名に変更、以下同じ）と引用して、「我国古来の諸学、即ち東洋学を基本とし、之と西洋学を比較研究して日本独特の学風を振起し」[5]ようとしたのであると述べている。

五十年史では、円了の哲学館創立を明治二〇（一八八七）年前後の日本の思想界（欧化主義）と、円了の思想信念に求めている。その結節点が明治一七（一八八四）年の哲学会の創立であり、「此会の設立こそ井上先生が後年哲学館を創立すべき大いなる素地となつたのである」[6]という。そして、欧化主義時代にキリスト教の布教が盛んになり、「我国の所謂国粋保存主義者の頗る憂ふる所となり」[7]、仏教徒は不満を高め、「その反動として或は皇権の尊厳を説き、或は国粋の保存、国風の発揚を絶叫するなど、国内の輿論は漸次昂まるに」[8]至り、「斯る社会情勢は井上先生をして一躍飛躍せしめずんばやまなかつた」[9]とし、私学はあっても実学に偏り、「真に我国の国情と国体に即し仁義道徳を振興する学校は一つもこれなき状態である。先生は茲に於て愈々機の熟せるを見て、遂に哲学館の設立を企画し、明治二十年六月之を世に発表するに至つた」[10]それが「哲学館開設ノ旨趣」であると述べている。

このように、五十年史は創立の理念を根底に書かれたものである。創立の過程はその理念との関係で叙述されているのみである。「哲学館の創立は……実に時代精神を経とし、国家的見地を緯とし、而して井上先生の一片皓々たる「護国愛理」の大精神に立脚して設立されたものなることを知るべきである」[11]と、哲学館の創立の原点は、円了の護国愛理の精神にありという立場を徹底したものとなっていて、事実関係もその点に限定されているということに問題がある。

三　『東洋大学八十年史』

つぎの八十年史は、戦後の昭和四二年に刊行された。戦前の五十年史とどのような点が異なったであろうか。その目次から哲学館の創立関係を見ると、

前編　哲学館時代
第一章　哲学館の創立まで
第一節　哲学館創立の背景
第二節　井上学祖と哲学館の構想
六　大学卒業と哲学館の構想
第二章　哲学館時代
第一節　哲学館の創立

となっている。

八十年史の冒頭に、「哲学館創立の背景」がまず取り上げられている。そこでは「文明開化」、「儒教と仏教の凋落」、「西洋思想の受容」、「日本主義の台頭」の順に述べられている。特に注目されるのは「西洋思想の受容」であり、その結論部分で、つぎのように哲学館の創立との関係を位置づけている。[12]

以上が明治維新から、哲学館創立に至るまでの社会的、思想的状況であるが、これが学祖井上円了を育成する風土となり、したがって哲学館創立の背景をなした重要なものであった。すなわちこの期間は、学祖の年齢でいえば十一歳から三十までの間で、だいたい修学時代にあたる。この二十年間は欧化主義の時代であったから、学祖をして哲学館を創立しなければならぬ必然性を形勢せしめた。

このように八十年史は、明治二〇(一八八七)年までの社会的・思想的なものが哲学館創立の背景であったという。そして、具体的に円了の修学過程を述べて、東京大学の卒業と哲学館の構想へと進む。「学祖は本願寺の東京留学生であったので、卒業後は本山のある京都へ帰って、教師教校の教授になるよう命令があった。しかし、学祖は仏教の勢力を挽回するには俗人となって活動することが便利であり、なお自分には学校設立の素志があることを具申して、その命令を固辞した。再三再四の往復交渉が行なわれ、その結果、ようやく俗人として活動することが認められた[13]」という。それ故に、恩師の石黒忠悳からの文部省への就職斡旋を固辞したと述べている。そして、「大学卒業の翌十九年春には、病気のため熱海に転地療養し、ここで学園創立の構想をねった[14]」という。

八十年史の記述はこのように具体的になっているが、典拠となった資料が明示されていないため、後に資料に基づいて編纂された百年史と比較すると、誤記や誤認が見られる。熱海での構想の時期も、百年史と異なる。

ともあれ、哲学館の創立が大学卒業の時に「学校設立の素志があることを〔本願寺へ〕具申し」たということを明らかにしている。その結果、「学祖が哲学館を創立したいという意図は、すでに大学在学時代にあったといわれ、その具体的な構想ができあがったのは、熱海で病気を養った間であった」[15]と要約している。この構想を、はじめに加賀秀一に、つぎに棚橋一郎に相談した。その棚橋の回想から、八十年史は「哲学館創立の動機は、学祖の一貫の信念である、排仏毀釈の運動やキリスト教の伝播による仏教の衰退を、復興しようとする底意から、僧侶に哲学を教えんとしたものである」[16]と結論づけている。

第二章の冒頭の「哲学館創立の動機」では、明治以来の西洋文化の移入にあたり、一般的にはその根底に「哲学」があることを知らず、「根のない文化」（一九頁）なっていることを、円了は「文化の根としての哲学の重要性に想到し、この学問の普及、宣伝の必要性を痛感した」[17]と述べている。ここに動機を求めているが、具体的には「学祖は、明治十七年に哲学会をつくり、十九年には『哲学会雑誌』を発行して、その普及につとめようとした。しかし、それにあきたらず、翌二十年には、哲学館を創立するのである」[18]という。「しかし、その源流は、すでに東京大学における哲学研究会にあった」[19]と、明治一五（一八八二）年頃に友人と結成した研究会を源流として重視している（百年史ではこの研究会を取り上げていない。八十年史では哲学研究会→文学会→哲学会への発展を記している）。

このように、八十年史は「哲学研究会と同一の精神を、学園という形で徹底しようとしたのが、哲学館の創立で、そのことを学祖は哲学館創立趣意書において次の如く述べている」[20]として、「哲学館開設ノ旨趣」を引用している。

八十年史は、五十年史のような「護国愛理」の理念から歴史の編纂を行わず、ある程度の資料に依拠しながら創立の過程を記述しようと試みている。しかし、すでに述べたように、典拠となる資料をすべて明示しないこともあって、仮説ないし推測に止まっているという問題がある。哲学館の創立の原点については、本願寺への具申の中に「学校設立の素志」がありという記述があるので、その素志は大学在学時代にあったと見ている。その素志をつくった大学在学中の源流は「哲学研究会」にありという見方である。この研究会の「精神」が哲学館の創立の精神として具現化したと位置づけられている。こういう図式的理解に問題があることは、つぎの百年史で明らかにされる。

四　『東洋大学百年史』

百年史はそれまでの年史の一巻本と異なり、資料編、通史編、部局史編、年表・索引編の八巻で構成されたもので、昭和六三

（一九八八）年から平成七（一九九五）年までに刊行された。すでに五十年史、八十年史が存在し、その成果を批判的に吸収し、資料編があるように、客観的な記述を目指したものである。哲学館の創立の過程は『通史編Ⅰ』に取り上げられている。その関係する目次を見ると、

第一編　創立者井上円了と私立哲学館
　第一章　創立者井上円了
　　第四節　東京大学で哲学を学ぶ
　　　四　卒業と針路
　第二章　私立哲学館の創立
　　第一節　創立前後
　　　三　哲学館創立構想
　　第二節　麟祥院仮教場で開館

となっていて、創立者井上円了の誕生から哲学館の開館に至るまでなど、時間の経過を忠実に跡付けている。

百年史で哲学館の創立に関することが最初に取り上げられているのは、第一章の第四節の「四　卒業と針路」の項である。この項目では、「卒業論文『読荀子』」、「学位授与式」、「本山奉職の固辞」、「不思議研究会」の四つがあるが、哲学館の創立に関わる項目は三番目の「本山奉職の固辞」である。

この「本山奉職の固辞」で、最初に資料として位置づけられているのが、卒業にあたり恩師の石黒忠悳が斡旋した文部省への就職である。百年史の引用はつぎのようになっている。「御思召は誠に有難いですが、素より私は本願寺の宗費生として大学に居た事であるから官途に就くに忍びないのみならず、且つ日頃の誓願として、将来は宗教的教育的事業に従事して、大に世道人心の為に尽瘁して見度い心懸だから……[21]」と、八十年史でも言及している石黒忠悳の回想を資料として挙げている[22]。

そして、この資料の内容から百年史では、卒業にあたり「すでに井上円了には生涯の仕事として何をなすべきかすすむべき道がはっきり定まっていたのであろう[23]」と推測している。その根拠として、百年史は東本願寺の教団の命令に対する円了の対応をつぎのように述べている。「教団は井上円了に教校の教師を命ずるが、井上円了は「仏教の頽勢を挽回するには僧門を出で、俗人となり、世間に立ちて活動せざるべからざる理由と東京に止まり独力にて学校を開設せん志望」を述べて、それを固辞した[24]」。

ここで引用された資料は、円了自身が書いた文章で、百年史の『資料編Ⅰ・上[25]』に収録されたものである。石黒忠悳の回想と円了の文章を対応させて、卒業にあたり円了の考えを立証しようとしている。教団は円了に「印度哲学取調掛」を命じたが、「その後も「再三再四問答」の往復が教団との間で交わされ、ようやく本山の承認を得て教団から〔円了は〕自由の身になった。教団との交渉がいつ頃まで続いたのか、はっきりしな

いが、哲学館創立直前まで続いたともいわれている」[26]と百年史は記述している。

このような百年史の記述を見ると、本書が問題とする哲学館の創立の原点は、大学卒業にあたり円了と教団との間で行われた交渉に関係していると考えられる。百年史では円了の志望は「はっきり定まっていたのであろう」とするが、交渉がいつまで続いたのか、「はっきりしない」と書いている。ここに決定的な資料が不足していることを表している。

この問題は、「第二章　私立哲学館の創立」の「第一節　創立前後」で再び言及されている。その「第一節　創立前後」では、いくつかの項目を立てている。

「一　仏教啓蒙運動の開始」では、「新政府の宗教政策」、「仏教界の諸動向」、「井上円了の破邪顕正活動」、「『真理金針』の出版」、「『仏教活論序論』の出版」、「哲学書院の設立」を取り上げている。「二　日本主義と政教社」では、「欧化主義の風潮」、「政教社の結成」、「『日本人』と国粋保存主義」、「井上円了と『日本人』」を取り上げている。

そして、「三　哲学館創立構想」では、「東本願寺留学生たちの交流」、「井上円了の計画」がある。本書と直接関係するのはこの項目であるが、最初の「東本願寺留学生たちの交流」では、円了を第一号とする東本願寺の留学生たちを紹介し、そのリーダーが円了であること、そしてこれらの留学生に先んずる同じく留学生の親睦会「樹心会」(毎月一回開催)及びこれに西本願寺系の人々が加わった「致遠会」があったことを明らかにしている。このようにして東本願寺の円了を中心とする新留学生たちが「密接な連携を保っていた」[27]という。こうした中から、学校の設立が提起されたことを、百年史は資料[28]を要約してつぎのように述べている。[29]

一八年の春、東本願寺の留学生たちは、いずれも東京大学または予備門に在学していた。そこで、卒業後の将来の方針について相談がおこなわれ、卒業後は東京で留学生の組織による学校を開き、大谷派のために力を尽くそうということになって、その準備のため各自が研究すべき学科の分担を決めた。井上円了はヘーゲル哲学、徳永満之はカント哲学、柳祐信は国語と哲学、柳祐久は歴史と国文学、今川覚神は数学と物理、稲葉昌丸は動物学とそれぞれの研究分野を定めた。そして、この協議の結果を書面で本山へ上申したという。

本書で取り上げる上申書とは、実はこのことに他ならない。ただし、提出の時期は異なる。百年史では、この円了を中心とする東本願寺の留学生の動向を重視していない。つぎに「井上円了の計画」という項目を立てて、その冒頭で「このような東本願寺留学生による学校設立の構想があったが、そこから単独で井上円了が哲学館を設立するに至った経緯とはどういうものであっただろうか[30]」と述べて、円了が単独で哲学館を設立したという説を立てている。

円了が単独で設立したという説の根拠として、百年史は二つの資料に基づいている。第一はすでに述べた『資料編　I・上』の円了自身による来歴の文章で、卒業にあたり「東京に止まり独力にて学校を開設せん志望[31]」の「独力にて」を重視したことである。第二も、円了自身による回想で、明治四四（一九一一）年六月の東本願寺の機関誌『宗報』の「宗祖大師の御遠忌に際して平素の所信を自白す」と題した文章である。この中で、円了はつぎのように哲学館の創立を述べている[32]。

東京大学在学中、其当時の宗教界の状況を見て、悲憤慷慨に堪へざることありて、仏教の廃頽已に斯くの如きに至りたる以上は、到底一宗一派の内部にありて、其復興を謀るの無功なるを知り、宜く局外に出で丶、大に活動せざるべからずと思ひ、大学卒業の際、其意見を本山の当局に上申し、文書を以て再三再四往復の結果其承諾を得、是より唾手一番大に奮起し、世間に立ち、俗人となりて、専心一意、教育の事業に尽瘁し、以て仏教の外護となりて、其頽勢を挽回せんことを誓ひ、自ら非僧非俗道人と号し独力経営によりて、哲学館を創立することに至りました。

百年史はこの二つの資料をもとに、円了の単独での哲学館設立の説を述べている。そして、「東本願寺当局に出された文書の内容は知ることができない[33]」と述べながら、先の『宗報』の文書と『資料編　I・上』の「東京に止まり独力にて学校を開設せん志望」から、「井上円了をふくめた東本願寺留学生たちの本山へ上申した学校設立計画が、本山によりなかなか承認されず、断念せざるを得なかったことを意味すると同時に、それを受けて井上円了が他の留学生たちと関係なく、『独力にて』学校設立計画をすすめたこと意味しているだろう[34]」と、百年史は仮説を立てている。

さらに百年史は、円了が一宗一派にとらわれない自由な活動と学校設立について、東本願寺の本山との交渉を明治二〇（一八八七）年に入っても行っていた「ようだ」といい、「ようやくにして井上円了の固い決意が本山によって承認され、還俗して学校設立の準備を進めることになったものとみられる[35]」と推測している。ここで初めて、「還俗して」ということが明記されているが、それは円了の文章に「俗人となりて」とあったからであろう。「還俗」の資料は明示されていないので問題があろう。

さて、その後の円了の行動について、百年史はつぎのように述べている。「其の頃〔明治一九年春〕、井上円了は著述などの疲労・心労から病気に罹り、一年余熱海の湯治場で療養することになった」[36]。そこで、先に療養に来ていた加賀秀一と出会った。加賀は麟祥院で私立東京外語学校を経営していた。しかし、この学校の経営がうまくいってなかった[37]。「円了は加賀との療養生活のなかで、旅行友達であった棚橋一郎に語ったようなことをいい、協力を求めたのではないだろうか」[38]。円了が棚橋に語ったことは八十年史でも言及されているが、百年史ではその原文をつぎのように引用して紹介したいる[39]。

僧侶が余りにどうも地獄極楽に固り込んでしまって居つて、本当の僧侶学をやつて居らんから如何にも残念だ、だから少し哲学思想を彼等に与へたならば、余程世の中の利益になるだらうと思ふから、斯ういうものを起さうと思ふ。君一つ賛成して呉れんか。

円了の意見に賛意を示した加賀は、学校経営の問題を抱えていたから、「哲学の学校をそこで〔麟祥院〕やったらどうかと勧め、井上円了は明治二〇（一八八七）年、熱海から帰った後、本格的な哲学館開校の準備に取りかかったのではないかと推測される」[40]。百年史はこのように推測して、哲学館は東本願寺の留学生の設立する学校ではなく、円了が独りで経営する学校として設立されたと、結論づけている。

五十年史から始まった東洋大学の歴史の編纂は、八十年史を経て、百年史で資料に基づく客観史となって創立の過程がある程度明らかになった。すでに見てきたように、「三　哲学館創立構想」の「東本願寺留学生たちの交流」「井上円了の計画」では、創立の原点となる資料がないままに記述せざるを得ないという事情があったから、関係資料を検討して仮説を立てるに止まっていた。本書で紹介する円了の東本願寺への上申書を円了の大学卒業以前と位置づけると、哲学館の創立の過程はどのように描くことになるだろうか。つぎのその上申書について述べたい。

五　井上円了の大学時代の手稿本と上申書（下書き）の関係

筆者が井上円了の東本願寺への上申書の下書きを見つけたのは最近のことである。すでに述べたように、この上申書については東本願寺の調査では分からなかったので、問題は未解決のままであった。数年前に、円了の手稿本・原稿などが井上円了研究センターに移管された。そこで、大学時代の資料をデジタル化して保存する作業に取り組んでいて、この中の一冊に、探していた上申書に相当するものがあるという確信を持った。百年史で取り上げられていた東本願寺の留学生たちの回想録と合致するところがあったからである。

上申書の下書きを含んだ手稿本の表紙はつぎのように書かれていた。『明治十七十八年　哲四年生　井上円了　丁号　諸稿　雑稿』である。以下、この手稿本のことはその題名の一部をから取って『雑稿』と呼ぶが、『雑稿』の全体について書誌的事項を記しておこう。書型はタテ二三cm、ヨコ一六cmの袋綴じである。表紙は露草色で、題簽はなく、朱色で「明治十七十八年　哲四年生　井上円了　丁号　諸稿　雑稿」と四行に分けて打ち付け書きされている。本文の丁数は九八丁、墨付本文は同数である。本文は一面一二行である。

この『雑稿』の本文は九八丁であるが、上申書の下書きはそのうちの一一丁である。全体の一割を占める長文である。題名は「修学ノ科目并ニ将来ノ目的ニ付奉上申候　愚侶輩」である。下書きは墨色で最初に書かれ、つぎに朱色で加筆訂正が行われている。本論で翻刻するにあたり、下書きに加筆訂正までなされているので、加筆訂正を生かして読めるものとすることにした。

そのため、つぎのような方針を取った。漢字はできるだけ通行字体に改めた。判読不能の文字は□で表した。原文に句読点はなかったが、読みやすさを考えて筆者が加えた。原文にはほとんど改行はなかったので、適宜に一字下げの改行を行った。また、長文の挿入文が朱色で二か所あり、（a）（b）の符合がつけられていたが、これは指定のところで読み込んで、（a）（b）の符合は省略した。このうちの（b）は欄外に朱色で書かれていた。〔　〕は筆者の註である。このような方針で、上申書の下書きを翻刻すると、つぎのようになった。[41]

六　明治十七年秋、井上円了の東本願寺への上申書（下書き）

修学ノ科目并ニ将来ノ目的ニ付奉上申候　愚侶輩

先年東京留学ノ命ヲ奉シ、先後年ヲ追テ東上シ、或ハ大学予備門ニ入校シ、或ハ同人社或ハ慶応義塾ニ入学シ、各人其課程ニツイテ普通ノ学科ヲ研修シ、歳月移ルニ従ヒ定規ノ試験ヲ経テ上級ニ漸進シ、已ニ予備門ヲ卒業シテ大学本科ニ就クモノアリ、又私塾ヲ卒業シテ大学撰科ニ修スルモノアリ。当時ハ愚輩六人皆東京大学ニ在学スルヲ以テ、爰其各今日修ムル所ノ科目、将来期スル所ノ目的ヲ開陳シテ、賢明ノ裁可ヲ仰ク所ナリ。

伏シテ惟ウルニ、僧侶ノ教祖ニ対シ本山ニ答フルノ義務、布教伝道ノ目的ヲ達スルニ外ナラス。其目的ヲ達スルニ二種ノ方法アリ。一ハ実際ニシテ、一ハ理論ナリ。スヘテ学問上ノ研究ハ此理論ニ属ス。理論ニ又二途ノ方法アリ。一ハ自教ノ性質ヲ研修スルニ止マリ、一ハ自他ノ関係ヲ論究スルヲ主トス。此二者ハ多少学問ノ性質ヲ異ニスルヲ以テ、一人ノ力能ク之ヲ兼ヌヘキニアラス。是ニ於テ分業ノ学制ヲ設ケサルヘカラス。今此ニ学問ノ異ナル所以并ニ其二者ノ観〔カ〕ノ異〔カ〕ナル所以ヲ略定〔カ〕セン。

先ツ之ヲ人身ニ譬フ。飲食ハ其体内ヲ養フヲ以テ、自教ノ性質ヲ研修スルカ如ク、衣服居室ハ其体外ヲ護スルヲ以テ、自他ノ関係ヲ論究スルカ如シ。一身ノ健康ハ衣食住三者ニ適宜ヲ得ルト得サルトニ属スルヲ以テ、宗教ノ盛衰ハ内外二途ノ方法ノ権衡ヲ得ルト得サルトニアルヘシ。又之ヲ兵制ニタトフ。一ハ陸軍ノ内乱ヲ鎮スルカ如ク、一ハ海軍ノ外寇ヲ防クカ如シ。二者其一ヲ欠クモ独立維持ヲ全フスヘカラス。スヘテ万事千歳一トシテ内外ノ組織其宜ヲ得スシテ成功スヘキモノナシ。

今更ニ政府ノ組織ニツイテ其理ヲ明カニセン。自教ノ性質ヲ研修スルハ内務省ノ事務ノ如シ、自他ノ関係ヲ論究スルハ外務省ノ事務ノ如シ。往昔鎖港ノ時ニ当テハ独リ力ヲ内務ノ事業ニ尽シテ足レリト雖モ、万国交際ノ今日ニ至テハ外務ノ設アルニアラスレハ、国家ヲ維持スル能ハス。交際愈々密ニ通商愈々繁ナルニ従ヒ、益々外務ノ事業ヲ興セサルベカラス。

今教法ノ独立ヲ護持スルモ亦然リ。昔日他教諸学未タ□ケサルニ当リテハ、内務ノ事業即チ自教ヲ研修スルヲ以テ足レリトス〔ト〕雖モ、今日他教諸学ノ陸続我邦ニ入リ、我教法ノ藩籬ニ逼ルニ当リテハ、其間ニ立チテ自他ノ関係ヲ論究スル所謂外務ノ事業ヲ起サヽルヘカラス。尓後其関係愈々密ニ赴クハ必然ニシテ、外務ノ事業ヲ盛ニスル日一日ヨリ急ナルハ明ナリ。

我本山ノ賢明早ク已ニ此ニ注目アルアリテ、曩ニ育英教校設立シテ其生徒ニ内外ノ両学兼修セシメ、又教師教校内ニ英仏両学科ヲ設ケテ之ヲ教授セシム。是レ即チ学問ニ内外ノ両組織ヲ設ケ、分業ノ学制ヲ構成シタルモノト謂フヘシ。然ルニ時移リ人換リ学制又従フテ変革シ、諸教校中一トシテ西洋学ヲ講究セシ□ハナキニ至ル。幸ニ不肖ノ愚侶輩ノ之ヲ承ケテ東京留学生ニ加ハリ、泰西ノ諸学ヲ専修スルノ特認特命ヲ得タリ。時ニ以為ラク、是レ本山固ヨリ外務ノ学制ヲ起スノ旧謀再興セルヲ尋クモノナリト。愚輩菲才浅学此ノ如キノ大任ニ捷ツトノ力ナシ。其心亦竊ニ喜フ所アリテ、本山ノ学ヲ思ヒ人ヲ愛スルノ至レルニ感銘セサルハナシ。

尓来専心一志微力孜々トシテ早ク重任ヲ全フセンコトヲ期シ、小心翼々トシテ、或ハ長途ノ致スヘカラサランコトヲ恐ル。歳月荏苒以テ今日ニ至ル。顧テ教海ノ風潮ヲ観察スルニ、耶蘇教ノ盛ンナル日一日ヨリ甚シク、諸学諸想ノ進歩発達又昔日ノ比ニアラス。外務ノ関係実ニ多忙ナリト謂フヘシ。然ルニ其途ニ当ラントスルモノ、僅々愚輩ノ六名ニ過キスシテ、其他ハ皆内務ノ事業ニ従フモノナリ。而シテ又愚輩ノ修ムル所未タ□□ヲ奏セサルヲ以テ、今日外務ノ要路ニ就ク能ハス、遺憾モ亦甚シ。然レトモ愚輩ノ成業多日アルニアラス。是ヨリ年ヲ追テ、早晩皆其途ニ就クコトヲ得ルヤ、□ヲ□シテ□□、タトヒ其重任ヲ負フモノ愚輩六名ニ過キスト雖モ、其中互ニ協力分労シテ各其一事ニ努力スレハ、又一時ノ危難ヲ防クニ足ル。今其外務ニ属スル事業ヲ挙クレハ左ノ如シ。

第一ニ　宗教総体ノ性質
第二ニ　宗教ト道徳トノ区別
第三ニ　宗教ト理学哲学トノ異同
第四ニ　宗教ト政治法律トノ異同
第五ニ　仏教ト理学哲学トノ関係
第六ニ　仏教ト政治法律トノ関係
第七ニ　仏教ト耶蘇教トノ関係
第八ニ　仏教ト日本現今社会トノ関係

此八条ハ、今日教家ノ一組織ヲ構成スルニ欠クヘカラサルモノニシテ、我カ宗門中未タ其設ケナシ。仏教ニ志アルモノ誰レカ其欠点一日モ慨セサルモノ□□□、タトヒ能仏徒タルモノ□□独リ自教ノ性質ヲ研究スルモ、他教諸学ノ関係ヲ論究セサレハ、教法今日ノ興隆ヲ期スヘカラサルハ、先ニ論スル所ヲ以テ已〔二〕明カナリト信ス。愚輩不肖先見ノ明ナシト雖モ、聊カ此ニ思フ所アリ。□□微力ヲ以固ヨリ本山ノ□恩ノ万一ニ報スヘシトス。

是愚輩ノ西洋諸学ヲ研究スル所以ナリ。抑々西洋学ハ数科ノ学問ニ分ル。之ヲ大別スレハ、理学哲学ノ二部トナル。理学ニハ物理化学天文地質生物学等ノ諸科アリ。哲学ニモ純正哲学心理学倫理学政治学論理学等ノ諸科アリ。純正哲学中又之ヲ細分スレハ

哲学館　仏教館

1　東京大学文学部哲学本科第四年級　　井上円了
　明治十八年六月卒業　右目的
4　東京大学文学部哲学本科第二年級　　徳永満之
　明治二十年六月卒業
2　東京大学理学部物理学撰科第二年級　　今川覚神
　明治二十年六月卒業
3　東京大学文学部哲学撰科第二年級　　柳　祐信
　明治二十年六月卒業
5　東京大学予備門第一級生　　沢辺昌麿
　明治二十二年卒業
6　東京大学予備門第二級生　　柳　祐久
　明治二十三年卒業

古代近世ノ二種アリ、日耳曼英国ノ二派アリ、今総シテ宗

教別シテ仏教ニ関係ヲ有スルモノハ、哲学ノ諸科ト理学中物理生物ノ諸科ナリ。而シテ哲学中其最モ密切ナル関係ヲ有スルモノハ純正哲学ナリ。

之ヲ仏教ヲ配スルニ、其所謂実体哲学ハ小乗諸派ニ類シ、心理哲学ハ大乗唯識ニ類シ、論理哲学ハ天台ニ類ス、或ハ倶舎ハ其所謂唯物論ニシテ、法相ハ唯心論、天台ハ物心二元一体論ニ同シ、或ハ又英国哲学ハ心理学ヲ本トスルヲ以テ倶舎唯識ノ比スヘク、独逸哲学ハ論理ヲ本トスル以テシ華厳天台ニ比スヘシ。

是ニ由リテ之ヲ観レハ、西洋哲学数百年来研究スル所ノ真理、仏一代五十年間所説ノ法門ノ外ニ出ツル能ハス。又西洋諸学今日論決スル所諸説、尽ク千年以前ニ存スルヲ見レハ、誰レカ釈尊ノ活眼卓識セ□□人ノ意外ニ出ツルヲ嘆セサルモノアラン。東洋古学ヲ再興シテ独リ西洋□□学□ニアラシ、豈之ヲ野蛮視愚法ナリトシテ廃棄スルノ理アルヤ。

然トモ世上ノ学者、彼ヲ学フモノ我ヲ知ラス、我ヲ学フモノ彼ヲ知ラス。ツイニ我教ノ真理ヲシテ、世人ノ間ニ其光ヲ放タサラン□□ニ至ル憾モ亦甚シ。仏教ニ志アルモノ蓋慨然トシテ憤起セサルヘ□□□。是レ愚輩□□哲学ヲ修ムル所以ニシテ、早ク此説ヲシテ西洋ノ説ニ比考シ、其真理ヲシテ理学哲学ノ上ニ輝カシメント欲ス。

唯、恨ムラクハ世人一般ニ、仏教ヲ目シテ愚夫愚婦ノ法ナリ、虚無空寂ノ教ナリト云ヒ、或ハ其説ク所、須弥ノ妄誕ニ過キス、三世ノ空理ニ止マルモノト見做シ、更ニ一人ノ其教中西洋今日諸説ニ一歩ヲ譲ラサル真理ノ胚胎スルヲ知ルモノナシ。此ノ如キ世人ノ惑ヲ解キ疑ヲ開クノ良策□□ハ西洋諸説ヲ論究シテ、其真理ト比考スルニ如カス。斯クシテ其真理ヲ世間ニ明ニスルニ於テハ、学者社会ノ景況ヲ一変スヘキハ愚輩ノ信シテ疑ハサル所、果シテ然ラハ仏者中哲学ヲ修ムルハ今日ノ急務ナリト謂フヘシ。

次ニ仏教ノ大ニ恐ルヘキハ、理学ノ実験説ニシテ、既ニ須弥説ハ地球論ノ廃スル所トナリ、心性不滅論ハ唯物進化説ノ破ル所トナル。其他天堂地獄ノ説、三世転《〔カ〕》輪《〔カ〕》ノ説、西方浄土ノ説、皆実験ノ其妄誕ヲ証明スル所ナリ。若シ果シテ其証明スル所ヲシテ真ナラシメハ、仏教何レノ地ニカ其論ヲ立テン、何レノ時ニカ其説ヲ伝ヘン。仏徒タルモノ焉ソ其言ヲ聞テ甘受スヘケンヤ、其証ヲ見テ黙止スヘケンヤ。夙夜孳々トシテ、之レニ答ヘンコトヲ思ハサルヘカラス。

是レ愚輩ノ爰ニ理学ヲ修ムルヲ以テ仏者ノ急務トナス所以ナリ。即チ理学中物理学ハ其主タルモノナルヲ以テ、之ニ就テ万物ノ性質万象ノ変化、大ハ宇宙全体ノ組織ヨリ、小ハ分子離合ノ作用ニ至ルマテヲ研修シ、其説ノ仏説ニ応合適用スルノ如何ヲ思考スヘク、生物学ハ近《〔カ〕》世其影響ヲ大ニ諸学ニ及スヲ以テ、之ニ就テ生物ノ原始心身ノ関係霊魂ノ生滅ヲ講究シ、併テ唯物進化ノ原理ヲ、及其耶蘇教創造説トノ関係ニ論究、仏説ヲシテ其説ニ調和セシムルノ如何ヲ思念スヘシ。是レ又愚輩ノ理学中主トシテ物理生物両学ヲ講究セント欲スル所以ナリ。

次ニ仏教ノ敵視スヘキモノハ耶蘇教ニシテ二者トハ其盛衰利害ヲ異ニスルヲ以テ、我ト彼ト同時ニ盛ンナルコト能サルノ勢アリ。彼レノ信スル所ヲ排キ、彼ノ論スル所ヲ破ラスレハ、当時ノ勢到底我教ノ□□スヘキナシ。若シ其立ル所ヲ論破セント欲セハ、其教ノ原理ヲ究索セサルヘカラス。然ルニ仏者ノ耶蘇教ヲ駁スル、大抵其原理ヲ知リテ駁スルニアラス。唯、枝葉ノ末説ニツイテ論スルノミ。是レ真ニ耶蘇教ヲ駁スルモノト謂フヘカラス。故ニ今日ノ急務ハ又耶蘇教ノ極理ヲ捜索スルニアリ。愚輩ノ西洋学ヲ研究スルハ旁ラ其極理ヲ探ル〔ナ〕リ。仏教ト如何相関スルカヲ知ラントスルニアリ。然リ而シテ耶蘇教ト盛衰ヲ争ヒ実際ニ布教伝道セント欲セバ、先ツ社会ノ事情政治ノ関係道徳ノ区域ヲ討究セサルヘカラス。是レ愚輩併セテ社会学道徳学ヲ研修セント欲スル所以ナリ。

之ヲ要スルニ仏者今日ノ急務ハ、第一ニ西洋哲学諸科ヲ研究シテ、仏教ノ諸説ニ応合スルニアリ。第二ニ物理生物諸学ヲ講習シテ、仏説ト理学トノ争論ヲ調和スルニアリ。第三ニ耶蘇教ノ極理ヲ論破シテ、仏教ノ真理ヲ開示スルニアリ。第四ニ政治道徳ノ性質社会ノ事情ヲ捜索シテ、実際ノ布教ヲ思考スルニアリ。是レ愚侶輩ノ所謂外務ノ事業ニ属スルモノニシテ、不肖ノ六人六労ヲ分チ力ヲ協セテ其任ニ当ラントスル所ナリ。故ニ其今日修ムル所各其科ヲ異ニシ、大学在学中ハ、或ハ哲学ヲ専攻スルモノアリ、或ハ理学ヲ兼修スルモノアリ。他日卒業ノ後ハ、其科ニ相応シタル仏学ヲ講習シ、終生力ヲ窮メテ、今日定ムル所ノ目的ヲ達センコトヲ期スルナリ。今爰ニ其今日修学スル所及ヒ他日卒業后兼修セント欲スルノ事業目的ヲ開陳スル、左ノ如シ。

（第一）右ハ在学中哲学諸科別シテ純正哲学日耳曼哲学ヲ講究シ、傍ラ宗教ノ原理ヲ。卒業后仏教全体、別シテ華厳天台ノ法門ヲ修学シ傍ラ宗教ノ原理ヲ

（第二）右ハ在学中哲学諸科、別シテ英国哲学心理哲学ヲ講究シ、卒業后倶舎唯識ヲ兼学セントス、傍ラ耶蘇教ノ原理ヲ捜索シテ

（第三）右ハ在学中物理学ヲ専修シ、傍ラ天文化学等ヲ講究シ、卒業后之レニ関係ヲ有スル仏教中ノ諸点ヲ捜索シ、及ヒ仏学理学ト耶蘇教三者トノ関係ヲ証明セントス

（第四）右ハ在学中哲学諸科、別シテ倫理政理史論等ノ諸学ヲ研修シ、卒業后宗余両乗別シテ宗乗ヲ兼修シテ宗教ト社会トノ関係ヲ証明セントス

（第五）右ハ在学中生物学ヲ専修シ心身進化ノ理ヲ論究シ、

卒業后仏教及ヒ進化学ト耶蘇教ノ関係并ニ理学ト仏学ノ関係ヲ証明セントス

（第六）右ハ在学中和漢文学ヲ研修シ、併セテ希臘哲学東洋哲学ヲ講究シ、卒業后儒仏両道全体ヲ兼学シテ東西両洋ノ哲学ヲ比考シ、印度哲学ト諸哲学トノ異同ヲ弁明セントス

以上列記スルカ如ク専修兼学ノ学科ヲ在学中ト卒業后ノ二期ニ分チ、終身其定ムル所ノ学ニ従事セント欲スルハ、愚侶輩ノ今日口ニ誓ヒ心ニ約スル所ナリ。愚輩微弱固ヨリ□□□雖モ愚輩亦一片ノ丹心ヲ有ス。此丹心能ク、千辛万苦亦心ヲ尽シテ此考□嗚□本山アリテ茲ニ此身アリ、此身アリテ此心アリ、豈敢テ本山ノ為メニ此ヲナサヽルヘカランヤ。是レ力微弱ヲ以テ外務ノ重任ヲ負ヒ外寇ノ衝路ニ当リ法城ヲ千死一生ノ間護持スヘシト誓ヒハ是愚輩ノ本山ニ対スルノ微衷ナリ。唯此一片ノ丹心ヲ以テ山恩ニ報答スル。

他日六人尽ク卒業スルノ日ニ至ラハ、一堂ニ相会シテ互ニ推敲討問スルコトヲ要スルヲ以テ、願クハ仏教哲学ノ両館ヲ輦轂ノ下ニ創設アランコトヲ。其時ニ当テハ僧侶中内外ノ学ヲ修ムルモノ尽ク此館ニ会シ、教理ヲ問答討究シテ、僧俗学問ノ中心日本教海ノ標準トナランコトヲ冀望ス。

而シテ自教ノ性質ヲ研修スル所謂内務ノ事業、本山已ニ其人ニ乏シカラス。実宗ノ法務ヲ営ムベキ世間亦其人多ハ任スル。請フ愚輩ヲシテ独リ未タ之ヲ修ムルモノナキ所謂外務ノ事業ニ当ラシメンコトヲ。唯此ニ冀望スル所、本山在学中ハ従来ノ如ク留学生ノ学資ヲ給与アリシコトヲ修学ノ進路ニ妨ナキノアランコトヲ。愚侶輩駑才猶ホ能ク積日千里ヲ致スヘシト雖モ、学資ノ一点ニ至リテハ千□万□ストモ自弁ノ方ナキヲ以テ、而シテ学問ノ奏続ハ学資ノ給ト不給トニ属スルヲ以テ、是レ本山ニ向フテ其恩ヲ仰カサルヘカラス。

言意ヲ尽サス文言ヲ尽サズ

伏シテ冀クハ学問ノ廃続ハ学資ノ給ト不給トニ属スルヲ以テ在学中ハ従来ノ如ク学資ヲ続与アリテ中道ニシテ其業ヲ廃スルニ至ラサランコトヲ。愚輩駑才猶ホ能ク積日千里ヲ致スヘシト雖モ、学資ノ一点ニ至リテハ千思万考スルモ資力ノ自弁スヘキニアラス。是レ本山ニ向フテ其余恩ヲ仰カサルヘカラサル所ナリ。

而シテ学業ノ進ムト進マサルトハ、愚輩ノ責ニ任スル所ヲ以テ、請フ、本山之ヲ進退セヨ、他日幸ニ六人尽ク卒業スルノ日ニ至ラハ、一堂ノ下ニ相会シテ多年蛍雪ノ間ニ学ヒ得タル結果ヲ集メテ互ニ相推敲討問スル所アルヘシ。敢テ願クハ仏教哲学ノ両館ヲ輦轂ノ下ニ創設アリテ、旧時ノ僧侶中内外ノ学ヲ兼修スルモノ尽ク此館ニ相会シ、宗教ノ真理ヲ講究シ

テ、外ハ耶蘇教諸学ニ対シテ其駁撃ヲ防キ、内ハ仏者僧侶世俗ニ対シテ其奉信ヲ起シ、即チ此館ヲ以テ僧侶学ノ中心日本教海ノ標準トナサンコトヲ。是レ未タ仏教中他宗他派ノ着手セサル所ニシテ、我宗独リ此外務開館ノ設アルニ至ラハ、又我本山ノ栄ナリ。

而シテ自教ノ性質ヲ研修スル所謂内務ノ事業ハ、本山已ニ其人ニ乏シカラス。実際ノ法務ヲ営ムモノ世間亦其人多シ。請フ愚侶輩ヲシテ独リ其未タ研修スルモノナキ所謂外務ノ事業ニ従ハシメンコトヲ。聊カ微衷ヲ開陳シテ、爰ニ敷ク其修学ノ宜ヲ得ルト得サルト目的ト当ヲ失スルト失セサルトハ唯、英明之ヲ取捨セヨ。右六人瞻仰上奉上申候。

七　上申書(下書き)の大要

この上申書は、すでに見たとおり、七千字を超える長文である。文章としては下書きであるから、段落の途中で切れているところがあり、また重複しているところがあるが、これをもとにして清書したものと考えられる。

この下書きにあるように、当時、東本願寺の東京留学生は六名いた。井上円了、徳永(清沢)満之、今川覚神、柳祐信、沢辺(稲葉)昌麿(昌丸)、柳祐久で、全員が東京大学に在学していた。円了はこの六名のうち、本山が指名したリーダーであり、留学生の第一号であり、卒業時期が一番早かったので、六名の代表者として、近況を報告しながら、自分たちの将来の目的を、派遣元である本山(東本願寺)へ上申したのである。この長文の上申書の下書きについて、その大要をまとめると、つぎのようになるだろう。まず、円了は僧侶の義務から説明する。

教祖や本山に対する僧侶の義務は、布教伝道の目的を達することにあるが、その方法は実際と理論の二種があり、そのうちの理論には、自教の性質を研修することと、自他の関係の論究を主とすることの二者がある。この二者は学問の性質を異にするので、一人で兼任することに無理があり、分業の学制を設けなければならない。

こうして、円了は二種の学問の関係について例を引いて説明する。その一つが政府の組織を取り上げたものである。

政府の組織を見ると、自教の性質を研修するのが内務省であり、自他の関係を論究するは外務省にあたる。鎖国時代には内務の事業のみでよかったが、万国交際の今日は、外務を設けなければ、国家を維持できなくなった。交際や通商が盛んになり、外務の事業を拡大しなければならなくなった。このことは、現在の教法の独立を護持することにも通じる。かつては内務の事業、すなわち自教の研修で事足りたが、現在のように他教・諸学が盛んに我が国に入ってきて、我が教法に迫ってきている状況では、自他の関係を論究するという外務の事業を起こさなければならず、その外務の事業を盛んにすることは緊急を要するものである。

しかし、教団の学制はかつて内外の学を兼修させていたが、それも変わり、西洋学を講究するところが現在はなく、われわれ留学生のみが西洋の諸学を専修する特命を受けている。この留学は今後、教団が外務の学制を再興させるものと考えられる、と円了は述べている。そして、キリスト教の隆盛、諸学・諸想の進歩発展が急速な現状では、六名の留学生が協力して分労すれば、一時の危難を防ぐこともできるという。円了のいう外務の事業とは、宗教と仏教を二つに分けて、つぎのように捉えられている。

第一に「宗教総体の性質」、第二から第四は宗教との関係で、「宗教と道徳との区別」、「宗教と理学哲学との異同」、「宗教と政治哲学との異同」である。つぎの第五から第八は仏教との関係で、「仏教と理学哲学との関係」、「仏教と政治法律との関係」、「仏教と耶蘇教との関係」、「仏教と日本現今社会との関係」である。こういう研究は今の教団にはないが、自教の性質の研究は行うが、他教・諸学の論究しなければ、教法を今日に興隆することは期待できないことは、先に論じたところである。

このように主張する円了は、西洋学とは何かを説明している。西洋学を大別すると、理学と哲学の二部となる。理学には物理学・化学・天文学・地理学・生物学などがあり、哲学には純正哲学・心理学、倫理学、政治学、論理学などがある。

円了はこのつぎに「純正哲学中又之ヲ細分スレハ」と書いてから、これと関係なしに「哲学館　仏教館」と記し、つぎに六人の留学生の在学（学校と学年）、卒業年次を列記している。それを書き終えてから、また「純正哲学中又之ヲ細分スレハ」の文章を書き続け、仏教と関係する学問として、哲学の諸科と理学のうち物理学と生物学の諸科を取り上げて、それに耶蘇教の極理の研究を加えて、仏教との関係をそれぞれ具体的に概説している。その要点を示せば、次のようになる。

哲学は古代と近世の二種があって、さらにゲルマンとイギリスの二派がある。今、仏教と関係あるものは、哲学の諸科と理学の物理・生物である。哲学の中で、仏教ともっとも密接な関係にあるものは、純正哲学である。

純正哲学を仏教と関係させてみれば、実体哲学は小乗諸派に類し、心理哲学は大乗唯識に類し、論理哲学は天台に類する。あるいはまた、倶舎は唯物論にして、法相は唯心論、天台は物心二元一体論に同じである。あるいはイギリス哲学は心理学を本とするものであるから倶舎・唯識に比し、ドイツ哲学は論理を本とするものであるから華厳・天台に比してよいだろう。

これによりてみれば、西洋哲学が数百年来にわたり研究するところの真理は、仏一代の五十年間における所説の法門の外に出るものではない。西洋諸学の今日論決するところの諸説、ことごとく千年以前に存在したものとみることができ、釈尊の活眼卓識に驚かざるをえない。東洋古学は西洋哲学を凌駕するものであり、この仏教を野蛮視愚法なりとして、廃棄するという理はまったくないのである。

つぎに仏教の大いに恐るべきものは、理学の実験説である。須弥説、心性不滅論、その他の天堂地獄の説、三世転輪の説、西方浄土の説、すべて実験によってその妄誕であることが証明されている。これらの理学を修めることは仏教者の急務である。理学の中の物理学は万物の性質、万象の変化、大は宇宙全体の組織から、小は分子離合の作用至るまで、その説を仏説に応合・適用することを考えなければならない。生物学は近世においてその影響が大いに諸学に及び、生物の原始、心身の関係、霊魂の生滅を講究し、合わせて唯物・進化の原理を明らかにしている。このような理由から物理・生物の両学を講究しなければならない。

つぎに仏教の敵視すべきものは耶蘇教にして、二者とはその盛衰利害を異にする。もし耶蘇教のたつるところを論破しようと考えるならば、その教えの原理を究索しなければならない。そして、耶蘇教との盛衰を争うには、実際に布教伝道しなければならず、そのためには社会の事情、政治の関係、道徳の区域を討究しなければならない。これにおいて、社会学、道徳学を研修しなければならないのである。

そして、仏者の今日の急務として、これらの概説をつぎのように要約している。第一に西洋哲学の諸科を研究して、仏教の諸説との応合を明らかにすること。第二に物理学・生物学を講習して、仏説と理学との争論を調和すること。第三に耶蘇教の極理を論破して、仏教の真理を開示すること。第四に政治・道徳の性質、社会の事情を捜索して、実際の布教を思考すること。これがいわゆる外務の事業に属するものである。

これを留学生の専攻と勘案して、それぞれの担当すべきものを、円了は書いている。これらは「愚侶輩ノ今日ニ誓ヒ心ニ約スル所ナリ」という。他日、留学生の六人が卒業する時にあたり、一堂が相会してお互いに研究・討論することが必要であり、仏教・哲学の両館を首都〔東京〕に創設することをお願いしたい。旧事の僧侶で内外の学を兼修する者をこの館に集め、宗教の真理を講究し、外には耶蘇教や諸学に対しその駁撃を防ぎ、内には僧侶が世俗に対して奉信することを起したい。つまり、仏教館、哲学館の両館をもって、僧侶学の中心とし、日本教海の標準としたい。この事業は未だ他宗他派の着手していないことであり、我が宗が独りこの外務の開館の創設に至れば、我が本山の名誉となるでしょう。

このように仏教館・哲学館の創立の必要性を述べた円了は、最後に学問の廃続は学資の給・不給に関わることであり、在学中は従来のように学資の続与をお願いしたいと付記している。

円了の上申書は、時代の先を見通した、いわゆる「近代化」への道を示していて、教団の将来に不可欠ものを提案していたことが分かる。しかし、当時の教団の上層部がこの意味をすぐに受け止める状況になかったと考えられる。そのため、円了と教団との間で、再三再四の交渉を繰り返すことになった。

八　上申書と哲学館の創立の過程について

これまで見てきたように、円了が東本願寺へ上申した文書は、哲学館の創立の原点であった。その決意を表したのが何時なのか、上申書の下書きには日付が書き込まれていない。しかし、それを推測することは可能である。上申書の下書きされた先の『雑稿』が手がかりとなるからである。

『雑稿』には、後に『真理金針　初編』として単行本となった論文の下書きが初めにあり、つぎが上申書、その次が文学会の文書、そして再び『真理金針　初編』の論文という順序で書かれている。『真理金針　初編』の初出は、仏教系新聞『明教新誌』に「余が疑団何の日にか解けん」「耶蘇教を排するは理論にあるか」のタイトルで掲載されたものである。『雑稿』には、論文の始めの二回分が下書きされている。この二回分が掲載された年月日は、明治十七年十月十六日（第一七四九号）と同年十月二十四日（第一七五三号）である。そして、上申書、文学会関係と進み、つぎが第三回分の「耶蘇教を排するは理論にあるか」で、これが掲載されたのは、同年十月三十日（第一七五六号）である。

百年史の記述では、「一八年の春、東本願寺の留学生たちは……この協議の結果を書面で本山に上申したという」（七六頁）となっていたが、これは訂正が必要であろう。『雑稿』から推測できる上申書の時期は、既述のように「明治十七年秋」である。円了が大学四年生になって間もない頃である。したがって、哲学館の創立の原点は、明治一七（一八八四）年秋の円了の東本願寺への上申書にあったと考えられる。

このように考えると、大学卒業時の恩師の石黒忠悳の証言と符合する。前述のように、大学卒業時の石黒の文部省への就職斡旋を、円了は自ら東本願寺の給費生であり、また将来に宗教的教育的な事業を行いたいという理由で固辞していたからである。この時すでに、円了は東本願寺へ上申書を提出していたのである。

ここでは、明治一七（一八八四）年秋の円了の東本願寺への上申書（下書き）を、哲学館の創立の原点であり、円了の決意表明として紹介した。この下書きは、近代の哲学、仏教などに関する円了の思想を述べているものであり、その分野でも関心をもたれる資料であろう。なお、この上申書に続く、円了と本山との交渉過程を明らかにする資料はいまのところ分かっていない。このことが今後の課題として残っている。

【註】

1 『東洋大学創立五十年史』東洋大学、昭和一二(一九三七)年、一頁。
2 同右、三頁。
3 同右、五頁。
4 同右、五頁。
5 同右、六頁。
6 同右、八頁。
7 同右、九頁。
8 同右、九頁。
9 同右、一〇頁。
10 同右、一〇—一一頁。
11 同右、一一頁。
12 『東洋大学八十年史』東洋大学、昭和四二(一九六七)年、六頁。
13 同右、一五頁。
14 同右、一六頁。
15 同右、一七頁。
16 同右、一七頁。
17 同右、一九頁。
18 同右、二〇頁。
19 同右、二〇頁。
20 同右、二二頁。
21 『百年史 通史編Ⅰ』、五三頁。
22 石黒忠悳「感想」、『井上円了先生』東洋大学校友会、大正八(一九一九)年、八六頁。
23 同右、五三頁。
24 同右、五三頁。
25 『百年史 資料編Ⅰ・上』(九—一〇頁)に「自述来歴」のタイトルで収録されたものは、井上円了「第一篇 信仰告白に関して来歴の一端を述ぶ」(『活仏教』付録、丙午出版社、大正元(一九一二)年)である。この文章は『選集』の第四巻に『活仏教』として同じく全文が収録されているが、本稿では『百年史 資料編Ⅰ・上』を用いることにする。
26 同右、五三—五四頁。
27 同右、七六頁。
28 『清沢満之全集』第一巻、法蔵館、昭和二八(一九五三)年、五八八頁。
29 同右、七六頁。
30 同右、七六頁。
31 『百年史 資料編Ⅰ・上』、一〇頁。
32 井上円了「宗祖大師の御遠忌に際して平素の所信を自白す」(『宗報』、大遠忌号、明治四四(一九一一)年六月、六七頁)。
33 『百年史 通史編Ⅰ』、七七頁。
34 同右、七七頁。
35 同右、七七頁。
36 同右、七七頁。
37 西村見暁『清沢満之先生』法蔵館、昭和二六(一九五一)年、八六—八七頁。ここには、西村が加賀秀一から直接聞いた、麟祥院で哲学館が創立されるまでの話が記述されている。
38 同右、七八頁。
39 『思想と文学』第二巻第三冊、昭和一一(一九三六)年一一月、六九頁。
40　同右、七八頁。
41　翻刻にあたり、吉岡又司。新潟県長岡市越路円了会会長のご指導をいただいた。記して謝意を呈します。なお、原本の写真は、拙稿「哲学館創立の原点―明治十七年秋、井上円了の東本願寺への上申書（下書き）」（『井上円了センター年報』第一九号、平成二二（二〇一〇）年、三三―五五頁）に掲載されているので参照されたい。

第五節　思想の核心の発見と著述活動

一　哲学としての仏教の発見

これまで円了の東京大学時代における思想と行動について見てきた。その特徴の一つは新しい西洋の学問の追究であった。そして、その中で、円了は仏教が真理であることを発見する。そのことを大学卒業から二年後の著書『仏教活論序論』でつぎのように記している。[1] 以下の円了の文章は自伝的形式をとっているが、内容は思想形成に関するものであり、この点に留意して読む必要がある。はじめに、円了は概括を述べている。

そもそも余が純全の真理の仏教中に存するを発見したるは、近々昨今のことなりといえども、そのこれを発見するに意を用いたるは今日今時に始まるにあらず。明治の初年にありて早くすでにその意を起し、爾来このことに刻苦することここに十有余年、その間一心ただこの点に会注し、未だかつて一日もこれを忘れたることなし。しかれども、余あえて初めより仏教の純全の真理なることを信ぜしものにあらず。未だその純全の真理なることを発見せざるに当たりては、あるいはかえってこれを非真理なりと信じ、誹謗排斥することすこしも常人の見るところに異ならず。

ここでは円了自ら、仏教が真理であると発見するまでは、まったく一般の人々と変わらず、仏教を誹謗排斥する一人であったと告白している。円了は寺に生まれた仏教の関係者であり、このような発言はいわゆるタブーを破るもので、大胆な表現であったといえよう。そして、この概括した文章を紐解くように、自らの誕生とその成長過程での問題をこう記している。

余はもと仏家に生まれ、仏門に長ぜしをもって、維新以前は全く仏教の教育を受けたりといえども、余が心ひそかに仏教の真理にあらざるを知り、顱を円にし珠を手にして世人と相対するは一身の恥辱と思い、日夜早くその門を去りて世間に出でしことを渇望してやまざりしが、たまたま大政維新に際し一大変動を宗教の上に与え、廃仏毀釈の論ようやく実際に行わるるを見るに及んで、たちまち僧衣を脱して学を世間に求む。

すでに述べたように、円了は明治維新の一〇年前に、東本願寺末の慈光寺という寺の長男に生まれた。次期住職の立場にあり、仏教の教育を受けて育った。しかし、心の中ではひそかに仏教の真理にあらざるを知り、僧侶として世人と対することを厭い、仏門から世間に出ることを渇望していたという。ここにも、儀式中心のいわゆる葬式仏教批判が述べられている。そうした心境のところに、明治維新が起り、神道の国教化、神仏分離、廃仏毀釈という宗教界の大変動が惹起され、円了は僧衣を脱して学を世間に求むるようになったという。

初めに儒学を修めてその真理を究めること五年、すなわち知る、儒学も未だ純全の真理とするに足らざるを。ときに洋学近郷に行われ、友人中すでにこれを修むるものありて、余に勧むるにその学をもってす。余おもえらく、洋学は有形の実験学にして無形の真理を究むるに足らずと。故をもって一時その勧めに応ぜざりしも、退きて考うるに、仏教すでに真理にあらず、儒教また真理にあらず、なんぞ知らん、真理はかえってヤソ教中にありて存するを。しかして、ヤソ教を知るは洋学によらざるべからず。これにおいて儒をすてて洋に帰す、ときに明治六年なり。

このようにして、円了の思想遍歴は始まった。最初に生家の寺の仏教を疑った。明治維新から私塾で漢学を習い、儒教を知り、その後も儒教の大家から高いレベルの教育をうけたが、儒教は真理であるとは納得できなかった。その時、維新から全国に広まった洋学を勧められたが、有形の実験学と断定して、進まなかった。しかし考え直し、ヤソ教にこそ真理があるのではと思い、それならば、洋学を学ぶ必要を感じて、漢学から洋学へ転向したのが明治六(一八七三)年のことであったという。

その後もっぱら英文を学び傍ら『バイブル』経をうかがわんと欲すれども、僻地の書肆未だその書を有せず。たまたまその書を有するも、家貧にしてこれを購読するの余財なし。すでに友人中シナ訳の一本を有するものあり。ついでまたその原書を得、原訳相対して日夜熟読するに、ややその意を了することを得たり。読み終わりて巻を投じて嘆じて曰く、ヤソ教また真理とするに足らず。

円了は明治六(一八七三)年の高山楽群社で英語の初歩を学び、翌七(一八七四)年五月に長岡洋学校の後身である新潟学校第一分校に入学して本格的に洋学を学ぶことになった。この頃にキリスト教の教えである『聖書』を読もうとしたが、長岡の書店にはなく、また輸入されたものを求めることもできなかった。その中で、友人が漢訳の『聖書』を持っていることがわかり、また英文の原書も手に入り、漢訳と英訳で『聖書』を日夜熟読したという。そして、結論として得たことは、キリスト教もまた真理とするにたりないという認識だった。

余これに至りてただますます惑うのみ。かつ怪しみておもえらく、儒仏の非真理すでにかのごとく、ヤソ教の非真理またかくのごとし。しかるに世人の、あるいは儒仏を信じ、あるいはヤソ教を信ずる者あるはなんぞや。けだし世人の知力よくその非真理を発見せざるによるか、またその非真理を知りてこれを信ずるによるか。余は決して真理にあらざるものを真理として信ずることあたわず。これにおいて余断然公言して曰く、旧来の諸教諸説は一も真理として信ずべきものなし。もしその信ずべき教法を求めんと欲せば、自ら一真理を発見せざるべからず。

こうして円了は、仏教、儒教、そしてキリスト教が自分にとって非真理であることを確信した。しかし、世の中の人々はこれらの諸教を信じている。この違いに戸惑いを覚えた。旧来の諸教諸説は一も真理として信ずべきものなしと、円了は断言し、それならば、自ら信じられる宗教を求め、真理を発見する以外にないと考えた。

余これよりますます洋学の蘊奥を究め、真理の性質を明らかにして、心ひそかに他日一種の新宗教を立てんことを誓うに至る。爾来、歳月怱々、早くすでに十余年の星霜を送る。その間余がもっぱら力を用いたるは哲学の研究にして、その界内に真理の明月を発見せんことを求めたるや、ここにまた数年の久しきを経たり。一日大いに悟るところあり、余が十数年来刻苦して渇望したる真理は、儒仏両教中に存せず、ヤソ教中に存せず、ひとり泰西講ずるところの哲学中にありて存するを知る。ときに余が喜びほとんど計るべからざるものあり。あたかもコロンブスが大西洋中に陸地の一端を発見したるときのごとし。これにおいて十余年来の迷雲始めて開き、脳中豁然として洗うがごとき思いをなす。

自ら一真理を発見せざるを得ないと考えた円了は、その後、京都の東本願寺の教師教校を経て、東京留学生となり、東京大学の予備門、文学部で、西洋の学問、特に哲学を研究する。すでに述べたように、円了の洋学、哲学の研究は『稿録』に見られるように広く深く数年にわたって取り組まれた。その結果、円了は一日大いに悟るところありと確信し、自分が長年にわたって刻苦して渇望したる真理は、西洋で考究されてきた哲学にありという認識に達した。その喜びを、円了はコロンブスの新大陸発見にたとえ、また、長年の迷いから一気に抜け出したという。

　すでに哲学界内に真理の明月を発見して更に顧みて他の諸教を見るに、ヤソ教の真理にあらざることいよいよ明らかにして、儒教の真理にあらざることまたたやすく証することを得たり。ひとり仏教に至りてはその説大いに哲理に合するをみる。余これにおいて再び仏典を閲しますますその説の真なるを知り、手を拍して喝采して曰く、なんぞ知らん、欧州数千年来実究して得たるところの真理、早くすでに東洋三千年前の太古にありて備わるを。しかして余が幼時その門にありて真理のその教中に存するを知らざりしは、当時余が学識に乏しくしてこれを発見する力なきによる。これにおいて余始めて新たに一宗教を起こすの宿志を断ちて、仏教を改良してこれを開明世界の宗教となさんことを決定するに至る。これ実に明治十八年のことなり。これを余が仏教改良の紀年とす。

哲学の世界に真理を発見した円了は、その観点からもう一度旧来の諸教を顧みる。キリスト教は真理にあらず、儒教も真理にあらず。しかし、仏教だけは異なっていて、その教法が西洋の哲理と合致していることを発見した。そこで、円了は仏典を研究して、この両者の関係をさらに明らかにしようとした。円了による仏教という伝統的文化の歴史的思想的発見であった。結論として、西洋で実究されてきた真理（哲学）は、すでに東洋では太古の時代に備わっていたと円了はいう。この見解に達したのは明治一八（一八八五）年の大学時代のことであり、これによって、円了は一宗教を起すの宿志を捨て、仏教を改良して開明世界の宗教にしようと決意したのである。

　円了自らが明らかにした思想遍歴であるが、この文章には具体的な転換点が書き記されていない。仏教学者の竹村牧男はこの点を明らかにしている。円了はヘーゲルが相対と絶対とが不離であることを解明したことを高く評価し、「仏教の立つるところのものはこの両対不離説にして、ヘーゲル氏の立つるところと少しもことなることなし」[2]と認識した。竹村は「ヘーゲルの相対と絶対が不二だという立場は、『大乗起信論』の生滅門と真如門とが不一不二であると説くことに見出されますし、さらに天台や華厳の哲学にも見出されるものです。円了の思想遍歴は、ここに到達して落ち着くことができたわけです」と解説している。[3]

二　初期思想の著作

大学時代に思想の核心を発見した円了は、学部時代から研究生時代・大学院時代に本格的な著述活動をして、自らの思想を社会へ問いかけた。初期思想を表した主要著作は大学時代の末年から始まる。ここではじめに初期の主要著作を見ておこう。表1は初期の主要著作とその文字数（概数）をまとめたものである。それぞれの著作は、前編・後編、初編・続編・続々編、第一編・第二編・第三編などと編で区切られているものが多い。文字数は合計数であるが、飛躍的に増加している。筆者が初期論文として取り上げた大学の第一学年の「主客問答」は四〇〇字に換算して三二枚、未完ではあるが第二学年の「宗教篇」も四二枚で、初期論文の中でこの二論文は文字数が多く、他は二〇枚以下の小論である。

表1の初期の主要著作を見ると、その文字数が四〇〇字詰め原稿用紙で五〇〇枚を超えているのは『真理金針』『仏教活論』であり、つぎが三〇〇枚以上の『通信教授　心理学』[4]、二〇〇枚前後は『哲学要領』『倫理通論』、一〇〇枚未満が『心理摘要』、『哲学道中記』[5]、『哲学一夕話』である。因みに、これらの八冊の合計の枚数は四〇〇字詰め原稿用紙にして二〇〇〇枚を優に超えている。円了と同じく哲学科の二年先輩の三宅雪嶺は、後に政教社を結成して雑誌『日本人』を創刊しともに活動し、近代日本の思想界に大きな影響を与えたが、その三宅は円了の初期の著作について、「即ち在学中充分に火薬を塡め、卒業後弾丸を発射した」[6]ものと語っている。

円了の旺盛な著作活動がいつごろ、どのように行われたのか。それを知るためにまとめたものが表2であるが、ここでは刊行年月順に主要著作を配列した。これを見ると、『哲学要領前編』は大学の第三年生の時に雑誌に発表したことから始ま

表1　井上円了の初期の主要著作の文字数

書　名	編　数	字　数	400字換算
哲学要領	2	76,000	195
真理金針	3	221,000	552
哲学一夕話	3	30,000	74
通信教授　心理学	1	143,000	357
心理摘要	1	40,000	100
倫理通論	2	83,000	207
仏教活論	3	211,000	527
哲学道中記	1	36,000	89

註：文字数と400字換算数は概数である。

り、これについで第四年生の直後から『真理金針　初編』（これである）を新聞へ発表している。この二つは連載の論文である の題名は単行本化された時に付けられたもので、原題は「余が、その詳細は後述する。この連載と共に、『通信教授　心理疑団何れの日にか解けん」「耶蘇教を排するは理論にあるか」学』という講義録が月刊で発表され、それが終了しないうちに、

表２　井上円了の初期の主要著作（明治17年以降）

書　名	雑誌・単行本の刊行年月	字　数	400字換算
哲学要領　前編	雑誌は17年4月―19年8月。単行本は19年9月	38,000	95
真理金針　初編	新聞は17年10月―18年9月。単行本は19年12月	87,000	217
真理金針　続編	新聞は19年1月―19年7月。単行本は19年11月	80,000	200
通信教授　心理学	講義録は19年2月より。単行本は明治22年7月に完成	143,000	357
真理金針　続々編	新聞は19年7月―19年11月。単行本は20年1月	54,000	135
哲学一夕話　第一編	19年7月	8,000	20
哲学一夕話　第二編	19年11月	11,000	27
仏教活論　序論	20年2月	44,000	110
倫理通論　第一	20年2月	39,000	97
哲学一夕話　第三編	20年4月	11,000	27
哲学要領　後編	20年4月	40,000	100
倫理通論　第二	20年4月	44,000	110
哲学道中記	20年6月	36,000	89
心理摘要	20年9月	40,000	100
仏教活論　本論第一編　破邪活論	20年12月	44,000	110
仏教活論　本論第二編　顕正活論	23年9月	123,000	307

註：年号は明治。文字数と400字換算数は概数である。文字数は初版のもの。ただし、『通信教授　心理学』は初版より再版の方が大幅に多いために再版とした。

『哲学一夕話』の第一編と第二編が刊行されている。これが明治一九（一八八六）年までのことで、明治二〇（一八八七）年には続々と単行本が発表される。それを列挙すると、『仏教活論序論』、『倫理通論　第一』、『哲学一夕話　第三編』、『哲学要領　後編』、『論理通論　第二』、『哲学道中記』、『心理摘要』、『仏教活論　本論第一　破邪活論』の八冊が刊行されている。いずれも四〇〇字詰め原稿用紙で一冊あたり一〇〇枚前後であるが、多岐にわたる学問分野を並行的に執筆するだけの能力と意欲が円了にあったことを示している。先に紹介した三宅の「在学中充分に火薬を塡め、卒業後弾丸を発射した」という形容通りであろう。東京大学の研究生時代から、円了は若き論客として社会的注目を集めたのである。

三　「哲学要領」と「耶蘇教を排するは理論にあるか」の連載論文

東京大学文学部の第三学年に執筆した「哲学要領」は、先の「稿録」に記された円了の東西の哲学研究の成果であり、明治一七（一八八四）年四月二九日に創刊された月刊誌『令知会雑誌』に連載の形で発表されたものである。この「哲学要領」は連載終了後に『哲学要領　前編』にまとめて単行本で刊行されたが、哲学史を研究した柴田隆行は同書について「本書は、一八八六年に令知会から発行された[7]」と記している。年号に直すと、発行年は明治一九（一八八六）年である。これは単行本を指しており、その前に雑誌論文として連載されたことは紹介されていない。雑誌論文の刊行形態と、単行本とする際の加除を調査してまとめたものが表３の『哲学要領　前編』の書誌事項である。雑誌論文の「哲学要領」は明治一七（一八八四）年四月から明治一九（一八八六）年八月まで、『令知会雑誌』の第一号から第二九号の間に一五回掲載された。連載が終了するまで一年四か月かかっている。大学の第三学年、第四学年、卒業後にわたって執筆して掲載されたものである。この論文はそのまま『教学論集』に転載されている。『教学論集』を見ると、明治一八（一八八五）年六月から明治二〇（一八八七）年一月まで、第一八編から第三七編までの間に同じく一五回掲載されている。雑誌論文から単行本にまとめる際に、円了は加除などを行っている。雑誌論文の目次で示すと、削除されたものは「第二段　東洋哲学　第五節　影響」「第三段　支那哲学　第五節　影響」の二項目、見出しの変更は「第四段　印度哲学　第一節　概論」、「第四段　印度哲学　第二節　性質」である。「第五段　西洋哲学　第三節　性質」と「第五段　西洋哲学　第四節　気風」は単行本において「性質」の見出しで一つになっている。雑誌論文にはなくて、単行本で新設されたのは「第十段　近世哲学　第二組織」の「第五十五節　コント氏学派」である。このように加除は大幅なものではなく、雑誌論文の内容を基本として単行本が刊行されたとみてよいだろう。著者名は雑誌論文では井上甫水、単行本では井上円了に改められている。

円了の初期の主要な著作の一つはこの「哲学要領」であるが、もう一つは同じく文学部第四学年の始まりから発表された『真理金針　初編』である。この書名は新聞に連載した論文を後に単行本化する際に付けられたもので、新聞の始めの原題は①「余が疑団何れの日にか解けん」、②「耶蘇教の畏るべき所以を論ず」、③「耶蘇教を排するは理論にあるか」があり、①と③を並記する回数が多かったが、連載が進むにしたがって③の「耶蘇教を排するは理論にあるか」を題名としたものである。この論文の第一回は明治一七（一八八四）年一〇月一六日の仏教系新聞『明教新誌』に「余が疑団何れの日にか解けん」という論文名で発表された。著者名は井上甫水である。その書誌をま

表３　『哲学要領　前編』の書誌事項

雑誌 『令知会雑誌』	雑誌 『教学論集』	雑誌の目次		単行本『哲学要領　前編』
年／月／日と号			削除・変更された項目	
				序言
17/04/29 1号	18/06/05 18編	第一段　哲学緒論 第一節　哲学義解 第二節　哲学範囲 第三節　哲学目的 第四節　哲学疑問 第五節　哲学学派 第六節　哲学分類		第一段　緒論 第一節　義解 第二節　範囲 第三節　目的 第四節　疑問 第五節　学派 第六節　分類
17/06/30 3号	18/07/05 19編	第二段　東洋哲学 第一節　総論 第二節　種類 第三節　性質 第四節　事情 第五節　影響	削除	第二段　東洋哲学 第七節　史論 第八節　種類 第九節　性質 第十節　事情
17/09/30 6号	18/08/05 20編	第三段　支那哲学 第一節　史論 第二節　比考 第三節　孔老 第四節　盛衰 第五節　利害	削除	第三段　シナ哲学 第十一節　史論 第十二節　比考 第十三節　孔老 第十四節　盛衰
17/10/31 7号	18/10/05 22編	第四段　印度哲学 第一節　概論 第二節　性質 第三節　種類 第四節　婆羅教 第五節　釈迦教	名の変更 名の変更	第四段　インド哲学 第十五節　史論 第十六節　比考 第十七節　種類 第十八節　婆羅教 第十九節　釈迦教
17/11/30 8号	18/11/05 23編	第五段　西洋哲学 第一節　史論 第二節　分類 第三節　性質 第四節　気風	「性質＋気風」で収録	第五段　西洋哲学 第二十節　史論 第二十一節　分類 第二十二節　性質
17/12/21 9号	18/12/05 24編	第六段　希臘哲学　第一　総論 第一節　起源 第二節　発達 第三節　学派		第六段　ギリシア哲学　第一　総論 第二十三節　起源 第二十四節　発達 第二十五節　学派
18/01/21 10号	19/01/05 25編	第七段　希臘哲学　第二　組織 第一節　「アイオニック」学派 第二節　「イタリック」学派 第三節　「エリヤチック」学派		第七段　ギリシア哲学　第二　組織 第二十六節　イオニア学派 第二十七節　イタリア学派 第二十八節　エレア学派
18/02/21 11号	19/02/05 26編	第四節　詭弁学（ソフィズム）派 第五節　「ソクラチース」学派 第六節　「プラトー」学派		第二十九節　詭弁学派 第三十節　ソクラテス学派 第三十一節　プラトン学派
18/03/21 12号	19/04/05 28編	第七節　「アリストートル」学派 第八節　士多亞（ストイズム）学派 第九節　以彼古羅（エピキュリヤコズム）学派 第十節　懐疑学派		第三十二節　アリストテレス学派 第三十三節　ストア学派 第三十四節　エピクロス学派 第三十五節　懐疑学派
18/05/21 14号	19/06/05 30編	第八段　希臘哲学　第三　結論 第一節　結果 第二節　批評		第八段　ギリシア哲学　第三　結論 第三十六節　結果 第三十七節　批評

18/10/21 19号	19/08/05 32編	第九段　近世哲学　第一　総論 第一節　起源 第二節　発達 第三節　学派		第九段　近世哲学　第一　総論 第三十八節　起源 第三十九節　発達 第四十節　学派
18/11/21 20号	19/10/05 34編	第十段　近世哲学　第二　組織 第一節　「ベーコン」氏学派 第二節　「デカーツ」氏学派 第三節　「スピノザ」氏学派		第十段　近世哲学　第二　組織 第四十一節　ベーコン氏学派 第四十二節　デカルト氏学派 第四十三節　スピノザ氏学派
19/05/21 26号	19/11/05 35編	第四節　「ロック」氏学派 第五節　「ライブニッツ」氏学派 第六節　「ベルケレー」氏学派 第七節　「ヒューム」氏学派 第八節　「リード」氏学派		第四十四節　ロック氏学派 第四十五節　ライプニッツ氏学派 第四十六節　バークリー氏学派 第四十七節　ヒューム氏学派 第四十八節　リード氏学派
19/06/21 27号	19/12/05 36編	第九節　「カント」氏学派 第十節　「フィフテー」氏学派		第四十九節　カント氏学派 第五十節　フィヒテ氏学派
19/08/21 29号	20/01/05 37編	第十一節　「セーリング」氏学派 第十二節　「ヘーゲル」氏学派 第十三節　「ハミルトン」氏学派 第十四節　「クーザン」氏学派 第十五節　「ミル」氏学派 第十六節　「スペンセル」氏学派 第十一段　近世哲学　第三　結論 第一節　結果 第二節　批評	加筆	第五十一節　シェリング氏学派 第五十二節　ヘーゲル氏学派 第五十三節　ハミルトン氏学派 第五十四節　クーザン氏学派 第五十五説　コント氏学派 第五十六節　ミル氏学派 第五十七節　スペンサー氏学派 第十一段　近世哲学　第三　結論 第五十八節　結果 第五十九節　批評

註：刊行日の年号は明治、年／月／日。雑誌の目次は原文のもの。単行本の目次は『選集』第一巻所収のもの。変更は単行本から見たものである。

とめたものが表4の『真理金針』の書誌事項である。この連載論文は、円了の東京大学在学中（四年生）から始まり、卒業後も連続していて、研究生時代へと続いている。この論文は第一論文が「耶蘇教を排するは理論にあるか」、第二論文が「耶蘇教を排するは実際にあるか」、第三論文が「仏教は智力情感両全の宗教なる所以を論ず」という三つの論文から構成されている。単行本にする時に、円了は書名を『真理金針』とし、第一論文を初編、第二論文を続編、第三論文を続々編とした。

新聞の連載は、第一論文が明治一七（一八八四）年一〇月一六日から明治一八（一八八五）年九月二八日までのおよそ一年間で、その掲載数は四五回（『明教新誌』の第一七四九号―第一九一三号）である。第二論文は明治一九（一八八六）年一月一六日から同年七月八日までの半年余りで、掲載数は同じく四五回（『明教新誌』の第一九六〇号―第二〇四七号）である。第三論文は明治一九（一八八六）年七月二六日から同年一一月四日までの三か月余りで、掲載数は三〇回（『明教新誌』の第二〇五六号―第二一〇五号）である。この新聞に掲載された論文は一回の文字数が二〇〇〇字前後で、連載期間は二年余りで、連載の合計回数は一二〇回となっている。

この新聞に連載した論文を単行本化するにあたり、著者名を井上円了に改めているが、その他にも若干の訂正がなされている。第一論文を初編にまとめるに際に、終わりの部分の『明教

表４　『真理金針』の書誌事項

	雑誌『明教新誌』		変更点	単行本『真理金針』
	年 / 月 / 日	号		
				初編
1	17/10/16	1749		余が疑団いずれの日にか解けん
2	17/10/24	1753		
3	17/10/30	1756		本論―ヤソ教を排するは理論にあるか
4	17/11/06	1759		第一　地球中心説
5	17/11/10	1761		第二　人類主長説
6	17/11/14	1763		
7	17/11/18	1765		
8	17/11/26	1769		
9	17/12/12	1777		第三　自由意志説
10	17/12/16	1779		
11	17/12/20	1781		
12	18/01/12	1790		第四　善悪禍福説
13	18/01/16	1792		
14	18/01/20	1794		
15	18/02/02	1799		第五　神力不測説
16	18/02/08	1802		第六　時空終始説
17	18/02/12	1804		第七　心外有神説
18	18/02/20	1808		第八　物外有神説
19	18/03/04	1814		第九　真理標準説
20	18/03/12	1817		
21	18/03/18	1821		第十　教理変遷説
22	18/04/22	1836		第十一　人種起源説
23	18/04/24	1837		第十二　東洋無教説
24	18/04/28	1839		
25	18/05/06	1843		
26	18/05/10	1845		
27	18/05/14	1847		
28	18/07/28	1883		
29	18/07/30	1884		
30	18/08/02	1885		
31	18/08/04	1886		
32	18/08/08	1888		
33	18/08/10	1889		
34	18/08/12	1890		
35	18/08/14	1891		
36	18/08/16	1892		
37	18/08/20	1894		
38	18/08/22	1895		
39	18/08/24	1896		

40	18/08/30	1899		
41	18/09/02	1900		
42	18/09/24	1911	半分削除	
43	18/09/26	1912	削除	
44	18/09/28	1913	削除	
				続編
				序言
45	19/01/16	1960		緒論
46	19/01/08	1961		本論一ヤソ教を排するは実際にあるか
47	19/01/10	1962		
48	19/01/12	1963		
49	19/01/14	1964		
50	19/01/16	1965		
51	19/01/18	1966		
52	19/01/20	1967		
53	19/02/12	1977		
54	19/02/14	1978		
55	19/02/16	1979		
56	19/02/18	1980		
57	19/02/20	1981		
58	19/02/22	1982		
59	19/03/16	1992		
60	19/03/18	1993		
61	19/03/22	1995		
62	19/03/24	1996		
63	19/03/26	1997		
64	19/05/16	2022	2023 が先	
65	19/05/18	2023	2022 が後	
66	19/05/20	2024		
67	19/05/24	2025		
68	19/05/26	2026		
69	19/05/28	2027		
70	19/05/30	2028		
71	19/06/02	2029		
72	19/06/04	2030		
73	19/06/06	2031		
74	19/06/08	2032		
75	19/06/10	2033		
76	19/06/12	2034		
77	19/06/14	2035		
78	19/06/16	2036		
79	19/06/18	2037		
80	19/06/20	2038		

81	19/06/22	2039		
82	19/06/24	2040		
83	19/06/28	2042		
84	19/06/30	2043		
85	19/07/02	2044		
86	19/07/04	2045		
87	19/07/06	2046		
88	19/07/08	2047		
				続々編
89	19/07/26	2056		仏教は知力情感両全の宗教なるゆえんを論ず—緒言
90	19/07/28	2057		
91	19/08/04	2060		
92	19/08/06	2061		
93	19/08/08	2062		
94	19/08/10	2063		
95	19/08/26	2071		本論　第一節　ヤソ教は仏教の一部なるゆえんを論ず
96	19/08/28	2072		
97	19/09/06	2076		
98	19/09/08	2077		
99	19/09/10	2078		
100	19/09/12	2079		
101	19/09/14	2080		
102	19/09/16	2081		
103	19/09/18	2082		
104	19/09/22	2084		
105	19/09/26	2086		
106	19/10/02	2089		
107	19/10/04	2090		
108	19/10/14	2095		第二節　仏教全体の組織を論ず
109	19/10/16	2096		
110	19/10/18	2097		
111	19/10/20	2098		
112	19/10/22	2099		
113	19/10/24	2100		
114	19/10/26	2101		
115	19/10/28	2102		
116	19/10/30	2103		
117	19/11/02	2104		
118	19/11/06	2106		
119	19/11/04	2105		

註：刊行日の年号は明治、年 / 月 / 日。変更点は単行本から見たものである。
目次は『選集』第三巻所収のもの。

新誌』の第一九一一号の約半分、第一九一二号と第一九一三号の掲載文を削除している。[8] また、第二論文を続編にまとめる時に、『明教新誌』の第二〇二三号を先にし、第二〇二二号を後にしている。このように、基本的には第一論文、第二論文、第三論文をそれぞれ『真理金針』の初編、続編、続々編として単行本化している。

ところで、現在も明治中期の排耶論の代表として知られるこの『真理金針』が、単行本化される前に、新聞へ連載されたことを指摘する論文はほとんどない。さらに、書誌的に見て誤ったことが通行している。それは第一論文が『真理金針』(明治一九(一八八六)年一二月)よりさきに『破邪新論』(明治一八(一八八五)年一一月)として単行本化されたことを明らかにしていないからである。近代仏教史研究の開拓者といわれる吉田久一は多数の文献資料による考証で知られるが、吉田は円了の第一論文が『明教新誌』に連載されたものであることを示さずに、「『真理金針』の原型の一つと思われる『破邪新論』をとりあげる」[9] という形で、『破邪新論』が原型であり、『真理金針』がその後のものと位置づけている。宗教思想の研究者である芹川博通も、『明教新誌』に第一論文についてふれないで「『破邪新論』はその後の『真理金針』初編(一八八六年三月)となり」[10] と記している。

確かに、書誌的には誤認しやすい点がある。円了の第一論文の掲載が終わったのは明治一八(一八八五)年九月二八日である。『破邪新論』が明教社から文学士井上甫水著で刊行されたのは同年一一月である。この『破邪新論』では冒頭の部分が第一論文のとおりではなく、『明教新誌』の第一七四九号から第一七五九号までの四回分を改訂している。『破邪新論』では、第一七四九号の始めの数行と、第一七五九号の終わりの数行を残し、それまでの八〇〇〇字ほどの文章を一一〇〇字余りに縮めて書き直している。『破邪新論』の巻末のところは、『真理金針　初編』と同じで、第一論文の第一九一一号の半分まで使って、これに一行を加えて終わり、第一九一二号と第一九一三号は削除している。『真理金針　初編』の冒頭は『破邪新論』の改編したものではなく、第一論文のままである。このように、円了の第一論文、『破邪新論』、『真理金針　初編』との三つの間には相違がある。

四　初期思想の普及の媒体となった新聞・雑誌

連載論文である「哲学要領」と「耶蘇教を排するは理論にあるか」は、円了の出世作となった。そのことは表2の初期の主要著作の表から分かるが、論文を連載した新聞と雑誌の性格や発行部数などを見ると、円了の初期思想が社会的にどの層に受け入れられたのかを知ることができる。特に、発行部数は社会的な影響の度合いをはかるものであるが、明治一〇年代の統計資料は探しても容易には見当たらない。筆者は中野目徹の『政教社の研究』[11]によって、『官報』に掲載された明治二一(一八八八)年一二月の「新聞紙雑誌配付高」を知ることができた。これによって作成したものが、表5の井上円了関係の新聞・雑誌発行数であるが、円了の論文が掲載された時期より後のものであるから、参考資料である。

はじめに「哲学要領」を掲載した『令知会雑誌』を取り上げよう。この雑誌の発行は令知会という会費制の団体であり、その会員に雑誌が月刊で配付された。この団体は、明治初期の日本の宗教政策の転換に大きなきっかけを作った、西本願寺(浄土真宗本願寺派)の僧侶・島地黙雷を中心に結成されたものである。会則の第一条の旨趣に、「本会ハ教法及教法ニ関係アル諸種ノ学術ヲ研究シ兼テ興学弘教ノ為メ尽力周旋スルモノ」と定めているように、機関誌『令知会雑誌』は仏教系の教学・学術雑誌である。「哲学要領」は明治一七(一八八四)年四月の雑誌の創刊号から連載された論文であるが、同誌の明治二一(一八八八)年一二月の発行部数を見ると、東京府下で一五二冊、各府県で七七二冊、合計で九二五冊となっている。東京府下と各府県の配付数からみて、『令知会雑誌』は全国的な雑誌であったと考えられる。

つぎの『教学論集』は『令知会雑誌』に掲載された論文を転載したものであるが、発行は無外書房であり、明治一七(一八八四)年二月の「緒言」には「教法学術」に志ある人々の「卓論高説」を掲載して「閲覧者ノ智見ヲ発達セシメ」ようという、仏教系の学術雑誌である。表5のように、この『教学論集』の発行部数は東京府下が一二五冊、府県が二七三冊、合計で三九八冊である。発行部数は『令知会雑誌』の半分に満たないが、『教学論集』も全国誌とみてよいだろう。

後に『真理金針　初編』となる「耶蘇教を排するは理論にあるか」の論文を連載した『明教新誌』は、明治前期を代表する仏教系の新聞として有名である。この『明教新誌』には前身とする『官准　教会新聞』があるので、そのことから記しておこう。

表5　井上円了関係の新聞・雑誌発行数

新聞・雑誌名	月の回数	東京府下	各府県	合　計	平均発行数
令知会雑誌	1	152	772	925	
教学論集	1	125	273	398	
明教新誌	15	1,425	25,947	27,372	1,825
日本之教学	1	2,028	984	3,012	
日本人	2	11,118	1,074	12,212	6,106

註：合計にはその他を含む。この統計は明治21年12月に警視庁に届けられたもの。
『官報』第1685号、明治22年2月14日、123—125頁より作成。

明治政府は新政権の設立後に、祭政一致の体制をとって、天皇を中心する新政府を宣伝するために、三条の教則を定め、その教則を国民へ教化する大教宣布運動を展開した。運動員として神官・僧侶・その他を教導職に任命した。明治五（一八七二）年に、その説教所として、中央には大教院、地方の県庁所在地に中教院を設置し、各地の神社や寺院は小教院とした。大教院の設立は仏教界からの発意によるものであり、これに神道界が加わったものである。『官准　教会新聞』はこの大教院の新聞課から発行された。第二号は明治七（一八七四）年四月二七日である。中央から地方までという全国組織の機関誌として出発した。ところが、大教院では神仏混淆の弊害が起こり、島地黙雷が欧州の宗教事情を視察して「三条教則批判建白書」を政府に提出して、真宗の大教院分離運動が起こり、明治八（一八七五）年二月に真宗各派が分離した。同年七月一二日（第三五号）から発行所が「明教社」にかわり、八月七日（第四八号）から誌名も『明教新誌』となった。[12]編集者は大内青巒で西本願寺法主・大谷光尊の侍講である。大内は明治時代の仏教ジャーナリズムの形成者となり、また曹洞宗の『修証義』の起草者となり、東洋大学の第三代学長となった近代仏教者の一人である。

このような経過から、『明教新誌』は仏教界を代表する隔日刊の新聞となった。表5をみれば、明治二一（一八八八）年一二月の刊行回数は一五回、一回当たりの平均部数は一八二五部であり、それを府下と各府県に分ければ、府下は一〇〇部ほど、それ以外の一七〇〇部余りは各府県に配付されていた。この新聞に円了は一二〇回連載したのであるから、仏教界での知名度は上がり、若き理論家として高い評価を受けていたことが分かる。

表5の残りの二誌について、『日本之教学』は明治二〇（一八八七）年から円了が寄稿した雑誌であり、発行冊数は三〇〇〇冊を超えている。『日本人』は、志賀重昂、三宅雪嶺、円了らが政教社を結成し、その機関誌として発行され、明治中期の思想界を代表する雑誌となったものである。[13]一回の発行部数は六〇〇〇部以上である。

円了の初期思想は、東京大学時代から、はじめに教団の機関誌や大学関係者が寄稿する学術雑誌、つぎに仏教界の新聞・雑誌、そして一般の雑誌や出版社を媒介として普及していった。

【註】

1　円了『仏教活論序論』明治二〇（一八八七）年（『選集』第三巻、三三五―三三七頁）。

2　井上円了『真理金針　続々編』明治二〇（一八八七）年（『選集』第三巻、三〇五頁）。

3　竹村牧男『井上円了の生涯』（東洋大学史ブックレット　一）、東洋大学、平成二四（二〇一二）年、一一―一二頁。

4　『通信教授　心理学』については、田中征男「「通信講学会」

の通信教育活動―近代日本通信教育成立史」（『大学拡張運動の研究史―明治・大正期の「開かれた大学」の思想と実践』野間研究所紀要　第三〇集、講談社、昭和五三（一九七八）年）が詳しい。この論文の六九頁の「通信講学会　開設学科・講師一覧」によれば、円了の心理学は明治二〇（一八八七）年八月までに一四講が執筆され、明治二二（一八八九）年七月に一七講まで加筆されている。そのため、最終的な完成は後者としなければならないことが分かる。同論文では、「井上円了の『通信教授心理学』は心理学の入門書として長く定評を得た好著であった」（七二頁）という。通信講学会の活動や田中の論文については、今井敏之助から資料提供を受けた。記して謝意を表したい。

5　井上円了『哲学道中記』（明治二〇（一八八七）年）は論理学のうち言語の両義性についての啓蒙書である。単行本の前に、同名の論文が雑誌に連載されている。雑誌論文の「哲学道中記」は、『教育時論』の第四四号、第四五号、第四九号、第五三号、第五五号、第五八号、第六四号（明治一九（一八八六）年七月五日～明治二〇（一八八七）年一月二五日）に七回連載されたが、未完で終わっている。雑誌論文と単行本では、一部記述が重複しているが、雑誌論文の方が学術的であり、単行本はより啓蒙的であり、異なったものと判断される。

6　三宅雪嶺談話、『井上円了先生』東洋大学校友会、大正八（一九一九）年、二〇五頁。

7　柴田隆行『哲学史成立の現場』弘文堂、平成九（一九九七）年、八二頁。

8　削除された『明教新誌』の部分は、理論上から耶蘇教を排することの可能性ははっきりしているが、その立場に固執すれば従来の教学上の仏教の優位性の主張にとどまるので、問題の解決は実際上にあることなどに、円了が言及しているところである。この問題は「耶蘇教を排するは理論にあるか」と重複する内容であったために、単行本化するにあたり削除したものと考えられる。

9　吉田久一『日本近代仏教史研究』吉川弘文館、昭和三四（一九五九）年、一六一頁。

10　芹川博通『近代化の仏教思想』大東出版社、平成元（一九八九）年、六七頁。

11　中野目徹『政教社の研究』思文閣出版、平成五（一九九三）年、一二八頁。

12　『明教新誌』について、筆者は主に東洋大学井上円了研究センターの所蔵するものを活用したが、欠号もあって充分ではなかった。現在、同誌については、高野山大学附属高野山図書館監修のCD―ROM版（小林写真工業による刊行）があり、これによって補充することができた。また、参考となる論文には、高岡隆真「『明教新誌』の性格とその変遷」（『印度学仏教学研究』第五三巻二号、平成一七（二〇〇五）年三月、三四―三六頁）がある。

13　円了と『日本人』については、中野目徹「井上円了と政教社」（『井上円了センター年報』第八号、平成一一（一九九九）年、三一―二四頁）を参照されたい。

第六節　『真理金針』と『仏教活論』
―新しい仏教論

一　論文と『真理金針』との関係

円了が自己の宗教思想を国家・社会に問い始めたのは、すでに述べたように、明治一七（一八八四）年一〇月一六日、東京大学文学部の四年生の時からであり、年齢的には二六歳であった。「耶蘇教を排するは理論にあるか」という最初の論文は、『明教新誌』という仏教系の隔日刊の新聞に発表されたもので、一般に排耶論として知られているが、キリスト教と仏教の比較論でもある。円了は宗教、キリスト教、仏教については、東京大学哲学科一年生の時から問題意識を持っていた。論文としては、一年生の「主客問答」（明治一四（一八八一）年）、「耶蘇教防禦論」（明治一五（一八八二）年）、二年生の「宗教篇」（明治一五（一八八二）年）と表れている。そして、明治一七（一八八四）年、四年生の時から、より本格的な執筆を始めたのである。キリスト教と仏教の比較論の論文はつぎのように三部で構成されている。

第一論文は「耶蘇教を排するは理論にあるか」である。この論文はその後、円了の初の単行本として『破邪新論』（明教社、明治一八（一八八五）年一一月）の題名で刊行され、そして、現在知られている『真理金針　初編』（山本活版所、明治一九（一八八六）年一二月）として刊行された。[1]

第二論文は「耶蘇教を排する実際にあるか」である。この論文はその後、現在知られている『真理金針　続編』（山本活版所、明治一九（一八八六）年一一月）として刊行された。

第三論文は「仏教は智力情感両全の宗教なる所以を論ず」である。この論文はその後、現在知られている『真理金針　続々編』（長沼清忠、明治二〇（一八八七）年一月）として刊行された。

円了の出世作の一つであるこの三つの論文は合わせて四〇〇字で五〇〇枚以上の長いものである。この『真理金針』初編、続編、続々編には目次がないので、概要が分からない。しかし、芹川博通の論文はこれらの三編の要点を挙げているので、詳細はこれを参照されたい。[2]この節では、円了の思想を知るために、いくつかの論点を取り上げる。その際、分かりやすいように、円了の論文の最初のタイトルを掲げることとする。

二　第一論文「耶蘇教を排するは理論にあるか」

当時の問題意識は、第一論文「耶蘇教を排するは理論にあるか」(『真理金針　初編』)の冒頭につぎのように書かれている。[3]

余輩つらつら仏者社会の実況を観察するに、疑団氷結百方とくことあたわざるものあり、奇々怪々万慮解することあたわざるものあり、その故なんぞや。曰く、仏者口に自教を興すを唱えてかえってその衰微をきたし、心に洋教の廃滅を祈りてかえってその弘流を助くるがごとき事情あり。はなはだ怪しむべし、あに疑わざるべけんや。

ここでいう洋教とはキリスト教のことである。既存の仏教界や仏教者による排耶論に対しての不満・批判が円了の執筆の原点にあることは明らかであろう。では、円了は「耶蘇教を排するは理論にあるか」をどのように考えたのであろうか。円了は、キリスト教の批判は「極理」を論破しなければならないと考えていた。そして、第一論文では具体的にキリスト教の問題点として一二点を取り上げ、それぞれが論理に合格せず、事実に適合しないとしている。舩山信一はその問題点についてつぎのように要約している。[4]

第一　地球中心説
　耶蘇教では、天帝が初に天地を作り、後に月日を作って昼夜を分った、すなわち地球を以て宇宙全系の中心とし、日月星辰は其周囲に羅列するという説。
第二　人類主長説
　天帝が天地日月を作り鳥獣草木を作り終って、これに主長を置こうと思って人類を作ったという説。
第三　自由意志説
　人の意志は天帝が賦与したものであって本来自由であり、人々は生れながら良心をもち善悪邪正を識別判定するものであり、人獣の区別は意志が自由であるかないか、良心があるかないかにあるという説。
第四　善悪禍福説
　禍は悪人の招く所、福は善人の来す所、すなわち善悪は原因であり、禍福は結果であるというのはあらゆる宗教がとなえる所であるが、善悪も禍福も皆天帝が定める所であると説くのがキリスト教の善悪禍福説の特色である。
第五　神力不測説
　耶蘇教者は第一に神を或は可知的なりといい、或いは不可知的なりというが、これは矛盾であり、第二に神は自在力をもつというが、これは因果の理法を無視するという意味なら不合理であり、因果の理法が即ち神であるという意味ならそういう神は無意味であり、不要である。

第六　時空終始説

時間も空間も天帝が作ったとすれば、それらは始めもあり終りもあり有限なものとなってしまう、時空が無限とすれば、それは作られたものではない。

第七　心外有神説

耶蘇教では万物創造を説いて、人は天帝の創出する所、その心霊は天帝の贈与するところという、そうすれば天帝は人心の外に生存するものといわなければならなくなる。

第八　物外有神説

耶蘇教で天帝が世界を創造するというのは、大工が家を作り器具を製するようなものであるから、天帝は天から来て万物を作り天帝は物外にあることとなる。

第九　真理標準説

耶蘇教は天帝が真理の標準であるというが、我々はまたその標準の標準を求めなければならなくなる、そしてそれは人以外にはない、かくて人の標準は天帝であり、天帝の標準は人であるということになる。

第十　教理変遷説

耶蘇教者は教理は不変であるといいつつ、その説くところは世によりて変じ人によりて異なるが、これは矛盾である。

第十一　人種起源説

世界の人民は尽《ことごと》く天帝の末孫であるという説。

第十二　東洋無教説

耶蘇教は地球上の人民は尽く天帝の末裔《まつえい》であるというが、同一の子孫であって、天帝が西洋および亜細亜《アジア》西部の人民には早くその教を教え、東洋印度支那地方の人民には今日に至るまでこれを伝えないのは、天帝の不公平ではないか。

円了はこのように一二点をあげてキリスト教の問題点を指摘している。それを要約すれば、天帝の創造説、天帝の存在に関することである。ところで、円了はキリスト教を仏教の第一の敵と見てはいない。第一の敵は非宗教で、宗教と主義が同じではない理学・哲学を位置づけているのである。しかし、このキリスト教の一二の難点を指摘する時に、理学・哲学と矛盾するということを主張する。例えば、地球中心説では地動説と、人類主長説・自由意志説・人類起源説は進化論と、物外有神説は科学と、心外有神説・真理標準説は唯心説と、それぞれ矛盾していることを根拠とした。

そして、一一項目をあげて、理論の点からのキリスト教を排する所以を明らかにしている。[5]

第一　ヤソ教の創造説は、理学の進化論と両立すべからざること
第二　天帝と時空の関係明らかならざること
第三　神人の関係明らかならざること
第四　天帝と物心の関係明らかならざること
第五　天帝と可知不可知の関係明らかならざること
第六　天帝自在力を有するゆえん明らかならざること
第七　天帝と因果の関係明らかならざること
第八　天帝と真理の関係明らかならざること
第九　天帝と善悪賞罰の関係明らかならざること
第十　人と動植の区別判然たらざること
第十一　ヤソ教に確固たる定説なきこと

円了の立場は、「教祖に対する感情とその教法に対する感情とは、したがって異にせざるべからず。なんとなれば、教祖は一世一代の人にして、教法は数世数代の法なればなり。故に余輩ヤソ教を憎むも、あえてキリストその人を憎むに非ざるなり。釈迦これを愛するも、釈迦その人の所説なるをもってこれを愛するに非ざるなり」[6]という。先に述べたように、円了は西洋の理哲諸学を前提にして、キリスト教がそれと矛盾・対立することを主張する。したがって、キリストその人、釈迦その人を対象とはせず、その宗教の教えが客観的知識に合致するか、否かを問うているのである。それ故に、仏教はキリスト教と異なり「遠く源を理学哲学の原理に発し」[7]ていると主張する。

円了の第一論文は、排耶論、キリスト教批判である。円了は仏教のいう破邪顕正、すなわち誤った見解を打ちこわし、しりぞけて、それによって正しい道理を表そうとするが、その根拠となったものは、西洋の理哲諸学である。円了は東京大学の予備門と学部で七年間学んで、西洋の近代的知識を体系的に獲得した。そこで、西洋の宗教であるキリスト教を批判するのに、同じ西洋の学問・知識を用いたのであった。これは当時の日本人にとって新しい排耶論であった。第一論文のタイトルは三度変わっている。一年間にわたる新聞掲載の論文を発表するのにあたり、円了は研究を続けながら思索していたのであろう。そして、当初からの意図であるキリスト教と仏教とを比較する基軸として西洋の理哲諸学を置くという見通しがついたと考えられる。

三　第二論文「耶蘇教を排するは実際にあるか」

第二論文の「耶蘇教を排する実際にあるか」（『真理金針　続篇』）で、円了は実際について、つぎのように述べている。[8]

　宗教は安心立命をもって目的とするも、これを世間に実行するにあらざれば、世間の宗教となるべからず。これを世間に実行せんと欲せば、社会に実益を与えざるを得ざるはもちろんにして、社会の実益を与えざるときは、その教世間に衰滅するは勢いの免がるべからざるところなり。かつ宗教は社会進化の際、自然に世間に現出し社会と共に発達してきたるをもって、決して社会を離れて存すべき理なし。また宗教の目的はひとり安心立命にありとするも、社会の幸福、国家の安寧を得るにあらざれば、その目的を全うすべからざるやまた疑いをいれず。もしあるいは宗教は理論相争うにとどまるものとなすときは、これ理論の学にしてこれを称して理学哲学といわんのみ。しかして宗教の理学哲学に異なるは、実際の応用を主とするによる。

ここに、円了の宗教論の特徴が述べられている。宗教の目的は人の安心立命にあるが、それは社会の幸福・国家の安寧と無関係であれば、つまり実際的意味がなければ存在せずという主張である。そして、円了は、宗教が社会や国家に与える実益をつぎの五条にまとめている。[9]

　第一条　国際上に関して実益を与うること

　　すなわち国権の拡張を祈り、国力の養成を助け、富強独立の精神を維持して、わが国をして万国に競争対立せしむること。

　第二条　政治上に関して実益を与うること

　　すなわち政府の制令法律の及ばざるところを助け、欠くるところを補い、よく人民を教導誡訓して、人をして正理を守り、公道をふみ、政治社会に対する権利義務を全うせしむること。

　第三条　道徳上に関して実益を与うること

　　すなわち人をしてその徳義を重んじ行為を慎しみ、名望を養い節倹を守り、慈善を施し貧を救い、孤を憐み老をたすけ、病苦を問い禍患を弔い、悪事を戒め善心を勧め、人の人たる道を全うせしむること。

　第四条　教育上に関して実益を与うること

　　すなわち上下の知識を開導し、内外の学芸を勧奨し、童蒙を育し、英才を養い、人情を移し、風俗を化し、大小百般の教育を任ずること。

　第五条　開明上に関して実益を与うること

　　すなわち宗教の弊害を去り、愚民の頑陋を医し、進化開新を主として、諸学の進路を啓き、開明の障害を除くこと。

円了は、国際、政治、道徳、教育、開明の五つの観点から、宗教の果たすべき役割を明らかにしている。つぎに、円了は仏教の護法の実際について、つぎの四項目をあげて、護法の良策は理論にあらずして実際にあることを詳細に論じている。[10]

第一　社会一般の事情
（甲）理論の真理未だ定まらざること
（乙）社会の多数は愚民よりなること
（丙）知者学者は大抵宗教を信ぜざること
（丁）社会の真理は実際の競争より外なきこと
第二　日本今日の事情
（甲）今日の急務は国権拡張、国力養成にあること
（乙）日本人の宗教に淡白なること、および宗教家を軽賤すること
第三　宗教一般の事情
（甲）宗教の本意は必ずしも世間に関せざるに非ざること
（乙）布教の要は実際に活用するにあること
（丙）布教の方便は時勢に応じて変ぜざるを得ざること
第四　仏教今日の事情
（甲）出世間に偏する風あること
（乙）理論に僻するの弊あること
（丙）仏者一般の学識に世間一般の標準より下がること
（丁）僧家みな貧困にして布教の資力なきこと
（戊）僧侶の徳行精神に乏しきこと
（己）僧侶の国益をなさざること

円了は護法の要点を、社会一般、日本今日、宗教一般、仏教今日に分けて、一五点を述べているが、特に注目される点は「理論の真理未だ定まらざること」と「社会の真理は実際の競争より外」なきことである。宗教は実際に意味あることでなければならないというのが、円了の宗教論の根底にある。仏教今日の事情の六点は、円了の仏教改良の視点として、生涯において追求されたものである。また、円了はこの第二論文で仏教の僧侶とキリスト教者の実際を比較している。はじめに、僧侶についてはつぎのように痛烈に批判している。[11]

今日の僧侶は退きて力を護法に尽くすなく、進みて功を国家に立つるなく、無気、無力、無精神にしてわいせつに時を費し、遊惰に日を送り、一事もって成るなく、一業もって起こるなく、その言もって信ずるに足らず、その心もって期するに足らず。ただ、円顱緇衣手に珠をとり口に経を誦し、数百年来の習慣を固守するをもって、わずかに僧侶の形を存するのみ、今日の僧侶中よりこの習慣を除き去ればほとんど僧

侶なしというも可なり。ひとたびこの内情を改良して僧侶の護法を講ぜざれば、決して仏教の再興を期すべからず。

僧侶は無気、無力、無精神にしてわいせつに時を費し、遊惰に日を送っている。ただ、数百年来の習慣を固守しているだけであるという批判は、現代にも通じるものがあろう。円了は僧侶であるが、その批判精神は己の命を顧みないほど強烈であった。このような僧侶の状況に対して、キリスト教者はその実際に優れているとして、つぎのように指摘している。[12]

ヤソ教者は法に尽くすところの心をもってよく国に尽くし、国に尽くすの心をもってよく法に尽くす、尽くすところの心は一にして、対するところの義務は二なり。この心をもって国家に対すれば愛国となり、この心をもって教法に対すれば護法となる。よくこの護法愛国の両義を実際に尽くして、死してなお余栄あるもの、それただヤソ教者にあらんか。

キリスト教者は護法愛国の両義を実際に尽している。このようなキリスト教者への讃美を行うことは、当時の仏教者にはありえないことであった。しかし、円了の眼は一点の曇りもなく、キリスト教を直視し、その特徴を捉えているのである。その点からも、円了の『真理金針』は新らしい日本人の宗教論の意味を持っていたと考えられる。続いて円了は社会の構造、宗教の性質と歴史、社会の事情などについて、つぎの四題を設けて論じている。

第一題　世界分域
第二題　社会進化
第三題　宗教盛衰（仏教事情）
第四題　耶仏比較

第一論文は理論であるが、この分析によれば、第二論文の主眼は実際に置かれている。第一を教えとすれば、第二は教化に当たる。そのため、実際の視点から、社会に実益を与えることが必要であると、円了は主張している。この観点から、仏教の僧侶とキリスト教者の比較論が取り上げられているのである。そして、現状の教化者としての適性においては、キリスト教者の方がはるかに優れていると評価した。逆に僧侶の現状批判は痛烈である。この批判を見ると、円了は僧籍を持っていたが、それに関わらずに、仏教界を客観的に捉えようとしていたことが分かる。仏教とキリスト教との比較論をどのように行うのか、円了の思想的立場が窺える論文でもある。これを前段とすれば、後の宗教の事情、社会の事情などについて考察を進めているのが後段である。近代的知識のない仏教者に対して啓蒙することが必要と考えて論述したのであろう。なお、円了は、この第二論文の中で、宗教を「知力の宗教」と「情感の宗教」に分類している。円了の宗教論の特徴の一つである。

四　第三論文「仏教は智力情感両全の宗教なる所以を論ず」

円了の第三論文は「仏教は智力情感両全の宗教なる所以を論ず」（『真理金針　続々編』）である。この論文の趣旨について、円了は冒頭でつぎのように述べている。[13]

予さきにヤソ教を排するは実際にあるかの一論を草して、仏教は知力の宗教にして、あわせて情感の宗教なることを略述したれども、未だ十分にその意を尽くさざるをもって、あるいは読者の胸中に迷雲を浮かばしめたるの疑いなきあたわず。故に予は更に一編を起草し、仏教は知力情感両全の宗教にして、ヤソ教は情感一辺の宗教なるゆえんを詳明せんと欲す。

円了のキリスト教批判は、ここに述べられているように、キリスト教は情感一辺の宗教であるという点にある。円了の宗教論において、知力の宗教が重視されるのは、やはり理哲諸学との合致の有無を前提としているからに外ならない。そして、円了は仏教を聖道門と浄土門に分けて、つぎのように述べている。[14]

それ仏教は大数八万四千の法門ありといえども、これを摂束してあるいは大乗小乗に分かち、あるいは頓教漸教に分かち、あるいは一乗三乗、あるいは顕教密教、あるいは聖道浄土等に分かつことあり。今仏教は知力情感両全の宗教なるゆえんを証するに当たり、これを聖道浄土二門に分かつを便宜なりとす。聖道門は自力難行の教にして、浄土門は他力易行の教なり。

そして、仏教の聖道門と浄土門について、前者は知力の宗教、後者は情感の宗教とするのであるが、さらに、円了は世界の宗教をつぎのように分類し、仏教とキリスト教を比較している。[15]

今日の世界の宗教を通観するに、ヤソ教は情感の宗教なること論を待たず、回教もまたしかり。ひとり仏教は知力の宗教にして、その聖道門のごときは、まさしく哲理をもって組成したる宗教なり。世人これを評して一種の哲学なりというは、すでにその教の情感の宗教にあらずして、哲学上の宗教なること問わずして知るべし。しかして聖道門の外に浄土門あるは、仏教は知力の宗教の外に情感の宗教を含有するによる。これ予が仏教は知力情感両全の宗教なりというゆえんなり。すなわち知力を和らぐるに情感をもってし、情感を導くに知力をもってし、知力情感互いに相助けて、二者の両全を得せしむるもの、これ仏教なり。これを社会に応用するときは、賢愚、利鈍、貴賤、上下の人をして、ことごとく機根相応の利益を得せしめ、開明を進め野蛮を導くの良法も、けだしまたこれに過ぎたるものなし。

ここで述べられている、知力の宗教＝哲理をもって組成したる宗教という見方こそ、円了独自の観点である。仏教はそれ以外に情感の宗教を含有しているが故に、キリスト教やイスラム教より優れているという論法である。そして具体的に円了は、仏教には聖道門と浄土門があるとして、その浄土門とキリスト教を比較して、つぎのように述べている[16]。

仏教中浄土門をもってヤソ教に較するも、その優劣同日の比にあらず。いわんや浄土門の外に聖道門のあるをや。この二門兼備するをもって、仏教は下等社会に用うるも、上等社会に用うるも、知者学者に用うるも、無知愚民に用うるも共にその利益計るべからざるものあるべし。すなわち聖道門は知力の宗教なり、浄土門は情感の宗教なり、聖道門は哲学の宗教なり、浄土門は想像の宗教なり。聖道門は知者学者に通じ、浄土門は愚夫愚婦に適す。愚夫愚婦に適するうちに、またおのずから知者学者に適するあり。これ他なし、浄土門は想像の宗教中に哲理を含有することあればなり。これ予がつねに仏教を称賛して、古今無二の宗教というゆえんなり。

ここでは、円了流の宗教論に基づいて、仏教とキリスト教を比較している。キリスト教は情感の宗教＝想像の宗教であること、仏教の浄土門も情感の宗教であるが、仏教の浄土門は想像の宗教の中に哲理を含有しているとし、キリスト教との優劣を明示している。仏教という用語が現代のように一般化していない中で、円了はキリスト教との比較論を展開して、古来使われてきた「仏法」、「仏道」という用語法ではなく、思想としての仏教・一つの宗教という見方を提示した先駆者であった。

円了はインドの哲学の中で最も完全なものが釈迦の哲学、すなわち仏教であると位置づけ、西洋哲学との比較論を展開する。初めに西洋哲学を取り上げ、つぎのように述べている[17]。

そもそも西洋哲学はいかなる所論をもって組成せるや。曰く、唯物、唯心、唯理なり。他語をもってこれをいわば、主観、客観、理想の三論なり、あるいはまた経験と本然と経験本然統合の三論なり、あるいはまた空理と常識と二者の折衷との三論なり、あるいはまた唯物、唯心、二元の三論なり。

これを哲学史に考うるに、初めロック氏経験論を唱え、つぎにライプニッツ氏本然論を唱えたるをもって、終わりにカント氏これを統合するに至り、ヒューム等の学派は唯物に偏するの傾向あり。バークリー等の論は唯心に偏するの傾向あるをもって、リード氏この二者を和合して二元論を起こすに至り、フィヒテ氏は主観をとり、シェリングは客観を立つるをもって、ヘーゲル氏は理想論を唱えてまた二者を統合し、ゲルマン学派は空理に偏し、スコットランド学派は常識に偏するをもって、この二者を折衷したる者はフランスのクーザン氏なり。スペンサー氏また、可知的と不可知的の両端の一方に偏するの弊を恐れて両境を立つるなり。近世哲学の全系は、けだしこの範囲の外に出でず。しかして、古来の諸学者の異説おのおの論理の一端に走り、その中正の点を保持せんと欲して未だあたわざるなり。

このように、円了は西洋哲学の概要を一気に述べている。当時の高等教育の状況を考えれば、哲学を知っている日本人は一部の有識者や中野目徹のいう書生社会の学生たちなどと限られていたのではなかろうか。仏教界や仏教者はこの未知なる哲学を読んでどう思ったのであろうか。しかし円了は、哲学の諸論が対立して、未だ中正の点に至っていないとし、哲学の諸論と仏教を比較して、つぎのように述べている。[18]

しかるに釈尊は、二千年前の上古にありてすでにその弊を察し、中道の妙理を説きし。中道はすなわち非有非空なり、亦有亦空なり。他語をもってこれをいえば、唯物唯心を合したる中道なり、主観客観を兼ねたる中道なり、空理と常識を折衷したる中道なり、経験と本然を統合したる中道なり、可知的と不可知的と両存したる中道なり。この中道の中にはあらゆる近世の諸論諸説みなすでに包含して漏らさず余さず、実に完全無欠の中道なり。この中道の妙理を開示するに、五時の説教あり。第一時に華厳を説き、第二時に阿含を説き、第三時に方等を説き、第四時に般若を説き、第五時に法華涅槃を説く。法華涅槃はいわゆる中道を説くものなり。阿含は有を説き、般若は空を説く。有は唯物論または実体哲学に比すべし。これを仏教にては小乗とす。空は唯心哲学に比すべし。これを大乗とす。中道は大乗中の大乗なり。故に阿含をもって小乗教に属し、般若、華厳、法華、涅槃をもって大乗に属し、方等をもって大小両乗に通ずるものとするなり。またこれを宗旨に考うるに、倶舎、成実、法相、三論、華厳、天台の諸宗あり。この諸宗は、あるいは直ちに釈尊の経文につきて開きたるものと、釈迦の後に起こりたる諸師の論文につきて開きたるものなり。一を経宗といい、一を論宗という。華厳、天台は経宗なり。倶舎、成実、法相三論は論宗なり。つぎにこれを大小両乗に配するに、倶舎、成実は小乗宗なり。法相、三論、華厳、天台は大乗宗なり。また、これを有空二門に配するに、倶舎、成実は有門なり。法相、三論は空門なり。華厳、天台はいわゆる中道なり。もしこれを大小両乗に分配するときは、小乗中にも有空二門あり、大乗中にも有空二門あり。すなわち倶舎は小乗中の有門とし、成実は小乗中の空門とし、法相は大乗中の有門とし、三論は大乗中の空門とするなり。この有空二門を合したるもの、すなわち華厳、天台の中道なり。故にこれを非有非空の中道ともいい、亦有亦空の中道ともいうなり。

先に哲学の諸説を述べた円了は、仏教の釈迦の中道論が西洋の哲学の諸論諸説を包含した最上の妙理であるという。仏教の諸教のうち、華厳と天台が中道であることを明らかにしている。そして、円了は哲学を宗教上に応用して、安心立命の方法を教えたものこそ、仏教であるといい、さらに聖道門と浄土門との仏教論を展開して、つぎのように述べている[19]。

聖道門はその理を直接に応用したるものなり。故にこれを哲学上の宗教とす。いわゆる知力上の宗教なり。浄土門は間接にこれを応用して、直接に情感の応用を示すものなり。他語をもってこれをいえば、聖道門は表面に知力の宗教を示し裏面に情感の宗教を含み、浄土門は表面に情感の宗教を示し裏面に知力の宗教を含むものなり。この表裏両面相合して仏教の全体を組成するをもって、聖道門ひとり仏教なるにあらず、浄土門ひとり仏教なるに非ず、聖道浄土二門相合して一仏教となる。しかるに世の仏教を評するもの、この表裏両面あるを知らずして、みだりに仏教を可否するは、ひとり仏者の許さざるところなるのみならず、いやしくも学理を弁ずるもののいれざるところなり。

円了はここではじめに、聖道門と浄土門と哲学との関係を示し、さらに第三論文の主題の「仏教は智力情感両全の宗教」であることを明らかにし、学理をもって仏教を論ずる者はこの立場に立つべきであると述べている。しかしと、円了は仏教界の現状をつぎのように批判する[20]。

顧みて仏教各宗今日の事情を察するに、また大いに慨然に堪えざる者あり。聖道の諸宗は浄土門を軽賤し、浄土の諸宗は聖道門を排斥し、相互いに外教異宗視して聖道浄土、表裏一体の関係を全く知らざる者のごとし。ただに聖道浄土の関係を知らざるのみならず、聖道門中の各宗は互いに自余の宗旨を難駁し、浄土門中の各宗は互いに相誹謗するのみにて、更に共同一致して仏教の一大法城を護持することなし。仏教宗内の事情すでにかくのごとし。あに世人に向かいてその拡張を望むべけんや。これ予が仏教の改良をもって今日の急務となすゆえんなり。

円了は仏教が各宗に分かれて相対立して共同一致していない現状をつぶさに批判する。仏教界にとっては公然たる秘密であるが、円了はそれを白日のもとにさらけ出している。そして、円了は仏教を改良して開明の宗教とすることを、つぎのように宣言している。[21]

予は断然仏教を改良して開明の宗教となさんことを期するなり。これ一は学者の真理を愛求するの目的に背かず、一は社会の一個人となりて国家に尽くすの義務に応ずる者と信ずるなり。これ、予が平素護法愛国の念慮あふれてここに至るなり。今この一編のごときも、またその余滴のみ。これを読む者請う、余が赤心あるところをみるべし。

ここで円了は学者の立場と社会の一個人の立場という両面から、護法愛国の念が仏教を開明の宗教に導くと主張する。ここに後に円了の生涯をつらぬく護国愛理の理念の原型がある。円了は「耶蘇教は仏教の一部分なる所以を論ず」として、まず、冒頭で真理についてつぎのように述べている。[22]

予がヤソ教を排するも、ヤソその人をにくむにあらず。予仏教を助くるも、釈迦その人を愛するにあらず。ただ予が愛するところのものは真理にして、予が排するところのものは非真理なり。しかしてヤソ教は非真理をもって真理と誤認し、真理の一部分を見て真理の全体と誤認するをもって、予これを排するなり。しかれどもヤソ教も一宗教にして、人に安心立命の道を開き、勧善懲悪の教を立つるものなれば、ただ一にこれを排すべからず。けだしその目的に至りては予が期するところと同一にして、共に道徳の大本を説き迷悟の至道を教えて、人を至善至楽の地に住せしめんと欲す。これによりてこれをみれば、ヤソ教すなわち予が宗教なり。その教を奉信する者すなわち余が同胞兄弟にして、いずくんぞみだりにこれをにくみ、これを排するの理あらんや。故に予は真理の一点においてなにほどヤソ教者と争うことあるも、社会の交誼に至りては吉凶相弔賀し、死生相送迎し、懇切親密をもって相接し、決して同胞兄弟の交情を破らざらんことを期す。あるいはいったん大事あるに臨んでは、共に協心戮力して国家のために尽くすところなくんばあるべからず。故に予がヤソ教を排するは、ただにヤソその人を排するにあらざるのみならず、ヤソ教の目的を排するにあらず。ヤソ教者の精神を排するにあらずして、ただその目的を達する方便いかんにあるのみ。

円了は自らのキリスト教批判を、キリスト教は真理の一部分を見て真理の全体と誤認していると指摘する。円了が真理を中心とする自らの立場を述べているものである。これはその後の著述にも変わらずに維持されている。円了の主張には仏教の真実と方便の見方があると考えられる。そして、円了はつぎの五点をあげて、キリスト教が仏教の一部分であると主張している。[23]

（第一）仏教は知力情感両全の宗教なり、ヤソ教は情感一辺の宗教なり。

（第二）仏教は因果の原理をもって組織せる宗教なり、ヤソ教は因果の原理より派生するところの天帝をもって構成せる宗教なり。

（第三）仏教は心性思想を本として立つる宗教なり、ヤソ教は心性思想の作用より想出するところの天帝を本として立つる宗教なり。

（第四）仏教は無始無終、無生無滅の真如の体を万物万化の本源として論ずる宗教なり、ヤソ教は真如の一端なる天帝の創造を万物万化の本源として論ずる宗教なり。

（第五）仏教は普遍の理体を説き、ヤソ教は個体の天帝を設くる宗教なり。

円了が主張するこの五点は、第三論文の主題に対する結論であるが、また円了は、キリスト教と仏教を比較して、つぎのように述べている。[24]

（第一）ヤソ教は真実一法を説き、仏教は真実方便を兼記す。

（第二）ヤソ教は人の機根同一なりと定め、仏教は不同一なりと定む。

（第三）ヤソ教は賞罰に無数の階級を立てず、仏教は無数の階級を分かつ。

（第四）ヤソ教は三世因果を説かずすべて天帝の故意に帰し、仏教は三世因果を立ててすべて因果応報に帰す。

（第五）ヤソ教は転生漸化を説かずして既得往生を説き、仏教はこれを併説す。

ここではキリスト教と仏教の相違点がそれぞれに分けて詳しく明らかにされているが、さらに、円了はキリスト教が真実でない理由をつぎのように挙げている。[25]

（第一）ヤソ教は陰証ありて陽証なし。

（第二）ヤソ教は理学実験の結果に合格せず。

（第三）ヤソ教は論理の原則に応合せず。
（第四）ヤソ教は進化の規則に背反す。
（第五）ヤソ教は心理の学説に背反す。

このように、円了はキリスト教が学理に合致しないと主張し、最後に、円了は「仏教全体の組織を論ず」として、仏教論を展開し、その結論をつぎのように述べて、第三論文を終えている。[26]

仏教は聖道浄土の二門に分かれ、聖道門は有空中の三宗に分かる。有は唯物なり、空は唯心なり、中は唯理なり。この物心理の三論は哲理をもって立てたるものにして、思想発達の規則によりて生ずるものなり。この哲理を応用して宗教を立つるもの、いわゆる仏教中の聖道門なり。故にこれを知力上の宗教とす。しかしてその物心理の三段を分かちて、初めに有を説き、次第に進んで中に至るゆえんはただに思想発達の規則によるのみならず、時と人の事情によりてしかるなり。かつ釈尊の本意、中道を立つるにあるによる。すなわち中道は仏教の真実なり。これに対すれば、有空は方便に過ぎず。これを方便とするも、真実を離れての方便にあらず。その時と人とによりて方便かえって真実となる。その世間、出世間の両道を説くも、聖道浄土二門を分かつも、みなただ真実の中道を保全するに外ならず。故に仏教はことごとく真実一道の教にして、一切の衆生ことごとく同味同感の楽地に住せしめんとする広大の宗教なり。これをヤソ教の小宗教に比すれば、その懸隔天壌の比をもって論ずべからざるなり。

円了は仏教が思想発達の規則により、また時と人の事情によりと、両面から発達してきたものと捉えている。そこには、仏教の歴史的発展には、真実と方便の立場がありながら、中道の思想・真実一道の教えを維持していると主張している。第三論文は仏教とキリスト教の比較論の結論である。円了は宗教を知力の宗教と情感の宗教に分類している。そして、今日の宗教は道理に合格するものであり、それ故に知力より生ずる宗教と言わざるを得ないという。これは円了の宗教論の基本であった。そのため、仏教を西洋の哲学と比較して、仏教も哲学により形成された宗教であることを論証する。その結果、円了は哲学を宗教上に応用して、安心立命の方法を教えたものこそ、知力上の宗教、すなわち仏教であるという。この点から仏教がキリスト教より優れていると主張する。しかし、仏教界の現状は聖道門と浄土門が互いに軽賎・論駁する関係にあり、これを開明社会の宗教に改良しなければならないと、円了はいう。その立場は、一宗一派ではなく、仏教という全体に立ったものであった。そして、また「予が愛するところのものは真理にして、予が排するところのものは非真理なり」、これも円了の宗教論の基本であり、日本人にとっては新しい宗教の基準の提起であった。さらに、円了は仏教を中道の宗教であると定義する。中道とは、相互に矛盾対立する二つの極端な立場のどれからも離れた自由な立場をいう。このような立場を持つ宗教であるが故に、仏教はキリスト教よりも優れていると、円了は主張したのである。

明治二〇年代における日本は欧化主義の時代であり、文明開化によって西洋から移入されてきたキリスト教は、開教の初期でありながら、政治、世論、信者や教会の統計などで語られるように隆盛傾向にあり、逆に、衰退傾向にあった仏教界とはまさに対照的な状態にあったから、円了の西洋の諸学を基本としたキリスト教と仏教の比較論は、大いに注目され、仏教界の新聞に長期にわたり連載されたのであろう。

五　『仏教活論』の全体

すでに述べたが、円了は明治一七(一八八四)年一〇月一六日から明治一九(一八八六)年一一月六日までに、第一論文「耶蘇教を排するは理論にあるか」、第二論文「耶蘇教を排する実際にあるか」、第三論文「仏教は智力情感両全の宗教なる所以を論ず」を『明教新誌』に発表した(後に『真理金針』初編、続編、続々編として単行本とした)。

この論文における研究と思索を踏まえて、それから三か月後の明治二〇(一八八七)年二月に刊行されたのが、円了の『仏教活論序論』である。円了はその「緒言」で刊行の意図と全体の構成をつぎのように述べている。[27]

> 余つとに仏教の世間に振るわざるを慨し、自らその再興を任じて独力実究することすでに十数年、近頃始めてその教の泰西講ずるところの理哲諸学の原理に符合するを発見し、これを世上に開示せんと欲して、ここに一大論を起草するに至る。名付けて「仏教活論」と称す。まず第一にその端緒を叙述して真理の性質、仏教の組織を略明し、題して『仏教活論序論』という。本論に入るの階梯に備うるもののみ。本論は「破邪活論」「顕正活論」「護法活論」の三大論に分かち、これより三カ月を経てその稿を終わり、稿終わるののちこれを世間に公布して、世人のいかなる思考感覚をその上に与うるかを試みんと欲するなり
>
> 序論　　明治二〇(一八八七)年二月

円了は、ここで伝統的な仏教が西洋の理哲諸学の原理に合致していることを発見したと述べ、これを世の中に伝えることを目的に「仏教活論」を刊行すると、明確に宣言している。そして、円了は三か月で『仏教活論』が終わると予告しているが、実際は異なっている。

本論　第一編　破邪活論　明治二〇(一八八七)年一二月

本論　第二編　顕正活論　明治二三(一八九〇)年九月二九日

本論　第三編　護法活論　(『活仏教』の書名で、大正元(一九一二)年九月五日刊行)

円了は明治一九(一八八六)年一一月に『真理金針』全三編を書き終えた。この『仏教活論』の構想はその過程で作られたものであろう。後述のように、『序論』などの部分には、『真理金針』の核心部分が活用されている。仏教再興のために、新たな専門書を企画したものが、この『仏教活論』の三部作である。『護法活論』は後年の著書であり、円了が時代の変遷があるので、これに合わせて執筆したと言っているので、ここでは割愛した。

六　『仏教活論序論』

『仏教活論』において、円了がどのような思想を主張したのか、まずそれをみていこう。はじめに、『序論』を取り上げよう。『序論』には目次がない。佐藤厚はこの『序論』の現代語訳を刊行したが[28]、その際、内容を項目立てしている。これを参考にすると、つぎのような項目で執筆されている。

一　国家と真理

(一)　護国と愛理

(二)　真理

(三)　思想遍歴

二　国家と仏教

(一)　日本で仏教を再興し、世界に輸出する

(二)　キリスト教は日本に合わない

(三)　キリストとキリスト教

(四)　学者才子、仏教に起て

(五)　明治一八(一八八五)年の苦難

三　仏教と真理

(一)　仏教の区分

(二)　仏教の哲学的部分

(三)　仏教の宗教的部分

(四)　釈迦の意図、方便と中道との関係

四　結論

円了の『序論』のテーマは大きく分けて、国家と真理、国家と仏教、仏教と真理、結論の四つである。円了は「緒言」で『序論』の執筆の基本的考えをつぎのように述べている[29]。

余が仏教を論ずるは哲学上より公平無私の判断をその上に下すものなれば、世間普通の僧侶輩の解するところともとより同一にあらず。また、ヤソ教者の見るところと大いに異な

るところあるべし。けだし余が仏教を助けてヤソ教を排するは、釈迦その人を愛するにあらず、ヤソその人をにくむにあらず、ただ余が愛するところのものは真理にして、余がにくむところのものは非真理なり。

余がいわゆる仏教は今日今時わが国に伝わるものをいい、その教の初祖たるもの、これを釈迦と名付くるなり。故にヤソ教者中、インドに仏教の原書なし、大乗は仏説にあらず、釈迦は真に存するものにあらず等と喋々するものあるも、余がすこしも関せざるところなり……、余は決して伝記由来をもって、その教を信ずるがごとき無見無識のものにあらず。ただ余がこれを信ずるは、その今日に存するもの哲学の道理に合するにより、これを排するは哲理に合せざるによるのみ。

今、仏教は愚俗の間に行われ、頑僧の手に伝わるをもって、弊習すこぶる多く、外見上野蛮の教法たるを免れず。故をもってその教は日に月に衰滅せんとするの状あり。これが余が大いに慨嘆するところにして、真理のためにあくまでこの教を護持し、国家のためにあくまでその弊を改良せんと欲するなり……その僧侶の過半は無学無識、無気無力なる……故に余は世間の学者才子中いやしくも真理を愛し、国家を護するの志を有するものあらば、これと共にその力を尽くさんことを期し、あわせて学者才子に対して、僧侶の外にその教の真理を求められんことを望むなり。

ここで円了が主張しているのは、第一に、哲学上より仏教の真理性を明らかにすること、第二に、現状では仏教が愚俗の衆、頑僧の手によって、弊習が多く、野蛮の教法になっていること、第三に、真理のために仏教を護持し、国家のために上記の弊を改良し、開明社会の教とすること、第四に、そのために学者才子の中から仏教に真理を求められたいとすることであった。円了がこのような考え方に立ったのは、本文の冒頭の護国愛理という主張による。それはつぎのように述べられている。[30]

真理を愛するは学者の務むるところにして、国家を護するは国民の任ずるところなり。国民にして国家を護せざるものは国家の罪人なり。学者にして真理を愛せざるものは真理の罪人なり……学者にして国家を護することを知らず、国民にして真理を愛することを知らざるものも、これまた罪人なり。

護国愛理は一にして二ならず。真理を愛するの情を離れて、別に護国の念あるにあらず、国家を護するの念を離れて、別に愛理の情あるにあらず。その向かうところ異なるに従って、その名称同じからざるも、帰するところの本心に至りては一なり。

円了はこの『序論』で初めて護国愛理という言葉を使っている。護国と愛理は一にして二ならず、つまり一つの表裏の関係という思想である。学者にして国家を護することを知らず、国民として真理を愛することを知らない者は罪人なりという。円了が護国愛理の思想に達したのは、すでに本書の序章で紹介した思想遍歴があったからである。文章が重複するが、結論の部分のみ、再び引用しておこう[31]。

余は決して真理にあらざるものを真理として信ずることあたわず。これにおいて余断然公言して曰く、旧来の諸教諸説〔仏教、儒教、キリスト教〕は一も真理として信ずべきものなし。もしその信ずべき教法を求めんと欲せば、自ら一真理を発見せざるべからず。余これよりますます洋学の蘊奥を究め、真理の性質を明らかにして、心ひそかに他日一種の新宗教を立てんことを誓うに至る。爾来、歳月匆々、早くすでに十余年の星霜を送る。その間余がもっぱら力を用いたるは哲学の研究にして、その界内に真理の明月を発見せんことを求めたるや、ここにまた数年の久しきを経たり。一日大いに悟るところあり、余が十数年来刻苦して渇望したる真理は、儒仏両教中に存せず、ヤソ教中に存せず、ひとり泰西講ずるところの哲学中にありて存するを知る。ときに余が喜びほとんど計るべからざるものあり。あたかもコロンブスが大西洋中に陸地の一端を発見したるときのごとし。これにおいて十余年来の迷雲始めて開き、脳中豁然として洗うがごとき思いをなす。

すでに哲学界内に真理の明月を発見して更に顧みて他の旧来の諸教を見るに、ヤソ教の真理にあらざることいよいよ明らかにして、儒教の真理にあらざることまたたやすく証することを得たり。ひとり仏教に至りてはその説大いに哲理に合するをみる。余これにおいて再び仏典を閲しますますその説の真なるを知り、手を拍して喝采して曰く、なんぞ知らん、欧州数千年来実究して得たるところの真理、早くすでに東洋三千年前の太古にありて備わるを。しかして余が幼時その門にありて真理のその教中に存するを知らざりしは、当時余が学識に乏しくてこれを発見するの力なきによる。これにおいて余始めて新たに一宗教を起こすの宿志を断ちて、仏教を改良してこれを開明世界の宗教となさんことを決定するに至る。これ実に明治十八年のことなり。これを余が仏教改良の紀年とす。

明治という維新の時代を経て、円了は従来の仏教、儒教、そして新しくキリスト教に真理を求めたが、いずれも真理として信ずることはできなかった。その真理の追究を西洋の講じる哲学に問い続け、やがて初めて哲学の中に真理があると、円了は発見した。そこで改めて、諸教の真理いかんを問うてみて、仏教のみは哲理に合致する思想として再発見することができた。円了の長期にわたる体験であった。ところが、当時の日本社会は仏教に対して冷淡であり、開国から布教を黙認した西洋のキリスト教に対する評判はつぎのように高かった[32]。

しかるに世上の論者中、人種を改良するもヤソ教にあり、人知を開達するもヤソ教にあり、国力を養うもヤソ教にあり、国威を輝かすもヤソ教にあり、ヤソ教を奉ずるものにあらざれば真の護国者にあらず、真の愛理者にあらずと唱うるものあり。しかしてその仏教を評するや、かれは亡国の教なり、破産の法なりと。なんぞ思わざるのはなはだしきや、なんぞ妄なるのはなはだしきや。

わが国今日の勢い百事みな西洋を学ばざるをえずというも、言語、風俗、人情、教育、宗教、衣食、器用、その他大小百般の事物ことごとくかれを学び、かれにならい、かれがいうところに従い、かれが要するところに応ずる……別して仏教を廃しヤソ教を入るるをもって、交際の便路を開き、国憲の拡張を助け、条約改正の目的を達する方便となさんとするがごときに至りては、余が最も解することあたわざるところなり。

しかし、円了が真理に目覚めた時、改めて世の中を見ると、キリスト教を論ずる人々が、人種、人知、国力、国威に関して、キリスト教者こそそれらを発展させる真の護国者であるといい、仏教は亡国の教えであると批判していた。その背景には、社会の万般にわたり、西洋のことを崇拝する風潮があったからであると、円了は捉えていた。このようないわゆる欧化主義の流行を、円了は批判する。そして仏教の改良の方策を考え続けたことを、つぎのように述べている[33]。

余この改良に関してひそかに自ら経画するところありて、一昨明治十八年は広く内外東西の諸書を捜索し、毎夜深更に達するにあらざれば、寝褥に就かず。褥に就く後といえども、種々の想像心内に浮かび、終夕夢裏に彷徨して堅眠を結ぶあたわず。故をもって、日夜ほとんど全く精神を安んずることなし。かくのごときものおよそ数カ月に及び、心身共に疲労を感ずるに至るも、あえてこれを意に介せず。刻苦勉励常のごとくなりしが、ついに昨春より難治症にかかり、病床にありて医療を加うることここにすでに一年をこゆるに至る。

仏教が西洋の理哲諸学に合致した真理であることを調査したが、円了は明治一八(一八八五)年、その教えの改良を研究し続けた。昼夜をわかたず、寝ても醒めても種々の想念が心の中に浮かび、さまようような日々であった。そのため、数か月の間、精神の安まる時がなく、やがて疲労を重く感じることがあったが、かまわず研究に取り組んだのである。その結果、一九年春に難治症にかかり、治療を余儀なくされすでに一年になった、と円了はいう。このような体験を経て得た結論を、円了はつぎのように『序論』で述べている。[34]

学者の目的は国家を護し真理を愛するにあるゆえんを述べ、あわせて仏教中に真理の存するゆえん、およびこれを今日に護持拡張するは愛国の一策なるゆえんを弁じたるをもって、これより仏教の真理は果たして純全の真理にして、理哲諸学の原理に合するや否やを論ぜざるべからず。

円了は仏教中に真理が存在することを確信し、その内実を明らかにするために、仏教を理哲諸学の原理との関係において取り上げる。円了のいう仏教とは、すでに「緒言」で紹介したように、「今日今次、日本に伝わってきたもの」であり、それは倶舎宗、成実宗、法相宗、三論宗、華厳宗、天台宗、浄土宗、浄土真宗の八宗を指す。佐藤厚は、円了がこれらの八宗をどのように位置づけたのか、それを表1のようにまとめている。[35]

表1

	名称	特性	成仏法	心力	宗派	性格
仏教	聖道門	自力 難行	自ら理を究め修行	高	倶舎宗、成実宗、法相宗、三論宗、華厳宗、天台宗	・哲学 ・知力より生ずる
	浄土門	他力 易力	他力	低	浄土宗 浄土真宗	・宗教 ・情感より生ずる ・キリスト教はこの部分のみ

円了は仏教の各宗を分類し、いわゆる聖道門を「知力の宗教」として、倶舎宗、成実宗、法相宗、三論宗、華厳宗、天台宗をあげ、浄土門を「情感の宗教」とし、浄土宗、浄土真宗を位置づけている。そしてつぎに、西洋の哲学の発展を述べている。佐藤は、それを表2のようにまとめている。[36]

円了は哲学の諸論を、唯物論→唯心論→物心二元論、主観論→客観論→理想論、経験論→本然論→統合論、空理論→常識論→折衷論、可知境→不可知境→両境と、その流れを位置づけ、仏教は有→空→中道としている。それぞれの思想の発展は正・反・合という弁証法的展開であると捉えている。このことは、すでに『真理金針　続々論』で述べられたことである。これらの西洋の哲学論に対して、仏教はどうかといえば、つぎのように述べている。[37]

表2

	1	2	3	4	5	仏教
正	○唯物論 ヒューム 1711-1776（英）およびその学派	○主観論 フィヒテ 1762-1814（独）	○経験論 ロック 1632-1704（英）	○空理論 ゲルマン学派	○可知境	○有
反	○唯心論 バークリ 1685-1753（アイルランド）	○客観論 シェリング 1775-1854（独）	○本然論 ライプニッツ 1646-1716（独）	○常識論 スコットランド学派	○不可知境	○空
合	○唯理論（物心二元論）リード 1710-1796（英）	○理想論 ヘーゲル 1770-1831（独）	○統合論 カント 1724-1804（独）	○折衷論 クーザン 1792-1867（仏）	○両境 スペンサー 1820-1903（英）	○中道 非有非空 亦有亦空

　しかるに釈迦は三千年前の上古にありて、すでにその一端に偏するの弊あるを察して中道の妙理を説けり。そのいわゆる中道とは非有非空　亦有亦空の中道にして、唯物唯心を合したる中道なり、主観客観を兼ねたる中道なり、経験本然を統合したる中道なり、可知境と不可知境と両存したる中道なり。この中道の中にはあらゆる古来の諸論諸説みなことごとく回帰して、あたかも万火の集まりて一火となり、万水の合して一水となるがごとく、更にその差別を見ず、実に無偏無党の中道なり、公明正大の中道なり。

哲学の各論がそれぞれの論理を主張して対立するのに対して、仏教は有と空を統合して中道の立場にあると円了は主張する。中道の思想は無偏無党、公明正大であると、円了は述べている。そして、仏教の各宗は、有と空と中道に分けられる。佐藤は、それを表3のようにまとめている。[38]

表3

倶舎宗	成実宗	法相宗	三論宗	華厳宗	天台宗
有		空		中道	
有	無	有	無	中宗	

このようにして、円了はつぎのように哲学と仏教を比較する。唯物論と倶舎宗・成実宗、唯心論と法相宗・三論宗、唯理論と天台宗、華厳宗という具合に論じている。そして、仏教の真如をつぎのように位置づけている。[39]

　仏教にては相対の万物その体真如の一理に外ならざるゆえんを論じて、万法是真如といい、真如の一理、物心を離れて別に存せざるゆえんを論じて真如是万法といい、あるいはまた真如と万物と同体不離なるゆえんを論じて、万法是真如真如是万法、色即是空　空即是色という……いわゆる万法とは万有というがごとし。かくのごとく論ずるを真如縁起という。

今、更にこの真如と万法との同体不離の関係を明らかにせんと欲せば、平等と差別との関係を説かざるべからず……平等は差別に非ず、差別は平等に非ざるをもって、二者全く相反するもののごとしといえども、深くこれを考うれば差別平等の同一なるゆえんを知るべし。

円了は仏教の真如が万物＝万有と一体不離のものであり、これを言い換えて、差別と平等は同一であることを明らかにしている。そして、円了は仏教と哲学・理学の一致をつぎのように主張する。[40]

仏教は真如の理体を道本とし、因果の理法を規則とし、これを宗教の上に応用して安心立命の道を教うるものなり。これ余がしばしば仏教は哲学の論理に基づき、理学の実験によるものなりというゆえんなり。

仏教は真如の理体を本質とし、因果の理法を規則としてこれを応用して、安心立命の道を説くものであり、それ故に西洋の哲学の論理、理学の実験に相通じるものであると、円了は結論として述べている。

『序論』は円了の思想が語られている。冒頭の護国＝国を発展させること、愛理＝真理を愛求すること、この二つが一にして二ならずという「即の論理」で結合され、護国愛理という思想になっている。この護国愛理は円了のその後の思想と活動の理念となったものである。『仏教活論』もこの思想で書いたという宣言であった。この思想を読者が理解しやすいように、円了はつぎにこれまでの人生の形で、思想遍歴を語る。結論として、西洋哲学が真理であり、仏教もまた哲学であったという体験が明らかにされている。

つぎに、西洋哲学と仏教思想の関係、思想の弁証法的発展が述べられ、仏教は西洋の理哲諸学の原理に合致すると主張している。仏教の思想の究極は中道にあり、それは真如（事物を支える真理を表わしたもの）であるという。最終的に円了は、「仏教は真如の理体を道本とし、因果の理法を規則とし、これを宗教上に応用して安心立命の道を教える」ものであると主張している（なお、『序論』の最後に、『破邪活論』と『顕正活論』の詳細な目次が掲載されているが、この目次は執筆の際に変更されている）。

七　『仏教活論本論　第一編　破邪活論』

つぎに円了の排耶論の一つである『仏教活論本論　第一編　破邪活論』についてみておこう。『破邪活論』は全一五段一八七節からなっている。大きくみると、つぎの八つに分けられる。

一　緒論
二　原因論
三　秩序論
四　進化論
五　道徳論
六　人生論
七　神力論
八　結論

円了は冒頭で『破邪活論』と題したことをつぎのように述べている。[41]

余がここに破邪活論と題したるは、もとよりヤソ教を破斥するの義にあらず、ただ真理にあらざるものにして、世間これを認めて真理とするものを破斥するの意なり。

円了は破邪をキリスト教のみを対象とする意図ではなく、真理にあらざるものを真理として社会が認めていることを論破しようとするのであると述べている。そして、円了は破邪の目的について、つぎのように主張する。[42]

余がこの論中ひとりヤソ教を破斥するはなんぞや。曰く、これその教の真理としてとるべからざるところあるによる。けだしヤソ教もその今日民間に行わるるところを見るに、実際上全くその用なきにあらずといえども、理論上立つるところの原理に至りては、決して真理として許すべからざるなり。仏教はこれに反して、その今日の勢い、実際上の進歩は、あるいはヤソに一歩を譲るも、その教理に至りては確固不動、哲理の大磐石の上に立つものにして、理論の激波百方これに当たるも到底破るところにあらざるを知る……今破邪を先として顕正を後にするは、非真理の妖雲を払うにあらざれば、真理の明月を哲学界内に現ずることあたわざるによるのみ。故に余が目的とするところ、ただ仏教の真理を開顕するにあるを知るべし。

円了の『破邪活論』の意図は、すでに見たように、キリスト教の思想は真理にあらざること、このことを明らかにしなければ仏教の真理を開顕できないということである。そして、円了は、キリスト教の有神論を排して、仏教の真如説を開くにありとして、つぎの項目を前提として展開している。[43]

第一　ヤソ教の有神説は陰証ありて陽証なし。
第二　実際上必要なるもの、必ずしも理論上真理なるにあらず。
第三　近世学者の論中ときどき有神の説あるをみるも、この言をもって有神論の真を証するに足らず。
第四　哲学書中に往々天神の字あるをみるも、これをもってヤソ教の天神と同一義を有するものとするの理なし。
第五　ここに甲乙両説ありて共に憶説より出づるも、一は実験説に近く、一は遠きの異同なきにあらず。
第六　西洋人のいまだ発見せざる新理のかえって東洋学中にあるも計り難きをもって、ひとり西洋人の論ずるところをとりて、全く東洋古来の説を排するの理なし。
第七　ヤソ教の天神は主観上の天神にして、客観上の天神にあらず。

この七項目については、すでに『真理金針　初編』で述べられたことである。つぎに、円了は、キリスト教者が天神の実在を証明する論理として、つぎの六点を挙げている。

一　原因論
二　秩序論
三　進化論
四　道徳論
五　人生論
六　神力論

円了はこの六つの論を追究することによって、つぎのことを明らかにすると述べている。[44]

この順序によりて、余は天地万物は進化開発に外ならざるゆえん、およびその一物たるや無始無終、不生不滅にして、天神の創造にあらざるゆえんを証示して、有神論は全く無証の妄説に過ぎざることを知らしめ、しかして結局に至りて唯物論中唯心論を開き、唯心論中理想論を発し、神物ともに心界の一現象に外ならざるゆえん、および心界また一理体の現象に外ならざるゆえんを略言して、純全の真理は仏教にあることを知らしめんと欲するなり。

円了の分析は、神の実在、神の天地創造という教説を無証の妄説として斥け、神物ともに心界の一現象、心界また一理体の現象に外ならずとし、仏教こそが純然の真理であることを明らかにしようとするものであった。このようにして、円了は六つの論を詳述して、仏教の顕正活論を用意するのであるが、破邪活論の結論として、つぎの五点を示している。[45]

第一にヤソ教者は事物みなその原因あるの理を推して、宇宙の大原因なかるべからず、その体すなわち天神なりと論定して、天神の実在を証示せんとす。余はこれに対して、宇宙に大原因あるべしと想定するも、その原因は大智大能を有する造物主宰なりというの理なし、かつ事物のいわゆる原因は因果相対循環の原因にしてその原因を推して、絶対自立の原因を宇宙の外に立つるの理なし。しかして因果相対循環なるは物質不滅、勢力恒存の理法と合するものにして、すなわち万物万象の不生不滅、無始無終を証示するもののみ、故に因果の理を追究すればかえって無神論に帰するゆえんを論ぜり。第二にヤソ教者は万象万化に一定の秩序法則あるをみて、これ一体の天神の創造に出づるによるというも、余はこれに対して物質不滅、勢力恒存の理法を証示するものにして、天地万物は不生不滅、無始無終の一物の進化開発に出づるによるのみ、決してこの点をもって有神論の証となすべからざるゆえんを論ぜり。第三にヤソ教者は進化論は万物の原種、万化の原力を証明するの力なきゆえん、および有機、有感、有心は無生無心の物質より派生せざるゆえんをあげて、進化論はかえって有神を証するものなりというも、余はこれに反して、進化論は万物万化の原種原力を知るの力なしとするも、その原種原力は物質不滅、勢力恒存の理法に考うるに、無始無終、不生不滅なることすでに明らかなれば、あえて天神の創造を仮定するを要せざるゆえん、および人獣動植の今日に現存するは不生不滅の一体、次第に進化開発するによるゆえんを論ぜり。第四に、ヤソ教者は人に本来良心の存するゆえんおよび自由意志の存するゆえんをあげて有神を証せんとするも、これまた進化の規則に基づきて証明することを得るをもって、余は天賦良心、自由意志は天神の創造を証すべからざるゆえんを論ぜり。第五に、ヤソ教者は神怪不思議の世間に存するをみて、これ天神の実在を証すべしというも、余はこれに対して、そのいわゆる不思議は我人の智力の上に属する不思議にして、天神の不思議にあらざるゆえんを論ぜり。これを要するに、以上の諸論はその意、有神説は空想妄説に過ぎずというにあり。

これらの五点は、キリスト教者が神の存在を証明する論理であるが、円了はそれぞれを否定し、その理由をあげて反論している。さらに円了は要約して、つぎのようにも述べている。[46]

余が説は天地に開端の起源なきゆえんを証明するものなり。すなわち天地万物はその身、不生不滅、無始無終にして、その現ずるところの変化は循環運行して、あるいは進化し、あるいは退化し、あるいは開発閉鎖して、際涯なきものなり。その際涯なきの間に種々の世界を現じて、一大世界開きてまた閉じ、閉じてまた開くのみ。しかしてその進退開閉して際涯なきは因果相続相関の一理法あるによる。言を換えてこれをいえば、万物唯一体、諸法唯一理なり。この理を示すもの諸教中ひとり仏教あるのみ。その教中に説くところの物体不滅説、因果相続説は、理学の原則たる物質不滅、勢力恒存の理法も同一なるものにして、その理法の真なる以上は仏説また真なりといわざるべからず。かつ物質不滅、勢力恒存の理法と天神説は両存すべからざるものにして、不滅説真なれば創造説真なることあたわず、創造説真なれば不滅説真なることあたわず。なんとなれば、すでに創造あれば終始生滅ありといわざるべからず、不生不滅なれば創造あるべき理なければなり。これ余は仏教をもって真理とし、ヤソ教をもって非真理とするゆえんなり。

円了の論説は、天地万物が進化と退化をくり返し、際涯なき変化であり、この論理は仏教の説くところであり、理学の物質不滅、勢力恒存説と一致する、それ故に、仏教は真理であり、キリスト教は非真理であると判断されるという主張である。そして、円了は最後につぎのように述べて、キリスト教が仏教の一部分であること、キリスト教の天神説が仮定説であること、仏教の唯心論や真如説が正しいことを主張している。[47]

ヤソ教は仏教中の客観界の一小部分に成立するものにして、仏教大海の一隅に浮現するものに過ぎず。かのヤソ教徒の論ずるところ、もとより因果の理を離るることあたわず、その信ずるところ、まただ心の境を脱することあたわず。天神ありと証するも心にして、心の本体知るべからずというも心なり、知るべからざる心の体、すなわちこれ天神なりと考うるもまた心なり。故に諸教中、心をもって起点と立つる教は、天神をもって原理と定る空想に勝ること幾倍なるや、ほとんど知るべからず。そもそも天神説は仮定説中の最も仮定説にして、その存滅全くわが思想の方向に属す。われこれをありと思えばすなわち天神存するがごとくなれども、われこれをなしと思えばすなわちまた天神なし、ひとり心に至りてはわれこれを空滅することあたわず。心なしと思うもこれ心にして、心ありと考うるもまたこれ心なり。仏教の唯心論、真如説ここに至りてただますます明らかなり。

キリスト教の天神説は仮定説中の最も仮定説であるが、その存滅は人間の思想によるものであり、その心の存在は仏教の唯心説、真如説によってしか論証できないものであると、円了は逆説的に述べている。『仏教活論』の本論は破邪顕正で構成され、この『破邪活論』ではキリスト教が対象となっている。円了はキリスト教の教えが非真理であることを論証し、最後に仏教が真理であると主張している。「破邪を先とし顕正を後にするは、非真理の妖雲を払うにあらざれば、真理の明月を哲学界内に現ずる」ことができないからであるという。論点は、キリスト教の有神説を排除して、仏教の真如説を開設することに置かれている。この『破邪活論』の内容には、先に発表された『真理金針』の範囲内のことが再整理されて、さらに多面的に深められているものである。

八　『仏教活論本論　第二編　顕正活論』

円了は『序論』に続いて『本論　第一編　破邪活論』を刊行したが、それは予告よりも遅れた。ここで取り上げる『仏教活論本論　第二編　顕正活論』も三年後の刊行になってしまった。その理由を「序言」でつぎのように述べている。[48]

余『破邪活論』を編述して以来ここにすでに三年に満たんとす。しかしていまだ『顕正活論』を発刊せざりしは左の事情による。余、哲学館を設立して以来、館用多端にして編述に従事するいとまを得ざりし、その一由なり、一昨年六月、欧米漫遊の途に上り久しく海外にありし、その二由なり、最初定めたる本編の序次を変更し段節を増補するに至りたる、その三由なり。

明治二〇（一八八七）年の円了は、多忙であった。すでに述べた『序論』と『破邪活論』、その他に七冊の著書を刊行し、その間に、私立学校「哲学館」を創立している。翌明治二一（一八八八）年は『哲学館講義録』を刊行して、通信教育を開始し、三冊の著書を刊行して、第一回の世界旅行に出発した。帰国したのは翌明治二二（一八八九）年六月で、八月から新校舎の建築に着行した。そのために、まとまった執筆時間がとれなかった。また、円了が当初の構想を発展させて執筆することとなり、この『顕正活論』は、大幅に遅れてしまったが、その内容は表1にまとめられている。[49]

円了の『顕正活論』は、大別して、緒論、総論、各論から構成されているが、その中で本論をなす総論は、「第一　哲学総論」、「第二　仏教総論」となっていて、第二〇七節で終わって

表1

- 顕正活論
  - 緒論（第2表へ続く）（第一～二七節）
  - 総論
    - 第一、哲学総論（第3表へ続く）（第二八～五七節）
    - 第二、仏教総論（第4表へ続く）（第五八～二〇七節）
  - 各論
    - 有宗論
    - 空宗論
    - 中宗論
    - 通宗論
  - 結論

いる。表1でも分かるように、この『顕正活論』では「各論」については執筆されなかった。円了はこの『顕正活論』がこれまでの仏教論と異なることを、つぎのように明らかにしている。[50]

余が仏教の研究は師についてその伝を得たるにあらず、宗門に入りてその流れを汲みたるにあらず。独学独修せるものなれば、その論述するところおのずから世間相伝の流儀および説明と異なるところあるべし。かつ余は本編中に述ぶるがごとく、仏教の全理を組織して一科の学となすものなれば、世間注釈的学風を追うものとその見解を異にするは必然なり。しかるに余が目的とするところは、仏教を知るものに仏教を知らしめんとするにあらず、仏教を知らざるものに知らしめんとするにあれば、余は従来の注釈的学風にては到底この目的を達し難きを知り、自ら進みて学理的に研究する針路を開くに至れり。しかして本編のごときは殊更に哲学上仏教を論評せるものなれば、ひとり仏教外の人、この書によりて仏理を知るの益を得るのみならず、仏教内の人もこの書によりて哲学を知るの便を得べしと信ず。

円了はこの『顕正活論』で仏教論を展開するのであるが、その目的を仏教を知らざる者に知らしめるにあるといい、そのために、従来の世間注釈的学風に従わず、仏教の全理を学理的に組織して一科の学とすることを目指したという。表1で分かるように、哲学上から仏教の全理を新しく組織したものである。このように『顕正活論』は新しい仏教論の試みであるが、真宗の出身の円了に対する誤解について、つぎのように弁明している。[51]

余は真宗の家に生まるるをもって、他宗の者はこの書を評して、真宗に僻する論なりというべく、真宗の人はこれを評して、かえって真宗を貶せりとなすべし。しかれども余がこの著のごときは哲学上仏教を論評せるものなれば、真宗の眼光をもって仏教を観見したるものにあらざること言を待たず。かつ余は諸宗を合同して一体となりたるものをもって完全の仏教とし、各宗各派はみなその一片一部分に過ぎずとなすものなれば、余は各宗の間に優劣を判ぜずといえども、おのおのその長所と短所あることを論ずるものなり。

円了のいう仏教とは、諸宗を合同して一体とする「完全の仏教」を指し、各宗各派の教理を哲学上より論評して組み立てたものであるという。円了はつぎに「緒言」の冒頭で『序論』で示した自らの思想＝護国愛理について、「余が本論を述作する端緒を開くもの」であるとして、つぎのように説明している。[52]

そもそも人のこの世にあるや外界に対して発動する本心に二様あり。一は利己自愛心、二は利他汎愛心、これなり。この二者は全く相反し氷炭相いれざるがごとしといえども、その実一体にして決して離れたるものにあらず、この一体不離の関係を示すものすなわち仏教にして、余が愛国論もこの理に基づくものなり。今この本心を護国愛理の二者に配当するときは、真理を愛する情は汎愛心より起こり、国家を護する念は自愛心より起こる。余はこの二心より生ずる主義を名付けて、その一を宇宙主義といい、その二を国家主義といわんとす。すなわちわが汎愛の心、天地の上に及ぼすときは宇宙主義を生じ、自愛の心、国際の間に及ぼすときは国家主義を生ずるなり。もしそれ国家主義の一辺をもって真理を講ずるときはその目的を達し難く、宇宙主義の一辺をもって国家を論ずるときはその独立を期し難し、故にこの二者は偏廃すべからざるものと知るべし。

円了は、護国愛理の理念を、真理を愛する情は利他汎愛心より起こり、国家を護する念は自己自愛心より起こるといい、この二つは一体不離の関係にありと捉えている。この捉え方は仏教の思想によるものであると、円了は述べている。そして、汎愛心は宇宙主義、自愛心は国家主義となり、この二者は相即の論理で一体のものとして捉えている。この宇宙主義と国家主義の捉え方は、円了が第一回の世界旅行で体得したものであり、円了の思想の一面が発展したことを明らかにしているだろう。このような発展はつぎの主張にも関係している。

円了は『序論』中で、これまで取り上げなかったこと、つまり日本の文明について述べる。日本の古来の文明は、当初、中国、インドの地に発したものが、日本に移入され、これに「日本の固有の性質気風」がくわわり、「三国の元素」が和合して、一種特有の文明を構成した。「その文明の根元を探りまたこれを将来に伝うる」ものは、学問による以外にない。この学問とは、和学、漢学、仏学であり、現代的にいえば、言語学、歴史学、宗教学である。このように、円了は位置づけし、それの発展についてつぎのように述べている[53]。

しかるに今日は徳川氏の余勢を継ぎ、ひとり外面隔離の現状をみて、永くこれをして分解せしめんとするものありといえども、数千年来混和したる一種の化合物、いずくんぞ一朝にしてその本来の元素に溶離するを得んや。かつ我人はこれを分解するは、かえってわが国体民情の上に大いに利害の関係あることを記せざるべからず。故に余はあくまでこの三学を保護し、永くその和合を維持し、国家の独立にさきだちてこの独立を全うせんことを祈念してやまざるなり。けだし余はこの独立ありて始めて国家の独立を全うすることを得るものと信ずればなり。しかして余がこれを保護するの意は、あえてその旧来の研究法を守り注釈的学風を維持するの意にあらず。旧来の研究法は、学問の皮相を保守するを知りて、精神を発育するを知らず、これいわゆる学問を死物視するものなり。学問決して死物にあらず、機関あり、精神あり。これに供するに新鮮の栄養をもってするときは、勃々として生気を発し、森々として繁茂するものなり。故に余は旧来の学風を一変して、わが従来の諸学に理学哲学の栄養を与え、これをして十分に発育せしめんことを期す。これ余が今日哲学館を設置して、わが国に久伝せる和漢仏を正科とし、欧米各国の理哲諸学を助科とし、他日日本大学を創立するをもって目的とするゆえんなり。

円了は和学、漢学、仏学が日本の文明の根にあるものであると捉えているが、これらの学問は現状では死物化しているので、これに理学、哲学という西洋の学問から栄養を加えて、活物化しようと試みる。それを、自ら創立した哲学館で実現しようという計画（哲学館の改良）を明らかにしているのである。しかしながら、円了は仏教に対して世間では、仏教の改良に関心がないばかりか、かえって排斥しようとしていることに、つぎのように反論している。[54]

わが国今日の仏教は日本風を帯びて、シナ、インドに存するものと大いに異なるところあるにあらずや。故に美術をもって日本固有となすときは、仏教も同時に日本固有となさざるべからず。もしこの二者共に日本固有のものとなすときは、朝野の人士が美術を策励するをもって国家の義務となすと同時に、仏教を振起するをもって国家の義務となさざるべからず。しかるに美術にありては、その盛衰を旧来の無学無資の美術家に任ぜずして、朝に野に衆人争うてその改良に力を尽くし、ひとり仏教に至りてはこれを旧来の僧侶に一任して、だれもその改良に注意せざるは、果たして国民たるもののその国固有のものに対する公平の見なるや、これ余輩の大いに怪しむところなり。

円了は、欧化主義から国粋主義に展じた日本の状況の中で、政府と民間ともに日本固有の美術の改良が策励されているが、仏教については外来思想として日本国民はその改良を支持していないと指摘する。現在、日本にある仏教は日本固有の仏教であるから、日本の美術と同じく取り扱うべきだというのが、円了の主張である。つぎに円了は、この『顕正活論』の目的をつぎのように述べている。[55]

この『顕正活論』の目的はもっぱら仏教の真理を証明する

にあれば……今仏教の真理を開顕するに、まず余が講究の方法、世間一般に用うるところのものと大いに異同あることを一言せざるべからず。その異同とは左の二項なり。

第一項　仏教を哲学上より講究すること（仏教哲理学）

第二項　仏教を活物視して講究すること（仏教発達論）

円了は仏教が真理であることを証明するために、仏教哲理学と仏教発達論の二点という、世間一般の方法と異なる観点から試みようとしたと述べている。そして、円了は従来、日本では宗教は仏教のみであったが、今日はこれにキリスト教、イスラム教（回教）があり、特にキリスト教は仏教と真理を争うものとなってきている。このような状況では、両教の真否を明らかにしなければならず、その際、哲学が関係することをつぎのように述べている。[56]

いやしくも世間に立ちて自ら信じまた人をして信ぜしめ、仏教の真理を開顕しヤソ教と優劣を争わんとするに至りては、必ず哲学を兼修せざるべからず。なんとなれば、哲学は論理の原則、真理の標準を考定するをもって目的とするものなれば、いかなる宗教にてもその真非を判定せんとするときは、哲学の裁判を待たざるべからざればなり……故に仏ヤ両教の間に真非を較せんとするときは、仏ヤ両教の外にありて両教共に許すところの標準を用いざるべからず、すなわち哲学あるのみ。哲学は諸学諸教の上に立ちて公平不偏の真理を判定するをもって、目的とするゆえんは総論に入りて余が論ずるところをみて知るべし。故に余は今日の仏者は哲学を兼修して、仏教の真理を世界に発揚するをもって目的とせざるべからずと断言せんとす。これ哲学兼修の必要なる第一理由なり。

円了は『顕正活論』の目次で見たように、仏教総論を前に、哲学総論を後に位置づけている。その理由は諸教と仏教を比較する時、その標準として哲学を位置づけているからである。円了によれば、仏教者が哲学を兼修することは、仏教が真理であることを、世界に発信するためであった。また、今日ではキリスト教との争いと共に、宗教を排斥する諸学との関係も問題になっているとして、円了はこのためにも哲学と仏教の関係を明らかにすることの必要性をつぎのように述べている。[57]

今日の仏者中にはその敵とするところのものひとりヤソ教にしてそのほかに真非を争うものなしと自信するものあり。これ今日諸学の存することを知らざる論なり。今日の諸学には、物理学あり、化学あり、天文、地質、生物、生理等幾種あるを知らず。この諸学は真理を学界上に立つるに至りてはみな宗教に反対するものなり。否、宗教を排斥するものなり……彼の説はみな実験よりきたるものなり、仏教者これと争うべき実験を有するや。かくのごとき実験の諸学に対して仏教の真理を立てんとするときは、哲学によらずして何学を用うべきや。かの諸学の実験は有形にとどまるも、この哲学の研究は無形に及ぼすをもって、仏教のごとき無形上の真理は、哲学によりて証明せざるべからざること明らかなり。これ余が今日仏者の哲学を兼修するを必要となす第二理由なり。

かつ仏者は、今日は学界開港の時なることを知らざるべからず。昔日は鎖港の時なり。鎖港の時にありては政府中に外部省を置くを要せず、外交政略、万国公法等を講究するを要せざりしも、開港の今日にありては広く万国の法律事情を講究せざるべからざるがごとく、今日の仏教は諸学の間に交通を開くに至りたれば、仏教者は広く諸学の原理事情を知らざるべからざる時に際せり。これ実に仏教世界、開港の日というべし。

円了は、仏教界や仏教者が、仏教の敵はキリスト教のみと見ることに警告を発し、西洋伝来の理系の学問は実験の諸学であり、宗教の存在を否定するものであると述べている。真理を争う上で、理学と対抗するには、仏教が哲学であることを証明する以外に道はないと、円了は主張する。明治維新以来、日本は開港され、国際化へと歩んだ現状からすれば、仏教者が鎖国の時代のように、内に閉じこもるだけの時代は終わり、仏教世界も開港の時代に合わせて、諸学の原理を踏まえなければならないのであると、円了は指摘している。そして、円了は仏教と哲学の関係について、つぎのように述べている。[58]

また論者が仏教は三世の説、哲学は一世の説と唱うる論に対して一言するに、理学あるいは一世の説と名付くることを得るも、哲学は必ずしも一世の説と限るべきにあらず。たとえば未来世界のごとき、天堂地獄のごとき、霊魂不死のごとき問題は、論理、思想の及ぶ限りは哲学において推究せざるを得ず、過去世といえども、これを推究するはもとより哲学の本分なり。ただ仏教と哲学との別は、要するに左の一点にあり。仏教は釈迦自証の法にて自ら証見せしものを衆人に訓示したるものなり、哲学はおのおの自ら進みて推究せんことを目的とするものなり。故にこの二者において論明するところ大いに異同あるをみるなり。以上述ぶるところをもって仏教兼哲論を評するに、仏教と哲学とは互いに包含するところあるも、哲学の全分ことごとく仏教中に存するにあらず、二者おのずから性質の異なるありて、なにほど仏教を研究するも別に哲学を兼修せざれば、哲学を知ることあたわざるなり。

円了は哲学を論評する者が、仏教は三世の説、哲学は一世の説と断定することは誤りであると述べている。もちろん、円了は哲学と仏教を完全に同一視していない。仏教と哲学は包含する関係にあるが、二者の性質は異なるので、仏教を研究するも別に哲学を兼修しなければならないと主張している。円了はなぜ哲学と仏教の関係を重視するのか、そのことについてつぎのように述べている。[59]

余は仏教を信ずるものに仏教を信ぜしむるを目的とするにあらず、仏教を知るものに仏教を知らしむるを本意とするにあらず、世間、仏教を知らずして仏教を排するもの多きをもって、これに対して仏教の真理なるゆえん、仏教の信仰すべきゆえんを示さんと欲するなり。もし仏教の真理は釈迦一人に帰してあえてこれを問わず、仏教の解釈は旧来の轍を守りてあえてこれを変ぜざるときは、到底その教をして今日の人に知らしむること難し。もしこれに反し、その教をして人に知らしめ、人をしてその真理なるゆえんを信ぜしめんと欲せば、旧来の解釈を一変して哲学上の解釈を下し、今日の学理に照らして是非を判定せざるべからず。

円了は、仏教を知らずに仏教を排斥している人々が多い現状では、その人々に仏教が真理であることを信じさせるには、旧来の仏教の解釈は無効であり、今日の学理上においても仏教が真理であることを証明しなければならないと主張する。つぎに円了は、仏教を注釈的ではなく発達的に捉える必要性について、つぎのように述べている。[60]

普通の仏教者は仏教は釈尊のときに最も発達せしものにして、その後漸々退化して今日に至ると信ずるをもって、その学風のごときは釈尊所説の経典を注釈し、もしくはその注釈を注釈するをこととし、字句文章の解釈にとどまり、更に活眼をもって字句の裏面に含むところの仏教の精神いかんを問うことなく、ついにその学をして発育進化せざらしむ、これいわゆる注釈的学問にして発達的学問にあらず。余はこれを仏教を死物視するものとなす。死物は発育の力を有せず、活物は発育の力を有す。今余が仏教をみるは、これを活物とし、これに栄養を与えてますます発達せしめんことを期するなり。故に本書のごときは、この発達の目的をもって編述し、従来人の死物視したるものを転じて活物となし、仏教中に有機組織を開かんとするものなり。これ本書を総題して『仏教活論』というゆえんなり。

円了は、一般の仏教者が釈迦の時代を最上とし、その後の教えは後退していると見て、釈迦の教説を注釈するにとどまっていることを批判する。それよりも、仏教の精神とは何かを問い、発達的学問、すなわち仏教を活物となすことを追求し、もって仏教体中の新たな有機組織を開くことが、円了の目的であると述べている。このように、円了の仏教論は当時の仏教者と見解を異にするものであった。この『顕正活論』の由来も含めて、自らの仏教論の内実をつぎのように述べている。[61]

> 余は仏教の見解を普通の仏者と異にするところあれば、その理由を示すを必要なりと信じ、ここに緒論の一段を設くるに至れり。普通の仏者は仏教は釈尊自証の法にして世の諸学と関係なきものとなす、余は仏教は哲学の道理に基づきて組織したる智力的宗教となす、これその異なる第一点なり。つぎに普通の仏者は仏教の退化を信じ、あるいはこれを死物視するも、余はこれを活物視し、これに哲学の栄養を与えて、その内部に含有する勢力をして十分に発達せしめんとす、これその異なる第二点なり。故に余がこの編の目的とするところは、哲学の水を仏田に注ぎ、数百年来学問の旱魃によりてまさに枯れんとせし仏教の苗種を回らして、再び生気を発せしめんとするにあり。『顕正活論』の名称、その実を表すというべし。しかして余がここに一言を付せざるを得ざるものあり。上来余が仏教に哲学の栄養を与うるといえる意は、草を化して木とし、仏教を変じて哲学となすの謂にあらず、仏教は仏教なり。ただその仏教中に存する哲学の部分と宗教の部分とを分界し、その両元素の諸経諸論中に散見混同せるものをおのおのその類に従って彙集し、またこれを概括して一貫の理脈を抽出し各部分の関係をして判明ならしめ、仏教体中に一種の有機組織を構成するをいう、すなわち仏教をして一種の系統を有する学に組織するをいう。その組織法に至りては哲学の規則によらざるべからず、これ余が哲学をもって仏教発達の栄養となすというゆえんなり、これ余が講究法の従来の注釈的学風と大いに異なりというゆえんなり。

円了の仏教論は、諸学との関係を明らかにするものであり、仏教は哲学の道理に基づいて組織された教えであり、そのため仏教に哲学の栄養を与えて、仏教内部の勢力を発展させることができるというものである。円了は仏教の中を、哲学の部分と宗教の部分にわけ、これらを概括して仏教を一種の系統を有する学に組織しようと試みる。そのためには哲学の規則に従って構成し、仏教を現代化しようと考えたのである。すでに表1で示したように、円了は本論の第一に哲学総論を取り上げる。仏教総論の前に位置づけた理由をつぎのように述べている。[62]

> 哲学総論を仏教総論の前に掲ぐるは、余が緒論中に示せしごとく、仏教は哲理に基づきて組織したる宗教なれば、仏教

の真味を知るには哲学上より入らざるべからざるをもってなり……余はかくのごとく仏教を哲理上発達的にみるをもって、釈迦の年代つまびらかならず、大乗は仏説にあらず、日本仏教の原書伝わらず等というがごとき駁論あるも、これに答うるを要せざるなり。

そして、哲学の解釈法を二つに分ける。すなわち理学は有形学・哲学は無形学、理学は部分学・哲学は全体学あるいは統合学であると、円了は位置づけ、最後には同一の結論に達することを、つぎのように述べている。[63]

宗教学は純正哲学の応用なるの点に至りては、前後一致したるものというべし。しかしてその応用は直接の応用にして、もし広く間接の応用を挙ぐるときは、あらゆる有形無形の理学みなその応用ならざるはなし。かくのごとく宗教学をもって直接の応用となすは、余が理哲諸学を概括して論定せるところなり。しかしてのち仏教を閲するに及び、仏学は正しくこの純正哲学の応用なることを発見せり。この応用学と仏教との関係を知るには、学と術との別を説かざるべからず。仏教は宗教なり、宗教は学にあらず。理論上宗教の真理を考究し、応用上その規則を論定するものは学なり。これを宗教学もしくは哲学という。しかして宗教学ただちに宗教にあらず。宗教とは宗教学において考定せる規則を、実地に施行して実際上一組織を開くものをいう、すなわち実践躬行の組織なり。故に余はこれを術といわんとす。これを術と名付くるは学にあらずして実行なるによる。もし人ありてその術はいかなる術なるやと問わば、余はこれに答えて、安心立命の術なりといわんとす。仏教の上にてこれをいわば、転迷開悟の術、断障得果の術、もしくは脱苦得楽の術といわんとす。

円了は、仏教の学問的部分は純正哲学の直接的応用と捉えている。しかし、仏教は宗教であり、宗教は学ではないと、円了は両者を混同させない。理論上の真理を考究し、応用上にその規則を定めるものを学とし、この宗教学を実地に施行して実際上において一組織を開くものを術とする。円了は、宗教を安心立命の術とし、仏教は転迷開悟・脱苦得楽の術であると、分析している。さらに、円了は宗教を定義し、さらに仏教を定義して、つぎのように述べている。[64]

仏教は宗教なること明らかなるも、その学はひとり宗教学にとどまらず、純正哲学と宗教学を兼ねたるものなり、理論学と応用学を合したるものなり。その学中仏教の真理を究明する部分は、理論学なり、純正哲学なり。その修行の規則階級を論述する部分は応用学なり、宗教学なり。たとえば小乗にては人身を分析して、我と称すべき実体なきを論明し、万象を組成せる諸元の体はひとり恒有なりと証示したるは純正哲学なり。大乗にて森羅の諸象は識心を離れて存するにあらずといい、一切諸法は一心の中に具するというがごときは純正哲学なり。この理論上の道理に従い宗教の目的を達するには、修行の規則あり昇進の階級ありて、仏道を修習する方法を指示したるがごときは宗教学なり。故に仏教学は無象哲学中の理論応用二門を兼備せるものなりというべし。これによりてこれをみるときは、仏教は哲学上の宗教にして智力的宗教なること瞭然たり。

円了は、仏教は宗教であるが、その学は純正哲学と宗教学を兼学し、理論学と応用学を合わせたものであるという。それ故に、仏教学は無象哲学中の理論と応用の二つを兼備し、仏教は哲学上の宗教にして知力的宗教であると、円了は主張する。その円了にとって、哲学と仏教の関係はつぎのように応用・一致することを述べている。[65]

哲学の組織をみるに、これを無形の学とするも、これを統合の学とするも、哲学中究竟の問題を考定するものは純正哲学にして、その学は広く万般の問題の結帰する最後の大問題を論定するを目的とし、最後の問題は物心理三者の実体を究明するに外ならざれば、純正哲学分かれて物体心体理体の三哲学となるべし。この三哲学の原理を間接に応用するものは有形無形の諸学なれども、直接に応用するものは宗教学なり。すなわち余がいわゆる智力的宗教学なり。顧みて仏教をみるに、その学はすなわちこの純正哲学と宗教学とを兼有せるものなるを知る。たとえば仏学すなわち仏教哲学は理体を証明するを目的とするも、物体心体をあわせて考究し、かつこれによりて組織したる有宗空宗中宗の三部あり。これまさしく純正哲学直接の応用といわざるべからず。しかしてこの応用は西洋今日の学者が組織せんことを求めて、いまだあたわざるものにして、東洋にありては三千年古早くすでにその応用ありしをみる。これ余が仏教を智力的宗教とするのみならず、古今不二、万国無比の宗教とするゆえんなり。

円了は、純正哲学が広く万般の問題の中の最後の大問題を論定する学であり、それは物体、心体、理体の三哲学であり、仏教哲学は物体、心体を合わせて究明し、最後に理体に至っているという。仏教には、有宗、空宗、中宗があり、西洋の三哲学と相応するものである。西洋の純正哲学の直接の応用が仏教であるが、東洋にあっては釈迦によって三千年前に応用・実現されたものであり、古今になく、万国にない宗教であったと、円了は主張する。そして、最後に、円了は自己の思想に対する反論について、つぎのように述べている。[66]

普通の仏教者は余がかくのごとく仏教を分解して哲学の組織に比するをみて、これ仏教の名誉を害するものなり、仏教の声価を損ずるものなり、仏教は釈迦新発明の宗教にして哲学の部類に入るべからざるはもちろん、全く哲学の外に立ち世の諸学の上に超然として孤立せざるべからず、これを哲学の上に考えて、仏教の有空中とは哲学の物心理なりと評するときは、仏教の仏教たる特色を失うものなり、仏教あに哲学と比較すべけんやと。余はこの論のいずれの意に出づるやを知るに苦しむ。仏教は真に声価を有するもの、実に特色を有するものなるときは、これを諸学に比較してのち始めてその真価本色を発現すべきなり。

諸学において真理とするところも、仏教において真理とするところも、同一にして真理に二致なければなり。

普通の仏者、別して浄土門に属する人は、余が宗教を智力的、情感的の二者に分かち、仏教中の聖道門は智力的宗教にして、浄土門は情感的宗教なりというを駁して、これ浄土門を擯斥する論なりという。余が浄土門を情感的となすは、その情感的の形をとるをもってなり。しかして余は浄土門はその本体、智力的宗教にして、その外面に情感的の形象を現示したるものなれば、ヤソ教の情感的とは大いに異同あることを明言せり。これ決して浄土門を擯斥するにあらず、かえって称揚するなり。

円了は、自ら仏教を分解して哲学の組織と比較することを、一般の仏教者が仏教に対する世間の評価を損なうものと批判することに関して、西洋の諸学と比較しなければ、今日では仏教の真に社会的な評価に値するものであることを証明できないと主張する。また、仏教を知力的宗教と情感的宗教に分類した円了の仏教論について、浄土門の関係者から非難されるが、それは誤解であると述べている。つぎに、円了は仏教総論を展開する。円了がここで論ずる仏教とは、日本の今日の仏教であるとして、つぎのように述べている。[67]

余が仏教とはインドの仏教をいうか、日本の仏教をいうか、仏教総体を指すか、一宗を指すかを一言せざるべからず。余は緒論中に説明せるがごとく、仏教を活物視するをもって、釈迦在世の仏教と日本現今の仏教と外面上異なるところあるべしといえども、その異なるは仏教のシナ、日本を経て発達したるゆえんにして、その精神に至りては前後を貫きて一脈の連続するものあるを知る。余はこれを時間上、一脈の精神ありという。故に今余が論ずるところは、わが国の今日の仏教を目的とするものなり。

　今日わが国に現存する諸宗諸派を総括して仏教と称するなり。故にその論、一宗一派を標準とするにあらず。しかしてこの諸宗諸派の間にまた一脈の精神ありて貫通するをみる。余はこれを空間上、一脈の精神ありという。かくのごとく仏教は三千年の星霜を経て数宗派に分かれたるも、時間上空間上、共に一脈の精神ありて互いに経となり緯となり、縦横に交渉するをもって、今日わが国に現存する諸宗派を総摂して一仏教と称することを得るなり。

　円了がこの『顕正活論』においていう仏教とは、釈迦に始まり、中国、日本において発達したる仏教であり、このような時間を経ている日本の現在の仏教である。また、空間上において日本に現存する諸宗諸派を総括して一つの仏教といい、それらは一脈の精神によって貫らぬかれているものであると述べている。その日本仏教について、円了は表2のように分類し、それについてつぎのように述べている[68]。

　現今わが国に存する仏教は、学問上よりみると、宗旨上よりみると、多少異なるところあり。宗旨上よりみるときは現今存するもの一二宗あり。法相宗、華厳宗、天台宗、真言宗、臨済宗、曹洞宗、黄檗宗、浄土宗、真宗、融通念仏宗、時宗、日蓮宗なり、これみな大乗宗なり。仏学上より研究するときは大小両乗あり。『八宗綱要』に載するところの宗名を挙ぐれば、小乗宗中に倶舎宗あり、成実宗あり、律宗あり、大乗宗中に法相宗あり、三論宗あり、天台宗あり、華厳宗あり、真言宗あり。この大小八宗は昔時みなわが国に伝わりしも、今時はそのうち存せざるものあり、ただ学問上にて講究するのみ。今余が仏教として論ずるところのものは、大乗小乗を兼ね、この八宗を総称するものなれども、余はこれを有、空、中の三宗に分かち、有宗は小乗を義とし、空宗は権大乗を義とし、中宗は実大乗を義とするなり。大乗中に権、実の別あ

表2

- 仏教
  - 理宗
    - 有宗（倶舎宗ならびに成実宗）
    - 空宗（法相宗ならびに三論宗）
    - 中宗（天台宗、華厳宗ならびに真言宗）
  - 通宗
    - 禅宗
      - 臨済宗
      - 曹洞宗
      - 黄檗宗
    - 日蓮宗
    - 浄土諸宗
      - 融通念仏宗
      - 浄土宗
      - 真宗
      - 時宗

るは、仮大乗、真大乗というがごとく、一は大乗の初門、一は大乗の極門をいうなり。また権大乗を三乗教と称し、実大乗を一乗教と称することあり、その理由はのちに至りて述ぶべし。しかして有宗論にては主として『倶舎論』の教義を論じ、傍ら『成実論』を説き、空宗論にては主として法相宗を論じ、傍ら三論宗を説き、中宗にては主として天台、華厳両宗を論じ、傍ら真言宗を説くべし。かくのごとく有空中三宗を論じ終われば、更に仏教中の情感的宗教に論及すべし。情感的宗教は浄土宗、真宗、時宗等をいう。仏教にて浄土門と称するもの、これなり。

円了は日本仏教を学理上から取りあげ、釈凝念の『八宗綱要』の八宗によって小乗と大乗の仏教に分け、さらに表2のように、仏教を理宗、通宗に分け、理宗を有宗、空宗、中宗にそれぞれ分け、通宗では禅宗、日蓮宗、浄土諸宗に分類している。円了は『破邪活論』と『顕正活論』の位置づけを、つぎのように述べている。[69]

『破邪活論』を一読するものは必ずいわん、これ無神論にあらずして無心論なり唯物論なり、仏教にあらず宗教にあらずと。これ余が論の一半を知りて全分を知らず、表面を見て裏面を見ざる論なり。『破邪活論』はヤソ教の天神創造説の妄なるゆえんを証示するを目的とし、これを証示するには全く客観一方の論をもって足れりとするものなれば、余はこれに対して唯物論理を用いたり。唯物論は宗教の原理に反対するに似たるも、その実かえって理想の存在を示すものなり……余が排するところは、理想の体を離れて別に千万の物象真に存せりというがごとき妄論にして、余が立つるところは理想の上に物心の諸境あり、平等の上に万象の差別ありというがごとき中道なり。その理を証示するは本編の目的とするところなり。

円了の『破邪活論』に対する論評には、無心論、唯物論であって、仏教や宗教からの批判ではない、というものがあったが、円了は、キリスト教の天神創造説を論破するには、唯物論で足れりとして用いたという。また、円了は、唯物論が宗教の原理に反するといえども、かえって理想の存在を示すものでもあるという。円了の述べるところは、理想上に物心の存在があり、平等の上に万象の差別ありという中道の理を示すことにあると主張する。つぎに、円了は理論門に入り、「仏教中に貫通する理脈」について述べる。これこそが仏教総論の主眼点であるという。[70]

古来仏家は仏教に八万四千の法門ありて、諸宗諸派前後、相尋ねて分かれ、各宗互いに他派を擯斥してやまずといえども、いやしくも一仏金口の所説なれば一味にして二致あるべき理なしといい、あるいは仏自ら金杖を折るがごとく多段に分かるといえども、段々みな真金なりと説かれたれば同一質の仏教なり。しかるに一仏所説の経に大乗小乗、一乗三乗、顕教密教、聖道浄土等の別あるは、その教、応病与薬の法にして、衆生の病性一ならざれば薬方また異ならざるべからざるによる。故に法に八万四千の門あるは衆生の病に八万四千種あるをもってなり。もし仏の方よりこれをみれば、もとより一味の仏教なり等と論ずれども、その諸宗派を合一し八万四千を貫通して、一理脈の存するゆえんを明示せざりしは、従来仏教家の欠点といわざるべからず。これ畢竟仏教を学術的に研究せざりしによる。

古来、仏教者は仏教に八万四千の法門ありとして、互いにしりぞける傾向があるが、仏の方より見ればもとよりその本旨は同一の仏教であり、八万四千の法門を貫通する一理脈があるけれども、仏教者はこれを明示したことがないのは欠点であり、学術上から研究に取り組まなかったことによるものであると、円了は分析している。この仏教に一貫するものは、真如であり、円了はこれについてつぎのように述べている。[71]

仏教を一貫せる道理を一言にて開示するときは真如の理体、これなり。真如とは法性といい、一如といい、法界といい、理性といい、種々の異名あれども共に一切諸法、万象万類の実体本源を義とす。その理を指して涅槃といい、これを証する智を名付けて菩提という。故にこの二者の体は共に真如なり。しかしてその智に根本智、後得智の二種を分かち、真如の理を照見する方を根本智といい、すでにこれを照見し顧みて差別の衆生界を照らすに至れば、これを後得智という。後得智は衆生を化育する大悲なり仁なり……真如の体面に現立するものこれを事相という、現象の義なり、あるいは万法という、万象万有の義なり。この現象界は生滅変遷、栄枯盛衰あるをもってその実況とす。故にこれを生滅界もしくは生死界という。これに対して真如界を不生滅界という。その他、仏教中には有為法、無為法の名目あり。有為法とは変遷生滅あるものを義とし、無為法とは変遷生滅なきものを義とす。故に真如は無為法なり、山川、草木、人獣は有為法なり。あるいはその変遷なき事情を常住といい、変遷ある事情を無常という。みな仏書中に用うるところの名目なり。

円了は仏教を貫通する道理が真如であるといい、真如の異名はあるが、万象万類の実体本源であると述べている。その真如の対面に現立するものを事相・現象といい、現象界は生滅変遷するが、真如界は不生滅界であると、円了は述べている。そして、真如と現象の関係を、平等と差別の関係から、つぎのように説明している。[72]

真如と現象との関係を知らんと欲せば、あらかじめ平等と差別との関係を知るを要す。平等とは無差別なり絶対なり、差別とは不平等なり相対なり。絶対は相対と相反し、平等は差別と相反すといえども、平等は差別を離れず、絶対は相対を離れず、絶対の中に相対あり、平等の上に差別ありて、二者一体の関係を示すもの、これ仏教なり。『序論』中に重ねて弁明せるがごとし。今それ真如は無差別にして相対するものなきをもってこれを絶対平等の体とし、現象は彼我、自他の別あるをもって相対差別の境とす。この二者の関係を一にして二ならず、二にして一ならずという。他語にてこれをいえば、差別と平等とは一体なると同時に異体なり、異体なると同時に一体なり。これを仏教にては不離不即の関係という。この関係を『序論』には紙の比喩を挙げて示せり……国家の裏面に宇宙あり、宇宙の表面に国家あり、差別平等、表裏両面の関係ありと立つるも仏教の推理なり。これ余が巻初に護国愛理は一にして二ならずといいたるゆえんなり。仏教の諸宗にて説くところのもの往々矛盾する論理あるをみるは、みなこの二様同一の関係より生ずるものなり。一仏教中に小乗あり大乗あり、一乗あり三乗あり、聖道門あり浄土門あるがごときも、またみなこの関係より起こるものなり。

円了は真如と現象の関係を平等と差別の関係で説明する。絶対の中に相対あり、平等の上に差別あり、二者一体の関係を示すものが仏教であり、仏教では不相不離の関係という。国家の裏面に宇宙あり、宇宙の表面に国家ありという推理は仏教によるものである。仏教で説く矛盾する論理はみな二様同一の関係を示すものであると、円了は述べている。[73] つぎに、円了は仏教の論理法について、つぎのように述べている。

仏教の論理法を述べざるべからず。論理法に平等差別二様の関係あること……これ仏教の秘蔵を開く宝鑰なれば更にここに一言すべし。今真如は理体なり絶対なり平等なり、万法は現象なり相対なり差別なり。この真如と万法と別物なりと信ずるは差別の見なり、この万法と真如と一体なりと知るは平等の理なり。また物象と心象と別体なりと信ずるは差別の見なり、色心二法一体なりと知るは平等の理なり。外道諸流はただ差別を知りて全く平等を知らず、仏教中小乗はなお差別の見を有しいまだ平等の理に達せず、権大乗に至りては平等の理をみるといえどもなお差別の一分を存す、全く平等の理に体達したるものは実大乗なり。しかるに平等の一辺を知りて差別を知らざるものもまた仏教にあらず。差別を離れて平等なく、平等の外に差別なく、平等差別、同体不離の関係を知るをもって、仏教の理を体するものとなす。しかしてまたこの二者同体にしてその別なしと信ずるも仏教にあらず。差別の裏には平等あり、平等の表には差別あり、この二者差別ありて平等なり、平等にして差別あり、一にして二なり、二にして一なり、この理を不一不二、もしくは不離不即の関係という。

円了は、仏教の論理法こそ、秘蔵を開く鍵であるといい、差別の裏には平等あり、平等にして差別あり、一にして二なり、二にして一なりということは不一不二、あるいは不離不即の関係をいうと、述べている。円了はこのような仏教の中で、問題となる点として厭世教の側面を取り上げ、つぎのように説明している。[74]

かのごとく論じきたるときは、ここに一大疑問ありて起こる。すなわち仏教は一般に真如の理体を我人の帰向すべき本体とし、その理体より分派せる生滅の習慣を有するものを迷界の諸象とす。しかしてこの習慣を脱せざる間は、我人は六道の間に流転して涅槃の楽境に入ることあたわず、これを脱せんと欲せばこの世界を厭離せざるべからずという。その説すなわちこの世界をもって迷界とし苦界とするものなり、これ実に厭世のはなはだしきものなり、かくのごとき厭世教はたとえ真理なりとするも、今日の社会に実行すること難しと。この点は世人一般に信ずるところのものにして、余も最初は世人とその見を同じうせり。しかるに近頃仏教を研究するに当たり、始めて厭世は仏教の一半にして全分にあらず、表面の見にして裏面の意にあらざることを発見せり。

円了は、人間が現世にあって六道の間に流転して涅槃の楽境に入れないという厭世思想を一般の人々と同じように信じていたが、自ら仏教を研究して、厭世教としての仏教はその一半であり、表面の見であって、裏面の意ではないことを発見したと、述べている。円了は、仏教総論の中核をなす、理論門を表3、応用門を表4、通宗門を表5のように示している。[75] そして最後に、つぎのように結論を述べている。[76]

上来数節を重ねて論明したる仏教総論は、仏教中の諸宗諸派の別ありて、おのおのその説を異にするも、これを貫徹する一脈の哲理あることを示すものなり。その一理脈存するをもって、諸宗諸派の別あるもひとしくこれ仏教なることを判定すべし。しかしてその総論は緒論、本論、結論の三部に分かれ、その本論また理論門、応用門、通宗門の三論に分かれ

表3

理論門

- 前（端緒）（第七二～七九節）
- 中
  - 体象実在論
    - 有宗
      - 倶舎宗（第八〇～八八節）
      - 成実宗（第八七、八八節）
    - 空宗
      - 法相宗（第八九～九三節）
      - 三論宗（第九四節）
    - 中宗
      - 天台宗（第九五～九七節）
      - 華厳宗（第九八～一〇〇節）
      - 真言宗（第一〇一、一〇二節）
    - 結言（第一〇三～一〇六節）
  - 体象関係論
    - 関係の状態
      - 有空中宗論（第一〇七～一〇九節）
      - 結　言（第一一〇、一一一節）
    - 関係の起源
      - 存　立　論（第一一二～一一六節）
      - 開　発　論（第一一七、一一八節）
      - 結　　言（第一一九～一二八節）
  - 体象規則論
    - 仏教外（諸教諸学の因果論）（第一二九～一三二節）
    - 仏教内（有空中三宗の因果論）（第一三三～一三六節）
    - 結　言（第一三七節）
- 後（帰結）（第一三八節）

表4

応用門

- 前（端緒）（第一三九、一四〇節）
- 中
  - 善悪苦楽論
    - 有　宗（第一四一～一四四節）
    - 空　宗（第一四五、一四六節）
    - 中　宗（第一四七、一四八節）
  - 迷悟染浄論
    - 迷悟の義解（第一四九～一五一節）
    - 修行の方法（第一五二、一五三節）
  - 応報業感論
    - 業因説（第一五四～一五七節）
    - 輪廻説（第一五八～一六八節）
- 後（帰結）（第一六九～一七三節）

表5

通宗門

- 前（端緒）（第一七四～一七六節）
- 中
  - 禅　　宗（第一七七、一七八節）
  - 日 蓮 宗（第一七九～一八一節）
  - 浄土諸宗（第一八二～一九〇節）
- 後（帰結）（第一九一節）

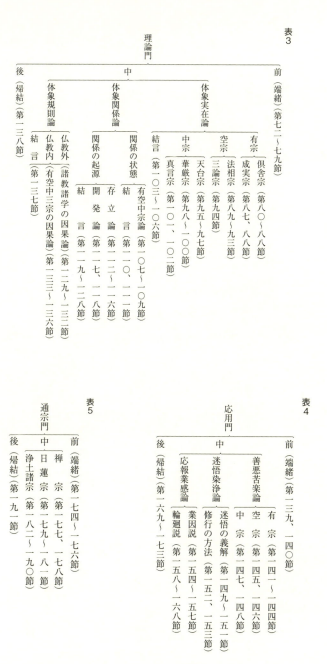

たるも、全論の要旨は理論門にありて存す。その理論は諸宗諸派の根拠とするところにして、ただこの理を実際に応用するに当たりて時と人との異なるをもって、宗派の分かるるに至りしなり。故に理論門の体象実在論、体象関係論、体象規則論は、余がいわゆる一脈の理論なり。かつこの理論門は純正哲学に属する部分にして、そのうち有空中三宗の論あるは、物体哲学、心体哲学、理体哲学の三種、もしくは客観論、主観論、理想論の三種なることは前すでにこれを論述せり。しかしてその応用に至りては宗教学の部門に属す。これ仏教をもって純正哲学の応用とし、そのうちに純正哲学に属する部分と、宗教学に属する部分との二種ありというゆえんなり。これ余が仏教をもって哲学上の宗教、智力的の宗教なりとなすゆえんなり。欧米諸学者の普通に講ずるところの宗教学とは、大いにその趣を異にするを知るべし。かくのごとき宗教、インドにすでに跡を絶ち、シナにまさに光を隠さんとするに、ひとり日本にその生気勃々たるをみるは、あに仏者一人の幸にしてやまんや、実にわが国不期の幸というべし。これ余がこの教を研究しこの教を拡張するは、ひとり真理のためのみならず、国家のために尽くさざるを得ざるものというゆえんなり。これ余が護国愛理の二大義務は、この仏教の向背の上において存せりというゆえんなり。

円了は、仏教は学理上より見れば、体象実在論、体象関係論、体象規則論として、貫通する一脈の理論を見ることができるという。また、仏教には純正哲学の部分と宗教学の部分があって、欧米諸学者の普通に講ずるところの宗教学と大いに趣を異にしている。しかし、その仏教はインドでは消滅し、中国ではわずかに残り、ひとり日本では生気勃々として存在するものであるから、仏教を研究してこの教を拡張することは、円了のいう護国愛理の二大義務を尽すことになると主張する。

この『顕正活論』は、円了の仏教論である。円了は伝統的な世間注釈的学風に従うのではなく、学理的に研究して哲学（純正哲学）上仏教を論評しようと試みた。円了のいう仏教とは、日本今日の仏教であり、諸宗を合同して一体とするものを完全の仏教としようとしたものである。旧来の研究法、例えば唯識三年、倶舎八年のような注釈的学風を保守することは、学問の皮相を保守するものであり、精神の発育に資することにはならず、学問を死物視するものであったから、これに西洋近代の理哲諸学の栄養を与えて、仏教を活物として捉えようとした、全く新しい試みであった。このような方法は、仏教を知らずにただ排斥しようとする者に、仏教の真理なること、仏教の信仰すべき理由を伝えようとしたからである。『顕正活論』の目次で分かるように、円了は仏教中にある哲学の部分と宗教の部分をおのおのわけて、「その両元素の諸経諸論中に散見混同せるものをおのおのその類に従って彙集し、またこれを概括して一貫の理脈を抽出し各部分の関係をして判明ならしめ仏教体中に一種の有機組織を構成」しようとしたものである。その組織法は哲学、なかんずく純正哲学によっている。こうして「仏教の全理を組織して一科の学」としようとしたのである。仏教の論理法は真如是万法、万法是真如という不一不二、不離不即の関係であるといい、ここに真理とする仏教の思想の特徴があることを明らかにしている。この試みは西洋近代の知による仏教の再認識である。現在、使われている仏教という用語の実質を初めて提起したのは、円了の新しい仏教論であり、挑戦的で先駆的な問題提起であった。

【註】

1　『破邪新論』と『真理金針　初編』の間に、『耶蘇教の難目』が雑誌『教学論集』第二四編の付録として明治一八(一八八五)年一二月五日に刊行されている。この『耶蘇教の難目』の序では「本誌は文学士井上円了甫水君の「耶蘇教を排するは理論にあるか」と題せる論文中より其要点の一段を抜抄し「耶蘇教の難目」と称せるものなり」と記してあるので、正確にいえば、円了の著作ではなく、『教学論集』の記者がまとめたものである。

2　芹川博通『近代化の仏教思想』(大東出版社、平成元(一九八九)年、三四―五三頁)。

3　井上円了『真理金針　初編』明治一九(一八八六)年(『選集』第三巻、九頁)。

4　舩山信一『舩山信一著作集　第八巻―日本の観念論者』(こぶし書房、平成一〇(一九九八)年、八一―八三頁)。

5　井上円了、前掲書、九四―一〇一頁。

6　同右、一一六頁。

7　同右、一二九頁。

8　井上円了『真理金針　続編』明治一九(一八八六)年(『選集』第三巻、一四九頁)。

9　同右、一四一―一四二頁。

10　同右、一四三―一四四頁。

11　同右、一五五頁。

12　同右、一五七頁。

13　井上円了『真理金針　続々編』明治二〇(一八八七)年(『選集』第三巻、二五〇頁)。

14　同右、二五〇頁。

15　同右、二五二―二五三頁。

16　同右、二五五頁。

17　同右、二五六頁。

18　同右、二五六―二五七頁

19　同右、二五八―二五九頁。

20　同右、二六〇頁。

21　同右、二六二頁。

22　同右、二六五頁。

23　同右、二九五―二九六頁。

24　同右、二九六頁。

25　同右、二九七頁。

26　同右、三二〇―三二一頁。

27　井上円了『仏教活論序論』明治二〇(一八八七)年(『選集』第

三巻、三二七頁)。
28 佐藤厚『現代語訳　仏教活論序論』(大東出版社、平成二四(二〇一二)年)。
29 井上円了『仏教活論序論』、前掲書、三二七—三二八頁。
30 同右、三三〇—三三一頁。
31 同右、三三七頁。
32 同右、三四四頁、三四六頁。
33 同右、三五五頁。
34 同右、三五七頁。
35 佐藤厚「井上円了『仏教活論序論』における真理の論証」(『東洋学研究』第四八号、平成二三(二〇一一)年、一六五頁)。
36 同右、一六六頁。
37 井上円了『仏教活論序論』、前掲書、三六二頁。
38 佐藤厚、前掲論文、一六七頁。
39 井上円了『仏教活論序論』、前掲書、三七〇頁。
40 同右、三七八頁。
41 井上円了『仏教活論本論　第一編　破邪活論』明治二〇(一八八七)年(『選集』第四巻、二三頁)。
42 同右、二三頁。
43 同右、二五—二六頁。
44 同右、四一頁。
45 同右、一七三—一七四頁。
46 同右、一七四—一七五頁。
47 同右、一八四—一八五頁。
48 井上円了『仏教活論本論　第二編　顕正活論』明治二三(一八九〇)年(『選集』第四巻、一八九頁)。
49 同右、一九三頁。
50 同右、一八九頁。
51 同右、一九〇頁。
52 同右、一九九—二〇〇頁。
53 同右、二〇一—二〇二頁。
54 同右、二〇四頁。
55 同右、二〇五頁。
56 同右、二〇七—二〇八頁。
57 同右、二〇八頁—二〇九頁。
58 同右、二一二頁。
59 同右、二一二—二一三頁。
60 同右、二一三頁。
61 同右、二二二頁。
62 同右、二二三頁。
63 同右、二四九頁。
64 同右、二五〇頁。
65 同右、二五〇—二五一頁。
66 同右、二五一—二五三頁。
67 同右、二五四頁。
68 同右、二五四—二五五頁、二五六頁。
69 同右、二六六頁。
70 同右、二六七頁。
71 同右、二六八頁。
72 同右、二六八—二六九頁。
73 同右、二九八—二九九頁。
74 同右、三三九頁。
75 同右、一九七—一九八頁。
76 同右、三七〇—三七一頁。

第七節　『真理金針』と『仏教活論』に関する論評

一　高木宏夫の問題提起

宗教社会学者の高木宏夫は、『真理金針』と『仏教活論序論』に関する、明治から昭和の戦後までの論評をまとめている。[1]その構成はつぎのとおりである。

一　出版当時の影響
二　後代における論評
三　戦後における論評
四　社会的背景
解題　『真理金針』
解題　『仏教活論序論』

高木は、戦後の論評の中で、歴史学者で近代仏教史の開拓者といわれる吉田久一の論評を取り上げ、「〔吉田〕の見解は後述のようにほぼ定評化された見解と思われるが、明治二十年代では特にこの二著に関しては妥当とおもわれるとしても、それを井上円了全体という形で一般化してしまうことには問題があると考えるのであるが、本編は限定された文献の解題なので、この点の指摘しておくにとどめたい」と述べている。

高木が問題視した吉田の論評は、つぎの点にある。[2]第一は「円了の思想は『真理金針』をあらわした明治二十年代より顕著な進展が認められない」こと、第二は「近代信仰の確立は、円了の宗教と哲学との一体化の主知主義的な立場から期待し得なかった」こと、第三は「哲学および科学の論理のみによって仏教を説明し、そこからキリスト教の非倫理性を批判することが不適当である」こと、第四は「このような批判は現代の学界においても円了に対する評価と適合するものであり、その点に円了の啓蒙思想の限界が存した」ことである。

二　家永三郎の説

吉田が円了を歴史的に論評したのは、著書の『日本近代仏教史研究』である。[3]この中の「第三章　明治中期の国粋主義勃興期における仏教とキリスト教の衝突―教育と宗教の衝突事件を中心に―」で、円了に言及している。吉田の問題意識はつぎのようなものである。[4]

仏・基衝突という形で本問題を考えようとした動機は、家永三郎氏の「我が国に於ける仏基両教論争の哲学史的考察」に触発されている。しかし、私の問題意識としては、とかくキリスト教と仏教のいずれが是か非かという形で論じられがちな本問題に対する考え方をさけて、国粋主義を背景に両教にどのような変化が起り、次の三十年代の段階にどのように持込まれていくかという課題が念頭にあったのである。

吉田の研究には、家永三郎の「我が国に於ける仏基両教論争の哲学史的考察」が先行研究としてあった。そこで、家永の説をまず検討しなければならない。家永の仏基両教論争の哲学史的考察は、『中世仏教思想史研究』の一論文である。[5]家永は近世における仏教とキリスト教（切支丹）の論争をはじめに取り上げて、つぎに「禁教鎖国により完全に剿滅せられた基督教は、明治維新による開国進取の国是改定に伴ひ、再び西洋より輸入せられ、今度は加特力の外に新教も亦伝へられて、明治以後の新社会の思想界に重要な位置を占めることになつた」という。この中で注目したのが円了の排耶論であった。家永はつぎのように述べている。[6]

例へば井上哲次郎博士の教育問題に連関しての基督教攻撃に端を発する論争の如き最も著名なる出来事であるが、それはいはゞ徳川初期の儒家の排耶蘇論と型を同じうする政策的見地からの非難に過ぎず、真に哲学的意義を有する論争として挙ぐべきものは、やはり仏教との間で行はれたもの、それも明治初年鵜飼徹定、福田行誠等旧時代の伝統の内にある僧俗の論著よりも、新時代に即応した新しい仏教を建設しようとする新機運の内から起つた基督教批判であつた。維新当初廃仏毀釈の大勢に圧せられて雌伏した仏教は、喪失したる地位を回復すべき努力をまず基督教への挑戦による自己主張の運動を以て開始したのであつて、就中井上円了の「真理金針」（初編明治十八年、続編同十九年、続々編同二十年）「仏教活論」（序論及破邪活論同二十年、顕正活論同二十三年）に於ける哲学的見地からの基督教批判仏教高揚を以てそのさきがけとなすことが出来よう。

家永が哲次郎のキリスト教排撃を江戸時代の儒学者の排耶論と同じと見ていることには異論があるが、円了のキリスト教批判の理解は常識的であろう。家永は円了のキリスト教批判をつぎのように位置づけてもいる。[7]

仏徒としての立場から……「護法」の為めの議論として書かれたこれらの論著は、時に……中傷的言辞をも含んで居り、純粋に理論的なものとは言ひ難かつたが、一度は……西洋哲学への傾倒を経て来た新知識人が、少くとも表面上「哲学上ヨリ公平無私ノ判断ヲ下ス」ことを標榜し「仏教ヲ助ケテ耶蘇教ヲ排スルハ、釈迦其人ヲ愛スルニアラズ、耶蘇其人ヲ悪ムニアラズ。唯余ガ愛スル所ノモノハ真理ニシテ、余ガ悪ム所ノモノハ非真理ナリ」と云ふ趣旨の下に行つた哲学的批判として、吉利支丹時代の論争とはいさゝか面目を異にするものがあるのである。

家永は円了のキリスト教批判が近世以来の仏基両教の論争とは異なっていると述べているが、家永のこのような見解が一貫しているとは言い難い。家永は、円了のキリスト教批判の特徴を冒頭で結論的に、つぎのように述べている。[8]

彼の論旨は一言にして之を要約すれば、基督教の有神論は自然科学的真理と矛盾し、仏教の教理は西洋哲学并に自然科学と完全に一致する、故に基督教の教説は非真理にして、仏教は真理である、と云ふに帰着する。彼がこの立場から攻撃を集中したのは基督教の有神論であつて、これに対して仏教を無神論として高揚したから、恰も近世初期に於ける禅宗と吉利支丹との論争が一層徹底した形で再現された観があつた。

家永の理解した円了の「キリスト教は非真理にして、仏教は真理である」という言説は妥当としても、円了のキリスト教批判が、それが近世初期の論争が再現された観があるという見方は納得できない。家永の説では、近世との比較論が目立つからである。また、家永は、円了の『真理金針』『仏教活論』の歴史的由来について、つぎのように述べている。[9]

直接には明治初年以来流行のコント等の実証主義哲学の影響であることは云ふ迄もないが、さう云ふ一般的事情は別として、私はこの種の考へ方が既に明治初年から仏家の間に自ら醸成されつゝあつた思想であることを指摘して置きたい。その証拠としてここに明治五年島地黙雷が上つた大教院分離建白書の一節を引用しておく。

凡ソ心ニ属スル者ハ無形也、孰カ空理ナラザル者アラン。然而空理ヲ推窮シテ実ヲ得、欧州窮理ノ学ニ契フ者、世界中仏陀ノ説ニ非ズシテ何レカアル。耶蘇ノ造化主ヲ伝ヘル又上古ノ歴史ニ従フノミ。豈別ニ造作スル者アランヤ。理学者近時無神ノ説ヲ立ル此ガ為也。無神説ヲ立ルモノ、英ノダウイン氏、仏ノコント氏等是也。

「窮理ノ学ニ契フ」か否かによつて両者の優劣を比較する処、全く井上円了の論法と変る処のないのを見て頂きたいのである。或はこれ単なる偶然の一致かもしれぬが、兎に角真理金針、仏教活論の出現が十分なる歴史的由来をもつてゐたことはこの一例によるも明であらう。

島地黙雷の大教院分離建白書を取り上げて、円了の著作と結びつけようという、家永の歴史的捉え方は見当違いである。なぜ、円了が東京大学で哲学を学んだのか、それによって新しい理論に関心を持ったのか、こういう視点からの論究は家永にはない。また、円了の著作とその反響が国家・社会に影響を与えたことについて、家永はつぎのように述べている[10]。

井上円了の仏基両教の優劣論は、その著書の異常な反響によつても分る通り思想界に大きな刺激を与へ、気死せんとしてゐた仏教に再起の生命を与へる端緒となつた程であるが、しかし明治新時代の全般の空気はもはや仏教とか基督教とか云ふ既成宗教をして思想界の指導者たらしめることを許さなくなつてゐたのであつて、その論争も結局限定せられた宗教界内部の出来事として社会思潮の大勢に大きな影響を与へるだけの力をもたなかつたのである。

円了の『真理金針』や『仏教活論』が「異常な反響」をもって迎えられたことを、家永は認めているが、結局、当時の社会思潮に大きな影響を与えなかったという。しかし、円了の著作によって、我が国の伝統文化である仏教が思想として再認識されたことは看過してはならないのではないだろうか。

最後に、家永の説でもっとも問題と考えられることを指摘しておこう。『中世仏教思想史研究』の翌年に出版された『外来文化摂取史論—近代西洋文化摂取の思想史的考察』の一説である。家永はつぎのように述べている[11]。

〔島津〕久光の思想は攘夷論掉尾の奮戦として画期的な位置に立つものと云へるが、しかしその後と雖も、理論的には一層複雑な外装を着し新しい時代思潮の陣営に属するものでありながら事実は凡これと同一の考へ方に立脚する思想の容易に跡を絶たなかつたことを忘れてはなるまい。例へば井上円了の……

家永はこのあとに、円了の「日本宗教論」の一節を引用して「国粋主義同人の言であつても内容は全く封建的攘夷論の延長であり」といい、吉田久一はこの説を継承し、「確かに家永三郎氏がいわれるように、井上円了らのキリスト教排撃論は、明治二十年代の三宅雪嶺らの国粋主義と異なって、攘夷論の変形的要素があった[12]」と断定している。円了に関する限り、家永の説は独断の極みである。これを継承した吉田も、歴史家の正しい判断といえるのだろうか。この問題は後述する。

三　吉田久一の説

吉田久一は『日本近代仏教史研究』の「第三章　明治中期の

国粋主義勃興期における仏教とキリスト教の衝突―教育と宗教の衝突事件を中心に」で、円了の歴史的役割をつぎのように述べている。[13]

明治二十年代初頭は仏・基両教にとって、それぞれ歴史的にはエポックであった。即ち廃仏毀釈から欧化主義の時代を通じて非勢にあった仏教は、国粋主義の勃興を挺として、井上円了の『真理金針』（十九年刊）を先頭に、いわゆる破邪顕正運動という態勢をとりながら立直りはじめた。

吉田は、円了の『真理金針』を明治一九（一八八六）年刊としている。すでに述べたように、円了が同論文を発表したのは、明治一七（一八八四）年一〇月からである。そのことから考えると、「国粋主義の勃興期を梃として」という歴史認識と重なるだろうか。

つぎに吉田は仏教とキリスト教の衝突の特徴として、八つの点を上げている。その中で、円了に言及しているものをみておこう。

第一は「時代の把握についての、両教の相違点である」という。そして、つぎのように述べている。[14]

仏教では、井上円了の『真理金針』や、『仏教活論』を先頭に、中西牛郎・北畠道竜・水谷仁海・大道長安らの仏教革新運動が盛んとなった。いわゆる欧化期にあっては、キリスト教に対して守勢に立たされた仏教が、逆に、キリスト教へ攻勢の時期を迎えたという時代認識である。しかし、この仏教の革新運動が、三宅雪嶺らのいわゆる中期ナショナリズムに応ずることができるかという問題がより重要である。井上円了・島地黙雷は共に三宅らの『政教社』グループであり、欧化への反動としては共通の立場をとったが、丸山真男氏がいわれるように、三宅らは下からの日本主義をとることによって、ナショナリズムに応ずる一面を持ったのであるが、仏教の場合は、大方破邪顕正観が持ちだされて護法観即護国観が先行してしまって、国民生活の中に客観性を保持することができなかった。例えば井上円了の場合にも、「宗教ト愚民ノ関係」というような一種の愚民観が展開されて、下からの路線がなく、折角の好機を逸してナショナリズムに相応ずる事ができなかった。

吉田は、明治中期のナショナリズムとして政教社の活動を取り上げ、三宅・志賀が下からの日本主義をとることによって、ナショナリムズに対応したが、仏教の場合は破邪顕正が先に立ち、円了の「宗教と愚民の関係」のように、下からの路線がなかったと判断している。円了と政教社との関係は、現在の研究において見直されているので、後述したい。

第二は、「国家論をめぐる問題」で「仏教にNationという概念がどう形成されるかと問題でもある」と、吉田はいう。そして、つぎのように述べている。[15]

> 仏教の国家観にあっては、植民地的危機を媒介として、護国即護法の形で現われてくる幕末と、絶対主義国家が一応確立された明治二十年代とでも余り開きはない……黙雷や舜台の近代国家への論理は、キリスト教克服という感情的立場が優位してしまって、前期的国家観とさして相違が見られなくなってしまった。したがって、キリスト教攻撃は、井上円了のように日本人を日本人たらしめるには従来の宗教の護持がもっともよいというエモーショナルな議論〔に終始している〕

円了の場合、吉田の指摘するように、仏教を護持するのは日本人の義務であるという論調がある。これをエモーショナルな議論と呼ぶべきか、疑問である。

第三は、「植民地主義の問題は主として仏教からキリスト教に出された問題である」と、吉田は述べて、つぎのように指摘している。[16]

> 幕末から条約改正にかけての植民地的危機意識を、仏教徒は身体で受取っている。したがって仏教にとっては、もっとも内容が充実した問題となるべきものであった。これに加えて、内地雑居という大問題を控え、実力でキリストに対抗しなければならないという課題が前提にあった……植民地化という危機を身を以て感じていた仏教徒には、感情的には鋭い議論が数多いが、それは井上円了のような知識層の場合でも、攘夷論の変形的議論が多く、その論理化の努力はほとんどなく、三十年代に至って、この問題はむしろキリスト教徒の内村鑑三などに名をなさしめた感がある……不思議なことには、仏教には東洋の独立、特に中国の植民地化についてはほとんど問題をだしていない。井上円了のごときも、二十四年の「教育上之談話」十一頁で、日本人の独立心や潔白心と比較して、中国人は独立心と潔白心に乏しいことをいっているだけで、東洋の植民地化という論理の問題にまではなっていない（故境野黄洋氏所蔵本による）。

吉田は、円了の言を取って、東洋の植民地化という論理の問題にまで至っていないと批判的である。明治二四（一八九一）年の段階では、日本の国内問題、明治の憲法制定と仏教者の被選挙権問題や内地雑居の課題があり、日本の独立がまず先行していた課題であったから、そこまで求めるのはどうかと考えられる。

第四は、厭世論の問題、キリスト教が仏教に提出した課題である、と吉田はいう。これに対して、つぎのように述べている。[17]

国粋主義からの攻撃のただ中に立たされたキリスト教としては、原始蓄積期から産業資本の確立期という自由放任《レッセフェラー》の上昇期に、仏教は世外的厭世的で、国益にならないとするのは、一応産業ブルジョアジーと合理的解決点を見出していたプロテスタンティズムにとっては、時期を得た攻め道具と考えられよう……

これに対して仏教側からは……特に井上円了は熱心であって、西洋の中世も厭世教であったが、宗教改革によって楽世教になったのであるから、仏教も改良を施せば楽世教になり得るとのべ〔ている〕

円了にとって、仏教が厭世主義で、開明社会に活動しないという問題は生涯の課題であった。円了は基本的に活動的な仏教徒であったから、この問題には大きな関心を持っていた。

第五は、宗教と科学の関係の問題である、と吉田はいう。この問題は仏教側から提起されたものであるとし、つぎのように述べている。[18]

明治初年に西欧に留学し、ヨーロッパで宗教と科学の衝突を見聞し、帰国した人々は、宗教と科学という形でキリスト教を乗りこえようとした。そして、これを組織的体系化したのは井上円了の『真理金針』であり、『仏教活論』であるのはいうまでもない。常盤大定氏は本書をもって、明治仏教界が消極的退嬰主義から、積極的進取主義に移った一画期とされたが、両著中に特に看取されるのは宗教と科学の関係で、科学によるキリスト教攻撃である。両著は周知のことなので、いま『真理金針』の原型の一つと思われる『破邪新論』をとりあげると……キリスト教の所説が科学に合わないことをのべている。この考え方は中西牛郎に受つがれ、彼は、仏教とキリスト教の戦争は有神論と汎神論の争で、仏教の因果説・唯心論・真如説等は泰西哲学にも相応じられるものだとしている。

しかし、この考え方は、家永三郎氏が「我が国に於ける仏基両教論争の哲学史的考察」で、円了の所説は自然科学との一致不一致の検討で埋められ、もっとも重要な点の信仰対象の救済力具不の問題は取りあげられていないとつかれたが、村上専精も「理論や実際実際や理論」で、仏教徒が宗教の立場からでなく、哲学の立場から破邪顕正に当ることの間違いを警告した。この哲学や科学で仏教を説明することの否定は、三十年以降の仏教を待たねばならなかった。

仏教は世界観・宇宙観を持つ宗教であったから、科学との関係は重要な問題であった。思想史家の森竜吉が、「この時期〔明治一〇年代〕から中期にかけての仏教の思想的課題は、キリスト教がいかなる教理と哲学を具えた宗教であり、仏教と比較していかに異なるかということと、もう一つは自然科学の世界観と知識を体系的に認識し、仏教がその理論を容認しうるか、否かを検討することにあった。この二つの問題意識には先後・優劣のさだめがたい緊急性があった。あるいは後者がより緊急度をもっていたといってよいかもしれない」[19]と指摘するように、吉田の先の問題提起と違って、西洋の理哲諸学を学んだ円了にとっては緊急の課題であったと言えよう。後述するが、明治一七(一八八四)年から書き始めた『真理金針』の大きなテーマであった。吉田が取り上げた八点のうち、円了に関するものは以上のような五点である。先に高木宏夫が指摘したように、吉田は円了が哲学や科学で仏教を説明した明治二〇(一八八七)年前後から、円了の思想が発展していないと見ている。円了は時代状況を課題として、進取的に取り組む哲学者であったから、家永や吉田のような固定的な見方には問題があろう。

四　家永・吉田説への反論

家永は円了の『真理金針　初編』『仏教活論本論　第一編破邪活論』について、その立論は江戸期の攘夷論や島地黙雷の大教院分離建白書に由来すると考えていた。家永の説は明らかな誤りであるが、円了の反キリスト教論がどのようにして作られたのか、そのことはこれまで余り問題になって来なかった。伊東一男は聖書から批判を作り神学を参考にしなかったのか[20]といい、量義治は同じく自然神学によって立論したのではないか[21]という。

すでに述べたように、後に『真理金針　初編』として出版された原稿は、始めは第一論文「耶蘇教を排するのは理論にあるか」で新聞の『明教新誌』に、明治一七(一八八四)年一〇月一六日から連載されたものである。まだ東京大学文学部の四年生になったばかりの時である。これを参考に考えると、それ以前に準備がなされているのである。そこで、筆者は明治一六(一八八三)年秋から円了が洋書を抜書きした『稿録』、および筆者が作った東洋大学・円了文庫（洋書）目録を調査した。円了が『稿録』を本にして、その後の著作をなしたことは、すでに清水乞の研究[22]で証明されている。調査の結果は、円了の反キリスト教論に関係すると考えられる洋書があることがわかった。それはつぎのとおりである。

一　『稿録』に抜書きされたもの[23]

Caird, Edward, *Critical Account of the Philosophy of Kant, with a Historical Introduction.*

Draper, John William, *History of the Conflict Between Religion and Science.*

Ewing, James Alfred, "The Scientific View: The Relations of the Christian Religion to Natural Science, especially to the Theory of Evolution", in Charles Samuel Eby, *Christianity and Humanity: A Course of Lectures Delivered in Meiji Kuaido.*

Fiske, John, *Outlines of Cosmic Philosophy, based on the Doctrine of Evolution, with Criticisms of the Positive Philosophy.*

Haeckel, Ernst: *The History of Creation, or The Development of the Earth and its Inhabitants by the Action of Natural Causes. A Popular Exposition of the Doctrine of Evolution in general, and of that of Darwin, Goethe, and Lamarck in particular.*

Lewes, George Henry, *The Physical Basis of Mind: With Illustrations. Being the Second Series of Problems of Life and Mind.*

Mill, John Stuart, *Three Essays on Religion, Nature, The Utility of Religion and Theism.*

Spencer, Herbert, *First Principles.*

二　『稿録』に記載された図書カード[24]

Calderwood, *Relation of Science and Religion.*

Combe, *Relation between Science and Religion.*

Comte, *Phylosopyu of Science.*

Draper, *History of Conflict between Relogion and Science.*

Fiske, *Darwinisim and Other Essay.*

Fiske, *Outline of Cosmic Philosophy.*

Haecckel, *History of Creation.*

Herbert, *Realistic Assumption of Modern Science.*

Kant, *Religion within the Boundary of Pure Reason.*

Le Conte, *Religion and Science.*

Paine, *Age of Reason.*

Savage, *Religion of Evolution.*

Spencer, *First Princciple.*

Winchill, *Reconciliation of Science and Religion.*

Darwin, *Descent of Man.*

Haeckel, *The Evolution of Man.*

Darwin, *The Dexcent of Man.*

三　円了文庫（洋書）目録[25]

Bowen, Borden P., *Philosophy of theism.*

Caird, John, *An introduction to the philosophy of religion.*

Haeckel, Ernst, *The history of creation, or; The development of the earth and its inhabitants by the action of natural causes.*

Kant, Immanuel, *Critique of pure reason.* Translated by F. Max Müller. Vol. 1.

Kant, Immanuel, *Critique of pure reason.* Translated by F. Max Müller. Vol. 2.

Lewes, George Henry, *The biographical history of philosophy, from its origin in Greece down to the present day.*

Müller, F. Max, *Introduction to the science of religion, four lectures delivered at the Royal Institution, in February and May 1870.*

Müller, Freidrich Max, Natural religion.

Perrin, Raymond S., The religion of philosophy, or, The unification of Knowledge, a comparison of the chief philosophical and religious systems of the world.

Pfleiderer, Otto, The philosophy of religion on the basis of its history. Vol.1-4.

Tiele, C. P., *Outlines of the history of religion; to the spread of the universal religions.*

（なお、これらの洋書については、円了がいつ購入したのか、確定できていない）。

円了がこのような洋書から科学とキリスト教の対立・論争という反キリスト教の要点を学んだことは確かであろう。『仏教活論序論』の中で、「一昨明治十八年は広く内外東西の諸書を捜索し[26]」と書いているから、可能性は非常に高いといえる。このように、家永の説の攘夷論の変形という判断は誤りであることが証明された。円了の『真理金針　初編』と『仏教活論　本論第一　破邪活論』は、西洋の自然科学とキリスト教の関係や哲学の諸理論から、有神論（theism）、理神論（deism）などを学んだキリスト教批判であると考えられるが、まだ不明の点もあるので、今後の研究課題としておきたい。

つぎに、家永説を継承した、吉田の説を検討しておこう。第一に、吉田は論文の冒頭で「日本における二大宗教である仏教とキリスト教」と捉えている。確かに、仏教は一大宗教であるが、キリスト教はそうであろうか。吉田は「明治十九年府県別信徒人員」（『基督教新聞』第一九五号付録）の表を挙げているが、総人口三二六一万人に対して、キリスト教信徒は一万四二六三人で、キリスト教率は〇・〇四％である。キリスト教者で比較思想学の小泉仰が指摘するように[27]、日本において明治時代も昭和の戦後も「一大宗教」ではなく、一定の範囲内に止まっている。なぜ吉田はこのような単純なミスを犯したのであろうか。

第二に　吉田が「『真理金針』の原型の一つと思われる『破邪新論』」という記述は誤りで、本論で指摘したように、『明教新誌』の第一論文が原型で、それを最初に『破邪新論』として発行し、後に『真理金針　初編』となったということが正しい。吉田が円了のキリスト教批判を『破邪新論』のみとしたことに問題はないであろうか。つぎの円了の『仏教活論序論』がベストセラーになったことは歴史的な事実である。吉田はこの点も含めて評価すべきであった。

第三に、第二に関連するが、「明治二十年代初頭は仏・基両教にとって、それぞれエポックであった。……仏教は国粋主義の勃興を梃として、井上円了の『真理金針』（明治十九年）を先頭に、いわゆる破邪顕正運動という態勢」ということである。円了の第一論文は明治一七（一八八四）年一〇月から連載された。『明教新誌』という新聞への論文であり、仏教界関係者を特に意識したので、繰り返しが多く、決して読みやすいものではないが、それでも出世作となった。「国粋主義」は政教社の志賀重昂が明治二一（一八八八）年四月三日の『日本人』で提起したものである。政教社の歴史的役割は、中野目徹の研究[28]で明らかになっているが、まず円了の反キリスト教の論文は、政教社よりはるかに前に発表されたものである。この点と同時に、「国粋主義の勃興を梃に」というが、円了の場合、政教社の同人であるが、余り積極的に活動したとはいえないという指摘を、中野目が明らかにしている[29]。両者の立場の相違であろう。そのため、家永や吉田は円了が政教社の創立以来の同人であることを過大に評価し、それゆえに認識や表現を誤ったのであろう。

第四に、円了が「仏教をして日本人を日本人たらしめている従来の宗教の護持」を主張していることを、吉田がエモーショナルな議論であるとしたことである。中国哲学者の吉田公平は、東アジア圏における正統と異端の問題として、西洋のキリスト教の移入のことを考え、その時に起こる排耶論を前提にしながら、円了のキリスト教批判を歴史的に考察している[30]。この指摘から考えると、吉田のエモーショナルな議論という捉え方は誤りであろう。

第五に、現在において「第一次教育と宗教の論争」と呼ばれる明治二〇年代の「教育と宗教の衝突事件」であるが、その始まりは、明治二三（一八九〇）年一〇月に発布されたいわゆる教育勅語であり、それに対して、明治二四（一八九一）年一月に内村鑑三の不敬事件があり、以後各地でキリスト教徒の振る舞いが問題視され、これを事件として提起したのが、同明治二四(一八九一)年一一月に井上哲次郎による「宗教と教育に就いて」という論文で『大日本教育会雑誌』に掲載され、以後、「教育と宗教の衝突」論争が始まったのである。[31]吉田は明治二四(一八九一)年から明治二六(一八九三)年までが仏基両教の衝突と捉えている。

結論的にいえば、円了は仏基両教の衝突の論争の渦中に参加していないのである。円了が『真理金針』(全三編)を発表したのは、明治一七(一八八四)年から明治一九(一八八六)年までである。『仏教活論序論』は明治二〇(一八八七)年二月、『仏教活論本論　第一編　破邪活論』は明治二〇(一八八七)年一一月である。であるから、論争の前に出版されたものが多い。そして、円了は明治二〇(一八八七)年九月に私立学校・哲学館を創立し、明治二一(一八八八)年六月から明治二二(一八八九)年六月まで第一回の世界旅行を行っている。その知見に基づいて、円了は哲学館の新校舎の建設に着手するが、完成間近の明治二二(一八八九)年九月に、新校舎は暴風雨で倒壊してします。円了は哲学館を再建したが、多くの負債が残った。明治二三(一八九〇)年九月に『仏教活論本論　第二編　顕正活論』を刊行したが、その後、明治二三(一八九〇)年一二月から明治二六(一八九三)年二月まで、第一回の全国巡講を行い、北は北海道から南は九州まで、日本全国各地で講演と寄附金の募集に専従していたのである。吉田はこのことを全く知らず、論争の主体の一人と捉えていたのである。明らかな誤りである。円了が勅語と仏教の関係を『教育宗教関係論』にまとめたのは明治二六(一八九三)年四月であり、また『忠孝活論』を発表したのは明治二六(一八九三)年七月である。

円了自身はもともと付和雷同するタイプの人間ではないが、そういう事情で遅れて参戦した『教育宗教関係論』の中で、その趣旨をつぎのように述べている。[32]

頃者教育部内において勅語とヤソ教との間に一、二の衝突をきたし、議論諸方におこり紛々擾々停止するところを知らず。しかれどもこの衝突や単に教育部内にとどまらず、今にしてその予防策を講ずるにあらざれば、将来必ず社会百般の上において紛擾を生ずべきは瞭然として火を見るがごとし。また教育宗教の分離混同の点についても多少世論のあるところにして、教育全体と宗教全体との関係についても同じく将来の一問題なりと信ずれば、余はここに学理上教育宗教との性質およびその関係を明示し、実際上またその関係いかんを論定せんとす。

井上哲次郎の論争の提起は、教育と宗教の衝突といいながら。勅語(国体論)とキリスト教の適否である。吉田は「船山信一氏が、キリスト教の批判に当たっての円了と哲次郎の態度の相違を、円了においては仏教そのものの立場からのキリスト教批判であるが、哲次郎においては教育・国家主義教育。国体論が優先している、といわれるのは当たっていよう」[33]といいながら、これを重視していないように思われる。

また、吉田は宗教と科学の関係について、この問題に対して仏教側から円了が『真理金針』や『仏教活論』を提起して、キリスト教を乗り越えようとしたという。吉田は科学によるキリスト教攻撃であると規定している。確かに円了にとって、この問題は重要であった。明治一七(一八八四)年秋に東本願寺へ提出した上申書によれば、つぎのようなことが今日の急務としてあげられている。

第一に西洋哲学の諸科を研究して、仏教の諸説との応合を明らかにすること。

第二に物理学・生物学を講習して、仏説と理学との争論を調和すること。

第三に耶蘇教の極理を論破して、仏教の真理を開示すること。

第四に政治・道徳の性質、社会の事情を捜索して、実際の布教を思考すること。

第五に、釈迦一代の教説や仏教の諸説は西洋哲学に合致すうることを証明すること。

このことから考えると、円了は西洋の理哲諸学に仏教が合致するのか、そうであれば仏教は近代の宗教であることが証明されると考えていた。すでに家永の説のところで、円了が西洋の科学と宗教の論争点を学んでいたこと、それゆえに、キリスト教批判はその知識に基づいていたと筆者は述べたが、吉田がいうように、改めてキリスト教を攻撃しようとしたものではなく、円了にとっては自明のことであった。円了が理哲諸学という時は、当時移入されてきた西洋の学問の全体を指している。図1の「井上円了の学問体系」[34]が示しているようしている。

図1　井上円了の学問体系

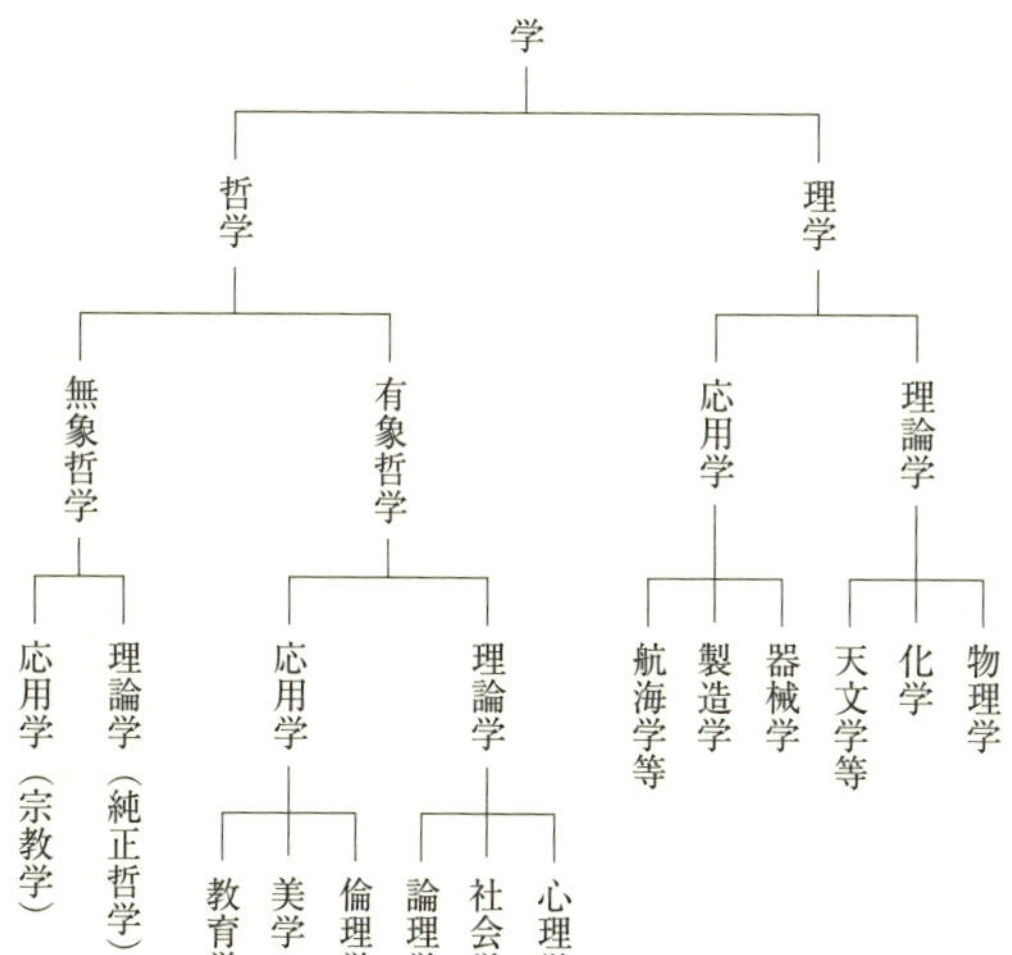

そのため、円了は理哲諸学を基準にして、キリスト教や仏教を比較しているのである。キリスト教の批判に、進化論[35]、理学[36]が用いられたのは、円了が西洋諸学を「近代の知」とみる思想があったからである。そして、西洋の学問は真理を明らかにするものとして位置づけているのである。先の上申書にあるように、円了は『真理金針　初編』でキリスト教の創造説と神の存在論を問題とし、つぎの『真理金針　続編』では、政治・道徳の性質、社会の事情を捜索して、実際の布教を思考する提起を行い、さらに『真理金針　続々編』ではキリスト教と仏教を哲学の観点から比較している。このように、全三編の構成は当初の目的を達しているのである。

第六に、西洋の学問＝近代の知を基準とする捉え方から、円了の『真理金針』を考えると、吉田のいう、井上哲次郎を始まりとする「宗教と教育の衝突」を頂点とするキリスト教と仏教の論争、その端緒とする「井上円了のキリスト教排撃論」という捉え方は、芹川博通も「西洋の哲理に仏教の真理を確証した上での仏教の排耶論であって、単なる感情的なものではなく、理性的性格の強いもので、ある意味では、排耶論というよりも仏教とキリスト教の比較研究、あるいは比較宗教学を志向する態度であるということができる[37]」と指摘しているように、吉田の説は時代区分を優先させ、図式的な説であると考えられる。

最後に、吉田の説による近代仏教の近代化について、一言しておこう。吉田は明治三〇年代の仏教について、つぎのように述べている[38]。

二十世紀初頭社会に対応する仏教の革新運動として、代表的なものに、精神主義運動と新仏教運動がある。前者は、人間精神の内面に沈潜することによって、近代的信仰を打立てんとし、後者は積極的に社会的なものに近づくことによって、近代宗教の資格を獲得しようとした。両者のとった姿勢は対極的であったが、歴史的位置からいえば、双方共それぞれの限界点は有しているが、日本の産業資本の確立から独占資本のコースの時期、特に日本帝国主義の出発点に、それぞれ内面的或いは外面的に相対置していることは疑えない。この点は教団仏教と著しく異なり、その故に教団仏教や官憲から、迫害や取締りを受けたのである。

周知のように、仏教清徒同志会（後に、新仏教徒同志会と改称）は、明治三二（一八九九）年二月に、境野黄洋、田中治六、安藤弘、高嶋米峰によって結成された。主唱者には杉村縦横、渡辺海旭、加藤玄智も加わった。境野、田中、安藤、高嶋は円了が創立した哲学館の卒業生である。境野、田中、高嶋は「哲学館の三羽烏」といわれた。彼らが古河老川の思想的影響を受けたことは、よくいわれることである。境野たちが古河の思想に共鳴するには、それなりの思想的問題意識がなければならないと、筆者は考える。高嶋米峰は、哲学館で教育を受けて、つぎのような経験をしたという。[39]

私は僧侶になる意志は毛頭なかったが、朝の勤行（仏前での読経・礼拝）をせずにご飯をいただくことが気持ち悪く、自分は敬虔な気持ちで、仏を礼し経を誦していたのである。しかし、哲学館へ入学して、哲学の講義を聴くようになってから、すこぶる懐疑的になり、思想的には宗教存在の必然性がわからなくなっていた。

明治二七（一八九四）年一月の『仏教』誌上で、古河は「懐疑時代に入れり」を発表し、新仏教主義を社会に宣言したといわれる。ちょうど同じころ、高嶋たちは宗門立ではない哲学館で教育を受けることによって、自分が従来身に付けていた信仰に疑問を感じていたのである。円了は、人間が肉体を錬磨する方法として運動や体操を行うが、精神・思想を錬磨する方法は自然に発達するものではないから、哲学によって行うべきであり、哲学は普通教育として、思想錬磨の術として万人に必要なのである。これは円了の哲学館の教育理念である「哲学による合理的な問題意識の追究」「仏教（釈迦の教説）の本意を中心に学術的に仏意を捉え得る教育方法」「自由討究主義」「随意信仰」によるものであろう。吉田は円了が高嶋たちと仏教の捉え方が異なるという。それは確かにそうであろうが、筆者が『新仏教』の執筆者[40]を調べたところ、もっとも多い第一位は高嶋米峰、第二位は同じく哲学館の卒業生の林古渓、第三位は境野黄洋、第四位が田中治六である。これで考えると、円了の初期の仏教改良思想は、哲学館の教育理念に反映されているので、これが明治三〇年代の仏教の近代化をもたらしたといえないであろうか。仏教学者の田村晃祐は、『近代日本の仏教たち―廃仏毀釈から仏教はどう立ち直ったのか』の中で、円了を「第二章　仏教の本質を求めて」の最初の仏教者と位置づけ、その節の冒頭に「第一節　井上円了の教育への情熱」を取り上げている。「哲学館は、教育者と宗教家を養成することを当初の目標としました。円了の考え方によれば、日本は明治維新によって制度的には近代化したけれども、ほんとうの近代化とは人心の近代化にあると考えました」[41]と、田村は指摘している。吉田にはこういう視点が全く欠如している。[42]

五　小林忠秀の説

哲学者の小林忠秀は円了の排耶論に関する従来の捉え方をつぎのように批判し、新たな問題提起をしている。[43]

円了を単に明治仏教界の近代化を志し、宗門人の思想の改革とその生活様式の改善を主張して、外来の諸宗教――特にキリスト教の理念と対決した人物とのみイメージしたのでは、かれの実像を矮小化してとらえたことになるだろう。円了は単なる宗教家ではなかった。思想面においても、実践面においても、単なる宗教家を超え出た宗教家であった。〔傍点省略、以下同じ〕

小林は円了が『真理金針　初編』の冒頭で、これまでの仏教者の排耶論を「心に洋教の廃滅を祈りてかえってその引流を助くるがごとき事情あり」と批判した点を重視し、「『真理金針』はこのような文言で始まるが、その文言のとおり、円了はキリスト教思想あるいはキリスト教信仰者に対決することを最終目的としたのではなく、むしろキリスト教批判を通して、仏教界の人士に自覚を促すことを目的として同書を著している……『真理金針』がキリスト教批判の書であるというよりは、仏教界の人士の自覚を促す啓蒙の書であるとするならば、同書はそのキリスト教批判をもって重要なのではなく、当の批判の位置づけの仕方において重要であるといわなければならない。言い換えると、われわれは、同書のキリスト教批判について、その妥当性を云々するよりは、むしろそのキリスト教批判がどのような形で手懸かりとして使用されて、円了本来の主張が展開されているかということに注目すべきであろう」[44]という。

すでに述べたが、円了の『真理金針』には、随所にわたって、仏教界や仏教者への批判が述べられている。僧侶としての円了は、自ら仏教者としてのあり方を自問自答した上で、仏教界や仏教者の現状を厳しく裁断した先駆者である。そして、円了は第二論文の「耶蘇教を排する実際にあるか」（のちの『真理金針　続編』）の中で、円了が宗教を国家・社会に与える実益の観点から、キリスト教を高く評価している点を重要視して、小林はつぎのように述べている。[45]

円了はもっぱら国家の自立ということに焦点を合わせて、宗教（キリスト教）が与えるいわゆる「実益」の様相を説いている。しかし、ここで円了の念頭にある国家とは、明らかに人々の安心立命の場となる国家である。言い換えれば、それは自分たちが、自分たちのために形成すべき国家であっただろう。円了にとって、そうした国家とは、宗教的エートスに媒介された共同体だったと考えられる。この宗教的エートスの媒介という一点において、「愛国」と「護法」――共同体の自立と宗教的信条の確立とは結びつくのである。そして、円了は、キリスト教を奉ずる人々の場合には、これら二つのことがらが効果的に結びついて、共同体の繁栄に力を借《ママ》しているると評価しているのである。

円了が『真理金針』を発表した時期は、日本が近代的中央集権国家の創出を目指していた時である。円了の宗教論は、このような日本の歴史的社会的状況を前提として立論されたものである。それ故に、小林のいう共同体の自立と宗教的信条の確立を結びつけようとする意図が円了にはあったと考えられる。小林は円了の『真理金針』が持つ意味を、それ以後の活動の原点であったとして、つぎのように述べている。[46]

> 『真理金針』以降の円了の活動を見ると、それが言論執筆の活動であれ、学校教育あるいは社会教育の活動であれ、すべては宗教的精神性の育成という課題の実現に収斂しているのである。したがって、円了は、その生涯の活動目標を、上記二つのプリンシプルの実現を共に可能とする、宗教的信条に生かされた精神性の育成というところにおいていたように思われる。精神性は宗教的信条とは同一ではない。それは日常に生きる人々が交わりを結ぶに際して、お互いに踏まえておかなければならない人倫の基本的態度であり、共同感情であろう。したがって、それはまた、共同体のあらゆる営み、すなわち文化の根として機能するはずのものであるだろう。円了は、こうしたいわば文化の根を宗教的信条の媒介のもとに形成し、更にその根を堅固にすることを生涯の目標としたと考えられる。それ故に、円了は、単に自分が生まれ育った真宗大谷派という一宗門の再興を目指したのでもなければ、外来のキリスト教に対抗して日本に古来の仏教の無反省な称揚と復権を志したのでもない。かれは宗教が社会あるいは国家においてもつ重要な機能に注目したのである。すなわち、かれは、宗教は社会あるいは国家を主体的な共同体として成立せしめる基盤に関って決定的な役割を演ずることに注目した。その役割の内実については、ここで改めて詳述する必要はないであろう。要するに、宗教は、共同体を人々が自分たちの手によって作り上げるための基本的条件として機能するということである。その意味で、宗教もまた共同体の文化の根なのである。

すでに紹介した吉田公平は東アジア圏における正統と異端の問題として、西洋のキリスト教の移入のことを考え、その時に起こる排耶論を前提にしながら、円了のキリスト教批判を歴史的に考察している。その上で、円了の本意は排耶論を利用した仏教覚醒運動であり、その視点は西洋哲学に裏付けられていたとし、全く新しい排耶論であったと評価している。この点は小林も同じで、円了のキリスト教批判がなにを手掛かりにしているのか、そういう視点が重要であると述べている。そして、小林は円了の国家論について、国家とは宗教的エートスに媒介された共同体であり、その典型がキリスト教社会・国家であったことを円了が見抜いていたという。小林は『真理金針』以降の円了の著述と活動まで範囲を広げ、同書には円了の生涯の二つのプリンシプルが述べられていたと指摘する。それは、宗教的信条に生かされた精神性の育成であり、共同体の営み＝宗教を「文化の根」として機能させることであったという。この小林の評価は、円了の生涯まで見通した点で画期的な円了論の一つと言わざるを得ないだろう。

六 『真理金針』の意義

以上が各研究者による円了の思想の位置づけや問題点の指摘である。昭和三四(一九五九)年から平成一五(二〇〇三)年までと、発表された時期に大きな幅がある。筆者はこれらの研究を踏まえながら、最近の研究成果を取り入れて、円了の『真理金針』全三巻の見方を述べていきたいと考えている。

第一に、円了の『真理金針』に表された思想は、本論の第二章第三節で明らかにしたように、大学時代からの問題意識を発展させたものと捉えている。「主客問答」「耶蘇教防禦論」「宗教篇」の三つの初期論文が関係している。

第二に、大学時代の円了の問題意識には、真宗の立場が考慮されていた。例えば、「主客問答」の結論のところで、「釈教中、何法を選ぶべきかといえば「最海内に遍布し人心を得たるものは、浄土真宗なり」[47]と答えているのである。しかし、円了は大学時代には自ら所属した真宗大谷派の教団レベルを超えている。また、この大学時代の論文には儒教との比較において用いられてきた、後来の「釈教」という用語を多く使っているが、「宗教篇」や『真理金針』では各宗を包括する用語として「仏教」に一定しているので、大学時代の最後にはいわゆる通仏教の思想に発展していたと考えられる。円了は自らの思想に基づいて、現代でいう「釈迦を開祖とする宗教として」＝「仏教」の用語法を用い、その用語を日本に普及させたという意味でも、先駆者であった。なお、大学時代の論文には中国の儒教に関する論文も多く、その思想を再検討していたことが窺われる。[48]

第三に、円了の大学三年生のノートである『稿録』を見ると、西洋思想の研究が行われていたことが分かる。スペンサー『哲学の第一原理』第一部「不可知なもの」、ラボック「学界進化論」、ドレーパー『宗教と科学の葛藤』、J・A・ユーイングによる「キリスト教と自然科学、特に進化論との関係についての東京講演のノート」[49]などを見ると、宗教と科学、キリスト教と科学との関係について、円了が西洋思想から学んでいたことが分かる。

第四に、第三と関連するが、円了は大学時代に西洋の新しい学問＝「近代の知」を積極的に吸収していた。円了は理哲諸学を基準にして、キリスト教や仏教を比較しているのであり、西洋の学問＝「近代の知」は真理を明らかにするものとして位置づけているのである。

第五に、後述するように、池田英俊は円了の破邪顕正論を学理に基づいた新しい破邪論として評価しているが、吉田久一の説に追随して、日本の近代化との結びつきはないと断定している。このことについては、高木宏夫が反論しているので繰り返さない。円了のように西洋の学問を「近代の知」とする立場を考慮しないと、近代仏教の流れは捉えきれないのではないだろうか。その点について、田村晃祐の『近代日本の仏教者たち』は、仏教界における個々人による近代の知の形成を追いながら近代仏教史を語っているので、明治以後からの流れが具体的に理解しやすいと考えられる。

結論をいえば、円了の『真理金針』は、芹川博通の指摘のように、キリスト教と仏教の比較宗教学[50]に関する試論と位置づけてよいのではないかと考えられる。論文の原題のように、西洋の学問を基準として、理論と実際の両面から、キリスト教とはなにか、仏教とはなにか、宗教とはなにかを究明し、円了自身の思想の原点を形成したものである。円了の思想が、小林忠秀の指摘するような基本的な構造まで見透していたのか、一つの仮説として今後も検討していかなければならないと考えられる。

七　『仏教活論』の当時の論評

つぎに、この『仏教活論』に関する当時の書評、その後の研究による論評を取り上げたい。まず、『序論』に関する反響について述べよう。円了の長男の妻・信子は、部屋にあった仏像を指差しながら、つぎのように語っていた[51]。

この仏像は当時、博物館の館長をしていた男爵の方（九鬼隆一）が、『仏教活論序論』を読んで感心して、父が若いときに頂いたものです。父も母も「仏教活論序論の方がよくできたんだ」と言ってました。

このように『序論』は、当時の多くの人々に影響を与えたものであった。真宗学者の金子大栄もその一人で、つぎのように、円了の追悼集で述べている[52]。

井上円了師が我国文化の上に效されし功献、特に明治の仏教界に一新紀元を作られしことは、万人共に認むべき事実として不朽に伝へられるべきである。

それは高等小学の三四年頃であった。自分が僧侶であるということから、同級生の聖徳太子に対する非難を、恰も我事の如く弁明これ勉めた時分である。師の『仏教活論序論』が私の手に入つた。既に小さい魂に全仏教を荷うて立つやうな気分で居るところへ、この緊張した序論を見せられたのである。私は驚喜を以て之を耽読せざるを得なかつた。次で『破邪活論』を見ては、基督教はこの鋭い論理で破滅するやうに思うて、一種の勝誇をさへ感じたのである。併し大切な仏教の真理其者については、まだ何にも善くは解つて居らなかつたし、それには肝心な『顕正活論』が手に入らず、しかも読む期会を得た時分にはもう『顕正活論』には満足出来なかつた。かくして私の心は井上師から次第に遠ざかつたのである。されど如何に遠ざかつても、私の思想を最初に訓練したものは師であることは拒むことは出来ぬ。即ち井上師は仏教界に一時期を画された通りに、私の生ひ立ちに一時期を画されたのである。この点に於いて師は実に私の終生忘るべからざる恩人である。

同時代の論評としては、常盤大定の論評が意を尽くしていると考えられるので、これを紹介しておこう。まず『真理金針』について、常盤はつぎのように評価している。[53]

何といつても、「真理金針」を以て当代随一の活力であつたと認めねばならぬ。勿論今日から此書を見れば、左程のものでなからうが、当時に在つては、仏教者の随喜渇仰して、唯一の命の綱と思つたものである。明治仏教界は、この時を一画期的として、新しく一歩を踏み出し、今までの消極的退嬰主義から、積極的進取主義に移つたと言ってよい。即ち仏教界は、一度此書に触れて力を得、一度此人に接して、その向ふところを知つたのである。爾後二十年代の多くの仏教者、並にその著作の殆ど全部が、一度は此書の関門を通過して来てゐることを知らねばならぬ。仏教そのもの、価値、外教に対する地位は、本書一度出で、始めて明かにせられ、仏教者はこれを手にして血潮を湧かし、耶蘇教者はこれを手にして戦慄し、心なき一般民衆も、これを手にして、初めて仏教の存在を知つた。蓋し当時にあつては、「真理金針」と「仏教活論序論」とを以て、世界的名著と思つたものもあるだらう。事実、此二書の名著であることは、何人も異存を差しはさまぬであらう。

このような評価があった上で、常盤は『仏教活論序論』が多大な反響を呼び起こしたことについて、つぎのように述べている。[54]

「真理金針」初編に於て、既に内外の識者を動かした後を承けたが為に、この「序論」は、特に仏教界に取つて、重要な地位と価値とを有する。仏教改革に対する氏の決意と、護法愛国の純情とは、氏一流の健筆と相俟つて、何人をも悲壮な気持ちに導かずんば止まぬ。已に前に「真理金針」に因つて、全く心酔せる後に於て、この論文に接したのであるから、世間の白熱的歓迎があり、当時何人も第一の著作として、此書を推したのであつた。又事実、此頃これほど世間及び仏教界を動かしたものはなかつたのである。

ともかく、氏が明治仏教界の一偉人であることに於ては、何人も異存がないやうに、此序論は、氏の仏教界に尽した最も偉大なものであつた。

常盤が指摘するように、円了の『仏教活論序論』は当時の仏教界のみならず一般社会にも大きな影響を与え、伝統的な仏教に新しい時代を切り開いたものとして、注目を集めたのであった。

八　『仏教活論』の論評

『仏教活論序論』の現代語訳を出版した佐藤厚は、『序論』の特徴について、つぎのように述べている。[55]

大学在学中から新聞、雑誌に論文を発表してキリスト教の非真理性を指摘し、一方で仏教界の奮起を促した。それらを明治十九年（一八八六）に『真理金針』という著作にまとめ、さらに翌年、それを再構成し要約したものが本書『仏教活論序論』である。

本書のキーワードは国家、真理、仏教の三つである。

第一は、知的側面である。円了は本書刊行の前年（明治十九年）に『哲学要領』という書物を著わした。これは単なる西洋哲学史の概説ではなく、西洋に加え東洋の儒教、仏教なども扱い、それらについて独自の観点から整理、批評を加えたものである。明治十九年といえば、江戸時代が終わってからまだ二十年も経っていない時期である。そのような時に東西の思想を整理した消化力には驚かされる。さらに、それをもとに本書では仏教と西洋哲学との一致を説いている。その方法は現在から見れば図式的であり、探せば様々な問題点も見出すことができよう。しかし、両者を一致させる発想力と、それを理論として構築していく総合力とには感嘆させられる。

第二は、情的側面である。本書には「熱さ」が漲《みなぎ》っている。前述したように円了の心は国家と真理と仏教の三位一体からなっている。そこから円了は「非真理」であるキリスト教への批判を行なうが、それ以上に危機感を持たず、時代の変化に対応しようとしない僧侶たちへの批判は熾烈を極めている。そこには「いま何とかしなければ」という熱い情熱がほとばしり、読んでいても力が入るのである。

佐藤は、『序論』を『真理金針』の再構成したものであるという。確かに、全体の論旨はそのとおりであろう。しかし、『序論』では「護国愛理」という円了の生涯と思想を規定した理念（常盤大定は「氏の一生中の規範用語」と定義している）が提起されているので、単なる再構成ではなく、発展的理解があったというべきであろう。そして、すでに識者によって指摘されたように、『序論』が歴史的・社会的に大きな反響を呼び起こしたことについては、この著作に特有の点があったからである。佐藤はそれを「情的側面に、熱さが漲っている」といっている。

筆者が調べたところによれば、円了の生涯にわたる著作は一六〇点以上あるが、円了は自己についてほとんど語っていない。ところが、この『序論』のみは異なっている。まず、第一に「護国愛理」を自己の人生と思想の理念として位置づけたことである。第二に、「仏教は非真理なり」と幼少の頃に思ったといい、その後、儒教、キリスト教、哲学、再び仏教へと思想遍歴した「体験」を語っていることである。第三に、この思想追究の過程で「難治症」に罹ったことを述べている。このように、円了が自身のことを書いたことは、多くの読者の理解と共感を呼んだこととして、特筆すべきであろう。

山口輝臣は、これまでの研究者と違った観点から『仏教活論』の成功を述べている。それは「一九世紀日本における宗教の成立」の研究で、その中の「仏教者の語り方―文明・学術・日本」というテーマで、その典型例として井上円了をつぎのように評価している。[56]

文明や学術といった他との関係における語り方に対しては、仏教者にも排耶論という形での対抗が可能である。そうした他とキリスト教とは特権的な結びつきを有しているのではないかという主張は、ある程度可能だったからである。だが、宗教を語ることがそのままキリスト教の優越を語ることになるという語り方については話が別である……宗教を語ることがそのまま仏教の優越を語ることになるような語り方が求められた。

このような語り方を編み出したのが井上円了である。もちろんこのほかにも例えば中西午郎などが類似の試みをしているが、知名度と影響力の点で抜きん出ており、語り方を創り出したと言い得るのが井上円了であり、その著『真理金針』

や『仏教活論』であった。

山口は、円了が著書の中で用いた西洋の理哲諸学と仏教を比較して、真理として合致するという「語り方」が、キリストでも同じものであったけれども、結論として、円了は仏教であったといい、この「語り方」こそが当時の社会に受け入れられた理由であると述べている。

池田英俊は「仏教の哲学的形成と破邪顕正運動」の代表例として、井上円了を位置づけている。特に『仏教活論』の『序論』『破邪活論』『顕正活論』の特徴をつぎのようにまとめている[57]。

〔『序論』について〕維新期の仏教では護法即護国の観念が仏教復興の中心課題とされていた。しかし、維新仏教には、円了にみられるような仏教と哲学の観点に立つ護国と護法、すなわち、愛理の面からの学的な考察を期待することはできなかった。そこで円了は従来の仏法が、仏法国益の立場から世俗の権力に追従するところに護国の意味を見い出していたのに対して「護国愛理」における護国が、愛理すなわち西洋哲学における愛知に基礎づけられたものでなければならないと主張したのである。

池田は、円了の『仏教活論』の中で、第一に『序論』の護国が西洋哲学の愛知に基礎づけられていること、第二に『顕正活論』で、仏教は智情二種によって組織されていると分析していること、第三に同じく『顕正活論』で非厭世主義の応用を主張していることなどに注目し、円了が仏教を時代の思想に対応させようとしたと評価している。

仏教学者の森章司は、『顕正活論』の解説の中で、円了が新しい仏教解釈（一種の系統を有する学に組織する）を行ったことについて、つぎのように述べている[58]。

円了は、二千年余の発展の過程において、種々様々な教えとして複雑化した仏教を哲学的な分析方法を借りて組織・体系化しようとした、ということになろう。すなわち円了自らの用語を借りるなら、伝統的な仏教には三時教や五時八教あるいは五教十宗といった組織・体系化の試み＝すなわち教相判釈＝があったけれども、哲学的な方法論を借りて、もう一度現代的な「一種の新解釈」を試みようとしたということができる。

それは円了が、仏教たるものは社会が進歩発達すれば、それに応じて進歩発達しなければならぬものとして、仏教を「活物」とみたということであり、――したがって本書もまた『仏教活論』と命名されたわけであるが——したがって円了のとらえていた仏教は、注釈的研究の対象となるような過去に停滞して動かないものではなく、「今日今時わが国に伝わるもの」ですでに「純然たる日本固有の宗教」となっている仏教であったということである。

円了の仏教研究が注釈的研究にとどまるわけはなかった。しかも今日今時の仏教は、インド・中国・日本と三国にわたって二千数百年の歴史をもち、さまざまな社会背景を栄養としながら発展してきた結果、日本固有の仏教となったものであり、そこで円了の言葉を用いるなら「発達的」にとらえる必要があり、このために哲学の規則を借りて「教相判釈」しなければならなかったのであった。これが円了の仏教学であって、その最初の試みがまさしく本書であったのである。

森は、円了が哲学の方法によって、仏教を組織・体系化しようとし、そのことによって仏教を社会の進歩に対応する思想として捉え直そうとしたと評価している。

円了の『仏教活論序論』に関する論評は多いが、本論の『顕正活論』に関する研究者の論評は少ない。池田は『顕正活論』を『真理金針　続々編』を詳述したものと位置づけているが、森は円了の仏教学としての最初の試みであったと評価している。第一回の世界旅行を経験した円了は、「宇宙主義」と「国家主義（日本主義）」をこの『顕正活論』で取り上げている。仏教も世界宗教の観点から捉えなおそうと考えていたことが分かる。ただし、この『顕正活論』の円了の仏教論は、総論の部分で終わっていることに留意すべきである。円了は各論を予定していたが、哲学館の問題などで執筆でなかったという事情があり、中途で終わっている。そこで、円了の『仏教活論』に対して、吉田久一や池田英俊のいう「近代仏教信仰の側面は期待できなかった」ということは保留すべき事項であったと考えられる。

本稿の冒頭で取り上げた高木宏夫は、円了が日本近代において仏教の教学を論じる道を開拓したものとして『序論』を位置づけて、つぎのように高く評価している。[59]

> 当時の仏教界は、出家仏教として宗派別に「行」を経た僧侶と一般大衆との間に超えられない一線をひいて特殊化し、在家仏教としての真宗系を愚夫愚婦の宗教として軽蔑し差別していた。そして宗派別に僧という専門家にのみ仏教が論じられ、儀礼が神秘化されて伝承されていたのに対して、（円了が）思想界・宗教界の人々や知識人が宗派ではなくて仏教一般として教学を論じることができるように道を開いた業績は大きかったと考えられる。それは、『序論』の本文にあるように、宗派別に特徴をつかみながら、それらの全体を仏教

として扱うことによってキリスト教との比較を行ったために、また仏教教学に入りやすい道をひらいたからであり、近代思想との比較を可能にしたからである。

高木は、円了が仏教の教学を専門家から一般社会へと開放した先駆者と位置づけている。筆者も同じ意見である。

以上のような円了研究の評価をみて、筆者はこの『仏教活論』の『序論』『破邪活論』『顕正活論』の特徴点をつぎのように総括する。

第一に、円了はそれまで宗派別になっていた仏教を、総体として捉えることに成功し、「仏教」という一つの概念にまで高めたことである。

第二に、円了は数千年にわたる仏教の教理を「学」としてまとめたことである。それがのちの「仏教学」の形成・研究のきっかけとなったことである。

第三に、円了は宗教教団が独占していた教理・教学を、歴史的社会的に開放したことである。

第四に、『序論』の思想遍歴の文章は、円了の信仰告白であった。近代の西洋諸学を吸収した円了が、その上で「仏教を信じている」ことを表わしているのである。この信仰告白が、多くの仏教関係者や社会の人々の共感を呼び起したのである。それ故に、このことがつまり伝統の発見であり、仏教近代化の起点となったのである。

すでに、多くの研究者が指摘していることであるが、円了がこのような業績を残したのは、西洋の哲学や理学などの学問を学び、それが真理への道であると自覚したからである。

【註】

1　高木宏夫「解説」（『選集』第三巻、三九五―四一九頁。
2　吉田久一「解題」（『明治宗教文学集（一）』（『明治文学全集』八七）、筑摩書房、昭和四四（一九六九）年、四〇三頁）。
3　吉田久一『日本近代仏教史研究』吉川弘文館、昭和三四（一九五九）年。
4　同右、一五二頁。
5　家永三郎『中世仏教思想史研究』法蔵館、昭和二二（一九四七）年。増補版は昭和五一（一九七六）年、ここでは増補版を使った。「我が国に於ける仏基両教論争の哲学史的考察」は一一一―一八〇頁。
6　同右、一四七頁。
7　同右、一四七―一四八頁。
8　同右、一四八―一四九頁。
9　同右、一五四頁。
10　同右、一七二頁。
11　家永三郎『外来文化摂取史論―近代西洋文化摂取の思想史的考察』岩崎書店、昭和二三（一九四八）年、三六一―三六二頁。
12　吉田久一『日本近代仏教史研究』、前掲書、一五一頁。
13　同右、一五〇―一五一頁。

14 同右、一五四頁。
15 同右、一五六―一五七頁。
16 同右、一五八頁。
17 同右、一六〇―一六一頁。
18 同右、一六一―一六二頁。
19 森竜吉「解説」(『真宗史料集成』第一三巻　真宗思想の近代化、同朋舎、昭和五二(一九七七)年、一三頁。)
20 伊東一夫「明治時代における井上学祖のキリスト教批判の考察」(『井上円了の学理思想』東洋大学井上円了記念学術振興基金、平成元(一九八九)年、一四二頁)。
21 量義治「井上円了における仏教とキリスト教の対比」(『井上円了センター年報』第六号、平成九(一九九七)年、五九頁)。
22 清水乞「井上円了における近代西洋哲学研究の原点―「明治一六年秋稿録」(『井上円了センター年報』第一六号、平成一九(二〇〇七)年、三―一二一頁)。
23 ライナ・シュルツァ「井上円了『稿録』の研究」(『井上円了センター年報』第一九号、平成二二(二〇一〇)年、三八―四三頁)。
John Stuart Mill, *Three Essays on Religion, Nature, The Utility of Religion and Theism.* のように、円了のキリスト教批判は、伊東がいう聖書のみによってなされていたわけではない。西洋哲学からのキリスト教批判に学んだものであった。最近、井上円了研究者のライナ・シュルツァによって、「「X―クラブ」の宗教批判と初期東京大学」というテーマで研究が進められている。この「X―クラブ」の会員には、スペンサー、ルーボック、ハックスレイなどの九人で構成されていた。シュルツァによれば、このクラブの主テーマは、「進化論」、「宗教批判」、「科学対宗教」、「不可知論」、「人間学」、「自然主義」であったという。円了が大学四年生で第一論文「耶蘇教を排するは理論にあるか」を発表するにあたり、すでに西洋哲学からキリスト教批判を学んで書いていたことが判明してきているのである。
24 喜多川豊宇「井上円了英文稿録」(『井上円了と西洋思想』東洋大学井上円了記念学術振興基金、昭和六三(一九八八)年、八一―八六頁)。
25 本書巻末の「資料一　東洋大学・円了文庫(洋書)目録」。
26 井上円了『仏教活論序論』明治二〇(一八八七)年(『選集』第三巻、三三五頁)。
27 小泉仰「序論」(『明治思想家の宗教観』大蔵出版、昭和五〇(一九七五)年、三九―四〇頁)。
戦後の混乱期において、それまでのあらゆる権威が崩れたかに見えたとき、キリスト教への関心は非常に高まった。キリスト教への関心の高まりは、今度の第二次世界大戦後において、世界的な現象であった。しかし戦後三十年の今日、日本においてキリスト教信者の数は人口一%の百万人に達していない。初めの切支丹渡来のときは、正確な数は分からないのであるが、かなりの短期間のうちに、三十万とか四十万とかの数に信者は達していたといわれる。これはその当時の日本の総人口が、今日に比べてはるかに少なかったことを考えると、驚くべき数であり、割合であるということができる。しかるに近代の日本はさきにのべたような制約をもっていたとはいえ、明治以降、すでに百年が経過している。切支丹の時代にも、明治以降の時代においても、キリスト教は巨大な文化的影響を日本に与えてきたにもかかわらず、その信者数が極端に少ないのはなぜであろうか。ここに現在の日本のキリスト教がかかえている問題点が現われていることは否めないように思われる。

28　中野目徹『政教社の研究』思文閣出版、平成五(一九九三)年を参照。

29　円了と政教社の関係については、つぎのような研究がある。田中菊次郎「政教社のナショナリズムと井上円了の「護国愛理」」(『井上円了の思想と行動』東洋大学、昭和六二(一九八七)年、一三九―一九二頁)。高木宏夫「井上円了の日本人論（1）―伝記資料に関する試論」(『井上円了センター年報』第一号、平成四(一九九二)年、五三―七二頁)。中野目徹「井上円了と政教社」(『井上円了センター年報』第八号、平成一一(一九九九)年、三―二四頁)。中野目徹「「哲学」と「日本主義」の模索―明治二十年前後の書生社会と井上円了」(『井上円了センター年報』第一六号、平成一九(二〇〇七)年、二三―四六頁)。

政教社の研究の第一任者である中野目徹は、「井上円了と政教社」(前掲書、二二頁―二三頁)の中でつぎのように述べている。

まず、政教社の側から見ますと、井上円了はその設立に深く関わっているものの、どうもその後の運営にはあまり関わっていないようだということです。雑誌『日本人』には二十篇余の論説が掲載されていますが、一、二を除いて仏教改良を論じるものばかりでして、これらから見ますと、円了は政教社全体として「国粋」の理論化を進めるなかで、宗教論からその一面を担当する論客だったということは確かです。政教社が反キリスト教的な色彩が強い集団だと捉えられることになった理由には、そういう円了の存在も大きかったと思われます。

逆に円了の側から見ますと、政教社に加わるということでどういう意味があったかというと、彼の仏教改良運動というのは、政教社設立の前から取り組んでいたわけですけれども、その背景に「国粋」すなわちナショナリティという基盤を捉えることができたということが大きいと思います。「護国愛理」に関して言いますと、その思想内容を豊富化していく上でも、政教社の同志たちが語っていたナショナリティを理論化する様々な方向、そういった大きな文脈のなかに、自分の仏教改良論を位置づけていく契機をつかむことが出来たと言えましょう。しかし、井上円了と政教社の関係は、明治二十三年いっぱいで終了したように思われます。二十四年にも『亜細亜』と改題された雑誌に「埋葬論について一言」というのを書いてはいますが、やはり関係としては、そのあたりで切れている。

このように中野目は円了と政教社の関係を規定している。さらに、中野目は「「哲学」と「日本主義」の模索」(四二頁)の中では、つぎのように述べている。

政教社での活動は「政治上の主義」に関するもので、哲学館拡張の延長線上に構想された「日本大学設立論」は「学問上の主義」に関することなのである。そして、「わが国今日の急務は教育宗教の二者を同時に振起するにある」と断言する。発言の背景に、明治二十四年（一八九一）一月に発生した内村鑑三不敬事件に端を発する教育と宗教の衝突論争があることはいうまでもないが、井上円了の課題は「政治」ではなく「教育宗教」へと収斂されていったのである。これに対して、政教社の中心にいた志賀重昂や三宅雪嶺は、スタンスは異にしながらも、その後、対外硬運動や進歩党合同運動に深く関わっていく。この年以降、井上円了の『日本人』への寄稿がなくなり、政教社との関係がしだいに希薄になっていく原因は、「政治」か「教育宗教」かという志向の違いが顕著になってきた点に求められるのではないだろうか。

……井上円了は明治二十年前後の書生社会にあって、とりわけその頂点部分をなす東京大学文学部（帝国大学文科大学）の関係者を糾合する幾多の団体や組織のオーガナイザーとして最も活動的な「周旋」家であった。そうしたなかにあって、彼は「政治」とは距離を保ちつつ「教育宗教」を自分の課題に捉え、その課題を支える方法と理念として「哲学」と「日本主義」を模索していた……換言すれば、「哲学」と「日本主義」に依拠した「教育宗教」思想が井上円了の中心課題としてここに定位された……

なお、飯島宗享は「第二回総合討議　井上円了の教育理念―その思想と行動」（『井上円了研究』第六号、昭和六一（一九八六）年、一三頁）の中で、円了と政教社の関係について、つぎのように述べている。

　政教社が同じようにリベラリズムとナショナリズムとを共有しながら結社を作ってやっていく中で、円了がわりに早く離れていく理由がどこにあるだろうかと考えたときに、同じ日本主義といっても、他の人たちと違う円了の日本主義というのはやはり哲学と宗教とこの部分にかけての日本の文化現象に重きを置く。ところが哲学や、特に宗教・仏教ということになると、他の政教社の仲間達というのは極めて冷淡であり、理解を示さなかった。だからあの場所に適応するときにも円了がやるのは宗教論である。

30　吉田公平「井上圓了の破邪論二則—鵜飼徹定と芥川龍之介」（『井上円了センター年報』第一二号、平成一五（二〇〇三）年、一四五—一四六頁）。なお、吉田は円了の初期の著作、すなわち『真理金針』、『仏教活論序論』、『哲学一夕話』を三部作と捉え、以後の著作や活動について、つぎのように述べている（一五〇頁）。

　井上圓了の前後に鵜飼徹定と芥川龍之介を配して西欧文化の精髄ともいえる基督教が受容された姿を見てきたが、勿論、この姿が一般的であったというつもりはない。キリスト教に親和した人たち、中村正直・内村鑑三・新渡戸稲造・新井奥邃・田中正造などすぐに思い浮かべられるであろう。しかし、これらの人たちは中村正直を除けば、井上圓了とは交錯しない。所謂井上三部作が哲学者井上圓了を象徴する。その後にも数多くの著作が著されるが三部作の変奏であろう。むしろ、この後の井上の本領は「百姓の学問」に徹した啓蒙家にある。通俗とは次元が低いことをいうのではない。「百姓」（もろびと）に緊要な内容を平明に解き明かす、その射程距離の長さ、誰にでも（「百姓」）適応する普遍性と誰もが実行できるような妥当性を含み持つことを「通俗」という。その意味でこそ、井上圓了は「通俗」の啓蒙家であった。それを可能にさせた視点の一つは、三部作の時期に「真理」を「金針」とすることを発見していたからであろう。

31　井上哲次郎の「宗教と教育の衝突」の問題提起について、小股憲明は「教育勅語撤回風説事件と中島徳蔵」（『人文学報』第六七号、平成二（一九九〇）年、一四八頁）で、「ちなみに筆者は、内村鑑三の「不敬」事件に端を発する、井上哲次郎が引き起こしたいわゆる「宗教と教育の衝突」なる論争は、彼の内面における動機において、このような形でウルトラ保守派、国粋派から攻撃を受けた井上の、「忠君」のアリバイ証明ではなかったかと邪推している。」と述べている。第二次の「宗教と教育の論争」の提起者も哲次郎であり、小股の指摘はあながち「邪推」とはいえないのではなかろうか。ウルトラ保守派からの攻撃については、第三章第一〇節で後述する。

なお、円了と哲次郎の宗教思想の比較論としては、長谷川琢哉「円了と哲次郎―第二次「教育と宗教の衝突」論争を中心として」(『井上円了センター年報』第二二号、平成二五(二〇一三)年)を参照されたい。

32　井上円了『教育宗教関係論』明治二六(一八九三)年(『選集』第一一巻、四三四頁)。

33　吉田久一『日本近代仏教史研究』、前掲書、二二七頁。

34　井上円了『妖怪学講義』明治二九(一八九六)年(『選集』第一六巻、六三―六四頁)。

35　円了の進化論については、つぎの論文を参照されたい。鵜浦裕「近代日本における進化論の受容と井上円了」(『井上円了センター年報』第二号、平成五(一九九三)年)。船山信一「井上円了における進化論の理解」(『船山信一著作集』第六巻、前掲書)。針生清人「井上円了の進化論」(『アジア・アフリカ研究所研究年報』第三五号、平成一二(二〇〇〇)年)。

36　円了の理学理解については、つぎの論文を参照されたい。森川滝太郎「円了思想の科学技術的側面」(『井上円了研究』第七号、平成九(一九九七)年)。同「井上円了の学問観と理学論」(『井上円了センター年報』第一五号、平成八(一九九六)年)。同「理学と仏教を結ぶ井上円了」(『井上円了センター年報』第一八号、平成二一(二〇〇九)年)。

37　芹川博通「仏教の排耶論」(芹川博通『近代化の仏教思想』大東出版社、平成元(一九八九)年、六二頁。

38　吉田久一『日本近代仏教史研究』、前掲書、三五五頁。

39　高島米峰『高島米峰自叙伝』(学風書院、昭和二五(一九五〇)年、三三頁)。

40　拙稿「『新仏教』を支えた人々」(『ライフデザイン学研究』第七号、平成二四(二〇一二)年、二九一―三〇九頁)。

41　田村晃祐『近代日本の仏教たち―廃仏毀釈から仏教はどう立ち直ったのか』日本放送出版協会、平成一七(二〇〇五)年、八〇頁。

42　吉田久一「明治後期の社会思想と哲学館」(『井上円了研究』第五号、昭和六一(一九八六)年、四一―六一頁)。

43　小林忠秀「解説」、『選集』第二巻、四四六―四四七頁。

44　小林忠秀、前掲書、四四八―四四九頁。

45　小林忠秀、前掲書、四五七頁。

46　小林忠秀、前掲書、四五八―四五九頁。

47　円了と真宗については、つぎのような論文がある。田村晃祐「井上円了と真宗」(『井上円了研究』第六号、昭和六一(一九八六)年)。樋口章信「井上円了の真宗哲学の一考察」(『井上円了センター年報』第一二号、平成一五(二〇〇三)年)。

また、清沢満之との比較論については、つぎのような論文がある。田村晃祐「円了の「中」と満之の「中」」(『井上円了センター年報』第一〇号、平成一三(二〇〇一)年)。高橋直美「井上円了と清沢満之」(『井上円了センター年報』第一一号、平成一四(二〇〇二)年)。拙稿「井上円了と清沢満之」(『井上円了センター年報』第一二号、平成一五(二〇〇三)年)。

48 佐藤将之は「「中国哲学」学問領域の創立者としての井上円了」と位置づけている。円了の卒業論文『読荀子』について、佐藤は「井上円了思想における中国哲学の位置」（『井上円了センター年報』第二一号、平成二四（二〇一二）年）として論じているので参照されたい。

49 この点については、つぎの論文を参照している。柴田隆行、ライナ・シュルツァ「井上円了『稿録』の日本語訳」（『井上円了センター年報』第一九号、平成二二（二〇一〇）年）。

50 円了の宗教学については、つぎの論文を参照されたい。鈴木範久「井上円了の宗教学」（『明治宗教思潮の研究』東京大学出版会、昭和五四（一九七九）年、九一―一一一頁）。河波昌「解説―井上円了の宗教学」（『選集』第八巻）。高木きよ子「井上円了の宗教学」（『井上円了の学理思想』、前掲書）。磯前順一「第一章　近代における「宗教」概念の形成過程」（『近代日本の宗教言説とその系譜』岩波書店、平成一五（二〇〇三）年。

51 井上信子「父　井上円了」（『井上円了研究』第三号、昭和六〇（一九八五）年、七六頁）。

52 金子大栄「感想」（『井上円了先生』東洋大学校友会、大正八（一九一九）年、一六九―一七〇頁）。金子と並んで真宗の碩学といわれる曽我量深は、「井上先生が私の子供の時に『仏教活論序論』という書物を初めて書いた。これはまあいってみると、ほんのパンフレットのようなものでありまして、内容なんかというものは、今考えてみると、極めて雑駁なもののようであったけれども、その『仏教活論序論』というパンフレットが出たことによって、仏教界は、われわれは、どんなにか救われたことでありましょう……井上円了先生が仏教界に与えられたところの功績というものは、その時代から見れば、実に広大無辺なものだったと私は思っている」（曽我量深『清沢満之』具足舎、平成一一（一九九九）年、七―八頁）。

53 常盤大定「真理金針（初編）解題」（『明治文化全集　第一九巻　宗教編』日本評論社、昭和三（一九二八）年、三〇頁）。

54 常盤大定「仏教活論序論解題」（『明治文化全集　第一九巻　宗教編』、三五頁）。なお、円了にとってこの『序論』は命がけで書かれたものであった。安藤州一「浩々洞の懐旧」（『現代仏教』第一〇五号、昭和八（一九三三）年、四八九頁）によれば、円了は『仏教活論序論』の論ずる所が「真宗の教理に違背する点のあるのを恐れて、予め本山当局に脱宗届けを出した」といわれている。

55 佐藤厚『現代語訳　仏教活論序論』、前掲書、一八四―一八六頁。佐藤は「井上円了『仏教活論序論』における真理の論証」（前掲書）で、『序論』の内容を「仏教の体系とキリスト教・西洋哲学の位置づけ」「西洋哲学の発展段階と仏教の中道」「唯物論・唯心論・唯理論と、仏教の発展段階」「真理の論証」と項目分けし、さらに同書の長所と短所をつぎのように述べている（一七五頁）。「長所は、仏教の歴史発展と教理内容とを再構成し、その枠組みの中にキリスト教や西洋近代哲学を位置づけつつ、仏教の優越を示したことである。このように仏教・キリスト教・西洋哲学という、思想的・歴史的土壌の違う思想同士を同一の枠組みの中で論じることは容易なことではなく、これ自体が大変な知的作業であったと評価できる。やや大袈裟にいえば、円了のこの作業により仏教思想が世界性を持つことができたのではないかと思う。ここから円了は比較思想家の先駆けとしても捉えることができよう。

続いて短所と思われる部分を記す。第一には、西洋哲学と仏教宗派との対応であるが、これが歴史的事実を基盤にしたものでない可能性があり、その時には、この議論自体の価値が疑われるのではないか、ということである。第二に、真理を論証する際の、論理や比喩の問題点である。これらは円了なりの論理や比喩であるが、これを納得できない場合には、本書の説得力を弱める可能性もあると思われる。第三に修行という問題である。いうまでもなく仏教とは、学問と修行とが両輪をなす思想体系である。例えば、円了が真如、中道を論証する際に取り上げていた天台の三諦円融の思想を例にとっても、それは実践があって始めて真価を発揮するものである。こうした実践面を措いて、思想の面だけで、果たして真理に行き着くことができるのかという疑問を抱く。晩年、円了は「南無絶対無限尊」を唱えることを、絶対者と感応する手段（唱念法）としたが、これが最終的な行としての帰結であるのか。

56　山口輝臣『明治国家と宗教』（東京大学出版会、平成一九（二〇〇七）年、四一―四二頁）。

57　池田英俊『明治の新仏教運動』（吉川弘文館、昭和五一（一九七六）年、二三六―二三八頁）。

58　森章司「解説」（『選集』第四巻、五五六―五五八頁）。

59　高木宏夫、前掲書、四一九頁。

【補注】

仏教学者の立川武蔵は、「井上円了の仏教理解は現代思想としての仏教に対してどのような示唆が含まれているのか」、つまり円了の仏教の捉え方が現代でも意味を持つのだろうか、という観点から論じている。立川の問題意識は、つぎのように述べられている。（立川武蔵「井上円了の仏教思想」、『印度学佛教学研究』第四九巻第一号、平成一二（二〇〇〇）年、一一一―一一三頁）。

彼〔円了〕は仏教思想全体を自分自身のシステムによって捉えなおし、近代思想として仏教理論を再構築しようとしたのである。

……生涯を通じて、円了は当時日本が置かれていた状況を充分に意識しつつ、仏教を単に仏教内部から見るのではなくて、近代ヨーロッパの思想、キリスト教、儒教などとの対話の中から仏教の伝統を再認識しようとした。したがって、彼の著作のほとんどが歴史的文献学的なものというよりは彼自身のパラダイムによって仏教思想を捉え直そうとしたものである。

円了は仏教の諸宗派の思想を彼が設定した基礎概念（操作概念）によって整理、分類した上で一種のランキング（教相判釈）を行っている。

われわれの考察は円了の仏教思想の歴史的文献学的理解を最終目標としてはいない。われわれの目標は、円了の仏教理解に現代思想としての仏教にとってどのような示唆が含まれているかを探ることである。

立川は、円了の仏教思想について『仏教哲学』（井上円了『仏教哲学』明治二六（一八九三）年〔『選集』第七巻、一一八頁〕）を取り上げて、解釈しようとしている。この『仏教哲学』での教相判釈は、倶舎宗→法相宗→三論宗→天台宗→華厳宗→真言宗という、円了の当時にあったものであろう。立川はこれに基づいて「真言宗を頂点とする智力的宗教」と位置づけているが、円了の『顕正活論』では、「中宗にては主として天台、華厳両宗を論じ、傍ら真言宗を説くべし」と述べていて、必ずしも真言宗を重んじてはいないと考えられる。こうした相違点について、立川は言及していない。立川の問題意識はすでに述べたように、円了の仏教理解が現代思想としての仏教にとってどのような示唆がふくまれているのか、という点にある。そこには立川流のインド哲学から見た仏教思想の視点が活用されていると考えられる。円了はあくまでも「日本仏教」を中心として、仏教論を構築している。円了の仏教論に対する立川の「われわれは事から理に至り、理から事に帰る旅を現在、はたして望んでいるのであろうか」ということを一つの問題提起としてうけとめたい。

第八節 『哲学一夕話』—現象即実在論

一 哲学との出会い

円了の思想の原点は哲学にある。そのことを『仏教活論序論』の中で、つぎのように表現している。[1]

一日大いに悟るところあり、余が十数年来刻苦して渇望したる真理は……ひとり泰西講ずるところの哲学中にありて存するを知る。ときに余が喜びほとんど計るべからざるものあり……これにおいて十余年来の迷雲始めて開き、脳中豁然として洗うがごとき思いをなす。

この文章はすでに紹介したものであるが、円了の思想遍歴の一端である。要約すれば、円了は真理を求めて、洋学を研究し、特に哲学の研究に没頭したという。そして、ある日、西洋の哲学に真理があることを認め、長期にわたる煩悶が解けて、「脳中豁然として洗うがごとき思いを」なしたと述べている。さらに、これに続いて、円了はつぎのように研究を行った。[2]

すでに哲学界内に真理の明月を発見して更に顧みて他の旧来の諸教を見るに……ひとり仏教に至りてはその説大いに哲理に合するをみる。余これにおいて再び仏典を閲しますますその説の真なるを知り……

仏教が西洋の哲学と符合することを発見したことを、森章司は「一種コンバージョンともいうべき覚醒が起こされたのであろう」[3]と捉えている。円了が「洋学の蘊奥を究め」「もっぱら力を用いたのは哲学の研究」であったという。

この節では、はじめに、円了の哲学研究の足跡を辿っておきたい。円了が西洋哲学の存在を知った時期は何歳ごろであろう。円了の「履歴書」[4]は明治元(一八六八)年の一〇歳からの読書・教育の過程であるが、いずれも長岡時代で終っている。この履歴書に書かれている読書記録を見る限り、「哲学」に関係したものはないと考えられる。また編集された『甫水井上円了漢詩集』[5]は、円了の明治五(一八七二)年から明治一六(一八八三)年(一四歳~二五歳)にわたる漢詩であるが、これらの漢詩には哲学という言葉は出てこない。資料的には、東京大学文学部哲学科一年生の時に『開導新聞』に連載した「主客問答」で初めて哲学に言及している。円了は、明治一一(一八七八)年に東京大学初代総理の加藤弘之の知遇を得ているし、予備門時代の講義名には哲学はないが、大の読書家と知人に呼ばれたので、予備門時代に哲学について独学した可能性もあるだろう。本格的には、先に記したように、明治一四(一八八一)年(二三歳)に文学部哲学科に入学してから哲学を学んだことは確かである。

二　「中国哲学」学問領域の創立

円了が東京大学文学部哲学科でどのような科目を学んだのか、このことについては本書の第二章第二節で詳述した。さらに、これに続く第二章第三節では、在学時代のいわゆる初期論文に言及した。円了の著作活動は在学時代から始まったのであるが、その後も含めて、円了といえば哲学と仏教の二つを軸にして位置づけられることが多い。このような従来の見方に新たな問題提起をしたのが、中国古代思想史家の佐藤将之である。佐藤は円了が哲学科に在学し、中国の儒教について研究したことを分析した。

円了は東京大学の二年生の時に井上哲次郎から東洋哲学史、[6]三年生・四年生の時に島田重礼から支那哲学、四年生の時に中村正直から漢文学[7]を学んでいる。円了は当時創刊されたばかりの『学芸志林』や『東洋学芸雑誌』に、卒業論文の『読荀子』を含めて儒教に関する五本の論文を発表している。佐藤はこれらの論文の内容をつぎのように位置づけている。[8]

> 円了の中国哲学に関する論考は、「尭舜は孔教の偶像なるゆえんを論ず」に始まるが、この論文は中国哲学の「偶像観」への一種の宗教学的な関心から執筆されたものである。この作品を基点として、円了は思想、歴史そして宗教を哲学的観点でとらえ始め、道徳的言説を論理的に叙述する必要を説いた「排孟論」、荀子の一種の科学的世界観に注目した卒業論文である「読荀子」を経て、中国哲学における本体論を論じた「易を論ず」まで、中国哲学に関する論考を連続して出版している。

このように、円了が哲学について初めて本格的に取り上げたのが、東洋哲学であり、しかも中国哲学であったことは、これまで注目されていなかったことである。円了の哲学に関する最初の記述としては、後述する「哲学要領」の論文を取り上げることが一般的であるが、その冒頭に東洋哲学として支那哲学を位置づけた背景に、このような研究の過程があったのである。そのことから、佐藤は円了の果した役割について、つぎのように述べている。[9]

円了の中国哲学に対する通史的理解は、のちの円了の幾つかの著作に登場する。井上哲次郎の「東洋哲学史」の講義内容を踏襲したものと考えられるが、哲次郎研究者の間では周知のごとく、この「東洋哲学史」の講義内容は、終生出版されることがなかったので、円了によるこの「支那哲学」の項は、日本で西洋哲学の受容後に出版された中国哲学史に関する最初の通史的記述となった。筆者が序論で哲次郎と円了を中国哲学という学術分野の創始者と見なした理由の一つである。

周知のように、円了がこれら〔仏教（インド哲学）、西洋哲学、中国哲学〕の比較哲学の総合的な著述をしたこの時期の大部分において、もう一人のパイオニアである井上哲次郎がヨーロッパ滞在中であることを考慮に入れるならば、明治二〇年代前半に、円了のこうした著述がいわゆる「東洋哲学」という学術分野の形成に果たした貢献は極めて大きいものがあるとしなければならない。

すでに述べたが、円了は仏教に関して近代的な捉え直しを提起していた。佐藤の研究によって、中国の儒教についても哲学として見直す先駆者であったことが分かる。現在、仏教と儒教は、東洋哲学として研究されるようになった。佐藤は最近の研究報告で、円了を「「中国哲学」学問領域の創立者としての井上円了」と位置づけている。[10] 佐藤のこのような問題提起は、これまでの井上円了研究に欠けていたものである。

三　『哲学要領　前編』――日本人の最初の西洋哲学史

円了が東京大学時代に西洋哲学の講義を聴講した他に、すでに紹介した三年生の時に作成した『稿録』に見られるように、自ら進んで西洋哲学の研究をしていた。その西洋哲学に関する研究成果を初めて本格的にまとめた著作が、在学中（三年生）の明治一七（一八八四）年四月から明治一九（一八八六）年八月まで『令知会雑誌』（第一号―第二九号）に一五回連載した「哲学要領」である。[11]四〇〇字に換算して九五枚になる。明治一九（一八八六）年九月に、円了はこれに序をつけて『哲学要領　前編』という単行本として出版した。『哲学要領　前編』はつぎのような内容で構成されている。[12]

第一段　緒論
第二段　東洋哲学
第三段　シナ哲学
第四段　インド哲学
第五段　西洋哲学
第六段　ギリシャ哲学　第一　総論
第七段　ギリシャ哲学　第二　組織
第八段　ギリシャ哲学　第三　結論
第九段　近世哲学　第一　総論
第一〇段　近世哲学　第二　組織
第一一段　近世哲学　第三　結論

『哲学要領　前編』の冒頭部分では、東洋哲学が述べられ、ついで西洋哲学に及んでいる。量的には、東洋哲学が一八％、西洋哲学が八二％である。つぎの表1は、柴田隆行が作成した「日本における西洋哲学史」の比較表である。[13]ここに取り上げたのは、大西祝までの抄録である。

円了は『哲学要領　前編』の序で、「さきに井上哲次郎氏著すところの哲学講義世に行わるるも、その書、ギリシア哲学の歴史を略述するにとどまりて、未だ西洋近世哲学および東洋哲学に論及せず。故にこれを読むもの哲学の一斑を知るのみにして、全豹〔貌〕をうかがうあたわざるの嘆あるを免れず。この編はしからず。古今東西の哲学を列叙対照し、読者をしてたやすく哲学全系の大綱要領を知らしむべしと信ず」[14]という。哲学史や哲学概論は哲学を学ぶ初学者のものであるといわれるが、円了の著作の意図もそこにあった。そして表1のように、哲次郎の講義録はギリシャ哲学に止まっていたのを、円了は哲学通史にしたのである。柴田隆行は日本における西洋哲学史の著作の流れをつぎのように述べている。[15]

　最初の哲学史と一般に言われているのは、本人もそう語っているが（「明治哲学界の回顧」）、井上哲次郎の『西洋哲学講義』かもしれない。その第一巻は、八三年四月に出版された……八六年には中江兆民訳のフイエ『理学沿革史』が文部省より出版されている。これは、日本における最初の哲学通史である。また、同年に出た井上円了『哲学要領』前編も、哲学および哲学史の概念を詳論したあと、タレスからスペンサー、リードまで西洋哲学全般を論述しており、こちらは日本人の手になる最初の西洋哲学通史である。

円了の『哲学要領　前編』は、柴田が指摘するように、日本

表１　日本における西洋哲学史〔抄録〕

(8) 大西　祝	(7) 波多野精一	(6) ケーベル	(5) ブッセ	(4) 清沢満之	(3) 井上円了	(2) フイエ	(1) 井上哲次郎	
								古代哲学
3 (0.3)	1 (0.4)		0.5 (0.1)		2 (2.4)	3 (0.3)	6 (1.2)	01　タレス
6 (0.5)	1 (0.4)		1 (0.3)			1 (0.1)	2 (0.4)	02　アナクシマンドロス
3 (0.3)	0.5 (0.2)		0.5 (0.1)				3 (0.6)	03　アナクシメネス
20 (1.8)	2 (0.8)		5 (1.3)	6 (1.1)	3 (3.6)	13 (1.1)	10 (2.0)	04　ピュタゴラス学派
7 (0.6)	1 (0.4)		0.5 (0.1)			3 (0.3)	4 (0.8)	05　クセノファーネス
9 (0.8)	2 (0.8)		2 (0.5)			7 (0.6)	1 (0.2)	06　パルメニデス
10 (0.9)	2 (0.8)		2 (0.5)			5 (0.4)	4 (0.8)	07　ゼノン
6 (0.5)	3 (1.2)		5 (1.3)		1 (1.2)	13 (1.1)	11 (2.1)	08　ヘラクレイトス
15 (1.3)	1 (0.4)		3 (0.8)		1 (1.2)	6 (0.5)	6 (1.2)	09　エンペドクレス
19 (1.7)	4 (1.6)		4 (1.0)			3 (0.3)	11 (2.1)	10　デモクリトス
11 (1.0)	2 (0.8)		4 (1.0)			7 (0.6)	6 (1.2)	11　アナクサゴラス
14 (1.2)	4 (1.6)		26 (6.7)	5 (0.9)	1 (1.2)	9 (0.8)		12　ソフィスト
20 (1.8)	4 (1.6)		8 (2.1)	7 (1.3)	3 (3.6)	41 (3.4)	55(10.7)	13　ソクラテス
14 (1.2)	1 (0.4)		6 (1.5)	9 (1.7)		3 (0.3)	35(6.8)	14　ソクラテス派
50 (4.4)	10 (4.0)	46 (7.2)	14 (3.6)	20 (3.9)	2 (2.4)	64 (5.4)	78(15.2)	15　プラトン
53 (4.7)	13 (5.1)	38 (5.9)	24 (6.2)	29 (5.5)	1 (1.2)	57 (4.8)	66(12.9)	16　アリストテレス
17 (1.5)	5 (2.0)	18 (2.8)	11 (2.8)	14 (2.6)	1 (1.2)	22 (1.8)	56(10.9)	17　ストア派
8 (0.7)	3 (1.2)	4 (0.6)	5 (1.3)	11 (2.1)	1 (1.2)	5 (0.4)	39(7.6)	18　エピクロス派
11 (1.0)	2 (0.8)	9 (1.4)	2 (0.5)	6 (1.1)	1 (1.2)	3 (0.3)	45(8.9)	19　懐疑派
13 (1.1)	4 (1.6)	8 (1.3)	8 (2.1)	12 (2.3)		42 (3.5)	28(5.5)	20　新プラトン派
								中世哲学
4 (0.4)	1 (0.4)		2 (0.5)			4 (0.3)		01　アウグスティヌス
5 (0.4)			1 (0.3)					02　エリウゲナ
12 (1.1)	2 (0.8)	6 (0.9)						03　アンセルムス
6 (0.5)	1 (0.4)		2 (0.5)			11 (1.0)		04　トマス
8 (0.7)	2 (0.8)	12 (1.9)	1 (0.3)			6 (0.5)		05　ドゥンス
6 (0.5)	2 (0.8)	6 (0.9)	1 (0.3)			2 (0.2)		06　オッカム
								近世哲学
2 (0.2)	2 (0.8)	12 (1.9)				10 (1.0)		01　ブルーノ
8 (0.7)	4 (1.6)		6 (1.5)		2 (2.4)	6 (0.5)		02　ベーコン
4 (0.4)		12 (1.9)						03　ベーメ
12 (1.1)	2 (0.8)					13 (1.1)		04　ホッブズ
38 (3.4)	9 (3.6)	39 (6.1)	15 (3.8)	14 (2.6)	3 (3.6)	76 (6.4)		05　デカルト
44 (3.9)	5 (2.0)		10 (2.6)	12 (2.3)	2 (2.4)	25 (2.1)		06　ロック
46 (4.1)	9 (3.6)	20 (3.1)	20 (5.1)	13 (2.5)	2 (2.4)	40 (3.3)		07　スピノザ
4 (0.4)		11 (1.7)	1 (0.3)	3 (0.6)		13 (1.1)		08　マールブランシュ
46 (4.1)	13 (5.1)	36 (5.6)	16 (4.1)	20 (3.8)	3 (3.6)	62 (5.2)		09　ライプニッツ
20 (1.8)	3 (1.2)		5 (1.3)	8 (1.5)		5 (0.4)		10　バークリ
31 (2.7)	5 (2.0)		5 (1.3)	5 (0.9)	1 (1.2)	11 (1.0)		11　ヒューム
72 (6.3)	1 (0.4)		5 (1.3)	3 (0.6)		93 (7.8)		12　フランス啓蒙
128(11.3)	29(11.5)	180(28.1)	45(11.5)	85(16.1)	3 (3.6)	56 (4.7)		13　カント
4 (0.4)	4 (1.6)	27 (4.2)		25(4.7)	3 (3.6)	9 (0.8)		14　フィヒテ
5 (0.4)	10(4.0)	16 (2.5)		69(13.1)	3 (3.6)	28 (2.3)		15　ヘーゲル
5 (0.4)	4 (1.6)	16 (2.5)		15(2.8)	1 (1.2)	8 (0.7)		16　シェリング
4 (0.4)	8 (3.2)			27(5.1)		25 (2.1)		17　ショーペンハウアー
2 (0.2)	3 (1.2)			5 (0.9)	2 (2.4)	10 (1.0)		18　コント
73.1%	73.5%	80.5%	68.5%	80.0%	50.4%	69.5%	91.1%	

人による最初の西洋哲学通史という意義を持っている。柴田は同書の特徴をつぎの四点としている。[16]第一点は、徹底した中世暗黒論という。表1の円了の項を見ると、「中世哲学」への言及は全くない。中世の一〇〇〇年余りで古代の諸学は廃れきったという見方である。第二点は、中世暗黒論に対して近世哲学の勃興であり、中でもその初祖としてデカルトの評価が高いことである。第三点は、哲学史の弁証法的発展史論である。円了は「ギリシア哲学の結果を論ずるに当たり、思想発達の規則を知ることまた必要なり。およそ思想の発達は有機体とその性質を同じうし、数種の元素相合して新成分を発生し、諸成分相集まりて新組織を構成するなり。これを論理上三断法の規則とす」という。[17]

第四点は東洋哲学に対する西洋哲学の優位性である。円了は「東洋は一国の思想ことごとく一主義に雷同するの傾向あり。西洋はこれに反し一思想起これば必ず他の思想の起こるあり。一主義行わるれば必ず他の主義の行わるるありて、一学派の決して独立独行することなく、一主義の決して諸想を圧伏することなく、諸学諸説互いにその真偽を争い、その優劣を競うの勢いあり。これ西洋学の進化するゆえん、東洋学の退歩せるゆえんなり」という。[18]これらの点を踏まえて、柴田は「以上のような井上円了の哲学史はきわめてヘーゲル主義的だと言える」[19]と述べ、その理由として、「井上円了はシュヴェーグラーの哲学史をテキストにして、フェノロサから哲学史を学んだ。フェノロサによる進化主義的ヘーゲル理解およびヘーゲル学派のシュヴェーグラーという点を考えれば、円了がヘーゲル流の哲学史を著したとしても不思議はない」[20]と指摘している。

ところで、東京大学の研究生であった円了は「哲学要領」の論文を執筆中の、明治一八（一八八五）年一〇月二七日に哲学科の学生などを集めて「哲学祭」を行っている。「哲学祭とは、その祭日を一〇月二七日とし、古今東西の聖賢のうちから四聖として選んだ釈迦・孔子・ソクラテス・カントの四人を祭るもの」[21]であった。ここにヘーゲルは入っていない。円了がどのような理由で四聖を選んだのか、それについて、「四聖はいずれも哲学の中間に起こりて、前歴史を統一し、また後歴史を開成したるものであるからして、中興の主とすべきである」[22]と、円了は述べている。

近世哲学ではカントなのか、ヘーゲルなのか、という点を円了はどう位置づけたのであろうか。「哲学要領」と共に並行して新聞に書かれ後に『真理金針　続々編』として刊行された中に、まず円了のヘーゲル理解があり、つぎのように述べている。[23]「西洋にありては、シェリング氏の哲学は相対の外に絶対を立つるをもって、ヘーゲル氏これを駁して相絶両対不離なるゆえんを証せり。今、仏教に立つるところのものはこの両対不離説にして、ヘーゲル氏の立つるところにすこしも異なることなし」という。円了はヘーゲルを西洋哲学の最高と位置づけ、その思想がすでに仏教にもあると見ている。これに対して、円了はカントについてはつぎのように述べている。[24]

〔近世哲学の〕新設時代はベーコン、デカルト二氏よりカント氏の前までにして、その間はギリシア哲学を継述するのではなく、別に新主義を立ていわゆる近世哲学の基礎を開きたるものなれば、これを新設時代と申します……西洋の哲学は経験、独断の二派に分かれ、経験派はヒューム氏の懐疑論に陥り、独断派はライプニッツ氏の合理論となり、おのおの極端に偏するに至りたれば、カント氏出でてこれを統合し、別に批判学を起こして従来の哲学の仮定独断を看破し、一大完全の組織を開きしより以後は、西洋の哲学大いに完備するを得ました。よってカント氏以後、今日に至るまでを近世哲学の完備時代と名付けます……近世哲学にては今日より百年前のカント氏を中興とする故に、余は先年、東西哲学界の四聖を選び、東洋にて釈迦、孔子を得、西洋にてソクラテス、カントを得、あわせてこれを四大聖人として祭ることに致しました。

円了にとって、カントは近代哲学を代表する哲学者として位置づけられたのである。『哲学要領　前編』は東洋・西洋の各哲学者の説を要約したものである。これによって、円了の哲学理解を知ることができる。特に、西洋哲学史については、すでに英訳された本があったことは、柴田や茅野良男などが指摘している。これらの著書から得た哲学理解が、円了の哲学論や仏教論などの生涯の著作を先駆者として生み出す大本になっているのである。

四　『哲学一夕話』

円了は雑誌論文として「哲学要領」を執筆しながら、つぎの哲学論の準備をしていた。それが『哲学一夕話』である。『哲学一夕話』は全三編で構成されている。刊行年月と原本の頁数（本文のみ）はつぎのとおりであった。第一編は明治一九（一八八六）年七月に刊行され、頁数は二六頁である。第二編は明治一九（一八八六）年一一月に刊行され、頁数は三八頁である。第三編は明治二〇（一八八七）年四月に刊行され、頁数は三六頁である。全三編を合わせて、頁数は一〇〇頁というものであった。円了の意図は「第一編　序」に、つぎのように書かれている。[25]

そもそも宇宙間に現存せる事物に、形質を有するものと有せざるものあり……この形質あるものを実験するの学、これ

> を理学と称し、形質なきものを論究するの学、これを哲学と称す。これ理哲両学の異同ある一点なり。あるいは事物の一部分を実験するもの、これを理学と称し、事物の全体を論究するもの、これを哲学と称するものあり。あるいは理学は実験の学、哲学は思想の学とするものあり……哲学は無形の心性に属する学問なり。しかしてこの心性に属する学問に、心理学、論理学、倫理学、純正哲学等の諸科あり。そのうち、心理学、論理学等は多少人の知るところなれども、純正哲学に至りて、そのいかなる学問なるやは、すこしも人の知らざるところなり。略してこれをいえば、純正哲学は哲学中の純理の学問にして、真理の原則、諸学の基礎を論究する学問というべし……今、余はこの純正哲学の問題およびその解釈を、世の全く哲学を知らざるものに示さんと欲するをもって、ここに『哲学一夕話』の数編を著すに至る。その第一編は物心の関係を論じて、世界はなにより成るかを示し、その第二編は神の本体を論じて、物心のいずれより生ずるかを示し、その第三編は真理の性質を論じて、諸学はなにに基づきて起こるかを示すものなり。

円了の『哲学一夕話』は純正哲学論である。円了は純正哲学を哲学中の純理の学問とし、真理の原則、諸学の基礎を論究するものと位置づけている。それを著述した『哲学一夕話』では、第一編を「物心両界の関係を論ず」と題する「世界論」（現象論）とし、第二編を「神の本体を論ず」と題する「本体論」（実在論）とし、第三編は「真理の性質を論ずる」と題する「真理論」（認識論）として、論究しているのである。この『哲学一夕話』についての歴史的評価は、「『哲学一夕話』はいわば明治における現象即実在論、日本型観念論の産声であった」[26]、あるいは「明治期における「純正哲学」は井上円了の『哲学一夕話』（明治一九―二〇年）をもって嚆矢とする」[27]といわれている。

円了の『哲学一夕話』は、円了先生の弟子がそれぞれの立場（論）から議論を交わし、最後に円了先生が結論を述べるという対話篇形式で記述されたものである。この著作は明治期の哲学を語る上で、欠くことのできないものであるから、すでに哲学の専門家によって詳細にわたって検討されている[28]。そのため、ここでは対論の内容をそちらに譲り、円了の裁断（結論）を取り上げることとしたい。

第一編は「物心両界の関係を論ず」であるが、緒言で円了が述べているように、唯物論、唯心論、唯理論が取り上げられている。円山は唯物論者、了水は唯心論者として討論し[29]、円了先生は唯理論を提起して、そして最後の裁断を円了がつぎのように下している[30]。

なんじらの諍、おのおの一方の理をみて全局を知らず。了水は無差別の一方をみて差別を知らず、円山は差別の一方をみて無差別を知らず、共に一僻論たるを免れず。しかしてその両人の間に疑念を生じたるは、差別と無差別とその体全く異なるものと信ずるによる。……無差別の心は差別の心によりて知り、差別の心は無差別の心によりて立つ。これを例うるに一物に表裏の差別あるがごとし……物を論じて論じ極めれば心となり、心を論じて論じ極めれば物となり、物心を論じて論じ極めれば無差別となり、無差別を論じて論じ極めればまた差別となり、差別のそのまま無差別にして、無差別のそのまま差別なり、差別と無差別とはその体一にして差別なし。差別なくしてまた差別あり、差別ありてまた差別なし。これを哲理の妙致とす。……差別中に無差別を有し、無差別中に差別を有して、差別すなわち無差別、無差別また差別にして、同体にして異体、異体にして同体なる関係を有するものをいう。この道や諸説諸理の回帰するところにして、道理の円満完了するところなるをもって、これを円了の道と名付くるなり。

太古、物心未だ分かれざるときに当たりては万物無差別なれども、その無差別の中に差別を含有するをもって、その体開発して今日の差別の諸境を現ずるに至り、今日の差別の裏面に無差別を携帯するをもって、他日その体回転して世界滅亡の期に至らば、無差別の表面を示すに至るべし。無差別は開きて差別となり、差別は合して無差別となる。これを世界の大化という……しかしてその変化の原理に至りては……無始無終、不生不滅の理体、これを円了の体と名付くるなり。その体の一方に無差別を含み、他方に差別を帯び、自体の力によりて回転して、あるいは差別の表面を示し、あるいは無差別の表面を示し、その変化いずれのときに始まり、いずれのときに終わるを知らず。この作用を円了の力と名付くるなり。その体、その力、その道合してこれを円了の三性とす……体も力も道もその実一なり。これを三性一致の妙理とするなり。

円了は、差別と無差別は「その体一にして」と捉えて、道理の円満完了するところを「円了の道」と名付け、無始無終、不生不滅の理体を「円了の体」といい、また宇宙の変化の作用を「円了の力」といい、道も体も力も一のものであり、三性一致の妙理とすると述べている。白井雅人は、第一編の結論をつぎのように述べている。[31]「円了先生が唱える円了の大道は、無差別の立場（一元論）に立つものでもなく、差別の立場（多元論）に立つものでもなく、その両者を一体にした（一即多）ものであり、一から多へ、多から一へ、常に活動するダイナミズムを備えたものなのである……。円了の大道は、一大活物として運動するダイナミズムそのものなのである」。円了の「即の論理」がここに見られるのである。

第二編は「神の本体を論ず」である。ここでは、円東が唯物論の立場、了西は唯心論の立場、それぞれから無神論を主張するが、円南は超越的唯心論の立場、了北は一種の不可知論の立場から有神論を主張する。これに対して円了はつぎのように裁定している。[32]

なんじらの論すでにその理を尽くせり。われまた言うことなし。ただわれが一言を加えてなんじらの注意を促さんと欲するものは、おのおの一人の所見をもって真理となさずして、四人の説相合して始めて純全の真理となることを知るにあり……もしおのおのひとり、その自ら主唱するところを真とするときは、円東は唯物に僻し、了西は唯心に僻し、円南および了北は有神に僻するの難を免れざるは必然なり。故になんじら、もし哲理の中点を保持せんと欲せば、よろしく四人の説を合してその中をとるべし。諸説相合して、よくその中を得たるもの、これを円了の中道と称するなり。……その見るところ異なるに従ってその名を異にするも、その体もとより一にして二あることなし。これに物体の名を与うれば、人これを評して唯物論といい、これに心体の名を与うれば、人これを評して唯心論といい、これに神体の名を与うれば、人これを評して有神論という。故にわれ、これを名付けて円了の体と称するなり。その体、不生不滅、不増不減にして、十方にわたりて際涯なく、万世を窮めて尽期なく、いわゆる無始無終、無涯無限なり。この体すでに無涯無限なれば、これより生ずるところの変化また無量無数なり。この無量無数の変化は、円了の自体に有するところの力より生ずるものにして、その力また十方万世にわたりて不増不減なり。これを円了の力と称す。この体その力によりて、あるいは開きて差別の万境を示し、あるいは合して無差別の一理に帰するは円了の大化なり。その大化の間に時間の古今を見、空間の東西を示すなり。しかしてその時間空間の間に現ずるところの寒暑春秋の来往、動植人類の死生、情感心思の起滅はみな一定の規則ありて、一根の草も、一点の雲も、一毛の塵も、一念の思も、みなこの定則に従い、決して偶然に生滅することなし。これを円了の理法という。理法は体と力との関係より生ずるものにして、その理を示すものすなわちこれ円了の道なり。

円了は、一人の説をもって真理となさず、諸説を相合して、その中点を得ることが必要であると主張し、それを「円了の中道」と名付けている。また「円了の中道」は円了の体、円了の力、円了の大化であることを説明し、これらを円了の理法とも述べている。

第三編は「真理の性質を論ず」である。ここでは、円天が外界にもとめる実在論の立場、了地が内界にもとめる観念論の立場、円陽が物心の外にもとめる超越論の立場、了陰が物心の内にもとめる内在論の立場からそれぞれの主張を展開する。これに対して円了はつぎのように裁定している。[33]

> なんじらの論おのおの一方に僻して未だ論理の中正を得ず……それ内外両界の我人の耳目に現ずるものこれを現象界といい、その耳目の外にあるものこれを無象界という。故に心象物象は現象界に属し、心体物体は無象界に属す、神体また無象界に属す。しかしてその無象界の現象界を離れざるゆえんを説くもの、これ円了の道なり。故に円了の大道に入りてこれをみれば、現象も無象も物界も心界もその体同一なるをもって、一として真理ならざるはなし。その体みな真理なるをもって、あえてかれこれの間に是非を争うを要せず。しかしてその純一の真理中にまた自ら真非の差別の存するありて、互いに相争わざるを得ざるもの、これまた円了の道なり。一を平等門とし、二を差別門とす。あるいは絶対、相対両門をもって分かつことあり……物心両界、現無両象ことごとく真理なりとみるは、円了の平等門なり。その平等の理海の表面に真非の波形を現ずるは、円了の差別門なり。その二門の同体にして相離れざるを示すもの、これ円了の全道なり……進みてその標準中の標準に至れば、たやすく変易せざるものありて存するを見る。これすなわち差別門中に平等の理を見るなり。その変易するものこれを相対の標準とし、その変易せざるものこれを絶対の標準とし、その相対より進みて絶対に入る。これを標準の進化という……故に知るべし、絶対の標準は相対の標準を離れて別に存するにあらざるを。その体別に存すると思うは暗夜の迷なり、その相離れざるを知るは明月の悟なり。ああ、円了の大道を究むるものにあらざれば、だれかよくこの迷悟の分界を判ぜんや。なんじらよろしく務むべし。それ円了の大道は、その広大なること空間のかぎりを見ざるがごとく、その深遠なること時間の尽くるところなきがごとく、その全体あたかも一大宇宙に比すべし。

円了が、真理の性質として論理の中正にあるとし、現象も無象も物界も心界も、その体は同一であり、一つとして真理ではないものはないという。そして、平等門と差別門は「二門の同体にして相離れざるもの」であり、これを「円了の全道」と名付けている。そして「円了の大道」は空間に限りなく、時間に尽きることなく、「全体あたかも一大宇宙に比すべし」と捉えている。

円了はこの『哲学一夕話』全三編において円了の全道、円了の大道、円了の中道という、いかなる論にも偏らない道を取るべきであると主張している。円了のいう道を中道というが、これは仏教で明らかにされたものである。相互に矛盾対立する二つの極端な立場のどれからも離れた自由な立場をいい、「中」は矛盾対立を超えることを意味し、「道」は実践・方法を指すものである。円了の純正哲学論は、この中道を極理としているのである。

五　『哲学一夕話』の論評

戦前において、円了の『哲学一夕話』を論評した一人が唯物論者の三枝博音である。三枝はつぎのように述べている。[34]

明治哲学のなかで観念論哲学の代表的なものとして目せられるものは井上円了（一八五八―一九一九年）の哲学思想である。彼は仏教の僧侶であつた。明治二十年代に日本の仏教が再組織を試みた場合、仏教の「社会運動」の部署を受持つたのである。『仏教活論』は彼の最初の著述（明治二十年）である。彼は仏教者であるが、それでゐて而も、日本にはじめて起つたアカデミー哲学の形式的基礎となつた東京大学内の「哲学会」の誕生も『哲学会雑誌』の創刊も、彼の努力に依るところが、多かつたのである。けれどもさすがに日本ブルヂョアジーのイデオロギーをたえず反映させて発展した東京（帝国）大学の哲学科は、彼の宗教運動の土台にはならなかつた。

井上円了にとつて最も関心のあつたものは、仏教思想であつたことは、断定できる。少くとも、関心の中心は宗教であつた。普通に人々は、彼を哲学普及者として見ようとするが、彼がしきりに名を哲学に藉りながら宗教の宣伝に努め、その量数十にのぼる著作は、哲学の科学的意気を闡明せんとしたものはないと言つてよからうと思ふ。彼には『純正哲学』なる名称をもつ講義筆記又は著述が、二三あるが、それらは哲学の科学性を伝へるものではない。『哲学一夕話』、『哲学一朝話』、『哲学早わかり』等の小冊子によつて、哲学なるものを求めようとした知識大衆の前に、全く宗教の説教者として現はれてゐる。宗教や仏教に関する著述だけでも、十数冊にのぼつてゐる。彼は、合理主義や実証主義や進化論にもとづく哲学思想をも、すべて固く唯物論と見做し、これを撃破することに努力した。

三枝の論評は昭和一〇（一九三五）年の著書であるが、円了に対しては悪評という以外にない。これほど敵対視しているということは、それだけ円了の活動が大きな影響を持っていたともいえよう。
話を戻して、『哲学一夕話』の論評について記そう。円了の中道については、哲学者の小坂国継がつぎのように問題点を指摘している。[35]

なぜ円了の中道はあらゆる立場を包摂し、自余の立場を総合する高次の立場であるといえるのか。この点について円了は委細を尽くして説き明かしているとはいいがたい。既述したように、そこには立言や断定だけがあって、その説明や論証が欠けている。彼の論理はいかにも生硬であり、そこでは相対立する諸概念が無造作に結合され融合されてしまっている。差別即無差別であり、物即心であり、理即物心であり、現象即無象である。この「即」は本来、媒介的「即」であって、そこに否定の契機が入るはずであるが、あたかも無媒介的ないし直接的「即」のごとき外観を呈している。いいかえれば、そこには論理が欠けている。その思想の豊富な内実に比して、それを表現する論理はあまりに貧弱である。そしてこうした論理の欠如が、円了の思想がいわば水と油を混合しようとする安易な折衷主義と批評される理由ともなっているのである。

小坂は、「円了の中道の主張は論理に欠けており、それ故に、円了の思想は安易な折衷主義と評されている」と指摘している。また小坂は、円了が円了の中道や円了の大道と呼んでいる立場は、「大乗仏教の中道の思想を除けば、おそらくスピノザの汎神論にもっとも近いといえるだろう」といい、また、スピノザと円了の思想は、弁証法的思考が欠如している点でも相似していると指摘している。[36]
しかし、同時に小坂は、円了の『哲学一夕話』の特徴として、つぎの点を挙げている。[37]

円了の『哲学一夕話』は明治期における本格的な純正哲学つまり形而上学の端緒であった。またそれはその後の日本的観念論を方向づけたという意味でも重要な著作である。そこには仏教思想にもとづいた幽玄な思想が内含されているが、そうした深遠で難解な思想が円了の文才によって、きわめて興趣に富んだ一篇の読物に仕上げられている。それは当時よく読まれた本であって、哲学の通俗化という点でも貢献度の高い著作であった。

小坂が評価しているように、日本的観念論の先駆となった円了の『哲学一夕話』は、当時の多くの青年たちに影響を与えたものである。そのことを代表する人物として西田幾多郎が取り上げられる。西田自身はその影響をつぎのように述べている。[38]

元来私は哲学をやらうと思つてゐなかつた。矢張り理科のほうを考へてをつたところが、その頃、井上円了といふ人が『哲学一夕話』といふ薄いパンフレットを出した。それを読んで非常に興味を覚え、刺激を受けて段々哲学に入つたのです。

哲学者の舩山信一は円了の『哲学一夕話』が西田自身に強い影響を与えたことを、その後の西田の哲学者としての大成と関連づけて、「西田自身の『善の研究』は当時及びその後の青年哲学者に大きな影響を与えたのであるが、たとえその影響の範囲の広さにおいては比較にならないにしても、しかもなお近代日本の哲学的思索の方向を決定した歴史的意義においては、『哲学一夕話』は『善の研究』に比せられるであろう[39]」と述べている。

舩山は円了の哲学論を「現象即実在論」と呼び、明治の同論の中で最も早く、また典型的・最も単純なものであったといい、円了の初期の著作である『哲学一夕話』全三編にその思想が現れていると述べている[40]。この全三編の『哲学一夕話』は、合わせて一〇〇頁足らずのものである。小坂が指摘するように、詳細な論理の展開はない。しかし、問題の洞察を円了なりに行ったものであろう。すでに述べたように、円了の出版の意図は、純正哲学（形而上学）を知らない人に対して哲学を啓蒙、することにあった。歴史的にみれば、そのことは果たしていたのではないだろうか。日本人の純正哲学論としての先駆的な著作であった。

六　『哲学要領　後編』——哲学概論

円了は『哲学一夕話』第三編と同じ時期に、『哲学要領　後編』を、明治二〇（一八八七）年四月に刊行している。すでに述べたように、『哲学要領　前編』は哲学史で初出が雑誌であったが、この『哲学要領　後編』は書き下ろしの単行本であった。後編の内容はつぎのとおりである。

第一段	物心二元論		
第二段	唯物無心論	第一	物質論
第三段	唯物無心論	第二	心性論
第四段	非物非心論		
第五段	無物無心論	第一	感覚論
第六段	無物無心論	第二	無元論
第七段	唯心無物論	第一	意識論
第八段	唯心無物論	第二	自覚論
第九段	有心有物論		
第一〇段	物心同体論	第一	理想論

第一一段　物心同体論　第二　循化論

第一二段　結論

円了はこの『哲学要領　後編』の意図をつぎのように述べている。「この編は論理発達の規則に基づきて、哲理を初門より次第に進みてその蘊奥に及ぼし、もっぱら純正哲学内部の組織を論述したるものなり」[41]。そして円了は、つぎのように結論を述べている[42]。

初めに物心二元の存するゆえんを論じ、つぎにこれを駁して唯物一元の信ずべきゆえんを述べ、つぎに非物非心を論じて唯物論の物自体のなんたるを知るべき力なきゆえんを証し、つぎに心理上物理を究めんと欲して無物無心の感覚の外、真に存すべきものなきゆえんを論じ、つぎにその感覚は思想の中にあるゆえんを究めて唯心一元の理を開き、つぎに唯心の唯物とひとしく一僻論に過ぎざるゆえんを論じて、物心二元の相対は非物非心の絶対より開発するゆえんを説き、終わりに物心同体論に入りて絶対相対、同体不離なるゆえんを論じて同体循化の理を証す。これを要するに、その論理発達の順序二元に始まりて二元に終わるをもって、理想循化の理を証示したるものなり。

同体循化論は哲学中の極理にして、いかなる論もその理の範囲外に出づるあたわず。またいかなる説もこれを推究して、その極点に達すれば二元同体の理に帰するより外なし……かつこの理は諸説諸論の中庸のとりてこれを結合したるものなり。唯物と唯心はおのおのその一方に僻するも、この同体論は物心二元ありと立つるをもって、あえて一方に僻するにあらず。非物非心と無物無心はまたおのおのその一端に偏するも、この同体論は理想と物心との二元ありと唱うるをもって、またあえて一端に偏するにあらず。心を離れて物なく物を離れて心なきゆえんを論じて物心その体一なりといい、理想を離れて物心なく物心を離れて理想なきをもって体象同体なりという。その他二元同体の理は、古今の異説、東西の諸論を調和統合することを得るなり。例えば古代の哲学は形而上に僻し、近世の哲学は形而下に僻するの傾向あり。東洋は溶化を主義とし、西洋は進化を主義とするの異同あり。インドは虚想に流れ、シナは実際に傾くの風あり。ドイツは演繹を本とし、イギリスは帰納を本とするの勢いあり。孔孟は人道、老荘は天理、イオニア学派は物理、イタリア学派は純理、経練学家は感覚、論理学家は思想をとりて、互いに他を排する等みなおのおのその一僻あり。これらの僻見を除きて中正を得たるもの、ひとり二元同体論あるのみ。故に二元同体論は、哲学諸論中ひとり完全を得たるものというもあえて過言にあらざるなり。

円了の哲学論は、物心二元論、唯物論、唯心論を論じ、最後に物心二元同体論となっている。物心同体論は、絶対相対、同体不離であり、同体循化の理であるという。円了は同体循化論が哲学中の極理と主張し、古今の異説、東西の諸論を調和統合したものであると述べている。

船山信一は『哲学要領』の前編が哲学史であり、この後編は哲学概論にあたると指摘し、その特徴を「ただし、この哲学概論は存在論（形而上学）・認識論・実践哲学という風に哲学上の諸問題または諸部門にわたって説いたものではなくて、哲学上の諸立場の連関を明らかにしたものである……哲学概論としても翻訳または翻案ではないものとして、やはり明治哲学史において始めてのものである」[43]と述べている。

以上のように、円了の『哲学要領　前編』、『哲学一夕話』全三編、『哲学要領　後編』は、近代日本哲学の出発点を形成したものである。

【註】

1　井上円了『仏教活論序論』明治二〇（一八八七）年（『選集』第三巻、三三七頁）。

2　同右、同頁。

3　森章司「解説」（『選集』第四巻、五四三頁）。

4　『百年史　資料編Ⅰ・上』、三一八頁。

5　新田幸治・長谷川潤治・中村聡編訳『甫水井上円了漢詩集』（三文舎、平成二〇（二〇〇八）年）。

6　井上哲次郎の講義については、円了の「東洋哲学史」のノートがある（井上円了研究センター所蔵）。

7　中村正直と円了の関係については、中村の日記を分析した論文として、小泉仰「『敬宇日乗』における中村敬宇と井上圓了」（『井上円了センター年報』第七号、平成一〇（一九九八）年、五五―七二頁）がある。

8　佐藤将之「井上円了思想における中国哲学の位置」（『井上円了センター年報』第一一号、平成一八（二〇〇六）年、四三―四四頁）。なお、円了の「易ヲ論ス」は、東京大学の研究生の時の論文である。

9　同右、四五―四六頁。

10　佐藤将之「「中国哲学」学問領域の創立者としての井上円了」（国際哲学研究センター第一ユニット第七回研究会、平成二五（二〇一三）年一二月一八日）。

11　柴田隆行は、井上哲次郎・有賀長雄『西洋哲学講義』と井上円了『哲学要領　前編』について、「井上哲次郎と井上円了のものは講義録であるのでひとまず除外するとすれば」と述べている（柴田隆行「第四章　哲学史の受容から見えるもの」藤田正勝編『シリーズ・近代日本の知　第一巻　知の座標軸』、晃洋書房、平成一二（二〇〇〇）年、六六頁）が、円了の場合は雑誌への書き下ろしである。

12　井上円了『哲学要領　前編』明治一九（一八八六）年（『選集』第一巻、八七―一四九頁）。

13　柴田隆行『哲学史成立の現場』（弘文堂、平成九（一九九七）年、

一七四―一七五頁）。柴田はこの表の数字について、つぎのように見方を述べている（一六一頁）。

数字は割当頁数であり、これだけではその扱いの程度が明らかにならないので、括弧のなかに全体の頁に占める割合をパーセントで表記した。表の最下欄にはここに選んだ著名な哲学者が占める全体の割合を示した。このパーセントが高いものは著名人優先の哲学史といちおう言えるかもしれないが、逆に、割合が低いものはあまり著名でない人物を扱っているのかというと、必ずしもそうとは言えない。この表から漏れている二〇世紀の哲学を多く扱っているものや世界哲学史として中国やインドその他の哲学を扱っているもの、あるいは時代背景に頁を多く割いているものなど、いろいろとあるからである。そこまで数量で示すことはできない。

14 井上円了『哲学要領　前編』、前掲書、八七頁。

15 柴田隆行『哲学史成立の現場』、前掲書、七七―七八頁。なお、船山信一は『明治哲学史研究』（『船山信一著作集』第六巻、こぶし書房、平成一一（一九九九）年）の「附録Ⅰ　明治哲学文献年表」の明治一八（一八八五）年の欄（四二六頁）に、円了の『哲学要領　前編』を書いていない。逆に、明治二八（一八九五）年の欄（同書、四三五頁）に「井上円了『哲学史』（明治二九まで）」と書いている。柴田は、この船山の記述に従って、円了の西洋哲学史は講義録であると信じてしまっていたのであろうか（柴田隆行『哲学史成立の現場』、前掲書、八五頁を参照）。

16 柴田隆行『哲学史成立の現場』、前掲書、八二―八五頁を参照。

17 井上円了『哲学要領　前編』、前掲書、一二五―一二六頁。ミヒャエル・ブルチャーは「井上円了における「主躰」―日本思想の近代化における一考察」（『国際井上円了学会設立大会・発表予稿集』平成二四（二〇一二）年、一七頁）において、円了の『哲学要領　前編』（『選集』第一巻、一四二―一四三頁）の「フィヒテ氏は、甲は甲なり、人は人なりの命題にては多少の仮定を免れざるをもって、未だ真理の原則と定むべからざるを知り、その命題に代うるに、われはわれなりという一命題をもってす。けだしわれは諸覚諸境の本源にして、その体全く仮定を離れたる絶対の主体〔原文は主躰〕なり。故にこの命題を真理の第一則とす」の文章から、「ここにある「主躰」は、日本近代思想のキーワードともいえる「主体」の初出である」と述べている。

18 同右、一〇七頁。

19 柴田隆行『哲学史成立の現場』、前掲書、八四頁。

20 同右、八五頁。

21 『百年史　通史編Ⅰ』、二〇五頁。

22 井上円了『哲窓茶話』大正五（一九一六）年（『選集』第二巻、一〇二頁）。

23 井上円了『真理金針　続々編』明治二〇（一八八七）年（『選集』第三巻、三〇五頁）。円了が西洋哲学においてヘーゲルを最高と評価しているという見方については、末木文美士が『明治思想家論―近代日本の思想・再考Ⅰ』（トランスビュー、平成一六（二〇〇四）年、五一頁）において、「井上の結論は……究極の立場はヘーゲルの絶対精神を仏教の真如と結びつけた、一種の汎神論的なところにみいだされることになる」と述べて、ヘーゲルと仏教を結びつけた端緒と位置づけている。また竹村牧男も「井上円了の哲学について」（『国際井上円了研究』第一号、平成二五（二〇一三）年、八七頁）において、同様な見解を述べている。

24 井上円了『哲学早わかり』明治三二（一八九九）年（『選集』第

二巻、四八―四九頁)。竹村牧男は前掲書で「カントからヘーゲルへ」と題して、円了が結局ヘーゲルを最高と位置づけているように述べているので、参照されたい。

25 井上円了『哲学一夕話』第一編、明治一九(一八八六)年(『選集』第一巻、三四頁)。

26 舩山信一『明治哲学史研究』、前掲書、一〇八頁。

27 小坂国継『明治哲学の研究』(岩波書店、平成二五(二〇一三)年、三一一頁)。小坂は「井上円了と「相含」の論理」(『場所』第一一号、平成二四(二〇一二)年、二一一頁)でも同じ評価をしている。

28 舩山信一は『明治哲学史研究』(前掲書、一〇八―一一四頁と一五五頁)において、『哲学一夕話』第一編を中心に議論の展開を述べている。白井雅人は「井上円了『哲学一夕話』と西田幾多郎」(『国際哲学研究』第一号、平成二四(二〇一二)年、一〇二―一〇五頁)において、『哲学一夕話』全三編にわたり検討した結果を簡潔に述べている。小坂国継は『明治哲学の研究』(前掲書、三一二―三一八頁)において、『哲学一夕話』第二編と第三編の内容を検討している。佐藤厚は、「井上円了における神の本体の論証とキリスト教者の批評―『哲学一夕話』第二篇をめぐって」(『東洋学研究』第四九号、平成二四(二〇一二)年、二七八―二八七頁)において、第二編の内容を詳細にまとめている。峰島旭雄は、「現象即実在論の宗教観―井上円了」(『明治思想家の宗教観』大蔵出版、昭和五〇(一九七五)年、一五五―一六二頁)において、第一編と第二編の内容をまとめている。

29 舩山信一は「唯物論者たる円山と唯心論者たる了水との対話」(舩山信一、前掲書、一〇九頁)と言っているが、最近の研究者である白井雅人は「しばしば円山が唯物論者と誤読されているが、円山は心と物をはっきり区別する物心二元論を含めた多元論の立場をとっており、唯物論者というわけではない。物と心を明確に区別する立場と、唯心論的一元論の立場が論争するために、物と心の両界の関係が主題となるのである」(白井雅人、前掲書、一〇二頁)と指摘している。

30 井上円了『哲学一夕話』第一編、前掲書、四三―四五頁。

31 白井雅人、前掲書、一〇三頁。

32 井上円了『哲学一夕話』第二編、明治一九(一八八六)年(『選集』第一巻、六五―六七頁)。

33 井上円了『哲学一夕話』第三編、明治二〇(一八八七)年(『選集』第一巻、八一―八四頁)。

34 三枝博音「明治時代の日本哲学(其二)」(『明治文学全集八〇　明治哲学思想集』昭和四九(一九七四)年、三八三―三八四頁)。

35 小坂国継『明治哲学の研究』、前掲書、三一七頁。

36 同右、三一八―三一九頁参照。なお、円了とスピノザについては、ライナ・シュルツァ「井上円了による大乗哲学とスピノザ哲学の比較について」(『国際井上円了研究』第一号、平成二五(二〇一三)年、一八四―一九四頁)を参照されたい。

37 小坂国継『明治哲学の研究』、前掲書、三一九頁。

38 クラウス・リーゼンフーバー他編『西田幾多郎全集』第二四巻(岩波書店、平成二一(二〇〇九)年、八〇頁)。なお、『哲学一夕話』と西田幾多郎の関係について、詳しくは白井雅人、前掲論文を参照されたい。

39 舩山信一『明治哲学史研究』、前掲書、一〇八頁。

40 同右、一〇八頁。

41 井上円了『哲学要領　後編』明治二〇(一八八七)年(『選集』

第一巻、一五〇頁)。
42 同右、二一三―二一五頁。
43 船山信一『明治哲学史研究』、前掲書、一一五頁。

第三章

哲学館時代

第一節　私立学校・哲学館の創立と難治症

一　創立の前史

円了が私立学校の創設を決意し、そのことを初めて表明したのは、東京大学四年生の始め頃で、東本願寺への上申書においてであった。その上申書の中で、円了は学校のことを「仏教館」「哲学館」と書いていた。そのために、円了は卒業後、恩師の石黒忠悳の勧める官途への就職斡旋を断わり、また、自説を主張して本山の教師教校にも戻らず、結局、東京大学の官費研究生となって本山の命じる「印度哲学研究」に従事した。[1]

また、円了は在学中から、新聞・雑誌に論文を連載し、研究生となってもそれを継続し、さらに単行本を刊行するなど、旺盛な著作活動を展開した。その中でも、特に円了の知名度を上げたものは、明治二〇（一八八七）年二月に刊行した『仏教活論序論』であった。

この円了の『仏教活論序論』は、彼の『真理金針』に次いで出版されたもので、大正・昭和の仏教学者といわれる常盤大定は「已に前に『真理金針』に因って、全く心酔せる後に於て、この論文に接したものであるから、世間の白熱的歓迎があり、当時何人も第一の著作として、此書を推したのであった。又事実、此頃これほど世間及び仏教界を動かしたものはなかった」。また常盤は、円了の『真理金針』と『仏教活論序論』は「今日の仏教界をあらしめたといってよいほどの影響を与へた。[2]」と述べている。

明治の仏教学者として知られた村上専精は、「『仏教活論序論』が出来たといふを聞て態々本郷まで之を買ひに来て、一昼夜の間に之を読了した。而して読了し終つて歎磋すること深しと謂ふ有様であつた」「当時の仏教家も又非仏教家もこの『仏教活論』によつて、多少心を動かさぬ者は無かつたと謂うてよい、実に彼は一時の名著であつた[3]」と述べている。

ところが、このような旺盛な著述活動の生活は、やがて円了の身体を蝕んで、罹病という結果をまねいた。その病気のことについて、円了は同書でつぎのように書いている。[4]

一昨明治十八年は広く内外東西の諸書を捜索し、毎夜深更に達するにあらざれば、寝褥に就かず。褥に就く後といえども、種々の想像心内に浮かび、終夕夢裏に彷徨して堅眠を結ぶあたわず。故をもって、日夜ほとんど全く精神を安んずることなし。かくのごときものおよそ数カ月に及び、心身共に疲労を感ずるに至るも、あえてこれを意に介せず。刻苦勉励のごとくなりしが、ついに昨春より難治症にかかり、病床にありて医療を加うることここにすでに一年をこゆるに至る。

難治症に罹った円了は、明治一九（一八八六）年四月一日に帝国大学大学院への入学を申し付けられた七名の一人であったが、「長期療養を要したので院生を辞退し、熱海に療養に向かった」[5]という。このように、円了が罹病したことは分かっていたが、それがいつ頃、どのような病気だったのか、という詳細はこれまでに明らかにされていなかった。筆者は以前、円了の『実地見聞集』第二編を翻刻した。そして、その記述の中に、当時の病気の詳細が記されていることを知った。「２８２〇明治十九年以后ノ旅行」は療養のこと、「２８３〇病気年月」は病気と治療のことである。[6]この病気と療養、そして著述活動の関係をまとめたものが表1である。

円了の病気がどのようなものであったのか、『実地見聞集』でつぎのように書いている。

明治十八年十二月二十四日痔疾ノ為本郷大学病院ニ入ル
十九年十四日退院
十九年四月十四日切断ヲ施ス
同年五月廿日頃咽喉かたるヲ起ス
二十年二月三月ノ際三四回血痰ヲ吐クコトアリ
二十年十月二日夜咯血

このように見ると、円了の病気は最終的には咯血（肺出血）にまで至ったことが分かる。このような病状を抱えながら、円了は執筆活動を継続し、また哲学館の創立を進めたことになる。円了は『仏教活論序論』の中で、つぎのように書いている。[7]

余は今後いかなる艱難の道に当ることあるも、あえて避けざるところなりといえども、すでに一大事を経画して未だその成否いかんをみるに及ばずして、この病患にかかる。余が心あに一日も安んずることあらんや。これをもって治しやすき病症もたやすく治せず、功験多き薬石も功験をみず、空しく病床に臥して戸外をうかがわざること半年の久しきに及べり。一時大いに身体の憔悴をきたしたるをもって、自ら全治の期し難きを知るも、護法愛国の一心に至りでは、ただますますさかんなるを覚うるのみ。

ここでいう「すでに一大事を経画して」とは、哲学館の創立のことであり、円了はこの事業に「命がけ」で取り組んだのであった。

具体的にはその創立の過程はどのように進められたのだろうか。熱海で円了が療養中に会ったのが加賀秀一である。加賀は

表１　円了の病気・療養と著述活動

年月日	病気と療養	著述活動
17・4・29		「哲学要領」連載、19年8月21日まで
17・10・16		「ヤソ教を排する理論にあるか」、18年9月8日まで
18・12・24	痔疾のため東京大学病院に入る、19年1月14日に退院	
19・1・06		「ヤソ教を排するは実際にあるか」、19年7月8日まで
19・2		講義録「通信教授　心理学」開始
19・3・30	東京発、熱海温泉、湯本温泉にて入湯、4月8日まで。この間に熱海で加賀秀一と学校のことで相談	
19・4・1	帝国大学大学院入学。後に病気で辞退	
19・4・14	痔の切断	
19・5・20	この頃、咽喉カタルを起す	
19・5・29	上州の磯辺温泉にて入湯。7月5日まで	
19・7		『哲学一夕話』第1編
19・7・19	汽船にて熱海温泉（露木準三方）にて入湯、10月20日に帰京	
19・7・26		「仏教は知力情感両全の宗教なるゆえんを論ず」、19年11月6日まで
19・11		『哲学一夕話』第2編
19・11・6	吉田敬と結婚	
20・1・5	南条文雄、熱海温泉の井上円了を訪問	
20・1	哲学書院を設立	
20・2・5	『哲学会雑誌』創刊	
20・2		『仏教活論序論』
20・2		『倫理通論』第1
20・2	3月までに3、4回血痰を吐くことあり	
20・4		『哲学一夕話』第3編
20・4		『哲学要領』後編
20・4		『倫理通論』第2
20・6		『哲学道中記』
20・6・28	明教新誌・哲学館開設の旨趣	
20・7・5	教育時論・哲学館開設の旨趣	
20・7・15	国民之友・哲学館開設の旨趣	
20・7・21	令知会雑誌・哲学館開設の旨趣	
20・7・22	東京府知事に私立学校設置願を提出	
20・8・12	房総北条に旅行、19日に帰京	
20・9		『心理摘要』
20・9・5	教学論集・哲学館開設の旨趣	
20・9・16	哲学館の開館式	
20・10・18	池上温泉にて入湯、24日に帰京	
20・10・20	夜、喀血（肺出血）	
20・12		『仏教活論　本論第1編　破邪活論』
20・12・20	熱海温泉にて入湯、越年	
21・1・8	哲学館講義録を発行	

円了に対して、東京の湯島の麟祥院での開館を勧めたという。[8]円了が創立のことを相談し支援を得たのは、加藤弘之[9]と寺田福寿[10]である。後に、この二人に勝海舟を含めて「哲学館の三恩人」と円了は呼んでいる。

では、なぜ哲学館の創立が大学卒業から二年後の明治二〇（一八八七）年になったのであろうか。東本願寺との交渉は続いていたが、この年は円了が当初に計画した（第一章第四節参照）ように、円了に続いて進学した東京大学への留学生の第一陣が卒業する時期であったからであろう。円了がこれを待って、哲学館の創立に踏み切ったと考えられる。その証拠は、後述の東京府に提出された「哲学館設置願」に、教員として円了と共に、徳永（のちの清沢）満之が書き記されているからである。

二　哲学館の開館

明治二〇（一八八七）年六月、井上円了が発表した「哲学館開設ノ旨趣」と題する趣意書によって、哲学館は世に姿を現した。その内容は、まず哲学の役割の重要性を述べ、つぎに哲学館創立の目的におよんでいるが、これを要約すると、つぎのようになる。

文明の発達は主として知力の発達によっている。その知力の発達を促すものは教育という方法であり、高等な知力を得るためにはそれに相応する学問を用いなければならない。その学問とは哲学である。哲学は万物の原理を探り、その原則を定める学問で、いわば政治・法律から理学・工芸にいたるまでのすべての学問世界の中央政府にして、万学を統括する学問である。しかし、哲学を専門に教授しているのは帝国大学（東京大学の後身）だけであり、また翻訳書が多く出ているとはいっても、それを読んだだけで原文の真意を理解することはむずかしい。そこで、それぞれの分野の学士と相談して、哲学専修の一館を創立し、これを哲学館と称することにする。ここでは「余資なき者」（大学の課程に進むだけの経済力のない人）、ならびに「優暇なき者」（原書を読みこなせるだけの時間的余裕のない人）のために、哲学を速く学べるようにし、一年ないし三年で論理学、心理学、倫理学、審美学、社会学、宗教学、教育学、哲学、東洋諸学などを教授する。哲学館の教育が成功すれば、社会、国家に利益をもたらし、わが国の文明進歩の一大補助になるであろう。

この文章は設立の協力を求めるために、著名人や知人に送られると共に、雑誌にも掲載され、哲学館の教育目的を広く一般に訴える役割を果たした。そして、二八〇人から「七百八十余円」の寄付金があり、円了はこれで学校を創立したのである。[11]

このように、二八〇人からの寄付金によって、円了は哲学館を創立したのであるが、それをどのようにして集めたのか、それを明らかにする資料はこれまでなかった。後年、円了は「新聞・雑誌によって」と語ったことまで分かっていた。これを裏付ける一つの資料が、最近、東洋大学井上円了記念博物館の北田建二学芸員によって収集された。『哲学会雑誌』第六号付録というB４版（タテ二四九㎜、ヨコ三七五㎜）1枚の表刷りのみの折込で、「明治二十年七月五日発兌」、「持主兼印刷人　井上圓了　編輯人　加賀秀一」とあり、発行所は「東京本郷弓町哲学書院内　哲学会事務所」となっている。この資料には、すでに述べた「哲学館開設ノ旨趣」の全文が「設立者　井上圓了」の名で掲載され、これに続いて、賛成者がいろは順に列挙されている。掲載された賛成者は一七名で、元老院議官・加藤弘之、帝国大学文科大学長・外山正一を除けば、東京大学卒の文学士と帝国大学文科大学卒業者であり、多くが哲学館の講師になった人々である。つぎに、哲学館規則が掲載され、三年間の学科表もある。学科表には、正科と副科があり、副科には「儒学、仏学、国学、英学若しくは独逸学」とある。

それでは寄付の件がどこにあったのかといえば、右の欄外である。欄外の第一には「〇本年ニ限リ九月一日以前ニ入学申込ノ分ハ束脩〔入学金〕半額ヲ減ス」とある。第二が寄付のことである。「〇本館設立ノ旨趣ヲ賛成シテ金員又ハ物品ヲ寄附セラレタル諸君ハ本館創立員トナシ　永ク其恩名ヲ本館ト共ニ存シ他日其親戚ノ来館アル節ハ特別ノ優待ヲナストスヘシ」と記している。

円了が「哲学館開設ノ旨趣」を発表したのは、明治二〇（一八八七）年六月二八日の『明教新誌』が最初であるから、それから九月一六日の哲学館仮開館式までの間に、『哲学会雑誌』付録のような内容で、広く学生募集と寄付金募集が新聞・雑誌で行われ、最初期の創立寄付者が二八〇人に達したと考えられる。

このように、哲学館開設の趣意書と創立寄付金募集を発表し、入学者募集が開始された。その反響は関係者の予想を超えたものであった。

当初の計画は、仮教場を設け、初年度の定員を五〇名としていた。しかし、九月七日の『東京日日新聞』によれば、前月の中ごろから定員がすでに満員になって入学謝絶の対応をしてきたが、いったん一五名に限って入学を許可したという。その後も入学希望者が後を絶たず、定員八〇名の第二教場を新たに設けることにしたが、やがてこれも満員となり、今後は欠員募集で対応しなければならないほどだったと、書かれている。

明治二〇（一八八七）年九月一六日、午後一時から本郷区龍岡町（現在の文京区湯島）の麟祥院において、哲学館の仮開館式は挙行された。この日、哲学館は誕生した。仮開館式と呼んだのは、まだ独立した校舎をもたず、寺の一室を借りて出発したためであった。

当日、生徒約一三〇名、来賓として元老院議官・加藤弘之、宮中顧問官・西村茂樹、帝国大学文科大学長・外山正一、同大法科大学教頭・穂積陳重、学士会員・原担山などのほか、帝国大学および仏教各宗の関係者など多数の来賓、総数約二〇〇名が列席した。

今日でも歌人として知られる佐佐木信綱は、井上円了の『哲学一夕話』などを読んで哲学への興味をかきたてられた青年で、この創立式典に第一期生として出席した学生である。帝国大学の古典科と国民英学校に学ぶかたわら、哲学館にも通うことにしたのであるが、当時はこういう学生もめずらしくはなかった。

佐佐木は「開講当日、麟祥院へ行ってみると、本堂にだいぶたくさんの人がおりました。自分の第一印象としては、自分と同じく哲学を知ろうとあこがれている人がこのように多いだろうかと、驚くとともに喜びました[12]」と、その時の感想を語っている。

この式典で、井上円了は哲学館の目的を詳しく述べた。そこで、教育の対象者をつぎの三点にまとめている。

第一　晩学にして速成を求める者

第二　貧困にして大学に入ることが不可能な者

第三　原書に通じずして洋語を理解できない者

これらの人々に教育の機会を開放し、帝国大学でしか哲学を学べないという現状を改める、これがまず哲学館の役割であると述べた。

さらに、哲学館の目的は哲学者の養成ではなく、哲学を学ぶことにあり、哲学は諸学の基礎になるものであるから、社会に出て一つのことを達成しようとする人は、哲学諸科を心得ているべきであり、また教育家・宗教家になる人が学べば、専門の学問の理解を助けることにもなる。

そして、哲学館での哲学研究が今日の学問上に与える利益を五点あげたが、東洋の諸学問の弊害を西洋の哲学によって克服することを中心課題としていた。それは「旧来の伝統的学問の迷夢を打ち破り、すこぶる自由な研究的批評的な態度」を持つといわれた円了の学問観を反映したものであった。

こうして哲学館はスタートしたが、井上円了の教育理念の実現を支えたのは、教員たちであった。創立当初の講師・評議員の特徴は二つあった。第一点は、講師一八名のうち一二名が東京大学の卒業生であること。第二点は、年齢が若かったことで、館主の円了は二九歳であり、教員のほとんどが二〇代と三〇代である。最高齢の岡本監輔は、円了が予備門時代に教えを受けた先生であったが、それでも四八歳であった。

哲学館の創立に協力した講師・評議員は、円了を中心とした二つのグループから構成されていて、一つは哲学会のメンバーを含む東京大学の卒業生たちであり、もう一つが清沢満之などの東本願寺の留学生という円了の後輩たちであった。

創立時の哲学館の教育は、開設の旨趣で述べたように、東京大学の哲学科をモデルにし、幅広い教養（人文・社会・自然の諸科学）の科目を設け、その上に専門科目をおくという、高等教育にふさわしいものであった。東京府知事に出された「哲学館設置願」[13]によれば、普通科と高等科（上・下級）の二つの学科があり、それぞれ一年と二年の課程に分かれ、とりあえず普通科のみでも哲学の大意が知られるようにし、さらに進んだ高等科では第二年（下級）で自然科学を含む広い科目を教え、第三年（上級）では哲学諸科の専門を教授するというものであった。

哲学館では速成を旨とし、日本語で教育する方法をとり、テキストに翻訳本を使わず、教室で教師が原書を訳しながら授業をした。まだしきりに外国語の訳語をつくり出していた時代だったので、翻訳本は読みにくく、かえってむずかしいということもあったと語られている。

当時の哲学館の授業料は毎月一円であった。明治二五（一八九二）年の年間授業料が、慶応義塾で三〇円、帝国大学、東京高商（現・一橋大学）がともに二五円、東京専門学校（現・早稲田大学）が二一円であったのに対し、哲学館の授業料は低く学びやすい条件の学校であった。

創立当初は入学試験はなく、一六歳以上の男子が対象というだけで、特別な制限はなかった。そのため、学生は一七、八歳の青年から四、五〇歳の中年までと幅広かった。

三　哲学館の館外員制度

創立当初、哲学館ではどのような科目が設定されていたのであろうか。これを示したものが「哲学館学科課程表」である。この表2を見ると、専門とする哲学以外に、人文科学・社会科学・自然科学という現在の大学カリキュラムに通じる多彩な科目が教育されていたことが分かる。

表2　哲学館学科課程表

学年	学科目	毎週教授時間
一年（一期・二期）〔普通科〕	論理学 心理学 社会学 倫理学 教育学 純正哲学	二四時間
二年（一期・二期）〔高等科下級〕	物理および化学大意 天文および 地質学大意 動物および 植物学大意 生理学 人類学 言語学 歴史哲学 経済哲学 東洋哲学史 希臘哲学史	二四時間
三年（一期・二期）〔高等科上級〕	論理学 東洋哲学史 近世哲学史 心理学 審美学 倫理学 政理および法理学 宗教哲学 設題論文	二四時間

（『東洋大学百年史』通史編I、八五頁）

これらは哲学館への通学生を対象にしたものであったが、明治二一（一八八八）年一月、哲学館は『哲学館講義録』の発行を開始して、通学できない者のために、講義録を用いて自宅で独修できるという通信教育制度を設けた[14]。館主の円了にはすでに通信教育を担当した経験があった。円了は東京大学を首席で卒業した後、哲学館の創立までの二年間に多くの著述に専念した。その一つに通信講学会から刊行した『通信教授　心理学』がある。井上円了の『心理学』は明治一九（一八八六）年二月に始まり明治二〇（一八八七）年八月までに一四講が執筆された、それが明治二二（一八八九）年七月までにさらに一七講へと加筆されていた。「井上円了の『通信教授　心理学』は心理学の入門書として長く定評を得た好著であった[15]」という。

また、哲学館における講義録の発行以前に、すでにいくつかの私立学校で講義録が発行されていた。英吉利法律学校（中央大学の前身）、専修学校（専修大学の前身）である。この後は哲学館のほかに、東京専門学校（早稲田大学の前身）、明治法律学校（明治大学の前身）、和仏法律学校（法政大学の前身）でも講義録が発行された。しかし、哲学館以外は内容が法律関係であり、大日本帝国憲法制定前後の時代の要求を反映したものであって、文科系の講義録は存在しなかったから、哲学諸科を教授する『哲学館講義録』は独自の特色を持っていた。

哲学館の通信教育は、余資なき者、優暇なき者を教育対象とする円了の建学の精神を実現したものであった。明治二一（一八八八）年一月の講義録の発行により、哲学館には二種類の学生が存在することになった。通学生である館内生と講義録の読者である館外生であった。同年七月からは館内員、館外員と改められた。

当初の規則によれば、第一条は「本館ニ通学スルコト能ハサルモノ、便ヲ計リ館外生ノ制度ヲ設ケ毎月三回講義ヲ印刷シテ之ヲ頒ツ」とし、講義録の発効日は八日・一八日・二八日であった。講義録は哲学館の学科内容と同様、第一年級、第二年級、第三年級の三種に分けられていた。実際の講義録は、一号に数科目がそれぞれ一〇ページ前後にわたり掲載されていた（一年間で一科目を綴じると一冊になるように工夫されていた）。館外員を希望するものはだれでも、またいつでもこれを許可していた。館外員の速脩（入学金）は五〇銭、月謝は三〇銭で、月謝は毎月三〇日を限って翌月分を前納するものとし、数か月分を一度に前納することも妨げなしとしていた。これらの規則に、後で追加されたものが試験に関する項目であった。館外員が試験を願い出た時は、試験を行い、その上で合格者には講義録の科目を脩学したという証明書を与えることとした。試験料は一円、試験時期は毎年九月中旬に哲学館において施行することとした。なお、束脩および月謝を郵券で代用する場合は、一割増しとし一銭切手に限るとした。これが館外員の基本的な規

表３　明治21年哲学館館外員出身者（旧国名－府県名）別人数

No.	地域（府県名）		人数（名）
1	東京		318
2	山城国	（京都府）	63
3	大和国	（奈良）	22
4	河内国	（大阪府）	4
5	和泉国	（〃）	2
6	摂津国	（大阪府・兵庫県）	44
7	伊勢国	（三重県）	36
8	志摩国	（〃）	2
9	尾張国	（愛知県）	28
10	三河国	（〃）	13
11	遠江国	（静岡県）	19
12	駿河国	（〃）	18
13	甲斐国	（山梨県）	29
14	伊豆国	（静岡県）	8
15	相模国	（神奈川県）	21
16	武蔵国（東京を除く）	（埼玉県・神奈川県）	64
17	安房国	（千葉県）	4
18	上総国	（〃）	13
19	下総国	（千葉県・茨城県）	38
20	常陸国	（茨城県）	35
21	近江国	（滋賀県）	27
22	美濃国	（岐阜県）	25
23	飛騨国	（〃）	10
24	信濃国	（長野県）	56
25	上野国	（群馬県）	72
26	下野国	（栃木県）	32
27	磐城国	（福島県・宮城県）	11
28	岩代国	（福島県）	26
29	陸前国	（宮城県・岩手県）	22
30	陸中国	（岩手県・秋田県）	29
31	陸奥国	（岩手県・青森県）	36
32	羽前国	（山形県）	40
33	羽後国	（山形県・秋田県）	42
34	若狭国	（福井県）	1
35	越前国	（〃）	23
36	加賀国	（石川県）	10
37	能登国	（〃）	31
38	越中国	（富山県）	53
39	越後国	（新潟県）	93
40	佐渡国	（新潟県）	4
41	丹波国	（京都府・兵庫県）	10
42	丹後国	（京都府）	10
43	但馬国	（兵庫県）	6
44	因幡国	（鳥取県）	2
45	伯耆国	（〃）	5
46	出雲国	（島根県）	8
47	石見国	（〃）	11
48	播磨国	（兵庫県）	34
49	美作国	（岡山県）	11
50	備前国	（〃）	17
51	備中国	（〃）	8
52	備後国	（広島県）	2
53	安芸国	（〃）	13
54	周防国	（山口県）	20
55	長門国	（〃）	28
56	紀伊国	（和歌山県・三重県）	22
57	淡路国	（兵庫県）	3
58	阿波国	（徳島県）	15
59	讃岐国	（香川県）	13
60	伊予国	（愛媛県）	11
61	土佐国	（高知県）	8
62	筑前国	（福岡県）	18
63	筑後国	（〃）	7
64	豊前国	（福岡県・大分県）	7
65	豊後国	（大分県）	20
66	肥前国	（佐賀県・長崎県）	26
67	肥後国	（熊本県）	23
68	日向国	（宮崎県・鹿児島県）	6
69	大隅国	（鹿児島県）	3
70	薩摩国	（〃）	3
71	壱岐国	（長崎県）	1
72	対馬国	（〃）	1
73	渡島国	（北海道）	13
74	後志国	（〃）	4
75	石狩国	（〃）	10
76	根室国	（〃）	1
77	琉球国	（沖縄県）	4
78	朝鮮		3
合計			1831名

（『哲学館講義録』第１年級第31・32・34・35号より作成）

則であった（試験については、その後、哲学館に出頭して受験する者と地方で受験する者との二種とし、地方受験の場合は臨時試験監督者（哲学館出身者・小学校長に限る）を設けて行い、適当な試験監督者がいない時は、日時と行数とを限って論文で試験を行うこともあるとしていた）。

『哲学館講義録』がどのようにして作成されたのであろうか。当初は文字通りの哲学館講義の筆記であり、講師の講義を筆記して、これをそのまま掲載したものであった。そのため、はじめの頃の講義録には、講義題目（学科目）と講師名、それと共に筆記者の名前も記されていた。学生であった境野黄洋なども、駿河半紙を雷綴じにして、各講師の筆記に回っていた[16]という。しかし、明治二四（一八九一）年一一月からは毎年第何年度と称し、どの学年から講義録を開始しても、二年あるいは三年間で完結できるようにしたため、講義録もただ単に毎年の講義筆記をそのまま掲載したものではなくなり、二年あるいは三年が一サイクルになるように編集されたものが発行されていったものと考えられる。

この館外員の制度に対して、当時、どれくらいの人々が応募したのであろうか。つぎの「明治二一年哲学館館外員出身地別人数」という表3を見ると、それが分かる。北は北海道から南は沖縄、さらに朝鮮からも応募があり、全体で一八三一名に達していた。館主・円了の哲学館は、一三〇名余りの館内員と全国各地の一八〇〇名余りの館外員という大規模な教育体制の確立に成功したのであった。

こうして、哲学館は当時の主流の実学系でなかったにもかかわらず、創立者の知名度の高さと、この講義録によって、創立直後から全国的な基盤を持つ私立学校としてスタートした。

【註】

1 「大学を卒業してしばらくの間、井上円了は中村正直が小石川江戸川町に開設した学塾同人社や、成立学舎の講師を勤め」ていた（『百年史　通史編Ⅰ』、五四頁）。

2 常盤大定「宗教篇解題」（『明治文化全集』第一九巻、日本評論社、昭和四二（一九六七）年、三五頁、二九頁）。

3 村上専精『六十一年』（丙午出版社、二六一―二六二頁）。

4 井上円了『仏教活論序論』明治二〇（一八八七）年（『選集』第三巻、三五五頁）。

5 『百年史　通史編Ⅰ』、五五頁。

6 井上円了『実地見聞集』第二編（『井上円了センター年報』第二号、平成五（一九九三）年、九五―九六頁）。

7 井上円了『仏教活論序論』、前掲書、三五五―三五六頁。

8 西村見暁『清沢満之先生』法蔵館、昭和二六（一九五一）年、八六―八七頁。

9 「井上氏は既に加藤弘之博士と相談して哲学館の創立に骨折ってゐた」（佐治実念「井上生」、『井上円了先生』東洋大学校友会、大正八（一九一九）年、七三頁）。

10 拙稿「福沢諭吉・井上円了・寺田福寿。・小栗栖香頂」（『井上円了研究』第七号、平成九（一九九七）年）を参照。

11 『百年史　資料編Ⅰ・上』、九一七頁、九五九頁。

12 佐佐木信綱「哲学館在学を回顧して」（『東洋哲学』第二四編第一〇号、大正六（一九一七）年、一四—一七頁）。

13 『百年史　資料編Ⅰ・上』、八四—八六頁。哲学館の創立については、『百年史　通史編Ⅰ』（七九—九七頁）が詳しいので参照されたい。

14 拙稿「哲学館の館外員制度—通信教育の原点として」（『東洋通信—通信教育部設置五〇周年記念号』二〇一四特別号、平成二六（二〇一四）年、六一—六六頁）を参照。

15 田中征男「「通信講学会」の通信教授活動—近代日本通信教育成立史」、『大学拡張運動の歴史的研究—明治・大正期の「開かれた大学」の思想と実践』（『野間教育研究所紀要』三〇集）、講談社、昭和五三（一九七八）年、七二頁。

16 『百年史　通史編Ⅰ』、一一三頁。

【補注一】

明治二六（一八九三）年一一月、第七学年度の講義録として「妖怪学」を発行することになった（また、この第七学年度には、従来の館外員からの請求により『哲学館正科講義録第七年度』も発行された）。現在、円了の代表作とされている『妖怪学講義』は、このように初めは講義録として発行されたものである（この講義録は、明治二九（一八九六）年に『妖怪学講義』と題して合わせて六冊にまとめて再刊された）。

哲学館はその後も各種の講義録を発行し、「八大講義録」と呼ばれた。明治三四（一九〇一）年一一月の段階では、『哲学館講義録』を改名した『高等学科講義録』、『漢学専修科講義録』、『仏教専修科講義録』、『仏教普通科講義録』、『漢学普通科講義録』、『通俗哲学講義録』、『尋常中学講義録』の七種となった。

『東洋大学創立五十年史』によれば、「読者十余万人に達した」といわれている。これらの講義録で学んだ学生は、館外員として講義録を購読したことが、哲学館入学の動機になった者や、館内員であっても講義録の購読を継続する者もいた。明治二一（一八八八）年の館外員名簿にあって、さらに明治二三・二四（一八九〇・九一）年の卒業者名簿にあった学生には小林力弥、加藤精神（第一八・一九代東洋大学学長）、田中治六、鷲尾了順などの名前がある。また、講義録で独修し、後に上京して哲学館で学んだ河口慧海と能海寛の二人は、ともにチベット探検者として知られている。さらに、哲学館で教育学を講じた立柄教俊、東洋史学者となった内藤湖南、日本国教大道社を創立した川合清丸、考古学・人類学者となった鳥居竜蔵らが哲学館の館外員として学んだ人々であった。

第一六年度（明治三五（一九〇二）年一一月〜三六（一九〇三）年一〇月）は最終の講義録となったが、その内容はこれまでのものと異なり、すでに発行された講義録を講義別に合本したものであった。その理由はつぎのように述べられていた。「近年諸方にて類似の講義録を発行し又哲学新著の続々世に出づるありて本館講義録が昔日の位置を占むること能はざるに至れり是に於て本館は大に講義録の面目を一新し雑多の講義録中にありて卓然頭角を現さんと欲し其第一着手として欧米各国の講義録に就き詳細の調査を為さんとす、されば其準備に多少の時日を要するを以て本年中に大改新を実行すること難し故に第十六年度は一年間新刊を中止し近来発行の講義録中より特に主要なる学科を択び旧刊残本を合綴して之に代用することと」したのである。

その後、後述の「哲学館事件」が惹起され、その影響で円了は神経症を発病し、明治三九（一九〇六）年に円了は大学から引退した。これによって、館外員の制度も廃止となったのである。

【補注二】

円了の教育理念や建学の精神に関する著書や論文については、つぎのものを参照されたい。飯島宗享「井上円了の教育理念序説」（『井上円了研究』第二号、昭和五九（一九八四）年）。「総合研究　井上円了の教育理念」（『井上円了研究』第四号、昭和六一（一九八六）年）。「総合研究　井上円了の教育理念—その思想と行動」（『井上円了研究』第六号、昭和六一（一九八六）年）。田村晃祐「第一節　井上円了の教育への情熱」（『近代日本の仏教者たち』日本放送出版協会、平成一七（二〇〇五）年）。高木宏夫・三浦節夫『井上円了の教育理念』（東洋大学、昭和六二（一九八七）年）。拙稿「東洋大学における「建学の精神」継承の問題点」（『井上円了の思想と行動』東洋大学、昭和六二（一九八七）年）。

第二節　第一回の世界旅行の日録

哲学館の創立から一年たたない明治二一（一八八八）年六月九日、円了は欧米各国の視察旅行に出発した。円了の生涯における世界旅行の始まりである（円了は六一歳の生涯の間にこれも含めて三回の世界旅行をしている）[1]。この時の世界旅行の期間は一年間で、明治二二（一八八九）年六月二八日に帰国した。その見聞は後に『欧米各国政教日記』として出版された。

ところで、瀧田夏樹はこの『欧米各国政教日記』について、つぎのように指摘する[2]。

『旅行記』という呼び名は、この最初の書物には、言葉の本来の意味では当てはまらないかも知れない。ここでは、日録的な性格が徹底的に削られており、ひたすら、西欧宗教事情視察の『報告書』であろうとしている。それは、著者が、『懐中日記』から「日月地名ヲ除キ去リ専ラ宗教風俗ニ関シタル種目ノミヲ取リ出シ」て編んだ、事項本位の冊子であった。もともと旅行記を残す意図はなかったらしいのだ。

六一年におよぶ円了の生涯において、この第一回の海外視察は彼の思想と行動を変えるほどの大きな影響を持ったものである。そのことは円了自身が、「欧米各国の事は日本に安坐して想像するとは大に差異なるものなり」[3]と、帰国後に語っていることで分かる。そして、第一回の「旅行記」では瀧田が述べるように、円了がいつどこで、なにから、どのようなことを見聞

郵 便 は が き

料金受取人払郵便

日本橋局
承認

3784

差出有効期間
平成29年9月
30日まで

103-8790

053

東京都中央区日本橋小伝馬町12-5
Y・Sビル

株式会社 教育評論社
愛読者カード係 行

ふりがな お名前		生年 明大 昭平 □□ 年	
		男・女	歳
ご住所	〒 都道府県 区市・町 電話 （ ）		
Eメール	@		
職業または学校名			

当社は、お客様よりいただいた個人情報を責任をもって管理し、お客様の同意を得ずに第三者に提供、開示等一切いたしません。

愛読者カード

※本書をご購読いただき有難うございます。今後の企画の参考にさせていただきますので、ご記入のうえ、ご返送下さい。

書名

●お買い上げいただいた書店名

(　　　　　　　　　　　　　　　　　　　　　)

●本書をお買い上げいただいた理由

□書店で見て　□知人のすすめ　□インターネット

□新聞・雑誌の広告で（紙・誌名　　　　　　　　　）

□新聞・雑誌の書評で（紙・誌名　　　　　　　　　）

□その他（　　　　　　　　　　　　　　　　　　　）

●本書のご感想をお聞かせ下さい。

○内容　□難　□普通　□易　　○価格　□高　□普通

●購読されている新聞、雑誌名

新聞（　　　　　　　　）　雑誌（　　　　　　　　）

●お読みになりたい企画をお聞かせ下さい。

●本書以外で、最近、ご購入された本をお教え下さい。

購入申込書	小社の書籍はお近くの書店でお求めいただけます。 直接ご注文の場合はこのハガキにご記入下さい。
書　名	部　数
	冊
	冊

ご協力有難うございました。

し、どのように感じたのか、そのことが具体的には分かりにくいという問題が残っている。

この節ではその問題に対して、新聞・雑誌に残された資料を参考とし、第一回欧米視察の旅行の具体化を試みた。でき得る限り資料を紹介した（引用にあたっては、変体仮名、カタカナはひらがなに、漢字は通行体に統一し、さらに適宜に句読点を付けた）。

一　出発前後

円了の洋行を最初に報じたのは、明治二一（一八八八）年五月二一日の『令知会雑誌』であり、つぎのように書かれている。[4]

○会員井上円了君は哲学研究、宗教取調の為、近々洋行せらるゝ由

この洋行の公表から一七日後に、円了は横浜から出発しているので、あわただしく告知や送別会が行われている。哲学館の館主として、つぎの告知を出したのも、公表から四日後の同月二五日付けである。[5]

小生儀、今般政教の関係及ひ哲学の実況視察の為め、欧米各国へ回航致候に付、不在中は館主の任を棚橋一郎氏に依托候。尤も帰朝は来年五月頃にも可相成候。其間欧米各地に於て見聞する所、別して哲学上に関したる事件は大小となく通信報告可致候。妖怪及ひ哲学講義の未た終結せさる部分は、航海中相認め講義録に掲載する心得に候也。

明治二十一年五月二十五日　　　　館主　井上円了

この告知の翌日（二六日）に、八〇余名が参加して円了の送別会が開催されている。その模様はつぎのように報じられた。[6]

○井上文学士の送別会　去る二十六日は兼ねて本誌に記したりしが如く、浅草本願寺別院に於て、井上文学士欧米巡回の送別会を開かれたるが、此に会する者八十余名にて、先つ高橋覚雄氏が発起者総代として井上文学士を送るの一文を朗読し、次に吉谷覚寿氏が哲学上に付仏教と西洋哲学との区別あることを演説し、次に井上氏が立ちて諸氏来会の厚志を謝し、就て今度欧米巡回の目的を述べられたり。

其目的は政教の関係及ひ哲学の実況視察の為にありと雖とも、中に就き大目的とするは政教の関係にあり。近来吾邦政治の進趣大方ならす、殊に二十三年国会開設の事も近きに迫りたれは、政教の関係は社会の一大問題となること疑がひなし。去れは政教関係の吾が仏教者、否吾愛国者の尤とも注意

すべき事なり。

　之に依りて、今般の巡遊を思ひ立ちたるにあれは、予が目的とする所は学理的の事にあらすして、実際視察の為なり。附たり哲学の実況をも視察のなし得らるゝ丈をなすの見込みなりとの意を述られ、夫より佐々木狂介、多田賢順、村上専精、其他諸氏の演説ありて、頗ふる盛会なりし。

　又同日夜間、令知会友及び知友の発起にて、柳橋の柳光亭に送別会を開かれたるが、島地黙雷、佐々木祐寛、大谷勝道三師を始め二十余名の会合にて、是また盛況を極め〔ママ〕たり。但し井上氏の巡回は来月上旬に吾邦出発し、凡そ一ヶ月間の予定なりと云ふ。


　送別会はこの二十六日以外にもあり、翌六月二日に哲学会員の発起で開催されている。円了の第一回欧米視察の主たる目的は、先にも見たように、主に政教の関係、つまり欧米諸国の政治（国家）と宗教の関係を調査することにあった。当時、仏教界をはじめとする宗教関係者の中で、欧米の事例も知らず、またそれに関する文献もなく、国会開設を間近にしたこの時期の緊急の課題でもあった。この実際上の問題をどのようにすべきかが円了の問題意識の中にあり、そのためもあってか、出発の直前にあたる六日夕方に、円了は井上毅、尾崎三良、平田東助などの内閣法制局の主立った関係者と、日本における哲学や宗教についての意見交換をしているのである。[7] そして、つぎのような広告を各種の新聞に出して、円了は欧米視察へ出発した。[8]

　八日午後四時、新橋発汽車にて欧米周遊の途に上る。右辱知諸君に報す。　井上円了

東京の新橋から横浜に移動した円了は、九日にイギリス船・ゲーリック号に乗船して、太平洋へと出航した。[9] なお、この旅行には真宗大谷派（東本願寺）の「勧令使」の宮部円成が同行している。[10]
　このようにして、円了は仏教界などの大きな期待を背負って、洋行の報道から二〇日後というあわただしさで視察旅行に出たのである。[11]

二　旅行中の報告――アメリカ編

　当時の旅行の移動手段は、船や汽車などであり、円了の日本への報告の手段も郵便による以外にはなく、報告が新聞・雑誌に公表された時期は投函から早くて一か月後、遅ければ数か月後であった。残されている円了の海外からの通信は少ない。第一報はつぎの哲学館の広告である。[12]

館主井上円了氏は六月二十四日、無事に米国桑港〔サンフランシスコ港〕に着せられたる由、本月〔七月〕二十日報知ありたり。

日本からアメリカへの船内の日記は、円了も創立者の一人であった政教社の雑誌『日本人』に、つぎのように掲載されている。13

○井上円了の欧米周遊日記　社員井上は去る六月二十四日を以て、海上無恙米国桑港に到着したり。今同人が報道に係る処の海上日記を左に掲載せん。

明治二十一年六月九日十時、英船ゲーリック号に搭し桑港に向ひて横浜を発し、欧米周遊の途に就く。船路内海を出て、稍〻東北の方位を取り、房総諸山を左に見て過ぐ。夜七時遙に灯光を波際に隠見す。是れ銚子犬吠岬の灯台なりと云ふ。是れより復た本州の諸山を見ず。舟行平均一昼夜三百英里にして、凡そ一時間十二英里半の速力なり。其後日々東北を指し、十五、六日の頃に至りては、北緯四十六、七度に達す。我千島と其度を同ふすと云ふ。当時寒暖計四十二度に下降し、恰も我東京三月頃の気候と異らす、故に船室内は蒸気管を以て暖気を取れり。

十五日は東半球より西半球に入るを以て、日を西半球の暦に改め、第二の十五日を得たり。蓋し西半球と東半球とは一日を異にし、西半球の十五日は東半球の十六日にして、東半球の十五日は西半球の十四日なり。故に日本の暦日を米国の暦日に改むるときは一日の閏余を生ずる也。即ち第二の十五日を見る也。此第二の十五日は日本の十六日に当る。舟行毎日東に向ふを以て、日出時日々数十分を進めり。大抵一日二十五分の割合なりと云ふ。故に船中にて二十一日正午は、日本にて二十二日朝六時に相当す。

船中の乗客は大凡千三、四百人にして、其中上等客は五十余名也、上等客中には英人あり、米人あり、仏人あり、独逸人あり、印度人あり、支那人あり、日本人あり。就中英人最も多しとす。日本人は六名、支那人は三名、印度人は一名也。其日本人中には神宮司純粋、桐野利邦、高田慎蔵の諸氏あり。下等には支那人凡そ千二、三百人あり。其他日本人の中等及下等にある者二十七、八名なりと云ふ。

第二の十五日は早朝より暴風激浪夕刻に至て殊に甚しく、船体の動揺一方ならず、殆んど晩食を廃するに至る。此時二、三回の電光を見る。其他は風波共に平穏の方なりし。船中には格別記すへき事情なし。一日支那人と筆談したることあり。支那人曰く、風説に聞く、日本国帝王は耶蘇教に改宗せりと、又聞く明治二十三年以後は日本国政府は米国の政府に倣ひ、国王を撰定すと。果して然るや否。余其無根の説なるを弁明せり。蓋し此の如き説は支那国一般の風説なる由。

船中の西洋人は大抵商人也。香港、上海、横浜等に通商居留する者多し。故に余り上等の品格ある人を見ず。日本人は其上等におる者を除いては大抵壮年の書生にして、桑港に留学する者多し。船中には日本物を見ること至て希れなり。唯西洋人中日本服と日本紙幣を用ふる者あるを見たり。是れ皆日本に居留したる者ならん。然れとも其日本服は西洋人の寝巻に用ひ、其日本紙は糞紙、其日本紙幣は博奕に用ふる者なれば、余り感服せさるなり。

十七日は日曜なれば西洋人中耶蘇信者食堂に会し、十時半より唱歌読経を始め、衆人を誘引したるも、支那人は我れは孔子教を奉するものなりと云ひ、日本人は我れは無宗教なりと云ひて出席せず。西洋人中には或は義務なりと云ひて出席するものもありたれとも、色々の口実を設けて出席せざるものの多かりし。

一日独逸人と英国人と二組に分れて甲板上に縄引の競争をなしたることあり。其時独逸人の方勝ちを得たり。此の如き遊戯が船中無上の楽なりし。

船にて海上にあること凡そ十六日間なるも、一物の眼光を遮るなかりしが、二十二日の夕陽に当りて雲烟渺茫の間に帆影を見たり。是れ帆走船の洋中に懸る者なり。乗客皆甲板上に出て、之を遠望し、以て一場の快楽となせり。

二十四日朝桑港に着す。横浜より舟行の里程四千五百四十五英里なり。

つぎに、横浜出航から一か月後に、アメリカのシカゴへ到着したとの報告が、「館主井上氏より左の通り来状ありたり。因て茲に掲載す」として公表されている。[14]

時下愈御勉学奉候。私儀去る二十四日桑港着。二十八日乗車。今朝当府に安着致候。途上毎日炎晴にて去る四日には車中暑気九十八度迄に昇り候。併し一身幸に無事に有之候間安心可被下候。米国は哲学上に関しては格別御報道可申事無之候。尤もニュー、ヨーク府には一週間余り滞在の見込みなれば、精々聞正し、後便に可申送候。草々不悉。

二十一年七月六日　　在米州チカゴー府　　井上円了

哲学館内外員諸君御中

この報告が八月にあり、その後しばらく円了からの通信はなかった。そのため、仏教界の関係者などから、調査への期待と疑問の意見が出されるようになっていた。[15] つぎの欧米周遊日記の第二回が公表されたのは一一月である。この長文の日記はアメリカにおける見聞をもとにまとめた評論であるが、[16] 円了自身はこの時すでに欧州に渡って数か月が経過していた。

○欧米周遊日記（第二回）

井上円了寄送

凡そ周遊日記と題する以上は、毎日の経歴見聞する所、大となく小となく、一々叙述すへき筈なれとも、晴雨寒暖地名等は煩はしく記載する迄のものにても無之哉に考へらる丶上に、小生の旅行は日数に限りあれは、至りて忙はしき道中にして殆んと筆を執るの暇なき程のことなれは、唯余か思想に感する所の一、二を記して紀行とするのみ。

天、人を制することあり。人、天を制することあり。名山大川寒暖風雨の人心の上に与ふる所の影響は、所謂天の人を制するものなるか。彼の欧米各国の駸々として文明に進む所以のものは、種々の原因事情あるによると雖も、亦天候地勢の其媒介となることなきにあらす。語を換えて之を言へは、天候地勢は欧米社会開進の一要因たるなり。余米州を通過して第一に感ずる所のものは、此天地の社会人事の上に与ふる所の影響、是なり。

先つ桑港に着し、其地の人情風俗を実察し、次に汽車に駕して山川の形勢を熟視し、以為らく、合衆国の駸々として隆盛に赴く所以のもの、此山川の形勢あるによると。今其所以を述べんに、米人の経画する所のもの、皆広大にして百事百物一として大ならさるはなし。故に余は大一字を以て米国全体の事情を評せんとす。而して此大の大たる所以のものは、余を以て之を観るに、天候地勢の影響によるもの多しとす。

抑も合衆国の地勢たるや、数千里に亘り一大陸を貫き、其大なることは言ふ迄もなく、その間に連なる所のもの、山は即ちロッキーあり、シルバネバダあり、川には即ちミシシッピーあり、ホドソンあり。是れ皆世界に冠たる高大山川にあらすや。其湖には北部の五大湖あり、其瀑布にはナイヤガラあり、是れ亦世界第一にあらすや。其高原平野に至りては、数日間車行して山影を見さるあり、其沙漠に至りては、グリートアメリカンデゾルトの如き亞非利加《アフリカ》のサハラに一歩を譲るも、世界大原の一なること疑を容れず、其海に至りては、太平大西の両大洋を東西に擁し一目万里の大観を有し、其気候に至りては、冬夏の寒暖著き懸隔ありて、已にニューヨルク、チカゴーの如きは、夏時は百五度以上に昇り、冬時は零度以下に降ると云ふ。実に大寒極熱の地と云はさるへからす。

之れを要するに、米国は天候地勢共に大なり。此に住する人民は、朝に夕に処るに出つるに毎に其大に接し、其大を見るを以て、おのつから大なる思想を薫育し、大なる経画を養成して、大事大工を成就せしむるに至るや必然なり。斯くして其人々思ふ所行ふ所皆大なる以上は、其国以て富強に其社会以て隆盛に赴むくは自然の勢なり。是れ米国米人の富強隆盛に進む所以の一要因なること明かなり。

而して其大独り天候地勢に止まらす、牛馬獣畜皆之れを我邦の産に比するに大なり。果実蔬菜に至るまで皆大なり。桃林檎梅等の諸実瓜葱胡蘿蔔等の諸菜、皆之れを我植物に比するに大ならさるはなし。以上は天然に生ずる所のものなり。若し人造に属するものをあぐれは、鉄車汽船家屋市街製造工業一として大ならさるはなし。人の日夜見聞触知する所の者、此の如く大にして、其人の体格亦之を本邦人に比するに至りて大なり。故に其有する所の思想、自然の勢大ならさる能はす。其人の心身共に大なれは其国の勢亦大なるはおのつから然る所なり。且つ其国の進む所のものを見るに、急速に失せす、軽躁に流れす、泰然として坐し、悠然として進むの状あるも、亦山川外情の誘因あるによることなきにあらす。

彼のロッキーを看るに、決して我邦の高山の如く突起危立するにあらす。自然にして起り自然にして高く、汽車に駕して其高嶺に登るに誰れも其山たるを覚へす。ミシシッピーの大なる水量は至りて多きも、其流るゝや決して我邦の河水の如く急速なるにあらず。動かさるか如くにして動き、流れさるか如くして流る。是れ皆知らす識らすの間に、米人の思想を養成すること疑を容れさるなり。

更に顧みて我邦の山河の形勢を見るに、全く米国の反対に出つるものゝ如し。到る処山は皆小、川も亦小、草木禽獣の諸類亦皆小なり。是れ自然に人心をして小ならしむるの媒介となること明かなり。且つ我邦人の進歩急速に失し、軽躁に流るゝの恐れあるも、亦山川の形勢によるや疑を容れす。

而して日本人は其小心の中に秀然として聳ゆる所の元気あるを見るは、或は又天地の養成によるの感想なき能はす。即ち我か山川は皆小なりと雖も、其小山小嶺の上に屹立して芙蓉の一峰あり。恰も我大和魂の小心中に秀然たるか如し、芙峰豈其心を養成するの媒介たらさるを得んや。其今日文明に進む所のもの、或は我邦の諸山諸川の如く急速軽躁に失するの恐あるも、其元気の万古に徹して変せさる所ありて、縦令外国にあるも支那人の如く金銭の奴隷にならす、日本人の日本人たる名分を重んするか如きは、芙峰の屹然として天に聳へ千古形を改めさると同一般なり。

彼の芙峰の美や、古来詩人は之を詩に詠じ、画工は之を画に現はし、五尺の童子をして朝夕目に見耳に聞くの便を得せしむ。是れおのづから人心を薫育して彼の秀然たる思想を養成するや疑ひなし。故に余は日本人の日本人たる所以のものは米国人の米国人たる所以と共に、山川の形情の媒介によると信じずるなり。

其他米人の美術の思想に乏く、日本人の文雅の風致に富めるは、亦山川の誘因によるや明かなり。米山米川は大は即ち大なりと雖も、其風致に至ては甚た乏く、ナイヤガラ瀑布の如きも実に壮観を極むと雖も、美術上より之を視れば、是れ又風致に乏しと云はざるべからず。之に反して我邦の山川は小は即ち小なりと雖も、其風致に至りては米国の山川と同日の比にあらす。彼の日光山の勝、松島の勝、厳島の勝、嵐山の勝、山に川に、海に雪に、月に花に、天然の書画を現出し、之を見る人をして知らず識らずの間に、美術の思想を薫育し、詩画の風致を養育せしむ。是れ日本人の雅趣に長して米人の風致に乏き所以なり。且此一例によりても、山川の形勢の社会開進の一元素となり、年少教育の一要因となることを知るべし。果して然らば日本の地勢は社会開進の一元素に加はりて、一利一害ありと謂はざるべからず。

今や万国対列し相競争するの日にありては、日本従来の美術を楽しみ風致を重んずるの風習は、一たび之を変して米国人民の如く実用的の事業を起すことの思想を養はしめさるへからすと云ふものあり。是れ固より余の企望する所なりと雖も、全く我邦を変して実用的の工業国となすの論に至りては、深く其利害を考へさるへからす。抑も我数千百年来養成せる所の思想風習は、決して一朝一夕に変更すへきにあらす。且つ我か天然に有する所の山河の名勝は、日夜人の心中に美術の思想を注入するを如何せんや。若し我邦人をして全く美術の思想を断たしめんと欲せは、名山名川の美観も併せて絶たさるへからさるの理なり。

然るに更に顧みて之を考ふるに、美術は目前直接の実用に遠きの恐なきにあらすと雖も、其社会開進上必要なる一大要素なること明かにして、世の文明に進むに従ひ美術的の思想及需要は実用的と共に進むへきは、余か弁を待たさるなり。果たして然らは、我邦の天然に長する所の美術的の思想を変して、独り其容易に実行すへからさる実用的の工業を起さんとするは、我か得策にあらさること亦明かなり。

之に反して、其天然に存する所の山河の美勝は飽まて之を保存し、其生来有する所の風雅の思想は飽まて之を養成して、将来日本をして美術世界の中心となり、美術を以て世界に鳴ることを務むるこそ却て我邦の得策なりと信す。而して其実用的の工業の如きは、漸々に発達するの方法を用ひ、多年の後に西洋に対立するに至るを期して可なり。

是れ余か汽車中にありて感する所なれは、其侭此に記して紀行の一部分となす。

この日記に書かれているのは地政学的見方で、米国の「大」に対して日本の「小」が国民の思想にまで影響していることを、円了は痛感している。しかし、円了は日本の「小」の中に、富士山を始めとする名勝があり、それが日本人の美意識と倫理の思想の基となっており、この伝統を保存することが大切であるとも考えている。こうして円了は、日本を地球規模で対象的に見ようとしていたのである。円了が帰国後に語った「欧米各国の事は日本に安坐して想像するとは大に差異なるものなり」、ということを示す一例である。

三　旅行中の報告——欧州編

アメリカからイギリスに渡った円了はヨーロッパ各国のうちで、イギリス（イングランド、スコットランド）、フランス、ドイツ、オーストリア、イタリアを視察巡回している。[17]この間に、日本に寄せた旅行の見聞の報告は二つに過ぎない。第一はつぎの「欧州東洋学流行の一斑」という調査報告である。[18]

近来欧米各国に於て東洋学研究すること大に流行し、各国の大学中に之を兼学する部分あるのみならす、純然たる東洋専門学校あり、仏蘭西《フランス》の東洋学校、独逸《ドイツ》の東洋学校の如き是れなり。英国に在ては別に東洋学校なしと雖も、ケンブリッヂ大学の如きは、印度学は勿論支那学をも教授せり。伊太利《イタリア》、墺太利《オーストリア》、露西亜《ロシア》の如きも、皆東洋学研究の方法を設けり。唯日本学として専修することを得るは、仏蘭西及独逸の東洋学なり。

井上哲二《次》郎氏は伯林《ベルリン》なる東洋学校の日本部の教師なり。氏の話に伯林東洋学校は大学の哲学部の附属にして、其中には、ヒンドスタニー語、アラビア語、トルコ語、ペルシヤ語、亜非利加《アフリカ》語等を教授すると云ふ。而して支那学を研究するものは、日本学を研究するものより多く、印度学を研究するものは支那学を研究するものより多し。印度学にも今日の印度語学を研究するものと、古代の印度文学を研究するもの丶別あり。散斯克《サンスクリット》語学の如きは各大学に於て大抵之れを研究せさるはなし。蓋し散斯克語は羅甸《ラテン》、希臘《ギリシヤ》等の語と其源を同うし、今日の欧羅巴《ヨーロッパ》語と其の類を同うするものなり。此を以て各国大学に於て羅甸、希臘と共に此の語学を研究するに至れり。

当時西洋各国に於て東洋学を研究する学校を設けし外に、東洋学を研究する学会を置けり。即ち亜細亜《アジア》協会なるもの是なり。英国に亜細亜協会あり、本局は龍動《ロンドン》市中にあり、会員総計四百十一人、其中名誉会員三十人なり。南条文雄氏も其会員の一人たり。余一日其会に到り幹事リス、《・》ダビッド氏に面し該会の景況を尋問せしに、氏の勧請によりて余も其会員の一人となれり。曩に余牛津《オックスホード》大学に到り教授マキシミラ氏に面す。余氏に問ふに、当時英人の著作にかゝる仏書中誰の書最もよきや。氏告くるにリス、《・》ダビッド氏の書を以てし、且つ余に介して同氏に接見せしむ。此を以て余亜細亜協会に於て、同氏に面晤することを得たり。マキシミラ氏又余をケンブリッヂ大学散斯克教授カウェル氏に紹介せり。因て余はケンブリッヂに到り同氏に面せり。

氏曰く、余は南条、笠原両氏の旧知たり。笠原氏不幸にして早逝す。南条氏近頃起居如何等の尋問ありたり。ケンブリッヂ大学には支那学教授あり、其名をウエードと云ふ。余嘗て友人添田氏より同氏に呈する一書を携帯せるを以て、幸いに氏に面することを得たり。氏亦余に一書を授け、龍動なる博物館書籍掛ドーグラス氏に面晤すへきを告けり。余因て龍動に帰り博物館にて氏に逢へり。

氏は矢張り支那学者にして、支那学に関したる著書数部あり。氏余を導て書庫に入らしめ、庫内に蒐集せる億万の文書を一覧せしむ。氏又余に示すに、近来蒐集せる日本書籍を以てす。其中に種々の日本書籍を見たり。書籍館を一見して博物館に到れば、又数種の日本書籍あり。其中には画本、習字本等も見受けたり。仏書も二、三部あり。同行宮部氏、余に代て其書名を記せり。即ち称賛浄土教一巻、法華経提婆品一巻、無垢浄土教二通、往生要集一巻なり。其隣室に日本の家具、什器、仏具、神棚等を蒐集せり。又別に日本陶器室、日本絵画室の設あり。余一々其出品の名を記せす。

以上の外、各国の博物館に仏像室あり。英国龍動博物館の仏像室には

木像三十種　金蔵三種　陶像三種　絵像三種　合計三十九種

あり。其中には釈迦像あり、弥陀像あり、観音あり、勢至あり、不動あり、達磨あり、布袋あり、大黒あり、閻魔あり、善導あり、法然あり、十六羅漢あり、南無妙法蓮華経の題目あり。日本絵画室にも二、三の仏画あり。其中に真宗祖師御絵伝一幅あり。又其室内には大念珠一連ありて、其念珠には京都清水寺の銘あり。蓋し同寺の宝物の外人の手に入りたるものならん。其一々は宮部氏の手帖に詳なり。サウス、〔・〕ケンシングトン博物館にも日本器物室あり。其中には故大久保内務卿より寄贈せる日本風の五重塔の雛形あり。又大仏の金像ありて、其背に京都所鋳の銘あり。余牛津に到りマキシミラ氏の名刺を携帯して、同大学附属の博物館を一見したる時、其館内に日本仏像数種を見たり。其中に真宗祖師の木像ありし。

次に仏蘭西に到り、藤島了穏氏と共にギメー氏の仏像博物館に到り其館内の陳列品を一見せしに、日本仏像室あり、支那仏像室あり、西蔵仏像室あり、印度仏像室ありて、其数幾百種あるを知らす。日本仏像室の如きも、各其宗派の別に従ふて仏像を排列し、真言宗部あり、浄土宗部あり、真宗部あり、一々記名するに暇あらす。因て館長に請ふて其目録一冊を購求せり。次に巴里なる工業博物館に到り、其仏教陳列品を験せしに、

画像二種　木像四種　金像十一種　合計十七種

ありし。

次に伯林なる人種博物館に到り、井上哲二〔次〕郎氏の案内を請ふて館内を一見せしに、又日本仏像の部を見たり。其中には木像金像とも三十四種、画像四種、合計三十八種あり。其外に同館内には我国の神道部ありて、神道にて用ふる所の諸像、

器具を陳列するを見たり。
次に欧米各国にて、著作及ひ出版にかゝる東洋書類幾千百部あるを知らす。日本、支那、印度書籍のみにても千百部以上あり。一昨年発布せる龍動書肆トリビュナルの発行書目表によるに、左の部数あり。

日本の言語文学に関するもの十八部
支那の言語文学に関するもの七十七部
印度の言語文学に関するもの三百九十七部
東洋の宗教（仏教、儒教、回教）に関するもの九十九部

此印度の言語文学書中には、仏教の文学書も混入せり。余独逸伯林に在て欧米各国の語にて発行せる東洋文学書類を験するに、左の部数あり。

日本の歴史に関するもの五十三部
日本の文学に関するもの三十部
支那の歴史、地理、宗教に関するもの九十五部
支那の言語文学に関するもの百二十一部
印度の史類に関するもの百二十八部
印度の考古に関するもの二十部
印度の哲学に関するもの三十七部
散斯克文学に関するもの三百九十七部
パリ語に関するもの三十一部
仏教に関するもの（即ち仏教に関したる西洋人の評論著作）六十二部。而して、仏教書中の散斯克語にかゝるものは散斯克文学書中に入れ、仏教書中のパリ語にかゝるものはパリ語書中に入れたり。

其外、蒙古、西蔵、安南、暹羅《シャム》等の諸国に関する書類亦多し。右の表中西洋人の評論著作にかゝる仏教書類六十三部の中、

英国龍動の発行にかゝるもの二十九部
同牛津の発行にかゝるもの三部
英領印度　五部
米国新約克　一部
仏国巴里　八部
和蘭《オランダ》　一部
瑞西《スイス》　二部
魯国　二部
独逸伯林　三部
同ライプツヒ　一部
同ドレスデン　一部
其他独逸地方　三部

なり。其外各国にて他国発行の仏書を其国語に訳したるものあれとも、右の表中には之を除く。
仏経仏書は各国の書籍館中には必す之を蒐集すと雖も、特別に其書類を蒐集せるは仏国ギメー氏の博物館なり。同館内

には仏経を蒐集せる一場あり。印度の仏経、支那の仏経、西蔵の仏経、日本の仏経、皆其中にあるを見たり。又独逸伯林人種博物館にも仏経を蒐集せり。井上哲二〔次〕郎氏と共に其館内を一見せしとき、仏経の原本新たに西蔵国より渡来せるとて衆人来集せるを見たり。哲二〔次〕郎氏の話に、東洋学校にても和漢書籍、仏書、儒書等を蒐集せり。縮刷蔵経も近々購求する筈なりと云へり。

以上は、余か洋行日記中に記載せるものにして、その紀行の一部分を抜萃して此に掲記す。是れ固より欧州東洋学研究の一斑を知るに止まるも、我邦にて東洋学を研究するの必要及ひ仏像館、仏書館、儒書館等を設くるの必要を知るに足る。余他日右等の諸館を設立するの意あれは、此に其意を示して読者の賛成を待たんとす。

この報告書により、イギリスの亜細亜協会、ケンブリッジ大学、オックスホード大学、イギリス・フランス・ドイツの博物館などを見学調査したという円了の足跡が分かる。そこで円了が注目したのは、仏教、儒教などの東洋学の欧州での位置づけであろう。博物館などでその実際を視察したことは、東洋哲学を提唱した円了に日本における東洋学研究の必要性を痛感させたことであろう。そして、円了は西欧の学問研究の奥深さに驚いたと考えられる。

つぎの書簡は、明治二十二年一月二十八日付けで、出発から半年後が過ぎた時に書かれたものである。[19]

○井上円了氏の書簡　本会々員井上円了氏が仏国巴里《パリ》府より本会雑誌委員に宛て送られたる本年一月二十八日附の書状に曰く。

昨夏米国旅行中は格別学問上に関して御報道申す程の事無御坐候。英国にては去る八月井上哲次郎氏に邂逅し、東洋哲学振起の事につき種々懇談致候。

其後、小生は英国南海地方に移り、凡そ二ヶ月余り滞留致候。其間二、三の学士に相会し、日本将来の盛衰に関しての批評等聞及ひ候。其中プロフエソル、カー氏の話に、日本は開化再興の機運に会せり。其故は古来開化の進歩毎に東より西に移る。其初、印度、支那に起り、次第に進て希臘、羅馬に及ぼし、降りて英仏諸邦今日の文明を見るに至れり。而して今後英仏の先きに立ちて世界に鳴るものは合衆国ならん。是に由て之を観るに、合衆国の次に世界に鳴るものは日本国ならん歟。即ち開化の進歩東洋より西洋に移り、西洋より東洋に帰るの傾向ありと云へり。

其の次にオクスフォルド大学に到りプロフエソル、マクスミュラー氏に面し、次にケンブリッジ大学に到り印度学者プロフェソル、カワー氏、支那学者プロフェソル、ウェード氏、歴史学者プロフェソル、シーレー氏に会し東洋哲学研究の方法得失等に関して一、二の談話を為せり。龍動にては支那学者プロフェソル、ドーグラス氏に英国博物館内に面し、氏の案内により て蔵書室内悉く一見し、同室内に所蔵せる日本書籍をも一覧せり。次に龍動なる亜細亜協会に到り、其幹事レース、〔・〕ダビッド氏に面し、印度哲学の実況を聞及び候。

龍動には仏国哲学者コント氏の教旨に本きて設立せる教会あり、毎日曜朝夕にはレリジオン・オブ・ヒユマニチーに関したる講義ある由。小生一日其会堂に到りたれども、日曜日にあらざるを以て講義を拝聴することを得ざりし。印度の仏教を講術する教会も龍動中に有之。小生一夕其教会に到り、会主及幹事に相会し候。其時の話に同教会は毎木曜日に説教会を開く。毎会凡そ四、五十人の聴衆あり。此教会の分派は英国中に十三ヶ所あり。英国中に此の教会を開きしは、其日尚ほ浅くして意外の進歩を見たりと云へり。其外、耶蘇教師には数名に相会し種々尋問したることありたれども、宗教の事のみなれば別に御報知不申上候。

耶蘇教の盛衰に関しては、小生の英米旅行の際、最も其観察に注意したる処なるが、米国は先づ依然として盛んなる様に見受けたれども、英国は外面のみ昔時の勢力を示し、内部は余程衰へたる様に相見候。而して大陸は外面まで衰微の兆候を現したること、一目して人の知る所にて御坐候。右は小生の私考にては無之、英米周遊の人及び其地に住するもの、皆此の如く申居候。大陸旅行の事は次便に可申送候云々。

この書簡にある円了の足跡は、前便の報告を重複するところがある。そして、同文の末に、現地で実感し、また調査した欧米のキリスト教の盛衰を述べているが、この報告に対して日本の雑誌では反論が掲載されている。[20]

四　旅行中の協力者――藤島了穏・井上哲次郎

円了の第一回の欧米視察における海外の日本人の協力者は、先の欧州からの報告にも氏名があった二人である。一人は西本願寺（浄土真宗本願寺派）の僧侶で、フランスのパリに滞在していた藤島了穏である。もう一人は円了の東京大学時代の哲学の教師で、ドイツのベルリンに滞在して研究留学していた井上哲次郎である。

藤島了穏（嘉永五（一八五二）〜大正七（一九一八）年）は円了より六歳年上であるが、滋賀県の金法寺の生まれ、漢学・仏典を学び、明治九（一八七六）年に京都の西山教校に入学し、卒業後に宗主・大谷光尊の命を受けて東京で法律を修学し、明治一三（一八八〇）年から本願寺派の寺法編纂に従事した。そして、明治一五（一八八二）年からフランスに留学し、この間に義浄の『南海寄帰伝』を仏訳し、フランス政府より勲章を受けた。七年間の留学を終えて明治二二(一八八九)年に帰国し、大谷光尊と大谷光瑞の両宗主を本願寺派執行として補佐した。その後、司教を経て勧学となり、教学の責任者となった人である。[21]

円了が訪ねた時期は、パリに滞在していた藤島が留学の最後を過ごしていた年であり、藤島は初めての海外滞在である円了を自分の隣に住まわせ、日夜にわたり日本に哲学を興起する必要性について議論をするなど、円了の視察への協力を惜しまなかったという。

井上哲次郎（安政二（一八五五）〜昭和一九(一九四四)年）は、福岡県の医者の家に生まれ、漢学についで英語を学び、つぎに長崎の広運館に学び、明治八(一八七五)年に東京の開成学校に入学した。明治一〇(一八七七)年に同校を併合して設立された東京大学に再入学し、哲学・政治学を学び、同一三(一八八〇)年に二六歳で卒業した。文部省に勤めたのち、明治一五(一八八二)年に東京大学文学部助教授に就任し、翌年九月から東洋哲学史の講義を行う。ドイツへ留学したのは一年後の明治一七(一八八四)年からである。留学期間は六年間で、この間にベルリン大学附属東洋学校で講師を勤めてもいる。帰国は明治二三(一八九〇)年で、ただちに帝国大学文科大学教授に就任し、以後、ドイツ哲学の移入につとめ、日本の哲学界などの重鎮となった人である。

哲次郎は円了より三歳年上であるが、哲次郎にとって円了は、東京大学助教授となって初めて講義を担当した時の学生（円了は二年生）[22]であり、円了の提唱によって哲学会が創設されたが、哲次郎はそれを支援したという関係があった。円了が訪ねた時期は、哲次郎がドイツに滞在して四年が経過し、欧州での生活や研究が安定していた時期である。

哲次郎には留学中の動向を書き留めた日記『懐中雑記』全二冊がある。現在、東京都立中央図書館井上文庫に所蔵されている。この『懐中日記』については、福井純子による翻刻と解説がなされている。[23]その中の、解説にまとめられた「井上〔哲次郎〕留学期間（1884.4.2〜1890.8.8）交際日本人名」によると、第一位は円了で、日記の中に二二か所に出てくる。第二位が藤島了穏で二〇か所である。

その日記の記述を拾い出して、哲次郎と円了の関係を年月日順にまとめたものが表1である。円了が欧米視察に向かう前に、哲次郎はベルリンから年二回ずつ円了に書簡を送っている。哲次郎の『懐中日記』には発信記録はあるが、受信記録がないので、円了がどう対処したのかは分からない。

哲次郎がイギリスのロンドンに着いた円了を訪ねたのは、明治二一(一八八八)年八月一二日である。一七日までに三回会って、仏教や学術のことを語り合い、また円了を博物館に案内している。哲次郎はその後、パリで藤島了穏に会い、さらにスイ

表1　井上哲次郎の日記と井上円了

年	月　日	記　　　述
明治20年	5月13日	井上円了并にエンゲルブレヒト婦人に書状を贈る
	5月22日	此日井上円了氏に書状を送る
明治21年	5月24日	井上円了并に駅逓通信上局に書状を送る
	5月28日	井上円了　ステフニハ　モナステリオス　フヒツチヒ諸氏に書状を送る
	5月31日	井上円了氏に書状を送る
	8月12日	〔ロンドンにて〕井上円了を訪ひ、仏教の事を論ず
	8月16日	〔ロンドンにて〕午後井上円了を訪て、学術を論ず
	8月17日	〔ロンドンにて〕井上円了と共に British Museum, South Kensington Museum & India Museum に往て仏像を鑑定す
	10月20日	巴里にマレスク氏并に千賀鶴太郎并井上円了両氏に通信す
	12月17日	井上円了氏に書状を送る
明治22年	3月29日	〔ベルリンにて〕井上円了氏を訪て談話久レ之
	4月13日	〔ベルリンにて〕ミラー女史の招待を受く、然れとも藤島円了二氏と相会し、日本仏教の事に就て相談する所あり
	4月16日	〔ベルリンにて〕藤島円了二氏共にキズチキー、ハルトマン二氏を訪ふ
	4月24日	〔ベルリンにて〕藤島円了桂林潘飛声四氏と酒肆に相会して談話す
	5月2日	〔ベルリンにて〕井上円了藤島了穏出発巴里に赴く、将に日本に還らん　とする也
	6月29日	内地雑居論を著はし、井上円了氏に送る
	7月2日	此日、外山正一、渡部洪基、寺田弘、井上円了四氏に書状を送る
	7月27日	井上円了小柳津要人二氏に書を送る
	11月15日	井上円了氏に書状を寄す
明治23年	2月5日	井上円了氏に書状を送る
	3月5日	井上円了氏に書状を送る
	8月4日	井上円了氏に書状を送る

スなどを経てベルリンに帰っているので、円了とは予めロンドンで会うことで連絡できていたと考えられる。

翌二二（一八八九）年三月末、円了はベルリンの哲次郎を訪ねている。藤島了穏もパリから来て同行した。哲次郎はハルトマンなどの哲学者との会談を用意し、大学附属の東洋学校の同僚教師である中国人の桂林潘、飛声と懇談する機会を設けている。円了が一か月余りのドイツ滞在を終えて五月二日にベルリンを離れた時、哲次郎は「将に日本に還らんとする也」と思いを込めて、円了のことを日記に記している。

この哲次郎の日記にもあるように、円了も日本と米国・欧州各国を比較し、藤島も含めて共に世界から見た日本の行き先をさまざまな角度から見直し、今後の進むべき道を語り合ったと考えられる。

五　帰国後

パリに戻った円了は、エッフェル塔が建てられたこの時のパリ万博を見学し、藤島と別れて、五月一九日にマルセーユ港からフランス郵船に乗船し帰国の途に着いた。帰りは印度洋を航海し、四〇日間かかって六月二八日に横浜港に到着した[24]。

円了の第一回の欧米視察は明治二一（一八八八）年六月九日から明治二二（一八八九）年六月二八日まで、一年以上にわたっている。帰国後の円了が初めて書いた旅行記がつぎの「欧州周遊の大略[25]」である。

　生昨六月九日横浜を辞し、欧米周遊の途に就て以来、先つ太平洋を渡り桑港に着し、米州を通過して其風土文物を一見し、新約克港より汽船に投し大西洋を渡り、英港リバプールに着し、即日汽車に駕して英京龍動に到り、此に滞留すること凡そ三月。

　是れより英国北部を遊行し、蘇国《スコットランド》に入り、エジンバルフ、グラスゴーの諸都を巡覧し、又道を南方に転し、英国南部の海岸を周遊す。其後、オクスフオールド、ケンブリッツの両大学を訪ひ、教授学士に遇ふて、哲学の景況を尋ね、再び龍動に帰る。時に一二月下旬なり。府下の気候甚た健康に適せす。速に旅装を設け去りて仏蘭西に移る。

　京城巴里には友人藤島了穏氏ありて、生の来るを待つ、氏は多年仏京に留学して哲学を講究し、近年大に成る所あり、日本仏教史を著し、仏教哲学の高尚なることを欧米の学者に論示せり。生は氏の隣家に寓居を定め、日夜相会して日本に哲学を起すの必要を論し、帰朝の後共に力を合せて哲学館の事業を起さんことを約す。生巴里を去りて、以太利に遊ふ。チューラン、ゼノア、ピサを経て羅馬に到る。此に止まること二週日、又去りてフロレンス、ボローン、ベネスを順見し、終りて澳太利維納《ウィーン》府に遊ふ。尋て独逸に入りドレスデンを経て、伯林府に着す。

　井上哲二《次》郎氏、亦生の来るを待つ。氏は伯林大学附属東洋学校の教員に加はり、毎日教授の傍哲学を専攻し、殆んと一家を成すの勢なり。氏亦生か哲学館を設立せる旨趣を賛成し、帰朝の後は共に力を尽くすことを約す。会々藤島了穏氏仏蘭西より来る。三人相会して哲学振起の方法を討究すること数回に及ふ。井上氏〔哲次郎〕は明年夏を待ちて帰朝し、藤島氏は今年九月帰朝の筈なり。一日三人共に当時哲学の大家を以て其名あるハートマン氏を訪問す。近頃宗教哲学の著あり。生之を日本に持ち帰りて訳述せんことを告く。氏大に喜ひ更に他の参考に必要なる書類を示せり。

　五月二日、生は藤島氏と共に伯林を去り、道を白耳国《ベルギー》に取り、再ひ仏京巴里府に帰る。万国博覧会を一見す。十七日巴里を発してマルセール港に到り、十九日発仏国郵船に投し、帰航の途に就く。埃及《エジプト》、亜剌比亜《アラビア》、印度、支那諸港を経て、海上四十日横浜に着す。当日六月二十八日なり。

以上、周遊中の道順なり。生の是れより哲学館の事業を振起せんとする目的方法に至りては、曩に井上〔哲次郎〕、藤島両氏と共議する所あり。且つ生自ら欧米の大勢に接して熟慮する所あれは次号の上に記載すべし。

円了は、この第一回の世界旅行において、世界を知見した体験から、日本および哲学館のことを考えていた。特に哲学館をもって、日本の国家・社会の進歩にどういう役割を果すべきか、世界の視野から見定めていた。そして、先ず視察旅行の概要を『哲学館講義録』に掲載し、予告のように次号では「哲学館改良の目的に関して意見」を発表した。その意見は三点にまとめられ、第一に「欧米各国は自国の従来の学問技芸を講究・保護しているが、これが一国の独立に関係すること」、第二は「西洋諸国は自国の学問技芸を十分に講究する外に、余力をもって東洋学を研究していること」、第三に「欧米各国の教育法は人の学力を養成するに止まらず、人物人品人徳をもあわせて養成していること」、この三点を今後の哲学館の改良に生かすべく、東洋哲学を正科とし、西洋哲学を副科とし、寄宿舎を設けて人物の養成をはかることを述べている。[26]

この節の冒頭で、円了自身が述べた第一回の欧米視察の目的を紹介したが、その第一は欧米各国の政教事情の調査であり、第二が欧米の哲学の実況調査であった。哲学館の改良はこの第二の目的を具体化したもので、正式には八月に「哲学館将来の目的」を新聞に発表し、つぎのように述べている。[27]

〔日本主義の大学〕は日本固有の学問を基本とし、之を補翼するに西洋の諸学を以てし、其目的とする所は日本国の独立、日本人の独立、日本学の独立を期せざるべからず。此の如き大学にして、始めて真の日本大学と謂ふべし。

この「哲学館将来の目的」で、円了は宇宙主義と日本主義を掲げ、哲学館改良がこの両面で行われることを明らかにしている。そしてこの宣言書を通して、円了は勝海舟の知遇を得、哲学館を日本主義の大学へと発展させる第一歩として、新校舎の建設に着手する。しかし、この新校舎は暴風雨で倒壊した。すぐに再建したが、多くの負債を抱えることになり、それが翌年からの円了の全国巡講という社会教育事業に発展する。その詳細は別稿[28]に譲るが、学校教育の外に、社会教育を発展させた背景には、欧米視察により円了の教育観の発展・拡大があったと考えられる。

つぎに、欧米視察の第一の目的である政教関係の問題について、帰国の後の円了はどのように取り組んだのであろうか。明治二二（一八八九）年の憲法発布による信教自由（キリスト教との雑居）の問題、翌明治二三（一八九〇）年の国会開設では僧侶に被選挙権が与えられないという具体的な問題があった。このような国家と宗教の関係について、仏教界には対処する方針も、参考とする欧米各国の資料もなかった。そのため、円了は先ず欧米各国の宗教事情を、帰国から二か月後の明治二二（一八八九）年八月に『欧米各国政教日記』上編として哲学書院から刊行した（下編は一二月に刊行）。また、同月二二日に父の円悟に宛てた手紙で、円了は当時の状況をつぎのように伝えている。[29]

政府には耶蘇教主義の人のみ有之。大臣参議は皆耶蘇教方と相成、本年憲法発布之時、耶蘇教自由と相成、近日社寺局も相廃し、寺院之墓地取払候様にも聞及候。寺院の境内も取上けに相成、本山管長廃止にも相成、住職僧侶の名義も被廃候は、、仏教は廃滅は必然に候

明年国会開設に相成候も、国法にて僧侶の出席権差止められ候に付、議院出席不相成候。然るに耶蘇教家は平民の資格に候へは宣教師は出席権を有し候

円了は、憲法によって、各宗教の位置づけが明確となるので、早急に対応しなければならないという問題意識を持っていた。そして、このような強い危機感を円了は持ち、新たな制度が確立すれば、その影響は計り知れないと考えていたが、仏教界では本山も末寺の僧侶も、まったく問題の緊急性や重要性を認識せず、「実に睡るとや云はん、死するとや云はん」状態で、傍観座視している有様であると述べている。

円了の持論では僧侶が被選挙権を獲得することは問題の枝葉に過ぎず、かえって憲法発布に対応した基本的な宗教制度を確立することが重要であり、欧米の制度には国教と公認教の二制度が歴史的にできているので、日本の場合は仏教を公認教にすることが妥当であるという見解であった。

そして、同年九月から大内青巒と共に仏教の公認教運動に取り組み、円了は京都の各宗本山を回って、公認教の内容を具体的に遊説した。[30]こうした円了の運動姿勢に対して疑問視する意見もあった。[31]またこの時に、円了は哲学館の新校舎が倒壊するという事件に遭遇したが、公認教運動は進められ、日本の仏教界の各宗管長の署名をもって一大建白書が作成された。そして、内務省へ提出する段階まで至ったが、政府と仏教界を仲介する関係者などからの説得があり、建白書の提出は見送られ、政治的には内密に政府が対応することとなったといわれている。[32]このような運動の経過を見ると、円了が第一回の欧米視察の旅行日記を西欧の宗教事情の報告書にまとめようとした意図が分かる。

六　第一回世界旅行に関する疑問

明治二二（一八八九）年一一月一三日、帰国後に着手し苦難の末に完成した校舎の「哲学館移転式」において、円了は哲学館創立から「未た一年に満たさるに、私は突然欧米周遊の途に上り」[33]ましたと述べている。洋行の広告は出発の約三週間前で、それから一年余りにわたり海外を旅行したのであるから、「突然」の出発としか考えられず、学校創立から一年未満という時期になぜかという疑問が出るのは当然のことであろう。

円了が欧米視察に出発した前後は、三宅雪嶺も円了も関わった「政教社」の雑誌『日本人』が創刊された時期にあたる。政教社の研究者である中野目徹は、「政教社では四月三日に『日本人』創刊の記念パーティを開くのですが、円了はその翌日に旅行にでかけて」「五月に東京にいたとしても、六月には欧米に旅立っていますから、『日本人』発刊直後のいわば勝負の時期に、井上円了は政教社の運営に携わっていない」[34]と指摘し、政教社と円了の関係を再検討しなければならないと述べている。

確かに、円了の洋行を記事にし続けていた『明教新誌』を、出発以前へさかのぼって調べてみると、四月二〇日につぎのような記事がある。[35]

○井上円了学士　は去る十日に西京へ赴かれ、去る十六日より有志者の請に応し、寺町浄光寺に於て仏教活論の講義を開かれたりと云ふ。聞く処に拠れば、氏は今度仏教院とか云へるものを設立せんとの目的にて、真宗大派本願寺へ協議の為に西上せられたるなりと云ふ

そして、また『明教新誌』の五月八日には、「○井上円了学士　は去る五日、西京より帰京せられたり」[36]、と書かれている。この間のことについては、円了自身の『実地見聞集』第三編に日記がある。[37]それによると、四月四日に東京を出発し、名古屋を見学し、八日四時に京都の宿に入り、一〇日に東本願寺の高倉学寮へ出向き、一六日の講義までは京都の神社・仏閣・史跡をめぐっている。一九日に東西本願寺へ参っているが、二三日以降は「休」と書いている日が多い。記録は二七日までなので、それから帰京までの一週間は不明である。

約一か月間、円了は京都に滞在したと考えられる。先の『明教新誌』にあった「仏教院」の設立を東本願寺と協議したのであろうか。円了の洋行に同派本山の本局用掛の宮部円成が同行したことを考えれば、この京都滞在中に欧米各国の宗教事情の調査に関することについて、東本願寺側となんらかの協議がなかったのだろうか。円了の『実地見聞録』には、それをうかがう直接的な手がかりは見あたらない。このように一般の新聞や円了の日記では、円了の洋行と東本願寺との関係は分からない。

ところが、当時の東本願寺（真宗大谷派）の機関誌（月刊）である『本山報告』に記載された円了の記事をつぎのように並べると、上記の問題を考える手掛かりがあるように考えられる。[38]

明治二〇（一八八七）年八月一五日（第二六号）
○本局用掛（文学士）井上円了は、今般専門の諸学士に謀り、哲学専修の一館を創立し……仮教場を東京本郷龍岡町三十一番地に設け、九月十六日より開業する旨届出たり

明治二一（一八八八）年四月一五日（第三四号）
○文学士西上　本局用掛文学士井上円了は　御門跡〔法主・厳如〕御機嫌伺の為め去る八日西上。同十一日　新御門跡〔現如〕の召に応し拝謁に際、御下問に随ひ教学上の意見を奉答せり。又明日より一週間有志の請に任せ、自著の仏教活論を講する筈なり

明治二一（一八八八）年五月一五日（第三五号）
○進講　文学士井上円了は　新御門跡の内命に応し、去月二十二日より同二十七日まて、御学館に於て宗教哲学の関係を進講。同講話中稟授以上へ陪聴を許させられたり」〔三十日に、井上円了は大学寮専門別科で教学上の講話と京都尋常中学校で教育上の談話をなす〕

明治二一（一八八八）年六月一五日（第三六号）
○洋行　文学士井上円了は今般宗教に関する諸事情取調べの為め欧州各国を巡遊する予定にて、去る九日米船〔英船〕ゲーリック号に乗り込み、横浜より桑港へ向け出発せり

明治二二（一八八九）年七月二〇日（第四九号）
○進講　政教視察の為め欧米諸国を巡遊せし文学士井上円了は去二十六日帰朝せしか、本月〔七月〕上旬御機嫌伺の為め上京。同十日より十四日まて五日間、旧御学館に於て七大国宗教の現況等を進講せり

同派の留学生であった円了は、明治二〇（一八八七）年の哲学館創立の時にまだ東本願寺の本山の本局用掛であり、九月の開館に先立って届出を提出している。洋行前の四月の京都行きは『明教新誌』や『実地見聞録』と合致しているが、後者の『実地見聞録』で「休」と書かれていた数日間は、「新御門跡の内命により御学館で」進講していたのである。その後、円了は欧米視察へ出発するが、そのことも機関誌で報道されている。帰国直後の七月一〇日～一四日に再び「旧御学館で七大国宗教」を進講している。[39] このような記事を関連させて考えると、円了の第一回の欧米視察に関して、東本願寺（真宗大谷派）がなん

らかの形で関わっていたといえるであろう。

もう一点は、円了と清沢満之の関係である。満之は円了が出発した六月以降（正式には七月九日）に、東本願寺が京都府から引き受けた京都府尋常中学校の校長に就任している。円了の欧米視察の直後に、満之は京都へ赴任という、すれちがう形でこれまで考えられてきた。筆者はこれまでの研究[40]で、このすれ違いに疑問を持っていた。

というのは、これまでの満之に関する多くの著書の中で、東京から京都府尋常中学校長への赴任については、「清沢さんは、友人にも計らず、ただ独り決然として京都に行かれました」という、同じ留学生の稲葉昌丸の言葉を引用して説明する傾向があったからである。[41]

すでに見たように、哲学館の創立は事前に東本願寺へ届出と許可があって、満之は哲学館の評議員となり、講師になっていた。同じ留学生の柳祐信も講師である。また、当時の満之は帝国大学大学院に在学中で、第一高等学校の講師もしていた。

東京において研究と講義を持っていた満之が、京都へ赴任するにあたり、学校関係への了解なしに赴任することは考えられにくいのではないだろうか。実は、円了の洋行の一週間前にあたる六月二日の送別会はこう伝えられているのである。[42]

〇送別会　一昨日は哲学会員等が発起にて、井上円了君の欧州行と徳永〔清沢〕満之君の西京行に付き、盛んなる送別会を開かれたり

この記事を見ると、満之の京都への赴任は六月前に決まっていて、円了は満之が哲学館から離れることを了承していたと考えられるのである。もともと、円了、満之などの東本願寺の東京留学生は、自分達で新教育に基づく学校設立を計画していた。紆余曲折ののち、本山からの了解をとった円了の哲学館は、留学生たちの計画をも実現したものであった。東京府知事へ提出した哲学館の「私立学校設置願」では、館主兼教員が円了、もう一人の教員が満之であった。[43]

しかしそれから一年後に、東本願寺が京都府尋常中学校の経営を引き受けることとなり、その人材を求めた時に、留学生達に京都への帰山をうながすことになったと考えられる。その計画の段階で、留学生の中心であった円了が教団首脳と話し合ったことは十分にあり得ることだろう。それが洋行前の四月の一か月間に行われたのではないだろうか。満之の京都への赴任と同時に、東本願寺留学生は哲学館から離れている。満之たちによって京都の伝統的教団へ近代教育が導入されることは、仏教近代化を指向する円了にとっても念願であったからであろう。

こうして、哲学館は円了一人が経営するところとなったのである。

七　第一回欧米視察の旅行日録

以下の円了に関する旅行日録は、これまで述べてきた資料や『欧米各国政教日記　上・下巻』の行動に関する記述をもとに作ったものである。この他に、まだ多くの事実があったであろうと考えられる。年月日の分かる事項を先とし、不明のものは旅行地の末に挿入した。

※は『欧米各国政教日記　上・下巻』に基づいたものである。

井上円了の第一回世界旅行の日録

年月日	事項
明治二一（一八八八）年	
五月二一日	『令知会雑誌』に、哲学研究・宗教取り調べのために洋行することが報道される
五月二五日	『哲学館講義録』に告知し、政教の関係と哲学の実況を視察するために、欧米各国を巡遊することを関係者に知らせ、館主代理を棚橋一郎とし、講義が終結していないものは海外から寄稿すると伝える
五月二六日	浅草本願寺別院にて八〇余名が参加して、「井上文学士欧米巡回送別会」が開催され、この席で、井上円了は日本の政教関係の緊急課題として、仏教界の明治二三（一八九〇）年の国会開設への対応を訴え、夜、柳橋の柳光亭で令知会友と知友による二〇余名の送別会が開かれる
六月　二日	哲学会会員等の主催で、井上円了の洋行と徳永〔清沢〕満之の西京行のために送別会が開かれる
六月　六日	夕方、井上毅など内閣法制局の幹部と、哲学と宗教について意見交換をする
六月　八日	午後四時、汽車にて東京の新橋駅を出発し、横浜に到着
六月　九日	午前一〇時、英船ゲーリック号にて横浜港を出航、今回の欧米視察には真宗大谷派の宮部円成が同行
六月一五日	日付変更線を通過する
六月一五日	洋上にて暴風激浪に遭遇する〔日本時間の六月一六日〕
六月一七日	日曜日につき、一〇時半より船内の食堂でキリスト教の日曜礼拝あり
六月二二日	洋上に帆走船を発見し、円了の船の全船客が甲板にて遠望した

六月二二日	※船中で中国人と筆談し、「日本国帝王はキリスト教に改宗せりか」などの質問を受ける
	※船中の遊戯大会として、ドイツ人とイギリス人の綱引きあり
六月二四日	一六日間の航海を終えて、アメリカ・サンフランシスコ港に到着
六月二八日	サンフランシスコにて、大陸横断鉄道に乗車して出発する
	※ソルトレークに滞在する。モルモン教の教会を訪問し、モルモン教について質問したところ、同教の歴史書と多妻論の著書を渡される
	デンバー、オマハを経由する
七月　四日	車中の暑気は一時、華氏九八度〔摂氏約三七度〕となる
七月　六日	シカゴ市に到着、ニューヨーク市には一週間滞在の予定
	ナイヤガラ瀑布を見る
	〔今回、同行中に兵事に関係する人に接して、戦争の法を講じるにも哲学を研究する必要があると知る〕『哲学館講義録』
	※アメリカの諸都市には、番人なくして新聞を街上で売るものあり
	※ニューヨークに滞在する、一日公園に遊び、古今の英雄、学者の肖像などの彫刻が路傍にあり、その展示が教育上に有益であると考える
	※ニューヨーク港から北大西洋航路の汽船に乗る、その船が「美にして大なり」と感じる、上等船四〇〇余名、大半はアメリカ人でフランス、スイスに観光へ行く人と聞く
	※大西洋渡航の中で、一夕、音典会あり。客中から一芸ある者を選び、順番に演じ、聴衆より五銭ないし、二、三〇銭を徴収して、その金額をアメリカの慈善会に寄付すると聞く
	イギリスのリバプール港に入港し、即日、汽車にてロンドンに到着する
八月一二日	ロンドンにて、井上哲次郎の訪問を受け、仏教の事を論ずる
八月一六日	ロンドンにて、午後、井上哲次郎の訪問を受け、学術を論ずる
八月一七日	ロンドンにて、井上哲次郎の案内で英国博物館（British Museum）、サウスケンジントン博物館（South Kensington Museum & India Museum）に行き見学し、仏像などを鑑定する
	※ロンドン博物館の仏像室を見学する

	※ロンドンのサウスケンジントン博物館の日本器物室を見学する
	※ロンドンのアジア協会の幹事レース・ダビッドと面会する
	※ロンドンにてフランスの哲学者・コントの教旨による教会を訪問する
	※ロンドンにてインド仏教の教会を、ある夕方に訪問する
	※国教宗の僧に面し問うて聞く「貴宗の僧侶は国会議員になることを得るや」
	※イギリス人某が問うて聞く「仏教に三位一体説ありや」
	※イギリス人某が問うて聞く「日本人民は大半インドの仏教を奉信すと。果たしてしかるや」
	※イギリス人某が問うて聞く「仏教の諸宗はみな別主義をもって宗則とし、キリスト教の諸宗は一主義をもって宗則とはいかん」
	※キリスト教徒に面会したところ、「君はなぜキリスト教を信ぜざるや」といわれる
	※英文にて日本の事情を批判せるものを読み、その中に「日本国王の祖先は神にして天より降りたるものなり。今に至りて国民一般に天皇を呼びて天の子と称す」という一句あるを見る
	ロンドンにおよそ三か月滞在する
	ロンドンからスコットランドに移動する、ヨーク、ニューカスル、エジンバラ、グラスゴーの諸都市を巡覧する
	※イギリスにて宗教信者の家を見るに、内仏、神棚のごときものは安置せず、故に、朝夕礼拝することない
	※イギリス人に問う「英国国教宗は新教の一派なりと称するも、ローマ宗と大いに似たるところあるはなんぞや」
	※イギリスの学士が語る「日本の仏教はまことの仏教にあらず。中国に伝わるものすでに純然ならず、流れて日本に入るに当たりまた濁水と混じ、腐敗の仏教となる。もし、これを今日インドに伝わるものと比するときは、その清濁の別、判然知ることを得るなり」
	※プリマス・ブレンズレン宗の会堂に入る、会場にはその信徒と他宗の来観者をわかち、来観者には酒とパンを配らず、賽銭もとらず
	※イギリス人某が問うて聞く「仏教は無神教なりという。だれが賞善罰悪の権を有するや」
	※イギリス人某が問うて聞く「君は仏教を主唱する以上は、キリスト教は君の敵視するところなるか」
	スコットランドからイギリスの南部地方に移動する。マンチェスター、ボーンマス、ソールズベリーを巡覧する

	イギリスの南部地方から移動してオックスフォード大学、ケンブリッジ大学を訪問する
	アジア協会の幹事・ダビッドの紹介で、オックスフォード大学のマキシミラに面会する。マキシミラの紹介で、ケンブリッジ大学のサンスクリット学者・カウェル〔カワー〕に面会する。同氏は南条文雄・笠原研寿と旧知の関係者であった
	ケンブリッジ大学の中国学教授のウエード〔ドーグラスともいう〕に友人の添田氏より預かった書籍を渡す、ロンドンの博物館にて、ウエードの案内で同館の東洋学関係の図書館と、博物館内の日本書籍を見学する
	オックスフォード大学にて宗教学者・マックス・ミューラーに面会する
	ケンブリッジ大学にて歴史学教授・シーレーに面会する
一二月下旬	オックスフォード大学、ケンブリッジ大学からロンドンに戻る
	ロンドンからフランスのパリへ移動し、友人の藤島了穏の隣家に住む、日夜、藤島と日本の哲学を興起する必要性について議論し、哲学館の事業を起こすことを検討する
	パリで藤島了穏とギメーの仏像博物館を見学、所蔵目録を購入する
	※フランスのキリスト教の多くはカルバン宗に属す、実際、パリ市内の同宗の寺院を見るに、堂内には牧師の説教席あるのみにて礼檀なし、説教席の後壁に十字の印しある幕を垂れり
明治二二(一八八九)年	
一月二八日	パリから『哲学会雑誌』委員へ書簡を送る（同誌には四月五日に掲載された）
	パリからイタリアへ移動し、トリノ、ジェノバ、ピサを経て、ローマに至る
	ローマに二週間留まる
	※ローマの街上散歩の際、往来の僧侶を数えるに、前の一時間に四三人を見、後の一時間に七二人を見たり
	※ローマにありて一人の僧侶に面会し、僧侶の兵役のことを聞く
	ローマからフィレンツェ、ボローニャ、ベネチアを巡覧し、オーストリアのウィーンに移動する
	ドイツに入り、ドレスデンを経由して、ベルリンに到着する
三月二九日	ベルリンにて、井上哲次郎の訪問を受け、久しく談話する

四月一三日	ベルリンにて、井上哲次郎と藤島了穏、円了の三者が面会して、日本仏教の事について相談する
四月一六日	ベルリンにて、井上哲次郎の案内で、藤島了穏、円了共に、キズチキー、ハルトマンの両学者を訪問する
四月二四日	ベルリンにて、井上哲次郎、同氏の東洋学校の中国人講師・桂林潘、飛声、藤島了穏、円了の五人で酒肆で会合をもって談話する
	ベルリンにて井上哲次郎の案内で人種博物館へ行き、館内を一見してから日本仏像の部などを見学する、この時、新たにチベットから渡来した『チベット大蔵経』を見る
	※ベルリンにて欧米各国語による東洋文学書類を調査する
	※ベルリンにて神通術に長ずる者あるを聞き、一夕これを聘して突然実験せんことを約す、しかし、ついに果たせず
	※ベルリン博物館に地獄の図五幅あり、みなキリスト教の地獄図なり
	ポツダムへ行く
五月　二日	日本へ帰国するために、ベルリンからパリへ、藤島了穏と共に出発、井上哲次郎の見送りを受ける
	ベルリンからドイツのケルン、ベルギーを経て、パリに戻る
	パリで開催中の万国博覧会を見学する
	ベルサイユへ行く
五月一七日	パリを出発してマルセーユへ行く
五月一九日	マルセーユ港からフランス郵船に乗り、帰国の途につく
	※船中にキリスト教の旧教の尼、数名乗り込む。みな中国へ伝道に向かう者
	エジプト（アレキサンドリア、スエズ）に寄港する
	アラビア（アデン）に寄港する、哲次郎へ「内地雑居論」起稿の依頼のためアデンから書簡を送る〔この原稿は明治二二（一八八九）年九月に『内地雑居論』として哲学書院より刊行された〕
	インド（セイロン島〔スリランカ〕）、シンガポールに寄港する
	※船インドに着し、その市街、民家、林園等を観察する時は、おのずからわが日本の実況を提出するに至る

	ベトナム（サイゴン〔ホーチ・ミン市〕）に寄港する
	※船中、中国人と筆談を試み、中国哲学を論ずる
	中国の香港、上海に寄港する
六月二八日	フランスからインド洋上、海上航海四〇日間を経て、横浜港に到着し、帰国する

【註】

1　平成一五（二〇〇三）年に、井上円了の三度におよぶ海外視察の旅行記が、『井上円了選集』第二三巻として一冊にまとめて復刊された（同書はまた『井上円了・世界旅行記』の書名で柏書房からも出版された）。収録された旅行記は、第一回の明治二二（一八八九）年八月と、一二月刊行の『欧米各国政教日記　上・下巻』（哲学書院）、第二回の明治三七（一九〇四）年一月刊行の『西航日録』（鶏声堂）、第三回の明治四五（一九一二）年三月刊行の『南半球五万哩』（丙午出版社）である。
また、同選集の巻末には、三度の旅行行程を辿った「海外視察経路図」が添付されている。これらをみれば、円了が明治時代における地球規模の世界旅行者であったことが明らかである。

2　瀧田夏樹「解題―井上円了の世界旅行記」（『選集』第二三巻、四七五頁）。

3　井上円了「哲学館目的ニツイテ」（『百年史　資料編Ⅰ・上』、一〇三頁）。

4　洋行の報道は、『令知会雑誌』（第五〇号）の他に、五月二四日の『明教新誌』（第二三七二号）、五月二五日の『毎日新聞』にも見られる。

5　『哲学館講義録』第一年級第一五号（明治二一（一八八八）年五月二八日）。

6　『明教新誌』第二三七五号（明治二一（一八八八）年五月三〇日、五頁）。

7　『尾崎三良日記』中巻（中央公論社、平成三（一九九一）年、二〇二―二〇三頁）。

8　『明教新誌』第二三七九号（明治二一（一八八八）年六月八日、二〇頁）。同じ広告が、「毎日、時事、朝野、報知等」に掲載されたという（『明教新誌』第二四四七号、明治二一（一八八八）年十月二六日、九頁）。

9　『めさまし新聞』第一〇五〇号、明治二一（一八八八）年六月九日。真宗大谷派機関誌『本山報告』第三六号（明治二一（一八八八）年六月一五日、一一頁、『本山報告』は昭和六三（一九八八）年に真宗大谷派出版部による復刻版、以下同じ）。この他に、加賀秀一「送井上君甫水遊干欧米」（『日本人』第六号、明治二一（一八八八）年六月一八日）の漢詩がある。

10　宮部円成の同行については、『明教新誌』（第二三八二号、明治二一（一八八八）年六月一四日）、『令知会雑誌』（第五一号、明治二一（一八八八）年六月二一日）、『教学論集』（第五五号、明治二一（一八八八）年七月五日）が報じている。同氏の「勧令使」については、大谷大学の木場明志教授から、つぎのような教示をいただいた。

大谷派機関誌『本山報告』によれば、明治一九（一八八六）年二月二六日告達第四号で、布教使の名称を唱導使など（一―七級）に変更し、同年三月八日付けで宮部円成は『本局用掛』のままこの唱導員（六級）に任命されている。その後、同年七月に名称は『勧令使』に改正された。勧令使とは、ある程度学事を修めた布教使であって、宮部円成は大谷派本願寺本局用掛として、井上円了と同じ部局に属し（円了は明治一八（一八八五）年九月八日付けで本局用掛のまま印度哲学取調掛に任じられている）、講師（大学寮の学者）・学師（普通学との兼学の学者）の下部構造である勧令使として同行したと考えられる。

宮部円成（安政元（一八五四）年～昭和九（一九三四）年）は、滋賀県に生まれ、得度後に前述のように本山の本局用掛のまま布教使となり、宮部の欧米キリスト教の視察は「名古屋の事業家で東本願寺の有力門徒であった神野金之助」から資金援助を受けたものである。明治三九（一九〇六）年に名古屋に移転した円龍寺の住職に就任している（『真宗人名辞典』法蔵館、平成二（一九九〇）年、三三一頁参照）。

11 『国民之友』（第二四号、明治二一（一八八八）年六月一五日、四九頁）は「仏教者の洋行」のタイトルで、「近頃又た仏教の新勇将とて世にも名高き井上円了氏も亦た洋行の途に就れたる由」と述べて紹介しながら、その洋行の目的である政治と宗教の関係、なかでも宗教について、仏教家である円了が欧州の文明について実地に見聞すれば、かえって日本における仏教の維持の難しさを痛感するばかりであろうと、皮肉まじりに述べている。

12 『哲学館講義録』第一年級第二一号（明治二一（一八八八）年七月二八日）。

13 『日本人』第九号（明治二一（一八八八）年八月三日、一八―一九頁）。

14 『哲学館講義録』第一年級二三号（明治二一（一八八八）年八月八日）。

15 『欧米巡礼の井上君』という「在京　巴江堂主人」の意見は、円了の出発から一か月余り後に出されたものである（『明教新誌』第二四〇一号、明治二一（一八八八）年七月二二日、九―一〇頁）。「仏教軍陣の一方面の司令官たる猛将策士とも云ふべき人物は夫れ誰人なる歟、吾人は云はんと欲す、円了井上文学士其人なりと」「猛将は泰西哲学に精なる者なり。然れ共漠然たる政教の関係を僅々一ヶ年余りの歳月を以て、実際的に理論的に能く観察し来りて、果して我国に巡礼したる丈の効能を示すや否や」と、疑問を投げかけている。また、この巴江堂主人はそれから二か月後にも、「怪聞あり」のタイトルで「基督教新聞」に掲載されたニューヨーク在住の理学士某の伝えるところを取り上げ、円了に面会して政教取調の状況を聞いたところ、「氏は一度も教会にゆきしことなく、ニウヨルクには二日ほど逗留して直に英国に赴かれたるよし。米国の政教は二日にては分らざるべし。されば氏は自ら予は只身体保養の為めに来るに、其取調にはまいらぬと申したるよし」を引用して、再度、円了の欧米視察への猜疑を表している（『明教新誌』第二四三四号、明治二一（一八八八）年九月三〇日、一〇頁）。

これに対して、「在京　K・T・生」は「欧米周遊の井上円了君に望む」を公表し、評判高くかつ雄健壮快の筆を持つ円了は、「日本仏教の僧侶として欧米政教の関係を取調ぶと云へる大任を負」っているので、「君が取調べたる所の者は大要綱領を簡略に記して、月に或は五、六週間に一度づゝ、報告せんこと」を希望すると述べて、熱い期待を表明している（『明教新誌』第二四四七

号、明治二一(一八八八)年一〇月二六日、八―一〇頁)。

16 『日本人』第一六号(明治二一(一八八八)年一一月一八日、三三―三六頁)。また『明教新誌』第二四六四号(明治二一(一八八八)年一一月三〇日、四―六頁)にも転載された。

17 井上円了「九四　前後三回の足跡」(『南半球五万哩』明治四五(一九一二)年所収、『選集』第二三巻、四四〇―四四一頁)参照。

18 井上円了「欧州東洋学流行の一斑」(『四明余霞』第二二号、明治二一(一八八八)年一〇月二四日、一三―一七頁)。後に、『哲学会雑誌』第三冊第三一号(明治二二(一八八九)年九月五日、三八九―三九八頁)に転載された。

19 『哲学会雑誌』第三冊第二六号(明治二二(一八八九)年四月五日、一二二一―一二三頁)。

20 「井上円了氏の書簡」(『六合雑誌』第一〇一号(明治二二(一八八九)年五月一五日、四二頁)。

21 『真宗人名辞典』、前掲書、二九三頁を参照。

22 哲次郎が円了に講義した時期については、「巽軒年譜」(『井上哲次郎集』第八巻、クレス出版、平成一五(二〇〇三)年復刻)と『百年史　年表・索引編』とで異なる点がある。

23 福井純子「井上哲次郎日記　一八八四～九〇―『懐中雑記』第一冊」、『東京大学史紀要』第一一号(平成五(一九九三)年、二五―六三頁)。同「井上哲次郎日記　一八九〇～九二―『懐中雑記』第二冊」、『東京大学史紀要』第一二号(平成六(一九九四)年、一―三五頁)。

24 円了の帰国に関する報道として、明治二二(一八八九)年四月八日の『明教新誌』(第二五二二号、四頁)に「七月頃帰朝」とあり、また六月二日の『明教新誌』(第二五四八号、八頁)に「目今印度海中に在るよし」と伝えられていた。そして、実際の帰国の報道には、『明教新誌』(第二五六三号、明治二二(一八八九)年七月二日、七頁)、『日本人』(第二八号、明治二二(一八八九)年七月三日、二三頁)などがある。

因みに、宮部円成は円了の帰国より二か月前の四月上旬に帰国し、同月一五日には浅草本願寺で説教に立っている(『明教新誌』第二五二六号、明治二二(一八八九)年四月一六日、六頁)。

藤島了穏は八月二日にロンドンで大臣・山県有朋に会い、大臣一行と共に、ニューヨーク、サンフランシスコを経由して、一〇月二日に帰国した(『明教新誌』第二六〇三号、明治二二(一八八九)年九月二二日、七頁と、同誌の第二六一〇号、明治二二(一八八九)年一〇月六日、六頁)。

25 井上円了「欧米周遊ノ大略」(『哲学館講義録』第一期第二年級、第一九号(明治二二(一八八九)年七月八日)。

26 井上円了「哲学館改良ノ目的ニ関シテ意見」(『哲学館講義録』第一期第二年級、第二一号(明治二二(一八八九)年七月二八日)(『百年史　資料編Ⅰ・上』、一〇〇―一〇八頁)。

27 『明教新誌』第二五八一号(明治二二(一八八九)年八月八日、六―七頁)。

28 拙稿「井上円了と世界」(『井上円了センター年報』第一三号、平成一六(二〇〇四)年、三五―五五頁)を参照。

29 「父井上円悟宛書簡」(『百年史　資料編Ⅰ・上』、五〇―五二頁)。この書簡によれば、父円悟は円了に対して慈光寺の住職継職を要請したことが分かる。円了は仏教全体の問題を取り組んでいるので、「慈光寺住職のことは、其伝に打捨置被下度候」と否定的な返事をしている。結局、円了は世襲せず、弟の円成が住職となった。

円了の公認教問題への取り組みについては、井上円了「公認教問題の回顧」(『護法』第三二年第二号、大正八(一九一九)年三月一五日、三一～三六頁)が詳しい。

30 『明教新誌』(第二六〇七号、明治二二(一八八九)年九月三〇日、八頁)に、「○公認教制定の建白　今度各宗管長連署を以て、其筋へ公認教の制定あらんことを建白せらるゝといふ。其宗教の資格は我日本帝国に於て、百年已上布教伝道して十万已上の信徒を有する宗教、布教伝道未だ百年に満たずとも信徒一百万已上を有する宗教、信徒未だ十万に満たざるも布教伝道二百年已上に及ぶ宗教、尤とも其外国の教会等に隷属し、或は命令及び保護等を受くる宗教は之を除くとの旨意なりとぞ」という。

31 『明教新誌』(第二六〇九号、明治二二(一八八九)年一〇月四日、九―一〇頁)では、時事問題として、「井上円了氏」のタイトルのもとに、「先頃帰朝せらるゝや、先づ其家苞《みやげ》は何を齎らし来られしやを案じたりしに、第一には哲学館事業拡張の端緒と為り、第二には各宗有力者（特に有力者と云ふ）請集と為る。是れと相ひ前後して世に露はるゝ者を政教日記前編と云ふ。吾人は裏面の事は委敷くは之を知らず、之を知るも委敷く之を論ずるを要せず、然れども彼の政教日記と各宗有力者請集とは自ら密着の関係を有して、公認教制定云々の問題（未だ問題と云ふまでにあらず、将さに問題と為らんと欲す）と相離れざることは事実なり」と述べて、公認教運動に奔走する円了を哲学者ではなく「政治家殊に法教的政治家」であると批判的にみている。

32 井上円了「公認教問題の回顧」、前掲書を参照。

33 『百年史　資料編Ⅰ・上』、九五八頁。

34 中野目徹「井上円了と政教社」(『井上円了センター年報』第八号、平成二(一九九〇)年、一七頁)。なお、円了の『日本人』への寄稿については、欧米視察出発の前の四月と五月に、創刊号・第二号に「日本宗教論」を寄稿している。海外旅行中も九月まで同論文を寄送している。また、欧州滞在中に「坐ながら国を富ますの秘法」という観光立国論を三回にわたり寄稿している。

35 『明教新誌』第二三五六号（明治二一(一八八八)年四月二〇日、四頁)。

36 『明教新誌』第二三六五号（明治二一(一八八八)年五月八日、八頁)。

37 『井上円了センター年報』第三号（平成六(一九九四)年、五九～六一頁)。

38 『本山報告』中の用語について、大谷大学の木場明志教授から、つぎのような教示をいただいた。

「本局用掛」とは、東本願寺寺務所の職制改正によって出来た職名であり、本局とは教務部・学務部・庶務部・地方部・財務部を所轄する部門である。円了は学務部の一員であったと考えられる。

「稟授待遇」とは、東本願寺寺務所の職員に関して、寺務総長（執事）・参務・各部長は親選（法主が選ぶ）、次のレベルが親授で法主から辞令を受ける職、その次が「稟授」で寺務総長から辞令を受ける職をいう。「稟授待遇以上に陪聴を許す」とは、稟授・親授・親選の者に聴講を許したことを意味する。

「御学館」とは仏教学館というもので、京都の真宗大学寮の予備門であり、大学寮専門別科や付属科へ入る者のための学校であった。本山前の七条地内に設置されていた。

39 この西京行きの出発は六日であったという（『明教新誌』第二五六七号、明治二二(一八八九)年七月一〇日、七頁)。

40 拙稿「井上円了と清沢満之」（『井上円了センター年報』第一二号、平成一五（二〇〇三）年、三七―六九頁）を参照。

41 教学研究所編『清沢満之―生涯と思想』真宗大谷派宗務所出版部（平成一六（二〇〇四）年、一二頁）。

42 『明教新誌』第二三七七号（明治二一（一八八八）年六月四日、八頁）。

43 「私立哲学館設置願（明治二〇（一八八七）年七月二二日）」（『百年史　資料編Ⅰ・上』、八四―八六頁）。

第三節　哲学館の危機と勝海舟

一　海舟の学校教育への関心

明治二二（一八八九）年六月に帰国した円了は、一年間に及ぶ世界旅行の見聞をもとに哲学館の改良に着手する。同年八月に「哲学館将来ノ目的」を発表して、表に「日本主義」をとり、裏に「宇宙主義」を位置づけ、将来において「日本主義の大学を設立するという計画であった。そして、八月に「哲学館の独立」として、新校舎の建設をはじめた。この過程において、円了は後に「哲学館の三恩人」の一人と呼んだ勝海舟の知遇を得る。そのことは後述するとして、ここでははじめに海舟の学校教育への関心を明らかにしておこう。

明治維新以後、勝海舟は明治二（一八六九）年三月一六日に自邸の門へ「売国奸臣」の落書きがなされるなど、幕藩体制解体の先導者と見なされた。その一方で設立まもない新政府は政治的バランスの必要から、海舟に対して政権への参加を求めた。この矛盾する状況の中で、旧徳川幕府の関係者の救済にあたり、同時に明治政府を支えたのは海舟であった。

明治への改元以後に、海舟が着任した官職は明治二（一八六九）年の外務大丞（七月一八日任命・八月一三日免職）と兵部大丞（一一月二三日任命・即日辞意を申し出るも不許可、一二月二八日に徳川家臣たることを辞退する辞表を藩知事に出すが却下され、大丞も三年六月一二日免職）、明治五（一八七二）年五月一〇日に海軍大輔、明治六（一八七三）年一〇月二五日に参議兼海軍卿、明治八（一八七五）年四月二五日に元老院議官（一一月二八日辞表許可）、明治二〇（一八八七）年五月七日に伯爵親授、明治二一（一八八八）年四月三〇日には枢密顧問官に親任されている。この間に海舟はたびたび辞意を伝えたが、政府に受け容れられないことが多かった。そして明治三一（一八九八）年三月二日には、徳川慶喜が三一年振りに皇居に参内し天皇・皇后に拝謁して、皇室と前将軍との和解を実現させている。

こうした苦渋の選択の中で、海舟は生涯にわたり政治家として活動し続けたのであるが、海舟が学校教育に関してどのような関心を持っていたのか、そのことはあまり知られていない。海舟の研究者である勝部真長は伝記『勝海舟』において、海舟の曾祖父の米山検校が同業者の反対にあって実現しなかったが、年若く貧しい盲人のための自由で画期的な盲人学校設立を計画したという情熱に似て、海舟も学校に強い関心を持っていたとして、つぎのように述べている。[1]

若い頃、〔海舟が〕赤坂田町で開いた氷解塾は、半ば生活のためもあったが、しかし蘭学を教える中で人材育成もやっていて、錚々たる弟子たちが明治時代に活躍している。しかし神戸海軍操練所は、まさに米山検校流で、幕臣よりも薩長土その他各藩の若者を自由に出入りさせ、土佐の饅頭屋でも町人でも身分にかかわらず海軍術を学ばせ、そのために幕府当局から睨まれ、ついに解散させられたところなどは、やはり検校の血が入っているとみなければなるまい。その後、明治になって、静岡時代は米人クラークの静岡学校に力を添え、氷川屋敷の附近にはホイットネー博士を住まわせ、博士には一橋大学の前身、商法講習所経営の応援をし、自宅では英語学校、キリスト教教会の設営にも力を貸し、巌本善治の明治女学校にも応援するなど、学校教育には並々ならぬ関心を失わなかった。しかし福沢諭吉の慶應義塾のようなことには興味がなかったようである。

このように、勝部は、海舟の学校教育への関心の強さを紹介しながらも、文末では「福沢諭吉の慶應義塾のようなことには」と述べて同列には扱っていない。同文ではその理由が記されていないので、その意味するところは拙稿[2]を参照されたい。海舟が応援した私立学校はこの他にもある。新島襄の同志社、円了の哲学館（東洋大学の前身）である。福沢諭吉、新島襄、円了という、日本近代高等教育史に創唱型私学の創立者としてその名を残したこの三人は、いずれも学校の危機的状況において、海舟に打開のための支援を求めたのである。

二　海舟と円了の出会い

初めて海舟と出会った時の円了の年齢は、三一歳であった。この時、六六歳に達していた海舟は、円了というこの三五歳年下の青年をどのようにみたのか、そこから両者の関係を述べたい。

海舟と円了との関係には、海舟の三女である逸のことがはじめにある。逸は明治一三（一八八〇）年に目賀田種太郎と結婚した。目賀田は嘉永六（一八五三）年に江戸で生まれた。もと七〇〇石どりの幕臣である。昌平黌に学び、明治三(一八七〇)年に一八歳で同行の後身である大学南校に入り、米国留学を命ぜられ、二二歳でハーバード大学法学部法律科を卒業して帰国し、その後は文部省・司法省を経て大蔵省に転じた。明治一三(一八八〇)年には現在の専修大学の前身である専修学校の創立に際して、創立者の一人として加わったが、主に大蔵官僚として活躍し、大蔵省書記官、参事官、横浜税関長をつとめ、明治二七(一八九四)年に主税局長となり、日清・日露戦争の国家財政を担当し、明治三七(一九〇四)年に貴族院議員、明治三八(一九〇五)年に男爵を授けられ、韓国政府の財政顧問として活躍し、大正一二(一九二三)年から枢密顧問官になった。

目賀田と逸の結婚は「海舟日記」に、明治一三(一八八〇)年三月一五日「目賀田へ、於いつ〔逸〕遣わし候結納、取替せ（ママ）済む」、六月一九日「目賀田種太郎母子、於逸、婚礼、直に日光へ出立」とある。海舟にとって、娘の逸はもちろん、海舟の孫によれば娘婿も「じじいのお気に入りの目賀田種太郎」[3]といわれるような存在であった。目賀田の名は「海舟日記」に頻繁に出てくる。

東京大学を卒業して一年後の明治一九(一八八六)年に、二八歳になった円了はこの目賀田種太郎・逸夫妻の仲人によって、加賀・前田家の御典医吉田淳一郎の娘・敬と結婚した。目賀田は円了より五歳年上という若い仲人であった。それから四年後の明治二二(一八八九)年に、円了は海舟と初めて出会っている。海舟との出会いを記した資料は、円了自身、逸、稲村修道の三人によって書かれたものが残っている。

円了はつぎのように書いている。[4]

> 余先年欧米を一巡して帰り、哲学館拡張の旨趣を天下に発表するや、勝海舟翁之を聞き、人を介して余に面会を求めらる。余速に其庭に趨り以て教を乞ふ。

逸はその出会いをつぎのように語っている。[5]

> 私の父もいろ〳〵井上さんの噂をきいて、是非一度逢つてみたいと申し、或時目賀田と一緒にお訪ねして『あんな若い人であつたか』と感心して帰つてまゐりました。

稲村修道は円了没後の追悼集に、明治四一(一九〇八)年の東洋大学創立記念の式典で円了自身が語った話を書き留めたノートから再録して、つぎのように書いている。[6]

> 自分〔円了〕が哲学館を創立しようと思ひ立つて先づ哲学館の将来に於ける主義方針といふ印刷物を当時の元老方始め朝野の名士に配布した所が、故勝伯がそれを見てスラ〳〵と

読流して了ふや否や、何だ老人がコンナ事を思ひ立つた所が駄目な話ぢやとプイト抛出して了はれた。幸ひ其処に自分の知人が居て、否、井上といふ男は未だ大学を出たばかりで決して老人ぢやありませんといつて呉れたさうだ。すると伯は、ナニこれは若い者か、若いものにしてはコンナ哲学などを盛んにしたいといふ思はくが感心ぢや。ソレぢや一遍逢はうといふので又其手紙を読返された。そこで自分はお召によつて早速御前へ伺つた。〔傍注省略〕

三者によって記された円了と海舟の初めての出会いは、仔細に見ると異なる部分もあるが、「海舟日記」には明治二二(一八八九)年九月四日に「井上円了」とあり、この日が初めての出会いであった。

青年期から洋学を学んで西洋への関心を持ち、大学では当時の最新の西洋の哲学や知識を修学した円了にとって、一年間にわたる海外視察は新たな見方をもたらした。「欧米各国ノ事ハ日本ニ安坐シテ想像スルトハ大ニ差異ナルモノナリ而シテ其最モ想像ノ誤謬ニ陥リ易キハ各国皆其国固有ノ学問技芸ヲ愛シテ一国独立ノ精神ニ富メルヲ知ラサルコト[7]」であったという。円了は創立時に「哲学館開設ノ旨趣[8]」において述べているように、「諸学の基礎は哲学にあり」を標榜して「余資なく優暇なき人」のために哲学専修の学校をつくり、その教育の機会を開放して日本人のそれまでの精神世界を近代的なものへと発展させようとした。

しかし、欧米列強の国家・社会を視察して先のような結論を得た円了は、「従来哲学館ハ一般ノ哲学ヲ教フル目的ナリシヲ以テ未タ別ニ主義等ヲ明言セサリシカ……今回親シク欧米各国ノ学問景況ヲ目撃シ以テ現今本邦ノ体制ヲ視察シテ感悟シタル所亦尠シト為サ、ルニ由ル[9]」として、宇宙・学理(哲学)を研究する宇宙主義を裏面に持ちながら表面の目的に日本主義を掲げて、「哲学館ハ全ク日本主義ヲ以テ立チ日本ノ言語歴史宗教ヲ完全ナラシメ以テ之ヲ維持セン[10]」とし、哲学館を発展させて「日本主義ノ大学」とし一国の独立の精神を振起しようと考えた。この考えを「哲学館改良ノ目的ニ関シテノ意見」「哲学館将来ノ目的」という文章[11]にまとめて発表したのは、帰国から一か月後の明治二二(一八八九)年七月から八月のことであった。

円了のこのような「日本主義ノ大学」設立に対して、関心を持ち賛意を示したのが海舟であった。海舟は明治二四(一八九一)年四月に「学問の基礎」と題する小文を書いている。[12]その中で、「世の治乱興亡は、その本専ら国民の正邪智愚如何によることは言を俟たざる所にして、教育の制、その宜しきを得ると否とは、実に国家の命脈に関することなれば、最も慎重すべきの事なり。夫れ大学は、我が国最も高等なる教育を施す所にして、その位置の重要なる、他これに過ぐるものなし。そ

表1「海舟日記と円了」

海舟日記	
22・9・4	井上円了。
9・27	井上円了、哲学院（館）へ百円寄附。
10・3	井上円了、山県の事ニ付き内話。
11・7	円了方へ一封認め遣わす。
11・21	井上円了、種々談。
23・4・10	井上円了。
5・8	○井上円了。
9・16	井上円了。
10・16	井上円了、哲学館寄附金の事。
12・20	井上円了。
24・4・28	井上円了。
7・4	井上円了。
10・5	井上円了。
25・1・19	井上円了。
4・12	井上円了。
6・23	井上円了。
9・19	井上円了。

円了・哲学館の事績	
8月	20・9に哲学館創立。海外視察後、「日本主義ノ大学」設立計画と新校舎建設着工
9・11	暴風雨により落成間近の新校舎倒壊
10・31	新校舎落成
11・13	哲学館移転式（新校舎落成開館式）
7・21	円了、海舟宛に書簡を送る
9月	「哲学館ニ専門科ヲ設クル趣意」発表
10・10	専門科開設資金募集のための全国巡回を広告
11・2～	全国巡講に出発。12・5に帰京
1・31～4・1	全国巡講
5・11～6・19	全国巡講
7・17～9・6	全国巡講
1・21～3・6	全国巡講
4・5～4・9	全国巡講
4・20～6・2	全国巡講
7・19～9・4	全国巡講

の業を卒えて世に出づる人々は、皆この日本国の精神となりて国家を活動せしむるの重任に中るものなれば、我が国の富強を増進し、文化を開達するの効果如何は、皆、此等の人々の真正なる意志によりて、善良なる標準を与うると否とに関す」と述べて、高等教育を受けて「以て世の先導者となり、一国の精神となる人」は、「世の幸福、邦家の隆運を進むることは人々の責任となれば、その誘導の法を過らず、充分の好成績を得るよう、切に企望する所なり」とし、「現今の学者の我が国に対する感情は、各自その意を異にせるは甚だ憂うべきの事どもなり。その本源を訪ぬれば、学者の我が国の歴史を重んぜざるに基する事にして」「英・仏・独・伊等西洋諸国の大学、皆甚だ自国の歴史を尊崇するは、決して我が国人の冷淡なるが如くならず」といい、国家と学問・高等教育の関係の問い直しを主張している。

このように見ると、先の円了の主義とこの海舟の主張は一致する。それ故に、哲学館拡張（「日本主義ノ大学」設立）を表明し初めて訪ねた円了に対して、海舟はその日に、「翁曰く哲学館の主義は大賛成なり」[13]といったのである。これ以後、円了は赤坂・氷川の海舟の私邸の門をくぐるようになった。「海舟日記」からその訪問日と、円了・哲学館のことをまとめると表1のようになる。

海舟は明治二五（一九五〇）年一一月二六日「久敷臥病、筆

を採らず」という状態となり、「海舟日記」を翌明治二六（一八九三）年三月七日まで書いていないし、更にこれ以後の日記は明治二五年までのように日々に渡らず、まばらにしか書いていないので、その後の詳細は分からないが、円了は明治二二（一八八九）年九月四日に初めて海舟に出会ってから、上記の表1のように、しばしば氷川邸を訪ねている。初めて会った以後のことを、逸が「それ以来井上さんの方でも『勝さん勝さん』といつていらし[14]」たというような親密な関係ができたのである。

三　円了の全国巡講と海舟

海舟は円了に初めて会った時に、どのようなことを話したのであろうか。海舟は、「初めて来訪するものは、是非たいていは一度、一喝を蒙るのが例であ[15]」り、「その刹那に相手を赤裸々にして、その真相を見てしまう」といわれていた。前述した稲村修道は、その時のことをつぎのように記している[16]。

> 自分はお召によつて早速〔勝伯の〕御前へ伺つた所が、例の布団の上で大安坐で、先づ自分を一瞥して『お前は未だ若いな』といふのが最初の言葉であつた。そこで自分が改めて哲学館創立に関する種々の意見を述べると、それはまあ結構な事ぢや、私も及ばずながら出来るだけの事を為ようといふので、いろ〳〵有益な忠告を与へて後、お前さんなどは若いから何も御承知あるまいが、一体世間の事といふものは、事さへ善ければ必ず出来ると思ふのは間違ぢや、イクラ結構な仕事でも金が無くては駄目ぢや、徳川幕府が倒れたのも実は金がなかつたからだ、国家有事の秋に瀕して幕府の金庫には金がない、さりとて外国から借入れることも出来ず揚句の果にはあの始末ぢや、だからお前さんもまあそんな議論めいた事ばかり言つてゐないで何でも金を拵へさつしやい、及ばずながら私も賛成しよう……これはホンの寸志までぢやと紙包みを呉れた、あとで開いて見ると大枚百円は入つて居つた。当時自分は、何分大学を出たばかりで、一向世間の事情を知らぬから、随分ボンヤリしたものであつたが、勝伯の口からこれを聞いて大に感奮する所があり、直ちに地方遊説に出掛けて不十分ながら資金を募り、漸く学校を建てることが出来た。今から当時を回顧して見ると全く勝伯の此親切な注意が自分の事業成功の唯一の教訓となつて居るので、爾来二十余年来、自分は此生た人の生た教訓をば、何事か為さんとする人に必ず示して居るのである……

稲村修道のこの文章には、初めての出会い以外のことも含まれている。前掲の「海舟日記と円了」の表から判断すると、「これはホンの寸志……」からの後段は後日のことで、それらが一連のこととされているのである。実際はつぎのような経過であった。

明治二二(一八八九)年六月に帰国した円了は、哲学館の拡張すなわち「日本主義ノ大学」の設立を決意し、その旨趣を社会に公表すると共に、それまでの麟祥院での仮校舎から本郷区駒込蓬莱町二八番地を借地して新校舎の建設に取りかかった。建築は八月一日から始められ、九月一五日に落成する予定であった。初めて海舟と出会ったのはこうした際中の九月四日であった。

ところが、哲学館の新校舎建設は予定通りに進んでいたが、九月一一日に全国各地に猛威を振るった暴風雨によって、九分通りまで完成していた新校舎は倒壊してしまう。そのころ、仏教公認教運動のために京都にいた円了は至急の連絡を受けて帰京を急いだが、それもままならないほど、各地も深刻な被害に遭っていた。倒壊から九日後の二〇日に、円了は校舎の再建に取りかかった。この再建工事に着手してから一週間後の二七日、海舟は円了を私邸に呼び、哲学館に百円を寄付して励ました。円了自身が書いている海舟からの教えとは、先の稲村修道の話からすると、この時ではないかと考えられる。海舟は円了に対して、つぎのように語った[17]。

翁曰く哲学館の主義は大賛成なり、宜しく精神一到を以て其成功を期すべし、世の青年輩往々精神一到を試みることあるも、一年乃至三年にして成功を見ざるときは、忽ち精神を挫きて事業を中止するに至る、古人の所謂精神一到の語は、一年や二年にして成ると云ふにあらず、蓋し其成功に年月を示さゞるは、無限の義を含むなり、即ち精神一到すれば、無限の歳月の間には必す成るを云ふ、君も其心得にて哲学館の目的に従事すべしと、余慎みて其教を服膺して今日に至る、海舟翁は実に余が精神上の師なり。

哲学館の新校舎は災害に遭遇したが、一か月半後の一〇月三一日に竣工して、翌一一月一日より新校舎での授業も開始された。落成を記念する移転式は一一月一三日に挙行された。「海舟日記」によれば、海舟はその前の七日に「円了方へ一封認め遣わ」し、九日には私邸に円了を呼んで、「井上円了、十三日、哲学館開業の旨、古仏像、金子十五円寄附」と、校舎新築の完成を祝している。移転式の当日、「来賓控所には、勝海舟が哲学館に寄贈した仏像(文殊菩薩)が安置された。これは、勝海舟が哲学館に学術研究のための古像陳列所を設ける計画があるのに賛成して寄贈したものである。この像は現在、東洋大学図書館に保管されており、木造で高さが約四十五センチあり、台座の裏に応永二二(一四一五)年と記してある鎌倉期のもので[18]」あった。

だが、この新校舎の建設は哲学館の経営上に大きな問題を残したものであった。哲学館のその最初の営みは、円了が「固ヨリ無資本ニシテ」といったように、他の団体や有力者の保護や援助を受けず「全ク有志ノ一時ノ寄付」で、二八〇人の賛成者、七八〇余円の寄付金に基づいて出発した。そして、新校舎の建設費用は当初二〇〇〇円と見積もられ、創立直後の明治二〇（一八八七）年一〇月から「哲学館新築資金」として募集広告を出して寄付金が募られたが、館主円了が欧米視察中であったという事情もあり、その間の進展ははかばかしくなかった。その時点では一五〇〇円の資金が不足していた。帰国後、「日本主義ノ大学」設立を掲げた円了は国家の独立、大学の独立、「校舎の独立」として、新校舎の建設に踏み切ったのであるが、その時は建設費と運営費を合わせて五〇〇〇円と見積もってい た。新校舎が完成し移転が完了した時点では、「創立費および新築費として哲学館に寄せられた寄附金の合計は、三、二二三円三五銭であった。この寄付金は、そのすべてが創立費および新築費として充用された。しかしながら、校舎の建設および諸費だけですでに四千数百円にのぼったので、不足分は哲学館の負債として残ることになった[19]」のである。この寄付金の中には哲学館の発展に理解を示した東西本願寺からの二〇〇〇円（予約）や著名人からのものが含まれていた。翌明治二三（一八九〇）年の四月一〇日、五月八日に、円了は海舟を訪ねている。そして、七月二一日付けで、「豆州熱海客舎」から海舟に宛てて、円了はつぎのような書簡を送った[20]（原文を書き下し文とした）。

酌暑の時下、閣下益御多祥御消光遊ばせられ、敬賀奉り候。野生儀、少々脩学上取り調べ度き事これあり、過日来、当地に滞在仕り候。啓者先般御願い申上げ候、宮内省御下賜金の儀は、目下むづかしき趣き拝承仕り候。然るに哲学館も現今の処、維持法相立ち申さず候に付き、今秋より資金募集に着手仕り度く、その方法に付き色々愚考相運び候えども、別に良き手段これなく候。就ては毎度配慮を煩わし恐縮の至りに御座候えども、敢て至急を要する儀にてはこれなく候間、自然御序での節、何卒先般の一条、宮内省へ御願い込み成し下され度く希望奉り候。既に御承知の通り両三日前、慶應義塾へ御賜金これあり、諸新聞上に相見え申し候。その前にも感化院、工学会等へ御下賜これあり、そのほか斯文黌、皇典講究所等、先年来度々御下げ金これあり候。右諸校の例に準じて些少なりとも御下賜相成り候よう、毎度ながら御懇配成し下され度く、渇望この事に御座候。尚、委細は帰京の節、拝趨の上申上ぐべく候。先ずは暑中御見舞旁、前件御願い申し上げ候なり。

この書簡のように、円了は当時、枢密顧問官であった海舟に対して、下賜金が哲学館に下されるよう協力を依頼している。それは資金募集との関係において依頼したのであろう。この時点で円了は「哲学館も現今の処、維持法相立ち申さず候」と、その方針を持ち得ない状況であったことが分かる。円了は九月に「日本主義ノ大学」設立を進めるために、「哲学館ニ専門科ヲ設クル趣意」を発表し、従来の三年の課程に加えて、二年間の国学科・漢学科・仏（教）学科を設ける計画を明らかにしたが、依然として経営上の問題で苦悶する円了は帰京後に海舟を訪ねた。「海舟日記」に、九月一六日「井上円了」とあるのは経営上の打開策の相談であったと考えられる。円了は海舟に協力依頼した御下賜金を哲学館専門科募集の名義（大義名分）としたかったのであろうが、それはかなわなかった。そして、海舟との会談を経てそれまでの雑誌・新聞による寄附金の募集方法から転換する。一か月後の一〇月一六日「井上円了、哲学館寄附金の事」とあるのは打開への道をすでに定めた時であったから、その他の会談の日の記入と異なり、海舟は「哲学館寄附金の事」と記したのであろう。哲学館を維持・発展させるのに特定の団体や政財界の有力者に頼らず、あくまでに「独立自活の精神」を発揮してそれをかなえようとした。その打開策とは、館主円了がそれまでの有志による寄付から、方針を転換して、全国を巡回講演（以下、全国巡講）して各地の大衆から広く賛同を得るという、国民的規模の寄付金を募集する新たな方法であった。その時、円了は教育、哲学、宗教などを、講演によって全国に普及させる教化者として自らを位置づけることになった。

この会談の翌日の一七日、哲学館の機関誌『天則』が発行された。同誌には一〇月一〇日付けの「哲学館広告」[21]が掲載され、「今般当館資金募集ニ付有志勧誘ノ為メ本月下旬ヨリ館主東海道筋へ出張静岡愛知岐阜三重滋賀五県下巡回相成候此段該県下有志諸君ニ通知致候也」とし、今回に続いて一月より四国・九州地方、三月より中国地方、五月より北国（北陸）地方、七月より奥羽・北海道地方へと一年間で全国を巡回する予定であることを告げている。また、同文についで館主円了名で「其節ハ各地有志諸君ノ御懇配ニ預リ度予メ希望仕候又学術教育宗教ニ関シ講義演説等御依頼ノ節ハ小生応分ノ御助力可申候」と申し添えている。円了の後半生を費やして展開された全国各地での講演（教化）と資金の募集という全国巡講は、このような事情を背景とし、海舟との相談の中で生まれたと考えられる[22]。海舟は円了に対して、各地の有力者への紹介状と、寄付者への御礼として揮毫をもたせたと考えられる。

明治二三（一八九〇）年一一月二日、哲学館の館主円了は全国各地の巡回に出発した。円了にとって、この巡講は哲学館の専門科開設の資金募集と共に、各地での講演を通じて日本人の大衆に哲学・教育・宗教の重要性を直接訴え、日本の発展への啓蒙を行うという積極的な意味を持っていた。明治中期のこのころはまだ大衆にまで日本の近代化が認識されていなかったからである。このような講演という啓蒙活動は、哲学館という学校への理解と協力を求めることに通じ、また海舟の最大の関心である日本社会の将来の問題にも通じるものであった。第一回の四四日間に及ぶ東海道筋の五県下での巡講を一二月一五日に終えた円了は、その状況を報告するために五日後の二〇日に海舟を訪ねている。そして、先の「海舟日記と円了」の表1のように、円了はそれぞれの巡講の前後に必ず海舟の私邸を訪れている。海舟に支えられながら、円了は全国へ赴いたのである。海舟は各地の人への紹介状と、寄付金の御礼として揮毫した書を、円了に渡して支援していた。

　さて、この全国巡講は哲学館の経営上でどのような成果を上げたのかといえば、苦難の巡講に反してその寄付金の成績はよくなかった。明治二三(一八九〇)年に四四日、明治二四(一八九一)年に一五三日と合わせて二〇〇日に及ばんとする巡講は、一八県・一一九か所で四四〇回の演説・講演を行ったのであるが、個別の寄付内容は、一口が一〇円はまれで、ほとんどは一円あるいは五〇銭であったから、寄付金は六七六円と目標額一万円の達成にはほど遠い結果だった。また、現地などで受け付けた応募は予約が一八九五円一四銭であったが、既納されたのはそのうちの六七六円四〇銭一厘で三三％しかなかった。創立時の新聞・雑誌の広告による四〇〇人からの三千数百円に比べれば、巡講の結果とその差は歴然としていた。今回の巡講について円了が『哲学館専門科二十四年度報告』[23]で「全国ノ有志諸君ニ泣請スル」と序文に書かざるを得ないほど、円了の落胆は大きかった。

四　海舟の「筆奉公」

このようにして全国を巡講する館主円了の姿を、当時の学生はつぎのように見ていた[24]。

> 先生は時々「口を以て云《〔伝〕》へないで身を以て導く」という意味の事を語られた。学校の資金募集の為に旅行勝な先生が、日に焼けて稍々旅やつれのした体を教壇上に運ばれて、極めて飾気のない旅行談をなさる時、私共は旅行談以外の強い感銘を与へられずには居なかった。

海舟もまた、そのような円了を叱咤激励した。明治二五(一八九二)年四月一二日、私邸に訪ねてきた円了に対して書を送った。その日のことを円了はつぎのように述べている[25]。

明治廿五年四月十一日〔「海舟日記」は十二日〕余海舟翁を赤坂氷川に訪ふ、翁曰く今日旧暦三月十五日にして、昔年余か幕府の全権を帯ひ、品川に於て西郷南洲等と談判を開きし日なり、本年は正く其廿五年目なれは、朝来五絶数首を作り、以て所感を述べたりとて、左の文を示され、之を其侭余に贈られたり、

　明治廿五年四月十一日乃値慶応三年戊辰三月十五日、経年実廿五年矣、回想当時情形、全都鼎沸殆如乱麻、此日余到品川牙営、就参謀諸士有所論、而西郷村田中村数氏皆既為泉下之人、余独以老朽無用之身瓦全至于今、後事之不可思議者如此、頗不勝懐旧之情、因得絶句若干首、

　戊辰進撃日、三月十五天、蝸牛角上闘、転瞬廿五年、

　八万幕府士、罵我為大奸、知否奉天策、今見全都安、

　参軍勿嗜殺、嗜殺全都空、我有清野術、傚魯破那翁、

　官軍逼城日、知我唯南洲、一朝若機誤、百万化髑髏

〔明治二十五年四月十一日は、乃《すなわ》ち慶応三年戊辰三月十五日に値《あた》る。年を経《ふ》ること、実に二十五年なり。当時の情形を回想すれば、全都鼎の沸いて殆《ほと》んど乱麻の如し。此の日、余、品川の牙営に到り、参謀諸士に就きて論ずる所有り。而《しか》れども、西郷（隆盛）、村田（新八）、中村（半次郎）の数氏、皆既に泉下の人と為る。余独り老朽無用の身を以て、瓦全、今に至る。後事の思議するべからざる者《こと》、此の如し。頗る懐旧の情に勝《た》えず、因りて絶句若干首を得たり。

　戊辰進撃の日、三月一五天、蝸牛角上の闘い、転瞬二十五年。

　八万幕府の士、我を罵《ののし》りて大奸と為す、知るや否や奉天の策、今見る全都の安きを。

　参軍殺すを嗜《この》むなかれ、殺を嗜《この》めば全都空しくならん。我に清野の術有り、魯（露・ロシア）倣《なら》いて那翁（ナポレオン）を破るがごとくせん。

　官軍城に逼《せま》るの日、我を知るは唯《ただ》南洲（西郷）のみ、一朝若し機誤《あや》まらば、百万は髑髏と化せん。〕

　余之を表装して書斎に掲け、朝夕之を観る毎に翁に謁するの思をなす。

円了の巡講は当初一年間で全国を巡回する予定であったが、実際にはそれだけの期間では達成できなかった。明治二三（一八九〇）年一一月から始まって、明治二六（一八九三）年二月までかかった。延べで四年間、巡講日の合計が三九〇日に及んだ第一回の全国巡講で、三二県（関東・甲信越・北陸が残った）、三六市・三区・二三〇町村で講演演説を行い、三五〇九円九〇銭の寄付金があった。これを受けて円了は巡講を終了させ、明治二七（一八九四）年からは東京にとどまって、大学設立のための学科改正などに着手した。数年先に予定した専門科を開設し

たいと考えたからである。

明治二九(一八九六)年一月、円了は「哲学館東洋大学科并東洋図書館新築費募集広告」を出した。その用地として小石川区原町(現在の東洋大学白山校舎)を、明治二八(一八九五)年に三三〇〇坪、明治二九(一八九六)年に四五〇坪、合計三七五〇坪を購入した。この土地は目賀田夫妻の自宅に隣接し、土地の選定にあたっては夫妻の助言を得ていた。土地購入の費用は九九〇八円で、それまでの寄付金でまかなえた分は半分であり、五三〇五円が不足した。円了は同館の寄附金規則を改正して、新築費と維持費に分けて募集し、新築費は五〇〇〇円の予定で五年間で積み立て、維持費は五万ないし一〇万円を予定し一五年間で積み立て、維持金を資本としてその利子を経費に充当することを計画した。

七四歳になった海舟はこの計画に賛成した。海舟は能書家として知られていたので、自ら揮毫して資金募集の先頭に立って円了・哲学館への支援を申し出た。「伯爵勝海舟翁ハ曾テ本館設立ノ旨趣ヲ賛成シ先年即金百円ヲ寄附セラレ今回新築費募集ノ事ヲ聞キ是又大ニ賛成セラレ本年七十四歳ノ高齢ナルニモ拘ラズ老腕ヲ揮ヒ毎日若干紙ヲ認メテ之ヲ本館ニ施与シ本館ヨリ四方ノ寄附者ヘ配付スル様仰セ越サレタ」[26]のである(それまで海舟は旧幕臣で救済を求める人々に対して金がないなどの時は、代わりに書を与えることがあった)。揮毫は寄附金額、五円、一〇円、一五円、二〇円、五〇円、一〇〇円とそれぞれに応じて書幅を異ならせ、郵送方式でも受け付けられた。娘の逸は、「父が書いたものなどを差し上げると、それを哲学館に寄附などなすつた方々へのお礼に送つていらしたやうで、そんな風に父の書いたものが、井上さんの事業の足しになるならばと、父も一時は蔭ながら筆奉公をいたしたもので[27]」すと、当時をこう語っている。

この数年間の海舟は「二六年十月、眠くもり、筆を執る能わず」「二十七年一月十日夜、眩暈を発し、手足麻痺、中風に類す、医薬効を奏し、三月下旬に至って軽快。」「二十八年八月以来臥病。ほとんど死期の来るごとし。我も世に在るを欲せず。十二月になって病治り気力回復[28]」と、すでに健康状態は一進一退の状況であった。

明治二九(一八九六)年三月、円了は巡講を従来の全国型から一県下を巡回する方法に転換して、長野県地方に出発した。この時、海舟の執事に宛てた三月三〇日付けの書簡にはつぎのように書かれている[29]。

過日来信州各郡巡回仕り候処、各地にて御揮毫切望致す者これある為に、百余円寄附金も相集り、誠に以て有難き仕合せに御座候。先日出発の際、御揮毫二、三十枚持参仕り候えども、大抵有志に配付仕り候間、過日御願い申上げ置き候絖地の御揮毫出来仕り居り候わば、使いの者に御渡し下され度く願い上げ奉り候。外に画箋紙数葉持参致させ申し候間、御序の節、御面倒ながら御認め下され度く懇願奉り候。前述の次第、閣下へ申上げ下さるべく候なり。

この書簡を『海舟全集』では明治二四（一八九一）年と推定しているが、円了の巡講日誌と文面から検討すると、明治二九（一八九六）年が正しい。文中の「使い者」とは、新潟県越路町の水島家に嫁いだ円了の妹の子で、当時井上家に寄寓していた甥で大学生の水島義郎である。義郎は毎週伯父のいいつけで海舟の私邸に伺い、書き貯まった揮毫をいただいてきたという（水島敏の談話による）。

能書家の海舟の書は渇望されていたから、哲学館の広告には寄付金の「領収証ニハ伯爵勝海舟翁真筆ノ証明ヲ付記」していたほどであった。哲学館校友の田中治六はこれに関するエピソードをつぎのように語っている。[30]

幸にも勝海舟先生の賛助を得て、その書を寄附者に贈呈することゝして、大に事業を促進する機となつた。されば海舟先生の学園の為に致された功績は学徒の深く銘記すべき事だ。かゝる縁故で、私も海舟先生の半折二枚を頒けて頂くの光栄を持つた。又或る時、海舟先生が『天皇陛下』といふ揮毫依頼に対して、立派なぬめに『天皇階下』と揮はれたのを、井上先生が披き眺めて弱つてゐられたなどといふ挿話もあつた。それから先生が地方に出張の際、余り沢山の海舟先生の書を携へてをられるので、人々から偽筆だらうと疑はれて、その弁解に骨を折られたといふナンセンスな話もあつた。〔傍点省略〕

この明治二九（一八九六）年の円了の巡講は四九日間と少なかったにも拘わらず、海舟自身による哲学館への支援があって、この年だけで一三七五円の新築寄付金が集まったことから、その効果の大きさを知ることができる。

ところで、こうして大学への発展の道を歩みはじめた明治二九（一八九六）年の一二月一三日夜半、蓬莱町にあった哲学館は隣接する郁文館からの失火に遭う。この類焼によって、哲学館では講堂（教室）一棟と寄宿舎一棟を焼失した。火災から一二日後の一二月二五日付けで、円了は「哲学館類焼ニ付キ天下ノ志士仁人ニ訴フ」[31]を発表して、緊急の支援を求めた。新校舎の工事費として五〇〇〇円を翌年二月までに募集した。この広告にも海舟の揮毫の規定は再び掲げられている。

明治三二（一八九九）年一月一九日、海舟はこの日の午後、狭心症を発してたおれ、「死ぬかもしれないよ」といい残して、静かに眠るように死去した。明治二二（一八八九）年の哲学館の新校舎の倒壊、明治二九（一八九六）年の校舎の焼失など、初めての出会いから生涯にわたって円了・哲学館を指導・支援した海舟はこうして亡くなった。[32]海舟の支援もあって、明治三〇（一八九七）年七月に新たな地（現在の白山校地）に校舎を建築した円了は、海舟の死後、再び明治三二（一八九九）年七月から第二回の全国巡講に出発した。これ以後、円了は各地の人々の求めに応じて自ら揮毫するようになったのである。

それから三年後に発生した「哲学館事件」によってもたらされた問題などがあって、大学から退隠し名誉学長となった円了は、大正七（一九一八）年一月二〇日、この日、哲学館の三恩人の一人である海舟の池上洗足の墓前に参拝して、東洋大学創立三〇周年のことを報告している（他の恩人は加藤弘之、寺田福寿である）。

円了に関する海舟の発言については、現在までに筆者が確認したものとして、『海舟座談』の中にある。明治三一（一八九八）年一〇月二三日の厳本善治との座談において、「（この間、戸川の事、井上円了のこと、中島のことなど、話しありたり）」[33]とあって、海舟が円了について語ったことは分かるのであるが、その内容は記されていない。

ただ、海舟の支援の仕方は、「事を遂げるものは、愚直でなければ。アー才ばかり走ってはイカヌ」[34]というのがその信条であった。知略を超えた苦難を担い全国巡講を実践した円了の姿は、この海舟の信条にもっとも即していたので高く評価され、海舟自身が円了・哲学館を直接支援することになったものと考えられる。

【註】

1　勝部真長『勝海舟』上（ＰＨＰ研究所、平成四（一九九二）年、一四五―一四六頁）。
2　拙稿「勝海舟と井上円了―勝海舟と福沢諭吉、新島襄との関係性と対比させて」（『井上円了センター年報』第七号、平成一〇（一九九八）年、一〇一―一〇五頁、一三一―一三三頁）。
3　勝部真長『勝海舟』上、前掲書、二〇頁。
4　井上円了「精神一到何事不成」（『円了随筆』明治三四（一九〇一）年、『選集』第二四巻、六八―六九頁）。円了自身が海舟のことについて書いたものは、これを入れて後述する三つの小文しかない。
5　目賀田逸子「思ひ出づるまゝを」（『東洋哲学』第二七巻第一号、大正九（一九二〇）年一月、七一頁）。
6　稲村修道「四角な顔の井上先生」（『井上円了先生』東洋大学校友会、大正八（一九一九）年、一七六―一七七頁）。
7　井上円了「哲学館目的ニツイテ」（『百年史　資料編Ⅰ・上』、一〇三頁）。
8　井上円了「哲学館開設ノ旨趣」（『百年史』、前掲書、八三―八四頁）。
9　井上円了「哲学館目的ニツイテ」（『百年史』、前掲書、一〇三頁）。
10　同書、一〇五―一〇六頁。
11　井上円了「哲学館改良ノ目的ニ関シテ意見」（『百年史』、前掲

書、一〇〇―一〇二頁）。井上円了「哲学館将来ノ目的」（『百年史』、前掲書、一〇二―一〇三頁）。

12 勝海舟「学問の基礎」（『勝海舟全集』別巻二、勁草書房、昭和五七（一九八二）年、七一五―七一八頁）。

「海舟日記」は文久二（一八六二）年八月から始まり、明治三一（一八九八）年一二月三一日まで書き続けられているが、同全集にはつぎのように収録されている。

『勝海舟全集』一八には、「海舟日記　Ⅰ」文久二（一八六二）年八月～慶応三（一八六七）年一二月

『勝海舟全集』一九には、「海舟日記　Ⅱ」慶応四（一八六八）年一月～明治七（一八七四）年一二月

『勝海舟全集』二〇には、「海舟日記　Ⅲ」明治八（一八七五）年一月～明治一五（一八八二）年一二月

『勝海舟全集』二一には、「海舟日記　Ⅳ」明治一六（一八八三）年一月～明治三一（一八九八）年一二月

本稿での「海舟日記」からの引用は同全集によっているが、その頁については特に注記しなかった。

13 井上円了「精神一到何事不成」、前掲書、二頁。

14 目賀田逸子「思ひ出づるまゝを」、前掲書、七一頁。

15 巌本善治編・勝部真長校注『新訂　海舟座談』（岩波書店、昭和五八（一九八三）年、三一頁）。

16 稲村修道「四角な顔の井上先生」、前掲書、一七七頁。なお、円了と海舟の出会いを描いたものとしては、正富汪洋作「戯曲　井上円了」（『思想と文学』第三巻第二号、昭和一二（一九三七）年一二月、一九〇―二一七頁、昭和一二（一九三七）年一二月号）の中の「勝海舟邸」と題するところが該当するが、これはあくまでも戯曲作品であると考えられる。

17 井上円了「精神一到何事不成」、前掲書、二―三頁。

18 『百年史　通史編Ⅰ』、一二六頁。

19 同右、三六五頁。

20 井上円了書簡「五井上円了　1明治（二十三）年七月二十一日」（『勝海舟全集』別巻一、勁草書房、昭和五七（一九八二）年、一五二―一五三頁）。

21 「哲学館広告」（『天則』第三巻第四号、明治二三（一八九〇）年一〇月一七日）。同広告はこの他に、『哲学館講義録』第四期一年級一号（明治二三（一八九〇）年一〇月一〇日）、『哲学館講義録』第一期三年級二九号（明治二三（一八九〇）年一〇月一八日）に掲載され、全国各地にあって講義録で学んでいた館外員にその協力をよびかけている。

22 井上円了の全国巡講の詳細については、第四章第一節を参照されたい。

23 「哲学館専門科二十四年度報告」（『百年史　資料編Ⅰ・上』、九一八―九二一頁）。

24 菊池久吉「思出」（『井上円了先生』、前掲書、二六四頁）。

25 井上円了「勝海舟翁の随筆」（『円了随筆』、前掲書、九五―九六頁、『選集』第二四巻、一二四―一二五頁）。同文には返り点が付いているがこれを省略し、読点の足りない分は補い、原文に基づいて校訂した。読み下し文は東洋大学文学部の新田幸治教授に作成していただいた。なお、海舟がこの歴史的な談判を詠み一般に知られているものとしては、『勝海舟全集』一四（勁草書房、昭和四九（一九七四）年、二一二頁、三九九―四〇二頁）がある。

26 「哲学館東洋大学并東洋図書館新築費募集広告」（『東洋哲学』第三巻第一号、明治二九（一八九六）年三月二日）。

27　目賀田逸子「思ひ出づるま丶を」、前掲書、七一頁。海舟の揮毫に関するエピソードとして、円了はつぎのように書いている（井上円了「巻菱湖と勝海舟」『円了漫録』明治三六（一九〇三）年、『選集』第二四巻、二五八―二五九頁）。

巻菱湖新潟にありて人の需に応じ、神社の幡を揮毫せしに、衆人群りて之を傍観せり、其中の一人此字は実に美なりと云ひて称賛したれば、菱湖立ちて一拳を食はせて曰く、貴様等が字の巧拙を評するは無礼千万なりと、千葉県人勝（海）舟翁に揮毫を乞ひ、其礼として清酒一樽を持参して拝謁を乞ふ、翁乃ち之に接見して大声叱して曰く、余が揮毫を以て酒の一升や二升に比するか、無礼の至りならずや、余は斯る謝金や贈品に対して揮毫するが如き不見識のものにあらずと、是れ又好一対の奇談なり。

28　勝部真長「海舟年譜」（『勝海舟』下、ＰＨＰ研究所、平成四（一九九二）年、五六七―五六八頁）。

29　井上円了書簡「五井上円了　2明治（二十四）年三月三十日」（『勝海舟全集』別巻一、前掲書、一五三頁）。同書ではこの書簡を「明治（二十四）年三月三十日」としているが、『選集』第一二巻の「明治三十八年前開会地名一覧」（原本は井上円了『南船北馬集』第三編）によれば、初めて信州（長野県）を巡講した時期は、明治二九（一八九六）年三月二四日から五月一〇日まででであったから、この書簡の年は「明治二九年」が正しい。

30　田中治六「想出片々」（『東洋大学と学祖井上先生』（東洋学苑特別号）、東洋大学学友会雑誌部、昭和八（一九三三）年三月、四頁）。

31　井上円了「哲学館類焼ニ付天下ノ志士仁人ニ訴フ」（『百年史　資料編Ⅰ・上』、九四六―九四七頁）。

32　海舟の死後、円了は偲ぶ会に出席したと、亀谷聖馨はつぎのように述べている（亀谷聖馨「井上円了博士を憶ふ」、『井上円了先生』、前掲書、一八八―一八九頁）。

予が甫水氏と、交を結んでから、二十有余年になる。予が、東京朝日新聞の記者をしてゐた頃、故勝海舟翁の許にゆき、数々翁と、学術、政治等の事につき議論をした、その頃、博士が同席せられたことがあり、爾来、交を結んだので、海舟翁が七十七歳を以て死去せられた後には、予と富田鉄之助翁とが、幹事で、洗足会といふものを組織し、春秋二季に、すなはち、春は桜花の盛なる頃、秋は紅葉の美麗なる頃をトして、翁の墓前に親戚知人等が集合し、詩歌を詠み、半日を清遊し、翁の霊を慰めることにした。この会を催す毎に、東京にゐられたら、博士は、風雨の日でも、必ずそこに来て談笑せられた。

33　『海舟座談』、前掲書、八五頁。

34　同書、九九頁。

【補註】

哲学館の全焼と移転

明治二九（一八九六）年一月、円了は哲学館の機関誌『東洋哲学』に、「哲学館東洋大学科ならびに東洋図書館新築費募集広告」を出した。

すでにそのために、前述のように、小石川区原町（現在の東洋大学白山校舎）の土地を、購入していた。

円了は哲学館の寄付金規則を改正して、新築費は五〇〇〇円の予定で五年間で積み立て、維持金は五万円ないし一〇万円を予定し一五年間で積み立て、維持金を資本としてその利子を経費に充当することを計画した。

これによって哲学館は、蓬莱町の校舎とは別に新たな校地を用意して、大学設立へと進むことになった。七四歳になった海舟はこの計画に賛成した。能書家として知られていた海舟は、哲学館への資金募集の先頭に立った。

海舟の揮毫は寄付者へのお礼として用いられ、五円から一〇〇円までという寄付金額によって書幅の大きさが異なり、郵送方式でも受け付けられた。

ところが、大学への道を具体的に歩みはじめた明治二九(一八九六)年末に、隣接する郁文館の施設からの失火で、哲学館の蓬莱町校舎は全焼してしまった。

明治二九(一八九六)年一二月一三日午後一〇時三〇分ごろ、本郷区駒込蓬莱町二八番地にあった哲学館の構内より出火があった。

出火の場所は、同じ構内にあった郁文館(哲学館の講師・棚橋一郎が校長の中学校)の物置小屋であったとみられている。その日は日曜日で休校日でもあったが、郁文館では大工が机・椅子などの修繕をしていたことから、その時のタバコの不始末が原因ではないかと考えられた。

夜半の火事は近くに交番がなかったために、消防への通報が遅れてしまった。哲学館の恩人の寺田福寿の真浄寺の半鐘が打ち鳴らされ、近所の人々が駆けつけて、火がまだ納屋を吹き破ったばかりだったので、井戸から水をくんで消火につとめたが、火勢は強まるばかりで哲学館の校舎に燃え移った。

学生たちはすでに寄宿舎で熟睡していたのでたたき起こされたが、その時すでに、あたりは昼間のように明るくなっていたという。さらに寄宿舎にまで火は移り、学生たちはその前に身の回りの品を持ち出してはいたが、ただ呆然として学校が焼け落ちていくのをながめているしかなかった。

約一時間後に鎮火した時には、郁文館の教室三棟に続いて、哲学館の教室(講堂)一棟と寄宿舎はすべて灰となり、図書や帳簿などの書類も失っていた。

井上円了は緊急対策として、寺を借りて仮教室と仮宿舎とし、一週間後には授業を再開した。

そして、翌三〇(一八九七)年一月二九日に「学校移転願」を届け出た。移転先は、すでに購入していた小石川区原町の校地(現在の白山校地)であった。

蓬莱町の校舎を活用しながら、新たな校地に大学の設立を計画していた哲学館にとって、火災による校舎の焼失は予期しない災難であった。だが、井上円了はこれを転機と考えた。

まず、大学への過程とした専門科の設立を進めた。明治三〇(一八九七)年一月一〇日、漢学専修科を設置した。国学・漢学・仏教学の専修科のうち、漢学を優先したのは、すでに国学は国学院が、仏教学は仏教各宗の大学林があったためであるが、これに続いて、仏教専修科も四月八日に開講した。

明治三〇(一八九七)年の四月から建設工事を開始した原町の新校舎は、三か月後の七月に完成した。そして、一〇月二日と三日の両日にかけて、新築落成式・開館式と記念講演会が行われた。

八月二五日、宮内庁から恩賜金三〇〇円が下賜された。これをきっかけに、円了は学園の総合化という新たな教育構想をもった。すでに慶応義塾など、幼児教育から大学教育までの教育体制の総合化を進めているところがあった。

円了はそういう方向を目指して、明治三一（一八九八）年三月に「尋常中学校設立旨趣」を発表した。そして一〇月の認可と同時に校舎の建設を始めた。明治三二（一八九九）年二月二十六日に、哲学館校地内に完成したのが「私立京北中学校」であった。四月に新学期が始まると、円了は自ら京北中学校の教壇に立って教育を行った。『三太郎の日記』などで知られる哲学者で文芸評論家の阿部次郎は第一回卒業生であるが、京北中学校は各界で著名な人材をその後も輩出し、都内の有名私立学校として発展していった（以上については、『百年史　通史編Ｉ』、二五八―二九〇頁を参照）。

このようにして、哲学館が火災から再出発できたのは、勝海舟などからの支援があったためであるが、明治三二（一八九九）年一月一九日午後、海舟は狭心症を発してたおれ、静かに眠るように死去した。

この年の七月、円了は第二回目の全国巡講に出発した。各地で社会教育としての講演を行ったが、寄付金への御礼として、自ら揮毫するようになったのは、この時からである。

第四節　妖怪学の提唱

一　「妖怪学は趣味道楽」

円了が明治二三（一八九〇）年から明治二六（一八九三）年までかけて、第一回の全国巡講をしたことはすでに述べたが、この巡講によって円了が得たものはつぎのように考えられる。第一に、哲学館の館主としての自覚の深まりと、同館の維持法を見い出したことであろう。第二に、北は北海道から南は九州まで全国を一巡したことによって、当時の日本社会の実情を肌で知ったことであろう。円了は特に第二の社会の実情として、当時の民衆が迷信や俗信という妖怪にしばられていることを各地で調査した。その結果、日本の近代化において、この妖怪が障害となっていると考えた円了は、その後、妖怪学を提唱する。ここでは、はじめに、知識人による円了没後の妖怪学の評価を紹介し、つぎに円了が妖怪学に至るまでの研究の取り組みについて述べたい。

井上円了の妖怪学については現在まで、民俗学などの研究者が注目する以外にほとんど関心を持たれなかったのが実情である。このようになった理由の一つは、円了が明治中期に妖怪学を提唱した時から、民衆の関心度の高さに比べて、学者からの学術研究としての妖怪学に対する評価が低かったからであるといわれている。

例えば、没後の翌年に刊行された『井上円了先生』という追悼文集がある。その執筆者数は一六四人に及んでいるが、この中で妖怪学にふれた人は一割にも満たず、また詳細に言及している人もほとんどいなかった。このことは、円了の生涯において妖怪学が重要な位置を占めていたと見る関係者が少なかったことを表している。

その数少ない中に、当時の見方が二つあるので、はじめにそれを紹介しておこう（以下、ことわりのない限り、引用文は現代表記にし、カタカナをひらがなに直し句読点を付けた）。

その一つは哲学界の大御所といわれた井上哲次郎の論評である[1]。

井上哲次郎は、「井上円了博士は、明治年間から大正にかけて活動されたわが国屈指の学者であったが、その活動のおもなる部分は明治年間にあったと思う。しかも、明治の中ごろに最も活動されたかの観がある」とし、その代表的な著述を「まず『仏教活論』と『外道哲学』がもっとも傑作であった」と位置づけ、さらに『妖怪学講義』にふれてつぎのように述べている。

それからだれも知っているとおりに、博士はよほど妖怪のことを研究されて、『妖怪学講義』というものを発行された。ところが、よほど広く世間に喝采を博した。この書には、妖怪などは迷信であると言って、妖怪を撲滅することに力を尽くされた。しかしながら、世には不思議なことを好む者が多く、田舎ではよほど興味をもってこれを歓迎したようである。

井上哲次郎は円了を学者と位置づけ、『妖怪学講義』が「世間の喝采」を集めたとはいっているが、学術的なものとして積極的に評価していないのである。

二つ目の文章は、評論家として有名な三宅雪嶺のものであるが、井上哲次郎と同じような捉え方をしている。三宅雪嶺は東京大学文学部哲学科の先輩であり、円了の生涯をよく知る人物であったが、妖怪学をこう見ている[2]。

（井上円了は）在学中にもすでに哲学会設立に努め、卒業後ただちに『仏教活論』の著作に従事し、ついで哲学館を設け、哲学書院を設け、雑誌『日本人』の発刊に関係した。かくして一方、『仏教活論』等の著作をなし純粋の学者として立たんとしつつ、また一方、仏教を一新し社会に活動するの意あり、そのいずれに向かうべきか、いまだ定まらなかったのである……しかるに『仏教活論』著作の傍ら哲学館を起こし、その経営に忙しくなったので、……著作に力を用いるあたわず。せっかくはじめた哲学書院も思わしくなく……しかもなお著作のことも念頭より離れず、さりとて初めに予期せるほどのことをことごとく企てることは到底難いが、できるだけのことは成立遂げんものと、ここにいよいよ『妖怪学研究』に努力した。これまた在学中よりの研究であり、かついくぶんか宗教思想と関連していたのであるが、このころに至り比較的多くの力を注ぐようになってきたものとみるべきである。さて、自身の意はいずれにあるにせよ、経過において『仏教活論』いまだ完成に至らぬに、また『妖怪学講義録《ママ》』に力を注ぐことになり、これと同じく、哲学館の経営いまだ全からず、しかして哲学堂建設に力を注ぐようになった。……『仏教活論』なり哲学館なりは、社会および文明を対照《ママ》とし、しかして一身をその犠牲とまでなるかの観があったが、妖怪学なり哲学堂なりに至っては、その意のまったく消滅したのでないにせよ、いささか道楽趣味を混じ、個人的になろうとし、年とともにいよいよその傾向を強くした。

三宅雪嶺の見方は、井上哲次郎よりもはっきりとしていて、円了の妖怪学を「道楽趣味」「個人的」なものではなかったかと捉えているのである。

この二人のような見方は現在まで続いていると考えられる。現在では、『選集』第一六巻―第二一巻[3]に、妖怪学関係のすべての著作が収録されて再刊されることになったが、この妖怪学に関する研究は未着手な点が多い。不思議なことだが、円了の妖怪学がどのようにして誕生したのか、その過程を記述したものもいままでになかった。一般的な関心が高いのに対して、学術的な関心が低いといわれる実態がここにもあらわれている。そのため、ここでは基本資料を紹介しながら、円了が妖怪学の研究へと歩んだ条件とその経過を述べたいと思う。

二　生育の環境と性格

すでに述べたように、円了は、「余は元来人以有伝為伝、我以無伝〔不〕為伝の主義を唱え、何人より尋問ありても、自伝を答えたることはなかった」[4]として、自伝を書いていない。しかし、妖怪の研究に取り組んだ経過は、著書等の中に三か所あるので、それをまず年代順にみておこう。

はじめは、明治二〇（一八八七）年の『妖怪玄談』には、つぎのように書いている[5]。

余、幼にして妖怪を聞くことを好み、長じてその理を究めんと欲し、事実を収集すること、ここにすでに五年」

つぎに、明治二四(一八九一)年七月の『教育報知』の「妖怪学一斑」では、心理学の研究の中から妖怪を研究の対象とするようになったことを、つぎのように明らかにしている。[6]

今日は学術が進歩してきたとは申しながら、その範囲が極めて狭小にして、妖怪のごときは多少心理学において研究しておったけれども、いまだ一科の学問とはなりません。畢竟、学者が多忙にして、実際、手を下すひまもなかったのであります。しかるに、私は心理学を研究する間に、このことを思い出したのでありまして……この妖怪のごときもまた、十分に研究を尽くしたならば、必ず一つの学科となすことができるであろうと思います。

そして、明治二六(一八九三)年の『妖怪学講義』では、つぎのように記している。[7]

そもそも余が妖怪学研究に着手したるは、今をさること十年前、すなわち明治十七年夏期に始まる。その後、この研究の講学上必要なる理由をのべて、東京大学中にその講究所を設置せられんことを建議したることあり。これと同時に、同志を誘導して大学内に不思議研究会を開設したることあり。

この三つの文章を読むと、それぞれに重点の違いはあるが、これらを総合したところに円了が妖怪研究へと進んだ条件・動機・行動があり、その時期は幼年期から東京大学在学中までの間と考えられる。

円了の妖怪への関心を考えると、「余、幼にして妖怪を聞くことを好み」と述べているように、生育環境が第一にあげられる。生誕の地である越後は雪国で、『北越奇談』『北越雪譜』などで知られる奇事・怪異・怪談が多かった。また、寺院は人間の生死に関わる場所であり、特に死後の世界(お化けや幽霊などを含む俗信や習俗)が話題になりやすい環境であり、妖怪に関心を示しやすい条件があったと考えられる(ただし、井上円了の場合は真宗の寺院で、開祖の親鸞が『正像末和讃』で「かなしきかなや道俗の　良時吉日えらばしめ　天神地祇をあがめつつ　卜占祭祀つとめとす」と述べているように、その教義には習俗や迷信を批判的にみる視点があり、これが円了の妖怪学の原点ではなかったのかという見方もある)。[8]

しかし、環境条件はあってもその関わりには個々人による相違があるが、円了は自らの性格をこう述べている。[9]

〔余〕その旧里に在るや同郷の児童と共に遊ばず……出でて江山の間に入れば、草木の森々としておのずから鬱茂し流水の悠々として去りて帰らざるを見、心ひそかに怪しむところありて家に帰りてその理を思う。これを思うて達することあたわざれば、ひとり茫然として自失し、幸いにその理に達すれば微笑して自得の状を呈す。……世人は事物の外形を見て、その形裏に胚胎する真理のいかんを問わず。余はただその理を思うて外形のいかんを顧みず。これが余が人とその感を異にするゆえんなり、これ余が衆とその楽を同じうすることあたわざるゆえんなり。

このような性格は後年も続き、田中治六はつぎのように語っている。[10]

先生は注意凝聚の力に秀でられしが故に、先生が或事項を専心一意に考へ居らる丶時は、側の喧噪なるも妨碍とはならず、又他より先生に話しかくる者あるも一向に聞えざるやうにて受け答へもせらる丶事なし、先生の令閨は此の注意凝聚の状を見る毎に「又例の考へ事が始つた」と言はれた。

円了は、『おばけの正体』の中で一〇歳前後の「障子の幽霊」と一五、六歳ごろの「幽霊の足音」を体験談として述べているが、こうした体験を理詰めで明らかにしようという性格は早くからあったと考えられ、「長じてその理を究めんと欲する」のが円了の関わり方であった。

また、円了が単なる妖怪の好事家にとどまらなかった条件もあった。真宗教団の場合、寺の長男は「候補衆徒」と位置づけられて、住職の後継者になる。一般的にいって、住職は地域社会の知的指導者また有力者であり、それにふさわしいものの見方・考え方を持ち、大衆を教化の視点から捉えるという条件があったからである。

このように述べると、円了が妖怪研究に進んだ条件は、生得的に具わっていたと見られるが、それだけで妖怪学の提唱者になったわけではない。

三　日本の開化と妖怪研究

明治一〇(一八七七)年に井上円了が京都・東本願寺の教師教校生に選ばれたことは、大きな転機になった。円了は国内留学生の第一号に指名され、創立直後の東京大学へと進んだ。そして、最先端の知識を学ぶことによって、それまでと異なった見方で仏教や妖怪の問題への関心を高めることになるのである。円了が妖怪研究を集大成した『妖怪学講義』は、総論、理学部門、医学部門、純正哲学部門、心理学部門、宗教学部門、教育学部門、雑部門の八つの部門から構成されているが、大学時代の知識が基礎となり応用されていることが分かる。

東京大学における予備門と文学部哲学科の七年間の学習は、

井上円了の見方・考え方を大きく発展させた。その一例として仏教について、つぎのように語っている。[11]

すでに哲学界内に真理の明月を発見して更に顧みて他の旧来の諸教〔儒教・仏教・キリスト教〕を見るに、……ひとり仏教に至りてはその説大いに哲理に合するをみる。……これ実に明治十八年のことなり。

これと同じく妖怪についても、円了は「〔西洋の〕心理学を研究する間に、このこと〔妖怪〕を思い出し」新たな関心を持ったという。「近代日本の心理学はそもそも、在来の仏教や儒教、石門心学などにおける人間認識や心理思想とはおよそ無関係に、欧米の近代科学を輸入したところから[12]」始まったのであるが、その重要性にいち早く着目した一人が円了であった。そして、円了は妖怪研究の意義をつぎのように述べている。[13]

方今各地の人民、その十に八九は妖怪を妄信して道理の何たるを知らず、畢竟、野蛮の民たるを免れざるものあり。これ、一は教育の足らざるによるというも、一はもっぱらこれを研究するものなきによる。余、いささかここに感ずるところありて、道理上妖怪の解釈を下して人民の妄信を開発し、文明の民たるに背かざらしめんことを欲するなり。

仏教や妖怪に対する新たな関心は、明治二〇（一八八七）年前後の日本の問題を反映したものであった。福沢諭吉は「文明の利器に私なきや」において、ペリーの来航という幕末の開国から三〇年間の日本について、「意外の世変を来した」のは電信・郵便・鉄道・汽車などの「有形物の文明」の功であって、これに対して同じく西洋を起源とする学問・教育・政治などの「無形に属する者」は、その効果・影響がいまだに不十分であると述べている。[14]

このような見方は、円了も同じで、「わが国明治の維新は一半すでに成りて一半いまだ成らず、有形上、器械上の文明すでに来たりて、無形上、精神上の文明いまだきたらず」と考えていた。[15]

円了はこのような認識をもって、日本の精神世界の改革を目指して社会的な活動を展開したのであるが、それを実現する方法として、第一は学校を設立して青年を教育すること、第二は著述を発行して世論を喚起することを考えていた。そして、第二の方法に関しては「余が師友とし模範とすべき」歴史的大著述家として、仏教では釈凝然、儒者では林羅山、神道では平田篤胤をまず挙げ、これに近世の洋家である福沢諭吉を加え、特に、「福沢翁の早く欧米の文明を調理して、わが通俗社会をしてその味を感ぜしめたる活眼とは、余がつとに敬慕するところにして、……哲学の思想を民間に普及せしむるには福沢翁を模範にした」と述べている。[16]

このような考え方から、明治一七(一八八四)年に東京大学を卒業した円了は、留学生として派遣された教団に戻らず、また官途にも就かなかった。福沢諭吉のような一民間人となり、護国愛理を理念として学術・理論の普及と応用をもって、日本社会の文明化・日本人の精神世界の改革に尽くす道に進んだ。そして、ベストセラーの『仏教活論序論』を著して仏教の近代化の基礎を築き、教育機関として哲学館を創立したが、つぎに目指したものが国民大衆の生活・文化に根ざした妖怪の問題であった。この妖怪の問題への取り組みがどのように始まり、さらに妖怪学へと発展していったのか、つぎにそれを具体的に見ていこう。

四　不思議研究から妖怪学へ

円了の『妖怪学講義』によると、妖怪の研究に着手した時期は「明治一七年夏」といわれている。東京大学四年生に在籍中で、年齢は二六歳である。

この明治一七(一八八四)年に井上円了は、一月に哲学会を中心者となって創立し、三月に宗教系の『令知会雑誌』に日本の西洋哲学史の端緒となった「哲学要領」の連載を開始し、一〇月に仏教系新聞の『明教新誌』に「耶蘇教を排するは理論にあるか」(後に『真理金針』として出版)の連載を開始している。これらはいずれも、円了の社会的活動の出発点であった。妖怪研究もこの時期に始まったのであるが、そのことは明治一八(一八八五)年の箕作元八「奇怪不思議ノ研究」に記されている。[17]

日本の西洋史学の開拓者となる箕作元八は、この論文でイギリスの心理研究会(サイキカルソサエティ)の不思議研究を紹介し、日本での同研究の必要性を述べた後で、「先には、わが大学の井上円了氏が奇怪研究の企ある由を聞きたれども、未だ公言せられたることなければ、如何なる成績を得られしや知るべからず」と書いているので、研究の詳細は分からないが、井上円了が明治一七(一八八四)年から一八(一八八五)年のはじめに、奇怪(不思議)研究を計画していたことが分かる。

このころは、哲学会の創設にみられるように、日本における学術的活動の草創期であった。妖怪研究のために、円了が組織したものが、明治一九(一八八六)年一月二四日に発足した不思議研究会である。この不思議研究会の記録は、『妖怪学講義』[18]に要約が記されているが、ここでは円了の自筆ノートから原文を紹介しておこう。

不思議研究会

第一会　一月第四日曜即二十四日東京大学講義室ニ会シ研究条目会員約束ヲ議定ス

当日会員ト定ムルモノ左ノ如シ

三宅雄二郎　田中館愛橘　箕作元八　吉武栄之進

井上円了　坪井次郎　坪井正五郎　沢井　廉

福家梅太郎　棚橋一郎

規則ハ別紙ニアリ

第二会　二月二十八日例場ニ開ク

規則一二条ヲ修正ス

坪井次郎氏ノ演説　沢井廉氏ノ報告アリ

当日左ノ二名ヲ会員ニ加フルコトヲ定ム

佐藤勇太郎　坪内勇蔵

第三会　三月二十八日例場ニ会ス

井上円了氏夢ノ説第一回ヲ述フ

不思議研究会はこのようにして出発し、「一年五十銭」の会費が徴集された記録はあるが、その後、「余久しく病床にありて、その事務を斡旋することあたわざるに至り、ついに休会することとなれり」[19]と、円了が書いているように、第三回の後、再開されることなく終わっている。

しかし、円了の個人による研究はこれで中止されることなく継続された。四か月後の七月に、円了は『令知会雑誌』につぎのような広告文を出している[20]。

世に妖怪不思議と称するもの多し。通俗、これを神または魔のいたすところとなす。その果たしてしかるやいなやは断定し難しといえども、神や魔のごときは、その有無すら今日いまだ知るべからざるに、単にこれをその所為に帰して、さらに妖怪のなんたるを問わざるは、決して学者のつとむるところにあらざるなり。ゆえに、余は日課の余間そのなんたるを研究して、果たして魔神のなすところなるか、または物理および心理上別に考うべき道理ありてしかるかを明らかにせんと欲す。もし、心理上考うべき原因ありてしかるときは、これを仏教の唯心説に参照して、自ら大いに得るところあるのみならず、その唯識所変の哲理を証立するに、また大いに益あるはもちろんなり。ゆえに、余は令知会諸君に対して、左の諸項中最も信ずべき事実あらば、なるべく詳細報道にあずからんことを望む。

幽霊　狐狸　奇夢　再生　偶合　予言　諸怪物　諸幻術

諸精神病等

この広告文のように、円了の妖怪研究は幽霊から諸精神病まで、当初から広範囲なものを対象とし、雑誌などを通して読者を調査員として、妖怪に関する事実の報告を求める方法で資料収集に着手している。このような調査はその後も続けられた[21]。

こうした資料収集と共に、妖怪研究がどのようにすすめられたのか、円了の「妖怪学著書論文目録[22]」をみれば、その過程をたどることができる。最初の論文は、明治一八（一八八五）年七月二五日の『学芸志林』の「易ヲ論ス」であり、つぎが明治二〇（一八八七）年二月五日の『哲学会雑誌』の「こッくり様ノ話」と続き、以後、大正八（一九一九）年に死去するまで単行本・論文・報告などを書き続けている。

すでに、円了の妖怪研究は当初から、幽霊から諸精神病までの広範囲なものを対象としていたと述べたが、しかし、はじめから妖怪という用語を使っていたわけではない。用語法の変遷を前述の目録に従って調べてみると、明治一九（一八八六）年の研究会では不思議を使っている。その後、不思議研究から妖怪研究、妖怪研究から妖怪学へと変わっているので、この用語法の変化から研究の進展を見ることができる。

「こッくり様ノ話」（明治二〇（一八八七）年二月五日）では、「こっくりとは狐狗狸にして、狐か狸のようなる一種の妖怪物が、その仕掛けたるところに乗り移りて……」「こっくり様御移り下されと言うときは……その実、他の場所に存在せる妖怪の霊を呼びて」と、「妖怪物」「妖怪の霊」という用語を使っている[23]。

「心理学（応用并妖怪説明）」（明治二一（一八八八）年一月一八日）では、「妖怪不思議」という言葉が使われ、それをつぎのように定義している[24]。

妖怪とはなんぞや。余がいわゆる妖怪は、事実現象の奇かつ異にして、普通の道理をもって説明すべからざるものをいう。すなわち、万物万象の通則をもって解説すべからざる、いわゆる理法外に属するものをいうなり。語を換えてこれを言えば、普通の道理思想をもって思議了知すべからざるものをいうなり。ゆえに、あるいはこれを不思議と称す。余もまたこの両称を合して妖怪不思議というなり。しかれども、もし細密にその名称を論ずれば、余が用いるところの妖怪の名は、通俗に用いるところの名称よりやや広き意義を有し、余が用いるところの不思議の名称は、字義上含むところの意よりやや狭き意義を有するものとしるべし。

この文章では妖怪と不思議とを区別し、それを総合する時は「妖怪不思議」という用語を使っている。この用語法は明治二三（一八九〇）年の「妖怪総論」にも、「余のいわゆる妖怪は広き意味にして、あるいはこれを妖怪不思議というも可なり[25]」とあり、この時期まで変わっていない。

そして、明治二四（一八九一）年七月四日の「妖怪学一斑」で、初めて「妖怪学」という用語を使っている。この時に論究された、偶合論、天文と人事の関係、卜筮、マジナイなどは、それまで不思議という用語で区別して捉えたものであったが、この論文ではすべてを妖怪という用語で説明している。[26]

このようにみると、明治一七（一八八四）年の不思議研究は、その後に妖怪研究へと進められ、明治二四（一八九一）年ごろにはさらに発展して、「学」として体系化する見通しができて、そして妖怪・妖怪学という用語の統一がはかられるようになったと考えられる（正式に「妖怪学」という用語を使ったのは、明治二六（一八九三）年の『妖怪学講義』からである）。

五　哲学館の授業と講義録における妖怪学

つぎに、哲学館の授業（講義）として、妖怪学がどのように行われてきたのか、それをみておこう。

円了は明治二〇（一八八七）年九月に、東京・湯島の麟祥院の施設を借りて哲学館を創立した。これが現在の東洋大学の前身であるが、哲学館は主に宗教家と教育家の養成を目的としていた。その当時の学科目・担当者・時間表は、『百年史　資料編Ⅰ・下』に主なものが収録されているが、これに井上円了研究センターのものを加えると、ほぼ判明する。

私立哲学館の第一年級科目・担当講師の中に、「心理学（応用并妖怪説明）」という科目がある。このように、哲学館では創立時から妖怪に関する授業があった。明治二一（一八八八）年二月の文書[27]では、担当の講師を「文学士　徳永満之」（のちの清沢満之）と記しているが、『哲学館講義録』では、円了が妖怪説明を、徳永満之が心理学をと、分担している。

二年目の科目には妖怪という名称はなく、「応用心理学　井上円了」とある（この年、井上円了は第一回の世界旅行中であり、妖怪の授業の有無は分からない）。

三年目（明治二三年度）は、哲学館の全授業が初めて網羅された時期である。哲学館に、西洋・東洋の哲学を中心に人文・社会の幅広い一般教養科目が設けられたのは、そのモデルが帝国大学文科大学（東京大学文学部の後身）に置かれていたからである。参考までにその科目を列記すると、日本学、支那学、印度学、論理学、心理学、社会学、倫理学、教育学、純正哲学、博物学、史学、経済学、政治学、ギリシャ哲学、近世哲学、審美学、宗教学が教授されていた。このほかに、「科外三級合併」の科目が設けられていた。この中に妖怪学という授業があった（他の科目は人類学、博言学、法理学、政理学、生理学、地理学、進化学である）[28]。

この妖怪学の授業は明治二四年度も継続されている。翌二五年度は資料がないので分からないが、明治二六年度（第七学年）「本館学科表」には、前述の「科外の科目」としての妖怪学はない。

しかし、この明治二六年度の「哲学館報告[29]」の広告に、「本学年度、本館講義録は正科および妖怪学の二種を発行す」とあり、そのとおりに、『妖怪学講義』は刊行されている。同報告の「同年〔二六年〕十一月五日より、正科の外に妖怪学講義録を発行して、その純益を専門科資金に積立つることとなす」という文章も、このことを示している。そのため、講義録としての『妖怪学講義』が授業としても行われたのか、この点は疑問として残るが、それについては後述したい。このようにして、哲学館の授業としての妖怪学は、明治二七年度以後、通信教育の講義録の形でのみ存在するようになった。

円了の妖怪学は、明治二六（一八九三）年の『哲学館講義録』として誕生したというのが正確であるが、この哲学館の講義録については、すでに述べたとおりである（第三章第一節参照）。

つぎに『哲学館講義録』の中の「妖怪」という名称のある講義録について述べておこう。

『哲学館講義録』に妖怪に関する講義録が初めて掲載されたのは、第一年級第二号（明治二一（一八八八）年一月一八日）の「心理学（応用并妖怪説明）」である。円了が、はじめに「心理学は理論と応用の二科を分かち、応用の部にはもっぱら妖怪の説明を与えんと欲するなり。妖怪には種々の類ありて、あるいは心理の関係なきものあるべしといえども、十中八九は心性作用の上に生ずるなり」と述べて、二号・一六頁にわたって総論を掲載している。しかし、「生儀病気にて、代講を徳永氏に請ふたらば《ママ》、以下同氏講義筆記に就て見るべし」という事情で中断し、その後は清沢満之が改めて応用心理学として妖怪・不思議を講義している。

つぎが「妖怪報告」で、『哲学館講義録』の第一期第三年級の七号（明治二三（一八九〇）年三月八日）から、六回に分けて掲載されているが、「妖怪事実を探索し、その結果を館員に報告」したもので、円了による講義ではない。

講義録としての妖怪学に近いものが掲載されたのは、第五学年の第四号（明治二四（一八九一）年一二月五日）からである。タイトルも妖怪学と付けられたこの講義録は、以後九回にわたって掲載され、総数一一一頁とまとまったものであり、のちの『妖怪学講義』の先駆と位置づけられる。しかし、円了はこの講義録の序言で、つぎのように記して妖怪学の成立を宣言していない[30]。

妖怪学は応用心理学の一部分として講述するものにして、これに学の字を付するも、決して一科完成せる学を義とするにあらず。ただ妖怪の事実を収集して、これに心理学上の説明を与えんことを試みるに過ぎず……他日に至ればあるいは一科独立の学となるも……今日なお事実捜索中なれば、各事実についていちいち説明を与うることあたわず、ただ余が従来研究中、二、三の事実につき説明を与えしもの。

確かに、ここでは狐狗狸のこと、棒寄せの秘術、妖怪を招く法、秘法彙集、心理療法、夢想論、偶合論を論じていても、まだ「学」としての体系化は実現していない段階であった。

六　妖怪学の誕生

このような過程をたどり、円了は明治二六（一八九三）年に妖怪学を完成させたが、その『妖怪学講義』の緒言で、不思議研究会以後の研究経過をこう記している[31]。

当時全国の有志にその旨趣（妖怪研究）を広告して、事実の通信を依頼したることあり。その今日までに得たる通知の数は、四百六十二件の多きに及べり。またその間に、実地について研究したるもの、コックリの件、催眠術の件、魔法の件、白狐の件等、大小およそ数十件あり、その他、明治二十三年以来、全国を周遊して直接に見聞したるもの、またすくなからず。かつ数年間、古今の書類について妖怪に関する事項を探索したるもの、五百部の多きに及べり。

妖怪の研究を明治一七（一八八四）年夏からはじめ、以後およそ一〇年間に、このような調査・研究をかさねて、明治二六（一八九三）年に大成したのが『妖怪学講義』である。妖怪学の講義録は総論、理学、医学、純正哲学、心理学、宗教学、教育学、雑の八つの部門を持つが、この妖怪学の目的は、すでに述べたように「無形上、精神上の文明」を発達させるためであり、それを同書でこう記している[32]。

今やわが国、海に輪船あり、陸に鉄路あり、電信、電灯、全国に普及し、これを数十年の往時に比するに、全く別世界を開くを覚ゆ。国民のこれによりて得るところの便益、実に夥多なりというべし。ただうらむらくは、諸学の応用いまだ尽くさざるところありて、愚民なお依然として迷裏に彷徨し、苦中に呻吟する者多きを。これ余がかつて、今日の文明は有形上器械的の進歩にして、無形上精神的の発達にあらずというゆえんなり。もし、この愚民の心地に諸学の鉄路を架し、知識の電灯を点ずるに至らば、はじめて明治の偉業全く成功すというべし。しかして、この目的を達するは、実に諸学の応用、なかんずく妖怪学の講究なり。

このような目的をもって、円了の妖怪学は誕生したのであるが、当時の作成過程を物語る文章はほとんどなく、今のところ、追悼文集『井上円了先生』の田中治六「井上先生の性格」しかない。田中治六は『妖怪学講義』の「第五　心理学部門」の筆記者であったが、その実際をつぎのように記している。[33]

先生は学者として構想統合の才に富まれしこは顕著の特色なり。先生の記憶力も強大にして（何等かの秘術を用ひられしか）吾人の尤も難しとする人名地名などを驚くべきまでよく覚えをられしが、併し先生は、或は博覧強記の人に免れざる短所として、たゞ種々雑多の事項を善く記憶するが如きに止まらずして、此等の材料を統合按排して新形式を構成すること、若くは独創新奇の思想を造出することは、最も得意とする所なりき……予は「妖怪学講義録《ママ》」のお手伝をなしたる時に殊に先生の構想力の偉大なるを感じたり。此の講義は哲学、宗教、道徳、天文、理科等の諸部門に分れ、各門が又幾分の章節に区分せられをりて、二ヶ年に亘りて発行せられし厖然たる大著述なり、さるに先生は第一に多年収集せられし山なす材料を整理して各部門各章節にそれ〴〵按排して、此材料は何部門の何章何節にと一々記入しおきて、さて後に各部門の首章より次第に口授して之を予等門下生に筆写せしめ、その適処に夫々の材料を挿入せしむるに整然として一糸乱れざるものあり。加之、講義録の頁数の如きも一定の制限内にてほゞ多からず少からざるやうに加減せられて終始したりしは、一には先生の多年著述の経験によるとはいひ、又先生の構想統合の偉力に帰せずばあらずと、そゞろに感嘆したりき。

この田中治六の文章については後述することとし、『妖怪学講義』が哲学館の授業として行われたのか、という疑問を先に提起しておいたので、そのことをまず明らかにしておきたい。すでに見たが、明治二六年度の「哲学館報告」の「本館学科表」には、妖怪学の授業の記載はなかった。ところが、現在の調査によれば、当時の学生の講義ノートがあり、授業も行われていたと考えられる。

哲学館に学び、その後、チベットへ仏典を求めた人物に、河口慧海と能海寛がいる。能海寛は、河口慧海のようにその目的を達成できず、チベットへの途上で殺害されたといわれているが、能海寛の資料は最近、生誕の地である島根県浜田市金城町波佐の能海寛研究会の人々によって、真宗大谷派浄蓮寺という生家から発見された。

それらの資料の中に、明治二六(一八九三)年に井上円了の妖怪学を筆記したノートがある。原文のはじめに、「妖怪学　井上円了氏述　明治廿六年四月始　予記」と書かれていることから、実際の妖怪学の授業が確認されたのである。

能海寛はこのノートに、「第壱回　序論予欠席」と記し、第二回から「妖怪ハ学科ナルカ何科ニ属スルカ　学術上ノ原理ヲ

応用シテ未明ヲ説明スルモノユヘ学問ナリ　チツ序組織ヲ要ス
　之ニ就テハ従来一ヶノ学科タラザルユヘ他日立派ノモノトナルベシ」と筆記をはじめている。これに続いて、「于時明治二十六年五月十二日従午後二時至三時館主講述」の講義が筆記されている。

　この二回の授業は全部で四枚ほどの罫紙に記されているが、その要点筆記の内容を、『妖怪学講義』と比較したところ、「第一総論　第二講　学科編　第七節　妖怪学は既設の学科にあらざるゆえん」から「第六講　第四十五節　知識と妖怪の関係」までの講義であると判断される。

　またこのほかに、哲学館の第一期生だった金森従憲（兵庫県たつの市・真宗大谷派善竜寺住職）の履歴書の原文に「同（明治）二十六年九月ヨリ同二十七年九月マテ哲学館ニテ妖怪ニ関スル学術ヲ研究ス[34]」とあり、能海寛のノートの記述と合わせて、実際に妖怪学の講義があったと推測される（現在は、能海寛の資料のように、講義の一部分しか分かっていない）。

七　『妖怪学講義』とノート

　つぎに、講義録に関する資料について述べよう。『妖怪学講義』の筆記者であった田中治六は、「先生は第一に多年収集せられし山なす材料を整理して各部門各章節にそれ〲按排して、此材料は何部門の何章何節にと一々記入しおきて」と述べていたが、その時の資料が現在も東洋大学井上円了研究センターに保存されているので、ここで紹介しておきたい。

　『妖怪学講義』の「緒言」に第一類から第八類までの「詳細な種目」があるが、これにあたる自筆の「種目ノート」があり、現在は第二類第二種から第八類第三種まで残っていて、ここに種目と文献などの出典が記されている。

　例えば『妖怪学講義』では、「第二類第八種（変事編）変化、カマイタチ、河童、釜鳴り、七不思議」となっている。この種目ノートには「第二類第八種（変事編）集三ノ一七二（七不思議）、荘一・カマイタチ、荘三・河童」とある。このように、種目ノートと講義録の項目はほぼ一致するか、あるいは講義録の方がより細密化されているのである。

　この種目ノートを検討したところ、「集三ノ一七二」の「集」は文献・資料の略符号で、番号は冊数か事項の整理番号であった。ノートの末尾に「符号」一覧があって、「『妖一』ハ妖怪学第一ヲ言ウ」「『集一』ハ実地見聞集第一ヲ言ウ」と書かれている。

　この「妖怪学第一」は、古今の五〇〇部の文献を調査して選んだ所見や引用文を整理したノートで、「妖怪学第四」まで現存している。『実地見聞集』第一は全国巡回の際の実地見聞を整理したノートで、『実地見聞集』第三まであった[35]。

「荘二」は『荘内怪談集』とその冊数を指しているが、自筆ノートのほかに、このように使われた雑誌名などが、『心理学試験集』『自著妖怪学』『人類学会雑誌』『哲学会雑誌』『社会事彙』『学士会院雑誌』『皇典講究所』『学芸志林』『文雑誌』『会通雑誌』『哲学館講義録』『天則』と列記されている。

　ノートと『妖怪学講義』の記述の関係について、その一例を紹介しておこう。

「第二　理学部門　第一七節　火山および温泉」の「これより西洋における古来の地震説を挙げんに、まず紀元前五〇〇年のころにアナクサゴラス出でて、地震は地底に電気ありて岩石の一室内にこもり、これにより電気を生じ、その発雷激動によりて、ついにその岩室を破裂せしむるよりおこるものなりといえり[36]。」という記述がある。

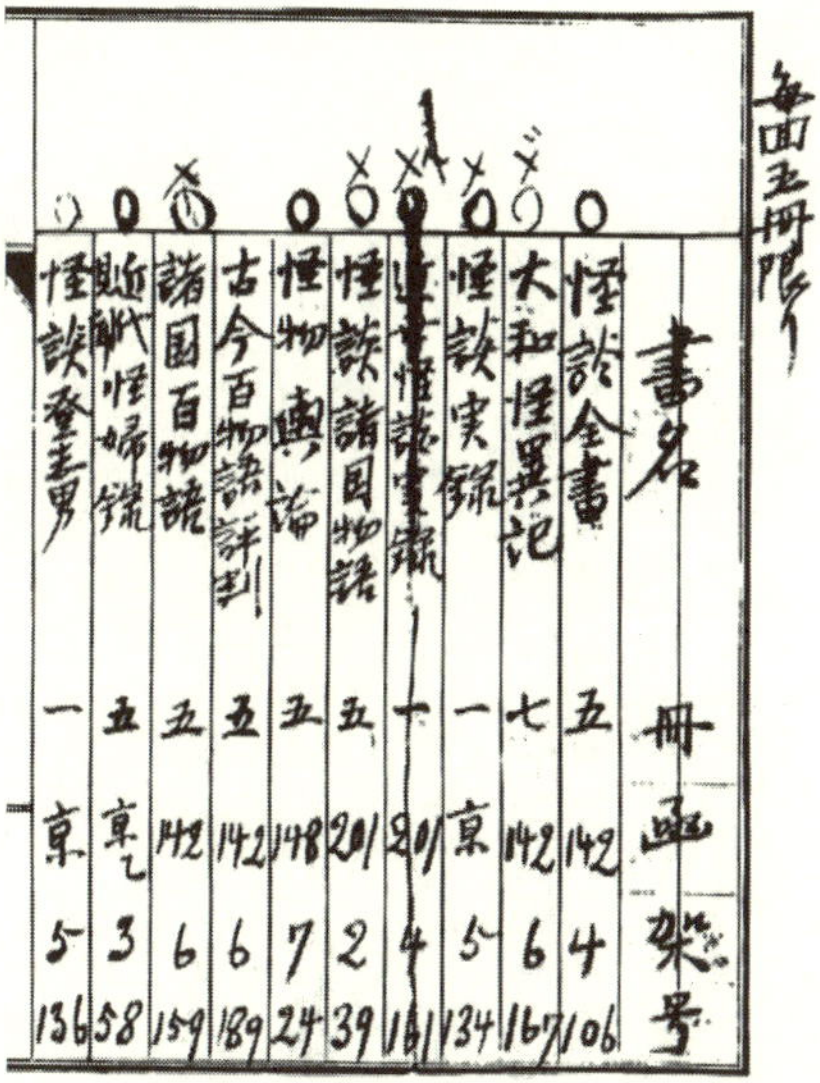

毎回五冊限り

書名	冊	函	架号	
怪談全書	五	142	4	106
大和怪異記	七	142	6	167
怪談実録	一	京	5	134
[illegible]	十	201	4	161
怪談諸国物語	五	201	2	39
怪物輿論	五	148	7	24
古今百物語評判	五	142	6	189
諸国百物語	五	142	6	159
近代怪婦録	五	京乙	3	58
怪談登志男	一	京	5	136

『妖怪学　第四』
（井上円了研究センター所蔵）

　この記述のもととなった「妖怪学第一」のノートでは、「アナキサゴス氏ハ地中ニ電気アリ　巌石ノ一室内ニアリ　之レニ電気ノ生スルアリテ発雷激動ス　即チ岩室ヲ破裂スルナリ」と書かれている。

　このようにして、井上円了は種目メモと資料を引用しながら、明治二六（一八九三）年一一月に『妖怪学講義』を世に問うたのである。また、この一一月には、妖怪研究会も設置した[37]。

『妖怪学講義』の初版は、『哲学館講義録』の「第七学年度妖怪学」として発行された。第一号と第二号の二号を一冊にまとめ、その第一冊は明治二六（一八九三）年一一月五日に発行され、以後、毎月二回（冊）出されて、明治二七（一八九四）年一〇月二〇日の第二四冊（第四七号・第四八号）で完結した。一号分の本文は五二頁ずつで、第一冊の目次のように、八つの部門のうち一号につき三部門、二号を合わせて六部門を取り上げ、前述の田中治六が「講義録の頁数の如きも一定の制限内にてほゞ多からず少からざるように加減せられて」というように、全体のバランスを取りながら進められた。

　このおよそ二五〇〇頁の講義録は、明治二九（一八九六）年六月一四日の再版の時に、六冊本に合本された。これが現在もっとも知られているものである。そして、明治三〇(一八九七)年二月一六日に文部大臣から、「本書、材料の収集に富み、論説援据にくわしきはもちろん、ことに目下民間においてなお迷信流行し、往々普通教育の進歩の障害する点もこれあり」、「学術上いちいちこれが説明を与えられしは、すこぶる有益のことと思考いたし」、「かかる著述のあまねく世に公行せば、今より漸次、かの迷信の旧習を減退するの一助となる」という評価があり、二月二二日に宮内大臣から明治天皇に奉呈された、という経過を受けて、八月五日に三版が印行された[38]。

こうして『妖怪学講義』は、はじめは講義録であったが、合本されて単行本の形でも普及した。しかし、明治三五(一九〇二)年には、「妖怪学講義録は全部大冊にして一時に通読すること難く、かつ代価三円以上なれば、貧生の力一時に購読すること難きを察し、ここに読者の便をはかり、毎月二号を追って漸次に発行し、十三カ月をもって全部の講義を掲載する方法を取れり。かつ講義のほかに、全国各地の妖怪報告および質問・応答等を掲げ」て、新たに『妖怪学雑誌』としても刊行された[39]。

八　妖怪学の特徴

円了の妖怪学の基礎は、古今の文献考証にあり、この点が現在の民俗学の研究者から高く評価されているが、これまではそれらの文献を一覧するものがなかった。山内瑛一によって、初めて「妖怪学参考図書解題[40]」が完成され、ようやくその全体像が把握された。

この解題によれば、参考および引用した文献に直接・間接のものがあり、それらに明治期の雑誌・新聞などを加えると、その数は一六四〇余りに達する。その内容は、日本、中国、インド(仏典)が主で、時代は古代から江戸時代までを範囲とし、有職故実・故事来歴・語源を調べ、天文・地誌・医学を含めた天・地・人・物・事に関すること(吉兆禍福や善悪に始まり神仙・卜筮・夢・鬼・霊魂・草木・昆虫)に及んでいる。そして、一般に伝わる風俗、巷談、教訓、人物評伝、紀行文、教訓、名言、秘術、怪異小説、怪談、異聞、奇聞、変化、民話、説話、俗話、雑話、伝奇小説、奇談、奇事、珍説、佳話などを幅広く考証している。思想としては儒教、道教、仏教、神道、修験道を対象としている。

これらの円了が使った文献の多くは、現在、東洋大学附属図書館の「哲学堂文庫」として存在している[41]。

このような文献の考証を、『妖怪学講義』の第一の特徴とすれば、全国を一巡して実地に見聞したというフィールドワークの成果が第二の特徴として挙げられる[42]。

この巡回の記録は、現在、『井上円了選集』の第一二巻から第一五巻に収録されているが、明治二三（一八九〇）年一一月二日から明治二六（一八九三）年二月八日までの第一回の全国巡講による情報は、すでに述べた『実地見聞集』に整理され、『妖怪学講義』の基礎資料となった[43]。この第一回の全国巡講を二六（一八九三）年二月八日に終えてから、円了は妖怪学を一気にまとめたのであった。

前記のような多数の文献による考証とこの全国的な調査に基づいて、円了は日本の妖怪について、つぎのような結論を導き出している[44]。

わが国の妖怪は多くシナより入りきたり、真に日本固有と称すべきものははなはだ少なし。余の想定するところによるに、わが国今日に伝わる妖怪種類中、七分はシナ伝来、二分はインド伝来、一分は日本固有なるもののごとし。ゆえに、わが国およびシナの書類は、微力の及ぶ限り広く捜索したるも、西洋の書類は、わずかに数十部を参見せしに過ぎず。

円了の妖怪学は、『妖怪学講義』などの出版物の形で普及されると共に、後年は全国巡回講演において社会教育としても普及された[45]。

こうして、円了は長年にわたる教育、著述、講演によって妖怪学を普及させた。そして、自身は「妖怪博士・お化け博士」の愛称で呼ばれ、妖怪という言葉を社会に定着させるほどの成果を生み出した。

これほどの成果をあげたのは、不思議研究から「学としての妖怪学」への展開があったからであるが、そのような問題意識の飛躍的な発展を促したのが、欧米各国の視察であった。

円了は、明治二〇（一八八七）年九月に哲学館を創立したが、翌二一（一八八八）年六月に海外視察に出発した。一年間の視察の結果は、『欧米各国政教日記』にまとめられているが、同書は政治と宗教の関係の実態報告であり、井上円了自身にとって海外視察の影響がどの程度のものであったのか、詳細には語られていない。しかし、帰国直後に発表された「哲学館目的について」[46]では、つぎのように述べている。

欧米各国のことは、日本に安座して想像するとは大いに差異なるものなり。しかして、その最も想像の誤謬に陥りやすきは、各国みなその国固有の学問・技芸を愛して、一国独立の精神に富めるを知らざること、これなり。けだし、一国独立をなすは千百の元素集合したる結果にして、いわゆる一国独立風の盛んなること、最も必要なるところなり。しかして、この独立風をなさんには、ただわずかに一、二の政治・法律等の善美のみをもって、こいねがい得べきものにあらず、学問・技芸・人情・風俗・習慣等、ことごとく協合せずんばあたわざるなり。

当時の日本の民衆は、島国的で西洋や世界のことを知らず、迷信にとりつかれるなど、その生活は科学的合理性に欠け、小社会の経験の枠内で生活していた。井上円了はこのような民衆を、しばしば愚民と慨嘆しながらも、民衆こそ自分にとっての教育対象と考えていたといわれている。

日本と欧米の大きな差異を見た円了は、「妖怪の研究は卑賤の事業に似たるも、その関係するところ実に広く、その影響するところ実に大」なるものと捉え、日本人の精神世界を根本から改革するために、「宗教に入るの門路にして教育を進めるの前駆」と位置づけて、妖怪学を構想したと考えられる。[47]

これについて、新田幸治は『妖怪学入門』の中で、つぎのように述べている。[48]

井上円了先生が『学』としての妖怪研究をはじめたのは、明治二〇年代であります。まだ、世界を周遊した日本人が一握りの時代に、先生は異なる国々の現実をつぶさに知るために、自力で海外へと足を運んだのでありますが、そのような先生の進取の精神は、日本人の生活のあり方にも向けられ、自ら日本全国を巡回され、その実査と多くの文献研究を踏まえて提唱されたのが『妖怪学』でした。

このように見ると、円了の妖怪学は、井上哲次郎のいう「世間の喝采」を得るためや、三宅雪嶺のいう「趣味道楽」のものではなかったことが理解されよう。

円了は『妖怪学講義』の中で、人類の歴史と妖怪学の関係を、「古今人類の知力、思想の発達」に関係していると捉えている。始めの「太古の時代」については、つぎのよう述べている。[49]

妖怪学の起源は、人類とその始めを同じくするものにあらず。けだし太古の人は、いまだ物心のなんたるを知らず、万有を見てこれを怪しむゆえんを知らず。物心一致、彼我別なく、なお四、五歳未満の幼児のごとく、蠕々蠢々《ぜんぜんしゅんしゅん》いたずらに両間に棲息《せいそく》するのみ。実に無思無想の時代というべし。かくのごとき時代にありては、いずくんぞいわゆる妖怪なるものあらんや。

このように、太古の時代に、妖怪の認識はなかったと、円了は見ている。それでは、人類はいつから妖怪を認識するようになったのか、それについて、円了はつぎのように述べている。[50]

およそ人の性たる、知力わずかに発育すれば、自然に一種の疑念、内に動きて思想を刺激し、ついに進みて四囲の万象を説明せんとするものなり。妖怪学は、人知ようやく進みて物心内外の別ようやく生じ、結果を見て原因を探り、原因を知りて結果を求むるに至りて、はじめて起こるものなり。

そして、円了は、人類が万有を解釈しようとした発達の順序を、つぎのように述べている。[51]

第一時期　感覚時代（知力の下級）
第二時期　想像時代
第三時期　推理時代（知力の高等）

円了はこの第一時期について、つぎのように述べている。[52]

感覚時代とは、万有の解釈を与うるに、吾人の感覚にて見聞し得らるる、形質上のもののみによりて説明を与うる時代なり。けだし当時の人知いまだ無形無質のものを考うるに至らず、一切の事物はみな感覚以内、経験以内にとどめ、たとい物心の二元あるを知るも、ともに有形質のものと信じ、物質上の説明を与えり。

この第一時期の感覚時代を過ぎて、人類は第二時期の想像時代に入る。この第二時期について、円了はつぎのように述べている。[53]

かくして人知ようやく進み、また実際上、有形質のみにて解説すべからざるものあるを知り、自然に無形質を想像するに至る。しかしてこの想像は、さきの有形質を敷演《ふえん》増大して、未経験の新影像を構造するより起こる。けだし感覚上見聞するもの、これを再現すれば再想となり、諸再想を取捨増減して新影像を構造するに至れば構想となる。これいわゆる想像なり。想像作用ようやく進むに及んで、有形質の影像さらに変じて無形質に近づき、ついに感覚以上、経験以外に無形世界を想立するに至る。ここにおいて物心二元中、ひとり心元を無形として想像するのみならず、鬼神も死後の世界も、みなこれを無形として想像するを得。第一時期にありては、すなわち風雨山川みな、おのおのその霊ありとして有形的の多神を信じたるも、ここに至りてその想像ようやく無形に移り、ひとり多神を無形的に考うるのみならず、多神の上さらに一神あるを想定するに至る。この一神の体、物心二者を支配し、一切の現象変化はみな、その創造もしくは媒介によるものとなす。

円了は、つぎの第三時期すなわち推理時代が現代であると位置づけ、つぎのように述べている。[54]

> 第三時期は知力の大いに発達したる時代にして、虚構、想像を交えず確実なる推理によりて、卑近より高遠に及ぼし、有形より無形に及ぼし、感覚以内より感覚以外に及ぼすものにして、これ全く今日の学術時代の解釈なり。今日の解釈は宇宙万有の天則天法をもととし、精密にしてかつ確実なる論理によりて種々の現象変化を説明するものなれば、妖怪の解釈ここに至りて一変せざるべからず。すなわち第一時期にありては、万有各体の内に存する他元にその原因を帰するものにして、重我説これなり。第二時期にありては、万有各体の外に存する他体にその原因を帰するものにして、鬼神説これなり。しかるに第三時期にありては、すでにこれを内に存する他元に求めず、またこれを外に存する他体に求めず、万有そのものに固有せる規則もしくは道理にその原因を帰するの別あり。
>
> 　しかして今、予が述べんと欲するところのものは、この第三時期の解釈法によりて説明を与うるにあれば……

円了は人類の歴史と妖怪の関係について、太古の時代を含めると、このように四つの時期に区分しているのである。

最後に円了の妖怪学の捉え方と『妖怪学講義』の内容について紹介しておこう。[55]

図１　妖怪の分類

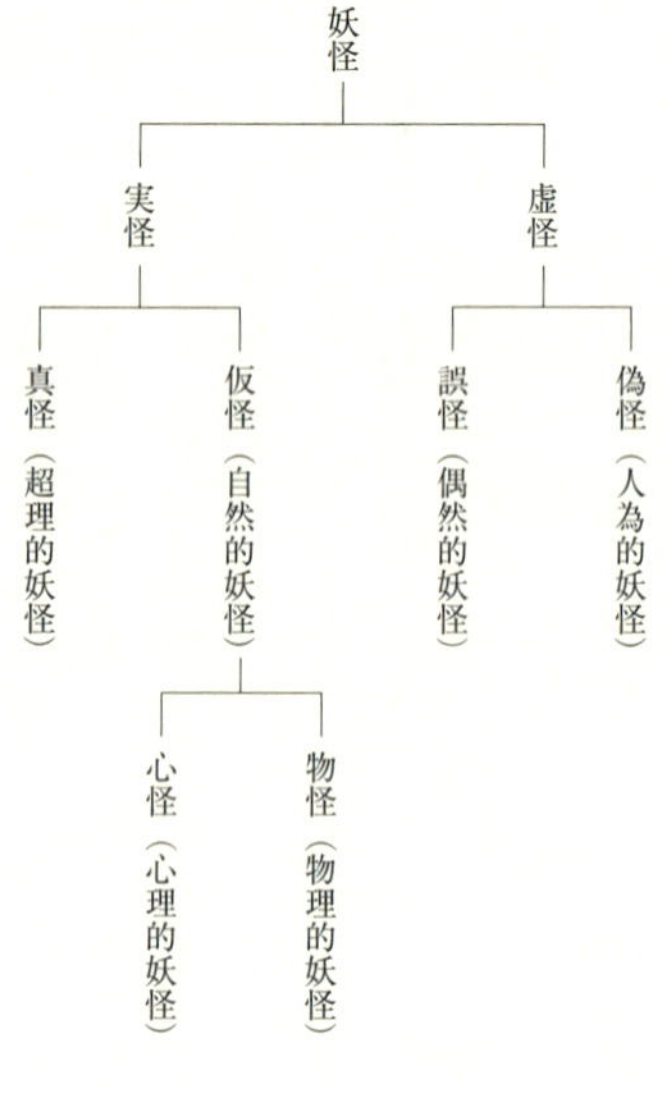

図1の分類を簡単に説明しておこう。「偽怪」とは、人の意志、工夫によって構造、作為する妖怪で、これに個人的と社会的の二種類がある。「誤怪」とは、偶然に起った出来事が、誤って妖怪と認められたものである。これに外界と内界の二種類があり、客観的妖怪と主観的妖怪という。この偽怪と誤怪は「虚怪」であり、真の妖怪とはいえない。人の虚構と誤謬から生まれるものである。

　この「虚怪」に対するものが「実怪」である。その第一は「仮怪」である。「仮怪」は人為にあらず、偶然にあらず、自然に起れるものであり、これに物の上に現象するものと、心の上に現象するものの区別がある。そのため、一つを「物怪」つまり「物理的妖怪」とし、他方を「心怪」つまり「心理的妖怪」とする。さらに「実怪」には「仮怪」の他に「真怪」がある。「真怪」とは、真正の妖怪で、いわゆる絶対無限の体を名付けていうものである。

「実怪」の中で、「仮怪」はこれを講究してその原理に達すれば、普通一般の規則と同一の道理に基づくものということができる。今日の人知では妖怪とみられるものも、将来の人知によってその理の解明が期待されるものである。これに対して「真怪」は「いかに人知進歩すとも到底知るべからざるものにして、これ超理的妖怪なり。」不可知的不可思議なものである。

世界には無限絶対の世界と、有限相対の世界、さらに人間世界がある。この人間世界はさきの両界の間にまたがり、よく二界と通じている。これを三大世界という。この三大世界に相応して妖怪にも三種類ある。つまり、真怪はいわゆる絶対世界の妖怪で、仮怪はいわゆる相対世界の妖怪である。偽怪は人間世界の妖怪である。誤怪は偽怪と仮怪の上に偶然に生じたものであるがために、これに対すべき世界はない。

このように、円了は妖怪学の結論として、妖怪の種類を分類し、その定義を行っている。また、円了が収集・見聞したものの起源と妖怪の種類について、つぎのように述べている。[56]

その起源を考うるに、総体の七分はシナ伝来、二分はインド伝来、残りの一分は日本固有種の妖怪のように見えます。また、その種類を考うるに、十中の五は偽怪、十中の三は誤怪、残りの二分だけは仮怪の割合となります。ただし、世間には仮怪最も多きようでありますけれども、その中には偽怪、誤怪の混入せる例がたくさんでありますから、ウッカリ信ずることはできませぬ。

円了の『妖怪学講義』は、哲学を中心とし、これに理学と医学などを加えて、妖怪とは何かを明らかにしようとしたものである。この大著は、総論、理学部門、医学部門、純正哲学部門、心理学部門、宗教学部門、教育学部門、雑部門の八種類から構成されている。部門別に主な項目を列挙すると、つぎのようになっている。[57]

総　論　　定義、種類、原因、説明等

理学部門　　天変、地異、奇草、異木、妖鳥、怪獣、異人、鬼火、竜灯、蜃気楼、竜宮の類

医学部門　　人体異常、癲癇、ヒステリー、諸狂、仙術、妙薬、食い合わせ、マジナイ療法の類

純正哲学部門　　前兆、予言、暗合、陰陽、五行、天気予知法、易筮、御籤、淘宮、天元、九星、幹技術、人相、家相、方位、墨色、厄年、有卦無卦、縁起の類

心理学部門　幻覚、妄想、夢、奇夢、狐憑き、犬神、天狗、動物電気、コックリ、催眠術、察心術、降神術、巫覡の類
宗教学部門　幽霊、生霊、死霊、人魂、鬼神、悪魔、前生、死後、六道、再生、天堂、地獄、祟り、厄払い、祈祷、守り札、呪詛、修法、霊験、応報、託宣、感通の類
教育学部門　遺伝、胎教、白痴、神童、記憶術の類
雑部門　妖怪宅地、怪事、怪物、火渡り、魔法、幻術の類

円了が仮怪として取り上げている主な項目でも、このように多岐にわたっている。『妖怪学講義』の実際を調べてみると、取り上げられている仮怪の細目は二七〇項目を超えている。一般的に妖怪といえば、幽霊やお化けなどであるが、円了の場合、先の分類にみるように、偽怪、誤怪、仮怪、真怪に分けられ、先の二つは虚怪であり、後の二つが実怪とされていて、妖怪は天変地異からマジナイまでと、一般的に妖怪に入れない事柄も含めて、極めて広範囲な現象を妖怪として取り上げている。ここに学問としての円了の妖怪学の特徴がある。

【註】

1　井上哲次郎「井上円了博士」(『井上円了先生』東洋大学校友会、大正八(一九一九)年、一四〇頁)。
2　三宅雪嶺〔無題〕(『井上円了先生』、前掲書、二〇四—二〇六頁)。
3　『選集』第一六巻—第二一巻と『井上円了・妖怪学全集』第一巻—第六巻(柏書房刊)は同版である。本稿での引用は『選集』によっている。
4　井上円了『活仏教』大正元(一九一二)年、付録「第一篇　信仰告白に関して来歴の一端を述ぶ」(『選集』第四巻、四九五頁)。
5　井上円了『妖怪玄談』明治二〇(一八八七)年(『選集』第一九巻、一五頁)。
6　井上円了「妖怪学一斑」(『選集』第二一巻、三九五—三九六頁)。
7　井上円了『妖怪学講義』明治二六(一八九三)年(『選集』第一六巻、三二一—三二二頁)。
8　「正像末和讃」は『真宗聖典』(法蔵館、五六八頁)。常盤大定「故井上円了博士」(『井上円了先生』、前掲書、三〇六頁)。
9　井上円了『仏教活論序論』明治二〇(一八八七)年(『選集』第三巻、三三二—三三三頁)。
10　田中治六「井上先生の性格」(『井上円了先生』、前掲書、一八四頁)。
11　井上円了『仏教活論序論』明治二〇(一八八七)年(『選集』第三巻、三三七頁)。
12　心理科学研究会歴史研究部会編『日本心理学史の研究』(法政出版、平成一〇(一九九八)年、一頁)。井上円了の心理学の普及については、『通信教授　心理学』『心理摘要』『東洋心理学』『仏教心理学』『心理療法』などの著作がある。
13　井上円了『通信教授　心理学』明治二一(一八八八)年(『選集』第九巻、二八九頁)。
14　福沢諭吉「文明の利器に私なきや」(慶応義塾編『福沢諭吉全

集』第一一巻、岩波書店、昭和四五(一九七〇)年、四五二頁)。

15　井上円了『能州巡回報告演説』明治三三(一九〇〇)年(『選集』第一二巻、一一二頁)。

16　井上円了「漢字存廃問題に就て」(『甫水論集』博文館、明治三五(一九〇二)年、『選集』第二五巻、二八九―二九〇頁)。

17　箕作元八「奇怪不思議ノ研究」(『東洋学芸雑誌』第二四号、明治一八(一八八五)年三月二五日、三三三―三三八頁)。

18　東洋大学井上円了研究センター所蔵

19　井上円了『妖怪学講義』(『選集』第一六巻、三二頁)。

20　『令知会雑誌』第二八号(明治一九(一八八六)年七月二一日、四六―四七頁)。同じく『教学編集』第三六編、明治一九(一八八六)年一二月五日。

21　このような広告は、明治二〇(一八八七)年一二月五日の『哲学会雑誌』、明治二二(一八八九)年一二月の普及舎の『通信教授心理学』、明治二三(一八九〇)年二月一八日の『哲学館講義録』(第一期第三年級)にも出された。

22　「妖怪学関係著作論文目録」(『選集』第二一巻、六六九―六八八頁)。

23　井上円了「こっくり様ノ話」(『哲学会雑誌』第一冊第一号、明治二〇(一八八七)年二月五日、二九―三〇頁)。

24　井上円了「心理学(応用并妖怪説明)」(『哲学館講義』第一年級第二号、明治二一(一八八八)年一月一八日、三頁)。

25　井上円了「妖怪総論」(『日曜講義　哲学講演集』第一編、明治二三(一八九〇)年、一頁)。

26　井上円了「妖怪学一斑」(『選集』第二一巻、三八一―三九六頁)。

27　「私立哲学館第一年級科目・担当講師」(『百年史　資料編Ⅰ・下』、三頁)。

28　「私立哲学館学科表・担当講師」(『百年史　資料編Ⅰ・下』、五頁)。

29　『哲学館正科講義録第七号々外　哲学館報告　明治廿六年度』(哲学館、明治二七(一八九四)年一月九日)。

30　井上円了「妖怪学」(『選集』第二一巻、一三頁)。

31　井上円了『妖怪学講義』(『選集』第一六巻、三二頁)。

32　同書、『選集』第一六巻、一九―二〇頁。

33　田中治六、前掲書、一八五―一八六頁。

34　「哲学館第一期生　金森従憲氏」(『井上円了研究』第三号、昭和六〇(一九八五)年、六九頁)。

35　井上円了の『実地見聞集　第一』の所在は不明であるが、第二と第三は『井上円了センター年報』の第二号と第三号に翻刻されている。

36　井上円了『妖怪学講義』(『選集』第一六巻、三五二頁)。

37　妖怪研究会の設置は、明治二六(一八九三)年一一月一七日の『天則』や同一一月三日の『読売新聞』の雑報の報道にあり、『東洋大学創立五十年史』の「明治二十四年設立」は誤りである。

38　『哲学館規則』明治三〇(一八九七)年九月印刷。

39　『哲学館館外員規則　即講義録規則』明治三五(一九〇二)年九月改正。哲学館による『妖怪学講義』の発行は、この『妖怪学雑誌』までで、井上円了没後には大正一二(一九二三)年に出版社から刊行され、昭和の戦前までに出版回数は四度にわたった。

40　山内瑛一編「妖怪学参考図書解題」(『選集』第二一巻、四九五―六六八頁)。

41　井上円了が創設したこの哲学堂文庫は、主に江戸期の刊行物で構成され、国漢書と仏書を合わせて、六七九二種類、二万一一九三冊が収蔵されている。これらの書誌事項は、『新編哲学堂文庫目録」（東洋大学附属図書館、平成九（一九九七）年）にまとめられているが、特に妖怪学と直接関係する「怪談草紙部」は国文版本、漢文版本、国漢文写本の一七二の文献があり、井上円了が文献調査を行った跡が確認できる。

42 明治二三（一八九〇）年一一月から始まったこの巡回の目的はいくつかあり、第一に哲学館に専門科を設置して、大学へと発展させるための寄付金の募集（当時は新校舎の建設による負債を抱えてもいた）、第二に各地で講演や演説を行って学術を普及するという社会教育、第三が妖怪学のフィールドワークであったと考えられる。

43 拙稿「解説―井上円了の全国巡講」（『選集』第一五巻所収を参照）。

44 井上円了『妖怪学講義』（『選集』第一六巻、四一頁）。

45 この巡講は、明治二九（一八九六）年から再開され大正八（一九一九）年の死去まで継続され、講演の足跡は平成七年度の市町村数の五三％に残されている。この講演の内容については、明治四二（一九〇九）年から大正七（一九一八）年までの統計があり、その三七〇六回の総講演数のうち、「妖怪・迷信」は八七七回で全体の二四％を占めている。『井上円了センター年報』第四号の『旅行必携簿　巻二』は、巡講のための所感・メモを記したノートで、その中に妖怪総論、心理的妖怪、幽霊談、迷信論、真怪論の項目があり、講演の内容をうかがうことができる。

46 井上円了「哲学館目的ニツイテ」（『百年史　資料編Ⅰ・上』、一〇三頁）。

47 井上円了『妖怪学講義』（『選集』第一六巻、四一―四二頁）。

48 新田幸治「あとがき」、『妖怪学入門』（すずさわ書店、平成一二（二〇〇〇）年、一八五頁）。

49 井上円了『妖怪学講義』（『選集』第一六巻、八六頁）。

50 同右、前掲書、八六頁。

51 同右、前掲書、八八頁。

52 同右、前掲書、八八頁。

53 同右、前掲書、九〇―九一頁。

54 同右、前掲書、九一―九二頁。

55 井上円了『妖怪学講義』、『選集』第一六巻、二八二頁。同図の説明は二八三―二八五頁。

56 井上円了『おばけの正体』大正三年（『選集』第二〇巻、一一七頁）。

57 同右、二七―二八頁。

【補註一】

日本人が創った精神医学として、森田正馬の「森田療法」が世界的に知られているが、森田は円了の哲学、仏教、心理学、妖怪学に学んで自らの学問を創ったといわれている。このことについては、中山和彦「森田療法の成立に先立つ「祈祷性精神症（病）」研究の意義」（『日本森田療法学会雑誌』第一九号、平成二〇（二〇〇八）年、一五七―一六八頁）、中山和彦「井上円了と森田正馬―森田療法成立への貢献」（『井上円了センター年報』第二一号、一七八―二〇二頁）、中山和彦『言葉で理解する森田療法―まったく新しい森田療法のかたち』白揚社、平成二六（二〇一四）年を参照。また、拙稿「森田療法の形成と井上円了」（『日本森田療法学会雑誌』第二六巻第一号、平成二七（二〇一五）年、七九―八四頁）も参照されたい。

円了の著書の中で、心理学は一分野を形成するほどの数に達している。代表作としては、『心理摘要』（明治二〇（一八八七）年）、『通信教授　心理学』（明治二一（一八八八）年）（これらは『選集』第九巻に所収）、『仏教心理学』（明治三〇（一八九七）年）、『心理療法』（明治三七（一九〇四）年）（これらは『選集』第一〇巻に所収）などが上げられる。また、解説・論文としては、恩田彰「解説―井上円了の心理学」『選集』第九巻、同「解説―井上円了の心理学」『選集』第一〇巻、同「井上円了の心理学の業績」「井上円了の学理思想」前掲書がある。島薗進『〈癒す知の系譜〉―科学と宗教のはざま』吉川弘文館、平成一五（二〇〇三）年も参照されたい。

【補註二】

円了の著述活動の中間点にあたる明治三二（一八九九）年に、当時の有力雑誌『太陽』が読者に投票を呼びかけて各界の「明治十二傑」を選んだことがある。その結果を見ると、文学家の代表は加藤弘之が第一位（一七一四一票）で、井上円了は第一六位（二四〇票）となっている。宗教家の代表は釈雲照が第一位（一〇九七五票）で、井上円了は第四位（九七五票）となっている。教育家の代表は福沢諭吉が第一位（一八四三二票）で、井上円了は第一五位（一五六票）となっている。このように、井上円了の活動は三つの世界で知られ、もっとも高いものは宗教関係であったが、当時の著名人であったことが分かる。

円了の著述は、哲学、宗教（仏教）、倫理、心理、妖怪学、旅行記、随筆・その他に分類されるが、一つの専門分野に止まらない傾向があり、哲学と仏教、哲学と宗教、宗教と教育など、現在の呼び方でいえば「学際的なもの」が少なくないことが特質となっている。その典型は妖怪学であるといわれている。

このような特質は、前期の著述から見られているが、前期はどちらかといえば、西洋の学術理論を分かり易く紹介したものが多く、後期になると理論から応用へと、その比重が移っている傾向がある。福沢諭吉や井上円了を「啓蒙家」として概括することが見られるが、両者は在野で活躍した「先駆者」であるが、ともに実際の問題を重視した点で共通性があると考えられる。

第五節　妖怪学の思想

一　板倉聖宣の説

円了の妖怪学の先駆的研究者と知られているのが、科学史の板倉聖宣である。板倉の業績としてはすでに『かわりだねの科学者たち』、『井上円了・新編妖怪叢書』の解説などがある。[1] 板倉は円了が妖怪学に取り組んだ動機について、つぎのように述べている。[2]

妖怪や超能力がなかなかなくならないのは、それが人びとの好奇心を満たして、手っとり早く分かりやすいからでもある。今から見ると単なる迷信・妖怪としか見られないものも、はじめにそれを考えた人々にとっては、「とても豊かな空想を伴う仮説」であった。「仮説」と考えれば、それは科学に近いものであった。そこで、迷信・妖怪の研究は、「結局は間違ってはいても、人々の考え方、好奇心の持ち方を示すもの」として、とても面白いのである。井上円了があれほど熱心に妖怪学の研究を続けたのも、妖怪退治の社会的な意義を自覚したためだけではなくて、人びとが妖怪に仕立てあげた好奇心そのものにも興味があったからではないだろうか。

板倉は円了の妖怪学の著作を「妖怪・迷信を退治する先駆的・古典的な研究書」とだけで捉えてはいない。不思議研究からスタートした円了の妖怪学の研究は、板倉のいう妖怪に仕立てた人々の好奇心がどのように形成されるのか、という問題意識から出発したのは間違いのないところであろう。円了の場合、人の好奇心を思想感覚と捉えている。円了の妖怪学の歴史的意義について、板倉はつぎのように述べている[3]。

今日の日本は、井上円了の時代とは違って、すでに産業の近代化に成功して産業経済大国になり、本書に直接取り上げられている妖怪の多くは卒業したとは言っても、科学研究の上ではまだまだ欧米諸国に大きく遅れている。一般的にいって、「一つの国の科学研究の水準は、その国の産業経済の発展に比例する」と言ってもいいのだが、今日の日本の場合は、その法則から大きく外れているのだ。そこで、われわれはいまなお、そのギャップを埋めるためにも、「日本人に何が欠如しているのか」という問題を改めて考えなおすことを必要としている。そのためには、日本人の古くからの自然の事物、自然現象に対する見方考え方を研究することの必要があるのである。その点、井上円了の『妖怪学講義』は「日本人の自然学」を研究するための宝庫と言っていいのである。

筆者は、日本の科学史の研究を始めるようになって、それまでの日本科学史の研究のほとんどが「西洋の科学の摂取の歴史」に終始していることに強い不満を抱くようになった。「日本人は独自に近代科学を生み出すことが出来なかった」とはいっても、日本にだって欧米の科学者たちが研究対象としたのと同じ自然があった。だから、「日本人が自分たちの回りの自然現象や技術的に現れる現象をどのように見てきたのか」を明らかにして、「日本人は科学的な考え方にどれほど近づいていたか、どうして近代科学的な考えそのものに達することができなかったのか」ということを明らかにするのも、科学史研究の重要な課題ではないか、と考えたからである。しかし、そのようなことを研究しようとしても、資料的な手掛かりがなかなか得られないで困っていた。そんなときに、井上円了の『妖怪学講義』に行き当たり、「これを手掛かりにすれば、日本人の自然学に関する研究を進めることができる」と大いに喜んだのであった。

このように、板倉は円了の妖怪学の意義を積極的に認めた。板倉は、円了の妖怪学を「日本人の自然学」と捉えたが、それは日本人の妖怪の歴史的認識、つまり原始時代の無思無想から、第一時期「感覚時代（知力の下級）」、第二時期「想像時代」、第三時期「推理時代（知力の高等）」という円了の説を踏まえたものであった。確かに、円了は古代から江戸時代までの文献を中心に、日本人の妖怪観を追っている。そういう意味での資料的価値は、科学史の研究に資するものがあり、板倉の評価は妥当であった。

二　小松和彦の説

板倉の評価と異なるものが、文化人類学・民俗学の小松和彦である。小松は「妖怪文化」を提唱していることで知られている。小松は「妖怪」という言葉を普及させた人物として、円了についてつぎのように述べている。[4]

> まず、「妖怪」であるが、この語は今では世間に広く浸透しているが、この語は明治以前にはあまり世間の人びとが日常生活のなかで用いることはなかったようである。では、どのようにして「妖怪」という語が登場してきたのだろうか。
> まだはっきりしたことはわからないのだが、明治時代になって、「妖怪現象・存在」に興味を抱きその解明に従事した人たちが、「学術用語」として「妖怪」という語を意識的に用い出したようである。そうした意味での最大の功労者が……妖怪博士との異名をとった哲学者の井上円了であった。学術用語として作られた「妖怪」が、研究者の枠を越えて次第に世間にも広まっていったわけである。いまではもはや「妖怪」は学術用語というよりも民族語彙となっているといっても過言ではないのだが、なおすんなりと頭に入ってこないと感じるのは、それが学術用語から出発したからであるように思われる。

小松のいうように、円了は「妖怪博士・お化け博士」と人々から呼ばれた。妖怪という用語が日本社会に定着したのは、円了の『妖怪学講義』などの著作が人々に広く読まれ、また全国巡講で妖怪をテーマとした講演が多くの民衆に聴講されたからである。小松は円了の妖怪学をどのように捉えているのか、そのことについてはつぎのように述べている。[5]

〔井上円了の妖怪学は、〕妖怪現象＝「普通の道理にあらざる説明」を、「自然現象」「人為現象」「心理現象」のいずれかに言い換えることが目的とされていた。つまり、妖怪学者とは、科学合理主義者であり妖怪撲滅運動家のことであって、いわば近代版ゴーストバスターであった。

小松は妖怪学者の円了を妖怪撲滅運動家と定義している。したがって、小松は、円了の妖怪学以後に注目する。例えば、江馬務『日本妖怪変化史』（中公文庫）や柳田国男『妖怪談義』（講談社学術文庫）である。これらの研究は、円了が過去に捨て去った妖怪を再度取り上げて、日本人の歴史を描き出そうとした試みと位置づける。そこには、日本の歴史的変化があったと小松はいい、つぎのように述べている。[6]

井上円了の活躍した時代は、まだ現実の世界で妖怪が跋扈していた時代であった。そのために、かれは日本人が近代人となるためには妖怪を退治する必要を切実なものとして感じたのであった。そして大正時代も終わりになると、科学合理主義の浸透によって妖怪が消滅していった。それはもはや「遅れた地域」に、「遅れた人びと」の心のなかに、辛うじて残存する程度になった。そんな時代になって、井上円了の妖怪学に欠落していた妖怪研究、井上円了風の用語を用いれば、妖怪の歴史学＝「妖怪学・歴史学部門」や妖怪の民俗学＝「妖怪学・伝承資料記録部門」が誕生したが、このいずれも、時代の進歩とともに人間世界から退場せざるをえない妖怪の歴史を記録として残そうというものであった。

小松が注目しているのは、妖怪の歴史学や妖怪の民俗学である。円了の妖怪学とは立場が異なっている。それならば、現代において、円了の妖怪学はどのような価値を持つと、小松は考えているのだろうか。「妖怪文化」を提唱する小松は、そのことについて、つぎのように述べている。[7]

明治時代に、妖怪撲滅運動の理論書・実践書として書かれた井上円了の膨大な著作群は、いかなる意味を持ちうるのだろうか。おそらく、最大の価値は井上円了の著書のなかには、書物や新聞を博捜してあるいは実地調査によって得た膨大な妖怪資料がふんだんに盛り込まれていることであろう。井上円了の著作がなければ（かれの意には反するかもしれないが）、当時の妖怪資料はきわめて貧弱なものになっていたにちがいない。それは妖怪の意味論を考えるための貴重な資料となるはずである。もちろん、現代もなお続いている妖怪撲滅運動の先駆的な理論書としての再評価も忘れるわけにはいかないが、今日の「妖怪学」はやみくもに妖怪撲滅を叫ぶのではなく、「妖怪」とは何かを人間という存在の根本にまで立ち戻って考えようとする学問として再構成されるべきなのである。つまり、現代では、妖怪撲滅学としてだけでなく、人間学としての妖怪学、現代文化論としての妖怪学、とくに物質的に豊かさを享受しながらも心の豊かさを得られないで苦しんでいる人びとに、なにがしか役立つ妖怪学が要請されているのである。そのためにも、今風の表現を用いれば、井上円了や江馬務、柳田国男などのこれまでの妖怪学を脱構築しなければならない。

小松の「妖怪文化」論は、これまでの妖怪学を脱構築するものである。小松は、円了の妖怪学を妖怪撲滅運動の理論書・実践書と捉え、民俗学的資料価値は認めるものの、円了の妖怪学を肯定的には評価していない。妖怪の歴史学・民俗学の立場を重視する小松では、この程度の評価しか許容できないのであろう。

三　宮田登の説

同じ民俗学者でも、宮田登は柳田国男と井上円了の妖怪学を同じ俎上で論じている。この点が、円了をゴーストバスターとしか捉えない小松和彦との違いである。宮田はまず円了の妖怪学の基本精神について、つぎのように述べている[8]。

井上の主張は、一般に世間では妖怪などは、無意味なものであるとか、あるいはくだらぬ無駄話であると考えるであろうが、迷信であるということに間違いないと思うけれど迷信と断言するには、これをはっきりと客観化しておかなくてはならないという。

まず神秘的なもの、あるいは天変地異の現象は、近代科学が発達すれば、ほとんど解決されるであろうといっている。近代科学を信じ森羅万象は合理的世界のなかで分析されるものだという前提がある。それらは理学、医学の領域で説明されるし、また、哲学の部門でも、陰陽五行説とか、易、おみくじ、人相・家相、厄年などは、分析すれば必ず説明がつくものだという。心理学においては、コックリさんや、狐つき、幻覚症状、催眠術などが分かる。また、幽霊や人魂や、ご祈祷とか、お守りとは、宗教学の分野で分析できるものだとのべている。

怪異現象すべてを部門別に分類し、日本人が持っている妖怪観を客観的に把握しようとしたが、井上のように象牙の塔である大学のなかから出て、妖怪をはじめとするさまざまな不思議な現象の実態を調査するという方針を取ったことは興味深い。

円了は、妖怪が迷信であろうとまちがいないと思うけれども、そういう世間では無意味なものとして無視されるものを、まず調査して科学的に確認しようとした。このような学問的な進め方を、宮田は高く評価している。筆者は生前の宮田に会ったことがある。その時に、宮田は、学生に妖怪の民俗学を教育する時に、まず円了の妖怪学を最初に理解させ、それから民俗学的に妖怪の問題を教授すると述べていた。宮田の学問の姿勢の正しさを、筆者は感じたものである。

つぎに、円了の妖怪の分類法について、宮田はつぎのように述べている。[9]

井上円了の行った分類法は、三つに分かれている。第一種は、幽霊とか狐とか狸、天狗、犬神、こういった外界に属するもの。第二種目は、他人の媒介によって行われるもの。巫女とか、神下ろしとか、人相見とか、予言、占い、祈祷、千里眼。それから三種目に、自分の心身の上に発生するもの。つまり夢とか、精神異常に類するもの、一種の夢遊病のような状態。そういった類を第三種にあげている。さらにこれをくくって、妖怪と規定し、さらにこれを内と外に分ける。妖怪は外にあるものと内にあるものとしている。外にあるものは幽霊とか、狐や狸、内には、神下ろしとか、人相とか、夢とか自分の体に起こるものをいうのである。

円了が不思議現象を八つの部門に分けていたものを、宮田は大きく三つの分類にまとめ直している。そして、円了が妖怪を偽怪、誤怪、仮怪、真怪に分類した、その真怪と妖怪について、新たな問題提起をして、つぎのように述べている。[10]

不可思議な現象に対する認識においては、柳田も井上も同じスタートから出発しているが、井上が妖怪と真怪と分けたこと、そして真怪こそ、本来分からないもので、これが本当の妖怪だと、哲学的な解釈をほどこした。これに対し民俗学者である柳田国男は、あえてこれを真怪とはしない。妖怪は妖怪として、不思議なものとして人々が信じているのであり、その信ずる精神構造を問題にしようとしたのである。一方、井上円了は、真怪を突きとめようとした。妖怪に対して人々が迷信として惑わされている、という事実を説明し、本当の妖怪である真怪を極めるべきだと主張した。

井上はさらに、不思議といえば、すべて万物の存在が不思議であるに相違ないと考える。これを不思議だとしなければ、世界には一つの不思議もなくなってしまう。いわんや狐狸、天狗等は決して不思議のなかに数えるほどのものではない。万物みな不思議というなかに比較してみれば、人の心が最も不思議のようにも思われる……このように、人間の生きていく環境の自然現象すべてを、不思議なものと見たて、それが真怪である、という結論にもっていったのである。

一つの認識論として、たしかにそれはその通りなのであり、合理的な説明がつく部分はそれでよいだろう。説明のつかない部分はつかないものとして置いておくということになる、だが科学がさらに発展していくと、説明がつく部分の方がだんだん多くなってくる、ということになる。

明治二、三十年代にかけてこのような主張をした井上円了がなぜ現在再評価されているのだろうか。井上の真怪認識に達するまでのプロセスは、当時人々がナンセンスだと極めつけて、はじめから除外していた非合理的な面、社会的には迷信と呼ばれる現象を資料として集めていったことが出発点にあった。認識論として到達したのは真の妖怪とは真怪のことであり、ふつう人々が妖怪といっているのは全部贋物であるということになった。その結論の仕方はともかくも、妖怪を客観的にとらえようとしてデータ化した、という点を重視すべきであろう。

ところで井上が当時収集した不可思議な現象は、実はそっくりそのまま、現代のわれわれの社会のなかにも、同じように機能していることに気づかれるのであり、その点をわれわれは重視しなければならないのである。

宮田は、ここで、円了の真怪に関する認識と、柳田の妖怪を信じる精神構造の問題を対比的に取り上げている。その上で、しかし、円了が収集した妖怪現象は今でもあることから、再び、つぎのように述べている[11]。

井上円了の考え方からいうと、実はそれを人魂と思っているが実は人魂ではない、と説明されてくる。これは自然現象なのであり、人の魂は迷信である。だから真の妖怪としての真怪とはちがうということになる。

ところが、民族学的な観点からいうと、人魂を生み出している、精神構造の方に重点が置かれてくる。人魂現象そのものは、迷信と考えられるのも当然であるが、たんに迷信ときめつける以前に、人魂を遊離魂として理解する点に注目する。霊魂の存在を認めた上で、霊魂がなぜからだから出ていって、怨念としてこの世に残っていると人々が信ずるに至ったのか、そうした人間の心意のあり様に、重点を置こうとする。

この問題は、明治二十年代の調査において存在し、それ以後消滅してしまっているならば、たしかに井上円了がいった通りであり、迷信として排除されて終わったであろう。ところが現代社会でも、科学的な説明原理をもちながら、結局はそれらを全面的に排除できない状態のままでいる。それがいったいどういう理由によるのだろうかということになろう。

つまり、そこには人間が潜在的に持っている恐怖に対する感覚が働き、不思議なものを生み出す精神構造があるからである。基本には人間の自然に対する考え方、そして、神というものを生み出し、妖怪というものを生み出していった古い信仰、または、原初的な信仰のタイプをうかがうことができる。その結果が妖怪はたいへん親しみやすい存在であり、つねに、人間が妖怪と付き合っていく、という関係をつくり出していくのだろう。

柳田国男の妖怪研究と井上の研究とが、結局並行線のままで来てしまったという点は、たんに方法論上の違いというだけで片付かないものである。これは人間が本来持っている二つの側面でもある、というように考えられなくもない。

両者の違いは本質的な違いでもあろう。しかし、どちらの側面をとるにしても、井上円了が明治二十年代に集めた資料は、まことに素晴らしいものであり、その結論はともかくとして、現在、われわれが日常のなかで体験するものと一致する部分が多いことに注目すべきなのである。現代社会のなかに、妖怪論がくり返し起こってくるということを、われわれはつねに見極める必要があることを、井上と柳田の立場が示しているということになるのである。

宮田は小松のように、円了の妖怪学を単純に排除しようとはしていない。妖怪をデータ化したという業績を正しく評価している。そして、柳田の妖怪研究と円了の妖怪学とは、対局にあると、宮田は認めながら、しかし、それらの相違は「人間が本来持っている二つの側面ではないだろか」と、民俗学の立場を超えた問題提起をしている。筆者は宮田のこの提起が今後の円了の妖怪学研究、とりわけ真怪論の研究について一つの方向を示しているように考えている。『井上円了選集』の妖怪学を編集する時に、筆者は宮田に解説をお願いしたという経緯がある。残念ながら、宮田は病気で急死された。上記のような問題を詳しく提起されただろうと考えると、惜しまれてならない。

四　西義雄の説

円了は妖怪学について、哲学を柱とし、理学・医学などを壁として構築したと述べている。円了の場合、哲学とは西洋哲学を指すと同時に仏教や儒教を東洋哲学として捉えている。このような考え方は、妖怪学にも適用されている。仏教学者の西義雄の「学祖の建学精神たる真如観と妖怪学―井上円了の哲学理想」は、このことを明らかにしたものである。西は円了が『哲学要領　後編』で使った理想という用語について、その用語法の展開をつぎのように述べている。[12]

学祖〔円了〕はこの「真如」に当る術語につきては、「ことば」に因われないで、此を哲学理想と説き、更に真如、真仮、一如等と場合によって表現をも換えている。即ち「哲学要領」中では前述の如く「哲学理想」としたのを仏教活論序論では「真如」とし、「妖怪学講義」中では「真怪」とし〔ている〕。

円了が妖怪学において、妖怪を「誤怪」「偽怪」「仮怪」「真怪」と分類したことは知られている。その「真怪」は仏教の「真如」と同じ概念であると、西はいう。西は、円了の仏教論と妖怪学との関係をつぎのように述べている。[13]

学祖〔円了〕は真理の研究の為め哲学的理論を尊び、仏教の「真如」を一般化して「哲学理想」とし論理的に明示しようと努力され乍ら、何が故に亦、一見、非論理的非学理的と考えられている「妖怪」などの研究を重視し、「妖怪学」の解明などに努力されたか疑問を持つ人もあろう。実は是は一口に言うと、学祖が「真如観」を裏面から解明しようとされた真験な試みでもあった。換言すれば「真如観」は前述の如く、凡俗の分別識による論理を超越した物心不二一如観などと表現されるものであるが、この凡俗意識を越えた真如観を、妖怪学などと言い反って凡俗の感情に訴えて、会得させるがための、一種の親切な学問的研究なのでもある。

西の解釈によれば、円了の真怪は仏教でいう真如であり、この真如観を大衆的に広めるために、妖怪学を提唱したと、西は述べている。西は、円了が妖怪学で取り上げている項目を列挙し、さらにこの学問の意義について、つぎのように述べている。[14]

世人が「妖怪」に関する種類を挙げているのは、吾人の耳目に触れる所謂、感覚上の妖怪に限るが、学祖の所謂「妖怪」とは、感覚に触れるもの以上に、即ち卜筮、人相、九星（一白、二黒、三碧、四緑、五黄、六白、七赤、八白、九紫）の如く各人の運気を示すもの、各年毎の「宝暦」に明かすもの、方位（の善悪）の如き観理開運に関する諸術、並びに、鬼神、霊魂、天堂、地獄の如き人の死後の冥界に関する諸説等も亦、皆この「妖怪」の一種と見なすのである。就中、世間に於て人々の最も恐れ且つ其の心を苦しめるものは、生死の境運に関することである。若し苦しみ多き生死の迷門を開明し、死後の冥路を照らす事が出来れば、人の世の福利として最も大なるものとならう。是に由り学祖の「妖怪学」研究は「此の生死の迷門を開き死後の冥路を照らす心燈を点ずる為である」と主張しているのである。かくして学祖は妖怪学総論中に、此を八学部門に分類して詳論されているが、然し更に此等多様なる妖怪を大別して、物怪と心怪と理怪との三種に分類し、この三種の中、物怪と心怪との二を仮怪として捨離すべきものとし、理怪を真怪として……これは明らかにわれわれの心燈と称されているものである。

西は、円了が人々の感覚的なものから、思想的なもの、特に生死の境運に関するもので妖怪学の対象としていると述べ、円了が最終的には、人々の心の中に、真怪の心灯を点じることを目指したと分析している。そして西は、円了の妖怪学は仏教の真如観を基礎にしたものであるとし、つぎのように述べている。[15]

哲学の道理による「理怪」即ち「真仮〔怪〕」とは何かと言うと、学祖は之を「世間的には、例せば老子の「無名」、孔子の「天」、易の「大極」にあたり、耶蘇では「天帝」と言い、我が邦では「神」といい、釈迦は此を「真如」とか、又は「法性」とか「仏性」と言えるものであるが、学祖は「哲学要領」の中では「哲学理想」と称するものをさすとし、一応、東西の哲学や宗教に於ける最高の実在又は憑依すべき神聖なるものの名目を挙げている。而かし学祖は、此等の名称は「真正の妖怪」即ち学祖の「真怪」の極く一部分なる「有限性の名」を以て形容せるもののみに過ぎない、真実の「真怪」は実は「無限性」なる体であるから「有限性の名」を以て名づけない方がよい。若し一般に老子や孔子や耶蘇の如く「有限性の名」〔ママ〕称を強いて固執するならば、此等の名目は「無限性の真怪」にある体性を示す単なる方便に外ならない。即ち「真怪」は不知不可知と理解すべきである。但し此に対して仏教では、「真怪」を、「真如」「実相」「法性」等々と多くの名称で呼ぶが、其の真相は元来、法空観説の如く言語道断である。然も斯る名目で敢えて呼称するのは衆生導引の為めの慈悲方便による施設（prajñapti）に外ならないと言っている。以上の如く言う其の内意としては、学祖は、前来、屢説の如く、仏教の真如観を以て、其の言語道断なる無限性の真怪の体性を、自ら哲学的に大悟し、われわれにも亦此を哲学的に大悟すべきものなることを示し、此によって、仮怪を捨離し、生死の迷門を開明し、死後の冥路を明照し、安心立命すべきことを、説示せんとしているのである。

西は、円了の妖怪学でいう「真怪」が仏教でいう「真如」に当たることを明らかにしようとしている。それ以外の「仮怪」は仏教でいう「方便」であり、「真実」こそ「真怪」であると述べている。西の捉え方、つまり「仮怪を捨離し、生死の迷門を開明し、死後の冥路を明照し、安心立命すべきことを、説示せんとしている」のが、円了の妖怪学であるということは妥当であろう。

五　甲田烈の説

西の論文と同様に、円了の哲学論を踏まえて、妖怪学の真怪の解明に取り組んだ論文として、甲田烈の「円了妖怪学における「真怪」の構造」がある。[16] 甲田は円了の『哲学要領　後編』と『仏教活論序論』を検討して、つぎのような結論を得ている。[17]

『哲学要項（後編）』において、円了は「物」「心」「理想」という存在論理カテゴリーをたてながら、同時にそれは静態的なものにとどまらずに相関しており、人間の知・論理における発達において、パースペクティブ構造として捉えられていることが明らかになったであろう。

『仏教活論序論』においても、まず「物」「心」「真如」のカテゴリーが円了によって提示され、それらがブッダの教えの順序とパラレルな発達論的展開として整序される中で、そのパースペクティブ構造が示されていると言えよう。

甲田は、円了が「物」「心」「真如」のカテゴリーを立て、その構造がパースペクティブなものであると指摘している。そして、甲田は円了の妖怪の定義を、「異常・変態」とは「変化・新奇である」と述べて、円了の妖怪学の目的である「仮怪を払い去りて真怪を開き示す」ということについて、つぎのように述べている。[18]

『哲学要項（後編）』と『仏教活論序論』におけるほど、事は単純ではない。「払い去る」とはどういうことだろうか。これを単純に「否定」と解釈することはできない。なぜならば、そうしてしまうと、妖怪現象が成立していることの解釈枠組みにまでその事が及んでしまい、妖怪学の営みが無意義と化してしまうからである。またそのことは「真怪」の否定にまで帰結するだろう。

円了は、妄―仮―真という構造として述べている。円了によれば、偽怪と誤怪は、人間の虚構や誤謬によるものであって、「妄有」であるが、心理・物理現象としての仮怪は、真怪に比すれば妖怪ではないとしても、「仮の妖怪」としての位置にある「仮有」である。そして「真怪」のみが「真正の妖怪」としての「真有」なのである。

すでに述べたように、円了は妖怪を、「誤怪」「偽怪」「仮怪」

「真怪」に分類した。甲田は、円了の妖怪の捉え方を、妄―仮―真の「有」の立場と置き換えている。そして、甲田は円了のいう「真怪」の構造について、つぎのように述べている。[19]

有限な現象世界において、無限である真怪が開示されるのであれば、「仮怪を払い去りて真怪を開き示す」とは、あらためて何をすることなのだろうか。真怪は探求の当初から瞭然としているのであってみれば、真怪が仮怪と不即不離なも言えよう。そして真怪が開示されたとしても、それは有限的な現象世界が消滅してしまうことを意味しない。もしそうだとすれば、真怪の意味もまた喪失されるからである。そうだとすれば、真怪は不思議に対する探求の始発点と同時に、極点にあるという二重構造を持つものでなければならないだろう。換言すれば、もし現象世界をあるがままに観ることができれば、それが真怪なのである。

甲田は、円了のいう真怪が不思議に対する始発点であると同時に極点にあると二重構造として捉え、現象世界をあるがままに認識できることが、円了のいう真怪なのであると述べている。さらに、甲田は真怪について、つぎのように結論づけている。[20]

円了哲学の構造はきわめてシンプルである。哲学的著作において は、「物」「心」「理（真如）」と呼ばれた三分節的なカテゴリーとそれらの相関をパースペクティブとして位置づけ、それを知の発達構造の下に提示することが、その本質であった。そして『妖怪学講義』においてそれらは、「物」「心」を一つの枠組みとした「仮怪」と「真如」にあたる「真怪」として再構築され、それに人間の虚偽や誤謬と結びついた「偽怪」と「誤怪」が付加されたのである。そして「真怪」はまず（1）妖怪現象の分類項として説かれ、（2）不可思議に対する探求の極点としても論じられ、また（3）直接知として示された。「真怪」は妖怪現象を解明する目的であると同時にその始発点におかれたのである。このような円了の妖怪学が、きわめて哲学的なものであることは再説を要しないであろう。

甲田の「真怪は不思議に対する探究の出発点と同時に、極点であるという二重構造を持つ」という円了の妖怪学の解釈は、的を得ているものと考えられる。それは、円了の哲学論として知られる「現象即実在論」の「即の論理」が妖怪学でも貫かれているからである。甲田の「二重構造」という表現が的確か否かは問題があるにしても、円了が妖怪学の柱に哲学を据えたことを考えれば、甲田は正確に論評していると考えられる。

六　新田義弘の説

哲学者の新田義弘は、円了の哲学論＝現象即実在論を解明する中で、妖怪学の問題を取り上げている[21]。「象の概念―怪の概念を顧慮して」という節で、円了の真如即象、象即真如の論理を、真如自体の展開としてノエマ的（対象面）方向で存在論的に論じていると捉えた新田は、そのことが、円了にとって「当時理解された限りでの西洋哲学の諸テーゼをそれぞれ位置づける柔軟な姿勢を与え、徒らに排他的な文化ナショナリズムの方向をとらせなかった」と評価している[22]。その上で、新田は象の概念と怪の概念の問題をつぎのように設定している[23]。

円了の哲学における象の概念は、すでにのべたように真如概念との相即相関の関係において位置づけられている。象を「直接にわれわれに与えられているもの」とすれば、真如は直接にわれわれに与えられてはいないが、象と相即する関係にあるものとして、「間接的に与えられているもの」であるといえる。のちに、象は、たとえば物象、力象、心象の名で語られ、これに対して、物如、力如（力元）、心如の語は、物や力や心における真如を表わすに用いられている。象は、今日でいう広い意味での現象の概念あるいは「現われ（Erscheinung）」の概念に相当し、真如は、真理概念に相当する。

ところが、円了は、『妖怪学講義』その他で、現象の概念に当るものを、怪の概念で語ろうとしている。怪とは不可思議なものとしてわれわれに現われるもの、その限りで解釈を必要とする現象である。それではこの怪の概念はそのまま象の概念と一致するのであろうか。まずこのことを検討してみなければならない。

新田は、円了が哲学論でいう、象と真如の二つの概念が相即相関として位置づけられ、そして、円了が妖怪学において、象という現象概念を怪の概念で語ろうとしていると分析している。そして、新田は、円了の象と怪の概念の相違について、つぎのように述べている[24]。

怪の概念は、一方で仮怪として、伝承的因習的な偏見をとおして誤って現われてくる「偽なる現象」すなわち「仮象」を意味し、他方では、理怪あるいは真怪として、「真なる現象」すなわち真理を意味することになり、両者を包攝する広義の現象概念となる。とするなら、象の概念で表わされる現象概念はここでは全く除外されているのであろうか。

円了の叙述は、たしかにそのように読み取ることができるが、しかし怪の概念は象の概念のように存在論的現象概念というより、正しい現象を確定するための方法論的概念として用いられていることに留意すべきであろう。円了が怪の概念を用いるとき、先入見批判と先入見の解体とを通じて真理の認識に至る道が説かれていることを見逃してはいけない。

新田は、円了が怪の概念を語る時、それを現象を確定するための方法論的概念として用い、これが先入見批判と先入見の解体を促して、真理へと導くためのものであると述べている。そして、円了の仮象に対する認識がギリシャ以来の哲学の伝統に従っていることを、新田はつぎのように明らかにしている。[25]

真理の認識のためにはまず仮象を仮象として破壊しなければならない。ということは古代ギリシャ以来の哲学的思惟の基本的な作業となっているが、特に近代の啓蒙期の哲学は、科学的認識の基礎づけや形而上学的領域の主題化のために、仮象の解体を方法論として先行させざるをえなかった。このことはベーコンの偶像論やデカルトの方法的懐疑の方法に見られるとおりである。啓蒙家としての円了は、近代哲学の仮象解体の方法から並々ならぬ影響を受けているが、護法家でもあった円了が『妖怪学講義』で目指したことは、学問的先入見の哲学的な批判的解体にあったというよりも、むしろ、もっと身近な、宗教的事象に直接的あるいは間接的に関わる民間俗説のなかに根強く生きている偏見の解体にあったことは言うまでもないことである。もともと怪という語の使用自体がその事情をよく伝えている。

しかしそのことは、怪の概念が哲学的意味における方法論的な概念であったことを些も損うものではない。というのは、円了の哲学の方法は、まず象の場面の確定にあったからである。歪められない、本来の相における世界の現われである象の圏域の確定のために、歪められた象である仮怪を払うこと、つまり仮象を解体することが着手されたと解すべきであろう。したがって、仮怪を払うことが真怪を開示する条件を整えることになるのであって、決して仮怪の解体がそのまま直接に真如への道を開くというわけではない。象の場面で、非合理的なものを合理化することがまず必要とされたのである。

新田は、円了が西洋の近代哲学の仮象解体の方法から多くを学んでいることを明らかにし、円了が妖怪学で目指したことは、仮怪を払うことが真怪を開示する条件を整えることであると述べている。そして、新田はつぎに象の世界に関する円了の主張について、つぎのように捉え、さらに現象即実在論の問題を指摘している。[26]

象の世界すなわち物界も心界も、科学的合理性によって認識さるべきであるというのが、円了の、現象と科学との認識関係に対する主張であり、近代科学の方法とその対象に対するきわめて正当な理解であると言えよう。

と同時に、真如すなわち実在に対してはこのような科学的合理的認識によって到達することはできないということもまた、円了によって主張されているわけである。

したがってそこでは「一切の道理が自滅するに至り」、「結局物心の差別が空塵に帰する」のである。そうだとすれば、いかにして、現象の世界への合理的関わりから脱して、この「言亡慮絶の境」に至ることができるのか、が問われねばならない。言いかえると、現象即実在における「即」の論理によって言い表わされる根源的な事態に対して、円了が、どのような方法的通路を構想していたかが、改めて問われねばならない。

円了は、物界と心界という象の世界を、科学的合理的に認識した。そのことは近代科学の方法と対象に対する正当な理解であったと、新田はいう。そして、円了は真怪の認識が、科学的合理的認識のみでは到達できないものであることも理解していたが、では、円了はどのような方法論で真如に至る道を構想していたのか、そのことが問われると、新田は問題を設定している。そして最後に、新田は、円了の『真怪』の中の、表面と裏面、内と外という一種の比喩的な表現がどこまで方法化できたのか、それを円了の晩年の著作『哲学新案』で検討しなければならないと述べている。

新田は、円了における象の概念と怪の概念の関係を詳述している。その中で、怪の概念は存在論的現象概念ではなく、正確に現象を把握するための方法論的概念であると述べている。新田は、円了が「近代哲学の仮象解体の方法から並々ならぬ影響を受けている」と指摘しているが、円了の妖怪学への取り組みを正しく評価していると考えられる。近代日本の宗教や習俗を前提とし、怪という用語を用いた円了の学説を、新田はよく哲学的に解説しているといえよう。

七　柴田隆行の説

同じく哲学者である柴田隆行は「井上円了の妖怪学を通して唯物論を考える」という少し変った論点から、円了の妖怪学を取り上げている。[27]柴田は「世界は物のみにして心なしと立つるもの、これを唯物論」という定義を、「ゆいぶつろん」とは言わずに、「タダモノ論」と呼んで、真の唯物論とは何かを語る。そして、妖怪学とマテリアリズムについて、つぎのように述べている[28]。

井上円了は、妖怪のことごとくを払拭しようというのではない。学術的に容易に説明できるような妖怪は、真の妖怪ではなく仮怪にすぎず、人はそんなものに振りまわされてはならないと言うのである。唯物論は自分がとる立場ではないが、人心を無暗に迷わせている仮怪を払拭するためには唯物論は有効であると円了は認める。しかし、唯物論が、タダモノ論であり、唯一物質しかその実在を認めない立場であるかぎり、虚怪や仮怪は退治できても、その先の真怪を捉えることはできない。なぜなら、真の妖怪すなわちこの森羅万象の世界はただの物ではなく、物心一体不可分のものと考えられるからである。これが、井上円了による妖怪と唯物論との関係についての考えである。

だが、ものごとを現実の生活過程から捉え、さらにそれを成り立たしめている母胎としての素材、根拠、根源を求める立場として唯物論を理解するならば、井上円了が妖怪学講義で分析してみせた世界、すなわち、偽怪、誤怪、虚怪、仮怪それぞれがさまざまに入り乱れて存在する庶民の生活世界こそ、こうしたマテリアリズムによってよりよく捉えられるのではないだろうか。人びとが生を営む日常世界、そして自然全体を成り立たしめている根源が真怪だとしても、それは仮怪と別のところにあるわけではない。そうだとすれば、真怪の追究は、仮怪入り乱れるこの生活世界でなされるほかなく、井上円了は事実そうした作業を行い、それを『妖怪学〔講義〕』全六巻にまとめ、全国津々浦々を歩いて人びとと会話を交わしたのであった。牽強付会と言われるかもしれないが、こうした研究方法こそがほんらいのマテリアリズムの具体的作業となるのではないかと筆者には思われる。もちろんそれは、井上円了の意図とはおそらく真っ向から反対のものとなるであろう。だが、しかじかのことはただの偶然の一致にすぎない、人心の錯誤、迷誤にすぎない、一種の心理現象にすぎない、等々と繰り返し指摘したところで、妖怪談がいまだに消滅することがないのは、合理主義的、タダモノ論的な妖怪退治や、真怪への教育的啓蒙などでは不十分であることを示唆している。浩瀚な全六巻の妖怪学講義は、哲学のみならず民俗学その他の学問の格好の資料であるのみならず、語源に遡って据え直されつつあるマテリアリズムの豊富な実例集として再評価しうる可能性に満ちている。逆に言えば、そのようなものとして彼の妖怪学は読まれなければならない。

柴田は、円了の妖怪学は「タダモノ論」的唯物論的解釈では捉えきれないものであると主張している。資料的に読むだけではなく、「語源に遡って捉えなおされつつあるマテリアリズムの豊富な実例集として再評価しうる可能性に満ちている」という柴田の指摘は、従来の円了の妖怪学の論評には見られなかったことであるだけに、傾聴に値するものであると考えられる。

八　岡田正彦の説

宗教学者の岡田正彦は「自己同一性のための他者—井上円了の「妖怪学」と近代的宗教意識」という論文で、円了の妖怪学の意義を明らかにしている[29]。岡田はこの論文の問題意識をつぎのように述べている[30]。

絶対的な神秘としての「真怪」を基盤とし、「不可思議の学」の体系化を目指す「妖怪学」は、俗信や心霊現象などの合理主義的な再解釈にとどまるものではなく、人間の精神活動や自然科学の領域全体を対象とするものである。また、不思議研究の果てに、真に不可思議な宗教的真理を探究する妖怪学は、仏教哲学の枠組みを超えて、近代の宗教論とその言説の特質を考えるうえでも興味深い。この論文では、『妖怪学講義』を中心にした円了の著作を読み解きながら「不可思議の学」としての妖怪学の意義を再考し、近代的宗教意識の起源について考えたい。

岡田は、円了の妖怪学の意義を近代的宗教意識の起源に関するものとして取り上げようとしたのである。そして、岡田は円了の妖怪学の「射程」について、つぎのように述べている[31]。

井上円了は、「妖怪」を「異常にして不思議なもの」と定義する。この定義は、狐狸、鬼神、幽霊といった、一般に俗信や心霊現象として語られる妖怪の範囲を越えた、遥かに広い概念であった。「妖怪」という言葉の現在のイメージによって、「妖怪学」の全容をとらえることはできない。円了の「妖怪」は、あらゆる「不思議」を対象とするものであり、「妖怪学」が対象とする領域は、「不思議現象の総合科学」ともいうべき広がりを持っている。

円了の妖怪学が対象とする領域は、不思議現象の総合科学というべき広範囲なものと、岡田は捉えている。先の柴田隆行は、円了の妖怪学は総合科学であるといっているが、岡田の視点もそれと共通している。つぎに岡田は、円了の妖怪学の八部門を紹介した後で、その意義をつぎのように明らかにしている[32]。

妖怪学の意義は、一般に不思議とされる現象から「妄信」のベールを剥ぎ取り、真の不可思議を顕わにすることにある。不思議とされる現象の多くは、決して不可思議なものではなく、何らかのかたちで合理的に説明することができる。その説明を超えた真の不思議を浮き彫りする学問が、不思議研究としての妖怪学なのである。

岡田は、円了の妖怪学の意義は一般に妖怪といわれる妄信を拭い去ることにあり、真の不思議を浮き彫りにする学問が円了の妖怪学であると指摘している。さらに、円了の妖怪学の目的について、岡田はつぎのように述べている[33]。

円了の「妖怪学」の目的は、「其目的は偽怪を去り、仮怪を払ひて真怪を開くにあり」というように、人為的あるいは偶然に生じる「虚怪」や、迷誤によって生じる「仮怪」を合理的に説明し、真に不可思議にして絶対的な神秘である「真怪」を開示することである。言い換えれば、人々の日常生活の中から迷信や俗信を排除し、時代に即応した、合理的な批判にも耐え得る宗教的価値を開示することであった。こうした視点は、コントやスペンサーなどの社会進化説に触発された進化論的歴史観に基づくものであり、哲学的な仏教の体系化や啓蒙主義的な教育活動といった円了の生涯を貫く活動にも共通している。

このため、円了はさまざまな「不思議／妖怪」を分類し、経験的知識の及ばない真正の不思議と、説明可能な不思議とを二元化して、理性による判断を超えた不可思議な神秘（真怪）こそが、宗教や哲学の対象であるとする。そして、実際には思議の範囲内で明らかにし得るものを、迷誤によって「不思議／妖怪」とみなしたものを「虚怪」や「仮怪」として分類し、真に人知の及ばない不可思議である「真怪」との差異を強調した。

岡田は円了の妖怪学の目的は民衆の生活から迷信や俗信を排除し、時代相応の合理的批判にも耐え得る宗教的価値を明らかにすることにあったと分析している。このような妖怪学の目的は、円了の生涯の活動と思想を貫いたものであったと、岡田は指摘している。円了の宗教論は、「智・情・意」に分かれているが、岡田はこのような宗教論を前提とした円了の妖怪学の最終的目的について、つぎのように述べている[34]。

〔円了は〕人の心的能力を「智・情・意」の三種に分類したうえで、「智宗」「情宗」「意宗」というように、「真怪」へのアプローチの仕方を類型化することも可能だとしている。人の心内には「智情意三種の作用」があり、「三者ともに外面には有限性を有すれども、其内面には無限性を具する」というように、それぞれが有限性を超えて無限性に達する可能性を秘めている。人間の知力には限界があるだろうが、知りえることの可能性は無限であろう。円了は、無限性の智力による「有限性の脱却」と「無限性への躰達」を「智宗」とし、この代表例は「天台」であるとする。また、無限性の感情によるものを「情宗」、無限性の意志によるものを「意宗」とし、それぞれに「浄土門」と「禅宗」をあてている。これは体験性を重視した、宗教の類型化の試みの一つといえるだろう。

　また、「吾人相対性の心をして、絶対世界に入らしむるの道を教ふるもの、之を宗教となす」として、相対より絶対を知る「道理教」と絶対より相対に及ぶ「天啓教」とを分類している。同じように、宇宙の理法を追求して真理に至る「自然教」と直接的な天啓を重視する「直覚教」といった分類もなされている。宗教の本質は、無限にして絶対の超理的存在と、相対にして有限な存在である人間との通路を開くことである。妖怪学の最終的な目的は、学際的な「事物の変態（妖怪／不思議）」の考求のはてに、超理的存在としての「真怪」を明らかにし、真正の宗教（理外的宗教）の領域を確定することであった。世界にさまざまな宗教が存在するのは、相対が絶対に至る、あるいは絶対が相対に入る通路が、さまざまな様式をとるためなのである。

　本当の「真怪」は、相対的な存在によって対象化されることはない。円了の「真怪」の定義が、最後まで判然としないのは、このためであろう。この点については、非常に明快な定義がなされている「虚怪」や「仮怪」とは対照的である。しかし、妖怪学を考究することによって、「真怪」へのアプローチの仕方を類型化することは可能であるし、虚偽や迷誤にもとづく非宗教的な不思議と、真の不可思議としての宗教的な不思議を区分けすることもできる。

　岡田は、円了の宗教論を取り上げて、智宗、情宗、意宗の分類が宗教の類型化の試みであったと指摘し、妖怪学の最終的な目的は、真正の宗教（理外的宗教）の領域を確定することにあったと述べている。そして、岡田は、妖怪学の考究によって、非宗教的な不思議と真の不可思議としての宗教的な不思議を区分することが可能であると分析している。岡田は、円了の妖怪学の提唱が近代における宗教意識の形成にとって重要な視点となることを、つぎのように明らかにしている。[35]

> 円了の「妖怪学」は、それまで明確な境界を設けることなしに「不思議」とされてきた宗教的信仰や俗信、心霊現象などを、「非真怪」と「真怪」とを二元化することで分節化し、他者としての「仮怪・虚怪」（真の不思議ではない不思議）を鏡像として、近代的な思惟の下においても合理的に説明できる宗教的真理（真怪）の存在を、浮き彫りにするもの

であった。近代合理主義的な思考の枠組みのもとで、宗教的真理のアイデンティティーを揺るぎないものとするためには、近代的な思惟そのものにその立脚点を求めざるを得ない。円了の場合は、他者としての「非真怪」を自然科学と人文科学のほとんどすべての領域において取りあげ、合理主義的な視点からその「不思議」の限界を徹底的に解明することで、近代的な思惟と理性の限界を超えた真正の宗教的価値を基礎づけようとしたのである。「偽怪を去り、仮怪を払ひて、真怪を開く」という円了の言葉は、こうした意図を端的に表しているといえるだろう。

「不可思議の学」としての円了の「妖怪学」は、われわれが自明のものとしているような宗教意識が、科学的合理主義の「裏面」として生じていることを、具体的に明示するものであった。宗教的価値の絶対性や超越性といった言説が、歴史的に限定された立脚点によって形成されたものであることは、そこに浸りきっている我々にとって、意識することは難しい。円了の「妖怪学」は、近代的思惟の枠組みのもとで宗教的真理を探究する場合に、何が他者として切り捨てられたのか、そして、この捨象された他者が、近代的宗教意識の成立に大きな役割を果たしてきたことを教えてくれる。このことは、近代的な価値観のデッドエンドに直面し、新たな「宗教」の枠組みが求められている現状において、注目すべきことの一つではないだろうか。

岡田は、円了の妖怪学を、近代的思惟の枠組みに基づいて宗教的真理を成立させる上で大きな役割を果たすものであると評価している。岡田はまず、円了の妖怪学を「不可思議の総合科学」と位置づけている。そこで明らかになるものは、「近代的な思惟の下においても合理的に説明できる宗教的真理（真怪）の存在を、浮き彫りにするものであった」と、岡田はいう。近代における「宗教」の枠組みが求められている現代において、円了の妖怪学は新たな地平を開く注目すべきものの一つであるという岡田の指摘は、従来の妖怪撲滅論的な見方を超えた新たな問題提起と考えられる。

以上、円了の妖怪学の思想についての諸研究を紹介してきた。円了の妖怪学は、心理学の応用、自然科学の適用[36]などといわれる。円了がそれらの諸学の理解を基礎にして、妖怪学を構築したことは事実である。また、円了は正しい宗教と教育のために、妖怪問題を解明したと述べているので、こういう多側面からの妖怪学の研究も、今後、望まれるものであろう。[37]

【註】

1　板倉聖宣『かわりだねの科学者たち』（仮説社、昭和六二（一九八七）年）。板倉聖宣「妖怪博士・井上円了と妖怪学の展開」（『井上円了・新編妖怪叢書』解説・別冊、国書刊行会、昭和五八（一九八三）年）。
2　板倉聖宣「解説―井上円了の妖怪学の歴史的意義」（『選集』第二一巻、四三六―四三七頁）。
3　同右、四四五―四四六頁。
4　小松和彦「解説―井上円了の妖怪学とそれ以後」（『選集』第二一巻、四五〇―四五一頁）。
5　同右、四五三―四五四頁。
6　同右、四六〇―四六一頁。
7　同右、四六二―四六三頁。
8　宮田登『妖怪の民俗学―日本の見えない空間』岩波書店、昭和六〇（一九八五）年、四五頁。
9　同右、四八頁。
10　同右、五二―五四頁。
11　同右、五六―五八頁。
12　西義雄「学祖の建学精神たる真如観と妖怪学―井上円了の哲学理想」（『井上円了の学理思想』東洋大学井上円了記念学術振興基金、昭和六四（一九八九）年、二九頁）。
13　同右、四〇頁。
14　同右、四一―四二頁。
15　同右、四二―四三頁。
16　甲田烈「円了妖怪学における「真怪」の構造」（『国際井上円了研究』第二号、平成二六（二〇一四）年）。
17　同右、二五七頁、二六一頁。
18　同右、二六四頁、二六五頁。
19　同右、二六七頁。
20　同右、二六九頁。
21　新田義弘「井上円了の現象即実在論―『仏教活論』から『哲学新案』へ」（『井上円了と西洋思想』東洋大学井上円了記念学術振興基金、昭和六三（一九八八）年）
22　同右、八五頁。
23　同右、八五頁。八六頁。
24　同右、八六―八七頁。
25　同右、八七頁。
26　同右、八八頁。八八―八九頁。
27　柴田隆行「井上円了の妖怪学を通して唯物論を考える」（『井上円了センター年報』第一九号、平成二二（二〇一〇）年）。
28　同右、九六―九八頁。円了の唯物論については、つぎのような論文がある。清水乞「解説―井上円了の哲学・仏教・破唯物論」（『選集』第七巻、六六七―七〇七頁）。針生清人「井上円了の唯物論批判」（『アジア・アフリカ文化研究所研究年報』第三号、昭和四三（一九六八）年、三一―三七頁）。船山信一「井上円了をめぐる唯物論論争」（『船山信一著作集』第六巻、こぶし書房、平成一〇（一九九八）年、三〇一―三二五頁）。鈴木由加里「井上円了と唯物論論争」（『井上円了センター年報』第二〇号、平成二三（二〇一一）年、二七―四六頁）。
29　岡田正彦「自己同一性のための他者―井上円了の「妖怪学」と近代的宗教意識」（『近代仏教』第一一号、平成一六（二〇〇四）年）。
30　同右、三七頁。
31　同右、三七頁。

32 同右、四三頁。
33 同右、四四―四五頁。
34 同右、四八―四九頁。
35 同右、四九―五〇頁、五〇―五一頁。
36 円了の自然科学の理解については、森川滝太郎の諸論文（第三章第七節の註）を参照されたい。
37 円了の妖怪学については、他につぎのような論文がある。島田茂樹「〈妖怪学〉のススメ」（『井上円了センター年報』第三号、平成六（一九九四）年、三一―五七頁）。大島建彦「学祖の学問と民俗学」（『井上円了の学理思想』東洋大学井上円了記念学術振興基金、昭和六四（一九八九）年、二六三―三〇七頁）。塚田晃信「『哲学堂図書』妖怪草紙部解題稿」（『井上円了の学理思想』前掲書、四五八―四八七頁）。

第六節　博士論文『仏教哲学系統論』について
―井上家から寄贈された原稿をめぐって

一　文学博士の取得の過程

明治二九（一八九六）年六月八日、円了は文学博士の学位を取得した。これについては、すでに山内四郎「井上円了の学位に就いて」という実証的な研究がある。はじめに、この論文で明らかにされた円了の学位の取得の過程を引用しておこう（カッコ内は山内論文の注記である）。

円了の文学博士の学位は、論文審査を経て、その授与が決定されたものであり、審査機関は帝国大学文科大学の教授会である。山内はその『文科大学決議録』によって、つぎのような過程で審査が行われたことを解明した。

（明治二十八年七月十一日）
出席者、外山（正一）学長、坪井（九馬三）、物集（高見）、中島（力造）、元良（勇次郎）、三上（参次、助教授）、上田（萬年）、高津（鍬次郎、助教授）
一、井上円了ヨリ学位稟請ノ件ハ調査委員トシテ井上（哲次郎）、坪井、村上（専精）、ノ三氏ヲ選定シタリ次イテ論文ヲ右三者ニ附託シタリ
（割注）但シ坪井教授調査ニ着手スベキニ付論文ヲ仝教授ニ送附シタリ
（明治二十九年四月十日）
出席者、外山学長、黒川（真頼）、上田、中島、物見、元良、島田（重礼）、村上講師
一、井上円提出ノ論文審査報告書、学長朗読アリ村上講師
一、二語簡単ニ説明セラル別ニ異議起ラザリシモ報告書余

リ簡単ニ付尚少シ事実ヲ摘記シタル文字ヲ挿入スルコト可ナラントノ事ニテ此レハ村上氏担当シ他委員ニ相談スルコトトナセリ

〔明治二十九年五月六日〕

出席者、外山学長、上田、坪井、黒川、元良、三上、田中〔義成、助教授〕

一、井上円了氏学位申請論文報告アリタルモ結局次点□□□文字ニ付種々説アリタルモ結局其侭ニテ可決シタリ

〔明治二十九年五月十三日〕

出席者、外山、上田、物見、黒川、元良、三上、田中、高津

一、井上円了氏学位申請ノ論文調査報告書ヲ全審査委員ヨリ差出サレタルニ由リ之レヲ審議シ報告ヲ可決シタリ

つぎに、山内は帝国大学の「評議会記録」議題録をつぎのように確認した。

〔明治二十九年五月十九日〕

議題学位ノ件（井上円了）可決

そして、明治二九（一八九六）年六月九日付『官報』第三八八二号、○学事○学位授与の項に、つぎの文章が掲載された。

文部大臣ハ明治二十年勅令第十三号学位令第三条ニ依リ左記ノ者ニ文学博士ノ学位ヲ授与セリ其学位記ハ次ノ如シ（文部省）

新潟県平民
井上　円了

明治二十年勅令第十三号学位令第三条ニ依リ茲ニ文学博士ノ学位ヲ授ク

このような審査の過程を経て、円了は文学博士の学位を取得した。円了は一五番目の文学博士となったが、その過程を解明した山内は、「それでは、井上円了の学位論文の論題名は何かという事が問題になる。実物が井上家に伝えられていないし、東京大学のものは関東の震災によって焼失したとの事である」、という問題点を指摘している。山内はさまざまな関係資料を検討し、論題名の問題を明らかにしようとしたが、最終的に「論題は疑問もあるが、おそらく『仏教哲学系統論』である」と結論づけている。

二　『仏教哲学系統論』について

円了の文学博士は論文審査を経て授与されたものであるが、このように実物で論題名が確認できていないという問題があった。ところが、近年になって井上家からつぎに紹介するまとまった原稿が寄贈された。この原稿の論題は、「印度哲学論文　仏教哲学系統論　井上圓了稿」となっている。寄贈された原稿は、和紙に書かれていて、二種類に分けられる。

第一は墨で清書された原稿で、「印度哲学論文　仏教哲学系統論　井上圓了稿」と題していて、清書は円了の自筆ではない。その清書原稿に、円了が朱や青で加筆している。和紙はタテが二八・二㎝、ヨコが三九・七㎝である。一枚に二〇行、一行に三〇字で書かれている。その枚数であるが、三六二枚であり、四〇〇字で五四五枚に達している。

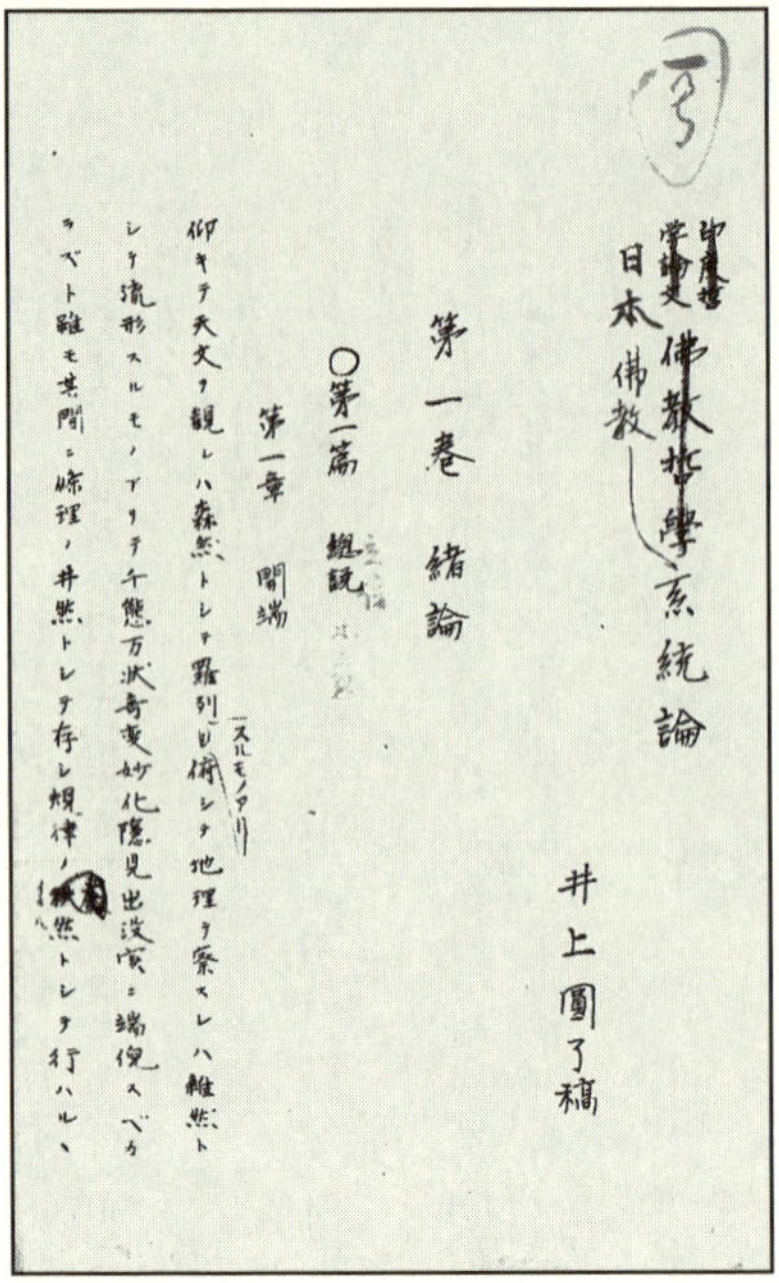

第二は円了の自筆原稿である。墨や朱で書かれている。この原稿も和紙であるが、第一の原稿とは大きさが異なる。タテが二四・六㎝、ヨコが三四・四㎝である。一枚に二〇行、一行に約二四字で書かれている。その枚数は一〇〇枚である。

第一の原稿は、後に朱筆で題名を「日本仏教系統論」に直している。清書原稿への加筆・削除の指定はこの変更にともなうものと考えられる。そう考えると、第二の原稿はこの変更のためのものであろうか。しかし、これらの原稿は円了の著作として刊行されていない。

ともあれ、井上家から寄贈された原稿は、今後の研究課題を提起するものである。参考のために、第一の原稿と第二の原稿の目次をつぎに紹介しておこう（原文の目次には順番が異なるところなどがあるが、原文のままにした）。井上家から寄贈された原稿の最初の一枚を複写して掲載する。

印度哲学論文　仏教哲学系統論　〔目次〕

第一章　開端
第二章　研究ノ方法
第三章　仏教ノ発達
第四章　日本ノ仏教
第五章　仏教ノ性質
第二篇　哲学略説
第六章　哲学ノ定義
第七章　事物ノ分類
第八章　教学ノ分類
第九章　学問ノ分類
第十章　哲学ノ分類
第十一章　哲学ノ応用
第十二章　純正哲学分類第一
第十三章　純正哲学分類第二
第三篇　宗教略説
第十四章　宗教ノ定義
第十五章　宗教分類第一
第十六章　宗教分類第二
第十七章　宗教学ノ定義
第十八章　宗教ト哲学ノ関係
第四編　仏教総論
第十九章　仏教全体分類
第二十章　理論宗ト実際宗トノ関係
第二十一章　仏陀ト衆生トノ関係
第二十二章　哲学門ト宗教学トノ関係
第二十三章　真如ト万法トノ関係
第二十四章　小乗ト大乗トノ関係
第二巻　本論　第一　理論宗第一　哲学門
第一篇　総説
第二十六章　仏教ノ有空中三宗
第二十七章　仏教哲学ノ性質
第二十八章　哲学門ノ一理
第二十九章　平等ト差別トノ関係
第三十章　仏教ノ論理
第三十一章　各宗ノ哲理
第三十二章　仏教ノ理脈
第二篇　体象実在論第一　総説
第三十三章　実在論ノ分脈
第三十四章　各宗ノ論目
第三十五章　外道諸宗
第三十六章　小乗諸部
第三十七章　倶舎宗述意
第三十八章　倶舎宗万法論第一　世界論
第三十九章　倶舎宗万法論第二　法体論

第四十章　　倶舎宗識心論
第四十一章　倶舎宗無為論
第四十二章　倶舎宗結意
第四十三章　成実宗大意
第一〔ママ〕篇　体象実在論第二　空宗論
第四十四章　法相宗述意
第四十五章　法相宗万法論
第四十六章　法相宗識心論第一　識心ノ種類
第四十七章　法相宗識心論第二　識心作用
第四十八章　法相宗無為論
第四十九章　法相宗教相論
第五十章　　法相宗有空論
第五十一章　法相宗中道論
第五十二章　法相宗結意
第五十三章　三論宗述意
第五十四章　三論宗教相論
第五十五章　三論宗有空論
第五十六章　三論宗中道論
第五十七章　三論宗結意
第三篇　体象実在論第三　中宗論
第五十八章　起信論述意
第五十九章　起信論中道論
第六十章　　起信論結意
第六十一章　天台宗述意
第六十二章　天台宗教相論
第六十三章　天台宗有空論
第六十四章　天台宗中道論
第六十五章　天台宗結意
第六十六章　華厳宗述意
第六十七章　華厳宗教相論
第六十八章　華厳宗有空論
第六十九章　華厳宗中道論
第七十章　　華厳宗結意
第七十一章　真言宗述意
第七十二章　真言宗教相論
第七十三章　真言宗有空論
第七十四章　真言宗中道論
第七十五章　真言宗結意
第四篇　結論
第七十五章　全教ノ系統
第七十六章　全系ノ中心
第七十七章　全論ノ性質
第三巻　本論第二　理論宗第二　哲学門（続）
第一篇　体象関係論

第七十八章　体象関係論第一　体象関係ノ状態述意
第七十九章　有空宗ノ状態論
第八十章　中道宗ノ状態論
第八十一章　体象関係ノ状態結意
第八十二章　体象関係論第二　体象関係ノ理由述意
第八十三章　存立開発ノ二論派
第八十四章　存立論第一　倶舎宗ノ説明
第八十五章　存立論第二　天台宗ノ説明
第八十六章　開発論第一　法相宗ノ説明
第八十七章　開発論第二　起信論ノ説明
第八十八章　開発論第三　華厳宗ノ説明
第八十九章　体象関係ノ理由結意
第九十章　体象関係論ノ二大疑問
第九十一章　第一疑問ノ弁解
第九十二章　第二疑問ノ弁解
第九十三章　疑問弁解ノ結意
第九十四章　余難二問
第二篇　体象規則論
第九十五章　体象規則論述意
第九十六章　仏教ノ因果ト他教他学ノ因果トノ関係
第九十七章　有宗ノ因果論第一　倶舎宗因果論
第九十八章　有宗ノ因果論第一　成実宗因果論
第九十九章　空宗ノ因果論
第百章　中宗ノ因果論
第百一章　因果論結意
第百二章　哲学論総論
第四巻　理論宗第三　宗教門
第一篇　総説
第百三章　宗教門ノ論題
第百四章　仏陀ノ性質
第百五章　衆生ノ性質
第百五章　冥界ノ種類
第百六章　悟界ノ種類
第百八章　宗教門ノ分系
第百九章　各系ノ論意
第二篇　仏人実在論
第百十章　実在論述意
第百十一章　有論ノ実在論
第百十二章　空宗ノ実在論第一　衆生論
第百十三章　空宗ノ実在論第二　仏陀論
第百十四章　中宗ノ実在論第一　天台宗論
第百十五章　中宗ノ実在論第二　華厳宗論
第百十六章　中宗ノ実在論第三　真言宗論
第百十七章　実在論結意

第三篇　仏人関係論
第百十八章　関係論述意
第百十九章　染浄論
第百二十章　善悪論
第百二十一章　苦楽論
第百二十二章　空宗ノ関係論
第百二十三章　中宗ノ関係論第一　起信論
第百二十四章　中宗ノ関係論第二　天台論
第百二十五章　関係論結意
第四篇　仏人規則論
第百二十六章　規則論述意
第百二十七章　善悪因果ノ規則
第百二十八章　空宗ノ規則論
第百二十九章　戒律論
第百三十章　禅定論
第百三十一章　階位論
第百三十二章　有宗ノ規則論
第百三十三章　空宗ノ関係論第一　三論宗
第百三十四章　中宗ノ規則論第一　法相宗論
第百三十五章　中宗ノ規則論第二　天台宗論
第百三十六章　中宗ノ規則論第三　華厳宗論
第百三十七章　規則論結意　真言宗論

第百三十八章　理論宗結論第一　仏教理学比較論述意
第百三十九章　理論宗結論第二　仏教ト理学トノ異同
第百四十章　　理論宗結論第三　遺伝説ト業因説トノ比較
第百四十一章　理論宗結論第四　仏教理学比較論結意

第五巻　本論第四　実際宗
第一篇　意宗論
第百四十二章　実際宗総論
第百四十三章　実際宗ノ起因
第百四十四章　実際宗ノ革新
第百四十五章　智情意三宗ノ異同
第百四十六章　意宗述意
第百四十七章　意宗哲学門第一　不立文字論
第百四十八章　意宗哲学門第二　見性悟道論
第百四十九章　意宗教門第一　仏人実在論
第百五十章　　意宗教門第二　仏人関係論
第百五十一章　意宗教門第三　仏人規則論
第百五十二章　意宗結意
第二篇　実際宗第二　智宗論
第百五十三章　智宗述意
第百五十四章　智宗哲学門第一　教相論
第百五十五章　智宗哲学門第二　秘法論

第四十一章　倶舎宗客観論第一（続）　物質論二
第四十二章　倶舎宗客観論第一（続）　世界論一
第四十三章　倶舎宗客観論第一（続）　世界論二
第四十四章　倶舎宗客観論第二　世界論三
第四十五章　倶舎宗客観論第二　世界論四
第四十六章　倶舎宗客観論第三　人類論一
第四十七章　倶舎宗主観論第一　心象論一
第四十八章　倶舎宗主観論第一　心象論二
第四十九章　倶舎宗主観論第二　心体論
第五十章　倶舎宗主観論第二　心体論
第五十一章　倶舎宗本体論第一　無為論
第五十二章　倶舎宗結意
第五十五章　法相宗客観論第一　物質論
第五十六章　法相宗客観論第一　人類論
第五十七章　法相宗客観論第二　心象論
第五十八章　法相宗主観論第一　心体論一
第五十九章　法相宗主観論第一　心体論二
第六十章　法相宗主観論第一　心体論三
第六十一章　法相宗主観論第二　心体論四
第八十七章　十界互具論
第八十八章　一念三千論
第八十九章　一心三諦論
第九十二章　教相論（五教論及十宗論）
第九十三章　原稿
第九十四章
第九十五章　中道論（十玄論及六相論）
第九十六章　教相論
第九十九章　二教　十住心論
第百章
第百一章
第百二章　真言宗結意

【註】

1　山内四郎「井上円了の学位に就いて」（『井上円了の思想と行動』東洋大学、昭和62(1987)年、三四九―三五七頁）。

【補註】

円了の博士論文の題名は、山内四郎の研究や追悼集『井上円了』では、「仏教哲学系統論」になっている。しかし、『東洋大学創立五十年史』（東洋大学、昭和12(1937)年）では、「日本仏教哲学系統論」として、「井上円了先生略年譜」においては、明治二十七年八月「鎌倉成就院二於テ『日本仏教哲学系統論』ヲ草ス」、明治二十九年六月八日「文学博士ノ学位ヲ受ク。論題

『日本仏教哲学系統論』」、という。井上家から寄贈された原稿の題名は、先に墨で「仏教哲学系統論」とあって、後に朱で「日本仏教」と書き加えている。この書き加えに従うと、「日本仏教系統論」となる。円了の愛弟子の高島米峰は『随筆人』（大東出版社、昭和一四（一九三九）年、一六頁）で、「先生の学位論文『仏教哲学系統論』の一部である、『外道哲学』を見ても」と述べている。このように博士論文の題名は問題がある。

また、明治三〇（一八九七）年に刊行された『外道哲学』の「諸言」では、「余、多年哲学上、日本仏教の組織系統を選述せんと欲し、力をこれに用うるや久し。近日ようやくその体系を完成し、これを「仏教哲学系統論」と題し、まずその第一編すなわち『外道哲学』を印行して、ここに世に公にするに至る」（『選集』第二二巻、一四頁）という。しかし、同書の冒頭で、哲学館が明治二九（一八九六）年一二月に火災に遭い、参考書類を焼失・散失したと言っている（同書、一三頁）。以上のことから、筆者は、円了の学位論文名は「仏教哲学系統総論」と考えている。

なお、博士論文の作成過程について、卒業生の田中善立はつぎのように述べている（田中善立「嗚呼甫水先生」『井上円了先生』東洋大学校友会、大正八（一九一九）年、二八八頁）。

明治廿七年の孟夏、先生が博士論文を草せらるる時、予は日夕侍して筆工の労に従ふこと月余、所は当年先生の避暑地たりし鎌倉長石切通、中央の南側なる普明山成就院といふ真言宗の一小庵であつた。予の前には田中治六君が一月程其の労を執て居た。今の令息令嬢がボンチ、アカチャンと呼ばれ、令夫人に伴はれて同じく避暑し居られ、毎朝一度夫人令息等と由井ヶ浜を逍遥され、午後は一緒に海水浴をなし、夜は常に深更迄稿を草せられ、僕も十一時頃迄御附合をしたが、御家族は大概十時頃華胥の境に入らる、が例であつた。偶々十二時過迄筆工に従ふと、先生には自から酒を燗して独りチビリ々々二三盃を傾け、嗚呼神気恢復したと、さも愉快気に再び草案に取りかゝられる。

第七節　『外道哲学』—インド哲学の研究

一　『外道哲学』の概略

明治三〇（一八九七）年二月、円了は総頁数が五三四頁に及ぶ大著『外道哲学—仏教哲学系統論　第一編』を刊行した。「哲学界の大御所」と称された井上哲次郎は、円了没後の追悼集の中で、この『外道哲学』についてつぎのように評価している[1]。

博士の著述としては仏教活論が最も注目に値するものであつたと言つて差支へない。けれども其後純粋な研究的著書も出された。それは外道哲学である。この書は一切経の中に散見してゐる外道のことを研究し、一部の著書にまとめられたもので、今日ではこれ以上のものがあるけれども、其頃さう纏ったものがなかつたため、研究としては注目すべき著述であつた。それが学位を得られた博士論文である。

このように、円了の『外道哲学』は漢訳の仏教経典のみを使った点に特徴があった。その意図するところは、日本仏教の哲学を明らかにすることにあった。その第一編がこの『外道哲学』であった。この点について、円了は「緒言」において、つぎのように述べている。[2]

余、多年哲学上、日本仏教の組織系統を撰述せんと欲し、力をこれに用うるや久し。近日ようやくその大系を完成し、これを「仏教哲学系統論」と題し、まずその第一編すなわち『外道哲学』を印行して、ここに世に公にするに至る。しかして、余がいわゆる仏教は印度仏教にあらず、支那仏教にあらず、日本仏教なり。日本仏教とは、現在わが日本に流布せる仏教を義とす。もしこれを分解すれば、印度・支那二元素のその中に混和せるを見る。これ他なし。わが現今の仏教は、その原種は印度より伝わり、その養料は支那・日本より得、内外相加わりて発育せるによる。ゆえに、余は印度・支那・日本三国の経論疏釈にして、現今わが国に存する仏籍により、ひろく諸説諸見を彙類概括し、もってその裏面に貫通せる哲学的系統を考定開示せり。これをもって、その引用および参考書類はみな、古来日本において翻刻あるいは新刊せるものに限り、西洋印行の仏籍、あるいはこれに関する泰西学者の評論・著作等はこれを除く。これ、余が目的はひとり日本仏教の系統を開示するにあればなり。

そのため、円了はつぎのような構想のもとで、この『外道哲学』を刊行したのであった。[3]

第一編　外道哲学　　第二編　異部哲学
第三編　倶舎哲学　　第四編　成実哲学
第五編　律宗哲学　　第六編　唯識哲学
第七編　三論哲学　　第八編　起信哲学
第九編　天台哲学　　第一〇編　華厳哲学
第一一編　真言哲学　　第一二編　禅宗哲学
第一三編　浄土哲学　　第一四編　真宗哲学
第一五編　日宗哲学

ところが、哲学館は明治二九(一八九六)年の年末に、類焼で全焼してしまう。円了の構想の実現はそのために端緒で終ってしまったのである。そのことについて、円了はつぎのように述べている。[4]

本書印刷は明治二十九年十一月下旬より着手したりしが、十二月十三日夜、俄然哲学館の焼失に会し、余が寓居はまさに延焼せんとしてわずかに免るるを得たるも、参考書類、あるいは焼失しあるいは散失して、いずれにあるを知るべからざるものあり。

このようにして、幸い『外道哲学』のみが残ったのである。この『外道哲学』の目次はつぎのようになっている。[5]

目　次

円了の『外道哲学』の理論展開については、すでに仏教学やインド哲学の専門家の要約がある。[6] そのため、ここでは要約はそちらに譲りたい。『外道哲学』の結論について円了はつぎのように述べている。[7]

上来章を重ねて、外道諸派の異見を客観・主観の両論に分かち、客観論を単元・複元の二段に分かち、主観論もまた単元・複元の二段に分かち、逐次論述してここに至れり。その順序は客観より主観に入り、単元より複元に移れり。これ、人の思想発達の規則なるのみならず、外道より仏教に転進するの階段なり。さきに第五五節に一言せるがごとく、仏教は主観論なり、唯心論なり、絶対論なり、理想論なり、超理論なり、不可知的論なり。これに対して、外道は客観論なり、唯物論なり、相対論なり、実体論なり、常識論なり、可知的論なり。もし、客観唯物を真理の基礎とし、相対可知的を哲学の終極とするにおいては、外道の諸論を仏教の上に置かざるを得ずといえども、もし主観唯心を極理とし、理想絶対を真源とするにおいては、仏教ははるかに外道の上にあること論をまたず。今、余は理想絶対論をもって論理の幽玄をひらき、哲理の真際を極めたるものとなす。ゆえに外道より仏教に移るは、実に人智進化・思想開発の順序なりと信ず。

円了は仏教とインド哲学を比較的に位置づけ、理想絶対論の立場から、インド哲学から仏教へ発展したことは、人智道化・思想開発の順序であると述べている。しかし、円了は哲学館類焼事件に遭遇して、つぎの仏教哲学論に入るための資料を焼失してしまった。おそらく研究全体の見通しはあったであろうが、不幸にしてその成果を執筆・出版する機会を失ってしまったのである。

二　インド哲学史の比較論評

円了の『外道哲学』の出版は、井上哲次郎がいうように、当時としては先駆的な業績であったが、同時期に、哲次郎が帝国大学で「印度哲学史」を講義したことが分かっている。その草稿の部分が残っており、清水乞は「井上哲次郎「印度哲学史」草稿と井上円了の『外道哲学』」の論文で、二つの研究を比較している。[8] 清水はつぎのような結論を述べている。〔引用文の〔哲〕は井上哲次郎の「印度哲学史」を、〔外〕は井上円了の『外道哲学』を指す[9]〕。

以上、哲次郎の「印度哲学史」と円了の『外道哲学』の構成と使用した漢文経論を中心に比較した。残念ながら〔哲〕は第四冊と第七冊しか残っていないので推測の域を出ないが、両書は極めて類似している。使用した漢文資料は、時代の学問的環境からいって、二人が類似するのは当然である。また二人が、前世代の啓蒙思想家と違い、日本に基礎をおいて東洋思想の体系化を意図したことは強調しておきたい。しかし、〔哲〕は「東洋哲学」の体系に有機的に位置づけられず、印度哲学史という事例研究に終わっている印象が強いが、〔外〕は「日本仏教哲学系統論」の「初門」として位置づけられている。

二人の際立った相違点は、〔哲〕は当時の西洋における印度哲学研究の成果を積極的に取り入れようとして、いち早くマーダヴァの『サンヴァダルシャナ・サングラハ』、カナーダの『ヴァイシェーシカ・スートラ』を使用したことは特筆すべきことである。余談であるが、第十一若提子派で、全く知られていない渡辺国武の『印度哲学小史』を挙げているのは興味深い。これとは対照的に〔外〕は一貫して漢文資料によるという資料的基本を守り、中国撰述の典籍に止まらず日本撰述の典籍の漢文資料をより多く使用し、漢字文化圏における印度哲学の展開を「主観論と客観論」という理論軸に沿って系統づけている。ここでは「外道説」を論駁している引用文が多いので、日本撰述の資料を併せて精読すれば、日本仏教における印度哲学の受容と変容を窺うことが可能であろう。

両書の組織、構造は極めて類似しているとはいえ、〔哲〕は客観的であり、事例的であり、これが資料の引用など取り扱いに反映している。〔外〕は、主体的、主観的であり、体系的である。「仏教哲学の初門」と称される〔外〕の著作目的は、理論軸に沿って、共時的に印度哲学と中国・日本の仏教哲学を対比し、日本仏教の特色を明らかにすることにあったのではなかろうか。

清水は哲次郎の「印度哲学史」と円了の『外道哲学』を比較して、哲次郎のは客観的・事例的であり、円了のは主体的、主観的であると、その特徴を明らかにしている。円了が日本仏教の特色を明らかにする目的があったという点は、刊行計画から考えて正しいと思われる。そこには、円了が『仏教活論本論第二編　顕正活論』で提示した新しい仏教論が、さらに研究されて展開されたのであろうと推測される。

三　インド哲学的論評（一）

インド哲学を専門とする立川武蔵は、円了の『外道哲学』を分析する中で、円了の理論的な誤りを指摘しながら、最終的につぎのように評価している。[10]

円了によれば、外道すなわちヒンドゥーおよびジャイナ思想は、我が実在するという説（実我論）と世界は実在であるという説（実有論）との二説にまとめることができるが、仏教は無我論および仮有論（世界は仮のものであるという説）にまとめることができる。世界が実在であるという考え方はもろもろのもの（法）に対する執着を「外道」の者たちの心の中で生む一方、我に対する執着は「外道」の者たちが小乗仏教の悟りを開くこともできなくする（一二八節）と円了はいう。このようにして、『外道哲学』において円了は仏教はヒンドゥー教およびジャイナ教より秀でており、思想の必然的な展開の原理によれば「発展すれば」仏教に近きものとなると信じていたのである。

六〇〇頁に近い明治三〇年発行のこの大著を、今日われわれはどのように評価すべきか。円了はサンスクリット・テキストやチベット文献に基づいて研究したわけでもなく、今日われわれの眼から見れば明白なことも、当時はよく分かっていなかった点も多くあるだろう。いわゆる近代的な意味の文献学的歴史学的観点から見るならば、『外道哲学』はヒンドゥー哲学研究としてはそれほど意味がないかもしれない。そもそも「外道」という語を用いること自体も今日では問題であろう。さらに「外道」が仏教と較べて劣っているという前提も、今日では受け入れるのは難しい。

では『外道哲学』は、今日のわれわれにどのような意味を持つのか。それは、円了がヒンドゥー哲学とジャイナ哲学を素材にして描いた壮大な哲学・思想のパラダイムである。円了自身がいうように、それは決して歴史的発展をいうわけではなかった。あくまで円了が考えた思想の型の図である。

我つまり自己は実在なるものではなく、世界も実有なるものではなく、仮にその存在が定立されているにすぎない。これは円了が仏教を理解するときの大前提である。仏教者が自分の立場に立って思想を構築しようとする際、その仏教者は当然のことながら、他の立場に較べて自分の立場の優位性を自らの図式に従って示さねばならない。その際には、仏教と非仏教の両者を納得させる普遍的原理は存在しないのである。

円了は研究者としてではなく、「神学者」つまり仏教者として『外道哲学』を書いたのである。この著作は古典として残るであろう。それは諸文献に散見する該当箇所を集めた資料集としてではなく、仏学者井上円了の思想パラダイムを見せるからである。

立川の論評は、円了の仏教思想論（『顕正活論』）の批判と類似している。立川は「近代的な意味の文献学的歴史学的観点から見るならば」という視点に立っている。そのため、円了の『外道哲学』の持つ価値を、「仏教者井上円了の思想パラダイム」を表わしているものと限定している。この点、前掲の清水乞の評価と異なっていると考えられる。また立川の論評は、哲ていない。

次郎のように、明治期の印度哲学の研究という文脈でもなされ

四　インド哲学的論評（二）

立川の評価は現代の観点からものであるが、同じインド哲学の専門家である菅沼晃の『外道哲学』の特徴や評価はつぎのように異なっている。菅沼は一一の項目を挙げている。[11]

（一）学祖〔円了〕のインド哲学研究は、インド哲学そのものの研究ではなく、日本仏教系統論の基礎作業として行われたものであること。

（二）右の目的のために、学祖はヨーロッパのインド学者の業績について充分な知識を持っていたのではあるが、それらの資料を使用せずに、すべて漢訳された仏典、中国・日本で成立した文献だけを用いたこと。

（三）学祖が使用した漢文資料は合計六五一種、七九一三巻にも及び、網羅的であること。漢文資料を使用しているという点で、現在でも資料的意義を持っていること。つまり、漢文資料という限定された資料でインド哲学を論じた著作と考えるのではなく、インド哲学に関する漢文資料の集大成としてこの著作を捉えるならば、学祖のインド哲学研究の成果は、まさに今日的意義をもっているということができる。

（四）学祖のインド哲学研究は漢文資料のみに基づきながらも、現在の学界で明確にされるにいたったさまざまな問題点に注意が払われていること（例えば「外道」の原意・クリシュナ神とナーラーヤナ神とヴィシュヌ神が同体であることなど）。

（五）学祖独自のインド哲学観が示されていること。すなわち、人間の思考の発達を「客観ヨリ主観ニ入リ、単元ヨリ複元ニ移レリ。是レ人ノ思想発達ノ規則ナルノミナラズ、外道ヨリ仏教ニ転進スルノ階段ナリ。」というように捉え、インド哲学一般を「仏教ノ初門」としながらも、それらインド哲学諸派の思想を「客観カラ主観へ」という基準で系統化したこと。

（六）中でも学祖はヴァイシェーシカ学派とサーンクヤ学派の二学派に高い評価を与え、特にサーンクヤをインド哲学中の最上としている点から、学祖が「六賢人」の一人にカピラ（サーンクヤ学派の開祖と称される）を入れた理由が理解されること。

（七）学祖がヴァイシェーシカ、サーンクヤなどの思想を論ずるに当って、つねにヨーロッパ哲学との比較が意識されており、特に因明（論理学）については、ヨー

ロッパのロジックとの共通点・相違点が検討された上で、新たな論理学が意図されていたこと。

（八）『外道哲学』はインド思想を述べるのが目的ではあるが、そこに学祖の哲学の基本が示されていること。すなわち、学祖にあっては、主観・唯心が「極理」とされ、「理想絶対《ママ》」が「真源」とされる。「今、余ハ理想絶対論ヲ以テ論理ノ幽玄ヲ啓キ、哲理ノ真際ヲ極メタルモノトナス。故ニ外道ヨリ仏教ニ移ルハ実ニ人智進化思想開発ノ順序ナリト信ズ。」というように、客観から唯心への思想史的発展こそ、哲学の道であるという点が主張されること。

（九）右の主張は、ただインド哲学についてのみではなく、東西の思想全般に及ぶものであり、特に「今日、西洋ノ哲学上ニアリテハ、ナホ客観論ノ主観論ヲ排シ、唯物論ノ唯心論ニ抗スルコトアルガ如ク」という危惧がその裏にあったことを示していること。

（十）学祖の思想の根本は「余ハ元来理想主義者ニシテ、且ツ此ニ仏教ノ方面ヨリ外道ヲ評価スルモノナレバ、外道ハ凡情常識ニ本キタル浅見ナリトナスナリ」という結語に端的に示されていること。

（十一）日本におけるインド哲学の概説書としては、おそらく姉崎正治の『印度宗教史』（明治三一年）が最初のものであろうが、学祖の『外道哲学』はこれより一年前に刊行されており、方法・資料は異なっても姉崎の著とともにインド哲学研究史の上での先駆的な意味を認めるべきであろう。

このように、菅沼の論評は一一項目にわたり、円了の『外道哲学』の持つ意味を高く位置づけている。インド哲学の概説書として、その最初のものは姉崎正治の『印度宗教史』であろうとしながらも、それより一年前に刊行された円了の『外道哲学』は、インド哲学研究史上において先駆的な意味を持っていたという。

この点は、つぎの出野尚紀の考証的文献研究でも明らかにされている。出野は明治時代のインド哲学関係の文献を調査し、その結果をつぎのように述べている。[12]

明治二九年までのインドに関する研究発表と円了のインド哲学に関する発表を見てきたが、ヨーロッパの研究成果を紹介するように、学説を引用するもの、漢訳された語がサンスクリットで何といったのかの対照を中心とするもの、漢訳された仏教以外の文献を使ってインド正統派の学問について考察するもの、以上の三種類が見て取れる。円了の立場は、これらのうち最後の漢訳文献を使用するものである……この時期のインド学文献は、単行本として出版されたものはまれであり、ほとんどは雑誌に掲載されたものであり、長く渡るものは連載形式で掲載されたものである。

出野の文献調査によれば、円了以前にまとまったインド哲学の研究書はなかった。井上哲次郎が指摘したとおりである。そのため、出野は円了の『外道哲学』を、日本近代のインド哲学研究の先駆的業績と評価している。

【註】

1　井上哲次郎「井上円了博士」（『井上円了先生』東洋大学校友会、大正八（一九一九）年）一四〇頁。

2　井上円了『外道哲学―仏教哲学系統論　第一編』明治三〇（一八九七）年（『選集』第二二巻、一四頁）。

3　同右、一六頁。

4　同右、一三頁。

5　同右、三―八頁。井上哲次郎は追悼文（註1）で、この『外道哲学』が「それが学位を得られた博士論文である」と述べているが、本論の前節（第六節）で「博士論文『仏教哲学系統論』について」で紹介した論文内容とは異なっている。そのため、学位論文で得た知見に立って、すでに述べた新たな構想のもとに、刊行計画が立てられ、『外道哲学』の著作がその第一編として刊行されたと考えられる。

6　菅沼晃「井上円了のインド哲学研究―『外道哲学』を中心に」（『井上円了の学理思想』東洋大学井上円了記念学術振興基金、昭和六四（一九八九）年、八六―一一六頁）。立川武蔵「解説―井上円了の外道哲学」（『選集』第二二巻、六八八―七〇六頁）。

7　井上円了『外道哲学』（『選集』第二二巻、六四五頁）。

8　清水乞「解説―井上哲次郎「印度哲学史」草稿と井上円了の『外道哲学』」（『選集』第二二号、七〇七―七四三頁）。

9　同右、七四二―七四三頁。

10　立川武蔵「解説―井上円了の『外道哲学』」（『選集』第二二巻、七〇五―七〇六頁）。

11　菅沼晃「井上円了のインド哲学研究―『外道哲学』を中心に」（前掲書、一一〇―一一二頁）。

12　出野尚紀「明治中期のインド哲学と井上円了のインド哲学観」（『井上円了センター年報』第二二号、平成二五（二〇一三）年、一一三頁）。

第八節　井上哲次郎との思想対立
―哲学館事件の前景として

一　第一次「教育と宗教」の論争

明治三五（一九〇二）年一二月、文部省により哲学館事件は惹起された。文部省側のキーパーソンといわれたのは、井上哲次郎である。この事件の前に、哲次郎と円了の宗教論争があった（第三章第一〇節参照）。ここでは、その論争を取り上げる。

近代日本の思想家としての哲次郎と円了の思想については、昭和三六（一九六一）年の家永三郎[1]と舩山信一[2]の先行研究があり、最近では末木文美士の思想論[3]があげられる。これらの研究では、哲次郎と円了の間には思想の同一性や相互補完性があることが明らかにされてきた。現在、両者の主要な著作などの研究資料は整いつつあるが[4]、ここでは先行研究を踏まえながら、明治後期における思想対立に焦点をしぼって新たな問題提起を行いたい。

哲次郎は安政二（一八五五）年に生まれ、儒学や洋学を学び、明治一〇（一八七七）年創立の東京大学で哲学を修め、明治一五（一八八二）年三月に東京大学助教授に就任した。円了は安政五（一八五八）年に真宗大谷派（東本願寺）の末寺に生まれ、真宗・漢学・洋学を学び、本山に選抜されて東京留学生となり、東京大学で哲学を修め、明治一八（一八八五）年に卒業した。哲次郎と円了の年齢差は三歳であるが、卒業時では五年の違いがある。哲次郎と円了の関係は、哲次郎らが創刊した『東洋学芸雑誌』の明治一五（一八八二）年六月二五日号に、大学一年生の円了が「堯舜ハ孔教ノ偶像ナル所以ヲ論ス」という小論を投稿し、その文末に「巽軒曰」（巽軒は哲次郎の号）に始まる評論があるので、両者の最初の出会いは、哲次郎の助教授就任の直後と考えられる。

「哲次郎の教え子の円了」という表現は、研究論文によく見られるが、哲次郎は明治一七（一八八四）年一月に円了が主唱した「哲学会」の設立に協力し、翌二月にドイツ留学へ出発している。そのため、両者の教員と学生の関係は二年間である。哲次郎の教育による円了への知識・思想の影響は当然考えられる。清水乞の研究[5]により明らかにされているが、円了の初期の著作である『真理金針』『哲学要領』『哲学一夕話』『倫理通論』『心理摘要』は、円了の思索が中心であるけれども、哲次郎の理論的思想的な影響がどの程度あったのか、定かではない。

哲次郎がドイツへ留学した後の円了は、英文文献を中心に哲学研究に本格的に取り組み、在学中から雑誌・新聞に論文を発表し、卒業後は派遣された東本願寺教団には戻らず、また恩師が斡旋した文部省への道も断り、著作活動に専念してすでに記した初期の著作を発表し、啓蒙的思想家としての地位を確立した。そして、明治二〇（一八八七）年に哲学専修の専門学校として「私立哲学館」を創立した。翌年には、国粋主義（日本主義）を標榜する政教社の設立に参加し、雑誌『日本人』の創刊にかかわった。

哲次郎は留学期間を終えた後に、ベルリンの東洋語学校の教師となり研究を継続していたが、両者の関係はこの時期にも断絶していない。すでに紹介したように、留学中の日記を研究した福井純子の論文には「井上留学期間（1884.4.2～1890.8.8）交際日本人名」[6]があり、第一位は円了で日記の二二か所に記されている。筆者はそれをもとに当時の両者の関係をまとめたことがある。[7]円了は哲学館創立から一〇か月後の明治二一（一八八八）年六月に、突如として欧米各国の視察へ出発する。哲次郎の日記によれば、出発の前の二年間に、哲次郎からの書簡が五回あって、実際、円了がイギリスのロンドンへ到着直後に、哲次郎は出向いて円了を迎えている。当然、両者はベルリンでも再会している。円了の帰国後、哲次郎からの書簡は明治二三（一八九〇）年八月までに七回に及んでいる。円了の欧米視察はその後の思想や行動に転換をもたらしたものであり、留学中の哲次郎の知見も影響を与えたものと考えられる。

哲次郎は明治二三（一八九〇）年一〇月に帰国し、帝国大学文科大学教授に就任した。日本では前年二月に大日本帝国憲法が発布され、哲次郎が帰国した同月に「教育に関する勅語」が発布され、近代日本国家の枠組みが示されたばかりであった。翌明治二四（一八九一）年一月に、いわゆる内村鑑三不敬事件が発生する。それから、哲次郎の天皇制国家思想の確立者として活動が始まる。五月に『内地雑居続論』を著し、九月に文部省の依頼を受けて勅語の解説書『勅語衍義』を刊行し、翌明治二五（一八九二）年一一月に「宗教と教育との関係につき井上哲次郎氏の談話」を雑誌に発表して、哲次郎は教育勅語＝国体の立場からキリスト教に対して論争を提起した。近代日本思想論争として知られる「教育と宗教の衝突」事件の始まりである。この論争は、教育と宗教一般の関係ではなく、最大の争点はキリスト教が天皇制思想（教育勅語）と両立するのかという点にあり、天皇制思想に依拠したキリスト教攻撃とその防戦の形で展開されたものである。吉田久一によれば、関係資料は明治二五（一八九二）～明治二六（一八九三）年を中心に新聞報道も含めて二二〇点に及ぶといい、哲次郎が『教育ト宗教ノ衝突』と題して出版した著書で、キリスト教と仏教の比較を論じたために、教育勅語（国体）とキリスト教の関係という主題から、「社会的にも仏教とキリスト教の衝突という形」[8]に拡大したといわれる。

円了は明治一八（一八八五）年の大学四年生の時に「余が疑団何れの日にか解けん―耶蘇教を排するは理論にあるか」を『明教新誌』に連載し、それが『破邪新論』（のちの『真理金針初編』）として単行本化され、また『仏教活論　本論第二編破邪活論』を著し、進化論などの哲学・理学の近代諸学とキリスト教が合致しないことを取り上げた。この著作から、現在でも円了といえば明治中期の排耶論者として知られているが、円了は「教育と宗教衝突」事件に最初からかかわっていない。すでに述べたように、この時期の円了は、ほぼ完成した哲学館の新校舎が暴風雨によって倒壊し、その再建で負債を抱え、その解決策として全国各地で学術講演会を開きながら、創立寄付金を集める「全国巡講」を明治二三(一八九〇)年秋から行っていたからである。足掛け四年間に三九〇日を費やして、北海道から九州まで巡回講演していた。これが終わった明治二六(一八九三)年に、『日本倫理学案』『教育宗教関係論』『忠孝活論　附仏門忠孝論一斑』を続けて刊行しているから、円了も論争への関心を持っていただろうが、舩山信一が述べているように、[9]両者のキリスト教批判については、円了は仏教そのものの立場からの批判が強いが、哲次郎は教育・国家主義教育・国体論を最優先する立場という、態度の相違があった。現在では、この論争を第一次「教育と宗教」の論争と呼んでいる。

二　第二次「教育と宗教」の論争

これから述べる第二次論争を提起したのも、哲次郎である。明治三二(一八九九)年一〇月、東京帝国大学文科大学長となっていた哲次郎は、哲学会で「宗教の将来に関する意見」という講演を行い、それを一二月の『哲学雑誌』に発表した。この論文が翌明治三三(一九〇〇)年の第二次「教育と宗教」の論争の始まりとなった。

哲次郎が再び問題を提起せざるを得なかった背景として、間接的には、条約改正を前提とした明治三二(一八九九)年の文部省訓令第一二号という学校における宗教教育禁止[10]や、第一四帝国議会における宗教法案論議[11](仏教界の反対運動もあり、採決の結果、否決された)が考えられる。直接の要因は、一〇年に満たない状況の変化によって、教育勅語＝天皇制思想教育がさまざまなところで不適合になりつつあったからである。それは修身科廃止論、当時の西園寺文相の教育勅語改定論などに見られる。

哲次郎と円了の思想対立はこの第二次論争の継続において起きるが、きっかけとなった哲次郎の「宗教の将来に関する意見[12]」という論文の要約をまず記しておこう。

現今のわが国の宗教の儒教、仏教、キリスト教、神道はいずれも「凋衰廃滅」の状態に近く、民族の将来の精神界を支配する有力なものはなく、それ故に国民教育に対しての影響力はない。教育と宗教は分離しているが、これは「我国民の遂行せる一進歩」であり、一度分離したものは永遠に維持しなければならない。ところが、明治以来、知育は発展したが、徳育はその反対に以前より退歩した。教育と宗教の分離によって、徳育の基本を失った。現在の倫理学は理屈を教えるだけで、人をして行わしむる道徳の動機づけが欠如している。これが今日の教育界の一大問題となっている。

今、改めて仏教、キリスト教、儒教の各宗教の長所と短所を再検討すると、たとえば仏教では、長所として、伝来から千年以上の歴史があって国民の精神上に「既得権」をもつこと、純正哲学としての理論があること、これに対して、短所として、その教えは「茫漠」として理解しがたく、極めるには万巻の経典を読破しなければならないこと、厭世教にして悲観主義や禁欲主義があげられる。キリスト教は、西洋各国の宗教であり、また国民の徳育の根底にある。その教えは仏教より理解しやすいが、「唯一神」の信仰はわが民族の精神と「敵抗」するもので、永遠に衝突するものである。儒教にもこのような長所と短所がある。したがって、このような成立宗教に、徳育の動機づけを求めることはできない。

ところが、局外よりみると、諸宗教の根底における契合点があり、それは「実在の観念」であり、その「実在の観念」は人格的、万有的、倫理的の三種類に分けられる。これを比較対照してみると、「倫理的実在」が諸宗教の契合点にふさわしく、それを具体的にいえば、「先天内容の声」で「一切を融合する無限の大我より来る声」とも呼ぶべきものである。この大我に従う倫理は、諸宗教の共通点であり、実行上で「最も効力ある主義」であり、これ故に一切の宗教の形態を離れて、わが国の教育の現在の欠陥を充たすものである。この大我（倫理的実在）を中心とする新宗教は「倫理的宗教」（宗教的倫理）であり、哲学および自然科学と併存し、日本主義とも衝突しないもので、将来においては歴史的宗教が今日の時勢に適応するように合理的に変形しない限りは衰退してしまい、倫理的宗教が将来の普遍的宗教になるであろう。

哲次郎は最初に、第一次論争で主張した「教育と宗教の衝突」、つまり国体護持の維持を目的にし、それをなさないものとして、当初はキリスト教のみから、今度は成立宗教へと批判を拡げつつ、当時の徳育の問題を新たな視点から取り上げ、その欠陥の解決に、自ら「倫理的宗教」を提唱している。その狙いは、「動機付けの回復による徳育（天皇制イデオロギー教育）の硬直化・形骸化の是正と、天皇制イデオロギー教育を倫理的宗教というより普遍的なものにリンクすることによるその権威の再確立」[13]にあった。

第二次論争に関する資料は、「明治三二年後半から翌三三年末にかけて約六〇種類」[14]あるといわれる。第一次の資料数は約二二〇種類だったから、第二次は小さな論争に見えるが、天皇制体制派が教育勅語や修身教育に疑義を発したことに、意味の深さがある。

円了はこの第二次論争の時も、当初から加わっていない。論争の前の明治二九（一八九六）年末に哲学館を焼失したからである。明治三一（一八九八）年に校舎を移転・新築するなどの新しい事業に取り組んだ。再び資金募集のために、明治三二（一八九九）年は八八日、明治三三（一九〇〇）年は九二日、明治三四（一九〇一）年は一一一日、明治三五（一九〇二）年は一六一日と、第二回の全国巡回講演を行っている。第二次論争は比較的短期に収束したが、その後も哲次郎との宗教の本質に関する論争が行われた。哲次郎と円了は明治三三（一九〇〇）年四月に、ともに修身教科書調査委員に就任しているが、円了は翌明治三四（一九〇一）年七月に「余が所謂宗教」[15]を『哲学雑誌』に発表した。円了の哲次郎への反論を要約しておこう。

明治維新以来、百般の事物は一変されたが、宗教だけは改革がなく、偉業の一半未だ成らずという状態である。今、世間では公徳問題が起こり、これを改良すべきとするが、その実行を教育部内に委ねるのみで、宗教界に着目しない。この公徳問題の改良には宗教の改良が必要であると信じる。ところが、現在、宗教の改良については旧仏教を「厭忌する風」が強く、新宗教を喚起しようという傾向にある。このような提起は巽軒博士（哲次郎）の宗教意見である。いわゆる「先天内容の大我より発したる宗教革新の声」であり、自分のごとき「小我の声」とは異なるが、その相違点はつぎの三点であろう。

第一に倫理の成分をとらえ来たりて宗教の第一原理とすること。

第二に諸宗教を一括して総合的新宗教を構成すること。

第三に人格的実在を宗教組織中より全然除去すること。

とくに第一は重要で、それは宗教そのものを倫理中に同化しようとするものである。いずれの宗教も「倫理の一要素」はあるが、倫理は宗教の目的を達成するための「一方便」である。宗教の目的とはなにか、「余が所謂宗教」を述べると、人に宗教心が起こるのは外部から注入・装成されるものではなく、「人生自然の発達上内部より開展」したものである。宗教は人の思想の反面より反射して来るもので、釈迦やキリストが「方便工夫」で仮設したものではなく、「人心中に胚胎する先天の声によりて喚起」されたものである。

道理を追求する学者は、「偏頗なる眼をもって宗教の真価を評定」しようとする。宗教を知る学者も、仏教やキリスト教などの教理の大綱を知るのみである。巽軒博士は、「未だ仏教の味も耶蘇教の趣も感知せざりし人なれば、其の宗教に対する意見に至りては表面外部の観察にすぎず」で、その評論は「秋山郷の蝋燭談」のように見当違いである。倫理は倫理であり、宗教は宗教である。宗教を倫理に同化するのは、倫理を宗教に同化すると共に不都合なことは同一である。巽軒博士の説に賛同することができない理由である。

他教はさておき、巽軒博士のいう仏教の短所については、まず「経論広漠」で理解しにくいというのは、蔵経の巻数を数えて仏教を廃することを主張するもので、これはウェブスターの辞典の字数を数えて英語学習の尽くし難い故に廃学するものと同一である。仏教の理解は選択取捨された経典を学ぶことで可能である。また、厭世主義、禁欲主義の問題はこれまでの仏教の発達からみて、あえて改良を加えなくても自然の勢いに任せてよい。

今日のいくつかの宗教にはその根柢に潜在する未発のものがあり、「従来の宗教に改良発達を加えて今後の学術と併行」させ、時勢と適応するものとすれば、新宗教を開立する必要はない。巽軒博士のいう、諸宗教の根柢における契合点をとって普遍的宗教を組織するのは「学者の迷夢に過ぎず」、巽軒博士が「大我の声」をもって契合点として主唱しても、人はこれを「巽軒教」と呼ぶばかりであろう。

円了は哲次郎に対する反論として三項目を挙げているが、論文の末尾に「本論は全く巽軒博士の宗教意見に反対の意を述べたる」もので、その反論の中心は第一の「倫理の成分をとらえ来たりて宗教の第一原理」にあると記しているので、ここでの要約もそれに従ったが、円了の論文には随所に哲次郎の意見への嘲笑的表現がある。哲次郎は従来の宗教の人格的実在を否定して倫理的実在＝「大我の声」によらんとするが、円了は大衆が信仰するには人格的実在を表象する「大我の色」が必要であると主張し、「巽軒博士の大我と掛けて何と解く、浜の松風と解く、その意は音ばかり」と侮蔑的に言い放っている。

三　哲次郎と円了の論争

哲次郎と円了の論争については、哲次郎は宗教を命令的に教訓して人を従わせるものとし、円了は宗教を「人生自然の発達上内部より開展した」ものとするという宗教観の相違などがあり、その後も両者の対立はつぎのように続いた。

明治三五（一九〇二）年一月・四月――哲次郎は「余が宗教論に関する批評を読む」[16]を公表して、主たる対象として円了を含む一〇編の論文への、総括的理論的な反論を試みた。

五月――円了は「宗教改革案」を『読売新聞』に出してから、単行本として『宗教改革案　附宗弊改良論』[17]を著して、公徳問題の解決を学校教育のみとせず、家庭・社会の教育からはかる必要性を述べ、それには仏教界や住職の学力の向上を政府の干渉によって行い、教科大学の設置、転宗自由の制度などを主張した。

同五月――フランスの雑誌が哲次郎と円了の宗教論争を取り上げ、『哲学雑誌』の彙報欄に「ル、ビューの我が哲学雑誌に関する一節」[18]として抄訳が掲載され、「円了博士の論鋒は頗る鋭利にして情熱湧くが如し」と評価された。

八月――哲次郎は「「ラ、ルビュー」の哲学雑誌批評を読む」[19]という論文を発表して、『ラ、ルビュー』の評論が円了の主張に偏向し、自分の所論が誤解されているとして、円了個人への反論を声高に侮蔑的に行った。

一〇月──哲次郎は「将来の宗教[20]」という談話を雑誌『新仏教』に発表し、「宗教は倫理と同じだ」「精神の安慰を得られない、安心立命のできない道徳ならば、それは真の道徳ではない……こういう道徳は即ち将来の宗教だ」と語り、円了の宗教改革案も「政府の保護」を求めるものとして否定した。

同一〇月──円了は『勅語玄義[21]』を出版し、教育勅語の解釈を絶対的釈義と相対的釈義に分け、勅語の諸徳目を平時の「孝友和信、恭倹博愛、修学習業、智能徳器、公益世務、国憲国法」、変事の「義勇奉公」に分けて、これを「忠」としその実現が「以テ皇運ヲ扶翼スヘシ」となることを明らかにした。その帰結に、「わが国特有の道徳たる絶対的忠孝の大道を伝うるには、神、儒、仏の三道が最も適することは明らかなりと知るべし」と記して、公徳問題と宗教との関係についての自説を再び主張した。

一一月──哲次郎は『巽軒博士倫理的宗教論批評集　第一集』を刊行した[22]。この論争のきっかけとなった「宗教の将来に関する意見」など自説の三編を原論とし、これに対する二二本の批評を集めて編集させたもので、円了の「余が所謂宗教」もあるが、哲次郎の諸論文への反論である「余が宗教論に関する批評を読む」は収録せず、円了への反論である「「ラ、〔・〕ルビュー」の哲学雑誌批評を読む」を巻末に据えた。

このように哲次郎と円了が対立していた渦中の明治三五（一九〇二）年一二月に、円了の哲学館に対して、文部省が中等教員無試験検定校の認可を取り消すという処分があった。いわゆる哲学館事件の発生である。不適とされた倫理学の担当教員の中島徳蔵が文部省の処分を不当とする反論を新聞に掲載して、翌明治三六（一九〇三）年に文部省に対する批判が起こり社会問題となった[23]。この事件に関する記事や論文は、中島が反論した二月─三月が多い。哲次郎は、三月に丁酉倫理会が「中島徳蔵の教授法に問題なし」としたこの学会での決議に反対を表明し、四月から盛んに文部省擁護の論陣を張る。この中で、円了がモットーとする「護国愛理」は忠君愛国の精神を鼓吹するものであったが、「如何なる風の吹回はしにや、哲学館事件が忠君愛国を嘲笑するが如き機会を与へたということは甚だ意外のことであります[24]」と述べて円了や哲学館を非難し、この機会にキリスト教徒が教育界は偽忠君偽愛国であると極端な攻撃を行っているという形で、公徳と宗教の問題にすり替えるなど、文部省への批判を封じようとしている。

円了は哲学館事件の発生を第二回の海外視察中のロンドンで知った。明治三六（一九〇三）年七月に円了は帰国したが、哲学館事件の原因については明らかにしていない（ただし、「役人」批判をしているから[25]、仕組まれた事件と見ていた可能性がある）。帰国から二か月後に、円了は「修身教会設立旨趣」を発表する。この趣意書によれば、日本と西洋各国との国勢民力には大差があり、その格差が日本社会の不道徳にあり、欧米社会の日曜教会のように、道徳を改良する「修身教会」活動を全国で展開する。各地の寺院を会場とし、教員と僧侶が教育勅語に基づき、「忍耐勉強倹約誠実等の職業に必需の道徳を論示し、進んで家庭の風儀、社会の習慣を一新する」[26]ことを目的とした。円了はこの教会を全国的に組織化せず、各地を結ぶ通信雑誌だけを発行し、自身が全国巡回講演をして普及につとめようとした。

哲次郎は「宗教の将来に関する意見」をきっかけに第二次「教育と宗教」論争を提起し、哲学館事件では文部省の立場を擁護し、明治四四(一九一一)年に『国民道徳概論』を出版して権力による「上からの修身教育、国民教育」を徹底する立場[27]をとり、天皇制国家体制の代表的教学者となった。これに対して、同じ天皇制下における日本の近代化でも、円了の「修身教会」運動は民衆レベルの倫理の実践を求めた「下からの運動」に終始した。両者の対立には、宗教観の相違の他に、近代日本の思想の問題が潜在していると考えられる。

【註】

1　家永三郎『近代日本思想史講座1　歴史的概観』(筑摩書房、昭和三四(一九五九)年、六二―六三頁)。

2　舩山信一『明治哲学史研究』(『舩山信一著作集』第六巻、こぶし書房、平成一〇(一九九八)年、一〇六頁)。

3　末木文美士『明治思想家論』(トランスビュー、平成一六(二〇〇四)年、六二―六三頁)。

4　哲次郎関係の研究文献――主要な著作(復刻版)としては、『井上哲次郎集』クレス出版、平成一五(二〇〇三)年、全九巻。年譜としては、井上哲次郎『懐旧録』と井上正勝編『井上哲次郎自伝』(『井上哲次郎集』第八巻)と、酒井豊「井上哲次郎史料目録」(『東京大学史史料目録』三)。文献目録としては、『近代文学研究叢書』第五四巻、昭和女子大学近代文化研究所。参考文献としては、同書の平井法「井上哲次郎」、島薗進他「解説」(『井上哲次郎集』第九巻)がある。

円了関係の研究文献――主要な著作(現代表記版)としては、『井上円了選集』東洋大学、全二五巻。年譜としては、拙稿「解説―井上円了と著述」(『井上円了選集』第二五巻)。文献目録としては、山内四郎・三浦節夫編『井上円了関係文献年表』がある。

5　清水乞「井上円了における近代西洋哲学研究の原点―「明治十六年秋　稿録」」(『井上円了センター年報』第一六号、平成一九(二〇〇七)年)、同「解説―井上哲次郎「印度哲学史」草稿と井上円了の『外道哲学』」(『井上円了選集』第二二巻)を参照。

6　福井純子「井上哲次郎日記」(『東京大学史紀要』第一一号と第一二号)を参照。

7　拙稿「井上円了『世界旅行記』補遺」(『井上円了センター年報』第一四号、平成一七(二〇〇五)年)を参照。

8　吉田久一『日本近代仏教史研究』(吉川弘文館、昭和三四(一九五九)年、二二二頁、二二六頁)。

9　舩山信一『日本の観念論者』(『舩山信一著作集』第八巻、こ

ぶし書房、平成一〇(一九九八)年、九四―九五頁)。

10　久木幸男「訓令一二号の思想と現実」(『横浜国立大学教育学部紀要』第一三集、第一四集)を参照。

11　高木宏夫「宗教法―法体制準備期」(『高木宏夫著作集』第二巻、フクイン、平成一八(二〇〇六)年)、井上恵行「宗教団体法成立までの各種法案」(『明治以降宗教制度百年史』原書房、昭和五八(一九八三)年)、佐伯友弘「明治三十二年における条約改正論議と第一次宗教法案―『明教新誌』に見るその教育史的意義について」(『日本仏教教育学研究』第九号、平成一三(二〇〇一)年)を参照。

12　井上哲次郎「宗教の将来に関する意見」(『哲学雑誌』第一五四号、明治三二(一八九九)年)を参照。

13　久木幸男「第二次「教育と宗教衝突」事件」(『20世紀日本の教育』サイマル出版会、昭和五〇(一九七五)年、二一頁)。

14　関川悦雄「「教育と宗教」第二次論争―倫理観・人間観の対立を中心に」(『教育学雑誌』第二一号、昭和六二(一九八七)年、二頁)。

15　井上円了「余が所謂宗教」(『哲学雑誌』第一七三号、第一七七号、明治三四(一九〇一)年)を参照。

16　井上哲次郎「余が宗教論に関する批評を読む」(『哲学雑誌』第一七九号、第一八二号、明治三五(一九〇二)年)を参照。

17　井上円了『宗教改革案　附宗弊改良案』(哲学書院、明治三五(一九〇二)年)を参照。

18　「ル、《〔・〕》ビューの我が哲学雑誌に関する一節」(『哲学雑誌』第一八三号、明治三五(一九〇二)年)を参照。

19　井上哲次郎「「ラ、《〔・〕》ルビュー」の哲学雑誌批評を読む」(『哲学雑誌』第一八六号、明治三五(一九〇二)年)を参照。

20　井上哲次郎談話「宗教の将来」(『新仏教』第三巻第一〇号、明治三五(一九〇二)年、五二五―五二九頁)。

21　井上円了『勅語玄議』(明治三五(一九〇二)年、『選集』第一一巻)を参照。

22　秋山悟庵編『巽軒博士倫理的宗教論批評集　第一集』(金港堂、明治三五(一九〇二)年一一月)。同書は「日本教育史基本文献・資料叢書二〇」として大空社から復刻され、巻末に関川悦雄の「解説」論文がある。

23　哲学館事件については、『東洋大学百年史　通史編Ⅰ』が詳しい。哲学館事件に関する記事・論文を収録したものとして、清水清明編『哲学館事件と倫理問題』の正・続の二編(文明堂、明治三六(一九〇三)年三月・八月刊行)が知られているが、同書に収録されているものは一六八件と少ない。東洋大学井上円了研究センターの調査によれば、現在判明している事件の記事・論文数は延べ数で五六四件に及んでいる(拙稿「「哲学館事件」文献年表」(『井上円了センター年報』第一七号、平成二〇(二〇〇八)年)を参照)。

24　井上哲次郎「哲学館事件の収束」(『教育界』第二巻第八号、明治三六(一九〇三)年、二頁)。哲次郎の哲学館事件に関する論文は、註23の拙稿の調査によれば、著者別でみると、第二位と多い。事件の当事者とされた中島徳蔵の掲載件数は一五であり、哲次郎はこれについで掲載数が一二となっている。井上円了、丸山通一と同数であり、哲次郎は哲学館事件の主たる論争者である。哲次郎の論文を明治三六(一九〇三)年の日付順に紹介しておこう。

「寄日出国新聞書」(『日出国新聞』第五〇六四号、二月二五日)。

「注意すべき刻下の問題」(『中央公論』第一八一三号、三月一日)。

「動機論と結果論」(『太陽』第九―四号、四月一日)。

「動機論と結果論とを論じて宗教に及ぶ」(『和融誌』第七―四号、同五号、四月五日、五月五日)。

「教育雑感」(『教育時論』第六四八―六四九号、四月一五日・同二五日)。

「近時の倫理問題に対する意見」(『太陽』第九―六号、六月一日)。

「哲学館事件の収束」(『教育界』第二―八号、六月三日)。

「倫理に関する教育上の二問題」(『教育学術会』第七―四号、同五号、六月五日、七月五日)。

「教育雑感(哲学館事件に対する断案)」(『教育時論』第六五三号、六月五日)。

「動機と結果との関係」(『一橋会雑誌』第二号、六月二五日)。

「近時の倫理問題につきて所感を述ぶ」(『下野教育』第一八八号、六月二九日)。

「倫理上注意すへき近時の問題」(『教育公報』第二七四号、八月一五日)。

25　井上円了「新年を迎ふるの辞」(『東洋哲学』第一一巻第一号、明治三七(一九〇四)年)を参照。

26　井上円了『修身教会設立旨趣』(明治三六(一九〇三)年九月一四日)(『百年史　資料編Ⅰ・上』)を参照。

27　哲次郎の国民道徳論については、末次弘「明治期における倫理思想」(『東洋学研究』第四四号、平成一九(二〇〇七)年)を参照。

第九節　哲学館事件と大学からの引退

一　中等学校教員無試験検定

哲学館事件にはそれ以前の過程があり、この節ではそのことから始めたい。

哲学館が大学への階梯を上り始めた明治三〇(一八九七)年前後に、日本の高等教育は「官高私低」の中で変化の傾向がみられるようになった。明治三〇(一八九七)年に国立の京都帝国大学が誕生して大学は二校となり、その下には哲学館のような専門学校が、明治三四(一九〇一)年の時点で、公立五校、私立四五校、合わせて五〇校を数えた。

日本社会は日清戦争後に綿糸紡績業、製糸業などの軽工業部門が発展して、社会構造にも変化の兆しがあった。それが教育にも反映して、明治二〇年代から明治三〇年代にかけて専門学校は発展しつつあった。同時期、官学の帝国大学の卒業者が三四〇〇名であったのに対して、専門学校の卒業生はその八・五倍に上っていた。私学は、創立からこの時期までの間に、学生数の激減や哲学館の風災や火災などのように、それぞれに存続の危機を経験しながら、国家の保護や支援を受けずに、独自の方法でその問題を乗り越えて、当時の高学歴者の六割の卒業生を社会に送り出すまでに成長していた。

私学が教育内容や施設の整備をはかり、国家や社会の発展を荷う人材を独自に養成していった時、一つの問題が生じた。官学は国家の必要に応じた教育機関で、その卒業生にはそれぞれ資格が授与されていた。そのため、前述のように、社会的な役割を荷うようになった私学が、官学のみに付与されていた資格の開放を求めることは、自然なことであった。

この当時、資格の付与を特典といったが、それには二つあった。第一は徴兵猶予で、私学の認可の経過を見ると、明治二二（一八八九）年に東京専門学校、明治法律学校、和仏法律学校、日本法律学校の法学系がまず取得し、ついで明治二九（一八九六）年に慶応義塾が、明治三一（一八九八）年に同志社が取得した。哲学館は明治三三（一九〇〇）年に、台湾協会学校と国学院が明治三四（一九〇一）年に、明治三五（一九〇二）年には関西法律学校、京都法政学校がこれに続いた。

第二の特典は国家資格に関係するものである。法律系には代言人（弁護士）免許、医学系は医師免許、文系には中等教育レベルの教員免許があった。

哲学館がこの教員免許制度の改革を求めて取り組んだのは、私学の中でも早く、創立直後からであった。その経過を、時間をさかのぼって追っておこう。

哲学館は、明治二八（一八九五）年に初めて入学試験制度を導入し、予科一年（翌年に開設）、本科二年とし、学部を教育部と宗教部に分け、宗教家と教育家の養成を目的に、独自の人間教育を行った。寺院に生まれ哲学館に学び、後に出版社長・評論家として活躍した高嶋米峰は、その教育をつぎのように語っている。[1]

> 私は僧侶になる意志は毛頭なかつたが、朝の勤行〔仏前での読経・礼拝〕をせずにご飯をいただくことが気持ち悪く、自分は敬虔な気持ちで、仏を礼し経を誦していたのである。しかし、哲学館へ入学して、哲学の講義を聴くようになつてから、すこぶる懐疑的になり、思想的には宗教存在の必然性がわからなくなつていた。

宗教界で哲学館流と呼ばれたこの教育は、学生の慣習的な宗教関心を、独立して自分の力で宗教の意義を求めるものへと、思想を錬磨するように導いていったのである。自分なりの「ものの見方・考え方」を持たせるという哲学館流の教育の結果、宗教関係では成田山新勝寺の中興の祖・石川照勤、チベットへ仏教の原典を求めた探検者の河口慧海や能海寛、さらに明治中期を代表する仏教界の歴史的運動となった「新仏教運動」の境野哲（黄洋）や高嶋米峰など、明治三〇年代には卒業生の中から真仏教や新仏教を求める新たな時代の人物が輩出された。

一方、教育家（教員）の養成という課題は、円了が日本社会の改良を目指していたため、創立直後から重視したものであった。当時私立学校を卒業しても、教員免許は自動的に認定されなかった。官立の機関のみが認定されていた。

明治二三（一八九〇）年三月、円了は文部大臣に対し御願という文書を提出して、哲学館の卒業者にも中等学校（尋常師範学校・尋常中学校・高等女学校）の教員認定の特典を与えるように要請した。これはその前（明治一九（一八八六）年）に、官立の養成機関である高等師範学校への資格授与を定めた法律の、第六条の但し書きの「官立学校以外でも無試験検定による免許状の授与がありうる」との示唆に基づいたものであり、また哲学館がすでに明治二一年度と明治二二年度の文部省の教員検定試験において、一四、五名の合格者を出してきた実績にもよっていた[2]。明治二三（一八九〇）年の文部省の回答は、「目下諸学校規則、改正中ニテ検定試験規則モ不日改正セザルヲ得ザレバ、右願ハ参考トシテ預リ置ク」と、参考扱いにとどまった。

その後、文部省は法学系の私学に対して、特別認可の名称をもって弁護士資格を授与したので、哲学館もその例にならい、明治二七（一八九四）年にふたたび無試験検定校の認可の御願を申請したが、これに対して、文部省は「検定試験規則中ニ私立学校特待ノ条目無之廉ヲ以テ願書御却下」と回答してきた。明治二九（一八九六）年に文部省が制定した規則は、官学中心の方針を強めただけであった。しかし、明治三〇年代に入り私立学校の社会的な評価は高まり、哲学館もさらに教員免許の開放を求めた。

明治三一（一八九八）年、哲学館は国学院と共に、官公立学校との格差の是正を要望した。これには東京専門学校も同調し、六月には三校で中等学校教員検定資格の問題を協議した。さらに、七月一日には、攻玉社、明治法律学校、済生学舎、物理学校も参加して、この運動は拡大した。その結果、私立への教員免許の無試験検定の付与に関する決議を文部省に陳情することになり、哲学館の井上円了がその代表者となった。また、同時に複数の委員がそれぞれ文部大臣に建議した[3]。

哲学館から始まったこの運動はさらに発展し、法学（六校）、文学（三校）、政治経済（二校）、医科（三校）、理科（一校）などの多数の学校が連合し、政治・経済では普通文官（官僚）の資格を、文学と理科では中等学校の教員免許を、医科では実地試験に及第した者に開業免許を、また海外留学生は官立・私立の別なく試験を執行して合格者を派遣することなどを協議した。

翌明治三二（一八九九）年一月、哲学館、国学院、東京専門学校の三校の関係者の会合が開かれ、協議の結果、杉浦重剛、井上円了、市島謙吉、その他の参加者が中等教員の無試験検定に関して、当局者を訪問した。このような運動の結果、四月五日に文部省令第二五号によって規定が改正され、ようやく教員免許の私学への制度的開放が実現された[4]。

しかし、文部省が私学への無試験検定を認可した条件には、官学との扱いに比べ不平等な面が多かった。卒業試験には文部省の検定委員や視学官が立ち会い、試験問題や答案を調べ、その問題や試験方法が不適当と認められた時には認可をしないという条件が付いていた。このようにみると、教員免許の取得に関する主流はあくまでも官学の側であって、私学への開放はその端緒を開いたに過ぎなかった。事実、文部省は東京帝国大学はじめ直轄校に、中等学校教員の臨時教員養成所を設置した。そのため、私学への教員免許の開放には、関係者の運動のほかに、当時の文部大臣が私学出身者であったことが左右したともいわれている。

明治三二(一八九九)年五月二〇日、哲学館館主・井上円了は改めて「私立哲学館卒業生教員免許下付ニ付御願」を文部大臣に提出した。およそ一〇年がかりで、七月に教育部倫理科と漢文科の卒業生に対する、中等学校の修身科と漢文科の教員無試験検定の許可を得た。

この時、ともに運動を進めた東京専門学校、国学院も同じく認可を受けた(初年度の認定はこの三校のみで、翌明治三三(一九〇〇)年に慶応義塾、青山学院、明治三四(一九〇一)年に京都府立第一高等女学校、日本法律学校が認定を受けたが、明治時代に認可された数は一一校である)[5]。

認可を受けた哲学館は、この年の九月から学科組織を改正した。高等師範学校専修科規則に基づき、学則を改め、予科一年・本科三年とし、本科は教育部、哲学部に分け、教育部には倫理科と漢文科をおいて、中等学校の教員養成をおもな目的とする課程とし、哲学部には仏教専修科を合併させた。一〇月に、教育部倫理科甲種卒業生の免許を受けるべき学科目を倫理、修身および教育科と改め、文部大臣に対して追願した。さらに一一月には、施設の拡充をはかり、講堂と図書館の新築工事に着工した[6]。

明治三三(一九〇〇)年四月、円了は文部省の修身教科書調査委員に選ばれた。五月には哲学館本科に徴兵猶予の特典が与えられ、講堂と図書館も完成して記念行事が挙行された。八月には講師の中島徳蔵が文部省の修身教科書起草委員に任命された(中島はそのために哲学館を辞職した)。文部省の修身に関する委員会に、館主の円了と講師の中島が選ばれ、またその後(明治三四(一九〇一)年一〇月)に、円了は内閣より高等教育会議議員を委嘱され、哲学館の社会的役割は高まった。

そして一年後の明治三五(一九〇二)年四月、円了は「哲学館大学部開設予告」を発表して、つぎのように述べた[7]。

東京の私立学校として本館の益友とも先輩とも云うべき学校は、三田の慶応義塾と早稲田の専門学校なるが、慶応義塾の方は明治二三年前より大学部を開設することになり、専門学校も昨年以来準備に取り掛ることになりたれば、本館も及ばずながら、其の尾に附して大学部開設に着手せざるを得ざる場合となりました

この計画は、大学部の修業年限を五年とし、中学卒業以上の学力ある者に限り入学を許し、東洋大学科として倫理科（東洋の倫理としての儒学・神道を専攻し、同時に西洋の倫理を修める）と、教学科（仏教の教理を専攻し、同時に西洋の哲学を学び、東西の宗教を修める）の二科を設けるものであった。この予告を出すにあたり、円了はその第一歩として新校地の取得に着手した。それが東京府豊多摩郡野方村大字江古田の通称・和田山（現在の東京都中野区松ヶ丘の哲学堂公園）の土地である。八月には売買契約を結んで新校地を購入した。

これに続いて、円了は新たな教育の目的を探るために、一一月から欧米視察を計画した。それについて要約すれば、つぎのように語っている[8]。

今度の視察は政教視察というのではなく、欧米の私立学校の盛んなる国へ行って、主として私立学校の組織、事務の整理法などをみるつもりでおります。私立学校の維持法については、大いに研究すべきものがあると感じています……目下の急務は社会の生命たる人物養成です。

このように私立学校がその力を伸ばした時期に、哲学館はトップ・グループの一つとして念願の大学設置を目指していたが、その時に哲学館事件が発生した。

二　事件の発端と経過

哲学館で無試験検定の特典を受ける第一回の卒業生が誕生したのは、明治三五（一九〇二）年七月一四日である。その時は修身科と国語漢文科だけであった。しかし、文部省からの通知には、追願した教育科の場合は、認可が遅れたために満三年が経過していないとの理由が記されていたので、哲学館はこれに従った。

一〇月二五日、延期された教育部第一科（教育倫理科）甲種生の卒業試験が開始された。試験の第一日目は、「支那倫理学」「倫理学」の試験であった。会場は哲学館の図書館で、受験生は四名であり、視学官の隈本有尚、隈本繁吉、普通学務局第一課長の本間則忠らによる文部省の臨監のもとに実施された。倫理学の講師は復職した中島徳蔵であった。

試験終了後、集められた答案を見ていた視学官の隈本有尚は、加藤三雄という学生の答案の解答の一つを注視した。出題は「動機善にして悪なる行為ありや」というもので、加藤の解答は教科書のミュアヘッドの例を書いたもので、講師の中島徳蔵はこの答えに最高点を付けていた。しかし、視学官はこの解答の「否らずんば自由の為に弑逆をなす者も責罰せらるべく」という部分に目をつけて、哲学館の講師に質問した。まとめるとつぎのようになる。

隈本視学官「ミュアヘッド氏の主義〔学説〕に批評を加えましたか」

中島「講義している主義は、だいたい教師が学生に適していると認めた教科書ですから、特別に批評はしていません」

つぎに視学官は具体的に、前年六月に立憲政友会の星亨を暗殺した伊庭想太郎の例をもち出した。伊庭の動機は、星の汚職問題にあった。

隈本「伊庭のしわざ〔暗殺〕はどうですか」

中島「いけません」

隈本「彼の動機は善なるものではないですか」

中島「いいえ、彼の動機は単に主観的・感情的で、善なるものではありません」

隈本「そうですか、動機が善ならば弑逆〔主君を殺すこと〕も悪にならないのではありませんか」

中島「弑逆も絶対的にいけないのではありません。ただやむを得ざる非常の場合もあり、その動機が善ならばこれを是認することもあります。日本ではこのようなことはありませんが、イギリスのクロムウェルが議会軍を率いて王の軍隊を破り、チャールズ一世を処刑したことは、西洋の歴史家の是認を受けています」

隈本「グリーンも、そういうふうに説明していますか」

中島「そうだと信じています」

弑逆とは、民が君主を、子が親を殺すことを意味する。ミュアヘッドの学説は、この弑逆という行為は、自由のためという動機が善であっても、殺人だけを見ると悪になってしまうが、この場合には目的と結果という行為全体から道徳的な判断を下さなければならない、というものであった。グリーンとはミュアヘッドに影響を与えたイギリスの哲学者である。

視学官と哲学館の講師の問答はこのような短いものであったが、これだけのことからやがて事件が発生した。

哲学館では、この日以後も他の科目の試験が行われたが、中島の「倫理学」の試験日から「若干日」を経て、文部省は「哲学館の倫理は国体に合わない不穏の学説であるから、卒業生に教員検定の免許を与えるべきではない」と考えている、というわさが起こった。

講師の中島徳蔵は文部省の再三の要請を受けて、修身教科書の起草委員に就任したという経過があった。修身は「教育に関する勅語」(教育勅語)をもとに児童の道徳教育を行うものと定められていたが、就任した中島は、小学生の修身教科書の場合は「智仁勇の三徳を中心として課題と教材を配当する」方が、教育勅語よりもより理解しやすいという私案を持っていた。しかし、就任から半年後に、右派のジャーナリズムから「勅語撤回論を為すがごとき大不敬漢中島某なる壮士」と名指しで非難された。中島が教育勅語撤回論者だというこの問題は、帝国議会衆議院でも取り上げられ、文部省は「事実まったく無根なり」と突っぱねたが、この質問からほどなくして中島を解職した。

中島はすぐに哲学館に復職したが、このような経過があったので、哲学館の無試験検定に関するうわさは、ミュアヘッドの学説を出題した自分が原因ではないかと、中島は考えたという。

一一月七日、哲学館は教育部第一科甲種生の卒業式を挙行した。この卒業証書授与式において中島は講演を行い、その中でミュアヘッドの理論と応用に触れて、理論を応用する場合には部分的解釈にとどまらず、誤解を生じないように注意しなければならないと述べた。これにさきだって、円了も卒業生に対して教育家として活躍することを希望し、さらに西洋の学問を日本的国家的なものに応用する場合には注意するようにと告辞した。答案を書いた加藤三雄は、卒業生を代表して答辞を述べている。

この式典から数日が経った一一月一〇日ごろ、円了、中島、京北中学校の湯本武比古の三人は先のうわさへの対応のため、文部省に出向いた。中島は視学官の隈本有尚に対して、ミュアヘッドの倫理学における動機論を説明し、皇統連綿たる日本においては、弑逆を認めるというようなことは決してありえないことを強調した。しかし、隈本は会議を理由にそうそうに話を打ち切ってしまった。円了や湯本は、それぞれ文部省の要職者を訪問して、哲学館への誤解がないように説明して回った。

一一月一三日、円了は文部省総務長官の岡田良平の自宅を訪問した。岡田は、視学官の報告によれば、教科書と試験問題について不都合な理由があると聞き、これをどのように処置すべきか検討中であると語った。これに対して円了は、哲学館における倫理教育は自由討究を方針としながらも、理論と実際の二つに分けられ、内容は教育勅語に基づいて、忠孝を基本とし、国体を第一として、国民として皇室尊敬の心得を誤りなく教えている、という基本方針を説明し、教員免許について影響のないようにと繰り返し依頼した。

翌日、哲学館から中島と湯本の二人が出向いて隈本視学官と面談したところ、視学官の語る調子から、「格別に心配することはない」との結果報告を、円了は聞いた。このようにして、哲学館へのうわさを確かめ、特に問題がないと判断した円了は、かねてより準備していた二度目の洋行のため、一一月一五日に新橋駅から横浜港へと向かって出発した。哲学館と京北中学校の留守は、中島と湯本に依頼した。

二日後の一七日、文部省から一通の照会状が哲学館に届いた。教育部第一科の倫理学の授業において、「動機と行為との関係」についてどのような趣旨で教授しているのかという詳細な報告と、同時に卒業試験の答案の提出を求めたものであった。この照会に対し、一九日に哲学館は、教授の趣旨を書いた回答の書類と教科書、さらに答案も提出した。

そして中島が館主代理として文部省を訪れ、岡田総務長官に面会した。この時、岡田が質問したのは要約すれば、つぎの三つであった。


「動機善なれば弑逆を為すも可なりとは不都合ならずや」

「わが国においては不都合なる引例ならずや」

「哲学館においては弑逆を是認せるがごとき講義を為しおるや」


中島は、館主の円了と同じく、哲学館では国体を揺るがすような教育は決して行っていないことを強調した。

しかし、一二月になっても、哲学館の第一科倫理科の卒業生への教員免許は下付されなかった。後に視学官自身が明らかにしたところによれば、この間に文部省は処分の検討をしていたという。

文部省による処分は『官報』で告示され、事件の発端となった学科だけではなく、すでに認可を終えた学科まで含んだ、哲学館の無試験検定校の認可をすべて取り消すというものであった。このため、哲学館の幹事が文部省に出向きその理由を問いただしたが、その答えはつぎのようなものであった。「処分の原因は倫理科教授にあって、設備などの問題ではない」「教科書には国体上不都合な内容が含まれていて、もし卒業生がそれを中等学校や師範学校で教えるとすれば容易ならざることである」「教師が不都合な考えをもっている」というものであった。したがって、このような教師を使っている哲学館の意味は重い。本来ならば学校の閉鎖を命じるところであるが、哲学館の内情も察して、認可取り消しで済ませることになったというものであった。

一二月一八日、文部省からの処分が、哲学館に下された。「貴館教育部第一科および第二科卒業生に対し明治三二年文部省令第二五号第一条の取扱を与うるの件は自今取り消す　明治三五（一九〇二）年一二月一三日」という通知で、翌明治三六（一九〇三）年一月二三日、小石川区長から加藤三雄ら四名へも「検定不合格」の通知が届けられた。こうして哲学館事件は発生した。[9]

三　中島徳蔵の事件の公表と文部省の見解

　館主の留守をあずかっていた中島は、責任をとって哲学館を辞職したが、その後も事件の打開に奔走した。明けて明治三六（一九〇三）年一月一八日、哲学館の幹事から無試験検定の認可取り消しは回復不可能との報告を受けると、哲学館の恩人である加藤弘之を訪ねて助言を求め、さらに同日から二日間にわたり、文部省へ出向き総務長官の岡田良平に面会を求めたが、面会できなかった。そのうちに、四名の卒業生の不合格が通知されてしまった。

　ここに至って中島は、事件の顚末と、倫理学教授と教育行政上の問題という二つの観点から、「余が哲学館事件を世に問ふ理由」を執筆して新聞社に投稿した。この中島の投稿は一月二八日から三〇日にかけて『読売新聞』紙上に全文が発表され、また二八日には『時事新報』にその要約が掲載され、二九・三〇日には『東京日日新聞』『東京朝日新聞』に、さらに地方新聞、それに英字新聞とそれぞれの紙上に事件の概要が伝えられるにおよんで、哲学館事件は文部省がかかわった事件として、全国的な関心を呼び起こしていった。

　中島は哲学館事件について、その事実を明らかにすると共に、問題の論点を提起した。その主な論点は、要約すれば、つぎのようなものだった。[10]

「倫理学の教科書の弑逆などの節を批評しないで教授するのは教師の不注意なのか」
「学校は監督不行届きで重罰になるのか」
「これからの卒業生に対する資格も取り消される必要があるのか」
「文部省は日頃の巡視などせず、一度の卒業試験ではじめて臨監してその場で教師の不注意を発見したとて、直ちに認可の取り消しが断行できるのか」

　中島のこのような問題提起によって、マスコミによる論戦の幕は切って落とされた。

　翌二九日、文部省は『読売新聞』に「当事者たる隈本視学官の談」として反論を発表した。隈本は、「もし目的が善ならば手段は構わぬとすれば、伊庭想太郎や島田一郎、来島恒喜、西野文太郎も否認されぬわけとなり、日本の国体上容易ならぬことになりましょうから、学説は学説として、講師たる人は学生の誤解を避けるため、説明を加え、批評を添えねばなりませんが、これをせぬのは注意を欠いたもので、文部省はこれを過失と認めたのです」と主張した。

ここに出てくる人物の、伊庭想太郎は星亨元逓相刺殺事件、島田一郎は大久保利通参議斬殺事件、来島恒喜は大隈重信外相襲撃事件、西野文太郎は森有礼文相刺殺事件のそれぞれの犯人で、いずれもテロリストである。

またこの記事の前段では、文部省での手続きがこう記されていた。哲学館での試験終了後、文部省に帰り問題を指摘した意見書を上申し、その後、菊池大麓文部大臣がそれを取り上げ、哲学館への事実確認の手続きを経て、大臣が「参事官ならびに学者に諮問」したという（菊池大麓は、視学官の隈本有尚の大学時代の学部長である。諮問された学者は井上哲次郎ではないかと思われていた）。

この時の「穏やかならぬミュアヘッドの学説を完全な倫理として教授したことに問題がある」という意見を受けて、「授業で説明を加えず、批評をしなかった」ことを「過失」と省議で決議して、哲学館の無試験検定の認可を取り消したが、自分としては「教授法を改正すれば、認可の取り消しにまでおよぶことはない」という考え方であったと、隈本は語った。

二月三日と四日に、中島はミュアヘッドの学説が「不穏当である」との文部省の考え方が明らかになったとして、『読売新聞』に反論を展開した。二月一六日、『時事新報』に「哲学館事件に関する文部省当局者の弁疏」が掲載され、文部省の見解が公表された。文部省は、「視学官の報告を会議にはかった結果、哲学館は国体にそぐわない危険な内容の講義をしたのだから、他校と比べて格別な特権を与えておく必要もないと決議し、それで無試験検定の認可を取り消したのだ」と説明した。

そして、文部省が「私立学校の撲滅策を講ぜん」として哲学館の処分を行ったという世論の見方に対して、これを否定した。さらに、今回は単なる不注意であったのでこれだけのことで済んだが、もし哲学館がこれからも国家にとって危険となるような倫理学説を唱道するならば、学校に対して「断然閉鎖を命ずることあらん」と断言した。

また、無試験検定の特典がなくても、哲学館の卒業生はほかの私立学校の生徒のように、検定試験に合格すれば中等教員になれるともいった。ここに当時の文部省の基本的な方針が表れている。

三月一二日、岡田総務長官の談話が『日本』に公表され、文部省は無試験検定の認可取り消しを再確認した。この中で、中島の解職に触れて、それは哲学館自身が行ったもので文部省は関知していないこと、文部省は哲学館の設立を妨害したものでもなく、ミュアヘッドの学説を一切否認したのでもなく、ただ教授上の不注意を否として哲学館に対する認可を取り消したまでにすぎないと語り、世論のさまざまな疑惑を否定した。

このように、文部省は正式な取り消し理由を公表しないで、中島への反論を談話の形で展開した。両者の論争は後述のように、新聞・雑誌の取り上げるところとなっていったが、そうした渦中の三月に、文部省は視学官の隈本有尚を高等教育視察を理由にヨーロッパに派遣した。

哲学館事件が社会の注目を集めるようになったのは、明治三六（一九〇三）年一月の中島のマスコミへの投稿からであるが、中島と文部省の論戦が展開されると、マスコミは一斉にこの事件を取り上げ、そして五月二七日には帝国議会の衆議院でも質疑応答がなされるまでになった。

マスコミによる報道は、事件の発生した明治三五（一九〇二）年一二月から明治三七（一九〇四）年二月までで五六四件に上っている（現在までに確認した分。表1参照。新聞・雑誌の記事・論文の詳細については、本書の第三章第九節の註23の拙稿を参照）。特に中島と文部省の論戦のあった二月から三月はもっとも多く、「哲学館事件が新聞・雑誌で取り上げられない日はない」といわれたように、毎日のように紙面に掲載されていた。

この事件がそれほどセンセーショナルな注目を浴びた背景の一つには、文部省が教科書疑獄事件に関係していたからといわれている。

多数の文部省関係者がかかわったこの教科書疑獄事件は、教科書の売り込み競争に絡んだ大規模なもので、事件はたまたま電車の遺失物の中から、教科書会社の贈賄金と相手の住所氏名を記した手帳が発見されたことから表面化し、明治三五（一九〇二）年一二月一七日に関係者の検挙が開始された。その

表1　哲学館事件に関する論文・記事数

明治35年12月～明治37年2月					
年	月	雑誌	新聞	その他	合計
35	12	0	6	0	6
36	1	1	24	0	25
	2	34	106	0	140
	3	63	80	0	143
	4	51	12	0	63
	5	32	27	0	59
	6	34	7	2	43
	7	9	2	0	11
	8	12	11	1	24
	9	20	4	0	24
	10	5	0	0	5
	11	5	0	1	6
	12	3	0	0	5
37	1	9	2	0	11
	2	5	0	0	5
合計		285	275	4	564

注1．その他の内容は、単行本・所収論文である。
2．現在判明しているぶんのみ。
3．点数は延べ点数である。

明治36年2月			
日	雑誌	新聞	合計
1	3	11	14
2	0	5	5
3	1	8	9
4	1	6	7
5	5	3	8
6	0	5	5
7	0	6	6
8	0	4	4
9	0	3	3
10	3	1	4
11	0	1	1
12	0	1	1
13	1	6	7
14	0	2	2
15	6	1	7
16	1	1	2
17	0	1	1
18	1	4	5
19	0	2	2
20	1	2	3
21	1	5	6
22	0	3	3
23	0	6	6
24	1	4	5
25	6	2	8
26	2	4	6
27	0	5	5
28	1	4	5
合計	34	106	140

範囲は府県書記官、視学官、郡視学、師範学校長、中学校長、女学校長、教員など全国におよび、総勢で一五七名であった。この中には哲学館の卒業試験に臨監した隈本繁吉も含まれている。

哲学館事件が発生したころ、この一大疑獄事件によって文部省は社会の厳しい批判にさらされ、文部大臣菊池大麓に対して第一八議会で問責案が可決され、明治三六(一九〇三)年七月に辞職させられた。したがって、このような時期に文部省がらみの二つの事件が相次いで起こったことから、哲学館事件は教科書疑獄事件に集まる世間の批判をそらすために、文部省が無理に引き起こしたものという考えが一部にあったほどである。

哲学館事件に関するマスコミの報道が多数あったことはすでに述べたが、その主張は多岐にわたっている。内容面から分けると、つぎのようなものがあった。

一、文部省の処分の仕方を問題にし、同省の私学排斥傾向を非難するもの
二、文部省が哲学館を処分したことが学問の自由を犯したと非難するもの
三、文部省の処置を正当とするもの
四、哲学館が事件に対していっさいの行動や発言をしないことに対する非難
五、事件の発端となったミュアヘッドの学説に関する論争

このような論点で、哲学館事件は大きな社会問題に発展した。そこで展開される主張や論争に一つの帰着点を提供したのは、当時の倫理学界における権威ある機関と認められていた丁酉倫理会の見解であった。三月一〇日、同会は「哲学館事件に対する意見」として、つぎのような見解を発表した[11]。

我等は目下問題となり居る哲学館事件につきム〔ミュアヘッド〕氏の動機説を教育上危険とは認めず、また倫理学の教授に際し中島氏が其の引例を其の儘になし置きし所作を以て深く咎むべき不注意に非ずと認む

この見解によって、学問上も、教授上も一切の問題がないことが示され、やがて論争は収束の方向へと向かっていった。しかし、文部省が処分を見直すことはなかった。

四　ロンドンの円了

哲学館では事件発生直後に館主不在のために「謹慎の意を表し慎重な態度を取る」ことを決め、一月に稟告を掲示した。そのため、学校としての意見を表明しなかった。

認可取り消しは卒業生だけの問題ではなく、その影響は教育部第一科（修身・教育）と第二科（国語・漢文）の三学年、合わせて八三名の将来にかかわることであった。学校側はこれらの在校生を講堂に集めて、今後特典がなくなったことを告げ、進路については転校も可能であることを伝えた。当時の卒業生はその状況を要約すれば、つぎのように語っている。[12]

われわれが入学した当時は同級生も相当多数いましたが、途中で例のミュアヘッドの倫理書問題のため、無試験検定資格が中止となり、その反動として学友の一部はお茶の水高師〔東京高等師範学校、現・筑波大学〕などへ転校しました。そのために約半数に減少しました。

洋行中の円了が事件の発生を知ったのは、すでに無試験検定の認可取り消しがあって、中島がマスコミを通して事件の真相を公表した後である。円了は、日本を出発してから途中インドに立ち寄り、そしてロンドンに着いた一月二四日から、一週間ほどして事件の発生を知った。その時のことを要約すれば、つぎのようにこう記している。[13]

明治三六年一月三〇日東京より飛報あり。曰く、一二月一三日官報をもって文部省より本館倫理科講師所用の教科書中に不都合の点ありとて、教員認可取り消しの命あり云々。余これを聞き国字をもって所感を綴る。
今朝の雪畑を荒らすと思ふなよ　生ひ立つ麦の根固めとなる
苦にするな暴しの後に日和あり
火に焼かれ風にたをされ又人に　伐られてもなほ枯れぬ若桐
伐ればなほ太く生ひ立つ桐林

ロンドンで事件の発生を知った円了は、同地に滞在していた文部省普通学務局長の沢柳政太郎に相談した。沢柳は大学時代の後輩で、欧州とアメリカで教育関係の調査中であった。沢柳の意見は、要約すれば、つぎのようであった。

文部省の処置の当不当は差しおき、ひとたび省議となって発表した以上は、省の威信を保つために取り消しはもちろん、即時に認可を与えることはできないだろう。しかし、謹慎の態度をとって一時を経過したのちには、ふたたび認可を願い出ることもできるだろう。

沢柳のこの意見をもとに、円了は二月一日付けで哲学館の幹事に書簡を出して、緊急の対応を指示した。その書簡では「認可取り消しの一件は実に意外の沙汰にて驚き入り、哲学館火災以後の大不幸というより外なし」と述べた。そして、善後策として、今後の学生は検定試験を受験しなければならないので、その参考書を購入すること、文部省に対する方針として、表面には謹慎を表して処罰に随順し、裏面では文部省に関係する元勲や先輩に依頼して、同省から寛大な処置を得るようにすること、以上を当面の策とした。

それから一週間後、哲学館の関係者への書簡では、事件の対応へ奔走していることに感謝し、「学校の迷惑はともかく、生徒の迷惑は実にそのままに見捨てがたく、これを救済するには認可の復活以外に道はない」と述べ、このような事件に巻き込まれ、館主として早く帰国しなければならないが、まだ遠路をかけて調査地に着いたばかりなので、予定どおりに取り調べを進めたい、と胸中をつづっている。

認可の取り消しは円了にとって意外なことであった。そのため、文部省の内部事情に詳しい沢柳に三度会って、その真相を聞いた。二月二二日の哲学館の幹事にあてた書簡は、その結果を要約すれば、つぎのように伝えている。

沢柳氏に面会しいろいろ懇話したところ、取り消し一状にまで進んだ内情は明らかになりました。ご予想のごとき湯本氏云々のことはまったく関係なく、学校の不運とあきらめる以外にありません。

留守中の関係者が予想した「湯本氏云々」とは、京北中学校長代理の湯本武比古のことである。そして、この書簡で円了は、事件の真相がわかったといっていたが、それは逝去するまで語られなかった。

三月二五日、円了は知人にあてた私信の中で、「今度の事件は人災としてあきらめた」と述べた。後に、明治二二(一八八九)年の新校舎の倒壊を「風災」と呼び、明治二九(一八九六)年の校舎の全焼を「火災」といい、今回の事件を「人災」であるとし、それらが発生した「一三日」を哲学館の「三大厄日」といった。

そして、沢柳から「自分個人としてはこの取り消し問題は不賛成」だが、「文部省の威信上ただちに今回の処置を取り消しにいたることはむずかしく」「たとえ認可が復活しても法令の規定がある以上、現在の学生までさかのぼって有効にすることはできないだろう」と聞いて、円了は方針の転換を考えた。

イギリスでは、問題となった『倫理学』の著者ミュアヘッドも事件解決のために活動していた。バーミンガム大学の教授であったミュアヘッドは、自分の著書が原因で哲学館事件が起きたことを知り、二月四日と一一日付けの神戸発行の『ジャパン・クロニクル』紙に、真理に反するとして、弁妄書を寄稿した。そして、この学説は欧米の学界で共通するものであり、東洋人にも必要であり、事件の原因として取り沙汰されている自説に対する誤解を解いて、正しく理解することを求めた。

ミュアヘッドは欧州旅行中の円了や中島に書簡を送り、さらにロンドンの日本公使館を訪ねて、林公使に解決の労をとるように依頼し、文書も提出した。林は、認可取り消しは常識では理解できないことだが、この件を国際事件として干渉するのは好ましくないといい、ミュアヘッドには円了と直接会うことを勧めた。

林は哲学館事件が国際問題になった場合に、日露戦争を控えた日本の外交のかなめである日英同盟に影響を与えることを懸念し、小村寿太郎外務大臣に対して公文書を送った。

この中で、文部省の哲学館への処置は、イギリス人にとって「いたずらに思想の自由を妨げ言論を束縛するもの」と受け取られ、また一般に読むことが許されている本が「一個の学校」では許可されないというのは不条理であり、干渉しすぎだというのがイギリス人の見方であり、そのために外交上の影響は少なくない、というようなことを日本に伝えてきた。七月、文部大臣名でミュアヘッドへの返書が送られた。この書簡では、ミュアヘッドの学説の是非を問題にしていないと弁明したが、政府としては、この事件が日英同盟に影響を与えないように、配慮しなければならなかった。

一方、四月上旬にミュアヘッドからの書簡を受け取った円了は、早速面会を申し込んだ。それと共に林公使を訪ねたが、林が「事件の原因は中島講師が視学官と抗論したからでしょう、そうでなければ取り消しというような処分は常識では考えられない」というと、円了はこれをはっきりと否定した。結局、円了とミュアヘッドとの会談は、日程の調整がつかず実現しなかった。

哲学館では、円了の「あらゆる方法を取って取り消しを復活するように」との指示を受けて、四月二〇日に「私立哲学館教育部卒業生の教員免許資格に関する嘆願」をもう一度提出した。しかし、文部省からは数か月が経っても何の連絡もなかった。

哲学館を辞職した中島は、マスコミでこの事件の不当性を訴える一方で、教員免許を取得できなかった卒業生のことを心配していた。三月一日、答案を書いた加藤三雄が自宅まで訪ねてきた。[14]「静岡県の学校で募集があったが、免許がなければ」就職できないという、加藤の窮状を聞いていた。加藤は月末にも中島を訪ね、免許のいらない「小学校へ就職したい」と相談したが、中島は「そんなことは止めた方がよい、だいたい体裁が悪い」と答えている。

加藤はこのころ日記に、「近ごろ日誌を書くことをおこたるようになった。頭痛は常に絶えず、脳病になるのではないか、気も狂うのではないかと思う」と書いている。結局、中島ら関係者の斡旋で、加藤は四月中旬に府立学校に就職した。

加藤は、洋行から帰国した円了を自宅に訪ねて、この事件について「誠にすまないことをしました」と詫びたが、円了からは、いっさいとがめられなかったという。哲学館の学生たちは、学校が謹慎の態度を方針としていたため、表立った行動は取らなかった。しかし、学生も卒業生も孤軍奮闘する中島のことを忘れたわけではなかった。

マスコミでの論戦が盛んになった二月、学生有志は中島の授業を受けた卒業生たちと共に見舞金の募集を開始した。三月末に、三七名から集まった約五二円を持って代表者が中島を訪ねたが、中島はそれを固辞した。事件によって、哲学館特に学生に禍をもたらした責任を痛感していたからであろう。幹事の説得によって、中島は学生や卒業生の好意を受け入れたが、その見舞金で哲学館へ図書を寄贈した。それには「特典を失しても、かえって実力をますほどの成績」をあげてほしいという中島の願いが込められていた（この時寄贈された図書は現在も東洋大学附属図書館にある）。

五　帰国後の円了の対応

円了は新たな学校の構想を模索しながら、ヨーロッパ各地、アメリカ、カナダを調査し、シアトルを明治三六（一九〇三）年七月一一日に出航して、二週間後の二六日に帰国した。

翌二七日、円了は新聞『日本』のインタビューにこたえて、哲学館事件についてつぎのように語った。まず、出発の前の岡田長官との会談に触れて、その時にはこのような大事件になると思っていなかったことを明らかにし、また前述のようなロンドンでの行動を説明した。そして、今回の事件は「天災にあらずして人災としてあきらめるよりほかなし」と、その心境を語りながら、事件に関する疑問を取り上げた。

第一にあげたのは、第一科倫理科の卒業試験の延期のことである。予定された日程の数日前になって、突然中止を命じられたからである。文部省は書類上の不備を理由にし、認可から厳密に三年後でなければ適用できないといったのであるが、そうであれば、もっと早く通知すべきであろうと述べた。

第二は、処分の対象が受験者以外の、しかもまだ中島の授業を受けていない学生にまでおよんだことである。哲学館自体の特典が剝奪されたことも不合理であり、館主として著書や全国講演などで自ら教育勅語の普及につとめ、学校では実際的倫理の授業を担当してきたのに、なぜこのような事件に巻き込まれたのかと、その疑問を改めて語った。

第三は、四月の文部省への嘆願書は処分された学生のためであったが、文部省がこれに対してなんらの対応を示さずにいることをあげて、今後教員免許の特典がふたたび与えられることになっても、今回不合格になった学生についての問題が解決されない限り、「学館の義理」として特典を受けることはできず、文部省からの申し出を「徹頭徹尾お断りする」と、その方針を明らかにした。

円了は、帰国前の五月三〇日に、第一三回卒業式へ告辞を送り、今後の哲学館の方針を「独立自活の精神をもつて純然たる私立学校を開設する」こととして明らかにした。その具体策は、帰国後に「広く同窓諸子に告ぐ」[15]という文書にまとめられて、つぎのように示された。

まず、イギリスと日本の国民性が取り上げられた。先進国のイギリスと日本を比較した場合、イギリスが世界第一の国家となった理由はその国民性によっていて、イギリス人は、第一に独立自活の精神に富んでいて、第二に実用的な国民で高尚な理論を極めると同時に実際を忘れることがない。これらの精神は日本の国民には欠けているものであり、今後の哲学館はそうした精神の養成を目的にする。そして、六点にわたる哲学館の改革を述べた。

一、大学科の開設――専門学校令による大学組織をつくる。学科は予科、専門科、大学科の三科とし、専門科は三年、大学科は五年とし、それぞれの卒業生には得業、哲学士の称号を与える。

二、教育部および教員検定試験――認可が取り消された以上、実力養成を主として受験準備を充実させる。学力によっては、三年といわず一年でも半年でも試験に合格できるように、実力本位で対応する。

三、哲学部の実用主義――哲学部の目的はもっぱら宗教家の養成にあり、仏教の基礎を三年で教育し、さらに専門外の倫理・心理・法制などを教授して広い知識と視野を身につけさせてきたが、今後は英語や中国語を重点的に教えるという実用主義をとる。

四、国際化の対応――これまで教育家と宗教家の育成に重点をおいてきたが、時代の変化に応じて、さまざまな人材を養成することとし、特に国際化に対応した教育をする。今後、日本人が活躍するところはアメリカ、中国、朝鮮なので、英語と中国語を中心に語学教育をする。そのために随意科をおく。

五、記念堂としての「哲学堂」の建立――大学開設用の敷地に、基本金が集まりしたい着手する。哲学館事件と大学開設の記念堂を建立して、これを四聖堂と称して、古今東西の哲学者を記念する。また、哲学館事件で資格を取り消された卒業生・在校生八三名の氏名を記した記念碑を建立する。

六、哲学応用の奨励――哲学館の方針は、理論の研究だけではなく、哲学を社会全般に応用することを奨励してきた。卒業生は、直接的には教育・宗教に、間接的には法律家・工業家などに従事して、この成果は十分にあがっているが、大学開設後はさらにこれに重点をおく。そして、学問上の成績だけではなく、社会において功労名誉を有する者に対して、アメリカのハーバード大学のように、認定得業、講師、名誉講師の称号を与える。この称号の規定は、哲学館の教育の主義を表すものである。

こうして哲学館は再出発した[16]。

六　専門学校令による哲学館大学

明治三六（一九〇三）年三月二六日、勅令第六一号をもって専門学校令が公布された。これによって、日本の高等教育は大きな転機をもつことになった。ちょうど哲学館事件の渦中であった。それまでの政府・文部省は、大学は帝国大学という総合大学のみという方針をとり、多くの官立・私立の専門学校があっても、それらに法令的な認可を与えて、制度の中に位置づけようとはしなかった。

明治二七（一八九四）年の日清戦争以後、日本社会は軽工業を軸とした急速な工業化と、それにともなう近代化の進展があり、あらゆる分野で、高度で専門的な知識・技術を持つ実用的な人材を必要とするようになっていた。そのため、政府・文部省は実業教育の振興を課題の一つとし、中学校令の改正、実業学校令、高等女学校令の制定など、つぎつぎと関係法令を整備した。残されたのは高等教育に関するものだけであり、教育実績を上げていた私立の専門学校は、政府・文部省に対して法令的な認可を求めていた。

すでに明治三五（一九〇二）年九月には、東京専門学校が予科の設置を条件に、大学と自称することを許可されて私立早稲田大学となっていたが、専門学校令はそれから半年余り後に公布されたものである。この専門学校令に対して、私学の官学化であるという批判もあったが、それまで法的裏付けのなかった私立学校に、社会的法的な根拠を与えた点で大きな意義があった。帝国大学の制度になにも変更を加えなかったので問題は残ったが、専門学校令によって、多くの学校が認可された。官立の専門学校は実業関係に多く、私立の専門学校は、校数では宗教系が多くを占めたが、学生数では法律、経済、文学系が圧倒的に多かった。表2は専門学校令以降の高等教育機関の数の変化である。

表2　専門学校令以降の高等教育機関数

種別／年度	専門学校 私立	専門学校 公立	専門学校 国立	実業専門学校	大学	高等師範学校	教員養成学校	高等学校
明治38	39	3	8	13	2	3	8	7
明治45	53	5	8	19	4	4	5	8
大正7	59	5	8	24	5	4	4	8

（『百年史　通史Ⅰ』p.572。女子高等師範学校は高等師範学校に含まれる）

専門学校令が公布されると、早稲田大学の例にならって、大学部を設置したり、一年半程度の予科をおいて、大学の名称を付けた専門学校がつぎつぎと誕生した。明治三六（一九〇三）年八月、明治法律学校が明治大学へ、和仏法律学校は法政大学へ、東京法学院は東京法学院大学（のちの中央大学）へ、日本法律学校は日本大学へと、それぞれ改称した。翌三七（一九〇四）年には、慶応義塾大学部、日本女子大学校、早稲田大学などが、専門学校令による専門学校となった。

哲学館は円了の帰国後に手続きをして、明治三六（一九〇三）年一〇月、明治大学などから少し遅れて、専門学校令による設置認可を得た。翌明治三七（一九〇四）年四月に開校式を行い、大学部と専門部をおく専門学校として出発した。新たな校名を私立哲学館大学とした。

学則第一章で本校は高等なる哲学文学等を教授する所とすとし、その組織を大学部・専門部・予科・別科の四部とした。大学部は第一科と第二科に分かれ、修業年限は五か年とし、専門部も教育と哲学とに分かれ、それぞれまた二科をおいて四科とし、修業年限を三か年とした。予科の修業年限は一か年、別科は大学部と専門部にともにおかれ、修業年限は五か年と三か年であった。

新たに開設した大学部は二科あり、第一科は漢文や中国哲学という儒学専攻で、これに国文学やインド・西洋哲学を加えた。これに対して、第二科はインド哲学と西洋哲学に比重がおかれていた。教科の内容を見ると、大学の学科としての専門教育と共に幅広い関連科目があって、今日でいう教養教育を目指している。また、専門部の教育目的の一つを、国際社会に進出する人材の養成においている。

円了は哲学館大学の認可の申請と共に、もう一つの構想を進めた。明治三六（一九〇三）年九月一四日、円了は『修身教会設立旨趣』という小冊子を出版して、修身教会を全国各町村に設立する必要性を訴えた。事務局を大学内に設けたが、その動機は要約すれば、つぎのようになる。

明治維新以来、三〇余年の間に、日本は欧米諸国と遜色がないほどにいろいろな知識や技術は進歩したが、国勢民力の点では欧米諸国との間にまだ大きな差がある。比較してみれば、日本の国民の道義・徳行（道徳）が欧米諸国に遠くおよばないからである。忠孝の大切さを知ってはいても、それは非常時のことで、日常のこととして行われていない。それでは民力を養い国勢を盛んにすることはできないのである。日本の一般国民にとって、道徳の教育は小学校までの修身教育がすべてで、家庭や社会での道徳教育は放棄されている。それではかえって学校で身に付けたものさえ失ってしまう。欧米では宗教教会があり、日曜教会において道徳の活動がなされていて、道徳は学校よりも教会で維持されている。日本では宗教の勢力が脆弱であって、道徳教育をまかせることはできないので、新たに修身教会を各地に設けて、国民の道徳を普及させる必要がある。

二度目の欧米諸国の視察では、日本の国勢民力を高めるには、底辺からの知育・徳育の教育が必要であるということが痛感された。そこで、今日でいう社会教育・生涯学習に該当する新しい教育問題を提起したのであった。

この修身教会を全国に普及させるために、一〇月には内務大臣と文部大臣に、さらに府県知事に、そして町村長および小学校長に、文書と『修身教会設立旨趣』が送付された。

円了はこうして各府県や市町村の協力を求めると共に、全国的運動とするために、自ら全国を巡回して講演をした。この社会教育としての修身教会運動には、文書に表されていないいくつかの目的があった。その一つは、哲学館事件で失った教育機関としての社会的評価をふたたび取り戻すことであった。

哲学館は突然の事件を乗り越えて、新たに哲学館大学として出発はした。しかし、政財界の有力者や宗教教団の支援などに頼らずに、個人の少額の寄付金によって運営されてきた学校の財政は、かなり厳しい状況にあった。同窓会では、大学の開校式に先だつ明治三七(一九〇四)年三月に、会員あてに「同窓諸兄に檄す」の一文を送り、母校発展のために積極的な資本金の募集運動を開始した。

学長の円了も、自ら各地を巡講した際に寄付金の募集につとめた。例えば、明治三七(一九〇四)年一月の厳冬に、大学開設と修身教会設立の報告のために甲州地方を巡回した。その時に寄せられた寄付金の合計は約四八八円であった。巡講日数から計算すると、一日平均では三三円になった。当時の物価から考えて、これは決して少額とは、いえないものであった。円了の学校の経営手法を見ていた人は、つぎのように語っている。[17]

寄付金の集まつただけづゝ、土地を買ふなり、建物を新築するなり、するといつたやり方で、決して借金などをするといふことはなかつた。全く石橋を叩いて渡るといふ主義であつた。

だが、このような円了の努力にもかかわらず、大学の財政が当面していた事態は深刻であった。これまでの哲学館時代の一五年間に、新校舎の倒壊と再建、火災による校舎の焼失、新校地の取得と校舎の建築、中学校の新設、大学用地の購入など、かなりの大規模な支出があった。

その結果を、明治三七(一九〇四)年度の哲学館大学総決算報告からみると、累積した負債の総額は約二万二一四二円であった。その内訳は、運営全般の必要経費である資本部の収支に約一万四一五三円の不足金があり、施設関係の新築部のそれは約七九八八円が不足した。

これらの不足金に対して、本来は年度内の運用に限定しなければならない月謝部（受験料・授業料）から約一万五五八七円を借り入れして、立て替え支出をするという財政状況であった。私立大学の財政の重要な財源としてあげられるのは、寄付金のほかに、学生の受験料、入学金、授業料による収入であるが、哲学館大学の開設の前後には、学生数が減少した。その原因について、円了はつぎの三つを挙げている。

第一は、社会情勢の影響で、日露戦争を背景にした国民生活全般にわたる経済的な影響を受け、特に家計の収支への圧迫が進学の機会を一時的に縮小させた。

第二は、仏教教団の教育機関である各種の学林の整備が進み、これらの学校が徴兵猶予の特典を獲得し、専門学校令による認可を受けて再生された。そのため、それまで哲学館へと進学してきた者が、宗門大学へ進学した方が将来有利であると考えられるようになった。

第三は、哲学館事件による中等教員の無試験検定の認可取り消しである。徴兵猶予の特典とともに、教員の無試験検定の特典は、文科系の私立大学の特色をつくっていた。哲学館は事件によってその特色を失い、その結果、学生の一部は他の学校に転校してしまい、およそ半分にまで学生数が減少した。

新たに出発した哲学館大学は、社会的条件の急変や哲学館事件の影響という重荷を背負っていた。

七　大学の路線対立

明治三七（一九〇四）年四月の大学開校式の日、円了は白山校地から大学を移転するため、すでに購入していた土地に、大学昇格などを記念して哲学堂（四聖堂）を建設した。これが現在の東京都中野区の哲学堂公園の起源である。だが、大学の移転はこの時、進められなかった。

円了は当面する入学者の減少に対応するために、仏教界の大教団である曹洞宗の管長などへ、哲学館大学の卒業生に対して住職の資格が認定されるように依頼した。そのほかにも、さまざまな手段を講じて働きかけを行った。その対策は実現したが、学生数の激減という事態の根本的な解決策にはならなかった。

一〇月中旬から、事態を心配した講師や校友の中から、新たな動きがなされるようになった。教員免許の無試験検定の再出願である。一〇月二一日、再出願への働きかけを聞いた校友有志が三四名の連署をもって、「哲学館大学が広く我が国教育界のために、この際、無試験検定の特典を得むことを希望する」という建議書を、井上円了学長に提出した。

翌二二日には同窓会臨時大会が開催され、再出願の建議が可決され、総代二名の手から学長へ建議書が渡された。さらに、二八日付けで講師総代として、この運動の中心であった三名の講師連名による再出願に関する勧告書が提出され、これに続いて、哲学館事件で被害を受けた卒業生からも、学長のもとに再出願に関する建議書が提出された。

しかし、これらの建議や勧告に対して、井上円了学長は「常に厄に遇えるもののために、またこれをなすに忍びず」と答え、被害を受けた卒業生や教員の問題が解決されなければ再出願はできないといい、これらの動向に応じなかった。

この再出願の問題の底流には、円了と講師・校友との間に、大学のあり方をめぐる考え方の相違があった。講師や校友などは、新たに制定された専門学校令という高等教育制度の範囲内で大学の発展を目指すべきであると考え、「哲学館大学は我が国における唯一の哲学専門の学校であり、哲学の研究と普及とをはかり、そのなかで適当な教育者を養成する」ことに重点をおいていた。

一方、井上円了学長は、哲学館事件後に示したように、「独立自活の精神をもつて純然たる私立学校を開設する」という考え方で、建学の精神を失わず、独自の立場から社会への貢献と大学の維持・発展をはかろうというものであった。

このような考えから、円了は哲学館大学、京北中学校を位置づけ、さらに哲学館事件後には社会教育としての修身教会運動を提起し、また明治三八（一九〇五）年四月には幼児教育の必要性から京北幼稚園を設立したのである。

だが、専門学校令という新しい制度のもとで哲学館大学が誕生したこともあって、講師・校友と学長との間に学校運営に関する考え方の相違ができて、それが学内対立へと形を変えて進んだ。無試験検定の再出願は、学長自身の同意がなければ実現しなかった。井上円了学長の方針は、すでに述べたように再出願はしないというものであった。円了の態度は、哲学館事件の責任をとって辞任した中島徳蔵を、帰国後にふたたび講師としたように、頑なまでであったといわれている。

そのため、再出願をめぐる大学の問題は、いったん学長自身に投げかけられたが、実現は不可能であったから、つぎに学長の近辺にいた卒業者の教職員に向けられることになり、それは、同窓会のあり方に対する革新という形で主張されたのである。革新派は、出身者の教職員が一種の朋党をなし専横暴慢を極めていて、その行いは同窓会内部にとどまらず、大学の運営にまでおよんでいることを指摘した。哲学館大学革新事件と呼ばれたこの動向は、学長をはさんだ卒業生同士の対立であった。革新を主張する側が全国の同窓生に連帯を求めれば、一方の学内派は革新派の中心者の四名を私文書偽造で告訴するまでに至った。告訴は仲裁した検事の調停により和解できたが、同窓生の対立というこの事件も、学生数の減少などと共に、創立者の円了を悩ませるものとなった。

このときの円了を、亀谷聖馨はつぎのように語っている。[18]

明治三十七年十二月の上旬に、私が新聞記者生活をしてゐたので、「近来一二、哲学館を攻撃する者があり、或は何か、学校に関し、掲載を申し込む者があつても、採用してくれるな」といふような手紙を、寄せてゐられる。あの大雅量の人も、神経を痛められたものらしい。

すでにこの年の夏ごろから、円了には心身の不調が現れていた。その度合いは、「半日仕事をすれば、半日の休息が必要であり、また昼間に少し校務をしただけで夜間には大いに疲労を感じる」ほどであった。寸暇をいとわず、すべてを活動に費やしてきた人間にとって、それは深刻な状況であった。

そのため、哲学館創立以来の初期の目的を達成したと考えて、区切りを付けようとした円了は、学校を解散して講習会組織にすることを知人たちに提案したこともあった。大学をめぐる問題は、「哲学館は井上円了や井上家の私物ではない」という批難や、あるいは「哲学館大学は仏教の一宗一派の学校なのだ」という誤解まで生むようになった。「世間とは誤解の多きもの」と、あえてとりあうことをしなかった円了は、明治三八（一九〇五）年四月に幼稚園を設立し、夏には心身の快復をかねて、東京を離れて静岡、山口、長崎、茨城の各県を巡講した。

しかし、その後の日々の中で、「精神の疲労のはなはだしさを覚え、徒然として日を送ることが多く、時には悲観に流れ、何事も意に適さないように感じ」ていた。医者からは「神経衰弱症」と診断されたが、一一月ごろになると「学校の俗務を避けたくなる気持ちが日ごとに強くなる」という精神状態に陥り、やがて一二月には、自宅の「庭先にて卒倒しそうになったことが二度ほど」あった。家族は万が一の事態を心配した。

明治三八（一九〇五）年一二月一三日、例年のように、哲学館大学紀念会が上野精養軒で開催された。この会では、円了が幼少のころに塾で教えを受けた石黒忠悳と、明治の仏教革新に大きな役割を果たした大内青巒の演説があった。この演説を聞き、円了は帰宅後に過ぎ去った日々のことを思い出すなど、さまざまな思いをめぐらせた。そして、重なる問題の打開策として、すべての学校からの引退を決意した。

こうして、哲学館・哲学館大学は一つの時代をつくって終わりを告げることになった。

八　大学からの引退

円了が引退を決意したのは、明治三八（一九〇五）年一二月一三日のことである。それから二週間ほどの間に後任の学長を内定し、二八日には両者の間で事務引き継ぎに関する契約が行われた。契約の内容は、第一は学長交代に関する日程（翌年一月から新学長に継承する）、第二は私学としての学風の継承と運営、第三は円了が保有する財産の確定である。

後任の学長は講師の内から選ばれ、浄土真宗本願寺派（西本願寺）の出身で、天台学の泰斗と呼ばれ、東京帝国大学でも教鞭をとったことがある文学博士の前田慧雲が、第二代学長となった。

契約の第二は、その後の大学のあり方を決めるものであり、つぎの三点であった。

一　創立の主旨である東洋哲学の振興普及をはかること
二　財団法人とすること
三　将来、出身者中に特に抜群の者がいた場合、これに学長を継承させること。他の場合は、出身者以外の講師（教員）の内から選ぶこと

明けて明治三九（一九〇六）年一月八日、学内の掲示板に「井上円了学長退隠」のことが張り出された。突然のことであったから、驚いた教員や学生を講堂に集めて、円了は引退のいきさつを説明した。病気のため、事業のため、社会のため、家族のためという四つの退隠の理由は雑誌にも掲載された。

二月、校友の提案を受けて教職員・学生も寄付金を寄せて、創立者の精神を将来にわたり堅持するために、記念として円了の肖像画（油絵）を作成することとなった（寄付金が予想以上に集まったので、さらに銅像も建設された）。

四月の入学式から二か月後の六月二八日、新たな校名は、円了によって私立東洋大学とされて認可され、哲学館大学は新しい大学へと生まれ変わった。七月四日には、契約に従って、財団法人・私立東洋大学が設立された。こうして大学は井上円了という個人が設立・運営したものから、法人という組織で運営されるものとなった。財団は理事二名、監事一名、商議員一七名の構成で出発した。

校名の改称がなぜなされたのか、その詳細は定かではないが、専門学校令による認可を受ける時、すでに日本法律学校が日本大学と改称していたので、この時点では哲学館を哲学館大学という名称とした。しかし、学長の交代、財団法人組織への改組などにあたり、円了は契約の中で、「創立の主旨である東洋哲学の振興普及をはかること」と述べているので、それにふさわしい東洋大学という新たな大学名へと改称したのであろう。

財団法人の東洋大学は、基本財産のすべてが円了から寄付された。それは、土地や有価証券の基本財産と、建物や不動産という基本財産以外のもの、合わせて約一〇万五二四四円であった。創立者の円了には、哲学堂一棟、曙町の平屋二棟、株券額面二二三〇〇円が、創立以来の功労に対する賞与として与えられ

た。約一万五〇〇〇坪の哲学堂の土地は、円了がふたたび大学から買い戻すものとした。

引退した円了は、名誉学長となり財団の顧問となったが、東洋大学との関係は卒業式や同窓会などの行事に出席する程度になり、契約によって一切を後継者に託した以上、大学の運営などに干渉すべきではないという態度で終始して、社会教育としての修身教会運動（後に国民道徳普及会と改称）と哲学堂の建設に従事した。[19]

また、公開遺言状をつくり、「学校は余が社会国家に対する事業として着手せしものなれば、井上家の子孫をしてこれを相続せしめ、またはこれに関係せしむる道理なくまた必要なし」と位置づけ、円了の子孫への世襲を禁じた。

明治二〇（一八八七）年に円了によって創立され、以後二〇年間にわたり創立者の独力で維持・発展してきた哲学館は、このようにして明治三九（一九〇六）年に東洋大学となり、新たな形で専門学校として歩み出した。[20]

【註】

1　高嶋米峰『高嶋米峰自叙伝』（学風書院、昭和二五（一八九二）年、三三三頁）。

2　請願の詳細は、『百年史　通史編Ⅰ』、三〇〇―三〇一頁を参照。

3　『教育時論』（第四七八号、五一四号）。

4　『百年史　通史編Ⅰ』、三〇四頁を参照。

5　同右、三〇六頁を参照。

6　同右、三〇六―三一〇頁を参照。

7　「哲学館大学部開設予告」（『東洋哲学』第九巻第五号、明治三五（一九〇二）年五月、三九三―三九七頁）。

8　井上円了「将来の宗教」（『新仏教』第三巻第一二号、明治三五（一九〇二）年一二月、六三六頁）。

9　哲学館事件の詳細については、『百年史　通史編Ⅰ』、四八八―五〇四参照。

10　中島徳蔵の反論と文部省の見解は、同右、五〇五―五一二頁を参照。

11　同右、五四一頁を参照。世論や論争については、同書、五一三―五四一頁が詳しい。資料としては、『百年史　資料編Ⅰ・下』、五〇三―五五九頁を参照。また、拙稿「「哲学館事件」文献年表」（『井上円了センター年報』第一七号、平成二〇（二〇〇八）年）を参照されたい。

12　是川恵玉「哲学館大学」（『思想と文学』第三巻第二号、昭和一二（一九三七）年一一月、一六三頁）。

13　外遊中の円了の動向と哲学館への指示の詳細は、『百年史　通史編Ⅰ』、五四二―五四七頁。

14　白石三雄（旧姓加藤）「井上先生を憶ふ」（『井上円了先生』東洋大学校友会、大正八（一九一九）年、一三七―一四四頁）。

15　井上円了「広く同窓諸子に告ぐ」（『東洋哲学』第一〇巻第九号、明治三六（一九〇三）年九月、一一五―一二〇頁）。

16　哲学館事件とは、哲学館と文部省との対立だけで捉えきれないものであり、問題が倫理や思想に関わるなど広範囲な性格を持っていたといえよう。そのため、松本清張の『小説東京帝国大学』におけるような「日露戦争を控えた国論統一のための」謀略説、近代教育史の研究にみられる「倫理・道徳思想の国家主義的統一」説、官学優位の教育体制維持のためのみせしめ説など、多岐にわたる見方があり、現在でも研究が進められている。なお、哲学館事件の論争などを含めた事件の全貌は、『百年史 通史編Ⅰ』、四八八—五五九頁参照。また、第三章第一〇節の最近の研究成果を参照されたい。

17 鼎義暁「嗚呼井上先生」（『井上円了先生』前掲書、三四七頁）。

18 亀谷聖馨「井上円了博士を憶ふ」（『井上円了先生』前掲書、一九〇頁）。

19 財団法人「東洋大学」のあり方について、近代教育史の天野郁夫は『近代日本高等教研究』（昭和六四（一九八九）年、玉川大学出版部）の中で、つぎのように述べている（二三二—二三三頁）。

　井上円了によって設立された東洋大学（哲学館）は三九年財団法人となっているが、この場合にも専任教員組織はなく、同大学に「縁故アルモノ及嘗テ商議員タリシモノ」から選任される商議員一七人によって構成される商議員が最高決定機関とされ、商議員の互選による二人の理事が学長・主事として執行にあたった。しかし創始者井上は名誉学長に就任し、また別途五人の「顧問」が大学におかれており、井上の私的な学校としての性格は、依然として色濃く残されていた。

天野のいう「井上の私的な学校としての性格は、依然として色濃く残されていた」という表現は、適当ではない。見方によっては、円了の「院政」があったようにとられるからである。すでに述べたように、円了は引退後、大学の運営に一切かかわっていない。例えば、その後の学長交代の時、卒業生の田中善立から大学への復帰を求められることがあった。田中はそのことをつぎのように記している（田中善立「嗚呼甫水先生」『井上円了先生』前掲書、二九〇頁）。

　昨年〔大正七年〕故大内〔青巒〕居士の学長を辞されし時、予は一日先生を富士前町の御宅に訪問し、教界依然非にして民心の帰嚮益々危からむことを痛論して、再び学長に就任し、之れが刷新指導されむ事を力説せし所、先生は何時になく甚と森厳なる態度にて、御説一応尤もなるが、現代政府の教育方針は依然官僚統一主義にて、自分の宿論たる自由開発主義に相戻れる故、老齢に加鞭して再び其任に当るも、到底諸君の希望に副ふ能はざるは必然なれば、先年隠退当時決心せし如く、普通一般の通俗教育に一身を捧げ、当初の志望は後生他の人によりて遂行を期するより外なしと、辞色共に牢乎抜くべからざる概ありし故、予復た之を諒して去りぬ。

20 円了の引退の過程については、『百年史』、前掲書、五九一—六二〇頁参照。

第一〇節　哲学館事件・新説

一　哲学館事件の真相

哲学館事件についての経過は、前節で述べたが、事件の真相・原因については不明のままとなっている。円了はロンドンでこの事件の発生を知り、「意外の沙汰にて驚き入り」と哲学館の関係者への書簡で述べていた。その後、同地に滞在していた文部省普通学務局長の沢柳政太郎（大学時代の後輩）に会って、文部省の内部事情を聞いた。その結果、「沢柳氏に面会しいろいろ懇話したところ、取り消し一状にまで進んだ内情は明らかになりました」と述べていたが、帰国後にそれを明らかにすることはなかった。円了は「人災と思って諦めるより仕方がない」という態度で終始していた。そのため、真の原因は分からなかったが、近年、教育史などの専門家によって問題を解明する論文が発表されるようになった。その論文とはつぎのようなものである。

一　佐藤秀夫「哲学館事件と教育勅語改訂問題[1]」
二　久木幸男「君主殺傷容認事件[2]」
三　小股憲明「教育勅語撤回風説事件と中島徳蔵[3]」
四　小股憲明「明治三五年一二月　哲学館事件～中島徳蔵の君主殺傷容認事件[4]」
五　久木幸男「哲学館事件と清沢満之[5]」
六　衞藤吉則『松本清張氏は、「哲学館事件」（『小説東京帝国大学』）に何をみたのか？[6]』
七　茅野良男「井上円了と哲学館事件[7]」
八　佐藤秀夫「哲学館事件・新説[8]」
九　茅野良男「井上円了と東洋大学（その一[9]）」

これらの論文を読んでみると、哲学館事件の原因に関する新たな仮説が分かる。その仮説を最初に提起したのは、佐藤秀夫「哲学館事件と教育勅語改訂問題」である。その問題提起を受けて、これを論証した論文が小股憲明「教育勅語撤回風説事件と中島徳蔵」である。小股は佐藤の助言を受けて解明に取り組んだのであるが、小股は論文の冒頭で、久木幸男「君主殺傷容認事件」を取り上げている。

周知のように、明治二三（一八九〇）年一〇月にいわゆる「教育勅語」の謄本は全国の学校に配付された。哲学館事件は明治三五（一九〇二）年一二月に発生した。以降の一二年間に事件に関する事柄が生起しているのである。小股の論文を参照しながら、その経過を述べてみたい。

(一) 井上哲次郎の「君主殺傷容認事件」

哲次郎は明治二四(一八九一)年九月に教育勅語の準国定解説書と呼ばれる『勅語衍義』を刊行した。この序文の「故ナクシテ君主ヲ侮慢シ若クハ傷害セバ上下ノ秩序ヲ乱ルノ端緒」という文章が問題となった。「故ナクシテ」「端緒」が水戸学者内藤耻叟によって批判された。「「故ナク」というからには、理由があれば君主傷害も容認されるのか、君主傷害は秩序紊乱そのもので「端緒」ではない筈だ、というのが内藤の批判である」[10]。このような批判は内藤ないしはその指示が受けた者が、『教育報知』という雑誌に、遂志生「井上哲次郎氏カ所述ノ勅語衍義ノ自序ヲ読ミテ悲憤ニ堪エズ」というタイトルで哲次郎を攻撃した。哲次郎も『教育報知』で「遂志生ニ答フ」で弁明したが、『勅語衍義』の再版で問題の箇所を削除・改訂した。

これについて、小股は「井上の弁明と問題箇所の訂正によって、事件そのものは一応おさまった。しかしこの事件は、たとえ西洋を念頭においた一般論として論じられるのであっても、「君主殺傷容認」思想は、一言半句たりとも許されない前例となって残り」[11]、哲学館事件などの伏線となったのであると指摘している。

(二) 尾崎行雄の共和演説事件

明治三一(一八九八)年八月二二日、帝国教育会茶話会で、大隈内閣の文部大臣・尾崎行雄が演説を行った。この演説で尾崎は「日本で仮に共和政治ありと云う夢を見たと仮定されよ」と述べた。この発言に対して、共和演説攻撃を真っ先にしたのは政友会系の新聞「東京日日新聞」で、これに続いて『京華日報』『中央新聞』などが批判を展開し、長いものでは三週間にわたってキャンペーンが続いた。その中に、「湯本武比古に向かって教育勅語撤回論を述べた者がいる」[12]という報道があったが、すぐには問題にならなかった。

(三) 中島徳蔵に関する教育勅語撤回風説事件

佐藤秀夫の論文では、明治三四(一九〇一)年一月頃から、「右派ジャーナリズムにおいて、「文部省の一大怪事」と報道されはじめるのだが、それは「国文修身書ノ編輯起草委員」の「中島某」の「策謀」と指摘された。内容上では「勅語撤回論ヲ為スガ如キ大不敬漢中島某ナル壮士」(『日本主義』[13])」というものなどであった。尾崎行雄の共和演説事件の時の新聞による反キャンペーンでは、「不敬漢」を中島徳蔵と結びつけていないが、「それではなぜ、二年半以上もたった教育勅語撤回風説事件の時になって、共和演説事当時の氏名不詳の「不敬漢」が、中島徳蔵と結びつけられたのであろうか。その理由は、実に意外なところにある」[14]と、小股憲明はいう。

小股は、明治三一（一八九八）年八月三一日の『京華日報』の一面に着目している。その中に、「教育諸大家の尾崎文相に対する意見」があり、「雑誌「日本主義」は曩に島田を以て東洋の不儒となし中島を以て西洋の不儒となせし」という文章がある。この「西洋の不儒」とは「中島力蔵」で、力蔵は同志社創立時の生徒の一人であり、キリスト教者の力蔵はこの時、東京帝国大学の倫理学の教授であった。同じ『京華日報』の二面には「『教育勅語』を撤回せよと云う奴あり」という記事があると、小股は指摘する。

そこから、「この一面の「西洋の不儒」中島力蔵と二面の氏名不詳の「不敬漢」とは、記事の内容において、この時点ではまだ、まったく関連づけられていない。ただし、紙面構成からいって、一面に登場する中島力蔵が二面に登場する「不敬漢」ではないか、読者が勘ぐっても不思議ではない仕立てかたではある」[15]と小股は書いている。

中島徳蔵は明治二七（一八九四）年に帝国大学文科大学哲学科専科を修了している。哲学の主任は井上哲次郎、倫理学の主任は中島力蔵であった。小股はこの中島徳蔵について、世間ではつぎのように見られていたという。[16]

世間では、中島徳蔵は井上哲次郎の「児分」であると認識されていたわけで、大方の評価は「国家主義の男」であった。加藤弘之（修身教科書調査委員長）にも信頼されている。しかし内藤耻叟に代表されるような漢学派のウルトラ保守派の目には、「国家主義の男」という側面ではなく、かつて『勅語衍義』の「自序」において「君主殺傷」を容認したことのある井上哲次郎の「児分」であるという側面がクローズアップされて映っていたであろうことは、容易に想像される……中島徳蔵は、漢学派からは、西洋かぶれの学者として警戒され、攻撃されても不思議ではない位置にいたといえよう。

さきに問題となっていた、中島徳蔵＝「大不敬漢」はつぎのようにして捏造されたことを小股は明らかにしている。

教育勅語撤回風説事件の当時、中島力蔵は文部省に設置された修身教科書の「調査委員」であった。そして、中島徳蔵は文部省からの要請を再三固辞しながらも、最終的にその委員会の下部組織の修身教科書の「起草委員」となった。両中島ともに、倫理学の専攻者であったが、すでに述べたように師弟関係にある中島力蔵＝「調査委員」と、中島徳蔵＝「起草委員」のすり替えが新聞紙上で行われた。始めは、明治三四（一九〇一）年一月一一日の『京華日報』であるが、この時点では「教育勅語撤回」と「大不敬漢」＝「修身書編纂委員」とあるのみであったが、これを引用したつぎの『日本主義』、さらに『富士新聞』

によって、かつて尾崎文相の共和演説の当日、湯本武比古に対して教育勅語撤回を説いた人物が、「起草委員」の「中島某」とされたのである。中島徳蔵がこのように断定された、この顛末の詳細は小股論文を参照されたい[17]。

このような中島徳蔵に関する見方が問題になるのは、やや複雑な過程を経ている。第一は、第五回高等教育会議（明治三三（一九〇〇）年）の議題に教育勅語に関する議案があったのか、という問題である。教育勅語に関する議案は含まれていない。しかし、別の観点から問題があったという。それは明治三三（一九〇〇）年八月に発布された「小学校令施行規則」（文部省令第一四号）の「第三号表」に掲げられたおよそ一二〇〇字の中に、「教育勅語」の冒頭の「朕」が含まれていなかったのである。これについて小股はつぎのように述べている[18]。

「朕」の字がないから教育勅語無視だとして攻撃するというのも、これまで見てきた漢学者の言動に照らして、いかにもありそうなことである。

第二に、「教育勅語撤回」のうわさはこのような「漢学者の捏造」であるという問題である。第五回高等教育会議に提出された文部省の諮問案について、小股はつぎのように述べている[19]。

師範学校については漢文科の名称を存置することを修正し、中学校については漢文科の名称廃止を可決したのであるが、漢学者たちは中学校についても漢文科の名称を存置するように求めて、その後も反対運動を続行した。そしてまさにその運動のさいちゅうに、ほかならぬその第五回高等教育会議に「教育勅語撤回」案が提出されようとしたのだという文部省攻撃の火の手が上がったのである。

この「教育勅語撤回」案について、多くの新聞・雑誌が報道し、帝国議会でも質疑があり、文部省は「袋叩き」にあった。そして、漢学者たちは帝国議会衆議院と貴族院に請願書を提出し、結局、文部省は高等教育会議の決定も覆して、師範学校や中学校での漢文科を存置する、施行規則を発令した。こうして漢学者たちの目的は達成された。つまり、この過程で、文部省への攻撃の道具として中島徳蔵＝「教育勅語撤回」案なる風説は、漢学者たちが文部省攻撃の道具として捏造し、利用したものであった。

第三は、終身教科書調査委員会の中の主席起草委員の中島徳蔵に、「教育勅語撤回」案があったのか、という問題である。修身教科書が教育勅語に合致しないという問題の指摘は、事件のかなり前からあった。

早くは明治二七（一八九四）年の第六回帝国議会、明治二九

（一八九六）年の第九回貴族院、明治三〇（一八九七）年の第一〇回衆議院、明治三一（一八九八）年の第二回高等教育会議で、質問や建議が行われた。その結果、文部省は明治三三（一九〇〇）年に修身教科書調査委員会を設置したのである。この委員には井上哲次郎、中島力蔵、井上円了が、その下部組織の起草委員の全体の責任者に加藤弘之、主席起草委員に中島徳蔵が任命された。この委員会の中で中島徳蔵がどのように動いたのか、それを明らかにする資料はないと小股は述べている。そこで、小股は「今のところ、中島の起草方針や関連の事項については、かれの後任の修身教科書起草委員に任命された吉田熊次[20]」の回想に拠らなければならないという。その部分とは、吉田熊次がつぎのように述べたところである[21]。

明治三十四年三月の初め頃であったと思うが、普通学務局長沢柳政太郎氏より面談を求められた……同氏より文部省で着手中の小学修身教科書の起草員を引き受けては何うかと云うことであった……

　文部省の小学修身教科書の編纂は明治三十三年から始まった。前任者は中島徳蔵君で、東洋大学や浄土宗高等学院の教職を辞して右の起草員となり、筆者はその後任として両校で倫理学と教育学とを受け持ったのである。然るに中島君は起草員を辞することとなって、筆者はその後を承け、中島君は再び右両校で教鞭を執ることとなった。如何なる事情で辞任するかに就ては、沢柳氏よりは一言の話もなく、中島君からも聴かなかったが、他より伝聞する所に依ると、修身教科書に関連して、教育勅語を批判したことが問題を惹起した為めであろうということであった……中島徳蔵氏は主席起草員で……筆者は中島徳蔵氏の担当して居た修身書の方針と企画とを承け継いだのである。尤も執筆は起草員三人が分担して当り、出来上がったものは先ず渡辺課長と起草委員三名とで会議し、それを委員会に提出して審議せられるのである……

　筆者の就任したのは明治三十四年四月で、最初一ヶ年を経過した後であったが、未だ編纂に着手されて居なかった。過去一年間は謂わば調査期間で、それまで使用されて居た小学校修身教科書を検討したり、編纂方針を研究したりして居たらしい。中島氏よりは何等の事務引継をも受けなかったが、委員会に関する記事や記録はあった。其の中に編纂方針の案として、智仁勇の三徳を中心として課題と教材を配当せんとの試みがあった。併しそれも決定せられたのでなく、中島氏の一私案であったらしい。唯、最初の委員会に於ける加藤弘之博士の談話なるものは紫版として残されて居た。其の要旨はつぎの如きものであった。修身倫理の学説上のことになれば、委員各自はそれぞれの主張を持って居るので、会議でそれを一つに極めることは困難であろう。併し日常の実践道徳に関しては恐らくは各自が一致し得ることと思われる。修身書の編纂には、後者の立場より評議をして行きたいと思うというのである。此の提議には全員が賛成したと記されてあった。決定されて居た編纂方針はこれだけであった。

……執筆者自身は如何なる倫理学説を奉じて居るにせよ、国定修身書の起草に当っては教育勅語の奉戴以外に編纂方針を立つべきでないことは論理の必然でなければならぬ。筆者は右の見解を委員会に於いて開陳して同意を得たのである。

中島徳蔵と吉田熊次は起草委員に就任する前に、ともに哲学館で倫理学をともに担当していた。この吉田の回想によれば、中島からの直接の事務引き継ぎは受けなかったが、委員会に関する記事や記録があり、その中の編纂方針の案として、「智仁勇」の三徳を中心として課題と教材を配当しようとした試みがあった。しかしこれは中島の一私案であったらしいという。「中島が智仁勇を中心徳目とする方針を他の委員に説明するさいに、とうぜん教育勅語の徳目との関連が問題となり、そのさい自己の倫理学的立場からする教育勅語批判、ないしはその不十分性の指摘がなされたであろう」[22]と小股はいう。しかし、小股は、中島が批判したとしても、「教育勅語の文字どおりの「撤回」を主張したなどということは、およそ考えられない。もっともきつい場合で、教育勅語と小学校修身教科書を切り離す（それじたいきわめて重要なことであるが）、ということであろう」[23]と推測している。

そして、つぎのような事態に進展したと小股は述べている。[24]

ところがこのような委員会内部の動向が、なんらかのルートで起草委員および調査委員以外に漏洩した。修身教科書編纂の動向は世論の注目するところだったから、このような中島の方針は、保守派の憤激をかい、教育勅語「撤回」案だとのレッテルが貼られた。というよりはむしろ、中島の起草方針を叩き、あくまで教育勅語に忠実な修身教科書を作らせたために、故意にそのように取りざたされ、宣伝された。それには中島が「西洋」倫理学者であったことも大に関係していたし、すでにみたように漢文科廃止反対運動を有利に展開しようとする漢学者グループの策術も大に関与していたであろう。

結局、明治三四（一九〇一）年の第一五回帝国議会に教育勅語撤回説の真偽をただす質問書が出され、文部省はこれを認めず否定したが、議会閉会後二か月あまり経った五月三一日付で、中島は起草委員を辞任して、その後、哲学館に復職しているのである。

小股は、中島のことについて、つぎのように疑問視している。[25]

しかしでは、明治三五（一九〇二）年一二月に発生した哲学館事件のときには、中島は、世論に対して自己の立場や主張点をきわめて精力的に発表し、文部省に対抗して果敢に戦ったにもかかわらず、なぜこのときは自己の立場を堂々と弁明しなかったのであろうか。この点『教育時論』も、「自ら主義を明らかにして、事の虚実を弁明するがよい」と促しているが、彼は公に自己の立場を弁明した形跡がない。両事件への中島の対応の仕方は、きわめて対照的だといえよう。

哲学館事件の中心人物とされた中島徳蔵は、円了が第二回の海外視察中であり、哲学館の館主代理となっていたし、また、問題とされた倫理学の講義の担当教授でもあり、文部省時代の嘱託という個人の立場ではなかったので、哲学館という組織を守る立場から、事件の真相を社会に訴える決断をしたと考えられ、反論は当然しなければならないことであった。

すでに述べたように、中島は館主の円了と共に、文部省関係者や無試験検定の委員へ問題の説明を行い、関係者の疑問を取り除こうとした。それが適わないこととなって、新聞・雑誌に哲学館の教育理念を守るために寄稿したと考えられる。このような中島の行為について、帰国した円了はそれを是とした。そして、明治三六（一九〇三）年八月に中島を哲学館講師に復職させたのである。[26]

中島が哲学館の倫理学の講義で使った、ミュアヘッド原著・桑木厳翼補訳『倫理学』（冨山房、明治三〇（一八九七）年第一版）は、事件の余波を受けたものである。その後の推移について、茅野良男はつぎのように述べている。[27]

「否らずんば、事由の為に弑《しい》逆をなす者も責罰せらるべく、自ら焚殺の料《しろ》に供せんが為に溺死に瀕せる者を救へる暴君も弁護の辞を得べし」は、明治三十三年三月二十一日桑木訳の第四版からの引用であるが、明治三十年八月二十八日の再版〔五月二十七日初版〕が入手できたので見ると次のように改められている。「否らずんば、自己将来の悪行に資せんが為めに今暫く善根を施す者も賞賛せらる、等の弊を生ずるに至るべきなり」〔再版六八〜六九頁〕。この改訂が再版のみで三版以降が右の四版すなわち初版のままであることは、桑木厳翼が明治三十六年二月三日稿の「ミュアヘッドの倫理学書に就いて」の末尾で、「是初学者未だ哲学的論法に慣れず、徒らに此字句に拘泥して全体を唾棄せん事を慮り、先輩の忠告に従い改刪せしなり。然るに書肆意の在る所を察知せず、第三版以下にて第一版の紙型によりしを以て終に今回の椿事を生ずるにいたりしなり」と述べている通りである。桑木訳初版に忠告を与えた先輩が誰であったかは推察がつくが断定しないでおこう。

小股論文などからも推測がつくであろうが、桑木に「忠告」できる人物は哲学界の「大御所」以外に考えられない。

最後に、中島徳蔵の日記について紹介しておきたい。中島の日記は、現在、中島の関係者により東洋大学井上円了研究センターに寄贈されている[28]。この日記は、すでに昭和三七(一九六二)年に中島徳蔵先生学徳顕彰会によって出版された『中島徳蔵先生』の「日記抄」に翻刻されている。中島徳蔵の日記より哲学館事件との関係を見ることにしたいが、すでに小股憲明が指摘しているように、中島の文部省の修身教科書調査委員会の主席起草委員時代、つまり明治三四(一九〇一)年の日記はない。現存するものは明治三五(一九〇二)年からである。先の「日記抄」を見ると、哲学館事件の関係は明治三六(一九〇三)年から始めて取り上げられているが、明治三五(一九〇二)年の日記にも関係するものがある。それは写真で示した九月七~八日の欄における紫の色鉛筆による記述である。翻刻するとつぎのように読める。

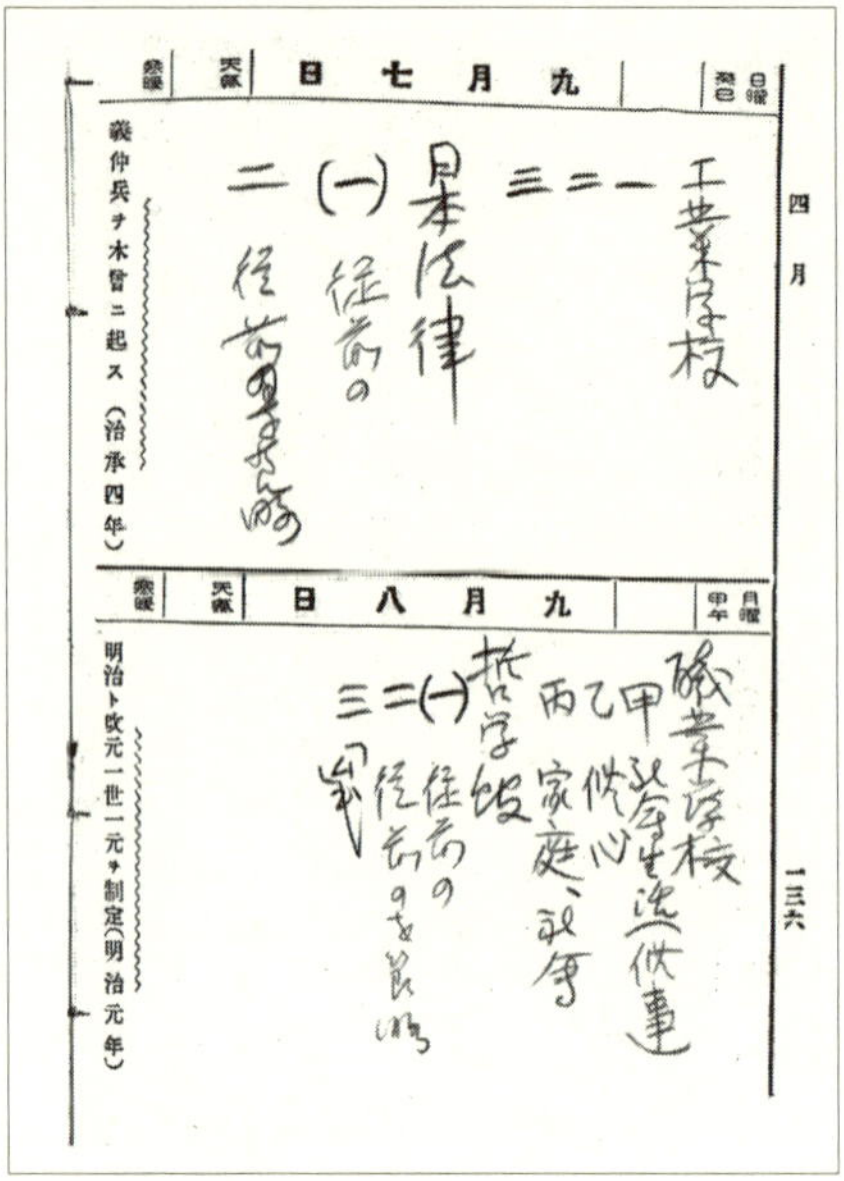

中島徳蔵日記（明治35年9月7日）

九月七日
工業学校
一
二
三
日本法律
(一) 従前の
二 従前のを節略

九月八日
職業学校
甲 社会生活(修事)
乙 修心
丙 家庭、社会
哲学館
(一) 従前の
二 従前のを節略
三 「ム」氏

哲学館事件は同年一〇月二五日の検定試験から始まる。その一か月余り前に、中島は試験問題をメモしていたのである。哲学館の試験では、三番目の「ム」氏、すなわちミュアヘッドの倫理学に関する出題と学生の解答が文部省の視学官によって、問題とされたのである（哲学館は現在の東洋大学であり、工業学校は現在の東京工業大学であり、日本法律は現在の日本大学であり、職業学校（共立職業学校）は現在の共立女子大学である）。ただし、これ以外の明治三五（一九〇二）年の事件発生の過程に関する中島徳蔵日記の記述はまったくなかった。

以下、中島徳蔵の日記から哲学館事件関係の記述を紹介しておこう。『中島徳蔵先生』の「日記抄」からの引用と、筆者が〔　〕に翻刻した部分で構成した。

明治三十五年（三十九歳）

一月一日

○〔哲学館前九、祝賀会〕

一月十八日

○〔哲学館新年会〕

明治三十六年（四十歳）

一月十八日

○安藤君来リ、哲学館恢復叶ハズト申来ル。

○午后加藤〔弘之〕老先生ヲ訪ヒ、哲学館ノコトニ就キ助言ヲ求ム。

○岡田長官ヲ訪フ、遇ハズ。

一月十九日

○午前調査。

○午后岡田長官ヲ訪フ、遇ハズ。

一月二十六日

○弁解一則

○今晩哲学館事件ノ記事脱稿。毎日、日本、時事、国民、朝日、読売、二六、万朝ニ投ズ。

一月二十八日

○時事、読売ニ紙哲学館事件ヲ記ス。

二月一日

○午前二時半「文部省視学官の言果して真ならば」ヲ草ス。

二月三日

○読売紙上余ガ弁駁文出ヅ。（明日完）

二月五日

○桑木君ノ論文読売紙上ニ見ハル。（三日続）

二月十五日

○文部当局者ノ弁疏時事新報ニ見ユ。

二月十六日

○「文部当局者ニ告グ」ノ文起草シ始ム。

二月十八日

○脱稿。（時事ニ出スベキ文）

二月二十日
○右ノ文、時事、朝日、日本、読売ニ投ズ。
二月二十一日
○日本、読売掲載。
○丁酉会員ノ多数、大体「ム」氏ノ動機論ノ無危険ヲ認ム。井上（哲）吉田（熊）二氏大不賛成。
二月二十二日
〔○夜元良博士ニ逢フ。蟹江君来訪。「伊庭ノ論文」ヲ貰ヒタシト云フ。ヨリテ元良博士ト談ジ、モシ丁酉雑誌ニ同文ヲ出スナラバ同君ノ大意ヲ出シ批評者ノ説ヲ本トシテ掲載スルトシテ、其請ヲ容ルルコト、ス。
○井上（哲）博士ニ速記者ヲ廻ハスベキカ注意ノ件、蟹江君ヨリ承知。〕
〔註　この「「伊庭ノ論文」とは、丁酉倫理会「伊庭想太郎による道徳的判断」（『丁酉倫理会倫理講演集』第一二号、明治三六（一九〇三）年四月一五日、一―三〇頁）を指すものと考えられる。〕
二月二十三日
○時事掲載。
○東洋哲学原稿「哲学館生徒に寄す」ノ一文ヲ草ス。
二月二十四日
○丁酉会員多数者決議案文ヲ草ス。元良博士ノ意ニ本ヅク。

三月二十三日
○桑木君ヲ訪フ。元良博士等余ガ為メニ金銭上ノ保護ヲモ講ジ呉レント心配サレ居ル由聞キ及ブ。感泣ノ至ナレドモ其ハ余ガ本意ニアラズ。又実ニ今其必要ナキヲ以テ事実ヲ明シテ桑木君ニ語ル。
三月二十四日
〔○加藤博士ヲ訪フ〕
三月二十七日
○哲学館事件ニツキ生徒及ビ卒業生中ノ有志者醵金（六拾円）シテ余ニ慰藉ノ為メ贈与セラル。而レドモ今回ノ被害ハ寧ロ余ガ為メノ故ニ生徒ノ上ニ係レリ。余ハ安ンジテ之ヲ受クルニ忍ビザルヲ以テ生徒実力養成ノ為メ参考書ヲ購入スベシトシテ哲学館書籍室ニ寄附セリ。同情ハ余ガ心ヲ養ウテ温カラシム。
八月三十一日〔乱丁あり、七月三十一日か〕
○拝哲　残暑尚ほ厳敷御座候処益々御清適奉珍賀候。扨先般哲学館事件に就ては種々御高配を蒙り難有存候。然るに井上館主帰朝以来文部省は依然特権恢復を許さざるに付、同館は爾今右特権に依頼出来ざることに方針を定めよりて、小生にも復職可然旨申聞され候。即ち小生ハ再び同館講師の一人たることを快諾候次第に御座。候先般来の御好意御礼旁々右顛末、乍略箋以書中得貴意候。敬具

〔○1浮田、2（中島□）、3（坪内）、4波多野、5藤井、6（安部）7法貴、○朝永、○吉田、8村上、○千葉、○桑木、9宮田、○（田中）〕

〔○元良、○中島、○井上、○加藤、10島田（毎日）新聞）、○11やまと新聞、12時事、○13日本（安藤）、14読売、15朝日（上野）16万朝（山縣）、○17大学生〕

〔雑録
Japan Gazette I, 31
Japan Mail II, 2, 3 I, 31
Japan Times I, 30 II, 4
Kobe Chroniale　76□〔カ〕ス〕

明治三十八年（四十二歳）

一月一日

○旅順開城ノ談判。

一月二十五日

〔ムイアヘッド抄訳、集義外書ヲ読ム〕

二月七日

○井上〔哲次郎〕博士ヲ訪〔ヒテ浮田氏トノレコグニーションヲ図書会社ノ会ニテナサレタキコトヲ求ム。〕哲学館検定認可ノ未ダ受ケラレザルコトヲ聞キ、モシ其ガ余ヲ任用シ居ルニ因スルヤ否ヤヲ其筋ニ問合セヲ依頼ス。

三月四日

〔○井上円了氏ハ豪シ、左レド彼レニ過〔暇〕瑾ナシ、少クトモナシト見ユ。是レ彼ノ未ダ完全ナラザル所カ。〕

三月九日

○奉天占領ノ号外出ヅ。

三月十一日

○今朝上州へ行カント志シタリシガ、哲学館無試験検定願捗々敷進行セザルニツキ、評議員会ヲ催スニツキ明日参集ノタメ延引。

三月十二日

○午前九時哲学館評議委員会。其用件トハ文部省検定委員会ガ四月ヨリ一学期間試験シタル上ナラデハ無試験検定資格ヲ与ヘズトノコトヲ議決シタルニヨリ如何スベキト云フニアリ。余ハ井上哲次郎氏ニ頼ミ、菊池男爵ヲ説キ、モ一度山川委員長並ビニ文部大臣ニ衷情ノコトヲ行フベシトシ、其レニ決ス。井哲博士ニ謁シテ其事ヲ頼ム。博士、自身山川氏ニ説キ呉ルルヲ可トスト言ハレタリ。従之。

三月十七日

○井上博士ヲ訪フテ哲学館ノ件ニツキ問合セノ返事ヲ聞ク。望ミ叶ハズ。直ニ館主ニ通ズ。

三月二十一日

〔○哲学館試験問題、本日マデニ差出ス約。〕

三月二十三日

〔○哲学館同窓会。夜ハ送別会。〕

三月二十六日

〔○哲学館評議員会、午前。〕

四月一日

〔○午前哲学館卒業式〕

四月十一日

〔○哲学館稽古始（午后一時）〕

四月二日

〔○午后一時哲学館臨時講演〕

明治三十九年（四十三歳）

一月八日

○本日哲学館ニ於テ井上学長ガ、前田博士ニ同館ヲ譲渡セルコトヲ発表セリ。（前月三十一日ニ此事ヲ内々自分ニ披露セラル）生徒及教師ニ向ツテ告テ曰ク、カクスル理由ハ(1)神経衰弱症ニ罹レルニアリ(2)本館ハ井上一個ノ私有ニ非ルヲ公示スルニアリ(3)余ハ生レテ十年無恙ニ過ギ、尋デ二十年社会ノ教育ヲ受ケ、次デ二十年社会ヲ教育シタレバ、社会ニ向ツテ教育ノ恩義ヲ償ヘリ。此レヨリ精神的ニ井上一個ノ遺物トモ見ルベキモノヲ成サントス。突然私断シテ生徒出身者并ニ教師ニ之ヲ謀ラザリシハ其罪浅カラザレドモ、右ノ意志堅ク、到底何人ノ助言ニヨリテモ翻心スル能ハザリシガ為メナリト。

〔○彼ハ精力絶倫ナリ智慮周密ナリ才能豊富ナリ。唯ダ決シテ精神家ニハアラズ。子弟朋友ヲ引キツケテ、己レニ同化スルノ人ニ非ズ。

彼ガ子弟朋友ヲ見ルハ飽ク迄一種ノ手段方便ニ外ナラズ。故ニ又子弟朋友モ亦タ彼ヲ手段方便以上ト見ルコト稀シ。彼レガ事業家タル所以ナリ。彼ハ俗界ノ偉人ナリ。彼ガ所謂精神的遺物ナルモノ果シテ何ゾ。曰ク功智蓋シ此ノ外ニ出ルコトナケン。

○彼ヲ冷酷ト評スルモノアリ。恐ラクハ当ラジ。彼ハ妻子ヲ愛スルヲ知ルナリ。冷酷ト見ユルハ事業ノ愛ノ為メナリ。彼ハ理想低ク手段ニ富メル小心ノ事業家ナリ。冷酷モ亦タ小冷酷ニスギズ。一方ヨリ見レバ甚ダ義理固キ人ナリ。欽仰スベクアラザルモ、嘆賞ニ値イスル偉人ナリ。〕

明治四十年（四十四歳）

五月十一日

○夜、夏目氏朝日新聞へ入社ノ辞ヲ読ム。思ヒシヨリ拙文ニシテ分析ニ長ズルヲ思フ。

五月十四日

○東洋大学、昨日中等教員無試験検定認可ヲ受タル由承知ス。余ノ為メノ故ニ之ヲ褫奪セラレシヨリ足掛六年トナル。事理明白ノコトモ即行セラレザルコト此ノ如シ。

この中島徳蔵の日記を読むと、哲学館事件の裏面、円了の大学引退と中島の円了に対する人物評価などがあって、大変興味深く感じられる。

二　哲学館事件のキーパーソン

哲学館事件は、文部省による哲学館の無試験検定校の認可取り消しによって惹起されたものである。この認可取り消しという文部省の処分に、専門家の立場からいわゆる「お墨付き」を与えた人物がいることは、文部省関係者の談話が新聞に掲載されたことから、明らかになっている。本書第三章第九節のように、その後の報道によって、井上哲次郎ではないかと指摘されている。

ところが、近年の研究では、その人物は修身教科書起草委員で、中島徳蔵の後任となった吉田熊次ではないかといわれている。それは吉田自身の戦後のつぎのような回想談があるからである。[29]

筆者〔吉田〕は直接に此事件に関係したのではないが、或日文部省で岡田〔良平〕次官（総務長官）に呼ばれて、次官室に往つた所が、その問題〔哲学館事件〕に就いて意見を求められた。依つて一応研究した上で、それは日本の修身科教員たるものが、無批判的に英国の例を是認することは宜しくない。それに関する適当の批評註釈を加へて、誤解を避くべきである。それを看過したことは教授者の手落でなければならぬ。故に責任は一に教授者に負はしむべきである旨を答へた。然るに文部省は直ちに学校の特権を取り消した。その理由は筆者は知る由もないが、蓋しかゝる教授をなさしめて居るのは学校の不行届であるといふ法律論に基くものであらう。筆者は局外中立生の名で某新聞紙に投書して卑見を述べたのであつた。

このように、現在では、吉田が哲学館事件の論争に「局外中立生」のペンネームで参戦したことが明らかになっている。したがって、次官室に呼ばれた吉田が「一応研究した上で」回答したことを、筆者は注目したい。茅野良男は、「やはり文部当局が諮問した「学者」は、文部省修身教科書起草委員の吉田熊次一人であろう[30]」としているが、筆者は拙稿「「哲学館事件」文献年表[31]」の文献数の統計から、哲次郎は一三本、吉田は四本（明治三六（一九〇三）年一〇月から国外留学）であることを重視し、文部省の処分に「お墨付き」を与えたのは哲次郎と吉田の二人であり、論争でも共同活動の可能性が否定できないと考えている。事実、明治三六（一九〇三）年三月一〇日の丁酉倫理会の見解表明に対して、同会の会員であった哲次郎と吉田は大反対して署名していないのである。

　このような見解を筆者は従来から持っていたが、最近、刊行された吉田の著作集の年譜[32]を見ると、吉田は明治三三（一九〇〇）年に東京帝国大学大学院を卒業し、哲学館事件の時は二八歳であった。「明治は早熟の時代」といわれるが、大学院卒業から二年後というこの若さで、文部行政の重要な決定（処分）に関する見解を「一人」で構築できたのであろうか。やはり恩師の哲次郎との関係が取り沙汰されるのである。哲次郎が残した『巽軒日記』（自明治三三年至明治三九年、巽軒は哲次郎の号[33]）がある。この日記については、「井上哲次郎の日々の思索・行動に加え、人間関係なども克明に記録されていて、井上をとおして近代日本における学問の導入・普及の在り方なども多角的に考察研究が可能である[34]」、あるいは「自身周辺の動静を中心とした客観的記述に止め、極力主観的・感傷的記述を排したことは、「巽軒日記」全体を通して不変の方針であり、この日記の最大の特徴といってよい[35]」といわれている。

　そこで、この『巽軒日記』から哲学館事件の関係者を抽出し、月別の記載数をまとめたものが、表1の「『巽軒日記』（自明治三三年至明治三九年）に記載された哲学館事件の関係者」である。記載事項は、哲次郎宅を訪問して面談した者、どこかで哲次郎と面会した者、哲次郎が書簡や書籍を送付した者に限り、期間も哲学館事件との関係で、明治三三（一九〇〇）年から明治三七（一九〇四）年までとした。

　そして、哲学館事件の関係者として、哲学館館主の円了、哲学館の倫理学担当の中島徳蔵（両者は哲次郎の弟子であった）、文部省の視学官で卒業試験の答案の内容を問題視して文部省に提起した隈本有尚、文部省の総務長官の岡田良平、東京帝国大学総長・文部大臣になった菊池大麓（大臣の期間は明治三四（一九〇一）年六月から明治三六（一九〇三）年七月までである）、哲次郎の愛弟子で小学校修身教科書起草嘱託であった吉田熊次の六人に絞った。

　表1のように、この六人と哲次郎の関係は、明治三三（一九〇〇）年にはすでにあったことが分かる。五年間の総合計から、記載数の多い順に述べると、吉田が四四回、つぎの中島が三五回、菊池が二九回、円了は第二回の世界旅行もあったので一二回、隈本が一一回、岡田は五回である。哲次郎は文部省の修身教科書調査委員会の委員であったから、岡田とは同会で会っていたと考えれば、回数は多くなる。また、円了も同委員であったから、哲次郎と面会した回数は多くなる。

　『巽軒日記』を参考に遡って問題を考えたい。哲次郎と円了が修身教科書調査委員になったのは、明治三三（一九〇〇）年四月

表1　『巽軒日記』（自明治三三年至明治三九年）に記載された哲学館事件の関係者（数字は回数）

年	月	中島徳蔵	井上円了	隈本有尚	岡田良平	菊池大麓	吉田熊次
明治33（1900）	1		1		1	1	
	2						
	3					1	1
	4						
	5						
	6	4	2	1	1	2	1
	7	1		2		1	3
	8					1	
	9	1				1	1
	10			1			
	11						
	12			1			
	小計	6	3	5	2	7	6
明治34（1901）	1	1	1			1	1
	2						
	3						1
	4		1				1
	5	2				1	
	6				1	3	
	7	1		1		1	1
	8			2			
	9	1					1
	10	1	1				1
	11			1		1	
	12		2				
	小計	6	5	4	1	7	6
明治35（1902）	1					1	1
	2			1			
	3	1				2	
	4					1	1
	5					1	
	6						2
	7	1				1	2
	8						
	9						2
	10	1					
	11	1					7
	12					1	2
	小計	4	0	1	0	7	17
明治36（1903）	1				1	1	1
	2						1
	3	1		1			
	4					1	
	5						2
	6	1					1
	7	1					
	8	1	1				
	9	1				1	
	10						
	11		1				1
	12	1					
	小計	6	2	1	1	3	6
明治37（1904）	1	1					2
	2	1			1	1	3
	3	1					1
	4	1					
	5	3				1	2
	6						
	7	2				1	
	8					1	1
	9	2					
	10						
	11	1				1	
	12	1	2				
	小計	13	2	0	1	5	9
総合計		35	12	11	5	29	44

である。委員会の会長は加藤弘之であった。哲次郎の日記には明治三四（一九〇一）年一月七日から「グリーン　ミユルヘッド〔傍線省略、以下同じ〕二氏の倫理書を読む」として、研究している。二月八日には「ミユルヘツドを読了す」と記している（ミュアヘッドの倫理学を翻訳した桑木厳翼も、哲次郎宅の来訪者であった。桑木は『倫理学』を明治三〇（一八九七）年に出版している。哲次郎の日記には、寄贈された本はすべて記されていないが、両者の関係から桑木は寄贈したものと考えられる）。

吉田は明治三三（一九〇〇）年七月一〇日の東京帝国大学卒業式で、「御下賜品を受領せるものは、吉田熊次、……」と哲次郎の日記に特記されている。卒業後は哲学館の講師となり、倫理と教育を担当していた[36]。その吉田に対して、哲次郎は明治三四（一九〇一）年一〇月九日に、「吉田熊次に倫理を目的とせる学生の団体を組織することを説く」と日記に書いている。このような指示の記述は、哲次郎の日記にはまったくないので、吉田は哲次郎が将来を特別に期待した人物であったことが分かる。

明治三三（一九〇〇）年八月二四日に、中島は修身教科書起草委員に任命されている。そして、翌明治三四（一九〇一）年五月三一日に同委員を辞職している。その経過については前述した。哲次郎の日記を見ると、辞職前の五月一八日と二三日に、中島は哲次郎宅を訪問している。中島の後任の委員に選ばれたのが、吉田であった。中島は哲学館の講師に復職した。菊池は同年六月二日に文部大臣に就任している。このようにして、明治三四（一九〇一）年には哲学館事件の関係者がそれぞれの役割に就いていたのである。

哲学館事件の発端となった教育部第一科甲種生卒業試験が行われたのは、翌明治三五（一九〇二）年一〇月二五日である（哲次郎は同年四月二〇日から二四日まで、グリーンの倫理学を読んでいる）。試験後に文部省は哲学館への特典を取り消すとの噂があった。そのためか、一〇月三一日に、中島は哲次郎宅を訪問している。一一月九日には、円了が哲次郎宅を訪問している。哲次郎の日記は一一月一七日、「午后、文部大臣邸へ赴く」とあり、また同月二八日には「菊池文相の招燕に帝国ホテルに赴く」とある。哲学館の無試験検定校の認可が正式に取り消されたは、一二月一三日であった。卒業試験から認可取り消しまでのおよそ一か月半の間に、哲次郎と吉田は頻繁に会っている。それは吉田と哲次郎の長女・雪子との結婚があったからである。このことについて、日記から抜粋しておこう。

六　月　四日　「此日、雪子、吉田熊次と植物園に会見す」
〔＊は傍点省略、哲次郎は重要な事項に傍点を付ける習慣があった。〕

二五日「雪子と吉田熊次と結婚の約成り、此結納を成す」〔＊〕
七　月二〇日「吉田熊次来訪す」
二八日「冨田順吉及び吉田熊次を招燕す」
九　月　一日「吉田熊次、十時弥来訪す」
一一月　一日「吉田熊次来訪す」
七日「雪子嫁入の荷物を吉田宅へ送る」
八日「熊次雪子の結婚式を挙行す」〔＊〕
一〇日「吉田夫妻新婚旅行を企て日光に赴く」
一四日「吉田夫婦来訪す」
二七日「吉田熊次来訪す」
一二月　七日「吉田熊次結婚披露の宴を開く」

哲学館の試験の後で、哲次郎と吉田が面談した機会は少なくない。岡田良平総務長官から呼ばれて、後日、哲学館の問題に回答したわけであるが、吉田が「一応研究し」たことに哲次郎が関係している可能性はあっただろうと考えられる。また、試験から取り消しまでの間に、哲次郎が菊池文部大臣に招かれたことは二度あったことも重視しなければならないと考えられる。こう考えると、哲学館への特典の認可取り消しという文部省の処分に理論的根拠を与えた「学者」とは、哲次郎が中心で[37]、吉田がそれに追随したと見られるだろう。

中島の「余が哲学館事件を世に問ふ理由」という投稿から、哲学館事件に関する論争が始まったわけであるが、その論説が新聞に掲載されたのは明治三六（一九〇三）年一月二八日である。哲次郎はそれからまもなく、この問題を取り上げている。日記の二月一五日に、「日本女子大学に之いて「倫理学上の一問題」〔＊〕を講述す」とあり、哲次郎の哲学館事件に関する反応は早かった（同講演は七月一〇日に『日本女子大学校学報』に掲載されている）。また、哲学館事件の論争で、ミュアヘッドの倫理学を翻訳をした桑木厳翼に対して、反論したのは丸山通一である。中島が文部省の「屈強の弁護者」と名指しした丸山は、哲次郎の日記に突然として出てくる。丸山が初めて哲次郎宅を訪問したのは、明治三六（一九〇三）年四月一三日であり、五月二日に哲次郎は丸山に書状を送り、翌三日に丸山は再び哲次郎宅を訪問している。哲学館事件の発端を作った隈本有尚と哲次郎の関係はどうだろうか。日記の一月一二日に、「文部大臣に新年宴会に招かる、手島精一、隈本有尚、中村精男、岡田良平、嘉納治五郎、岡五郎等と会見す」と書かれている。隈本は論争の激しかった三月三日に、哲次郎宅を訪問している。このような人々との面談や著述を通して、哲次郎は文部省の処分を強く支持していたことが分かる。

哲学館の関係者とはどのように接していたのだろうか。中島は六月一三日、七月一〇日、九月九日、一二月二一日に哲次郎宅を訪問している。第二回の世界旅行から七月二七日に帰国した円了は、八月一日に哲次郎宅を訪問し、一一月七日の哲学会で哲次郎と会見している。

哲学館事件のもう一人のキーパーソンは、試験に立ち会った文部省視学官・隈本有尚である。文部省へ問題を上申した人物でありながら、論争の渦中の明治三六(一九〇三)年三月に欧州に出張した(この出張命令は文部省が事件の核心をかくすねらいがあったからであると考えられよう)。隈本は、明治三八(一九〇五)年四月に長崎高等商業学校の初代校長に就任した。その後、「朝鮮総督府学務官吏」[38]となった(京城中学校の初代校長)。茅野は、中島と論敵であった隈本のその後を調査している[39]。それによれば、隈本が朝鮮から帰国して(明治末)東京に住んだ頃に、丁酉倫理会に入会している。中島は同会の倫理講演集の編集委員長であった。会員であった桑木厳翼は哲学館事件から一〇年ほど後に「同一の会員となったのは外部からは頗る異様に見えたであろう」と述べている。

久木幸男は、現在における哲学館事件の捉え方を明らかにしているので参照されたい[40]。

【註】

1　佐藤秀夫「哲学館事件と教育勅語改訂問題」(清水清明編『哲学館事件と倫理問題　正続』付録・みすず　リプリント18、平成元(一九八九)年、一―四頁)。

2　久木幸男「君主殺傷容認事件」(久木幸男『教育史の窓から』第一法規、平成二(一九九〇)年、六一―六二頁)。

3　小股憲明「教育勅語撤回風説事件と中島徳蔵」(『人文學報』、平成二(一九九〇)年、一四四―一六七頁)。

4　小股憲明『明治期における不敬事件の研究―一一一事例の概要と文献および明治期不敬事件史試論』大阪女子大学人間関係学科、平成七(一九九五)年、七三頁。

5　久木幸男「哲学館事件と清沢満之」(『サティア《あるがまま》』第六号、平成四(一九九二)年、三〇―三二頁)。

6　衞藤吉則『松本清張氏は、「哲学館事件」(『小説東京帝国大学』)に何をみたのか?』(第一回松本清張研究奨励事業研究報告書)北九州市立松本清張記念館、平成一二(二〇〇〇)年。

7　茅野良男「井上円了と哲学館事件」(『井上円了センター年報』第八号、平成一一(一九九九)年、二五―六八頁)。

8　佐藤秀夫「哲学館事件・新説」(『サティア《あるがまま》』第四七号、平成一四(二〇〇二)年、三四―三六頁)。

9　茅野良男「井上円了と東洋大学(その一)」(『井上円了センター年報』第一六号、平成一九(二〇〇七)年、三―二二頁)。

10　久木幸男「君主殺傷容認事件」、前掲書、六二頁。

11　小股憲明「教育勅語撤回風説事件と中島徳蔵」、前掲書、一四八頁。

12　同右、一四九頁。

13　佐藤秀夫「哲学館事件と教育勅語改訂問題」、前掲書、二―三頁。

14　小股憲明「教育勅語撤回風説事件と中島徳蔵」、前掲書、一五二頁

15　同右、一五二頁。

16 同右、一五四頁。

17 同右、一五三頁。

18 同右、一五六頁。

19 同右、一五六頁。

20 同右、一五八頁。

21 吉田熊次「国定修身書編纂の回顧」(『民主教育』第三巻第二号、昭和二三(一九四八)年二月、三八頁)。なお、中島徳蔵と吉田熊次はともに井上哲次郎の弟子であり、二人にはつぎのような関係があった(『中島徳蔵先生』中島徳蔵先生学徳顕彰会、昭和三七(一九六二)年、二四八—二四九頁)。

私は大学卒業当時文科ですから、就職はどうなるかと思つて就職をたのみに歩いて川柳さんの所に行くと、「文部省で中島君が修身書の編輯をしてゐるからきいてみろ。」とのことでしたので、私は中島先生の所に直接交渉に出かけまして、「私をどこかに推薦して頂きたい。」とたのんだら、卒業して直ぐ東洋大学に関係をもつやうになつたのです。明治三十三年頃のことなのですから、もう大分古い話です。学校は哲学館と云つて、場所は今の所にあつたやうです。その翌年故人が事業の都合で文部省の嘱託をおやめになることになつたので、そのあとに推薦して下さつた——私は小学校の教科書などわからんのですが、専門が専門なので、まあやつてみませうと故人のあと釜に坐つたわけで……

22 同右、一五九頁。

23 同右、一五九頁。

24 同右、一六〇頁。

25 同右、一六二頁。なお、小股は、中島の姿勢について、中島の教育勅語撤回事件が発生する二か月前に、中島の夫人が亡くなっていることを上げているし、文部省の指示によって反論を封じられたと判断している(同頁を参照)。

26 『百年史　年表・索引編』四〇頁。なお、小股は、明治期における不敬事件の研究—一一事例の概要と文献および明治期不敬事件史試論』前掲書、七三頁で、「中島徳蔵は翌三八年四月哲学館講師に復職し」と書いてあるが、明治三六(一九〇三)年八月の誤りである。

27 茅野良男「井上円了と東洋大学(その一)」、『井上円了センター年報』第一六号、平成一九(二〇〇七)年、九—一〇頁。

28 中島徳蔵の日記について、『中島徳蔵先生』(前掲書)の編集者は、つぎのように述べている(同書、三七八—三七九頁)。

大部を失ったとはいえ、とにかく明治、大正、昭和の三代に亙って残されていたということは、貴重な資料として幸いといわねばならない。その残っている明治の中で、はじめの幾冊かは殆んど空白で、三十七年の如きは、年間たった四、五日の記事しか見られないが、巻末の会計欄というのには、丁酉倫理会関係の精細な数字がギッシリ書きこまれている。毎日の記録のためよりも、巻末の収支表が重宝なので日記帳を求められたかに思われもする。しかし、だんだんに日々の記録が多くなり、大正五年ごろになると、断続ながら年頭から歳末までの記事が見られるようになり、それから後は、完全に日記の体形を整えている。

現在、井上円了研究センターに保管されている日記は、『中島徳蔵先生』の出版当時に参照した数より冊数が多い。明治時代は九冊、大正時代は七冊、昭和時代は八冊で、合わせて二四冊である。日記の他に、メモ手帳が一〇冊ある。中島の日記の書き方について、『中島徳蔵先生』の編集者は、その問題点と翻刻について、つぎのように述べている（三七九頁）。

長い年月にもかかわらず、日記の文体が一貫してかわっていない。ただ明治時代にはカタカナとひらがなの混用が目立つ。よって本書ではそれをカタカナだけに統一し、大正以後はひらがなに改めた。読みよくしたためである。句読点も編者がつけたものが多い。

今回、筆者は『中島徳蔵先生』の「日記抄」を引用したが、その際、旧字体は通行体に統一した。その他は『中島徳蔵先生』の編集方針に従った。

29 吉田熊次「国定修身書編纂の回顧」（『民主教育』第三巻第三号、昭和二三（一九四八）年四月、三九頁）。
30 茅野良男「井上円了と東洋大学（その一）」、前掲書、一三頁。
31 拙稿「「哲学館事件」文献年表」（『井上円了センター年報』第一七号、平成二〇（二〇〇八）年）。
32 榑松かほる「吉田熊次著作集　解説・吉田熊次略年譜」（『吉田熊次著作集』第七巻、学術出版会、平成一九（二〇〇七）年、七頁）。
33 井上哲次郎『巽軒日記―自明治三三年至明治三九年』東京大学史史料室、平成二四（二〇一二）年。
34 吉見俊哉「『巽軒日記―自明治三三年至明治三九年―』の刊行にあたって」、同右書。
35 大間敏行「「巽軒日記」について」、同右書。
36 『東洋大学人名録　役員・教職員　戦前編』東洋大学井上円了記念学術センター、平成八（一九九六）年、一三八頁。
37 哲次郎の人間性について、飯島宗享は「総合研究　井上円了の教育理念」の「基調報告」（『井上円了研究』第四号、昭和六一（一九八六）年、六五―六六頁）でつぎのように述べている。

哲学館事件についての井上哲次郎の文部省への「よからぬことである」という見解表明が、制裁措置に踏み切らせることになにがしかの意味をもった、という推測が許される裏付けが、広畑さんのご報告〔同号参照〕から得られたのではないかと思います……井上毅が……専門学校というのはやや高級な専門知識をもつということはあるけれども、自分自身が研究者として学問に従事する、従って学究としての自由を保証されるような場所でも人でもないんだと、そんなふうに話したということでしたが、この考え方がどうも井上哲次郎にもあったように私には思われるわけです。と申しますのも、これは逸話としてわれわれが古くから聞かされていることなんですが、世上、井上哲次郎と言えば体制派の人であって云々と、もっぱらそういう目で見られているけれども、東京帝国大学の講義の場所では、一再ならず、何人も証人がいるらしいのですが、「万世一系」などというのは実はうそっぱちで、なんども皇統は絶えているという事実がある、けれども、そのことは帝国大学の学生である君たちは知っていなけりゃならんが、これは外に行って言ってはならない、君たち指導者になるべき者たちは実際を知ってなきゃいかん、しかし「民は知らしむべからず、依らしむべし」であって、指導者は知ってなきゃならんし知る自由を持ってなきゃならんけれども、指導者でも研究者でもない者は一定範囲内でのさしさわりのない知り方にとどめておくべきだと、こんなふうに話していたそうです。このように井上哲次郎が帝国大学の内と外とで違うこと、逆のことを語るのを正当化する名分、すなわち支配者層を相手にする場合と被支配者層を相手にする場合とで知らせる内容を使い分けるのを正当化する名分、それを考えると、井上哲次郎という人は、公衆の前で「万世一系、皇統連綿」を唱道したがゆえに体制派であるよりは、この使い分けを正当化する名分を立てるところによりいっそう根本的に体制派とされねばならぬ人物だったと思われます。しかも、この使い分けは、円了にもあったという「裏表」とは違った形での、より危険で悪質なものとして今日われわれが考えなくてはならない問題じゃないかという気がいたします。哲次郎の「裏表」は権力の側から権力なき者に対してなされるものであり、円了のそれは権力なき者が権力に対してなすものといってよいと思われるからです。そして念のために付け加えると、こういう哲次郎のような使い分けの官僚的発想は、在野の人に終始した円了にはまったく無縁だったといえるでしょう。そういう井上哲次郎の考え方を背景においてみると、実質が専門学校で、大学でなく研究が任務でない哲学館のような場所では、このようなことは「良からぬことである」という彼の見解がいかにも彼らしいこととして頷ける、そんな気がいたしました。

38　佐藤秀夫「哲学館事件・新説」、前掲書、三六頁。同頁で佐藤は「隈本繁吉は同年〔明治三五年〕十二月以降発覚した教科書採択を巡る疑獄事件に連座し、服役の後、これまた植民地朝鮮の学務行政に携わった」ことを明らかにしている。

39　茅野良男「井上円了と東洋大学（その一）」、前掲書、一七—一八頁を参照。

40　久木幸男「哲学館事件と清沢満之」、前掲書、三〇—三二頁。

【補註一】

石田雄は、明治時代の二大思想事件として、内村鑑三の不敬事件と哲学館事件を挙げている（石田雄『明治政治思想史研究』未来社、昭和二九(一九五四)年）。

哲学館事件については、つぎのような特徴があったと述べている（同書、二四二—二四三頁）。

ここで注目すべきことは、「国体上大不都合」の判断が当初から文部省の官僚によって行われていることであり、しかも文部省の統制力が官立のみならず私立学校にまで及ぼされていることであり、しかもその内容としては神秘的な神道観や儒教的道徳思想からする反動ではなく、クロムウエル、伊庭想太郎等を問題として、抵抗権乃処《ママ》確信犯に関する点にまで触れようとしている点は興味がある。

このような傾向はその抑圧の形態と共に、当時において官僚的支配を中心とする「国家至上主義」の一つのあらわれとも言えよう。しかし同時に、官僚支配の強化は、その腐敗の深化をもたらし、前述の哲学館事件に関する新聞記事は最後に臨監の視学官一人が教科書事件で獄中にあることを報じている。この事件は周知のごとく、当時小学校教科書が文部省検定済のものの中各府県知事が採用することになっていた為、教科書会社が文部官僚や各県の知事、視学、校長に贈賄していたことが暴露し、これらのものが百余名検挙された事件である。ところがこのような腐敗を粛正するという名の下に国定教科書による教育内容の全国的画一化への方向が急激に進められ、官僚統制における腐敗がかえってその強化の手段に利用される結果を生んだのである。

【補註二】

円了の人間関係については、拙編「井上円了関係人名辞典」、『井上円了研究』第四号、昭和六一(一九八六)年、また書簡については、拙編「井上円了関係書簡集(その一)」、『井上円了研究』第五号、昭和六一(一九八六)年を参照されたい。

第一一節　大学引退の原因・再考

一　哲学館の発展

円了は明治三八(一九〇五)年一二月一三日の夜に、哲学館大学からの引退を決意した。その原因は円了が神経衰弱症に罹ったからである。筆者は『井上円了の教育理念―新しい建学の精神を求めて』を執筆した時、館主・井上円了が引退した問題を解明することに多くの時間を費やしたが、なぜ神経衰弱症に罹ったのか、その原因を明らかにすることはできなかった。本書では第三章第九節で、この引退の問題を取り上げて詳細を明らかにしたが、引退の真因である神経衰弱症に罹った原因を十分に明らかにしてはいない。ここでは、その病気の原因について再考したいと考えている。まず簡単に円了の哲学館時代を振り返りながら、この問題を取り上げよう。

円了は明治二〇(一八八七)年九月一六日に念願であった私立・哲学館を創立した。その後、明治二一(一八八八)年六月八日に、第一回の世界旅行に出発し、翌明治二二(一八八九)年六月二八日に帰国した。この第一回の世界旅行から得た知見をもとに、七月に「哲学館改良ノ目的ニ関シテ意見」を発表し、哲学館改良を進める考えを明らかにした。そして、八月一日に、その第一として駒込蓬莱町に新校舎建設に着手した。また同月に「哲学館将来ノ目的」を発表し、「日本主義の大学設立」を将来の目的にすることを明らかにした。ところが、九月一一日、暴風雨のために建築中の新校舎が倒壊するという災害に遭遇し、二〇日に再建工事に着手した。一一月一三日に哲学館移転式を挙行した。このようにして、哲学館の第一段階の発展は実現されたが、多くの負債を抱えることになった。

明治二三(一八九〇)年三月一〇日に、円了は文部大臣に無試験検定による卒業生の教員認定に関する第一回目の願書を提出した。九月に「哲学館ニ専門科ヲ設クル趣意」を発表し、普通科と専門科合わせて五年で卒業するという構想を明らかにした。負債の解消のため、また専門科開設の資金募集のため、一一月二日から勝海舟の支援を受けながら、円了は全国巡回講演に出発した。この全国巡講は明治二三(一八九〇)年から明治二六

（一八九三）年まで継続され、北は北海道から南は九州まで、円了は日本全国を一巡した。この全国巡講によって、円了は館主としての自覚を深め、また日本の実情を体験的に知ることができた。明治二七（一八九四）年に、八月から円了は「仏教哲学系統論」（学位論文）の作成に着手した。また同年に、文部大臣に教員無試験検定に関する第二回目の「御願」を提出した。明治二八（一八九五）年六月、「東洋学并図書館設立案」を発表した。九月、哲学館に予科と本科を置き、学部を教育学部と宗教学部とした。一一月、東洋大学科と東洋図書館建設予定地として、小石川区原町に校地三三〇〇坪を購入した。

明治二九（一八九六）年一月、円了は新年の演説で東洋大学と東洋図書館の設立を表明し、寄付を呼びかけた。同月、勝海舟の協力を得て、「哲学館東洋大学并東洋図書館新築費募集広告」を行った。三月から第二回全国巡講に出発した。六月、円了に文学博士の学位を授与された。だが、一二月一三日に、郁文館より出火、類焼により哲学館の校舎・寄宿舎が全焼した。同月二五日に、円了は「哲学館類焼ニ付天下ノ志士仁人ニ訴フ」を発表した。明治三〇（一八九七）年一月一〇日に漢学専修科を開講した。四月八日に仏教専修科を開講した。四月から小石川区原町に新校舎の建築に着工した。七月に哲学館の新校舎が落成した。八月二五日に明治天皇が哲学館へ三〇〇円を下賜した。この御下賜金を受けたことにより、円了は教育事業の発展を構想するようになったと考えられる。

明治三一（一八九八）年三月に、円了は「尋常中学校設立趣旨」を発表した。九月に「哲学館新築寄附金募集旨趣」を発表した。明治三二（一八九九）年二月二六日、円了は校長となり、京北尋常中学校を開校した。五月二〇日に文部大臣に「私立哲学館卒業生教員免許下付ニ付御願」を提出した。これに対し、七月一〇日に哲学館の教育部倫理科、漢文科甲種卒業生に中等学校の修身科、漢文科の教員無試験検定が許可された。九月、哲学館は教育部と哲学部とし、教育部を教育倫理科と漢文科の二科に分け、さらに漢学専修科を漢文科に合併し、また哲学部は仏教専修科を合併し、予科一年、本科三年とした。一〇月一三日に、教育部倫理科甲種卒業生の免許を受ける学科目を、倫理、修身および教育科と改めて追願した。一一月七日に、教育部倫理科甲種卒業生に教育科の無試験検定が許可された。一一月に講堂・図書館の新築工事に着手した。

二　哲学館の大改革

このように、円了は「風災」や「火災」に遭遇したにもかかわらず、哲学館を発展・拡張させてきた。明治三〇（一八九七）年の哲学館の移転、ならびに御下賜金を受けて、円了は教育事業を再構想したことと考えられる。明治三二（一八九九）年の京北中学校の創立はその第一段階であった。そして、さらに同年に教員無試験検定校となり、官立と同じ地位に立ったことにより、円了の構想は再発展したものと考えられる。円了は「京北中学校を併設せし以来、両校を別置するの急要を感じ、将来哲学館を郡部に移すの意見を起した[2]」と述べている。こうして、新たな校地を探しが始まった。「丹生屋隆道はある日、音羽の護国寺で蔵書を調べている時、井上円了から土地を捜しているので、護国寺住職高城義海に相談してみてほしいと依頼を受けたという。丹生屋隆道は護国寺住職と親しい間柄であった。住職高城義海は高田村の砂利場の根生院・那須宥高という高田馬場付近の土地に詳しい人を見つけ[3]」た。

哲学館は、明治三三（一九〇〇）年の二月に京北中学校に、五月に哲学館本科に徴兵猶予の特典を得た。これで無試験検定の「特典」と、合わせて二つの「特典」を得たことになった。このことが、円了をして哲学館の大改革という新たな教育事業の発展に向かわせたと考えられる。八月二四日、哲学館の講師・中島徳蔵が文部省修身教科書起草委員に任命された。明治三四（一九〇一）年一月に、円了は「哲学館拡張及京北中学校開設旨趣」を発表した（同月、建築費募集規則の内に「館主揮毫内規」を設けた）。三月に京北中学校の図書特別室および普通教室の一棟を新築した。五月三一日、中島徳蔵が文部省修身教科書起草委員を辞職し、哲学館に復職した。

明治三五（一九〇二）年一月に、円了は新校地を東京府下豊玉郡野方村の通称和田山の土地とし、一万四四四五坪の土地の契約を結んだ。第二回の全国巡講は明治二九（一八九六）年から続けられ、この年も行われた。四月一日に、円了は「哲学館大学部開設予告」を発表し、八月に和田山の大学予定地を購入した。一〇月一〇日に刊行された『通俗哲学講義録』で、講義録の発行を停止している。その理由はつぎのように述べられている[4]。

近年諸方にて類似の講義録を発行し又哲学新著の続々世に出づるありて本館講義録が昔日の位置を占むること能はざるに至れり是に於て本館は大に講義録の面目を一新し雑多の講義録中にありて卓然頭角を現さんと欲し其第一着手として欧米各国の講義録に就き精細の調査を為さんとす、されば其準備に多少の時日を要するを以て本年中に大改革を実行すること難し故に第十六年度（明治三五年一一月から明治三六年一〇月まで）は一年間新刊を中止し近来発行の講義録中より特に主要なる学科を択び旧刊残本を合綴して之に代用する

ここに、欧米各国にて調査とあるように、円了が第二回目の世界旅行を計画していたことが分かる。

このように、哲学館の大改革を推進し、そのために欧米各国で調査を計画していた円了は、教員無試験検定による第一回の

卒業生を送り出してから出発しようとしていたと考えられる。明治三五(一九〇二)年六月二五日から学年試験は行われた。無試験検定の対象となる学生の試験には文部省の視学官が立ち会った。漢文科は無事に行われたが、倫理科（第一科第三年甲種生）の四名の試験は文部省の指示により延期された。したがって、円了の出発も延期となったと考えられる。一〇月二五日から残された教育部第一科甲種卒業生試験が三一日まで行われた。この時、文部省の視学官・隈本有尚が一人の学生の答案を見て、担当講師の中島徳蔵にミュアヘッドの倫理学の教授について質問をした。その数日後にこの卒業生たちに教員検定試験免除の特典を与えないという風説が広まったのである。一一月七日、哲学館では四名の卒業式が行われた。同月一三日、円了は文部省の岡田良平総務長官を訪ね、哲学館に「不都合の廉」があるとする視学官報告に対して弁解を行った。その二日後の一五日に、円了は第二回の欧米教育事情視察旅行に出発したのである。それからおよそ一か月後の一二月一三日に文部省は哲学館の教員無試験検定校の認可を取り消した。いわゆる哲学館事件が発生した。

三　哲学館事件とその後の円了の対応

円了はインドで卒業生の河口慧海や大宮孝潤の案内で仏跡を巡拝し、明治三六(一九〇三)年一月二四日に、イギリスのロンドンに到着した。[5] それから一週間後の三〇日に、哲学館の無試験検定校の認可取り消しを知った。一月二六日に、中島徳蔵が「余が哲学館事件を世に問ふ理由」を脱稿し、各新聞に投稿して、日本では事件に関する情報が出回り、論戦が始まっていた。その時、すでに述べたように、ロンドンにいた円了は大学の後輩の文部省普通学務局長・沢柳政太郎から、文部省の内部事情、処分の真相、事件への対応策などを相談していた。そして、円了は二月一日に哲学館の幹事へ、つぎのような書簡を送っている。[6]

> 貴書一昨日領事館ニ於テ入手、認可取消ノ一件ハ実ニ意外ノ沙汰ニテ驚入候哲学館火災以後ノ大不幸ト言ヨリ外ナシ偖テ善後策ニ就テハ別ニ致方無之幸ニ沢柳氏在英ニ付昨日相談致候処其処置ノ当不当ハ差置キ一タビ省議トナリテ発表シタル以上ハ省ノ威信ヲ保ツ為ニ取消ハ勿論、即時ニ認可ヲ与フルコトハ出来難ク候然シ今後謹慎ノ態度ヲ取リテ一時ヲ経過シタル後ハ再ヒ認可ヲ願フコトモ出来得ベクトノ意見ニ候兎ニ角カ、ル始末ニ及ビタル以上ハ余リ軽挙ニ出ツルコトハ面白カラズ成ルベク慎重ノ態度ヲ取リ浮雲一過明月再輝ヲ待ツヲ得策トス故ニ生徒ナドモ余リ躁キ立テヌ様注意願度候

そして、具体的に四項目の指示を出しているが、その基本について、つぎのように書いている。[7]

以上善後策ニ付拙者ノ意見ハ括約シテ言ヘハ
一、表面ニハ精々恐縮謹慎ヲ表シ文部省ノ処罰ニ随順スルヲ要ス
一、裏面ニハ間接ニ先輩元勲ノ力ヲカリテ哲学館ニ寛大ノ処置ヲ施サル、様文部省当局者ニ内面ヨリ勧告セラル、方針ヲ取ルコト

この先輩元勲の中に「井上」とあり、井上哲次郎も入っていることが分かる。この時点では、哲次郎が文部省の擁護に当たっていたと知らなかったのであろう。

二月八日の湯本武比古他九名宛ての書簡で、円了は事件の位置づけ、欧米教育事情の調査について、つぎのように書いている。[8]

学校ノ迷惑ハ兎モ角モ生徒ノ迷惑ハ実ニ其儘ニ見捨難ク之ヲ救済スルハ認可復活ノ外ニ道ナシト存候間色々ノ先輩ニ依頼シ文部当路者ニ説込様ニ御尽力願度候拙者モ此事ヲ聞キシ以来一日モ早ク帰国致度存シ候ヘ共再考スレハ節角遠路万里ノ外ニ来リ何等ノ視察モ取調モセズニ空ク帰国スルハ学校及生徒ニ対シテハ勿論、国家ニ対シテモ面目ヲ失スル次第ニ付予定通リ諸方ニ滞在シテ帰国致心得ニ候唯今竜動ニ滞在致居候モ余リ雑沓ヲ極メ候ニ付次週ヨリ英国北部山間ノ田舎ニ相潜ミ風俗習慣ヲ始メ教育上ノ事共取調ニ着手致心得ニ候

しかし、円了は二月二二日に哲学館の幹事に宛てた書簡では、つぎのように書いている。[9]

先便ノ後モ両三度沢柳氏ニ面会シ色々懇話ヲ遂ケ候処取消一条ニ運ヒタル内情ハ明カニ相なリ申候決シテ御予想ノ如キ湯本氏云云ノ事ハ全ク関係無之候ツマリ学校ノ不運ト明キラメルヨリ外無之候尚ホ進テ復活ノ事モ請求候処帰着スル所沢柳氏ノ話ハ
「自分一個ハ此取消問題ニハ大不賛成ニ候ヘハ出来得ル限リ復活スル様尽力スル精神ナレトモ既ニ発表シタル以上ハ文部省ノ威信上直チニ取消ス運ニハ至リ難ク尤モ一ケ年モ経過スレハ容易ク復活ハ出来ルニ相違ナキモ半年以内ニハ覚束ナキ様ニ相考候縦令復活シテモ法令ノ規定アル以上ハ更ニ泝リテ現在生ニ其功力ヲ及ホスコトハ出来難キ様ニ相考候此威信問題ト法令問題トハ自分ノ力ニテ如何トモ難致トノコトニ候

こうして、卒業生の救済ができないと判断した円了は、方針

を転換したことをつぎのように書いている。[10]

愈現在生徒ヲ復活スル道無之トスレハ人情上実ニ憫然ニ堪エヌ次第ナレトモ致方無之其事情ヲ生徒ニ通シテ更ニ方向ヲ定メシムルヨリ外無之候又愈一年以上ヲ経サレハ認可ノ運ヒニ至リ難キ様ナラハ更ニ一考ヲ要スル次第ニテ断然文部省ノ関係ヲ離レ自立ノ精神ニテ一大拡張ヲ計画スルヨリ外無之候右ニ付テハ大ニ熟考ヲ要スル次第ニ付欧米ノ教育ヲ実地調査ノ上一大方針ヲ定メ度存候

このように、円了は、二月一日の書簡では哲学館の謹慎から再出願へと指示したが、三週間後の二二日の書簡では方針を転換して「文部省ノ関係ヲ離レ」ること、すなわち再出願をしないことを決意している。この方針転換が後に円了の引退の原因になるが、なぜこのような転換にいたったのか、それは分からない。すでに日本国内では、一月二八日の中島徳蔵の新聞への投稿が行われ、処分を下した文部省擁護派との論争が展開されるようになっていた。当時の通信手段はどこまで発展していたのか、方針転換の理由の詳細には分からない。はっきりしていることは、円了が「現在生徒ヲ復活スル道無之トスレハ人情上実ニ憫然ニ堪エヌ」と考えていたことである。

円了の第二回目の欧米教育事情の旅は、哲学館事件によって新たな問題を抱えながら進められた。その報告は哲学館の機関誌『東洋哲学』に「西航日録」として、順次掲載されたが、事件を知った円了は二月のところで、つぎのように書いている。[11]

これよりさき、すなわち去月三十日、東京より飛報あり。曰く、十二月十三日、官報をもって文部省より、本館倫理科講師所用の教科書に関し、教授上不注意のかどありとて、教員認可取り消しの厳命あり云云。余これを聞き、国字をもって所感をつづる。

今朝の雪畑を荒らすと思ふなよ生ひ立つ麦の根固めとなる
苦にするな荒しの後に日和あり
火に焼かれ風にたをされ又人に伐《き》られてもなほ枯れぬ若桐
伐ればなほ太く生ひ立つ桐林。

そして、二月一二日からリーズ市の郊外のヨークシャー州バルレー村に一か月滞在して、英国社会の実情・構造を調査した。やはり哲学館の将来のことが頭から離れなかったのであろう。バルレー村からアイルランドへ向かった三月一二日の船中で、つぎのように日録に書いている。[12]

船中にありて過般の哲学館事件を想起し、感慨のあまり、左の七絶をつづる。

講堂一夜為風頽、再築功成復化灰、遺恨禍源猶未尽、天災漸去又人災。

〔講堂は一夜にして風のために倒壊し、再び築いて竣功したとたんに、またしても火災にあって灰となった。忘れられぬ恨みをいだくも、禍の源はなお尽きず、天災がようやく去ったかと思ったのであるが、またしても人災（哲学館事件）が起こったのだ。〕

余おもうに今回のことたるや、人災と名づくべきものならんか。果たしてしかりとせば、風災、火災、人災の三災に逢遇せりといわざるを得ず。

そして、五月一七日にスイスより「学館拡張策」を幹事宛ての書簡で、つぎのように明らかにしている。[13]

過日書面にて来ル九月より学館拡張の旨趣申送り候右ハ既に御承知ト存シ候へ共、万一、郵便不着の恐あれは更に左に

一、本年九月より漸次に大学科開設に着手すること

一、従来の本科を大学科中に入れ哲学館学科を予科及大学科の二部とすること

一、大学科は修業年限を五ケ年とし当分は三ケ年の課程に止め漸次資金の予定額（二十万円乃至三十万円）に達するを待ち五ケ年の課程を置くこと

一、五ケ年中初三ケ年は大学科中の普通科とし後の二ケ年は大学科中の専門科とすること

一、従来の学科を大学科とする上は大に学科の改正を要するも漸次に改正する方針を取ること

一、名称改正は其筋の認可を経る等多少の手続を要するに付以上の諸件は九月以後拡張の予告として発表すること

右は大試験後、生徒の帰省せさる前に掲示相願且つ試験後に大懇親会有之候ハ、其席にても披露有之度候

六月一二日、円了はヨーロッパを離れた。アメリカを経て、日本に帰国したのは七月二七日であった。

四　引退への経過

円了が帰国したのは、明治三六（一九〇三）年七月であった。それから二年半後の明治三九（一九〇六）年一月に正式に哲学館大学・京北中学校からの引退を表明している。二月に円了自ら「退隠の理由」を発表している。その冒頭でつぎのように述べている。[14]

今回、余が突然哲学館大学長及び京北中学校長を辞し、両

校全部を挙げて他人に譲与したる件に就きては、世間に種々の推想臆説をなすものあり、随て浮説流言を放つものもある趣なれば、此に腹蔵なく其顛末を開陳して、両校関係の諸君に告げ併せて世人の疑を解きたいと思ひます

引退の理由について、円了は四項目を挙げているが、その第一の理由が主たるものである。ここに「神経衰弱症」に罹った経過がつぎのように明らかにされている。[15]

退隠の理由の第一は、余が脳病の為に劇務に当ることの出来ぬ事である、其脳病は神経衰弱にして、其兆候は一昨年の夏期頃より起りたる様に感じて居る、其当時半日仕事をすれば半日眠息を要し、昼間僅に業務に当れば夜間大に疲労を覚ゆる有様でありました、其時考ふるに、余の最も身心を労せしは哲学館の経営なりしが、今後斯る健康の状態にては、到底独力にて経営を継続すること難ければ、一身上善後策を講じなければならぬと思ひ、更に回想するに、哲学館創立の初志は、広く世間の人に、哲学の何物たるを知らしめんとするにありて、其目的は今日既に達し得たりと思へば、学校組織を解散して、講習会組織に変成するに如かずと考へ、其内意を二三の人に謀りたることありしも、誰も之に同意するものなければ、自ら継続の止むを得ざるものと決心し、其後健康の方も格別の異状も見えざれば、戦争の終局を待ちて一大発展を計るの準備をなすことに定めました、然るに、昨年四五月頃より再び精神の疲労の甚しきを覚え、徒然として日を送ること多く、時としては悲観に流れ、何事も意に適せざる様に感じたれば、医師の診察を乞ひ、其時始めて神経衰弱症なることを知ると同時に、哲学館大学長及び京北中学校長は、然るべき人に譲与して、自ら退隠せんとの志を起しました、兎に角、暑中休暇も近きにあれば、休暇中旅行して休養せんと思ひ立ち、七月中旬より熱海に入浴し、尋て東海道山陽道を経て九州に入り、各所の講習会に出席したるに、気分大に爽快を覚え、毫も病中にあるの思をなさず、九月に入り東京に帰りたる後も、殆んど全治の心地にて、精神の状態昔日に変ることなき様なれば、学校は今より一段の拡張を計りたる後、之を他人に譲与せんと決し、其前に小学校を設置し自ら小学校長となり、之と同時に哲学館大学と京北中学校の方を退隠せんと思ひ、近く一二年の間に此理想を実現せんことを窃かに予期して居りました、然るに十一月頃より又々神経衰弱の兆候を起し、兎角悲観に沈む傾向あり、就中、学校の俗務を厭ふの念、日一日より甚しかりしが、十二月に入り、庭前にて卒倒せんとしたること前後二回に及び、家族の者も大に掛念して万一の事あらんを恐れ、切に静養を勧むるなどありて、其結果小学校を附設するを待たず、昨年十二月限り両

校全部を挙げて他人に譲り、自ら退隠することに決心し、突然今回の更迭を見るに至りたる次第であります、其事たるや余り不意に起りたる様なれども、余の心中にては兼て期する所にして、唯病気の為に予定より一二年早かりしまでゞある、是れが退隠せし第一の理由なりと御承知あらんことを願ひます

この文章によれば、病気の兆候があったのは明治三七（一九〇四）年夏頃であるという。帰国からこの時までの円了の事績を追ってみよう。明治三六（一九〇三）年八月二七日、円了は大学開設の願書を文部大臣に提出した。すでに同年三月に専門学校令が公布されていたので、一〇月一日にその認可を受け、私立哲学館大学と改称した。九月五日には「広く同窓諸子に告ぐ」を発表し、哲学館を「独立自活の精神で純然たる私立学校」にするという今後の方針を明らかにした。また一〇月に、円了は修身教会を全国に普及するために「内務大臣及文部大臣両閣下ニ上ル書」を『修身教会設立旨趣』に掲載して呈書した。この修身教会の設立について、円了の問題意識はつぎのようなものであった。[16]

以上欧米巡見をおわり、一言もってその所感を結ばんとす。日本は東洋の一強国として世界に知られたるも、その強さたるや虚強にして実強にあらず。これをインド、シナに比するに、嶄然頭角をあらわすところあるも、これを欧米に較するに、なおはるかにその後に瞠若せざるを得ず。かつそれ日本人の気質たるや、小国的にして大国的にあらず、一時に急激なるも、永く堅忍するあたわず、小事に拘泥して全局をみるの識見に乏し。人を品評し褒貶するに巧みなるも、自ら進取し実行するの勇を欠く。幸いに戦いに臨みて死を顧みざるの士気あるも、退きて国本を養成するの実力なし。これ決して将来、東洋に覇たる資格を有するものにあらず。ゆえに今後の青年は、奮然としてたち、この欠点を補いて、大いになすところなかるべからず。しかるに今日の学生をみるに、果たしてよくこの任に堪うるやいなやは、余が危ぶむところなり。

ああ、日本にしてもしその望みなしとすれば、東洋はついに碧眼紅毛の餌食となりておわらんのみ。あに残念の至りならずや。余、いささかここに思うところありて、日本人の気象を一変し、日本国の気風を一新するは、ひとり学校教育の力の及ぶところにあらず、必ずや学校以外に国民教育の方法を講ぜざるを得ざるを知り、帰朝早々、修身教会設立の旨趣を発表するに至る。

この修身教会の設立を大臣に伝えた明治三六（一九〇三）年一〇月に、円了は和田山の新校地で哲学堂〔四聖堂〕の建設工

事を開始している。一一月一五日に、円了は「遺言予告」を発表し、一二月に刊行された『円了漫録』に掲載した。本書の第五章で全文を掲載するが、その事項の中に、「学校（哲学館及京北中学校）と井上家とはもとより別ものにして」「井上家の子孫をして之〔学校〕を相続せしめ、又之に関係せしむる道理なく又必要なし」とし、評議員に全権を委任することとあり、また「今回新たに着手せる修身教会の事業は哲学館に附帯せるもの」であることが書かれていた。

なぜ、円了はこの時期に公開遺言状を書かねばならなかったのか。「退隠の理由」の第二には、つぎのように述べている。[17]

> 是れまで余が独力にて経営せる為に、世間往々之を永く余の私有物として子孫に伝ふるもの、如く想像する人もあり、或は一宗一派の学校〔校〕なるが如く臆測するものもありて、種々の非難を招きしも、是れ皆余の本意を誤解せるより起りたるものである。

このように、世間の誤解を解くために、新たな方針で事業（哲学館の大改革）を始めるにあたり、公開遺言状を書いたのであろう。修身教会の事業は学校以外の社会運動であったから、これに対する誤解を招くことも予想していたのであろうか。見方によれば、円了がこの頃から神経質になっていたとも考えられる。

円了は明治三七（一九〇四）年一月一日に発行された『東洋哲学』において、日本の官僚のあり方について批判した。おそらく、哲学館事件の発生の原因が文部省の官僚にあることを明確にしておきたかったのではないだろうか。[18]

> 若し日本人一般の気風を見る時は士族的なり役人的なり、換言すれば徒食的なり不生産的なり非実業的なり、近来世間の所謂壮士の如きも此余弊に外ならず、是れ其肺病国をなす所以なり、故に今其病根を絶たんと欲せば、必ず先づ此士族的役人的気風を改変せざるべからず、古来我邦は人民を士農工商の四級に分ち、士を以て第一位に置き、農工商を下位に置き、農工商をして皆士たることを羨み且つ望ましめたる余弊は、維新以後の今日に至るも尚ほ未だ止まず、朝にあると野にあるとを問はず、一として士心吏行ならざるなく、一日役人の味を占むれば三年の久き忘るること能はざる勢にて、工も士族的なれば商も役人風なり、諺に士族の商法の中《あた》ることなしと云へる如く、我邦の商業の振はずして失敗多きは其士族的なるに由るや明かなり、果して然らば士族的若くは役人風の三字はよく日本人一般の気風を表詮して尽くせりと言ふべし

余は不肖と雖も些か此に観る所ありて独力にて私立学校を起し、拮据経営十有七年の久きに及び、其功未だ挙らずと雖も、一歩一休、寸退尺進、遅々徐行して今日に至る、而して其期する所は十年一日の如く、毫も昔日の素志を変せずと雖も、其進路は往々世間の役人根性の為に遮塞せられ、目的地に体達するは日尚ほ遠し、唯余が誓ふ所は斃而後已の精神を以て之に従事せんとするにあり、回顧すれば昨冬一大人災の余が学館の上に落ち来り、幾多の学生をして其方向に迷はしめたるは、或は言ふ役人病の余毒なりと、余其果して然るや否を知らずと雖も、我邦諸般の進歩発達は直接に或は間接に役人根性の為に妨げらるゝことは事実なり、就中私立学校の発達を害するに於て殊に甚しとす、然れども私立学校なるものは百難の中に立ちて、よく此病毒を除き時弊を正し、以て其期する所の理想を実現せざるべからず、而して其学校に学ぶものは一歩は一歩より一年は一年より、役人の根性を脱し、独立の精神を養ひ、之と同時に自ら修むる所の学問をして役人的ならざらしめざるべからず

翌明治三七(一九〇四)年一月、「此ニ各府県町村長及小学校長ニ一書ヲ呈シテ懇願スル所ヲ開陳ス」の文書と共に『修身教会設立旨趣』を各府県市町村に呈書した。二月一一日に、その運動のために『修身教会雑誌』を創刊した。同日、日本はロシアに宣戦布告して日露戦争が開始された。四月一日に私立哲学館大学の開校式が挙行され、また同日に和田山の新校地に哲学堂(四聖堂)が完成した。ところが、この年の前後に哲学館の学生数が激減していた。それはつぎのように分析されている。[19]

大学運営を支える財政面において、寄附金の他に、もう一つ重要な財源の柱となるものが入学および在学する学生からの受験料、授業料(月謝)による収入である。この点に関しても、明治三七(一九〇四)年前後の私立哲学館は、学生数が激減し、新たに私立哲学館大学として出発した後も、この事情は通学生、通信生ともに変わることがなかった。このことは、高等専門教育機関としての教育活動の不振を意味するばかりではなく、当然大学運営における財政上の悪化をも意味するものであった。

なぜ、学生数激減という事態にいたったのか。その主な原因として、学長井上円了は、㈠一般時局の影響(日露戦争による経済的影響)、㈡(仏教の)各種学林の整備、㈢教員無試験検定特典の取消の三点を挙げている。

円了はこの夏に「神経衰弱症」の兆候を感じるようになった。すでに述べたように、身心ともに深刻な体調不良に陥ったのである。もともと円了には哲学館に次いで京北中学校を設立した

時からの「理想の学園」を求める構想があったと、京北中学校長の湯本武比古はつぎのように述べている[20]。

独り中学校のみならず、行く〳〵は幼稚園も小学校も設立して、以て幼稚園、小学校、中学校及び専門学校（即ち哲学館）と幼児の保育から、専門の教育まで、一通りの教育を施す総べての機関を揃へて見やうといふ大計画が、名誉校長〔円了〕の心中に画かれたので、茲に先づ京北中学校を設立されることに決せられたのである。

その計画を具体化しようとして、円了は湯本と共に小学校の校地を捜したと、つぎのように述べている[21]。

されば京北中学校の設立後、生徒が第一学年から、第五学年まで悉く備はつた頃、更に小学校の計画に着手せんとして、敷地を方々に求められ、余は名誉校長と共に、小石川区及び本郷最寄で、二三箇所ばかり見分したものである、其の候補地の一であつた、小石川区丸山町亀井伯邸の隣地などは、両度まで見に行つたことがある。併し当時は、今の京北中学校でさへ、市の片隅であつて、生徒を得るには困難とせられた程であるから、丸山町では、更に〳〵に片隅に寄つて居るから、此に小学校を設けても、小学児童を得るには、思はしかるまいなど、相談したこともあつた。斯くて一時は小学校設立地の詮議も中止された

この校地探しの時期は、明治三五（一九〇二）年か、あるいは明治三六（一九〇三）年である。円了が哲学館の大改革のために、和田山に新校地を求めた時期とも重なると考えられる。はやり哲学館の無試験検定校としての特典があって、円了の心の中には具体的な大学構想が描かれていたのであろう。しかし、この特典を失って、哲学館、京北中学校、小学校、幼稚園という総合学園を樹立する計画に狂いが生じたのであろう。明治三七（一九〇四）年夏に「神経衰弱症」の兆候に襲われるようになった。命がけで哲学館を発展させてきた円了にとって、この体調不良は大きなショックであったと考えられる。その大きな原因は、哲学館事件により、文部省から「危険な思想を教える学校」という汚名をきせられたことにあったと考えられる。そこで円了は、哲学館の学校組織を解散し、講習会組織に変成しようとしたが、内々に相談した関係者に反対され、日露戦争の終局をまって一大発展を計る準備をすることに決心したという。

五　「退隠の暗潮」からの脱出

しかし、同年一〇月から一二月にかけて、円了の哲学館大学

の運営方針に反対する行動が内部から起こってきた。無試験検定の再出願を求める講師、同窓会、無試験検定不合格者の運動であった。これと共に、同窓会の根本的改革をもとめる「哲学館大学革新事件」が起こってしまう。円了の側近である同窓会の幹部を問題とし、これに反対して「同志会」が結成されたのである。円了は先に紹介した「退隠の理由」では、この反対運動や内部混乱については一切触れていない。

　円了は「哲学館は予が独力経営になれるものにして決して他の干渉を容るさず」[22]という態度であった。確かに円了は哲学館の創立から発展までに取り組み、この時点でおよそ二〇年の体験があった。理想の学校を求めてここまで来たという信念があったのであろう。息子の玄一は、「元来彼（円了）は日本人には珍しい程胆汁質で神経質なところは微塵もなく、意志が強くて自己の信じる道を黙々と実行して行く」[23]人間であったという。しかし、哲学館大学の関係者から無試験検定の再申請を請願され、内部組織が混乱して、円了は同年一二月に新聞記者をしていた知人に対して、大学関係の記事の掲載を行わないように手紙で依頼するほどで、その知人も「あの大雅量の人も、神経を痛められたものらしい」[24]と感じていた。

　温厚な人柄といわれた円了の内面には、「信念の人」とも呼ばれる深くて熱い「愛」があったと考えられる。仏教でいう「愛」には二面があり、楽を与えるものに対してはこれを愛し求めようとする熱望を生じ、その反対に、苦痛を受けるものに対しては憎しみを避けようという強い欲求を生じるという。円了の哲学館や理想の教育体制を愛するものは「執着」となっていた。煩悩の術語としての「執着」は「愛」あるいは「貪」に近いことを意味する。その囚われと迷いが日々に身心を蝕んで行ったのであろう。円了は哲学館事件以来の苦難の日々の中で、中島徳蔵がいうとおり、「功智」を尽くして考え抜いたが、そのことが迷いをさらに深めることになったと考えられる。

　円了は哲学館大学の関係者の無試験検定の再申請に対して、「学館の義理」を守るとして申請することに頑として応じなかった。そういう姿勢であったから、明治三八（一九〇五）年一月に、念願の私立京北幼稚園の新設を決定し、三月に「京北幼稚園設立旨趣」を発表し、五月三日に私立京北幼稚園の開園式を挙行した。しかしこの四月・五月に発病した。初めて医者の診断を仰ぎ、「神経衰弱症」と告げられた。中島徳蔵の日記によれば、三月一二日に、哲学館評議員会が開催され、文部省の決議を受けて、無試験検定資格の問題を討議し、中島が井上哲次郎に頼んで、文部省検定委員会の山川委員長と文部大臣に陳情することが決定されたが、三月一七日に哲次郎から不可能という回答があり、中島は円了にそのことを伝えている。

　夏休みに入って、円了は全国巡講に出かけている。その記録の冒頭につぎのように書いている[25]。「明治三十八年七月。余、微恙〔軽い病気〕ありて閑地に静養を試みんと欲し、十六日をもって京華を辞し、豆州熱海の温泉に浴す。滞留、週余に及ぶ。」。その後、山口・佐賀・長崎などを巡講した。これによって一時的に回復したようであるが、一一月から再び神経衰弱症の症状が出てくる。湯本武比古は円了の小学校設立について、つぎのように述べている。[26]

小学校の設立経営は之を見合はせることにしようといふことに決せられ、随つて幼稚園を建てた後に、其の敷地の大部分を貸地となし、又其の敷地の一部に、自宅をも建てられたのである。

結局、円了は自らの構想を断念せざるを得なかったのである。病気に罹り、哲学館大学の内部問題を抱えていた円了にとって、問題となっていた事項は二つあったと考えられる。一つは和田山への哲学館大学の移転の問題である。すでに述べたように、いわゆる郡部の新校地を取得したのは、無試験検定校の特典があったからであろう。場所が郊外であっても、特典によって入学生が集まり、そして、一万四〇〇〇坪に理想的なキャンパス構想が実現できると、円了は考えていたのであろう。しかし、大学長としての円了には「独立自活の精神で純然たる私立学校」とする方針であったから、特典の申請に関しては拒絶する以外になかった。そのため、移転問題は宙に浮いた状態だった。理想として求めていたものを断念する以外に道はなかったが、円了は「哲学館への愛」、「理想を求める愛」を断ち切れない日々が続いたのである。

もう一つは、修身教会運動の問題である。同年九月にポーツマス条約は調印され、日露戦争は終局に向かっていた。愛弟子の高嶋米峰はこの間の運動の状況について、つぎのように述べている。[27]

明治三十七年に、修身教会といふを設立し、全国に支部を設けて、修身教会網を張り廻らし、これに依つて、社会教化の実績を挙げ、以て護国の志を達しようと、考へられたのでありまして、その計画の周到なると、その規模の雄大なることには、私共、実に敬服もし驚嘆もしたのでありましたが、その発会式を挙げるといふ、明治三十七年二月十一日の紀元節、この日に、露西亜に対する宣戦の詔勅が降りまして、日露戦争の幕が切つて落されることになりましたゝめに、先生のこの素晴しい精神運動は、先生が期待して居られたほどの、功果を収めることの出来なかつた

修身教会運動は哲学館大学に付帯させたものであるが、大学関係者はどのように見ていたのだろうか。円了は新しい理想の

国家建設を求めて始めた運動であろうが、高嶋のいうように、十分に社会に浸透していなかった。すでに述べたように、その趣意書は、上は大臣から下は市町村長・小学校長までと、全国的に配付されていた。著名人であった円了は、この修身教会運動を過去の倫理問題の論争などから見て、そのままに放置することはできなかったであろう。

　このように見ると、哲学館事件以来、円了が新たに事業として取り組んだことは、数種類に及ぶが、それらは着手の段階ばかりで、一つの体系へと進んでいなかったと考えられる。円了は「学校の俗務を厭ふの念、日一日より甚しかりし」という苦悩の日々を過ごさねばならなかったが、内面では哲学館大学をはじめとする教育事業から離れる決断ができずにいた。そして、一二月に入ると、自宅の庭で卒倒しかけたことも二回ほど起きるような最悪の状態に陥った。家族が万一のことを恐れたのは当然のことであろう。一二月一三日に例年通り哲学館大学記念会が上野の精養軒で開催された。演説に立ったのは、恩師の石黒忠悳と若き時代に厚遇をうけた大内青巒であった。この演説とその後について、円了はつぎのように述べている[28]。

> 演説が大に余が心頭に感動を与へ、帰宅後百感一時に湧き出し、終夜眠ること出来ず、或は往事を追懐し、或は将来を予想し、人生の何たる、死後の如何までを、想し去り、想し来り、感慨極りなき有様でありました

　このように、石黒忠悳と大内青巒の演説をきっかけにして、円了の内面は汚泥のようなものから清純なものへと変化した。円了のいう「退隠の暗潮」から脱出できたのである。二週間後の一二月二九日に、円了は哲学館大学と京北中学校から引退の契約を結んだ。

　卒業生の新田神量によれば、「先生は自分は年五十をすぎて運命に順応することにしたとおっしゃるので、私はそれでは絶対他力主義ですかともうしあげると、親鸞聖人は偉い、自分は何処にいても祖師（親鸞）のご命日には謹慎して偉徳を敬慕しているともうされました[29]」。「運命への順応」とは何か。それは円了が真宗でいう「回心」を体験し、親鸞のいう「自然法爾」を自覚したことを指すと考えられる。明治三九（一九〇六）年の引退から、円了は全国巡講を行い、哲学堂の拡張に取り組み、一三年後に亡くなったのである。

【註】

1　高木宏夫・三浦節夫『井上円了の教育理念―新しい建学の精神を求めて』東洋大学、昭和六二（一九八七）年。

2　井上円了『哲学堂案内』財団法人哲学堂事務所、大正一五（一九二六）年、初版大正四（一九一五）年、はしがき。

3 『百年史　通史編Ⅰ』、六七五―六七六頁。
4 『通俗哲学講義録』第一三冊（第四五・四六号）、明治三六（一九〇三）年一〇月。
5 井上円了『西航日録』明治三七（一九〇四）年（『選集』第二三巻、一八六頁）。
6 『百年史　資料編Ⅰ・上』、五四頁。
7 『百年史　資料編Ⅰ・上』、五五頁。
8 『百年史　資料編Ⅰ・上』、五六頁。
9 『百年史　資料編Ⅰ・上』、五六頁
10 『百年史　資料編Ⅰ・上』、五七頁
11 井上円了『西航日録』、前掲書、一八八―一八九頁。
12 同右、一九三―一九四頁。
13 『百年史　資料編Ⅰ・上』、五七―五八頁
14 井上円了「退隠の理由」（『百年史　資料編Ⅰ・下』、二〇八頁）。
15 同右、二〇九頁。
16 井上円了『西航日録』、前掲書、二三四―二三五頁。
17 井上円了「退隠の理由」、前掲書、二一一頁。
18 井上円了「新年を迎ふるの辞」（『東洋哲学』第一一巻第一号、明治三七（一九〇四）年一月、一―四頁）。
19 『百年史　通史編Ⅰ』、五九三頁。
20 湯本武比古「嗚呼井上名誉校長」（『故井上円了先生』京北中学校友会・京北実業学校同窓会、大正八（一九一九）年、一―二頁）。
21 同右、二頁。
22 『哲学館大学革新交渉顛末』、明治三七（一九〇四）年一二月。
23 井上玄一『哲学堂案内』哲学堂宣揚会、昭和四三（一九六八）年、三四頁。
24 亀谷聖馨「井上円了博士を憶ふ」（『井上円了先生』東洋大学校友会、大正八（一九一九）年、一九〇頁）。
25 井上円了「関西紀行」明治三八（一九〇五）年九月（『選集』第一二巻、一七〇―一七一頁）。
26 湯本武比古「嗚呼井上名誉校長」、前掲書、二頁。
27 高島米峰『随筆　人』大東出版社、昭和一四（一九三九）年、一五頁。
28 井上円了「退隠の理由」、前掲書、二一〇頁。
29 新田神量「井上円了先生御臨終記」（『サティア・《あるがまま》』第二一号、平成八（一九九六）年、三二頁）。

【補注】

　井上哲次郎の『巽軒日記』には円了の引退に関する記載がある。明治三八（一九〇五）年一月二七日に「「哲学館大学革新交渉顛末」を読む」とあり、二月七日に「中島徳蔵、井上円了来訪す」と円了が対応したことと考えられる。またその二週間後の二〇日に、哲次郎は「書状を井上円了に送る」と書いている。四月一日に「哲学館大学及び京北中学校の卒業式に赴き、生徒の為に演説す」と書いている。
　六月二九日には「夜、哲学館の相談会に富士見軒に赴く」として、哲学館大学の内部問題の相談に乗っていたと考えられる。結局、円了は一二月一三日に引退を決断し、二八日に新学長となる前田慧雲との間で事務引き継ぎを行ったが、その二日前の二六日に、円了は哲次郎宅を訪問している（『巽軒日記―自明治三三年至明治三九年』東京大学史史料室、平成一五（二〇〇三）年）。

第四章

全国巡講時代

第一節　全国巡講

一　全国巡講の概要

(一) 円了の生涯における巡講の位置

井上の生涯の後半生を費やして展開されたのが、のべ二七年間に及ぶ全国巡講である。このように、全国巡講は円了を物語る上で欠くことができない重要な側面でありながら、これまでほとんど注目されてこなかった。

明治中期から活躍した円了は、哲学、仏教、妖怪学などを主とする研究者・著述家として、また現在の東洋大学の起源である哲学館の創立者として、そして現在の東京都中野区にある哲学堂公園の創立者としてと、大きく分けて三つの面から歴史的社会的に知られているが、円了が「名も知られない片田舎の寺に生れ、取り立て丶云ふ程の背景もなく、全く徒手空拳、而も一代にして永く後世に伝ふべき幾多の大事業を計画され、能く其の成果を収めることを得た[1]」のは、各地に自ら赴くという形で巡回講演を行い、それに対して、全国の広範な大衆が支持と寄付を寄せたからであった。

円了がこの歴史的な全国巡講を始めたのは三二歳の時である。明治一八(一八八五)年に東京大学文学部哲学科を卒業した円了は、ほぼ二年後の二〇(一八八七)年九月に哲学館を創立した。それから三年後に全国巡講に着手したのであるが、その第一日目は明治二三(一八九〇)年一一月二日である。以後、哲学館の時代に一時的休止の年はあったが、巡講は基本的には継続された。そして、大正八(一九一九)年六月五日、円了は中国の大連において満州仏教青年会主催の講演中に、会場の大連幼稚園で脳溢血でたおれ、翌六日に死去するが、巡講はその最期まで続けられたのである。

(二) その期間と規模

この全国巡講には前期と後期がある。表1のように、延べ二七年間の巡講を二期に分けているのは、明治三九(一九〇六)年の円了の哲学館大学からの引退であるが、そのことによって、前期は哲学館との関係で、後期は修身教会運動・哲学堂との関係でと、その目的は相違している。したがって、二七年間は、前期は明治二三(一八九〇)年から明治三八(一九〇五)年まで、後期は明治三九(一九〇六)年から大正八(一九一九)年までと分けられる。また、このことは円了が巡講の記録のタイトルを、前期は「館主巡回日記」と呼び、後期の当初は「紀行」といい、大正と改元されてからは「巡講日誌」と改めたことから

表1　年別巡講の日程・日数

年	年齢	巡　講　日　程	日数
明治 23	32 歳	11.2 ～ 12.15	44
24	33 歳	1.31 ～ 4.1　5.11 ～ 6.19　7.17 ～ 9.6	153
25	34 歳	1.21 ～ 3.6　4.5 ～ 4.9　4.20 ～ 6.2　7.19 ～ 9.4　12.21 ～ 12.31	154
26	35 歳	1.1 ～ 2.8	39
29	38 歳	3.24 ～ 5.10	48
30	39 歳	7.23 ～ 8.7（佐渡の 3 町村）	16
31	40 歳	秋期（2 県 15 町村）	〈不明〉
32	41 歳	7 月のうち 10 日間　7.20 ～ 9.2　11.7 ～ 12.9　月日不詳（3 県 9 町村）	〈88〉
33	42 歳	春期（1 県 39 町村）　7.18 ～ 9.2　秋期（1 県 12 町村）　11.17 ～ 12.31	〈92〉
34	43 歳	2.18 ～ 3.20　6.23 ～ 7.11　7.14 ～ 8.13　8.15 ～ 9.13	111
35	44 歳	2.13 ～ 3.27　4.6 ～ 6.2　6.19 ～ 7.11　7.14 ～ 8.3　8.19 ～ 9.3 〔11.15 ～ 36.7.27、インド・欧米視察旅行〕	161
37	46 歳	1.15 ～ 1.31　7 ～ 8 月中（2 県 3 町村）	〈17〉
38	47 歳	7.24 ～ 8.31　9.1 ～ 9.4	43
前期の総日数		明治 38 年までの年月未詳（7 府県 3 市 29 町村）を除く	〈966〉
39	48 歳	4.2 ～ 5.23　6.13 ～ 6.17　6.23 ～ 6.26　7.8 ～ 10.27　〔10.28 ～ 11.29、満州韓国巡講〕	173
40	49 歳	1.27 ～ 6.24　7.21 ～ 8.23　〔8.24 ～ 8.28、樺太巡講〕 8.29 ～ 11.28	275
41	50 歳	1.29 ～ 6.13　6.24 ～ 8.2　8.12 ～ 11.4	262
42	51 歳	1.29 ～ 3.30　4.11 ～ 8.1　8.25　11.11 ～ 11.19　12.24	185
43	52 歳	2.10　2.12 ～ 3.14　3.20 ～ 5.26　6.30 ～ 8.18　8.30 ～ 10.17　10.22 ～ 10.31　11.12、11.13 11.21 ～ 12.5	226
44	53 歳	〔1.7 ～ 2.20、台湾巡講〕 2.21 ～ 2.27　〔4.1 ～ 45.1.22、南半球周遊〕	7
明治 45 大正 1	54 歳	2.1、2.16、3.10、5.1、5.4、5.5、5.27、6.20　9.27 ～ 10.22　10.31 ～ 11.19　11.22 ～ 12.24 12.15 ～ 12.29	92
2	55 歳	1.4 ～ 1.27　2.14 ～ 3.26　3.31 ～ 5.18　6.24 ～ 9.3　9.9 ～ 10.31　11.16 ～ 12.30	284
3	56 歳	1.16　2.5 ～ 3.30　3.31 ～ 4.23　6.12 ～ 6.25　6.30 ～ 9.12　10.18 ～ 10.19　10.23 ～ 12.3 12.9 ～ 12.28	232
4	57 歳	2.15 ～ 3.22　3.31 ～ 5.24　6.21 ～ 8.28　9.29 ～ 10.14　12.1 ～ 12.21	197
5	58 歳	2.11 ～ 3.29　4.1 ～ 5.12　6.19 ～ 7.13　7.16 ～ 7.22（哲学堂講習会）7.28 ～ 9.8　9.30 ～ 10.6 〔10.7 ～ 10.20、中国・青島泰山曲阜旅行〕 11.7 ～ 12.18	214
6	59 歳	1.4　2.15 ～ 3.29　4.1 ～ 4.6　4.8 ～ 4.16　4.21 ～ 5.2　6.11、6.12、6.13　6.30 ～ 8.15 8.18 ～ 9.21　9.26 ～ 10.31　11.3 ～ 11.4　11.16 ～ 12.12	221
7	60 歳	1.11 ～ 1.16　2.15 ～ 3.9　3.11 ～ 3.28　4.1 ～ 5.21　〔5.24 ～ 7.21、朝鮮巡講〕 7.25 ～ 9.6 10.14 ～ 11.10　11.22 ～ 11.23	172
8	61 歳	2.12 ～ 3.8　3.9 ～ 3.25　3.25 ～ 5.3　〔5.5 ～ 6.6、中国巡講〕	81
後期の総日数			2,621
27 年間の総日数			〈3,587〉

(1) 日程は東京出発から東京到着までを基本とした。
(2) 出発直後に休暇を取った場合は再出発日からとした。
　　また、帰京途中で休暇を取った場合は巡講の最終日までとした。
(3) 巡講以外の旅行で、講演があった場合はその日のみを数えた。
(4) 連続講義は井上円了の統計処理に準じた。
(5) 〔　〕はすべて海外での旅行および巡講である。
(6) 正確な日数が計算できない年は〈　〉で記した。
(7) 年数は延べ 27 年、前期は 13 年、後期は 14 年である。

も知られる。

『井上円了選集』の第一二巻から第一五巻は、この明治二三（一八九〇）年から大正八（一九一九）年までの巡講の記録の中から、海外関係を除いて、日本関係のすべてを収録したもので、これによって表1のように、巡講の正確な期間を知ることができる。年数としては延べで二七年間であるが、それぞれの年間の巡講日数は時期も含めて異なっている。全日程の中で春期・秋期などと時期しか分からない時期もあるが、この不明分を除いてみると、巡講総日数としては三五八七日以上になる。単純に一年三六五日に換算して、およそ一〇年間に該当する。この数字は東京出発から東京到着までを基本としているが、東京から講演地までの移動日はそれぞれ基本的に一日である、また巡講中に休暇はほとんど取っていない。

前期と後期にも相違はある。前期は明治二三（一八九〇）年から明治三八（一九〇五）年までで、この一六年のうち巡講をしなかったのは三年間であるが、延べで一三年間の巡講日数は九六六日に及ぶ。一年三六五日に換算して二年半余で、この期には年月日不明の巡講があるので、日数はこれ以上と考えられる。後期は明治三九（一九〇六）年から大正八（一九一九）年までで、一〇か月にわたる長期の海外視察旅行をはさみながらも連続で一四年間行われていて、巡講日数は二六二一日に達している。一年三六五日に換算して七年間に該当する。このようにして日数でみると、前期と後期との巡講期間の違いがある。三五八七日以上の巡講総日数は、前期がその四分一、後期がその四分三にと分かれるのである。哲学館の館主として校務との調整をはかりながら巡回に従事した時代と、一社会教育者となって専従した全国巡講時代との相違などが、この巡講日数の長さに表れている。

これまで円了の長期にわたる巡回講演を全国巡講と呼んできたが、円了自身が全国と名付けたのはそれを目標にしたからである。総日数で三五八七日以上をかけて、実際にはどれほどの市町村で講演をしたのであろうか。前期は四四県、三三市・三区・七一七町村（市町村には若干の重複あり、以下同じ）である。後期は国内最後の巡講日誌のうち三九日分（大正八（一九一九）年三月二六日から五月三日まで）は原稿として残されていないので分からないが、判明している分だけで六〇市・三島・二二四五町村である。前後期を合計すると、九三市・三区・三島・二九六二町村である。

しかし、この合計数だけで全国における巡講の規模を知ることはできない。それは明治以降に市町村合併が継続されていたからである。日本の行政区は明治維新当時、村は約九万にのぼっていたといわれるが、明治二二（一八八九）年の市制町村制によってそれは大々的に合併が行われ、四一市・一万五八二〇町村に統合された。さらに第一回の国勢調査が実施された大正九(一九三四)年には八三市・一万二一六一町村となり、この間に市町村合併が進行されている。

このような市町村数の変化が円了の明治二三(一八九〇)年から大正八(一九一九)年までの全国巡講の期間にあり、したがって、巡講地としての市町村数(経過したところは含まない)を正確に知ることはできない。歴史的条件の変化を考慮して、当時の市町村名を手がかりに現代(平成七年度)の市町村に置換した結果が表2である。現在に置換すると、市町村合併は当時より特に都市部でさらに進んでいるので、一市でみると三町村が包含されるなどのこともあるが、それも一つとして数えると、巡講市町村数は五一九市・一一九四町村、合計一七一三市町村となる。(それをつぎの巡講地図に表してみた)。平成七(一九九五)年の市町村総数は三二三四市町村であるから、円了の巡講した市町村はそのうちの五三%に達する。この実際上の

表2　都道府県別・巡講市町村数

都道府県	市	町　村	巡講市町村合計	平成7年度市町村数	巡講率
北海道	21	36	57	212	26.9
青　森	7	25	32	67	47.8
岩　手	13	29	42	59	71.2
宮　城	7	16	23	71	32.4
秋　田	9	35	44	69	63.8
山　形	13	18	31	44	70.5
福　島	10	51	61	90	67.8
茨　城	17	15	32	86	37.2
栃　木	8	15	23	49	46.9
群　馬	11	35	46	70	65.7
埼　玉	25	24	49	92	53.3
千　葉	13	17	30	80	37.5
東　京	3	3	6	41	14.6
神奈川	6	2	8	37	21.6
新　潟	19	60	79	112	70.5
富　山	9	20	29	35	82.9
石　川	8	21	29	41	70.7
福　井	7	17	24	35	68.6
山　梨	7	10	17	64	26.6
長　野	17	39	56	120	46.7
岐　阜	13	48	61	99	61.6
静　岡	13	27	40	74	54.1
愛　知	24	29	53	88	60.2
三　重	13	35	48	69	69.6
滋　賀	7	37	44	50	88.0
京　都	10	22	32	44	72.7
大　阪	25	2	27	44	61.4
兵　庫	19	49	68	91	74.7
奈　良	8	12	20	47	42.6
和歌山	7	26	33	50	66.0
鳥　取	4	21	25	39	64.1
島　根	8	38	46	59	78.0
岡　山	10	42	52	78	66.7
広　島	13	50	63	86	73.3
山　口	14	30	44	56	78.6
徳　島	4	7	11	50	22.0
香　川	5	16	21	43	48.8
愛　媛	12	31	43	70	61.4
高　知	4	2	6	53	11.3
福　岡	18	40	58	97	59.8
佐　賀	7	18	25	49	51.0
長　崎	8	17	25	79	31.6
熊　本	10	46	56	94	59.6
大　分	10	23	33	58	56.9
宮　崎	9	16	25	44	56.8
鹿児島	11	22	33	96	34.4
沖　縄	3	0	3	53	5.7
合　計	519	1,192	1,713	3,234	53.0

(1) 旧市町村を平成7年度の市町村に置換した。
(2) 東京特別区(23区)は1市とした。

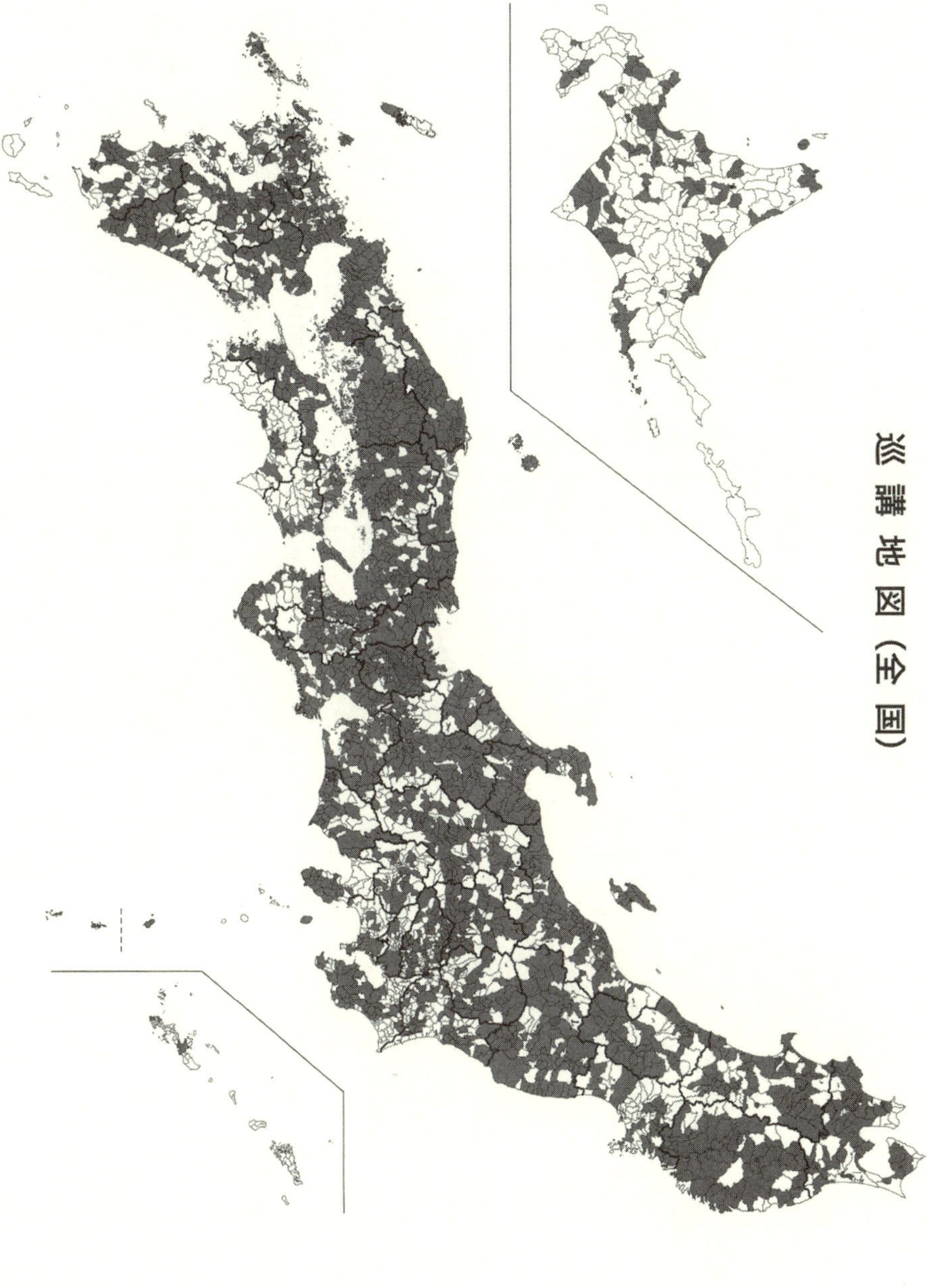

巡講地図（全国）

数字からみても、円了の巡回講演はその名をとおり全国巡講と呼ぶにふさわしいと考えられる。

　ところで、明治・大正の時代に、このような期間と規模で、全国各地に赴いて、しかもそこで講演した人物が存在したのであろうか。例えば、私学の関係者がその創立から拡張のために募金で巡回したが、それは後述のように期間も規模もごく限られたものである。紀行文を残した作家も、そうである。宗教関係では布教のために専従化して巡回する僧侶はいたが、形の上で円了の巡講にやや近いといえる程度であろう。三六〇〇日に近い日数をかけて、日本全国の半数以上の市町村で講演した人物がいったい円了以外に存在したのであろうか。しかし、これだけの期間を費やして、これだけのところまで、これだけの果てしもない巡講の旅に、なぜ円了が出なければならなかったのであろうか。収録された膨大な巡講日誌に、そのことへの答えはあまり示されていない。

　膨大なこの日記の内容は、初期の「館主巡回日記」が基本となっている。各地で講演会に関する、年月日、天気、出発・到着時間、行程、市町村名、会場、主催者や協力者の肩書きと名前が几帳面に綴られている。これを基本に、風景・風俗の吟詠、各地の見聞を加えはじめたのは、明治三八(一九〇五)年七月から九月までの「関西紀行」からである。以後はこのような内容が連続するのであるが、それでも日誌の基本的な性格は当初から大幅には変わっていない。円了の巡講日誌の記述は記録的客観的ということが基本となっていて、そこに円了個人の日常や心情などは記されていない。長大な巡講をこのような性格の日誌という形でまとめた理由の一つは、この日誌を印刷して各地の開催関係者への御礼としたからであろう。また、そこには円了の基本的な性格も反映されていて、この巡講を理解する一つの手がかりになると考えられる。

　さきに全国巡講の総日数を三五八七日以上と記したが、この時の日記は、講義録などの雑誌に掲載されたもの、『南船北馬集』として単行本にまとめられたもの、残された原稿の三種類に分かれるが、あわせると巡講のほとんどが記録されていることになる。日記の欠如部分を日数で記すと、明治二九(一八九六)年から明治三三(一九〇〇)年までの二一九日分と、死去した大正八(一九一九)年の三月から五月までの三九日分で、合計二六八日分である。全体の九％とわずかである。

　ここでは、この一見平凡でかつ膨大な量の巡講日記に隠された、目的、背景、動機などを中心に、周辺資料もできるだけ紹介しながら述べてみたい。

二　前期の哲学館時代

（一）哲学館の創立と風災

東京大学を卒業した円了が、明治二〇（一八七八）年に哲学館を創立したことはすでに述べたとおりである。この哲学専修の私立学校の設立の目的は、哲学の普及、教育の開放の精神にあった。

このような理念から、円了は哲学館を現在の東京都文京区湯島の麟祥院という寺の施設を借りて開設したのであるが、その最初の営みは「固ヨリ無資本ニシテ」、他の団体の保護や援助を受けず、「全ク有志ノ一時ノ寄付」で、二八〇人の賛成者、七八〇円余りの寄付金に基づいていたのである。それから、一年間で哲学館の教育制度を整えた円了は、明治二一（一八八八）年六月八日に欧米社会の政治と宗教の関係、教育などの実状の視察へと出発する。帰国から二か月後の明治二二（一八八九）年八月に、「哲学館将来ノ目的」を発表して、その結果を反映させた。その目的とは、日本国の独立、日本人の独立、日本学の独立を促進するために、哲学館をその原基となる「独立の精神」を養成する日本主義の大学へと発展させること、そして仮校舎を独立させて新築することであった。この校舎の新築費用を二〇〇〇円と見積もっていた。計画自体は二〇（一八八七）年一〇月と創立直後に発表されたもので、そのための「哲学館建築資金」の募集広告も出して活動に着手していたのであるが、館主の欧米視察という事情もあってそれがはかばかしく伸展せず、この時点では一五〇〇円の資金不足があった。

円了はこのように新計画を発表して、哲学館の大学への発展と校舎の独立という目標を再び掲げると同時に、当時の本郷区蓬莱町の借地への新校舎の建築に着手した。その予算を見直して五〇〇〇円余とした。九月上旬には九分通りが出来上がり、その完成を待っていたが、その直後の一一日に各地に甚大な被害をもたらした暴風雨によって、新校舎は完全に倒壊してしまった。その頃、円了は明治二三（一八九〇）年の国会開設・憲法制定を目前にして、仏教公認運動のために京都を遊説中であった。交通機関（東海道線）なども被害を受けていたので、汽船で東京に戻り、その再建工事に着手した。それは「風災」から九日後のことであった。すばやい対応によって、校舎は一〇月三一日に竣工し、一一月一日より新校舎での授業が開始された。

一一月一三日には「哲学館移転式」が関係者を招いて行われたが、先の災害によって哲学館に大きな問題が残った。そのことについて、つぎのようにいわれている。[2]

創立費および新築費として哲学館に寄せられた寄付金の合計は、三二二三円三五銭であった。この寄付金は、そのすべてが創立費および新築費として充用された。しかしながら、校舎の建築および諸費だけですでに四千数百円にのぼったので、不足分は哲学館の負債として残ることになった。

この寄付金には哲学館の発展に大きな理解を示した東西本願寺からの二〇〇〇円などがすでに含まれていた。

このような哲学館の窮状に対して、館主の円了を支援・激励したのは後に「哲学館の三恩人」の一人といわれた勝海舟である（詳しくは第三章第三節参照）。

円了と海舟が哲学館の維持についてどのような意見を交換したのか、それを明示する資料はないが、その後の全国巡回に関するものであったことは、巡回の日程と「海舟日記」における円了の訪問日との関係、その多くは巡回から帰京した後に、円了は海舟を訪ねていること（巡回の状況報告か）から、そう考えられる。哲学館も収入は授業料が基本であった。特定の支援者や団体をもたなかったので、他の事業を起こす時はすべて有志への寄付を依頼する以外に方法はなかった。こうして私学における学校拡張や経営危機打開の問題は、政府がその助成の意図を基本的に持っていなかったので、明治期の私学にとっては創立期にいずれは遭遇しなければならない問題であった。

（二）哲学館の拡張と全国巡講

明治二三（一八九〇）年九月、円了は全国巡回に先だって「哲学館ニ専門科ヲ設クル趣意」を発表し、哲学館を将来、日本固有の学（国学、漢学、仏教学）を教授する日本主義の大学とすることを明らかにした。その資金として一〇万円を募集し、その達成の後に専門科を開設するという計画であった。この計画発表から一か月後に、明治二三（一八九〇）年一〇月一七日号の哲学館の機関誌『天則』に出された哲学館広告で、館主の全国巡回が公表されたのである。それには「今般当館資金募集ニ付有志勧誘ノ為メ本月下旬ヨリ館主東海道筋へ出張」とあり、「尚館主出張ハ一年間ニテ全国巡回ノ予定……一月ヨリ四国九州へ巡回、三月ヨリ中国筋、五月ヨリ北国筋、七月ヨリ奥羽北海道地方へノ巡回ノ筈ニ候也」と、年間予定が付記されている。さらに、この広告に並んで館主・井上円了の挨拶文が掲載され、静岡から三重までの東海道筋の五県下の巡回への協力依頼を述べ、同時に「又学術教育宗教ニ関シ講義演説等御依頼ノ節ハ小生応分ノ御助力可申候」との一文を添えている。

当時の私学の創立者たちが有力者や有力団体および卒業生に援助を依頼する方法とは異なり、円了の巡回は各地の国民・大衆へ直接に依頼するものであった点に特色があった。全国巡講という方法を選んだことには円了自身の考え方やそれを支援した勝海舟の助言があったと思われる。

確かに哲学館にはその維持に危機的状況があって、見通しは立っていなかった。その具体的な危機を縁として、円了は本来の目的である日本の無形上・精神上の近代化に直接的に取り組もうとして、その現状と問題を全国各地で講演する絶好の機会とも捉えていたのではないかと考えられる。当時はまだ近代への様々な啓蒙が必要とされた時代である。そのことは哲学館創立の目的に、実際的な指導者の養成が含まれていたことからも分かる。また、明治二三(一八九〇)年一〇月三〇日には教育勅語が発布されたばかりであった。勅語の普及、哲学の普及、哲学館の旨趣の普及などを、円了は巡講の目的に掲げた。首都の東京を中心として展開する近代化は、まだ実質上、日本各地に浸透してはいなかったからである。円了が啓蒙家としての役割を果たさなければならなかった時代状況がそこにはあったし、円了にもその自覚が強かった。明治を維新へと開き、その後の日本の行く末を考えていた海舟も強く支持した計画であったと考えられる。円了の全国巡講はこのような問題意識を内包して始められたのであろう。

明治二三(一八九〇)年一一月一日、円了は全国巡講に出発した。『選集』の「館主巡回日記」で分かるように、北は北海道から南は九州までの全国一巡は、当初予定の一年間では達成できなかった。実際の期間は、明治二三(一八九〇)年一一月一日から明治二六(一八九三)年二月八日までかかっている。哲学館の校務はこの巡回の間に処置したものと考えられるが、明治二三(一八九〇)年に四四日、明治二四(一八九一)年に一五三日、明治二五(一八九二)年に一五四日、明治二六(一八九三)年に三九日と、延べ四年間に三九〇日、一年一か月を費やしている。府県でいえば三一県(関東、甲信越、北陸が主に残された県である)、三六市・三区・二三〇町村で講演演説を行った。会場としては寺院がもっとも多くて二〇九か所(五八%)、学校が八八か所(二四%)、劇場・役所などのその他が五八か所(一六%)、個人宅も七か所(二%)であった。講演の内容は、一つの講演で多岐にわたっている場合をそれぞれに分けて単純にみると、やはり教育がもっとも多くて九八題(四一%)、これ以外はすべて一〇%台で、仏教が四二題(一八%)、学術が三三題(一四%)、宗教が二四題(一〇%)、哲学も同じく二四題(一〇%)、哲学館旨趣のみは一三題(六%)であった[3]。

このような巡講を支えたのは哲学館で学んだ旧館内員、そして講義録を講読した館外員などであった。哲学館の講義録は法律系の私学以外では初めてのものであった。その講読者を、「本館ニ通学スルコト能ハサルモノ、便ヲ計リ館外生ノ制ヲ設ケ毎月三回講義ヲ印刷シテ之ヲ頒ツ[4]」として、当初は館外生と呼び、まもなく規定改正によって館外員と改めた。館内員、すなわち在学者は明治二二(一八八九)年一一月の時点で全国から二一六名であったが、館外員は明治二一(一八八八)年には一八三一名で館内員の四倍以上に達し、県別にはその人数にやや格差はあるが、全国的規模を満たすように存在していた。[5]このような哲学館の関係者を中心に巡回講演は展開されたのである。

（三）巡講の結果

初めての全国巡講はどのように受け入れられたのか。円了は『哲学早わかり』[6]で、その模様をつぎのように述べている。

> 世間より哲学の大家をもって目せられ、至る所意外の優遇を受け、四方より哲学の演説を頼まれた……所によりては聴衆堂にあふれんとするがごとき非常の盛会を見しこともあり、時によりては傍聴更になく空しく柱相手に演説せしこともありました……〔哲学の〕誤解はなお許してよいけれども、百人中九十九人までは哲学が……家を富まし国を強くすることには更に関係なく、世間の実用に最も遠い無用の学問にして、畢竟道楽か物好きの学ぶものに過ぎぬ

このように、全国巡講は教育、学術、哲学の必要性を普及・啓蒙することにおいて大きな役割を果したのであるが、各地の人々には「今度東京よりその専門の大家」来たるとして迎えられた。しかし、「哲学者は風骨自ら異容を呈し、髯長く体軽く、仙客隠士のごときものなりと想像し……その未だ着せざるに旅館の門前市をなすがごとく有様」と、誤解することもあって、哲学を「鉄学」と考え、哲学者を鍛冶屋と見た人や、哲学があらゆる学問に通じているからと、詩文・歌・俳諧の添削を依頼する人、書画骨董の鑑定を依頼する人、また茶の湯、生花の品評、人相、墨色の判断を依頼する人々もいた。

巡講の講演会としては、三重県桑名町中橋座（明治二三（一八九〇）年一二月五日）での聴衆二〇〇〇余名、熊本市末広座（明治二六（一八九三）年一月一一日）の三五〇〇余名は大規模な例であるが、その模様は雑誌や新聞に残されている。例えば、哲学館の機関誌『天則』（明治二四（一八九一）年二月一七日号）に当時の人々が円了に期待したことが記されている。二月五日の静岡県中泉町の豊国座での哲学演説会は雨の中で、四〇〇名から五〇〇名の聴衆のもとに行われた。講演は「国家的教育」の必要性と普及であった。講演終了後、五〇余名との懇親会では国家主義、こっくりさんなどについての質疑応答があり、また午後三時半から九時過ぎまでのこの会の中で、もっとも関心をひいた事項が欧米視察談であったという。

また、新聞では講演速記が記事となっている。明治二三（一八九〇）年一一月五日の「哲学館拡張の趣旨」を演説した時の『静岡大務新聞』、明治二四（一八九一）年八月二九日の『東奥日報』などが『東洋大学百年史』[7]で紹介されているが、この

ような当時の報道に関する研究は現在まだ進んでいない。
当時の円了がどのような姿勢でこの巡講に臨んでいたのか、それを対比的に明らかにする随行者（五十嵐光竜）の思い出をここでは紹介しよう。[8]

明治二十五年新潟市北越学院より米国人の宣教師某より先生がお巡回の際新潟市に於て講演の砌学院に於て仏教の講話を願度と申込まれた……先生か甘諾して北越学院に至り、然も堂々として仏教の他力本願の講演を一時間半程為された。この時外国人七名と他は学院の生徒拾数名なりしが、喜んだのは外国人である。彼等が謝礼の為来て云ふのに、是まで日本に来て仏教の話を聞きたいと思ふても何人も来て呉れません、外国人が仏教者を訪ふても一人も相手にして呉れ無いのでありましたが……と大喜びを得へられた。

しかし、同時期に円了の生家・慈光寺と同じ真宗大谷派の関係者での講演では、正反対のこともあったと、随行者は述べている。

三条別院で大谷派の前途につき優憤の余り警告的演説を為したのが原因で、輪番始め一同のものより殆んど追立て同様の虐待を受けた……其代り三条の裁判所の判検事よりこの警告演説の為大歓迎を受け、三条一の料理席にて山海の珍味ともいふべき懇篤なる馳走の宴を開かれた

講演が普及・啓蒙を目的としていても、その底には円了自身の信念と理念があり、それはこの巡講を行う衝動力を形成していた。その円了の信念や理念に対する理解が、やがて哲学館という新しい私立学校への理解につながると考えられていたのである。

ところで、円了は巡講を行うにあたり、それ以前の「本館ヲ永遠ニ保存シ本館設立ノ主義ヲ同志ノ間ニ持続スル為ノ館友ノ制」を改めている。「館友ノ制」では、館内員や館外員は一円、それ以外で哲学館の主義に賛同するものは三円以上で館友となり、束脩無料や書籍の実価頒布などの特典があった。新たに明治二四（一八九一）年六月に制定された「寄付金規則」では寄付金額に応じて、一円以下は寄付者（領収書発送）、一円以上は創立員（創立員証）、三円以上は館友（館友証）、一〇円以上は館賓（館賓証と謝状）、五〇円以上は特別館賓（特別館賓証と特別謝状）を設け、館賓以上の待遇を改め、特に特別館賓には無束脩無保証人でその子弟を許可するようにした。また団体寄付も設け、さらに募金協力者には雑誌書類や書籍などを贈呈するようにした。[9] 当時、講義録に掲載された「館主巡回日記」は、この時の募金協力者への謝意を表すものであった。

円了はこのように制度も改めて、そして全国各地を巡回し講演を行ったのであるが、それらが哲学館の資金募集に反映されたのかというと、それは当初の予想に反した結果であった。『哲学館専門科廿四年度報告』[10]には、明治二四（一八九一）年一〇月までの一年間の募金状況が記されている。一九七日をかけて一八県・一一九か所を巡回し、それぞれ数回の演説・講演を合計四四〇回行っているが、その成果の額は六七六円四〇銭であった。創立時の新聞雑誌の広告のみで最終的に四〇〇人から三千数百円以上が寄付されたことに比べれば、円了の落胆は大きかった。「予定ノ金額未タ予定資本ノ五十分一ニ達セス其既納ノ金額ノ如キハ僅カニ百五十分一ヲ充タス」のみであった。また募金状況は予約金一八九五円一四銭と既納金六七六円四〇銭との差が大きく、一二〇〇円余と既納金の二倍ほどが未払いであったからである。また、「館主巡回日記」にあるように、この資金募集では「各地方に哲学館賛同者を勧誘する「委員」（募金依頼方）を三〇〇名以上置いたが、実際に紹介があったのは、一六地方三七名による四二〇余名の紹介と、一四名による七団体（教育会・青年会など）の紹介であった。そして、納金して証書（創立員・館友・館賓・特別館賓の証書）を送付された者は一七三名で、うち特別館賓は一名、館賓は三名であった」[11]。円了が先の報告書の題言に「全国ノ有志諸君ニ泣請スル」と、記さざるを得ないような結果であった。

このような円了に対して、その日記に会談の日付けが記されている海舟は自ら揮毫したものを持たせて叱咤激励したと考えられる（第三章第二節参照）。

明治二五（一八九二）年一月二一日、円了は再び巡講に出発した。明治二六（一八九三）年二月まで継続して、二八三三円を募金することができた。第一回の全国巡講は結局、三二県、三六市・三区・二三〇町村で講演演説を行い、三五〇九円九〇銭の寄付があったが、明治二七（一八九四）・二八（一八九五）年には巡講を行っていない。その理由は全国の巡回で「館内ノ監督教授モ思ヒナカラ其責ヲ充タス能ハサリシハ実ニ遺憾トスル所ナリ」とし、予定資本の一〇分の一（一万円）に達していないが、明治二七（一八九四）年九月の新学期より東京にとどまり校務にあたり学科の改正に取り組み、数年先には予定した専門科を開設したいと考えたからであった[12]。

（四）哲学館の再拡張と火災

明治二九（一八九六）年一月、円了は「哲学館東洋大学科并東洋図書館新築費募集広告」を、新機関誌『東洋哲学』の同年三月号に発表した。すでにその用地は小石川区原町（現在の白山校地）に、明治二八（一八九五）年に三三〇〇坪、二九（一八九六）年に四五〇坪、合計三七五〇坪を購入していた。その費用は九八六五円で、明治二三（一八九〇）年からの寄付金は五二六三円であったから、これだけで四六〇〇円余りが不足した。[13] 新築費を募集するにあたり、明治二九（一八九六）年一月に寄付金規則は改正され、新築費と維持金に分けて募集し、その第二条で新築費は五〇〇〇円を予定し五年間で積み立て、維持金は五万ないし一〇万円と予定し一五年間に積み立て、維持金を資本としその利子を経費に充当する目的であった。[14]

この募金活動には、七四歳になった勝海舟が「高齢ナルニモ拘ラズ老腕ヲ揮ヒ毎日若干紙ヲ認メ」[15]と、本格的な支援を申し出たのであった。海舟自らはこの行為を「陰ながらの筆奉公」と呼んでいるが、揮毫は寄付金額、五円、一〇円、一五円、二〇円、五〇円、一〇〇円とそれぞれに応じ、郵送方式でも受け付けられた。この頃の海舟の健康状態は決してよくなかった。

明治二九（一八九六）年三月、円了は従来のように、全国縦断の巡講方法を一県の市町村を細かく巡講することに転換して甲州地方の巡講に出発した。現地から海舟の執事に宛てた三月三十日付けの書簡には、信州各郡を巡回し、揮毫を切望する人が多く、すでに一〇〇余円の寄付が集まり、持参してきた二、三〇枚の書はほとんどなくなり、御願いしていたものとまた新たに使いの者に持参させた用紙にも御揮毫いただきたくと、円了が新たな展開への喜びに溢れている様子が記されている。[16] この年の四九日間と少ない巡講ながら、海舟の尽力もあって、この年の新築費寄付金は一三七五円に達している。

ところが、哲学館は新たな飛躍へと歩み出したこの年に再び災難に遭遇する。一二月一三日午後一〇時三〇分頃、哲学館の構内にあった郁文館（円了の先輩の棚橋一郎が設立した中学校）からの失火である。この火災〔類焼〕によって焼失したのは哲学館では講堂（教室）一棟と寄宿舎一棟であった。免れたのは館主の自宅だけであった。郁文館も教室三棟を焼失した。当時の新聞『時事新報』には、この火災と『妖怪学』を提唱して迷信退治を行う円了とを結びつけた記事がある。「妖怪博士宅の類焼」というタイトルの記事である。「世に鬼門と云うもののあるべきはずなしとて、哲学館は勿論平生居住する自宅まで、いっさい鬼門を撰びて建築」した円了が、今回災難に遭ったと聞いて「中には何ぼ博士でもハイ鬼門には勝たれませぬさと仕たり顔の御幣担ぎも多しとぞ。迷信は得てかかる奇禍より生ずるなり、悪い時に焼けたるかな」という評判も出たほどであった。[17]

館主の円了は寺を借りて仮教室と仮宿舎とし一週間後に授業を再開した。そして、翌明治三〇（一八九七）年一月二九日に「学校移転願」を届け出て、移転を決意する。校地はすでに購入していた小石川区原町の土地である。新校舎の建設は同年四月に始まり、教場、生徒控室、事務室および土蔵の施設が七月に完成した。

火災から一二日後の明治二九（一八九六）年一二月二五日付け

表3　哲学館時代の年度別寄付金

募集の目的

年　月	目　　的	発表された計画
明治 20.10	哲学館校舎新築費	哲学館築造ニ付有志金募集
22.8	哲学館校舎新築費	哲学館改良ニ関シテ館内員及館外員諸君ニ御依頼ス
23.9	哲学館専門科開設資金	哲学館ニ専門科ヲ設クル趣意
28.6	大蔵経購入費	東洋学振興策并図書館設立案
29.1	東洋大学科・東洋図書館新築費	哲学館東洋大学科并東洋図書館新築費募集広告
29.12	哲学館移転再新築費	哲学館類焼ニ付天下ノ志士仁人ニ訴フ
31.9	哲学館教場等・附属中学校建設費	哲学館新築寄付金募集旨趣
34.1	哲学館拡張・京北中学校新築費	哲学館拡張及京北中学校開設旨趣
『百年史　通史編Ⅰ』、369 － 370 頁。		

で、円了は「哲学館類焼ニ付キ天下ノ志士仁人ニ訴フ」を出して、緊急の支援を求めた。新校舎の工事費として五〇〇〇円の寄付を工事の関係で二月二八日までに希望した。海舟の揮毫の規定は再び掲げられた。明治三〇（一八九七）年一月に漢学専修科を新設し、新校舎の建設、一〇月二三日の哲学館新築落成式を終えてから、翌明治三一（一八九八）年に円了は前年八月の宮内庁からの恩賜金三〇〇円に基づき新たに尋常中学校の設立計画を発表する。そして、この年の秋期から、再び全国巡講を開始したのである。表3はこれまでを含めた募金の計画をまとめたものである。表1の巡講日程・日数を見ると、明治三一（一八九八）年から明治三五（一九〇二）年まで巡講は連続している。春期、秋期など時期しか分からないものを除いても、四五二日に達する。しかし、日記を残さなかったことから考えて、この時期の円了の心の中にゆとりがなかったのであろう。寄付金の実際を表4でみると、明治三二（一八九九）年からは、それまでの一〇〇〇円台から三〇〇〇円以上に飛躍的に伸びている。その理由は、巡回時の講演に館主自身の揮毫が加わったからである。後に述べる後期の巡講の原型はこの時期に作られたものと考えられる。

明治三二（一八九九）年一月、海舟は狭心症で逝去する。その海舟に代わって、円了が自ら揮毫することにしたのは、資料によればこの明治三二（一八九九）年六月からである。それまでの円了は、哲学館の創立に際して愛好していたものを断って禁酒・禁煙の二禁とし、この全国巡講をはじめた時に、これに断筆を加えて揮毫しないことを決め、自ら「三禁居士」と称していた[18]。

（五）巡講の原型

明治三二（一八九九）年六月に哲学館事務所が定めた「館主巡回及招聘心得[19]」は、各地の有志などからの問い合わせに答える

表４　年別寄付金額

年　度	専門科開設	新　築　部	資　本　部	合　計
明治 23.11 ～ 24	676 円 40 銭			676 円 40 銭
25	1,730 円 38 銭			1,730 円 38 銭
26	1,103 円 21 銭			1,103 円 21 銭
27	773 円 38 銭			773 円 38 銭
28	294 円 78 銭			294 円 78 銭
29	325 円 72 銭	1,375 円 23 銭		1,700 円 95 銭
30（６月）	50 円 60 銭	1,459 円 99 銭		1,510 円 59 銭
30（７月）～31		1,483 円 40 銭	217 円 95 銭	1,701 円 35 銭
32		3,450 円 04 銭	188 円 00 銭	3,638 円 04 銭
33		4,528 円 18 銭	684 円 65 銭	5,212 円 83 銭
34		5,375 円 81 銭	1,629 円 85 銭	7,005 円 66 銭
35		6,882 円 64 銭	1,303 円 76 銭	8,186 円 40 銭
36		534 円 25 銭	196 円 40 銭	730 円 65 銭
37		791 円 60 銭	791 円 60 銭	1,583 円 20 銭
合　計	4,954 円 47 銭	25,881 円 14 銭	5,012 円 21 銭	35,847 円 82 銭

『百年史　通史編Ｉ』、409、411 頁。納金分のみ合算した。

ために巡回の要点をまとめた形になっている。それを簡単に列記しよう。

「有志の依頼に応じて学術演説・講義を行う」
「演説・講義の時間は二時間以内とする」
「演説・講義への謝儀は哲学館の基本金とする」
「滞在費はなるべく地方の負担を希望する」
「館主は諸事倹約主義であるから、饗応待遇などは謝絶する」
「やむなく懇親会開会の場合は茶菓のみとする」
「巡回は大抵同伴者一名あり、巡回中、午前は次の地方への移動時間とし、午後は演説講義の時間、夜は揮毫の時間とする」
「巡回の日程は各地調整の上、一週間前に通知する」
「今回から新築費募集についての支援者・協力者に本人の希望に応じて記念として揮毫を贈呈する」

この巡回の目的は哲学館および京北中学校の新築費として二四〇〇〇円を募集する予定であった。揮毫については特に館主の意向を紹介している。その要旨は、これだけの募金は個人の倹約などでは限界があり、例えば自分の葬儀・墓石については死後必要もなく、それ故に死後の香典も必要ないので、「其代わりに存命中に香典を頂戴し其金を以て今回の新築費に充つる」とし、香典を頂戴する世間への御礼の遺物として「年来の禁を破り拙筆を揮て遺物の代り」にしたいと述べている。揮毫の内規は、寄付金五〇銭以上、一円以上、二〜三円以上に分かれている。そして、寄付金の予約は、後日募集の約束の場合にその結果に違約が多いので、できるだけ館主滞在中に申し込むように依頼している。

円了が哲学館大学を含む哲学館時代に全国巡講を行ったのは、明治二三(一八九〇)年から明治三八(一九〇五)年までの一三年間である。巡講の日数はすでに述べたように、判明しているだけで九六六日に及ぶ。全国で演説・講演・講義を行い、さらに哲学館への寄付金募集をしたわけであるが、募金の目標はそれぞれ表5の目的に対応させれば、つぎのようになる。

表5

年	目的	募金金額
明治二〇	哲学館校舎新築費	五〇〇〇円
二二	哲学館校舎新築費	五〇〇〇円以上
二三	哲学館専門科開設資金	一〇万円の資本金
二八	大蔵経購入費	四五〇円
二九	東洋大学科・東洋図書館新築費	新築費　五〇〇〇円 維持金五〜一〇万円
二九	哲学館移転再築費	再築費　五〇〇〇円
三一	哲学館・附属中学校建設費	哲学館　一万六〇〇〇円 中学校　八〇〇〇円 合　計二万四〇〇〇円
三四	哲学館拡張・京北中学新築費	哲学館二万一〇〇〇円 中学校二万四〇〇〇円 合　計四万五〇〇〇円

これらの目標はその都度に改訂されている内容なので、合算しても最終的目標金額にはならない。表4に寄付金額の総計をまとめたが、専門科開設では四九五四円、新築部は二五八八一円、資本部は五〇一二円、総合計は三万五八四七円である。明治三二(一八九九)年以降の講演と揮毫という巡講の方法の見直しが大きな成果となった。この間の募金は明治三七(一九〇四)年までの六年間で二万六三五四円と、全体の七割以上を占めているからである。

その結果は明治二三(一八九〇)年に手探りで始められた当初からの長い経験の蓄積と巡講への社会的評価などによってもたらされたものであろう。また、前期の哲学館時代の全国巡講は、日本近代化への啓蒙活動を根底の願いにしながら、哲学館の拡張・発展のための寄付を依頼したものであるが、円了自身の講演が哲学館や京北中学校への直接の学生募集の役割を果たした側面も看過してはならないことであろう。[20]

明治期の私学の創立者が学校の維持・発展に苦心した。大学への発展や危機の克服の方法は他大学の歴史を見ると、有力な個人や団体あるいは校友組織への寄付募集が一般的である。円了や哲学館の場合、それは校友を媒介としながら国民・一般大衆まで拡大されている。私学の創立者が各地を巡回した例をあげると、この全国巡講が特異なものであったことがよく分かる。

例えば、同志社の新島襄は大学の設立の困難さを痛感するが、その後には病苦の身体を抱えながら京都府下の郡部への講演などを行った明治二一（一八八八）年には「知恩院に京都の名士六〇〇余人を招き、大学設立について支持と理解を求め」、「大隈重信外相官邸に政財界の有力者が小集会をもち、約三万円の寄付申し込みを得」「同志社大学設立の旨意」を『国民之友』はじめ全国の主要新聞・雑誌に発表し」、翌明治二二（一八八九）年さらに東京での募金運動のため上京するが、群馬県滞在中に発病して死去している。

また、早稲田大学の創立者である大隈重信は、その前身の東京専門学校時代の明治三四（一九〇一）年に「早稲田大学設立旨趣」を配布し、この年は大隈らの首脳陣が全国で募金募集のために巡回講演会を開催したが、翌明治三五（一九〇二）年にはその募金遊説なしで三〇万円の寄付が得られた。しかし、明治四一（一九〇八）年からの理工科復興を含めた整備と拡張の第二期計画では、この計画への三万円の恩賜金があり、基金は一五〇万円を目標に募金活動が展開された。高田早苗学長らの募金のための地方遊説は、同年七月から大正二（一九一三）年まで行われているが、それは地方の主たる都市での開催であり、日程も短時間である。大隈総長の明治四三（一九一〇）年五月一日から一四日までの東海・関西巡回遊説なども日程や対象の限定性があり、募金そのものが目的であった。成果は一五〇万の目標を達成できなかったが、六割以上の九二万円余が寄付された。

このように同じ創唱者型私学の創立者の活動と比べると、自ら各地に身を運んだ円了の全国巡講は、その期間・規模・内容などにおいて全く異なっている。哲学館時代の全国巡講は日本の近代私学史における特例として位置づけることが必要であると考えられる。

三　後期の全国巡講時代

（一）哲学館事件

明治三八（一九〇五）年一二月一三日、この日の夜、円了は自ら創立・経営した大学や中学校からの引退を決意した。年末までに辞任して後継者に引継ぎ、引退が公式に発表されたのは翌明治三九（一九〇六）年一月八日であった。「学校は一身一家の私有物にあらずして、社会国家の共同物」であるとして、井上家の子孫にも世襲させず、名誉学長は引き受けたが、それは行事に出席する程度のことであった（創立間もなかった京北幼稚園からの退隠は明治四〇(一九〇七)年三月であった)。円了は、土地・財産ともに、哲学館大学の分としては資産総額一〇万五二四四円八〇銭、京北中学校の分として三万六九〇円八一銭、合計一三万五九三五円六一銭を寄付し、それをもとに財団法人東洋大学・京北財団が組織され、その後の両校が運営されるようになった(大正二(一九一三)年に両財団は合併して、財団法人東洋大学となった)。

この引退が全国巡講の前期と後期を分けるのであるが、後期の原点は前期末の三度目の災難である哲学館事件から計画されたものであったと考えられる(本書第三章第七節~第一一節参照)。

円了は無試験検定の問題が哲学館事件と呼ばれるほどに拡大するとは考えず、認可取り消しの一か月前に、インド・イギリスなどの欧米視察旅行に出発したのであった。この視察の目的の一つは大学の教育・運営の調査である。しかし、事件の発生は明治三六(一九〇三)年の日本の社会問題の一つにまで拡大・発展し、それはまた哲学館の役割を問い直すものとなったので、洋行中の円了は哲学館発展の新計画を立案した。息子の玄一はそれについてつぎのように述べている[21]。

> 父は明治二十年(一八八七年)に「護国愛理」を旗じるしとして、哲学館を創立し、国家主義、日本主義を唱えた。然し彼の民主自由思想についてはその門下生と雖も知らぬ者が多い。彼は明治卅五年(一九〇三年十一月)より第二回の外遊をした折英国各地を二ヶ月にわたり具さに視察した結果、英国人の個人主義、自由主義の長所を認めた。元来彼は、日本人には珍らしい程膽汁質で、神経質なところは微塵もなく、意志が強くて自己の信ずる道を黙々として実行して行くところ、英国人の性格と似通っているので短期間とは云え、英国の生活は気に入ったようである。その言論の自由、人格の尊重社会道徳の発達など特に羨んでいた。その帰朝後の発表に「日本は封建制の結果、気位が高く、あいつが、おれがと互に排擠し独りよがりの井の中の蛙となり、お山の大将になりたがる。実業教育をしても学問をすると御役人風となり、実業が嫌いになる。学問の出来ないものは仕方なしに鍬や鎌を持つが、結果として実業壮士になり勝である。なお危急存亡でもない泰平無事、万国平和の時に楠正成気取りが出る。忠孝の解釈を再検討せねばならぬ」と。これが学校教育から社会教育に移り、哲学堂事業への導火線となったのである。

確かに、円了は第二回の世界旅行で、イギリス北部のバルレー村で一か月滞在して、その社会を体験し、アイルランド、ウェールズを巡回し二か月後にロンドンに戻っている。この時のことが、社会教育、生涯学習の必要性を痛感させたのであろう。

明治三六（一九〇三）年七月に帰国した円了は、その年に制定された専門学校令に基づき哲学館を哲学館大学とした。そして、同年一〇月、円了は洋行中に立案したもう一つの計画を実行した。それが全国各地に修身教会を設立することであった。「内大臣及文部大臣両閣下ニ上ル書」を『修身教会設立旨趣』[22]に掲載し事務所を大学内に設置して、この運動は開始された。哲学館事件の前後に倫理の教育が問題視されたことと考え合わせれば、この修身という国民の倫理・道徳に関する運動には日本社会の歴史的社会的な課題と共に、哲学館の発展、事件で失墜した威信の回復、私学の創立者としての文部省への対応など、いろいろな要素が含まれていたと考えられる。円了は明治三七（一九〇四）年一月、先の旨趣を各府県市町村に配付し、一月一五日から山梨県下を巡回し、二月には『修身教会雑誌』を創刊した。

しかし、すでに述べたように、事件の影響は学内問題にまで発展し、円了自身は神経衰弱症にかかり、前記のように大学からの引退を決意したのであった[23]。

また、哲学館大学に設置された「修身教会」運動は、円了の側近の高嶋米峰によれば、構想と規模は壮大であったが、日露戦争が開戦と重なって思ったほどの成果があがらなかったという。これも引退の一因であっただろう。

引退後、円了個人によって修身教会運動は取り組まれた。その中心拠点となったのが現在の東京都中野区にある哲学堂である。この土地はもともと哲学館移転用地として明治三五（一九〇二）年に通称和田山の田畑と山林一万四四四五坪が購入され、哲学堂（最初の建築物である四聖堂）も大学公称の記念に建設されたものであった。円了の引退にあたって、新学長前田慧雲との相談の結果、移転計画は見合わされ、哲学堂を井上円了の退隠所とすることになった。円了はこの元価九九九三円六五銭の土地を、原町の土蔵付私宅と旧宅（元建築費四二〇〇円）を哲学館大学へ売却し、残りの代金五七九三円四六銭を大学への負債とした。そして、明治四〇（一九〇七）年から毎年五〇〇円ずつ、一〇年間は無利息、一〇年以後は一割の利子をつけて、一二年間で完済することにしたのである。

（二）修身教会運動

このようにして、円了が個人で取り組むこととした修身教会運動については、前記の「修身教会設立旨趣」に明らかにされている。第二回の欧米視察旅行で円了が痛感したことは、明治維新からの日本の近代化の進展に関することであった。今回視察した国はインド・イギリス（イングランド・ウェールズ・スコットランド・アイルランド）・フランス・ベルギー・オランダ・ドイツ・スイス・アメリカ・カナダなどであったが、その知見からみると、法制、医術、理科（技術）などの分野は欧米とほぼ並んだが、「国勢民力の如何に至りては、之を英米に比するも、仏独に較ぶるも、遥かに其下にあるを見る」、その彼我の差は貧富の差であって、それは日本の国民の道義・徳行が欧米に及ばないことに起因すると、円了は生活規範の問題にあると捉えた。

教育勅語の説く「忠孝」は日本の大本であるが、これまでの説では「其忠たるや多くは戦時の忠にして、平日の忠にあらず、其孝たるや極端の孝にして、通常の孝にあらず、故に国民皆忠孝を知りながら、民力を養ひ国勢を隆んならしむること能はず」とし、円了は忠孝の意義に、倹約、勉強、忍耐、誠実、博愛、自重などの徳目が含有されていると考え、これを養成することが民力の発展につながると考えたのである。

そして、修身教育が学校教育に限られている現状を改め、社会人となってもこれらの道徳を学ぶという家庭教育・社会教育（実業道徳）の場として修身教会の開設を呼びかけたのであった。その具体例は西洋の日曜教会がモデルで、日本では学校と寺院、教育家と宗教家が協力して各地に会を結成して運動を行い、『修身教会雑誌』はその時の講話の題材を提供するものであった。円了はこのような旨趣とその実際を普及するために、「余は自ら全国を周遊し、各地に於て細説詳述せん」として巡講を行ったのである。

大学引退後、円了は一人の社会教育者・教化者となった。そして、全国に修身教会を開設し、哲学堂を拡張することに取り組んだ。各地の修身教会は統一的集権的組織とはせずにそれぞれ独立した活動体とし、哲学堂はその中心の象徴と位置づけ、多数の人々の修養場とした。浅草や上野や日比谷の公園を肉体的公園とすれば、哲学堂は精神修養的私設公園としてさらに施設を整え、修身教会としてまたその本山として建設しようという計画であった。

引退して三か月ほどの休養をとり、明治三九（一九〇六）年四月二日、円了は修身教会運動の展開という新たなテーマをもって全国への巡講に再出発した。この日から国内では一〇月二七日まで、表6のように約七か月間、二一〇日のうち非巡講日は三六日、それを断続的に挟み一七三日間、一三七か所で三〇五席の講演を行った。翌明治四〇（一九〇七）年は二七五日、明治四一（一九〇八）年は二六二日、明治四二（一九〇九）年は一八五日、明治四三（一九一〇）年は二二六日と、巡講は継続された。

この間に、各地で修身教会が結成された。明治四〇（一九〇七）年に雑誌は『修身』と改題されたが、その九月号に三七か所の修身教会の結成が報じられている。このうちの七か所は寺院に、その他は有志や個人が中心になっている。その展開は翌明治四一（一九〇八）年に四か所などとゆるやかであったが、各地を巡回する円了の活動は『九州日日新聞』『福岡日日新聞』『壱

表6　全国巡講時代の巡講

年　度	講演日数	市	島	郡	町　村	箇　所	席	人　数
明治　39	173	6	1	15	83	137	305	61,400
40	275	6		66	171	283	504	112,445
41	262	6		45	235	307	576	170,000
42	185	3	2	28	155	193	363	98,770
43	226	6		47	190	236	451	112,830
44	7	1	3	1	8	11	19	5,700
大正　1	92	3		21	83	103	192	45,150
2	284	7		51	260	310	589	173,205
3	232	5		41	215	259	460	124,420
4	197	3		34	193	254	440	107,960
5	214	5		44	206	250	483	117,120
6	221	5		49	228	272	514	109,995
7	172	4		30	171	216	395	67,900
8	81	−	−	−	−	−	−	−
合　計	2,621	60	6	472	2,198	2,831	5,291	1,306,895

大正８年の市町村数は不明。また、各年度の統計から海外巡講分を除いた。

岐一六日報』など地方新聞に取り上げられて、徐々に浸透していったと考えられる（現在では、この各地での報道などに関する研究はほとんど進んでいないので、今後の課題となっている）。

最近、茅野良男より提供された資料として、大分県立竹田中学校での講演記録がある。この学校の『修道会雑誌』[24]によれば、明治四〇（一九〇七）年記事において、「井上博士来校　兼ねて九州漫遊中なりし井上博士は鹿児島宮崎を経て竹田に来られ五月十六日本校講堂にて一場の講話ありき」と記し、同誌の巻頭に「井上博士講話筆記」と題してその内容は紹介されている。聴衆は中学生であり、学問と地域（風土）の関係、地方と中央の教育関係、外国人と日本人の気質を取り上げ、さらに「誰でも西洋に行つて先づ驚くのは西洋人の能く勉強することである、私が先年英国に行つた時一英人が或時私に問うて曰ふには日本では芝居は何時に始まつて何時頃終りますかと、私は日本では朝から始めて夜分まで続けてやりますと答へた、英人は、そんなら芝居見物に往くものは労働する暇はないではないかと不思議がつて居た」などと、それぞれの忍耐・勤勉の相違を実例を出して比較し、最後に巡講で得た九州の教育の現状などを話題としている（巡講日誌は『選集』第一二巻、三四〇頁）。

一方、現在までの調査では各地の人々がどのように対応したのか、それが少しずつ明らかになっている。円了は明治四二

（一九〇九）年三月一二日より熊本県下を巡回したが、四月二八日に田浦村（現在の葦北郡田浦町）で講演を行った（『選集』第一二巻、四六三頁）。これを迎えた同町収入役の藤崎英一のつぎのような日記がある。[25]

四月二十八日　火　晴。本日朝食後井上円了博士来田〔田浦村〕に付出迎えの為め向野〔地名〕まで宮坂〔村長〕鬼塚〔助役〕列て行く、前十一時帰着倉本旅館なり、后一時頃より西音寺にて演舌あり旅館にて博士更に怪談あり后六時頃退散、夕食後行く此夜揮毫あり十時過帰り休す。

四月二十九日　水　晴。本日朝食して倉本に行く井上博士出立ニ付計算と書の配付をなす。

このようにして巡講は続けられたが、明治から大正への改元にともなって、この巡講に一つの転機があった。明治四四（一九一一）年四月から明治四五（一九一二）年一月まで、円了は第三回目の海外視察を行った。その視察の国はオーストラリア・イギリス・ノルウェー・スウェーデン・デンマーク・ドイツ・スイス・フランス・スペイン・ポルトガル・ブラジル・アルゼンチン・ウルグアイ・チリ・ペルー・メキシコ・アメリカ（ハワイ）などであった。この海外の実地見聞は巡講での題材となった。同年七月三〇日、明治は大正と改元される。円了は八月、修身教会を国民道徳普及会に改称する。雑誌の『修身』は明治四四（一九一一）年五月まで発行されたが、その後は『東洋哲学』の中の「修身欄」となり、これも大正元（一九一二）年一一月二〇日までであった。それまで雑誌の発行所は明治三九（一九〇六）年から「東京市小石川区原町　哲学館大学内」に、修身教会拡張事務所は「東京市本郷区駒込曙町三番地」にあったが、事務所も変更された。

（三）国民道徳普及会

この変化によって、新たに「国民道徳普及会旨趣」が作られたと考えられるが、現在見られるものは五年六月の改訂版しかない。[26]これによれば、事務所は「東京市本郷区富士見町五十三番地」という井上家となり、会長は井上円了であるが、「本会は会員を募集せず分会も支部も設けざることに定む」とあり、組織運動ではなくなったのである。そのためか、『選集』第三巻に収録した『南船北馬集』には第六編（明治四五（一九一二）年四月刊）までの紀行・巡回・日記が、第七編（大正二（一九一三）年六月刊）では巡講日誌に改められている。講演の内容は「国民道徳普及の旨趣の外に教育、宗教、倫理道徳、妖怪談、旅行談、等」で、「開会経費を補助し旁ら哲学堂維持金を積立つる町村の教育、慈善公共事業の補助とし、残りの半額を哲学堂の建築費にあてる」という計画であった。

この巡講の中心は講演である。それは予め四〇題ほどが考えられていて、各地ではその中から選び依頼することができた。四〇題は甲種と乙種とそれぞれ二〇題ずつに二分されている。甲種は勅語関係で、明治期の二つの勅語、教育勅語（明治二三（一八九〇）年）、戊申詔書（明治四一（一九〇八）年）が中心で、倫理道徳の項目を国家・社会・家庭・実業などに展開するものである。乙種は宗教、仏教、妖怪、世界視察談と多岐にわたっている。順に列記しよう。

甲種……国民道徳大綱、教育勅語大意、戊申詔書大意、忠孝為本説、国体精華の説明、公益世務の解釈、義勇奉公談、世界人文の大勢、国運発展の道、戦捷の結果と戦後の経営、勤倹治産論、自彊不息説、実業振興策、公徳養成法、社会教育一斑、家庭教育談、精神修養法、風俗矯正法、青年の心得、婦人の心得

乙種……教育と宗教との関係、倫理と宗教との異同、哲学と宗教との別、知識と信仰との別、仏教の人生観、安心立命談、仏教の将来、霊魂不滅説論、未来有無説、迷信論、妖怪総論、心理的妖怪、幽霊談、西洋最近の実況、南半球周遊談、海外移民の近状、南米視察談、濠洲及南阿旅行談、印度内地旅行談、日本風俗と欧米風俗との相違

その具体的な内容については、巡講に持参したメモ帳がある。現在までに保存されているのは『旅行必携簿　巻二』と『井上円了［覚書］』である（それぞれ『井上円了センター年報』第四号、第五号に翻刻されている）。後者のタイトルの［　］の部分はすり減ってしまって判読できないので、仮に付けたものである。大きさはともにタテ一五cm余、ヨコ一一cm余と二つとも同じで、罫紙の袋とじに表紙を付けて綴じたものである。

前者の『旅行必携簿　巻二』は内容から判断して明治四一、二（一九〇八、〇九）年の頃、後者の『井上円了［覚書］』は大正元（一九一二）年七月の朝見式での勅語が記されているから、それ以後であろう。前者には先の四〇題の乙種に似た目次がある。後者には先の「国民道徳普及旨趣」の四〇題に若干の相違があるが、おそらく改訂前かもしれない。その印刷物が表紙に添付してあり、目次も別にある。ともに目次から即座に引けるように、見開き頁の左上の欄外に目次の番号を本文と別に書いている。

このような講演メモ帳には「文明発展ノ年代」「汽船ノ進歩」「義務教育（世界各国の修学期間の比較）」など事例メモが整理されている。巡講ではこれを用いて、各地の求める話題に対応したと考えられる。後者の『井上円了［覚書］』からいくつか紹介しよう。

○聖徳太子ノ十七条憲法中　一、和ヲ貴ビ無忤ヲ宗トスヘシ　三、詔ヲ承レハ必ズ謹ムベシ　四、礼ヲ以テ本トスベシ　六、悪ヲ懲ラシ善ヲ勧ムベシ　九、信ハ是レ義ノ本毎事信アルベシ　十、忿ヲ絶チ瞋ヲステ、人ノ違ヲ怒ラザルベシ

○生死ノ割合　世界ノ人口十四億ト仮定シテ人寿平均三十五年トスレハ　一年ニ四千万人死　一日ニ十一万人　一時間ニ四千六百人　一分ニ七十六人　一秒ニ一人ト三分一　然ルニ世界ノ人類ハ一秒時ニ六十人ヅ、生ルトノ説アリ

○東京ノ迷信　領〔両〕国橋ノ中間ニ北向シテ飛騨国錐大明神ト唱へテ錐三本ヅ、流シテ祈レバ疾病立ロニ平癒スト云フ

○忍耐　「ウエブスター」ハ大字典ヲ作ルニ三十六年ヲ費ヤセリト云フ

○南米ニテ日本商店ノ振ハザル理由　一、資本ニ乏シキ事　二、遠距離ナルコト（往復半年ヲ要ス）　三、製品者ガ南米ノ事情ニ通セザルコト　四、客ニ接スルノ不馴ナルコト　五、必需品ニアラサルコト

大正元（一九一二）年からの国民道徳普及会の巡講は表5のように、改元後の九月から始まり、同年に八四日、大正二（一九一三）年は二八四日、大正三（一九一四）年は二三二日、大正四（一九一五）年は一九七日、大正五（一九一六）年は二一四日、大正六（一九一七）年は二二一日、大正七（一九一八）年は一七二日と、海外巡講をこれに加算すると膨大な日数となる。この期間の国内巡講の総数は一四〇四日に及び、四年に二か月ほど足りないだけである。

円了は「明治三九年より日本全国、樺太の半より台湾の際涯に至るまで、各郡各郷、出来得るならば村々に至るまで、周遊巡回し」たいと願っていた。巡回のねらいはその活動の趣旨から、都市よりも町村、農村・山村・漁村など辺境の地に向けられていた。当初は一〇年間でこの目標を実現したいと考えていた。しかし、最初の五年間、すなわち明治四三（一九一〇）年まで巡回したところ、「全国の三分の一に達せざるほど」とわかり、その目標とする年限を五年区切りで三期としている。一〇年から一五年間にし、明治三九（一九〇六）年からの年度別の統計がまとめられている。それを合算すると前掲表6のように、大正七（一九一八）年までの一三年間で、六〇市・六島・四七二郡・二一九八町村を巡回して、二八三一か所、五二九一席の講演を行っている。聴衆の人数は合計一三〇万六八九五人であった（目算による）。

その主催者については、資料から新たに表7を作成した。主催者を教育関係、町村有志、諸団体、仏教関係、組織連合（教育会と寺院、町村と団体など）、自治体（市町村、その首長を含む）の六つに分類した。明治四〇（一九〇七）年から明治四一（一九〇八）年は町村有志がそれぞれ五五％、四七％と半数を占めている。大正期に入ると、有志の主催が減少する。代わって教育関係（大正元（一九一二）年が四七％、大正三（一九一四）年が四一％）が一時多くなったが、それも次第に各主催者ともに平均化される傾向がある。当初、市町村主催は少なかったが（明治四二（一九〇九）年のみ三九％）、大正元（一九一二）年以降は一定の割合（一二％～二五％）となる。仏教関係が主催者となっていた割合は低く、前期の哲学館時代の巡講と異なる点である。このような変化にはそれぞれの巡講地の特色が反映されている。二六八七か所の最終的な総計では、教育関係が二七％、町村有志と諸団体がともに一八％、自治体が一六％、組織連合が一一％、仏教関係が一〇％であった。

会場についても、資料から新たに表8を作成した。寺院、小学校、他の学校、その他の四つに分類した。圧倒的に多いのが寺院と小学校である。二六八七か所のうち、この二つで二二〇〇か所以上となり、寺院が三七％、小学校が四六％である。しかし、明治四〇（一九〇七）年からの傾向に変化がある。明治期は寺院が半数前後の割合で会場であったが、大正に入ると、その役割は小学校へと逆転している。これには先に見た主催団体の変化が関係していると考えられる。

講演の内容については前記の「国民道徳普及会旨趣」の四〇題のように幅広くテーマが設定されていたが、円了はこれを勅語修身、妖怪迷信、哲学宗教、教育、実業、雑題（視察旅行談）に分類して統計表を作成している。これを年度別にまとめた表9によると、明治四二（一九〇九）年から大正七（一九一八）年までの間に、年度別の変化は特に見られないことが特徴である。合計で三八五七席の結果は、勅語修身が半数に近くて四一％、ついで妖怪迷信が四分の一ほどの二四％、その他は少なく、哲学宗教が一五％、教育が八％、実業が七％、雑題が五％である。

（四）哲学堂の建設

後期の時代のもう一つの目標が哲学堂という精神修養的私設公園の建設にあったことはすでに述べたとおりである。明治三九（一九〇六）年の開始の時に四聖堂の建物はすでに完成していたが、その後はどのように進められたのか。このことについてはつぎの第二節で取り上げたい。

ここでは全国巡講の寄付金（収入）と哲学堂などへの支出について述べよう。

当初、円了は哲学堂の建設費および維持費として

表７　全国巡講時代の巡講の主催者（年度別分類）

（実数）

年　　度	教育関係	町村有志	諸団体	仏教関係	組織連合	自治体	合　計
明治　40	51	158	33	39	1	4	286
41	90	141	27	20	15	9	302
42	31	25	19	13	29	74	191
43	62	54	35	32	33	27	243
44	1	1	0	1	0	0	3
大正　1	49	8	13	9	10	15	104
2	53	26	89	31	33	78	310
3	106	15	43	23	25	47	259
4	60	30	63	25	44	32	254
5	67	10	41	44	37	50	249
6	108	3	55	23	38	44	271
7	48	8	57	15	34	53	215
合　計	726	479	475	275	299	433	2,687

（％）

年　　度	教育関係	町村有志	諸団体	仏教関係	組織連合	自治体	合　計
明治　40	17.8	55.2	11.5	13.6	0.3	1.4	100.0
41	29.8	46.7	8.9	6.6	5.0	3.0	100.0
42	16.2	13.0	9.9	6.8	15.2	38.7	100.0
43	25.5	22.2	14.4	13.2	13.6	11.1	100.0
44	33.3	33.3	0.0	33.3	0.0	0.0	100.0
大正　1	47.1	7.7	12.5	8.7	9.6	14.4	100.0
2	17.1	8.4	28.7	10.0	10.6	25.2	100.0
3	40.9	5.8	16.6	8.9	9.7	18.1	100.0
4	23.6	11.8	24.8	9.8	17.3	12.6	100.0
5	26.9	4.0	16.5	17.7	14.9	20.1	100.0
6	39.6	1.1	20.3	8.5	14.0	16.2	100.0
7	22.3	3.7	26.5	7.0	15.8	24.7	100.0
合　計	27.0	17.8	17.7	10.2	11.1	16.1	100.0

開会一覧より新たに作成した。

表８　全国巡講時代の巡講の会場（年度別分類）

（実数）

年　度	寺　院	小学校	他の学校	その他	合　計
明治　40	130	103	25	28	286
41	165	77	34	26	302
42	89	74	9	19	191
43	89	111	27	16	243
44	2	1	0	0	3
大正　1	16	53	16	19	104
2	151	111	22	26	310
3	96	126	17	20	259
4	58	150	22	24	254
5	87	130	8	24	249
6	50	179	14	28	271
7	47	119	19	30	215
合　計	980	1,234	213	260	2,687

（％）

年　度	寺　院	小学校	他の学校	その他	合　計
明治　40	45.5	36.0	8.7	9.8	100.0
41	54.6	25.5	11.3	8.6	100.0
42	46.6	38.7	4.7	9.9	100.0
43	36.6	45.7	11.1	6.6	100.0
44	66.7	33.3	0.0	0.0	100.0
大正　1	15.4	51.0	15.4	18.3	100.0
2	48.7	35.8	7.1	8.4	100.0
3	37.1	48.6	6.6	7.7	100.0
4	22.8	59.1	8.7	9.4	100.0
5	34.9	52.2	3.2	9.6	100.0
6	18.5	66.1	5.2	10.3	100.0
7	21.9	55.3	8.8	14.0	100.0
合　計	36.5	45.9	7.9	9.7	100.0

開会一覧より新たに作成した。

表９　全国巡講時代の年度別演題類別

（実数）

年　度	詔勅修身	妖怪迷信	哲学宗教	教　育	実　業	雑　題	合　計
明治　42	136	67	42	43	34	9	331
43	159	122	78	49	45	22	475
44	3	1	2		1		7
大正　1	64	44	17	20	15	20	180
2	243	122	97	54	32	41	589
3	185	110	79	32	37	26	469
4	202	99	57	32	24	26	440
5	204	126	95	32	21	16	494
6	196	124	78	23	36	32	489
7	182	96	50	21	16	18	383
合　計	1,574	911	595	306	261	210	3,857

（％）

年　度	詔勅修身	妖怪迷信	哲学宗教	教　育	実　業	雑　題	合　計
明治　42	41.0	20.2	12.7	13.0	10.3	2.7	100.0
43	33.5	25.7	16.4	10.3	9.5	4.6	100.0
44	42.9	14.3	28.6		14.3		100.0
大正　1	35.6	24.4	9.4	11.1	8.3	11.1	100.0
2	41.3	20.7	16.5	9.2	5.4	7.0	100.0
3	39.5	23.5	16.8	6.8	7.9	5.5	100.0
4	45.9	22.5	13.0	7.3	5.5	5.9	100.0
5	41.3	25.5	19.2	6.5	4.3	3.2	100.0
6	40.1	25.4	16.0	4.7	7.4	6.5	100.0
7	47.5	25.1	13.1	5.5	4.2	4.7	100.0
合　計	40.8	23.6	15.4	7.9	6.8	5.4	100.0

開会一覧に続く「演題類別」より作成した。ただし、大正５年度には「中国山東巡講」（11 席）を含む。

七万五〇〇〇円を積み立てる計画であった。有志の寄付金に頼らず、全国巡講での揮毫の謝儀の半分で、この目標を達成しようとした。表10は年度別収支決算である。これには海外巡講の分が含まれているが、明治三九(一九〇六)年からの明治期は、収入が毎年四〇〇〇円から五〇〇〇円あり、支出が平均で四〇〇〇円台である。主に国内を巡講した明治三九(一九〇六)年から明治四三(一九一〇)年度までの合計は、収入が二万四一八九円一八銭、支出が二万二八九四円七九銭、差し引き残金が一二九四円三九銭である。支出には敷地購入費として一万三一〇円、家屋、庭園工事費として九六〇三円六五銭など、建設期であったから残金が少ないのは当然であろう。大正期に入ると、収入は五〇〇〇円台、六〇〇〇円台、八〇〇〇円台、一万円台と増加する。収入の多くは揮毫謝儀で、大正二(一九一三)年を例にとると、揮毫八八六五円、篤志寄付四一円である。支出は基本的に四〇〇〇円台であるが、七〇〇〇円、八〇〇〇円、一万円台の年は基本金が積み立てられたからである。支出の中に書籍、報告、規則印刷費がある。各地で講演会開会に協力した人々へ御礼の意味で、『選集』収録の『南船北馬集』や趣意書などが作成されたのである。

表10　全国巡講時代の年度別収支決算

<table>
<tr><th>年　度</th><th>収　支</th><th>支　出</th><th>差し引き</th></tr>
<tr><td>明治 39</td><td rowspan="3">14,489円42銭</td><td rowspan="5">22,894円79銭</td><td rowspan="5">1,294円39銭</td></tr>
<tr><td>40</td></tr>
<tr><td>41</td></tr>
<tr><td>42</td><td>4,504円72銭</td></tr>
<tr><td>43</td><td>5,195円04銭</td></tr>
<tr><td>44</td><td>2,617円37銭</td><td>4,412円31銭</td><td>△1,794円94銭</td></tr>
<tr><td>大正 1</td><td>2,128円80銭</td><td>2,572円58銭</td><td>△443円78銭</td></tr>
<tr><td>2</td><td>8,907円26銭</td><td>4,214円71銭</td><td>4,692円55銭</td></tr>
<tr><td>3</td><td>6,933円71銭</td><td>4,689円46銭</td><td>2,244円25銭</td></tr>
<tr><td>4</td><td>5,108円80銭</td><td>8,313円05銭</td><td>△3,204円25銭</td></tr>
<tr><td>5</td><td>6,293円62銭</td><td>4,243円92銭</td><td>2,049円70銭</td></tr>
<tr><td>6</td><td>8,365円62銭</td><td>10,998円84銭</td><td>△2,633円22銭</td></tr>
<tr><td>7</td><td>10,385円03銭</td><td>7,131円62銭</td><td>3,253円41銭</td></tr>
<tr><td>合　計</td><td>74,929円39銭</td><td>69,471円28銭</td><td>5,458円11銭</td></tr>
</table>

明治三九(一九〇六)年から大正七(一九一八)年までの一三年間の収支合計をみよう。表11のように収入は七万四九二九円三九銭、支出は六万九四七一円二八銭、差し引き残金は五四五八円一一銭である。その内訳については、収支は、揮毫謝儀が七万三九一四円五銭、篤志寄付が二〇五円五〇銭、銀行利子が八〇九円八四銭である。支出は、基本財産積み立てが二万二〇〇円、敷地購入費が一万五六一円五八銭、建設・修繕・器具購入費が二万三四七四円二銭、贈呈書等・印刷費が

二二九二円四六銭、事務費（俸給・手当・切手代）が八四九八円八九銭、南半球旅費補助が三五〇〇円、前年度不足金が九四四円三三銭である。基本財産二万余円と大正七（一九一八）年の差し引き残金の三二五三円と、翌大正八（一九一九）年の死去するまでの期間のものが、土地、建物以外に残されたことになる。

後期の修身教会運動・哲学堂時代の全国巡講はこのようにして展開され、全国各市町村での講演とその募金のための揮毫に多くの時間が費やされた。午前は移動、午後は講演、夜は揮毫というのが基本的な巡講生活のスタイルであった。「ただ晩年全国を巡講、揮毫にせめられ毎夜二、三時間しか睡眠をとれないことが多かった」[27]という。その結果として、現在も全国各地に円了の書が残っているのであるが、それについては東洋大学の「井上円了先生の書」研究グループによる研究報告書がある。

円了にとって大正八（一九一九）年は三六〇〇日近くをかけて展開された全国巡講の終わりの年となった。その年の始めは一月三日の初孫の誕生という喜びから明けた。しかし、元旦から風邪に冒され「毎夜睡眠中に咳を発し」て安眠できず、一六日から二二日まで神奈川県葉山で静養する。二月一二日、夜一一時に東京を出発して、翌朝に浜松駅に到着し、五月三日までの静岡県巡講が開始された。そして、五月五日からは中国への海外巡講へと向かった。五月二一日付けの漢口からの手紙では、換金での日本貨幣の急落、現地の日本製品不買、日本人排斥の運動に困り、「一日も早く帰国致度候」と、巡講の困難なことを伝えている（中国では五四運動が全国で展開され、抗日、反帝国主義を掲げる大衆運動が進んでいた）。六月一日付けの円了の葉書でも、その傾向はあまり変わらず、「拙者五月始支那渡航以来、排日と戦ひ物価と戦ひ、炎熱（九十）度と戦ひ言語と戦ひ、南京虫と戦ひ単身にて奮闘を継続し、幸に無事にて天津に安着仕候」という状況であった。六月五日、大

表 11　哲学堂の収支内訳（明治 39 ～大正 7）

収入

項　目	13 年間の合計金額
揮毫謝儀	73,914 円 05 銭
篤志寄付	205 円 50 銭
銀行利子	809 円 84 銭
収入総額	74,929 円 39 銭

支出

項　　　目	13 年間の合計金額
基本財産積み立て	20,200 円 00 銭
敷地購入費	10,561 円 58 銭
建設・修繕・器具購入費	23,474 円 02 銭
贈呈書等・印刷費	2,292 円 46 銭
事務費（俸給・手当・切手代）	8,498 円 89 銭
南半球旅費補助	3,500 円 00 銭
前年度不足金	944 円 33 銭
支　出　総　額	69,471 円 28 銭

連で円了を迎えたのは、哲学館大学の卒業生で東本願寺大連別院の輪番をしていた新田神量である。「井上円了先生御臨終記」[28]によると、朝の列車で大連の先の駅に到着した円了には、疲労の濃さが見受けられたという。新田が休息を勧めたところ「先生は言下に駅から会場に行って講演することに慣れているから休む必要はない、死んでから墓の下でゆっくり休む」といって、円了は休息を断ったのである。大連駅着後、直ちに会場の西本願寺別院の幼稚園に向かった。八時四〇分に講演は開始されたが、円了は一五分程でよろめき顔色も変わり、休演となった。駆けつけた医師の診断は急性脳溢血であった。翌六日、昏睡状態のまま午前二時四〇分に死去した。延べ二七年間の全国巡講はこのようにして終わった。それはまた、多くの著述、哲学館や哲学堂の創立、そして全国巡講などと、六一年にわたる奮闘の人生が閉じられた時でもあった。

四　全国巡講の評価

（一）巡講の基礎的条件

「先生は自ら奉ずること頗る倹にして、且つ遜、汽車は大抵三等、弁当は大抵握り飯、いつの旅行でも決して見送り出迎ひを歓び給はず」[29]を巡講のスタイルとしていた。明治二三（一八九〇）年から大正八（一九一九）年までの円了の巡講は三五八七日以上に及ぶ。これを前期と後期に分けて、それぞれの目的や事情を述べてきたのであるが、この巡講の展開はそれぞれの期に二度ずつ合計で四度の大規模な全国巡講から構成されている。しかし、延べ二七年間にわたり現在の市町村の半数以上に達したこの巡回講演を可能にしたのは、円了個人の意志がまず挙げられなければならないが、さらに基本的な条件がある。それは大きく三つであると考えられる。

第一はこの巡講の開始の時期と重なるように出された教育勅語である。円了の哲学館創立の目的意識に、日本の近代化における無形・精神の世界の近代化の問題があったことはすでに述べたが、維新以来、その世界への対応に方針らしきものはあっても、事実上は大教宣布運動などのように試行錯誤の連続で、その実質内容の形成は破壊と混乱のみで未着手に等しかった。これに対して、明治二三（一八九〇）年一〇月の教育勅語は国民道徳の根源、国民教育の基本理念を明らかにし、初めて勃興するナショナリズムにその基礎をあたえようとしたものであった。周知のように、学校教育を通して、勅語の形で上からこれを国民に浸透させようとしたのである。

この教育・道徳を重視する勅語は、精神世界への固有の問題意識を持つ円了にとって、自らと全国各地を結びつける基盤となった。この普及を大義名分の媒介として、文明開化、哲学、哲学館、『仏教活論』的教学・布教体制などの新たな必要性への理解を求めたのであった。日本の近代化の推進を目的とする円了の行動自体は、すでに見たように、「上から」のものではなく「下から」手探りで進められたが、教育勅語という媒介・背景の出現が巡講を全国的に通用するものとして可能にしたと考えられる。また、中央から地方へと展開する近代化の啓蒙者と自ら位置づけたことが、多くの大衆に迎えられた条件ともなっていた。最初は「東京の専門家の先生」として活躍し、後年は都市を中心とする官学に対し、円了は田舎にあっての「田学」を提唱して、近代と非近代の狭間に自らを置いたことも、全国巡講を可能にした条件である。このようにみると、円了は時代の認識や感覚に関して固有のものを持っていた人物と考えられる。

第二は全国巡講において寺院が会場や主催者になって大きな役割を果したことである。その範囲はこの巡講の記録にあるように、出自の真宗大谷派だけではなく、仏教界全体に及んでいるが、当時の寺院は単に一宗派の末寺としての機能だけではなく、地域全体の統合的機能を担っていたのである。

このことは宗教法の確立過程に端的に示されている。[30] 明治政府は明治一〇(一八七七)年に教部省を廃止して内務省に社寺局を設置すると、翌明治一一(一八七八)年九月に「社寺取扱概則」を通達して社寺の創立と廃合に関する規定を定め、さらに明治一二(一八七九)年六月には「社寺明細帳」の作成を通達して、政府が本山や地方を通さずに全国の社寺の実態を直接把握したのである。そして、先の概則に関する細則の中で最初に施行したのが、氏子・檀家「総代人選定ニ関スル」規定であった。寺院の僧侶と人民との間に総代を置くというこの法規は、「総代たるの資格に「相応ノ財産ヲ有シ」という条件をつけることによって、宗教組織が統治組織の重要な役割を果すことになった」のである。総代人は寺院の各種の届出に際し、連署の責めを負い、県や国家に対して責任の一班を担い、それがまた自己の財産と地位を国家・県に確認されたことになって、地方有力者としての資格を証明されたことになったのである。

このように、円了が着目した寺院とは、単なる宗教組織としてではなく、総代などによって地域全体に通じる機能を有する組織であった。政府がこれを国家の第一次の統治組織と見たように、寺院は全国に遍在していたから、円了の巡講はこのような寺院を通して、その影響は地域全体に及び、内容としては一般化・社会化され、規模としては全国化が可能となったのである。この第二の条件は前述の第一の条件と密接な関係を持っている。

第三はいわゆる社会資本としての交通・通信などの基盤的近代化が急速に進められたことである。幕藩体制から維新へ、そして欧米の技術を積極的に移入したことによって、日本は県・郡・市町村を下部組織とする国家として統一され、それに対応する基盤も整備された。その交通手段の進展の歴史を簡単に紹介しよう。[31]

鉄道の開設は明治五（一八七二）年の新橋〜横浜間の敷設に始まる。つぎの神戸〜大阪間は明治七（一八七四）年であった。大阪〜京都間はその後ほそぼそと進められていたが、西南戦争等の後、京都〜大津、敦賀〜大垣間の建設があって、明治二二（一八八九）年には新橋〜神戸間が完成した。円了の巡講の前年にはこのような基幹ができていた。因みに、円了が最初に京都から上京した明治一一（一八七八）年の行程は、京都〜神戸まで汽車、神戸から横浜までの汽船の移動が悪天候のため五日間かかり、横浜〜東京は汽車であったと日記に記されている。五年余りでこのような変化があった。明治一六（一八八三）年からは東京〜高崎間など全国での民間資本による建設の時代もあったが、明治二五（一八九二）年に鉄道敷設法が発布されて、政府の主導権で再び整備が行われ、明治三三（一九〇〇）年に、北は旭川から熊本までの列島縦貫線が完成した。このようにして全国の鉄道網は建設された。

道路は明治初期から地方の開発のために国道が、東京を起点に、各開港場（横浜・大阪・神戸・長崎・函館）まで、伊勢神宮や各府県鎮台まで、各府県庁および府県鎮台までと、その整備が重視された。しかし、費用は明治一一（一八七八）年の地方税規制によって、府県・市町村の負担が原則とされたから、国家補助の件数や金額も少なく、鉄道に比べれば地域間の道路整備は遅れた。これには欧米のような馬車による交通手段の発達が江戸時代に見られなかったのが原因の一つと考えられている。

また、電信の整備は早くも明治元（一八六八）年に国営での架設を決定し、明治一四（一八八一）年には全国幹線網がほぼ完成した。電話は電信に比べ大幅に遅れた。輸入された一年後の明治一一（一八七八）年に内務省〜警視本署間で初めて実用化し、その後には各官庁、鉄道、大会社などに架設されたが、国営の決定は明治二一（一八八八）年であった。電話網の発展は進まず、明治四〇（一九〇七）年に拡張計画を立て、ほぼ全国を網羅したのは大正元（一九一二）年であった。

円了の巡講が全国的に展開された背景にはこのような鉄道などの基盤整備があった。鉄道を基線に町村の講演地に向かったのであるが、円了が当時使用した交通手段をまとめて紹介しよう。それは岩手県巡講日誌（『選集』第一五巻）に主なものが紹介されている。

人力車（腕車）、勅任馬車、円太郎馬車、荷車馬車、和船、海汽船、川汽船、石油発動機船、汽車、軽便鉄道、電気鉄道、馬車鉄道、轎（駕篭）、荷鞍つき馬、西洋式鞍馬、自動車である。巡講日誌ではこの他に、脚絆と草鞋での徒歩、土呂車（トロッコ）、人車鉄道（土地の傾斜を利用して、人力で車を軌道上に走らせる）を用いたと記されている。

このような交通手段を積極的に駆使して全国を巡講したのであるが、その巡講率を現在の都道府県別（表2）にみると、その比率には高低がある。各県下の市町村の七〇％以上を巡講したところは、北から岩手（七一％）、山形（七一％）、新潟（七一％）、富山（八三％）、石川（七一％）、滋賀（八八％）、京都（七三％）、兵庫（七五％）、島根（七八％）、広島（七三％）、山口（七九％）と、一一府県である。逆に二〇％以下ともっとも低い巡講率は、東京（一五％）、高知（一一％）、沖縄（六％）である。五〇％以上の市町村を巡講した都道府県数は二九で、全国の六割以上となっている。

（二）評価の二面

述べ二七年間の全国巡講を展開した円了を、その家族はどのように見ていたのであろうか。大正六（一九一七）年に長男玄一に嫁いできた妻・信子の談話を紹介しよう。[32]

〔父は〕見たところは質素で、母も見栄を張ることがありませんでした。……日常生活は質素なんですが、必要なときには思いきって使うんですよ……旅行から帰ったときは、必ず私たちにご馳走してくれました。一年のうちで父の在宅日数はほんの僅かで、ほとんど表の方が多いらしいんです。子供の頃、妹が「うちは変なのよ、お父様が家にいらっしゃると変な気がするのよ」とよく言ってました。私の結婚後もそうでした。一週間家にいましたらいい方でしょう。二、三日ですね。他の巡講が待っているんですね。よく電話がかかってきました。

没後の追悼集『井上円了先生』には、円了の巡講の姿が記されている。そのいくつかを紹介しよう。

〔先生から〕殊に山奥の田舎の馬車も通ぜざる辺鄙の人々へも、教育勅語の思召を徹底させやうと思へば、車にも乗れぬ、馬にも乗れぬ、旅宿もなし、食物も小言は云へぬ。先づ大抵は小学校にて話をし、そのまゝそこで寝泊りし、時には教室のテーブルを並べてその上に寝るやうな事もあり、食事等もお話にならぬ有様にて、その間に村長、校長等より地方の人情風俗をさながらに聞き取る為には、それ等の衣食住に不足がましきことを言ふどころではなく、且つ進んで彼等と併座し、彼等の呑む村醪一杯をも共にし、彼等の喫する手製の莨をも喫せざる可らず。斯くして始めて漫遊の目的を達するものなることを語られしを聞き、成程と肯いたことがあります。[33]

自身経営の学校にしても、哲学堂にしても、寄付金の集つただけづゝ、土地を買ふなり、建物を新築するなり、すると

> いつたやり方で、決して借金などをするといふことはなかつた。全く石橋を叩いて渡るといふ主義であつた……先生のカバンは、有名なものであつた。縦二尺位の藪医よろしくといつた風のカバンは、何十年来先生と追随……中には、筆あり、紙あり、墨池あり、手帖あり、切手あり、羊羹あり、先生の七ッ道具ともいふべき程のもの、悉皆備れり。先生はこの七ッ道具を以て、授業の五分間休み、汽車の待合の間等、寸陰と雖も之を利用せられざることなく、手紙の返事、雑誌の原稿、巡回の日記等大率此間に成つたものである。[34]

> 今年（大正八年（一九一九年））は、先生の還暦に当るので、聊か祝意を表しようといふ話もあつたのだが、先生は、今後数年を経ば、日本全国を周遊し尽すから、その上で、日本全国周遊完了祝賀会とでもいふを催して欲しい、還暦なんぞは問題でないと仰つしやつた[35]

円了の巡講は二、三か月が普通とかなりの長期にわたっているが、その間に体調の変化は少なかった。予定変更に至ったのは、明治三五（一九〇二）年七月三〇日の福井県勝山町において、「当夜一二時後、にわかに発病、胃腸カタルおよびマラリヤ熱を併発」したことである。二か日間滞在して静養したが、治療せずに帰京する。東京で二週間の静養をとって、再び福井県に向かっている。延べ二七年間に病気による大幅な変更はこの一度だけである。

　しかし、大幅な日程変更だけでいえば、もう一度あった。明治四二（一九〇九）年八月二五日のことで、鳥取県巡講に向かう途中に、静岡県清水町での講演を終えてから入った母危篤の電報によってである。予定していた鳥取県などへ巡講延期を打電して、深夜一時の急行で新潟県浦村へと出発したが、二七日午前一一時に郷里の駅に到着したのは母が死去した二時間後であった。葬儀後、九月上旬に帰京して、哲学堂にこもって『哲学新案』を執筆し、一〇月中も静養している。再出発したのは翌一一月からであった。

　巡講日記を見ると、「余、数年来の持病あり。毎年、寒暑相移るの際に発す」「八月の間、半日の休みもなく、炎暑をおかして巡講を継続したれば、心身ともに疲れて綿のごとくなれり」など身体にかなりの負担が及んだが、その疲労を温泉療法で癒やしている。長期の巡講の中には、夏・冬の悪天候、「途中、馬車顛覆せしも幸い無事なり」と、少なからずの難行であったことが知られる。

　このような苦労の多い全国巡講がはたして当時はどう評価されていたのであろうか。全国各地町村の多くの人々が歓迎してくれたことは、この日誌で読みとれる。哲学館の関係者の評価は、先の『井上円了先生』に集められている。同書が死去後に追悼のために編集されたという性格もあり、全国巡講に対しては全般に好意的で高い評価である。ここでは批判的、特に当時の有識者の評価を紹介しよう。[36]

二、三年前、或る機会で知合になつた哲学館出身のさる知名の国学者から、私は、円了博士に就いて、次のやうなことを聞いた。博士は旅行や講演にでかける毎に、人から乞はれるまゝに盛んに筆を呵して揮毫し、差出される染筆料は遠慮なく頂戴するだけでなく、時には高い定価を付けて売出すので、一部の人々から守銭奴として目され、共に歯すべからざる俗学者とまで罵られた。それで、嘗て或る親しい友人が博士に向つて、反省を促すことがあつたけれど、笑つて取合はなかつた

また、東京大学文学部哲学科の二年先輩の三宅雪嶺は、円了の青年時代の活躍を知っている人物であるが、『井上円了先生』に掲載した談話[37]で、その著述の能力の高さを惜しみながら、円了の巡講の問題点を指摘している。

氏は何事にも目が利いたが、兎角過去に標準を置き、而も之に依らんとするの性癖があつた。嘗つて弘法大師の遺跡の全国到る所に存在せるのに深く感心し、『都会よりも村落を巡る方寧ろ効果がある』などと言つて……後通俗講演をなしつゝ郡村を巡回したのも……過去の例に依準して為すに過ぎぬ……事業的経営の才の秀でゝ居り乍ら、主我的になりし点が〔あり〕……氏が嘗て『大我と掛けて浜の松風と解く、心は音許り……』。と云ふたかに記憶するが、是れ即ち其傾向の表はれたるものと謂ふべきで、氏は大我を考ふる事に困難であつたらしく見えた

また、三宅は円了が哲学館から退隠した時の挨拶文で「独力経営二十年……」といったことを、多くの関係者への非礼である（三宅は創立時に講師をつとめた）と批判している。三宅は円了もその創立に加わった「政教社」の雑誌『日本人』で欧化主義一辺倒の風潮を批判し、日本主義を主張した知識人として社会的に知られ、その後も陸羯南の『日本』、『日本人』を改題した『日本及日本人』、『中央公論』などに評論を発表して、言論で全国的に時代への影響力を持った。そして、昭和一八（一九四三）年に文化勲章を受章している。円了とは対称的な生き方を選んだ人物として見ることができる。

円了は三宅と同じく東京大学の創立期に学び、当時の四学部の卒業生が五〇人前後の時代の、エリートとして社会に出た。出身の仏教界からの学士の第一号でもあった。在学中からの著作活動で、若き知識人としても有名であった。それが創立した

学校の危機を契機に全国巡講を開始したのであるが、全国各地では社会教育の先駆者（教化者、布教者）としての役割を果たしたと考えられる。それは特に後期に入り、「かつて福沢翁は平民的学者をもって任ぜられたが、余はそれよりも一段下りて土百姓的学者である」[38]と自己規定したことからも明らかである。無位無冠を標榜して政府からの二度の叙勲も辞退した。生涯にわたり在野で活動した円了は、エリートから降りて大衆の中に入ったとは言え、明治時代固有の位置がある。そこに「下から」の教化者といっても限界があった。しかし、この全国巡講の記録は、そうした枠組の中でも、理想とする近代化を進めようとした円了の積極的な姿勢が示されていたといえよう。

【註】

1　黒田亮「井上円了博士」（『長岡中学読本「人物編」』目黒書店、昭和一一（一九三六）年、一七八―一七九頁）。
2　『百年史　通史編Ⅰ』、三六五頁。
3　この統計は、同右、三八二―三九五頁から作成した。
4　『百年史　史料編Ⅰ・上』、一四〇頁。
5　『百年史　通史編Ⅰ』、一〇六頁。
6　井上円了『哲学早わかり』明治三二（一八九九）年（『選集』第二巻、二六―二七頁）。
7　『百年史　通史編Ⅰ』、三九八―四〇二頁。
8　五十嵐光龍「追懐」（『井上円了先生』東洋大学校友会、大正八（一九一九）年、二五二―二五三頁）。
9　『百年史　通史編Ⅰ』、三六六―三六七頁。
10　「哲学館専門科二十四年度報告」（『天則』第四編第六号号外、明治二五（一八九二）年一月一日）。
11　『百年史　通史編Ⅰ』、三八一頁。
12　「哲学館目的・専門科寄付金報告」（『百年史　資料編Ⅰ・上』、九二一―九二二頁）。
13　『百年史　通史編Ⅰ』、二七六―二七七頁、四一〇頁。『百年史　資料編Ⅰ・上』、九二二頁。購入の経過については、「哲学館の昔」（『東洋哲学』第三〇編第九号、大正二（一九一三）年一一月、五〇頁）を参照。
14　『百年史　通史編Ⅰ』、三六八頁。
15　同右、三七一頁。
16　『勝海舟全集』別巻一（勁草書房、昭和五七（一九八二）年、一五三頁）。
17　「哲学館焼失」（『時事新報』明治二九（一八九六）年一二月一五日）。
18　井上円了『円了随筆』明治三四（一九〇一）年（『選集』第二四巻、七七頁）。
19　「館主巡回及招聘心得」（『妖怪学雑誌』第五号、明治三三（一九〇〇）年六月、一―三頁）。
20　「東洋大学第一期生佐々木正熙氏談「井上円了とその時代」」（『井上円了研究』第二号、昭和五九（一九八四）年、一一六頁）。
21　井上玄一『哲学堂案内』（哲学堂宣揚会、昭和四三（一九六八）年、三四―三五頁）。
22　井上円了『修身教会設立旨趣』（『百年史　資料編Ⅰ・上』、二〇―三〇頁）。
23　井上円了の引退の理由については、『百年史　資料編Ⅰ・下』、二一四頁を参照。

24 茅野良男「井上円了の竹田中学校講話について―明治四十五年五月十六日」（『井上円了センター年報』第七号、平成一〇（一九九八）年、九三頁）。

25 田中菊次郎「円了と民衆」（『井上円了研究』第一号、昭和五六（一九八一）年、三五頁）。

26 『百年史　資料編Ⅰ・上』、四五―四八頁。

27 井上玄一「父円了の娯楽・道楽」（『サティア』第二〇号、平成七（一九九五）年一〇月、三五頁）。

28 新田神量「井上円了先生御臨終記」（『サティア』第二一号、平成八（一九九六）年一月、三二―三三頁、ただし、この稿には当時の日付の誤りがある）。

29 高嶋米峰「恩師の面影」（『井上円了先生』、前掲書、一二三頁）。

30 高木宏夫「宗教法」（『高木宏夫著作集』第二巻、フクイン、平成一八（二〇〇六）年、一三三―一七〇頁）を参考とした。

31 赤塚雄三「社会の発展と技術革新」（『現代科学の最前線』すずさわ書店、平成一〇（一九九八）年）を参照した。

32 井上信子「父井上円了」（『井上円了研究』第三号、昭和六〇（一九八五）年、七五頁）。

33 島地大等「井上先生と予」（『井上円了先生』、前掲書、三四二―三四三頁）。

34 鼎義暁「嗚呼井上先生」（『井上円了先生』、前掲書、三四七頁）。

35 高嶋米峰、前掲書、一二三頁。

36 黒田亮、前掲書、一八一―一八二頁。

37 三宅雪嶺「感想」（『井上円了先生』、前掲書、二〇七頁）。

38 井上円了『奮闘哲学』大正六（一九一七）年（『選集』第二巻、二一三頁）。

【補註一】

円了自身が巡講において現地で見聞するという今日のフィールドワークで資料を蓄積したことは、明治二一（一八八八）年四月から記した『実地見聞集』第三編（『井上円了センター年報』第三号、平成六（一九九四）年）に「全国旅行日記中ヨリ抜粋ス」とあることから知られる。それを資料として各種の著述にあたり活用したことは、『妖怪学講義』などで確認されるが、巡講の見聞をまとめた著書としては、井上円了『日本周遊奇談』（明治四四（一九一一）年、博文館）がある。

現代において全国巡講の足跡を調査した研究としてはつぎのようなものがある。田中菊次郎「円了と民衆」、同「『南船北馬』現地調査覚書（続編）」（前者は『井上円了研究』第一号、昭和五六（一九八一）年、後者は同誌第二号、昭和五九（一九八四）年）。目良亀久「井上円了博士と壱岐」（『島の科学』第二二号、昭和六〇（一九八五）年）。烏兎沼宏之『山形ふしぎ紀行―井上円了の足跡を辿る―』（法政大学出版局、平成三（一九九一）年）。

論文としては、つぎのものがある。北田耕也「井上円了の社会教育思想」（『井上円了研究』第三号、昭和六〇（一九八五）年）。朝倉俊一「井上円了の修身教会活動」（『東洋法学』第五七巻第三号、平成二六（二〇一四）年）。朝倉俊一「哲学館事件後の教育方針と修身教育活動」（『東洋通信』特別号―通信教育部設置五〇周年記念号、平成二六（二〇一四）年）。堀雅通「井上圓了の全国巡回講演「海外視察旅行にみる鉄道利用について」（『鉄道史学会二〇一四年全国大会自由論題報告要旨』）。

【補註二】
円了の倫理（修身）の考え方については、同時代の夏目漱石との比較がある。山崎甲一「井上円了と夏目漱石―裸足のソクラテス」（『井上円了センター年報』第一五号、平成一八（二〇〇六）年、一―一九頁）参照。

【補注三】
円了の全国巡講の年月日、市町村名、平成二五（二〇一三）年の市町村名については、拙編「井上円了の全国巡講データベース」（『井上円了センター年報』第二二号、平成二五（二〇一三）年）にまとめたので、参照されたい。

第二節　哲学堂の創立

一　明治期の哲学堂

明治三七（一九〇四）年四月、東京府豊多摩郡野方村大字江古田字東和田に哲学堂（現在の四聖堂）が建立された。これが、現在まで一〇〇年以上の歴史を持つ東京都中野区立哲学堂公園の起源である。この公園を創立者したのは、円了である。

この哲学堂は、創立の当時から注目されたものであったのかといえば、そうではなかった。創立から三年後の、明治四〇（一九〇七）年三月に刊行された東京市編纂『東京案内』に、哲学堂は取り上げられていない。当時の豊多摩郡で取り上げられたものは、新宿御苑、日本赤十字病院、東京感化院、広尾病院、金王八幡神社、青山学院、東京高等農学校、実践女学校、東京衛戍監獄、内藤新宿町、太宗寺、日原淋巴病院、多納病院、淀橋浄水場、淀橋町、大久保の躑躅、大久保病院、熊野神社、妙法寺、伯爵大隈氏庭園、早稲田大学・早稲田実業・早稲田中学、帝国殖民学校、高田馬場址、山吹里、鉄道大隊であった（豊多摩郡とは、明治二九（一八九六）年に東多摩と南豊島郡が合併したもので、東京市西郊外の住宅地となり、昭和七（一九三二）年に東京市に入り、渋谷、中野、淀橋（後に新宿）、杉並の四区に分かれた。ちなみに、円了の創立したもう一つの東洋大学は小石川区で紹介されている）。

哲学堂が建立された当時の野方村周辺は、後に紹介する地図のように、畑・田圃と林を主とする地帯であり、創立間もない哲学堂の周辺の景色（八景）を、円了はつぎのように記している[1]。

一、富士暮雪　二、御霊帰鴉　三、玉橋秋月　四、氷川夕照　五、薬師晩鐘　六、古田落雁　七、鼓岡晴風　八、魔松夜雨

この哲学堂の八景について、前島康彦は当時の地理を調べて著書『哲学堂』の中で、つぎのように解説している。[2]

哲学堂の西側妙正寺川を隔てた向こう側は旧片山村で雑木が茂り、疎林の上に富士山が眺められた。（富士暮雪）。御霊神社は道路を隔てて園地の東側にあり、昭和十二、三年頃までは老杉がそびえ、ねぐらを求める鴉《からす》が集まった（御霊帰鴉）。

妙正寺川は玉川の分水と考えていた円了博士はこれを玉渓と称していた。従ってその川に架かる四村橋（園の東南端）を『玉橋』とよんだのであり、ここでの名月は美しかった（玉橋秋月）。

夕陽は氷川神社（江古田の総鎮守、今の江古田二丁目）の杜《もり》にしずみ（氷川夕照）、名高い新井薬師梅照院（新井五丁目）の夕暮の鐘（薬師晩鐘）がきこえる。

『古田』は江古田の田圃の略で、旧江古田村の田圃には秋になると雁がわたり（古田落雁）、旧片山村の丘陵を鼓《つづみ》ヶ丘とよんだが、その晴風は颯々として快く（鼓岡晴風）、そして園内にあった『魔松』（天狗松）には静かに夜の雨がそそぐ（魔松夜雨）。

このように詠われた哲学堂への交通手段は、最寄りの駅から遠く（近くて一キロ弱、遠くて三キロ）人里離れた場所であった。建立からおよそ一〇年ほど経った時点でも、折口信夫は「夜などは物音ひとつせぬ事が多かった」と書いている。折口信夫は歌人（釈迢空の名で著名）、国文学者、民俗学者、芸能史家として知られているが、大正六年の二〇歳代の終わりに、哲学堂の鑽仰軒を借家して住んでいたことがある。[3]そしてのちに鑽仰庵というタイトルで自歌自注して、当時の哲学堂と野方村周辺をつぎのように書いている。[4]

大正六年に出来た連作のうち、最も数が多いのは、鑽仰庵十八首である。此年の正月から、郁文館中学の教師として通勤しはじめた。通ふからにはいつそ、もつと遠い郊外から行くことにしようと考へた。その当時野方村井上哲学堂の、門番小屋とも見張り小屋ともつかぬ、二間の家があいてゐた。これを借りに行つて、哲学堂主の井上円了さんにもお目にかかつた。鑽仰庵といふのは、私の借りた二間の家に、もとからついてゐた名である。東京へ出るには、これから十余町を

歩いて東中野へ出るか、も少し近かつた武蔵野鉄道の長崎駅から汽車に乗るか、それとも真直に六、七町東京の方へ向いて、椎名町のとつゝきまで出て、それから更に目白のすていしよんまで行かなければならなかつた。其後、春過ぎ夏になり、麦秋の時分になると、どちらから帰つて来るのも大儀であつた。居眠りながら歩く癖の、幼年時代からなくならないでゐた私は、道を歩いてゐながら、いつか足を踏み外して、麦畑の中に転りこむといふやうなことも、五、六回あつた。

折口信夫は疲れがたまって麦畑に転がったというほど、東京の中心部から哲学堂まで当時の距離は遠かった。そのためか、この年の秋から市内の友人宅に同居している。このように、初期の哲学堂は人里離れた場所にあり、また円了の意匠によって独特の雰囲気を持つ精神修養的な公園として建設された。

明治後期に創立された哲学堂は、一つの堂から出発してその後公園として公開されるまで発展し、大正、昭和の時代に、その周辺地などは東京の郊外の住宅地としての開発が進み、創立当時の環境から一変した。

二　哲学堂公園の前史

哲学堂公園は、当初、円了が創立して小石川区原町にあった哲学館の移転地として誕生したものである。円了は著書『哲学堂案内』の「はしがき」で、その経過をこう書いている[5]。

哲学堂の由来を述ぶるに、明治三十一年哲学館の敷地内に、京北中学校を併設せし以来、両校を別置するの急要を感じ、将来哲学館を郡部に移すの意見を起こしたりしが、幸いに豊多摩郡野方村大字江古田小字和田山に売地あることを聞き、且つ其地は和田義盛の遺跡にして、東京府下名所の一なることをも知り、早速購入の上、之を哲学館将来の敷地と予定し、其標識を建てた。其後哲学館が文部大臣より大学公称を許可されたるに付、其紀念として明治三十七年に三間四面の一小堂を此に建設したのが、今日の所謂四聖堂にして、実に哲学堂の起元である。

このようにして哲学堂の歴史は、哲学館の移転地として購入され、さらに明治三六(一九〇三)年の専門学校令による哲学館大学の認可を記念して現在の四聖堂が建立されたことからはじまっている。

哲学堂公園には現在の東洋大学の移転予定地としての前史があり、そして、これを円了が公園へと転換・発展させたのであるが、その経過は後に触れる。この転換がなぜ起こり、さらに「哲学」をモチーフとした公園として創設されたのか、そのことについても後に述べたい。円了の少年時代の恩師である石黒忠悳は日本の公園の起源にかかわった人物である。[6] 円了が哲学堂を公園としたのは、世界旅行の見聞と共に、石黒の影響もあったのであろうか。

そして、すでに述べたように、円了は「哲学館」事件後の明治三九(一九〇六)年一月に哲学館大学学長・京北中学校校長・京北幼稚園園長を辞任して、完全に学校から引退する。この時、財産一〇万五二四四円を寄付して財団法人東洋大学を作り、三万六九〇円を寄付して京北財団法人（中学校と幼稚園）を作った。[7]

このようにして、円了は学校の創立者・経営者から引退し、子孫にそれを世襲させず、学校を財団法人化して社会・公共のものとした。[8] そして、井上円了が改めて哲学堂の土地を財団法人東洋大学から買い戻すことにした。折口信夫の文章の中に井上哲学堂という名称があったのは、この土地が個人所有になったので、一般にはそう呼ばれたのである。

三　哲学堂公園の土地

哲学堂公園の土地の購入は、前述のように、明治三四(一九〇一)年の土地捜しから始まった。哲学館の卒業生の丹生屋隆道が、円了の依頼を受けて、護国寺の住職に新たな土地の購入を相談したことが発端である。丹生屋隆道はその経過をつぎのように語っているので、[9] 要約しておこう。

ある日、音羽の護国寺で蔵書を調べている時、井上博士から哲学館の移転のため土地を捜しているので、護国寺住職の高城義海に相談してほしいという依頼を受けたのです。私が護国寺住職と親しい間柄だったからです。そこで、住職高城義海は高田村（現在の豊島区高田）の砂利場の金乗院・那須宥高という人を見つけたのです。この那須宥高は、高田馬場付近の土地に詳しかったのです。この人の世話で、和田山の哲学堂の土地が候補となり、護国寺住職の口聞きだったので、ブローカーを仲介せず、井上博士は直接取引ができ、すらすらことが運んだのです。また、この土地を「坪あたりただの一円」で購入できました。

地図でみると、明治一四(一八八一)年の野方村には哲学堂はなく田畑や山林であったが、明治四二(一九〇九)年には井上哲学堂がある。円了は、通称和田山と呼ばれたこの土地一万四四四五坪を、先のような経緯で購入したのであるが、その支払いはつぎのようにして行われた。[10]

明治三五年一月に第一回の支払い金一、一二〇円が支払われているので、同年一月には売買契約が結ばれたのである。

明治一四（一八八一）年

（地図は『東京都市地図２　東京北部』柏書房より引用）

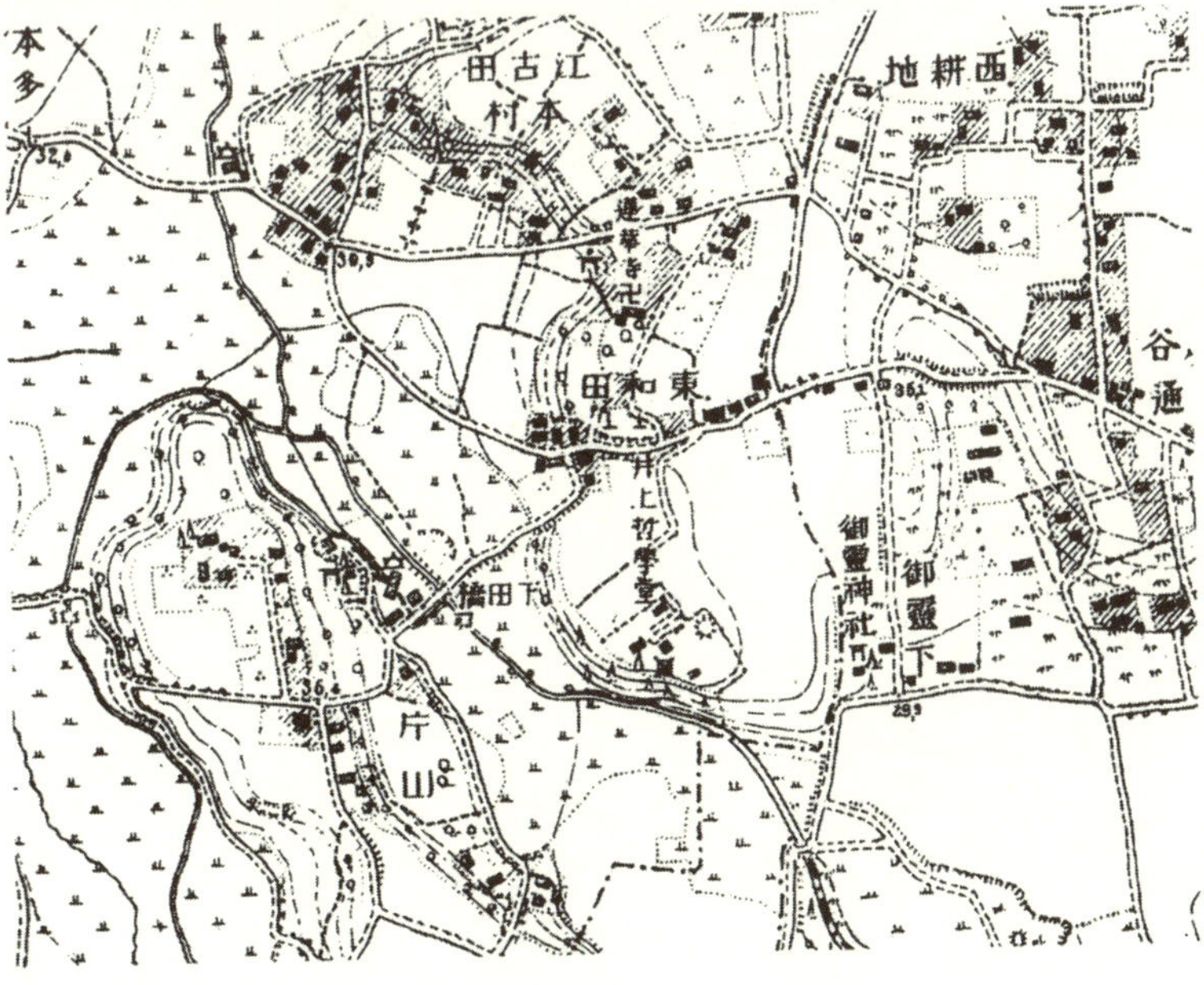

明治四二（一九〇九）年

この土地の購入方法は哲学館寄宿舎建設予定地であった本郷区駒込富士前町畑地二反一畝五歩（六三五坪）の土地に、現金八、二九七円九五銭を加えて交換するというものであった。井上円了退隠の時の引継によると、和田山の土地の元価は九、九九三円六五銭であったことからすると、富士前の畑地は一、六九五円七〇銭ということになり、前記の丹生屋のこの土地は坪一円であったという証言にもかかわらず、坪単価は安いものであったことになる。現金は、二月に二、六四〇円五銭、六月に六、七四円四〇銭、九月に三、八六三円五〇銭が支払われた。

そして、明治三八（一九〇五）年一二月一三日に、井上円了は四つの理由を挙げて[11]、哲学館大学、京北中学校、京北幼稚園の経営者からの引退を決意した。この時に、第二代の哲学館大学学長・前田慧雲との間で事務引継の契約を行った。その内容は、第一が学長交代に関する日程、第二が私学としての学風の継承と運営、第三が井上円了の保有すべき財産の確定であった。哲学堂に関係するのは第三項目であるが、退職にあたり円了の功労に対する賞与として、和田山哲学堂一棟、曙町の木造平屋二棟、額面二三〇〇円の株券を、井上円了に割与している。また、和田山敷地一万四、四四五坪は元価九九九三円六五銭で円了へ売り渡すこと、その支払いとして、まず、原町の土蔵付きの円了の私宅と旧宅（駒込蓬莱町）を建設の元価四二〇〇円をもって哲学堂大学が購入し、残りの差し引き代金五七九三円六五銭は、円了が哲学館大学への負債として、明治四〇（一九〇七）年から毎年五〇〇円ずつ、一〇年間は無利息で、一〇年以後は一割りの利子をつけて借りて、一二年間で完済することにしている。こうして、円了は哲学堂の土地を買い戻すことにしたのである。

四　哲学堂の建設

哲学堂の土地についてはこのような経過があったが、建物としてははじめに哲学堂（現在の四聖堂）が建築されている。この計画は明治三六（一九〇三）年一〇月一日に、「哲学堂設計図」として公表された[12]。哲学館大学が専門学校令による認可を受けたその日に、この計画が出されている。建築費は一二五〇円の予定で、設計は山尾新三郎である。円了は、東京大学研究生となった明治一八（一八八五）年一〇月二七日に、学生に参加を求めて哲学祭を開催しているが、この時に哲学の始祖として四人の聖人を選んでいる。それは、東洋哲学から釈迦、孔子、西洋哲学からソクラテス、カントで、これを四聖と呼んで祭り、以後、数年にわたり哲学祭を行っている。そのため、哲学堂（四聖堂）を建設するにあたり、この四聖をモチーフにして作ったわけである。この建物は明治三七（一九〇四）年四月一日に完成して落成式を行ったことになっている。[13]

その後、円了は明治三九（一九〇六）年に学校から引退して、一教育者に戻り、社会教育としての全国巡講を行ったことはすでに述べた。哲学堂の公園化に取り組んだのは、その巡講を一年間行ってからである。全国巡講という社会教育活動を継続していくことに確信が持てたからであろう。翌明治四〇（一九〇七）年一二月に「哲学堂拡張予告」を発表して、先の四聖堂に続いて、六賢堂（東洋的な学徳兼備の賢哲として、聖徳太子、菅原道真、荘子、朱子、龍樹、迦毘羅）、三学堂（日本的な神儒仏の三道の碩学として、平田篤胤、林羅山、釈凝然）の建設を明らかにし、それを一〇年間で達成するという計画であった。[14]この時から、哲学堂は公園へと大きく歩み出し、「精神修養の根本道場」として拡張されたのである。

円了は哲学堂の目的をつぎのように考えていた。

将来その所在地を私設公園とするにおいては、浅草や上野や日比谷の公園のごときは肉体修養の公園にして、哲学堂は精神修養の公園として区別することができる。[15]

西洋には体を養う公園があると同時に、心を養う公園がある。教会堂がそれである。休日の半日を公園で費せば、必ず他の半日は会堂に費すことになっている。日本もこの心を養う公園がほしい。体を養う公園が日に月に増えているのに、心の公園がない。[16]

〔心の公園としての哲学堂の建設は〕余が存命中いささか微力を尽くし、その結果、余が死後において精神修養的私設公園として永く保存せられ、世道の万一を裨補するを得れば本望の至りなり。[17]

公園の施設の建築は、残された記録や資料からみると、当初の予定よりも早く進行している。それを年別にまとめると、つぎのようになる。

明治三七（一九〇四）年四月　　四聖堂の落成。

明治四〇（一九〇七）年一二月　　哲学堂拡張予告を発表

明治四一（一九〇八）年　　「本年中までに六賢台、三学亭の外部の建築は竣功したるも、内部の装飾と山門の建築とは、来年度の事業となす。ついで庭園の経営は五年間を期して成功の予定なり。しかして最初より全部の建築は山尾新三郎氏の設計年にかかれり」[18]

明治四二（一九〇九）年　　「哲学堂の工事は、六賢台、三学亭の内容と山門の建築と庭園の起工との三件なり」[19]

明治四三(一九一〇)年　「今後の計画として庭園の増置、四聖の銅像、図書館の準備、その他基本金等、概算約五万円を要す。これ中後両期の十ヵ年間に積み立つる心算なり」[20]

明治四四(一九一一)年　哲学堂の支出として、「梵鐘および什器購入費および技師へ謝儀」「堂舎および庭園修繕費」が書き出されている。[21]

明治四五(一九一二)年(七月三一日以前)　「哲学堂庭園を広げ、各所に命名したるもの　左のごとし。(総名)哲学堂　唯心庭　唯物園(各名)哲理門(俗称妖怪門)四聖堂　六賢台　三学亭　鑽仰軒　一元牆　鬼神窟　無尽蔵(書庫)時空岡　宇宙館(この中に皇国殿あり)幽霊梅　相対渓　理想橋　絶対境　聖哲碑　意識駅　直覚径　認識路　論理関　心字池　概念橋　主観亭　倫理淵　理性島　先天泉　心理崖　独断峡　学界津　百科叢　懐疑巷　二元衢　造化澗　神秘洞　後天沼(一名扇状沼)原子橋(一名扇骨橋)博物提　理化潭　客観廬　物字壇　進化溝　万有林　感覚巒　経験坂　天狗松　万象閣　髑髏庵　常識門　そのうち輪郭を付したる分は未建設なり」[22]

大正元(一九一二)年(七月三一日以降)　「哲学堂経営としては、物字園を完成せり。なお引き続きて講堂(宇宙館)を建設することを定む」「哲学堂内に講堂および図書館を建設することに着手せり」[23]

大正二(一九一三)年六月　「哲学堂の由来記を印刷に付せり。題して『哲界一瞥』という。その緒言に哲学堂の起源および計画を略言した」[24]「哲学堂経営としては、小講堂(宇宙館、皇国殿)を建築せり。外に石門を新設せり。なお引き続きて図書館の建設に着手する予定なり」[25]

大正三(一九一四)年　「哲学堂経営の方にては、図書館の新築に着手し、大半竣功せり。本年は豪雨、洪水のために山崩れありて、唯物園に多大の損害を与え、復旧工事に多額を支出せり。また、論理関に傘亭を新設し、その周囲に小庭を築造せり」[26]

大正四(一九一五)年　「哲学堂図書館に四聖の像を石に刻して安置することに定め、田中百嶺氏をして原画をえがかしめ、田中良雄氏をしてこれを刻せしめ、その台石に余自ら左の記文を筆して刻せしめたり」[27]「哲学堂の建築費および維持金を積み立つる一方法として、全国巡講の際、各所において揮毫のもとめに応ずることに定めたりしが、目下工事過半竣功したれば、筆塚を設くることに決し、左の記文を草せり」[28]「哲〔学〕堂経営の方は図書館の新築を完成し、霊明閣を創建し、陳列所を開設し、帰納場および三祖壇を築造せり」[29]「〔一〇月〕二十三日と二十四日両日をトして、哲学堂内設置中の御大典紀念図書館の披露をなすことに定め、各所へ左のごとき案内状を発す[30]」「本堂（哲学堂）は七八分通り出来上り候に付き、今後は時々日曜講演又は講習会を開催致心得に候。全部完成までには尚ほ数年を要すべく、其間に図書館陳列所を充実する外に三祖苑史蹊を増設し、更に進んで庭外に学生監督所も設置致度心算に候[31]」

大正五（一九一六）年一〇月　「本年七月十六日より二十三日まで、哲学堂において『活仏教』の題にて夏期講習会を開けり。御大典紀念図書館は本年六月より毎日曜公開することとなり、碑文を日下寛氏に依頼せり[32]」「哲学堂庭園経営の方は唯物園の川向こうの地所数十坪を購入して星界洲を開き、これに望遠橋と観象梁との二橋を架せり[33]」

大正六（一九一七）年　「哲学堂経営の方は、星界洲中に半月台を建築し、図書館前に紀念碑を設立せり。本堂将来の目的は『東洋哲学』をもって発表せり。（雑誌六月号[34]）」

大正七（一九一八）年　「哲学堂経営の方は、硯塚を建て、史垣を設け、四聖堂中に実行的本尊として唱念塔を置き、図書館に雑誌をも閲覧し得る設備をなせり[35]」

このように、哲学堂公園は明治三七（一九〇四）年の四聖堂の落成に始まり、大正七（一九一八）年の硯塚の建設まで、円了の生存中（大正八（一九一九）年六月死去）は続けられていた。その際、円了は、哲学堂の建物・庭園などにすべて名称をつけた。それが哲学に因んでいることは前述のとおりである。大正二（一九一三）年の著書『哲界一瞥』は、現在知られている哲学堂に関する著書の『哲学堂ひとり案内』（第一版、以後円了没後の改訂版は『哲学堂案内』という）に、先駆けて出されたものである。その書名のように、この哲学堂公園は、哲学の世界が理解できるように各所に名をつけたわけである。哲学の普及を使命として、またそれを信念にまで高めてきた円了の人生を象徴するものであった。哲学堂の建物・庭園の名称は、東洋と西洋の哲学の聖人・賢者と、哲学という学問を理解する上で必要な概念などを取り上げている。そして、哲学堂の各所の名称を整理して、つぎのように述べている[36]。

（哲学堂）の庭園は丘上と丘下とに分かれ、丘下に左右両翼ありて、右翼に物字園を設け、左翼に心字庭を置いた。これは唯物論と唯心論とを表示したのである。そのいちいちの名称を掲げましょう。

　丘上すなわち中位の方

哲理門（俗称妖怪門にして、その左右に天狗と幽霊の彫刻物がある)、常識門、四聖堂、六賢台、三学亭、鑚仰軒、髑髏庵、鬼神窟、万象閣、宇宙館(このなかに皇国殿を置く)、無尽蔵(書庫)、時空岡、相対渓、理想橋、絶対境、聖哲碑、幽霊梅、天狗松、百科叢、学界津、一元牆、二元衢、懐疑巷

右翼すなわち唯物園の方

経験坂、感覚巒、万有林、造化澗、神秘洞、後天沼(通称扇状沼)、原子橋(通称扇骨橋)、博物堤、理化潭、進化溝、物字壇、客観廬

左翼すなわち唯心庭の方

意識駅、直覚径、認識路、論理関、独断峡、心理崖、先天泉、概念橋、論理淵、理性島、心字池、主観亭

以上を総称して哲学堂と定めた。その中には未だ建設せざるものもある。これらの名目を一々説明すれば、哲学の大意が分かるように工夫したつもりである。

さらに大正四(一九一五)年に『哲学堂ひとり案内』を出版して、「哲学堂庭内七十七場名称」を表している。[37] 井上円了の記述を元に、その名称の意味するところを、当時の配列にしたがって、つぎに要約して紹介しておきたい(漢詩・漢文は読み下した)。

五 哲学堂庭内七十七場

1 哲学関 哲学堂の入り口の石柱の一つで、2の真理界と対をなし、これより先の境内が「哲学上宇宙の真理を味わい、かつ人生の妙趣を楽しむところ」を表している。

2 真理界 1の哲学関と対をなす哲学堂の入り口の石柱の一つである。

3 鑚仰軒 鑚仰とは徳を仰ぎたっとぶの意味であるが、門戸を監守するために設けたところである。

4 哲理門 この門は四聖堂の正面にあり、この門には「棹論理舟溯物心之源、鞭理想馬登絶対之峰(棹論理の舟に棹さし、物心の源にさかのぼり、理想の馬に鞭うちて、絶対の峰に登る)」という漢詩が書かれている。門の両側には仁王尊の代わりに、天狗と幽霊の彫刻物が置かれている。物質の世界、精神の世界には根底に「理外の理」という不思議なことがある。物質の世界の不思議を天狗に、精神の世界の不思議を幽霊で表したものである。そのため、「物質精気凝為天狗、心性妙用発為幽霊(物質の精気凝りて天狗となり、心性の妙用発して幽霊となる)」という標語がある。この門には妖怪門という俗称がある。

5　一元牆　この門より一直線に連なっている垣根のことで、「世間の多元的な見解（事々物々の差別のあること）」と「哲学の一元的な見解（差別の深底に潜在する一大原理）」とを区分する境界を意味する。

6　常識門　5の一元牆の左端にある門で、「普通」を表す出入り口であるが、その門柱に「四聖堂前月白風清、六賢台上山紫水明（四聖堂の前、月白く風清し、六賢台の上《ほとり》、山紫水明）」と書かれている。この門の右側に来観者の入り口がある。

7　髑髏庵　常識門に隣接する一棟をいう。これは肉体上の死を意味するのではなく、精神上の死を表している。その理由は、世間の俗塵にまみれた心をここで消滅（死）させるからである。来観者は、必ずここで名簿に住所・氏名を記入することになっている。その時には粗茶を進呈する。

8　復活廊　髑髏庵に連なる小廊下をいうが、髑髏庵では日常的な精神は死んでいるから、その心を蘇生して、新たに哲学的な心眼を開くための場所である。

9　鬼神窟　復活廊で結ばれている二階建ての建物をいうが、すでに来観者の精神は俗界を離れて霊的になっているので、人の耳目では接しえない霊魂と神霊の世界にいることを表している。

10　接神室　鬼神窟の内室をこう呼ぶが、天地の神霊に接していることを表している。

11　霊明閣　鬼神窟の楼上をいうが、特別の客を歓迎する迎賓室を表している。

12　天狗松　霊明閣から連なる松林のなかで、ひときわ高くそびえている松をこう呼んでいる。「和田山や一本高し天狗松」といわれ、哲学堂の道標となっている。

13　時空岡　四聖堂の周辺の平地をこう呼び、哲学の時間・空間を表している。

14　百科叢　時空岡の一方の、こかげのしげみをこう呼び、もろもろの科目を表している。

15　四聖堂　哲学堂の中心となる建物である。その本尊は哲学的理想を表している。内部の装飾にも意味があるが、特に世界の哲学者として、東洋哲学の中から中国哲学の孔子、インド哲学の釈迦、西洋哲学の中から古代哲学のソクラテス、近世哲学のカントを奉崇している。それを表しているのが「孔聖、釈聖、瑣聖、韓聖」の扁額である。

16　唱念塔　四聖堂の本尊として「哲学的理想」を本尊とするといったが、これに対する実際的本尊として、四聖堂内に「南無絶対無限尊」の石柱を置いている。この「南無絶対無限尊」のことばを唱念することにより、人の憂鬱、苦悩、不平、病患などが静まる。唱念の方法に、誦唱（声に出して）、黙唱（口をふさいで）、黙念（目をとじて）三通りがある。

17　六賢台　四聖堂のとなりの赤い三層六角の建物である。この六人は東洋的、つまり、日本、中国、インドから選ばれた賢人である。日本の古代から聖徳太子、中世から菅原道真、中国の周代から荘子、宋代から朱子、印度の仏教から竜樹、外道（仏教以外のバラモン哲学）から迦毘羅仙、以上の六賢者である。その肖像などを台上に掲げている。この画工は中沢弘光氏、鋳造者は津田信夫氏、建築は山尾新三郎氏である。二階には円了が全国巡講した際に集めた神社仏閣の守り札などが壁に展示されている。この建物の屋根の一部にレンガの天狗がつけてある。

18　筆塚　六賢台を出て天狗松の下の小坂を下り、右側にあるのがこの塚である。全国巡講の際、各地で揮毫して謝儀をえて、この公園を建設したのであるが、揮毫の記念として建てられたものである。「字をかきて恥をかくのも今暫し哲学堂の出来上がるまで」の歌と、台の前面に「余欲建設哲学堂、使人修養身心、荷筆歴遊諸州、応需揮毫、積其謝報充此資、大半既成、於是築筆塚以記其由云〔余は哲学堂を建てて、人をして修身を修養せしめんと欲し、筆を荷いて諸州を歴遊し、もとめに応じて毫《ふで》をふるい、その謝報を積みてこの資に充て、大半すでに成る。ここにおいて筆塚を築き、もってその由を記すと云う」という漢文が記されている。

19　懐疑巷　筆塚を過ぎると、道が分かれていて、前方に進めば唯物園、後方に降りれば唯心庭となり、「往こうか唯物、返ろうか唯心、ここが思案の懐疑巷」と、哲学上の分岐点を表している。

20　経験坂　唯物園に達する道をこのように名付けているが、唯物論が経験を階段とし、理科や博物などの実験に基づいているからである。

21　感覚巒　経験坂から唯物園までの途中には、実験に関する名称がつけられている。この坂の途中のところを感覚巒というが、われわれの経験が耳目などの五感の感覚によっていることを意味している。

22　万有林　感覚巒から下を臨めば、小池が扇面となり、小橋が扇柄となっているのが見える。そこから右の方に行く松林を、こう呼んでいる。

23　三字壇　万有林の中に、大理石で造られた三字形の腰掛けをこう呼んでいる。この辺りの庭園を三祖苑といい、24の三祖碑が建てられている。

24　三祖碑　三祖とは、中国の黄帝、インドのアクシャ・パーダ（足目）、ギリシャのタレス（多礼）のことである。それぞれの小伝は以下の通りである。

「支那　黄帝　伝曰　黄帝有熊氏、名軒轅、生而神霊、長而聡明。察五気、立五運、順天地之紀、定幽明之占、又曰、帝与岐伯、上窮天紀、下極地理、遠取諸物、近取諸身、更相問難、而作内経、蓋支那哲学発源於此、其後歴千有余年、百家競起、一盛一衰、以至今日、黄帝実為其肇祖焉。右黄帝小伝〔支那　黄帝　伝に曰く、黄帝は有熊《いんゆう》氏軒轅《けんえん》と名づく。生まれながらにして神霊あり、長じて聡明、五気を察し、五運を立て、天地の紀にしたがい、幽明の占を定む。また曰く、帝と岐伯とは、上《かみ》は天をきわめ、下《しも》は地理をきわめ、遠きは諸《これ》を物に取り、近きは諸を身に取り、更々《こもごも》相い問難して、内経を作る。けだし、支那哲学は源をここに発す。その後、千有余年を歴《へ》て、百家競い起り、一盛一衰して今日に至る。黄帝は実にその肇祖たり。右、黄帝の小伝なり。〕」

「印度　足目　足目者印度古仙也、不詳其年代、或云、劫初大梵天王化作此仙、或云、其人即帝釈天也、両説荒唐不可信拠、然此仙遠在釈迦以前、始説因明法、立九句因及十四過類、是為論理之規矩、爾来諸学派皆由、此以判是非、弁邪正、故今推足目、為印度哲学鼻祖也〔印度（足目）足目なる者は印度の古仙なり。その年代を詳《つまびら》かにせず。あるいは云う、劫初《ごうしょ》の大梵天王化してこの仙人となると。あるいは云う、その人はすなわち帝釈天なりと。両説は荒唐にして信拠すべからず。しかれどもこの仙は遠く釈迦以前に在り。はじめて因明の法を説き、九句因および十四過類を立つ。これ論理の規矩となす。爾来、諸学派みなこれによりて、もって是非を判《さだ》め、邪正を弁《わか》つ、故にいま足目を推して、印度哲学の鼻祖となすなり。右、足目の小伝なり。〕」

西洋　多礼　往古希臘有七賢人、多礼須居其首位、西暦紀元前七世紀之人、夙究数学、兼修星学、進破当時神話、依物理原則、溯天地太初、竟以水為世界真元、森羅万象皆生於水云、自是而後、諸家輩出、甲論乙駁、遂成西洋哲学大観矣、然始開其端者、即多礼須其人也。右多礼須小伝〔西洋（多礼）往古の希臘《ギリシャ》に七賢人あり、多礼須《タレス》はその首位に居る。西暦紀元前七世紀の人なり。つとに数学を究め、かねて星学を修め、進んで当時の神話を破り、物理の原則によりて、天地の太初にさかのぼり、ついに水をもって世界の真元となし、森羅万象はみな水に生ずと云う。これよりして後、諸家輩出し、甲論乙駁、ついに西洋哲学の大観を成せり。しからば、始めてその端を開くものは、すなわち多礼須その人なり。

右、多礼須の小伝なり。」」

「井上円了識す」と書いている。

25　哲史蹊　万有林という松林に設けた哲学史に関するもの、つぎの哲史塀に続いている。

26　哲史塀　この塀には、哲学者の年表が刻まれている。

27　唯物園　三祖苑の三字壇から、万有林の碑の側を過ぎて、石段を下れば、そこが唯物園である。

28　物字壇　唯物園の目標として、芝で「物」という字が造られている。

29　客観廬　物字壇の側にある休息所（草亭）のことであるが、客観とは哲学上の概念で、耳目に感じる物的世界のことで、もう一方の心的世界を主観という。

30　進化溝　物的世界の進化を表したものである。

31　理化潭　物的世界を研究する自然科学の世界を表したものである。

32　博物提　動物、植物、鉱物、地質、古生物などの物的世界について研究を表したものである。

33　数理江　この唯物園の側に流れる水は妙正寺川であるが、物的世界を研究の基礎にある数学と理科を象徴して、この川に名付けた。

34　望遠橋　妙正寺川に架かる橋で、遠くの世界まで観察する道具を表している。

35　観象橋　妙正寺川に架かる橋で、天文・気象などの自然観察を表している。形状から富士桟とも呼ぶ。

36　星界洲　川の対岸の地域を、星の世界にたとえて表している。

37　半月台　その星の中に月が見えるから、その月を半月で表している。川の対岸にある。

38　神秘洞　進化溝の左にある石窟であるが、この暗黒の世界が持つ、物の造化の幽玄性と神秘性を表している。進化の根元をさぐっていくと神秘の世界に行くので、反対に、この洞から流れる水によって進化溝ができている。唯物論の究極は神秘に入ってしまうことを表している。

39　狸灯　神秘洞の右にある狸の灯籠であるが、狸はよく人をだます、人間も詐偽、虚喝、妄語などの術に長じていて、共通性がある。しかし、このような悪徳の中にも、時には光輝ある霊性を表すことがあるので、狸の腹に光り（灯籠）を仕込んでいる。このような世界は、人生の真情を表してもいる。

40　後天沼　狸灯の傍らにある小池を、人の性質・習慣などが生後の経験や教育によってえられ発展したものと見る立場を表している。池の形状が扇に似ているので、扇状沼とも呼ぶ。

41　原子橋　この扇状沼にかかる橋なので、扇骨橋ともいうが、もとの名は原子橋で、万物の原子が次第に集合・発展して、世界と人類の文化を開発する点を、扇の面で暗示したものである。

42　自然井　原子橋を渡っていくと、噴泉がある。自然に噴出する天然泉であるが、世界の原動力はこのように天地自然より間断なく発生していることを表している。

43　造化澗　自然井より川にそって、唯心庭の方に歩むところの断崖一帯の総称である。岩石の間からこんこんと小さな水が流れるのは、万物の創造の妙用といえよう。

44　二元衢　二元とは哲学上の用語で、物と心の二者対立の名称である。つまり、ここが唯物園と唯心庭の岐路にあたる（この二元衢より上の方に進めば、朱色の字で「人生必須之処在此〔人生必須のところ、ここにあり〕」と書いてあるが、これは便所を指している）。

45　学界津　二元衢より下の方に向かえば、水辺に突き当たる。これを学界津と名付けた。前述の便所からここで水洗できるので、人生の不浄を学界にて清めるとの意味もある。

46　独断峡　学界津から唯心庭へは、もともと断崖であった場所を切り開いた道である。そこでこの名称にしたが、哲学上では、独断は経験に相対する言葉である。物質上の学理を根拠とする方が経験派で、精神上の理想を基礎とする方を独断派という。だから、経験は唯物に関係し、独断は唯心に関係している。この独断峡をさらに進めば、唯心庭にたどりつく。

47　唯心庭　唯心論を表したもので、これに関するさまざまな概念を総称している。

48　心字池　唯心論の中心は心であるが、そのことを表すために、中央に「心」の字を形にして池を掘っている。唯心庭の目標になっている。

49　倫理淵　唯心の一つの形が倫理であるが、川に臨んでいる淵をこう名付けている。

50　心理崖　唯心のもう一つの形が心理であるから、川と反対に山によっている崖をこう名付けている。これで、唯心庭の中央が「心」で、それの左右が倫理と心理になる。

51　理性島　池の中心の小島をいうが、理性が心の奥底にある本性であることを表している。

52　鬼灯　先の狸灯が人生観とすれば、この鬼灯は人心観にあたり、われわれの心中に悪念、妄想がやどっているのは心の鬼のためで、しかしその心の内に良心の光明があるので、鬼が灯籠をいただきつつ、その灯籠（良心）に圧倒せられて、苦しんでいる状態になっている。

53　概念橋　概念とは心の一つの作用であり、外界に関連するものであるが、理性に達する前置の作用にすぎないことを表している。

54　先天泉　橋の左の方に天然泉が噴出している。これを先天泉と名付けたが、われわれは時によって心のもっとも深いところから、なんとなく高妙尊厳の消息を感じることがある。それを倫理学では、先天の命令というが、教育や経験を超越した最高のものをいう。この泉の水が心の池に流れることを、先天の命令がわれわれの心に伝わってくることを表している。

55　主観亭　池の湖畔の高所にある茅軒をいう。心の世界の休息所を意味し、唯物園の客観廬に対立する名称である。この小亭で休み、心の世界の風光を観察する場所である。

56　直覚径　唯心庭から丘上へと、庭から丘への坂道の一つをこう名付けている。哲学上の認識の一つの方法で、思考、推理を待たず、にわかに速やかに覚知することを意味する。そのため、丘へ直接する近い道である。

57　認識路　直覚に対するものである。哲学の研究は論理によるが、論理に関する心（意識）の作用のことを認識といい、事物を知覚し思考し推理することはすべて認識という。直覚を直線的とすれば、認識は迂回となり、庭から丘へと、迂回する坂道である。この道を進むと、つぎの論理域に至る。

58　論理域　理学の研究は数学によっているように、哲学の研究は論理に基づいている。

59　演繹観　論理の一つが演繹で、認識路の途中にある傘の形の小亭をこう名付けている。演繹とは、思想の原則によって推論することをいう。

60　帰納場　論理のもう一つが帰納で、演繹観をさらにのぼって丘上に達する三脚鼎立の休息台をこう名付けている。帰納とは、すべての事実を集めて立論することをいう。演繹と帰納は論理の二大部門で、演繹は心の内で道理にあてはめて断定する方、帰納は広く目を外界に放って引証する方であるから、来観者は演繹観で憩い内省し、帰納場にすわり外望することを願っている。

61　意識駅　直覚、認識ともに意識の作用であるから、認識路と直覚径の間に意識駅を設けている。ここに二脚の腰掛けがある。ここでも休んで観相することができる。

62　絶対城　哲学上、対立するもの（相対）がなければ、絶対となることを表している。この城は帰納場と四聖堂の間にあり、読書堂であるが、万象について推究すれば絶対の本体を想出するように、万巻の書物を読み尽くせば、やはり絶対の境地に体達することからも、この城を絶対城と名付けた。ここに所蔵する図書は、明治一九

（一八八六）年から三〇年間にわたり乏しい生活の中で収集したもので、明治以前の国書・漢籍・仏書があわせて二万一一九三冊ある。[38] これを公開したいと考えている。書函のあるところを聖哲院と名付けた。なお、四聖堂の中に一切の肖像を置かないようにしたので、ここに四聖の肖像を刻した聖哲碑を安置している。

63　聖哲碑　絶対城にあり、四聖の肖像を刻した碑である。この肖像は田中百嶺氏が橋本雅邦氏の四聖の図に基づいて描いたものである。碑の台石には「凡哲学東西相分、在東洋支那哲学以孔聖為宗、印度哲学以釈聖為首、西洋則古代以瑣聖為宗、近世以韓聖為首、故本堂欲合祀斯四聖而代表古今東西之諸哲、茲刻影像以致鑽仰誠、如其位次則従年代前後、非有所軒輊也〔およそ哲学は東西に相い分ち、東西に在りて支那哲学は孔聖をもって宗となし、印度哲学は釈聖をもって首となす。西洋はすなわち古代は瑣聖をもって宗となし、近世は韓聖をもって首となす。故に本堂はこの四聖を合祀して古今東西の諸哲を代表せしめんと欲す。ここに影像を刻してもって鑽仰の誠を致す。その位次のごときはすなわち年代の前後にしたがい、軒輊《けんち》する所あるにあらざるなり〕」と刻している。

64　観念脚　絶対城（読書堂）の二階は閲覧室で、書を読んでいろいろな観念を凝らすので、こう名付けている。さらに屋上は書を読んで疲れた時の休息所として観望台を置いている。

65　観察境　絶対城の屋上の観望台は哲学堂の周囲を一望するのによいので、こう名付けている。別名では大観台とも呼ぶ。

66　紀念碑　絶対城というこの図書館は、大正四年一一月の即位の御大典紀念として開館したので、それを永く忘れないように、図書館の前にこの碑を建てた。

67　相対渓　先の聖哲碑、観念脚、観察境を総称して絶対城と名付けたので、これに隣接する無水溝を相対渓と名付けた。

68　理想橋　相対渓に架けた石橋をこう名付けた。

69　理外門　理想橋の外の小門を理外門という。ここには三つの門があるが、正面の哲理門は表門、常識門は通用門、そしてこの理外門は裏門にあたる。この裏門は、上扉を解いて外に開き、下扉を揚げて内に支えるようにすれば、屋根の形になる。門であって、門でない、つまり理外の理を表している。

70　幽霊梅　理想橋の左あたりに、痩せた梅の木がある。この木は、もともと駒込の自宅にあって、ある時にその下に幽霊が出ていると騒いだことがある。それから、この梅の木を幽霊梅と呼ぶようになったのであるが、哲学堂の天狗松と夫婦にするために移植したものである。

71　宇宙館　幽霊梅の隣に建っているのが、この宇宙館である。哲学は宇宙の真理を研究する学問であるから、この一棟を建てた。哲学上の講話、または講習会を開催するための講義室である。

72　皇国殿　哲学は社会国家の原理をも研究する学問であるから、世界万国の中のもっとも美なる日本を表すために、宇宙館内の一室をこう名付けた。ここに「宇宙万類中人類為最尊〔宇宙万類の内《うち》、人類をもっとも尊しとなす〕」「世界万国内皇国為最美〔世界万邦の中《うち》、皇国をもっとも美《うるわ》しとなす〕」という二つの聯をかけている。四角の室の中に、さらに横斜する一室を入れて、宇宙〔世界〕と日本を表している。

73　三学亭　哲学堂には、世界的な四聖堂、東洋的な六賢台がある。そこで、これに加えて、日本的な神道、儒教、仏教という三道から碩学大家を選んだのが、この三学亭である。三道の中でもっとも著述の多い大家として、神道は平田篤胤、儒教は林羅山、仏教は釈凝然の三人である。この三学亭の天井にかけた石額の彫刻は田中良雄氏の作品である。この三角山を下って降りたところに、「尾無毛泉無白〔尾に毛なし、泉に白なし〕」の石柱があります。この文句は「尿」の字となり、便所を指す。

74　硯塚　筆塚に対立させて設けたのが、この硯塚である。また、近くの哲理門の裏には、「一心大海起知情意之波、絶対古月放真善美之光〔一心大海は知情意の波を起す。絶対古月は真善美の光を放つ〕」と、哲学の意味を詠っている。

75　無尽蔵　哲理門より数歩のところにある一棟は陳列所で、こう名付けている。

76　向上楼　無尽蔵の階上をこう名付けている。

77　万象庫　無尽蔵の階下をこう名付け、向上楼とともに、世界と日本の記念品を陳列している。玉石同架式の配列で、妖怪棚、珍奇棚もあり、なかでも貴重なのは勝海舟翁からいただいた文殊菩薩[39]、その他に不動明王の座像、閻魔大王の彫刻である。

円了の生存中に、哲学堂はこのような建物・庭園が完成し、それぞれに哲学的な名称がつけられていた。

六　哲学堂の建設と円了の全国巡講

すでに述べたように、円了は哲学堂の土地を買い戻し、その上で今のような諸施設を建設したのであるが、その資金はどのようにして集められたのかといえば、全国各地で講演して、社会教育――現在の生涯学習を提唱・実践し、その時に揮毫を行い、揮毫の謝礼の半額を集めそれを注いで哲学堂を一人で建設した。

円了の生涯について、ある研究者が「理念に生きた思想家」[40]と呼んでいるが、円了は大規模な事業を展開する時に、必ず一つの理念を掲げて実践をしている。哲学堂の場合は、明治三六（一九〇三）年一〇月に提唱した「修身教会」（大正改元から国民道徳普及）の運動を提唱していたが、円了がいうこの運動の目的は、要約すればつぎのようになる。[41]

西洋では学校以外に日曜教会があって、社会道徳、実業道徳の成長を支えているのである。しかし、日本では知徳と道徳がバラバラである。これをただすには各町村、寺院に修身（倫理）の教会を設け、国民道徳の大本である教育勅語を開達敷衍して、町村の人民にことごとく道徳を修習させるのが急務である。日露戦後の日本の経営も、これがまずやらなければならないことである。

この時期までに、円了はすでに日本全国を巡回した経験を持ち、日本社会の実情を上から下まで把握していた。その知見をもって、学校教育以外の社会教育の必要性を訴え、自ら各地に赴いて講演を行った。多くは辺境にある農山村や漁村であった（これについては第四章第一節を参照されたい）。

明治三九（一九〇六）年から大正七（一九一八）年まで一三年間において、表は社会教育、裏は哲学堂の創立と、表裏一体で進められたことになる。

円了は哲学堂という精神修養的な公園を建設し、さらにこれを維持するために、七万五千円を積み立てることを目標としていた。これだけの金額を集める方法を考えたが、それを要約すると、つぎのようになる。[42]

哲学堂の資金については、有志者から寄付金をあおぐのは本意でないので、別に工夫することにした。「国民道徳の大本である教育勅語の御聖旨を普及徹底するには、学校教育以外に社会教育、民間教育を各市町村におこさなければならない」というのは、余の年来の持論である。そのために、日本全国の各郡各郷を周遊して、その趣旨を講演することに定めたが、開会の経費を支弁する方法を案出する必要があった。余は生来「悪筆」で揮毫を断ってきたが、近年余儀なくそれを受けるようになり、今回の巡遊でも、町村の有志の所望に応じて額や掛け物の揮毫をすることにした。そこで、揮毫による謝礼の半額を開会経費に充て、もしくは町村の公共事業、慈善事業に寄付することとし、他の半額は哲学堂の建築費維持費に充てることにした。

円了が哲学堂を公園として建設するにあたり、その決意を詠んだ漢詩がある。「哲学堂所吟之一」というタイトルであるが、読み下してみるとつぎのようになる。

草鞋と竹の杖で旅を続けて、席の温まるひまもなく、そんな浮浪の身でありながら、なお天皇の恩恵を蒙っている。雨に髪を洗い、風にくしづけりながら、世のさまざまな姿を知り、そまつな食事をし、水を飲み、ほとけの恵みを味わうのである。肘をまげて枕とし、眠ることよく深く、膝を入れるほどのせまい廬《いおり》のうちにこそ、楽しみがかえってある。なんの位もなく、いかなる官職もなく、それで吾がことは充分であり、身を終えるまで、あえて権力のある者のところには行かないのである

ここに円了自身の信念が表れている。あえて権力に近寄らず、自然の力と恵みによって、独立自活の精神で進んだのである。

このようにして、午前は移動、午後は講演、夜は揮毫という全国巡講の生活を続けたのであるが、揮毫の謝礼は内規として「寄付金五〇銭以上へは小切もしくは額面、一円以上へは額面もしくは半切、二円ないし三円以上へは半切もしくは全紙」としていた。少額を国民的・大衆的に集めたのは、哲学館を拡張・維持する方法でもあった。この哲学館時代には、能書家として知られていた勝海舟が揮毫をして「陰ながらの筆奉公」をしてくれていたが[43]、明治三二(一八九九)年に勝海舟は死去したので、かわって円了自身が揮毫するようになったのである。当初、その揮毫は能書というのにほど遠いもので、後年になると円了流のスタイルが完成したといわれている[44]。また、全国を巡回して講演と揮毫を行って募金するという円了の方法は、学者にあるまじき行為とされ、「守銭奴」「俗学者」と批判されていた[45]。しかし、筆塚にあったように、「字をかきて恥をかくのも今暫し哲学堂の出来上がるまで」と思い、受け流していたといわれている。

この当時の円了の生活について、残されているエピソードを二つ紹介する。第一は巡講生活について、第二は清貧な生活についてである。

〔父〕は酒は好きだが、『朝はいや、昼は少々、晩たっぷり、とは云うものの上戸ではなし』と公表し、晩年には晩酌に一合の酒(主として桜正宗を用いた)を水で薄め二合にして飲むという具合に自制していた。これは親が代々卒中でたおれたからでもあろう。ただ晩年全国を巡講、揮毫にせめられて毎夜二、三時間しか睡眠をとれなかったことが多かったため心機転換にウイスキー(当時一番安かったダイヤモンド印しが多い)を用いた[46]。

石川義昌氏から私〔前島康彦〕がうかがったところである

が、堂主円了博士が日頃いかに勤倹これにつとめて蓄財し、哲学堂の運営に心がけたかがわかる逸話がある。

　石川君、今日は大御馳走をするから、久しぶりに和田山に来ないか。

　という博士の誘いに従って、まだ若かった石川氏はいそいそと遠路を和田山哲学堂にはせ参じた。その日の夕食は、いつもとちがってこあじの焼いたのが一疋だけの粗末な膳に加えてあっただけなのには驚きました……というのである。一汁一菜だけが夕食だとすれば、朝食は汁だけだったのかもしれず、焼魚一疋つけることは、円了博士にとっては大御馳走であったにちがいないのである[47]。

　哲学堂は大正四（一九一五）年から一般公開されるようになった。そして、それから四年後の大正八（一九一九）年六月六日に、円了は死去した。

　六月二二日、東洋大学葬が行われ、哲学堂に隣接する蓮華寺に埋葬されている[48]。生前に墓の設計図はできており、「井」の字の上に「〇」が乗り、そのまま「井上円了」と読める形であった。哲学堂を公園として設計した心が墓にも表されている。

七　財団法人哲学堂の時代

　井上円了が全国を巡講し、また揮毫をして、哲学堂を建設するために集めた資金は七万円余りであった。明治三九（一九〇六）年から大正七（一九一八）年までの一三年間の収支は、つぎのようになっていた。

収入　揮毫謝儀　七万三九一四円五銭
　　　篤志寄付　二〇五円五〇銭
　　　銀行利子　八〇九円八四銭
　　　総額　七万四九二九円三九銭
支出　基本財産積み立て　二万二〇〇円
　　　敷地購入費　一万五六一円五八銭
　　　建設・修繕・器具購入費　二万三四七四円二銭
　　　贈呈書等・印刷費　二二九二円四六銭
　　　事務費（俸給・手当・切手代）　八四九八円八九銭
　　　南半球旅費補助　三五〇〇円
　　　前年度不足金　九四四円三三銭
　　　総額六万九四七一円二八銭

　死去後に残されたのは、哲学堂の土地、建物の他に、積み立て金二万二〇〇円余りであった。海外での客死は予期しないことであったが、井上円了はこういう事態に備えて遺言状を残していた[49]。

この遺言状は大正七（一九一八）年一月二二日の夜に起草されたもので「死亡ノ節親子立合開封スベシ」と袋面に記されていた。そして、遺言状の内容は、葬式および法会に関する件、遺産に関する件、哲学堂に関する件、臨時に関する件という四つの事項に分けられていた。このうちの哲学堂に関する項目には、つぎのようなことが書かれていた。

遺言第参類

　哲学堂ニ関スル件

第壱項、哲学堂ハ国家社会ノ恩ニ報スル為ニ経営セルモノナレバ井上家ノ私有トセザル事

第弐項、哲学堂ノ財産ハ左ノ如シ

　野方村及落合村ニ所有セル土地全部ト其地内ニ建設セル家屋庭園ト図書館内ノ図書ト陳列所内ノ陳列品及堂内ニテ仕用セル什器

　其外、哲学堂維持金中ニ掲記セル基本財産ト預ケ金（南船北馬〔集〕第十二編以下ノ毎年ノ決算報告若クハ公私用控帖ノ第二号ヲ見ヨ）

　其外、遺産中ノ日本銀行公債（円了名義）拾株ヲ加フルコト（旧株券）

第三項、哲学堂ノ維持ニ就キテハ左ノ二案ノ一ヲ択用スベシ

（一）第二項ノ財産全部ヲ添エテ政府ヘ寄付スルコト其時ノ条件トシテ永久ニ本堂創立以来ノ精神ト主義トヲ持続スルコトト管理者又ハ監督者ノ中ヘ井上家相続人ヲ加フルコトヲ約定スベシ

（二）若シ右ノ条件ノ下ニテハ政府ノ許諾ヲ得難シトスレバ財団法人ニ組織スルコト

財団法人ノ理事ハ三名トスルコト

最初ノ理事ハ井上玄一、金子恭輔、外一名ハ相当ノ資産アリテ篤実ナルモノ

他日財団ヲ解散スル場合ニハ国家ヘ寄附スルノ目的ヲ定メ置ク事

第四項、財団法人トシタル後其財産ノミニテ維持シ難キ場合ニハ参観料ト借地料トヲ徴収スル方法ヲ立ツル事

また、この財産の関係以外に「法会」のことが哲学堂に関係していた。それはつぎのように書かれていた。

遺言第壱類

　葬式及法会ニ関スル件

第八項、法会ハ毎年一回之ヲ営ミ其日ハ祥月ニ依ラズ十一月上旬中ノ日曜ヲ用フベシ其式場ハ和田山哲学堂ト規定シ置クベシ其法会ニハ何人モ参会スル様ニ公開スベシ

東洋大学ニ関係アル僧侶ナラバ宗派ノ何タルヲ問ハズ式ヲ開クトキニ一回読経スルコトヲ依頼スベシ

之ニ続キテ拙著ノ一章ヲ朗読スルノ慣例ヲ作ルベシ

当日ノ来会者ヘハ甘酒若クハ紅茶カ珈琲ヲ差出スベシ

第九項、此毎年ノ法会ノ日ニハ四聖ノ祭典ヲモ挙行スベシ法会ヲ午前トスレバ祭典ヲ午後トスベシ或ハ二者共ニ午後ニ行フ場合ニハ法会ハ宇宙館内ニ於テシ祭典ハ四聖堂内ニ於テスベシ

第十項、四聖ノ祭典は毎年順次ニ行ヒ例ヘバ今年釈聖ヲ祭ルトスレバ来年ハ孔聖ヲ祭リ其翌年ハ瑣聖其次ハ韓聖ヲ祭ルベシ而シテ祭典ノ儀式世話ハ東洋大学ヘ委托スベシ

このような遺言に従って、哲学堂の財団法人化を進めたのは、円了の長男である玄一であった。玄一は大正八(一九一九)年に、つぎのように手続きを進めた。[50]

先づ遺言の検認を了り、次に遺言により財団を設立するには遺言の文面に不備の点があるので、東京区裁判所の補充を受けました。又財産目録は私が毎夜哲学堂に日参いたしまして事務の掌に当たれる親戚、長瀬正行氏と共に調製を了りました。かくして遺言に依る寄付行為として東京府に申請し、同年一二月九日中橋文部大臣より財団法人設立の認可を受けました。理事三名の内、義弟金子恭輔と私は遺言に依り指名せられ、今一名は岡田良平氏の就任を得、かくして無事登記をすませました。岡田氏は初対面に拘らず言下に快諾されましたその情誼は私の深く感銘して忘れ得ぬものであります。

私は生れて幾年間、未だ此設立の時程しんから嬉しかつたことはありません。亡父に代わり哲学堂財産時価五拾万円を社会に提供した時は実に感激の余り、新時代の黎明を想ふたのでした。

こうして財団法人哲学堂は設立されたのであるが、財団法人哲学堂寄付行為の第一条に「本財団ハ文学博士井上円了カ国家社会ノ恩ニ報セム為メ精神修養的公園、社会教育ノ道場、哲学実行化ノ趣旨ヲ以テ建立シタル哲学堂ノ維持経営ニヨリ哲学ヲ基礎トセル社会教育ノ普及ヲ図ルヲ以テ目的トナス」と、その

目的が位置づけられている（この財団の中心者は、井上家の長男である玄一であるが、その経歴はここでは省略する）[51]。

哲学堂公園は、こうして財団法人哲学堂によって運営されるようになった。当時の利用状況を示す「哲学堂参観者名簿」が残っている[52]。円了の時代からの名簿である。哲学堂の公開時間は、創立者の円了の当初から「入園時間　毎日午前八時より午後五時迄、但し日の長短により加減する故夏季及冬季は伸縮あるべし」と決められていて、来堂者は参観者名簿に月日、住所、氏名を記載してから、入場する仕組みになっていた。

この来観者名簿は現在のところ、全部で一四冊あるが、年代がすべて揃っていない。例えば、第一号は明治三七（一九〇四）年七月一日～明治四四（一九一一）年六月一三日の参観者名が記されているが、九冊目にあたる第三三号は大正一一（一九二二）年三月二五日～同年五月四日となっている。その統計表はつぎの表1のとおりであるが、哲学堂公園の建設期にあたる明治後期の毎月の参観者数は多くても三〇〇人、ほとんどが一六〇人以下である。大正時代に入り、参観者数は多い時で五〇〇人を超えるようになり、大正四（一九一五）年一〇月二三日の図書館落成披露会には新聞・雑誌の記者も招待され、公園のPRと公開が進み[53]、大正五（一九一六）年以後は月によって一〇〇〇人を超えるようになった。参観者には個人の外に、小中学校、軍隊などの団体があり、このように急増していったのである。数は少ないが、東京だけではなく、他県の人も参観していた。

財団法人哲学堂の時代になってから、月により二〇〇〇人以上と、参観者数は上昇している。大正時代の終わりには、月平均で三〇〇〇人といわれるほどの参観者を迎えるようになり、哲学堂は東京の私設公園として社会的に知られるようになったといえよう。

そして、遺言で「毎年ノ法会ノ日ニハ四聖ノ祭典ヲモ挙行スベシ」と書かれていた「法会」「四聖祭」は、大正九（一九二〇）年一一月七日（第一日曜日）に開催されている。午前には法会、午後に四聖祭が挙行された。当日は東洋大学などの学校職員、学生、出身者、その他の関係者、井上家遺族など多数が出席している。その後、法会と四聖祭は、東洋大学の内部事情により変化があり、法会は六月六日の祥月命日に行われるようになり、四聖祭は秋の一一月に「哲学堂（例）祭」として行われるようになった[54]。

円了は、死去の四か月前にあたる大正八（一九一九）年二月に「哲学上に於ける余の使命」という小論を遺している[55]。この中で、「哲学を通俗化すること（普及）」「哲学を実行化すること」を使命として掲げていた。後継者として財団の理事となった息子の玄一はこれを重視し、哲学堂において、このことを具体化しようとした[56]。

表 1　哲学堂参観諸君名簿と年月別参観者数

号	年　度	1 月	2 月	3 月	4 月	5 月	6 月	7 月	8 月	9 月	10 月	11 月	12 月	期　　間
1	明治 37							61	6	6	15	14	4	明治 37 年 7 月 1 日～明治 44 年 6 月 13 日
	38	1	2	5	21	6	3	15	1	124	142	307	2	
	39	1	2	5	2	7		1		5	9		15	
	40	8			1		4	2	1	4	3	20	5	
	41	2	4		3		4		8		17	136	5	
	42	16	12	17	5	128	6	4	25	10	64	36	30	
	43	24	13	16	154	62	48	26	13	92	157	152	60	
	44	34	152	88	131	85	35							
5	大正 2						4				14	185	323	大正 2 年 6 月 9 日～大正 3 年 7 月 23 日
	3	148	265	543	507	509	198	100						
10	4										76		250	大正 4 年 12 月 19 日～大正 5 年 6 月 30 日
	5	251	245	624	608	405	284							
11	5	480	324	815	215	1103	410	35						大正 5 年 1 月 16 日？～大正 5 年 7 月 10 日
16	5					317	362	231	200	437	656	1258		大正 5 年 5 月 6 日～大正 5 年 11 月 26 日
18	7	364	769	757	937	1252								大正 7 年 1 月 1 日～大正 7 年 5 月 31 日
21	7												131	大正 7 年 12 月 8 日～大正 8 年 11 月 16 日
	8	315	96	868	1142	585	93	74						
23	8									833	2153	528		大正 8 年 9 月 1 日～大正 8 年 11 月 16 日
33	11			487	2559	327								大正 11 年 3 月 25 日～大正 11 年 5 月 4 日
39	12					888	2206	1432						大正 12 年 5 月 20 日～大正 12 年 7 月 30 日
40	12							14	1328	37	2036	99		大正 12 年 7 月 31 日～大正 12 年 11 月 3 日
42	13	279	1240	3317										大正 13 年 1 月 22 日～大正 13 年 3 月 31 日
43	13				2931	5296	1459							大正 13 年 4 月 1 日～大正 13 年 6 月 22 日
65	昭和 2							1023	1768					昭和 2 年 7 月 17 日～昭和 2 年 8 月 29 日

【註】

1 井上円了「哲学堂の記」（『東洋哲学』第一一巻第八号、明治三七（一九〇四）年七月、八頁）。

2 前島康彦『哲学堂公園』（郷学舎、昭和五五（一九八〇）年、三五―三六頁）。

3 この契約書は東洋大学井上円了研究センターに所蔵されている。また、井上円了は鑽仰軒の賃貸規約を作成していて、その資料も同センターに所蔵されているが、家族員数（三人位まで）、借家人の身元と保証人、神仏崇敬の心、清潔を重んずる精神、家賃（一か月三円、家賃前納、電灯代は別）のことを決めている。

4 折口信夫「鑽仰庵」（『折口信夫全集』第二六巻、中央公論社、昭和三一（一九五六）年、七〇―七一頁）。哲学堂については、この他に、同全集の第二八巻の二〇―二一頁、および第三一巻の一五〇頁に記述がある。

5 故井上円了述『哲学堂案内』（財団法人哲学堂事務所、大正九（一九二〇）年、増補改訂三版、一頁）。

6 東京の上野公園は、日本の公園の発祥地といわれ、全国の公園地設定の国策の模範となったが、その廟議決定にかかわったのが石黒忠悳（のちの陸軍軍医総監）である。ただし、この起源についてはこの石黒説の他に、もう一説がある（『日本公園百年史』総論・各論、日本公園百年史刊行会、昭和五三（一九七八）年、七〇―七六頁。石黒説については、石黒忠悳『懐旧九十年』を参照）。

7 井上円了「哲学堂の由来」（『南船北馬集』第三編、明治四二（一九〇九）年所収、『選集』第一二巻、五五九頁）。

8 この寄付行為について、当時の新聞によれば、「もとより学者として当然の行為とは云え、一面の観察を以てすればまた当今稀有の美挙たるを失わず云々と、博士の旧知たる某翁は物語られたり」（『報知新聞』明治三九（一九〇六）年一月四日、『明治ニュース事典』第七巻、二五頁）と評価されている。

9 丹生屋隆道「和田山の哲学堂はどうして手にいれた」（『東洋大学新聞』第九七号、昭和七（一九三二）年一一月二三日）。

10 『百年史　通史編Ⅰ』、六七六頁。

11 同右、六〇五―六〇七頁。

12 「哲学館紀念堂設計図」（『東洋哲学』第一〇編第一〇号、明治三六（一九〇三）年一〇月、口絵）。

13 前掲の「哲学堂の由来」では、「明治三十六年に至り、哲学堂を建設して四聖を奉崇せんことに定め、工学士大沢三之助氏、同古宇田実氏、および山尾新三郎氏に設計を依頼し、地を東京府豊多摩郡江古田和田山に卜し、三十七年四月に至りようやく落成し、八日をもって開堂式を挙行したり。」（前掲書、五五五頁）。なお、四月一日については「哲学館大学開校式と得業証書授与式」（『東洋哲学』第一一編第四号、明治三七（一九〇四）年四月）では、「午后には出身者及学生中の有志者は哲学館大学の敷地と予定せる豊多摩郡野方村大字江古《（ママ）》太字和田山に新築せる哲学堂へ随意参観せり」と記されている。なお、円了は「哲学堂の由来」以降の著書では、哲学堂の落成を四月一日としている。なお、東京大学時代の「哲学祭」とその後については、『百年史　通史編Ⅰ』、二〇五―二一二頁を参照。

14 井上円了「哲学堂拡張予告」（『修身』第四巻第一二号、明治四〇（一九〇七）年一二月、二―三頁）。

15 井上円了「哲学堂の由来」、前掲書、五七六頁。

16 『福岡日々新聞』、明治四一（一九〇八）年六月一〇～一三日（田中菊次郎「円了と民衆」『井上円了研究』第一号、昭和五六

（一九八一）年、三七頁）。
17　井上円了「哲学堂の由来」、前掲書、五六〇頁。
18　同右、五七六頁。
19　井上円了『南船北馬集』第四編（明治四三（一九一〇）年、『選集』第一三巻、一一九頁）。
20　井上円了『南船北馬集』第五編（明治四三（一九一〇）年、『選集』第一三巻、二五八頁）。
21　井上円了『南船北馬集』第六編（明治四五（一九一二）年、『選集』第一三巻、三一九頁）。この年は、台湾その他に、南半球および欧米各国周遊を行って、翌明治四五（一九一二）年一月二二日に帰国した。
22　井上円了『南船北馬集』第七編（大正二（一九一三）年、『選集』第一三巻、三三八頁）。
23　井上円了『南船北馬集』第七編（『選集』第一三巻、四〇二―四〇三頁）。
24　井上円了『南船北馬集』第八編（大正三（一九一四）年、『選集』第一三巻、四八六頁）。
25　井上円了『南船北馬集』第九編（大正三（一九一四）年、『選集』第一四巻、四〇頁）。
26　井上円了『南船北馬集』第一〇編（大正四（一九一五）年、『選集』第一四巻、二二一頁）。
27　井上円了『南船北馬集』第一〇編（『選集』第一四巻、二二五頁）。
28　井上円了『南船北馬集』第一〇編（『選集』第一四巻、二二六頁）。
29　井上円了『南船北馬集』第一二編（大正五（一九一六）年、『選集』第一四巻、三九三頁）。
30　井上円了『南船北馬集』第一二編（『選集』第一四巻、三七三頁）。
31　井上円了『南船北馬集』第一二編（『選集』第一四巻、三七四頁）。
32　井上円了『南船北馬集』第一三編（大正六（一九一七）年、『選集』第一五巻、八八頁）。
33　井上円了『南船北馬集』第一三編（『選集』第一五巻、九〇頁）。
34　井上円了『南船北馬集』第一五編（大正七（一九一八）年、『選集』第一五巻、二六一頁）。「雑誌六月号」とあるのは、七月号の誤りである。
35　井上円了『南船北馬集』第一六編（大正八（一九一九）年、『選集』第一五巻、三八六頁）。なお、当時の哲学堂の建設関係の見積書や領収書は、東洋大学井上円了研究センターが所蔵している。
36　井上円了『哲界一瞥』（大正二（一九一三）年、『選集』第二巻、七二―七三頁）。
37　井上円了『哲学堂案内』、前掲書、二一―二八頁。
38　井上円了編『哲学堂図書館図書目録』（哲学堂、大正五（一九一六）年）。なお、『新編哲学堂文庫目録』（東洋大学附属図書館、平成九（一九九七）年）を参照。
39　勝海舟が明治二二（一八八九）年の哲学館新築落成の記念に寄贈したものである。「この像は現在、東洋大学図書館に保管されており、木像で高さが約四五cmあり、台座の裏に応永二二（一四一五）年と記してある鎌倉期のもの」（『百年史 通史編Ⅰ』、一二六頁）である。
　万象庫の陳列品については、北田健二「資料紹介・翻刻「哲学堂収蔵品控」1」（『井上円了センター年報』第二一号）、平成二五（二〇一三）年、同「同2」（『井上円了センター年報』第二三号、平成二六（二〇一四）年）を参照。
40　小林忠秀「解説」（『選集』第二巻、四七二頁）。
41　井上円了『南船北馬集』第一編（明治四一（一九〇八）年、『選集』第一二巻、一九〇―一九一頁）。

42 井上円了『哲学堂案内』、前掲書、はしがき。

43 目賀田逸子「思ひ出づるまゝを」(『東洋哲学』第二七編第一号、大正九(一九二〇)年一月、七一頁)。なお、勝海舟と井上円了との関係については、第三章第三節を参照。

44 高嶋米峰「井上円了先生」(『随筆　人』大東出版社、昭和一四(一九三九)年、一九―二〇頁)。高嶋自身の修身教会運動の評価は、同書一五頁を参照。

45 黒田亮「井上円了博士」(『長岡中学読本』人物編、目黒書店、昭和一一(一九三六)年、一七二―一八六頁)。

46 井上玄一「父の娯楽・道楽」(『サティア』第二〇号、平成七(一九九五)年一〇月、三五頁)。

47 前島康彦『哲学堂公園』、前掲書、二六―二七頁。

48 井上円了の葬儀については、『百年史　通史編Ⅰ』、七〇六―七一一頁を参照。

49 『百年史　資料編Ⅰ・上』、六九―七二頁。なお、最初の遺言予告は明治三六(一九〇三)年一一月一五日の『哲学館明治卅五年度・明治卅六年度報告甲号』である。

50 石川義昌編『哲学堂』(財団法人哲学堂事務所、昭和一六(一九四一)年、五頁)。詳しくは、井上玄一「哲学堂拡張私案」大正一五(一九二六)年六月六日、二一―三頁を参照。なお、井上家以外の財団の理事は、岡田良平の後、大野緑一郎(元警視総監、井上玄一の親友)で、さらにその後は東洋大学の学長や教員で、大倉邦彦、石川義昌、柴田甚五郎が就任している。

51 井上公資「父・井上玄一」(『サティア』第二〇号、平成七(一九九五)年一〇月、三六頁)。

52 この名簿は東洋大学井上円了研究センターに所蔵されている。第一号の表紙は「明治卅七年七月一日ヨリ以降　哲学館大学紀念堂即　哲学堂来観諸君名簿　第壱号」と記されている。大正二(一九一三)年及大正三(一九一四)年の「哲学堂来観諸君芳名簿　第五号」の表紙には、「御来観諸君へ白ス　此帳簿ニ御住所ト御姓名トヲ御記シ下サレタシ御茶ハ進呈致シマスカラ　御遠慮ナク番人へ申付下サレタシ(茶代ノ心配ハ固ク御断リ申候)」と書かれている。なお、この名簿の他に、「哲学堂詩文歌集」があり、円了の詩想や参観者の哲学堂への感想などが残されている。この歌集は第二号、第三号、第四号がある。

53 「哲学堂公園来観諸君名簿」によれば、この日に招待されたのは、報知新聞、国民新聞、中外日報、教育時論、新愛知社、婦女界などの新聞・雑誌の記者、その他に郡長、学校長などである。この哲学堂落成披露のことは、「哲学堂成る」(『万朝報』大正四(一九一五)年一〇月二四日)、「哲学堂の公開」(『読売新聞』大正四(一九一五)年一〇月二五日)、「哲学堂参観記」(『教育時論』第一一〇〇号、大正四(一九一五)年一一月五日)として報道された。

54 『百年史　通史編Ⅰ』、七一二―七一七頁。

55 井上円了「哲学上に於ける余の使命」(『東洋哲学』第二六編第二号、大正八(一九一九)年二月、一―一一頁)。

56 井上玄一「改版の辞」(石川義昌編『哲学堂』、前掲書、一―八頁)。その後の哲学堂公園については、拙稿「井上円了と哲学堂公園100年」(『井上円了センター年報』第一一号、平成一四(二〇〇二)年、九四―一三四頁)を参照。

【補註】

哲学堂(現在は哲学堂公園と呼ぶ)に関する論文としては、

つぎのものがある。岡田正彦「哲学堂散歩―近代日本の科学・哲学・宗教」（『佛教史研究』第四八巻第二号、平成一八（二〇〇六）年）。岡田正彦「井上円了と哲学宗―近代日本のユートピア的愛国主義」（『国家と宗教　上巻　宗教から見る近現代日本』法蔵館、平成二〇（二〇〇八）年）。出野尚紀「哲学堂八景」（『井上円了センター年報』第二一号、平成二四（二〇一四）年）。出野尚紀「哲学堂開園までの公園の様相」（『井上円了センター年報』第二二号、平成二五（二〇一三）年）。出野尚紀「明治期哲学堂―『哲学堂来観諸君名簿』第一号からみた」（『井上円了センター年報』第二三号、平成二六（二〇一四）年）。

第三節　『哲学新案』―相含の論理

一　『哲学新案』の概略

哲学者の舩山信一は、円了の哲学の特徴について、つぎのように述べている。[1]

井上円了はもともと哲学体系家であり、明治観念論者中最も体系的な哲学者であり、それはすでに『哲学一夕話』や『哲学要領』において現われているのであるが、しかしそこでは哲学上の問題や領域よりも立場が問題にされていた。然るに『哲学新案』においては同時に問題や領域が取り上げられ、従ってそこには井上の哲学体系家としての性格が最も強く打ち出されている。

円了の『哲学新案』は明治四二（一九〇九）年一二月に刊行されたものである。この執筆の時期について、円了は「今秋不幸にして慈母を失い、喪中数旬の間、地方遊説を謝絶し、ひとり幽室に端座し、往事を回想し、母恩を追念するにあまり、余が宇宙観、人生観を世に発表せんとの志を起こし、倉卒筆をとり、本書を起草するに至れり[2]」と記している。円了が『哲学新案』を発表した目的について、「自序」でつぎのように述べている。[3]

わが国ひとたび国禁を解き、泰西の文物を輸入せし以来、ここにすでに四十余回の春秋を送り、国運は駸々として世界を風靡し、東洋を圧倒するの勢いなるも、わが哲学界の現状は、今なお西人の驥尾に付し、欧米の糟粕を甘んじ、翻訳受け売りこれ務め、ほとんど未だ一家独立の学説あるを見ざる状態なり。なんぞ意気地なきのはなはだしきや。余不肖かつ浅学といえども、心ひそかに憤慨するところありて、二十年前より独立の見地に立ちて、西人未到の学域に先鞭をつけんと欲し、多年研鑽の末、ようやく一新案を考定するに至れり。すなわち本書所説の輪化説、因心説、相含説等なり。これ西人未発の新見なりと自ら信ずるところなり。

この『哲学新案』は原本で二五二頁の総数である。その目次は細かく分かれ、つぎのようになっている。

第四章　全国巡講時代

第三二節　横観の目的
第三三節　物質の分析
第三四節　元素の真相
第三五節　相含の状態
第三六節　物質と勢力との関係
第三七節　元子の説明
第七章　横観論 二
第三八節　勢力の本体
第三九節　無始無終の相含
第四〇節　エーテルの説明
第四一節　エーテルの相含
第四二節　不生不滅、不増不減
第四三節　因果と物力との関係
第八章　横観論 三
第四四節　心界の観察
第四五節　有機体の構成
第四六節　因力因心の説明
第四七節　遠因近因の別
第四八節　内因外因の説明
第四九節　元素の資性
第五〇節　「いろは」の比喩
第九章　外観論

第五一節　縦横両観
第五二節　宇宙の本体
第五三節　宇宙の統一
第五四節　時方両系
第五五節　宇宙の形式
第五六節　時方の総相別相
第五七節　時方の非先在
第一〇章　内観論 一
第五八節　内観の問題
第五九節　心的作用の有限無限
第六〇節　心象分類の方法
第六一節　心界全図
第六二節　物心相関論
第一一章　内観論 二
第六三節　心界の由来
第六四節　心理学上の先天性
第六五節　悟性および理性の先天性
第六六節　先在的時方両系の起源
第六七節　先天性の真因
第六八節　心界の本体
第一二章　内観論 三
第六九節　唯心の論証

第一〇八節　宗教の神秘
第一〇九節　無時方の一点
第一一〇節　明者と盲者
第一一一節　吾人の再生
第一一二節　一如の光景
第一九章　裏観論　四
第一一三節　人格的実在
第一一四節　積極的消極的実在
第一一五節　人格的宇宙
第一一六節　無限の向上
第一一七節　人生楽天の一道
第一一八節　現界と後界との精神上の連絡
第一一九節　自力他力の別
第一二〇節　表裏両面の宇宙観
第二〇章　結論
第一二一節　宇宙真相の結論
第一二二節　従来哲学の行路
第一二三節　哲学宗教の本領
第一二四節　宗教倫理の異同
第一二五節　安心立命の解
第一二六節　美学と宗教との別
第一二七節　相含論の終極

第一二八節　所信の自白

「哲学は総合の学なり」[4]と考える円了は、この『哲学新案』で独自の「宇宙観」を樹立しようと試みている。その見方は、つぎのような図となる。[5]

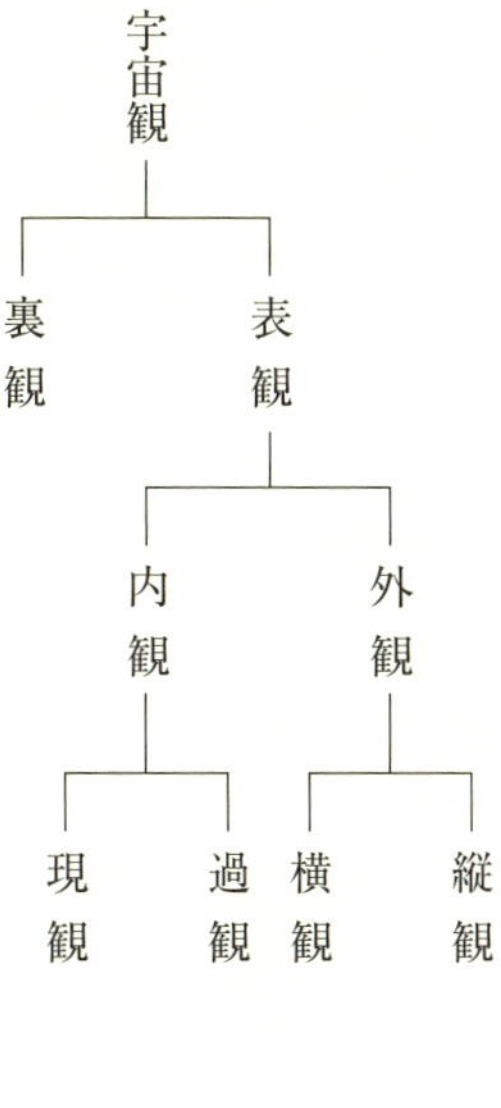

宇宙観を構成しているものは、まず表観と裏観であり、表観は外観と内観に分れ、外観は縦観と横観に分れる。内観は過観と現観に分かれる。このような理論の展開については、すでに哲学の専門家によって要約がなされている。[6]そのため、要約はそちらに譲り、ここでは円了の結論について紹介したい。結論も「宇宙の真相の結論」、「従来哲学の行路」、「哲学宗教の本領」、「宗教倫理の異同」、「安心立命の解」、「美学と宗教の別」、「相含論の終極」、「所信の表明」と分かれている。

「宇宙真相の結論」では、つぎのように述べている。[7]

余は哲学すなわち純哲学を解して、宇宙の真相を内外表裏各方面の観察によりて究明開示するの学なりと定め、外界より縦観横観を試み、内界より過観現観を下し、更に裏面の観察を終了してここに至る。縦観においては輪化説を証明し、横観においては因心説を主唱し、内観においては相含説を論定し、更に裏観にきたりて信性の消息を開示したり。この表裏両面の観察によりて、いよいよ象如相含、如々相含の理を明知するを得たり。一如と万象と互いに包含せる以上は、理性によりてその実在を望見するのみならず、相対の此岸より進んで絶対の彼岸に即到する道なかるべからず。しかしてこの一道は信性の消息によりて明らかにするを得たり。ここにおいて余は宇宙の真相は象如相含、如々相含、重々無尽なることを断言するにすこしも躊躇せざるなり。

円了は純哲学は宇宙の真相を明らかにするものであると述べ、八つの観方から分析している。そして、従観においては輪化説、横観においては因心説、内観においては相含説を説き、宇宙の真相は、象如相含、如々相含、重々無尽であると主張している。

そして、「哲学宗教の本領」では、つぎのように述べている。[8]

哲学と宗教との相違は、哲学は知性および理性の作用によりて、表裏両面より宇宙の真相を推究するもの、宗教は信性の上に感受したる一如の妙動を実際に応用する道を開示するものとなすにあり。故に一は理論的、一は実践的なるの異同あり。

円了は、哲学は知性・理性の作用で理論的なもの、宗教は信性によるもので実践的なものであると分析している。

そして、「相含論の終極」では、つぎのように述べて、自説を図にまとめている。[9]

上来説き去り論じきたるところ、更に一言にてこれを大括すれば、余のとるところは一元論にあらず、二元論にあらず、多元論にあらず、唯物唯心にもあらず、経験理想にもあらず、懐疑独断にもあらず、これらの諸論諸説を総合集成したる相

含論なり、その相含は重々無尽の相含なり。外観において輪化無窮および因心相続を唱えしも、内観にきたりてこれを一瞬一息に包括するに至り、無窮と一瞬との相含あるを見る。ここに至りて輪化説も因心説もやはり相含の一面に過ぎずというに帰着す。故に余は相含の妙理は宇宙大観の真相中の真相なりと信ず。人もしここに相含と断定すれば、必ず相含ならずとの説を返響しきたるべきにあらずやと難ずるものあらば、余はその不相含と相含とが同じく相含なりと答えんとす。これすなわち相含の重々無尽なるゆえんなり。

　余が内外両観にわたりて、物心両界を論明せるところ、更に図をもって表示せば、上〔下〕のごとし。

円了は、宇宙の真相は相含の妙理にあるという。この見方は哲学の諸論諸説を総合した相含論であるといい、その相含は重々無尽の相含であると主張している。

そして、「所信の自白」では、つぎのように述べている。[10]

　ここに余の所論を結ぶに当たり、平素の所信を自白せんとす。ひそかに案ずるに今後の哲学の研究は、科学の進歩に伴い、その都度多少の修正を加うるをもって足れりとす。なんとなれば古来数百年、否、数千年間の哲学研究は、大体においてその形式を開展し尽くせり。たとえ内容において往々新説卓見の出でしことなきにあらざるも、つまり局部の改造に過ぎず。しかして全局の大勢においては今日ただ従来の諸説を反覆するまでにて、別に昔時建設せるものを根底より改造するがごとき新説の起こるを見ず。しからば哲学の大勢はすでに定まれりというべし。これを議会に例うれば、第一読会は無論、第二読会も経過して、第三読会に移りたるがごとき観あり。これ今日哲学界の蕭寥たるゆえんなり。しかして今後の修正は科学の進歩を待たざるべからざれば、その状況を視察することを怠るべからず。

　円了は、今日の哲学は古代以来からの諸論諸説を受けて、その展開を尽くしたものであり、今後は科学の進歩によって修正される部分だけ残されていると主張している。

　円了の『哲学新案』の基本概念は相含である。この相含という基本用語は円了の造語であり、その意味は華厳宗の重々無尽にあると考えられる。重々無尽とは、すべての存在は互いに関連し合って際限なく、一切が相互に入り混じって相即し融合していることを意味している。つまり、重なりあって尽きることのない万物の縁起の関係のことを指すのである。円了は相含の妙理は宇宙大観の真相中の真相なりと信ずと述べて、円了の哲学論の核心を言い表している。最後に、科学と哲学の関係の重要性を指摘している。

二　舩山信一の説

円了の哲学論は、現在では「現象即実在論」と呼ばれている。この『哲学新案』は円了の哲学論の完成といわれている。哲学者の舩山信一は、『哲学新案』の理論には問題があるとして、つぎのように指摘している。[11]

〔円了が〕「哲学は総合の学なり」……「科学の結果を集大成するもの是れ哲学なり」といっている。

然し井上のこの総合はなんら新しいもの、創造的なもの、批判的なものでない……それは独断と無批判と寄せ集めとを免れない。

舩山は、円了の『哲学新案』が、創造的・批判的なものではなく、独断と無批判と寄せ集めであると、徹底的に否定する。そして、舩山は具体的に、つぎの二点を取り上げている。[12]

外観論も内観論もそれぞれ自己内に発展論と構造論とをもっている。縦観、横観が外観論の発展論、構造論であり、過観、現観が内観論の発展論、構造論である。客観も主観も発展と構造との両方面から見られることによって全体的に把握される。さらに表観論において客観と主観とが相即的に把握される……結局においては唯心論、主観主義、観念論を取りつつも、単純に唯物論、客観主義、実在論を否定するのではなく、それらの立場が可能であり必要であることを認めているのである。ただ、主観から客観への、我から世界へのその転換の媒介、従って必然性が示されないところに、井上の、一般に明治哲学者の現象即実在論、観念（即）実在論の欠陥がある。

かくて井上においては、唯物論と唯心論、独断派と経験派、目的論と器械論、自由論と必然論、相対論と絶対論の対立が、それぞれ一面的であるとか、一方が極まりて他方に到《いた》るとかという形で、あるいは総合され、あるいは中正の道が確保される。

裏観論は内容的には表観論よりも新なるものをもたない。裏観論の特色は形式にあり、表観論が哲学として、理性によって説くところを、宗教として、信性によって説いたものであり、表観論が有限・相対から無限・絶対を見るのに対し無限・絶対から有限・相対を見るのである……井上の欠陥は絶対の立場を主張したことではなくてそれに生成を与えなかった点にあろう。

円了の哲学論について、舩山は「主観から客観への……その転換の媒介、従って必然性が示されない」と述べている。いわゆる「現象即実在論」の欠陥であるという。例えば、円了は「無窮と一瞬」が相含関係にあるという融合論・即の論理の立場をとっている。舩山はこうした円了の相含の論理を全く認めていないのである。このような舩山の論評が哲学界に広がり支配的となって、円了の哲学論は戦後も長い間にわたって等閑視されてきたのではないだろうか。

三　小坂国継の説

同じ哲学者でも、小坂国継の円了の哲学論への評価は異なる。小坂は明治哲学の性格をつぎのように述べている。[13]

明治初年の啓蒙主義者たちは概ね経験主義的、功利主義的、実証主義的立場に立っており、その思想は反儒教的（反宋学的）、反形而上学的であった。そして、それは時代の要求するところでもあったといえる。明治哲学史において「純正哲学」（形而上学）があらわれたのは、ようやく明治二〇年代以降になってからである。その代表的な思想家としては井上円了（一八五八―一九一九）、井上哲次郎（一八五五―一九四四）、清沢満之（一八六三―一九〇三）、西田幾多郎（一八七〇―一九四五）の名前をあげることができる。

つぎに、小坂はこれらの思想の共通する特徴点を三つ挙げている。

第一は、彼らの思想が仏教の教理と深く結びついていること。

第二は、明治期の純正哲学が「現象即実在論」の形態をとっていること。

第三は、明治期の純正哲学が「即の論理」に基づいていること。

明治期の純正哲学を最初に提起したのが、円了の『哲学一夕話』であったと小坂は述べて、さらに「『哲学新案』は円了の主著ともいうべく、自己の純正哲学を体系的に叙述したものである。円了はもともと体系的思想家であったが、その性格がもっともよくあらわれているのがこの著作であるといえるだろう」[14]と位置づけている。

円了は『哲学新案』の中で、（世界は）「星雲より進化して天地万物を開現し、ようやく退化してこれを閉合し、ついに星雲に帰するに至る」[15]と述べている。小坂は円了の宇宙観の特徴をつぎのように述べている。[16]

世界は無始無終であり、永劫に「大化」している、と円了は説く。この大化という用語は円了独自のものであって、いわば「進化」と「退化」を総合した呼称である。つまり円了は純粋な、ないしは一方的な進化論の立場をとらず、世界は一定の周期をおいて進化と退化を繰り返すと説く。そしてこの大化を「輪化」とも呼び、また自分の立場を輪化説とも呼んでいる……こうした考えの根底には仏教的な歴史観すなわち円環的な輪廻観がある。それは直線的、一方向的な西洋の歴史観あるいは進化論とは対蹠的であり、また加藤弘之、外山正一、井上哲次郎等、明治時代の他の進化論と較べても異質である。

円了の宇宙に関する輪化説は、仏教的歴史観によるものであり、それは西洋の歴史観・進化論と対蹠的であり、さらに当時の日本の哲学者の進化論とも異なるものであることを、小坂は明らかにしている。そして、小坂は円了の『哲学新案』の理論について、つぎのように指摘している[17]。

世界の構造を論じた横観論においては、円了は元素と物質の関係を単なる要素と全体との関係として考えるのではなく、物質の基礎である元素には有形と無形、物質性と非物質性（勢力）が相含されており、したがってまた物質と勢力は互いに相含しあっているという「物力相含説」を主張している。そしてそこから、物質の基礎である「物元」と勢力の基礎である「力元」もまた互いに重々相含の関係にあることを説いている。明らかに、そこには『華厳経』でいう重々無尽の考えがみとめられる。

先に指摘したように、円了の思想は断定が多く論証が希薄であるが、一方、その文章はきびきびとしており、表現が巧みで魅惑的である。とくに言葉の用い方が上手い。「有形と無形」、それをいいかえた「物質と勢力」、物質の本体と現象をあらわす「物元と物象」、同じく勢力の本体と現象をあらわす「力元と力象」、物元と力元の一体性をあらわす「物如」。そして、後述するように、やがてこの物質的世界の根源をあらわす物如が、心理的世界の根源をあらわす「心如」と対応していることが示され、最後にこの「物如」と「心如」が一体不二であることを「一如」とか「真如」とかいった言葉であらわすようになる。どの言葉も他の言葉と密接に、しかも有機的に連関しており、いい得て妙である。そしてこうした巧みな用語法は宇宙の構造分析という抽象的な内容（横観）をきわめて具体的で興趣に富んだものにしている。

けれども反面、その論理的展開には多くの難がある。円了は直観の人であって、論証の人ではなかったようである。

円了の『哲学新案』について、小坂は世界の構造を論じた横観論を取り上げ、円了の思想は断定的で論証がないと批判する一方で、円了の用語法によって宇宙の構造分析がきわめて具体的で大変おもむきがあるものとなっていることを指摘している。円了は「元来現象と本体とは不一不二の関係を有し、互いに相包含し、象の中に体を含むと同時に、体の中に象を含む」[18]という。小坂はこの相含の論理について、つぎのように述べている。[19]

円了はこれを「体象相含」とも、「象如相含」とも、あるいはまた「象元相含」とも呼んでいる。要するに、現象と本体との関係は「相含説」でもって説明されるのであるが、この相含説は現象と本体が相即の関係にあることを主張するものであるから、結局、それは現象即実在論の一形態と看做すことができる。……そこには、大乗仏教思想にもとづいた深遠な思想が潜在していると思われるが、円了は現象と実在との相即的関係をこれ以上論理的に深めていくことはしなかった。

円了は内観論の中で、物如と心如を「如如相含」と呼んでいる。それを「対鏡の相互映写」の比喩で説明している。小坂は円了の二つの文章を引用して、物如と心如、物象と心象の関係を、円了がどのように考えたのかを明らかにしようとする。その円了の文章とはつぎのようなものである。[20]

ここにおいて知るべし、唯物唯心も一元二元も、相対絶対も本体現象も、経験独断も懐疑常識も、神秘不神秘も可知不可知も、すべて古今の諸説所論、みな不一不二、相容相含、重々無尽の真相を知らざる偏見に帰するを。これ余が各方面より諸説諸論を総合して、宇宙の真相を大観したる結論なり。

もし人ありて唯物極まりて唯心となり、唯心極まりて唯物となり、いずれの起点より出発するも、ついにその元に帰り、循環するものならば、これ論理のいわゆる循環論法の過失に陥り、論証の効力なきに至るべしと問うものあらん。この過失は進行の途中においていうべきのみ。最極に至ればその本に復するは、論理のもとより許すところならざるべからず。例えば甲の定義に乙を用い、乙の定義に丙を用い、ないし幾千万回に至らば、その終極必ず初点に復せざるを得ず、これ物心両界の本来相含なるによる。故にこの相含の理は、古今数千年間における論争の乱麻を一刀の下に断じ去るを得べし。

このように、円了は、相含説という自説が古今数千年間における哲学論争に結着をつけるものであると主張する。小坂はこの文章を踏まえて、円了の哲学論の特徴について、つぎのように述べている。[21]

この二つの引用文の内容は、一見すると独断に満ちており、論理性がまったく欠如していて、安直な折衷主義に傾いているという印象をうける。大筋ではそのとおりであろう。それは大西祝の批判するように、水と油を混合するようなものでもあろう。しかし同時に、そこには単なる折衷主義としては片付けられない深い思想が見られる。というのも、その思想は「最大なものは最小のものと一致する」というクザーヌスの言葉と一致しており、また老子が万物の根源である「道」を強いて名づけて「大」と呼び、「大なれば日に逝き、逝けば日に遠く、遠ければ日に反る（大であればどこまでも広がり行き、広がり行けば果てしなく遠くなり、遠くなればまたもとに還ってくる）」といっているが、こうした道の思想とも一致している。円了の思想には多分に弁証法的構造がみとめられる。ただ円了はそれを自覚していなかったがゆえに、自分の思想を同一性の論理の上に構築するほかなかった。それゆえに、それは矛盾だらけの思想のような外見を有することになったと思われるのである。

小坂は、円了の思想には多分に弁証法的構造があると述べているが、しかし円了はそのことを自覚していなかったとも分析している。円了は初期の著作である『哲学一夕話』で「円了の中道」を主張した。その主張は、この『哲学新案』では貫かれたのか、この点について、小坂はつぎのように述べている。[22]

既存のいかなる立場にも偏することなく、それらをいずれも一面的として斥けると同時に、また「円了の中道」と称する立場からそれらを総合・統一しようとする傾向は、既に『哲学一夕話』以来、円了の思想に一貫した傾向であったが、それがようやく『哲学新案』において「相含説」として論理化の端緒を得たといえるだろう。

小坂は、円了の初期の『哲学一夕話』における「円了の中道」が、晩年の『哲学新案』において相含説として論理化する端緒をつかんだと指摘している。そして、小坂は、円了の相含の理論がスピノザの哲学論の性格を有していると指摘し、つぎのように結論づけている。[23]

円了における「如」と「象」は、スピノザにおける「実体」と「様態」に、また一如、心如と物如、心象と物象の関係は、スピノザにおける実体（神）、属性としての思惟と延長、様態としての精神と物体に、それぞれ相応しているといえるだろう。ただし円了のいう一如はスピノザの神のように静的な実体ではなく、どこまでも動的な活動ないし活力と考えられている。けれどもスピノザ哲学においても、一切の事物は神の永遠無限な本性から必然的に生ずると考えられているので（能産的自然）、それをすべての動性の根源と理解することもできなくはない。一方、円了のいう動的な活動としての一如は、あたかも不断に運動しながら、しかも一所に留まる独楽《こま》の芯のように、その動性の内に不動性（静性）を秘めたものでなければならない。

円了の相含説は、その内に若干の異質な要素が含まれているとはいえ、本質的にスピノザ主義の一形態である、と結論づけることができるだろう。そしてこのスピノザ主義は、現象即実在論の系譜に属する一連の思想家に共通した要素である。これを一言でいえば、内在主義的立場に立った宗教的自覚の論理である。

小坂は、円了の哲学論の問題点として、「断定が多く論証が希薄である」と述べて、「円了は直観の人であって、論証の人ではなかった」と規定している。しかし、小坂はその反面で、この『哲学新案』の特徴を「どの言葉も他の言葉と密接に、しかも有機的に連関しており、いい得て妙である」と評価している。円了の用語法は宇宙の構造分析を「きわめて具体的で興趣に富んだものにしている」と小坂はいう。そして、初期の円了の哲学論の中心概念であった「中道の論理」は、この『哲学新案』において「相含説」として論理化の端緒を得たと、小坂は評価している。円了は西洋の哲学に対して、東洋の立場から独自の哲学論を主張したわけであるが、小坂は、円了の哲学論に相対する西洋の哲学論として、スピノザの説を取り上げて比較している。スピノザと円了の両哲学論との相違を指摘しながら、円了の哲学論は「スピノザ主義の一形態」と結論づけ、「内在的主義的立場に立った宗教的自覚の論理である」と、小坂は問題提起をしている。

四　河波昌の説

宗教哲学者の河波昌は、明治期の西洋の文物の流入に対して、円了がどのように対応したのか、それをまとめて、つぎのように述べている[24]。

ことの自然の成りゆきとして数千年にわたる豊かな精神的伝統を有する日本において、圧倒的な西洋文化の流入にもかかわらず、そこから必然的に東洋独自の対応が生じるのも当然であろう。かかる点で、円了の哲学の展開には、東西両洋文化の壮大な出会いという歴史的視点からいっても極めて重要な意義が考えられるのである。そして円了の思想における独自の展開の背景には、それを土壌とする数千年にわたる東洋文化の精神的な伝統が不可欠の契機として存在していることが考えられるのである。〈かれにおいては、単に東洋的なものを西洋的なものに従属せしめ、埋没せしめるのでなく、むしろ西洋的な契機を媒介としつつ、かえって東洋独自の精神を改めてかれみずからの哲学として自覚的に展開せしめたのであり、かかる点で近代日本思想史の上においても、その存在意義は極めて高く評価されねばならないであろう。今やまさにかれにおいて明治期における日本思想史上の西洋一辺倒に対して新しい逆流が生じ始めるようにもなる。〉

しかしながらいうまでもなく円了における東洋思想の高揚は、単に西洋思想の一方的な排除を意味するものではない。むしろそれは西洋思想をどこまでも受容し、自らの内に取り入れ、それを媒介とすることによる東洋思想のよりいっそうの豊かな内容の展開を意味するものであった。むしろかれのうちには、哲学そのものの精神の原点に立つことによる東西両洋のそれぞれの限定を超える契機さえもが存在していたのである。

河波は、円了の哲学論には歴史的に重要な意義があり、円了は東西の哲学を深いところで受容・展開しようという意図を持っていたと指摘している。そして、河波は円了の『哲学新案』における相含論について、つぎのように評価している。[25]

> 〈円了は〉古今東西の哲学の全体を通観しつつ、相含説にもとづいてその全体を包含する一つの壮大な哲学体系を構想しているのである。ただかれの場合、従来の哲学的な一元論、二元論等、あるいは経験論や観念論等の哲学を一方的に排除しようとするものではなく、どこまでもそれらとの真摯な対決がなされつつ、相含論という一つの絶対的な立場に立ってかえってそれら諸哲学の存在の意義をも考えようとしているのである。全体の包含を意図する哲学的な体系とは、まさにそのようなものではある。かかる壮大な体系的思惟は、西田哲学を別としては日本では殆んど考えられない。

円了の『哲学新案』は、小坂がさきに指摘したように、唯物論や唯心論という西洋の諸哲学説を否定することなく、単なる折衷論ではないという点で、河波の主張も同じである。河波は、円了の相含論は一つの絶対的立場から諸哲学を考察し、全体の包含を意図する哲学的体系であると捉えている。そして、河波は、円了が相含論を展開する上で、仏教の論理が重要な役割を果たしているとして、つぎのように述べている。[26]

> 比喩として引用されている「眼と天地との相含」の喩え、すなわち大宇宙の中に包含されてその中に存在する一塵にすぎない一個の存在たる眼の中に、かえって大宇宙が含有され

ている、とする相含（相互に含有しあう）の論理は、正しく円了の究極ともいえる到達点であったが、またかかる論理こそは実に数千年にもわたって展開されて来た大乗仏教（とりわけ華厳思想）の論理でもあったのである。そのことはかれが相含論を展開するに際して、華厳哲学における基本用語たる「重々無尽」等のことばを頻繁に使用しながら展開している点からも容易にうかがえるのである。そして、どこまでもかかる大乗仏教的基盤に連なりながら、近代西洋哲学の洗礼をも受けていた円了が、その西洋的な契機を止揚（この止場 Aufheben には否定超克と共に保存の意味もある）しつつ、みずからの哲学を展開している点が考えられるのである。

河波は、円了の『哲学新案』の論理が仏教の華厳哲学に基づいていると分析しながら、西洋の哲学説を契機とし、自己の哲学論を展開していることを繰り返し述べている。さらに、河波は、円了の相含論がニコラウス・クザーヌスの論理に相似していると捉えて、つぎのように述べている。[27]

円了における極大と極小との一致を説く相含論は、クザーヌスにおける coincidentia oppositorum（反対の一致）の思想と限りなく対応する。（それは西田哲学における「絶対矛盾的自己同一」ないし「逆対応」の論理の展開とも関連しあっている。）もちろんクザーヌスの本格的な研究は、昭和初期のクザーヌス・テキストの発見をもって始められることになるのであり、円了の知るところではなかったが、なお宗教哲学的思惟の極限において、東西の思想家において相互に共鳴しあっている点で、限りなく深い関心をよぶところである。

河波はニコラス・クザーヌスと円了の哲学論を比較検討し、そこに両者の宗教哲学的思惟の極限があって、東西の哲学論が共存していると述べている。

河波の論評は、円了の哲学研究の役割が「東西両洋文化の壮大な出会い」であったと位置づけている。その内容は、西洋思想を排除するという排他的なものではなく、西洋思想を貪欲に吸収しながら、それを媒介として伝統的な東洋思想をより一層豊かに深めるということであったと指摘している。円了の『哲学新案』は、「全体の包含を意図する哲学的な体系」であり、「西田哲学を別として日本では殆んど考えられない」体系的思惟を持つ哲学論であったと高く評価している。さらに、河波は、円了の哲学論が西洋哲学のニコラウス・クザーヌスの哲学論に相似していると位置づけている。

五　田村晃祐の説

仏教学者の田村晃祐は、円了の相含論の哲学について、「重重無尽の相含と科学の受容」と題して、つぎのように簡潔に述べている。[28]

円了の哲学思想の到達点を示すものは『哲学新案』（明治四十二年）であり、ここではすべての物・思想が矛盾するように見えて実は相含む関係にあって一体のもので、無限に重なり合って一如の世界を形成しているものと見ている。これを仏教の見地から見ると「一即一切・一切即一・重重無尽」を説く華厳教学の現代化のように見える。

星は地球を含めて生成から滅亡に向かうもので、地球が滅亡する以上、すべてのものが無限の進化を遂げることはあり得ず、進化あれば退化あり、物質と勢（エネルギー）は相含むもので、現実の世界を見るも、物と心は互いに相含んで一体不二のものであり、現象と本質は一体であり、心界についてみても、有限性の知・情・意と無限性の理性・信性また一体不二で、宇宙はこうして無限に相含し合って一如の世界を形成し、絶対的立場からみると、心に有限性と無限性が一体化され、生死即涅槃で、生死は迷妄の世界でありながら、そのまま生死を超えた一如の世界に住することができるとする。

田村は、円了の『哲学新案』の相含の論理を「一即一切・一切即一、重重無尽」を説く仏教の華厳教学の現代化と捉えている。円了の相含論は、仏教学者にとって自明のものであるのだろう。田村の理解と表現は簡潔して要を得ている。宇宙についての円了の理解は「生死即涅槃で、生死は迷妄の世界でありながら、そのまま生死を超えた一如の世界に住することができるとする」ものであると、田村はいう。円了の哲学論の特徴である相即の論理が見られるのである。

六　新田義弘の説

「現象即実在論」は井上哲次郎の命名したものであるが、すでに述べたように、円了の哲学論も同じく現象即実在論と呼ばれる。哲学者の新田義弘は、この両者の哲学論を比較して、つぎのように述べている。[29]

井上哲次郎の唱える現象即実在論の論理には、生成変化する現象に対して真理は不動であるとするギリシャ的真理観や、差別すなわち多様な現象に対して平等すなわち共通性を法則とみなす近代科学の真理観の結構がそのまま重ね合わされている。井上哲次郎自身は、東洋哲学の独自の方法論を確立する必要を説いているにもかかわらず、ここには、東西哲学の論理形式の外見的な対応関係だけが強調されている嫌いがないとはいえない。もし東洋哲学、特に仏教の論理の固有性というものが現象即実在の「即」の構造にあるとすれば、右のような形式的な対応を指摘するだけでは十分な考察ではなく、東西の論理を折衷する試みの域を出るものとはいえない。

　これに対して、井上円了の場合、まず第一に実在を、単なる静的な法則性と捉えずにむしろ「活躰（＝活動体）」として捉えていること、第二に、現象即実在論の原型をまず大乗仏教の「真如中道」の理に見出し、これをできるだけ明快に整理して仏教哲学の論理の固有の枠組みを組み立てる作業に着手していること（『仏教活論』の仕事）、第三に、この枠組みをさらに当時理解された限りでの西洋哲学の諸テーゼとの対応を通じて、やがて、円了自身の哲学の論理すなわち「相含」論へと組み直していったこと（晩年の『哲学新案』の仕事）、これらの点で、言いかえると優れた直観的洞察力の点でも方法的な順序という点でも、一歩抜ん出ているように思われる。

　新田は、両者の現象即実在論が、哲次郎の場合は東西哲学の論理の折衷の試みにとどまっているが、円了の場合は初期の真如中道論を晩年の『哲学新案』でさらに深化させ、哲次郎の哲学論より一歩前進していると分析している。そして新田は、円了の思想に生命哲学的な方向があるとして、つぎのように述べている。[30]

　円了自身「仏教の因果の理法」であると断じているように、決してカント的意味での因果性の法則ではない。もしそうであれば、自然現象にのみ妥当する因果律を、現象を越えた領分に適用することになり、仮象の世界を構築する誤りに陥るからである。不可視の真如自体が自らを展開し、可視的な現象の世界を産み出すという、汎神論哲学の能産的自然（natur naturans）の思想にきわめて近い立場が、円了の現象即実在論の前提となっているように思われる……それ自身の内に含蔵されているものが開発（発現）され、潜在的なものが顕在化する、そのことが真如から象が開発するということの意味であるとすれば、仏教のなかの生命哲学的な方向が円了の思想を貫いて、西洋近代哲学の諸テーゼへの対応の姿勢を形成させていると言ってよく、現象と実在との関係を単なる現象と法則性との関係で説明しようとする井上哲次郎の現象即実在論に較べれば、この点でははるかに徹底した洞察力が示されている。実在に関する円了のこうした捉え方は、のちに西田幾多郎の「一般者」の概念に表われる自発自展する生命の思想のいわば先駆的形態ともなっている。また円了自身にとっても、後年の『哲学新案』における「宇宙開化論」や「宇宙の大観」は、こうした活体としての実在の思想に基づいて展開されたものといえる。もっとも当時の情勢として、進化論のテーゼを直接そこに取り込むなど、かなり素朴な議論に走っていることはやむをえない。

新田は、円了の哲学論の「真如から象が開発される」という捉え方が、仏教における生命哲学的方向をもっており、これを西洋近代哲学の諸テーゼに対応させて展開している点に特徴があると指摘している。この点において、哲次郎の現象即実在論より円了の哲学論は徹底した洞察がなされていると、新田は評価している。

円了の『哲学新案』は、これまであまり注目されてこなかった著作であるが、新田はこの『哲学新案』について、つぎのように位置づけている。[31]

『哲学新案』は、円了自身の哲学思想の全体的な構想を表わした晩年の著作である。その叙述は、円了自身が自序のなかで断っているように、執筆当時の健康状態その他の事情によって、かならずしも論理の精確さにおいて十分でなく、そのため随所に創見的ではあるが独断にとどまる議論の散見するを否定できないが、逆に「所信の儘を一気呵成に任せ、記述せる」ことが、却って彼の哲学の全貌を生き生きと伝えることにもなっている。この著作の根本意図は、円了が仏教哲学から継承した万法是真如、真如是万法すなわち現象即実在の論理を、宇宙のあらゆる象面の多様な観(察)を経由したうえでこれらを縦横に貫く「相含」の論理として改めて確定しようとするところにおかれている。

新田は、円了の『哲学新案』が論理展開が不十分で独断にとどまっている点があると認めつつ、「自序」で円了が語ったように、一気呵成に書かれたが故に、かえって生き生きとした哲学になっているとし、円了が宇宙のすべての象の多様な観察によって相含の論理を極めようとしていると述べている。円了の唯一の翻訳書にポール・ドイセンの『純正哲学』(明治四〇(一九〇七)〜四一(一九〇八)年)がある。新田は、円了の輪化説について、つぎのように述べている。[32]

ドイセンの著作の訳『純正哲学』には、ショーペンハウアーの有機体論や意志論は扱われているが、ニーチェについての叙述は見当たらない。円了の輪化説はおそらく、個体における過去の潜在化というモナドロジー的発想を踏まえて、仏教の輪廻転生説をできるだけ合理的に解釈しこれを生かそうとする姿勢から産み出されたものではないかと思われる。彼の輪化説は、同じく有機体の生成に多様な世界解釈の発生の母胎を見出し、最終的に多様な世界解釈の批判的審級を「等しきものの永遠の回帰」の教説に求めたニーチェの透徹した思想に較べれば、到底比することのできないほど素朴なものであるにせよ、回帰思想の地盤を有機的個体に置いている点で相通ずるものがあり、その点極めて興味深いものがある。しかし円了の輪化説は、本来は、形而上学的回帰思想というよりも、むしろ宇宙（自然）の経過がつねに配置（Konstellation）を変えつつ進行することから起る同一状態の反復の可能性を説いたものとみるべきであろう。

新田は、円了のドイセン訳書を確認して、円了の輪化説が仏教の輪廻転生説を合理的に解釈したものと見ている。そして、その輪化説はニーチェに比べて素朴なものであり、しかし回帰思想の地盤を有機体的個体に置いている点で相通じるものがあると分析している。円了の『哲学新案』の中心概念は、すでに述べたように、「相含」である。新田はこの「相含」の概念について、つぎのような整理をしている。[33]

相含とは、形式的にいえば、相互に相反する現象または論理が、じつは相互に含みあい連関しあっているということであるが、しかし、円了の叙述を厳密に検討すれば、相含という概念はかなり多義的に使用されており、若干整理してみる必要があるように思われる。たとえば、横観における心象心如あるいは力象力元、または内観における物象物如といった、象如相含の場合と、横観において物力相含、あるいは内外両観の相含とか心如と物如との両如相含といわれる場合とでは、同じく相含の語を用いながらも、相含関係の成立の仕方そのものに決定的な相違があるように思われる……観の交替という円了の叙述の方法には、同じものが視方によって別様に現われるというパースペクティヴ的性格が刻印されている。円了が物と心との相関性を相含の語で言いかえているのは、決していわゆる物心関係の構造について論じているのではなく、二つの観方の相補関係について論じているのである。すなわち観と観とのあいだに成り立つ連関に相互含有の構造を見ようとしているわけである。これに対して、象如相含の場合の相含とは、もとより観そのものと深く関わりあうが、しかし単に観の交替によって象と真如とがそれぞれ与えられた方を異にするということよりも、もっと深い次元で成立する両者の構造上の相互依存の関係のことでなければならない。したがって象如相含はいわゆる観の成立そのものを可能にしてくる事象そのものの構造でなければならない。

ところが円了は、象如相含の構造それ自体の解明を十分に果たしていない。但し解明のための手掛りになるものを残している……円了の現象即実在論が、不可視の真如が自らを展開し、可視的な現象の世界を産み出すという、生命哲学的な発想に支えられていることに見出されるのである。真如の力が「物心両境を開き、万象万化を生ずる」という洞察は、『哲学新案』でも、まず縦観論の「宇宙活物論」や横観論の「因心因力説」においても登場し、やがて裏観論の「一如妙動」の洞察となって生きている。ところが、円了は、相含の構造を真如が万象と化する仕方そのものに、すなわち潜在的なものが顕在化してくる仕方をそれ自体の構造として捉えるに至っていない。このことが円了の現象即実在論の限界となっていることは否めない事実である。

新田は、円了の相含の用語法がかなり広義に使われていることを具体的に検討している。そして、円了の現象即実在論は、不可視の真如が自らを展開し、可視的な現象の世界を現出するという生命哲学的な発想に基づいているけれども、円了が真如が万象と化する仕方をそれ自体の構造として捉えていない点に相含論の限界があると、新田は指摘している。その理由について、新田はつぎのように述べている。[34]

> その理由の一つに、円了が生きた時代は何よりも西洋近代哲学の受容がまだ開始されたばかりの時期であって、西洋思想の理解がまだ未熟であったという、不可避的な時代的制約という面が挙げられるであろう。「即」の論理を、意識の根底で起る自己否定的転換から捉えるためには、意識というものをもっと徹底して問わねばならない。その方法がまだ十分に自覚されていないのである。しかし他方では円了自身の思想そのものに、それ以上徹底して思惟を深めることを断念させる要因が働いていたことも否定できない。それはまず、絶対すなわち真如に直接触れるのは信性の機能であって、理性はひたすら「一如を望見する」だけであるという思想である。理性はつまるところ観の立場を脱却しきれないのである……理性の立場では、真如といえども広い意味での対象の方向でしか推知できないのである。そのうえさらに、円了には、「哲学の大勢は已に定れり」という楽観的な断定がみられる。

新田は円了の現象即実在論に限界があることを明らかにし、その理由として、第一に円了の時代が西洋の近代哲学の受容の始期であったという時代的制約、第二に円了自身が真如について理性では望見するだけで、信性のみがそれに触れられるという判断、新田はこの二点を上げている。しかし、それがやがては西田幾多郎によって問われることについて、つぎのように述べている。[35]

円了の哲学は観の立場を越えるものでなく、あくまでも「見る」立場にとどまっており、理論と実践、認識と行為とを区別する枠組に縛られ、その限りで哲学思惟そのものがプラクシスであるという自覚にまで達していない。しかし、そうした自覚への道を用意する、一種の生命哲学的な方向を内に含んでいることは否めない。近代日本における現象即実在論のその後の展開を追うときに、われわれは、円了の哲学の中でなお未展開にとどまっていた方向が、やがて西田幾多郎の「一般者の自己限定」の思想によって徹底的に展開されてくるのを見届けることができるであろう。

新田は、円了の相含論は、理論と実践の枠組にしばられているという限界があるものの、それを超える道として一種の生命哲学的な方向を内包していると述べている。この方向は西田幾多郎によって徹底的に展開されてきたと、新田は指摘している。新田の論評の始まりは、井上哲次郎の「現象即実在論」批判である。哲次郎の「即の論理」は東西の論理の折衷に止まっていると、指摘している。これに対して、円了の場合は三段階のステップを踏んで、最後に『哲学新案』の「相含の論理」に至っているので、「これらの点で……優れた直観的洞察力の点でも方法的な順序という点でも」、哲次郎よりすすんでいると評価している。そして、円了の思想には「生命哲学的な方向」があると、新田は述べている。しかし、新田は円了の「相含」という概念が多義的に使用されていると捉えている。このことが、「潜在的なものが顕在化してくる仕方をそれ自体の構造として捉えるに至っていない」と新田はいい、このことが円了の現象即実在論の限界となっていると指摘している。また、円了の哲学は「観」の立場を超えるものではなく、「見る」という立場に止まっていることも、限界点として述べている。まだ十分に意識の根底まで問われていないという、円了の「即の論理」を問題視している。しかし、そうした自覚への道を用意し、一種の生命哲学的な方向を内包していたことが、やがては西田幾多郎によって徹底的に展開されてきた歴史があると、新田はいう。このように、円了が日本哲学の先駆者であったことが明らかにされているのである。

円了の『哲学新案』について、舩山信一は哲学論として認めていなかったが、小坂国継、河波昌、田村晃祐、新田義弘は、円了の哲学論の意義をそれぞれの立場から認めている。筆者も円了がまとまった独自の哲学論を提示できたと評価している。

【註】

1　舩山信一『明治哲学史研究』（『舩山信一著作集』第六巻、こぶし書房、平成一一（一九九九）年、一一八頁）。

2　井上円了『哲学新案』明治四二（一九〇九）年（『選集』第一巻、

二八一頁)。
3 同右、二八一頁。
4 同右、二八七頁。
5 小坂国継『明治哲学の研究』(岩波書店、平成二五(二〇一三)年、三一二頁)。
6 舩山信一『明治哲学史研究』、前掲書、一一八―一二八頁。小坂国継『明治哲学の研究』、前掲書、三一九―三四〇頁。
7 井上円了『哲学新案』、前掲書、三九五頁。
8 同右、三九七頁。
9 同右、四〇一頁。
10 同右、四〇二頁。
11 舩山信一『明治哲学史研究』、前掲書、一一八頁。
12 同右、一二〇―一二一頁。一二七―一二八頁。傍点は著者。
13 小坂国継『明治哲学の研究』、前掲書、二九七―二九八頁。
14 同右、三二〇頁。
15 井上円了『哲学新案』、前掲書、二九七頁。
16 小坂国継、前掲書、三三二―三三三頁。
17 同右、三二六頁。
18 井上円了、前掲書、三三三頁。
19 小坂国継、前掲書、三三八頁。
20 井上円了、前掲書、三五七頁、三五七―三五八頁。
21 小坂国継、前掲書、三三四―三三五頁。
22 同右、三三八頁。
23 同右、三三九―三四〇頁、三四〇頁。
24 河波昌「井上円了における宗教哲学体系の大成―相含論とその成立の背景」(『井上円了センター年報』第一号、平成四(一九九二)年、三八頁)。
25 同右、四〇頁。
26 同右、四二頁。
27 同右、五〇頁。
28 田村晃祐「井上円了の生涯と思想をめぐって」(『井上円了センター年報』第一二号、平成一五(二〇〇三)年、九〇―九一頁)。
29 新田義弘「井上円了における現象即実在論」(『井上円了と西洋思想』東洋大学井上円了記念学術振興基金、昭和六三(一九八八)年、八一頁)。
30 同右、八二―八三頁。
31 同右、八九―九〇頁。
32 同右、九三頁。
33 同右、九七―九八頁。
34 同右、九八―九九頁。
35 同右、九九頁。

第四節　世界旅行

一　三回の世界旅行

円了は六一年の生涯において三回の世界旅行を行った。そして、それぞれの旅行記をつぎのように残している。

第一回　『欧米各国政教日記』上・下編　哲学書院　明治二二(一八八九)年
第二回　『西航日録』　鶏声堂　明治三七(一九〇四)年
第三回　『南半球五万哩』　丙午出版社　明治四五(一九一二)年

また、筆者は本書の第三章第二節で「第一回の世界旅行の日録」を記したので、三回の世界旅行を日録的に理解することができるようになった。円了の三回の旅行記は『井上円了選集』第二三巻に収録されている。円了の世界旅行の見聞は、帰国後に新たな事業の展開となって活かされている。ここでは世界旅行と帰国後の活動について記しておきたい。すでに本書では部分的にこのことを取り上げているので、ここでは簡潔に整理しておきたい。

二　第一回目の世界旅行

円了は哲学館創立から「未だ一年に満たざるに、私は突然欧米周遊の途に上り、彼地の学問の景況を実際上観察するに及」んだと述べている。

出発は明治二一(一八八八)年六月九日、円了は三〇歳にして、初めて世界を実際に見ることになった。翌明治二二(一八八九)年六月二八日に帰国したので、一年間を越える世界視察であった。コースは東回りで、日本を出発して太平洋を横断し、アメリカのサンフランシスコに上陸し、そこから大陸横断鉄道に乗ってニューヨークを目指した。そして、ニューヨークから大西洋を渡り、まずイギリスに入り、その後は西ヨーロッパの諸国を巡回した。帰国はフランスのマルセイユを出発し、インド洋を経て、日本に到着した。寄港地を除くと、視察した国は主にアメリカ、イギリス、フランス、ドイツ、オーストリア、イタリアである。帰国した円了は、翌七月に「哲学館改良の目的に関して意見」、八月に「哲学館将来の目的」、一〇月には「哲学館目的について」を発表した[1]。

これらの文章の中で、円了は「欧米各国のことは、日本に安坐して想像するとは、大いに差異なるものなり。しかして、その最も想像の誤謬に陥り易きは、各国みなその国固有の学問技芸を愛して、一国独立の精神に富めるを知らざること、これなり」という。そして、「従来哲学館は、一般の哲学を教える目的なりしをもって、別に主義等を明言せざりしが……今回、親しく欧米各国の学問景況を目撃し、もって現今本邦の体制を視察して感悟したるところ、またすくなし」として、裏面に宇宙・学理（哲学）を研究する宇宙主義、表面の目的に日本主義を掲げた。「哲学館はまったく日本主義をもって立ち、日本の言語・歴史・宗教を完全ならしめ、もってこれを維持せん」ために、「余は哲学館をもってその目的を達する階梯とし、今よりようやくその功を積み、他日に至りて堂々たる日本大学の一家を落成せん」と考えた。そして、哲学館では、第一に教育家、第二に宗教家、第三に哲学家の養成を具体的な目的としたのであった。

円了は、このような計画を公表すると共に、哲学館を専修学校から大学へと発展させる第一段階として、新校舎の建設に着手した。着工したのは、帰国から一か月余りの八月のことであった。

世界旅行の体験から、円了が目ざした哲学館を大学へと発展させる計画は、既述のように、第一に明治二二(一八八九)年に風災に遇い、第二に明治二九(一八九六)年の火災によって再検討を余儀なくされたが、円了は明治二九(一八九六)年の時すでに新たな校地を購入していたので、決断して新校舎の建設と移転を実現した。そしてまた、大学科として漢学と仏教の専修科を開講し、恩賜金をもとに京北中学校をも創立した。このような紆余曲折を経ながら、明治三五(一九〇二)年に「哲学館大学部開設予告」を発表するまでに達していた。この時、第一回目の世界視察から一三年が経過し、円了も三〇歳から四四歳になっていた。

三　第二回目の世界旅行

明治三五(一九〇二)年は、中等教員無試験検定の許可による最初の卒業生が誕生する時期であった。八月に将来の大学予定地を購入した円了は、欧米諸国の教育事情を視察するために、一一月一五日に、第二回の世界視察に出発した。

この度の世界旅行は西回りのコースをとり、まずインドに滞在し、河口慧海、大宮孝潤の二人の哲学館出身者と出会った。それから、イギリス、ウェールズ、スコットランド、アイルランド、フランス、オランダ、ベルギー、ドイツ、ロシア、スイスを回り、アメリカに渡りロッキー山脈を越えて、シアトルから太平洋を横断して明治三六(一九〇三)年七月二七日に帰国、八か月余にわたる世界旅行であった。

ところで円了は、この第二回目の世界旅行の初期の段階で、哲学館の教員無試験検定の許可取り消しの事件に遭遇した。「哲学館事件」と呼ばれたこの近代日本教育史上の問題である。

館主の円了がこの事件の発生を知ったのは、インドを経て、フランスのマルセーユからジブラルタル海峡をたどり、イギリスのロンドンに到着して程ない明治三六(一九〇三)年一月三〇日であった。二月一日から、円了はすぐさま哲学館事件に対する指示を送る一方で、同じくロンドンに滞在していた沢柳政太郎に会って事件の原因と今後の対応について相談した。沢柳は円了の大学時代の後輩であり、当時は文部省普通学務局長をしていたからである。

円了にとって第二回目の世界旅行は大きな転機となった。そして、この視察中から構想されたものが、哲学館の大学認可、修身教会運動であった。

明治三六（一九〇三）年七月二七日に帰国した円了は、世界旅行の見聞を組み込んだ新たな哲学館の構想を発表した。八月二七日、文部大臣に対して大学開設の願書を提出し、さらに哲学館事件へのしめくくりとして、辞職した中島徳蔵を復職させた。そして、一〇月には専門学校令による哲学館大学の許可を得た。この過程の中で、円了は「広く同窓諸子に告ぐ[2]」を発表して、これ以後の哲学館大学のあり方をつぎのように伝えた。

余の漫遊中、英国滞在の比較的長かりしはいささかその心に期するところあればなり……英国が如何にしてかかる大国となりしやを知らんと欲し、その原因は英国民の気風・性質の上にありと信じ、欧米中とくに英国に足をとどめるに至れり、その滞在中視察するところによるに、英国民は実に独立自活の精神に富めると知り、この精神によりて、世界第一の国民となりしを知る……また英国民は実用的国民にして、一方に高尚の理論を究めると同時に、他方に実際を忘れざる国民なり……今度、教員免許の特典を取り消されたるは、本館の迷惑と損害すくなからざるも、かえって独立の精神を発し、実用の教育を施すの一大機会なりと信ず。故にこの機会に乗じ、本館の学科を修正し……旨趣を発表せんとす。

この文章の中で、哲学館事件によって失った教員無試験検定の特典の復活は文部省によって拒絶されたので、「この上は独立自活の精神をもって、純然たる私立学校を開設せざるべからず」とし、「実力修養を主とし、もっぱら教員検定試験に応ずるの準備をなす」とした。また、「おもうに、将来わが邦人の働くべき場所は、アメリカと支那、朝鮮なり」として、英語と中国語の会話と作文などの実用の教育を行うことを明らかにした。さらに、大学開設記念として購入した府下豊多摩郡江古田和田山の土地に、古今東西の大哲学者である釈迦、孔子、ソクラテス、カントの四聖を祀る四聖堂を建設することも明らかにした。

このように円了は、哲学館の大学への拡張、さらに国際的教育への転換を計画した。この大学改革と共に、世界旅行から発想されたものが修身教会運動である。

明治三六（一九〇三）年九月に発表された「修身教会設立旨趣[3]」で、円了はつぎのように述べた。

明治維新以来、三十余年間におけるわが邦百般の進歩発達は、実に世界にその比を見ざるところなり……しかりしこうして、国勢民力の如何に至りては、これを英米に比するも、独仏に較ぶるも、はるかにその下にあるを見る……その原因はわが国民の道徳・徳行の彼に及ばざるところあるによると考えるなり。それ君に忠をつくし、親に孝をつくすは、わが国民の一般に熟知せるところなれども、その忠たるや、多くは戦時の忠にして、平日の忠にあらず、その孝たるや極端の孝にして、通常の孝にあらず。故に国民みな忠孝を知りながら、民力を養い国勢を隆んならしむること能はず……余案ずるに、忠孝の意たるや、……倹約、勉強、忍耐、誠実、信義、博愛、自重等の諸徳は、みなその中に含有すと信ずるなり。しかしてこれらの諸徳の実行は、わが国民の遠く彼に及ばざるところなるや疑いなし。故にわが邦今日の急務は、この諸徳を養成する方法を講ずるにあり。

このように修身教会とは、イギリスの「言論の自由、人格の尊重、社会道徳の発達」をモデルにした日本型の社会教育運動であった。修身と教会とはその内容と運動主体を表し、これを日本各地に自主的に設置しようという壮大な構想で、学校教育に止まっている道徳教育を、社会人にまで拡大しようというものであった。円了は、この趣旨書を内務・文部の両大臣に送り、さらに各府県知事、町村長、小学校長に送付した。

円了の第二回目の世界旅行は、こうして、哲学館事件を通じて日本の近代化の方向を一層主体的に再考させる契機となった。

四　第三回目の世界旅行

円了は明治三八（一九〇五）年春頃より神経衰弱症に陥った。その症状は悪化の一途をたどり、円了は最大の解決策としてすべての学校からの引退を決意した。それは第二回の世界旅行の帰国から二年半後のことであった。円了は明治三九（一九〇六）年一月から一人の教育者に戻った。哲学館大学は、帰国後に円了が遺言で予告したように井上家には世襲させず、新たに財団法人とし、明治三九（一九〇六）年六月に現在の東洋大学と改称された。

引退後、円了は個人として修身教会運動に取り組んだ。その中心拠点となったものが現在の東京都中野区にある哲学堂であった。この土地はもともと哲学館の大学移転用地として購入されたのであったが、新学長との相談の結果、移転は見合わされ、円了は一二年間という長期返済計画のもとに、この土地を大学から買い戻したのであった。

当時、一万四四四五坪の土地に建っていたのは四聖堂のみで、円了はこれを拡張して市民の精神修養の場とする計画であった。浅草や上野や日比谷の公園を肉体的公園とすれば、哲学堂は精神修養的私設公園であり、そのモデルは西洋の日曜教会であった。「西洋には体を養う公園があると同時に、心を養う公園がある。それが教会堂である。休日の半日を公園で費やせば、必ず他の半日は会堂に費やすことになっている。日本もこの心を養う公園がほしい。体を養う公園が日に月に増えているのに、心の公園がない」と、円了は考えていた。

修身教会運動という全国巡回講演を行う中で、円了は揮毫の御礼の半額を講演地に寄付し、残りの半額をもって哲学堂を公園へと拡張させようとした。午前は移動、午後は講演、夜は揮毫というスケジュールで、円了は明治三九（一九〇六）年四月から本格的に全国巡講を行った。講演日を合計すれば、明治三九（一九〇六）年は一七三日、明治四〇（一九〇七）年は二七五日、明治四一（一九〇八）年は二六二日、明治四二（一九〇九）年は一八五日、明治四三（一九一〇）年は二二六日と、円了は一年間の大半を巡回講演に費やしている。哲学館の出身者で評論家として知られた高嶋米峰は、この時期の円了について、つぎのように述べている。[4]

先生は、明治三十九年、哲学館大学長、並びに京北中学校長を辞して、もっぱら社会教化のために努力せられることになったのであります。もっとも、先生の社会教化的事業としては、これよりさき、明治三十七年に、修身教会というものを設立し、全国に支部を設けて、修身教会網を張り廻らし、これによって、社会教化の実績を挙げ、もって護国の志を達しようと、考えられたのでありまして、その計画の周到なると、その規模の雄大なるとには、私共、実に敬服もし驚嘆もしたのでありますが、その発会式を挙げるという、明治三十七年二月十一《（ママ）》日の紀元節、この日《（十日）》に、ロシアに対する宣戦の詔勅が降りまして、日露戦争の幕が切って落とされることになりましたために、先生のこの素晴らしい精神運動は、先生が期待されておられたほどの、効果を収めることのできなかったことは、実に遺憾千万でありましたが、それでも先生は、日露戦争中、この修身教会をひっさげて、全国各地を巡回し、国民銃後の努めに、万遺漏なからしめるために、文字通り、南船北馬しつづけられたのであります。ことに、学校退隠後の先生は、身軽になられましたために、全国津々浦々、先生の足跡を見ないところがないというほどに、講演行脚をつづけられたのでありました。

高嶋は、円了の修身教会運動がロシアとの戦争のために十分に定着しなかったと述べている。そのような状況の中で、円了は全国巡講を続けたのであるが、円了は「教育者や宗教者が世界を視察し、その見聞と体験をもとに教育や教化を行うことが、日本の国際化にはとくに必要である」と考えていた。しかし、そのことが経済的社会的に不可能な時代であった。五三歳になった円了は、明治四四(一九一一)年四月一日発行の『修身』に、「告別の辞」を発表し、三度目の世界旅行に出発した。この「告別の辞」で述べられたことを要約すると、つぎのようになる。

明治三九年に東洋大学を退隠して以来、五年が経過し、計画した一五年間の全国巡講も、前・中・後の三期に分けると、その前期を終了した。これを機会に、赤道以南の南洋諸島および南米諸州の風俗、人情、教育、宗教を視察し、かたわら植民状態を実地に見聞することとした。旅行期間は半年間の予定で、遅くなれば年末まで延びるであろう。

第三回目の世界視察は、明治四四(一九一一)年四月一日から始まり、翌明治四五(一九一二)年一月二二日までかかった。今度のコースは、はじめに東南アジアから太平洋を南下して、オーストラリア大陸を巡り南極に近づいた。その後、インド洋を経て、そしてアフリカを経由して、ヨーロッパ大陸伝いに北極へ近づいた。それからヨーロッパ大陸を南下し、再びイギリスに渡って南米大陸へ向かった。南米大陸を周遊後、中南米のメキシコへ出て、太平洋を横断して帰国した。視察した主な国は、オーストラリア、イギリス、ノルウェー、スウェーデン、デンマーク、ドイツ、スイス、フランス、スペイン、ポルトガル、ブラジル、アルゼンチン、ウルグアイ、チリ、ペルー、メキシコであった。五〇歳代半ばに行われた第三回目の世界旅行は九か月を越え、円了自身、漢詩で驚きを隠さなかったように、その容貌に苦労のあとを刻んだ。

帰国から半年後、大正に改元されたことにともなって、円了は修身教会を国民道徳普及会と改め、新たな趣意書を作り、講演題目に世界旅行の成果である南半球の状況報告を加えた。

哲学堂の建設は円了の大学退隠後から本格化し、四聖堂に続いて哲理門、六賢台、三学亭が建設され、大正時代に入ってから基本金の積み立て、公園の整備、さらに宇宙館や絶対城(図書館)が新築された。円了は大正四(一九一五)年に『哲学堂独案内』を出版し、「哲学堂庭内七十七場」の名称を紹介している。この年の一〇月に図書館の落成披露会が開催され、以後、哲学堂は公園として公開された。哲学堂の建設期にあたる明治後期の毎月の参観者は、多くても三〇〇人、ほとんどが一六〇人以下であったが、大正時代に入り、参観者は多い時で五〇〇人を超えるようになり、大正四(一九一五)年の披露会以後は月によって一〇〇〇人を超えて、東京の私設公園として知られるようになった。

一方、世界旅行によって中断した国民道徳普及の全国巡講は、帰国から半年後の九月から再開され、講演日は大正元

（一九一二）年に九二日、大正二（一九一三）年に二八四日、大正三（一九一四）年に二三二日、大正四（一九一五）年に一九七日、大正五（一九一六）年に二一四日、大正六（一九一七）年に二二一日、大正七（一九一八）年に一七二日と精力的に続けられた。円了の全国巡講は世界視察と同じく、三度にわたって行われているが、この三回の巡講地を現在（平成七年度）の市町村数にあてはめると、一七一三市町村となり、全体の五三％にも及んでいる。

円了の三回に及ぶ世界旅行の知見は、その後の事業で具体化されている。円了にとって世界旅行とは、世界の歴史的展開・進歩を実視し、世界から日本を、世界から自己の事業を点検・総括・手配する役割を持っていたといえよう。

円了の三回の世界旅行を地図にまとめると、つぎの頁のようになる。[5] これを見ると、円了は五大陸と、北極・南極の二極をめざして旅行したことになる。円了は当時めずらしかった地球という規模で旅した世界旅行者の先駆者であったことを示している。

【註】

1　『百年史　資料編Ⅰ・上』、一〇〇―一一二頁。

2　井上円了「広く同窓諸子に告ぐ」（『東洋哲学』第一〇巻第九号、明治三六（一九〇三）年九月、一二六―一二九頁）。

3　井上円了『修身教会設立旨趣』（哲学館、明治三六（一九〇三）年）。

4　高嶋米峰「井上円了先生」『随筆　人』（大東出版社、昭和一四（一九三九）年、一九―二〇頁）。

5　「井上円了の海外旅行経路図」（『選集』第二三巻、五二一―五二三頁）。

【補註】

円了の世界旅行については、つぎのような解説や論文がある。瀧田夏樹「解説―井上円了の世界旅行記」、『選集』第二三巻。拙稿「解説―井上円了と世界」、『選集』第二三巻。瀧田夏樹「井上円了の世界視察」（『井上円了センター年報』第九号、平成一二（二〇〇〇）年。同「井上円了博士の世界旅行」（『井上円了センター年報』第一三号、平成一六（二〇〇四）年）。拙稿「井上円了の世界旅行」（『国際井上円了研究』第一号、平成二五（二〇一三）年）。市川義則「井上円了の洋行と日本人の海外移住―民衆教育の一側面」（『国際井上円了研究』第一号、平成二五（二〇一三）年）。堀雅通「井上圓了の全国巡回講演、海外視察旅行にみる鉄道利用について」（『鉄道史学会二〇一四年全国大会自由論題報告要旨』）。

井上円了の世界旅行経路図

→ 第１回	明治21(1888)年６月９日～22年６月28日
⋯→ 第２回	明治35(1902)年11月15日～36年７月27日
-→ 第３回	明治44(1911)年４月１日～45年１月22日

第五章

遺言

第一節　公開遺言状

円了は二つの遺言を残している。ここで取り上げるのは、明治三六（一九〇三）年一一月一五日に作成され、書籍や雑誌に公開された遺言である。『円了漫録』という円了の著書が初出である。少し長いものであるが、知られていないので、全文を紹介しておきたい[1]。

遺言予告

それ人生は無常なり、老少は不定なり、人だれか何歳まで存命するを保すべけんや。まして余のごとき春夏秋冬、東奔西走するものにおいてをや。そのいつ山に死するか海にたおるるかを知るべからず。ゆえに、余は今より毎年遺言状を作りて、不時の備えとなさんとす。けだし、世間の慣例として遺言状は秘して人に示さざるものなるも、余はこれを秘するの必要を認めず、なるべく広く知人に示して、余が意の存するところを知らしめんとす。これ公開遺言状なり。今ここに「漫録」を印刷するに当たり、その巻首にこれを登載す。もし広くいえば、この「漫録」全部、すなわち余が遺言状なり。今、ただその中に掲げざる特殊の事項を、ここに別記するのみ。

一、余死するも、葬式の時日を友人に報告し、または新聞に広告するに及ばず。葬式すみたる後にて新聞に広告すれば足れりとす。これ、人々の多忙なるに、貴重の時日を割きて会葬せらるるを恐れてなり。

一、余死するも、棺前の通夜は衛生に害あれば無用のことなり。

一、葬式は質素を旨とし、できうるだけ費用を節減すべし。

一、香典、贈り物等は一切謝絶すべし。

一、遺族は余が著書の収益によりてカツカツ口を糊することを得る見込みなれば、余が死後、決して哀れを人に請うがごときことをなすべからず。

一、学校（哲学館および京北中学校）と井上家とはもとより別物にして、両者の資産は余が手許に保管せる学校創立以来の帳簿に判然明記しあれば、これに照らして処理し、決して二者を混同すべからず。

一、学校は余が社会国家に対する事業として着手せしものなれば、井上家の子孫をしてこれを相続せしめ、またはこれに関係せしむる道理なく、また必要なし。ゆえに、余の死したる日には、学校に関する諸事は細大となく、すべて左の方法によりて議定し、および決行すべし。

余が死後二週間以内に、哲学館および京北中学校教職員、哲学館講師および特別館賓の総会を開き、左の評議員二十名を推薦すべし。
哲学館得業（受験得業および認定得業）中より　五名
同講師（称号規程の講師および大学規程の学士）中より　三名
哲学館および京北中学校教師中より　二名
哲学館特別賓中より　三名
同　館賓中より　三名
同　館友中より　二名
哲学館幹事および京北中学校幹事　二名
都合二十名
（講師中には名誉講師をも含む）
この二十名の評議員に学校管理の全権を一任すべし。よって、諸事みなその決議によりて定むべし。
右の評議の顧問は加藤弘之、石黒忠悳両男爵に依頼すべし。
一、今回新たに着手せる修身教会の事業は哲学館に付帯せるものなれば、前条の評議の範囲内にあるものとみなすべし。
一、現今、余の居住せる家屋は全く余の自費をもって建てたるものなれば、永く井上家の財産となるはもちろんなれども、敷地は学校の所有なれば、余が死すると同時に学校へ返地するはずなるも、家族の同家に住する間は現今のまま井上家に使用せしむべし（その坪数はおよそ百五十坪くらいなり）。
以上の諸条中にもれたること、および今後修正を要することを思い出したる場合には、後日の「漫録」発行の節記載すべし。
明治三十六年十一月十五日　井上円了

この遺言予告をした時、円了の年齢は四五歳であった。遺言の内容は二つに分けられる。一つは葬式の仕方、もう一つは死去後の哲学館の運営である。特にこの遺言で強調されているのは、井上家の世襲の問題であろう。「遺族は余が著書の収益によりてカツカツ口を糊することを得る見込みなれば」、あるいは「学校は余が社会国家に対する事業として着手せしものなれば、井上家の子孫をしてこれを相続せしめ、またはこれに関係せしむる道理なく、また必要なし」と明確に述べている。そして、死去の後には哲学館を評議組織で運営することを定めている。また、「今回新たに着手せる修身教会の事業は哲学館に付帯せるものなれば、前条の評議の範囲内にあるものとみなすべし」と、修身教会については特記している。なぜ、このようなことを遺言として、公表しなければならなかったのか、その理由は遺言の前文だけでは説明がつかない。したがって、明治三六（一九〇三）年一一月という時期の前後に円了の周囲で起っていることから推測せざるを得ないであろう。その事績を列挙しておきたい。


明治三五（一九〇二）年一二月一三日　文部大臣が哲学館の中等教員無試験検定校の認可を取り消し。

明治三六（一九〇三）年一月二九日　倫理学教授・中島徳蔵が「哲学館認可取消事件」を新聞に投稿。これをきっかけに哲学館事件が一大社会問題に発展する。

明治三六（一九〇三）年一月三〇日　館主・井上円了はロンドンにて無試験検定校の認可を取り消しを知る。

明治三六（一九〇三）年二月一二日　井上円了がイギリスのバルレー村に一か月滞在。

明治三六（一九〇三）年二月二二日　井上円了が哲学館の幹事への書簡で、文部省を離れ自立の精神で哲学館拡張を計画する必要を表明。

明治三六（一九〇三）年七月二七日　井上円了が帰国。

明治三六（一九〇三）年九月五日　井上円了が哲学館の機関誌に「広く同窓諸子に告ぐ」を掲載し、「独立自活の精神をもって、純然たる私立学校の開設」を目標とすることを公表する。

明治三六（一九〇三）年九月一四日　井上円了、『修身教会設立旨趣』を発行。修身教会を全国市町村に設立する必要性を訴える。

明治三六（一九〇三）年一〇月一日　私立哲学館大学と改称し、専門学校令による大学設置の件認可。

明治三六（一九〇三）年一〇月　井上円了、「内務大臣及文部大臣両閣下ニ上ル書」を『修身教会設立旨趣』に掲載し呈書。

明治三六（一九〇三）年一一月一五日　井上円了、遺言予告を発表。一二月一〇日刊の『円了漫録』に掲載。

明治三七（一九〇四）年一月一五日　井上円了、修身教会遊説のため山梨県下を巡講。

明治三七（一九〇四）年一月　井上円了、「此ニ各府県町村長及小学校長ニ一書ヲ呈シテ懇請スル所ヲ開陳ス」の文書と『修身教会設立旨趣』を各府県市町村長・小学校長に呈書。

明治三七（一九〇四）年二月一一日　『修身教会雑誌』創刊。

同月、日露戦争が勃発。


哲学館事件は文部省によって惹起されたものである。この事件によって哲学館の社会的評価は「危険な思想を教える学校」として傷つけられた。円了は海外にあって、文部省によらない新たな発展策を考えていた。それが全国における修身教会設立という社会教育運動であった。公開遺言状は、二つの意味を持っていたと考えられる。第一は「哲学館は井上円了や井上家のものではない」という非難に対して、明確な回答を示したことであった。第二は、修身教会運動を大学の発展策に明確に位置づけることであった。このようにして、円了は退路を断って命がけでこの運動に取り組もうとしていたのである。

ところが、第三章第七節ですでに述べたように、その後の経過は円了が描いたとおりに進展しなかった。日露戦争の影響もあり、修身教会運動は爆発的に展開しなかったし、その上に、大学内では中等教員無試験検定校の再認可を求める動きが強まり、さらにそれをめぐって学内に革新運動というものが起った。哲学館事件の社会的影響を払拭しようとした円了にとって、思わぬ難題が学内から提起され、円了は悩みに悩み、ついには神経衰弱症となって、大学からの引退を決意せざるを得なかったのである。

円了は「退隠の理由」を公にしている。それは「四つの理由」に分けられ、第一は病気のため、第二は事業のため、第三は社会のため、第四は家族のため、と述べている。門下生によれば、これらは直接の理由であり、これ以外に間接の理由を円了が明らかにしていたという。その一つは余生を読書にあてたいというものであり、その他の理由について、卒業生の一人はつぎのように聞いていた。[2]

一に曰「世の誤解を晴らさん為なり」と、聞けば世間没眼の徒輩中には先生の学塾を以て一の宗派的私利的事業なりとの様に誤伝し曲解するもの多しとか、加之一昨年末の頃門下出身者二三輩の感情の衝突より延いて先生の御身にまで累を及ぼし、事情の真相を知らざる操觚者の一連は事業々しくも先生の名を悪し様に言ひ伝へたり、爾時先生は黙して何事も知らぬ態、静かに生等に諭して宣はく「世事は誤解の多きものぞかし、されど、そは何時かは晴る、時のあるものなり」と生等窃かに其寛量に服したり、今や、その誤解を晴らさんず好期よと斯に事業の全部を挙げて之を他に委し、静かに退隠の挙に出で給ふに及びては生等の驚嘆は言はずもがな。

明治三九(一九〇六)年一月に哲学館大学などから引退を表明した円了は、大学関係の全財産を寄付して財団法人東洋大学を設立した。その財団の商議員には公開遺言状のとおり、井上家の関係者はいなかった。そして、例えば、多額の寄付をしていた「特別館賓」の中から、森田徳太郎(寄付金一六四〇円)、石川照勤(六〇〇〇円)の二人を就任させて、遺言状で明らかにした関係者を指名している。[3]

【註】

1　井上円了『円了漫録』（哲学館、明治三六（一九〇三）年、『選集』第二四巻、一九七頁）。この著書は機関誌『東洋哲学』に掲載された「円了漫録」をまとめて出版したものである。この「遺言予告」は、他に「井上円了先生の遺言予告」（『東洋哲学』第一一編第一号、明治三七（一九〇四）年一月、一―二頁、同窓会報）、『哲学館明治卅五年度・明治卅六年度報告　甲号』明治三七（一九〇四）年二月二七日（『百年史　資料編Ⅰ・上』、六七―六九頁）、「井上円了氏の遺言」（『和融誌』第八巻第二号、明治三七（一九〇四）年二月）、八八―八九頁）に掲載されている。

2　岡原晩鉄「捧哲学館大学名誉学長文学博士井上円了先生書」（『井上円了先生』東洋大学校友会、大正八（一九一九）年、一三四頁）。

3　「稟告　財団法人私立東洋大学役員」（『百年史　資料編Ⅰ・上』、六四四頁）を参照。

第二節　逝去後の遺言状

大正八（一九一九）年六月五日、円了は中国の大連で講演中にたおれ、翌六日に亡くなった。死因は急性脳溢血であった[1]。円了の長男・玄一は死因についてつぎのように語っている[2]。

父は大正八年六月、中国旅行の帰途、大連で講演中にたおれ、親譲りの脳溢血で六十一歳で亡くなったが、これは酒が直接の原因ではない。当時中国で排日運動が起こり旅程に支障を来し、且つ暑熱酷しい季節であったため、永年の過労が積もった為だと思う。大酒のみでない証拠には甘酒や安倍川餅を嗜み、これは晩年迄変らず、菓子も嫌いではなかった。

全国巡講をしていた円了は、旅の途中で亡くなることも想定して、毎年、遺言を残していた。「死亡ノ節親子立会開封スベシ」と書いた遺言状を開封してみると、それは前年の大正七（一九一八）年一月二一日夜に起草されたものであった。この遺言状の内容は、葬式および法会に関する件、遺産に関する件、哲学堂に関する件、臨時に関する件という四つの事項に分けられていた。ここでは、葬式および法会に関する件、哲学堂に関する件、この二つを取り上げて、原文を紹介しておこう[3]。

遺言第壱類

葬式及法会ニ関スル件

第一項、葬式ハ質素ヲ本トシ他人ヨリノ贈品ハ勿論、香典モ謝絶スベシ

第二項、屍体ハ水ニテ洗フニ及ハズ唯顔ダケ拭フテ入棺セシムベシ

第三項、火葬ハ却テ手数ヲ要スルニ付伝染病ニアラザル限リハ和田山墓地ニ埋葬スベシ

第四項、葬式ハ東洋大学カ又ハ京北幼稚園ヲ借リテ執行スベシ

第五項、葬式当日ノ導師ハ浅草本願寺輪番ニ依頼スベシ然ラザレバ東洋大学講師若クハ出身者中ノ真宗大谷派僧侶ニ依頼スベシ

第六項、死去及葬式ノ通知ハ新聞広告ダケニ止メ広告文中ニ別ニ知人へ通知ヲ差出サヾルコト、贈物及香典ヲ謝絶スルコトヲ加フベシ

第七項、葬式後ノ七日ト三十五日トハ和田山哲学堂ニテ行フベシ

第八項、法会ハ毎年一回之ヲ営ミ其日ハ祥月ニ依ラズ十一月上旬ノ日曜ヲ用フベシ其式場ハ和田山哲学堂ト規定シ置クベシ其法会ニハ何人モ参会スル様ニ公開スベシ
東洋大学ニ関係アル僧侶ナラバ宗派ノ何タルヲ問ハズ式ヲ開クトキニ一回読経スルコトヲ依頼スベシ之ニ続キテ拙著ノ一章ヲ朗読スルノ慣例ヲ作ルベシ
当日ノ来会者へハ甘酒若クハ紅茶カ珈琲ヲ差出スベシ

第九項、此毎年ノ法会ノ日ニハ四聖ノ祭典ヲモ挙行スベシ法会ヲ午前トスレバ祭典ヲ午後トスベシ或ハ二者共ニ午後ニ行フ場合ニハ法会ハ宇宙館内ニ於テシ祭典ハ四聖堂内ニ於テスベシ

第十項、四聖ノ祭典ハ毎年順次ニ行ヒ例ヘバ今年釈聖ヲ祭ルトスレバ来年ハ孔聖ヲ祭リ其翌年ハ瑣聖其次ハ韓聖ヲ祭ルベシ而シテ祭典ノ儀式世話ハ東洋大学ヘ委托スベシ

第十一項、葬式（七日、三十五日共）ノ費用ハ遺産ノ中ヨリ支出シ毎年ノ法会ト祭典ハ哲学堂維持金ノ方ニテ支弁スベシ

第十二項、我々夫婦ノ法名ハ左ノ如ク定ムベシ
　甫水院　釈円了
　芳田院　釈妙敬

（以上拾弐項）

遺言第参類
　哲学堂ニ関スル件

第壱項、哲学堂ハ国家社会ノ恩ニ報スル為ニ経営セルモノナレバ井上家ノ私有トセザル事

第弐項、哲学堂ノ財産ハ左ノ如シ
野方村及落合村ニ所有セル土地全部ト其地内ニ建

設セル家屋庭園ト図書館内ノ図書ト陳列所内ノ陳列品及堂内ニテ仕用セル什器
其外、哲学堂維持金中ニ掲記セル基本財産ト預ケ金（南船北馬〔集〕第十二編以下ノ毎年ノ決算報告若クハ公私用控帖ノ第二号ヲ見ヨ）
其外、遺産中ノ日本銀行公債（円了名義）拾株ヲ加フルコト（旧株券）

第三項、哲学堂ノ維持ニ就キテハ左ノ二案ノ一ヲ択用スベシ

（一）第二項ノ財産全部ヲ添エテ政府へ寄附スルコト其時ノ条件トシテ永久ニ本堂創立以来ノ精神ト主義トヲ持続スルコトト管理者又ハ監督者ノ中へ井上家相続人ヲ加フルコトヲ約定スベシ

（二）若シ右ノ条件ノ下ニテハ政府ノ許諾ヲ得難シトスレバ財団法人ニ組織スルコト
財団法人ノ理事ハ三名トスルコト
最初ノ理事ハ井上玄一、金子恭輔、外一名ハ相当ノ資産アリテ篤実ナルモノ
他日財団ヲ解散スル場合ニハ国家へ寄附スルノ目的ヲ定メ置ク事

第四項、財団法人トシタル後其財産ノミニテ維持シ難キ場合ニハ参観料ト借地料トヲ徴収スル方法ヲ立ツル事

（以上四項）

円了は中国の大連で客死したため、その遺骨を、井上家から井上玄一、東洋大学から三輪政一、京北関係から安藤弘が引き取りに向かった。[4] 葬儀は大正八（一九一九）年六月二二日に東洋大学葬をもって行われた。[5]

哲学堂については、円了が自ら全国各地で講演の後に揮毫して、その半額を持ち帰り、それを建築費として哲学堂を公園に拡張した（第四章第二節参照）。この遺言に「哲学堂ハ社会国家ノ恩ニ報スル為ニ経営セルモノナレバ井上家ノ私有トセザル事」と明記している。長男の玄一は父の遺言のとおり、哲学堂を財団法人とした。[6]

このようにして、円了の遺志は実現された。遺言のもう一つの「法会」は、東洋大学の主催で現在も継続されている。開催日は「十一月上旬ノ日曜」ではなく、一一月の第一週の土曜日になっているが、哲学堂祭としてほぼ遺言のとおり行われている。[7] なお、祥月命日の法要はその後、学祖祭として東洋大学主催で行われている。

【註】

1　新田神量「井上円了先生御臨終記」（『サティア』第二一号、

平成八（一九九六）年、三二頁）。

2　井上玄一「父円了の娯楽・道楽」（『サティア』第二〇号、平成九（一九九七）年、三五頁）。

3　井上円了「遺言状」（『百年史　資料編Ⅰ・上』、六九一―七二頁）。

4　「東洋大学葬」（同右、七一〇―七一一頁）。

5　「遺骨を迎る」（『百年史　通史編Ⅰ』、七〇八―七一〇頁）。

6　石川義昌編『哲学堂』（財団法人哲学堂事務所、昭和一六（一九四一）年、五頁）。詳しくは、同書の井上玄一「哲学堂拡張私案」大正一五（一九二六）年六月六日、一一―三頁を参照。

7　この「法会」の変遷については、『百年史　通史編Ⅰ』、七一二―七一七頁を参照。

【補註】

円了の人間関係については、拙編「井上円了関係人名辞典」（『井上円了研究』第四号、昭和六一（一九八六）年、一四一―二二三頁）を参照されたい。また、書簡については、拙編「井上円了関係書簡集（その一）」（『井上円了研究』第五号、昭和六一（一九八六）年、一〇一―一四四頁）を参照されたい。

第六章

理念と思想

第一節　護国愛理の理念

一　先行研究

円了の生涯を支えた理念としては護国愛理があげられる。その護国愛理に関する先行研究は、小林忠秀、針生清人、田中菊次郎によるものがある。小林は「井上円了の思想」[1]、針生は「井上円了の哲学」[2]と「井上円了の思想（一）」[3]の中で、ともにテーマとの関連において護国愛理に論及している。特に、針生は後者の論文において約半分のスペースをさいて、護国愛理の論述を展開している。要約するとつぎのようになる。

円了の護国論は明治の「絶対主義的な国家形成の過程で浮上する国家主義的『護国』論に対する読み直し」であり、護国に対して愛理を対応させることによって「国家体制が無視し切り捨てて来たもの……いわば『官』の外にあるもの」を拾いつなげていったものである。円了が国家の独立について語るときは制度化される国家としての「官」と、官の外に捨てて置かれる民衆の二つが認識対象となり、「円了が国家や教育というとき、それらは必ず二重構造となっている」と捉え、そのため「円了のいう『護国愛理』とは国家主義的な意味での『護国』でも、仏教が伝統的に用いてきた『護国護法』でもないというべきである。確かに円了は、仏教の維持拡張の立場から『護国』論を展開してはいるが、その時の仏教は西洋哲学に裏付けされたものであると同時にそのような仏教によって啓蒙された民衆によって支えられるべき『護国』である」と、円了の護国について新しい見方を提起している。

田中の場合は「政教社のナショナリズムと井上円了の『護国愛理』[4]」のテーマが示すように、「井上円了の『護国愛理』の理念を明かし、その同時代における意義を確定し」ようとした論文である。要約するとつぎのようになる。

円了の「護国愛理」を「護国は維新政府の欧化主義への抵抗であり、日本人の主体性を回復し、あらゆる価値の自律的選択を促す、その一方では廃仏毀釈によって衰微した仏教を再興することが、ともに相まって、一国の独立を守るものとされた。愛理は東洋哲学の提唱であり、真理においては日本の宗教がキリスト教に優ると考え、とくに仏教の国民への影響力を重視し、日本固有の学を興すべく、教育事業に志し」たと述べている。さらに「井上円了は明治二十年代のすぐれたナショナリストで」、初期の著述活動によって仏教復興に火を点じ、「政教社の同志として、国粋主義・国民主義・日本主義運動に参加し

『日本人』に拠って、「護国愛理」を提唱し」、この理念の実践が私立哲学館の創立、日本主義の大学の実現であったと結論づけている。

そして田中は、最後に円了の護国愛理についてつぎのような問題点を提起している。第一は、円了と政教社との関係で、明治二四(一八九一)年一〇月の最後の寄稿をもってその関係が切れたと考えられること。第二は、三宅雪嶺、志賀重昂、陸羯南の日本主義が開明的ナショナリズムであるのに対して、円了の場合はより保守的であること。第三は、円了の明治三〇年代の思想と行動を見ると、一側面として政治的・国家的なものからの逃避というパターンがあると考えられ、この点は明治二〇年代のナショナリズムが日清戦争を経てどのように変わったのかという問題と関連しているのではないかということ。第四は、円了の思想活動の評価で、「明治二十年代の新文化創造のナショナリストとしての円了の役割は」晩年の教育勅語普及の教育行脚でどのように継承されていったのか。この四点を残された検討事項として挙げている。

以上のような研究成果を踏まえて、この節ではつぎのような問題を設定した。円了の護国愛理については、明治三〇(一八九七)年以前の、いわば円了の初期の思想や行動を分析対象とする傾向がある。それは護国愛理の最初の記述が明治二〇(一八八七)年の『仏教活論序論』にあることと関係していると考えられるが、初期の円了のみを対象とすると、前述の田中が明示した問題点が残ることになる。そのため、時期としては明治一四(一八八一)年の東京大学入学から大正八(一九一九)年の死去までを対象とし、この間の多岐にわたる思想や行動の展開との関係を考慮して、護国愛理の理念を究明することが重要である。しかし、円了の著作の量は膨大であり、すべてを一挙に考察することは困難である。そのため、第一段階として、円了の著作・論文の中で護国愛理に関係すると考えられる文献を取上げ、さらにその中から護国愛理に関するものを摘出し、それを整理・検討する。これを編年史的に整序することによって、理念の連続性と非連続性を捉え、変化しているところがあれば、その原因の究明を行って、護国愛理の理念とその展開過程を把握したいと考えた。文献調査の結果はつぎのとおりであった。

円了の著述の中にある護国愛理の記述は、小論の末尾の文献リスト、すなわち単行本一九、論文一八、その他二の合計四九を調べた結果、六つの単行本と一つの報告書提言にあることが判明した。年代順に記すとつぎのようになる。

1　明治二〇(一八八七)年二月　『仏教活論序論』
2　明治二三(一八九〇)年九月　『仏教活論本論　第二編　顕正活論』
3　明治二四(一八九一)年一二月「哲学館専門科二十四年

度報告書提言」
4　明治二六(一八九三)年四月　『教育宗教関係論』
5　明治二六(一八九三)年一一月　『妖怪学講義』
6　大正元(一九一二)年九月　『活仏教』
7　大正六(一九一七)年五月　『奮闘哲学』

以下、ここでは右の六つの著述の中に見出された護国愛理について述べる。円了の護国愛理の理念と展開に関する研究の現段階の仮説と資料の紹介を中心にまとめたものである。（なお、引用文献は末尾のリストのものを用い、また引用文中の旧字体を通行体に改めた）。

二　護国愛理の原型について

はじめに護国愛理の原型について述べたい。周知のように護国愛理という言葉の初出は明治二〇(一八八七)年刊行の『仏教活論序論』であるが、その原型は針生が「ここには、『護国愛理』の原型があるといえる」[5]と指摘しているように、明治一八(一八八五)年九月の『破邪新論』に見られる。すなわち「仏教ヲ維持スルハ日本人ノ国家ニ尽クスノ義務ニシテ学者ノ真理ニ尽スノ責任」[6]である。すでに第二章第五節で述べたように、『破邪活論』は円了が新聞に発表した論文「耶蘇教を排するは理論にあるか」を単行本として出版したものである。その後、この『破邪活論』として出版する際に序文に該当する部分を訂正した。全文『真理金針　初編』に収録されているので、その意味では論文「耶蘇教を排するのは理論にあるか」、『破邪新論』、『真理金針　初編』の三つに原型があると言える。

『真理金針』はもともと『明教新誌』という仏教系新聞に発表された論文を『真理金針』というタイトルをつけて単行本に編集刊行したものである。同書は初編、続編、続々編の三編に分かれている（第二章第五節を参照）。

『真理金針　続編』では仏教を実際に活用すればキリスト教を助ける以上の国益があるので、自分は仏教を改良して国家の裨益をはかる、そのために「余が愛国の一念、護法の一心、結してこの一編の論となる」と執筆の動機を述べている。同書の中で円了は、耶蘇教と護法愛国の関係についてつぎのように述べている。[7]

当時その教〔ヤソ教〕の世界文明の中心に立ちてますます繁栄を極め、遠く四方にその余響を伝えんとするの勢いあるは、決してこれを偶然に帰すべからず、かつひとりこれを旧来の習慣に任ずべからず。しからばこれ果たしてなにによるや。曰く、ヤソ教者の実際に尽くすところの精神によるのみ。請う、見よ、ヤソ教者は法に尽くすところの心をもってよく国に尽くし、国に尽くすの心をもってよく法に尽くす、尽くすところの心は一にして、対するところの義務は二なり。この心をもって国家に対すれば愛国となり、この心をもって教法に対すれば護法となる。よくこの護法愛国の両義を実際に尽くして、死してなお余栄あるもの、それただヤソ教者にあらんか。今その教法に尽くすところの精神をみるに、あるときは南洋に渡りて身を波涛の底に沈め、あるときは北地に入りて骨を氷雪の間に埋め、あるときは猛獣の餌食となり、あるときは蛮民の犠牲となり、一死をもって教法に報ずるもの古来幾人あるを知らず。

円了は耶蘇教の殉教精神を西洋史より学び、それを自分の護法愛国論にまとめているのである。『真理金針　続々編』[8]には「真理を愛する」という言葉があっても、それは護法として表現され、同じく「国に尽す義務」は愛国であって、護国愛理という言葉は見られない。これが、明治二〇(一八八七)年の『仏教活論序論』[9]において、護法が愛理、愛国が護国に、さらに両者の前後関係が変わるのであるが、『真理金針』と『仏教活論序論』とを比較してみると、前者で論述された事柄が後者の部分として収録されていて、二つは相関関係にあるといえる。しかし、前者では護法愛国であったのが、後者では護国愛理へと発展していることと、後者の『仏教活論序論』の出版年と政教社の結成年次が同じであることからも、この間に円了の思想に変化・発展があったと考えられる。

三　仏教再興と護国愛理

井上円了は『仏教活論序論』において、初めて護国愛理という理念を表しているのであるが、円了はすでに述べたように同書の中で、自分の思想遍歴をつぎのように記している。

明治維新により、仏教界が廃仏毀釈という一大変動を蒙ったのをみて、「僧衣を脱して学を世間に求」め、仏教、儒教、耶蘇教と真理を求めて来たが、いずれも真理にあらざるものであると思い、「心窃かに他日一種の宗教を立てんことを誓うに至」った。しかし、その後西洋哲学を知りそれが真理であることを発見し、その観点からこれまでの諸宗教を顧みたところ、「ひとり仏教に至りてはその説大いに哲理に合するを見」て、「余始めて新たに一宗教を起こすの宿志を断ちて、仏教を改良してこれを開明世界の宗教となさんことを決定するに至」ったという。このような経験に裏付けられたこと、すなわち宗教は「泰西講ずるところの理哲諸学の原理に符合することを」広く知らしめることが、自分が『仏教活論』を世に問う目的であり、またそれを仏教改良の同志に語りかけるのがこの本の目的であった。同書の冒頭はつぎのような記述である[10]。

人だれか生まれて国家を思わざるものあらんや。人だれか学んで真理を愛せざるものあらんや。余や鄙賤に生まれ、草莽に長じ、加うるに非才浅学なるも、またあえて護国愛理の一端を有せざるものにあらず。朝雨暮風に接するごとに、未だかつて護国の情を動かさざるはなく、春花秋月にあうごとに、未だかつて愛理の念を発せざるはなし。この情この念相結んで余が一片の丹心となる。

ここに初めて護国愛理の言葉が出てくるのであるが、そしてつぎに円了は護国と愛理を区分してつぎのようにいう[11]。

そもそも真理を愛するは学者の務むるところにして、国家を護するは国民の任ずるところなり。国民にして国家を護せざるものは国家の罪人なり。学者にして真理を愛せざるものは真理の罪人なり。国家学なきときはその進歩をみるあたわず。学者国なきときはその生存を保つあたわず。学者にして国家を護することを知らず、国民にして真理を愛することを知らざるものも、これまた罪人なり（傍点は引用者、以下断りのない限り同じ）。

引用文の傍点部分からみると、真理を講ずる学者も愛理の他に護国の任務があり、国民も護国の他に愛理の責任があるという。つまり、一般的に人は護国と愛理の二大義務を持っていることに他ならず、それが同書の「人誰れか生れて……」の表現になっているのである。

では、円了は真理と国家との関係をどのように捉えていたのであろうか。真理については「それ真理は、万世にわたりて変ずることなく、宇宙を極めて尽くることなく、国家廃頽し人類滅亡するも、その理依然として存」するものであるというが、これに対して国家は「真理界中の小部分を占有するものに過ぎず」と述べて、二つを同一物とは考えていない。しかし、真理の存在を知るには知学学者が必要なので、「知学学者を生ずるは国家の独立生存を要するなり。故に学者いやしくも真理を構ずべきを知らば、必ずまず国家の独立に向かって祈らざるべからず」と、真理を愛する学者といえども、「護国愛理の二大事を兼行するにあるを知るべし」と述べて、「護国愛理は一にして二ならず」であると定義づけている。

しかし、一人の人間が二大事を同時に行うことは不可能であるから、「その時の事情と、その人の分限とに応じて、あるいは護国を先にして愛理を後にするものあり、あるいは表に愛理を唱えて裏に護国を祈るものあり。かくのごとく護国愛理の間に、先後表裏の次第あるは、勢いのやむを得ざるに出でたるゆえん別に論ずるを待たず。」といい、護国と愛理の関係を詳細に論じていない。そして、「人にしていやしくも学者の地位に当たるものは、護国のために真理を愛せざるべからず」とし、自分自身は不学無才で学者ではないが、真理を究明して国家に尽したいと思うので、「故に余は、いわゆる愛理を先にして、護国を後にするものなり」と自分の方向を明らかにしながら、「しかれども、その真理を愛するの本心は護国の一念に外ならざるをもって、余が真理のために喋々するもの、みな護国の精神のあふれて外に流るるもののみ」と続けて、護国を果そうとするものであることを表明している。円了の護国愛理における国家を護する護国と真理を愛する愛理の二つの軽重関係を、田中菊次郎は「いささか不分明」であると指摘している。円了は序論の中ではいっていないが、後述の『仏教活論本論第二編　顕正活論』では、「一にして二ならず」という護国と愛理の結合は、仏教において初めて可能なのであると明言している。

円了が同書で再興を期した仏教とは彼自身が分類集計した十二宗三十余派中の一宗一派を指さず、記述上は通仏教であることから、仏教総体であったといえる。この点は前記の『真理金針』でも同様である。その仏教に比べて耶蘇教は真理の一部を有するにすぎず、「実に仏教は世界無比・万世不二の教」であって、これを改良・再興することは第一に西洋に対する日本固有のものを維持・拡張することになり、第二に国家や家を隆盛にする方法の中で、仏教は政治経済という外面的なものと異なり、間接で外面に顕われないけれども、「人の精神に浸入し思想に感染する」こととなって、国家に裨益を与えることができると彼は考え、仏教の有用性を証明するために、開明社会に通じている西洋哲学を真理の基準としている。

円了は『仏教活論序論』の中で「世間の論者、近日往々説を起こして、真理はヤソ教中にありて仏教中にあらずという」が、「しかして未だ一人の公明の判断を仏教の上に与うるものなき」現状において、円了は仏教、キリスト教、マホメット教のうち、世界宗教として相拮抗するのは仏教とキリスト教と捉え、「余がここに両教の優劣を較するは、公平無私の真理を標準として、無偏無党の哲学上の裁判を二者の上に下す」という形で、西洋哲学に依拠して仏教の真理性を証明しようとしたのである。そうすることは、仏教が開明社会に有用なものであることを明示することに通ずると円了は考察したのである。

ところで、護国愛理という言葉がなぜ用いられたのかについて考えてみると、この序論の趣旨は書名が示すように、仏教を「活」かすという仏教再興にあったが、同書には護国愛理と護法愛国の二つの言葉がみられ、また、『真理金針』では仏教界や僧侶が論議の対象であったが、序論ではこれに加えて、国民・全国の人民へとの発展がある。

以上を考え合わせると、円了は護法愛国で当時広く知れわたっていた仏教国益観（護法即護国思想）を基盤をしながらも、同時にそれからの克服・脱皮として護国愛理を考えたのではないか。つまり旧弊の対象となっていた仏教の改良の場は教団や寺院のみで達成することが困難であり、その場を護国＝日本、愛理＝世界・宇宙へと位置づけようとしたのであって、その思想が護国愛理の理念を生み出したと考えられる。

また、数多い彼の著作の中で、この『仏教活論序論』には他に類をみない程、自己の心情が吐露されている。それが統一国家確立期の日本において対応が遅れていた仏教界や仏教徒の心情に触れ、さらに前述の円了の思想展開が彼らに仏教近代化の方向を示唆したことによって、同書が当時のベストセラーになったとも考えられるが、『仏教活論序論』において封建から近代への過渡期にあった日本の仏教の再興を期した円了が、仏教の改良・再興の場を求めて、同年結成された政教社へと参加し、また仏教再興の担い手を育成すべく哲学館を創設したことは当然の帰結であろう。

四　護国愛理と仏教との関係

円了は『仏教活論序論』の緒言で、序論に続く本論の構成と出版について、「本論は「破邪活論」「顕正活論」「護法活論」の三大論に分かち、これより三カ月を経てその稿を終わり、稿終わるの後これを世間に公布」すると予告した。ところが、実際には本論　第四編の護法活論は出版されていないし[12]、またこの項で取上げる『仏教活論本論　第二編　顕正活論』は予告から三年遅れで刊行されている。円了はその事情として、第一は哲学館創立にともなう用務、第二は前年（明治二一（一八八八）年）六月の欧米漫遊、第三は、『序論』の末尾で予告した叙次を変更・増補したこと、以上の三つの理由によると説明している。ここでは始めに護国愛理と仏教の関係を考察する上で前提となっている事柄について述べたい。

『顕正活論』の内容と目的について、円了はつぎのように記している。自分の仏教研究は独学独修のもので、その論述は「世間相伝の流儀および説明と異なるところ」があるけれども、それは自分の目的が「仏教を知らざるものに知らしめんとす」にあり、「世間注釈的学風」ではその目的を達することが困難なため、本編のように「哲学上仏教を論評」して「仏教の全理を組織して一科の学と」なしたのである。それによって、仏教外の人は「仏理」を知り、仏教内の人は「哲学」を知ることができるであろう。円了は、「諸宗を合同して一体となりたるものをもって完全の仏教」と考えたのである。円了は哲学を援用して仏教の本旨を説明しようとするのであるが、この二者の関係についてつぎのように捉えている[13]。

仏教も今日の世界に生存し、今日の諸学に競争して将来の隆盛を期せんと欲せば、実際上の順応と共に理論上の順応に注意せざるべからず……その理論上の順応は、仏教の研究を従来の注釈的にとどめずして、今日の学理に照らして発達的に論定するにあり。もし仏教を発達的に研究せんと欲せば、あたかも生物が外界より食物をとりて発育するがごとく、その栄養供給を外界の諸学にとらざるべからず。これ余が今日の仏教者は哲学を兼修せざるべからずというゆえんなり。かくのごとく栄養を外界にとるも、仏教の体質はやはり従来の性質を失わざるべし。なんとなれば、仏教は活物にして死物にあらざればなり、その体すでに活物なれば必ず精神あり。今外界よりとるところの食物は、この精神の力によりて、ひとたび仏教に変質し、仏教の身体となりて発育すべし。

仏教の再興を責務とした円了は仏教の改良すなわち活性化のための栄養を哲学に求めた。彼の思想は進化論の「いわゆる適種生存の理法」を根拠としている[14]。

生物もしその間〔天地間〕にありて生命を保全せんと欲せば、外界の諸象に順応適合せざるを得ず。そのよく適合したるものは生存し、適合せざるものは亡失するは、いわゆる適種生存の理法なり。いやしくも宇内に住息し社会に生存するもの、一としてこの理法に従わざるはなし、仏教あにひとりしからざるの理あらんや。社会百般の文物は仏教体外の諸象なり。その諸象に順応適合することあたわざるときは、仏教その生存を保全することあたわざるや明らかなり。

このように「仏教の盛衰進退は社会の事情に従うものにして、これをして生育せしむるも社会なり」と考えた円了は、文明・開明社会においてはそれに順応する仏教が必要であるから、開明社会の哲学の理論（分類）に範を求めて、それに応じる形で各宗の教理の中からその要素を抽出して再構成しようとしたのである。これが彼の仏教改良の理論に関する実践の一つであった。

このような円了の思想の中では、仏教と個人との関係はどのように位置づけられていたのであろうか。円了は社会に適しない宗旨であっても、一個人にとっては適する場合もあり、個人個人の性質はそれぞれ異なるとして、「社会の事情は多数の思想より成るをもって、社会に適せざるときは多数の間に勢力を占むることあたわず。故に余は一個人との関係と社会との関係に対しては、社会の応合をもって緊要となすなり[15]」と、社会優先を主張する。これは仏教再興を改良と啓蒙によって達成しようとする円了の思想の表明であるが、その啓蒙の対象となる

「愚民」と称された民衆と自己との関わりについて、つぎのように述べている。[16]

> 余はかつて仏教を振起するは実際にあることを論じ、本論においても殊更に「護法活論」の一編を設くるは、全く実際上の必要なることを示さんと欲してなり。しかれども学理上真理の有無を証明せずして、ひとり実際上の振起を図ること難し。たとえ愚民といえども、多少その奉ずるところの教、真理なりと認定するをもって信ずるなり。もし一方に愚民ありてこれを信ぜんとするも、他方に学者ありてその非理を鳴らすときは、愚民もまた惑うに至るは必然なり。

この主張は、針生清人が前掲の論文で「円了は愚民を愚民のままに放置して『愚民』と蔑視していたのではない」と指摘したことと一致し、円了の啓蒙思想の一端と考えられよう。以上は『顕正活論』に論述された円了の仏教改良観や社会観であるが、では彼は護国愛理と仏教の関係をどのように認識していたのであろうか。つぎにこの点を明らかにしたい。

円了の護国愛理思想を示すものとして一般的に引用される文献は『仏教活論序論』が多い。しかし、円了自身は序論で論述したその思想を『顕正活論』において、「ここにさらにその理由を説明せざるべからず」と詳細に論じている。[17]

> そもそも人のこの世にあるや外界に対して発動する本心に二様あり。一は利己自愛心、二は利他汎愛心、これなり。この二者は全く相反し氷炭相いれざるがごとしといえども、その実一体にして決して離れたるものにあらず、この一体不離の関係を示すものすなわち仏教にして、余が愛国論もこの理に基づくものなり。

人の利己自愛心と利他汎愛心が一体不離の関係であることを示す思想は仏教であると、円了は述べている。そして、円了はこの書で初めて護国愛理の思想が仏教に基づいていることを明らかにし、さらに具体的に説明を続ける。[18]

> 今この本心を護国愛理の二者に配当するときは、真理を愛する情は汎愛心より起こり、国家を護する念は自愛心より起こる。余はこの二心より生ずる主義を名付けて、その一を宇宙主義といい、その二を国家主義といわんとす。すなわちわが汎愛の心、天地の上に及ぼすときは宇宙主義を生じ、自愛の心、国際の間に及ぼすときは国家主義を生ずるなり。もしそれ国家主義の一辺をもって真理を講ずるときはその目的を達し難く、宇宙主義の一辺をもって国家を論ずるときはその独立を期し難し、故にこの二者は偏廃すべからざるものと知

るべし。

円了は、真理が汎愛心より、護国は自愛心より起こり、この二心により生ずる主義を、宇宙主義と国家主義とし、この二つは偏廃できないものであると述べている。これに続いて、円了はつぎのように述べている。[19]

しかるに宇宙と国家との二大主義はその体不離なるも、その目的異なるをもって、人ややもすればその一を取りてその二を捨てんとす。たとえば学理を研究するものは宇宙の真理を目的とするをもって、その弊国家を忘るるに至り、政治に従事するものは国家の独立を目的とするをもって、その弊学理を排するに至る。これ他なし、理論と実際とその方向を異にするによる。しかしてこの二者全く相反するものと思うは、皮相の浅見に過ぎず。もし深くその理を究むるときは、国家の裏面には必ず宇宙あり宇宙の裏面には必ず国家ありて、一方の極端に達すれば必ず他方の存するゆえんを知るべし。今仏教の語をかりてその関係を示すときは、差別は平等を離れず、平等は差別を離れざるものにして、平等の真理中に国家あり、差別の国家の上に真理ありといわざるべからず。余の平常、意に発し口に動き身に現ずるところのもの、みなこの二様表裏の関係を離れざるものにして、今余が本論を述作するの意またこの目的に外ならず。すなわち宇宙主義よりこれをいえば、余は誓って世界万世のために宇宙の真理を発揮せんとし、国家主義よりこれを論ずれば、余はあくまでわが日本帝国のために国家の富強を祈念せんとす。しかして余は信ず、我人が仏教を研究するは、一は真理のため、一は国家のために欠くべからざる一大事なるを。ああ、この瑣々たる一論にして、よくこの二大目的を達することを得ば、余が幸いこれよりはなはだしきはなし。

円了のいう護国愛理は、通常では相反するものと認識されているが、しかし「深くその理を究むるとき」は一体の表裏の関係であると、円了は捉える。その例示として水と波、紙の表裏で説明することが多い。また「差別は平等を離れず、平等は差別を離れずと立つるは仏教の定論[20]」であり、「仏教の推理」である。つまり「護国愛理は一にして二ならずといいたるゆえん」である。「仏教の諸宗にて説くところのもの往々矛盾する論理あるをみるは、みなこの二様同一の関係より生ずるものなり」という。円了は『真理金針　続編』において、この平等差別の関係について「そもそもこの二者の関係は仏教の秘訣にして、その理を究むるに非ざれば仏教の真味を知ることあたわず[21]」と述べている。

以上を総合すれば、円了の護国愛理が仏教の平等差別論をその基礎の一つとしていることが分かる。針生は「井上円了の哲学」の中で、円了のこの平等差別について、「西洋の思想の特殊性は否定の概念を重視するところにあるが、円了はその西洋の哲学を学んだといいながら、あれでないこれでないという形の反対は出て来ても円了の哲学には矛盾としての否定がない」と指摘しているが、円了は護国愛理を「二者全く相反するもの」と捉えず、円了の認識は「一にして二ならず」なのである。円了のいう「一にして」とは「仏教の真味」に裏打ちされた心＝「余が一片の丹心」「この心」に他ならないのではないだろうか[22]。それ故に、護国と愛理の相関する「この二種の心は余が平常懐抱するところの丹誠の一心なり[23]」であって、「この一心、学界に対すれば」あるいは「政界に対すれば」、つまり時と場合とにより具象・顕現して、それぞれ「愛理の精神」、「護国の元気」となるのである。そうであるならば、円了が護国愛理を実現する最良の道と考えた「この教〔仏教〕を研究しこの教を拡張する[24]」ことは、国民の心を仏教の「妙理」によって「丹心」へと転換させることであり、仏教を再興することと同時に、国家の独立に寄与することができると、円了は確信したのである。

しかし、円了のこの思想と主張は現実には受け入れられないものであった。その後円了は和学、漢学、仏学の三学が「数千年来混和したる一種の化合物」となっているので、この三学の和合を維持し、「この独立ありて始めて国家の独立を全うすることを得るものと信」じて、その実践の場として哲学館を設置して、さらに「わが国に久伝せる和漢仏を正科とし、欧米各国の理哲諸学を助科とし、他日日本大学を創立する[25]」という計画を持っていた。そこでは仏教を日本固有のものと位置づけていた。ところが、この思想は「大抵和漢をもって日本固有の学となし、ひとり仏教は外国伝来のものとなす」という現実があって、否定される。これに対して円了は「外国伝来と自国本有とを論ずるときは、現今わが国に存するもの百中の九十九は外国伝来にあらざるはなし、なんぞひとり仏教のみしからんや[26]」と主張する。

そのため、「仏教はわが皇室国体と密接なる関係を有することは、史上に照らして明らかなる事跡にして」と、仏教と皇室国体との歴史的関係を引用して、仏教が「日本固有の宗教」であると力説する。そして、「日本は美術国なり」という立場からの国粋保存運動については「その盛衰を旧来の無学無資の美術家に任せずして、朝に野に衆人争うてその改良に力を尽くし、ひとり仏教に至りてはこれを旧来の僧侶に一任して、だれもその改良に注意せざるは、果たして国民たるもののその国固有のものに対する公平の見なるや[27]」と円了は憤慨し、「わが美術の本源となり精神となるものは仏教中にありて存し」と訴えている。円了の願いである仏教改良・再興の理想と現実とは乖離があって、彼はこの問題の解決を模索してつぎのような展開に至る。

五　仏教再興から勅語と仏教の興起へ

円了は同士と共に明治二〇(一八八七)年に「世の晩学にして速成を求める者、貧困にして大学に入るの資力なき者、洋語に通せすして原書を解せさる者等」を対象として、私立学校・哲学館を創立している。明治二二(一八八九)年に欧米各国の世界旅行より帰国した円了は、前節の『顕正活論』で紹介したように、哲学館を拡張して「日本主義の大学」とすることを決意し、以後この事業に尽力する[28]。その準備として、円了は「専門科ノ開設」を発表し資金募集活動を計画したが、この計画は順調に進展しなかった。明治二三(一八九〇)年七月二一日の勝海舟宛書簡で、哲学館への「宮内省御下賜金」の斡旋を依頼し、さらに「今秋より資金募集に着手仕り度く、その方法に付き色々愚考相運び候えども、別に良き手段これなく候[29]」という経過であった。思案を重ねる円了にとって、現状を打破し募金活動の具体的展開への契機となったのが明治二三(一八九〇)年一〇月発布の教育勅語で、円了はこれを「天恩ノ優渥ナルニ感泣シ積年ノ素志ヲ達スルハ此時ニアルヲ知リ[30]」と受け取め、さらに「日本主義の大学」創立の前提となる専門科門設の事業を「護国愛理」との関係をつぎのように位置づけている[31]。

　今ヨリシテ後更ニ大ニ一臂ヲ奮テ国家ノ為メニ其力ヲ尽クシ一志ヲ立テ真理ノ為メニ其心ヲ竭サヽルヘカラス是レ実ニ人生ノ二大義務ニシテ余カ畢生ノ二大目的ナリ而シテ今回ノ事業タル此二大目的ヲ同時ニ達シ得ヘキ一挙両得ノ美事ナリ

護国愛理の二大目的を同時に具体化した大学創立の事業を実現しようとする円了にとって、教育勅語の発布はまさに此時という展開のきっかけを与えると共に、私的な事業という性格をより社会的なものへと基礎づける根拠となり、発布の翌月、すなわち一一月より「勅語の聖旨普及の目的と兼ねて全国各地の有志寄附勧誘」(第三章第三節を参照)という全国巡講の形で、円了の募金活動は展開されるのである[32]。募金には勝海舟の助力を得たが、初期においては「余亦意外ノ失望ヲ来スニ至レリ[33]」という結果であった。ともあれ、大学の創設と勅語を結合したことによって、円了の護国愛理は「教育宗教ノ改良[34]」へと現実的にも変化し、そのことを理論的に整理し明らかにした著述がつぎの『教育宗教関係論』である。

円了は明治二六(一八九三)年の『教育宗教関係論』において、「余が初め仏教再興の一念よりその原因を推究しきたり、その結果、わが国今日の急務は教育宗教の二者を同時に振起するにある」[35]こととし、具体的には「結論においては、わが国の教育は勅語に基づき、宗教は仏教をとらざるべからざるゆえんを」[36]明らかにしている。この本は円了の思想が仏教のみから勅語と仏教へと展開し、仏教再興の他に新たにその後全国に巡講の形で展開される教育勅語や「国民道徳」の普及という二つの活動形態の必然性を述べたものである。勅語と仏教という二つの事柄は円了自身の中では護国愛理によって統合されているのである。

この本の出版の目的を見ると、教育の場としては哲学館、宗教としては仏教という現実を持つ円了にとっても、明治二三（一八九〇）年一〇月の教育勅語発布によって惹起された教育と宗教の衝突は、その態度決定を余儀なくされた問題であったことが分かる。彼は序論の中でこのことについてつぎのように述べている。[37]

頃者教育部内において勅語とヤソ教との間に一、二の衝突をきたし、議論諸方におこり紛々擾々停止するところを知らず。しかれどもこの衝突や単に教育部内にとどまらず、今にしてその予防策を講ずるにあらざれば、将来必ず社会百般の上において紛擾を生ずべきは瞭然として火を見るがごとし。また教育宗教の分離混同の点についても多少世論のあるところにして、教育全体と宗教全体との関係についても同じく将来の一問題なりと信ずれば、余はここに学理上教育宗教との性質およびその関係を明示し、実際上またその関係いかんを論定せんとす。このことたるや、余は目下の一大急務なりと考うるなり。ことに本館は教育家宗教家を養成するをもって目的とする学校なれば、世間すでにこの衝突について議論紛々たる以上は、本館にありて在学するものはあらかじめその決心を定めおかざるべからず。これ余がここにこの問題を掲げきたりて講述せんと欲するゆえんなり。

この『教育宗教関係論』で、先ず円了は自身の仏教研究から哲学館創立に至るまでの「経歴上精神目的のあるところ」、すなわち仏教の再興について述べ、これに教育の必要性を接合する形で論述を展開するのである。円了は始めに明治維新以前の仏教・仏教界を説明する。その中で仏教腐敗の原因は徳川時代に存在し、その宗教政策によって「従来混淆せる儒仏二道を分かち、儒をもって仏の反対に立たしめ、世間の道徳は儒教のつかさどるところ、死後の葬祭は仏教の支配するものとせり。その結果たる、儒は中等以上に行われ、仏は多く中等以下の信ずるところとなれり」[38]、この結果、仏教は表面上隆盛ではあっても、内部の精神は腐敗してしまった状態であった。

「しかるに一朝王政一新の大革命あるに会し、僧家は愕然としてこれに処するの方を知らず。かつこの革命や不幸にも三〇〇年間徳川氏が与えたる外部の保護を一時に剥奪せしをもって、ここに仏教は無精神無形式のありさまとなれり」[39]。仏教衰退に至らしめた内部的原因に加えて、外部的原因は明治維新以後の西洋文明文化の移入で、これが欧化主義となり、「わが国の宗教は未開の宗教なり、西洋の宗教は開明の宗教なりと誤解し、ヤソ教を信ずる者日に月に増加し、ために仏教は大いにその勢力を減殺せられ、社会の中流以上にある者は仏教を顧みる者なく、ただわずかに愚夫愚婦の間にこれを信ずるものあるのみ」[40]であった。

このような状況に対して、円了は「学理上より仏教の道理を中等以上の学者社会に説くべき価値あることを示さん」こと、「ヤソ教を排して仏教を振起する」ことの二つの理由から、理論上より仏教を振興せしむるには哲学に依らざるを得ないという結論に達してその研究に従事する。これが「学者としては真理を愛し」の愛理となる。円了はその一方で、「余が研究中、なお一事の余が心中に浮かび出でたることあり。すなわち仏教の盛衰は国家の消長に関係す」という観点から世界的なヤソ教の勢力と仏教の衰退を比較したところ、「もしわが国にして西洋諸国よりも富かつ強ならしめば、わが国の宗旨もまた必ず世界万国の上に盛んなるや疑なし。はたしてしからば、仏教を盛にせんと欲せば、まずこの国を盛ならしめざるべからず」という見解を持った。それが「国民としては国家を護らざるべからず」という護国となる。以上の二つのことから、円了は、「護国愛理の二大義務は吾人の最大目的なることを唱え」[41]ることになったと述べている。

人	身	眷属	国家	実際	差別
	心	学問	真理	理論	平等

同書における護国愛理に関する部分を見ると、円了は右の図を掲げ、「いやしくも人間たるものは身に護国の義務を担い、心に愛理の念を抱かざるべからざるを知るべし」といい、しかしその「身心の二者おのおのそのつかさどるところ異な」るが、「身心相待ちて吾人の成立をなすものなればただ表裏内外の差あるのみ。この二者決して相分離すべからず」とし、「時と場合とにより、護国を先にして愛理を後にすることあり、愛理を始めに置きて護国をつぎに置くことあり。あたかも歩行の際、あるいは右を先にし、あるいは左を先にすることあるがごとし」[42]と説明している。

そして、「今この関係を仏教上に適用するに、宗教の隆替は国家の盛衰に伴うものなれば、我人は国家のためには仏教を改良してその隆昌を期せざるべからず、また真理のためには仏教中に包含する道理を究明するをもって目的とせざるべからず。これただに仏教家の責任たるのみならず、いやしくも日本国民たるものはことごとく負担すべき義務なり」と述べている。この叙述はまさに『仏教活論序論』の論旨と一致している。

円了は自分の目的が単に仏教回復のための哲学研究から、大学在学中に「人生の目的は護国愛理の二大義務を尽くすにあるを悟」ったので、「余の考えは哲学研究の前後において多少異なるところありといえども、これただその区域の広狭のみ。仏教を振起する精神に至りては、前後一貫して終始相かわることなし」[43]と、自分の経歴と目的の一致を明らかにしている。

以上の護国愛理に関する円了の記述は、『仏教活論』等に表現されたこれまでの彼の思想を円了自身がまとめたものである。それらは仏教再興の観点から書かれたものであった。ところが、円了は『教育宗教関係論』において、新たに教育の必要をその主張に加えて、宗教と教育の関係をつぎのように捉えている[44]。

宗教は人を待ちて始めて盛んなるものなれば、仏教を再興せんにはまず仏教家を養成せざるべからず。これ仏教内部に教育の必要なるゆえんなり。またたとえ仏教家の智識のみ進歩するも、社会一般の人智進歩せざるときは、仏教をして盛昌ならしむるを得ず。なんとなれば、世間一般の人智の程度低きにおるときは、外部より刺激を与うることなきをもって宗教家は自らその位地に甘んじ、改良進歩の念を起こすことなきをもってなり。これ国民教育の一般に必要なるゆえんなり。

円了は以上の理由の他に、日本が西洋諸国と対等の地位と資格を得るために維新以来力を尽して来て、今日ではある程度進展はあるが、その実力という点では依然として「彼に比して劣るところ」があり、前述の目的を達するためには教育によらざるを得ないのであるという。円了は、教育と宗教の二者の関係を、ほぼつぎの三つの点から解明している。第一は教育と宗教は「これを理論上より講究するときはともに哲学に属するものにして、これを実際上より観察すればいずれも国家に関するものなり」。第二は「道徳は教育と宗教との相関係するもの」[45]なること。第三は「教育は心の現象上に関係し、宗教は心の本体上に関係す。故に吾人の一身中に、心をもって教育と宗教の二者を結合するなり」[46]。円了は以上の点から、右のように、その関係を図示している。

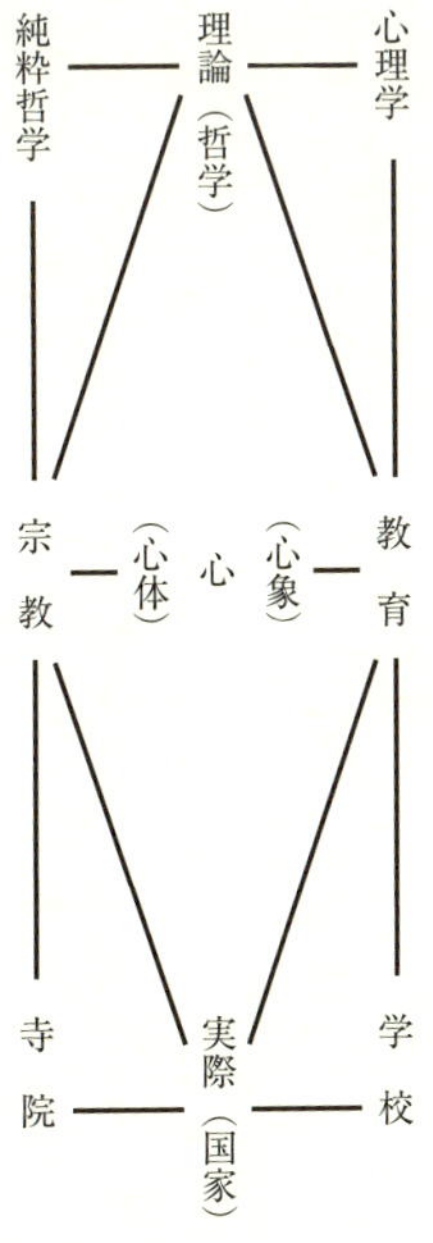

以上のように、円了は「余が護国愛理の二大目的を達するには、この教育と宗教とを興起するより適切急要なるはなし」[47]と結論づけている。しかし、円了の周囲の人々の目には「前には仏教の保護者として熱心にして今は大いに冷淡なり」[48]と映り、あるいは「世人は余が目下日本大学設立の事業に全力を尽くせるを見て、初に仏教回復の有力者なりしも、今はその精神を変じて仏教外の事業にのみ奔走する」[49]というように、円了が変心したと受け止められたために、専門科開設の募金は「今全一年間募金ノ結果ヲ検スルニ其予約ノ金額未タ予定資本ノ五十分一ニ達セス既納ノ金額ノ如キハ僅カニ百五十分一ヲ充タスニ過キス」[50]という結果になったと考えられる。これに対して、彼はつぎのように反論する。[51]

余が志向多少変遷するところなきにあらず。初めには宗教一方をとり、つぎには教育宗教をあわせとり、前には仏教のみを再興せんと欲し、後には国家と仏教とともに隆盛ならしめんことを望めり。しかれども余が大体の目的、精神に至りてはすこしも変ずるところなく、ただその見識に前後広狭の差あるのみ。換言すれば、目的の変更にあらずして発達なり。

円了は自己目的の発達について、第一点は仏教に関する社会的環境が七、八年前の廃滅的状態に比べて「近年仏教の形勢大いに一変し」[52]て復興状態にあることを、その理由に挙げている。第二点は、第一点を消極的なものとすれば、自己の立場を積極的に「余はまた多少世間の仏教家と意見の異なるところなきにあらず。余は教育と宗教との間に立ちて、一方には教育を盛にし、一方には仏教を興さんとし、もって二者の調和を計らんとするものなり」[53]と主張しているのである。

筆者はこの第二点に「教育と宗教の衝突」の影響があると見る。教育勅語は「日本国家が倫理的実体として価値内容の独占的決定者たることの公然たる宣言であった」[54]が故に、キリスト教は国家との対立を余儀なくされたのであるが、哲学館という教育の現場と仏教再興を目的とした円了にとっても、勅語に立つのか、あるいは仏教に立つのかの決断を迫られる問題であった。

結局、円了はこの二つを調和させる立場を選択する。それにともなって、護国愛理の二大目的を達成することも仏教再興から勅語と仏教の興起へと対象を変化させざるを得なかったのであるし、それがその後の円了の活動を規定することにもなったのである。歴史的にみれば、円了の教育事業と教育勅語普及の全国巡講がその後に展開されるが、明治三五（一九〇二）年一二月の所謂哲学館事件で、哲学館は文部省より中等教員無試験検定の特典を剥奪され、円了は再び国家との関係を問わざるを得なくなるのである。

六　妖怪学と護国愛理

円了は、大著『妖怪学講義』の中で、妖怪学と護国愛理との関係をつぎのように位置づけている。[55]

> 今やわが国、海に輪船あり、陸に鉄路あり。電信、電灯、全国に普及し、これを数十年の往時に比するに、全く別世界を開くを覚ゆ。国民のこれによりて得るところの便益、実に夥多《かた》なりというべし。ただうらむらくは、諸学の応用いまだ尽くさざるところありて、愚民なお依然として迷裏に彷徨《ほうこう》し、苦中に呻吟《しんぎん》する者多きを。これ余がかつて、今日の文明は有形上器械的の進歩にして、無形上精神的の発達にあらずというゆえんなり。もし、この愚民の心地に諸学の鉄路を架し、知識の電灯を点ずるに至らば、はじめて明治の偉業全く成功すというべし。しかして、この目的を達するは、実に諸学の応用、なかんずく妖怪学の講究なり。

円了は有形上の文明開化が進んでいる一方で、無形上の文明開化が未着手のままであるといい、民衆の心に近代の知識を与えてこれを改革しようとしたのが、円了の妖怪学であることを明らかにしている。そして、つぎのように問題意識を明らかにしている。[56]

> これよりこの「緒言」を結ぶに当たり、余の素志、宿望を述べて、天下の諸士に告げんとす。吾人は身心の二根によりて天地の間に樹立する以上は、真理を愛し国家を護するの二大義務を有するものなり。これを内に顧みては、心天雲深きところ真理の明月を開きたりて、これを愛しこれを楽しむは学者の本分なり。これを外に望みては、世海波高きところ国家の砲台を築きたりて、これを護しこれを防ぐは国民の義務なり。余は一人にして、この二大目的を達せんとす。ゆえに余、つねに曰く、「権勢の道に奔走して栄利を争う念なく、毀誉の間に出没して功名をむさぼる情なく、ただ終身、陋巷《ろうこう》に潜みて真理を楽しみ、草茅に座して国家を思うの赤心を有するのみ」と。その言、狂に近しといえども、余、朝夕心頭に銘じて片時も忘るることなし。さきに妖怪研究に着手し、つぎに哲学館を創立し、つぎに専門科開設を発表し、今また『妖怪学講義』を世上に公にするは、みな護国愛理の二大目的を実行せんとするものにほかならず。妖怪の原理を究めて仮怪を排し真怪をあらわすは、真理を愛するの精神にもとづき、これを実際に応用して世人の迷苦をいやし世教の改進をはかるは、国家を護するの衷情にもとづく。果たしてしからば、妖怪研究の一事、よくこの二大目的を兼行するを得るなり。

円了はここで妖怪学と護国愛理の関係を、妖怪の原理を極めて真怪を表すことは愛理であり、この理論を実際に応用して民衆の迷苦をとり除くことは護国であると明確に位置づけている。そして、そのことはつぎのような意義を持つ指摘をしている。[57]

さらに一言を宗教、教育の上に加えて、この一論を結ばんとす。余おもえらく、今日の宗教家も教育家もともに、迷雲妄霧の中に彷徨《ほうこう》して帰宿する所を知らず。しかして、よくこの雲霧を一掃すべきものは、実に妖怪学の講究なり。妖怪学によりてこれを一掃するは、あたかも心田の雑草を鋤去《じょきょ》するがごとし。ここにおいて、はじめて宗教、教育の苗種を繁茂せしむるを得べし。ゆえに余、まさに言わんとす、「妖怪学は宗教に入るの門路にして教育を進むるの前駆なり」と。宗教のいわゆる自力、他力の二宗も、ひとたび妖怪学によりて仮怪の迷雲をはらい去りてのち信念得道すべく、教育のいわゆる知育、徳育も、ひとたび妖怪学によりて真怪の明月を開きたりてのち開発養成すべし。しかして宗教そのもの、教育そのものに至りては、やや余論にわたるをもって、ここにこれを述べず。これを要するに、妖怪学の目的は仮怪、仮妖を払って、真怪、真妖を開くにほかならず。

円了の妖怪学の目的は、仮怪を払って真怪を開くことであり、このことによって、教育と宗教との二つに関する日本人の迷雲の問題を払拭しようということにあった。そこには、日本の文化を近代化するために、その根底にある妖怪を正体を明確にしようとしたこと、つまり真怪を明らかにしようという問題意識があり、こうして妖怪学が護国愛理の実践であることを宣言している。

七　仏教革新

大学から引退し市井の人となった晩年の円了は、仏教革新について語る一方で、国運発展の方法の一つは国利民福であるという立場から、実業道徳を含む国民道徳の普及・発展に力を注いでいる。生活の場の変化の中で、円了は護国愛理をどのようにして実現しようとしたのであろうか。

明治三九（一九〇六）年一月、円了は哲学館大学（東洋大学の前身）、京北中学校の校長を辞任する（明治四〇（一九〇七）年三月には京北幼稚園々長の職も辞任）。円了はその後、都内中野の哲学堂に拠点をおいて全国各地を巡講して修身教会の拡張に従事し、この運動に全力を尽し、大衆啓蒙活動（社会教育）を展開する。彼は明治四五（一九一二）年の明治天皇死去を機に、「今後余命のあらん限り、仏教革新の素志を貫徹して奉答の寸衷を捧げん」という動機から『活仏教』を出版している。同書は明治四四(一九一一)年の南半球遠遊中に「先年予告せし「護法活論」を起草して、『仏教活論』を大成するの急要を自覚して」帰国後にその準備をしたものであったが、「先きに『顕正活論』を編述せしより、二十五年の星霜を隔て、社会の風潮も宗教の状態も大いに変移したれば、余の志向を発表する形式においても、自然に改変するの必要を感じ、「護法活論」の旧名を用いずして、新たに『活仏教』の題号を選定せり。したがってその内容も先年の腹案と同轍ならざるところあり[58]」というものである。円了は仏教革新について、先ず西洋の宗教と日本の仏教を比べて考察すると「少くも三四百年の相違あり」て、仏教の革新を一日も早く行なわなければならないとして、つぎのように述べている[59]。

かく公言しきたらば世間あるいは余を目して、仏教のマーチン・ルターを気取るものとなす人あらん。これ余の遠く当たるところにあらず、かつ革新の本意にあらざるなり。余の期するところは決して旧仏教を全排して、新仏教を樹立するにあらず、諸宗を統一して、仏教の新紀元を開くにあらず、ただ余が所望は従来の各宗をして、その理論その実際共に世界の大勢に伴い、国運の伸長を助くるように刷新を行わしめ、この目的を達するため、国民の世論を喚起して、外より革新を促さしめんとするに外ならず。換言すれば内外相応して小乗的宿弊を除き、大乗的面目を開かしめんとするにあり。更に換言すれば死仏教をして活仏教となさしめんとするにあり。

余自ら革新の中枢に当たるを避け、ルターの位置に立たざるは、あるいは卑怯の評を免れ難きも、およそことの成功を期するには、必ず順序階梯あることを忘却すべからず。その順序としてはまず革新の警鐘を鳴らして、その時機の到来せるを世間に報ずるを初めとす。すなわち余はその任に当たるものなり。故に余は大喝一呼して、内外に警報するをもって足れりとす。しかれども世間もしこの声に応じて、更に革新の一歩を進め、東洋のルターもカルヴァンも出で、明治の伝教も弘法も起こり、白雨一天を洗い去るがごとき大々的革新の実現を仏教界にみるは、余の国家百世のため、仏法万歳のために大いに歓迎するところなり。ただしその革新がもし死仏教をして活仏教たらしむることあたわざるにおいては、余はあくまで反抗の態度をとらんのみ。

円了は大乗仏教を重視し、布教の方法は、出世間的なものを世間的として、国民道徳を述べるように各寺に教会を開設し、布教を行わず「寺院僧侶の名義に戻ることとなれば、内務省より命令を下して教会を開かして可ならん。しかしてその教会には一宗の宗意を説く外に、必ず国民道徳を述ぶるように[60]」改良すべきことを提起している。円了がいう国民道徳とは、公徳の他に実業道徳を含むもので、従来の出世間的なものの他に、現世における職業道徳を説くことによって、葬式仏教から脱皮して生活に結びついた仏教、すなわち世間宗への転換を企図したのであった。このように社会における仏教の役割を高めようとした円了は、仏教界全体の革新についてつぎのように提言している。[61]

第一は勅語による方法である。円了は明治維新と仏教の関係を、「明治の今日百般の文物は面目を一新したりというも、一として政府の策励によらざるものなかりし」が、仏教が腐敗したことについては徳川幕府の保護政策と「維新以後に至りては官民共にこれを蔑視し、これを冷遇したりしもの」が原因で、「ひとり仏教に至りては政府はこれを放任し、世論はこれを不問に付し、人民は之を度外に置き、全く捨子同様の待遇」であったと捉え、明治時代において、軍人には軍人勅諭、教育家には教育勅語、農工商等一般の国民には戊甲詔書があったが、「宗教家においてはいまだ鳳詔を拝するの皇沢に浴せず」として、それがあれば「いかなる痴僧頑徒も必ず一時に長夢大覚するに至る」と述べている。[62][63]

第二の方法は社会的圧力によるもので、革新の実行を「世論の声、官民の力の外より加わるを第一とし、仏教内の青年学生の内よりこれに和するを第二とし、内外相応じて本山を動かし、これをして革新の急務を自覚せしむるを第三とす。本山ひとたび自覚して、革新の方針を取るに至らば、一般の寺院僧侶は一令の下にたちまち頑眠より驚起すべく、仏教界の面目たちまち一新する」と考えたのである。円了は死仏教を活仏教へと、仏教界の腐敗の現状を変えるには「上から」「外から」の改革でなければ困難であると見ていたのである。[64][65]

円了の護国愛理は仏教の再興を出発点としていたが、この『活仏教』ではそれに関する記述は少ない。その原因は、前述の執筆動機の中で、時代の変化に対応させて表現形態も変更せざるを得ないという立場をとったためであろうか。本文中には、護国愛理の言葉そのものは見当たらず、関係する部分としては、『仏教活論』の出版目的とその実際についてと、「非僧而俗の素志」と経歴を紹介した二つの経過説明の文章だけである。これに対して、つぎの点が注目される。それは、節のタイトルが「護法愛国の至情」で、文章では「余は愛国護法の至情より革新の急務を唱道するに至れり」という記述である。今回筆者が資料とした円了の著述の中で愛国護法という言葉はこの『活仏教』にしか見られなかった。円了は護法愛国と愛国護法を意識的に使分けて、そこになんらかの意味を持たせようとしていたのであろうか。この点については、前述の仏教革新と、つぎの『奮闘哲学』における護国愛理との二つの関連で考察されなければならないであろう。というのは、最晩年の護国愛理に変化がみられるからである。[66][67][68]

八　国利民福

筆者が現時点で確認した最も晩年の護国愛理に関する著述は、死去の二年前にあたる大正六（一九一七）年の『奮闘哲学』である。同書は大学の職を辞した円了が自己の大衆啓蒙活動（社会教育）の組織である修身教会・国民道徳普及会を支部とし、各所との連絡場所としての中央である哲学堂において行った講話・講演を編集したものである。円了は自己の立場をつぎのように記している。[69]

いまやわが国中等の、教育受けしその人は、徒食を好み力食を、いとうように傾きて、学が進めば進むほど、ブラッキものが多くなり、家は日に増し貧乏し、国はもとより疲弊する。その罪だれに帰すべきや、上に立ちたる学者より、手本を示す故ならん、今より後は用もなき、死学屁理屈やめにして、国を益する活学を、興することこそ急務なれ……余は世間の学者を貴族的と称し、余自身をば百姓的と唱えている、かつて福沢翁は平民的学者をもって任ぜられたが、余はそれよりも一段下りて土百姓的学者である。

円了は明治三九（一九〇六）年から大正六（一九一七）年までの一二年間に「全国四十八市、二、〇六一町村で、二、六七九カ所、四、九九二席の講演をした。聴衆総計一、二五九、八六五人」[70]であった。その足跡は『南船北馬集』として、円了の手により記録されている。このような啓蒙活動は前記の立場とつぎのような問題意識に基づいていた。[71]

学者は自ら深奥の学理を修め、積年の研究によりてようやく習得したる理想的道徳をもって、己の心にきせる着物とするはよけれども、これを直ちに世間一般のもの、なかんずく学問もなく知識もなきものにまで着せようとする風がある……余はかくのごとき学者を貴族的と申している、もし広く一般の国民をして修身斉家の道、安心立命の法を知らしめんとするならば、学術上にて絞り出し、またはせんじつめたる道理を人知の程度、人心の状態に応じ、その所好に適するように調理しあんばいしなければならぬ。余はもとより浅学にして、自ら学者をもって任ずるは恥ずかしき次第なるも、ただ平素期するところはこの調理あんばいを引受けんとするものである。これはかの貴族的学者に比すれば、百姓的学者というべきであろう。国家的事業を経営するには、貴族の力よりも農工商に待つところ多きがごとく、学問を普及するにも、貴族的学者よりは百姓的学者に功を帰すること多かるべしとは、余が自画自賛する所である。

円了が妖怪博士といわれながら、迷信打破を通して庶民を啓蒙し、晩年は前記のように全国巡講の旅に出たのは、愚民として放置される大衆を拾いあげ、さらに国家の実質的主役と見ていたからに他ならない。そして、この大衆に対して、彼は大学における講壇哲学ではない「奮闘哲学」を語ったのであるが、その哲学は「物心相対の境遇より絶対の真際に論到する学」としての向上門、「絶対の域より相対界へ論下する一道」、すなわち哲学の応用としての向下門、という二つに分けられているのである。[72]

世の学者は往々世界あるを知りて、国家あるを知らぬものがあるが、哲学者中にことにこの傾向がありがちである。もとより哲学の向上門に対しては、哲学眼中国家なしの勢いをもって進行せねばならぬけれども、向下門にありては社会国家を目的とするが当然である。しかるに世間普通の哲学者は向上門一方に力を用い、向下門を疎外しているから、忠君愛国などを軽んずるように傾くのである。よって余が向下門に重きを置くべしというのは、この時弊を矯正せんために外ならぬ。

円了のこの主張は後述の護国愛理に基づくものでもあったが、彼は「南船北馬」の講演において詔勅修身という国民道徳の普及に力点を置いていた。[73] それはつぎの勅語と仏教の関係によって知ることができよう。[74]

宗教はその立つるところ大抵世界的にして、平等主義をとり、宗教眼中国家なし、忠孝なしというを常規とするが、教育なかんずく国民教育は国家主義をとるものである。またわが国の教育勅語の忠孝のごときは純国家的の教えである。この点は宗教の方にていかに調和を計るべきやは、教育方面よりときどき尋問せらるる問題なれば、ここに一言しておきたい。わが国の神道のごときは皇室教である。国民教であるが、仏教やヤソ教は世界教である。故に先年はたびたびヤソ教と教育との衝突も起こったことがある。今日でもややもすれば衝突を起こすかも知れぬ。しかし仏教においてはかかるおそれのないわけは、同じ世界教にても、仏教は表裏二面の立て方になっているからである。表裏二面とは表に世間道を置き、裏に出世間道を置く仕組みをいう。この二道のうちいずれに重きを置くかと問わば、その宗教の本旨よりいえば、出世間道に重きを置くと申さねばならぬ。しかし仏教は世間、出世間の中道を唱え、世間を離れて出世間なく、出世間を離れて世間なしとの主義をとる点よりみるときは、その間に軽重なしといわねばならぬ。しかして出世間道にては真如または仏を目的とし、世間道にては国家または皇室を主体とすることになっている。すなわちその教えが日本にあれば教育勅語に基づき、忠孝を本とせよと教え、あるいは君に奉ずるに忠をもってし、親に奉ずるに孝をもってせよと説き、あるいは王法為本を唱えている。故に余は国民教育の忠孝主義は仏教の世間道の教えとし、仏教と教育とは決して衝突すべきものにあらずと断言している。

　仏教の世間道は忠孝為本と一致すべきも、出世間道と教育勅語との関係いかんにつきては、更に疑問を抱かるる人がある。これに対して一言しておかんに、忠孝主義は世間道にて立てさえすれば足ることである。しかし出世間道は全く勅語と関係なしというわけではない……今日わが国民が教育勅語を拝読しても実行のできぬのは、心の地盤をやわらげる修養がないからである。この修養は教育でも与えるに相違ないけれども、心底の最も深きところより修養を与うるものは宗教にして、仏教のいわゆる出世間道である。

円了は、世界宗教である仏教が、表に世間道を置き、裏に出世間道を置くものであるという。世間道は国家・皇室を主体にするもので、出世間道も教育勅語を生活において実践する心の地盤を修養するもので、両道ともに共通する点があると、円了は主張している。そして、勅語と仏教の関係を定めた円了は、護国愛理について二か所で触れている。[75]

　かつて『仏教活論』を著せし当時、護国愛理を唱え、学者は一方に真理を愛し、他方に国家を護せざるべからずと説いたことがある。そのことがいまではもはや三十年前の昔となった。つまり向上門にありては愛理を目的とし、向下門にありては護国を本意とすべしとの意なりしが、爾来数十年の経験を積むに従い、わが国の事情が向上門よりも、向下門に力を至すべきを感じ、護国のうちにおのずから愛理のあるを発見するに至った。これがすなわち活哲学の主旨である。

円了は序言の中で「おのずから余の終始一貫せる護国愛理の精神の潜在するところあれば」と、自己の著述・講演の中にその精神が発揮されていると述べている。その意味では、第一の記述は、彼の「余の哲学の護国愛理の活動主義を普及」させようという趣旨の表明であり、この護国愛理は円了流の哲学の応用面における表現である。そして、つぎの第二の記述は晩年の円了の啓蒙活動を説明している。[76]

　余は従来、古今東西の哲学者の諸論もその大要だけ一通り研究し、その帰するところ人生の目的は活動に外ならぬと自得し、哲学の目的も人生を向上するに外ならぬと知るし、爾来活動主義をとりて、今日に至るものである……これが余の主義である。すなわち吾人の天職はこの活動によりて、人生を向上せしむるにありと自信している。しかしてその向上は一身より始めて一国に及ぼし、一国より世界に及ぼすをもって順序を得たるものとし、何人も国家のために尽瘁せよと唱えている……活動奮闘によりて、人生を向上せしむるには、道徳を根底としなければならぬ。ずいぶん世間に乱奮闘、暴活動がある。故に人生の目的は道徳的活動、すなわち良心の指導の下に活動するものである……

余は先年『仏教活論』を起草せし当時、吾人の目的は護国愛理に外ならずと公言した。そのわけは学者としては真理を愛し、国民としては国家を護すべきものとの意見であった。今日にありても同主義であるが、今述べたるところにあてはむれば、哲学の向上門の目的は愛理にして、向下門の目的は護国ということになる。もしこれを今日の時弊と国家の気運とに照らして軽重を定むるに、向下に重きを置くと同時に、護国に重きを置くことになる。ただし余は世間に対して護国愛理は余の生涯を一貫せることを記憶ありたいと思う。

この二つの記述によれば、晩年における円了の護国愛理は第一の文章中で「護国の中におのづから愛理のあるを発見するに至った」と表現され、すなわち護国に重点が置かれているという特徴がある。それではこの場合の護国とは何を意味しているのであろうか。考察のポイントは円了の大衆啓蒙活動に重要な視点があると考えられる。

この『奮闘哲学』の俗謡で「学者肥ゆれば御国がやせる、サーベル光れば鍬鎌さびる、官吏がヌクけりゃ、民家が寒い。これでは国が立ちゆかぬ」[77]という国家権力への批判精神を明確にした点、さらに前述の「国家的事業を経営するには、貴族の力よりも農工商に待つところ多きがごとく、学問を普及するにも、貴族的学者よりは百姓的学者に功を帰することが多かるべし」[78]という認識に立って、円了は「一年のうちで父の在宅日数はほんの僅かで、ほとんど表の方が多い」[79]といわれるほど全国巡講という規模で啓蒙運動を展開した。

円了の運動は日本の独立をより確固たるものとするという目的意識に基づき、それは外遊によって西洋諸国の富の強大さを体験的に自覚したことなどによって形成された結論の実践であった。その意味では、円了が晩年において願いかつ尽力した護国は「国利民福」[80]という言葉で表現され、富国によって大衆の幸福を実現しようとするものであったといえよう。それはまた、質実剛健な生活態度、個人よりも社会優先の活動主義、一貫して在野にあった円了が必然的に到達した思想とも捉えることができる。

九　護国愛理と近代知識人

井上円了の護国愛理について、筆者が現在までに調べ得た範囲内でその変化を図示すればつぎのようになる。

図のように、円了の護国愛理の展開を概略的に述べれば、教育勅語以前は仏教再興を通して国家の独立を志向し、明治二三（一八九〇）年一〇月の教育勅語発布後は教育の振起と仏教の再起に尽し、明治四一（一九〇八）年一〇月の戊申詔書発布後は実業振興と仏教革新であった。

全体を通していえることは、円了が護国と愛理という二つのものを観念的形式的な世界の中ではなく、その時代の社会的現実と常に対応させる形で追求し、かつ目的の変更にあらず発達なりなどの形で具体的に決定をしている点である。

言い換えれば、日本の近代化をどのように進めるかという目的意識を持って、具体的に目的と手段を選択しているということであり、人生において一貫して護国愛理を追求してきたこの点に、近代日本の知識人として生きた円了の特徴の一つが見られるのである。この点について述べて、つぎのように問題提起をしたい。

円了は人生における目的を護国愛理を理念にしたのであるが、この言葉に表されたもの、すなわち普遍的真理を求めるという愛理＝ユニバーサリズムと、日本の独立を計るという護国＝パティキュラリズムという二つの側面は、広く後進国の近代知識人の任務に内在するものであり、この点について、丸山真男は

年月	著書	用語	目的等
明治一九年～二〇年一月	『真理金針』	護法愛国	仏教再興
明治二〇年二月	『仏教活論序論』	護国愛理 護法愛国	仏教再興
明治二三年九月	『仏教活論　本論　第二編　顕正活論』	護国愛理	仏教再興
明治二六年四月	『教育宗教関係論』	護国愛理	教育振起と仏教再興（勅語と仏教）
大正一年九月	『活仏教』	愛国護法 （護法愛国）	愛国と仏教革新
大正六年五月	『奮闘哲学』	護国＝愛理	国利民福

福沢諭吉の著者を取上げた『「文明論之概略」を読む　上』で、つぎのように述べている。[81]

近代知識人という職業というか、任務につきまとうディレンマとは、一つは、真理の普遍性に対する信仰です。これは言いかえれば世界的市民的な側面ということになります……他方、これも先に申しましたように目的意識的近代化の役割を課せられているわけですから、知識人に寄せられる期待なり役割なりは、どうしても特殊な集団に限定される。たとえば日本をどういう国にするか日本という国の独立をいかに計るかというふうに限定されざるを得ない。これはさっきの真理の普遍性とは逆に、パティキュラリズム（特殊集団主義）へのコミットメントです。世界とか人類よりも、まず日本を優先することになります。ここに当然ディレンマがあるのです。

円了は近代日本の知識人が荷負しなければならない課題を、護国愛理という言葉で表現した。護国愛理は円了の一生を貫いた理念と考えられる。そして、この言葉に内在し矛盾する二側面を、初期においては仏教に統一の論拠を置いて「一ニシテ二ナラズ」と位置づけたが、この提唱から三〇年を経た晩年の段階では「護国のうちにおのずから愛理のあるを発見」したとしている。晩年の「護国愛理」の再把握の「護国のうちに……」という文章に続いて、「但し余は世間に対して護国愛理は余の生涯一貫せることを記憶ありたい」とわざわざ述べているように、護国愛理は生涯の理念であった。

文献リスト

（＊印は護国愛理の記述のあるもの。単行本の書名はそのまま記し、論文名は「　」をつけて区別した。）

記述	書名・論文名	出版年月	出版社・雑誌名（巻号）
	真理金針（初編）	明治19・12	山本活版所（『真宗史科集成』第13巻）
	真理金針（続編）	明治19・11	山本活版所
	真理金針（続々編）	明治20・1	山本活版所
＊	仏教活論（序論）	明治20・2	哲学書院（『真宗史科集成』第13巻）

	仏教活論（本論第一編破邪活論）	明治20・12	哲学書院
	欧米各国政教日記（上編）	明治22・8	哲学書院
	日本政教論	明治22・9	哲学書院
	「宗教政府の組織」	明治22・11	『国家学会雑誌』（第3巻第33号）
	「宗教政府の組織」	明治22・12	『国家学会雑誌』（第3巻第33号）
	欧米各国政教日記（下編）	明治22・12	哲学書院
	「宗教政府の組織」	明治23・2	『国家学会雑誌』（第4巻第36号）
	「宗教政府の組織」	明治23・3	『国家学会雑誌』（第4巻第37号）
	「宗教政府の組織」	明治23・4	『国家学会雑誌』（第4巻第38号）
*	仏教活論（本論第二編顕正活論）	明治23・9	哲学書院
*	「哲学館専門科二十四年度報告書題言」	明治24・12	（『忠孝活論』所収）
*	教育宗教関係論	明治26・4	哲学書院
	忠孝活論	明治26・7	哲学書院
	「国家学と妖怪学との関係」	明治27・8	『国家学会雑誌』（第8巻第90号）
	「国家学と妖怪学との関係」	明治27・10	『国家学会雑誌』（第8巻第92号）
	戦争哲学一班	明治27・10	哲学書院
	「国家学と妖怪学との関係」	明治28・2	『国家学会雑誌』（第9巻第96号）
	「戦後の富国策」	明治28・3	『天則』（第8巻第3号）
	「戦後の富国策」	明治28・4	『天則』（第8巻第4号）
*	『妖怪学講義』合本第一冊	明治29・6	哲学館
	「昨今の一大問題」	明治31・1	『中央公論』（第14年第1号）

	「宗教条例を如何せむ」	明治31・5	『東洋哲学』（第5編第5号）
	教育的世界観及人生観	明治31・6	金港堂
	「戦争論」	明治33・7	『妖怪学雑誌』（第8号）
	勅語略解	明治33・11	三育社（『教育勅語関係資料』第7号所収）
	「余が所謂宗教」	明治34・7	『哲学雑誌』（第16巻第173号）
	「余が所謂宗教」	明治34・11	『哲学雑誌』（第16巻第177号）
	勅語玄義	明治35・10	哲学館
	「仏教と国体との関係」	明治35・12	『三博士仏教講演会』文明堂所収
	「将来の宗教」	明治36・4	高嶋米峰編『将来の宗教』新仏教徒同志会出版部（『真宗史料集成』第13巻）
	修身教会設立旨趣	明治36・9	哲学館
	「日露戦争と仏教」	明治37・9	『加持世界』（第4巻第9号）
	「実業道徳談」	明治38・3	『修身教会雑誌』（第15巻）
	「実業道徳談」	明治38・5	『修身教会雑誌』（第17巻）
	「実業道徳談」	明治38・6	『修身教会雑誌』（第18号）
	「実業振興策」	明治43・10	『修身』（第7巻第10号）
	「国体及び忠孝論」	明治45・4	秋山悟庵編『尊皇愛国論』金尾文淵堂所収
*	活仏教	大正1・9	丙午出版社
	「余が信仰の告白と来歴の一端」	大正1・12	『東洋哲学』（第19編第11号）
	人生是れ戦場	大正3・2	弘学館
	「国運発展の道」	大正3・10	『新布教』

	「学問上亦輸入超過を防がざるべからず」	大正3・11	『東洋哲学』（第21巻第11号）
	「大国的国民を造る道」	大正4・10	『東亜の光』
＊	奮闘哲学	大正6・5	東亜堂
	「公認教問題の回顧」	大正8・3	『護法』（第32巻第2号）

【註】

1　小林忠秀「井上円了の思想」（『井上円了研究』第二号、一九—三四頁）。
2　針生清人「井上円了の哲学」（『井上円了研究』第一号、八一—一一二頁）。
3　針生清人「井上円了の思想（二）」（『東洋大学史紀要』第四号、六二頁）。
4　田中菊次郎「政教社のナショナリズムと井上円了の『護国愛理』」（『井上円了研究』第二号、三五—八四頁）。
5　針生清人「井上円了の思想（一）」、前掲書、四三頁。
6　井上円了『破邪新論』明教社、明治一六（一八八三）年、二一七頁。
7　井上円了『真理金針　続編』、明治一九（一八八六）年（『選集』第三巻、一五六—一五七頁）。
8　井上円了『真理金針　続々編』、明治二〇（一八八七）年（『選集』第三巻）。
9　井上円了『仏教活論序論』明治二〇（一八八七）年（『選集』第三巻）。
10　同右、三三〇頁。
11　同右、三三〇頁。
12　円了は『活仏教』を大正三（一九一四）年に丙午出版社から刊行し、これを護法活論を時代にあわせたものといっている（『選集』第四巻を参照）。
13　井上円了『仏教活論　本論第二編　顕正活論』、明治二三（一八九〇）年、（『選集』第四巻、二一五頁）。
14　同右、二一四頁。
15　同右、三六七頁。
16　同右、二〇九頁。
17　同右、一九九頁。
18　同右、一九九—二〇〇頁。
19　同右、二〇〇頁。
20　同右、二六九頁。
21　井上円了『真理金針　続編』、前掲書、二一八頁。
22　井上円了『仏教活論序論』（『選集』第三巻、三三〇頁）を参照。
23　井上円了『仏教活論　本論第二編　顕正活論』、前掲書、二〇五頁。
24　同右、三七〇頁。
25　同右、二〇二頁。
26　同右、二〇三頁。

27 同右、二〇四頁。
28 井上円了「生ら将来の目的事業に就て一言を述へて以て知友同士に告く」(『日本人』第三〇号—第三三号)を参照。
29 『勝海舟全集』別巻一、一五三頁。
30 井上円了「哲学館専門科二十四年度報告書提言」(『天則』第四編第六号号外、一—四頁)。
31 同右、同頁。
32 『勝海舟全集』別巻一(勁草書房、昭和五七(一九八二)年、一五三頁)。
33 註30。
34 同右。
35 井上円了『教育宗教関係論』明治二六(一八九三)年(『選集』第一一巻、四五二頁)。
36 同右、四三三頁。
37 同右、四三四頁。
38 同右、四三九頁。
39 同右、四三九—四四〇頁。
40 同右、四四〇頁。
41 同右、四四二頁。
42 同右、四四二頁。
43 同右、四四三頁。
44 同右、四四三頁。
45 同右、四四六頁。
46 同右、四五三頁。
47 同右、四四八頁。
48 同右、四五〇頁。
49 同右、四五二頁。
50 井上円了「哲学館専門科二十四年度報告書提言」前掲書、一—四頁。
51 井上円了『教育宗教関係論』、前掲書、四五〇頁。
52 同右、四五〇頁。
53 同右、四五二頁。
54 丸山真男「超国家主義の論理と心理」(『丸山眞男集』第三巻、岩波書店、平成七(一九九五)年)。なお、岩井昌悟は「井上円了の教育と仏教—「教育は勅語に基づき、宗教は仏教を取る」」(『国際井上円了研究』第三号、平成二七(二〇一五)年)において、「円了の根本的スローガン「護国愛理」の「理論」は「愛理」に、「護国」は「実際」に対応するのであるが……円了の「理論」と「実際」の使い方の発想の背景には、やはり仏教の「真実」と「方便」があろう」と述べている。
55 井上円了『妖怪学講義』合本第一冊、(明治二九(一八九六)年、『選集』第一六巻、一九—二〇頁)。
56 同右、四三—四四頁。
57 同右、四四—四五頁。
58 井上円了『活仏教』大正元(一九一二)年、(『選集』第四巻、三八八—三八九頁)。
59 同右、三八五—三八六頁。
60 同右、四八〇頁。
61 同右、四八〇—四八一頁。
62 同右、三八〇—三八一頁。
63 同右、三八一頁。
64 同右、四六一頁。
65 具体的には井上円了「仏教の将来」(『新仏教』第一三巻第五号)を参照。

66 井上円了『活仏教』、前掲書、三八八頁。
67 同右、三八六―三八七頁。
68 同右、四八七頁。
69 井上円了『奮闘哲学』大正六（一九一七）年（『選集』第二巻、二一二―二一三頁）。
70 田中菊次郎「円了と民衆」（『井上円了研究』第一号、三頁）。
71 井上円了『奮闘哲学』、前掲書、二一三―二一四頁。
72 同右、二七八頁。
73 田中菊次郎、前掲論文を参照。
74 井上円了『奮闘哲学』、前掲書、四一三―四一五頁。
75 同右、二九二頁。
76 同右、四四二―四四三頁。
77 同右、二一〇―二一一頁。
78 同右、二一四頁。
79 井上信子「父　井上円了」（『井上円了研究』第三号、七五頁）。
80 井上円了『人生是れ戦場』弘学館（大正三（一九一四）年、四頁）。
81 丸山真男『「文明論之概略」を読む　上』（岩波書店、昭和六一（一九八六）年、四七頁）。傍点は原文。

【補註】

なお、『破唯物論』（明治三一（一八九八）年二月）の「緒言」には、「明治三十一年二月一日　東京鶏声ヶ窪なる護国愛理学堂に於て講述者誌」という記述があったことをつけ加えておきたい。

円了の護国愛理の理念が創立した哲学館・東洋大学でどのように位置づけられたのかについては、拙稿「東洋大学の建学の精神継承の問題点」（『井上円了の思想と行動』東洋大学、昭和六二（一九八七）年）を参照されたい。

第二節　宗教思想

一　鈴木範久の説

宗教学者の鈴木範久は「宗教学以前」の中で、「井上円了の宗教学」を取り上げている。円了の宗教学は理論的宗教学と実際的宗教学で構成されている。鈴木は円了の宗教学を、近代に入ってから「最初の宗教学」と位置づけ、つぎのように述べている。[1]

円了は自己の宗教学を学理的宗教学とし、さらに「一　比較的即チ理学的宗教学」「二　推理的即チ哲学的宗教学」に分けている。

ここでも井上のとるのは「二　推理的即チ哲学的宗教学」である。これによって井上の宗教学が、「理論的宗教学」と「実際的宗教学」とのいずれにおいても、もっとも「哲学」的な傾向を有するものであることが判明する。それが、いかに今日でいう宗教学とは、まだ相当の開きのあるものであるかということも容易にわかる。だが、その実質はともかく、破邪学の系統のなかから出た宗教学の代表的なものとして、この井上のをあげることができるであろう。

鈴木は、円了の宗教学が哲学的内容で構成されていると述べている。ところで、キリスト教排撃運動すなわち排耶論の系統から円了の宗教思想を位置づけるのは一般的な傾向であるが、円了の初期の論文を単行本にした『真理金針』全三編を詳細に検討すれば、円了の場合、それまでの排耶論とは大きく違っていることが分かる。小林忠秀はこの点をつぎのように指摘している。[2]

『真理金針』は、すでに述べた通り、単なる排耶論の書ではなく、主としてキリスト教的世界観とそれに基づく宗教的営為と対比して仏教のそれを吟味し、その完全性を顕示して仏教家の自覚を促すことを目的とした書であった。そして仏教的世界観については、その普遍妥当性が明らかにされ、それについての仏教者の自覚が要請されていた。そればかりではなく、仏教・キリスト教両宗教がそれぞれ内包する世界観を、平等に見渡せる視点の必要性が求められていた。それが円了のいわゆる純正哲学的視点であり、仏教家にたいして、こうした視点の体得ということも主張されていた。

小林は、円了の宗教思想には純正哲学が基礎にあることを明らかにしている。

鈴木範久は、円了の宗教学が哲学を基礎とするものであることを明らかにし、また「破邪学の系統」の宗教学と規定している。しかし、小林忠秀の論評は、『真理金針』に見られるキリスト教批判は排耶論だけに止まらず、円了がその中からキリスト教的世界観とその宗教的営為を学び取り、それを新たな仏教の世界観の構築に役立て、仏教家の自覚を促すことに役立てられているということを明らかにしている。そしてその際に、円了は仏教・キリスト教の世界観を比較する視点を、純正哲学的視点として持つことの必要性を訴えたと、小林は分析している。小林のこのような指摘は、哲学から研究を始めた円了の姿勢を正しく理解したものといえよう。

二　末木文美士の説

仏教史・日本思想史学者の末木文美士は円了の思想を「純正哲学と仏教」とし、その特徴点について、いくつかの見方を明らかにしている。過渡期の思想家としての円了について、つぎのように述べている。[3]

井上が活動をはじめるのは明治一八年（一八八五）であり、それまでの明治一〇年代にはそれほど大きな仏教の思想活動は見られない。明治一〇年代は政治的には自由民権運動、宗教的にはキリスト教がもっとも活発に活動した時期であり、仏教はそれらに押されて停滞していた。井上が強い危機意識をもって反キリスト教的な主張を展開するのは、このような状況ゆえである。それは明治二〇年代に勃興する国粋主義的な動向の先蹤をなすものであった。

末木は、円了が明治二〇年代の国粋主義的動向の先導者であったと述べ、吉田久一などの近代仏教史研究者の規定を認めている。そして、哲学史から円了をつぎのように捉えている。[4]

もうひとつ注目されるのは、東洋の哲学説を論じるにあたり、西洋の諸学説との対比を試みている点である。例えば、釈迦教（仏教）を論じるに際し、倶舎《くしゃ》を唯物論、唯識《ゆいしき》を唯心論に当てるなどは、井上が仏教を論ずる際の常套的な見方であるが、さらに例えば、阿頼耶識《あらやしき》をカントの自覚心（超越論的統覚か）やフィヒテの絶対主観に較べ、真如論をスピノザ、シェリング、ヘーゲルなどと較べている……井上の仏教解釈はヘーゲルの影響を多分に受けているが……真如論をヘーゲルとの対比で論じている。

恐らく井上は大学時代フェノロサからヘーゲルを学んだと思われるが、その影響は顕著である。哲学史の方法論としていち早くヘーゲル的弁証法を採用し、思想の発展を解釈するのに応用している。井上は、弁証法という用語は用いないが、「三断法の規則」という名でその原理を明白に述べている……「甲は正断、非甲は反断、乙は合断」とも言われており、後に広く用いられるようになる「正・反・合」というセットが見られる。

末木は、例を挙げて、円了が仏教を論ずるのにあたり、西洋の哲学の観点から対比的に分析しており、思想の発展を捉える場合も、ヘーゲル的弁証法を用いていることを明らかにしている。つぎに末木は、円了が、ヘーゲルと仏教の関係についてつぎのように捉えているという。[5]

その哲学史理解と同様、哲学体系においても井上は弁証法を活用し、ヘーゲルの現象即絶対精神の説を仏教の真如説と結びつけるという形で、東西融合の方向を示している。確かに井上の用いる弁証法は皮相的なものではあるが、その後、清沢満之から西田幾多郎へとつながる系譜で、ヘーゲルと仏教の論理が結び付けられる端緒をなすものということができる。

末木は、円了の哲学論はヘーゲルの現象即絶対精神を仏教の真如説に結びつけ、東西思想の融合を目指した先駆的なものと位置づけている。これは船山信一の研究と同じ解釈である。さらに、末木は、円了が宗教と哲学をどのように論じたのか、その点についてつぎのように言及している。[6]

> 井上のキリスト教批判、および仏教擁護は……一方で「実際」と言いながらも哲学的、理論的な面が大きなウェイトを占めると同時に、他方で「護法愛国」の立場から、俗界における「実益」の追求が正面から問われることになるのである。

末木は、円了の仏教擁護が、哲学的理論に偏より、また社会における実益を、求める面があると批判的に見ている。また、円了のキリスト教批判と仏教真如論について、つぎのように指摘している。[7]

> 真如の展開としてのこの世界の事々物々は無秩序なものではなく、おのずから因果の理法に従っている。仏教で因果の説を根本に据える所以である。井上は、その因果説の正当性を近代物理学の「物質不滅の規則、勢力保存の理法」に求める……近代物理学の元素説やエネルギー保存説に結びつけて、それによって仏教の因果説が証明されると考えるのである。同じ原理はキリスト教の天帝創造説の批判にも応用され……。近代科学を味方につけることによって、キリスト教を批判し、仏教を正当化するという常套的な方法がここに典型的に見られる。

末木は、円了のキリスト教批判や仏教の正当化が西洋で発達した近代科学に基づいていることを指摘している。そして、円了の護法愛国について、末木はつぎのように述べている。[8]

> 確かに、哲学的な動機が大きいことは、その書を見ていけば歴然としているが、心情的にはもう少し別の動機が考えられる。自ら仏家に生まれたがゆえに、仏教再興への情熱に燃えたという面とともに、そこには民族主義的な動機も顕著に存した。しかし、仏教もまた外来の宗教であり、そうとするならば、キリスト教と同じく日本国家の宗教とは言えないのではないか。それに対して井上は、キリスト教の場合とは事情が違うと言う……仏教は日本の宗教であるという主張は、この後、日本の仏教者によって継承され、仏教が国家主義体制に呑み込まれていくイデオロギー的な根拠となるものである。

末木は、円了が仏教は外来の宗教ではなく、日本の宗教であると主張したことが、後の時代において仏教が国家主義体制に組み込まれていくイデオロギー的根拠となったと分析している。その点について、末木はつぎのように述べている。[9]

〔現実の仏教に対して、井上は〕仏教はそのような課題を担うにはあまりに衰弱している。仏教の出世間主義や肉食妻帯の禁止は、「世間の実益」にあまりに遠いではないか。ここに、仏教改良の主張者としての井上の積極的な活動が展開されることになる。その基本は……本来の仏教は世間と出世間の中道に立つべきものである……というものである。こうして、仏教の世俗化により、「世間の実益」としての仏教を実現しようというのであり、その後の仏教界の世俗化の動向の大きな原動力となったのである。

末木は、円了が現実の国家・社会における仏教を世間道と出世間道の中間に位置づけて、仏教を世俗化して世間の役に立つものと主張したという。この主張は、その後の仏教の世俗化の原動力になったと述べている。最後に末木は、円了の先駆者としての可能性に、つぎのように言及している。[10]

以上、明治一九―二〇年頃の井上の哲学観、仏教観をうかがってみた。資料を限定したため、必ずしも十分に解明できたわけではないが、少なくとも井上の発想の基本は押さえることができたであろう。確かにキリスト教を最大の敵として、さらに自由民権から社会主義につながる流れ（哲学的には唯物論）と対立し、国家主義・民族主義にすり寄り、仏教をそのイデオロギーとして再編していく方向に大きく踏み出したことは間違いない。それは、戦前において仏教界全体の主流を形作るものとなってゆく。

だが、そのように図式化して否定してしまうには、井上の持っている可能性はあまりに幅広く多様である。その妖怪研究にしても、本来の啓蒙的意図を逸脱するまでに深入りして、今日改めて注目を浴びるだけの内実を具えている。以上で考察した哲学・仏教論の範囲に限っても、ヘーゲル的弁証法の導入や、東西の哲学を比較し、統合しようとする方向の提示など、この後、日本の哲学思想が深化してゆくのに先鞭をつけているということができる。決して思想的に深いものではないにしても、啓蒙家としてのスケールの大きさは、もう一度見直してよいものと考えられる。

末木は以上のように、円了の哲学と仏教に関する思想の特徴点をまとめている。その特徴点については、本書でも触れてきたものであり、一般的な円了論であるが、それらを踏まえながらも、末木は先駆者としての円了の可能性を再検討することが必要であろうと述べている。末木の円了の仏教論批判は、近代仏教史の吉田久一の主張を踏襲しながら、哲学論と仏教論における円了の発展的理解を付け加えている点が興味深い。末木は円了を啓蒙家と呼んでいるが、これは一般的傾向であり、特に珍しいものではない。しかし、啓蒙家という規定には、末木の「思想的に深いものではない」という意味が含まれているのではないだろうか。

確かに、円了の著作を読むと、そのように見える。しかし小坂国継は、円了を直観の人といい、新田義弘は円了が洞察力に秀れているとも述べている。哲学の普及をめざした円了の著作は、専門家よりも一般読者を対象としていたと考えられる。そのことを最優先としていたのが、円了の時代である。末木のいう「思想的に深いものではない」という捉え方は、よく聞かれることであるが、東西の哲学を融合しようと試みた円了が、どこまで研究を深化させ、そして著作したのか、この点は再検討すべき課題であると考えられる。

三　長谷川琢哉の説

哲学研究者の長谷川琢哉は、円了と哲次郎の宗教思想について比較研究している。両者は、哲学論でいえば現象即実在論として知られているが、宗教に関する捉え方に違いが見られるという。長谷川はそれを具体的に、「宗教と教育の第二次論争」における両者の宗教論争から明らかにしようとしている。(なお、この論争については、第三章第八節を参照されたい)。まず、両者の共通点について、つぎのように述べている。[11]

〔円了は〕現象と実在という対の用語こそ使っていないが、この区別は哲次郎のものと同様である。世界のすべては可知的なものと不可知的なものにわけられ、科学等の通常の学術は前者を対象とし、可知的なものの範囲内に向けられる作用は、人間を中心にした場合、「求心性」と呼ばれる。それに対して、可知的・差別的現象の「反面」に、不可知的・無差別的な本体を見出すのが純正哲学であり、その作用は「遠心性」と呼ばれる。現象の「反面」にあり、現象と「相伴生連起」するものとして実在を見出すということ。つまり、現象と実在が相即的であり、両者は別のものではないということ。それを明らかにするのが純正哲学であり、両井上はそうした哲学を共有しているのである。そしてそれと同じように、純正哲学の遠心性の作用(具体的には合理的な推論)によって見出すことのできる不可知的本体こそが、宗教の対象であること。またそのような本体と内的に結びつくことが宗教の本領であることについても両者は共通している。つまり、哲学的な宗教論の論理構造においては、両者に大きな違いはないのである。

長谷川は、現象と実在の両面の特質を述べながら、円了と哲次郎ともにその理解、哲学的な宗教論の論理構造に大きな違いはないと分析している。しかしながら長谷川は、円了のアプローチは哲次郎のそれと、つぎの点で異なっているという[12]。

両井上においては、純正哲学によって明らかになる実在と、宗教が向かうべき対象は同一であるとみなされている。しかしながら、円了からすれば、哲学と宗教ではアプローチの仕方が異なる。人間はたしかに哲学的に実在を思考することができるが、しかし宗教が実在に向かうのは哲学とは異なる動機によってである。それを明らかにするため、円了はここで「宗教心」を用いて説明している。「人生の無常」や「人力の微薄」、あるいは「多苦多患の世」にある不条理な苦しみ。また世界そのものは「不可思議」に満ちており、人はその理を知り尽くすことはできない……つまり、人間の有限性の中から無限かつ完全なものへの要求が生じ、その要求が有限界の「反面」にある別世界を喚起するのである。そうした要求を起こすものが人間の「宗教心」であり、宗教はまずはその欲求を満たすものでなければならない。またそうである以上、宗教は倫理や哲学に還元しえない独自性を有していることになる。

長谷川は、円了の宗教へのアプローチには、人間の宗教心を満たすという欲求が原点にあるといい、それは哲次郎の宗教へのアプローチである倫理や哲学への還元という主張と本質的に異なるものがあると指摘している。さらに長谷川は、円了の宗教論の特徴を、哲次郎と比較して、つぎのように述べている[13]。

両井上においてある程度共通した「現象即実在」という哲学理論が、宗教や倫理を分節化する過程において、それぞれ異なる仕方で用いられていることがわかる。哲次郎が実在と現象との関係を倫理的に解釈する時、それは普遍性による個別性の乗り越え、あるいは大なるものによる小なるものの包摂という関係を表すものであった。そしてさらにこの関係が社会理論にあてはめられた場合、現象即実在論は、社会即個人といった仕方で、社会と個人を無媒介的に接続するための基礎理論としての性格を持つものとなった。それに対して円了においては、現象即実在が宗教論において用いられる場合、それは無限と有限との間のより相互的な関係を表している。つまり、有限からの要求に対する、無限による応答という関係である。それが一致した状態が信仰によって実現された「神人冥合」であり、宗教的な「安心立命」ということになるのだろう。もちろんそれが一致するということは、根本的に無限と有限は同一のものでなければならない。しかし円了の宗教論の場面においては、無限と有限の現実的な差異が反映されている。そこでは、無限と有限との関係は単なる無媒介的な合一を意味するのではなく、ある種の相互性において描かれているのである。そしてこのことは、円了の〔哲次郎による〕倫理的宗教論に対する第三番目の批判である、宗教における人格的表象の問題においてより明確になる。

長谷川は、哲次郎の場合、実在と現象は大なるもの小なるものの包摂であり、社会即個人を無媒介的に接続する基礎理論となっているが、円了の宗教論は無限と有限の相互関係であり、そこに安心立命の境地があることになると述べている。両者の相違は大きい。そして、長谷川は円了の宗教論における無限と有限の関係について、より詳細に、つぎのように述べている[14]。

円了において宗教とは人生の有限や不完全から生じた要求が、無限不可知的な実在によって満たされることを目的としていた。円了は、そのような有限の要求に答える場合、無限は有限に似たかたちとなり、ある種の人格的な形象をとることになると考える……いわば無限はそれを求める有限に合わせて、それ自体が有限化されることがなければ、両者の間の合一は成立しえないということである。もちろん逆に、有限の側も無限を単なる自己の不満の投影である「妄想」にしてはならない。要するに、有限と無限は、無媒介的な相即関係であるよりは、むしろ要求と応答という相互関係であり、そして両者を結ぶためには、人格的表象という媒介が不可欠だということである。

長谷川は、哲次郎が倫理的宗教論で否定した宗教的人格の表象が、円了の宗教論にとっては、必要・不可欠なものであることを指摘し、それが有限と無限が要求と応答という相互関係として捉えられているからであることを明らかにしている。円了は哲次郎の倫理的宗教が学術的のものであると批判する。長谷川は円了の宗教論の結論をつぎのようにまとめている[15]。

円了において、現象即実在が哲学的真理を表現する場合には、現象と実在は純粋に「相即」関係でとらえられて何の問題もないものである。しかしそれが「宗教」の場面に移された場合、すなわち哲学的真理を「応用」する場合、実在と現象あるいは無限と有限との差異が問題にならざるをえない。つまり、両者は単純な相即関係ではなく、有限は自己が無限ではないという不満から無限を求め、無限はその不満を充たすために有限化されるという相互関係となる。そうであればこそ、両者を結びつけるためには、無限を有限化するための媒介が必要なのである。それが人格的表象であり、より大きく言えば伝統を担った個別的宗教である。こうして、円了の宗教論は、普遍的真理を現実化する際の伝統的宗教（この場合は仏教）の媒介的役割を積極的に肯定するのである。そしてその役割は、普遍的真理を国家や個人と直接結びつけるというよりは、その時代に合った仕方で常に新しい媒介を形成していくことでもある。それゆえに円了は宗教革新に積極的であり、しかもそれは教義等の理論的革新であるよりは、人々と真理を結びつけるための具体的媒介、すなわち人格的表象や実際上の制度の革新へと向かっていくのである。円了の純正哲学に基づく宗教論においては、宗教の「方便門」、あるいは哲学の「下降門」における改革が理論的に基礎づけられていると言うことができよう。

長谷川の結論を読むと、円了の宗教論が教義の理論的革新よりも、人々を真理と結びつける人格的表象や制度の革新へを目的にしていることがよく分かる。

長谷川による哲次郎と円了の宗教論の比較は、現象即実在論を軸にしていて、明確な論理展開が興味深いものになっている。哲次郎の倫理的宗教論で主張された人格的表象の排除は、円了の宗教論では人格的表象そのものが宗教を倫理や哲学に還元しえないキーポイントになっていて、両者の哲学的な宗教論の論理構造に大きな相違をもたらしていると、長谷川は明らかにしている。また、円了が教学の革新よりも、人々を宗教的真理へと導くことを使命していたと長谷川が述べていることは、円了の宗教論を特徴的に捉えているといえよう。

四　岡田正彦の説

宗教学者の岡田正彦は、円了と村上専精を比較して、それぞれの特徴を論じている。岡田は論文の目的について、つぎのように述べている[16]。

字句の意味や細部の解釈にこだわる、古典の緻密な読解を学問の手法とする訓詁的なテクストの読解ではなく、多様な典籍に共通する主題や主張を抽出し、比較検討することによって「仏教」や「宗教」に言及する新たな言説（「達意的研究法」）の登場は、日本における「仏教」や「宗教」をめぐる議論にどのようなインパクトを与えたのであろうか。

岡田の問題意識は、古典的訓古的な経典の読解というこれまでの方法に対して、近代において提起された達意的研究方法は、どのような意義があるだろうかということであった。岡田は円了や専精が近代仏教の開拓者であったことを、つぎのように明らかにしている。[17]

〔円了と専精はともに〕明治以前の伝統的な仏教教育を背景としながら近代的な学問の手法を研究に取り入れ、宗派的な問題意識を超えた「仏教」の可能性について論じている。井上円了は、明治二〇年（一八八七）にベストセラーとなった『仏教活論　序論』を刊行し、村上専精は、明治三四年に『仏教統一論』第一編を刊行した。これらはともに、総体としての「仏教」の本質的要素を見極め、新たな局面を迎えつつあった当時の文化・社会状況のもとでも色褪せない、仏教思想の意義を宣揚しようとするものであった。キリスト教との比較を意識しながら、近代思想としての「仏教」の価値を論じる円了の〈仏教活論〉と、多彩な仏教思想を歴史的に比較検討し、総体としての「仏教」について考察する村上の〈仏教統一論〉は、まさに「達意的研究法」にもとづく仏典研究を代表する議論であった。

円了と専精は、伝統的仏教教育を受けながらも、それに近代的学問の手法に着目し、宗派を超えた問題意識を持ち、ともに明治という新しい日本の状況に対応させて仏教に新たな意義を見出し、その思想を普及させようとしたと、岡田はいう。岡田は円了の『仏教活論』が西洋哲学に対する深い共感のもとに展開されたことについて、つぎのように述べている。[18]

円了は近代的思惟のもとでも「真理」としての輝きを失わない「一種ノ新宗教」を設立するという、当初の誓いを変更して「仏教ヲ改良シテ之ヲ開明世界ノ宗教トナサンコトヲ決定」するのである。「開明世界ノ宗教」として仏教を再生し、さらには仏教の現代思想としての意義を宣揚すること。これこそが、当時の状況のなかで円了が採択した、仏教を「活性化」するための戦略であった。

この戦略の中軸として強調されたことの一つが、日本思想化された仏教、すなわちインドから中国を経て日本に伝わり、今日まで変遷を続けてきた、最も進化した仏教思想の多様性と包括性なのである。

岡田は、青年時代の円了が真理としての仏教を発見し、現代思想としての仏教の普及に取り組んだと述べている。そして岡田は、円了の仏教、大乗仏教の再興こそが仏教の近代化であるという主張を、つぎのようにまとめている。[19]

円了にとって、今日の日本の仏教思想こそが、数千年に及ぶ仏教思想の歴史の精華であり、インドから中国、そして日本へと東漸してきた仏教思想の到達点であった。未来における仏教思想の可能性は、そこにしか存在していない。こうした進化論的発想にもとづく「大乗再興」の思想と円了の〈仏教活論〉とは、決して切り離すことはできないものであった。

円了にとっては、今ここにある「仏教」に現代思想としての価値を見いだし、来るべき近代社会の宗教として再生することが〈仏教活論〉なのである。

岡田は、円了が日本仏教をもって、その思想の歴史の到達点であったと進化論的に捉え、そして円了が『仏教活論』を著したのは来たるべき近代社会の宗教として再生するためであったと位置づけている。仏教史の分野を開拓した専精と、哲学から出発して仏教を発見した円了の相違点について、岡田はつぎのように述べている。[20]

現代の仏教研究にとって、大乗仏教の歴史的位置づけが極めて重要であることは、両者の認めるところである。しかし、思想上の本質を重視する円了と歴史的起源を探求する専精では、「大乗仏教が仏説である」という言葉の意味自体が異なる。専精も大乗仏教が「仏意」であることは認めるが、「仏説」であることを認めることはできない。なぜなら、そこに歴史的根拠がないからだ。しかし、円了にとって「仏意」であることは、「仏説」であることと同意であり、むしろ歴史的根拠の存在よりも重要なことだとされる。もともと両者の主張は重なるものであり、同じ結論が異なる評価を受けるのだ。

岡田は、同じく大乗仏教を重視する専精と円了において、仏説を重んじる専精と仏意を重んじる円了は、両者の主張は重なるが、結論が異なっていると分析している。岡田は円了の仏意と専精の仏説という、それぞれの重視した説が、現代の宗教研究にともに存在していることを、結論として、つぎのように述べている。[21]

円了は、時代に即応した「哲理」を通して、現代日本における仏教思想の存在意義を論じようとした。一方で村上は、客観的な「歴史眼」と「比較眼」を通して、「仏教」の本質と歴史的起源を明らかにしようとする。このため、二人の大乗仏教論は対照的な主張を展開することになるのである。日本の仏教伝統の意義を論じる、この二人の対照的な言説は、彼らの時代から百年以上の年月を経た、現代においても融合されてはいない。このことは、井上円了と村上専精が議論の前提とした「思考の台座」は、その後も一般的なリアリティの基準として機能し続けていることを暗に示すものである。

日本仏教の独自性を指摘して、その現代的意義を問いかける主張と、「本覚思想」に代表されるような、土着化した仏教思想の非仏説性を批判する主張の対峙は、その後の近代仏教思想史においても、絶えることなく繰り返されてきた。仏教の本質を「仏意」に求めるのか、それとも「仏説」に求めるのか。円了と専精の対照的な大乗仏教論に代表される言説モデルは、その時々に装いを変えながらも、その後も再生産され続けている。双方の立論の是非を論じる以前に、こうした言説モデルの始原に立ち返り、それぞれが使用している思考の枠組みの歴史性に思いを馳せることも必要なのではなかろうか。

岡田は、専精と円了の二つの仏教研究の方法論が、近代から現代までそれぞれ言説モデルとして主張されてきたという。岡田は、円了の『仏教活論』の目的を「今ここにある「仏教」に現代思想としての価値を見いだし、来るべき近代社会の宗教として再生する」ことにあったと分析している。そして、哲学の方法論から仏教を見直した円了は、達意的研究法によって仏教の本質である「仏意」を明らかにしたと、岡田は述べている。一方、同じく仏教の本質を求めた専精は、歴史研究を通して「仏説」を明らかにした。岡田は、両者の主張は重なるものでありながら、同じ結論が異なる評価を受けていて、融合されていない現状を明らかにしている。これを解決する方法として、原点に立ち返って両者の「思考の枠組みの歴史性」を再検討することを提案している。

五　上杉義麿の説

上杉義麿は、まず従来の近代日本仏教史研究における井上円了の評価は「毀褒あい半ば」していると指摘する。その原因について、上杉はつぎのように指摘している。[22]

膨大かつ多岐にわたるその著作群は、思想活動の全体像を一人の論者が俯瞰的に考察することを阻むかにみえる。実際、従来の井上円了に対する評価とは、その言動のなかで論者の関心に合わせて特定の分野を抽出し、その枠組みのなかにおいてなされたものの集積であるという感が否めない。

上杉は円了の宗教思想の包括的な把握を目的に、「一　訳語としての「宗教」をめぐる議論と井上円了」、「二　井上円了の「妖怪学」と仏教「改良」」、「三　「真怪」と宗教」に分けて論じている。上杉の問題意識の根底にあるのは、吉田久一などの「円了には近代信仰者としての側面が見られない」という定説である。そこで、上杉は円了の著作活動の全体を分析して、つぎのような側面を取り上げようとしている。[23]

従来、円了の著作活動のなかでも仏教論（仏教復興または改良）関係のものと、妖怪学関係のものとは両極にあるものとして考えられ、同時に論じられる機会はほとんどなかった。しかしながら、円了はその活動の開始時期から最晩期に至るまで、並行してこの両者についての著作をものしていたのである。このことは、従来のような仏教復興運動の一環としての仏教論、愚民教導・啓蒙活動の一環としての妖怪学というようなジャンル分けは、再検討を要すると言わねばなるまい。井上円了の思想の全体像を見通すためには、この両者の関連性を考えることが不可欠であると言えよう。

上杉は、仏教の土着化と、それに対抗する円了の妖怪学に着目して、つぎのように、その意義を明らかにしている。[24]

仏教は、「宗門」、「宗旨」の名の下にセクト化し、排他的な様相を示す。また、儀礼・儀式は本来の教学的意味が大きく後退、または消滅し、現世利益一辺倒であったり、年中行事としてルーティーン化している。こうして土着化した仏教は、普遍化を拒む。それはまた「国家」による管理・統制の枠外に立とうとする。正に「開化」に挑戦し、これを拒否するのである。

たとえそれが、自ら身を置く教団と不可分なものであるとしても、円了ら西欧型の「近代」化＝「開化」を指向する側からみれば、こうした現状は、対峙するとともに必ず破壊せねばならない対象であった。それゆえに円了は、仏教「改良」の必要性を説く。ここに言う「改良」とは、在来の日本仏教のなかの慣習化し、土着化した部分を徹底的に排除する、「反土着《アンチ》主義」という意味を持つ。

円了言うところの「改良」とは、「宗教」としての資質を備えた日本の仏教を、真の意味での宗教たらしめる作業であり、その方策の一つとして迷信の打破、後年の「妖怪学」へと連なるさまざまな活動が開始されるのである。

つぎに、上杉は、円了の仏教論が妖怪学とどのような連関にあるのか、それを時系列的に捉え直している。上杉はつぎのように述べている。[25]

明治十年代末、仏教論を展開し、「妖怪学」を創始した当時の円了は、知的批判に耐えうるか否かをあらゆる価値判断の基準とした。仏教はその批判に耐えうるがゆえに真の意味での「宗教」であると判断され、一般に「妖怪」と認識され恐れられている諸現象は、知的批判によってその実体が暴かれたのである。以来、円了は一貫してこの態度を崩すことなく、その「妖怪学」においては、知的解釈を施すことのできるものは、徹底的に「妖怪」のカテゴリーから捨象された。一方でその宗教論においても、「信心」の名において人々の畏怖の対象となり、不当に高い価値を与えられているものは、「迷信」として退けられ、宗教とは別物として扱われるのである。このように、「妖怪」ならざるものや「宗教」の名に値せぬ「信心」の実体を暴き、捨象する作業がまさに、円了言うところの「改良」にほかならない。「改良」の結果残ったものは、知的解釈を加えることのできぬもの、不可知の領域に属するものである。それは、「真怪」とも「無限絶対」とも名づけられる。

このようにして、上杉は円了の仏教論、妖怪学を通して、一つの貫徹した道を明らかにした。上杉は結論として、二つのことを述べて、円了が近代の仏教者であることを証明しようとしている。[26]

> かくして、「不可思議」、「絶対無限」という到達点において、井上円了の宗教論と妖怪学とは収斂した。そこには、円了言うところの「改良」の結果明らかにされた「真怪」と、「哲学的宗教」とが示されたのである。言うまでもなく、「哲学的宗教」とは日本仏教のあるべき姿である。在来の日本仏教における「信心」がもつ非合理性、「宗旨」という言葉に表されるセクト性などは払拭され、仏教はまさに、文明社会にふさわしい宗教として提示されるのである。
>
> 仏教者であるとともに明治の知識人たる井上円了の思想において、仏教とは「国家」との関係を立証することで初めて存在意義が見出される事象である。そして、円了にとって訳語としての「宗教」が日本に定着するということは、仏教が「宗教」という語によって言い表されるものであり、同時に、仏教が文明化された国家にとって不可欠の要素であるということを、広く認識させるということにほかならなかったのである。これこそが、円了言うところの仏教「近代」化であった。そして、それはまた日本の「近代仏教」に一つの方向を示すものとなったのである。

上杉の円了の宗教思想に関する新しい問題提起は、岡田正彦が第三章第五節で提起したものと通底している。これまでの井上円了研究では、中期の妖怪学、後期の倫理運動を積極的に取り上げて、円了の思想の一貫性を捉えようする試みは十分とはいえなかった。上杉と岡田の両者の提起は今後の井上円了研究の一つの方向を示していると、筆者は考えている。

六　高木宏夫の説

宗教社会学者の高木宏夫は、円了の宗教思想を究明しようとし、近代日本の歴史と円了の思想の関係について、つぎのように述べている。[27]

〔円了の〕著述と行動の関係から、仏教の失権回復活動（鹿鳴館時代前後）、教育勅語による国体と仏教（日清戦争前後）、思想統一への消極的抵抗と弾圧（日露戦争前後）、日本的宇宙主義・哲学堂と真宗信仰（大正デモクラシーまでの時代）の四期に分けて分析を進めたい。

井上円了に対する最も単純な戦後におけるレッテルは「ナショナリスト」ということであるが、この視点でみれば、右の年代以前つまり東京大学予備門入学以前は、ナショナリズムの思想形成期であり、鹿鳴館時代はその理論的表現期、日清戦争前後は教育勅語の思想との調和をはかる時期であり、日露戦争前後は普遍的思想との関係における疑問の時代であり、晩年はナショナリズムからの脱却期と言うことができよう。

高木は、円了の生涯を四つに区分し、日本のナショナリズムとの関係をそれぞれに位置づけている。そして高木は、円了の人格形成において、慈光寺という真宗の寺院に生まれたことを重視し、つぎのように述べている。[28]

井上円了のパーソナリティの形成過程において、決定的な役割を演じたのは世襲制の住職ということで、檀家や教団の共同体もまた宗門人としての役割期待をもって臨んでいるために、真宗または大乗仏教という宗教は、その観念体系＝価値体系として、井上円了の宗教観や行動に決定的役割をもったものと考えられる。

高木は、円了が、真宗寺院の後継者に生まれたことが、円了の宗教観や行動に決定的役割を持っていたと述べている。また青年期円了の『真理金針』や『仏教活論序論』は初期の著作でいずれもベストセラーになったものであるが、高木はその論旨をつぎのようにまとめながら、多くの研究者がそれをどのように評価したのか、この点について、つぎのように述べている。[29]

『真理金針』と『仏教活論序論』の論旨は、キリスト教は情感の宗教にすぎないが、仏教はそのほかに智力の宗教という両側面があるので、仏教は十分に近代哲学に応え得る宗教であるという原則的な面に対する見方をし、日本の現状でキリスト教が急伸張しているのは、日本の仏教の僧侶が無気力で堕落しているのに反し、キリスト教者は清廉潔白で信仰に燃えているからであり、またこの状況をなげくのは、井上円了が「護国愛理」の熱情をもっていて、現状を憂う気持からだと情感を込めて述べている。

三〇歳にならない井上円了が論壇で活動して、その筆鋒が詠嘆調になったり、誇張があったり、美文調になったりするのは当然であり、むしろその背景となっている問題意識や理論的立場が問題であろう。戦前の研究者のとり上げた点は、仏教の啓蒙家（哲学ではなく）であり、妖怪の研究者という二点である。これに反し、戦後の研究者は井上哲次郎とまったく同じ体制側のイデオローグで自由民権運動に対立し、その運動を妨害する役割を果たしたというマルクス主義の研究者をはじめとして、宗教を哲学に置きかえた主知主義的な啓蒙家という近代主義の立場にたつ研究者、清沢満之との対比において同じ立場にたつ仏教の研究者の見解が、この時代の井上円了に対する見解であり、それが同時に井上円了の一生を貫く評価となっている。

高木は、戦後の研究は、円了を評価して、第一に井上哲次郎と同じ超国家主義のイデオロギーと規定したもの、第二は宗教を哲学に置きかえた主知主義と規定したもの、第三に、清沢満之との対比において円了の宗教思想を位置づけようとするものという、三つがあることを明らかにしている。高木は、「井上円了は哲学と宗教とを究理と崇信とに区別し、仏教をこの二つをもった哲学的宗教と見なした」[30]と位置づけている。そして、四聖を祭った円了が仏教をどのようにみたのか、この点について、高木はつぎのように述べている。[31]

井上円了は西洋哲学のシンボルとしてソクラテスとカントを挙げ、東洋哲学のシンボルとして釈迦と孔子を挙げ、併せて四聖とよんでいた……日本の当時の後進性にも対応するものとして、世界主義的普遍性を求めた井上円了は、宇宙主義にもとづく哲学的真理＝真如という図式で示される仏教の普遍性に見出したとも考えられるのである。しかし、この仏教は西洋哲学によって創られたものではなく、また新たに興した宗教でもない。

高木は、円了が宇宙主義に基づく哲学的真理＝仏教の真如という真理と捉え、そこに普遍性を見出したという。すでに長谷川琢哉が比較した円了と哲次郎の宗教論争については、高木も注目し、その論争を分析しながら、円了の人生にどのような影響を及ぼしたのか、つぎのように述べている。[32]

理性で割り切って宗教の統合を提唱し、倫理の普遍性をとり上げる井上哲次郎に対し、きわめて具体的な人間像と生き方を求め、超越的体験を究極的に求める信仰を中心とする井上円了とでは、根本的に見解がちがっていて、この論争は、哲学と宗教とのちがいが分からない哲学者井上哲次郎が印象づけられる結果に終った。そこで井上円了が怨みをかって哲学館事件が起こったという説が一部で流布されることになったが、この論争のあった明治三五年一〇月に文部省の監査をうけ、一二月に「中等教員無試験検定の特典を剥奪する」という形で、井上円了が館主となっている哲学館に弾圧が下された。

高木は、哲次郎と円了の宗教論争が、結局、哲学と宗教の違いが分からない哲次郎像を世間に知らしめる結果に終わったと述べている。そのことによって、哲次郎が哲学館事件で文部省擁護に走ったと推測している。論争の最後となった、哲次郎の論文を素直に読めば、哲次郎の知識人としての人格が疑われるものであったと、筆者も感じる。

ところで、円了の歴史的評価といえば、現在でも初期の著作を中心とする傾向がある。高木は、そのことについて、「現在の研究者は、その中でも比較的理解を示していると思われる池田英俊も峰島旭雄も、井上円了の晩年の論文を問題にしていない。しかしながら、明治四二（一九〇九）年一二月刊行の『哲学新案』において、井上円了は自らの「信心歓喜」の「廻心」を記しているのである」[33]という。高木がいうように、円了が仏教の思想について、「実験」＝実体験したことはこれまで注目されてこなかった。ここでは円了の『哲学新案』から、その原文を引用しておきたい[34]〔傍点は引用者〕。

知情意または理性の上にありては、人力本位なれば、その進行の途次、有限微力を感知し、不自由不如意を自覚して、不安の念を起こし、不満の嘆を発し、あるいは煩悶し、あるいは悲観することあるも、信性の上にありては、絶対本位なれば、一如に同化して、その妙用を感知し、その妙味を受得して、知らず知らず不安の念は安楽の思に変じ、不満の嘆は満足の声に化し、人をして歓天楽地の間に、手の舞い足の踏むを知らざらしむ。これ空想にあらずして事実なり、実験の結果なり、他人の実験にあらずして自心の実験なり。何人も他人の力を持たず、自己の心門を開きて、この状態を実験し得べし。もしこれを疑うのがあらば、自心において実験するにしかず。

連日連夜目をもって砂糖を熟視しても、その甘味を楽しむことあたわざるが、ひとたび舌をもって味わいきたらば、即時に楽感を起こすがごとく、楽天の真味は信性を待つにあらざれば決して知るべからず、宗教の楽天実にここにあり。しかるに宗教上厭世を説くことあるは、迷前の状態をいうのみ。もし悟後に至らば、厭世全く地を払い、泰然として歓天楽地の間に逍遙し得るは必然なり。世間もし煩悶厭世を病むものあらば、請う自心の上にこれを試みよ。

円了は、迷いの中にある人間が、その信性において一如において同化すれば、不満は消え、人間をして歓天楽地に至らしめるという。そのことを円了自身が他人の実験ではなく、「自心」の実験であることを明らかにしている。高木の研究は、円了の信仰体験を究明したものである。そして、高木は、円了の宗教思想について、これまでの研究者の評価を検討しながら論を進めて、その結論をつぎのように述べている。[35]

井上円了の宗教思想と行動との間で最も深い関係にあったのは、本人が語っているように真宗であった。青少年期にはそこから離れようとしながら、東京大学の哲学科に入り、学生時代から文筆活動を通して仏教の新しい時代にふさわしい展開を試みている。それはキリスト教と比較するために、ヨーロッパの近代哲学中でも進化論を用いたために、来世の極楽往生を説き「愚夫愚妻の宗教」とよばれさげすまされていた真宗の僧侶を含めて、各宗派の僧侶が近代哲学の用語によって来世願いの宗教の現実から、大乗仏教の原点に帰る形で近代化して仏教の見直しをしてゆく結果となった。「護国愛理」に象徴されるように、それは日本人の主体性回復を主張する鹿鳴館時代のナショナリストの思潮を代表する一面をもっていた。

井上円了は時代感覚には敏感であったから、教育勅語が出るとすぐこれを活用し、地方の地域活動において生涯教育の機関をつくろうとして修身教会運動に入っている。しかしこの教会の組織は寺を教会とし、僧侶、教員、有力者を核としているように、神道とは一線を画している。日露戦争後は教育勅語を取り上げず、個人の資質の「自由開発主義」を主張した。

このような現象面をみてゆくと、「万事ぬけ目のない円了博士」という人間像が浮かび上がってくる。しかし、その背後では、晩年の「廻心」の経験や哲学堂の「南無絶対無限尊」の和讃のように、大乗仏教の精神に生かされているという自覚にたつ井上円了が存在している。

井上円了は官界に入らず民に徹した生活を貫いた点に異論はない。その「民」は、明治時代の進歩的知識人の側面と、絶対主義のもつ半封建的寄生地主制の有力者層とその子弟（哲学館の学生はこれに属すと思われる）と共に活動していた側面の両極矛盾が含まれる。その意味では、井上円了は矛盾を当然のものとしてうけとめ、「学者としては護国よりは愛理をさきとする」という『仏教活論』の立場を一生貫いたと言えよう。

このような高木の論評で、特に明らかになった点は、従来の円了研究が見逃してきた「円了の信仰」の問題である。円了は『仏教活論』までのように、哲学や理学という西洋諸学を基礎として理論的に仏教の真理性を追求してきたのであるが、これをもって円了の宗教思想が語られてきた。しかし高木は、円了自身の信仰に注目して、多くの円了の著書を検討し、「自心の実験なり」と、円了の体験を明らかにしている。この点は円了研究の残されていた課題であったから、大きな成果といえよう。そして高木は、円了の宗教思想が「愛理」に基づくものであり、生涯それを追求してきたと結論づけている。

七　ゲレオン・コプフの説

宗教学者のゲレオン・コプフは、円了の提起した宗教思想を「仏教哲学」と受け止め、ヨーロッパ近代への問題提起を行ったと位置づけ、つぎのように、その意義を述べている。[36]

井上円了は、ヨーロッパ近代に対する仏教からの回答を提示した最初の日本の思想家の一人である。彼は仏教を特に宗教と哲学という学術的なカテゴリーの中に置き、欧米の哲学を動かしているように見えた二元論を批判し、「仏教哲学」という語を発明したか、そうでないとしても自らのものとして利用した。彼はこのカテゴリー（仏教哲学）を敷衍するために一冊の本に匹敵するモノグラフを書き上げすらした。こうすることで彼は、京都学派のような仏教と学術的な哲学を総合する日本の哲学界の後の活動の地ならしをした。しかしさらに重要なこととして、彼は仏教を哲学化し、仏教の観点から哲学を再構想した。この後者の業績こそ、さまざまな伝統を持つ思想家を対話へ導いた重要な歴史的人物としてだけではなく、一人の思想家としての円了の重要性を強調するものである。

この部分は、円了の「仏教哲学」概念に焦点を当て、このカテゴリーがどのように哲学を再定義し、近代の理念を利用したかを検証する。特にこの発表は以下の疑問を提示する。すなわち、円了はどのように「仏教哲学」を構想したのか。彼の哲学の定義とはどのようなものか。円了はどのように近代の理念を仏教の中に読み込んだのか。彼の近代性に対する異議申し立てとはどのようなものか。こうした疑問に対する答えは、円了が近代の理念と方法を異議申し立てのために用いるがために持つ近代に対する曖昧性を明らかにする。この円了の著作に中心的である曖昧性は、近代性のヨーロッパ中心主義から哲学を解放するという意図しない効果を持っている。彼には自分がヨーロッパの覇権として理解したものを前にして日本の伝統を再確認するという意図があったのかもしれない。しかし、彼の近代性批判は、世界の、または異文化の哲学の端緒あるいは可能性を生み出しもしたのだ。私が信じるのは、日本の仏教と日本の哲学の領域外にいる学者たちにとっての円了の重要性がこの点にあるということである。

コプフは、円了をヨーロッパ近代に対して、仏教からの回答を提示した最初の日本の思想家と評価している。円了の哲学理解と円了自身の哲学論が世界的であり、ヨーロッパ以外の異文化圏の哲学の可能性を生み出したものとして、円了の哲学・仏教思想が世界的な意味を持っているのではないかと、コプフは新たな問題提起をしている。

八　河波昌の説

宗教哲学者の河波昌は、円了の相含論の特徴として、宗教的時間論を取り上げて、つぎのように述べている。[37]

井上円了の晩年の著作『哲学新案』は円了自身の哲学の集大成といった点からも極めて重要な意義をもっているが、そこでかれの宗教的時間論の充実した展開が見られるのである。それは近代日本における哲学的な時間論の展開といった観点からも大いに注目する契機が存在している。そこにはかれ自身の独創的な思惟が遂行せられているが、またその独創性の中に大乗仏教自体の伝統的基盤に根ざしている面が考えられるのである。否、むしろその伝統的基盤に根ざすことにおいて、かれ自身の独創性そのものの躍動が考えられるものである……

この円了の時間論は一面、西洋的な哲学的思考に触発され、それらを自らのうちに包含しながらもそれらを突破したかれ独自の思惟にもとづくものであり、その点で高く評価されるべきものである。

なお井上円了のかかる宗教的、哲学的時間論が、伝統的な大乗仏教的基盤にもとづく点で、かれに続いて近代日本において展開されたその他の宗教思想家たちもまた、共通の思想的基盤に立つ必然性を有していた。どこまでも独創性（あるいは各々の主体的思惟）が展開されうるためにはむしろ伝統的契機は不可欠である。円了に続いてたとえば山崎弁栄、西田幾多郎等にも、円了と類似し、また共通した宗教的時間論の展開を見ることができる。

河波は、円了が『哲学新案』で提起した哲学的な時間論に注目している。円了の哲学的時間論は、伝統的な大乗仏教的基盤に基きながら、自らの独創的思惟によって展開されたものであると、河波は述べている。そして、河波は、円了の相含論と時間論が大乗仏教に基づいているとし、つぎのように述べている。[38]

大乗仏教におけるかかる超時間的地平への突入はどこまでもたとえば念仏三昧といったような宗教的実践のうちで遂行せられるのであるが、かかる時間の超越的地平で、かえって限りなく豊かな時間論が展開されるのである。そしていわゆるかかる超越的時間論を展開したのが『華厳経』およびそれを基盤とした中国における華厳宗の哲学の展開にほかならない。円了の相含論、そしてそれにもとづく時間論も、かかる華厳思想等の背景なくしては考えられない。

〔『華厳経』の〕無限の時間の長さと一瞬が相即するのはどこまでも実践的主体としての心においてであるが、重要なことはそれがどこまでも空体験にも〔と〕づいている点である。そしていわゆるこの空体験において時間の空なることが悟られてゆくのであるが、かかる時間の空性が瞬間と永遠の弁証法的相即を可能にするのである。そしてまさにそこで円了の時間における相含論が成立するのである。すなわち一念において一瞬と永遠は相互に包含することになる。

河波は、円了の時間論が大乗仏教による超越時間的論であり、一念において一瞬と永遠が相互に相含するものであったと述べている。このようにして河波は、円了の時間論を近代日本における宗教的時間論と位置づけて、つぎのように述べている。[39]

大乗仏教における般若（空）思想から華厳思想の展開の上に、その時間論の豊かな展開を見ることができるが、円了の場合もかかる伝統的思惟に根ざしつつ、かれの時間論が展開されているのである。そして従来の時間論には見られなかった近代における進化論やカントの認識論等をも顧慮しつつ、改めて創造的にその時間論を新しく構想し展開した点で、円了の、近代における時間論には高い評価がなされるべき点が考えられるのである。

河波は、円了が西洋的な哲学的思考を契機とし、伝統的な大乗仏教的基盤に基づいて、それを突破して独自の宗教的・哲学的時間論を展開し、円了に続く宗教思想家を生み出す原点となったことは高く評価されるべきであると述べている。その時間論は晩年の円了の『哲学新案』で提起されたものであり、華厳宗の一念の中に「一瞬と永遠」を包含するという超越的時間論である。この時間論はヨーロッパ近代の進化論やカントの認識論等をも踏まえて、伝統的な仏教思想を創造的に展開したもので、円了の近代における時間論を再評価すべきであると提案している。

九　田村晃祐の説

仏教学者の田村晃祐は、円了の仏教思想が中道にあると指摘する。[40]また「井上円了の真理観の基本は仏教の用語を使っていえば「真如」にある。これを哲学総論（『禅宗』）で述べていく。したがって、これは、単に仏教の真理とするだけではなく、真理そのものと考えていくのである」[41]と述べている。そして、明治二五（一八九二）年に円了が刊行した『真宗哲学序論』の見方から、「真如を体得した時、悟りが得られるというが、どうして「知ることのできないもの」を体得できるのか」ということについて、田村はつぎのように述べている。[42]

『真宗哲学』には、……哲学上の大難問として、理論と実際・主観と客観・思想と感覚・有形と無形・本体と現象・絶対と相対・可知と不可知・有限と無限・単一と雑多・平等と差別と相反することをあげ、この相反することが諸種の哲学説を生み出す根源であると考え、そこでこの相反するものの一致統合を図ることが古今の論題であるとし、その解決を、真如に帰している。真如は、絶対でありながらそのまま相対的な現象と一体なのである。相対を否定して絶対、あるいは絶対を否定して相対なのではなく、相対のままで絶対であり、絶対のままで相対なのであり、両者は一体なのである。これを井上円了は「二様併存、一体両面の真理」と名付けている。

田村は、円了が仏教の真如こそ、哲学上の大難問である諸種の哲学説を一致統合するものであると考えたと分析している。そして、田村は、円了が明らかにした「真実の仏教の基準」の構造について、つぎのように述べている。[43]

哲学の原理を真如に基づき、二様併存の原理におくとき、二様併存のまま一体である関係を示して中道と呼んでいる。相対と絶対という言葉によっていえば、相対は絶対と同一であり、したがって、絶対と相対との中道でありながら相対であり、絶対は、相対と同一であり、したがってその中道でありながら絶対である。いいかえれば、絶対と相対と中道とは、一応は三つに分けて説明されながら、実は一体のものであり、三でありながら一、一でありながら三である、という関係に立っている。

　このことを天台宗では円融三諦と呼んでいる。三諦とは三つの真理という意味で、空・仮・中の三諦をいう。すべてのものは空（くう、無）である。これは大乗仏教を通ずる原理であり、あらゆるものに永遠不変なる実体はない。この空は、言葉を換えていえば真如とも法性とも法身とも表現される。井上円了のいう不可知なる絶対である。ところが、空であることではすべては同一の本質を持つけれども、同時に空でありながら、個々の現象として存在している。人間も山川草木も、すべてが空でありながら、一人一人別な人間として存在し、一木一草それぞれが異なったものとして存在している。このような一つ一つの相違ある現象として存する面を仮（け）と呼んでいる。仮とはいいかえれば有（う、存在）である。空とは無である。こうして、すべては無でありながら有であり、有でありながら無であるという、いわば矛盾する両面を同時に具えている点を「中」というが、有といっても空と中と一体のものであり、無といっても有と中と一体のものである点をさして円融三諦と呼んでいる。円融とは、この空・仮・中の三諦が完全に（円）融け合って一体となっていることを指し、このようにすべてのものをみていくことが、天台の立場からすれば、あらゆるものの真実の姿（諸法実相）をとらえることにほかならない。

　井上円了は、哲学原理論のつぎに仏教原理論（総論）を立て、『真宗哲学』でも『禅宗哲学』でも中道を強調する。天台宗の直系の思想をもつ『日宗哲学』はいうまでもない。

　以上のような観点から仏教をみるときは、仏教の中でも、二様併存、一体両面の真理に立つ仏教は真実なる仏教といい得るのに対し、この立場に及んでいない仏教はいまだ真実の仏教とはいわれない。

　田村は、円了の仏教論は、絶対・相対・中道の三つを一つにし、一にして三つであるという天台宗の空・仮・中の円融三諦の思想であり、この思想は真実の姿（諸法実相）を捉えたものであると述べている。円了が中道の思想を具体的に『真宗哲学序論』で、つぎのように述べていると、田村は指摘している。[44]

『真宗哲学序論』ではまず㈠哲学原理論をあげて、二様並存一体両面の真理としての中道思想を掲げ、㈡仏教原理論として天台・華厳・真言宗などの中道説をあげ、天台宗は平等のうえに理論を立てながら差別のうえに実際を立て、日宗は平等のうえに実際を説き、禅宗は中道の真理にもとづいて心の本体を真如の理性とし、浄土門は客観上に成仏を立て、理論上の差別論と実際上の平等論、㈢真宗は表面は感情にして裏面は智力という、それぞれ両面を表裏に含んで中道となすとしています。

こうして、西洋哲学・仏教を通じて、中道をもってその本質として総合する一大思想大系を樹立しているのです。

田村は、円了が『真宗哲学序論』において、哲学原理論と仏教原理論を展開し、その中で中道をもってその本質として総合する一大思想大系を樹立しているという。そして、田村は、「円了が西洋哲学の中にも「中の思想」があてはまる」と述べていることについて、具体的につぎのように指摘している。[45]

たとえば唯物論と唯心論という対立する思想があります。唯物の見地から見れば、すべては物の働きです。人間が考えるという能力も脳味噌があって物を考えていくことができます。唯物論を読めば、なるほど物質がすべてのものの根源であると考えられてきます。ところが他方からいうと、脳味噌が物を考える、といっても人間がそのように考えていくということにほかなりません。したがって唯物論は人間が唯物と考えることにほかならない、といえば、そのとおりと思われます。唯心論ももっともな議論です。これに対して円了は紙のたとえをもち出します。

紙の表が唯物論であるとすると、紙の裏が唯心論になります。唯物と唯心は紙の表と裏で正反対でありながら、同じ紙の本体の裏表という一つのものの現れにほかなりません。そこで紙自体は唯物と唯心の裏と表をもつ中道の存在であるといえます。こうして中道の紙には裏と表をもつ力があり、この本体は仏教でいう真如《しんにょ》（存在の本質的な姿）にほかなりません。

さらにいうと、イギリス経験論に立つヒュームが唯物の立場で、シェリングの客観、ロックの経験の立場に通じ、バークリーの唯心論がフィヒテの主観、ライプニッツの本然の立場に通ずるのに対し、唯理の立場が両者を総合した中道の立場にあたり、ヘーゲルの理想論、カントの統合論がこれにあたると考えます。こうして中道という思想をもつ西洋哲学ばかりでなく、仏教も二つが統合されると見ていき、そこに共通する真理があります。仏教を日本にいきわたらせていくことによって沈滞している日本の仏教を活性化し、日本を真理にもとづく国家としていくことができる、と円了は主張したのです。

田村は、円了が中道という捉え方をして、西洋哲学にも「中」があり、仏教にも中道があり、この二つの統合において共通する真理を見い出すことができると考えたと述べている。円了が仏教の中で、大乗仏教として認めているのは、つぎのとおりであると、田村は述べている。[46]

井上円了が真実の大乗仏教であるとする実大乗とは、真如と諸法（現象）との一体を説くもので、実際の宗派としては、奈良仏教の中の華厳宗、平安仏教の天台・真言両宗、そして実際宗として、禅に属する臨済宗・曹洞宗・黄檗宗、浄土教に属する浄土宗・真宗・融通念仏宗・時宗、および日蓮宗が含まれる。

田村は、円了が真実の大乗仏教とする宗派を、華厳宗、天台宗、真言宗、禅宗、浄土教、日蓮宗であることを明らかにしていると述べている。そして、田村は円了の日本仏教観の特色について、つぎのように述べている。[47]

第一。単に仏教ばかりでなく、また西洋の哲学・東洋の哲学という枠組みを超えて、真理そのものの考察を行い、これを理想・真如・太極という東西にまたがる言葉で表現し、この表現観に基づいて仏教諸宗の内容の検討を行っていること。

第二。したがって、真如説を採用するあらゆる宗派を実大乗として真理性を認め、実大乗を平等に扱っていること。

ちなみに、特に中国・日本の仏教教理の中には教判論という一部門が設けられ、仏教諸宗の位置付け意義付けを行っている。たとえば天台宗でいえば五時教判で釈尊の一生にわたる説法の時期とそれぞれの時期の説法の意味付けを行って、結局『法華経』で真実の仏教が説かれたとし、また別の観点から、仏教教学の内容を四種類に分けて、『法華経』・天台教学を最高のものとする。またたとえば日本で造られた教判でも、空海の十住心の教判では、真言密教を最高の第一〇の住心としている。このように、自己の宗派を仏教の中でも最高のものと位置づける。

これに対して井上円了は実大乗の諸宗すべてに真理性を認め、その間に上下の差別を設けない、という学問的・客観的立場に立っている。

第三に、そこで実大乗諸宗に真理性を認める結果、それぞれの宗派の特徴を他宗と比較する際、表面と裏面という範疇を用いている。表裏という見方は、その間に価値の上下を認めない。しかも表裏の関係を異にする、ということで、表裏合わせて考えるときは、比較されている二宗は結局同一のものと考えられている。ここに井上円了の真理観に基づく諸宗観の特徴がある。

第四に、説明に用いる言葉は、従来からの仏教の専門用語に限らず、新しく哲学用語として用いられる西洋哲学風の言葉を多用することによって、内容をできるだけ容易に読者に分からせようとする努力を行っている。そして叙述されている仏教思想への理解は、厳密な言葉の用い方からすれば全く難点がないではないかもしれないが、よく伝統的な仏教思想を広くよく咀嚼している面が認められる。

井上円了は従来は仏教内部において優劣をきそってきたが、「異教他学の人」に対しては、仏教の真理性をその哲学性に求めざるを得ないことを強調しており、井上円了の学問的遍歴と時代認識の結果が、その仏教真理観と独特の諸宗観を形成せしめる原動力であったことが理解されよう。このような思想的特色をみてくるとき、井上円了は東本願寺（真宗大谷派）からの留学生として東京大学で哲学を学びながら、卒業後大谷派へ戻ることを求められたとき、日本仏教全体のために尽くすことを理由にこれに応じなかったことの原因が、井上円了の思想自体のあり方にあったことが観取されると思われる。

また、その研究の学問的であり全体的、統一的な性格をもつことは、村上専精の『仏教統一論』（明治三四年）や斎藤唯信の『仏教学概論』（明治四〇年）にさきだつ井上円了の『真宗哲学序論』（明治二五年）にすでにあらわれているのであり、明治維新後の近代日本における、新しい学問としての仏教研究の地平を開く努力の大きな一つのあらわれとして再評価し、近代仏教学研究史の中に位置づけていく試みがなされなければならないものと思われる。

すでに述べたように、立川武蔵は円了の『仏教哲学』の著述から、真言宗を最高とすると理解しているが、田村は円了が実大乗の諸宗すべてに真理性を認め、それぞれに上下の差別を設けないという学問的客観的立場に立っていると指摘している。立川と田村とでは円了の仏教思想の理解に差異があるが、田村説が正しいと筆者は理解している。

円了の宗教思想の基本は、仏教用語でいえば「真如」にあり、仏教だけでなく、真理そのものと考えていたと、田村は述べている。田村は、円了が真如は絶対でありながら相対的な現象と一体であり、これを「二様併存、一体両面の真理」と名付けているという。この真理を「中道の真理」と円了が呼んでいることを、田村は指摘し、絶対と相対と中道は「三でありながら一であり、一でありながら三である」という構造を持っていると分析している。円了が西洋哲学・仏教を通して、「中道」をもってその本質として総合する一大思想体系を樹立したことを、田村は明らかにした。また円了は、仏教諸宗（実大乗）に真理性を認めて、諸宗の間に上下の差別を認めない、学問的立場に立っていた。このような円了の真理観・思想は、大学卒業後に、出身宗派に戻らず、また官途を固辞して、「日本仏教全体のために尽くす」という道を選ばせたのは、円了の「思想自体のあり方にあった」からであると、田村は深く洞察している。円了の「中道」の思想は、西洋哲学ばかりではなく、仏教も二つが統合されるものであると捉え、そこに共通の真理があり、新しい仏教を日本に伝道して再生し、「日本を真理にもとづく国家にしていくことができる」と円了が主張したことを、田村は強調している。さらに、円了の明治二五(一八九二)年の『真宗哲学序論』には、仏教研究の学問的・全体的・統合的な性格がすでに述べられているので、村上専精や斎藤唯信に先立つ新しい学問の提起があり、田村は今後に再評価し、近代仏教教学研究史に位置づけていくべきであると、新たな問題提起をしている。

一〇　結びに代えて

円了は大正元(一九一二)年、五四歳の時、『活仏教』を出版している。この『活仏教』は、『仏教活論本論　第三編　護法活論』が明治二〇年代に執筆できなかったので、時勢の変化に合わせて、構想に多少の修正を加えて、執筆したものである。その「序言」において、つぎのように述べている。[48]

余の期するところは世界の大勢に伴い、国家の隆治をたすくるように従来の諸宗を改新するにありて、決して旧宗を破壊するがごとき過激の革新にあらず、また新宗を開立するがごとき野心ある革新にあらずして、あくまで現時の各宗を存置し、輔翼するの革新なり。ただ従来の小乗的厭世迷信を改変して、大乗の真面目を発揮せしめんとする外に別意あるにあらず。

すでに見てきたように、円了は明治一七(一八八四)年(二六歳)から、後に『真理金針』として単行本化される論文を発表し、キリスト教と仏教の比較宗教論を展開した。これに続いて、明治二〇(一八八七)年(二九歳)には『仏教活論序論』を出版して、衰退傾向にあった日本仏教を再興する問題提起を行い、仏教は哲学的宗教であることを明らかにした。しかし、後述するように、『仏教活論』は完成していなかった。また、明治二九(一八九六)年(三八歳)の時、学位論文「仏教哲学系統論」によって学位を得たが、それを全一五巻で刊行する予定が第一巻の『外道哲学』のみの出版に止まっていた。学者としての円了は、哲学館の教育事業に専念せざるを得ない事情から、大成することなく終わっているように思える。年齢的な問題からか、先の『活仏教』の「序言」のように、宗教改革が主題になってないのである。

仏教学者の田村晃祐は、円了の仏教理解について、「厳密な言葉の用い方からすれば全く難点がないではないかもしれないが、よく伝統的な仏教思想を広くよく咀嚼している面が認められる」[49]と評価している。しかし田村は、他方で「思想的な面でいえば、統一的な体系的哲学者と啓蒙思想家という面と両面を持ちながら、啓蒙思想家としての面の方が多く見られているのではないだろうか」[50]と述べている。

明治二〇(一八八七)年前後の仏教改革者として日本社会に大きな影響を与えた円了が、哲学館に関する事情があったとしても、なぜ新しい宗教思想の構築者へと進まず、啓蒙思想家の道を歩んだのか、田村が明治思想史の問題として解明しなければならないと提起しているが、そのことについては筆者も同感である。

【註】

1 鈴木範久『明治宗教思潮の研究―宗教学事始』(東京大学出版会、昭和五四(一九七九)年、一一頁)。
2 小林忠秀「解説」(『選集』第二巻、四五六頁)。
3 末木文美士『明治思想家論―近代日本の思想・再考I』(トランスビュー、平成一六(二〇〇四)年、四三―四四頁)。
4 同右、四八―四九頁。
5 同右、五二頁。
6 同右、五四頁。
7 同右、五六―五七頁。
8 同右、五八―五九頁。
9 同右、五九―六〇頁。
10 同右、六〇―六一頁。
11 長谷川琢哉「円了と哲次郎―第二次「教育と宗教の衝突」論争を中心として」、『井上円了センター年報』第二二号、平成二五(二〇一三)年、三七頁。また、長谷川琢哉「ラフカディオ・ハーンの〈高等仏教〉と井上円了」(『井上円了センター年報』第二三号、平成二六(二〇一四)年)を参照されたい。

ハーンと円了は、明治二四(一八九一)年五月三〇日に出会っている(豊田政子「ハーンと円了」『サティア』第七〇号、平成二三(二〇一一)年七月)。そして、ハーンは円了の印象をつぎのように述べている(『ラフカディオ・ハーン著作集』第一五巻、恒文社、昭和六三(一九八八)年、四九二頁)。

氏の短い滞松のあいだに、私は親しく氏と会い、歓談する機会を得た。ハンサムで礼儀正しく、上品な人物である。すきのない洋服の着こなしでゆったりくつろいだ様子は、パリ生まれさながらであった。健康そうで年よりも若く見え、このような企て〔哲学館の創立〕をやるには若すぎるとの印象すらうかがわせた。だが確かにこのような計画には、一途に突き進む若き力と自信が必要であろう。氏は思考、判断において、中庸で偏見のない人物のように見受けられた。氏のもっとも強い気持ちは、国に尽くすことであろうと思う。

12 同右、三八―三九頁。
13 同右、四〇頁。
14 同右、四一頁。
15 同右、四四―四五頁。
16 岡田正彦「宗教研究のヴィジョンと近代仏教論―「仏意」と「仏説」(『季刊 日本思想史』第七五号、平成二一(二〇〇九)年、七六頁)。
17 同右、七七頁。
18 同右、七九頁。
19 同右、八一頁。
20 同右、八五―八六頁。

21　同右、八九頁。
22　上杉義麿「井上円了の妖怪学と宗教論─「真怪」と「哲学的宗教」（『論集　仏教土着』法蔵館、平成一五（二〇〇三）年、三六一頁）。
23　同右、三六五─三六六頁。
24　同右、三六七─三六八頁。
25　同右、三七二頁。
26　同右、三七四─三七五頁。
27　高木宏夫「井上円了の宗教思想」（高木宏夫『井上円了の世界』東洋大学井上円了記念学術センター、平成一七（二〇〇五）年、八一頁）。
28　同右、八三頁。
29　同右、八七頁。
30　同右、八九頁。
31　同右、九五頁。
32　同右、一〇〇頁。
33　同右、一〇四頁。
34　井上円了『哲学新案』明治四二（一九〇九）年（『選集』第一巻、三七八─三七九頁）。
35　高木宏夫、前掲書、一〇七─一〇八頁。
36　ゲレオン・コプフ「井上円了の「近代仏教」」（『国際井上円了研究』第一号、平成二五（二〇一三）年、一一〇─一一一頁）。
37　河波昌「近代日本における宗教的時間論の展開─井上円了とそれ以後」（『井上円了センター年報』第二号、平成五（一九九三）年、三─四頁）。
38　同右、一〇頁、一一─一二頁。
39　同右、一四頁。
40　田村晃祐「円了の「中」と満之の「中」」（『井上円了センター年報』第一〇号、平成一三（二〇〇一）年、五─一八頁）を参照。
41　田村晃祐「解説」（『選集』第六巻、三九〇頁）。
42　同右、三九二─三九三頁。
43　同右、三九三頁。
44　田村晃祐『近代日本の仏教者たち』（日本放送出版協会、平成一七（二〇〇五）年、九四─九五頁）。
45　同右、九一─九二頁。
46　田村晃祐「解説」、前掲書、三九六頁。
47　同右、四〇九─四一一頁。
48　井上円了『活仏教』大正元（一九一二）年（『選集』第四巻、三七五頁）。
49　田村晃祐「解説」（『選集』第六巻、四一一頁）。
50　田村晃祐「解説─井上円了の生涯と思想」（『選集』第二二巻、六八六─六八七頁）。

第三節　哲学思想

一　フェノロサとの関係

円了が哲学、すなわち西洋哲学を習ったのは東京大学であり、その講師は明治一一（一八七八）年に来日したアメリカのハーバード大学哲学科を卒業したE・H・フェノロサであった（大学院でも哲学を二年間学んでいる）。当時、二五歳であった。この年に円了も東京大学予備門の第二年生として入学した。当時、円了は二〇歳でフェノロサとは五歳違いであった。

円了は明治一四（一八八一）年九月、文学部哲学科に入学した。ただ一人の入学生であった。

円了の学年とフェノロサの講義をまとめると、つぎのようになる。

第一学年の論理学　講師はフェノロサ。エヴァレット『論理学』。

第二学年の西洋哲学　講師はフェノロサ。スペンサー『世態学』、モーガン『古代社会』を参考に社会学を講義し、シュベグラー『哲学史』（英語抄本）を教科書として近世哲学史やカント哲学を講義。

第三学年の西洋哲学　講師はフェノロサ。カント哲学からヘーゲル哲学への展開、ヘーゲルの論理学（ウォーレスの英訳本を使用）。

第四学年の西洋哲学　講師はフェノロサ。H・シジビック『道義学』やカントの著作を教科書とし、基礎を純正哲学に置いて、ヘーゲル哲学からスペンサー哲学にもとづいて、道義哲学・政治哲学・審美哲学・宗教哲学を講義。

このように、円了はフェノロサから哲学史、論理学、倫理学、宗教哲学など幅広く哲学を学んだが、フェノロサの哲学はドイツのヘーゲルの哲学とイギリスのスペンサーの哲学とを調和するものであったと、井上哲次郎はいっている。その教授法については、本を読んだり読ませたりするのではなく、講義の草稿を自ら作ってそれを筆記させたもので、それが簡にして要を得たから学生の頭脳には深く入ったと、市島謙吉はいっている。[1]

フェノロサの講義について、上記のように概要は分かっているが、講義内容の詳細は分かっていない。この点について、フェノロサ研究者の山口静一は、『東京大学法理文学部一覧』（明治一三年・一四年版）に掲載されたフェノロサの試験問題から、つぎのように推測している。[2]

一番最初に哲学と科学の相違点、哲学の目的を質問している。二番目としてデカルトの近代哲学史における地位、三番目にデカルトからスピノザに至る哲学思想、経験論哲学とロック、ヒュームのことに及んでいる。次にライプニッツからカントに至る哲学思想、そして『純粋理性批判』の大要と時間・空間の認識、カントの先験的論理学、範疇論、先験的弁証法、カントからフィヒテに至る哲学思想、フィヒテからシェリングを経てヘーゲルに至る哲学思想、ヘーゲル論理学の存在論と本質論、ヘーゲル精神哲学の絶対精神論と過去の哲学論との関係、エッセンシャル・デュアリティーの問題とドイツ観念論哲学、スペンサーの進化論哲学とヘーゲルとの相互補完性、そして最後に生物進化論と社会進化論との関係とヘーゲル史観について述べよ。これが大凡のところのフェノロサの哲学史の筋ではなかったかというのが、この試験問題によって分かるような気がします。

円了は多くの著作を残しているが、管見によれば、フェノロサに言及したものは皆無である。山口は、明治一八（一八八五）年一一月二日の『官報』に、東京大学学位授与式の模様が掲載され、そこで円了が卒業生総代として謝辞を述べていることに注目し（『官報』に謝辞が出たのは円了が初めてであった）、つぎのように述べている。[3]

官報に謝辞が出るというのは、それまでのようにただ単に卒業生が互選して総代を選んだのではなくて、大学当局が指名をする、あるいは少なくとも承認を得ている。しかもそれが文学部哲学科の井上円了であるということは、主任教授フェノロサが円了を卒業生の中で最も高く評価していた証拠だと思われます。

そして、フェノロサと円了の関係について、山口はつぎのように述べている。[4]

哲学館でフェノロサを招いて講義をしたという記録もありませんから、両者の具体的な関連がなかなかつかめない。ただ円了のその後の実績、例えば哲学館を創設したときの旨趣というのがあります。この間いただいた『百年史』によりますと、哲学館というのは大学に入る余裕のない人たち、あるいは原文を読む暇のない人たちのために、哲学的な思考がいかに重要であるかを教えるためにつくったものだと述べられている。ということは、円了という人は東京大学の四年間において、哲学というものに対して何ものにも代えがたい意義を見出したのだと考えることができる。また、それがすべてフェノロサによって開眼せられたるものだと考えて間違いはないであろう。同じ哲学館の開設旨趣の中で、ここで教える学科は論理学、心理学、倫理学、社会学、宗教学、政理、これはポリティカル・フィロソフィーだと思うんですが、およびポリティカル・エコノミー、政法、これはポリティカ洋諸哲学を研修するんだとありますが、これはみんなフェノロサが教えたものです。ですから、おそらくフェノロサに開眼され哲学的思考、それを一般大衆に普及しようという使命を感じたのではないか。円了の生涯にわたる哲学の通俗講義、南船北馬の講演旅行に、私はフェノロサの影響を思わずにいられません。いろいろな書物にフェノロサのことを「円了の最もよき師」と書いてありますが、そのへんにフェノロサと円了との、密接な師弟関係を見たいと思います。

円了の大学時代のノートは、現在、東洋大学井上円了研究センターに残っているが、フェノロサの講義録はない。ここで述べたように、フェノロサの講義のタイトルと梗概に加え、山口の試験問題からの推定によって、その内容をある程度知ることができる。円了はフェノロサに導かれ、自らも研究して、大学在学中に「哲学とは何か」という本質を理解したものと考えられる。円了と同じく東本願寺の留学生で、明治一五(一八八二)年から明治二〇(一八八七)年まで大学(東京大学・帝国大学)学んだ清沢満之のノートは、後年入寺した三河大浜の西方寺に所蔵されているので、フェノロサの講義内容はそこからも分かる可能性がある。

二　哲学的論評(一)

現在、円了の哲学論は現象即実在論と評されている。円了の著作を見ると、現象即実在に関する記述は、一か所しかない。『哲学新案』の「第七六節　一如の真相」の一文であるが、円了はつぎのように述べている。[5]

古今の諸家が一方一面の所見を固執すれども、その立脚地がすでに他方他面にまたがれるを知らざるは、灯台基を照らさざるとなんぞえらばんや……現象即実在と了すれば、実在は現象の外にありとの観念を起こす。また右に現象の外に実体なしとの懐疑論を唱道するものあれば、左に実体論を歓迎するものあり、表に現実の世界は虚妄なりとの皆空論を提出するものあれば、裏に実有論を招致するものあるを見る。あたかも響の声に応ずるがごとく、影の形に従うがごとし。

円了は、現象即実在論という規定に否定的であった。このことについて、哲学者の針生清人はつぎのように述べている。[6]

それは必ずしも肯定的な使い方ではなく、諸説諸論は一方に偏するのが常であり、「現象即実在」を肯定すれば、実在は現象の外にありとの反論が生ずるといい、一つの意見に立つのではなく、物心両界を統一するものを主張する筋道において用いられている。円了はその意味では、両界を統一する「本体」(一如、如元、真元)を追究するのであって、「現象即実在論」を主張するものではなく、かえってそれを超えようとしていたといい得るが、円了の考えの根底にそれがあったと思われる。

針生は、円了の哲学についてつぎのように述べている。[7]

円了の哲学は、「物心の関係を論じて世界はなにによりて成るか」、「神の本体を論じて物心のいずれより生ずるか」、「真理の性質を論じて諸学はなにに基づきて起こるか」の三問題、すなわち宇宙論、本体論、認識論、を論じた最初の著述『哲学一夕話』が示しているように、純正哲学に関心を有して次第に論理を整合し内容を深めて『哲学新案』において体系化されるのである。

円了の特色は哲学を極めて構成的に考えることで、必要に応じて組織図等を用いて図解することが多い。そのことが円了の述べようとすることを明快にはするが、他方でその理解を浅薄にし、あるいは円了の意図と異なる方向へと導くことが起きるのである。

針生は、円了の哲学思想が初期の『哲学一夕話』から始まり、晩年の『哲学新案』で深められていると指摘している。そして、円了の哲学論の特徴を、構成的な思考にあると述べている。そのため、円了は図解を多用して明確にしているが、針生は、そのことによって、かえって論理展開に精密さを欠いていると捉える傾向が生まれ、円了の哲学論が浅薄なものと解釈されるという問題点を指摘している。

三　東西哲学的論評

インド哲学者の清水乞は、円了の初期の著作を検討し、円了の哲学思想を明らかにしている。清水は始めに、円了の『仏教活論序論』の自伝的文章（思想遍歴）について、つぎのように分析している。[8]

円了は常に「真理」を求めていた。決して既成の思想に偏することなく、主体的に、自らの真理を求めていた。この真理とは、円了の言葉では「無形の真理」といわれている。これは、後年、「純正哲学」（形而上学）、つまり西洋哲学（主としてドイツ観念論哲学）によって補強し、明確に近代化を試みた「真如」であろう。円了の学修の底流には、常に、仏教が存在していたことは最も重要である。

清水は、円了が西洋の純正哲学によって主体的に真理を求め、そして仏教の真如を近代的に解釈したと述べている。清水は、円了が哲学を、「要するに思想の法則、事物の原理を究明する学なり。故に思想に及ぶところ、事物の存するところ、一として哲学の関せざるはなし」[9]と定義したと述べている。「つまり、「諸学の基礎は哲学にあり」という定立である。

「この考えは、すでに西洋哲学を最初に移入し、多くの哲学的術語を日本語に翻訳、定着させた、西周の『百一新論』（明治七年）の結語にみられるところである」[10]と清水は指摘している。さらに、東洋哲学と対比した結論について、円了がつぎのように述べていると、清水は指摘する。[11]

東洋の学者は目的を将来に定めず「皆述而不作信而好古」の主義を採るから、思想的に進歩しない、と批評している。この批評の中に、われわれは円了の仏教改良の基本的姿勢をみることができよう。つまり、仏教学者が互いに議論し、批判し合い、学説を起こし、人智を発達させ、社会を進化させるべきである、という主張である。この点を円了は近世西洋哲学者の長所としている。

清水は、円了が東洋の学者の欠点である「皆述而不作信而好古」の主義を批判し、近世西洋哲学者の長所である諸説の主張と議論による思想の発達を肯定し、その長所を仏教改良に生かそうとしたと分析している。そして清水は、円了が「正断、判断、合段」という思想を西洋哲学から理解したと述べて、具体的につぎのように指摘している。[12]

円了が右の指摘から得たものは「三断法」という弁証法であった。彼はこの論法を近世西洋哲学の史的展開に応用して、近世西洋哲学の祖はベーコンとデカルトであり、ロックとヒュームはベーコンを継ぎ、スピー〔ノ〕ザとライプニッツはデカルトを継いだ。カントは両者を結合し、リードもこの両者と折衷した。フィヒテは主観をとり、シェリングは客観をとり、ヘーゲルはこれを統一した、と具体的に述べて……更にこの論法を仏教に応用して、「有・空・中」が「三断法」に当たるとする。しかし仏教は「四断法」であって、天台の「蔵通別円」の四教を例にとると、蔵教は「有門」、通教は「空門」、別教は「亦有亦空門」、円教は「非有非空門」となり、四教の各々が、更に、「四断法」的に展開するとする。また、凝然『八宗綱要』の「三論宗」の項に述べられている「四重二諦」論を掲げて、「四断法」の例としている。

清水は、末木文美士がすでに述べたように、円了が近代西洋哲学史の展開から弁証法を学び、この思想発達の方法論を仏教にも見い出していたと指摘している。円了はこの四段法については、「仏教哲学史につき卑見を述ぶ」[13]で言及している。清水はさらに、円了が西洋哲学から学んだことを、「仏教哲学の論理学」の形成を自ら追求していたことについて、つぎのように述べている。[14]

つまり円了の求めたものは真理を実証する方法の理論的整合性であった。この真理を真理たらしめている相対世界の道理を証明することが円了哲学の論理学である。当然のことながら、そのために、あらゆる学説を看過することなく、その原理を捉え、自己の体系的原理に対してこれを位置づける必要がある。円了の体系的原理は「円了」と呼ばれる仏教的論理の核である。後世のわれわれはそれを「真如物心相即」と呼んでいる。この体系的原理から諸説をみる時、全く自由に検討し、位置づけることができる。この境位を仏教では「如実知見」という。したがって、方法論的には円了の立脚する仏教は大乗仏教に限定されるものではなかった。円了の仏教は日本に伝来した漢訳経論によるものであり、中国、日本の諸師の論によっている。つまりその体系は倶舎、法相、三論、天台の諸説を中心としている。これら仏教諸説と西洋哲学諸説を対質することによって、仏教を「開明化」したのである。例えば、倶舎＝実躰学、唯物論、唯識＝唯心論（八識説＝カントの自覚、フィヒテの絶対主観）、般若＝虚無派、天台の真如縁起＝理論派、理想派（真如＝スピノサの本質、シェリングの絶対、ヘーゲルの理想）といった風に仏教の体系に近世西洋哲学の概念を適用し、仏教を哲学的に啓蒙しようとした。しかし時代的にいって、円了の初期段階は、初期中国仏教が儒、道両思想によって仏教を理解しようとした姿勢に似ており、仏教を哲学的に再認識するに止まり、その仏教改良は理論的範囲のものであったといえる。

清水は、円了が西洋哲学から学んだこと、それは真理を実証する方法の理論的整合性＝円了哲学の論理学であったといい、哲学の原理を自己の体系的原理に位置づけ、近代西洋哲学と仏教諸論を対決させて、西洋哲学の概念を適用し、仏教を哲学的に啓蒙しようとしたことであると述べている。しかし、円了の仏教改良は理論の範囲にとどまったと、清水は分析している。その上で、円了の真理観について、清水はつぎのように述べている。[15]

円了は、純正哲学の応用部門である宗教が樹てる真理は不変であり、諸学諸術の樹てる真理は世の進歩と共に変るものであり……人の思想の中で最も変更させ難いものは宗教の信仰であるが、これをも動かせるものが理論であるとする……しかし真理がたとえ不変であり、人間の力によって動かしえないものであるとしても、真理の標準（理論）がなければ、その真理とて、人智に左右されるという。

円了は公平無私、普遍、正大の真理を求め、偏僻の真理を排する……この主体になるものは人智である。この人智を開発するには「秩序階梯」が必要である。例えば、経済学者を目指す者に、直ちに経済学を教えても無駄であり、数学、歴史という順に教えて行く必要がある……真理の開発にも、その「秩序」が要求される。こうして諸学を学ぶことによって智力を高め、諸学の大系的原理を捉えることが出来る。この智力こそ理論を宜しくせしめ、真理を具現するものである。円了が仏教者に求めたものは、この智力であった。これは道理への志向（論理意識）といえよう。このことは円了が「範疇」を明確にして、あたかも、建築物のように論述してゆく態度によく表われている。『外道哲学』や『妖怪学講義』は物質的世界と精神的世界の諸現象を概念化し、定立しているみごとな実例である。ここに日常的経験と思惟に養われた円了の如実知見をみることができる。

清水は、円了が求めたものは真理の標準（理論）であり、西洋の諸学を学ぶことによって知力を高め、諸学の大系的原理を認識し、真理を明らかにしたと述べ、円了が仏教者に求めたのは、このような知力であり、道理への志向であったと指摘している。

清水は、円了の初期の著作を分析して、円了が主体的に求めたものが「無形の真理」であったという。その際、円了が西洋の哲学と東洋の仏教に求めたことを、清水は明らかにしている。特に、円了が求めたこととして、清水は「真理を真理たらしめている相対世界の道理を証明する」ことが円了哲学の論理学であると指摘している。しかし、円了が初期になしとげたのは、仏教を哲学的に再認識することに止まり、仏教の改良も理論的範囲を出なかったと結論づけている。これに対して、仏教の真理観である「如実知見」（あるがままは、真実のとおりに、真如のままにという意味で、真実・真如を真実・真如のままに知見すること、すなわち本当の智慧・般若を如実知見という）を、円了は日常的経験と思惟によって養ったと、清水は円了の如実知見を捉えている。

四　仏教学的論評

仏教学者の竹村牧男は、「井上円了の哲学について」という講演を行っている[16]。その内容は、「一　「諸学の基礎は哲学あり」」、「二　井上円了の哲学Ⅰ　カントからヘーゲルへ」、「三　井上円了の哲学Ⅱ　ヘーゲル哲学と仏教思想」、「四　井上円了の哲学Ⅲ　重々無尽の哲学」、「五　井上円了の哲学Ⅳ　活動主義の哲学」、「六　まとめ」となっている。

特に注目されるものの一つは、「カントからヘーゲルへ」ということである。周知のように、円了は世界の哲学者の中から、四聖として、孔子、釈迦、ソクラテス、カントを祭っている。

「しかしどうも実際は、その哲学の内容において、ヘーゲルの方をより高く評価していたようなのです」[17]と、竹村は述べている。そして竹村は、円了の『哲学要領　前編』の「第五二節ヘーゲル氏学派」を引用している。円了はそこで、つぎのように述べている[18]。

つぎにヘーゲル氏はシェリング氏の説の短所を補うて一層の完全を与えたるものなり。シェリング氏の我境を相対となして彼我両境の本源を絶対となしたるは、氏の哲学のフィヒテ氏に一歩を進めたるところなれども、彼我両境の外に別に絶対の体を設けたるは論理の許さざるところなり。けだし我人の知識は相対より成るをもって相対の範囲を離れては一歩も知ることあたわず。故に絶対の体、果たして相対の外にあるときはだれかよくこれを知らんや。これヘーゲル氏のシェリング氏を駁正して一家の哲学を起こしたるゆえんなり。故にヘーゲル氏は相対の外に絶対を立てずして、相対の体すなわち絶対なりとす。他語をもってこれをいえば、氏の説、相対と絶対とは全く相離れたるものにあらずして、互いに相結合して存し、絶対の範囲中に相対のあるゆえんを論定して、相対中にありてよく絶対のいかんを知り得べきものと立つるなり。この絶対の全体を理想と名付け、その体中含有するところの物心両界を開発するもの、これを理想の進化という。その進化の順序正しく三断形をなす、いわゆる三断論法これなり。この論法はカント氏に始まりフィヒテ、シェリング諸氏相伝えてヘーゲル氏に至りて大成す。ヘーゲル氏の哲学は終始みなこの論法をもって組成せり。その哲学は論理、物理、心理の三種に分かれて理想自体の進化を論ずるものこれを論理とし、物界の進化を論ずるものこれを物理とし、心界の進化を論ずるものこれを心理とす。その論理の組織を見るにまずこれを現体、真体、理体の三大段に分かち、つぎにその各体をまた三段に分かち、第一は正断、第二は反断、第三は合断と次第を立つるなり。けだし氏はこの次第をもって理想進化の規則とするなり。これをヘーゲル氏の哲学とす。ドイツ哲学ここに至りて始めて大成すというべし。

円了はヘーゲルをシェリングの説を補って完全なものとしたといい、ヘーゲルの絶対相対不二の解釈を理想と捉え、その理想進化の規則が三断論法によるものであると、円了が理解したことを、竹村は円了の文章を引用して、円了がヘーゲルを高く評価した根拠として明らかにしている。しかし、竹村は円了がヘーゲルの哲学の立場を「理想」と表現していることについて、つぎのように述べている[19]。

注意すべきことは、ここに出る「理想」という言葉です。

現代語のいわゆる「あるべきあり方」等のことではなく、実に本体のことにほかなりません……ヘーゲルの「相絶両対不二」の思想、「二元同体の理」こそが究極的な立場であると、円了は見たのでした。

竹村は、円了がヘーゲル哲学の根本を理想と訳していることに対して、それは「あるべきあり方」ではなく、本体のことであると、述べている。つぎに竹村は、円了の「ヘーゲル哲学と仏教思想」の関係について、つぎのようにのべている。[20]

〔円了の物心同体論は〕物・心と本体（理想、真如）、相対と絶対は、まったく一つの現象にあって、しかもそれが物質的現象であれ心理的現象であれ、その一つの現象の中に、物・心、それら現象とその本体とが見出されるというのです。この立場は、現実世界の一つ一つに絶対なるもの、真実なるものを見出すもので、けっして抽象的・観念的にとどまらない、生命感にあふれたきわめて力強い立場に立つことになります。

このように、西洋哲学の立場ではヘーゲルの絶対と相対とが不二であるとの立場に帰着し、しかもそれは天台の立場に同等との理解に立っています。

井上円了は、天台家の思想を真如縁起説と見ているのです。天台宗の教理を真如縁起説というべきかどうか、また真如縁起とはどのようなことをいうものなのか、当時の仏教学者の説なども参照しながらもう少し詳しい検討も必要だと思われますが、その天台宗の代表的な思想に、「一色一香無非中道」（一色一香、中道に非ざる無し。『摩訶止観』）があります。これは、現実の事物の中に絶対を見る思想で、相対と絶対の二元論を完全に克服した立場と言えます。逆に言えば、ヘーゲルの哲学的立場も、これに等しいと見ていたということになるでしょう。確かに「現象是無象、無象是現象」であれば、そのように見ることも十分可能になります。仏教の真如とは、法性（諸法の本性）であり、それは空性でもあって、けっして有なるものではありません。ヘーゲルの理想（本体）についても、ここに無象とありますが、それは空性に通じるものと円了は理解していただろうと私は推察いたします。そうでなければ、現象（相対）の外の実体的存在として本体（絶対）を見ることになってしまうでしょう。

竹村は、円了がヘーゲルの思想（相絶両体不二）を仏教にあてはめて、天台宗の「一色一香無非中道」と等しい思想と見ていたと分析している。つぎに竹村は、円了の哲学を「重々無尽の哲学」として、『哲学新案』の著書を取り上げ、そこでは相対と絶対の関係がさらに掘り下げられているとし、円了の同書の「第七七節　重々無尽の相含」を引用し、つぎのように述べている。[21]

これらの文章の内容は、それこそ玄妙にして理解しがたいものですが、これは、一事物（一物でも一心でもよい）の中に、自他の物象、物体、自他の心象、心体、物心同源の真如等々が具備されていて、一事物はあくまでもそれ自身ですがそこに具備されている内容には実に重々無尽の関係があることを見るものです。ここまで来ると、やはり華厳で一入一切・一切入一、一即一切・一切即一の事事無礙法界を説く教理とほとんど同じということになるでしょう。この立場の内実はまさに華厳思想そのものです。

竹村は、円了が『哲学新案』で、一事物はあくまでそれ自身でありながら、そこに具備されている内実は重々無尽の相含の関係と捉えていて、その立場は華厳思想そのものであると述べている。その上で竹村は、円了の哲学における時間の問題をつぎのように述べている。[22]

しかもこの一事物は、時間的存在でもあります。けっして静止的（スタティック）な実体ではなく、まさに現象として刻々推移していくものでしょう。ここで円了は、ただに動的というのみならず、あるいは進化し、あるいは退化し、しかもこのことを繰り返して、いわば「循化」し「輪化」するものだと言います。

竹村は、円了の哲学に生命感があり、円了が事物を時間的存在とし循化・輪化するものと捉えていることを指摘している。こうして、円了の哲学は重々無尽の相含説となるとして、竹村はつぎのように述べている。[23]

このように、宇宙には無限に循化・輪化してやまないものがあり、一事物にはその全体との関係が具備されることになります。これは、一事物に、時間的に過去・未来そして現在との重々無尽の関係を見るものです。一方、すでに見たように、一事物は空間的にも他のあらゆる事物と重々無尽の関係にあるのでした。こうして一事物は、無限に拡がる空間的・時間的に重重無尽の関係を具備したものなのであり、物心同体論の究極は、次のような立場に極まります。

竹村は、円了が一事物は無限に拡がる空間的・時間的に重々無尽の関係を具備したものという物心同体論の究極と捉えていることを指摘している。そして、ここで、竹村のいう円了の物心同体論の究極とは、つぎの文章のことを指している。[24]

重々無尽の輪化と重々無尽の相含との更に相含せるを悟了すべし。一心は開きて無限の時方をあらわし、一念は動きて無限の輪化を営むと同時に、無限の輪化は一念中に帰し、無限の時方は一心中に入る。これ宇宙の真相中の真相にして、玄妙の上に更に玄妙を重ねたるものというべし。

この円了の宇宙の真相中の真相の説について、竹村は「この辺はもはや、ヘーゲルをも超えて宇宙の真相を究明しているといえるのではないでしょうか。しかしその背景には、天台さらには華厳の仏教思想が大いに関わっていたことを思わずにはいられません」とし、「円了の哲学は結局、相含説と循化説（輪化説）に帰着すると言えるでしょう[25]」と述べている。

つぎに竹村は、円了の「活動主義の哲学」を取り上げて、つぎのように述べている。[26]

井上円了は物的・心的現象の一つ一つについて対象的・固体的に捉えられるべきものではなく、活動態であると見ていたと言えますが、このことをふまえてのことなのでしょう、円了は結局、人間としてひたすら活動することこそが、哲学のもっとも究極の立場だと見きわめています。それはいわば、「活動主義」とでも呼ぶべき立場です。これまで、ややむずかしい理論の展開を見てきましたが、私はむしろこのシンプルな「活動主義」が円了の哲学の核心であると思っています。

竹村は、円了の哲学の核心は人間としてひたすら活動することをもっとも究極の立場としていたと捉えている。そして、円了の『奮闘哲学』の中の「五　余がいわゆる哲学観」について、竹村はつぎの文章を引用している。[27]

哲学は物心相対の境遇より絶対の真際に論到する学とするは、哲学の向上門である。この向上門の外に更に絶対の域より相対界へ論下する一道があるが、これを仮に向下門と名付けておく。すなわち哲学の応用の方面である。もとより宗教にも向下門あれど、哲学とややその趣を異にしている。もし哲学に向上のみありて向下なきときは、ただ学者が己の知欲を満たすまでの学となり、世道人心の上になんら益するところなきに至り、畢竟無用の長物たるを免れぬ。よって哲学には必ず向上向下の二門を併置しておかねばならぬ。すなわち向上門は哲学の理論に属する方面にして、向下門は実際に属する方面である。故にこれを理論門、実際門と称してもよい。

竹村は、円了が活動主義をその哲学の核心に置き、哲学には必ず向上向下、すなわち理論門と実際門があると述べていることを明らかにしている。さらに竹村は、円了の「向上」と「向下」について、つぎのように述べている。[28]

私は、この「向上は向下せんため」「向下せんための向上」という言葉は、非常に深いものがあると思っています。向下門が目的なのであり、向上門はそれを実現するための手だて（方便）だという認識は、実に卓越したものだと思わずにはいられません。

この向上門・向下門は、大乗仏教における「上求菩提、下化衆生」（上に菩提〈悟り〉を求め、下に衆生を〔教〕化す）、あるいは円了出身の真宗における「往相」（この娑婆世界から極楽浄土に往く）と「還相」（極楽浄土からこの娑婆世界に還る）にも相当すると思われます。この立場からいえば、たとえば浄土教において浄土往生を求めるのは、この娑婆世界に戻ってきて人々を救済するためだということです。円了はきっと、自らの出身の真宗の極意はここにある、ということでしょう。

こうして見ると、井上円了の根本には、やはり大乗仏教の心が生きていると思わずにはいられません。すなわち、世のため人のためにはたらいてやまないこと、利他行の実践以外に、人生の意味はないというのです。

竹村は、円了の向上・向下の相即的思想を、実に卓越した考えであり、円了の根本には大乗仏教の利他行の実践＝人生の意味の思想があることを明らかにしている。そして竹村は、円了の哲学について、つぎのようにまとめている。[29]

1．哲学を「諸学の基礎」として重視した。
2．ヘーゲルの哲学を評価し、相対と絶対の不二の立場を最高と見た。
3．その立場において、仏教も同等の真理を明かしていると見た。
4．そこから、現象の一一〔々〕に、時空とも無限に広がる関係性を見出していた。
5．その立場から「活動主義」に出て、そこに哲学の究極を見た。
6．哲学に向上門と向下門とがなければならないとし、向上は向下するためとした。
7．現実社会での利民・済世のためにはたらくことを最重要視した。

以上のように竹村は、円了の初期から晩年までの哲学思想をまとめている。ここまで系統的に円了の哲学を解説したものは、竹村が初めてである。結論として、円了の哲学は真理の認識から始まり、「活動主義」、利民・済世にはたらくことを終わりに最重要視したと述べている。

五　実践思想的論評

哲学者の針生清人は、「井上円了の実践の思想」という論文の冒頭で、つぎのような問題を提起している。[30]

明治において井上円了の名は哲学者として名高く、その名は『哲学一夕話』、『仏教活論』とともに語られる。しかし、円了の後期にあってもなおその名は高いが、具体的にその名高さの内容が何であるかについては必ずしも一定しない。そして今、明治の哲学、思想を語るとき、円了の名は必ず語られるが、その内容についてはほとんど忘れられているといって言いすぎではない。円了の活動範囲は、哲学、宗教、教育、社会実践、学校経営と広く大きい。しかし、その活動の中核はどこにあったのであろうか。また、当時の人はこれらの活動を通して円了と円了の仕事とをどのように見ていたのであろうか。世間は、円了の活動の評価すべき部分をとりあげて、「哲学者円了」、「仏教改革者円了」という。しかし、それは果して円了を正確に捉えているだろうか。

針生は、明治の哲学者として円了の名は必ずあげられるが、その内容は忘れられていると指摘し、哲学者の円了、仏教改革者の円了というが、それは果して円了を正確に理解しているだろうかと、問題提起をしている。針生は、円了が哲学館を設立したことによって、研究者から変身したとして、つぎのように述べている。[31]

純粋に研究者の道を歩むかに見えた円了は哲学館設立と同時に変身する。否、哲学館設立ということが哲学研究者から社会実践家への変身の証である……哲学の導入、研究が日本の学術の近代化に不可欠であるとしたら、哲学の普及も明治の啓蒙期にあってその有力な要素にあったといえる。それは文字通り、哲学の研究から転じて哲学の一般化、民衆化、通俗化を目ざす道であった。具体的には、哲学館の設立運営がそれであり、啓蒙書の刊行、全国巡講、修身教会の設立もそれをより通俗的に行うものであった。しかしそのことはいつしか円了が哲学を離れて倫理的実践、道徳運動へと進むことが哲学の通俗化を意味させることになったところである。

針生は、哲学者としての円了が哲学館を創立したことによって社会実践家に変身したと捉え、それが哲学離れ、倫理的実践や道徳運動という哲学の通俗化を目指すことになったと分析している。そして、円了が目的とした「哲学の通俗化」について、針生はつぎのように述べている。[32]

「哲学の通俗化」とは、哲学館の設立であり、全国巡講における通俗講話であるが、円了はこの目的を達したので、大学を隠退したという。

退隠後については……円了の巡講の目的には大きな変化があったのであり、それはまた、哲学から倫理学へ、倫理学から日本倫理へ、そして道徳教化へと収斂する変化でもあった。

このようにして、針生は円了の倫理学、すなわち西洋の倫理学に基づくもの――『倫理通論』『倫理摘要』、日本倫理学を主張するもの――『日本倫理学案』『忠孝活論　附仏門忠孝論一斑』、通俗講話に関するもの――『修身教会雑誌』『南船北馬集』、教育勅語に関するもの――『勅語略解』『勅語玄義』『教育勅語義解修身歌』の四つに分けて分析している。そして、円了が大学引退後に行った全国巡講について、針生はつぎのように述べている。[33]

そこに集まった多くの人は無名の、しかも当時、愚民視されていた民衆であるとき、円了の意図した社会啓蒙は、決して大学や論壇で論議されるような高度なものではなかったであろうし、時には「妖怪話」を聴衆に要求されたり、講演中に「南無阿弥陀仏」の声が聞えたりしたということが記録されていることからも、決して忠良なる臣民育成のための講演ではなかったと推測し得る。円了の倫理学と社会啓蒙の実践はこのような社会の底辺にすてられたままの人々に対しなされたものであったのである。そうであるがゆえに、聴衆の側からの記録が残されていない現在、円了の講演内容を伺うことはできない。しかもそうであるからこそ、円了は現在、大方の人に忘れられ、時には誤解もされたままでいる。しかし記録された数字とその地方性を考えるとき、円了の社会啓蒙への情念とでもいうべきものをかき立てたその当時の歴史的、思想的状況を考えてみるべきであろう。円了を忘れるべくして忘れてきたところに問題があったのである。

針生は、現代では円了が忘れられた存在になっているという。円了は当初、哲学研究者としてスタートしたが、哲学館の創立によって、哲学の一般化、民衆化、通俗化を目指すようになったと、針生は指摘する。そして、晩年の円了が哲学を離れ、倫理的実践、道徳運動家になったことも明らかにしている。その晩年の教育対象は、当時、愚民視されていた民衆であり、円了の倫理学と社会啓蒙の実践は、社会の底辺に捨てられたままの人々になされたと、針生は分析している。そして、「円了を忘れるべくして忘れたところに問題がある」と、針生は晩年の活動について述べている。

六　哲学的論評（二）

哲学者の小林忠秀は、円了が哲学を万物の原則を探り、その原則を定める学問であると定義していることに対して、つぎのように述べている。[34]

　哲学は諸々の事物の存立根拠を解明する学的営為であり、したがって諸学を「統轄」する学であると言われている。これは、まことに一般的な哲学の定義付けにもなっており、その限りにおいては、円了の哲学観は常識的である。まさに哲学は諸学の基礎についての学であるばかりではなく、万事・万物の存立根拠についての学であることが、円了によって正しく捉えられているように思われる。

　しかしながら、これだけでは、円了の哲学観はいま一つ明らかではない。諸学の基礎、あるいは事物の存立根拠に光を当てる営みと言われているこの哲学に、円了は何を期待しているのか、言い換えれば、人間の営みそのものである現実の歴史的世界にたいして、哲学がどのように関わることを円了は期待しているのか、この点をさらに立ち入って明らかにする余地が残っているように思われる。したがって、われわれは円了の哲学――世界観の内容に探索のメスを入れるばかりではなく、さらにそうした内容をもつ哲学を、円了は現実の世界においてどのように機能させようとしたのか、このことを調査しなければならない。

小林は、円了が現実の歴史的世界に対して哲学がどのように関わるものであるべきと考えていたのか、円了の世界観に立ち入って、円了が哲学を現実の世界でどのように機能させようとしたのか、そのことを問いたいと述べている。そして小林は、円了が『哲学一夕話　第一編』で「円了の道」と結論で述べていることについて、その意味をつぎのように確認している。[35]

　先ず、円了は自分自身の基本的視点を「円了の道」と呼んでいる。「道」とは、円了自身の言葉に則して言えば、「理体」と「作用」との「関係ヲ示スモノ」であった。「理体」とは真理そのもののことと考えられる。「理体」の歴史的現実世界における展開が「作用」であろう。そしてこれら両者の関わりというところにみずからの世界理解の基本的視点を置くということ、このことを「道」という概念は言い表しているように思われる。すなわち、円了は、超越的な真理そのものの立場から世界を理解するのではなく、その真理が歴史的現実世界に関わる関わり方――言い換えれば世界理解の方法は如何というところに、みずからの視点を置いたと考えることができる。それは、まことに哲学的な態度である。確かに円了は、哲学的に世界を理解しようとしたのである。

小林は、円了が視点としたことは、真理が歴史的現実世界に関わる関わり方にあったとし、円了の態度はまことに哲学的であったと述べている。そして小林は、円了の基本的態度が天台家の説にあるとして、円了の著作の文章をつぎのように引用している。[36]

もし進みて天台の中道に入れば、真如はただに諸現象の本体なるのみならず、現象と同体不離の関係を有して、万象のそのままこれ真如、真如のそのままこれ万象なりと立つるなり。これを真如即万法、万法即真如という。あるいはこれを水波に比して、水即波、波即水と称して、真如の水を離れて万法の波なく、万法の波を離れて真如の水なく、二者その体一なりという。

円了は天台の中道が真如と現象を同体不離の関係にあることを明らかにしているが、小林は、円了がこの天台の教説をどのように理解しているのか、これについてつぎのように述べている。[37]

上記で明らかなように、円了は相即の論理にポイントを置いて「天台家ノ説」を理解している。相即とは、和融あるいは不二、または不離とも訳されている言葉である。したがって、円了は後年に、この基本的な世界理解の立場を、相含という言葉を使って明らかにしている……

円了にとっては、宇宙と心身は、共時的局面においてばかりではなく、通時的局面においても、相含の論理でもって包括的に理解し得るものであった。そればかりではなく、円了は、これら両局面に生成する事物も、すべて相含の論理でもって統一的に把握できることを明らかにしている。円了には、所謂成住壊空の時間論にもとづく「大化」または「循化」と称せられる歴史観があるが、その相続し転変すること「無窮」なる歴史も、「一瞬」たる現実と相即すると考えられている。こうしてそれら両局面の関わりのうちに、動的な世界そのものの実相が在ると主張されているのである。

したがって、円了にとっては、歴史的世界に存立する事物は、それ自体のうちに必然的な根拠をもって在る絶対の事実ではなかったであろう。それらは飽くまでも事象であった。

その実体性は潑無されているのである。すなわち、永遠の実在ではなかった。しかし、それは無意味な形骸ではない。相即の論理で捉えられる絶対の道理にもとづいて、存在の意味を与えられているものであった。歴史的事象は、相即の論理に則して、それぞれその在り方が定まっているものであった。ある事象の在り方は、相互に他の事象との連関によって定まる。その全体の様相を通して、相互内包あるいは相互依存という論理で集約可能な、世界の真相が透けて見えるのである。円了は、主として天台教学における所謂円融三諦の思想から、こうして歴史的事実を見渡せる視点を、相即の論理という形で獲得しているということができる。そして、かれは、この論理を武器にして現実と関わり、それを理想へと指し向ける活動に乗り出すのである。

小林は、円了が世界を理解する立場を相含とし、その相含の哲学は相即の論理で捉えられる絶対の道理に基づいて、存在の意味を与えられると捉えていたことを明らかにし、円了がこの相即の論理を武器にして現実と関わり、それで理想へと指し向けて活動したのであると述べている。では、円了が純正哲学をどのように位置づけたのか、小林はこのことについてつぎのように述べている。[38]

> 〔円了の〕「純正哲学」……の役割は、諸学を統一的に根拠づけ、それぞれの学の職能を人間主体の生の営みに則して明らかにするところにある。つまり、純正哲学は世界観の形成原理に関わる学であるが、それだけに、人間主体の生の諸相がもつ根本的な意味を妥当な位置づけの下に把握する論理を追求する営為なのである。そして、円了にとって、こうした妥当な論理、あるいは世界の統一的な認識の仕方が、「天台家ノ説」にもとづいた相即の論理であった。この相即の論理の理解の仕方が、円了においてどこまで及んでいたかということになると、そこにはさらに吟味さるべき余地が残されていよう。しかし、ここではそのことに深く入るつもりはない。ただ円了にとって、相即の論理は、相矛盾する事物ではなく、少なくとも一見するところ相対立する事物を、相互依存あるいは相互内包という関係性のもとに包摂して理解する論理であり、世界をもっとも妥当に根拠づけることのできる方法だったことを再説しておこう。
>
> ところで、上記のことから察するに、円了の「純正哲学」とは、西欧哲学で形而上学と呼び慣らわされているものに相当する。そしてその内容は、世界を統一的に認識する方法あるいは論理の探求——すなわちロギカ・マイヨール（Logica Maior）または知の論理学である。円了は、この知の論理学としての哲学を、世界理解と諸学の存在理由の理解、ならび

にそうした理解にもとづく実践的活動の源泉としたのである。

すでに述べたように、清水乞は円了が仏教者に求めたのは仏教哲学の論理学であったといい、小林もまた、円了の純正哲学は世界を統一的に認識する方法＝知の論理学であったと述べている。筆者も同感である。つぎに小林は、「円了は、かれの所謂「純正哲学」の地平から、人間主体が世界を生きるその都度の諸相を評価し、その理想の在り方を指し示そうとする。そこで、ここでは「純正哲学」の地平から見られた宗教、教育ならびに道徳についての円了の考え方を主として取り上げて、その内容を吟味することとしたい[39]」と述べて、具体的に、円了の「純正哲学」と宗教、教育、道徳との関係を明らかにしている。そして結論として、小林はつぎのように述べている。[40]

顧みると円了は、おのれの生涯を、いわば二つの課題の解決に捧げてきた人物であった。すなわち仏教の復興と日本国家の自立という二つの課題の解決に生涯を懸けたのである。そして、これらの二つは、円了の所謂「純正哲学」的思惟に媒介されて一つに結ばれている。というのも、その「純正哲学」的思惟の内容が、すでに（大乗）仏教の形而上学が依拠していた論理だったからである。言い換えれば、円了は仏教の形而上学のなかに、世界とそこに在る諸事象を、すべて在るべきところに位置づけて理解し、さらにそうした理解にもとづいて活動してゆくことのできる発条を見出したと考えられる。形而上学は、世界を基本的に理解するか、その方法あるいは大論理の学である。円了は、このことを正しく捉えていた。しかも自覚的に捉えていたということができる。それ故に、円了が表明する世界理解とそれにもとづく提言の数々は、そこに時代的な制約は認められるにせよ、本質的に普遍性を帯びる。そして、こうした世界理解のための最も妥当な大論理として、仏教形而上学のそれを体系的且つ客観的に提示し得た。ここに円了の「哲学」理解の在り方と「哲学」の内容がもつ歴史的価値があると言えよう。

円了は、仏教の形而上学に依拠して、世界を基本的に理解する方法・大論理の学を正しく捉えていたと、小林は指摘している。円了の哲学に時代的な制約はあるものの、本質的に普遍性を持っていたと、小林は述べている。

小林は、まず円了が西洋哲学を正しく理解していることを明らかにしている。その上で小林は、円了が哲学をどのように現実世界に機能させようとしたのか、という問いを立てている。円了の『哲学一夕話』の「円了の道」の内容を解き明かし、円了が超越的な真理そのものの立場から世界を理解するばかりではなく、その真理が歴史的現実世界に関わる「関わり方」に、円了は自らの視点を据えたのであり、それは「正確な哲学的な態度」であったと、小林は評価している。円了の哲学の特徴である「相即の論理」「相含の論理」は、円了が現実と関わる武器であり、理想へと指し向ける活動をささえるものであったと、小林は指摘している。円了が「知の論理学」としての哲学を、世界理解と諸学の存在理由、さらにそうした理解に基づく実践活動の源泉にしたことを、小林は明らかにしている。小林は、現実に円了が課題としたものは、仏教の復興と日本国家の自立であったと指摘し、円了が世界理解のためのもっとも妥当な「大論理」として、仏教形而上学のそれを体系的且つ客観的に提示し得たことを、明らかにしている。この点に、円了の哲学理解の「在り方」と「哲学」の内容が持つ歴史的価値があると、小林は高く評価している。

七　哲学的論評(三)

哲学者の柴田隆行は、「井上円了の「哲学」観」、「井上円了とカント、再考」、「井上円了とソクラテス」の論考を発表している。柴田の「井上円了の「哲学」観」は、円了の「哲学」を解明することではなく、円了が近代日本において「哲学」をどのように普及・定着させようとしたのか、その取り組みを明らかにしようとした論文である。柴田は冒頭で、「井上円了ほど、哲学とは何かを語ると同時に哲学とは何でないかを語ったひとはほかにいないと思われる」[41]と述べている。柴田のこの論文は「一　世間一般の「哲学」理解を前に」、「二　理学と哲学と」、「三　円了哲学のめざすもの」の三項目に分けて論じている。

哲学という学問は西洋から日本に輸入されたものである。そのため、哲学とは何かということが分からなかったと柴田はいう。円了が西洋哲学から学び取ったものとは何か、柴田はこの点について、つぎのように述べている。[42]

仏教徒であった井上円了が東京大学で西洋哲学を学び、みずから哲学館を創設して哲学を日本に普及・定着させようとした意図は、西洋哲学が持つこうした利点、すなわち「正断、反断、合断の三論相待」つ三断法……を駆使して合理的な議論を展開し、訓練を重ねて、一方に偏せず、ものごとの表裏両面を見る眼を養うこと〔にあった〕。

このように、円了の言葉でいえば、「不偏無私の真理すなわち哲理の中道」[43]を立てることであったと柴田はいう。また円了の「純正哲学」の視点は、円了が独創した「妖怪学」と無縁ではなかったと柴田は指摘し、小林忠秀がいう「市井の平凡人の卑近な生活」[44]で活かされる円了の実践哲学が「妖怪学」に著されていると柴田は述べている。

柴田は、円了が理学と哲学を比較して、哲学の特徴について、つぎのように述べているとして、つぎの文章を引用している。[45]

哲学はなにを目的としてそのように必要なるやと尋ぬるに……理学の研究のできないところへ立入り、実験の力のとどかぬところへ踏み込み、われわれの知識、思想の及ぶ限り宇宙の真理を窮めて、理想的動物たる人間の理想を満足せしめ、もって我人に安心を与うるに至るものであります。

哲学が各自の精神上に与うる利益を考うるに、狭意の哲学すなわち純正哲学だけについてその利益の要点を挙示すれば左の通りであります。

第一に知力を練磨すること
第二に思想を遠大にすること
第三に情操を高尚にすること
第四に人心を安定すること

諸学のうちで直接に人の知力思想を練磨してその発達を助くるものは、数学と論理学と純正哲学との三つであります。

円了は、哲学が理学の及ばないところへ進んで、宇宙の真理を究め、人間の理想を満足させ、われらに安心を与えているものであると述べている。また、純正哲学は諸学の中で、直接に人の知力思想を練磨してその発達を助けるものであることを明らかにしている。その円了が初期の著作である『哲学一夕話』の結論として「円了の道」、「円了の体」と述べているが、それは先に述べた「哲理の中道」を意味し、「円満完了」の略語であると柴田は指摘し、円了が理学と哲学の関係をどのように位置づけたのか、柴田はつぎのように述べている。[46]

井上円了自身の哲学が円満完了すなわち円了の哲学であることはたしかであり、『哲学要領』ではそれは物心同体論として展開されている。円了は、一般的な分類に従って理学と哲学の違いを論じているが、右に見たように、差別と無差別との統合を目指し、物心の本源を究めんとしており、究極的には理学と哲学との統合を目指していると言えるであろう。そしてそれこそがまさしく妖怪学にほかならない。

柴田は、円了が目指した究極は理学と哲学との統合であり、それを実現したのが円了の妖怪学であると指摘している。そして柴田は、円了の最晩年の『奮闘哲学』を取り上げて、「哲学の向上門と向下門」について、円了がつぎのように述べている文章を引用している。[47]

向上門が宇宙絶対の学ならば、向下門は人類社会の学である。向上門が絶対を考定する学ならば、向下門は人生を改善する学である。

> 世の学者は往々世界あるを知りて、国家あるを知らぬものがあるが、哲学者中にことにこの傾向がありがちである。もとより哲学の向上門に対しては、哲学眼中国家なしの勢いをもって進行せねばならぬけれども、向下門にありては社会国家を目的とするが当然である。しかるに世間普通の哲学者は向上門一方に力を用い、向下門を疎外しているから、忠君愛国などを軽んずるように傾くのである。よって余が向下門に重きを置くべしというのは、この時弊を矯正せんために外ならぬ。

円了は、向上門が絶対を考定する学であるならば、向下門は人生を改善する学であるといい、円了は哲学者としてこの二つを相即のものであると理解している。この円了の言葉の意味するところについて、柴田はつぎのように述べている。[48]

> 「忠君愛国」という言葉は、それが語られた時代の文脈で捉えなければならないとするならば、それはまさしく第一次世界大戦で日本軍が中国、シベリアへと出兵していたときにあたり、きわめてきな臭いと言わざるをえない。だが、円了が最も嫌ったのはものごとの一面的な見方であり、またそのことの無自覚であった。したがって、円了が、みずからの言葉を時代的な文脈に浸すことで誤解される危険を冒してでも強調したかったことは、物心の本質世界のみならず社会・国家の場においても哲学的な論理を追究することの大切さであり、それと同時に、いわゆる妖怪の世界にまで踏み込んで哲学を生活のなかで活かすことの必要性であったと言えるであろう。円了のこうした努力は、哲学に対する世間一般の理解が乏しく、哲学がさまざまに誤解され曲解されている状況のなかでなされたものであるがゆえに、円了からすれば、哲学を抽象的な理論にとどめてはならなかったのである。

柴田は、円了が物心の本質世界だけでなく、社会・国家の場においても哲学的な論理を追究することの重要性を訴える必要があったことを明らかにしている。また、円了の妖怪学を哲学者が取り上げているのは柴田が初めてであり、めずらしいことである。最後に、柴田は円了の哲学普及の精神が妖怪学を生み出したとして、つぎのように述べている。[49]

> 円満完了の円了哲学からすれば、妖怪学はこれらいっさいを総体として捉えることができる学問すなわち哲学でなければならないであろう。世間一般の人びとに哲学を根づかせる

ことができるのは、当時にあっては妖怪学が最適であったにちがいない。それほどに当時はまだ妖怪が日常世界に多く徘徊していたからである。

ところで先に述べたように、円了は世界の哲学者として、孔子、釈迦、ソクラテス、カントを選び、これを四聖と呼んで祭っている。円了がどのような理由で、この四人を選んだか、ということは、円了の『哲界一瞥』に明らかになっているが、円了がそれらの哲学者の哲学をどう理解していたのか、そのことは必ずしも明確ではない。柴田は、「円了とカント、再考」と題する論文で、円了のカント理解を取り上げている。論題に「再考」とあるのは、それまでの円了とカントに関する二つの論文がすでにあるからであった。一つは、福鎌忠恕「井上円了と西洋哲学」であり、もう一つは、馬場喜敬「井上円了とカント哲学」である。[50] 柴田はこれらの論文をまず検討し、それについて、つぎのように述べている。[51]

福鎌氏は、円了のカント解釈がイギリス哲学の影響の下にあるとし、馬場氏は、円了のカント解釈が哲学書や仏教書に留まらず星界や自然地理にまで及ぶとして、ともに比較思想・比較文化的文脈でこれを捉えなければならないと主張する。両者の指摘は非常に示唆に富み刺激的であるが、いずれの場合も、両者の論考の出発点であった、なぜカントが円了によって四聖の一人とされたか、という問いの答えにはなっていないと筆者には思われる。

円了のカント理解に関する著作は、『哲学要領　前編』にあり、そこでつぎのように述べている。[52]

リード氏の外にヒューム氏の説に反して一派の哲学を起こすものをカント氏とす。氏はただに虚無論を排するのみならず、ロック氏の経練学、ライプニッツ氏の元子論の不当を論じてその中庸を取り、別に一種の原理を立つる者なり。その原理は人知の一半は経験よりきたり、一半は本来存すというものこれなり。今、氏の哲学の全組織を考うるに大に分かちて三部となす。第一は純理論、第二は実理論、第三は純理実理結合論なり。

円了はカントが対立する諸説に学び、その中庸を取ってあらたな学説を提起した人と理解している。円了がこのカントを近世哲学の特徴としたことを、柴田はつぎのように述べて、[53] それが円了の人生に一貫した哲学観であることを示している。

井上円了によれば、近世哲学は古代ギリシア哲学や東洋哲学に比して優れている点がある。それは、「主観の空想を離れて客観の考証を用うる」ところにある。言い換えれば、主観と客観のいずれにも偏することなく、つねに……中庸、中点、中正の精神にある……この中庸の精神の尊重は、円了が若い時から晩年に至るまで繰り返し強調してきたものである。

中庸の精神を尊重する、円了のこのような哲学的精神について、柴田はカントとの関連があるとして、つぎのように述べている[54]。

> 『哲学要領』や『哲学一夕話』などで強調されているように、円了が求めるものは徹底した中庸の精神、円満完了の精神であるが、その円満完了の中庸はたんなる折衷ではなく、あくまでも議論を尽くした上での総合の試みでなければならない。デカルトやベーコン等々が一つの立場に「偏している」とされるのは、それらを「偏している」と批判的に捉える次の哲学的議論が存在するからであって、何でもかんでも自己中心的に先行する哲学思想を否定しているわけではない……あくまでも先行する哲学を肯定的に評価し、そのうえでそこから生じる矛盾をどのように解決させるか。これこそカントが構築した批判哲学の精神であった。その意味で円了はカントからいわば「哲学すること」を学んだのであった。
>
> 井上円了のいわゆる「妖怪退治」は、こうしたカントの批判哲学の精神に基づくものと言える。というのも、明治から大正の時代の日本でまだ広範囲かつ強力に人心を捉えていた「妖怪」が、分別的悟性や理性的考察を欠き感性や直観にのみ頼ることから生じる迷妄の産物と捉えることができる反面、その悟性や理性からも妖怪が数多生まれることを円了は多くの事例を挙げて指摘している。円了が行った妖怪退治は、感性や直観を卑俗なものとして排除するのではなく、むしろ悟性や理性に助けられて感性や直観に磨きをかけるものでなければならなかった。ここで円了の妖怪学を再論する余裕はないが、円了は、妖怪のことごとくを排除したのではない。学術的に容易に説明できるような妖怪は、真の妖怪ではなく仮怪にすぎず、人はそんなものに振りまわされてはならないと繰り返し述べる。円了は仮怪や偽怪を排除することでむしろ「真怪」と称すべきものの存在を明らかにし、これを解明しようとしたのである。それは、カントが、混迷に陥るばかりであった形而上学を、徹底した批判哲学によってむしろ救おうとしたことに通じるものがある。カントが感性や経験の蔑視に反対すると同時に理性の越権行為を否定することで形而上学の再建を果たしたように、井上円了もなんらか一方に偏する考えを徹底的に否定して議論を尽くしものごとを総合

的に捉えることでわれわれ人間がほんらい求めるべきものは何かを明らかにしようとしたのであった。

柴田は、円了がカントから学んだこととして、第一に先行する哲学を肯定的に評価し、そこにある矛盾を単なる折衷ではなく、中庸の立場から総合していること、第二に円了の妖怪学はカントの批判哲学に通じるものがあるということ、この二つを指摘している。つぎに柴田は、小林忠秀が円了の国家と宗教の関係を論じた文章をつぎのように引用している[55]（傍点は原文のまま）。

国家・社会が、そこに生きる人々に共通な人倫の態度（エートス）に媒介され、自分たちの共同体として成立しなければ、真に強固で持続する制度とはなりえないということへの洞察である。こうした条件を満たさない国家・社会は、仮に一時は歴史的状況の偶然から成立しても、ほどなくその足下から瓦解してゆき、決して盛大な発展は期待できないであろう。このいわば国家・社会を外的に人々を規制する管理と支配の機関ではなく、内発的な自律のルールの機構たらしめるもの、これがエートスであると円了は洞察していた。

円了の念頭にある国家とは、明らかに人々の安心立命の場となる国家である。言い換えれば、それは自分たちが、自分たちのために形成すべき国家であっただろう。円了にとって、そうした国家とは、宗教的エートスに媒介された共同体だったと考えられる。この宗教的エートスの媒介という一点において、「愛国」と「護法」――共同体の自立と宗教的信条の確立とは結びつくのである。そして、円了は、キリスト教を奉ずる人々の場合には、これら二つのことがらが効果的に結びついて、共同体の繁栄に力を借しているると評価しているのである。

小林は、円了が国家・社会を内発的自律のルールの機構に改良しようとしたといい、これがエートスであり、愛国と護法は宗教的エートスに基づいた理想の国家形成であると捉えた。このような小林の円了理解を、柴田は「宗教的エートスに媒介された国家構想――これはまさにカントの国家論の本質である。ただし、急いで補足しなければならないが、ここで言われる「宗教」はけっして既成宗教を意味しない[56]」という。そして円了のカント理解を、つぎのように柴田は説明する[57]。

なんでもかんでも井上円了とカントを結びつけようというわけではないが、小林忠秀氏が言う円了の「宗教的エートス」は、「人倫のエートス」であり、そこに生きる人びとの「内発的な自律のルール」であって、それを育成するものとして宗教的な営みがあると言うにすぎない。それは、仏教徒である円了が、哲学館でも東洋大学でも、さらに全国行脚の旅においても、仏教を学生にも一般の人びとにもけっして押しつけることがなかったことに現れている。そればかりか、キリスト教を批判する『真理金針』で円了はつぎにように述べるが、ここにわれわれは彼の真摯な学問的姿勢を見ることができるであろう。

ヤソ教者は法に尽くすところの心をもってよく国に尽くし、国に尽くすの心をもってよく法に尽くす、尽くすところの心は一にして、対するところの義務は二なり。この心をもって国家に対すれば愛国となり、この心をもって教法に対すれば護法となる。よくこの護法愛国の両義を実際に尽くして、死してなお余栄あるもの、それただヤソ教者にあらんか。(『選集』第三巻一五七頁)

柴田は、仏教徒である円了が、生涯において人々に対して仏教を強制しなかったという。そのことは筆者も研究の中で感じていることである。円了が生きる人びとの内発的自律のルールを尊重し、それを宗教的な営みによって育くむことを期待したと柴田は述べているが、このような思想が円了の護国愛理の理念に結実していると筆者は考えている。そして、柴田は円了がカントを四聖の一人に選んでいる意味を、つぎのように結論づけている。[58]

護法と愛国――この両者の大切さを広く人びとに訴える際に欠かすことができないこと、それこそが、一方に偏しない哲学的精神すなわち批判哲学であり、井上円了が四聖の一人としてほかならぬカントを選んだ理由はまさにこの点にあったと考えられる。

このように柴田は、円了とカントの哲学を比較して、円了がカントを四聖の一人に選んだことを論証している。

つぎに柴田は、四聖のもう一人であるソクラテスに関する円了の理解を「井上円了とソクラテス」という論文で取り上げている。内容は「一　四聖としてのソクラテス」、「二　中興の主としてのソクラテス」、「三　知徳完備の人としてのソクラテス」、「四　ソクラテスの「知」」、「五　円了によって改竄されたソクラテス」である。はじめに柴田は四聖の基準として、円了が定めたことを取り上げている。円了が四聖は「いずれも哲学の中間に起こりて、前歴史を統一し、また後歴史を開成したるもの」であり、「中興の主とすべき」だと主張していること[59]を、柴田は明らかにしている。そして、円了が「たんに学者としてだけではなく人物としても尊崇に値する人、すなわち「知徳完備の人」が、四聖を選ぶ二つめの理由として挙げられる」と、柴田はいう。[60] 最後に「円了の四聖選択の三つ目の理由は唯心論者であることにある」と、柴田はいう。[61]

柴田は、ソクラテスが「中興の主」であるのか、西洋哲学史を受容した当時の日本人の説を検討し、「いずれにせよ、井上円了が古代ギリシヤ哲学者のなかでもソクラテスを重んじていたことは、彼なりの意味づけがあったのであろう」[62]と指摘している。柴田は、ソクラテスが知徳完備の人であったのか、円了の理解について、つぎのように述べている。[63]

> 天体自然ではなく倫理の道を知識によって開いたことに、円了はソクラテス哲学の意義を見出している。ソクラテス以後に争論が湧き起こり混乱があったが、それは倫理や道徳において「知識の花」である「客観的な考証」が貫徹されなかったことに由来する。これはけっしてソクラテス以前に流行した詭弁を弄することを意味しない。そうではなく、ソクラテスに見倣って、「死書を捨てて活書を読み」「活学を修むる」……のでなければならない。ソクラテスは、万有の哲学である自然学を離れ、「野にある草木はわれになんらの知識をも与えぬ」と語り、「市場や公園に集まれる人を見て学問とせられた」……と井上円了はソクラテスの活学精神を讃える。ソクラテスの生き方そのものがまさに「知徳完備」であり「知徳兼全」であったと円了は理解する。

円了は知識によって倫理の道を開いたソクラテスを、知徳兼全の人と理解したと柴田はいう。そして柴田は、ソクラテスの「知」について、円了がどのように理解したのか、つぎのように述べている。[64]

> 同じく「知」と言っても、釈迦の知、孔子の徳、ソクラテスの識、カントの学、それぞれにその意味するところは異なる。ソクラテスの識は、山岳であり、われを護る、と言う。非常に難解な比喩であるが、カントの学と比較すれば理解可能だろうか。カントの学はあくまでも二元論的な悟性判断であり、さらに限界を自覚したうえでの理性的な判断に基づく。その意味で、カントの「知」すなわち「学」は、ギリシア語で言えば episteme としての「知」ではないだろうか。しかし、自然学研究を「生来不向き」と悟ったソクラテスにとって、同時に「徳」であるような「知」はあくまでも sophia である。

sophia は形而上の知であるが、episteme が十全に発達するのは近代であり、episteme を哲学的に基礎づけたのはカントであると言ってまちがいないであろう。円了のこの言葉は、釈迦とソクラテスとカントを四聖に数える布石となっているのではないだろうか。episteme と sophia が揃ったところでさらに足りないのは phronesis すなわち孔子の徳である。だが、以上で見てきたように、ソクラテスの求めた sophia には phronesis も含まれていたはずである。たんなる知ではなく同時に徳であるような知こそソクラテスが求めたものであり、井上円了が仏教徒ながら西洋哲学史を学んで求めたものもここにあった。

柴田は、四聖のそれぞれの知について検討し、ソクラテスの場合は単なる知ではなく、そこに徳が裏付けられたものであり、この点に円了がソクラテスに求めたものがあると分析している。最後に、柴田は円了の大学時代のノート[65]を検討し、ソクラテスの部分が抜粋元のシュペングラーの哲学史と異なっている点を見つけ出し、その理由を検討し、結論としてつぎのように述べている[66]。

円了はいったいなぜ、このような手の凝った、あえて言えば改竄したノートを残したのだろうか。円了はシュヴェーグラーの原文を書き換えてノートし、「イデア的主観性」をソフィストの「経験的主観性」と同一視し、それに客観的意志と理性的思考を対置させた。それは、主観性に客観性を対置する点でシュヴェーグラーのソクラテス理解に準じるが、シュヴェーグラーはその前に、ソフィストがそれ以前の自然哲学者と異なり「主観性の原理」に立ったことを「正しい」と評価し、そのうえでソフィストの主観性は「経験的で利己主義的」にすぎず、ソクラテスが主観性を普遍的なものにした、と書いている。そして、ここがやや複雑なのだが、ソクラテスの普遍性は客観性であり、彼は「普遍的で客観的な精神の原理」に立っている、とシュヴェーグラーは述べる。言い換えれば、ソクラテスにおいて主観性は「客観的主観性」である。形容矛盾を犯しているこのいわば弁証法的概念のために円了は混乱したのではないか。だが、円了が哲学の聖人として尊崇するソクラテスは「中興の主」として、まさにこの主観性と客観性を同時に備える人物でなければならなかったのではないだろうか。知の客観性と徳の主体性を完備する者として。

柴田は、英文の原文を対比させて、円了がシュペングラーの哲学史のソクラテスの部分を改竄してノートしている点について、円了はソクラテスを中興の主と考え、知の客観性と徳の主体性を完備する者として位置づけたかったのではないか、という新しい問題提起を行っている。

柴田の円了の哲学論に対する三つの論文は、それぞれ示唆に富んでいる。第一論文の「井上円了の「哲学」観」では、円了が物質の本質世界のみならず社会・国家の場においても哲学的な論理を追究することの大切さを重んじ、それが哲学を抽象的な世界に止めず、世間一般にあった妖怪の解明という妖怪学に哲学を応用することにまで及んだと、柴田は指摘している。第二論文は「井上円了とカント」であるが、円了は初期哲学思想で「円満完了の精神」、すなわち仏教でいう「中道」を強調した。柴田は、近世哲学の特徴が「主観の空想を離れて客観の考証を用いた」ことにあるとし、それが円了の中道の思想に合致し、「円了はカントから「哲学することを学んだ」ことであると、述べている。円了の哲学理解には、カントの一方に偏しない哲学的精神・批判哲学があったことを、柴田は明らかにしている。第三論文は「井上円了とソクラテス」であるが、柴田は最初に円了のいう「四聖」の選考条件を明らかにし、そして円了が古代哲学からソクラテスを選んだ理由が、「ソクラテスの活学精神」にあったと分析している。さらに、円了はソクラテスが「たんなる知ではなく同時に徳であるような知」を求めたことと、円了が仏教徒でありながら西洋哲学を学んだこと（知の客観性と徳の主体性）が相通じていると判断している。

八　哲学的論評（四）

哲学者のジョン・マラルドは、円了の『哲学一夕話』を英訳した研究者であるが、マラルドは「日本の近代初期における西洋哲学の摂取」という論文を発表している[67]。その内容は、「日本の思想家たちによる哲学の用語の最初の発見」、「井上哲次郎：日本における歴史的体系的哲学の創造」、「井上円了：仏教を哲学へ、哲学を仏教理論へ作り変える」である。

マラルドは、日本の伝統と西洋哲学が遭遇することによって起こったことを、つぎのように述べている[68]。

日本における西洋哲学の摂取は、日本語の変化を経て生じた。およそ一八五三年から一九一二年にまで及ぶ、幕末と明治時代における西洋哲学との遭遇は、日本における思想の表現の新しい方法を生じさせた。その時代の終わりに、この新しい方法は、日本人に対して彼ら独自の哲学を、彼らの文化の将来的な形成にふさわしい学問分野を作ることを可能にした。同様に、この摂取は、西洋哲学の諸概念と諸問題の光のもとで日本の過去の知的伝統を解釈することによって、過去の日本の知的伝統を再‐定義した。このような営みは、日本の外側から見れば、日本思想をあたらしく理解することによって、その思想が世界の哲学史に正しく属するものとするような営みであった。

マラルドは、西洋思想の摂取の先駆者として福沢諭吉の業績を紹介し、つぎに日本における最初の哲学者として井上哲次郎を取り上げ、ドイツ思想と儒教思想の哲学を専門にしたと位置づけている。哲次郎の理論は自ら名付けた「現象即実在論」として知られているが、哲次郎の哲学に関する業績について、マラルドはつぎのように述べている。[69]

哲次郎は自身の立場を世界哲学の一部として定めた。彼の認識論的立場は、知識において歴史性が果たす役割について何らの手がかりも与えないし、パウル・ドイセンやヴィルヘルム・ディルタイといったベルリンでの知り合いから得たに違いない歴史的意識についても何らヒントを与えない。しかし用語とカテゴリーを分析する鋭敏な能力と共に、強い歴史感覚が、哲次郎が日本で哲学を摂取することを可能にしただけではなく、東洋思想を哲学の領域に組み入れることを可能にしたのである。

マラルドは、哲次郎が日本に哲学を受容させただけにとどまらず、東洋思想を哲学に組み入れた哲学者と位置づけている。そしてマラルドは、円了の業績について、つぎのようにまとめている。[70]

井上円了（一八五八―一九一九）は、哲学の網を日本の伝統の上に投げかけ、近代日本のアカデミックな組織の新たな領野を定めたという点において、井上哲次郎の貢献と同等の貢献をした。彼は「純正」もしくは理論哲学の普及に努め、仏教思想を哲学の用語で新たに作り直した。一三歳で浄土真宗の僧侶に任じられ、幼少期の信仰心を置き去りにして、仏教の科学的で哲学的な性質の証明を探求し、ついには日本の宗教の近代化に貢献する偉人の一人になった。

マラルドは、円了を仏教思想を哲学用語で見直した哲学者であるとし、日本の宗教の近代化に果たした役割を高く評価している。マラルドは、円了の哲学を著す「純正哲学」、「円了の道」、「相含論」について、総合的に論じている。そして結論として、円了の歴史的役割をつぎのように述べている。[71]

円了の用語と分類の多くは廃れていった。他の表現、例えば「仏教観念論」とか「道元の哲学」は現在ではありふれたものである。互いに含み合い、相互に入り込んでいるという円了の理論はほとんど忘れ去られた。この理論のように定式化することによって、彼は西洋哲学の立場に対して仏教的に色づけられた網を投げかけた。さらにまた、彼は仏教を真正に哲学的なものであるとみなす道を開いた。彼の『哲学一夕話』は西田幾多郎に強い刺激を与えた。区別の根底を明らかにしようという西田の努力は、円了に端を発しているのである。哲学の構図の概略を描き、多数の用語を定義した四〇年後に、西田が経験へと回帰したことは、新鮮な空気を吸うようなものだったに違いない。しかし、彼の初期の哲学教育に活気を与えた空気は、明治時代に井上円了と彼の同時代人が作り上げたものだったのである。

マラルドは比喩的な表現で、円了が「哲学の網を日本の伝統の上に投げかけ、近代日本のアカデミックな組織の新たな領野を定めた」人物として、歴史的な貢献を評価している。しかし、その後、円了の哲学用語と分類は廃れたが、西田幾多郎が円了の『哲学一夕話』から強い刺激を受け、西田が日本の新たな哲学の世界を開花させたことへの貢献を、マラルドは高く位置づけている。

九　哲学堂論的論評（一）

ウィリアム・ボディフォードは、円了の晩年の活動に注目し、「退隠した井上円了の精神修養する哲学」という論文を発表している。ボディフォードは、円了の晩年について、つぎのように述べている。[72]

円了が一九世紀終盤から二〇世紀初頭の日本の知的な営みに果たした最も重要な貢献は、哲学者や教育者としての業績ではなく、むしろ講演者として、またベストセラーの文筆家としての業績である。円了は一八〇冊に及ぶ著作と八〇〇を超える小論を執筆した……これらの作品の中で彼は哲学、宗教、「日本固有の学」について精力的に論じ、またとりわけ、迷信や妖怪への批判を展開したことで有名となった。これらの議論は、日本が国際舞台において自覚ある近代国家として新しい役割を担えるよう、日本の指導者たちが尽力していた重要な時期に展開されたのである。

ボディフォードは、円了の初期の業績から、晩年の哲学堂へと結実する過程を捉えているが、その内容は、「読荀子」、「日本語教育」、「講義の教科書」、「哲学館事件」、「修身教会」、「実践哲学」、「環境としての哲学堂」、「義礼の修練」、「知的遺産」である。ボディフォードは、円了のはじめの論文「読荀子」の中に、人生の全体を見渡す視点があることを指摘し、つぎのように述べている。[73]

従って我々は、円了のまさに一番初めの学問的論文のうちに既に、彼の経歴全体を性格づける明瞭な特徴を数多く見出すことが出来るのである。例えば円了は、教育と自己修養の促進、儀式的規範の堅守といった社会的課題を受け入れ、一方で誤った宗教や迷信を拒否する。また、包括性を好み、一面性を拒否する。更に、アジアの伝統的文献を現代の科学的、哲学的諸原理と折衷的に解釈することで、このアジアの文献の現代的意義を擁護する。そして、ヨーロッパより輸入された最新の知識が、アジアの伝統的文献を基礎とした学習に取って代わるどころか、むしろそれを増強し再び活性化する様を示そうと試みるのである。

ボディフォードは、円了が西洋哲学を摂取して、それをアジアの伝統的文献を基礎とし、その思想の活性化に用いたと分析している。ところで、円了の初期の業績に比較して、円了が哲学館事件の後に、大学を引退して、修身教会運動という社会教育を全国的に展開し、それと共に哲学堂を建設・拡張して行ったことは、余り知られていない。ボディフォードは、この晩年の活動の中心になったのが、円了の実践哲学にあったとして、つぎのように位置づけている。[74]

〔晩年の円了の活動には〕哲学の実践的適用に対する円了の視座が、様々な主題や問題領域の境界を越えて広がっている、ということにも注目すべきであろう。実践的適用に関して、円了は哲学の主題だけでなく、その形式や文脈にも言及する。彼は哲学に、人々が目にし、触れることの出来るようなありありとした実在性を与えたかったのである。彼の哲学堂公園も、哲学に具体的な環境を与えるものである。身体的な儀礼の実践も、図書館という形での知的資産もその一環である。

ボディフォードは、哲学堂に哲学を具象化したことが晩年の円了の哲学を実践化・通俗化したことによるものであると述べている。そしてボディフォードは、「環境としての哲学堂」について、つぎのように述べている。[75]

〔哲学堂公園には四聖とともに七七場に哲学的命名が行われているが、〕この四人の哲学者を祭る聖堂を哲学堂公園の中心に据えることで、円了は、なるほどまごつかせるものはあるかもしれないが、哲学的な命名と哲学的課題とを合体させて示したのである。四人の哲学者はそれぞれ、その時代の問題点を正し、人々をより良い未来へと導くという同じ目標を追求していた。人々は、哲学用語に満ちたこの公園の環境に置かれることによって、この四人の哲学者の言葉を理解するよう導かれ、この四人の哲学者の力で人々は欠ける所のない完全な哲学へと導かれるのである。

ボディフォードは、円了が命名した哲学堂の四聖堂に祭られている哲学者によって、人々は欠けるところのない完全な哲学へ導かれるのであると指摘している。また、哲学堂の図書館の所蔵分類を通して、ボディフォードは円了の「知的遺産」の内容とその重要性について、つぎのように述べている[76]（哲学堂の図書は、現在、東洋大学付属図書館に「哲学堂文庫」として所蔵されている）。

この図書館の蔵書は明治以前のもののみであり、またこれが体系的にまとめられているため、ここから我々は、近代以前の日本の伝統的学習法に使われた書籍の構成についての概要を得ることが出来る。これは大変希少で、そしてある意味で大変価値のあるものである。もしくは、低く見積もっても、世紀の変わり目という時代に、井上円了という高等教育を受けた一人の知的人間がどのような種類の書籍を集めることが出来たのかが、ここには示されている。

私がここで示唆したいのは、井上円了の残した真の遺産は彼自身の著作だけにあるのではなく、彼が哲学堂図書館に保存した書物にも目を向けるべきである、ということである。

ボディフォードは、円了の初期著作の中でも、卒業論文であった「読荀子」に注目している。ここに円了の経歴全体を性格づける明瞭な特徴を数多く見つけ出すことができるという。それは円了が、ヨーロッパより移入された最新の知識で、アジアの伝統的な文献を基礎とした学習を積極的に増強し再び活性化させたからであると、ボディフォードは分析している。そして、ボディフォードは円了の晩年の活動、特に哲学堂について、円了の実践哲学の場であったことを指摘し、哲学堂には円了が命名した哲学の諸概念、唱念法という儀式、図書館（絶対城）という知的財産があり、ボディフォードは特に図書館に注目し、「近代以前の日本の伝統的学習法に使われた書籍」の概要を知る上で貴重なものであると高く評価している。

一〇　哲学堂論的論評(一一)

円了の哲学堂に注目するもう一人の研究者は、宗教学者の岡田正彦である。岡田は二つの論文を発表している。一つは「哲学堂散歩―近代日本の科学・哲学・宗教」であり、もう一つは「井上円了と哲学宗―近代日本のユートピア的愛国主義」である[77]。

ここでは、前者の「哲学堂散歩―近代日本の科学・哲学・宗教」を取り上げる。この論文の内容は、「はじめに」、「一　哲学堂を歩く―「精神修養」のテーマパーク」、「二　四聖堂と哲学堂公園―井上円了と「哲学宗」」、「三　哲学堂と実行哲学―近代日本の科学・哲学・宗教」、「結び」である。岡田は哲学堂に注目する理由をつぎのように述べている。[78]

明治期を代表する仏教思想家、哲学者、教育者、社会活動家の一人として、井上円了の思想については、これまでも多くの人々によって論じられてきた。しかし、円了の多彩な活動のすべてに関わるライフワークの一つでありながら、哲学堂の建設・拡張・経営と円了の思想を結びつける議論は少ない。とはいえ、井上円了という人物を通して産出された構築物の一つとして、哲学堂は円了の思想の特質を考えるうえで豊富な情報を含んでおり、円了の思想あるいは近代日本の宗教思想を研究するための重要なテクストの一つである。少なくとも、井上円了の思想の全体像を俯瞰するうえで、簡単に捨象できるようなものではない。『真理金針』などのベストセラーや『外道哲学』といった学術的成果とともに、この巨大なテクストを読み解くことは、井上円了研究、近代仏教思想、さらには近代思想研究にとっても重要なのではなかろうか。

岡田は、従来の井上円了研究で着目されていなかった哲学堂を、円了の思想の特質を考える重要なテクストの一つと捉えている。そして岡田は、哲学堂の建物や七七場の命名されたところを体験して、つぎのように述べている。[79]

初期の哲学書から、『真理金針』や『仏教活論』におけるキリスト教批判や近代思想としての仏教の再構築、不思議現象の総合科学ともいうべき広がりをもった、ユニークな「妖怪学」の展開による「真怪」（真の不可思議）の探求にいたるまで、多彩な円了の思索のすべてに共通する、このような包括的理論が哲学堂の構造に反映されている。

岡田は円了の包括的な理論が哲学堂の構造に反映されていると主張している。その哲学堂の中心に位置する「四聖堂」の意味を、岡田はつぎのように述べている。[80]

〔円了の〕哲理の探求は、一方において最も成熟した哲学思想としての「二元同体論」の確立を目指すことであり、同時に近代的思惟をモデルとして「仏教」を再構成することでもある。円了にとって、哲学と宗教は表裏一体であり、哲学的な真理の探究と思想にもとづく実践が、そのまま新時代の宗教（哲学宗）の確立を意味していたのである。「哲学を祭る」

という表現は、円了にとって、決して形容矛盾ではなかった。岡田は、円了が四聖に代表される哲学者を祭っていることに、特別な意義を見い出している。そして岡田は、晩年の円了の哲学堂の建設に関する意義を、つぎのように述べている。[81]

哲学堂の建設は、哲学館大学の設立や啓蒙活動、多彩な研究・出版活動といった、円了の生涯においてなされた活動の傍流に位置するものではなく、むしろ全てを集約するような中心的事業であった。

円了にとっての哲学／宗教は、科学技術の発達や合理主義的な世界観とも矛盾しない、深遠な真理を開示するものである。このため、前近代的な宗教意識の残滓である迷信や俗信は極力排除するか再解釈し、スリム化した宗教思想のエッセンスを合理的に解明しなくてはならない。ここでは、祀られるべきは啓蒙的理性であって、理性の光のもとでも色褪せない真理だけが、真理としての価値を持っているのである。「哲学を祭る」という表現に代表されるように、円了にとっては、近代科学や哲学の新たな世界観こそが、祭るべき価値のある新たな信仰でもあったのだ。このような意識のもとでは、科学技術の発達やそれにともなう合理主義的な世界観の普及、哲学的な真理の探究、新時代の宗教として再構築された宗教（哲学宗）の三者は、決して矛盾することなく補完し合う。円了は、このような宗教／哲学の可能性のモデルを仏教に見いだそうとしたのである。

新たな文明や社会を生み出していく新たな価値観として円了が構想していた、こうした思想を体感できる場所が哲学堂であり、この新たな思想を広く普及しようとしたのが「修身教会」や全国巡講であった。こうした円了の活動は、この時期の日本の思想状況を考えるうえでも、大きな意味を持っていると言えるだろう。

岡田は、円了の思想を分析して、「円了にとっては近代科学や哲学の新たな世界観こそが祭るべき新たな信仰であった」とし、合理的世界観、哲学的な真理、新時代の宗教（哲学宗）の三つが矛盾なく補完する、こうした思想を体感できるところが哲学堂であると位置づけている。そして、岡田は円了を理解するために、哲学堂を読み解くことの大切さについて、つぎのように述べている。[82]

「哲学堂」というテクストは、井上円了という多面的な人物を総合的に理解するための見取り図を与えてくれる。この時期の多くの偉人に共通しているように、井上円了という人物に、「教育者」、「宗教家」、「啓蒙思想家」といった一面的なラベルを貼り付けることは難しい。井上円了という広大な思想の森にわけ入る手段の一つとして、さらに「哲学堂」というテクストの読解を深めていく必要があるだろう。

また、一方に偏するものは真理ではなく、「中道」を採り得るものこそが「真如」であるとする円了の発想は、科学・哲学・宗教の領域を曖昧にした包括的な思想を生みだした。そして、哲学堂の構造にも反映されたこの考え方は、具体的には「不思議現象の総合科学」ともいうべき「妖怪学」の構想に結実していく。「哲学を祭る」という、このような円了の包括的な思想は、宗教的真理を求める信仰と、哲学や科学による真理の探究を区分けする、いわゆる「近代的信仰論」が一般化するなかで、前時代の遺物のように評価されてきた。「哲学仏教」といった表現によって、「近代的信仰」の確立過程の前段階に位置づけられることも少なくない。しかし、たんに西洋哲学の枠組みを使って仏教を哲学化することだけが、円了の目的ではなかった。このことは、哲学堂に結実する円了の「實行哲学」や「哲学宗」の構想を見るとき明らかである。

岡田は端的に、哲学堂は円了の思想や近代日本の宗教思想の研究の重要なテキストであると断言している。哲学堂の構造には、円了の多彩な思索のすべてに共通する包括的理論が反映されていると、岡田は指摘する。したがって、哲学堂の建設は円了の生涯において活動の傍流でもなく、全てを集約する中心的な事業であったとして、岡田は再検討の必要性を訴えている。哲学堂には円了の「実行哲学」や「哲学宗」という理念が反映されていることを、岡田は明らかに見ている。

二　ユートピアとしての近代国家論的論評

明治二三（一八九〇）年二月に、円了は『星界想遊記』を出版している。同書は円了の思想を著すものであるが、他の多くの著作に比べてユニークなものである。岡田正彦は、この『星界想遊記』を取り上げて、「近代日本のユートピア思想と愛国主義—井上円了『星界想遊記』を読む」という論文を発表している。同論文の内容は、「〇　井上円了と『星界想遊記』」、「一　星界に遊ぶ—理想の世界を求めて」、「二　旅路の果てに—精神性の向上と理想世界」、「三　我人の渇望したる明治二十三年—近代日本の確立期と井上円了」、「四　哲学館と哲学堂—啓蒙から修養へ」、「五　哲学の実行化と『星界想遊記』」となっている。

この『星界想遊記』は、明治二二（一八八九）年末に、円了が修善寺温泉にて体験した思索であり、星界を旅行し、異世界を巡るものを著作にしたものである。岡田はまず、この書についての現代の評価をつぎのように述べている。[83]

このユニークな書物については、これを明治期の「SF的奇想小説」の先駆的作品として位置づける横田順彌氏の紹介や、康有為の『大同書』との影響関係を指摘した坂出祥伸氏の論文など、その意義を強調するエッセイや論文がすでに発表されている。

とくに坂出氏の論文は、西洋近代の学問や思考法を使って中国の伝統思想を再構築し、政治的には清末の戊戌変法運動の指導者となった康有為と井上円了――とりわけ『星界想遊記』――の関係を残された文献にもとづいて実証し、日本と中国の近代化に共通する思想的背景を浮き彫りにした貴重な論考である。とくに、井上円了と康有為の出会いの痕跡を実証的に明らかにしたことには、画期的な意義がある。

円了の『星界想遊記』の目次はつぎのとおりである。[84]

題　言
第一回　共和界に遊ぶ
第二回　商法界に遊ぶ
第三回　女子界に遊ぶ
第四回　老人界に遊ぶ
第五回　理学界に遊ぶ
第六回　哲学界に遊ぶ

円了は明治二一(一八八八)年六月から翌二二(一八八九)年六月までという一年間をかけて、第一回の世界旅行を行っている。欧米諸国を中心に世界を視察するという体験とそれまでの著作や思想が『星界想遊記』という著書の前提にあった。この点について、岡田はつぎのように述べている。[85]

「共和界」からはじまる円了の星界旅行は、たんに荒唐無稽な夢想ではなく、西洋の近代思想や学問から学んだ知識、さらには海外視察によって見聞した現在進行形の社会変革のイメージを検討したうえで、来るべき世界における精神界（哲学界）の重要性を確信するに至る、円了の思索の旅と考えるべきだろう。

理想の世界の実現は、共和制のような新しい政治体制の確立、女子界や老人界のような文化の変革、理学界におけるような高度の技術革新、さらには商法界に見られるような経済システムの充実といった、相対的な社会変革だけでは完成しない。社会を形成する人々の意識変革と精神の充足こそが、さまざまな社会変革の根底にあって、来るべき近代国家を支えるのである。

こうした円了の意識の背景には、星界旅行に先立って遂行された最初の世界旅行の経験と、思索よりも実践を重んじる円了の特異な哲学理論がある。

岡田は、円了の『星界想遊記』には、円了の世界旅行の経験と思索よりも実践に重きを置く円了の哲学思想があったと捉えている。円了は第一回の世界旅行の見聞を、明治二二（一八八九）年に『欧米各国政教日記』にまとめて出版している[86]。岡田はこの第一回の世界旅行の目的について、つぎのように位置づけている[87]。

明治維新以来、日本の「国家の改良」によって「政府の事業」や「会社の事業」は大いに進歩したが、人々の風俗、精神気質、人物人品、徳義、礼節などの改良については、ほとんど進歩が見られない。そこで円了は、欧米各国固有の「政教＝実際哲学」を詳しく観察し、日本の将来のあり方を模索する旅を続けるのである。「政教子」という呼称は、こうした円了の意図を反映したものだ。

岡田は、『欧米各国政教日記』で使われる「政教子」は、「政教＝実際哲学」という円了の哲学理解を表したものであると分析している。円了は世界旅行から帰国して、新たな構想で「哲学館を改良」する。それが「日本主義の大学の設立」であり、その第一歩としての新校舎の建設であった。このような行動について、岡田はつぎのように述べている[88]。

政治や社会のシステムの改良は、社会を根底から変革することにはならない。欧米の近代国家の実情を見聞し、修善寺の温泉で想を練っていた円了が求めていたのは、より根本的な「一国ノ基礎」の改良であった。こうした「国民全体ノ改良」を実現するために、円了の提唱するのが「日本主義の大学」の確立なのである。

しかし、ここでの「日本主義」は、皇国主義的なナショナリズムとは決してイコールではない。東洋大学が発行している『井上円了の教育理念』のなかでも強調されているように、表面の目的である「日本主義」の裏面に、宇宙や学理を探求する「宇宙主義」があることを忘れてはならないだろう。「国の本は精神にあり」とし、近代日本の形成を支える精神的支柱を確立することが、円了の「日本主義」の目的であった。

新しい政治体制の確立や文化の変革、技術革新や経済システムの充実といった、円了が「有形上の文明」と呼ぶ領域においては、当時の日本はすでに一定の成果を得ていた（と、円了は判断している）。しかし、近代国家に相応しい「無形上の文明」の確立は、欧米の国々に比して遥かに立ち遅れている（と、円了は感じていた）。日本の近代国家の黎明期に、新たな時代の精神的支柱の在り方を模索していた円了が、伊豆修善寺の温泉で想像上の旅に出立したのは、こうした状況のもとであったのである。

　実際に存在するか、あるいは当時の状況において想定可能な文化や社会の革新を極端なかたちで誇張し、揶揄・戯画化した「星界」の国々は、欧米各国の実情を自ら見聞した「政教子（＝円了）」が、今度は「想像子（＝円了）」として、これからの国家の方向性を探る思索の旅のなかで遭遇した、近代国家の可能性を具体的に表現した世界でもあった。

　そして、夢のような星界の旅路の果てに円了は「哲学界」へ到達し、理想の世界の実現のためには、社会や制度の変革に先立って精神の変革が必要であることを悟るのである。

　岡田の指摘する、「政教子」から「想像子」への旅、つまり近代国家の可能性を具体的に検討した結果、円了は「哲学界」に到達するのであるが、そこで円了が理想の国家実現のために見出すことは「無形上の文明」＝精神の変革の必要性であったと、岡田は述べている。

円了は明治三九（一九〇六）年に哲学館という学校教育から引退し、修身教会運動という社会教育に専念し、そして哲学堂を「精神修養的公園」へと拡張することに従事する。岡田は、修身教会の意義と現実について、つぎのように述べている。[68]

　修身教会の目的にとっては、宗派や宗教の違いはあまり意味を持たない。それよりも大切なのは、宗教活動の在り方である。修身教会は、旧来の宗派や教派の枠組みや伝統的な共同体の範疇を超えた、新たな地域社会の自主的な教化活動として構想されたのであった。

　円了の構想した修身教会運動自体は、期待したような組織化の成果は得られなかった。しかし、全国巡講自体は、一個人の活動としては類を見ない大規模な講演活動であったことは間違いない。円了は、講演活動から得た収入（多くは揮毫による）を哲学堂の拡張に費やし、四聖堂を中心とする哲学堂の整備を進めた。

　岡田は、円了が取り組んだ修身教会運動は新たな地域社会の活動として構想されたものという。この修身教会で哲学者の円了が願ったことは、やはり「無形上の文明開化」ではなかったか、と筆者は考えている。円了は哲学堂において「南無絶対無限尊」と唱念することを提起している。このことの意味について、岡田はつぎのように述べている。[90]

哲学・理学の探求した「真理」を人々に啓蒙し、自ら思考する習慣を持たない人々に「哲学」することの意義を伝え、伝統的価値観にしばられた社会を組みかえる――あるいは「近代化」する――ことが、円了にとっての哲学の実行化だったのである。

こうした円了の理念は、修善寺の温泉を出立した円了が、星界旅行の果てに辿りついた境地でもあった。各星界において強調される、共和制や経済至上主義、女性の社会進出や長寿社会、科学技術の発展や社会システムの徹底的な合理化といったイメージは、当時の円了が想定することができた、来るべき社会のイメージと重なるものであっただろう。円了は、これらの社会変革のイメージを極限まで誇張し、パロディ化することによって、現実世界のユートピア化の可能性と限界を示すとともに、新時代における哲学／宗教の重要性を強調しようとしたのである。

岡田は、円了が『星界想遊記』で試みたことは、現実世界のユートピア化の可能性と限界、さらには新時代の哲学・宗教の重要性を明らかにしようとしたものであると分析している。岡田は、円了の『星界想遊記』に表された思想が、その後の円了の活動とどのように結びついたのか、この点から、つぎのように結論を述べている。[91]

哲学界を究極の理想とする円了の思想は、精神的歓楽を至上のものとすることによって、現状を無批判に肯定する精神主義ではない。既存の社会の具体的な変革を志向するユートピア的思想であった。とくに晩年の円了は、哲学堂の経営や修身教会運動に代表されるように、「哲学宗」の普及によって、人々の内面から社会を根本的に変革しようとするユニークな活動を推進する。円了の提唱する「哲学の実行化」は、新時代の理想的国家の実現を志向するユートピア的な愛国主義と結びついた、極めて現実的な理念だったのである。

「日本主義の大学」の構想にも見られるように、井上円了の愛国主義は、皇国主義的な国家への忠誠心に支えられたナショナリズム（国家主義）とは一線を画するものである。政治的共同体への忠誠心としての愛国心とは区別される、来るべき近代世界――あるいは「ユートピア」としての近代国家――への愛郷心こそが、「護国愛理」を掲げる円了の学校経営や出版活動、さらには、修身教会運動や哲学堂の経営といった社会教育活動を支えていたのではないか。

岡田は晩年の円了が目指した「哲学の実行化」とは、理想とする国家を実現する「ユートピア的愛国主義と結びついた、極めて現実的な理念」と捉えている。

円了の『星界想遊記』は明治二三(一八九〇)年、つまり円了が第一回の世界旅行を体験した半年後に出版されたものであることはすでに述べたが、岡田はそれと共に、この書には円了の思想も反映され、「来るべき世界における精神界(哲学界)の重要性を訴えた極めてユニークな思索の旅」と考えるべきであろうと、提起している。円了のこの時期は、日本の近代国家の黎明期であり、そこで円了は来るべき国家を構想して見せたのであろうと考えられる。岡田は、円了が現実世界のユートピア化の可能性と限界と示し、新時代における哲学・宗教の重要性を、この『星界想遊記』で強調しようとしたと、岡田は述べている。円了の思想は既存の社会の具体的な変革を志向するユートピア的思想であったと、岡田は指摘する。晩年の円了が推進しようとした「哲学宗」、全国を巡講した修身教会運動、精神修養的公園としての哲学堂の建設には、理想的国家への志向性が反映していると、岡田は考えている。そして岡田は、円了の愛国主義は皇国的な国家主義(ナショナリズム)と区別されるべきであり、「ユートピア」としての近代国家への愛郷心に支えられたものではないかと、新たな問題提起をしている。筆者も円了は理想を求めて実践した近代的ロマンチストと考えているが、岡田の提起したものと共通していると思われる。

一二　結びに代えて

すでに見たように、円了は明治一七(一八八四)年(二六歳)の時、西洋哲学史である「哲学要領」の論文を発表し、これを単行本化して、『哲学要領　前編』として出版した。これに続いて、明治一九(一八八六)~明治二〇(一八八七)年に『哲学一夕話』全三編を執筆し、日本型の観念論を提起して先駆者となった。その後、明治二〇(一八八七)年に『哲学要領　後編』の哲学論を出版して、体系的な初期思想を完成させた。明治四二(一九〇九)年(五一歳)の時、『哲学新案』を執筆し、相含の論理で宇宙観を解明した。円了の哲学思想は、この『哲学新案』をもって体系化されたが、その後の円了は『奮闘哲学』を大正六(一九一七)年に出版して、後述するように、哲学者に向上と向下を持つように提案している[92]。亡くなる直前の大正八(一九一九)年二月に「哲学上に於ける余の使命[93]」を発表し、哲学の通俗化と実践化を提唱している。これは『奮闘哲学』における哲学者の向上と向下の問題を具体化したものである。

円了の『哲学新案』と『奮闘哲学』の間に、哲学に対する取り組みの転換がある。円了は『哲学新案』の中で、「哲学の大勢はすでに定まれり[94]」という楽観的な断定をしているのである。

この点を含めて、哲学者の新田義弘はつぎのように批判している。[95]

円了の哲学は観の立場を越えるものでなく、あくまでも「見る」立場にとどまっており、理論と実践、認識と行為とを区別する枠組に縛られ、その限りで哲学的思惟そのものがプラクシスであるという自覚にまで達していない。

晩年の円了は「哲学する」ことを放棄したのだろうか。あるいは「哲学する」ことの内実が変化したのであろうか。この点はすでに円了の護国愛理の変化や円了の宗教思想とも共通する問題であろう。本論では、大学引退後の円了の思想活動、すなわち全国巡講時代の全体について、今後の研究課題として残さざるを得なかったが、円了の生涯と思想を解明する上で、全国巡講時代には本質的な問題が含まれていることを指摘しておきたい。

【註】

1　山口静一「フェノロサと井上円了」(『井上円了センター年報』第一号、平成四(一九九二)年、一八頁)。
2　同右、一九頁。
3　同右、二一—二三頁。
4　同右、二三頁。
東京大学において、スペンサーの哲学を円了に教えた人物として、フェノロサ以外に外山正一がいる。外山正一については、ライナ・シュルツァ「井上円了『稿録』の研究」(『井上円了センター年報』第一九号、平成二二(二〇一〇)年)を参照されたい。また、スペンサーの哲学と円了については、長谷川琢哉「スペンサーと円了」(『国際井上円了研究』第三号、平成二七(二〇一五)年)を参照されたい。
5　井上円了『哲学新案』明治四二(一九〇九)年(『選集』第一巻、三五四頁)。
6　針生清人「解説」(『選集』第一巻、四二三頁)。
7　同右、四一六頁。
8　清水乞「初期著作にみられる井上円了の東・西哲学の対比」(『井上円了の学理思想』東洋大学井上円了記念学術振興基金、平成元(一九八九)年、一一九頁)。
9　井上円了『哲学要領　前編』明治一九(一八八六)年(『選集』第一巻、八八頁)。
10　清水乞、前掲書、一二三頁。
11　同右、一二七頁。
12　同右、一二八頁。
13　井上円了「仏教哲学史につき卑見を述ぶ」(『円了講話集』明治三七(一九〇四)年、『選集』第二五巻、四一五—四三〇頁)。
14　清水乞、前掲書、一三〇—一三一頁。
15　同右、一三一頁、一三二頁。
16　竹村牧男「井上円了の哲学について」(『国際井上円了研究』第一号、平成二五(二〇一三)年、八二—一〇二頁)。
17　同右、八七頁。

18 井上円了『哲学要領　前編』明治一九(一八八六)年(『選集』第一巻、一四四—一四五頁)。
19 竹村牧男「井上円了の哲学について」、前掲書、九〇頁。
20 同右、九二頁、九三頁。
21 同右、九五頁。
22 同右、九五—九六頁。
23 同右、九六頁。
24 井上円了『哲学新案』明治四二(一九〇九)年(『選集』第一巻、三五六頁)。
25 竹村牧男「井上円了の哲学について」、前掲書、九七頁。
26 同右、九七—九八頁。
27 井上円了『奮闘哲学』大正六(一九一七)年(『選集』第二巻、二三一頁)。
28 竹村牧男「井上円了の哲学について」、前掲書、一〇〇—一〇一頁。
29 同右、一〇一頁。
30 針生清人「井上円了の実践の思想」(『井上円了の思想と行動』東洋大学、昭和六二(一九八七)年、五九頁)。
31 同右、六三頁。
32 同右、六六頁、六六—六七頁。
33 同右、九九頁。
34 小林忠秀「井上円了の「哲学」」(『井上円了の思想と行動』東洋大学、昭和六二(一九八七)年、三一—三二頁)。
35 同右、三三頁。
36 井上円了『仏教活論本論　第二編　顕正活論』、明治二三(一八九〇)年(『選集』第四巻、二九六頁)。
37 小林忠秀「井上円了の「哲学」」、前掲書、三五—三六頁。
38 同右、三七—三八頁。
39 同右、三九頁。なお、小林忠秀「井上円了の思想」(『井上円了研究』第二号、昭和五九(一九八四)年、一九—三四頁)を参照。
40 同右、五五—五六頁。
41 柴田隆行「井上円了の「哲学」観」(『井上円了センター年報』第一八号、平成二一(二〇〇九)年、三頁)。
42 同右、八頁。
43 井上円了『哲学一朝話』明治二四(一八九一)年(『選集』第一巻、二六二頁)。
44 小林忠秀「解説」(『選集』第二巻、四六六頁)。
45 井上円了『哲学早わかり』明治三二(一八九九)年(『選集』第二巻、五三頁、五六頁)。
46 柴田隆行「井上円了の「哲学」観」、前掲書、一六頁。
47 井上円了『奮闘哲学』大正六(一九一七)年(『選集』第二巻、二三三頁、二七八頁)。
48 柴田隆行「井上円了の「哲学」観」、前掲書、一八頁。
49 同右、二〇頁。
50 福鎌忠恕「井上円了と西洋哲学」(『井上円了と西洋思想』東洋大学井上円了記念学術振興基金、昭和六三(一九八八)年、三—二六頁)。馬場喜敬「井上円了とカント哲学」(同書、一〇三—一四三頁)。
51 柴田隆行「井上円了とカント、再考」(『井上円了センター年報』第二〇号、平成二三(二〇一一)年、八頁)。
52 井上円了『哲学要領　前編』明治一九(一八八六)年(『選集』第一巻、一四〇—一四一頁)。
53 柴田隆行「井上円了とカント、再考」、前掲書、一三頁。
54 同右、一九—二〇頁、二〇—二一頁。

55 小林忠秀「解説」(『選集』第二巻、四五五頁、四五七頁)。
56 柴田隆行「井上円了とカント、再考」、前掲書、一二一頁。
57 同右、一二二頁、一二三頁。
58 同右、一二三頁。
59 井上円了『哲窓茶話』大正五(一九一六)年(『選集』第二巻、一〇二頁)。
60 柴田隆行「井上円了とソクラテス」(『井上円了センター年報』第二二号、平成二五(二〇一三)年、四頁)。
61 同右、五頁。
62 同右、八頁。
63 同右、一三頁。
64 同右、一六頁、一七頁。
65 柴田隆行、ライナ・シュルツァ「井上円了『稿録』の日本語訳」(『井上円了センター年報』第一九号、平成二二(二〇一〇)年、二六八―一五七頁)。なお、原文の翻刻は、喜多川豊宇「井上円了英文稿録解」(『井上円了と西洋哲学』、前掲書、一八七―二八八頁)。その修正点については、清水乞「井上円了における近代西洋哲学研究の原点―「明治十六年秋　稿録」とその展開」(『井上円了センター年報』第一六号、平成一九(二〇〇七)年、一八四―三〇二頁)。
66 柴田隆行「井上円了とソクラテス」、前掲書、二一―二二頁。
67 ジョン・マラルドは Japanese Philosophy: A Sourcebook, ed. by James W. Heisig, Thomas P. Kasulis, and John C.Maraldo. University of Hawai'i Press, 2011. の "Modern Academic Philosophy" という項目の Overview (pp.553-582) の A Dialogue to Define Philosophy (pp.560-562) で、井上円了『哲学一夕話』第一編の「序」を英訳している。
68 ジョン・マラルド「日本の近代初期における西洋哲学の摂取」(『国際井上円了研究』第二号、平成二六(二〇一四)年、白井雅人翻訳、二〇〇頁)。
69 同右、二〇七頁。
70 同右、二〇七頁。
71 同右、二一五頁。
72 ウィリアム・ボディフォード「退隠した井上円了の精神修養する哲学」(『国際井上円了研究』第二号、平成二六(二〇一四)年、津田良生翻訳、二一七頁)。
73 同右、二一九頁。
74 同右、二二六頁。
75 同右、二二九頁。
76 同右、二三二頁、二三六頁。
77 岡田正彦「哲学堂散歩―近代日本の科学・哲学・宗教」(『仏教史学研究』第四八号第二号、平成一八(二〇〇六)年、六五―八三頁)。同「井上円了と哲学宗―近代日本のユートピア的愛国主義」(『国家と宗教』上、法蔵館、平成二〇(二〇〇八)年、一六一―一九八頁)。
78 岡田正彦「哲学堂散歩―近代日本の科学・哲学・宗教」、前掲書、六五―六六頁。
79 同右、六九頁。
80 同右、七三頁。
81 同右、七四頁、七六頁。
82 同右、七八頁。
83 岡田正彦「近代日本のユートピア思想と愛国主義―井上円了『星界想遊記』を読む」(『井上円了センター年報』第二〇号、平成二三(二〇一一)年、四七―四八頁)。同論文の註で岡田は、横田と坂出の出典について、つぎのことを指摘している。

横田順彌は、『SFマガジン』（早川書房）誌上で連載していた「近代日本奇想小説史　または、失われたナンジャモンジャをもとめて」（平成一四（二〇〇二）年一月～平成二〇（二〇〇八）年七月）の中で、しばしば円了の『星界想遊記』に言及している（例えば、平成二三（二〇一一）年の第四四巻・第三号及び第四号）。この連載は、最近『近代日本奇想小説史　明治篇』（ピラールプレス、平成二三（二〇一一）年、二七六―二九〇頁）のタイトルで刊行されたものである。横田は自らのエッセイの中で、『古書通信』第八〇三号（平成八（一九九六）年六月）に載せた自身の論考を評価した、坂出の文章にしばしば言及している。

両者の議論の焦点は、『星界想遊記』をSFとして評価することは可能か、という点と、円了が校閲者になった稲葉昌丸抄訳（スチュワート・テート著）『未来世界論』（哲学書院、明治二八（一八九五）年）と『星界想遊記』の影響関係である。この点については、坂出祥伸「井上圓了『星界想遊記』と康有為」（『改訂増補　中国近代の思想と科学』朋友書店、平成一三（二〇〇一）年、六一六―六三六頁）を参照。

84　井上円了『星界想遊記』明治二三（一八九〇）年（『選集』第二四巻、二五―六三頁）。

85　岡田正彦「近代日本のユートピア思想と愛国主義―井上円了『星界想遊記』を読む」、前掲書、五六―五七頁。

86　井上円了『欧米各国政教日記　上・下編』明治二二（一八八九）年（『選集』第二三巻、一七―一五三頁）。梅村裕子「井上円了の『欧米各国政教日記』におけるキリスト教観」（『国際井上円了研究』第三号、平成二七（二〇一五）年）を参照。

87　岡田正彦「近代日本のユートピア思想と愛国主義―井上円了『星界想遊記』を読む」、前掲書、五八頁。

88　同右、六〇―六一頁。

89　同右、六三頁、六四頁。

90　同右、六八―六九頁。

91　同右、七〇頁。

92　井上円了『奮闘哲学』大正六（一九一七）年（『選集』第二巻、二三〇―二三五頁）。

93　井上円了「哲学上に於ける余の使命」（『東洋哲学』第二六巻第二号、一―一一頁）。

94　井上円了『哲学新案』明治四二（一九〇九）年（『選集』第一巻、四〇二頁）。

95　新田義弘「井上円了の現象即実在論」（『井上円了と西洋思想』東洋大学井上円了記念学術振興基金、昭和六三（一九八八）年、九九頁）。

第四節　著述と略年譜

井上円了は、明治の初期から大正の初めにかけて、哲学者、仏教者、教育者などとして活動し、近代日本の創出のために独自の寄与をなした功労者である。その活動の分野は、「人生の二大事業は著述と教育にあり」と自らも述べているように、円了は主として数々の著述と教育事業を、後世のわれわれへの、大きな遺産として残している。

円了の生涯における著述活動は、『井上円了関係文献年表』[1]によって詳細に知ることができる。同書によれば、円了の初めての論文は、『開導新聞』第二二号に発表された井上甫水「印度史の抄訳」である（甫水は生まれた浦村に因んだ号である）。変体仮名を含む五〇〇字ほどの文章で、『開導新聞』の明治一三（一八八〇）年一〇月二〇日に掲載された。当時、円了は二二歳で、東京大学予備門の四年生であった。

このように、著述活動は東京大学在学中から始められているが、著述家となるための修練は、主にこの『開導新聞』を場として行われている。『開導新聞』は円了が留学生として派遣された真宗大谷派（東本願寺）の機関誌であった。[2]

この新聞の第二二号に円了の最初の原稿が掲載されたのであるが、翌明治一四（一八八一）年には「主客問答」を九回にわたり連載し、明治一五（一八八二）年にも「耶蘇教防禦論」「僧侶教育法」「宗教篇」の三論文を発表している。文明開化を編集方針としたこの新聞では、東京大学文学部哲学科に在学中の円了に注目し、将来において著述家となる人物として育てたと考えられる。

大学卒業前の明治一七（一八八四）年から、円了は「排孟論」を東京大学の学術雑誌『東洋学芸雑誌』に、「哲学要領」を『令知会雑誌』に、「余が疑団何の日にか解けん―耶蘇教を排するは理論にあるか」を仏教新聞『明教新誌』にと、一般の新聞・雑誌に連載している。その後も、二年間にわたり数々の独創的な著書や論文を執筆し、発表し続けた。円了がまず取り組んだことが、このような著述活動であった。円了の哲学の提唱・普及、東洋哲学としての仏教の問題提起は、衰退していた仏教界を近代化へ導く礎となった。この成功に続いて、円了は明治二〇（一八八七）年に、現在の東洋大学の起源である哲学館を創立した、人生の二大事業のもう一つはこのようにして始められたのである。

円了の著述活動はその後も続けられたが、六一年間の生涯における著述数を知るために、『井上円了関係文献年表』をもとに、統計をとったところ（数編に分かれているものも、同一書名は一と数えた）、単行本・講義録は一二七冊、論文・その他（漢詩、趣意書、報告など）は六三八編に達していた。

この「井上円了著述統計表」は、年別の著述活動を知るために、つぎの方法（単行本・講義録の刊行数は、全三編のものは三と数えた。新聞・雑誌などの掲載数は連載ものをそれぞれ一と数えた）により計算したものである（円了の場合、先に新聞・雑誌に掲載された論文が、後に単行本になったケースがあるが、数としてはそれぞれに重複加算されている）。

これによれば、明治二〇（一八八七）年前後に最初の活動のピークが見られ、明治三〇年代は隔年に活動が活発化している。

新聞・雑誌で年間掲載回数が七〇を超えているのは、明治一九（一八八六）年の『明教新誌』などへの連載であり（これが『真理金針』として単行本となった）、これによって社会的に高い評価を受け始めた時期である。また同じく明治三七（一九〇四）～三八（一九〇五）年に七〇回を超えているのは、欧米社会における道徳・倫理の状況をモデルとした修身教会運動のために自ら雑誌を発行した時期である。

円了の著述は、哲学、宗教（仏教）、倫理、心理、妖怪学、旅行記、随筆その他に分類されるが、一つの専門分野にとどまらない傾向があり、哲学と仏教、哲学と宗教、宗教と教育など、現在の呼び方でいえば「学際的なもの」が少なくないことが特質となっている。その典型は妖怪学であるといわれている。

このような特質は、前期の著述から見受けられているが、前期はどちらかといえば、西洋の学術理論を分かりやすく紹介したものが多く、後期になると理論から応用へと、その比重が移る傾向がある。福沢や円了を「啓蒙家」として概括することが

井上円了著述統計表

和　暦	西　暦	年　齢	単行本・議事録の刊行数	新聞・雑誌の掲載数
明治 13	1880	22		1
明治 14	1881	23		10
明治 15	1882	24		20
明治 16	1883	25		2
明治 17	1884	26		23
明治 18	1885	27	2	34
明治 19	1886	28	5	71
明治 20	1887	29	10	23
明治 21	1888	30	3	31
明治 22	1889	31	3	16
明治 23	1890	32	6	31
明治 24	1891	33	8	17
明治 25	1892	34	9	23
明治 26	1893	35	8	14
明治 27	1894	36	4	18
明治 28	1895	37	4	22
明治 29	1896	38	6	20
明治 30	1897	39	5	12
明治 31	1898	40	17	11
明治 32	1899	41	3	16
明治 33	1900	42	11	12
明治 34	1901	43	4	17
明治 35	1902	44	14	17
明治 36	1903	45	5	33
明治 37	1904	46	11	71
明治 38	1905	47		76
明治 39	1906	48	1	47
明治 40	1907	49	2	35
明治 41	1908	50	2	26
明治 42	1909	51	4	10
明治 43	1910	52	2	6
明治 44	1911	53	1	18
大正 1	1912	54	5	26
大正 2	1913	55	3	2
大正 3	1914	56	5	11
大正 4	1915	57	4	11
大正 5	1916	58	6	7
大正 6	1917	59	4	7
大正 7	1918	60	3	3
大正 8	1919	61	2	7
合計			182	857

見られるが、両者は在野で活躍した著述家・教育家であり、ともに「実際」の問題を重視した点で共通性があると考えられる。

先の統計表を見ると、円了の著述活動は、明治一三（一八八〇）年の二二歳から始まり、大正八（一九一九）年に六一歳の時、中国・大連で客死するまで、海外視察や体調不良によって一時的に減少することはあっても、生涯にわたり止むことなく継続された、人生の一大事業であったといえよう。

【註】

1　山内四郎・三浦節夫共編『井上円了関係文献年表』（東洋大学井上円了研究会第三部会、昭和六二（一九八七）年）。

2　安藤州一「開導新聞の発行」（『現代仏教』第一〇五号、昭和八（一九三三）年）を参照。

井上円了略年譜

和暦	西暦	年齢	月日	事項
安政　五年	一八五八		二月　四日	越後国（新潟県長岡市）、真宗大谷派慈光寺の長男として誕生（西暦三月一八日）
明治　元年	一八六八	一〇歳	三月	石黒忠悳の漢学塾に学ぶ（明治二（一八六九）年四月まで）
明治　二年	一八六九	一一歳	八月	木村鈍叟（旧長岡藩士）に漢学を学ぶ（明治五（一八七二）年一二月まで）
明治　四年	一八七一	一三歳	四月　二日	東本願寺にて得度
明治　六年	一八七三	一五歳	五月二九日	高山楽群社に入り英語を学ぶ
明治　七年	一八七四	一六歳	五月　五日	新潟学校第一分校（旧長岡洋学校・現長岡高等学校）に入学し洋学と数学を学ぶ
明治　九年	一八七六	一八歳	九月　一日	仮学校（のちの長岡学校）の授業生となり、教授の助手をつとめる
			一〇月二〇日	同校内に友人らと「和同会」を創設
明治一〇年	一八七七	一九歳	七月　八日	長岡学校を辞して京都へ出発
			九月	京都東本願寺の教師教校英学科に入学
明治一一年	一八七八	二〇歳	四月　八日	東本願寺留学生として上京
			九月	東京大学予備門に入学
明治一四年	一八八一	二三歳	九月	東京大学文学部哲学科に入学
			一〇月一一日	「主客問答」を『開導新聞』に連載
明治一七年	一八八四	二六歳	一月二六日	井上哲次郎、三宅雪嶺、西周、加藤弘之らと相談し「哲学会」を創立
				この年から、新聞・雑誌（『東洋学芸雑誌』『令知会雑誌』『明教新誌』）に論文を発表
			一〇月	「修学ノ教目并ニ将来ノ目的ニ付奉上申候」を東本願寺に上申し、学校の設立の必要性を明らかにする
明治一八年	一八八五	二七歳	七月一〇日	東京大学文学部哲学科を卒業
			七月二五日	東京大学研究生に選ばれる
			九月　八日	東本願寺より印度哲学取調掛に任命される
			一〇月二七日	第一回哲学祭を挙行
			一〇月三一日	東京大学学位授与式において文学士の称号を授与され総代として謝辞を述べる
			一一月	初めての単行本『破邪新論』を明教社より刊行
明治一九年	一八八六	二八歳	一月二四日	不思議研究会を開催

			四月　一日	帝国大学大学院に入学する（後に病気で辞退する）
			四月	熱海で病気療養中に、哲学館設立の構想を練る
			七月	『哲学一夕話　第一編』刊行
			九月	『哲学要領　前編』刊行
			一一月	『哲学一夕話　第二編』刊行
			一一月　一日	旧加賀藩医・吉田淳一郎の娘・敬と結婚
			一一月　六日	『真理金針　続編』刊行
			一二月二九日	『真理金針　初編』刊行
明治二〇年	一八八七	二九歳	一月	哲学書院を設立
			一月一四日	『真理金針　続々編』刊行
			二月	『倫理通論　第一』刊行
			二月　五日	哲学会の機関誌『哲学会雑誌』を創刊（巻頭に「哲学ノ必要ヲ論シテ本会ノ沿革ニ及フ」を発表）
			四月	『哲学一夕話　第三編』刊行
			四月	『哲学要領　後編』刊行
			五月　二日	『妖怪玄談』刊行
			六月	「哲学館開設ノ旨趣」を発表
			六月	『哲学道中記　巻二』刊行
			七月二三日	私立学校設置願を東京府知事に提出
			九月	『心理摘要』刊行
			九月一六日	哲学館を創立。麟祥院（現在の東京都文京区）で開校式を挙行
			一二月	『仏教活論本論　第一編　破邪活論』刊行
明治二一年	一八八八	三〇歳	一月　八日	『哲学館講義録』を刊行し、通信教育を開始
			一月一八日	「純正哲学（哲学論）」を哲学館講義録に発表（～四月二八日）
			三月三一日	『宗教新論』刊行
			四月　三日	政教社が雑誌『日本人』を創刊、同社の創設に参加
			六月　九日	第一回世界旅行（欧米）に出発
			八月二二日	『通信教授　心理学』刊行
明治二二年	一八八九	三一歳	六月二八日	世界旅行より帰国

			七月	「哲学館改良ノ目的ニ関シテ意見」を発表
			八月	「哲学館将来ノ目的」で将来「日本主義の大学」を設立することを発表
			八月　一日	本郷区駒込蓬莱町二八番地に新校舎の建築着工
			八月一〇日	『欧米各国政教日記　上巻』刊行
			八月二八日	郷里の父に宛て、「仏教が危機存亡の重大事局にあり、帰郷して住職となることを断る」旨の手紙を出す
			九月一一日	台風のため新築中の校舎全棟倒壊。その後、再建に着工
			九月一四日	『日本政教論』刊行
			一一月　一日	本郷区駒込蓬莱町の新校舎に移転し、寄宿舎も開設
			一一月一三日	哲学館移転式（新校舎落成開館式）を挙行
			一二月一二日	『欧米各国政教日記　下巻』刊行
明治二三年	一八九〇	三二歳	一月　八日	「実際的宗教学」を哲学館講義録に発表（～九月八日）
			二月二四日	『星界想遊記』刊行
			三月　八日	「高等心理学」を哲学館講義録に発表（～一〇月二八日）
			三月一〇日	文部省に教員免許無試験検定の認定を申請
			四月一三日	哲学館、日曜講義を開催
			六月二三日	『日曜講義　哲学講演集』刊行（妖怪総論・耶蘇教の変遷を論して其将来をトす・心理療法を発表）
			七月　六日	哲学館内に哲学研究会を結成。加藤弘之の個人誌『天則』を譲り受ける
			九月二九日	『仏教活論本論　第二編　顕正活論』刊行
			一一月　二日	哲学館専門科設立の基金募集のため全国巡講を開始（明治二六（一八九三）年二月まで継続）
			一二月二八日	「館主巡回日記」を哲学館講義録に発表（『修身教会雑誌』等に発表をうつし、明治三九（一九〇六）七月一一日まで続く）
明治二四年	一八九一	三三歳	二月一〇日	「純正哲学講義（哲学総論）」を哲学館講義録に発表（～九月三〇日）
			五月二二日	『倫理摘要』刊行
			五月二五日	「倫理学（理論）」を哲学館講義録に発表（～一〇月二五日）
			一一月　五日	「近世哲学史」を哲学館講義録に発表（～二五年一〇月二五日）
			一一月　五日	「理論的宗教学」を哲学館講義録に発表（～二五年一〇月二五日）（明治三五（一九〇二）年『宗教

				哲学』として合本）
			一一月二五日	『哲学一朝夕話』刊行
			一二月　五日	「妖怪学」を哲学館講義録に発表（～二五（一八九二）年一〇月二五日）
			一二月一八日	『教育適用　宇合歌留多』刊行
			一二月二五日	『転法輪話』刊行
明治二五年	一八九二	三四歳	一月	『哲学飛将棊』（遊戯）刊行
			一月	『哲学飛将棊指南』刊行
			五月　五日	『真宗哲学序論』刊行
			六月　二日	『教育論』刊行
			一一月　五日	「純正哲学講義（哲学総論・東洋哲学）」を哲学館講義録に発表（～二六（一八九三）年一〇月二五日）
			一一月一五日	「宗教哲学」を哲学館講義録に発表（～二六（一八九三）年一〇月二八日）（明治三五（一九〇二）年『宗教哲学』として合本）
			一一月一五日	「教育総論」を哲学館講義録に発表（～二六（一八九三）年一〇月五日）
			一一月二五日	「古代哲学」を哲学館講義録に発表（～二六（一八九三）年一〇月二八日）
			一一月二五日	「日本倫理学」を哲学館講義録に発表（～二六（一八九三）年一〇月二八日）
明治二六年	一八九三	三五歳	一月　七日	『日本倫理学案』刊行
			四月二九日	『教育宗教関係論』刊行
			五月　五日	「仏教哲学」を哲学館講義録に発表（～一〇月一五日）
			六月一九日	『禅宗哲学序論』刊行
			七月二〇日	『忠孝活論』刊行（「仏門忠孝論一斑」を合刷）
			八月二四日	『妖怪学講義緒言』刊行
			一一月	迷信打破のため、妖怪研究会を設立
			一一月　五日	「比較宗教学」を哲学館講義録に発表（～二七（一八九四）年一〇月）
			一一月　五日	「妖怪学講義（総論・理学部門・医学部門・純正哲学部門・心理部門・宗教部門・教育学部門・雑部門）」を哲学館講義録に発表（～二七（一八九四）年一〇月二五日）
明治二七年	一八九四	三六歳	二月一五日	『記憶術講義』刊行
			三月　二日	東洋哲学会を設立。機関誌『東洋哲学』を創刊
			一〇月　五日	『戦争哲学一斑』刊行

			〔一一月　五日〕	「東洋心理学」を哲学館講義録に発表（〜二八（一八九五）年一一月）
			一二月	『戦争哲学将基』（遊戯）刊行
				この年、教員免許試験無試験検定の認定を申請
明治二八年	一八九五	三七歳	三月　三日	『新年制変更論』刊行
			三月一二日	『日宗哲学序論』刊行
			八月一一日	『失念術講義』刊行
			九月	哲学館、入試制度となる。学制を改め教育学部、宗教学部の二学部を設置
			〔一一月　五日〕	「宗教学講義宗教制度」を哲学館講義に発表（〜二九（一八九六）年）
明治二九年	一八九六	三八歳	一月	東洋大学科設立と東洋図書館建設の旨趣を発表
			三月二四日	第二回全国巡講開始（明治三五（一九〇二）年九月まで継続）
			六月　八日	論題「仏教哲学系統論」により文学博士の学位を受ける
			六月一四日	『妖怪学講義』再版刊行（哲学館講義録に『妖怪学講義緒言』を増補し、六分冊の単行本として刊行）
			一二月一三日	郁文館より失火、哲学館に類焼の上全焼
明治三〇年	一八九七	三九歳	一月一〇日	漢学専修科の開講式を挙行
			二月二二日	『外道哲学（仏教哲学系統論　第一編）』刊行
			四月　八日	仏教専修科の開校式を挙行
			四月　八日	「仏教理科講義」を仏教専修科講義録に発表（〜三一（一八九八）年三月二三日）（「哲学館講義録　仏教科第四輯」として哲学館大学より明治三八（一九〇五）年一二月一五日刊行）
			四月　八日	「仏教心理学講義」を仏教専修科講義録に発表（〜三一（一八九八）年三月二三日）
			七月一七日	哲学館、原町（現代の文京区白山校地）に移転
			八月二五日	宮内省より恩賜金三百円を受ける
			一〇月	『教育家宗教家の内地雑居準備に対する心得』刊行
			一一月　七日	『妖怪研究の結果』刊行（のち『おばけの正体』に収録）
明治三一年	一八九八	四〇歳	二月二一日	『通俗絵入　妖怪百談』刊行
			二月二六日	『破唯物論』刊行
			〔四月　八日〕	「大乗哲学」を仏教専修科講義録に発表（〜三二（一八九九）年）（「哲学館講義録　仏教科第一四輯」として哲学館大学より明治三八（一九〇五）年一二月一五日刊行）

			六月一五日	『教育的世界観及人生観』刊行
			七月一六日	『印度哲学綱要』刊行
			八月	『妖怪学講義録』（佐渡教育会）刊行
			一一月一一日	『雑居準備　僧弊改良論』刊行
			一二月一二日	『中等修身書　巻之一～巻之五』刊行
			一二月一二日	『中等倫理所　巻之一～巻之五』刊行
明治三二年	一八九九	四一歳	二月一八日	『通俗講談言文一致　哲学早わかり』刊行
			二月二六日	京北中学校開校式を挙行
			四月　八日	「仏教大意」を仏教普通科講義に発表（東洋大学出版部より五冊合綴本の一として刊行）
			四月二七日	『通俗講義　霊魂不滅論』刊行
			七月一〇日	哲学館、中等教育免許無試験検定許可の許可を受ける
			九月	学制を変更し、教育部と哲学部とし、また漢学専修科を教育部に、仏教専修科を哲学部に合併
明治三三年	一九〇〇	四二歳	二月一二日	『西洋賢哲像伝』刊行
			四月　二日	文部省より修身教科書調査委員を委託される
			四月　八日	『漢字不可廃論』刊行
			四月一〇日	『妖怪学雑誌』を創刊（第一号より第二六号、明治三四（一九〇一）年四月二五日まで刊行）
			四月一四日	『通俗絵入　続妖怪百談』刊行
			四月一九日	『中等女子修身書　巻之一～巻之五』刊行
			九月二八日	『能州各地巡回略報告』刊行
			一一月三〇日	『勅語略解』刊行
明治三四年	一九〇一	四三歳	二月一二日	『円了随筆』刊行
			二月二七日	『禅宗真宗二宗哲学大意』刊行
			五月　八日	『紀州南部各地巡回報告』刊行
			九月	哲学館、学制を改革し、予科を第一科第二科に、本科教育学部と哲学部をそれぞれ第一科第二科に分ける
			一〇月二五日	内閣より高等教育会議議員を嘱託される
明治三五年	一九〇二	四四歳	一月二五日	『修身女鑑　巻の一～巻の四』刊行（井上円了撰、西脇又作著）
			一月二七日	『修身要鑑　巻の一～巻の五』刊行

			一月一三日	『円了茶話』刊行
			四月　一日	「哲学館大学部開設予告」を発表
			四月　六日	『甫水論集』刊行
			五月三〇日	『珠算改良案』刊行
			六月一八日	『宗教改革案』刊行
			一〇月一五日	『宗教哲学』を「哲学館講義録　第四類第一四号」として刊行（哲学館講義録の「理論的宗教学」と「宗教哲学」を合綴したもの）
			一〇月二五日	哲学館卒業試験に文部省視学官の監査を受ける
			一〇月三一日	『勅語玄義』刊行
			一一月一五日	第二回世界旅行（欧米およびインド）に出発
			一二月一三日	文部省、哲学館の中等教員無試験検定の特典を剥奪する（「哲学館事件」発生）
明治三六年	一九〇三	四五歳	二月　一日	ロンドンより哲学館事件に関する指示を送る
			四月二〇日	哲学館、円了の命により文部省へ教員免許資格に関する嘆願書を提出
			七月二七日	世界旅行より帰国
			九月　五日	「広く同窓諸子に告ぐ」を発表し、「独立自活の精神をもって純然たる私立学校の開設」を明らかにする
			九月一四日	『再航詩集』刊行
			九月一四日	『修身教会設立旨趣』を刊行し全国に配布
			一〇月　一日	私立哲学館大学と改称し、専門学校令による設置を許可される
			一一月	『欧米風景集』（編）刊行
			一二月一〇日	『円了漫録』刊行
			一二月二九日	『天狗論』刊行
明治三七年	一九〇四	四六歳	一月一五日	第三回全国巡講を開始
			一月一八日	『西航日録』刊行
			一月一九日	『改良新案の夢』刊行
			二月一一日	『修身教会雑誌』刊行
			三月三〇日	『円了講話集』刊行
			四月　一日	哲学館大学開校式を挙行、哲学館大学長に就任、大学部を開設、哲学堂（現在の東京都中野区・

				哲学堂公園）の開堂式を挙行
			六月一〇日	『仏教通観　上巻・下巻』刊行
			七月	神経的疲労を覚え始め、学校を解散し、講習会組織に改めることを考える
			九月一〇日	『迷信解』刊行
			九月二一日	『中学修身書　巻之一～巻之五』刊行
			一〇月	哲学館大学革新事件起こる（～一二月）
			一一月二八日	『心理療法』刊行
明治三八年	一九〇五	四七歳	四月	神経的疲労が再発、引退の意志を起こすが、その後快方に向う
			五月　三日	京北幼稚園の開園式を挙行
			九月	哲学館大学、京北中学校の一層の拡張を計ったのち引退することを考える
			一二月	（初旬）二度も庭前で卒倒しそうになる
			一二月一三日	哲学館大学記念会を上野精養軒で行い、帰宅後引退を決意する
			一二月二八日	前田慧雲、湯本武比古への学校譲渡の契約を完了（～二九日）
明治三九年	一九〇六	四八歳	一月	哲学館大学長、京北中学校長を辞し、名誉学長・校長となる
				哲学堂に引退、修身教会拡張に従事
			四月　二日	修身教会運動のため、全国を巡講する（大正八（一九一九）年まで）
			六月二八日	哲学館大学の「私立東洋大学」への改称が認可される
			七月　四日	財団法人私立東洋大学の設立が認可される
			一〇月二八日	韓国・満州巡講を行う（～一一月二九日）
			一二月二五日	『修身教会要旨』刊行
				この年、全国巡講を一七三日にわたり行う。
明治四〇年	一九〇七	四九歳	五月一三日	東洋大学、文部省より教員免許無試験検定の取扱を再認可される
			八月二四日	樺太巡講を行う（～八月二八日）
			一一月　五日	「修身学」を師範科講義録に発表（～明治四二（一九〇九）年）（東洋大学出版部から『修身学』として刊行）
			一二月一一日	「哲学堂拡張予告」を発表
			一二月二五日	『純正哲学　上巻』（訳編）観光
				この年、全国巡講を二七五日にわたり行う

明治四一年	一九〇八	五〇歳	二月一二日 一二月二〇日 	『純正哲学　下巻』（訳編）刊行 『南船北馬集　第一編』刊行 この年、全国巡講を二六二日にわたり行う
明治四二年	一九〇九	五一歳	一月一〇日 一月二五日 一〇月一五日 一一月 一二月　九日 	『南船北馬集　第二編』刊行 『南船北馬集　第三編』刊行 『自家格言集』刊行 哲学堂に哲理門・六賢台・三学亭が完成する 『哲学新案』刊行 この年、全国巡講を一八五日にわたり行う
明治四三年	一九一〇	五二歳	一月二八日 一月三〇日 一二月二〇日 	野方村江古田の蓮花寺と墓地の件を約定する 『南船北馬集　第四編』刊行 『南船北馬集　第五編』刊行 この年、全国巡講を二二六日にわたり行う
明治四四年	一九一一	五三歳	一月　七日 四月　一日 七月二五日	台湾巡講を行う（〜二月二〇日） 第三回世界旅行（オーストラリア、南アフリカ、欧州、南米、北米、南洋諸島）に出発 『日本周遊奇談』刊行
明治四五年	一九一二	五四歳	一月二二日 三月一〇日 四月二五日 四月二五日 七月	世界旅行より帰国 『南半球五万哩』刊行 『明治徒然草』刊行 『南船北馬集　第六編』刊行 哲学堂七七場の命名を始める
大正　元年	一九一二	五四歳	八月 九月　五日 九月一〇日 	修身教会を「国民道徳普及会」と改称 『活仏教』刊行 『日本仏教』刊行 この年、全国巡講を九二日にわたり行う
大正　二年	一九一三	五五歳	六月一八日 六月二八日 一二月　三日	『南船北馬集　第七編』刊行 『哲界一瞥』刊行 哲学堂の宇宙館が完成する

大正 三年	一九一四	五六歳	一二月一八日	『大正菜根譚』刊行
				この年、全国巡講を二八四日にわたり行う
			二月 八日	『南船北馬集 第八編』刊行
			二月二四日	『人生是れ戦場』刊行
			五月二五日	『妖怪談』（『続妖怪百談』の改題本）刊行
			七月 五日	『おばけの正体』刊行
			七月三一日	『南船北馬集 第九編』刊行
				この年、全国巡講を二三一日にわたり行う
大正 四年	一九一五	五七歳	二月 四日	『南船北馬集 第一〇編』刊行
			六月二一日	『大正徒然草』刊行
			一〇月	政府から表彰の議（大正元（一九一二）年九月に続いて二度目）があったが、固辞する
			一〇月二四日	哲学堂図書館（絶対城）の落成式を挙行、現在の哲学堂公園の景況がほぼ出来上がる
			一二月一五日	『哲学堂独案内』刊行
				哲学堂に霊明閣を新築する
			一二月一八日	『南船北馬集 第一一編』刊行
				この年、全国巡講を一九七日にわたり行う
大正 五年	一九一六	五八歳	一月 五日	『妖怪叢書 第一編～第四編（合本）』刊行
			三月一八日	『迷信と宗教』刊行
			五月	『大正三字経』刊行（井上円了撰、山口彦総揮毫による習字帖）
			五月 五日	『哲窓茶話』刊行
			五月一四日	哲学堂において日曜講演を開催する
			六月 四日	哲学堂図書館の日曜公開を始める
			六月二九日	『南船北馬集 第一二編』刊行
			七月一六日	哲学堂において夏期講習会を開催する（～二三日まで）
			七月二〇日	『哲学堂図書館図書目録』刊行
			一〇月 七日	中国・青島泰山曲阜旅行（～一〇月二〇日）
				この年、全国巡講を二一四日にわたり行う
大正 六年	一九一七	五九歳	五月二五日	『奮闘哲学』刊行

			六月	『未知句斎集　第一編』刊行
			六月一一日	『南船北馬集　第一三編』刊行
			八月一五日	『活用自在　新記憶術』刊行
				この年、全国巡講を二二一日にわたり行う
大正　七年	一九一八	六〇歳	一月二二日	最後の遺言状を起草
			一月二八日	『南船北馬集　第一四編』刊行
			二月一八日	『焉知詩堂集　第一編』刊行
			五月二四日	朝鮮巡講を行う（〜七月二一日）
			一一月一八日	『南船北馬集　第一五編』刊行
				この年、全国巡講を一七二日にわたり行う
大正　八年	一九一九	六一歳	二月　三日	「教育上私立学校に対する卑見」を朝日新聞に発表
			二月　九日	『大正小論語』刊行
			三月一六日	『真怪』刊行
			四月	『南船北馬集　第一六編［遺稿］』執筆
			五月　五日	中国巡講に出発
			六月　六日	六月五日、大連で講演中に脳溢血を起こし、六日午前二時四〇分死去
			六月二二日	東洋大学葬を挙行
			一二月　九日	財団法人哲学堂が認可される

第七章

結論と課題

第一節　結論

一　長岡時代

円了は安政五(一八五八)年に生まれた。この年の七月に日米修好通商条約が調印されている。一〇月には「安政の大獄」が始まった。時代は幕末から明治維新へと激動する過程に入っていた。円了の生誕地は長岡藩西組の浦村であり、生家は東本願寺の末寺の慈光寺であり、真宗寺院の長男として生まれたという歴史的地理的な人間形成の条件があった。円了は住職の後継者として育てられた。

円了の生涯と思想を考える時、長岡時代は人格形成の時期であった。円了の生涯の基本には、真宗寺院の長男に生まれたことがある。仏教者として育てられたのである。また、寺院の後継者は、浦村という地域社会の社会的文化的な指導者になることを期待されていた。円了は生まれつき指導者意識を持つように育てられたのである。[1]

つぎに大きな生活基盤の条件であったのは、これまでの井上円了研究でほとんど注目されることがなかったが、檀家総代としての高橋家の存在である。円了の育った時は九代目の高橋九郎右衛門が高橋家の当主だった。その後、明治初期に高橋家を継承したのは一〇代目の高橋九郎で、円了より九歳年上であった（高橋九郎は石黒忠悳と浦村の隣村の片貝村の耕読堂という塾で学んだ仲間であった）。一二代目の当主・高橋健吉によれば、同家の古文書の中に、嘉永六(一八五三)年にアメリカのペリーが浦賀に来航したという記述があったという。高橋家は新潟県を代表する進歩的地主の一つであったが、同時に「骨接ぎ薬」を江戸や京都の各地まで販売していた家でもある。

幕末の歴史的変動の情報は、薬の販売を通して集められ、その情報は菩提寺である慈光寺にも伝えられたと考えられる。円了が時代に対し鋭敏に反応する感覚を持つようになったのは、住職の父や坊守の母の思想もあるが、高橋家の存在が大きく作用したと思われる。また円了が明治維新の年の前半から石黒忠悳の塾に通い、その後、慈光寺で藩の儒者・木村鈍叟から高いレベルの漢学教育を受け（木村鈍叟は高橋家と親交があった）、さらに長岡の洋学校で学べた背景には、慈光寺を総代として経済的社会的に支えた高橋家の存在があったと考えられる。[2]

円了は慈光寺における父母による宗門教育を受けた後で、慶応四(一八六八)年四月から明治二(一八六九)年四月まで、すなわち明治維新の年に一年間にわたり石黒忠悳の塾に学んだ。石黒塾は隣村の片貝村にあった。一〇歳になった円了は一時間かけて通った。

教師の石黒忠悳は、蘭癖と称された佐久間象山の教戒を受けて、攘夷思想を捨て、勤皇・開化思想へ変わり、それにともなって武士を捨てて蘭方医に翻身した人物であった。当時、二三歳で江戸の医学所（後の東京大学医学部となる）で助教を勤めた有能な人間でもあった。「先生は、洋風を好み」と円了はいう。円了の世界体験、思想体験の始まりであった。誰も通わぬ大雪の日も、下駄の鼻緒が切れて裸足で行かざるを得ない時も、円了は石黒忠悳先生の塾へ学びに行った。ものに憑かれたように、石黒の存在と思想に魅了され、それに夢中になれるという円了の性格は、この時から発揮された。漢学と算数の初歩を習ったが、それ以上の知的な目覚めを、円了は体験したのである。塾は石黒の都合により一年間で終わった。明治維新の時、長岡藩では戊申戦争、佐渡では廃仏毀釈という歴史的事件があったが、石黒塾での体験は、「円了の明治維新」の意味を持ち、円了の生涯と思想の出発点ともなった。

明治二（一八六九）年から明治五（一八七二）年まで、円了は長岡藩を代表する儒学者である木村鈍叟から本格的に漢学を修学した。木村は戊辰戦争で焦土となった長岡から浦村の慈光寺の前に移住してきていた。寺を会場とし「慈光黌」と円了が名付けたこの塾では二〇人以上が学んでいた。四年間にわたる木村の漢学教育は藩校レベルの講義であり、最後には討議まで行う長岡藩校の伝統に則った内容であったから、円了はここで初めて思想の体系的基礎を身に付けたのである。これが後に、西洋思想を受容する基盤となった。慈光黌では、午前は漢学、午後は英語が学ばれた（長岡藩における英語教育は、庄内藩との連携により、藩時代から進められていたという。その研究が現在行われている）。また円了はこの頃から、漢書以外に、明治の文明開化に導く啓蒙思想の書籍を読書している。福沢諭吉の『西洋事情』が読書歴に含まれている。変化する時代の精神に関心を寄せていたのである。

明治四（一八七一）年に、一三歳で円了は得度している。この時から「釈円了」という法名を名乗る。晩年、円了は得度のことを、自分の意思ではなく、住職の父が同意を得ずに行ったことであると語っている。父との不和があったのである。真宗の慣例によれば、開祖の親鸞が九歳で得度したことに従って、各寺の子弟も得度することになっている。数年遅れたのは円了の意思に沿わなかったからであろう。二九歳の時に出版した『仏教活論序論』の自伝的文章によれば、円了は仏教を「誹謗排斥すること少しも常人の見るところに異ならず」、ひそかに「顱を円にし珠を手にして世人と相対するは一身の恥辱と思い」をなしていたと述べている。清水乞は、円了のこの記述は後年のことで当時は真宗の生活に従順に従っていたというが、田村晃祐はいわゆる葬式仏教を嫌っていたと捉えている。少年円了は僧侶という特殊な職業に違和感を覚えていたと考えられる。武士から西洋医に翻身した石黒忠悳を見ていた影響もあっただろう。円了は自分の将来の可能性を探していたのではないだろうか。

明治五(一八七二)年一一月、長岡洋学校が創立された。明治という新時代に相応しい人材を育成しようとした学校である。しかし、新潟県の方針により県下の洋学校は強制的に新潟学校に統一される。地元の反発もあったであろう。洋学校は一年後に「新潟学校第一分校」に改称される。そのためか、通常三〇人以上が入学したのであるが、円了が入学した明治七(一八七四)年の入学生は一三人と少なかった。もともと洋学校には資格制限があった。武士の子弟以外の入学は認められなかったのである。円了の時は人数の少なさによって、その制限が緩和されたのだろうか。円了にとって洋学校への進学は自ら希望したことであった。両親の許可を得たのである。

洋学校は洋学と数学を二年間にわたり教育するところであった。すでに高山楽群社で英語の初歩を学んでいた円了は、すぐにパーレーの万国史の教室に入り、英書で世界史、欧米各国の歴史、世界の文明史、世界の地理、理科、数学の学習へと進んだ。戸惑いはあったが、円了は深夜まで洋書を読み込むなど、必死で対応している。傍らで、福沢諭吉、中村正直などのいわゆる開化思想・啓蒙思想を読書している。寺を離れた円了の寄宿舎生活は生徒同士による自由で楽しい生活であったことが記されている。当時の円了の漢詩を読むと、人間は同等の権利を有すること、日本は文明開化に進み、長岡の文明も開化していること、世界は文明が進み国際化されていることなどが詠み込まれている。この時期に、キリスト教の聖書を漢訳と英訳相対で読んでおり、初めて外国の宗教にも触れている。このようにして、円了の思想は開化を続けていた。終業後、円了は学校の「受業生」(助教)に採用されている。優秀であったからであろう。後身の長岡学校の開講式で祝詞を述べた円了は、その記録の最後に「今ヤ我日本ハ復往時ノ日本ニアラザルナリ」と書いている。積極的に新時代へと進もうとする円了の精神は、「和同会」という有志の団体を結成し、自己の思想を演説する稽古を行うまでに発展している。

これまでの井上円了研究では、長岡洋学校に学んだという単純な履歴しか分からなかった。現在では、円了の漢詩集の研究が進み、生活と思想の内実まで解明することができるようになった。長岡学校の助教として働いていた円了は、自らの将来をどのように描いていたのであろうか。慈光寺の年間の法要儀式には出席していたから、僧侶としての自覚はあったはずである。次期住職としての周囲の期待を肌で感じていた。しかし、日本の文明開化の時代に、自ら果たすべき役割の自覚もあった。洋学校で時代に相応しい人材の育成に携わる教育者の道に進んでいたから、円了は自己の将来について、慈光寺と洋学校との間に矛盾を感じながら苦悩していたのではないだろうか。

二　東京大学時代

長岡の洋学校で助教を務めていた円了のもとへ、第一の転機が訪れたのは、明治一〇(一八七七)年六月のことであった。慈光寺の本山である京都の東本願寺から、僧侶円了に対して「至急上洛せよ」との命令があったからである。真宗大谷派(東本願寺)では、大教院分離運動を経て、新たな教化体制の構築を目指していた。その中核となる政策が文明開化の新国家・社会に対応する新しい教育体制(真宗大谷派では、学事と呼んでいる)の確立であった。全国各地に小教校・中教校・大教校という学校体制を新設することであり(明治五(一八七二)年の日本の「学制」と同じ意味を持つ)、そのための教員養成にまず着手して、一万か寺の中の優秀な子弟を本山に集めて英才教育を施そうとして、教師教校と育英教校を新設していた。円了は新たに設置された教師教校英学科に招集された五人の一人であった。

このようにして、円了の京都生活は始まった。本山の学校での生活を、円了はどのように感じていたのだろうか。筆者は同教団の教理学者が「本山は別世界であり、本山にいると、世界はここを中心に回っている」と述べていることを聞いたことがある。筆者もその発言に同感したが、円了の京都時代の漢詩を見ると、長岡時代の詩題であった文明開化、日本と世界などの新時代を意識したことがまったく見られないのである。結局、円了は英才を認められて、半年後の明治一一(一八七八)年三月に、東本願寺の東京留学生となり、第二の転機を迎える。その時の留別という題の漢詩で、円了はつぎのように詠んでいる。[3]

暁煙春雨暗風塵
駅路青青柳色新
半歳濯纓鴨川水
弾冠又向墨江浜

暁煙　春雨　風塵暗く
駅路青青として柳色新たなり
半歳纓《えい》を鴨川の水に濯《すす》ぎ
弾冠して又た墨江の浜に向かう

朝もやに降る春雨で暗い中を、旅路の雨に濡れた柳は青々としていた。半年のあいだ鴨川のほとりで俗世間を離れていたが、学問の用意を整えて隅田川のほとりに向かうのだ。

このように、円了は京都時代が俗世間を離れていたことであったと述べている。そして、これから東京で学問をするのであると詠っている。明治一〇(一八七七)年に創立された東京大学への入学を目指していたからである。

四月八日に、円了は東京に着いた。京都から神戸、神戸から横浜、横浜から東京へというこの旅行で、円了は蒸気機関車、蒸気船という日本の文明開化を象徴するものを体験し、また東京に着いてほどなく東京大学初代総理の加藤弘之という近代日本学界のリーダーの知遇を得た。中野目徹がいう「書生社会」[4]に入ったのである。

　創立されたばかりの東京大学は予備門と四つの学部で構成されていた。円了の東京大学に関する第一印象は、「日本の大学」ではなく「西洋の大学」であるということであった。多くの教員はお雇い外国人であり、学生の会話や学生への掲示もすべて英語という徹底した学校であった。九月に入学試験があった。円了の英語は長岡時代の変則流であったから、ネーティブの試験官の発音は分からなかった。しかし、数学が満点であったから、平均で六〇点に達して合格し、予備門の第二年級へ編入できた（そのため、予備門の第一期生と同じであった）。予備門は英語、数学、国語を中心にした基礎教育を徹底して、学部へ進学させる者を選抜するところであった。そのため、学年毎に退学や留年する生徒は少なくなかった。同級生の話によれば、円了はクラスで首席を争う成績であったから、無事に進級して、明治一四（一八八一）年に文学部哲学科のただ一人の入学生となった（進学は四つの学部の学生総数は四八名という狭き門であった）。

　大学生となった円了は、専門の哲学について、始めに論理学、つぎに西洋哲学史（哲学論）、さらに心理学、最後に倫理学を教授された。教員はフェノロサと外山正一が中心であった。哲学科では西洋哲学ばかりではなく、中国哲学、印度哲学という東洋哲学も教授された。円了は大学一年生（二三歳）から論文を執筆し、『開導新聞』（真宗大谷派が刊行した仏教系の隔日刊の新聞）や創刊されたばかりの『東洋学芸雑誌』に発表している。これまでの井上円了研究では、『真理金針』からを初期思想と捉えているが、一年生の「主客問答」という論文では、キリスト教、仏教、哲学という円了の初期思想の基本テーマ、あるいは中国哲学の問題が論じられている。このことから考えて、大学時代の論文は初期思想の基礎として看過すべきものではないと言える。

　円了が大学時代に学んだ科目は、各学年のカリキュラムから判明しているが、その他、円了が自ら研究した内容は、「明治一六年秋　文三年生　稿録」という英書からの抜き書きノートから判明している。ライナ・シュルツァの『稿録』の研究によれば、五九冊の洋書を対象とし、当時の東京大学図書館の分類記号によれば、哲学が四四冊、生物学・人間学が三冊、地理学が二冊、物理学が二冊、辞典・百科事典が二冊、化学が一冊、歴史が一冊、文学が一冊となっている。この抜書き以外に、この『稿録』には図書目録が写されており、その後の研究の用意もなされていたと考えられる。清水乞の『稿録』に関する研究では、この抜書きが後の著書や論文の基礎知識となっていることが証明されている。この『稿録』の存在は、円了の学問の出発点が西洋の学問であったことを物語っている。

それから一年後の明治一七(一八八四)年秋(文学部四年生)に、東本願寺へ提出した上申書(下書き)を見ると、これらの研究から導き出されたことが、つぎのように述べられている。

第一に、西洋哲学の諸科を研究して、仏教の諸説との応合を明らかにすること(西洋哲学の数百年来にわたり研究するところの真理は、仏一代の所説に外ならず。西洋諸学の今日において論決するところの諸説は、ことごとく千年以前の釈尊の活眼卓説によるものであり、そのため、東洋古学を再興すること)。

第二に、物理学・生物学を講習して、仏説と理学との争論を調和すること。

第三に、耶蘇教の極理を論破して、仏教の真理を開示すること。

第四に、政治・道徳の性質、社会の事情を捜索して、実際の布教を思考すること。

円了は学部を首席で卒業し、その後、研究生、大学院生(以上、国費給費生)となっているが、円了は大学時代の学究生活を通して、これらの問題に関する解決方法を見出していたと考えられる。その研究の成果が、同じ明治一七(一八八四)年一〇月から一大論文として発表されたからである。第一論文「耶蘇教を排するは理論にあるか」は明治一七(一八八四)年一〇月から明治一八(一八八五)年九月まで、第二論文「耶蘇教を排するは実際にあるか」は明治一九(一八八六)年一月から明治一九(一八八六)年七月まで、第三論文「仏教は知力情感両全の宗教なるゆえんを論ず」は明治一九(一八八六)年七月から一一月まで、円了は三つの論文を仏教系新聞『明教新誌』に連載している。

すでに本論で詳細に述べたように、この三つの論文は、新聞の読者を対象としているので、繰り返しの多さや論理展開に明確さを欠くなどの欠点はあるが、円了が上申書で目的としていたことはこの第一論文から第三論文で論証されているといってよいであろう。そして、この三つの論文に対する反響があって、第一論文は『破邪新論』と『真理金針　初編』、第二論文は『真理金針　続編』、第三論文は『真理金針　続々編』として単行本として再度刊行され、円了の出世作の一つとなった。

また、円了は哲学の論文として「哲学要領」を明治一七(一八八四)年四月から明治一九(一八八六)年八月まで、仏教系の月刊誌『令知会雑誌』に連載している。この論文は日本人の手による初めての西洋哲学史であったから、後に『哲学要領前編』として、こちらも公刊されている。

これに続いて、円了は初期の著作活動を活発に展開して、当時の日本人に近代の西洋の学問を紹介し、また宗教問題への提起を行って、若き論客としての社会的地位を確立した。哲学の分野では、『哲学一夕話』全三編を出版して、西洋哲学に対する新たな哲学論（形而上学の理論）を提起した。『哲学要領　後編』は円了の哲学論でもある。仏教の分野では、『仏教活論序論』を刊行した。これは『真理金針』の結論を分かりやすくまとめながら、護国愛理という円了の理念を表明した画期的な単行本であった。『仏教活論本論　第一編　破邪活論』は『真理金針　初編』と異なり論理的にキリスト教の問題点を再整理したものである。心理学の分野では、『通信教授　心理学』、『心理摘要』が刊行され、西洋の心理学説の初めての解説書となった。倫理学の分野では、『倫理通論　第一』、『倫理通論　第二』が刊行されている。以上の円了の著作は一冊を除いて、すべて明治二〇（一八八七）年までに刊行されている。このような旺盛な執筆活動は、円了の身体を蝕み、やがて喀血に至り、療養を余儀なくされたのであるが、円了は哲学思想の普及・伝道、仏教再興の活動を諦めず、自己の信念を貫いたのであった。

この時代の円了の思想について、まとめておこう。

第一に、円了は東本願寺（真宗大谷派）の給費生であったが、田村晃祐が「円了はすでに真宗の枠を出て、仏教と西洋哲学の真理性に心を向け、また日本仏教全体の衰退に心を痛めており、したがって日本仏教全体の興隆に関心をもっておりました」[5]と述べているように、大学初期の論文と大学後期のそれを比較すれば、初期には結論に真宗への期待が述べられていたが、後期の第一論文からは仏教という、より発展した視野から論じられるようになっている。

第二に、円了は大学時代の学習と研究により、近代西洋の哲学から理学までの学問体系を吸収し、それらが真理を追究するものであることを確信した。そのため、円了の近代化とは西洋の学問の体系に合致するか否かを基準としたものであった。このような近代の知こそ、日本が目指すべき愛理の精神であり、円了が『仏教活論序論』で、自己の理念を護国愛理と定めたのも、このような思想からであった。

第三に、円了は西洋哲学に真理性を、自己の発見であるとして認めた。その西洋哲学が追究した真理は、旧来の諸教の儒教にもなく、新しい宗教のキリスト教にもなく、独り仏教のみに存することを発見した。森章司はこの発見の体験を回心（コンバージョン）と呼んでいる。このことから、円了は真理である仏教（日本の伝統的な文化）を再興・近代化しようと決断した。この第二と第三は、円了の著述活動の原点であった。[6]

第四に、これまでの諸点を総合して、円了はつぎのように考えた。日本の国家・社会を近代化＝国際化するためには、文化の根からの見直しが必要であり、そのために、哲学の理性的認識を広め、仏教界や教育界に新しい近代の知を持った人材を育成することが急務であるとし、私立学校の創立を念願とした。そのため、大学を首席で卒業したにも拘わらず、石黒忠悳からの文部省という官途への斡旋も断り、また東本願寺の教師教校へ戻ることも断った。すでに大学四年生の初めに東本願寺への上申書を提出し、学校創立のことを検討するように依頼していたので、円了は本山との交渉を再三再四にわたり行うこととなった。

長岡時代の円了は日本の文明開化の担い手になることが夢であった。縁あって東京大学に学んだ円了は、西洋の学問を吸収し、日本の近代化は西洋の長所を摂取し、日本の長所（国粋）を発展させることにあると自覚し、日本の近代化の先駆者となった。その先駆者としての道は、すでに述べたように大病を患うなどと、決して平坦なものではなかったが、円了は護国愛理の精神で、日本の近代化を進めようとしていた。

三　哲学館時代

円了が日本の近代化のために、大学卒業後に最初に取り組んだことは、著作による新たな知の提起と普及であった。護国愛理の理念からすれば、理論と実際の両面から近代化に取り組む必要があり、著作は理論であり、学校における教育は実際であった。官途に就くことを断った円了には、在野で教育活動を行い、近代の知を身に付けた新たな人材の養成こそ急務であった。卒業から二年後の明治二〇（一八八七）年六月、まだ病気療養中であったが、円了は決断して、私立学校・哲学館の創立へと進む。「哲学館開設ノ旨趣」を新聞・雑誌に発表したのである。

哲学館のモデルは当時の帝国大学哲学科という高いレベルであり、その建学の精神の一つは「余資なき者」「優暇なき者」に教育の機会を開放することにあり、日本語で教育を行うことであった。学生募集と講師陣の編成が行われ、寺の一室を教場として九月一六日に開館した。定員五〇名の予定であったが、入学生は予想外に多く、一三〇名にまで達した。また、円了は自己の経験を活かして、文科系で初めての通信教育にも着手した。館外員と呼ばれた通信教育生は、北は北海道から南は沖縄までと広範囲にわたり、総員一八三一名に及び、円了は全国的な教育体制の確立に成功した。

創立の事業を終えた円了は、明治二一（一八八八）年六月に第一回の世界旅行に出発した。欧米の先進諸国における宗教と教育の視察が目的であった。一年間に及んだこの世界旅行によって、円了は新たな知見を得た。明治二二（一八八九）年六月に帰国した円了は早速、「哲学館改良ノ目的ニ関シテ意見」を発表した。その中で、宇宙主義と日本主義を掲げ、教育における普遍性の確立と実際における近代化の推進を目的とし、日本固有の学問の振興、東洋学研究の隆盛、徳育（人間性）の重視を掲げ、「日本主義の大学の設立」を目標とし、具体的に哲学教育による近代の知に立脚した宗教家と教育家の養成を目指すことを明らかにした。「哲学館の独立」として、八月から新校舎の建設に着工した。しかし、完成目前の九月一一日に新校舎は台風のために倒壊し、円了は大きな決断を迫られた。二〇日に再建工事が開始された。一一月一三日、哲学館移転式が行われ、円了は危機を乗り越えた。その間にあって、円了を物心両面から支援したのは勝海舟であった。ところが、円了が風災と呼んだこの災害によって、哲学館は大きな負債を抱えることになった。知人や有志による寄付で創立された哲学館は経営危機に直面したが、円了は海舟と相談して、国民的寄付を求める方向に転換し、明治二三(一八九〇)年一一月、第一回の全国巡講に出発した。海舟の支援もあって、この巡講は進み、円了は四年間かけて北から南までの全国各地を一周した。これによって、多額の負債を解消することができた。この巡講によって、円了は日本社会の実態をつぶさに知ることができたし、哲学館の館主という教育事業家としての責任を改めて自覚することとなった。

　しかし、哲学館の平穏な日々は長続きしなかった。明治二九(一八九六)年の年初に、円了は大学設立の階梯として専門科の設立を表明し、新たな募金は海舟の支援もあって、順調に進んだが、一二月一三日に類焼から校舎と寄宿舎を全焼するという災害に遭遇した。円了は再度、決断に迫られた。すでに新たな校地は購入されていたので、翌明治三〇(一八九七)年四月に新校舎の建設に着手し、七月に完成して、九月に始業式が行われた。この前の八月に宮内庁から哲学館に三〇〇円が下賜された。円了はこれを基金に中学校の設立に取り組んだのである。円了は第二回の全国巡講による募金に着手した。今回から各県下を一巡する方法に転換した。

　明治三二(一八九九)年七月、文部省より哲学館に対して、中等教員無試験検定校の認可があった。それまで官学にのみ許されていた資格を、私学に開放した初めての認可であり、この認可を得るために、円了は私学各校と協力し、その運動のリーダーとなって、文部省へ建議していた。特典とよばれたこの資格を得て、円了は教育事業家として新たな構想を描いた。ところが、明治三五(一九〇二)年一〇月に行われた無試験検定の第一回の卒業試験において、文部省の視学官が倫理学の学生の解答を問題視して、結局、一二月一三日に哲学館の無試験検定校の認可が取り消された。明治の二大思想事件といわれる哲学館事件の発生である。この取り消しがあった時、円了は第二回の世界旅行でインドに滞在していた。館主代理は倫理学の担当者であった中島徳蔵である。中島は翌明治三六(一九〇三)年一月に新聞に寄稿して、文部省による哲学館への処分の不当性を社会へ訴えた。各新聞・雑誌によって文部省への批判は高まり、哲学館事件は内外に影響を及ぼす一大社会問題に発展した。

円了はイギリスのロンドンで事件の発生を知った。早速、知人の文部省関係者に会って、事件の真相を聞き出した。文部省は威信にかけて再認可をすぐに行わないだろうという結論であった。円了は苦悩しながら、哲学館の新しい進路を決断した。それは哲学館を「独立自活の精神で純然たる私立学校」とするものであった。明治三六(一九〇三)年七月、円了は帰国した。九月に「広く同窓諸子に告ぐ」を発表して、新しい哲学館の方針を明らかにした。一〇月、すでに公布されていた専門学校令により哲学館は哲学館大学として認可された。円了は日露戦争勃発後の日本において、哲学館事件の影響を受けた哲学館大学の再建に取り組んだ。教育事業家として円了が描いてきた構想は再検討を余儀なくされた。その渦中の明治三七(一九〇四)年一〇月に、哲学館大学の関係者という内部から無試験検定再認可の建議書や勧告書が出されるようになった。個人で哲学館を経営してきた円了は再認可を申請しない方針であったから、大学内部で路線の対立が露わになったのである。

円了は学内対立の兆しを感じていた明治三七(一九〇四)年夏から、神経衰弱症に罹るようになっていた。病状は一進一退の状況であったが、明治三八(一九〇五)年一二月には庭前で卒倒しかけるという深刻な状態に陥った。これらの苦悩の日々を、円了は「退隠の暗潮」と呼んでいたが、結局、一三日に大学や学校から引退を決意した。翌明治三九(一九〇六)年一月(四八歳)に哲学館からの引退を表明し、財団法人組織に変更し、東洋大学と改称して、再スタートさせて、円了の哲学館時代はこうして終わったのである。

すでに見たように、円了の哲学館時代は風災、火災、人災と困難な過程を進まなければならなかった。このことは、学者としての円了の活動に大きな影響を与えるものであった。

第一に、円了の初期著作と称される『仏教活論』は、『序論』が明治二〇(一八八七)年二月、『破邪活論』が明治二〇(一八八七)年一二月と、哲学館の創立前後に刊行されたが、『顕正活論』は明治二三(一八九〇)年九月と刊行予告から大幅に遅れた。その原因は創立直後の風災に遭遇して学校活動に専念せざるを得なかったからである。『顕正活論』は円了の哲学論と仏教論を提起したものであるが、総論のみで終わり、その先の各宗論が欠如しているという問題が残った。すでに哲学館には多額の負債が残り、この問題に対応しなければならなかったが、第一回の全国巡講に出かける前の夏休みに執筆したので、十分な時間が取れなかったのであろう。

円了の研究は多忙な日々においても行われたようである。明治二五(一八九二)年五月に『真宗哲学序論』、明治二六

（一八九三）年六月に『禅宗哲学序論』、明治二八（一八九五）年三月に『日宗哲学序論』という鎌倉仏教を取り上げた各論が刊行されている。このような円了の仏教研究について、仏教学者の田村晃祐はつぎのようにのべている。(8)

> また、〔円了〕の研究の学問的であり全体的、統一的な性格をもつことは、村上専精の『仏教統一論』（明治三四年）や斎藤唯信の『仏教学概論』（明治四〇年）にさきだつ井上円了の『真宗哲学序論』（明治二五年）にすでにあらわれているのであり、明治維新後の近代日本における、新しい学問としての仏教研究の地平を開く努力の大きな一つのあらわれとして再評価し、近代仏教学研究史の中に位置付けていく試みがなされなければならないものと思われる。

田村の問題提起によって、今後、円了の仏教研究についての見直しが進められるであろう。

第二に、円了は第一回の全国巡講の際に、各地で妖怪に関する聞き取り調査を実施している。その成果はそれまでの文献研究、各地からの報告と合わせて、明治二六（一八九三）年一一月から『哲学館講義録第七学年度妖怪学』として、明治二七（一八九四）年一〇月まで刊行された。明治二九（一八九六）年には『妖怪学講義』として六冊に合本されて刊行され、さらに『妖怪学雑誌』としても再刊されている。当時の日本の民衆は島国的で西洋や世界のことを知らず、迷信にとりつかれるなど、その生活は科学的合理性に欠け、小社会の経験の枠内で生活する人々であった。政府はこのような民衆に対して改善の手をさしのべることなく、近代化を急ぐあまり、民衆を放置し、切り捨てる方針に終始していた。その中で、円了は民衆をしばしば愚民と概嘆しながらも、民衆こそ自分にとっての教育対象として捉えていた。円了は妖怪の問題を日本文化の根底にあるものであり、民衆に恐怖心を与えて近代化を阻むものであると捉えていた。そのため、哲学から理学までの諸学を応用して、妖怪であるか否かを検証し、偽怪、誤怪を除き、仮怪の真相を合理的に説明し、真怪は不可知なものとした。円了の「妖怪学」は日本社会に大きな問題提起となり、円了は「妖怪博士」と呼ばれた。円了の目的は妖怪の俗信や迷信を民衆の生活から排除し、真の宗教と教育が民衆にまで広まる文化の根（土壌）を作ることにあった。円了の『妖怪学講義』は二五〇〇頁余りの大著であるが、明治から大正、昭和の戦前から戦後、平成の時代までそれぞれに刊行される名著となっている。

第三に、明治二九（一八九六）年六月八日に、円了は「仏教哲学系統論」の学位論文により文学博士となった。円了はこの学位論文をそのまま出版しなかった。この論文を拡大する研究に取り組んだのである。そのことについて、愛弟子の高嶋米峰は

つぎのように述べている[9]

九月十四日に上京して、十五日から、井上先生の宅で、仕事をすることになつた。仕事といふのは先生畢生の大著、『仏教哲学系統論』の第一巻、『外道哲学』著作の助手である。（『仏教哲学系統論』は、全十五巻となる予定であつたが、第一巻だけで、第二巻以下は、遂に発表せられなかつた）勿論、先生の仕事は、多岐多端に亘つて居て、学校の経営及び講義は勿論、幾種類かの講義録の編集発行、『東洋哲学』といふ雑誌の発行等等、その上に、地方巡講もしばしばあつて、僕の仕事も、相当忙しいものであつた。中でも、つらかつたと思ふのは、黄檗版一切経全部の、小口書をしたことであつた。

これによれば、円了の仏教哲学の研究は黄檗版一切経によって進められた。高嶋が小口書き、つまり一切経の下の小口に書物の題号や巻次などを書き記すことを担当した。こうして、『仏教哲学系統論』の第一巻は印刷に回された。しかし、一二月一三日の哲学館の火災によって、一切経も校舎と共に焼失した。円了の計画はつぎのとおりであった[10]

第一編　外道哲学	第二編　異部哲学
第三編　倶舎哲学	第四編　成実哲学
第五編　律宗哲学	第六編　唯識哲学
第七編　三論哲学	第八編　起信哲学
第九編　天台哲学	第一〇編　華厳哲学
第一一編　真言哲学	第一二編　禅宗哲学
第一三編　浄土哲学	第一四編　真宗哲学
第一五編　日宗哲学	

円了も序文に記しているように、第一編の『外道哲学』のみが刊行され、火災からの哲学館の再建に、円了は尽力せざるを得なくなり、結局、仏教哲学系統論の体系は完成されることなく終わったのである。

円了は体系的思想を残さなかったといわれることがあるが、それには以上のような哲学館の災難があったことも想起されたい。その後の円了の著作を見ると、単行本は明治三一（一八九八）年から明治三五（一九〇二）年までで四九冊と多いが、倫理学関係の教科書、妖怪学関係の啓蒙書、小論をまとめた『円了随筆』『甫水論集』『円了漫録』『円了講話集』などで、学術関係では『破唯物論』の刊行に止まっている。

四　全国巡講時代

円了の全国巡講時代の始まりは、哲学館時代の末期と重なっている。明治三四(一九〇一)年七月、第二次教育と宗教の論争が始まり、井上哲次郎の提起した倫理的宗教に対して、円了は「余が所謂宗教」を発表した。この論文は円了の宗教観が明確に示されている。倫理問題は、つぎの哲学館事件では主題であった。当時の論争は『哲学館事件と倫理問題』と題されて出版されている。当時の日本の倫理・道徳を定めたものは、明治二三(一八九〇)年に公布された教育勅語である。第二回の世界旅行から帰国した円了は、イギリスでの調査をもとに「修身教会設立旨趣」を発表して、国民的倫理運動を提唱した。上は政府の大臣から、下は全国の町村長や小学校長まで、円了はこの趣意書を配付し、明治三七(一九〇四)年二月に『修身教会雑誌』を創刊して、運動を開始した。この時、日露戦争が勃発し、愛弟子の高嶋米峰によれば、戦時下にあって、円了の修身教会運動は当初に期待したような爆発的な展開を見せなかったという。哲学館事件の問題処理から、円了は哲学館から引退し、明治三九(一九〇六)年から一教育者に戻り、修身教会の設立・拡張に取り組んだ(現在でいう社会教育、生涯学習の提起であった)。

円了の問題意識は、欧米の先進諸国と日本を比べると、国勢民力に大きな差があり、その差を生んでいる原因は、「我国民の道義徳行の彼に及ばざる所あるに由ると考ふるなり」[11]とし、西洋における日曜教会は民衆が倫理・道徳を学ぶ場であり、日本人の倫理の向上を目的に、寺院や学校を会場として社会人が修身を学ぶことが必要であるということにあった。円了の構想には円了が理想とする日本国家・社会の建設があったと考えられる。その理想を実現するための、修身教会運動ではなかったのだろうか。

ところで、国勢民力の向上を目的とするという円了の修身教会運動を考えると、筆者は社会学者のマックス・ヴェバーの提起した「プロテスタンティズムの倫理と資本主義の精神」(明治三七(一九〇四)年)という論文を想起せざるを得ない。人々のキリスト教の信仰と労働を神が定めた職業、召命、天職、ベルーフと位置づけたものである。そのため、ヴェバーは、西洋近代の資本主義を発展させた原動力は、主としてカルヴィニズムにおける宗教倫理から産み出された世俗内禁欲と生活合理化であるとしたのである。勅語における忠孝を中心にして諸徳目の生活における実践を求めたのが、円了の修身教会運動の思想である。ヴェバーが見た職業倫理と、円了の修身教会は形が似ているが、思想内容に本質的違いがある。高嶋米峰が壮大な規模と構想でありながら、運動にならなかったと見ていた原因は、円了の場合、職業倫理という形で生活との結びつきが求められていなかったからではないだろうか。

すでに述べたように、円了は哲学館時代から全国巡講を経験していた。その経験を踏まえて、修身教会の結成を目的に、円了は明治三九（一九〇六）年から運動に専従し、各地で講演活動を展開した。巡講日だけで、明治三九（一九〇六）年は一七三日、明治四〇（一九〇七）年は二七五日、明治四一（一九〇八）年は二六二日、明治四二（一九〇九）年は一八五日、明治四三（一九一〇）年は二二六日、明治四四（一九一一）年は台湾巡講と第三回世界旅行のために七日のみ、大正元（一九一二）年は九二日、大正二（一九一三）年は二八四日、大正三（一九一四）年は二三二日、大正四（一九一五）年は一九七日、大正五（一九一六）年は二一四日、大正六（一九一七）年は二二一日、大正七（一九一八）年は朝鮮巡講のために一七二日、大正八（一九一九）年は八一日、国内の巡講の合計は二六二一日に達した。修身教会は大正の改元と共に国民道徳普及会と改称され、会長・会員は円了一人となり、組織運動ではなくなった。

　このような膨大な日々において、円了は民衆に向かって何を語ったのであろうか。円了が残した統計（明治四二（一九〇九）年～大正七（一九一八）年）によれば、詔勅修身は四一％、妖怪迷信は二四％、哲学宗教は一五％、教育は八％、実業は七％、雑題は五％となっている。詔勅修身が多いのは修身教会運動・国民道徳普及会から考えて当然であるが、それでも五〇％を超えていない。講演のテーマは地元で選択できるシステムであったかであろうか、詔勅修身が一席、その他が一席で講演は行われたというから、民衆の求めていたのは詔勅修身ばかりではなかったこと、あるいは詔勅修身の講演は熱烈に求められたものではなかったことが考えられる。[12]逆に、妖怪迷信の講演は熱望されていたのであろう。哲学宗教よりも一〇ポイントほど多いのである。一三年間にわたる円了の全国巡講は当初の目的に則して一貫して行われたのか、あるいはどの時期から変化したのか、それを判別する新聞記事がないので不明である。時代が明治から大正に変化していたのであるから、民衆の側の意識も変化して、円了はそれに対応したのではないかとも考えられる。今後の研究課題である。

　円了はこの全国巡講時代に、第三回の世界旅行を行っている。オーストラリア、アフリカの一部、南米、それに南極と北極を望む最先端の岬などを周遊した。これによって、第一回から第三回の世界旅行を合わせて、五大陸と二つの極点を経験し、円了の目的であった地球の周遊の世界旅行は完結している。

　全国巡講の開始から一年後、円了は哲学堂の拡張に取り組んでいる。すでに明治三七（一九〇四）年には哲学館大学の認可記念として四聖堂は建立されていた。哲学館の引退の時、移転候補地として取得した現在の東京都中野区松が丘の土地は、円了が個人で買い戻すことにしていた。円了は一年間の修身教会運動を経て、この土地を精神修養的公園にすることに決定し、六賢台、三学亭など主たる建物と、唯物園、唯心池など庭園の整備を進めた。そのため、巡講では、午前は移動、午後は講演、夜は揮毫を積極的に行い、揮毫料の半額を費やして、公園の建設費に充当した。哲学堂七七場は、すべて哲学に関する名称を付けたものである。そのため、地図では井上哲学堂という名称で呼ばれていた。大正四(一九一五)年に図書館（絶対城）が完成し、ほぼ現在の形状になったといわれ、図書館の落成披露会を開催して、少しずつ一般に公開されるようになった。

円了は大正八(一九一九)年六月六日に、巡講先の中国・大連で、講演中にたおれたまま死去した。日本の近代化の先駆者であった円了の生涯は六一歳で終わった。遺言により、哲学堂は財団法人となった。東洋大学も財団法人であったから、円了は子孫に二つの事業を世襲させなかった。子孫に美田を残さずの主義であったからである。円了は生涯、官途に就かず、在野で生きた人物である。ある人は「円了の前に円了なし、円了の後に円了なし」という。円了は独自の生涯を生き抜いた事業家であり、思想家であった。

晩年の全国巡講時代の思想について、述べておこう。

第一に、宗教について、円了は「余が所謂宗教」を発表している。この論文は、井上哲次郎の倫理的宗教への反論であるが、円了の宗教観がよくまとまっている。円了は哲次郎の「倫理の成分を捕らえきたりて宗教の第一原理とすること」に対し、宗教も倫理を一要素とするが、宗教は必ずしも倫理だけではない、倫理は宗教の目的を達する一方便であると、円了は述べている。

円了がいう宗教とは、人心の根底より流出するものであり、人性自然の発達上内部より開展するものであるという。また、学術と宗教は相対するもの、相反するものであり、学術は有限可知的であり、宗教は無限不可知的であるともいう。余がいわゆる宗教は、「思想の反面たる絶対不可知的の門内に本領を定め、人をしてこの境界に超入直達し、もって妙楽の心地に安住せしむるもの[13]」をいうと述べている。

円了は哲次郎の「諸宗教を一括して総合的新宗教を構成すること」に対し、結論としては「従来の宗教を改良発達を加えて今後の学術と併行し、時勢に適応せしむるに至らば、新たに宗教を開立する必要を見ざる[14]」、また学術上の道理は社会の少数者は理解できるが、多数のものは理解できず、宗教上の道理は多数の人がこれに帰向するもので、学術研究の視点から諸宗教の契合点を看破して、これを抽出総合して造る宗教はあまりに無味無色で人心と結合しないものであると述べている。哲次郎が特に問題とする厭世については、「外面に厭世を示して内実非厭世なることは、大乗仏教の特色にして、かつその長所なり[15]」と強調している。

円了は哲次郎の「人格的実在を宗教の組織中より全然除去すること」に対し、宗教は道理のほかに情感の元素を加味することを要するもので、学術は理論なり、宗教は応用なり、学術は真理に達するを目的とし、宗教は安楽に住することを目的とするので、宗教に情感を加えることは必要であるという。また「古来、人格的を立てざる宗教が世に広まるに従い、自然に人格的を設くるに至りたる一例を見ても、宗教にその必要あること明らかなり」として、円了は哲次郎の考えに真っ向から反対している。円了は『真理金針』で知力の宗教と情感の宗教に分類して宗教を論じているが、宗教が情感的であることを否定しているわけではないのである。

第二に、哲学については、円了は明治四二（一九〇九）年に『哲学新案』を刊行して、この世界が相含の論理で存在していることを明らかにした。円了の現象即実在論の完成型である。詳細は第四章第三節で明らかにしたので、ここでは繰り返さない。

第三に、円了が回心を経験したことである。これは『哲学新案』の第一七章第一〇四節の「歓天楽地」で述べている。「人をして歓天楽地の間に、手の舞い足の踏むを知らざらしむ。これ空想にあらずして事実なり、実験の結果なり、他人の実験にあらずして自心の実験なり。何人も他人の力を待たず、自己の心門を開きて、この状態を実験し得べし。もしこれを疑うのがあらば、自心において実験するにしかず。／……楽天の真味は信性を待つにあらざれば決して知るべからず、宗教の楽天実にここにあり。しかるに宗教上厭世を説くことあるは、迷前の状態をいうのみ。もし悟後に至らば、厭世全く地を払い、泰然として歓天楽地の間に逍遥し得るは必然なり。世間もし煩悶厭世を病むものあらば、請う自心の上にこれを試みよ。[16]」と、自心の実験なりと強調している。円了の信仰論はここでは十分に展開されていないのが、惜しまれる。

第四に、円了は向上門と向下門を強調していることである。哲学において、円了は向上と共に向下について、つぎのように述べている。[17]

哲学は物心相対の境遇より絶対の真際に論到する学とするは、哲学の向上門である。この向上門の外に更に絶対の域より相対界へ論下する一道があるが、これを仮に向下門と名付けておく。すなわち哲学の応用の方面である。もとより宗教にも向下門あれど、哲学とややその趣を異にしている。もし哲学に向上のみありて向下なきときは、ただ学者が己の知欲を満たすまでの学となり、世道人心の上になんら益するところなきに至り、畢竟無用の長物たるを免れぬ。よって哲学には必ず向上向下の二門を併置しておかねばならぬ。すなわち向上門は哲学の理論に属する方面にして、向下門は実際に属する方面である。故にこれを理論門、実際門と称してもよい。

また、向下の目的について、つぎのように具体的に述べている。[18]

向下は人生を目的とするものである。故に向上門が宇宙絶対の学ならば、向下門は人類社会の学である。向上門が絶対を考定する学ならば、向下門は人生を改善する学である。ひとたび絶対を究明して得たる結果を人生に応用して、社会も国家も個人と共に向上発展せしめんとするは、向下門の期するところである。この点につきては倫理宗教に密接の関係あることになる。

この向上と向下は、哲学と宗教に関係するものであり、その点について円了は、つぎのように述べている[19]。

余の活哲学は向下に重きを置くから、その定義は理論を向上せしむるにあらずして、実際上人生を向上せしむるの学とし、実行上人生を進めて絶対に近づかしめんとする目的である。この点において宗教と相合するに至る。余はかつてより哲学の直接の応用は、道徳と宗教、なかんずく宗教なりとの説を唱えきたった。ただし普通の宗教と哲学の宗教とはその性質を異にしている。普通の宗教は初めより道理を用いず、信仰一方であるが、哲学の宗教は道理を究め尽くしてのち信念を起こす方である。このことも前にすでに一言しておいた。もしその例を挙ぐればヤソ教は信念一方によるものなるが、仏教は道理と信仰とを併置し、道理上より信仰を組み立つるものなれば、余は仏教を呼んで哲学的宗教と名付けておいた。

円了の向上門と向下門の思想は、理想として考えられるが、一般的思想として通用するものであるのか、今後の研究課題としたい。

第四に、円了と教育勅語の関係である。円了は修身教会運動・国民道徳普及会を行っていても、官という権力と距離をとっていた。円了の有名な狂歌に「官々となる金石の声よりも民々と呼ふ蝉そこひしき」と、官よりも民を重視する思想であった。また「学者が肥ゆれば御国がやせる、サーベルが光れば鍬鎌さびる、官吏がヌクけりゃ、民家が寒い、これでは国が立ちゆかぬ」と、学者、軍人、官僚を批判している。このような思想を持って、全国巡講を行ったのであるが、教育勅語をどのように位置づけていたのか、そのことは研究者によって位置づけが分かれている。宗教社会学者の高木宏夫はつぎのように述べている[20]。

井上円了に対する最も単純な戦後におけるレッテルは「ナショナリスト」ということであるが、この視点でみれば、右の年代以前つまり東京大学予備門入学以前は、ナショナリズムの思想形成期であり、鹿鳴館時代はその理論的表現期、日清戦争前後は教育勅語の思想との調和をはかる時期であり、日露戦争前後は普遍的思想との関係における疑問の時代であり、晩年はナショナリズムからの脱却期と言うことができよう。

修身教会運動と哲学堂については、稿を改めて論じたいが、教会設立の主旨をみると、教育勅語による修身を基礎に置いた地方教育であるが、明治三九年の退隠を境に、この路線は雑誌からなくなって行き、ほとんどがいわゆる精神修養的素材による話に変わってしまっている。日露戦争の終局に対応しているのである。その原因がどこにあるかは現在のところ明らかではない。

一方、仏教学者の田村晃祐は、別の見方で、つぎのように述べている[21]。

哲学館事件のころより、円了の社会的活動は宗教的立場から世俗的立場へ、仏教から道徳へ、そして明治政府の思想に沿う立場へ、戦争賛美の立場へと、重点が変わっていったように見受けられます。次節で紹介するように、『仏教活論序論』で説く、愛理（真理を愛すること）にもとづく近代的・合理的国家建設の理想から、現実的国家体制への追従の立場へと変わっていったのではないかと思われます。

このように、高木と田村における円了の全国巡講時代の思想の見方は正反対である。修身教会運動・国民道徳普及会の活動において、円了がどのような思想を民衆に語りかけたのか、その資料がない現状では正確な評価ができないので、今後の課題としておきたい。

【註】

1 東京大学で予備門から同級生であった北条時敬は、円了に関してつぎのよう述べている（北条時敬「学生時代の井上君」『井上円了先生』東洋大学校友会、大正八（一九一九）年、三二六頁）。

私の想像し観察するところは、君が後年哲学館を起し、或は地方講演を事とした事実は、其の学生時代に種々の会を起して之れに出席した事と一致符合せる様に思はれる。

然るに当年斯くの如く交際の広かつたにも拘らず、比較的当時親友なる者は少なかつた様であつた、親友と言ふよりも寧ろ益友は多くなかつたと思ふ。是蓋し、井上君が当時業に既に一派を造り成し、早くも一家の見を備へて居て、傲然たる気風容易に他の容喙を許さなかつた為、自然益友の乏しかつたのであるまいか。是れ一面君が長所を意味し又一面其の短所を意味するものと謂ふべきである。

北条が円了から感じ取ったものは、既成仏教団の住職の体質であったと考えられる。一般的に住職には建前と本音の表裏があるといわれている。宗教社会学者の高木宏夫は、真宗大谷派の住職の意識調査を行っている。この調査では、住職の意識を「関心とその度数」で分析している。高木は住職の関心を五つの類型とした。組織活動、教学内面化、御崇敬、習慣護持、寺院経営の五つの側面から関心度指数を分析した結果、現実にはこれらの組み合わせと指数の高低で、住職の意識が構成されていることが判明したと述べている（高木宏夫「訓覇総長と同朋会運動」『訓覇信雄論集』法蔵館、平成一三（二〇〇一）年、一九一―一九三頁）。

2　高橋家の江戸時代からの文書は、現在、東洋大学井上円了記念博物館に寄贈されている。高橋家に関する研究は、白川部達夫（東洋大学文学部教授）を代表者として「近世・近代の地域社会と名望家」のテーマで取り組まれ、平成二四年度、平成二五年度、平成二六年度にわたり三冊の報告書が刊行されているので参照されたい（その中に、拙編「井上円了と高橋家」、拙編「井上円了と高橋九郎」、拙稿「高橋九郎と創立者井上円了」が掲載されている）。また、高橋九郎、木村鈍叟、石黒忠悳、井上円了の四者の関係については、松本剣志郎「鈍叟・況翁・円了―越後長岡の名望家高橋九郎を交点に」（『井上円了センター年報』第二三号、平成二六（二〇一四）年）が詳しいので参照されたい。高橋九郎は、円了が大学卒業後に始めた、出版事業の哲学書院の設立、教育事業の私立学校・哲学館の創立を支援している（「高橋家書簡」『井上円了研究』第七号、平成九（一九九七）年を参照）。特に哲学館への創立寄付金は三度にわたり合計三〇〇円で、高額寄付者の三番目であった。一時、円了と檀家総代の高橋九郎は、慈光寺の住職継承をめぐって対立した（『百年史　資料編Ⅰ・上』、五〇―五三頁）が、その後、関係は修復され、ともに慈光寺の法人化に取り組んでいる（高木宏夫「旧民法における宗教法の問題点―（一）慈光寺と井上円了の場合」（『井上円了センター年報』第五号、平成八（一九九六）年を参照されたい）。

3　『漢詩集』、一三三頁。

4　中野目徹『書生と官員―明治思想史点景』汲古書院、平成一四（二〇〇二）年を参照。

5　田村晃祐『近代日本の仏教者たち』日本放送出版協会、平成一七（二〇〇五）年、七八頁。

6　吉田久一の近代仏教史における円了論については、『日本近代仏教史研究』吉川弘文館、昭和三四（一九五九）年を資料として、円了論の問題点を明らかにした。さらに、吉田はそれから一〇年後の昭和四四（一九六九）年に刊行された『明治文学全集八七　明治宗教文学集（一）』筑摩書房の中で、「明治の仏教思想」の論文を発表し、そこで円了を取り上げ、さらに同書に円了の『真理金針　初編』を収録しているので、「解説」で「井上円了」に言及している。吉田の「円了は一八八五年（明一八）帝国大学文科大学哲学科を卒業し」（三九三頁）は誤りであり、正しくは東京大学文学部哲学科の卒業である。吉田の「『仏教活論』は画期的な名著といわれ、第一編「序論」、第二編「破邪活論」、第三編「顕正活論」、第四編「護法活論」の四編から成立している」（三九三頁）は、第一編から第三編まで正しいが、第四編の「護法活論」は大正元（一九一二）年に『活仏教』のタイトルで出版されており、円了の認識では時代の変化に合わせて執筆したと述べているから、「四編から成立している」という記述は正しくない。吉田の「円了は仏教の哲学的基礎づけに尽力し、明治仏教を蘇生させる原動力の一つとなったが、その特色は街頭哲学者、あるいは仏教啓蒙思想家であって、余り仏教信仰の形成者という側面はみえない」（三九三頁）という規定には問題があろう。「その特色は街頭哲学者、あるいは仏教啓蒙思想家」というのは、「仏教信仰の形成者」ではないことを強調するために記述したことであろうが、歴史学者がここまで断定するのはいかがであろうか。吉田は円了の影響として、「一つは近代仏教教学の形成上哲学的な基盤を提供したことであり、他の一つは仏教革新運動の展開を促したことである。仏教学の体系化を受け継いだのは村上専精であり、その代表的な著作は『仏教統一論』となって明治三十四年（一九〇一）に第一巻が刊行された。しかし専精の著書の中には、哲学及び科学の論理のみによって仏教を説明し、そこからキリスト教の非倫理性を批判することが不適当であると述べて、円了の立場に対する批判も含まれていた。このような批判は現代の学界においても円了に対する評価と適合するものであり、その点に円了の啓蒙思想の限界が存したのである……大道長安は……円了の思想に欠けていたとみなされる仏教の宗教性や信仰性の獲得に努めた。円了の思想は『真理金針』をあらわした明治二十年代より更に顕著な進展が認められない……近代信仰の確立は、円了の宗教と哲学との一体化の主知主義的な立場からは期待し得なかったのである」（四〇三頁）という。村上専精が円了の仏教学の体系化を受け継いだという吉田の説は、同じ近代仏教史の池田英俊の『明治の新仏教運動』（吉川弘文館、昭和五一（一九七六）年）では言及されていないし、仏教学者の田村晃祐も『近代日本の仏教者たち』（前掲書）でそのように位置づけていない。当の村上にも、円了にもそういう認識はなかったであろう。吉田の誤りである。

円了は専精の『仏教統一論』をつぎのように批判している（井上円了「余がいわゆる宗教」（『甫水論集』明治三五（一九〇二）年、『選集』第二五巻、四八—四九頁）。「近日、村上博士『仏教統一論』を著し、仏教の本意は普遍的涅槃にありて、擬人的弥陀にあらざることを説き、浄土門の本尊様がまさに抹殺せられんとする場合となり、真宗門内これがために逆浪空を巻き、天に朝せんとするありさまなりという。余聞く、博士は春秋すでに五十に満ち、ようやく初老の境に遊ばんとす。しかしてその勇かくのごとし。実に壮者をしのぐというべし。余、一句の謎を案じてこれを得たり。

村上博士の『仏教統一論』とかけてなんと解く慶応義塾と解く、そのこころは三田（弥陀）を圧倒す。

しかれども博士の論は、学術と宗教とを同一視せらるる巽軒博士の論に感染せられたることなきやの疑いあり。余おもえらく、仏教の長所は法、報、応の三身を立つるにあり。法身の涅槃のみにては学術として価値あるも、宗教としてはさらに効力なきものとなるべし。」）吉田の説については、すでに述べたので繰り返さないが、吉田は近代仏教史の開拓者であったけれども、他の研究者が少ないということもあって、吉田の説は十分に検証されていないのではないだろうか。

7　吉田久一は「とくに一八八七年（明二〇）九月「護国愛理」をモットーに哲学館（後の東洋大学）を開き、仏・儒・神など東洋学を教育した」（同右、三九三頁）と、円了の哲学館の教育について述べている。しかし、哲学館の教育の基本は哲学教育であり、その中で仏教や儒教は教育されたが、神道は教育科目に入っていない。吉田の誤りである。

8　田村晃祐「解説」（『選集』第六巻、四一一頁）。

9　高嶋米峰『高嶋米峰自叙伝』学風書房、昭和二五（一九五〇）年、六二—六三頁。

10　井上円了『外道哲学』（『選集』第二二巻、一六頁）。

11　井上円了「修身教会設立旨趣」（『百年史　資料編Ⅰ・上巻』、二一頁）。

12　教育勅語の国民への徹底は井上哲次郎が目的としたところでもあったが、国民生活への定着には問題があったことは、第二次教育と宗教の論争からでも分かる。昭和の時代に入ると、教育勅語の改訂が公然と論議されるようになる。これについては、久木幸男「教育勅語四〇周年」（『横浜国立大学教育紀要』第一九集、昭和五四（一九七九）年、一—一九頁）を参照されたい。

13　井上円了「余がいわゆる宗教」（『甫水論集』明治三五（一九〇二）年、『選集』第二五巻、三八頁）。

14　同右、四四頁。

15　同右、四三頁。

16　井上円了『哲学新案』明治四二（一九〇九）年（『選集』第一巻、三七八—三七九頁）。

17　井上円了『奮闘哲学』大正六（一九一七）年（『選集』第二巻、二三一頁）。

18　同右、二三三—二三四頁。

19　同右、四一七—四一八頁。

20　高木宏夫「井上円了の宗教思想」（高木宏夫『井上円了の世界』東洋大学井上円了記念学術センター、平成一七（二〇〇五）年、八一頁、一〇三頁）。

21　田村晃祐『近代日本の仏教者たち』、前掲書、八四—八五頁。

第二節　課題

円了の人生と思想について、体系的に研究した単行本や論文はほとんどない。そうした中で、特に注目したのは、仏教学者の田村晃祐「解説—井上円了の生涯と思想」である。田村は同論文の結びで「今後の課題」を明らかにして、つぎのように述べている[1]。

本稿を書きながら、多くの疑問を持たざるを得なかった。思想的な面でいえば、統一的な体系的哲学者という面と啓蒙思想家という面と両面を持ちながら、啓蒙思想家としての面の方が多く見られているのではないだろうか。

体系的思想家としてもその研究の課題が多く残されているように思われる。第一は中道の思想が仏教でいえば真如でありながら、中国の太極・無名真宰・西洋哲学の本質・自覚・絶対理想・不可知的と古今東西にわたる哲理に通ずるという時、これらの思想との共通点と相違点を検討することによって、円了の思想の特質を知ることができるのではないだろうか。また、妖怪学では、仏教のいう不可思議を真怪と名づけて、これは人間の能力を超えているもので、思惟することもできず、言葉でも表現することもできないが、その他のことは思惟の範囲内であるという時、この真怪と重重無尽の一如との関連が明示されていないように思われる。

啓蒙思想家としての面を見ても護国愛理を標榜する時、哲学館建設の頃は愛理に基づく国家の近代化を目標としていながら、実際に講演活動を行うようになると、その講題には明治の国家神道の樹立を目論む政府の意向に沿う題目が多く取り上げられ、政府の意図に沿うものとなっている。この間に思想的転換が行われ、護国は護国、愛理は愛理という、真宗の真俗二諦論（仏法は真諦であり、王法は俗諦である）に類する立場に変化していったのではないか。『哲学新案』の序文には、神経衰弱にかかり、講演旅行がそれをいやすことになったと記しているが、この神経衰弱の原因は何であったか、一つの思想的転回の悩みだったのではないか、等の疑問を持たざるを得なかった。これらの疑問の解明は、そのまま明治思想史の解明にもつながるものであろう。円了をめぐって残された問題はまだ多いのである。

また、前記の指摘と重なるが、筆者がこれまでの研究で、今後の問題点と考えているものはつぎのとおりである。

第一は、円了の思想に関する問題である。本論では、哲学、宗教（仏教）、妖怪学の分野を取り上げて、円了の思想を解明しようとしたが、それは基本的なものに止まっていて、十分とはいえない。倫理[2]、心理[3]、哲学の唯物論論争[4]などに関する円了の思想の解明が残されているからである。

第二は、円了の晩年の研究である。筆者は「全国巡講」についてまとめたが、日本人の倫理問題、教育勅語の問題（天皇と国家体制の位置づけ）、修身教会とその雑誌の分析、さらに巡講が各地でどのように受け止められ、また評価されていたのか、このような問題が残っている。「井上円了の全国巡講データベース」[5]が完成したので、各地の新聞記事の収集は今後取り組むことができると考えている。

第三は、東アジアとの関係である。円了の生存中から中国や台湾で翻訳書が出ていることは分かっていた。しかし、その範囲は限られており、本格的な調査が必要である。このことは、東アジアの巡講についてもいえることである。最近、円了と東アジアの関係の研究発表が出てくるようになった[6]。とりあえず、中国・台湾・韓国を対象に研究を進める予定である。

第四は、欧米諸国で円了の思想と行動がどうみられていたかである。『ニューヨーク・タイムズ』の死亡記事にあるように、円了の業績を欧米人はどう見ていたか、あるいは現在からどのようにみるのか[7]、そういう観点の研究も今後の問題点である。

平成二三（二〇一一）年、東洋大学に「国際井上円了学会」が設立された。ここでは国内外の研究者の発表が行われるようになっている。[8]

【註】

1　田村晃祐「解説―井上円了の生涯と思想」、『選集』第二二巻、六八七頁。

2　円了の倫理学に関する論文としては、つぎのものがある。田島孝「井上円了の倫理学」（『選集』第一一巻所収）、末木剛博「井上円了の日本倫理学」（『選集』第一一巻所収）、河波昌「井上円了における初期倫理思想―『倫理摘要』をめぐって」（『井上円了の学理思想』東洋大学井上円了学術振興基金、平成元（一九八九）年）、石岡信一「倫理学を中心として」（『井上円了の学理思想』東洋大学井上円了学術振興基金、平成元（一九八九）年）。

3　円了の心理学に関する論文としては、つぎのものがある。恩田彰「井上円了の心理学」（『選集』第九巻所収）、恩田彰「井上円了の心理学」（『選集』第一〇巻所収）、恩田彰「井上円了の心理学の業績」（『井上円了の学理思想』東洋大学井上円了学術振興基金、平成元（一九八九）年）。

4　鈴木由加里「井上円了と唯物論論争」（『井上円了センター年報』第二〇号、平成二三（二〇一一）年）を参照。

5　拙編「井上円了の全国巡講データベース」（『井上円了センター年報』第二二号、平成二五（二〇一三）年、二〇三～三二六頁）参照。

6　末木文美士、『明治思想家論―近代日本思想・再考Ｉ』（トランスビュー、平成一六（二〇〇四）年、六〇―六一頁）。王青「蔡元培と井上円了における宗教思想の比較研究」（『国際井上円了研究』第一号、二〇一五年、一―八頁）。김호성（金浩星）「이노우에 엔료（井上円了）의 활동주의와 그 해석학적 장치들 - 분투철학（奮闘哲學）을 중심으로―」（井上円了の活動主義とその解釈学的装置―奮闘哲學を中心に―）（韓国仏教研究院『仏教研究』第四二号、平成二七（二〇一五）年、三五三―三八五頁）。朝鮮巡講については、拙稿「井上円了と東アジア（一）―井上円了の朝鮮巡講」（『井上円了センター年報』第二三号、平成二六（二〇一四）年）を参照されたい。

7　Rainer, Schulzer: 井上圓了：A Philosophical Portrait.

8　機関誌『国際井上円了研究』については、東洋大学のＨＰに公開されているので参照されたい。

〈付録〉

井上円了と清沢満之―日本近代における仏教者

一　修学時代

井上円了は安政五(一八五八)年三月に現在の新潟県長岡市浦に生まれ、清沢満之は文久三(一八六三)年八月に現在の愛知県名古屋市東区黒門町に生まれた。二人の間には五年五か月の年齢差がある。二人はともに東本願寺(真宗大谷派)の関係者であったが、円了は慈光寺という寺の長男(住職後継者)であり、満之は名古屋・徳川家の小禄の藩士であった徳永家の長男であり、寺族と信徒という基本的な違いがあった。

この二人を結びつけたものは、明治政府の廃仏毀釈の宗教政策、キリスト教の解禁、そして大教院からの分離後の教化体制などに危機感を抱いた東本願寺教団の育英事業であった。一万か寺・一〇〇万門徒という全国組織の中から優秀な子弟を選抜し、これに英才教育を施して教団の将来の人材を育成し、近代に相応しい教育体制を構築しようとしたものである。円了も満之も、漢学などの基礎の上に、ともに英語を習得していて、京都の本山へ選抜されたのであった。

明治一〇(一八七七)年九月、円了は京都の教師教校英学科に入学した。満之も翌明治一一(一八七八)年三月に育英教校に入学した。二人はこの京都の教校で出会ったのか否か、分からない。というのは、円了が満之の上洛した翌月の四月二日に国内留学生として東京へ出発したからである。[1]

明治一一(一八八七)年の時点で、円了は二〇歳、満之は一五歳(満年令)であった。円了は晩年に自己の信仰について、つぎのように述べている。[2]

余の宗教的信仰は依然として真宗を奉じ、終始を一貫して替えることなし。いかに公平に諸宗教諸宗派を審判してみても、信仰の一段に至りては、真宗の外にいまだ余が意に適するものを発見せず。これ一〇歳以前家庭において受けたる教育の仏縁が、内より自発せしによるならんか。ああ快哉南無阿弥陀仏。

寺の長男で次期住職候補者であった円了は明治維新の年が一〇歳で、それまで住職や坊守から宗門教育を受けていた。また、井上鋭夫『本願寺』で描かれているように、[3]門徒は「お稚児様」と呼び、将来の住職として円了を扱い、こうして寺の内外で宗門教育を受けたのである。

円了はその後、漢学の塾、長岡の洋学校に進学している。そこで、明治維新＝文明開化の思想に接するのである。円了には漢学の塾から長岡の洋学校時代までの「履歴書・読書歴」[4]があり、また自分の内面を詠んだ「漢詩集」[5]があり、西洋を中心とする世界を理解し、それに追いつくための日本の文明開化論、万民同等論が詩題となっている。すでに紹介したように、円了は寺における宗門教育で内面に仏縁と呼んでいるものを持ち、また、一方で円了は「今ヤ我日本ハ復往時ノ日本ニアラザルナリ」[6]と述べているように、新しい時代に生きているという感覚の持ち主でもあった。

一方の満之は、徳永家という下級武士の長男として育った。徳永家の父は禅宗系であるが、母のタキは同じ藩士の長女であったが、熱心な真宗の信者であったという。母の影響か、「早五六歳にして、正信偈和讃御文を読みて、師匠寺の院主を驚かし」た、と従弟の五十川賢蔵は述べている。満之は漢学の初歩を学び、つぎに「学制」でできたばかりの小学校に学び、さらに「先生の父上は時世を見る所ありて」(五十川賢蔵の言)英語学校に入学させたが、その後廃校になり、さらに愛知県医学校でドイツ語を習うというように、その修学は明治維新の変動もあり、順調ではなかった。ところが、尾張門徒と呼ばれる東本願寺の篤信地帯の宗風が縁となり、竜華空音という僧侶に「僧侶になれば本願寺が学問をさせてやる」と勧められ、覚音寺の小川兄弟と共に上洛し、明治一一(一八七八)年二月に得度して、三月から東本願寺育英教校に入学したのである。

満之の学力は高かったと言われ、それが育英教校への進学につながったのであろうが、信仰の面、時代感覚の面ではどうであっただろうか。名古屋という都市に生まれたので、文明開化の影響は感じていたであろうが、京都の育英教校での教育と生活が、満之の信仰と思想の原点を形成したのではないだろうか。そういう点から考えると、満之の信仰や思想は教団による純粋培養であったのではないだろうか。その中で、満之は育英教校時代に『真宗仮名聖教』に学んだ。そこで、満之は『歎異抄』と出合った。寺川俊昭は、満之と『歎異抄』との関係をその後も含めて、つぎのように述べている。[7]「育英教校以来この書に親しんだ満之にとって、『歎異抄』は改めて抜き書をするまでもなく、いわばその血肉の中に生きてきたということのできる聖典であった」。

二　東京大学(帝国大学)時代

上京した円了が翌日に紹介状をもって訪ねたのが、現在の文京区にある同派の念速寺である。この寺の住職・近藤秀琳が東京大学総理の加藤弘之と仏縁があったからである。このような縁で、円了は念速寺の住職の導きによって加藤弘之に出会った。[8]そして東京大学の受験を勧められて、明治一一（一八七八）年九月に予備門の第三級（第二学年）に入学したのである。こうして、円了は加藤弘之の知遇を得て、いわゆる「書生社会」の一員になったのである。[9]

一方の満之は京都の育英教校で三年間の課程を終え、円了の上京から三年半後の明治一五（一八八二）年一一月に他の二人と共に東京へ来た。満之らは本山から「三人は少年であるので、万事井上円了氏を手本とせよとの命令を受け[10]」ていたので、まず円了と面会した。この時が円了と満之の初めての出会いであったと考えられる。円了は東京大学の欠員募集に応じるようにと、受験を指示した。三人の留学生のうち、この時合格したのは満之一人で、明治一五（一八八二）年一一月に予備門の第二級に入学した。

円了は後年、長岡の洋学校で、東京大学予備門の入学試験の体験を、つぎのように述べている。[11]

〔洋学校時代の〕実に怪怪極まるのは、読方を知らぬで、訳をやつて居る、「イット事の其れは」で、「ナイト」（夜）を読むに、いらぬ字まで読んで、「ニグフト」とやる、「デーアンドニグフト」と云ふ有様であつたが、兎に角意味は取れる、然し読は少しも分らぬだから人の云ふ事も分らぬです。

其れから東京に出て、予備門を受ける事になつた、是が私が此の地を去つた時なのです。

其の頃予備門では、教師は日本人が二人位交つて居て、他は皆な西洋人、試験も皆な西洋風でやつたもので、教場で話すも西洋語で、掲示も西洋文字、日本人迄英語で話をするのであつた。……西洋人ばかりで、何でも西洋風にやる、日本から、はる〴〵西洋に行くのは、中々の事である、又強いてさうしなくも、日本に洋学校を建て丶、全く西洋風にやれば、其れで洋行したと同じであると云ふのであつた。

処が長岡に居て「デーアンドニグフト」と読んだ連中なれば、さー困つた。其所で人に聞くと、正則をやり給へと云ふ事で、直に始めたが古いくせが中々直らぬ、一生懸命で苦んで、さー愈々試験を受ける事となつた。

教師は西洋人で、西洋語をぺらくくしやべる、少しも分らぬ、しかし問題はとにかく「イット事の其の事は」〳〵の調子で綴つた、然し答案は英語で書くのであるが、文章は書いた事がないので、是又大に困つたが、幸にも登第が出来た。其時の点の取り方は、全課目を平均して、六十点に達すると上られるのであつた。其結果はと云ふと、丁度彼の地に知つた人があつたので、其人から写してもらつて見たら、私ながらあきれた。如何かと云ふと、文典が十九、作文が二十五、それで如何して登第が出来たかと云ふと、数学が幸に満点であつたから、登第が出来たのだ。

愛知英語学校に学んだ満之の場合はどうだったのだろうか。円了の同級生は、円了がその後クラスで首席を競っていたと証言している。円了の場合、入学時の一三〇名が四年生で四八名に激減している。このように、予備門の成績競争は激しく厳しかったが、円了も満之もこれを勝ち抜いたのである。

　円了は満之が上京する直前の明治一四(一八八一)年九月に文学部哲学科に進学し、哲学を専攻した。それから二年後に満之も哲学科に入学した。こうしてみると、二人は学年にして二年の違いしかない先輩と後輩であった。満之の大学でのノートや成績表を見ると、二人はお雇い外国人教師などから西洋の哲学を中心とする人文・社会・自然の諸科学を学び、日本で最初の近代高等教育を体系的に受けて、当時の最先端の知識を身に付けていた。また、当時は日本の学界の草創期であり、円了は同学の士や先学にはかり、明治一六(一八八四)年一月に哲学会を創設した。満之もこれに加わり、『哲学会雑誌』の創刊などを担当した。二人はこの他に、東本願寺の東京留学生たちと「樹心会」を作って親睦を深めていた。

　南条文雄と笠原研寿は、この二人に先駆けてイギリスのオックスフォード大学でマックス・ミュラーから梵語学を学んでいたが、笠原は病気で帰国し、そしてイギリスにいた南条への手紙の中で、東京留学生のことをつぎのように記している。

越後慈光寺井上円了・尾張徳永満之・大阪徳龍寺沢辺昌丸、越前柳祐久、これ丈は大学にあり。井上を上とする。奇なる人なり。今川覚神（拾翠弟）同人舎に在り、今月卒業するなり。柳祐信、慶応義塾。これ等の人々に頻りに所謂哲学を学ばせてあり。ミルとかスペンサーとか云つて、ピヨコ〳〵して居るは、畢竟どうする図りか知らん。

純粋に仏典を修学していた笠原から見て、仏教や真宗に直接関係ない哲学などを円了や満之が学んでいることは奇異なことと思われていた。しかし、この便りを読んだ南条は「私はこれを読んで偉い人達が出来るものと思つてゐました。」と当時の感想を書いている。[12]

　このように、円了も満之も夢中になって大学で勉強した。特に真新しい哲学については、大学の講義以外に、自分で研究を行っていたことが分かっている。円了の場合、文学部三年生の時に『稿録』という西洋のノート二冊分の英文抜書きが残っている。この『稿録』を分析した哲学者の茅野良男は、ほとんどが英語文献の抜き書きである円了のノートを通して、「一〇〇年以上前の日本人の英語の読解力のすごさを知った」といい、その分析した内容を記している[13]。研究ノートとして、哲学一般・心理学・論理学・倫理学・教育・その他の項目で二二〇種以上の書名、各種の哲学史から八〇名以上の哲学者が挙げられ、実際の抜粋は哲学史・哲学・道徳哲学・心理学の著作がほとんどである。

こうした探究の結果、円了はある結論に到達した。そのことをつぎのように述べている[14]。

一日大いに悟るところあり、余が十数年来刻苦して渇望したる真理は、儒仏両教中に存せず、ヤソ教中に存せず、ひとり泰西〔西洋〕講ずるところの哲学中にありて存するを知る。ときに余が喜びほとんど計るべからざるものあり。あたかもコロンブスが大西洋中に陸地の一端を発見したるときのごとし。これにおいて十余年来の迷雲始めて開き、脳中豁然として洗うがごとき思いをなす。

仏教学者の森章司は、これは「回心（コンヴァージョン）」の体験であると指摘している[15]。この円了の西洋に関する「発見」はつぎに東洋へと展開していく。円了はそのことをつぎのように述べている[16]。

すでに哲学界内に真理の明月を発見して更に顧みて他の旧来の諸教を見るに、ヤソ教の真理にあらざることいよいよ明らかにして、儒教の真理にあらざることまたたやすく証することを得たり。ひとり仏教に至りてはその説大いに哲理に合するをみる。余これにおいて再び仏典を閲しますますその説の真なるを知り、手を拍して喝采して曰く、なんぞ知らん、欧州数千年来実究して得たるところの真理、早くすでに東洋三千年前の太古にありて備わるを。しかして余が幼時その門にありて真理のその教中に存するを知らざりしは、当時余が学識に乏しくしてこれを発見する力なきによる。これにおいて余始めて新たに一宗教を起こすの宿志を断ちて、仏教を改良してこれを開明世界の宗教となさんことを決定するに至る。これ実に明治十八年のことなり。これが余が仏教改良の紀年とす。

このようにして、円了は東京大学での研究で、まず西洋哲学が真理を明らかにしていることを確信し、さらに東洋の諸教のうち、仏教に哲学と同じ真理があることを確信したのである。円了は近代西洋の知識を前提として、伝統的な仏教を近代思想として発見したのである。

明治一七（一八八四）年秋、四年生になった円了は、六名の東京留学生を代表して、本山・東本願寺に対して、「修学ノ科目并ニ将来ノ目的ニ付奉上申候　愚侶輩」という上申書を提出した。[17]円了は明治になって国際化された日本が、内務ばかりから外務を設けたように、教団も自教の研修以外に、西洋の諸学やキリスト教を研究する外務が必要であるという。円了は、仏者の今日の急務として、具体的につぎのような問題を提起している。第一に西洋哲学の諸科を研究して、仏教の諸説との応合を明らかにすること。第二に物理学・生物学を講習して、仏説と理学との争論を調和すること。第三に耶蘇教の極理を論破して、仏教の真理を開示すること。第四に政治・道徳の性質、社会の事情を捜索して、実際の布教を思考すること。これがいわゆる外務の事業に属するものである。

そして結論を要約すると「他日、留学生の六人が卒業する時にあたり、一堂が相会してお互いに研究・討論することが必要であり、仏教・哲学の両館を首都〔東京〕に創設することをお願いしたい……つまり、仏教館、哲学館の両館をもって、僧侶学の中心とし、日本教海の標準としたい。この事業は未だ他宗他派の着手していないことであり、我が宗が独りこの外務の開館の創設に至れば、我が本山の名誉となるでしょう」と述べている。

円了の時代に対する問題意識は満之も共有していただろう。ところが、明治一〇(一八七)年前後に教団の学事を革新・拡大させた東本願寺の本山は、その後方針を転換して事業を縮小させていたので、この上申はすぐに承諾されなかった。円了は本山と再三再四にわたって交渉することになる。その時期が、留学生の第一号である円了の卒業とかさなっていた。

卒業を控えた円了には二つの岐路があった。第一は恩師石黒忠悳(のちの軍医総監)が文部省への抜擢採用を勧め、森有礼文部大臣はすぐに承知して採用しようとしたが、円了は「御思召は誠に有難いですが、素より私は本願寺の宗費生として大学に居た事であるから、官途に就くには忍びないのみならず」[18]といい、すでに上申した宗教的教育的事業を行いたいという自分の志望を述べて断った。

明治一八(一八八五)年、円了は東京大学第一期生の中の首席で卒業した。京都へは戻らず、本山からは「印度哲学取調掛」を命ぜられ、国費給費生として東京大学研究生、帝国大学大学院生(院生は病気でその後辞退した)になった。明治二〇(一八八七)年、満之は帝国大学を首席に準じる成績で卒業し、円了の例に倣って大学院生となった。「宗教哲学」の専攻であった。

円了は在学中から新聞・雑誌に論文を発表した。『令知会雑誌』に「哲学要領」という日本人の手による初めての西洋哲学史を二年間連載した。『明教新誌』という新聞には、「耶蘇教を排するは理論にあるか」「耶蘇教を排するは実際にあるか」「仏教は知力情感両全の宗教なる所以を論ず」(後に『真理金針』全三編)を二年間連載した。内容は先の上申のように、仏教と西洋諸学との関係、キリスト教の極理の論破、現代の教化の課題を論じている。近代仏教史の研究者による通説では、円了のキリスト教批判、いわゆる排耶論は江戸時代の攘夷論から取り組まれたものとしているが、円了の立論の根底にあったのは、西洋の諸学であり、哲学、自然科学によるキリスト教批判であった。今後、近代仏教史を見直す必要がある。

この他に、『哲学一夕話』全三編、『倫理通論』全二編、『通信教授　心理学』、『哲学道中記』、『心理摘要』、『哲学要領』後編と、四〇〇字の原稿用紙で一五〇〇枚を超えて、つぎつぎと新知識を社会に提供し、若き論客として注目を集めた。しかし、昼夜を問わない研究と執筆の日々は、やがて円了の身体を蝕み始め、痔病、咽頭カタル、結核に進行した。療養を余儀なくされても、円了は書き続けた。

明治二〇(一八八七)年二月に刊行された『仏教活論序論』は仏教改革のベストセラーとなった。同書は仏教を西洋哲学の視点から照らし出し、仏教(東洋哲学)の存在意義を明らかにしたもので、停滞していた仏教界にとって近代化への礎となり、多くの人々に影響を与えた。後に真宗の碩学といわれる二人が受けた影響を紹介したい[19]。

曽我量深は、「井上先生が私の子供の時に『仏教活論序論』という書物を初めて書いた。これはまあいってみると、ほんのパンフレットのようなものでありまして、内容なんかというものは、今考えてみるというと、極めて雑ぱくなもののようであったけれども、その『仏教活論序論』というパンフレットが出たということによって、仏教界、われわれは、どんなにか救われたことでありましょう。……井上円了先生が仏教界に与えられたところの功績というのは、その時代から見れば、実に広大無辺なものだったと私は思っておる」と述べている。

また、金子大栄は「井上円了師が我国文化の上に効されし功献、特に明治の仏教界に一新紀元を作られしことは、万人共に認むべき事実として不朽に伝へられるべきである。……〔私が〕高等小学の三四年頃であつた。自分が僧侶であるといふことから、同級生の聖徳太子に対する非難を、恰も我事の如く弁明これ勉めた時分である。師の『仏教活論序論』が私の手に入つた。既に小さい魂に全仏教を荷うて立つやうな気分で居るところへ、この緊張した序論を見せられたのである。私は驚喜を以て之を耽読せざるを得なかつた。……井上師は仏教界に一時期を劃された通り、私の生ひ立ちに一時期を劃されたのである」と書いている。

その書中で、円了は仏教界をつぎのように痛烈に批判した[20]。

今、仏教は愚俗の間に行われ、頑僧の手に伝わるをもって、弊習すこぶる多く、外見上野蛮の教法たるを免れず。故をもってその教は日に月に衰滅せんとするの状あり。これ余が大いに慨嘆するところにして、真理のためにあくまでこの教を護持し、国家のためにあくまでその弊を改良せんと欲するなり。しかしてその護持改良の方法は、当時の僧侶と共にはからんとするも、いかんせん、その僧侶の過半は無学無識、無気無力なるを。

円了は『仏教活論序論』の論ずる所が、「真宗の教理に違背する点のあるのを恐れて、予め本山当局に脱宗届を出した」[19]といわれている。それほどの自覚を持って、仏教改革を叫び、そして行動したのであった。

三　哲学館時代

このような危機意識を持った円了は教育による仏教の改革をめざした。それが、明治二〇(一八八七)年九月に、東京・湯島の麟祥院という寺を借りて設立された私学・哲学館(現在の東洋大学の起源)である。哲学館は仏教ではなく哲学の専修学校としてスタートしたが、宗教教団や政財界の有力者の協力を求めず、二八〇人の寄付者によって設立されたものである。開館の旨趣を要約すると、円了はつぎのように述べている[22]。

「文明の発達は主として知力の発達によっている。知力の発達を促すものは教育という方法であり、高等な知力を得るためにはそれにふさわしい学問を用いなければならない。その学問とは哲学である。哲学は万物の原理を探り、その原則を定める学問で、法律・政治から理学・工芸にいたるすべての学問の中央政府であり、万学を統括する学問である」(この建学の精神は、現在の東洋大学に「諸学の基礎は哲学あり」として継承されている)。円了の問題意識は「僧侶が余りにどうも地獄極楽に固り込んでしまつて居つて、本当の僧侶学やつて居らんから如何にも残念だ、だから少し哲学思想を彼等に与へたらば、余程世の中の利益になるだらう」と考えていたのである。

このころ、満之は同年七月に大学を卒業して、帝国大学大学院に進み、そして第一高等学校で教鞭をとり、さらに哲学館の創立に加わり、東京府への「私立学校設置願」には、円了は館主兼教員であったが、他の教員は満之のみであった。満之は四人の評議員の一人となり、また「純正哲学(哲学論)」「心理学(応用)」の二科目の授業を担当した[23]。特に哲学論はもともと円了が担当していたのであるが、病気のために満之に代行を依頼したものであり、創立期の哲学館にあって満之の役割は大きく、円了もその力を頼りにしていたことがうかがえる。円了は大学卒業から哲学館の創立まで二年間かけた。その理由は、東本願寺の東京留学生の大学卒業を待っていたからである(東本願寺関係の講師は、満之の他に、柳祐信。留学生ではないが、村上専精、織田得能がいた)。結核に罹った円了は、万が一の時を想起して、満之を後継者に考えていた。

哲学館は定員五〇名で学生を募集したが、実際には多くの人々の関心を呼び、一三〇名で打ち止めしなければならなかった。円了は教育理念として「余資なき者」(大学の課程に進むだけの経済力のない人)、「優暇なき者」(原書を読みこなせるようになるだけの時間的社会的余裕のない人)の教育を掲げ、その機会を開放しようとした。そこで、『哲学館講義録』による通信教育を始めた。人文系で初めての講義録であったから、北海道から朝鮮半島までに及ぶ一八三一名の学生が学ぶようになった。こうして、当初から全国規模の学校となった。東本願寺も教団の広報で、円了の哲学館の創立を報じて公認した。[24]

一方、東本願寺の本山は、帝国大学大学院生で哲学館の関係者ともなった満之に対して、明治二一(一八八八)年一月に教団の最高位にある新法主の内命をもって京都へ呼び、御学館で幼学の要綱を進講させている。満之は後年、宗教についてつぎのように述べている。[25]

パンの為、職責の為、人道の為、富国強兵の為、功名栄華の為に宗教あるにあらざるなり。人心の至奥より出づる至盛の要求の為に宗教あるなり。宗教は求むべし、宗教は求むる所なし。

この満之の宗教理解は、西洋諸学、中でも宗教哲学という当時の最先端の学問に裏付けられている。円了も同じような見解であったが、彼らの求めたものは、伝統的な習俗から離れて、極めて知的な態度から発せられている。ここに、満之の純真な求道心が見えるのである。満之のそれを支えていたのは、親鸞と唯円とが聞法(対話)した『歎異抄』でもあった。

ところが、円了と満之に突然のように、転機がやってきた。哲学館の開館から一年未満の時期に、教育体制の基礎を作ったと判断した円了が、明治二一(一八八八)年六月に第一回の世界旅行に出発した。明治憲法発布を前に、欧米の政教(政治と宗教)の制度・関係、哲学の研究状況を実際に視察しようとしたのである。円了の突然の世界旅行がなぜ行われるようになったのか疑問が持たれている。[26]

そして、満之は哲学館を離れ、明治二一(一八八八)年七月に、大谷派が京都府に代わって経営するようになった尋常中学の校長に就任した。また、新法主の学問所の掛員に任命され、八月七日には三河の大坊・西方寺の娘・清沢ヤスと結婚した。こうして、満之は真宗大谷派の僧侶として生きることになった。

満之が「奮然身を宗教界に投じた」理由は、満之の近親者の言としてつぎのようにいわれている。[27]

人は恩義を思はざるべからず。……余は国家の恩、父母の恩はいふまでもなく、身は俗に生まれ、縁ありて真宗の寺門に入り、本山の教育を受けて今日に到りたるもの、この点に於いて、余は篤く本山の恩を思ひ、之が報恩の道を尽さゞるべからず。

帝国大学大学院に在学した満之には、学問の世界などでエリートとして生きる道があったが、これを捨てて真宗大谷派（東本願寺）という一教団に奉職した。円了と満之という近代高等教育を受けた二人のエリートは、ともに将来の仏教や真宗の改革にとって高等教育が重要な役割を果たすと認識し、円了は仏教界への高等教育の導入を、満之は大谷派教団への導入を考えて、それぞれ世間の栄達の道を捨てて決断したのである。

しかし東本願寺への帰山の満之の場合は、研究者によって「教団の選び」として特殊化され、また友人の沢柳政太郎の「小さな舞台」論があって、満之の生涯でもこの部分は重要視される傾向がある。[28] 筆者はつぎのような点から、満之が大谷派教団に戻ったことは一般的なことであったと考えている。

第一に、今川覚神によれば、明治二八（一八九五）年の日本の総人口は四一五五万人余りであったのに対して、明治三〇（一八九七）年の大谷派の門徒数は「四九七万人」余り[29]で総人口に占める門徒の割合は一二％であった。同じ、浄土真宗の本願寺派（西本本願寺）の教勢は大谷派を上回るから、二教団の門徒で、日本の人口の三〇％以上を占めることになる。つまり、本願寺教団が動けば、日本が動く、そういう舞台に満之は戻ったのである。事実、明治八（一八七一）年五月の真宗教団各派の大教院よりの離脱は、明治政府が武力を背景に神道・仏教・その他を組織した天皇制宣伝省の頂点にあった大教院を、当時の真宗の教勢が実力をもって解体したのであったことを考えると、大谷派は「小さな舞台」と言えるだろうか。

第二に、名古屋の下級武士の長男に生まれ、明治維新後にはその将来を考えることが難しかった満之が、大谷派の一員となり、帝国大学の大学院に在学し、その東京に父母を呼んで住まい、家族に対する責任を果たせるようになったことから、「本山への報恩の道」を選ぶことは人間として当然のことである。すでに、家族を背負った満之が、教団の用意した中学校長の職に就任することは、「本山の恩」に応える現実的なことであって、「教団の選び」といわれるものは、帰山後の問題と考えるのが妥当であろう。

四　苦難の時代（一）

明治二二（一八八九）年六月末、円了は一年間に及ぶ欧米諸国の視察から帰国した。この視察で、西洋社会の実態と進歩している大学や研究所における東洋学の研究などを認識して、近代化のために私立大学の設立の必要性を痛感し、哲学館の発展を決意し、その趣旨を伝えて各界に協力を求めた。この年の八月、円了は哲学館の校舎を新築して、大学への道を目指した。九月一一日、ほぼ完成しかけていた哲学館の新校舎が暴風雨によって倒壊した。この災害を円了は「風災」と呼んだ。当時、京都に滞在していた円了は取り急ぎ上京して、二〇日に再建工事に取り組んだ。この時に精神的な支援をしたのが勝海舟であった。円了の結婚の仲人が海舟の娘婿夫妻という縁で知り合い、海舟は哲学館拡張の趣旨に賛同してくれていた。このような激励があって、円了は一一月に新校舎への移転式を挙行した。創立から三年目のことであった。

しかし、新築費と再建費という二重の負債が館主・円了にのしかかった。これを海舟につぎのように相談した。[30]「哲学館も現今のところ、学校の維持法はまったく立っておりません。今秋より資金募集に着手することにしておりますが、その方法についていろいろ愚考しておりますけれども、別に良い手段も思い浮かびません」

その打開策として、円了と海舟が相談して決めたことは、館主自らが「口（言葉）でつたえないで、身で示す」ために、全国で学術講演して哲学館への寄付金を募集することであった。明治二三（一八九〇）年一一月から円了は全国巡回講演の旅に出た。「文学士が東京から来る」として地方では珍しがられたが、ある時は骨董鑑定者や仙人・奇人などに間違われたほどである。こうして苦労した巡講ではあったが、この旅の成果（募金）は思ったほどではなく、一年後の報告書の冒頭に「全国の有志諸君に泣請する」と言わざるを得なかったほどの募金しか集まらなかった。円了は足掛け四年間にわたり、北は北海道から南は鹿児島までを巡回し、三九〇日にわたる講演をやり遂げ。ほとんどの寄付金は一円以下の少額であったが、三五〇〇円余りの国民的寄付金をえた。しかし、円了にとって人生で初めての挫折であった。

一方の満之はどのような日々を過ごしていたのだろうか。すでに述べたように、満之はエリートコースを捨てて教団に戻った。その転身には宗門教育への大きな期待があったが、長い伝統を持つ教団にはさまざまな問題があった。それまで満之が体験した教団生活は育英教校の学生としての三年間のみであった。司馬遼太郎は、「周囲の者は、清沢が身を置くべき京都の東本願寺が青年の理想を托すべき存在でないことを知っていたにちがいない。本願寺についてはさまざまな醜聞が世間に聞こえており、停頓と没理想と堕落の巣窟のようなものだということを、かれの学問の周囲の者たちは知っていたことはたしかである」[31]と言っている。当時の満之がこのことを知っていたのだろうか。筆者はこの時期の教団には、つぎのような問題があったと考えている。

第一に、教団は封建的体質が強く、発展する国家・社会などへの理解に乏しかった。円了が体験した事件がある。明治二五（一八九二）年に「三条別院で大谷派の前途につき憂憤の余警告的演説を為したのが原因で、輪番始め一同のものより殆んど追立て同様の虐待を受けた」[32]のである。教団を批判的に視ることはタブーとなっていた。

第二に、既成教団における信仰（信心）の問題である。「先づ世の中で、不信心の第一は坊主、その次は坊主に近い在家の人、坊主に縁の遠いものほど厚信のやうに見える」[33]と、満之自身が体験を述べている。

第三に、教学における保守性である。満之は教育改革の志望を持っていたが、それに立ちはだかったのが貫練会である。「貫練会とは当時の東本願寺派に於いて、宗学の正統派として大きな権威を持っていた宗学者達により結成された保守的な学閥的組織であり、宗意取調とか安心調理とか云われる、いわゆる異解者の裁断などをも行つていた。……要するに宗学上の自由研究を阻止せんとする目的の為に組織されたものであった」[34]。後に満之は貫練会から「宗意上の異解者」「仏門中のユニテリアン」「社会主義を持せる破壊党」と中傷される。

第四に、当時の教団（本山）は負債償却と両堂再建に取り組んでいた。明治五（一八七二）年の時点で、収入が三万余円であるのに対し、負債は八〇余万円に達していたといい、明治二七（一八九四）年には三三〇余万円に膨張していた。これを償却するために「本山所有の土地を抵当に入れる等、凡ゆる手段によって切り抜けつつ、相続講を中心として教団の全機関を挙げて募財を強行した。こうして二十六年の総収納額は百余万円（約十五億円）に達したという。……こうしてさしもの鉅額の負債も遂にその大部分を償却し了えた」[35]といわれる。またこの間に、両堂再建は明治一二年から着手し、一六年の歳月かけて明治二八（一八九五）年に完成している。それを強力に推進するために法主を補佐する執事が内事・会計・教学の三部長を兼職するという専制体制が出来上がり、この間の教団の方針は事業と募財の遂行にのみ置かれ、満之の志望した教育や教学は未着手の状態に放置されていた。

京都に戻った当初、満之の生活について、「中学校長御就任当時の辞令には「月給百円を給す」とあり、所得税申告には、月給八拾円とあるが、当時としては大した収入であつた。豪壮な邸宅住つて、西洋煙草をくゆらしながら、人力車で学校へ通われた。勿論髪を伸ばし、洋服なども変わつたものを何種類もお持ちになつておられた」[36]という。まさに帝国大学出の文学士や東本願寺の役職者の生活そのものであった。しかし、満之は取り敢えず宗門の用意した生活環境に従いながら、教団のあり方や教団人の生活を観察していたのではないだろうか。当時の教団では、衣食住のため、家族のため、職位のため、名誉のために、僧侶らしい生活が行われていたのだろう。在家から僧侶になった満之には、まだ、真宗の信心に対する確信もなかった。しかし、満之の心中では、「後に「人心の至奥より出づる至盛の要求の為に宗教あるなり」といわれるような宗教心（宗教的要求）は忘れていなかった」と考えられる。

円了が明治二三（一八九〇）年に、哲学館の危機を背負って苦難の全国巡講を開始した時期、同時に満之もその生活を一変させている。満之は京都へ来てから二年になるこの年の七月、東京で身に付けた文学士として生活をすべて捨て、また校長の役職も捨て、黒衣墨袈裟をまとった一僧侶として信心・求道の生活に入った。「その方法は従来の真宗の修行にはない、生活の糧を極度に制限した「ミニマム・ポッシブル（禁欲生活）」という「苦行」であった。人間の有限性を実験によって見極め、その生活の中で無限の信心を求めるという危険な方法であったが、満之は決断した。この行動によって、満之は大谷派教団の一員として正しく生涯を生きる「教団の選び」を決断したのである。「この満之の制欲自戒の行業が、実は彼の独創的な行為というよりも、一時代前の真言宗の釈雲照、あるいは浄土宗の福田行誡の「自戒精神」の系譜を引くものであることは、研究者によって既にはっきりと指摘されている」[37]。満之がそうした事例などを参考にしたことは考えられるが、しかし、西洋哲学を学んだ満之のミニマム・ポッシブルの目的は先行の事例とは異なるので、満之の独創性を重視すべきではないだろうか。

こうした求道生活の中で、満之は教団の教学・教育政策の近代化を建議し続けた。明治二二（一八八九）年の留学生制度の復活、明治二四（一八九一）年の新法主の育成のための岡崎学館の組織改革、明治二五（一八九二）年の教団の教学制度の独立の建議、明治二六（一八九三）～二七（一八九四）年には帝国大学時代の友人で一時文部官僚だった沢柳政太郎を顧問に迎えて作られた新学事体制である。しかし、これらの建議や体制はほとんど無視されるか、反故にされてしまった。満之にとって残念だったのは、沢柳を中心に企画・実現された教学体制であった。「この改革の狙いは、従来殆ど有名無実の状態にあった宗門教育の方針を立て直し、近代的な諸要素を取入れて、全ての組織を強化することにあつたが、中でも大中学寮は之まで屡々行われた無計画な補填工作の為に、全く統一性を失っていたが、それを整理して両者の間に一貫性を持たす事により、宗門子弟の質的な向上を計ろうと企図した」もので、「中でも殊に注目される事は、新時代に応じて哲学を中心とする近代諸科学を重要な必須課目とする第二部の組織が確立された事で、保守的な宗門学事の殻を破る画期的な営みであつた。」[38]

「ミニマム・ポッシブル」の自己修道の結果、明治二七（一八九四）年に結核の診断を受け、友人の強い勧めを受け入れて療養生活に入った満之は、このような教学体制の改革を理想の教育が可能となったと喜んだが、この体制も学生のストライキを利用した反対派の策謀で三か月たらずで崩壊し始め、沢柳は解職され、稲葉・今川・清川の同志は減俸処分となった[39]。満之の落胆は深く、自己の求道生活を更に深めるものとなっていった。

この頃の東本願寺には、こうした内部問題の他に、度重なる門末からの募財、財政の紊乱、法主の不品行が新聞・雑誌で取り上げられ、社会の顰蹙をかっていた。そのため、療養先から京都へと戻った満之は、村上専精などの有識者と共に「教学重視（学事と教務）」の寺務改正の建言書を提出したが、それも無視されたままであった[40]。

この頃までの事態を満之はどのように受け止めていたのか。満之の日記にはつぎのように記されている[41]。

回想す。明治廿七八年の養痾〔病の療養〕に、人生に関する思想を一変し、略ぼ自力の迷情を翻転し得たりと雖も、人事の興廃は、尚ほ心頭を動かして止まず。乃ち廿八九年に於ける我が宗門時事は、終に廿九・卅年に及べる教界運動を惹起せしめたり。

こうした度重なる改革への過程を経て、ついに明治二九（一八九六）年一〇月一〇日、満之をはじめとする同志六人は教界時言社を設立して、京都・白川村に籠居し、宗門改革運動を起こした。一万か寺・一〇〇万門徒の組織を、わずか六人で改革しようとするものであった。白川党と呼ばれた六人はいずれも当時の高等教育を受けた者であった。一〇月三一日、機関誌『教界時言』が創刊され、その発行の趣旨で、満之は「大谷派本願寺は、余輩の拠て以て自己の安心を求め、拠て以て同胞の安心を求め、拠て以て世界人類の安心を求めんと期する所の源泉[42]」といった。そして、教学政策の実施、現執行部の退陣、寺務の改正、議会の開設を要求した。

満之らはもとより除名を覚悟しての運動であったが、翌一一月に円了らの有識者が、教団の全国各組織に対して檄を飛ばして改革運動を支援した。そして、各地の有志や学生の参加、それに新聞・雑誌の報道もあって、この改革は社会的なものとなって急速に拡大した。満之は病身ながら責任者として活動した[43]。

五　苦難の時代（二）

円了はさきに記したように、在俗の立場で（僧籍はそのまま）活動していたが、出身教団の問題であり、たびたび本山の責任者である執事に私信を出して忠告をしたが聞き入れるところではなかったという。しかし、満之ら東京留学生の決起を支援し・この改革運動を拡大するために、『教界時言』第三号（明治二九（一八九六）年一二月）に「教界時言の余白を藉りて哲学館大谷派僧侶諸君に激す」を発表して、一七〇〇人余りの哲学館の卒業生に改革運動への参加を呼びかけた。一旦宗門外へ出た慎重派の円了が、再び宗門の内部問題へ敢えて深入りしたのは、満之の仏教改革の志を高く評価したからに他ならない。

この運動は社会問題にまで発展し、ついに悪評の高かった本山の執事は退陣した。そして、運動はつぎの議会の開設へと進んだ。大谷派寺務革新請願事務所が設立され、法主への請願を要求した。明治三〇（一八九六）年二月一三日、大谷派革新全国同盟会が結成され、請願書が提出されたが、翌一四日に満之ら六人の教界時言社の社員はすべて改革運動の首謀者として僧籍剥奪の処分を受けた。結局、この運動の具体的な成果は議会の開設まで展開したが、その議会も本来のものではなかった[44]。

そして、満之らの求めた精神的な革新まで至らなかった。満之はそのことをつぎのように反省している（河野法雲の証言[45]）。

実は是だけの事をすれば、其後には、実に何もかも立派に、思ふことで出来ると思つてやつたのだけれども、然し一つ見おとしがあつた。それは少部分の者が、如何に急いであがいても駄目だ。よし帝国大学や真宗大学を出た人が多少ありても、此一派——天下七千ヶ寺の末寺——のものが、以前の通りであつたら、折角の改革も、何の役に立たゝぬ。初に此のことがわかつて居らなんだ。それでこれからは一切改革のことを放棄して、信念の確立に尽力しやうと思ふ。

こうして、満之は明治三一（一八九八）年四月に『教界時言』を廃刊し、革新運動は挫折に終わり、三河大浜の西方寺へと家族と共に帰った。

ところで、このの河野法雲の証言から、一般に満之の信仰確立が大浜時代から始まったように理解されているが、しかし満之の求道は京都帰山から本格的に始まり、ミニマム・ポッシブルのように、継続されていた。革新運動を経て、真宗の核心をより求め、深く進められたのである。満之は回心の過程をつぎのように記している[46]。（傍点省略）

而して卅年末より、卅一年始に亙りて、四阿含等を読誦し、卅一年四月、教界時言の廃刊と共に此の運動を一結し、自坊に投じて休養の機会を得るに至りては、大いに反観自省の幸を得たりと雖も、修養の不足は尚ほ人情の煩累に対して平然たる能はざるものあり

卅一年秋冬の交、エピクテタス氏教訓書を披展するに及びて、頗る得るところあるを覚え、卅二年、東上の勧誘に応じ

て已来は、更に断えざる機会に接して、修養の道途に進就するを得たるを感ず

而して今や仏陀は、更に大なる難事を示して、益々佳境に進入せしめたまふが如し。豈に感謝せざるを得むや

満之は、大浜時代に、『四阿含』、『エピクテタス氏教訓書』『歎異抄』という「予の三部経」を中心に聞法を進めた。この進行を記録した文章を見ると、「得たり」「得たる」と回心を体験したことが記されている。最後に「佳境」という決定的場面に進んだことを明らかにしている。

一方、満之らが改革運動を起こした明治二九(一八九六)年に、円了は年来の目的である東洋大学設立のために新たな募金活動を開始していた。この募金では能書家として知られた海舟が七〇歳を超える高齢にも拘わらず寄付者に対して揮毫を行って謝礼とした。海舟はこの行いを「陰ながらの筆奉公」と呼んで協力した。

すでに述べたが、円了は満之らの改革運動へ賛同し、俗人的立場となったわが身を顧みずに協力した。そして、機関誌を通して哲学館の出身者へと檄をとばした。この檄文を掲載した『教界時言』第三号の末尾には、「明治二十九年十二月十二日夜半稿了」と記していた。しかし、その翌一三日の夜半に、哲学館は類焼から校舎と寄宿舎が全焼する。奇禍としかいいようがないが、これによって円了は改革運動の実際から身を引かざるを得なかった(円了に代わって弟の円成や哲学館の出身者が運動を推進した)。また、この火災によって円了は、文学博士を取得した仏教哲学系統論(全一五編)の資料と原稿の大半を失った。日本仏教を哲学的視点から分類してその発展を系統的にたどる研究であったが、結局、すでに印刷に入っていた第一編の『外道哲学』のみが残ったのであった。

この火災は円了にとって二度目の挫折であった。円了はすでに購入していた現在の東洋大学白山校地に新校舎の建設を行った。そして、数年後、再び全国巡回講演(今回から一県内を巡回する方式に転換)で、社会教育を行いながら募金を行い、逝去した海舟に代わって自ら揮毫して寄付者への御礼とした。このような行いは、識者の批判の的となり「井上円了さんの靴はキフキフと鳴る」と新聞で揶揄されたり、守銭奴や俗学者とも陰ではいわれ、忠告するものもあったが、円了は笑って取り合わなかったという。その心を支えたものについて、円了はつぎのように述べている。[47]

昔時、親鸞聖人、その師法然上人に関係ありとて北越に流罪となれり。そのとき聖人の言に、「われもし流罪に処せられずんば、なにをもって僻辺の群類を化せん。これみな師教

の恩致なり」と。余、近年火災にかかり、校舎ことどごとくみな烏有に帰せり。その後、新築費を募らんと欲し、全国周遊の途に上れり。よって親鸞聖人に擬して「われもし火災にあわざるときは、なにをもって辺僻の群類に接せん。これみな学校の恩致なり」と。これ、余が満足の声なり。

苦難にあった円了の心を支えていたのは親鸞であった。

一方、宗門改革運動があった大谷派は、明治三二(一八九九)年一〇月に真宗大学の東京移転案が議制会を通過し、翌三三(一九〇〇)年一月に大学建築掛が任命された。改革運動に挫折し病身であった満之は一年余りで、再び大学移転の責任者となった。この事業が満之の念願でもあったからである。この大学建設事業の中で満之は、先の宗門改革運動でともに闘った大学生らと共同生活を営んだ。この場所を「浩々洞」と呼び、長年の求道生活で得た思想に「精神主義」と名付け、雑誌『精神界』を発行して、煩悶する若者たちに影響を与える思想運動を展開した。満之の信仰の告白である「精神主義」とは、どのようなものであったのか。満之は『精神界』の創刊号で、つぎのように明らかにしている。[48]

吾人の世に在るや、必ず一つの完全なる立脚地なかるべからず。……然らば吾人は如何にして処世の完全なる立脚地を獲得すべきや、蓋し絶対無限者によるの外に能はざるべし。……吾人は只だ此の如き無限者に接せざれば、処世に於ける完全なる立脚地ある能はざることを云ふのみ。而して此の如き立脚地を得たる精神の発達する条路、之を名づけて精神主義といふ

精神主義は吾人の世に処するの実行主義にして、其の第一義は、充分の満足を精神内に求め得べきことを信ずるにあり。而して其の発動するところは、外物他人に追従して苦悩せざるにあり。交際協和して人生の行楽を増進するにあり。完全なる自由と絶対的服従とを双運して、以て此の間に於ける一切の苦痛を拂掃するにあり

満之の精神主義の特徴は、「完全なる自由と絶対的服従とを双運する」もので、このことは親鸞の「自然法爾」の境地に達したことを言い表したものではないだろうか。この頃から亡くなるまでの満之は、法の働きのままに、この「自然法爾」の生き方をしたと筆者は考える。

明治三四(一九〇一)年一〇月に真宗大学は東京・巣鴨に創立され、満之は学監(学長)に就任した。真宗大学(現在の大谷大学の起源)は円了の哲学館を超えるものを目指していた。哲学館では哲学などの文系諸学科を教え、その上に仏教などの専

門科目を教授し、宗教家と教育家の養成を目指していた。真宗大学の目的は異なっていた。満之は移転開校式でこう述べている。[49]

本学は他の学校とは異なりまして宗教学校なること、殊に仏教の中に於て浄土真宗の学場であります。即ち我々が信奉する本願他力の宗義に基きまして、我々に於て最大事件なる自己の信念の確立の上に其信仰を他に伝へる、即ち自信教人信の誠を尽すべき人物を養成するのが本学の特質です。

こうして高い宗教的理念を掲げて出発した真宗大学ではあるが、開校から一年後、学生が中等教員無試験検定の認可校（文部省からの特典）などを要求する学園紛争が起こり、明治三五（一九〇二）年一〇月に満之はその責任を負って辞任して、ほどなく三河・大浜の寺に帰った。[50]満之が病身を抱えて取り組んだ大学の理想は、一般大学並みの条件を求める学生には理解されなかった。満之が大学を離れたこの頃、条件は異なるが、円了の哲学館も中等教員無試験検定の問題で揺れ始めていた。

ほとんど知られていないが、円了は文部省に対して私学への教員免許の開放を求めたパイオニアであった。数度にわたる請願と、私学の教育実績が高まるなかで、明治三二（一八九九）年に哲学館は中等教員無試験検定の認可された三校の一つに入った。しかし、その第一期の卒業試験で、文部省の視学官が哲学館の中島徳蔵の倫理学を問題視した。円了はこの問題が拡大しないという感触をえて、予め計画していた欧米各国の教育事情の視察に出発した。明治三五（一九〇二）年一一月で、満之が真宗大学学監を辞任した一か月後のことであった。

哲学館の問題は文部省によって、単に倫理学の試験に関するものに止まらず、国体の思想に関わる問題へと発展させられ、哲学館の特典は剥奪された。外遊中の館主代理だった中島徳蔵は、事件の内容を新聞・雑誌を通して社会に問い直した。こうしていわゆる「哲学館事件[51]」は起こり、一大社会問題となった。円了が事件の発生を知ったのは翌明治三六（一九〇三）年一月、ロンドンにおいてであった。

満之は『精神界』第五号において「宗教的道徳（俗諦）と普通道徳の交渉」を発表して、哲学館事件の文部省の対応を痛烈に批判した。しかし、満之の病状は悪化の一途をたどり、五月三〇日に絶筆となった「我が信念（我は此の如く如来を信ず）」を脱稿し、それから間もない六月に逝去した。四〇歳であった。

七月に予定を短縮して欧米視察から帰国した円了は、満之の死をどう受け止めたのであろうか。一〇月に専門学校令により哲学館大学が認可されたが、哲学館事件の学内外への影響は残った。特に、文部省という国家機関から「哲学館は危険な思想を教える学校」という汚名をきせられたからである。一一月一五日、円了は著書の巻頭に「遺言予告」を掲載した。この遺言を公開した動機はどこにあったのだろうか。

それから二年後、円了は神経性の病気が続いたこともあり、ついに哲学館大学学長などの要職を引退した。遺言通り、大学は井上家に相続させず、財団法人に組織し東洋大学と改称した。その後、個人となった円了は、「修身教会運動・国民道徳普及会」という社会教育のために全国を巡回講演し、そこでの揮毫の謝礼を注いで東京都中野区の哲学堂を精神修養的公園として建設した。こうした生き方の始まり、つまり円了が大学から引退した後の明治四二(一九〇九)年に出版された『哲学新案』には、円了の宗教体験がつぎのように述べられている。[52]

知情意また理性の上にありては、人力本位なれば、その進行の途次、有限微力を感知し、不自由不如意を自覚して、不安の念を起こし、あるいは煩悶し、あるいは悲観することあるも、信性の上にありては、絶対本位なれば、一如に同化して、その妙用を感知し、その妙味を受得して、知らず知らず不安の念は安楽の思に変じ、不満の嘆は満足の声に化し、人をして、歓天楽地の間に、手の舞い足の踏むを知らざらしむ。これ空想にあらずして事実なり、実験の結果なり、他人の実験にあらずして自心の実験なり……楽天の真味は信性を待つにあらざれば決して知るべからず、宗教の楽天実にここにあり。しかるに宗教上厭世を説くことあるは、迷前の状態をいうのみ。もし悟後に至らば、厭世全く地を払い、泰然として歓天楽地の間に逍遙し得るは必然なり。世間もし煩悶厭世を病むものあらば、請う自心の上にこれを試みよ。

ここに記されている円了の信仰は、親鸞の「自然法爾」ではないだろうか。円了は回心を体験した後に、「自然法爾」に晩年を生きたのではないだろうかと筆者は考えている。円了の巡講は一年に二五〇日以上にわたり、それが一〇年以上にわたった。円了の生涯の半分に及んだ全国巡回講演の講演地は、平成二五(二〇一三)年の市町村総数の六〇%に達している。それほど激しい修行でもあった。大正八(一九一九)年六月五日、円了は講演地である中国の大連に向かっていた。円了を迎えたのは哲学館の卒業生で東本願寺の大連別院輪番・新田神量であった。新田は当時の円了との会話をつぎのように記している。[53]

私共の学生時代に先生は常々努力奮闘、自己の運命開拓に猛進せよとおおせられましたと私がもうすと、先生は自分は年五十をすぎて運命に順応することにしたとおっしゃるので、私はそれでは絶対他力主義ですかともうしあげると、親鸞聖人は偉い、自分は何処にいても祖師のご命日には謹慎して遺徳を敬慕しているともうされました。

その夜の講演中に急性脳溢血で倒れ、そのまま逝去した。満之の死から数えて一六年になる。六一歳であった。

六　近代仏教者としての円了と満之

これまで円了と満之という二人のエリートの軌跡をたどってきた。二人の命日は奇しくも六月六日と同日である。「井上円了氏が、哲学館の片隅の粗末な家に住まわれて、あまり立派でない服をつけては、元気よく働いておられたことを」、晩年の満之がいたく称賛していたと門人は伝えている。[54] 円了も宗門改革に立ち上がった満之を称賛している。二人の間には学生時代の親しさを超えた、仏教近代化への志を基礎とする信頼関係があったと考えられる。

円了と満之は同じく仏教近代化の志を持ち、円了は俗人的立場として社会で、満之は僧侶として教団で、それぞれ活動した。また、円了は社会的な視点を重視し仏教を包括的に捉えようとした。これにたいして満之は自己の信心を求め、真宗の教えを凝視し深く追求した。円了は満之にとって先駆者であったが、満之は一道を追究し、円了は社会的・多面的なものを追究したので、円了と満之にはその環境、認識、目的による相違もみられる。

近代仏教史の捉え方の中に、維新仏教→啓蒙仏教→近代仏教と区別し、円了は啓蒙仏教、満之は近代仏教と細かく区分して位置づける傾向がある。[55] しかし、円了と満之の二人には近代仏教者としての共通点がいくつかある。

第一に、日本近代の草創期の大学教育を受け、西洋の知を学び、それを仏教や真宗と対置させた。その上で、近代社会における知の必要性を認識し、仏教や真宗の教えを大事にしながらも、封建的なこの世界に対し、教育による近代の知の導入に努力した。そして、円了は哲学館を創立し、満之は真宗大学の創立の責任者となって実現した。[56]

第二に、円了と満之には近代仏教への志があった。日本で唯一の大学で近代高等教育を受けたにもかかわらず、エリートの道を捨て、仏教改革、教育改革をめざした。そこには、自己の主体性や社会観・世界観が明確にあった。[57] その姿勢はまた親鸞から導かれた立場でもあり、円了は「非僧非俗道人」といい、満之は「外俗内僧」といわれる。二人は「絶対無限」をともに信奉し、それぞれ苦難の生活を通して、「信心」を獲得した「近代の仏教者」であった。

第三に信仰においては自由討究主義を貫いたことである。満之の「自由討究の意義」は『教界時言』の第一二号でよく知られているが、円了も同じ主義であった。「余の真宗信仰は他の信者の如く、狭隘偏屈なるにあらず。一方に於ては哲学上より仏教の教理は勿論、真宗の宗意も自由に討究することを許し、向上発展の方針を取るべきものとなす。他方に於ては余が真宗を信ずると同時に、他人の他宗を信ずるを拒まず、各人其病其機に相応ずる法楽を信受すれば足れりとする。故に余は真宗信者中の最も教権の束縛を脱し、自由討究、随意信仰の開放主義を執るものなり」[58]という。

第四に二人はともに利他主義の仏教者であり、強い自己の信念(信仰)を持っていた。これまで見たような、数々の苦難を権威や権力にたよることなく乗り越えてきたのは、強い信念によるものである。また、利他(公共性)を優先とした。特に俗人的立場にあった円了は、哲学館を大学にまで発展させながら、それを子孫に世襲させず、財団法人として公共のものとした。晩年に作った哲学堂も、子孫に世襲させず、二度の叙勲を固辞して、市井の教育者としての生涯を送った。円了も満之も名誉や社会的地位を求めることはなかった。

そして、二人のこれらの特質は受け継がれ、円了は「新仏教運動」、満之は「精神主義運動」という後継者による近代仏教運動が誕生したことは周知のことであろう。

これまでの研究では、円了と満之の相違を強調する方向で捉える傾向があったが、本稿で見たように、この二人を近代の仏教者として捉え直すことも必要なのではないだろうか。

【註】

1 円了にはこの時の旅行記として『漫遊記　第一編』「東京紀行」(『井上円了センター年報』第一号、平成四(一九九二)年、九七頁)があるが、教校の友人たちの名前は記されていない。

2 井上円了「付録　第一編　信仰告白に関して来歴の一端を述ぶ」(『活仏教』大正元(一九一二)年、『井上円了選集』第四巻、四九六頁)。『井上円了選集』は円了の著作を現代表記にしたもので、全部二五巻で刊行されている。東洋大学附属図書館のHPにて閲覧できる。

3 井上鋭夫『本願寺』講談社学術文庫、平成二〇(二〇〇八)年、一七頁。

4 井上円了「履歴書・読書歴」(『東洋大学百年史　資料編Ⅰ・上』、三―八頁)。

5 新田幸治他編訳『甫水井上円了漢詩集』三文舎、平成二〇(二〇〇八)年。

6 「長岡学校開業一条」(『井上円了研究』第七号、平成九(一九九七)年、一六九頁)。

7 寺川俊昭『清沢満之論』文栄堂、昭和四八(一九七三)年、二七一頁。

8 井上円了「加藤老博士に就きて」(『東洋哲学』第二二巻第八号、大正四(一九一五)年、一―二頁)。これによれば、円了は教師教校で念速寺の副住職・近藤秀諦と同窓で、秀諦は東京へ留学する円了に対して、住職である父・秀琳への紹介状を書いて渡していたのである。それは、念速寺が加藤弘之の子供の葬儀を執行するなどと親しい関係にあったからである。なお、円了は哲学館の創立期の支援者を「三恩人」と呼んでいるが、加藤弘之はその一人で、他は寺田福寿(真宗大谷派真浄寺)、勝海舟である。

9 詳しくは、中野目徹『書生と官員』汲古書院、平成一四(二〇〇二)年を参照されたい。
10 稲葉昌丸(『清沢満之全集』第一巻、法蔵館、昭和三〇(一九五五)年、五七九頁)。なお、以下の『清沢満之全集』はすべて法蔵館版である。
11 「博士井上円了氏の講演」(『和同会雑誌』第三八号、明治三九(一九〇六)年、付録五頁)。
12 南条文雄(『清沢満之全集』第一巻)五八五―五八九頁。
13 茅野良男「井上円了の哲学史研究について」(『サティア(あるがまま)』東洋大学井上円了記念学術センター、第一七号、平成七(一九九五)年一月、三四―三六頁)。
14 井上円了『仏教活論序論』明治二〇(一八八七)年(『井上円了選集』第三巻、三三七頁)。
15 同右。
16 森章司「解説」(『井上円了選集』第四巻、五四三頁)。
17 拙稿「哲学館創立の原点―明治十七年秋、井上円了の東本願寺への上申書(下書き)」(『井上円了センター年報』第一九号、平成二二(二〇一〇)年、三―五五頁)参照。なお、今川覚神・稲葉昌丸(『清沢満之全集』第一巻、五八八頁)は、表面的にこの上申を捉えている。
18 石黒忠悳(『井上円了先生』東洋大学校友会、大正八(一九一九)年、八六頁)。
19 曽我量深『清沢満之先生』具足舎、平成一一(一九九九)年、七―八頁。
金子大栄「感想」(『井上円了先生』、前掲書、一六九―一七〇頁)。
20 井上円了『仏教活論序論』明治二〇(一八八七)年(『井上円了選集』第三巻、三三八頁)。
21 安藤州一「浩々洞の懐旧」(『現代仏教』第一〇五号、昭和七(一九三二)年、四八九頁)。
22 棚橋一郎他「井上円了先生を語る」(『思想と文学』第二編第三冊、昭和一一(一九三六)年一一月、六九頁)。
23 「私立哲学館設置願」(『東洋大学百年史』資料編Ⅰ・上)八四―八六頁参照。満之の哲学館での講義科目は、これまでの年譜などでは「心理学、論理学、純正哲学」の三科目とされているが、正しくは本文のように「心理学と純正哲学」の二科目である。この誤りの原因は『清沢満之全集』第一巻の暁烏敏の文章(六三二頁)によるものと考えられる。清沢満之研究では、門人の証言が論証に使われているが、この証言の信憑性の確認が必要ではないかと考えられる。
24 「〇本局用掛(文学士)井上円了は、今般専門の諸学士に謀り、哲学専修の一館を創立し……仮教場を東京本郷龍岡町三十一番地に設け、九月十六日より開業する旨届出たり」(『本山報告』第二六号、明治二〇(一八八七)年八月一五日)。
25 清沢満之「御進講覚書」(『清沢満之全集』第七巻、一一〇頁)。
26 この問題については、拙稿「井上円了『世界旅行記』補遺―第一回欧米視察の旅行日録」(『井上円了センター年報』第一四号、平成一七(二〇〇五)年、六六―七〇頁)を参照されたい。
27 人見忠次郎の証言(『清沢満之全集』第三巻、六〇九頁)。
28 寺川俊昭『清沢満之論』、前掲書、四四―五八頁参照。
29 今川覚神「大谷派の末寺、教師及ひ門徒」(『教界時言』第一四号、明治三〇(一八九七)年一二月、三六頁)。
30 井上円了書簡「五井上円了　1明治(二十三)年七月二十一日」(『勝海舟全集』別巻一、勁草書房、昭和五七(一九八二)年、一五二―一五三頁)。

31 司馬遼太郎「清沢満之と明治の知識人」(『中央公論』第八〇年第四号、昭和四〇(一九六五)年四月、四〇三頁)。
32 五十嵐光龍「追懐」(『井上円了先生』、前掲書、二五三頁)。
33 住田智見(『清沢満之全集』第八巻、二八六頁)。
34 広瀬杲「真宗大学」(教化研究所編『清沢満之の研究』、昭和三二(一九五七)年、一九七頁)。
35 寺川俊昭「教団再興」(教化研究所編『清沢満之の研究』、前掲書、四二八頁)。
36 西村見暁『清沢満之先生』法蔵館、昭和二六(一九五一)年、一一七頁。
37 寺川俊昭『清沢満之論』、前掲書、六二頁。
38 広瀬杲「真宗大学」(『清沢満之の研究』、前掲書、二二六頁)。
39 同右、二二九頁。
40 村上専精・徳永満之他「建言」(『清沢満之全集』第五巻、二五四―二五七頁)。
41 清沢満之『当用日記』(『清沢満之全集』第七巻、四七五頁)。
42 清沢満之「教界時言発行の趣旨」(『教界時言』第一号、明治二九(一八九六)年一〇月、一頁)。
43 山田(佐々木)月樵「白川録」(福嶋寛隆・赤松徹真編『資料 清沢満之』資料編、同朋舎、平成三(一九九一)年、七五―一一〇頁)。
44 寺川俊昭「教団再興」(『清沢満之の研究』、前掲書、四三六―四四三頁)。
45 河野法雲(『清沢満之全集』第五巻、六二二頁)。
46 清沢満之『当用日記』(『清沢満之全集』第七巻、四七五―四七六頁)。
47 井上円了『円了漫録』明治三六(一九〇三)年、(『井上円了選集』第二四巻、二三〇頁)。
48 清沢満之「精神主義」(『清沢満之全集』第六巻、二―五頁)。
49 「近事」『無尽燈』第六巻第一〇号、明治四三(一九〇一)年一〇月(『清沢満之全集』第八巻、三五四―三五五頁)。
50 広瀬杲「真宗大学」(『清沢満之の研究』、前掲書、二四三―二四六頁)。
51 「第一編第七章 哲学館事件」(『東洋大学百年史 通史編Ⅰ』、四八八―五五九頁)、および三浦節夫『ショートヒストリー東洋大学』東洋大学、平成一二(二〇〇〇)年、五三―九二頁)参照。
52 井上円了『哲学新案』明治四二(一九〇九)年、(『井上円了選集』第一巻、三七八―三七九頁)。
53 新田神量「井上円了先生御臨終記」(『サティア(あるがまま)』第二一号、平成八(一九九六)年、三三頁)。
54 多田鼎(『清沢満之全集』第八巻、二四〇頁)。
55 吉田久一『日本近代仏教史研究』吉川弘文館、昭和三四(一九五九)年参照。
56 日本近代仏教史の中では、仏教と近代高等教育の関係はほとんどの著作において論究されていないのが現状である。明治二〇年代以降で仏教改革を志した人々の多くは、高等教育の影響を受けている。「近現代の知や文明」と「仏教の教養・信仰」の関係は大切な課題であり、近代仏教史から積極的に掘り起こす必要があると考えられる。
57 円了の場合には、書かれた文字だけでなしに、為された事業や行為に現れているものを考え合わせなければ理解できない点があると指摘されている(飯島宗享「基調報告」『井上円了研究』第四号、昭和六一(一九八六)年、六九頁)。
58 井上円了「仏教の将来」(『新仏教』第一三巻第九号、大正元

（一九一二）年、八八二頁）。

本稿は親鸞仏教センター（真宗大谷派）からの依頼を受け執筆したものであり、『現代と親鸞』第三三号（清沢満之特集号、二〇一六年六月一日発行予定）に掲載する予定である。その発表に先立ち親鸞仏教センターから許可を得て、本書に収録した。本稿を恩師の訓覇信雄氏（元真宗大谷派宗務総長）に奉げたい。

資料一

東洋大学・円了文庫（洋書）目録

三浦 節夫

番号	著者、書名、巻、版、出版地、出版年
1	*A handbook for travellers in India, Burma and Ceylon*. 4th ed. London, 1901.
2	*A hand-book of reference to the history, chronology, religion and country of the Latter-Day Saints, including the revelation on celestial marriage, for the use of saints and strangers*. Salt Lake City, 1884.*
3	*A new letter writer for the use of gentlemen*. London, [18--].
4	*A short description of the republic of Chile; according to official data*. Leipzig, 1903.
5	Ahr, F., *The first German reading-book*. 10th de. rev. and torrected. London, 1880.
6	*Alubum von Berlin, 44 Ansichten nach Momentaufnahmen in Photographiedruck*. Berlin, [1906].
7	Baedeker, K., *Belgium and Holland, handbook for travellers*. Leipsic, 1888.
8	Baedeker, K., *Norway, Sweden, and Denmark, with excursions to Iceland and Spitzbergen, handbook for taravellers*. Leipsic, 1909.
9	Baedeker, K., *The traveller's manual of conversation in four languages, English, French, German, Italian, with vocabulary, short questions, etc.* Leipzig, 1875. (Baedeker's guide books).*
10	Bartel, Albert, *The modern linguist or Conversation in English, French, and German*. (Tokio, 1886.)
11	Beal, S., *Buddhism in China*. London, 1884. (Non-Christian religious systems)
12	Benham, William, *The dictionary of religion, an encyclopedia of christian and other religion doctrine, denominations, sect, heresies, ecclesiastial terms, history, biography, etc*. etc. London, 1887.
13	*Betton's complete letter-writer for ladies*. London, [18--?]
14	*Betton's Dictionary of universal information; science, art, literature, religion, & history*. New ed. Enl., correct, and rev. to the latest, & with several thousand additional articles, by George R. Emerson. London, [18--?]
15	*Black's guide to Edinburgh and Environs including Roslin and Hawthornden*, 22d ed. Edinburgh, 1887.
16	Blunt, John Henry, *The book of church law; being an exposition of the legal rigths and duties of the parochial clergy and laity of the church of England*. Rev. by Sir Walter G. F. Phillimore. 4th ed. London, 1885.
17	Bosanquet, Bernard, *A history of Aesthetic*. London, 1892.
18	Bowen, Borden P., *Philosophy of theism*. New York, 1887.
19	Bowen, Francis, *Modern philosophy; from Descartes to Schopenhauer and Hartman*. 5th ed. New York, 1887.
20	Caird, John, *An introduction to the philosophy of religion*. New York, 1881.
21	Carpenter, William B., *Principles of mental physiology, with their applications to the training and discipline of the mind, and the study of its morbid conditions*. New York, 1887.

22	Carus, Paul, *The gospel of Buddha; according to old records*. 2d ed. Chicago, 1895.
23	Carus, Paul, *The Soul of man an investigation of the facts of physiological and experimental psychology*. Chicago, 1891.
24	*Chamber's educational course moral reader*. Tokyo, [--?33]
25	*Chambers's encyclopaedia; a dictionary of universal knowledge for the people*. Vol.1-10. London, 1868.
26	Conway, Moncure Daniel, *Demonology and devil-lore*, vol. 1. 2d ed., rev. and enl. London, 1880.
27	Cornwell, James, *A school atlas*. London, [18--]. (His educational works)
28	Cristy, Robert,comp, *Proverbs maxims and phrases of all ages; classified subjectively and arranged alphabetically*. London, 1888.
29	Cronell, S. S., *First steps in geography*. New York, 1858.
30	Davida, T. W. Rhys, *Buddhism, being a sketch of the life and teachings of Gautama, the Buddha*. London, 1887. (Non-Christian religious systems)
31	De Quincey, Thomas, *Charles Lamb, Goethe; essays*. Tokio, 1878.
32	Douglas, Robert K., *Confucianism and Taouism*. London, [18--]. (Non-Christian religious systems)
33	*Dresden Sächsische Schweiz Böhmisches Mittelegebirge und Lausitzer Gebirge*. 8. Aufl. Leipzig, 1908. (Meyer's Reisebücher)
34	Dutt, Romesh Chunder, *A history of civilization in ancient India; based on Sanscrit literature*. Vol. 1. B.C.2000 to 320. Rev. ed. London, 1893. (Trübner's Oriental series)
35	Dutt, Romesh Chunder, *A history of civilization in ancient India; based on Sanscrit literature*. Vol. 2. B.C.320 to A.D.1000. Rev. ed. London, 1893. (Trübner's Oriental series)
36	Edkins, Joseph, *Chinese Buddhism, a volume of sketches, historical, descriptive, and critical*. London, Trübner, 1880. (Trübner's Oriental series)
37	Eitel, Ernest J., *Hand-book of Chinese Buddhism being a Sanskrit-Chinese Dictionary; with Vocabularies of Buddhist terms*. 2d ed. Rev. and enl. London, 1888.
38	Erdmann, Johann Eduard, *A history of philosophy*. English translation edited by Williston S. Hough. Vol.1. ancient and medieval. 2d ed. London, 1891.
39	Erdmann, Johann Eduard, *A history of philosophy*. English translation edited by Williston S. Hough. Vol.2. German philosophy since Hegel. 2d ed. London, 1891.
40	Falckenberg, Richard, *History of Modern philosophy*; from Nicolas of Cusa to the present times. Translated by A. C. Armstrong. London, 1895.
41	Friedel, Ernst, *Berlin, Potsdam und Umgebungen*. Berlin, 1888.
42	Garrett, John, *A classical dictionary of India; illustrative of the mythology, philosophy, literature, antiquities, arts, manners customs & of Hindus*. Madras, 1871.
43	Gregory, Benjamin, *A handbook of scriptural church principles and of Wesleyan-Methodist polity and history*. London, 1868.
44	Haeckel, Ernst, *The history of creation, or; The development of the earth and its inhabitants by the action of natural causes*. Translated rev. by E. Ray Lankester. Vol.2, 3d. ed. London, 1883.
45	Hardy, R. Spence, *A manual of Buddhism, in its modern development*; translated from Singhalese mss. 2d ed. London, 1880.

46	Haydon, Joseph, *Dictionary of dates and universal information; relating to all ages and nations*. 15th ed., containing the history of the world to the autumn of 1876 by Benjamin Vincent. London, 1876.
47	Höffding, Harald, *Outlines of philosophy*. Translated by Mary E. Lowndes. London, 1891.
48	*Jacob's rod, a translation from the French of a rare and curious work, A.D. 1693, on the art of finding springs, mines and minerals by means of the hazel rod, to which is appended researches, with proofs of the existence of a more certain and far higher faculty, with clear and ample instructions for using it*. Translator, Thomas Welton. London, [1870?].*
49	Janet, Paul, *Elements of morals, with special application of the moral law to the duties of the individual and of society and the state*. Translated by C. R. Corson. New York, [1887].
50	Jevons, W. Stanley, *Elementary Lesson in Logic, deductive and inductive, with copious questions and examples, and a vocabulary of logical terms*. London, 1884.
51	Johnson, G. B., *Our principles, a guide for those holding or seeking fellowship in Congregational churches*, 4th ed. London, 1877.
52	Johnson, Samuel, *The history of Rasselas, Prince of Abyssinia*. Tokio, 1885.
53	Kanasawa, Ichiro, *Manual de la conversation y vocabularie*; rev. par E. Zapico. Tokyo, 1909.
54	Kant, Immanuel, *Critique of pure reason*. Translated by F. Max Müller. Vol. 1. London, 1881.
55	Kant, Immanuel., *Critique of pure reason*. Translated by F. Max Müller. Vol. 2. London, 1881.
56	Lane, C. Arthur, *Illustrated notes on English church history, from the earliest times to the dawn of the reformation*. London, 1887.
57	Lewes, George Henry, *The biographical history of philosophy; from its origin in Greece down to the present day*. Library ed. New York, 1888.
58	Lillie, Authur, *The popular life of Buddha, containing an answer to the "Hibbert lectures" of 1881*. London, 1883.
59	Lindner, Gustav Adolf, *Manual of empirical psychology as an inductive science, a text-book for high schools and colleges*. Authorized translation by Chas. De Garmo. Boston,1889.*
60	Macaulay, T. Babington, *Sir John Malcom's life of Lord Clive, an essay*. Tokyo and Osaka, 1885.
61	Macaulay, T. Babington, *Warren hastings, an essay*. Tokio, 1875.
62	Malan, A. N., *Searching for the stone*. London, 1885.
63	Maudsley, Henry, *Body and mind, an inquiry into their connection and mutual influence specially in refernce to mental disorders*. An enl. and rev.ed. New York, 1886.
64	Monier-Williams, Sir Monier, *Indian wisdom or, Examples of the religious, philosophy, and ethical doctorines of the Hindus, with a brief history of the chief departments of Sanskrit literature*. 4th ed., enl. and improved. London, 1893.
65	Muirhead, J. H., *The elements of ethics*, rev. and enl. ed. London, 1901.
66	Müller, F. Max, *Introduction to the science of religion, four lectures delivered at the Royal Institution, in February and May 1870*. London , 1882.*
67	Müller, Freidrich Max, *Natural religion*. 2d ed. London, 1892.
68	*Nomenclature des Boulevardes, Quais, Rues, Passages, Squares & Edifices*; Plan de Paris. Paris, 1888.

69	Nuttal, P. Austin, *An English and Japanese dictionary of the English language*; Translated with supplement of an appendix of useful tables by I. Tanahashi. Tokyo, 1885. London and Edinburgh, 1882.
70	Oldenberg, Hermann, *Buddha, his life, his doctrins, his order*. Translated from the German by William Hoey. London, 1882.
71	Otto, Emil, *French conversation-grammar; a new and practical method of learning the French language*. 14th ed. Rev. by Talbut Onions. New York, 1912. (method Gaspey-Otto-Sauer for the study modern languages)
72	Penrose, Chas. W., *"Mormon" doctrine, plain and simple or leaves from the tree of life*. Salt Lake City, 1882.
73	Perrin, Raymond S., *The religion of philosophy, or, The unification of Knowledge, a comparison of the chief philosophical and religious systems of the world*. New York, 1885.
74	Pfleiderer, Otto, *The philosophy of religion on the basis of its history*. Vol.1-4. Translated from German of the 2d and greatly enl. Vol.1. by Alexander Stewart and Allan Menzies. London, 1886-88.
75	Quackenbos, G. P., *First book in English Grammar*. Tokio, 1884.
76	Raphael., *The book of dreams being a concise interpretation of dreams*. London, 1887.
77	*Raphael's the book of fate, Whereby all question may be answered respecting the present and future*. London, 1887.
78	Rod, Jacob's, *A translation from the French of a rare and curious works, A.D.1693, on the art of finding springs, mines, and minerals by means of the Hazel rod*. London, [1870?] (published by the translator)
79	Schiller, Friedrich von, *Geschichte des Abfalls der Vereinigten Niederlande von der spanischen Regierung*. Leipzig, [1---].*
80	Smiles, Samuel, *Men of invention and industry*. London, 1884.
81	Spencer, Herbert, *First principles*. New York, 1888. (A system of synthetic philosophy, vol.1.)
82	Spencer, Herbert, *The data of ethics*. New York, 1888. (A system of synthetic philosophy.)
83	Spofford, Ainsworth R. ed., *American almanac and treasury of facts, statistical, financial, and political, for the year 1888*.New York,1888.
84	Sully, James, *Illusion; a Psychological study*. 3d ed. London, 1887. (international scientific series)
85	Sully, James, *Outline of psychology; with special reference to the theory of education*. New York, 1887.
86	Swift, Edmund, *Manual of the doctrines of the new-church. Compiled from the theological writings of Emanuel Swedenborg*. London, 1885.
87	Thomson, J. Radford, *A dictionary of philosophy, in the words of philosophers*. London, 1887.
88	Tiele, C. P., *Outlines of the history of religion; to the spread of the universal religions*. Translated from the Dutch by J. Estlin Capenter. 4th ed. London, 1888. (Trübner's Oriental series)
89	Ueberweg, Fridrich, *History of philosophy from Thales to the present time*. Translated from the 4th German ed. by Noah Porter. New York, 1887.
90	Zeller, Edward, *Outlines of the history of Greek philosophy*. Translated with the author's sanction by Sarah Frances Alleyne and Evelyn Abbott. New York, 1889.

※は図書カードのみがあるもの。

資料二

欧米諸言語文献に見る井上円了研究

ライナ・シュルツァ
Rainer . Schlzer

はじめに

本論文は、欧米諸言語で発表された井上円了研究の現状を分野別に明らかにするものである。ここでの欧米諸言語による井上円了研究として指すものは、ローマ文字が中心であり、ロシア語などラテン文字以外で書かれたものは除いている。紹介する資料の14人の研究者の中には、英語および仏語で論文を執筆した日本人３人も含まれている。選考基準として、井上円了が研究の中心対象でなくとも、これまでの諸研究になかった、井上円了についての新しい情報が書いてあるものも取り上げた。短い参照文、百科事典・人名辞典などの項目および単行本の論評は、選考の対象に入れないようにした。

本論文の目的は、次の二点である。（１）日本人の研究者に対して、欧米諸言語による研究の状況を報告すること。したがって、日本語の研究を補う事柄、および日本人の研究者と違う見方と評価を持つ論考に着目した。（２）欧米の研究者に対し、既存の研究の概観を紹介すること。これにより、将来の望ましい研究を明確にする他に、井上円了研究へスムーズに入ることと、的を絞った調査を容易にすることができるようにすること。

本論文の付録として、取り上げた資料の文献目録を記載した。内容の概観を得ることができるように、井上円了関係のある章の見出しもそれぞれに記録している。論文の場合は、原則として全部の見出しを記載している。さらに、引用または分析の対象になった井上円了の著作のタイトルも挙げている。

１．井上円了研究への入門

研究への入門として適切である論文が２つある。金森修氏の仏語で執筆された「Portrait d’ un Penseur Bouddhique à l’ Age des Lumières de Meiji. Le Cas Inoue Enryo」という1995年の論文は、井上円了の最も重要な哲学的問題を取り上げ、主に思想者として紹介した論文である【XII.】（１）。金森氏は、キリスト教、迷信、唯物論という井上円了の３つの哲学的大敵を決定し、それぞ

れに対する井上円了の排斥の道理を解説する。また、井上円了が論破する学説だけではなく、論文の後半には井上円了が自ら主張する哲学的論理も明らかにされている。金森氏は論文で『哲学新案』の独創性を多少批判的に評価したが、同氏がこの井上円了の晩年の重要な著作を紹介されたことは、欧米の研究者にとって特別な価値がある。欧米諸言語による研究論文の中で、『哲学新案』に言及した唯一のものであるからである。井上円了の晩年の哲学を注目した金森氏の論文は、初期著作のみから井上円了を理解する傾向がある欧米の研究の中で例外である。

つぎに、英文の一番優れた井上円了への入門は、Kathleen Staggs 氏が 1983 年に発表した「'Defend the Nation and Love the Truth'：Inoue Enryo and the Revival of Meiji Buddhism」という論文であるに相違ない【XXII.】。同論では始めに、タイトルで英語へ翻訳されている「護国愛理」という、井上円了が『仏教活論序論』で始めて唱えた一生の標語を説明している。それから、仏教の宗教者・キリスト教の反対者・愛国者・教育者としての井上円了の社会的活動を取り上げている。Staggs 氏の情報の豊かな研究には、井上円了の生涯と著作の最も大切なポイントが挙げられている。

金森氏が井上円了の哲学的立場を中心としているのに対して、Staggs 氏は伝記的かつ活動的情報をより多く取り扱っているので、この２人の研究者の論文が互いに補い合い、欧米の読者には双方を併せて研究への入門書として勧めることができる。

２．井上円了の初期著作

先ほど紹介した Staggs 氏の論文は、同氏の 1979 年の博士論文をもとにまとめたものである。この博士論文は、井上円了関係の欧米における研究の最も早いものの１つであるだけではなく、現在まで一番大切な研究である間違いない。『In Defense of Japanese Buddhism: Essays from the Meiji period by Inoue Enryo and Murakami Sensho』というタイトルを持ち、600 ページ余りにわたり、井上円了と村上専精を日本仏教の近代化の際立った人物として取り上げた研究である【XXI.】。『仏教活論序論』における日本仏教の復興のための道理を解説している。その他に、Staggs 氏の論文の付録には、『仏教活論序論』の英文翻訳がある。この翻訳は初めての、井上円了の著作から欧米諸言語への唯一の完全な翻訳であった。そのため、それ以降の欧米の各研究者は、Staggs 氏の研究に多く依拠している。Staggs 氏の開拓的研究によって、個々の分野や特定の問題

についてさらに研究を進めることができている。

通仏教の最も代表的な人物とされている井上円了と村上専精を比較することが実りあるだろうという Staggs 氏と同じ期待をもとに、「Revitalization versus Unification: A Comparison of the Ideas of Inoue Enryō and Murakami Senshō」という岡田正彦氏の英文論文が執筆された【XIII.】。岡田氏は、『仏教活論序論』と『大乗哲学』に日本仏教の価値と意義を主張する道理を分析し評価する。

オーストラリアの Judith Snodgrass 氏の研究も、Staggs 氏の翻訳を引用しながら、主に『仏教活論序論』の分析を出発点とする。2003 年の『Presenting Japanese Buddhism to the West: Orientalism, Occidentalism, and the Columbian Exposition』という著書の中の井上円了についての１章は、内容的に Staggs 氏の研究を上回っていないといえども、Snodgrass 氏の井上円了の解釈にも特徴的な視点がある【XX.】。

同氏はこの１章をすでに 1997 年に、「The Deployment of Western Philosophy in Meiji Buddhist Revival」というタイトルで、同じ文章を独立した１つの論文として発表している【XIX.】。「配置」という意味を持つ「deployment」という言葉で、Snodgrass 氏は、井上円了の西洋哲学の受容の主な動機が真理探究ではないと示唆する。そして同氏は、井上円了が西洋哲学の権威を援用したのは、主に日本仏教を復活するための方策であったと主張する。このような Snodgrass 氏の主張には、井上円了が自分の論説の妥当性を信じていることが考慮されていないといえる。

井上円了についての欧米諸言語による最初の本格的な研究は、1972 年の Robert J. J. Wargo 氏の博士論文の中の井上円了についての１章であろう【XXIV.】（２）。この博士論文は、2005 年に『The Logic of Nothingness: A Study of Nishida Kitarō』というタイトルで単行本として出版されるようになった【XXVI.】。この研究の中には、井上円了と井上哲次郎が西田幾多郎の重要な先駆者として扱われている。青年時代の西田が井上円了の『哲学一夕話』を熱心に読んだ事実があることから、Wargo 氏は井上円了の純正哲学の処女作を詳細にまとめている。

「Buddhism Meets Christianity: Inoue Enryō' s View of Christianity in Shinri Kinshin」という英文論文は、ドイツの研究者 Monika Schrimpf 氏が井上円了の『真理金針』を対象とした研究である【XVII.】（３）。Schrimpf 氏は井上円了の反キリスト教論、所謂破邪論（排耶論）を発表し、その道理の妥当性を明確に論じている。

「Tracing the Circle of Truth: Inoue Enryo on the History of Philosophy and Buddhism」とのGerard Clinton Godart氏の論文によって、更に『哲学要領』と『仏教活論本論・第２編・顕正活論』という２つの井上円了の重要な著作が欧米研究の範囲に移されている【VIII.】。この２つの著作を比較することで、井上円了がヨーロッパの哲学史と類似し、同じような弁証法的な規則に従って仏教が進化したものと考えたことを、Godart氏は指摘する。

以上のように、井上円了の30歳までの重要な著書はすべて英文による研究者に注目されている。1886年の『哲学一夕話』はWargo【XXIV.】【XXV.】【XXVI.】が、1886・87年の『哲学要領』はGodart【VIII.】が、1886・87年の『真理金針』はSchrimpf【XVII.】が、1887年の『仏教活論序論』は、Staggs【XXI.】が対象とした。

3．井上円了の妖怪学

井上円了の英文の研究論文の中で、最も多様的に取り上げられているものは「妖怪学」である。この20年の間、米国大学で提出された３本の博士論文は、井上円了の妖怪学を主要なテーマとしている【III.】【V.】【X.】。Jason Ā. Josephson氏、Dylan M. Foster両氏の博士論文はスタンフォード大学への提出したものである。同Foster氏の博士論文は2008年に、Gerald Figal氏のシカゴ大学の博士論文は1999年に単行本として出版された【IV.】【VII.】。

Figal氏は、『Civilization and Monsters: Spirits of Modernity in Meiji Japan』の第１部で、12ページにわたり妖怪学に関する井上円了の使命について、参考になる導入的記述を行っている【IV.】（４）。同書の第２部の中では、『天狗論』を詳細に分析することで、さらに読者に井上円了の迷信の扱い方を知らせている。つぎには、「国家学と妖怪学との関係」という論文を引用・議論しながら、井上円了の妖怪学の政治的な意義を指摘している（５）。

Foster氏の『Pandemonium and Parade: Japanese Monsters and the Culture of Yôkai』にも、井上円了の妖怪学についての入門として適切な部分がある【VII.】（６）。まとまった量の翻訳も含まれており、読者は生き生きとした印象を受けることができる。Foster氏がここで中心とする迷信の一例は、「コックリ」という現象である。井上円了のコックリについての論説を発表する他に、同書は、西洋から取り入れられた、「table turning」と呼ばれた特別な妖怪の背景について多く触れている（７）。Foster氏によれば、明治時代には知識移転（「transference of knowledge」）だけではなく、妖怪移転（「transference of

mystery」）という興味深い事実もあったという（８）。

迷信・宗教・科学という概念構造、いわゆる概念網（「conceptual web」）が日本だけではなく、近代の世界宗教の形成に重要な役割を果たしたことは、Josephson 氏 の『Taming Demons: The Anti-Superstition Campaign and the Invention of Religion in Japan (1853-1920)』というタイトルの博士論文のもとになった仮説である【X.】（９）。この論文では日本を例にとって前述の命題を証明するため、Josephson 氏は『迷信と宗教』を主要な研究対象としている。Josephson 氏によれば、キリスト教を近代宗教の原型（「prototype」）として、井上円了が仏教を同じように、迷信から一線を画した教義・哲学の体系として定義することに努力したというのである（10）。このように、宗教が主に修行的・儀式的な実践ではなく、なかんずく、信じることであるということを近代に形成して来た捉え方の一例として、井上円了があるという。明治時代における実践から信仰へという宗教概念の変化に関して Josephson 氏は、日本人宗教学者、島薗進氏と鶴岡賀雄氏の 2004 年の『〈宗教〉再考』という本を参照している（11）。

ここに挙げた３人の学者の研究に共通していることは、３者ともポスト構造主義的と言説分析的な方法を用いていることである。このように、Figal 氏（「taxonomy of the supernatural」（12））、Foster 氏（「new referential ecology」（13））、Josephson 氏 （「conceptal web」および「prototype effect」（14））の３氏は、距離のある立場から井上円了の妖怪学を主に特別な論弁的方策として把握する。そこには、迷信に反する開明的な奮闘の必要性はあまり認められず、啓蒙主義はもう１つのイデオロギーに外ならないというポストモダン的態度も伺うことができる。妖怪学という領域の井上円了の実績を高く評価しない傾向がみられる。

４．心理学

心理学という分野の井上円了の先駆的実績を取り上げた研究者は２人挙げられる。長年にわたり東洋大学教授であった Moses Burg 氏という米国の心理分析学者の 1987 年の業績は、２つの短い論文から成り立っている【L】。その１つは、『心理療法』という著作を近代の精神身体医学のアプローチを先取りしたテキストとして紹介するものである。もう１つの論文は、C. G. Jung の思想を比較することで、井上円了が創立した哲学堂公園のシンボリズムをどのように心理分析の療法に生かすことができるかを考察するものである。

恩田彰は、「The development of Buddhist psychology in modern Japan」という論文の中で、井上円了が仏教心理学の先駆者であったことを指摘する【XIV.】。この分野の井上円了の主な著作を紹介し、阿毘達磨・唯識・禅という井上円了の拠所を紹介している。歴史的には、20世紀の仏教と心理学との間の活発な交流の端緒に井上円了を位置づけている。この世界仏教の近代に関する井上円了の位地が認められるために、恩田氏の論文が特に重要な研究であるといえる。

おわりに

井上円了は哲学を基礎とする大学の学部組織にも適切である包括的な科学体系を作った（15）。その中で井上円了自身が活躍・執筆した分野をそれぞれ考えると、今後の望ましい研究が自ら明らかになる。即ち、井上円了の宗教哲学と宗教学の著作は欧米の研究ではまだ注目されていない。仏教学の中では、例えば、日蓮宗・真宗・禅宗という３つの仏教宗派の井上円了のそれぞれの「哲学序論」という著作も同様である。倫理学・教育学・政治学という応用の学問も殆どまだ研究対象になっていない。政治思想に関しては、Brian Daizen Victoria氏の『Zen at War』という単行本だけが取り上げている。Victoria氏の研究にはナショナリズムに関わる井上円了の疑わしい発言の翻訳も含まれている【XXII.】（16）。それに、Morvan Perroncel氏というフランスの研究者の『Génie national et mouvement démocratique: discours sur la notion et participations politiques du Seikyôsha (1888-1898)』という博士論文は、2008年に提出され、井上円了について言及している可能性もあると考えられたが、本論文を執筆するまでに、筆者はPerroncel氏の研究論文を手に入れることができなかった【XV.】。

伝記的に見て明らかなことは、前に述べた通り、井上円了の重要な初期の著作全部が欧米の研究の範囲の中にあるが、金森氏の仏文の研究を除いて、1897年の『外道哲学』、1909年の『哲学新案』、1912年の『活仏教』、1917年の『奮闘哲学』という井上円了の後期の代表作は、まだ未着手なものとなっている。

最後に、論文の主題となってはいないが、井上円了を大きく扱っている近年の２つの論文について報告したい。以下の２人の研究者の観点を見れば、鈴木大拙と西田幾多郎以前の明治時代の思想が、最初の東洋と西洋との思想的な出会いであったという興味深い問題が、これからの欧米の研究者にも注目されるようになるだろうと、筆者は期待している。

「'Philosophy' or 'Religion'? The Confrontation with Foreign Categories in

Late Nineteenth Century Japan」という２００８年のもう１つのGodart氏の論文は、概念史という視点から、井上円了や清沢満之などを含む明治時代を活発的独創的な時代として評価し、今後の研究で再考される必要性を勧めている。【IX.】。Godart氏のポイントは、日本の伝統を、西洋から取り入れた宗教ｖｓ哲学というパラダイムの中に位置づけることは、本格的な思想の業績であったというのである。

中江兆民と井上円了などの明治時代の哲学者から梁啓超（1873～1929年）という著名な近代中国の有識者への影響は、Michael Burtscher氏の「Facing "the West" on Philosophical Grounds: A View from the Pavilion of Subjectivity on Meiji Japan」という論文に見られる【II.】。印刷された中国語のテキストの中で初めてカントの名前に言及した梁啓超は、1898年から1911年まで東京での亡命生活の中で、「四聖」を祭る哲学堂の儀式も目撃した。明治の日本の思想者が一人の日本人をも含まない四聖（孔子、釈迦、ソクラテス、カント）を礼拝するという梁啓超の見た光景を解釈することで、Burtscher氏はその時代の西洋と東洋の複雑な絡み合いを顧みているのである。

註

（1）論文中の【 】の中のローマ数字は、文献目録の番号を指している。

（2）この１章は翌年独立した論文として掲載された【XXV.】。これより以前にもすでに井上円了についての２ページほどの短い参照文がGino K. Piovesana氏の1963年に始めて刊行された『Recent Japanese Philosophical Thought 1862-1962』に記載されている【XVI.】。

（3）Schrimpf氏の独文博士論文【XVIII.】の井上円了に関する情報は、英文論文より少ない。

（4）Figal【IV.】30～52頁。

（5）Figal【IV.】79～92頁。

（6）Foster【VII.】77～84頁。

（7）Foster【VII.】84～114頁。

（8）Foster【VII.】94頁。

（9）Josephson【X.】6～29頁。

（10）Josephson【X.】155～180頁。同氏の「When Buddhism became a 'Religion': Religion and Superstition in the Writings of Inoue Enryō」という2006年に掲載した論文は【XI.】、同じ内容である。

（11）島薗進、鶴岡賀雄『〈宗教〉再考』岩波書店、2004年。

（12）Figal【IV.】40頁。

（13）Foster【VII.】141頁。

（14）Josephson【X.】11頁、【XI.】145～146頁。

（15）例えば、井上円了『純正哲学講義』（『井上円了選集　第1巻』）東洋大学、1987年所収）249～253頁。井上円了『宗教新論』（『井上円了選集　第8巻』）東洋大学、1991年所収）31～32頁。

（16）Victoria【XXII.】18～19頁、53頁。

付録

Ⅰ.BURG, Moses

“Several Brief Papers Relating to the Psychotherapeutic Conceptions of INOUE Enryo, Founder of Toyo University, Tokyo.” *Tōyō daigaku shi kiyō* 5 (1987): 180-196.

目　次：“Introduction to Papers for International Understanding of the Psychotherapeutic Contributions of INOUE Enryo” (196-194). “Introduction to Research on Conceptions of Psychotherapy of Inoue Enryo, Founder of Toyo University, Tokyo” (193-192). “Conceptions for New Research Regarding Psychological Influence on Biological Therapy (PIBT). (Inspired by Inoue Enryo's Psychotherapeutic Studies)” (191-187). “A Preliminary Study of the Psychoanalytic Exploration of the Symbolism of Inoue Enryo, Founder of Toyo University.” (186-180).

対象：心理療法。

Ⅱ. BURTSCHER, Michael

“Facing “the West” on Philosophical Grounds: A View from the Pavilion of Subjectivity on Meiji Japan” , *Comparative Studies of South Asia, Africa and the Middle East* 26 (2006): 367-376.

対象：四聖を祭る文、破唯物論、東洋のカントは果たして誰か。

Ⅲ. FIGAL, Gerald

The Folk and the Fantastic in Japanese Modernity: Dialogues on Reason and Imagination in Late Nineteenth- and Early Twentieth-Century Japan,

PhD thesis, University of Chicago 1992.
(【IV.】と同じ)

IV. FIGAL, Gerald
Civilization and Monsters: Spirits of Modernity in Meiji Japan, Durham, NC: Duke University Press 1999. 290.
目　次："CHAPTER 2: Words and Changing Things: Grasping Fushigi in Meiji Japan" (38-173). "Inoue Enryō and the Taxonomy of the Supernatural" (40-52). "CHAPTER 3: Modern Science and the Folk" (77-152). "Education and Monsters" (79-92).
対象：お化けの正体、妖怪学講義、妖怪研究の結果、迷信と宗教、天狗論、国家学と妖怪学との関係。

V. FOSTER, Michael Dylan
Morphologies of Mystery: Yōkai and Discourses of the Supernatural in Japan, 1666-1999, PhD thesis, Stanford University 2003. 356.
目次："Chapter Two. A science of the Weird: Inoue Enryō, Kokkuri, and Human Electricity" (113-169). "The Truth about Yōkai" (113-123). "Inoue Enryō and the Creation of Yōkaigaku" (115-119). "Types of Yōkai" (119-123). "The Kokkuri Phenomenon" (123-138). "The Practice" (127-129). "The Name" (129-133). "Foreign Origins" (133-135). "Turning the Tables" (135-138). "The Mystic Context: Spirit Possession" (138-141). "The Scientific Context" (141-157). "Changing the Referential Ecology" (141-143). "Inoue Enryō' s Yōkai gendan" (143-149). "Human Electricity" (149-157). "The Ludic Context" (157-166). "Tsubouchi Shōyō' s Ambiguous Banquet" (164-166). "The Persistence of Mystery" (166-168). "Conclusion" (168-189).
対象：妖怪学講義、妖怪百談、真怪、妖怪玄談。

VI. FOSTER, Dylan Michael
"Strange Games and Echanted Science: The Mystery of Kokkuri" , *The Journal of Asian Studies* 65.2 (2006): 251-275.
目次："Kokkuri" (254-257). "Contact with the Otherworld" (257-260). "The Mystic Context" (260-262). "The Scientific Context" (262-263)," A Mystic

Science: Human Electricity" (263-269). "The Progress of Enchantment" (269-273).

対象：妖怪学講義、妖怪玄談。

VII. FOSTER, Michael Dylan

Pandemonium and Parade: Japanese Monsters and the Culture of Yōkai, Berkeley: University of California Press 2008. 291.

目　次："Chapter Two. Science of the Weird: Inoue Enryō, Kokkuri, and Human Electricity" (77-114). "The Truth about Yōkai" (77-84). "Inoue Enryō and the Creation of Yōkaigaku" (78-82). "Types of Yōkai" (82-84). "The Kokkuri Phenomenon" (84-94). "The Practice" (87-90). "Contact with the Otherworld" (90-94). "Creating a new Referential Ecology" (94-108). "Operations of the Spirit: Enryō's Exegesis" (98-102). "Human Electricity" (102-108). "The Space of Play" (108-112). "Tsubouchi Shōyō's Banquet" (110-112). "The Persistence of Mystery" (112-114).

対象：妖怪学講義、妖怪百談、真怪、妖怪玄談。

VIII. GODART, Gerard Clinton

"Tracing the Circle of Truth: Inoue Enryo on the History of Philosophy and Buddhism", *The Eastern Buddhist* 36 (2004): 106-133.

目次："I. Introduction" (106-113). "II. History of Philosophy and Buddhism" (113-130). "History of Philosophy" (114-122) "(1) External Development of Philosophy" (114-116). "(2) Internal Development of Philosophy" (116-122). *"History of Buddhism"* (122-130). "(1) External Development of Buddhism" (123-124). "(2) Internal Development of Buddhism" (124-130). "Conclusion: Changing Buddhism's Past to Address the Present" (130-132).

対象：哲学要領、仏教活論本論、仏教哲学。

IX. GODART, Gerard Clinton

"'Philosophy' or 'Religion'? The Confrontation with Foreign Categories in Late Nineteenth Century Japan", *Journal of the History of Ideas* 69 (2008): 71-91.

目　次："I. The Meiji Period: An Era of uncritical Importation and

Translation?" (72-73). "II. The Importation of Western Philosophy and the Problem of Categorization" (74-80). "III. Inoue Enryō and Kiyozawa Manshi" (80-82). "IV. Discussing Materialism in Meiji Japan" (82-89). "V. Conclusions" (89-91).

対象：仏教活論本論、破唯物論。

X. JOSEPHSON, Jason Ānanda

Taming Demons: The Anti-Superstition Campaign and the Invention of Religion in Japan (1853-1920), PhD thesis, Stanford University 2006. 282.

目　次："Part II - Historical Cases" (144-246). "Interlude: Ask Doctor Monster" (145-146) "Chapter 4 - When Buddhism Became a Religion:" (147-198). "4.3 - Inoue Enryō and Meiji-Buddhism" (155-180). "4.3.1 - Meishin to Shūkyō" (159-160). "4.3.2 – Purging the Demonic" (160-164). "4.3.3 - Dismissing Experience: The Internal and External Conditions for Superstition" (164-166). "4.3.4 - The Roots of Superstition" (166-167). "4.3.5- Clouded Reasoning" (167-169). "4.3.6 - Deluded in Regard to Fate" (169-170). "4.3.7 - Abandoning the Physical World" (170-174). "4.3.8 - Manifestations of the Absolute" (174-177). "4.3.9 - From Practice to Belief" (177-179). "4.3.10 - Inoue' s Contribution" (179-180).

対象：仏教活論序論、真宗哲学序論、迷信解、迷信と宗教。

XI. JOSEPHSON, Jason Ānanda

"When Buddhism became a 'Religion' : Religion and Superstition in the Writings of Inoue Enryō" , *Japanese Journal of Religious Studies* 33 (2006): 143-168.

目　次："Rethinking Religion" (145-148). "Historical Context, Echoes of Destruction" (148-149). "Inoue Enryō" (149-151). "Meishin to shūkyō" (151-152). "Purging Demons" (152-156). "Abandoning the Physical World" (156-158). "Manifestations of the Absolute" (158-160). "From Practice to Belief" (160-161). "Inoue' s Buddhism" (161-162). "The Buddhist Anti-Superstition Campaign" (162-163). "Conclusions" (163-164).

対象：仏教活論序論、真宗哲学序論、迷信解、迷信と宗教。

XII. KANAMORI Osamu（金森修）

"Portrait d' un Penseur Bouddhique à l' Age des Lumières de Meiji. Le Cas Inoue Enryo", *Gengo bunka ronshū* 40 (1995): 9-27.

目次："1. Introduction" (9-13). "2. Les refutations tripartites" (13-18). "Une cosmologie bouddhique teintée de darwinisme" (18-23). "4. Conclusion" (23-25).

対象：仏教活論序論、真理金針、妖怪学講義、破唯物論、哲学新案。

XIII. OKADA Masahiko（岡田正彦）

"Revitalization versus Unification: A Comparison of the Ideas of Inoue Enryō and Murakami Senshō", *The Eastern Buddhist* 37 (2005): 28-38.

目　次："Inoue Enryō' s Argument for Revitalization: Working toward a Modern Buddhism" (29-31). "Murakami Senshō' s Argument for Unification: Seeking the Historical Origins of Buddhism" (31-34). "Differing Opinions on the Mahayana Teachings" (34-36). "Conclusions" (37).

対象：仏教活論序論、大乗哲学。

XIV. ONDA Akira（恩田彰）

"The development of Buddhist psychology in modern Japan", in: MURAMOTO Shōji　村本詔司；YOUNG-EISENDRATH, Polly (ed.): *Awakening and Insight: Zen Buddhism and Psychotherapy*, Hove: Brunner-Routledge 2002: 242-251.

目　次："Introduction" (242-243). "Stances of early modern Japanese psychologists" (243-244). "Enryō Inoue" (244-247). "Exposition of Buddhist psychology" (245-246). "Inoue' s system of psychotherapy" (246-247). "Other theoretical elaborations in Buddhist psychology" (247-248). "Empirical studies in Zen meditation" (248-249). "Application of Buddhism to psychotherapy" (249-250). "Conclusion" (250-251).

対象：心理摘要、東洋心理学、仏教心理学、禅宗の心理、心理療法。

XV. PERRONCEL, Morvan

Génie national et mouvement démocratique : discours sur la notion et participations politiques du Seikyôsha (1888-1898), PhD thesis, Université

Paris Diderot 2008.
（未検討）

XVI. PIOVESANA, Gino K.

Recent Japanese Philosophical Thought 1862-1962, Tokyo: Enderle Bookstore 1963. 296.

目次："Chapter II. Conservativism and Anglo-German Idealism 1886-1900" (28-59). "Old Thought and New Categories in Nishimura, Inoue Enryō, and Miyake" (32-37).

XVII. SCHRIMPF, Monika

"Buddhism Meets Christianity: Inoue Enryō' s View of Christianity in *Shinri Kinshin*", *Japanese Religions* 24 (1999): 51-72.

目 次："1. Introduction" (51-52). "2. Inoue Enryō' s background and his writings" (52-53). "3. Inoue' s appreciation of Christianity" (53-56). "4. Inoue' s criticism of Christianity" (56-65). "4.1. Inoue' s concern for the nation" (56-58). "4.2. Inoue' s theoretical criticism" (58-65). "5. Conclusion" (65-69).

対象：真理金針。

XVIII. SCHRIMPF, Monika

Zur Begegnung des japanischen Buddhismus mit dem Christentum in der Meiji-Zeit (1868-1912), Wiesbaden: Harrassowitz 2000. 247.

目 次："I. Buddhismus versus Christentum: Entstehung und Elemente der antichristlichen Haltung japanischer Buddhisten von der Tokugawa- bis in die Meiji-Zeit" (13-81). "2. Die buddhistische Kritik am Christentum von der Öffnung des Landes bis zur Mitte der Meiji-Zeit" (34-81). "2.2. Buddhistische Apologie und antichristliche Argumentation" (34-81). "2.2.2. 'Unmodernes' Christentum versus 'zeitgemäßer' Buddhismus: Inoue Enryōs Shinri kinshin (1886/87) und Fujishima Ryōos Yasokyō matsuro (1893)" (71-79).

対象：真理金針。

XIX. SNODGRASS, Judith

"The Deployment of Western Philosophy in Meiji Buddhist Revival" , *The Eastern Buddhist* 30.2 (1997): 173-198.

目次："Inoue Enryō" (177-179). "Inoue the Philosopher" (180-181). "Hōsui, the Paradigmatic Meiji Intellectual" (181-184). "Gokoku airi" (184-189). "Buddhism and Patriotism" (189-912). "Buddhism and International Prestige" (193-196). "Taking Buddhism to the West" (196-197). "Conclusion" (197-198).

対象：仏教活論序論、日本宗教論。

XX. SNODGRASS, Judith

Presenting Japanese Buddhism to the West: Orientalism, Occidentalism, and the Columbian Exposition, Chapel Hill: University of North Carolina Press 2003. 360.

目　次："Introduction: Orientalist Scholarship and Asian Buddhist Modernities" (8-10). "5. Buddhism and Modernity in Meiji Japan: The Question of Access" (125-126). "5. Buddhism and Modernity in Meiji Japan: Buddhism and Japanese Identity" (129-132). "5. Buddhism and Modernity in Meiji Japan: The Discourse of the Meiji Twenties" (132-136). "6. Buddhist Revival and Japanese Nationalism" (137-154). "Inoue Enryō" (139-140). "Inoue the Philosopher" (140-141). "Hōsui, the Paradigmatic Meiji Intellectual" (141-143). "Gokoku airi" (143-144). "Deploying Western Philosophy" (144-147). "Buddhism and Patriotism" (147-148). "A Secular Sangha" (149-150). "Buddhism and International Prestige" (150-152). "Taking Buddhism to the West" (152-153). "Conclusion" (153-154).

対象：仏教活論序論、日本宗教論。

XXI. STAGGS, Kathleen M.

In Defense of Japanese Buddhism: Essays from the Meiji period by Inoue Enryo and Murakami Sensho, PhD thesis, Princeton University 1979. 611.

目次："Chapter V: Inoue Enryō" (162-272). "The Formation of a Member of the New Generation of Meiji Japan" (164- 182). "1. Inoue' s Childhood and Traditional Education" (165-167). "2. Inoue and Western Studies" (167-

176). "3. Choosing a Career" (176-178). "4. Inoue' s View of his Education as a Search for Truth" (178-182). "Defense of the Nation and Love of the Truth" (182-186). " 'I do not hate the Man Jesus' " (186-203). "1. The Lure of Christianity" (187-191). "2. Facing Christianity with Sympathy and Impartiality" (191-193). "3. The Denial that Christianity is of More Use to Japan than Buddhism is" (193-197). "4. The Denial that Christianity is Rationally Superior to Buddhism" (197-203). " 'Living People are Animated and Dead People Rest' " (203-212). "1. The Seikyōsha" (204-205). "2. The Philosophy Press" (205-206). "3. The Philosophy Hall" (206-208). "4. The Renewed Dedication to Education" (208-212). "The Collision between Religion and Education" (212-221). "1. The Culmination of Kokusui Shugi" (212-216). "2. Religion in Society" (216-221). "Inoue and the 'Stupid People' " (221-238). "1. Gumin" (221-223). "2. On the Immortality of the Soul" (223-225). "3. Ghost Studies" (225-236). "4. Lecture Tours" (236-238). "The Temple of Philosophy" (238-241). "Inoue' s Answers to the Three Basic Challenges to Mid-Meiji Buddhism" (241-260). "1. Japanese Buddhism is not Japanese" (242-245). "2. Japanese Buddhism is not Buddhism" (245-247). "3. Japanese Buddhism is not Intellectually Sound" (247-260). Notes (261-272).

対象：仏教活論序論、真理金針、霊魂不滅論、妖怪学講義、お化けの正体。

翻訳：仏教活論序論 (349-453)。

XXII. STAGGS, Kathleen M.

" 'Defend the Nation and Love the Truth' : Inoue Enryo and the Revival of Meiji Buddhism" , *Monumenta Nipponica* 38 (1983): 251-281.

目　次："Gokoku airi" (252-254). "Early Life" (254-257). "Tokyo Imperial University" (257-261). "Bukkyō katsuron joron" (261-265). "Inoue and Christianity" (261-270). "Inoue and Patriotism" (270-271). "Inoue and Education" (272-279). "Conclusion" (279-281).

対象：仏教活論序論、真理金針、教育宗教関係論、忠孝活論、霊魂不滅論。

XXIII.. VICTORIA, Brian Daizen

Zen at War, Lanham: Rowan & Littefield Publisher 2006. 285.

目　次："Part I: The Meiji Restoration of 1868 and Buddhism" (1-54). "2.

Early Buddhist Social Ferment" (12-37). "Buddhist Responses to Domestic Critics" (15-18). "Buddhist Responses to Japanese Expansion Abroad" (19-37). "4. Institutional Buddhism' s Rejection of Progressive Social Action" (49-54). "Scholarly Reaction" (52-53).
対象：忠孝活論、円了講話集、国体及び忠孝論。

XXIV. WARGO, Robert Joseph John
The Logic of Basho and the Concept of Nothingnesse in the Philosophy of Nishida Kitarō, PhD thesis, University of Michigan 1972. 429.
(【XXVI.】と同じ)

XXV. WARGO, Robert Joseph John
"Inoue Enryō: An Important Predecessor of Nishida Kitarō. In Studies on Japanese Culture", in: *Nihon Bunka Kenkyū Ronshū*, The Japan P.E.N. Club 1973: 170-177.
(【XXVI..】と同じ)

XXVI. WARGO, Robert Joseph John
The Logic of Nothingness: A Study of Nishida Kitarō, Honolulu: University of Hawai' i Press 2005. 256.
目次："The Perfect Path of Inoue Enryō" (11-17).
対象：哲学一夕話。

資料三

TRANSLATIONS OF INOUE ENRYŌ'S WRITINGS

Bibliography compiled by Rainer Schulzer　　Last update: May 2015

I. Western Languages

Translation	Reference	Japanese Source
"La guerre sainte"	*Mélanges* 2 (1904): 117-121. Reprint Rainer SCHULZER. "Inoue Enryō «La guerre sainte»: Traductions françaises de la période Meiji (II)," *Annual Report of the Inoue Enryo Center*『井上円了センター年報』23 (2014): 282-308.	Extracts from「対露余論」[My argument facing Russia] [1904], IS 25: 596-613.
"Religion de l'avenir"	Trans. by Leon BALLET, *Mélanges* 3 (1904): 251-253. Reprint Rainer SCHULZER. "Inoue Enryō «Religion de l'avenir»: Traductions françaises de la période Meiji (I)," *Annual Report of the Inoue Enryo Center*『井上円了センター年報』22 (2013): 192-202.	Extracts from「将来の宗教」[Religion of the future] [1902], IS 25: 520-524.
The Revitalization of Buddhism: Introduction	Trans. by Kathleen M. STAGGS, in *In Defense of Japanese Buddhism: Essays from the Meiji period by Inoue Enryo and Murakami Sensho*, PhD thesis (Princeton University 1979), 349-476.	『仏教活論序論』[Prolegomena to a living discourse on Buddhism] [1887], IS 3: 325-393.
"Die Beziehung zwischen Buddhismus und Philosophie"	Trans. by Rainer SCHULZER, in *Buddhismus und Philosophie bei Inoue Enryō. Bukkyō tsūkan (1904), Abschnitt I. Eingeleitet, übersetzt und annotiert*, MA thesis (Humboldt-Universität zu Berlin 2009), 17-41.	Introduction of『仏教通観』[Survey of Buddhism] [1904], IS 5: 19-40.
"The Temple of Philosophy"	Trans. by Gerard R. C. GODART, in James W. HEISIG, Thomas P. KASULIS, John C. MARALDO, eds. *Japanese Philosophy: A Sourcebook* (University of Hawai'i 2011), 627-630.	Chapter of『哲界一瞥』[A glance at the world of philosophy] [1899], IS 2: 69-72.
"Addressing the Divine"	Trans. by Gerard R. C. GODART, in James W. HEISIG, Thomas P. KASULIS, John C. MARALDO, eds. *Japanese Philosophy: A Sourcebook* (University of Hawai'i 2011), 630.	Last passage of「哲学的宗教」[Philosophical religion], chapter in『奮闘哲学』[Philosophy of struggle] [1917], IS 2: 440.

"A View of the Cosmos"	Trans. by Gerard R. C. GODART, in James W. HEISIG, Thomas P. KASULIS, John C. MARALDO, eds. *Japanese Philosophy: A Sourcebook* (University of Hawai'i 2011), 623-627.	Chapter「余の宇宙観」in『奮闘哲学』[Philosophy of struggle] [1917], IS 2: 236-240.
"Buddhism and Philosophy"	Trans. by Gerard R. C. GODART, in James W. HEISIG, Thomas P. KASULIS, John C. MARALDO, eds. *Japanese Philosophy: A Sourcebook* (University of Hawai'i 2011), 619-623.	Introduction of『仏教哲学』[Buddhist philosophy] [1893], IS 7: 107-113.
"Religion in America"	In Peter DUUS, Kenji HASEGAWA, eds. *Rediscovering America: Japanese Perspectives on the American Century* (University of California Press, 2011), 26–32.	Extracts from vol. 2 of『歐米各國：政教日記』[Travel diary about religion and politics in the Western countries] [1889], IS 23: 95-153.
"Founding Ideas of the Philosophy Academy"	Trans. by Rainer SCHULZER, in "The Founding Documents of Toyo University," *International Inoue Enryo Research* 2 (2014): 155–166.	「哲学館開設の旨趣」[1887], IS 25: 750-51.
"The Academy's Founding Ideas"	Trans. by Rainer SCHULZER, in "The Founding Documents of Toyo University," *International Inoue Enryo Research* 2 (2014): 155–166.	「開館旨趣」[1887], in『東洋大学百年史：資料』[One hundred years history of Toyo University: materials] (Toyo University, 1993-1995), vol. I, bk I: 83-93.
"The Essential Importance of Philosophy and the Establishment of the Society of Philosophy"	Trans. by YUSA Michiko 遊佐道子, in "Inoue Enryo's 1887 Position Statement on Philosophical Studies in Japan," *International Inoue Enryo Research* 2 (2014): 167-180.	「哲学の必要を論じて本会の沿革に及ぶ」『哲学会雑誌』[Journal of the Philosophy Society]1.1 (1887): 4-9.
"Statement on Establishing the Personal Cultivation Church"	Trans. by Dylan LUERS TODA, *International Inoue Enryo Research* 3 (2015): 30-41.	「修身教會会立旨趣」[1903], IS 25: 628-39.
"My Philosophical Mission"	Trans. by Dylan LUERS TODA, *International Inoue Enryo Research* 3 (2015): 42-49.	「哲學上に於ける余の使命」『東洋哲學』[Eastern Philosophy] 26.2 (1919): 83-93.

II. Chinese

Translation	Reference	Japanese Source
『歐美各國政教日記』	Trans. by 林延玉（上海：新民譯印書局，1889）	『欧米各国政教日記』[Travel diary about religion and the state in the Western countries] [1889], IS 23: 17-153.
『哲学总论』	Trans. by 蔡元培（1901）	Likely「哲学総論」[Outline of philosophy] from『仏教活論：顕正活論』IS 4: 223-253.
『哲學要領』	Trans. by 羅伯雅（上海：廣智，1902）	『哲学要領』[Epitome of philosophy], vol. 2 [1886-1887], IS 1: 85-215.
『印度哲學鋼要』	Trans. by 汪嶔（上海・南昌：普益書局，1903）	『印度哲学綱要』[Outline of Indian philosophy] [1898], IS 7.
『哲學微言』	Trans. by 川尻寶岑 (co-writer)（東京：游學社，1903）	(unknown)
『哲學原理』	Trans. by 王學來（東京：閩學會，1903）	(unknown)
『(讀哲學) 妖怪百談』	Trans. by 徐渭臣（上海：文明，1903）	『妖怪百談』[One hundred mysterious stories], 2. vols. [1898/1900], IS 19.
『倫理學』	Lecture recorded by 陳榮昌（楊覲東，1905）	(Japanese transcription unknown)
『妖怪學講義録總論』	Trans. by 蔡元培（上海：商務 1906）. Reprint in vol. 9 of『蔡元培全集』[Collected works of Cài Yuánpéi] (Hángzhōu: 浙江教育出版社，1997)	Introduction of『妖怪学講義』[Lectures on mystery studies], [1893-1894], IS 16.
『星球旅（遊）記』	Trans. by 戴贊（彪蒙譯書局，1911）	『星界想遊記』[Diary of an imaginary travel through the world of stars] [1890], IS 24: 23-63.
『歐美政教紀原』	Trans. by 林延玉（上海：新民譯印書局，1911）	Possibly new edition of『歐美各國政教日記』（上海：新民譯印書局，1889）
『記憶術』	Trans. by 梁文庚（1911）	『記憶術講義』[Lecture on memory techniques] (哲学館，1894).
『心理療法』	Trans. by 盧謙（上海：醫學，1911）	『心理療法』[Psychotherapy] [1904], IS 10.
『妖怪百談』	Trans. by 何琪（上海：商務，1911）	『妖怪百談』[One hundred mysterious stories], 2. vols. [1898/1900], IS 19.

資料四

Bibliography of Western Language Materials about Inoue Enryo

Compiled by Rainer Schulzer Last updated: Februrary 2015

BODIFORD, William. "Inoue Enryo in Retirement: Philosophy as Spiritual Cultivation," *International Inoue Enryo Research* 2 (2014): 19–54.

BRÜLL, Lydia. Die *japanische Philosophie: Eine Einführung* (Darmstadt: Wissenschaftliche Buchgesellschaft, 1989), 141–143.

BURG, Moses. "Several Brief Papers Relating to the Psychotherapeutic Conceptions of INOUE Enryo, Founder of Toyo University, Tokyo," 『東洋大学史紀要』 [Bulletin for the history of Tōyō University] 5 (1987): 180–196.

BURTSCHER, Michael. "Facing «the West» on Philosophical Grounds: A View from the Pavilion of Subjectivity on Meiji Japan," *Comparative Studies of South Asia, Africa and the Middle East* 26 (2006): 367–376.

DUFOURMONT, Eddy. "Nakae Chomin and Buddhism: Reconsidering the Controversy between Nakae Chomin and Inoue Enryo," *International Inoue Enryo Research* 1 (2013): 63–75.

FIGAL, Gerald. *Civilization and Monsters: Spirits of Modernity in Meiji Japan* (Duke University Press, 1999), 40–52, 79–92.

FIGAL, Gerald. *The Folk and the Fantastic in Japanese Modernity: Dialogues on Reason and Imagination in Late Nineteenth- and Early Twentieth-Century Japan*, PhD thesis (University of Chicago, 1992).

FOSTER, Michael Dylan. "Strange Games and Enchanted Science: The Mystery of Kokkuri," *The Journal of Asian Studies* 65.2 (2006): 251–275.

FOSTER, Michael Dylan. *Morphologies of Mystery: Yōkai and Discourses of the Supernatural in Japan, 1666–1999,* PhD thesis (Stanford University, 2003): 113–189.

FOSTER, Michael Dylan. *Pandemonium and Parade: Japanese Monsters and the Culture of Yōkai* (University of California Press, 2008), 77–114.

GODART, Gerard R. Clinton. "«Philosophy» or «Religion»? The Confrontation with Foreign Categories in Late Nineteenth Century Japan," *Journal of the*

History of Ideas 69 (2008): 71–91.

GODART, Gerard R. Clinton. "Tracing the Circle of Truth: Inoue Enryo on the History of Philosophy and Buddhism," *The Eastern Buddhist* 36 (2004): 106–133.

GODART, Gerard R. Clinton. *Darwin in Japan: Evolutionary Theory and Japan's Modernity* (1820–1970), PhD thesis (University of Chicago, 2009): 135–147.

HARDACRE, Helen. "Asano Wasaburō and Japanese Spiritualism in Early Twentieth-Century Japan," in Sharon A. MINICHIELLO, ed. Japan's *«Competing» Modernities: Issues in Culture and Democracy, 1900–1930* (University of Hwai'i Press, 1998), 133–156.

HEISIG, James W, Thomas P. KASULI, John C. MARALDO, eds. *Japanese Philosophy. A Sourcebook* (University of Hawai'i Press, 2011), 560–562, 619–630.

HIGUCHI Shōin 樋口章信. "Phenomenon Identical with Reality--An Engaged Buddhist Inouye Enryo and his Spiritual Principle--," *The Pure Land, new series* 16 (1999): 33–49.

JACINTO Zavala, Agustín. "Inoue Enryo's Regional Education and Mexican Education," *International Inoue Enryo Research* 2 (2014): 74–90.

JAFFE, Richard. "Inoue Enryō", in *Encyclopedia of Buddhism*, ed. by Robert E. Buswell, 2 vols. (New York: Macmillan Reference, 2004), vol. 1: 377.

JAFFE, Richard. *Neither Monk nor Layman: Clerical Marriage in Modern Japanese Buddhism* (Princeton University Press, 2002), 210–211.

JOSEPHSON, Jason Ānanda. "When Buddhism became a «Religion». Religion and Superstition in the Writings of Inoue Enryō," *Japanese Journal of Religious Studies* 33 (2006): 143–168.

JOSEPHSON, Jason Ānanda. *Taming Demons: The Anti-Superstition Campaign and the Invention of Religion in Japan (1853–1920)*, PhD thesis (Stanford University, 2006), 145–180.

KANAMORI Osamu 金森修. "Portrait d'un Penseur Bouddhique à l'Age des Lumières de Meiji. Le Cas Inoue Enryo," *Studies in Language and Culture* 『言語文化論集』 40 (1995): 9–27.

KISHIMOTO Hideo 岸本英夫, ed. *Japanese Religion in the Meiji Era*, trans. John F. HOWES (Tokyo: Ōbunscha, 1956) (*Japanese Culture in the Meiji Era*, vol.

2: *Religion*), 147–148.

KLAUTAU, Orion. "Against the Ghosts of Recent Past: Meiji Scholarship and the Discourse on Edo-Period Buddhist Decadence," *Japanese Journal of Religious Studies* 35.2 (2008): 263–303.

KŌDA Retsu 甲田烈. "The Structure of the «True Mystery» in the Philosophy of Inoue Enryo," *International Inoue Enryo Research* 2 (2014): 100–118.

KOPF, Gereon. "«Japanese Buddhism»: Essence, Construct, or Skillful Means?", *Pacific World: Journal of the Institute of Buddhist Studies*, 3rd series 12 (2010): 1–26.

KOPF, Gereon. "The «Modern Buddhism» of Inoue Enryo," *International Inoue Enryo Research* 1 (2013): 25–36.

KOSAKA Kunitsugu 小坂国継. "Metaphysics in the Meiji Period," *Journal of International Philosophy*『国際哲学研究』3 (2014): 291–307.

KŌSAKA Masaaki 高坂正顕. *Japanese Thought in the Meiji Era*, trans. David ABOSCH (Tokyo: Pan-Pacific Press, 1958) (*Japanese Culture in the Meiji Era*, vol. 4: *Thought*), 242–245.

KOZYRA, Agnieszka. "Tradycyjne podłoże filozofii Japonii wokresie Meiji," in Beaty KUBIAK HO-CHI, ed. *Japonica okresu Meiji. Od tradycji ku nowoczesności* (Warszawa: Nozomi, 2006), 78–101.

LÜDDECKENS, Dorothea. *Das Weltparlament der Religionen von 1893. Strukturen interreligiöser Begegnung im 19. Jahrhundert* (Berlin: Walter de Gruyter, 2002), 104–106.

MARALDO, John C. "Defining Philosophy in the Making," in James W. HEISIG, ed. *Japanese Philosophy Abroad* (Nagoya: Nanzan Institute for Religion and Culture, 2004): 220–245.

MATSUO Kenji 松尾剛次. *A History of Japanese Buddhism* (Folkestone: Global Oriental, 2007), 228–230.

MIURA Setsuo 三浦節夫. "Inoue Enryo's Journeys around the World," *International Inoue Enryo Research* 1 (2013): 56–60.

MIURA Setsuo 三浦節夫. "Historiography of Studies on Enryo Inoue," *Journal of International Philosophy*『国際哲学研究』1 (2012): 245–250.

MIURA Setsuo 三浦節夫. "Inoue Enyro's Mystery Studies," *International Inoue Enryo Research* 2 (2014): 119–154.

MIURA Setsuo 三浦節夫, TAKAGI Hiroo 高木宏夫. *The Educational Principles of Enryo Inoue* (Toyo University, 2012). Translation of『井上円了の教育理念』(Toyo University, [1987] 2013) by MIYAUCHI Atsuo 宮内敦夫.

MÜLLER, Ralf. "Die Entdeckung von Sprache im Zen: Inoue Enryōs *Prolegomena zur Philosophie der Zen-Schule* von 1893," in *Begriff und Bild der Modernen japanischen Philosophie*, ed. by Raji C. STEINECK, Elena Louisa LANGE, Paulus KAUFMANN (Stuttgart-Bad: Cannstatt, 2014) (*Philosophie Interkulturell*, vol. 2), 63–106.

MÜLLER, Ralf. *Dōgens Sprachdenken: Historische und symboltheoretische Perspektiven* (Freiburg: Karl Alber, 2013) (*Welten der Philosophie*, vol. 13): 102–109.

MURTHY, Viren. "On the Emergence of New Concepts in Late Qing China and Meiji Japan: The Case of Religion," in *Sino-Japanese Transculturation: From the Late Nineteenth Century to the End of the Pacific War*, ed. by Richard KING, Cody POULTON, Katsuhiko ENDO (Lanham: Lexington Books, 2012), 71–97.

OKADA Masahiko 岡田正彦. "Revitalization versus Unification: A Comparison of the Ideas of Inoue Enryō and Murakami Senshō," *The Eastern Buddhist*, new series 37 (2005): 28–38.

ONDA Akira 恩田彰. "The Development of Buddhist Psychology in Modern Japan," in *Awakening and Insight: Zen Buddhism and Psychotherapy*, ed by MURAMOTO Shōji 村本詔司, Polly YOUNG-EISENDRATH (Hove: Brunner-Routledge, 2002), 242–251.

ŌTANI Eiichi 大谷栄一. "The Movement Called «New Buddhism»" in *Modern Buddhism in Japan*, ed. by HAYASHI Makoto, ŌTANI Eiichi, Paul L. SWANSON (Nagoya: Nanzan Institute for Religion and Culture, 2014): 52–84.

PARAMORE, Kiri. *Ideology and Christianity in Japan* (London: Routledge, 2009), 133–141.

PERRONCEL, Morvan. *Génie national et mouvement démocratique: discours sur la notion et participations politiques du Seikyōsha (1888–1898)*, PhD thesis (Université Paris Diderot, 2008).

PIOVESANA, Gino K. *Recent Japanese Philosophical Thought, 1862–1962* (Tokyo: Enderle Bookstore, 1963), 33–36.

REITAN, Richard *M. Making a Moral Society: Ethics and the State in Meiji Japan* (University of Hawai'i Press, 2010), 57–71.

SCHRIMPF, Monika. "Buddhism Meets Christianity: Inoue Enryō's View of Christianity in *Shinri Kinshin," Japanese Religions* 24 (1999): 51–72.

SCHRIMPF, Monika. *Zur Begegnung des japanischen Buddhismus mit dem Christentum in der Meiji-Zeit (1868–1912)* (Wiesbaden: Harrassowitz, 2000), 62–64, 71–79.

SCHULZER, Rainer. "«Philosopher's Ashes Return to Tokyo»: Inoue Enryō as Seen in Historical Roman Alphabet Sources," *Annual Report of the Inoue Enryo Center* 『井上円了センター年報』 20 (2011): 186–236.

SCHULZER, Rainer. "Crossroads of World Philosophy: Theoretical and Practical Philosophy in Inoue Enryo," *International Inoue Enryo Research* 1 (2013): 49–55.

SCHULZER, Rainer. "Inoue Enryo Research at Toyo University," *International Inoue Enryo Research* 2 (2014): 1–18.

SHIRAI Masato 白井雅人. "Enryō Inoue's Tetsugaku Issekiwa and Kitarō Nishida," *Journal of International Philosophy* 『国際哲学研究』 1 (2012): 251–259.

SNODGRASS, Judith. "The Deployment of Western Philosophy in Meiji Buddhist Revival," *The Eastern Buddhist* 30.2 (1997): 173–198.

SNODGRASS, Judith. *Presenting Japanese Buddhism to the West: Orientalism, Occidentalism, and the Columbian Exposition* (University of North Carolina Press, 2003), 132–154.

STAGGS, Kathleen M. "«Defend the Nation and Love the Truth»: Inoue Enryo and the Revival of Meiji Buddhism," *Monumenta Nipponica* 38 (1983): 251–281.

STAGGS, Kathleen M. *In Defense of Japanese Buddhism: Essays from the Meiji period by Inoue Enryo and Murakami Sensho,* PhD thesis (Princeton University, 1979): 162–453.

TAKEMURA Makio 竹村牧男. "On the Philosophy of Inoue Enryo," *International Inoue Enryo Research* 1 (2013): 3–24.

TAMURA Yoshiro 田村芳朗. *Japanese Buddhism: A Cultural History,* trans. Jeffrey HUNTER (Tokyo: Kosei Publishing, 2000), 162–163, 170–171.

TANAKA, Stefan. *New Times in Modern Japan* (Princeton University Press, 2004), 69–76.

THELLE, Notto R. *Buddhism and Christianity in Japan: From Conflict to Dialogue, 1854–1899* (University of Hawaii Press, 1987), 95–107

Tōyō Daigaku Fuzoku Toshokan 東洋大学附属図書館, pub. *Philosopher Inoue Enryo: Challenging Mysteries*『存在の謎に挑む 哲学者井上円了』, bilingual catalog of the Toyo University Library Exhibition for the 125th Anniversary of Toyo University (2012).

VICTORIA, Brian Daizen. *Zen at War*, 2nd ed. (Lanham: Rowan & Littefield, 2006), 29–30, 52–53.

WÁNG Qīng 王青. "Comparative Research on the Religious Thought of Cai Yuanpei and Inoue Enryo," *International Inoue Enryo Research* 1 (2013): 37–48.

WARGO, Robert J. John. "Inoue Enryō: An Important Predecessor of Nishida Kitarō,"『日本文化研究論集』[Collection of research papers on Japanese culture], ed. by Japan P.E.N. Club (1973): 170–177.

WARGO, Robert J. John. *The Logic of Basho and the Concept of Nothingness in the Philosophy of Nishida Kitarō*, PhD thesis (University of Michigan, 1972).

WARGO, Robert J. John. *The Logic of Nothingness: A Study of Nishida Kitarō* (University of Hawaii Press, 2005), 11–17.

YOSHINAGA Shin'ichi 吉永進一. "The birth of Japanese mind cure methods," in *Religion and Psychotherapy in Modern Japan*, ed. by Christopher HARDING, IWATA Fumiaki, YOSHINAGA Shin'ichi (New York: Routledge, 2015), 76–102.

YUSA Michiko 遊佐道子. "Inoue Enryo's 1887 Position Statement on Philosophical Studies in Japan," *International Inoue Enryo Research* 2 (2014): 167–180.

あとがき

井上円了が創立した東洋大学における井上円了研究は、昭和五三（一九七八）年から始まった。一〇年間に及んだ有志による井上円了研究会第三部会の活動は、基礎研究、個人研究、総合研究にわかれながら進められた。多くの研究成果を残すことができたが、昭和六二（一九八七）年の東洋大学一〇〇周年に、一般の方を対象として研究成果をまとめることになった。テーマは「井上円了の教育理念」であった。縁あってもっとも若い筆者が執筆することとなった。出版された新書版の『井上円了の教育理念』は、いわば第一次井上円了研究のまとめとなった。その後、平成二（一九九〇）年に法人立の井上円了記念学術センターが設立され、筆者は専任研究員となり、『井上円了選集』（全二五巻）の編集・刊行を担当しながら、井上円了に関する個別研究を行ってきた。平成二六（二〇一四）年から教学立の井上円了研究センターが新設された。今回、筆者はこれまでの研究をまとめたわけであるが、結果として第二次井上円了研究の成果を総合することになった。

本書は井上円了における生涯と思想についてまとめたものであるが、当初、生涯編、思想編にわけてまとめる案もあった。しかし、井上円了の場合、行動と思想は一体化しているので、二冊に分離すると十分に理解できないという問題があり、生涯編と思想編を一体化したので大冊となってしまった。

本書ができるまでに多くの方々のご指導とご支援があった。

第一に筆者の恩師である高木宏夫先生（東洋大学社会学部）は、大学院生であった筆者を井上円了研究会第三部会の研究に誘って下さった方である。公私ともにご指導いただいた。第二に飯島宗享先生、小林忠秀先生、針生清人先生はいずれも東洋大学文学部哲学科の先生方であるが、同じ研究会での活動により、筆者を研究者として育てて下さった方である。第三に学校法人東洋大学の塩川正十郎理事長である。塩川理事長は就任直後に、法人立で井上円了記念学術センターという専門研究機関を新設して、井上円了研究を学内外に発展させた方である。この他に、多くの研究者のご支援があって、筆者は研究を推進することができた。以上の方々に、記して感謝の意を表したい。

〈著者略歴〉

三浦節夫（みうら・せつお）

1952年生まれ
東洋大学大学院博士後期課程単位取得。東洋大学井上円了記念学術センター専任研究員。東洋大学ライフデザイン学部教授・井上円了研究センター研究員。国際井上円了学会会長。専門は宗教社会学、井上円了研究、東洋大学史研究
おもな著書に『日本人はなぜ妖怪を畏れるのか』（新人物往来社）、『井上円了と柳田国男の妖怪学』（教育評論社）、『新潟県人物小伝　井上円了』（新潟日報事業社）、『井上円了の教育理念』『ショートヒストリー東洋大学』（東洋大学）、『井上円了関係文献年表』（共著・東洋大学井上円了研究会第三部会）

井上円了—日本近代の先駆者の生涯と思想

2016年2月24日　初版第1刷発行

著　者　三浦節夫
発行者　阿部黄瀬
発行所　株式会社　教育評論社
〒103-0001
東京都中央区日本橋小伝馬町 12-5 YSビル
TEL 03-3664-5851
FAX 03-3664-5816
http://www.kyohyo.co.jp
印刷製本　三美印刷株式会社

ISBN 978-4-905706-97-7　C0010

また、本書をまとめるにあたり、渡辺章悟先生、柴田隆行先生、ライナ・シュルツァ先生、アウグスチン・ハシント先生からご指導をいただいた。出版に関しては、教育出版社の久保木健治氏にお世話になった。ここに記して謝意を表したい。

最後に、筆者の研究生活を支えて頂いた恩師の高木宏夫先生と妻の京子に本書を奉げたいと思います。

平成二八(二〇一六)年一月

三浦節夫